J. von Staudingers
Kommentar zum Bürgerlichen Gesetzbuch
mit Einführungsgesetz und Nebengesetzen
Buch 3 · Sachenrecht
Umwelthaftungsrecht

Kommentatorinnen und Kommentatoren

Dr. Karl-Dieter Albrecht
Vorsitzender Richter am Bayerischen Verwaltungsgerichtshof, München

Dr. Hermann Amann
Notar in Berchtesgaden

Dr. Christian Armbrüster
Professor an der Bucerius Law School, Hamburg

Dr. Martin Avenarius
Wiss. Assistent an der Universität Göttingen

Dr. Wolfgang Baumann
Notar in Wuppertal

Dr. Roland Michael Beckmann
Professor an der Universität des Saarlandes, Saarbrücken

Dr. Okko Behrends
Professor an der Universität Göttingen

Dr. Detlev W. Belling, M.C.L.
Professor an der Universität Potsdam

Dr. Werner Bienwald
Professor an der Evangelischen Fachhochschule Hannover

Dr. Dr. h. c. Klaus Bilda
Präsident des Oberlandesgerichts Düsseldorf a. D., Vizepräsident des Verfassungsgerichtshofs für das Land Nordrhein-Westfalen a. D., Münster

Dr. Claudia Bittner, LL. M.
Privatdozentin an der Universität Freiburg i. Br.

Dr. Dieter Blumenwitz
Professor an der Universität Würzburg

Dr. Reinhard Bork
Professor an der Universität Hamburg, Richter am Hanseatischen Oberlandesgericht zu Hamburg

Dr. Wolf-Rüdiger Bub
Rechtsanwalt in München, Professor an der Universität Potsdam

Dr. Elmar Bund
Professor an der Universität Freiburg i. Br.

Dr. Jan Busche
Professor an der Universität Düsseldorf

Dr. Michael Coester, LL.M.
Professor an der Universität München

Dr. Dagmar Coester-Waltjen, LL.M.
Professorin an der Universität München

Dr. Matthias Cremer
Notar in Dresden

Dr. Heinrich Dörner
Professor an der Universität Münster

Dr. Christina Eberl-Borges
Professorin an der Universität Siegen

Dr. Werner F. Ebke, LL.M.
Professor an der Universität Konstanz

Dr. Jörn Eckert
Professor an der Universität zu Kiel, Richter am Schleswig-Holsteinischen Oberlandesgericht in Schleswig

Dr. Volker Emmerich
Professor an der Universität Bayreuth, Richter am Oberlandesgericht Nürnberg a. D.

Dipl.-Kfm. Dr. Norbert Engel
Ministerialdirigent im Thüringer Landtag, Erfurt

Dr. Helmut Engler
Professor an der Universität Freiburg i. Br., Minister in Baden-Württemberg a. D.

Dr. Karl-Heinz Fezer
Professor an der Universität Konstanz, Honorarprofessor an der Universität Leipzig, Richter am Oberlandesgericht Stuttgart

Dr. Johann Frank
Notar in Amberg

Dr. Rainer Frank
Professor an der Universität Freiburg i. Br.

Dr. Bernhard Großfeld, LL.M.
Professor an der Universität Münster

Dr. Karl-Heinz Gursky
Professor an der Universität Osnabrück

Dr. Ulrich Haas
Professor an der Universität Mainz

Norbert Habermann
Richter am Amtsgericht Offenbach

Dr. Stefan Habermeier
Professor an der Universität Greifswald

Dr. Johannes Hager
Professor an der Humboldt-Universität zu Berlin

Dr. Rainer Hausmann
Professor an der Universität Konstanz

Dr. Dr. h. c. mult. Dieter Henrich
Professor an der Universität Regensburg

Dr. Reinhard Hepting
Professor an der Universität Mainz

Christian Hertel, LL.M.
Notar a. D., Geschäftsführer des Deutschen Notarinstituts, Würzburg

Joseph Hönle
Notar in Tittmoning

Dr. Bernd von Hoffmann
Professor an der Universität Trier

Dr. Heinrich Honsell
Professor an der Universität Zürich, Honorarprofessor an der Universität Salzburg

Dr. Dr. Dres. h. c. Klaus J. Hopt, M.C.J.
Professor, Direktor des Max-Planck-Instituts für Ausländisches und Internationales Privatrecht, Hamburg

Dr. Norbert Horn
Professor an der Universität zu Köln

Dr. Heinz Hübner
Professor an der Universität zu Köln

Dr. Rainer Jagmann
Vorsitzender Richter am Landgericht Freiburg i. Br.

Dr. Ulrich von Jeinsen
Rechtsanwalt und Notar in Hannover

Dr. Joachim Jickeli
Professor an der Universität zu Kiel

Dr. Dagmar Kaiser
Professorin an der Universität Mainz

Dr. Rainer Kanzleiter
Notar in Neu-Ulm, Professor an der Universität Augsburg

Dr. Benno Keim
Notar a. D. in München

Dr. Sibylle Kessal-Wulf
Richterin am Bundesgerichtshof, Karlsruhe

Dr. Hans-Georg Knothe
Professor an der Universität Greifswald

Dr. Helmut Köhler
Professor an der Universität München, Richter am Oberlandesgericht München

Dr. Jürgen Kohler
Professor an der Universität Greifswald

Dr. Heinrich Kreuzer
Notar in München

Dr. Jan Kropholler
Professor an der Universität Hamburg, Wiss. Referent am Max-Planck-Institut für Ausländisches und Internationales Privatrecht, Hamburg

Dr. Hans-Dieter Kutter
Notar in Schweinfurt

Dr. Gerd-Hinrich Langhein
Notar in Hamburg

Dr. Dr. h. c. Manfred Löwisch
Professor an der Universität Freiburg i. Br., vorm. Richter am Oberlandesgericht Karlsruhe

Dr. Stephan Lorenz
Professor an der Universität Augsburg

Dr. Dr. h. c. Werner Lorenz
Professor an der Universität München

Dr. Peter Mader
Ao. Professor an der Universität Salzburg

Dr. Ulrich Magnus
Professor an der Universität Hamburg, Richter am Hanseatischen Oberlandesgericht zu Hamburg

Dr. Peter Mankowski
Professor an der Universität Hamburg

Dr. Heinz-Peter Mansel
Professor an der Universität zu Köln

Dr. Peter Marburger
Professor an der Universität Trier

Dr. Wolfgang Marotzke
Professor an der Universität Tübingen

Dr. Dr. Michael Martinek, M.C.J.
Professor an der Universität des Saarlandes, Saarbrücken

Dr. Annemarie Matusche-Beckmann
Privatdozentin an der Universität zu Köln

Dr. Jörg Mayer
Notar in Pottenstein

Dr. Dr. Detlef Merten
Professor an der Deutschen Hochschule für Verwaltungswissenschaften Speyer

Dr. Peter O. Mülbert
Professor an der Universität Mainz

Dr. Dirk Neumann
Vizepräsident des Bundesarbeitsgerichts a. D., Kassel, Präsident des Landesarbeitsgerichts Chemnitz a. D.

Dr. Ulrich Noack
Professor an der Universität Düsseldorf

Dr. Hans-Heinrich Nöll
Rechtsanwalt in Hamburg

Dr. Jürgen Oechsler
Professor an der Universität Potsdam

Dr. Hartmut Oetker
Professor an der Universität Jena, Richter am Thüringer Oberlandesgericht Jena

Wolfgang Olshausen
Notar in Rain am Lech

Dr. Dirk Olzen
Professor an der Universität Düsseldorf

Dr. Gerhard Otte
Professor an der Universität Bielefeld

Dr. Hansjörg Otto
Professor an der Universität Göttingen

Dr. Lore Maria Peschel-Gutzeit
Rechtsanwältin in Berlin, Senatorin für Justiz a. D. in Hamburg und Berlin, Vorsitzende Richterin am Hanseatischen Oberlandesgericht zu Hamburg i. R.

Dr. Frank Peters
Professor an der Universität Hamburg, Richter am Hanseatischen Oberlandesgericht zu Hamburg

Dr. Axel Pfeifer
Notar in Hamburg

Dr. Jörg Pirrung
Ministerialdirigent im Bundesministerium der Justiz, Berlin, Richter am Gericht erster Instanz der Europäischen Gemeinschaften, Luxemburg

Dr. Ulrich Preis
Professor an der Fern-Universität Hagen und an der Universität zu Köln

Dr. Manfred Rapp
Notar in Landsberg a. L.

Dr. Thomas Rauscher
Professor an der Universität Leipzig, Dipl. Math.

Dr. Peter Rawert, LL.M.
Notar in Hamburg, Professor an der Universität zu Kiel

Eckhard Rehme
Vorsitzender Richter am Oberlandesgericht Oldenburg

Dr. Wolfgang Reimann
Notar in Passau, Professor an der Universität Regensburg

Dr. Tilman Repgen
Privatdozent an der Universität zu Köln

Dr. Dieter Reuter
Professor an der Universität zu Kiel, Richter am Schleswig-Holsteinischen Oberlandesgericht in Schleswig

Dr. Reinhard Richardi
Professor an der Universität Regensburg

Dr. Volker Rieble
Professor an der Universität Mannheim

Dr. Anne Röthel
Wiss. Mitarbeiterin an der Universität Erlangen-Nürnberg

Dr. Christian Rolfs
Professor an der Universität Bielefeld

Dr. Herbert Roth
Professor an der Universität Regensburg

Dr. Rolf Sack
Professor an der Universität Mannheim

Dr. Ludwig Salgo
Professor an der Fachhochschule Frankfurt a. M., Apl. Professor an der Universität Frankfurt a. M.

Dr. Gottfried Schiemann
Professor an der Universität Tübingen

Dr. Eberhard Schilken
Professor an der Universität Bonn

Dr. Peter Schlosser
Professor an der Universität München

Dr. Karsten Schmidt
Professor an der Universität Bonn

Assessor Martin Schmidt-Kessel
Wiss. Assistent an der Universität Freiburg i. Br.

Dr. Günther Schotten
Notar in Köln, Professor an der Universität Bielefeld

Dr. Hans Schulte-Nölke
Professor an der Universität Bielefeld

Dr. Hans Hermann Seiler
Professor an der Universität Hamburg

Dr. Reinhard Singer
Professor an der Universität Rostock, Richter am Oberlandesgericht Rostock

Dr. Ulrich Spellenberg
Professor an der Universität Bayreuth

Dr. Sebastian Spiegelberger
Notar in Rosenheim

Dr. Malte Stieper
Wiss. Assistent an der Universität zu Kiel

Dr. Markus Stoffels
Professor an der Universität Bonn

Dr. Hans-Wolfgang Strätz
Professor an der Universität Konstanz

Dr. Dr. h. c. Fritz Sturm
Professor an der Universität Lausanne

Dr. Gudrun Sturm
Assessorin, Wiss. Mitarbeiterin an der Universität Lausanne

Dr. Uwe Theobald
Notarassessor in Saarbrücken

Burkhard Thiele
Ministerialdirigent im Justizministerium Mecklenburg-Vorpommern, Schwerin

Dr. Gregor Thüsing, LL.M.
Professor an der Bucerius Law School, Hamburg

Dr. Bea Verschraegen, LL.M.
Professorin an der Universität Wien

Dr. Klaus Vieweg
Professor an der Universität Erlangen-Nürnberg

Dr. Reinhard Voppel
Rechtsanwalt in Köln

Dr. Günter Weick
Professor an der Universität Gießen

Gerd Weinreich
Richter am Oberlandesgericht Oldenburg

Dr. Birgit Weitemeyer
Wiss. Assistentin an der Universität zu Kiel

Dr. Joachim Wenzel
Vorsitzender Richter am Bundesgerichtshof, Karlsruhe

Dr. Olaf Werner
Professor an der Universität Jena, Richter am Thüringer Oberlandesgericht Jena

Dr. Wolfgang Wiegand
Professor an der Universität Bern

Dr. Peter Winkler von Mohrenfels
Professor an der Universität Rostock, Richter am Oberlandesgericht Rostock

Dr. Hans Wolfsteiner
Notar in München

Dr. Eduard Wufka
Notar in Starnberg

Dr. Michael Wurm
Richter am Bundesgerichtshof, Karlsruhe

Redaktorinnen und Redaktoren

J. von Staudingers
Kommentar zum Bürgerlichen Gesetzbuch mit Einführungsgesetz und Nebengesetzen

Buch 3
Sachenrecht
Umwelthaftungsrecht

Neubearbeitung 2002
von
Jürgen Kohler

Redaktor
Karl-Heinz Gursky

Sellier – de Gruyter · Berlin

Die Kommentatorinnen und Kommentatoren

Neubearbeitung 2002
JÜRGEN KOHLER

Zur Beachtung: Durch das „Gesetz zur Modernisierung des Schuldrechts“ vom 26. November 2001 (BGBl I 3138) wurde gemäß Art 1 Abs 2 dem BGB eine Inhaltsübersicht vorangestellt, die sowohl dessen Untergliederung modifiziert als auch Überschriften für dessen einzelne Vorschriften eingeführt hat. Darüber hinaus wurde – in neuer Rechtschreibung – der vollständige Wortlaut des BGB in der seit 1. 1. 2002 geltenden Fassung am 2. 1. 2002 (BGBl I 42) bekannt gemacht. Dies wurde in diesem Band mit der Erläuterung des Umwelthaftungsrechts bereits berücksichtigt. Wird in den Erläuterungen auf durch das SchRModG geänderte oder neu eingeführte Bestimmungen verwiesen, so erhalten diese erforderlichenfalls den Zusatz „nF“, die überholten den Zusatz„aF“. Die Erläuterungen selbst entsprechen dem Stand vom Oktober 2001. Im übrigen siehe die Broschüre „Das Schuldrechtsmodernisierungsgesetz – Seine Auswirkungen auf J. von Staudingers Kommentar zum BGB. Benutzeranleitung 2002“ (Beilage zum Band Art 27–37 EGBGB [13. Bearb 2002]).

Dreizehnte Bearbeitung 1996
Anh zu § 906 (Umwelthaftungsrecht): JÜRGEN KOHLER

12. Auflage
./.

Sachregister

Rechtsanwalt Dr. Dr. VOLKER KLUGE, Berlin

Zitierweise

STAUDINGER/KOHLER (2002) Einl 1 zum UmweltHR
STAUDINGER/KOHLER (2002) § 1 UmweltHG Rn 1
STAUDINGER/KOHLER (2002) Vorbem 1 zu §§ 8–10 UmweltHG
STAUDINGER/KOHLER (2002) § 25, 25a, 26 AtomG Rn 1

Zitiert wird nach Paragraph bzw Artikel und Randnummer.

Hinweise

Das Vorläufige Abkürzungsverzeichnis 1993 für das „Gesamtwerk STAUDINGER“ befindet sich in einer Broschüre, die den Abonnenten zusammen mit dem Band §§ 985–1011 (1993) bzw seit 2000 gesondert mitgeliefert wird. Eine aktualisierte Neubearbeitung befindet sich in Vorbereitung und wird den Abonnenten wiederum kostenlos geliefert werden.

Der Stand der Bearbeitung ist jeweils mit Monat und Jahr auf den linken Seiten unten angegeben.

Am Ende des Bandes befindet sich eine Übersicht über den aktuellen Stand des „Gesamtwerk STAUDINGER“.

Die Deutsche Bibliothek – CIP-Einheitsaufnahme

J. von Staudingers Kommentar zum Bürgerlichen Gesetzbuch : mit Einführungsgesetz und Nebengesetzen / [Kommentatoren Karl-Dieter Albrecht …]. – Berlin : Sellier de Gruyter
ISBN 3-8059-0784-2

Buch 3. Sachenrecht
Umwelthaftungsrecht. – Neubearb. 2002 / von Jürgen Kohler. Red. Karl-Heinz Gursky. – 2002
ISBN 3-8059-0961-6

Satz: jürgen ullrich typosatz, Nördlingen.

Druck: H. Heenemann GmbH & Co., Berlin.

Bindearbeiten: Lüderitz und Bauer, Buchgewerbe GmbH, Berlin.

Umschlaggestaltung: Bib Wies, München.

∞ Gedruckt auf säurefreiem Papier, das die DIN ISO 9706 über Haltbarkeit erfüllt.

Inhaltsübersicht

Seite*

Buch 3 · Sachenrecht

A. Einleitung zum Umwelthaftungsrecht ______ 1

B. Gesetz über die Haftung für den Betrieb umweltgefährdender Anlagen (Umwelthaftungsgesetz – UmweltHG) ______ 170

C. Gesetz über die friedliche Verwendung der Kernenergie und den Schutz gegen ihre Gefahren (Atomgesetz – AtomG) §§ 25, 25a, 26 ______ 383

D. Bundesberggesetz (BBergG) § 114 ______ 404

E. Gesetz zum Schutz vor schädlichen Umwelteinwirkungen durch Luftverunreinigungen, Geräusche, Erschütterungen und ähnliche Vorgänge (Bundes-Immissionsschutzgesetz – BImSchG) § 14 S 2 ______ 424

F. Gesetz zur Regelung der Gentechnik (Gentechnikgesetz – GenTG) §§ 32, 34, 35, 37 ______ 437

G. Haftpflichtgesetz (HaftPflG) § 2 ______ 454

H. Wasserhaushaltsgesetz (WHG) § 22 ______ 467

Sachregister ______ 503

* Zitiert wird nicht nach Seiten, sondern nach Paragraph bzw Artikel und Randnummer; siehe dazu auch S VI.

A. Einleitung zum Umwelthaftungsrecht*

Allgemeines Schrifttum

ADAMS, Ökonomische Analyse der Gefährdungs- und Verschuldenshaftung (1985)
ders, Zur Aufgabe des Haftungsrechts im Umweltschutz, ZZP 99 (1986) 129
ders, Das „Verursacherprinzip" als Leerformel, JZ 1989, 787
AHRENS, Praxis und Dogmatik der Schadensschätzung. Ein Beitrag zur Auslegung des § 287 ZPO, ZZP 88 (1975) 1
ders, Bürgerliches Recht und Umwelthaftung. Zum Stand der Umwelthaftung in den bürgerlichrechtlichen Ausgleichsschuldverhältnissen nach Erlaß des UmweltHG (1994)
AHRENS/SIMON, Umwelthaftung, Risikosteuerung und Versicherung (1996)
ANTES/CLAUSEN/FICHTER, Die guten Managementpraktiken in der EU-Audit-Verordnung, DB 1995, 685
APPEL/SCHLARMANN, Haftungsprobleme bei Ölschäden, VersR 1973, 993
ASSMANN, Rechtsfragen des Kausalitätsnachweises bei Umweltschäden, in: NICKLISCH (Hrsg), Prävention im Umweltrecht (1988)
ASSMANN/KIRCHNER/SCHANZE, Ökonomische Analyse des Rechts (1993)
BALENSIEFEN, Umwelthaftung (1994)
BÄLZ, Zum Strukturwandel des Systems zivilrechtlicher Haftung (1991)
ders, Ersatz oder Ausgleich?, JZ 1992, 57
BALZEREIT/KASSEBOHM/KETTLER, Umwelthaftung und Versicherungsschutz, BB 1996, 117
vBAR, Zur Dogmatik des zivilrechtlichen Ausgleichs von Umweltschäden, in: Abwehr und Ausgleich für Umweltbelastungen, Karlsruher Forum 1987, Beiheft zum VersR 1989, 4
ders, Internationales Umwelthaftungsrecht I, II (1995)
BARTELSBERGER, Das Dilemma des baulichen Nachbarrechts, VerwArch 60 (1969) 35
BARTSCH, Liability for Environmental Damages: Incentives for Precaution and Risk Allocation (1998)
BAUMANN, Die Haftung für Umweltschäden aus zivilrechtlicher Sicht, JuS 1989, 433
BAUMGÄRTEL, Anmerkung zum BGH – Urteil vom 18. 9. 1984 (VI ZR 223/82), JZ 1984, 1109
ders, Handbuch der Beweislast im Privatrecht, Bd 1 (2. Aufl 1991)
F BAUR, Die privatrechtlichen Auswirkungen des Bundesimmissionsschutzgesetzes, JZ 1974, 657
ders, Die gegenseitige Durchdringung von privatem und öffentlichem Recht im Bereich des Bodeneigentums, in: Beiträge zur europäischen Rechtsgeschichte und zum geltenden Zivilrecht (1977) 181
ders, Umweltschutz und Bürgerliches Recht, Dokumentation zur 2. Fachtagung der Gesellschaft für Umweltrecht (1978) 29
ders, Anmerkung zum BGH – Urteil vom 15. 1. 1981 (VII ZR 44/80), JZ 1981, 278
ders, Zur Entstehung des Umweltschutzes aus dem Sachenrecht des BGB, JZ 1987, 317
BECKER, Umwelthaftungsrecht als Instrument der europäischen Umweltpolitik: Eine ökonomische Analyse (1999)
BENDER, Zur staatshaftungsrechtlichen Problematik der Waldschäden, VerwArch 77 (1986) 335
BENDER/SPARWASSER, Umweltrecht (2. Aufl 1990)
BENKERT, Neue Strategien der Umweltpolitik in den USA, NuR 1983, 295

---

* Der Kommentator dankt den Herren Rechtsassessoren MICHAEL GRUEL und RAJKO HERRMANN für die Mitarbeit an der Neuauflage sowie für die Organisation und technische Abwicklung.

BENTZIN, Die Haftung für genetische Strahlenschäden (1971)
ders, Gibt es eine zivilrechtliche Haftung für genetische Schäden?, VersR 1972, 1095
BERGES, Umwelthaftungsrisiken im landwirtschaftlichen Betrieb und ihre Handhabung aus einzelbetrieblicher und versicherungstechnischer Sicht (1998)
BIGALKE, Die umweltrechtliche Verantwortlichkeit von gesicherten Kreditgebern: am Beispiel der USA und der Bundesrepublik Deutschland (1994)
BITZER, Grenz- und Richtwerte im Anwendungsbereich des § 906 BGB (2001)
BLASCHCZOK, Gefährdungshaftung und Risikozuweisung (1993)
BLUMENBERG, Die Umwelt-Informationsrichtlinie der EG und ihre Umsetzung in das deutsche Recht, NuR 1992, 8
BOCKEN, Achievements and proposals with respect to the unification of liability law for particular types of operation, in: vBAR (Hrsg), Internationales Umwelthaftungsrecht I (1995) 31
BODEWIG, Probleme alternativer Kausalität bei Masseschäden, AcP 185 (1985) 491
BONUS, Emissionsrechte als Mittel der Privatisierung öffentlicher Ressourcen aus der Umwelt, in: WEGEHENKEL (Hrsg), Marktwirtschaft und Umwelt (1981) 54
BORSELMANN, Eigene Rechte für die Natur – Ansätze einer ökologischen Rechtsauffassung, KJ 1986, 1
BREUER, Schutz von Betriebs- und Geschäftsgeheimnissen im Umweltrecht, NVwZ 1986, 171
ders, Rechtsprobleme der Altlasten, NVwZ 1987, 751
ders, Wasserrechtliche Gefährdungshaftung und Aufwendungen der Gefahrenerforschung, NVwZ 1988, 992
BRÜGGEMEIER, Umwelthaftungsrecht – Ein Beitrag zum Recht der „Risikogesellschaft", KJ 1989, 209
ders, Die Haftung mehrerer im Umweltrecht, UTR 12 (1990) 261
ders, Jenseits des Verursacherprinzips? Zur Diskussion um den Kausalitätsnachweis im Umwelthaftungsrecht, KritV 1991, 297
ders, Unternehmenshaftung für „Umweltschäden" im deutschen Recht und nach EG-Recht, in: FS Jahr (1993)
BULLINGER, Haftungsprobleme des Umweltschutzes aus der Sicht des Verwaltungsrechts, VersR 1972, 599
CANARIS, Schutzgesetze – Verkehrspflichten – Schutzpflichten, in: 2. FS Larenz (1983) 27
COSACK, Umwelthaftung im faktischen GmbH-Konzern: Strategien zur Reduzierung der Umwelthaftungsrisiken im Konzernunternehmen und Konzernverbund (1999)
CZYCHOWSKI, Ordnungsbehördliche Maßnahmen nach Ölunfällen, DVBl 1970, 379
DEUBEL, Gefährdungshaftung für laborgezüchtete Mikroorganismen, NJW 1976, 1137
ders, Haftungsrecht, Bd 1 (1976)
ders, Gefährdungshaftung: Tatbestand und Schutzbereich, JuS 1981, 317
ders, Gefährdungshaftung für Mikroorganismen im Labor, NJW 1990, 751
ders, Haftung und Rechtsschutz in der Gentechnik, VersR 1990, 1041
DEUTSCH, Umwelthaftung: Theorie und Grundsätze, JZ 1991, 1097
ders, Das neue System der Gefährdungshaftungen: Gefährdungshaftung, erweiterte Gefährdungshaftung und Kausal-Vermutungshaftung, NJW 1992, 73
ders, Ökologische Risiken im Kreditgeschäft (1999)
DIEDERICHSEN, Die Haftung für Umweltschäden, BB 1973, 485
ders, Zivilrechtliche Probleme des Umweltschutzes, in: FS R Schmidt (1976) 1
ders, Ausbau des Individualschutzes gegen Umweltbelastungen als Aufgabe des bürgerlichen und des öffentlichen Rechts, in: Verhandlungen des 56. Deutschen Juristentages Berlin 1986, hrsg von der ständigen Deputation des Deutschen Juristentages, Band 2 (1986) L 48
ders, Die Verantwortlichkeit für Altlasten im Zivilrecht, BB 1986, 1723
ders, Stand und Entwicklungstendenzen des Umwelthaftungsrechts Gefährdungshaftung und Umweltschutz, in: BREUER/KLOEPFER/MARBURGER/SCHRÖDER (Hrsg), UTR 5 (1988) 189
ders, Verantwortlichkeit für Altlasten – Industrie als Störer?, BB 1988, 917

ders, Umwelthaftung zwischen gestern und morgen, in: FS Lukes (1989) 41
ders, Industriegefährdung durch Umweltgefährdungshaftungshaftung, PHI 1990, 78
ders, Die Haftung für Umweltschäden in Deutschland, PHI 1992, 162
DIEDERICHSEN/SCHOLZ, Kausalitäts- und Beweisprobleme im zivilrechtlichen Umweltschutz, WiVerw 1984, 23
DIEDERICHSEN/WAGNER, Das UmweltHG zwischen gesetzgeberischer Intention und interpretatorischer Phantasie, VersR 1993, 641
DÖRING, Haftung und Haftpflichtversicherung als Instrument einer präventiven Umweltpolitik (1999)
vDÖRNBERG, § 14 Satz 2 des Bundes-Immissionsschutzgesetzes als Staatshaftungsnorm bei emittentenfernen Waldschäden durch Immissionen (Teil 1), NuR 1986, 45
ders, Die Haftung für Umweltschäden, in: vDÖRNBERG/GASSER/GASSNER, Umweltschäden: Haftung, Vermeidung und Versicherung, Produktgenehmigung (1992) 9
DOMBERT/REICHERT, Altlasten in den neuen Bundesländern: Die Freistellungsklausel des Einigungsvertrages, NVwZ 1991, 744
DOMEYER, Die Auswirkungen eines veränderten Umwelthaftungsrechts auf Verursacherindustrie und Versicherungswirtschaft (1992)
EBERL-BORGES, § 830 BGB und die Gefährdungshaftung, AcP 196 (1996) 491
EBERSBACH, Rechtliche Probleme des Waldsterbens, AgrarR 1984, 214
EMMERICH, Anmerkung zum BGH – Urteil vom 18. 9. 1984 (VI ZR 233/82), JuS 1985, 313
ENDERS, Die zivilrechtliche Verantwortlichkeit für Altlasten und Abfälle (1999)
ENGELHARDT, Die deliktsrechtliche Haftung für Umweltschäden: Ein Beitrag zur Reform des Umwelthaftungsrechts (1992)
ENDRES, Normen des Umweltrechts als Schutzgesetze im Sinne des § 823 Abs 2 BGB (1993)
ENDRES/REHBINDER/SCHWARZE, Haftung und Versicherung für Umweltschäden aus ökonomischer und juristischer Sicht (1996)
ENGLER, Welche Möglichkeiten des Schutzes vor schädlichen Umwelteinflüssen bietet das Zivilrecht?, AgrarR 1972, 371
ERICHSEN, Der ökologische Schaden im internationalen Umwelthaftungsrecht (1993)
ERL, Das Verhältnis des Umwelthaftungsgesetzes zu § 823 BGB (1998)
JOSEF ESSER, Grundlagen und Entwicklung der Gefährdungshaftung: Beiträge zur Reform des Haftpflichtrechts und zu seiner Wiedereinordnung in die Gedanken des allgemeinen Privatrechts (1969)
JÖRG ESSER, Die Systematik des Umwelthaftungsrechts nach dem Erlaß des Umwelthaftungsgesetzes (1995)
ETTNER, Die Anlagenhaftung nach § 22 Abs 2 Wasserhaushaltsgesetz, DB 1964, 23
EVEN, Verhandlungen des Deutschen Bundestages, 3. Wahlper Stenogr Berichte Band 44, 4855
FABIAN, Schädigermehrheit und Regreß im internationalen Umwelthaftungsrecht: Unter besonderer Berücksichtigung des anglo-amerikanischen Rechts (1999)
FACKLAMM, Die Regelung der Beweislast und des Beweismaßes am Beispiel des § 6 Abs 1 S 1 UmweltHG (1998)
FALK, Juristische Aspekte des Öko-Audit, UPR 1996, 301
ders, Die EG-Umwelt-Audit-Verordnung und das Umwelthaftungsrecht, EuZW 1997, 593
ders, Vergleich des Umweltauditgesetzes mit Zulassungssystemen anderer Mitgliedstaaten, NVwZ 1997, 144
ders, Die EG-Umwelt-Audit-Verordnung und das deutsche Umwelthaftungsrecht (1998)
FALKE, „Umwelt-Audit"-Verordnung: Grundsätze und Kritikpunkte, ZUR 1995, 4
FASSHAUER, Struktur und Aspekte bei der Implementierung eines Umweltmanagementsystems, in: NICKLISCH (Hrsg), Umweltrisiken und Umweltprivatrecht im deutschen und europäischen Recht: Heidelberger Kolloquium Technologie und Recht 1994 (1995) 99
FEESS, Haftungsregeln für multikausale Umweltschäden: eine ökonomische Analyse des Umwelthaftungsgesetzs unter besonderer Berücksichtigung multikausaler Schadensverursachung (1995)
ders, Die Haftung gesicherter Kreditgeber für Umweltschäden aus ökonomischer Sicht (1997)
FEESS/STEGER, Umweltschutz durch Haftung

und Auditing aus ökonomischer Sicht, in: Nicklisch (Hrsg), Umweltrisiken und Umweltprivatrecht im deutschen und europäischen Recht: Heidelberger Kolloquium Technologie und Recht 1994 (1995) 175
Feess-Dörr/Prätorius/Steger, Marktwirtschaft und Luftreinhaltung, DVBl 1984, 552
ders, Umweltrecht (2. Aufl 1992)
ders, Umwelt-Audit und Betriebsorganisation im Umweltrecht, in: Kormann (Hrsg), Umwelthaftung und Umweltmanagement (1994) 9
ders, Umwelt-Audit-Verordnung der EU, in: Nicklisch (Hrsg), Umweltrisiken und Umweltprivatrecht im deutschen und europäischen Recht: Heidelberger Kolloquium Technologie und Recht 1994 (1995) 89
Feldhaus, Zum Inhalt und zur Anwendung des Standes der Technik im Immissionsschutzrecht, DVBl 1981, 165
ders, Entwicklung und Rechtsnatur von Umweltstandards, UPR 1982, 137
ders, Umwelthaftungsgesetz und Bundesimmissionsschutzgesetz, UPR 1992, 161
ders, Zum Stand der Umwelthaftung in Deutschland, UPR 1997, 134
Feldhaus/Vallendar, Kommentar zum Bundes-Immissionsschutzgesetz (ab 1965)
Feldmann, Umwelthaftung aus umweltpolitischer Sicht, UPR 1991, 45
ders, Stand der Vorarbeiten zur umwelthaftungsrechtlichen Deckungsvorsorgeverordnung, UWF 1993, 23
ders, Deutschland: Zur Ausgestaltung der gesetzlichen Deckungsvorsorge aus umweltpolitischer Sicht, PHI 1994, 162
ders, Zur Ausgestaltung der gesetzlichen Deckungsvorsorge aus umweltpolitischer Sicht, in: Nicklisch (Hrsg), Umweltrisiken und Umweltprivatrecht im deutschen und europäischen Recht: Heidelberger Kolloquium Technologie und Recht 1994 (1995) 159
Flachsbarth, Die Verwirklichung des Verursacherprinzips in der Produkt- und Umwelthaftung landwirtschaftlicher Betriebe (1998)
Fleck, Umwelthaftung und Umwelthaftungsrecht (1990)
Föller, Umwelthaftungsrecht und Schadensprävention: eine ökonomische Analyse der Haftung für Umweltschäden unter Einbeziehung juristischer und versicherungstheoretischer Aspekte (1994)
Forkel, Immissionsschutzrecht und Persönlichkeitsrecht. Eine privatrechtliche Untersuchung (1968)
Förschle/Hermann/Mandler, Umwelt-Audits, DB 1994, 1093
Förster, Umweltprobleme und Umweltpolitik in Osteuropa, in: Aus Politik und Zeitgeschichte (Beilage zu „Das Parlament") B 10 vom 1. 3. 1991
Frank, Kollektive oder individuelle Steuerung der Umwelt?, KJ 1989, 36
Frey, Haftung für Altlasten (1992)
Friauf, Latente Störung, Rechtswirkungen der Bauerlaubnis und vorbeugende Nachbarklage, DVBl 1971, 713
Friehe, Der Konventionsentwurf des Europarates über die zivilrechtliche Haftung für Schäden, die aus umweltgefährlichen Aktivitäten herrühren, NuR 1992, 249
ders, Die Europarats-Konvention zur Umwelthaftung, NuR 1995, 512
ders, Europäische Tendenzen der Umwelthaftung, in: Nicklisch (Hrsg), Umweltrisiken und Umweltprivatrecht im deutschen und europäischen Recht: Heidelberger Kolloquium Technologie und Recht 1994 (1995) 47
Führ, Umweltbewusstes Management durch „Öko-Audit"?, EuZW 1992, 468
ders, Umweltmanagement und Umweltbetriebsprüfung – neue EG-Verordnung zum Öko-Audit verabschiedet, NVwZ 1993, 858
Gaentzsch, Ausbau des Individualschutzes gegen Umweltbelastungen als Aufgabe des bürgerlichen und des öffentlichen Rechts, NJW 1986, 601
Ganten/Lemke, Haftungsprobleme im Umweltbereich, UPR 1989, 1
Gasser, Umwelthaftung und ihre Auswirkungen auf die Unternehmenspraxis (ab 1993)
ders, Umwelt-Audit und Versicherung, in: Nicklisch (Hrsg), Umweltrisiken und Umweltprivatrecht im deutschen und europäischen Recht: Heidelberger Kolloquium Technologie und Recht 1994 (1995) 121
Gassner, Der Ersatz des ökologischen Schadens nach dem geltenden Recht, UPR 1987, 370
Geisendörfer, Umwelthaftungsrecht in der Marktwirtschaft, VersR 1988, 421

ders, Das Zivilrecht als Instrument der Umweltpolitik, VersR 1989, 433
GEPPERT, Umweltmanagement, Haftung und Versicherung: Die neue Umwelthaftpflichtversicherung (1996)
GERLACH, Die Grundstrukturen des privaten Umweltrechts im Spannungsfeld zum öffentlichen Recht, JZ 1988, 161
ders, Privatrecht und Umweltschutz im System des Umweltrechts (1989)
GIMPEL-HINTEREGGER, Grundfragen der Umwelthaftung: zugleich ein Beitrag zu den allgemeinen Lehren des Haftungsrechts, zur ökonomischen Analyse des Rechts und zum privaten Immissionsschutzrecht (1994)
GMEHLING, Die Beweislastverteilung bei Schäden aus Industrieemissionen (1989)
GMILKOWSKY, Die Produkthaftung für Umweltschäden und ihre Deckung durch die Produkthaftpflichtversicherung (1995)
GNAUB, Umwelthaftung in rechtsvergleichender Darstellung (2000)
GÖBEN, Arzneimittelhaftung und Gentechnikhaftung als Beispiele modernen Risikoausgleichs (1995)
GODT, Haftung für ökologische Schäden: Verantwortung für Beeinträchtigungen des Allgemeingutes Umwelt durch individualisierbare Verletzungshandlungen (1997)
GOTTWALD, Die Wahrung von Geschäftsgeheimnissen im Zivilprozess, BB 1979, 1780
ders, Schadenszurechnung und Schadensschätzung (1979)
ders, Kausalität und Zurechnung, KF 1986, 1
ders, Die Schadenszurechnung nach dem Umwelthaftungsgesetz, in: FS Lange (1992) 447
GÜCKELHORN/STEGER, Umwelthaftungsrecht: Umwelt – Unternehmen – Haftung; Strategien zur Bewältigung eines Schlüsselthemas (1988)
GÜTERSLOH, Umwelthaftungsfonds: Haftungs- und versicherungsrechtliche Aspekte eines kollektiven Entschädigungssystems für Umweltschäden (1999)
HAGEN, Sportanlagen im Wohnbereich, UPR 1985, 192
HAGER, Umweltschäden – ein Prüfstein für die Wandlungs- und Leistungsfähigkeit des Deliktsrechts, NJW 1986, 1961
ders, Umwelthaftung und Produkthaftung, in: BREUER/KLOEPFER/MARBURGER/SCHRÖDER (Hrsg), Umweltschutz und Privatrecht (1990) UTR Band 11 (1990) 133
ders, Umwelthaftung und Produkthaftung, JZ 1990, 397
ders, Das neue Umwelthaftungsgesetz, NJW 1991, 134
ders, Der Kupolofenfall, Jura 1991, 303
ders, Ökologisierung des Verbraucherschutzrechtes, UPR 1995, 401
HAGER, Europäisches Umwelthaftungsrecht, ZEuP 1997, 9
HAGER/TEICHLER, Fortentwicklung des Umwelthaftungsrechts: der Gesetzesentwurf der Bundesregierung (1990)
HALLER, Zivilrechtlicher Ausgleich unter öffentlich-rechtlichen Störern, ZUR 1996, 21
ders, Auskunftsansprüche im Umwelthaftungsrecht (1999)
HAMM/RAESCHKE-KESSLER/GRÜTER, Aktuelle Rechtsfragen und Rechtsprechung zum Umwelthaftungsrecht der Unternehmen (2. Aufl 1990)
HANAU, Die Kausalität der Pflichtwidrigkeit. Eine Studie zum Problem des pflichtwidrigen Alternativverhaltens im bürgerlichen Recht (1971)
HAPKE/JAPP, Prävention und Umwelthaftung (2001)
HARMATHY, Liability of state organs and civil law liability for environmental damage, in: vBAR (Hrsg), Internationales Umwelthaftungsrecht I (1995) 3
HARTMANN, Die Entwicklung im internationalen Umwelthaftungsrecht unter besonderer Berücksichtigung von erga omnes-Normen (2000)
HAUCK, Wirtschaftsgeheimnisse – Informationseigentum kraft richtiger Rechtsfortbildung? (1987)
HENDLER, Zur Abstimmung von Anreizinstrumenten und Ordnungsrecht, UPR 2001, 281
HENSELER, Grundfragen der Umweltgefährdungshaftung, UTR 5 (1988) 205
HERBST, Risikoregulierung durch Umwelthaftung und Versicherung (1996)
HERSCHEL, Die Neugestaltung des Immissionsrechtes, JZ 1959, 76
vHIPPEL, Staatshaftung für das Waldsterben, NJW 1985, 30

ders, Anmerkung zum Urteil des OLG Köln vom 16. 9. 1985 (7 U 133/84), NJW 1986, 592
ders, Reform des Ausgleichs von Umweltschäden?, ZRP 1986, 233
HOFMANN, Wasserhaushaltsgesetz (4. Auflage 1999)
HOHLOCH, Umweltschäden im Spannungsfeld zwischen Individualhaftung und Kollektivhaftung (1993)
ders, Entschädigungsfonds auf dem Gebiet des Umwelthaftungsrechts: rechtsvergleichende Untersuchung zur Frage der Einsatzfähigkeit einer „Fondslösung"; Abschlußbericht mit Forschungsvorhaben: „Rechtsfragen im Zusammenhang mit Überlegungen zur Schaffung eines Entschädigungsfonds für Umweltschäden" (1994)
HOLZHEU, Umweltpolitik durch Haftungsregeln: Schadenverhütung und Risikoallokation (1994)
HOMANN, Einschränkungen der Kostentragungspflicht des Grundstückseigentümers beim Ablagern von Giftfässern, DVBl 1984, 997
HOPP, Ursachen und Ursachenmehrheiten im Umwelthaftungsrecht: zugleich ein Beitrag zur ökonomischen Analyse des Umwelthaftungsgesetzes (1996)
HOPPE, Die wirtschaftliche Vertretbarkeit im Umweltschutzrecht (1984)
HOPPE/BECKMANN, Umweltrecht (1989)
HÜBLER, DDR-Umweltpolitik (1990)
HÜBNER, Haftungsprobleme der technischen Kontrolle, NJW 1988, 441
HUFFMANN, Der Einfluß des § 52a BImSchG auf die Verantwortlichkeit im Unternehmen (1999)
IWANOWITSCH, Die Produkt- und Umwelthaftung im Rahmen des betrieblichen Risikomanagements (1997)
JARASS, Bundesimmissionschutzgesetz (1983)
JAYME, Rechtsfragen des Baseler Übereinkommens über die grenzüberschreitende Verbringung gefährlicher Abfälle und ihrer Entsorgung, in: NICKLISCH (Hrsg), Umweltrisiken und Umweltprivatrecht im deutschen und europäischen Recht: Heidelberger Kolloquium Technologie und Recht 1994 (1995) 69
JOHLEN, Bauplanungsrecht und privatrechtlicher Immissionsschutz, BauR 1984, 134
JOST, Betriebliche Umweltschutzmaßnahmen als Antwort auf den Entwurf zum neuen Umwelthaftungsgesetz, DB 1990, 2381
JUNKE, Deutschland – Zur Konkurrenzsituation der Produkthaftung in Sondergesetzen, PHI 1991, 138
KADNER, Der Ersatz ökologischer Schäden: Ansprüche von Umweltverbänden (1995)
KAHLERT, Der Einigungsprozess als Chance für die Umwelt, Friedrich-Ebert-Stiftung (Hrsg) (1990)
KAPPUS, Der Schadensersatzanspruch bei Zerstörung von Bäumen, VersR 1984, 1021
KEIDEL, Ökologische Risiken im Kreditgeschäft: Systematisches Prüfungs- und Bewertungsverfahren (1997)
KELLER, Eigene Rechte für die Natur? – eine Kontroverse, KJ 1986, 339
KETTELER, Grundzüge des neuen Umwelthaftungsgesetzes, AnwBl 1992, 3
KEUK, Die Solidarhaftung der Nebentäter, AcP 168 (1968) 175
KIRCHER, Umweltauditing und Finanzierung, in: NICKLISCH (Hrsg), Umweltrisiken und Umweltprivatrecht im deutschen und europäischen Recht: Heidelberger Kolloquium Technologie und Recht 1994 (1995) 113
KIRCHGÄSSNER, Das Verursacherprinzip: Leerformel oder regulative Idee?, JZ 1990, 1042
ders, Haftungsrecht und Schadensersatzansprüche als umweltpolitische Instrumente, ZfU 1992, 15
KIRCHHOF, Kontrolle der Technik als staatliche und private Aufgabe, NVwZ 1988, 97
KLASS, Zum Stand der Umwelthaftung in Deutschland, UPR 1997, 134
ders, Haftungsumfang bei ökologischen Schäden, JA 1997, 509
KLEINLEIN, Das System des Nachbarrechts (1987)
KLIMECK, Beweiserleichterungen im Umwelthaftungsrecht (1998)
KLOEPFER, Die Verantwortlichkeit für Altlasten im öffentlichen Recht, NuR 1987, 7
ders, Umweltrecht (2. Aufl 1998)
ders, Umweltschutz als Aufgabe des Zivilrechts – aus öffentlich-rechtlicher Sicht, in: BREUER/KLOEPFER/MARBURGER/SCHROEDER (Hrsg), UTR 11 (1990) 35

ders, Umweltschutz als Aufgabe des Zivilrechts – aus öffentlich-rechtlicher Sicht, NuR 1990, 337
ders, Das Umweltrecht in der deutschen Einigung (1991)
ders, Handeln unter Risiko im Umweltstaat, in: GETHMANN/KLOEPFER, Handeln unter Risiko im Umweltstaat (1993) 55
ders, Zur Geschichte des deutschen Umweltrechts (1994)
ders, Zur Kodifikation des Besonderen Teils eines Umweltgesetzbuches (UGB-BT), DVBl 1994, 305
KLOEPFER/DURNER, Der Umweltgesetzbuch-Entwurf der Sachverständigenkommission, DVBl 1997, 1081
KLOEPFER/MAST, Das Umweltrecht des Auslandes (1995)
KLOEPFER/THULL, Der Lastenausgleich unter mehreren polizei- und ordnungsrechtlich Verantwortlichen, DVBl 1989, 1121
KNEBEL, Zur Fortentwicklung des Umwelthaftungsrechts, in: BREUER/KLOEPFER/MARBURGER/SCHRÖDER, UTR 5 (1988) 274
KNOPP/STRIEGL, Umweltschutzorientierte Betriebsorganisation zur Risikominimierung, BB 1992, 2009
KNOPP, Altlastenrecht in der Praxis: unter Berücksichtigung des Rechts der neuen Bundesländer (1992)
H-J KOCH, Auf dem Weg zum Umweltgesetzbuch/Symposium über den Entwurf eines AT-UGB (1992)
W KOCH, Zum Problem des Schadenersatzes für Zier- und Nutzpflanzen, VersR 1969, 16
ders, Schadenersatzwerte für Straßen- und Parkbäume, VersR 1970, 789
ders, Hinweise zur Schadenersatzberechnung von Bäumen, VersR 1973, 10
ders, Verbesserte Gehölzwerttabellen, VersR 1974, 1154
ders, Zur Schadenersatzberechnung bei Zerstörung von Straßenbäumen, VersR 1977, 898
ders, Schadenersatz bei Teilbeschädigung von Bäumen, VersR 1979, 16
ders, Schadenersatz und Entschädigung für Gehölze und Gartenanlagen, NJW 1979, 2601
ders, Entschädigung für Bäume und Gartenanlagen als Grundstücksbestandteile, VersR 1981, 505
ders, Der Schadensersatzanspruch bei Zerstörung von Straßenbäumen Erwiderung auf den Beitrag von Kappus, VersR 1984, 213
ders, Das Sachwertverfahren für Bäume in der Rechtsprechung, VersR 1984, 110; 1986, 1160; 1990, 573
ders, Aufwuchswertermittlung bei Grundstücksenteignung und die neue Wertermittlungsverordnung, NVwZ 1989, 122
ders, Aspekte der Haftung für gentechnische Verfahren und Produkte, DB 1991, 1815
ders, Auf dem Weg zum Umweltgesetzbuch, NVwZ 1991, 953
KÖCK, Umweltrechtsentwicklung und ökonomische Analyse, NuR 1992, 412
ders, Indirekte Steuerung im Umweltrecht: Abgabenerhebung, Umweltschutzbeauftragte und „Öko-Auditing" – Anm zum Professoren-Entwurf des UGB-AT, DVBl 1994, 27
ders, Die Entdeckung der Organisation durch das Umweltrecht: Reflexionen zur „Öko-Audit"–VO der EG, ZUR 1995, 1
ders, Umweltschutzsichernde Betriebsorganisation als Gegenstand des Umweltrechts: Die EG–„Öko-Audit"-Verordnung, JZ 1995, 643
KOLMANN, Umwelthaftung und Umweltmanagement (1994)
KÖNDGEN, Überlegungen zur Fortbildung des Umwelthaftungsrechts, UPR 1983, 345
KONZEN, Aufopferung im Zivilrecht (1969)
P KOTHE, Einführung ökonomischer Instrumente in die Luftreinhaltepolitik, ZRP 1985, 145
W KOTHE, Das neue Umweltauditrecht (1997)
KÖTZ, Haftung für besondere Gefahr, AcP 170 (1970) 1
ders, Gutachten zur Bearbeitung des Schuldrechts Band II (1979)
KORMANN, Umwelthaftung und Umweltmanagement (1994)
KRAUSE-ABLASS, Zuliefererhaftung trotz rechtlicher Kanalisierung?, in: PELZER (Hrsg), Friedliche Kernenergienutzung und Staatsgrenzen in Mitteleuropa – Tagesbericht der AIDN/INLA Regionaltagung in Regensburg 1986 (1987)
ders, Zur Neufassung der „Altlastenfreistellungsklausel" in den neuen Bundesländern, BB 1991, 1356

Küpper, Hinweise zu dem neuen Haftpflichtmodell, VP 1992, 1
ders, Anmerkungen zu dem genehmigten Umwelthaftpflicht-Modell und Umwelthaftpflicht-Tarif des HUK-Verbandes, VP 1993, 17
ders, Welchen Einfluß haben Haftung und Versicherung auf die Investitionstätigkeit der Unternehmen im Umweltbereich, BB 1996, 541
Ladeur, Schadensersatzansprüche des Bundes für die durch den Sandoz-Unfall entstandenen „ökologischen Schäden", NJW 1987, 1236
ders, Der „Umwelthaftungsfonds" – ein Irrweg der Flexibilisierung des Umwelthaftungsrechts, VersR 1993, 257
Landmann/Rohmer/Hager, Gewerbeordnung und ergänzende Vorschriften, Bd III, Umweltrecht (Loseblatt ab 1989)
Landmann/Rohmer/Rehbinder, Umweltrecht, Bd I u II (Loseblatt ab 1991)
Landsberg/Lülling, Das neue Umwelthaftungsgesetz, DB 1990, 2205
dies, Die Ursachenvermutung und die Auskunftsansprüche nach dem neuen Umwelthaftungsgesetz, DB 1991, 479
dies, Umwelthaftungsrecht (1991)
Lange (Hrsg), FS Gernhuber (1993)
Langhaeuser, Private Haftung für Umweltschäden nach deutschem und japanischem Recht (1996)
Larenz, Die Schadenshaftung nach dem Wasserhaushaltsgesetz im System der zivilrechtlichen Haftungsgründe, VersR 1963, 593
Lehmann, Umwelthaftungsrecht dient der Internalisierung von negativen Externalitäten, in: Ott/Schäfer, Ökonomische Probleme des Zivilrechts (1991) 290
Leimbacher, Die Rechte der Natur (1988)
Leisner, Waldsterben (1983)
B Leonhard, Der privatrechtliche Auskunftsanspruch im Umweltrecht (2000)
M Leonhard, Der ökologische Schaden: Eine rechtsvergleichende Untersuchung (1996)
vLersner, Bemerkungen zu Eigenrechten der Natur, UTR 12 (1990) 55
Lessmann (Hrsg), FS Lukes (1989)
Limberger/Koch, Der Versicherungsfall in der Gewässerschadenshaftpflichtverletzung, VersR 1991, 134
Lipp, „Fiktive" Herstellungskosten und Dispositionsfreiheit des Geschädigten, NJW 1990, 104
Lorenz, Vollzugsdefizite im Umweltrecht, UPR 1991, 253
Loser, Kausalitätsprobleme bei der Haftung für Umweltschäden (1994)
Lübbe-Wolff, Die EG-Verordnung zum Umwelt-Audit, DVBl 1994, 361
Lytras, Zivilrechtliche Haftung für Umweltschäden (1995)
Mädrich, Das allgemeine Lebensrisiko (1980)
Mann, Öko-Audit im Umweltrecht: die Auswirkungen der Verordnung (EWG) Nr. 1836/93 des Rates vom 29. Juni 1993 auf das deutsche und britische Anlagengenehmigungs- und Umwelthaftungsrecht (1994)
Marburger, Die Regeln der Technik im Recht (1979)
ders, Die haftungs- und versicherungsrechtliche Bedeutung technischer Regeln, VersR 1983, 600
ders, Ausbau des Individualschutzes gegen Umweltbelastungen als Aufgabe des bürgerlichen und des öffentlichen Rechts, in: Verhandlungen des 56. Deutschen Juristentages, hrsg von der Ständigen Deputation des Deutschen Juristentages, Bd I (1986) C 9
ders, Zur zivilrechtlichen Haftung für Waldschäden, UTR 2 (1987) 109
ders, Anmerkungen zum BGH – Urteil vom 21. 1. 1988 (III ZR 180/86), JZ 1988, 564
ders, Schadenszurechnung und Schadensverteilung, KF 1990, 4
ders, Grundsatzfragen des Haftungsrechts unter dem Einfluss der gesetzlichen Regelungen zur Produzenten- und Umwelthaftung, AcP 192 (1992) 1
Marburger/Herrmann, Zur Verteilung der Darlegungslast bei der Haftung für Umweltschäden BGHZ 92, 143, JuS 1986, 354
Martens, Immissionsschutzrecht und Polizeirecht, DVBl 1981, 597
Martin, Die Risikoanalyse bei Umwelt-Haftpflicht-Deckungen, VW 1992, 602
Mayer, Im Gespräch – Das neue Umwelthaftungsrecht, MDR 1991, 813
Mayntz, Vollzugsprobleme der Umweltpolitik (1978)
ders (Hrsg), Implementation politischer Programme (1980)

McCaffrey, Liability for Transfrontier Environmental Harm: The Relationship between Public and Private International Law, in: vBar (Hrsg), Internationales Umwelthaftungsrecht I (1995) 81
Meder, Die Rechtshaftpflicht zur Wiedergutmachung ökologischer Schäden, DVBl 1988, 336
ders, Schadensersatz als Enttäuschungsverarbeitung: zur erkenntnistheoretischen Grundlegung eines modernen Schadensbegriff (1989)
Medicus, Zivilrecht und Umweltschutz, JZ 1986, 778
ders, Umweltschutz als Aufgabe des Zivilrechts aus zivilrechtlicher Sicht, in: Breuer/Klopfer/Marburger/Schröder (Hrsg), UTR 11 (1990) 5
ders, Umweltschutz als Aufgabe des Zivilrechts – aus zivilrechtlicher Sicht, NuR 1990, 145
dies (Hrsg), FS Hermann Lange (1992)
Meier, Ökologische Aspekte des Schuldvertragsrechts: Überlegungen zur vertragsrechtlichen Regulierung von Umweltrisiken (1995)
Meyer, Verjährung und Verursacherprinzip: die Anwendung kurzer Verjährungsfristen bei umweltbezogenen Vertrags- und Rechtsverletzungen (1999)
M Meyer-Abich, Haftungsrechtliche Erfassung ökologischer Schäden (2000)
Meyer/Kahlen, Umwelthaftungsrisiken und Betriebshaftpflichtversicherung, VP 1988, 1, 21 und 41
Michalski, Das Umwelthaftungsgesetz, Jura 1995, 617
Mittenzwei, Umweltverträglichkeit statt Ortsüblichkeit als Tatbestandsvoraussetzung des privatrechtlichen Immissionsschutzes, MDR 1977, 99
Möllers, Rechtsgüterschutz im Umwelt- und Haftungsrecht (1996)
Motsch, Schadensersatz als Erziehungsmittel, JZ 1984, 211
Mühl, Die Ausgestaltung des Nachbarrechtsverhältnisses in privatrechtlicher und öffentlichrechtlicher Hinsicht, in: Funktionswandel der Privatrechtsinstitutionen (1974) 159
ders, Das Gebot der Rücksichtnahme im Baurecht und die Verbindungslinien zum privaten Nachbarschutzrecht, in: FS Baur (1981) 83
Müller/Süss, Das Rechtsregime der Haftung bzw Sanierungsverantwortlichkeit für ökologische Schäden, die vor dem 1. 7. 1990 auf dem Gebiet der neuen Bundesländer verursacht worden sind (Teil I), VersR 1993, 1047
Münchener Kommentar, Zum Band 2 Schuldrecht Allgemeiner Teil, §§ 241–432 (4. Aufl 2001)
Murswiek, Freiheit und Freiwilligkeit im Umweltrecht, JZ 1988, 985
Nagel, Die Produkt- und Umwelthaftung im Verhältnis von Herstellern und Zulieferern, DB 1993, 2469
Nawrath, Die Haftung für Schäden durch Umweltchemikalien (1982)
ders, Die Haftung in Fällen der Unaufklärbarkeit der Verursachungsanteile bei summierten Immissionen, NJW 1982, 2361
Neumann, Haftung für Altlasten im Unternehmen (1996)
Nick, Die Beweislastverteilung im zivilrechtlichen Umweltschutz, AgrarR 1985, 343
Nickel, Industrielle Produktion und Gefährdungshaftung. Zur politischen Verantwortung der Umweltpolitik für das Umwelthaftungsrecht (1988)
Nicklisch, Prävention im Umweltrecht: Risikovorsorge, Grenzwerte, Haftung (1988)
ders, Rechtsfragen der modernen Bio- und Gentechnologie, BB 1989, 1
ders, Umweltschutz durch privatrechtliche Haftung – Umwelthaftung, Gentechnikhaftung, Abfallhaftung, in: Lendi (Hrsg), Umweltpolitik (1991) 105
ders, Umweltschutz und Haftungsrisiken, VersR 1991, 1093
ders, Zur Grundkonzeption der Technik- und Umweltgefährdungshaftung, in: FS Serick (1992) 297
ders, Umweltschutz und Umweltprivatrecht, in: Nicklisch (Hrsg), Umweltrisiken und Umweltprivatrecht im deutschen und europäischen Recht: Heidelberger Kolloquium Technologie und Recht 1994 (1995) 9
Nispeanu, Der Betriebsbeauftragte für Gewässerschutz, NuR 1990, 439
Ochsenfeld, Direkthaftung von Konzernobergesellschaften in den USA: Die Rechtsprechung zum Altlasten-Superfund als Modell für das deutsche Konzernhaftungsrecht? (1998)

OECD/NEA/IAEO (Hrsg), Nuclear Third Party Liability and Insurance, Proceedings of the Munich Symposium (1985)
OEHLER, Umweltschutz und Umweltrecht in der DDR, DVBl 1990, 1322
OEHMEN, Umwelthaftung (1997)
OGOREK, Actio Negatoria und industrielle Beeinträchtigung des Grundeigentums, in: COING/WILHELM (Hrsg), Wissenschaft und Kodifikation des Privatrechts im 19. Jahrhundert, Bd IV (1979) 40
OELZEN, Zivilrechtlicher Schutz gegen Belastungen aus der Umwelt, Jura 1991, 281
OSSENBÜHL, Umweltgefährdungshaftung im Konzern (1999)
PANTHER, Haftung als Instrument einer präventiven Umweltpolitik (1992)
PAPIER, Wirkungen des öffentlichen Planungsrechts auf das Immissionsschutzrecht, in: PIKART/GELZER/PAPIER, Umwelteinwirkungen durch Sportanlagen (1984) 101
dies, Sportstätten und Umwelt, UPR 1985, 73 ff
PASCHKE, Der Beitrag der Reformvorschläge zur Klärung der Grundsatzfragen eines zivilen Umwelthaftungsrechts, UTR 12 (1990) 284
ders, Umwelthaftungsgesetz (1993)
PASCHKE/KÖHLBRANDT, Beseitigung von Industrieabfällen durch Spezialunternehmen, NuR 1993, 256
PEGLAU, Die Normung von Umweltmanagementsystemen und Umweltauditing im Kontext der EG-Öko-Audit-Verordnung, ZUR 1995, 19
PEINE, Öffentliches und privates Nachbarrecht, JuS 1987, 169
ders, Privatrechtsgestaltung durch Anlagengenehmigung, NJW 1990, 2442
PELLONI, Privatrechtliche Haftung für Umweltschäden und Versicherung (1993)
PETER, Gestörter Gleichklang zwischen Umwelthaftungs- und Umweltverwaltungsrecht, IUR 1992, 79
ders, Kombinationsprodukthaftung für Umweltpersonenschäden: ein Beitrag zum deliktsrechtlichen Drittschutz im Lichte des Verfassungsrechts (1997)
PETERSEN, Duldungspflicht und Umwelthaftung (1996)
PFAFFELHUBER, Die Novellierung des Atomgesetzes 1975 und 1976, atw 1977, 319
PFEIFFER, Die Bedeutung des privatrechtlichen Immissionsschutzes (1987)
ders, Einführung in das Umweltrecht, ZZP 106 (1993), 179
PIPERS, The Lugano Convention on Civil Liability for Damage resulting from Activities Dangerous to the Environment and the Intents of the European Union with Regard to Reinstatement of the Environment, in: vBAR (Hrsg), Internationales Umwelthaftungsrecht I (1995) 15
PLEYER, Literaturbesprechung: Bernhardt Kleindienst, Der privatrechtliche Immissionsschutz nach § 906 BGB, AcP 165 (1965) 559
PRÖLSS, Beweiserleichterungen im Schadensrecht (1966)
PRÜFER, Zivilrechtliche Umwelthaftung und Schutzmaßnahmen für das Management von Unternehmern: eine Studie über zivilrechtliche Umwelthaftungsbestimmungen in Japan und Deutschland (1999)
QUENTIN, Kausalität und deliktische Haftungsbegründung (1994)
REEMTS, Umwelthaftpflichtversicherung und Rettungskostenersatz (1998)
REESE, Anspruchsgrundlagen und Probleme der Umwelthaftung, DStR 1996, 24
REHBINDER, Politische und rechtliche Probleme des Verursacherprinzips (1973)
ders, Umweltrecht, RabelsZ 40 (1976) 363
ders, Ersatz ökologischer Schäden – Begriff, Anspruchsberechtigung und Umfang des Ersatzes unter Berücksichtigung rechtsvergleichender Erfahrungen, NuR 1988, 105
ders, Fortentwicklung des Umwelthaftungsrechts in der Bundesrepublik Deutschland, NuR 1989, 149
ders, Grenzen und Chancen einer ökologischen Umorientierung des Rechts (1989)
ders, Das Vollzugsdefizit im Umweltrecht und das Umwelthaftungsrecht (1996)
ders, Umweltschutz und technische Sicherheit als Aufgabe der Unternehmensleitung aus juristischer Sicht, in: BREUER/KLOEPFER/MARBURGER/SCHRÖDER (Hrsg), Umweltschutz und technische Sicherheit im Unternehmen, UTR 26 (1994) 29
REHBINDER/SPRENGER, Möglichkeiten und Grenzen der Übertragbarkeit neuer Konzepte

der US-amerikanischen Luftreinhaltepolitik in den Bereich der deutschen Umweltpolitik (1985)
REIFF, Umwelthaftungsversicherung, VW 1992, 122
REITER, Entschädigungslösungen für durch Luftverunreinigungen verursachte Distanz- und Summationsschäden (1997)
RENGER, Überlegungen zur Verordnung über die Deckungsvorsorge nach dem Umwelthaftungsgesetz, PHI 1992, 86, 88
REST, Luftverschmutzung und Haftung in Europa. Anspruchsmöglichkeiten auf nationaler, internationaler und völkerrechtlicher Ebene (1986)
ders, Tschernobyl und die internationale Haftung – völkerrechtliche Aspekte, VersR 1986, 609
ders, Die Chemieunfälle und die Rheinverseuchung, VersR 1987, 6
ders, Neue Tendenzen im internationalen Umwelthaftungsrecht, NJW 1989, 2153
ders, Effektiveres internationales Umwelthaftungsrecht durch verbesserte Sanktionsmechanismen und einen neuen UN-Umweltgerichtshof, UPR 1991, 417
ders, Ökologische Schäden im Völkerrecht – Die internationale Umwelthaftung in den Entwürfen der UN-ILC und der ECE Task Force, NuR 1992, 155
ders, Neue Mechanismen der Zusammenarbeit und Sanktionierung im Internationalen Umweltrecht – gangbare Wege zur Verbesserung der Umwelt?, NuR 1994, 271
ders, Die rechtliche Umsetzung der Rio-Vorgaben in der Staatenpraxis, 34 AVR (1996) 145
REST/LEINEMANN, Die Ölpest der Exxon Valdez wer zahlt für die Umweltkatastrophe?, UPR 1989, 364
REUTER, Das neue Gesetz über die Umwelthaftung, BB 1991, 145
RHEIN, Das Gemeinschaftssystem für das Umweltmanagement und die Umweltbetriebsprüfung (1996)
ROHDE/LIEBENAU, Umwelthaftung, ZfV 1988, 348
ders, Umwelt-Haftpflichtversicherung – Bedarf der Industrie, in: NICKLISCH (Hrsg), Umweltrisiken und Umweltprivatrecht im deutschen und europäischen Recht: Heidelberger Kolloquium Technologie und Recht 1994 (1995) 147
ROTH, Materiellrechtliche und prozessuale Aspekte des privatrechtlichen Umweltschutzes, NJW 1972, 921
RUHWEDEL, Fluglärm und Schadensausgleich im Zivilrecht, NJW 1971, 641
SAILER, Die summierte Immission: Auswirkungen des neuen Umwelthaftungsrechts und Lösungsansätze (1992)
SALJE, Die Ersatzpflicht des Betreibers für Immissionsschäden in der Nachbarschaft der Anlage, DAR 1988, 302
ders, Zur Kritik des Diskussionsentwurfs eines Umwelthaftungsgesetzes, ZRP 1989, 408
ders, Risikovorsorge durch Errichtung eines Umwelthaftfonds am Beispiel des „Hamburger Entwurfs“, KritV 1991, 324
ders, Umwelthaftung kommunaler Betriebe und Einrichtungen (hrsg von KORMANN) (1993)
ders, Umwelthaftungsgesetz (1993)
ders, Umwelt- und Produkthaftung der Produzenten, Lieferanten und Nutzer von Klärschlämmen und Komposten an Beispielen aus der Praxis, AgrarR 1997, 201
ders, Die Entscheidungspraxis zum UmweltHG, VersR 1998, 797
ders, Umwelthaftung und Straßenverkehr, DAR 1998, 373
SALZWEDEL, Neuere Tendenzen des Wasserrechts, NVwZ 1982, 596; 1985, 711; 1988, 493
ders, Rechtsfragen der Gewässerverunreinigung durch Überdüngung, NuR 1983, 41
ders, Risiko im Umweltrecht. Zuständigkeit, Verfahren und Maßstäbe der Bewertung, NVwZ 1987, 276
SANDER, Zu Fondsüberlegungen im Umweltrecht, in: BREUER/KLOEPFER/MARBURGER/SCHROEDER (Hrsg), UTR 11 (1990) 281
SAUTTER, Beweiserleichterungen und Auskunftsansprüche im Umwelthaftungsrecht (1996)
SCHAPP, Das Verhältnis von privatem und öffentlichem Nachbarrecht (1978)
SCHERER, Umwelt-Audits: Instrument zur Durchsetzung des Umweltrechts im europäischen Binnenmarkt?, NVwZ 1993, 11
SCHIEBER, Das Entwicklungsrisiko im Rahmen

der Umwelthaftung und der Umwelthaftpflichtversicherung, VersR 1999, 816

SCHILLING, Das Umwelthaftpflichtmodell: Das Angebot der Versicherer, in: NICKLISCH (Hrsg), Umweltrisiken und Umweltprivatrecht im deutschen und europäischen Recht: Heidelberger Kolloquium Technologie und Recht 1994 (1995) 137

SCHIMIKOWSKI, Haftung für Umweltrisiken (1991)

ders, Haftung und Versicherungsschutz für Umweltschäden durch landwirtschaftliche Produktion, VersR 1992, 923

ders, Konturen künftiger Umwelthaftpflicht-Versicherung, ZfV 1992, 262

ders, Umwelthaftungsrecht und Umwelthaftpflichtversicherung (1998)

SCHMATZ/NÖTHLICHS, Immissionsschutz (Loseblatt ab 1979)

A SCHMIDT, Der nachbarliche Ausgleichsanspruch (2000)

G SCHMIDT, Haftung für Umweltschäden, DÖV 1991, 878

H SCHMIDT, Die Umwelthaftung der Organmitglieder von Kapitalgesellschaften (1996)

K SCHMIDT, Anmerkung zum BGH – Urteil vom 13. 12. 1976 (V ZR 55/74), JuS 1976, 467

R SCHMIDT, Einführung in das Umweltrecht (5. Aufl 1999)

W SCHMIDT, Amtshilfe durch Informationshilfe, ZRP 1979, 185

SCHMIDT-SALZER, Umwelthaftpflicht und Umwelthaftpflichtversicherung, VersR 1988, 424; VersR 1990, 12, 124; VersR 1991, 1, 9; VersR 1992, 389

ders, Haftung und Versicherung, KF 1990, 21

ders, Kommentar zum Umwelthaftungsrecht (1992)

ders, Internationales Umwelthaftungsrecht II, hrsg von vBAR (1995)

SCHNEIDER, Umwelt und Umweltschutz in der DDR im Zeitraum 1981–1985 unter besonderer Berücksichtigung der Wasserwirtschaft. Analyse der Forschungsstelle für gesamtdeutsche wirtschaftliche und soziale Fragen an der FU Berlin (1987)

SCHNUTENHAUS, Die Umsetzung der Öko-Audit-Verordnung in Deutschland, ZUR 1995, 9

SCHOTTELIUS, Das EG-Umwelt-Audit als Gesamtsystem, BB 1995, 1549

SCHRÖDER, Vorsorge als Prinzip, dargestellt am Beispiel des § 5 Abs 1 Nr 2 BImSchG (1987)

SCHRÖDER/JARASS, Verwaltungsrecht als Vorgabe für Zivil- und Strafrecht, Referate anlässlich der Tagung der deutschen Staatsrechtslehrer in Zürich 1990 (Leitsätze in DVBl 1990, 1217)

SCHÜNEMANN, Zivilrechtliche Haftung bei der Gefahrgutbeförderung, TranspR 1992, 53

SCHULTE, Zivilrechtsdogmatische Probleme im Hinblick auf den Ersatz ökologischer Schäden, JZ 1988, 278

ders, Ausgleich ökologischer Schäden und Duldungspflicht geschädigter Grundeigentümer (1990)

SCHULZ, Die Lastentragung bei der Sanierung von Bodenkontaminationen (1995)

SCHÜTT, Woran stirbt der Wald? – Die Ursachen des Waldsterbens aus der Sicht des Forstwissenschaftlers, in: Rechtsschutz für den Wald. Ökologische Orientierung des Rechts als Notwendigkeit der Überlebenssicherung (1986)

SCHWABE, Anmerkung zum Urteil des OLG München v 5. 6. 1986 (1 U 1510/86), JZ 1987, 91

ders, Emission, Immission und Schadensersatz, VersR 1995, 371

SCHWARZ, Rückstellungen für die Produkthaftung und die Haftung nach dem Umwelthaftungsgesetz (1994)

SCHWARZE, Präventionsdefizite der Umwelthaftung und Lösungen aus ökonomischer Sicht (1996)

SCHWEIKL, Umweltrecht aus einem Guß, BB 1997, 2123

SEIBT, Zivilrechtlicher Ausgleich ökologischer Schäden: eine rechtsvergleichende Untersuchung zum repressiven Schutz kollektiver Rechtspositionen an Naturgütern und zum Ausgleich von Beeinträchtigungen des Naturhaushalts im Zivilrecht (1994)

SELLNER, Immissionsschutzrecht und Industrieanlagen (2. Auflage 1988)

ders, Ausbau des Individualschutzes gegen Umweltbelastungen als Aufgabe des bürgerlichen und des öffentlichen Rechts, in: Verhandlungen des 56. Deutschen Juristentages, hrsg von der ständigen Deputation des Deutschen Juristentages, Band II (1986) L 8

ders, Umwelthaftung im Konzern, ZHR 155 (1991) 223
Sellner/Schnutenhaus, Umweltmanagement und Umweltbetriebsprüfung („Umwelt-Audit") – ein wirksames, nichtordnungsrechtliches System des betrieblichen Umweltschutzes, NVwZ 1993, 928
Selmer, Finanzierung des Umweltschutzes und Umweltschutz durch Finanzierung, in: Thieme (Hrsg), Umweltschutz im Recht (1988) 25
ders, Privates Umwelthaftungsrecht und öffentliches Gefahrenabwehrrecht (1991)
Simitis, Haftungsprobleme beim Umweltschutz, VersR 1972, 1087
Steckes, Die Ursachenvermutungen des Umwelthaftungs- und Gentechnikgesetzes (1995)
Stehling, Ökonomische Instrumente der Umweltpolitik zur Reduzierung stofflicher Emmissionen (1999)
Steffen, Verschuldenshaftung und Gefährdungshaftung für Umweltschäden, in: Breuer/Klopfer/Marburger/Schröder (Hrsg), UTR 11 (1990) 71
ders, Verschuldenshaftung und Gefährdungshaftung für Umweltschäden, NJW 1990, 1817
Stich, Beiträge zur Umgestaltung der A 80, in: Salzwedel, Grundzüge des Umweltrechts (1982) 301
Stich/Porger, Immissionsschutzrecht des Bundes und der Länder (Loseblatt ab 1976)
Stoll, Haftungsverlagerung durch beweisrechtliche Mittel, AcP 176 (1976) 145
ders, Adäquanz und normative Zurechnung bei der Gefährdungshaftung, Karlsruher Forum 1983, 184
Storm, Umweltrecht, Einführung in ein neues Stoffgebiet (4. Aufl 1991)
ders, Umweltrecht in Deutschschland, LKV 1991, 53
Suhr, Immissionsschäden vor Gericht (1986)
Taupitz, Das Umwelthaftungsrecht als Zwischenschritt auf dem Weg zu einem effektiven Umwelthaftungsrecht, Jura 1992, 113
ders, Umweltschutz durch zivilrechtliche Haftung, in: Nicklisch (Hrsg), Umweltrisiken und Umweltprivatrecht im deutschen und europäischen Recht: Heidelberger Kolloquium Technologie und Recht 1994 (1995) 21
Thybusseck, Umwelthaftungssystem: Erfahrungen in USA aus Sicht der Industrie, in: Nicklisch (Hrsg), Umweltrisiken und Umweltprivatrecht im deutschen und europäischen Recht: Heidelberger Kolloquium Technologie und Recht 1994 (1995) 77
Toussaint, Sachschäden mit Umweltbeeinträchtigung und ihre Naturalrestitution, ZRP 1999, 395
Ule/Laubinger, Bundes-Immissionsschutzgesetz (Loseblatt ab 1974)
vUsslar, Juristische Aspekte des Waldsterbens, NuR 1983, 289
Vandrey, Neubau des Umweltrechts? (1995)
Veldhuizen, Die privatrechtsgestaltende Wirkung des öffentlichen Rechts im Umwelthaftungsrecht (1994)
Versen, Zivilrechtliche Haftung für Umweltschäden (1994)
Vogel, Der Begriff des Umweltschadens in der Betriebs–/Berufshaftpflichtversicherung, VW 1998, 106
Vogel/Stockmeier, Umwelthaftpflichtversicherung (1997)
Wagner, Öffentlich-rechtliche Genehmigung und zivilrechtliche Rechtswidrigkeit (1989)
ders, Kollektives Umwelthaftungsrecht auf genossenschaftlicher Grundlage (1990)
ders, Die Aufgaben des Haftungsrechts – eine Untersuchung am Beispiel der Umwelthaftungsrechts-Reform, JZ 1991, 175
ders, Umwelthaftung und Versicherung, VersR 1991, 249
ders, Umweltschutz mit zivilrechtlichen Mitteln, NuR 1992, 201
ders, Schadensausgleich und Verhaltenssteuerung durch Umwelt-Genossenschaften, ZfU 1994, 261
ders, Effizienz des Ordnungsrechts für den Umweltschutz?, in: Nicklisch (Hrsg), Umweltrisiken und Umweltprivatrecht im deutschen und europäischen Recht: Heidelberger Kolloquium Technologie und Recht 1994 (1995) 173
ders, Öffentlich-rechtliche Genehmigung und zivilrechtliche Rechtswidrigkeit, JZ 1998, 174
Walter, Freie Beweiswürdigung (1979)
Wang, Die deliktsrechtliche Verantwortlichkeit mehrerer unter besonderer Berücksichtigung des Umwelthaftungsgesetzes (1998)

WEBER/WEBER, Der Gesetzentwurf der Bundesregierung zum Umwelthaftungsgesetz, VersR 1990, 688

WECKERLE, Die deliktische Verantwortung mehrerer (1974)

WEGENER, Gutachten zur Umsetzung der EG-Richtlinie über den freien Zugang zu Informationen über die Umwelt (1992)

ders, Wie es uns gefällt oder ist die unmittelbare Wirkung des Umweltrechts der EG praktisch?, ZUR 1994, 232

WENK, Naturalrestitiution und Kompensation bei Umweltschäden (1994)

vWERDER/NESTLER, Grundsätze ordnungsgemäßer Umweltschutzorganisation als Maßstab des europäischen Umwelt-Audit, RIW 1995, 296

WERNER, Sachschäden mit Umweltbeeinträchtigung und Naturalrestitution, ZRP 1998, 421

WESTERMANN, Welche gesetzlichen Maßnahmen zur Luftreinhaltung und zur Verbesserung des Nachbarrechts sind erforderlich? (1958)

ders, Die Funktion des Nachbarrechts, in: FS Larenz (1973) 1001

ders, Das private Nachbarrecht als Instrument des Umweltschutzes, in: BREUER/KLOEPFER/MARBURGER/SCHRÖDER (Hrsg), UTR 11 (1990) 103

ders, Umwelthaftung im Konzern, ZHR 155 (1991) 223

WICKE, Umweltökonomie (1982)

WIEBE, Umweltschutz durch Wettbewerb: Das betriebliche Umweltschutzsystem der EG, NJW 1994, 289

WIEBECKE, Umweltschutz und gesellschaftliches Bewusstsein, in: WIEBECKE, Umwelthaftung und Umwelthaftungsrecht (1990) 11

WIESE, Umweltwahrscheinlichkeitshaftung (1997)

WILMOWSKY, Die Haftung des Abfallerzeugers, NuR 1991, 253

WINTER, Fondslösungen im Umweltrecht: können Fondsmodelle die Lücken im Umwelthaftungsrecht schließen?; eine Untersuchung aus verfassungs- und verwaltungsrechtlicher Sicht (1993)

WOLF, Deliktsstatut und internationales Umweltrecht (1995)

S WOLF, Der ökologische Schaden aus kontinentaler und maritimer Sicht (1997)

WOLFRUM, Umweltschutz durch internationales Haftungsrecht: Forschungsbericht (1999)

ZEHENTNER, Tschernobyl – Zur völkerrechtlichen Problematik grenzüberschreitender technisch-industrieller Umweltkatastrophen, UPR 1986, 201.

ZINKE, Umweltschutz als Herausforderung für die Ziviljustiz, NuR 1988, 1.

Systematische Übersicht

I. Privatrechtliche Grundbegriffe
1. Umwelthaftungsrecht ___ 1
a) Thematischer Standort ___ 1
b) Begriff und rechtssystematische Stellung ___ 2
c) Schadensausgleich und Schadensabwehr auf Grund Privatrechts ___ 3
d) Umweltbeeinträchtigungen durch öffentliche Einrichtungen ___ 4
e) Gegenstand der Kommentierung ___ 5
2. Ökologische Schäden ___ 6
3. Nachbarschaftsverhältnis ___ 10

II. Öffentlichrechtliche Grundbegriffe und umwelthaftungsrechtliche Funktionsbezüge ___ 11
1. Begriffe und Standards ___ 12
a) Begrifflichkeiten ___ 13
b) Umweltstandards ___ 23
2. Funktionsbezüge ___ 24
a) Bezüge zum Immissionsschutzrecht; Schutz der Luft ___ 25
b) Bezüge zum Wasserrecht; Schutz des Wassers ___ 26
c) Bezüge zum Abfallrecht; Schutz des Bodens ___ 27
d) Insbesondere: Altlasten ___ 28

III. Funktionsbezüge zwischen Umwelthaftung und Versicherung ___ 31

IV. Umweltschutz als Funktion von Umwelthaftung
1. Steuerungsfunktion des Umwelthaftungsrechts 33
a) Schadensprävention durch Ansprüche auf Unterlassen 34
b) Umweltsteuerung durch Privatrechtspositionen 36
c) Ökonomische Prävention 37
2. Versicherbarkeit und Präventionswirkung 42
3. Mithaftung Dritter und Präventionswirkung 43
a) Kreditgeber 43
b) Konzerngesellschaften 44
4. Nichtumwelthaftungsrechtliche Grenzen der Präventionswirkung 45
5. Ökonomische Steuerung durch Lizenzmodelle 48

V. Instrumentarium des Umwelthaftungsrechts
1. Übersicht; § 906 BGB als zentrale Steuerungsnorm 49
2. Die klassische Deliktshaftung 50
a) Geschützte Rechtsgüter im Bereich des § 823 Abs 1 BGB 56
aa) Klassischer Rechtsgüterschutz und Produzentenhaftung 56
bb) Deliktsrechtliche Erweiterung des Rechtsgüterschutzes 57
b) Haftung für Schutzgesetzverletzung, § 823 Abs 2 BGB 65
aa) Begriff; Drittschutz 65
bb) Schutzgesetze des öffentlichen Umweltrechts 69
cc) Strafrechtliche und ordnungswidrigkeitenrechtliche Schutzgesetze 75
dd) Zivilrechtliche Schutzgesetze 76
c) Haftung für vorsätzliche sittenwidrige Schädigung, § 826 BGB 77
d) Haftung für Dritte; §§ 823, 31 (89) BGB und § 831 BGB 78
e) Staatshaftung; § 839 BGB, Art 34 GG 80
3. Die Aufopferungshaftung 81
a) Übersicht, Begriff, Konzeption 82
b) Fortentwicklung des § 906 Abs 2 BGB 85
aa) Haftungsbegründende Einwirkung; Schutzgüter 86
bb) Rechtswidrige und aus übergeordneten Gründen zu duldende Einwirkungen 87
cc) Schadensersatz als Rechtsfolge 91
dd) Annäherung an die Gefährdungshaftung 92
c) Fortentwicklung des § 14 S 2 BImSchG 93
4. Die Gefährdungshaftung 94
a) Übersicht, Begriff, Konzeption 94
b) § 22 WHG, § 25 AtomG, § 32 GenTG 95
c) Das Umwelthaftungsgesetz 96
d) Verkehrshaftpflichtrecht (§ 7 StVG, §§ 33 LuftVG; § 1 HPflG, § 485 HGB; § 3 BinSchPrG) 97
aa) Straßenverkehr 99
bb) Luftverkehr 103
cc) Bahnverkehr 108
dd) Schiffsverkehr 111
5. Sonstige Haftungsgründe mit Umweltbezug 112
a) Vertragshaftung, insbes Gewährleistungsrecht 112
b) Produkthaftungsrecht 113
c) Geschäftsführung ohne Auftrag 115
d) Bereicherungsrecht 116

VI. Gegenständliche Schutzgrenzen und ihre Erweiterung
1. Analoge Anwendung des § 906 Abs 2 S 2 BGB 119
a) Ausgangslage; Immobiliarbezogenheit 119
b) Erweiterter Rechtsgüterschutz aufgrund des § 906 Abs 2 S 2 BGB 120
aa) Analogiebasis 120
bb) Analogiegrenzen 122
c) Verminderter Analogiebedarf wegen erweiterter Gefährdungshaftung 125
2. Schutzgrenzen bei rein ökologischen Schäden 127
a) Grenzen der zivilrechtlichen Haftung 127
b) Möglichkeiten einer staatlich-öffentlichen Inanspruchnahme 130

3. Unbestimmte Betroffenheit bei potenzieller Geschädigtenmehrheit ___ 134

VII. Verantwortlichkeit: materielle Problematik

1. Übersicht ___ 136
2. Haftungsbegründende Kausalität ___ 137
a) Problematik ___ 139
b) Fragestellungen und Differenzierungen ___ 142
c) Grundlagen der haftungsbegründenden Kausalität ___ 144
aa) Äquivalente Kausalität bei der Gefährdungshaftung ___ 145
bb) Ablehnung eines ökologischen Kausalitätsbegriffs ___ 146
cc) Keine Zurechnung auf Grund emissionsbedingter Risikoerhöhung ___ 148
dd) Ausschluss einer objektiven Zurechnung durch Kausalitätsfeststellung mittels Gesamtschuld ___ 151
d) Varianten der Verursachungsbeiträge ___ 153
aa) Notwendige und hinreichende Bedingung ___ 153
bb) Nicht notwendige, aber hinreichende Bedingung ___ 154
cc) Notwendige, aber nicht hinreichende Bedingung ___ 155
dd) Weder notwendige noch hinreichende Bedingung ___ 157
ee) Hypothetische Kausalität und rechtmäßiges Alternativverhalten ___ 158
3. Kausalitätsbezogene materiellrechtliche Zurechnung, einschließlich § 830 BGB und Gesamtschuld: Grundlagen; insbesondere Deliktshaftung ___ 160
a) Vorrangige materielle Zurechnung; insbesondere Zurechnung gemäß § 830 BGB und mittels Gesamtschuld ___ 160
b) Notwendige und hinreichende Bedingung ___ 163
c) Nicht notwendige, aber hinreichende Bedingung ___ 166
d) Notwendige, aber nicht hinreichende Bedingung ___ 175
aa) Feststehender Sachverhalt ___ 177
bb) Offener Sachverhalt ___ 182
cc) Haftung bei Summationsschäden ___ 197
e) Weder notwendige noch hinreichende Bedingung ___ 198
4. Kausalitätsbezogene materiellrechtliche Zurechnung, einschließlich § 830 BGB und Gesamtschuld: Gefährdungs- und Aufopferungshaftung ___ 199
a) Gefährdungshaftung ___ 199
aa) Grundlagen ___ 199
bb) Sachverhaltsvarianten ___ 200
cc) Anteilsschätzung ___ 203
b) Aufopferungshaftung ___ 204
aa) § 906 Abs 2 S 2 BGB ___ 204
α) Grundsätzliche Unanwendbarkeit des § 830 Abs 1 S 2 BGB ___ 205
β) Gesamtschuld ohne § 830 Abs 1 S 2 BGB ___ 208
γ) Teilschuld ___ 212
bb) § 906 Abs 2 S 2 BGB analog ___ 215
cc) § 14 S 2 BImSchG ___ 216
5. Rechtswidrigkeit ___ 217
a) Rechtmäßigkeit bei privatrechtlicher Duldungspflicht ___ 219
b) Rechtmäßigkeit bei öffentlich-rechtlicher Duldungspflicht ___ 223
c) Duldungspflichten und Gefährdungshaftung ___ 224
6. Verschulden ___ 225

VIII. Verantwortlichkeit: prozessuale Problematik ___ 230

1. Beweismaß ___ 231
a) Vollbeweis ___ 231
b) Bloße Wahrscheinlichkeit ___ 232
c) Geltungsgrenzen des § 287 ZPO ___ 234
2. Darlegungs- und Beweis(führungs)-last ___ 236
3. Beweiserleichterung durch Auskunftsansprüche ___ 240
4. Beweiserleichterungen des allgemeinen Beweisrechts ___ 241
a) Haftungsbegründende Kausalität ___ 242
aa) Prima-facie-Beweis ___ 243
bb) Beweislastumkehr: Schutzgesetzverletzung, Grenzwertüberschreitung und Verkehrspflichtwidrigkeit ___ 244
cc) Beweislastmodifizierung trotz Grenzwerteinhaltung ___ 249

dd) Geltungsbereich: Aufopferungshaftung 251
ee) Geltungsbereich: Besonderheiten bei der Gefährdungshaftung 252
b) Rechtswidrigkeit 253
aa) Rechtfertigung gemäß § 906 BGB bei Immobiliarschäden 254
bb) Rechtfertigung analog § 906 BGB bei Mobiliarschäden 257
c) Verschulden 259
aa) Haftung gemäß § 823 Abs 2 BGB 260
bb) Haftung gemäß § 823 Abs 1 BGB; Umweltstandards 261

IX. Bezüge zum öffentlichen Recht; Verwaltungsrechtsakzessorietät 264
1. Prägung zivilrechtlicher Kategorien und Begriffe 265
a) Störfall und Normalbetrieb 265
b) Wesentlichkeit der Beeinträchtigung; Ortsüblichkeit der Nutzung; wirtschaftlich zumutbare Maßnahme 266
2. Haftungstatbestandsmerkmale 271
a) Grundtatbestand 271
aa) § 823 Abs 2 BGB; Strafvorschriften und verwaltungsrechtliche Normen 272
bb) § 823 Abs 1 BGB und Verkehrssicherungspflichten 273
b) Rechtswidrigkeit 274
c) Verschulden 275
d) Grenzen der Maßgeblichkeit verwaltungsrechtlicher Vorgaben 276
3. Haftungstatbestandspräklusion durch öffentliches Recht 278
4. Aufopferungskompensation bei Haftungstatbestandspräklusion durch öffentliches Recht 281
5. Beeinflussung der Beweislast 283

X. Unabhängigkeit des Umwelthaftungsrechts vom öffentlichen Recht
1. Problemgrundlagen 286
2. Vorzüge eines autonomen Zivilrechts 290
a) Funktionsunterschiede von privatem und öffentlichem Umweltrecht 290
b) Autonome Umwelthaftung versus öffentlich-rechtlicher Prognostik, Globalität und Statik 292
c) Autonome Umwelthaftung versus Verwaltungsverfahren und verwaltungsgerichtliche Kontrolle 294
3. Materiellrechtliche Bereiche der Privatautonomie 297
a) Tatbestand des § 906 BGB 298
b) Deliktsrechtliche Verkehrssicherungspflicht, Rechtswidrigkeits- und Verschuldensurteil 304
c) Gefährdungshaftung 309
4. Verfahrens- und prozessrechtliche Bereiche der Privatrechtsautonomie 311
a) Planungsvorgaben in der zivilgerichtlichen Kontrolle 312
b) Zivilprozessuale Vorteile 315
5. Beeinflussung des öffentlichen Rechts durch das Privatrecht 317

XI. Private Umwelthaftung oder Staatshaftung und Umweltfonds
1. Problematik 318
a) Problemfeld: Öko-Schäden, Altlasten, Summations- und Distanzschäden 318
b) Schadensersatzausschluss de lege lata 319
aa) § 14 S 2 BImSchG 320
bb) Enteignungsgleicher und enteignender Eingriff 321
cc) Amtshaftung 322
2. Fondslösung 323
a) Rechtspolitische Diskussion 323
b) Ausländische Fondslösungen 325

XII. Internationale Haftung, Verträge und Fonds für spezifische Umweltschäden
1. Grundlagen 326
2. Einzelne Schadensmaterien 329

Alphabetische Übersicht

Abfallrecht 27, 73, 330
Abwehranspruch 93, 207, 213, 303
– Ausschluss 88, 209, 213
– Verwirkung 303

Adäquanztheorie 144 ff, 210
Äquivalenztheorie 145 f
Altlast 28 ff, 43, 141, 318
– echte 28
– unechte 28
– Uraltlast 28
Amtshaftung 322
Anscheinsbeweis 243 f, 249, 285
Anteilige Haftung 178
Aufopferungshaftung 49, 81 ff, 136, 159, 204, 215 ff, 251, 257, 281 f
– Ausgleichsanspruch 88, 115, 121, 206
– Duldungspflicht 35, 81 ff, 87 ff, 91 f, 122 f, 218 ff, 282, 304 f, 316
– Kompensation 6, 31, 82, 92, 94, 323, 325
– Nachteilsausgleich 82
Autonomie des Zivilrechts 270, 286, 290, 301 f

Bereicherungsrecht 116 ff
Beseitigungsanspruch 3, 282
Bestandsschutz 35, 295, 315
Beweiserleichterungen 63, 96, 174, 240 ff, 259
Beweislast 142, 236, 238, 242 f, 247 f, 254, 257, 261, 267, 277, 283 f, 294, 299, 316
– Beweisführungslast 142, 236, 289
– Feststellungslast 236
Beweislastumkehr 112, 232, 244 f, 248 ff, 253 ff, 259, 267
Beweislastverteilung 165, 191, 238, 247, 253, 258, 262
Beweismaß 142, 230 ff
– statistische Wahrscheinlichkeit 232
– überwiegende Wahrscheinlichkeit 232 ff
– Vollbeweis 231, 242, 252
Beweiswürdigung 135, 150, 233, 239, 246, 248
Bundesberggesetz 95, 97
Bundesbodenschutzgesetz 27, 72
Bundesimmissionsschutzgesetz 23, 25

Deliktsrecht 32 f, 50, 57, 60 ff, 119, 201 f, 218 ff, 225, 227, 242, 271, 277 ff, 304
– Organisationsverschulden 78
– Persönlichkeitsrecht 58 f, 61, 63
– Rechtsgüterschutz 56 f, 120 ff
– Schutzgesetzverletzung 65, 68, 75, 176, 235
– Verkehrssicherungspflichten 43, 113, 248, 253, 285, 304 f
– Verrichtungsgehilfenhaftung 78

Distanzschäden 9, 86, 141, 156, 188 f, 197, 318, 325

Eingriff 56 f, 105, 118, 121, 130, 235, 321
– enteignender 321
– enteignungsgleicher 321
Einheit der Rechtsordnung 290, 297, 306, 308
Emission 2, 14, 21, 86 f, 134 f, 137 f, 146 ff, 154 ff, 160 ff, 170, 172, 198, 207, 212 f, 221, 223, 228, 230, 244 ff, 253 ff, 262 f, 277, 292, 304 ff, 308
– Emissionsbeitrag 177 f, 198
– Emissionskontrollpflichten 285

Fonds 31, 41, 318, 323 ff, 331
– Belgien 325
– Finnland 325
– Frankreich 325
– Fondslösung 32, 111, 189, 197 f, 318, 323 ff
– Haftungsfonds 186
– Japan 325
– Niederlande 325
– Österreich 325
– Polen 325
– Schweden 325
– Schweiz 325
– Sozialfondslösung 41
– USA 325

Gefährdungshaftung 31 f, 35, 37, 39 ff, 44, 47, 90, 92, 94 ff, 105, 111 ff, 117, 125 ff, 145 ff, 176, 187, 199 ff, 224 f, 252, 279, 309 f, 328, 331
Gefahrengemeinschaft 185, 198, 202
Genehmigung 35, 65, 73, 218, 265, 268, 272, 279 ff, 294 f, 300 ff, 312 ff, 320
– Bestandskraft 313 f
Gesamtschuld 44, 143, 146, 151 f, 160 ff, 199 ff, 233 f, 242
Geschäftsführung ohne Auftrag 115 f, 131
Gewährleistungsrecht 112
Grenzwerte 23, 62, 112, 223, 227, 244 ff, 255 f, 262 f, 267, 274 ff, 296, 298 f, 305
– TA-Lärm 23, 68, 227, 244 f, 255, 262, 267, 305
– TA-Luft 23, 68, 227, 228, 244 f, 250, 255, 262 f, 267, 305
Großemittenten 152, 185, 189
Grundgefahr 225

Haftpflichtgesetz 95, 97
Haftungsausweitung 32, 51, 57, 89, 195 f

Haftungshindernisse 165

Immission 2, 13, 15 ff, 58, 88, 102 ff, 118, 120, 134, 140, 168, 173, 198, 212 f, 232, 237, 254 ff, 292, 323 f
– additive 17
– alternative 16
– Immissionsdokumentationspflichten 285
– komplementäre 19
– konkurrierende 16
– kumulierte 18
– Lärmimmissionen 102 f, 105 f
– minimale 20
– summierte 17
Immissionsschutz 88, 140
– Immissionsschutzrecht 25, 70, 223
– öffentlicher 122
Immobiliarschäden 254
Individualschutz 47, 66 f, 272
Informationspflicht 112

Kausalität 5, 38, 137 ff, 174 ff, 199 ff, 230 ff, 250, 252, 284 f
– abstrakte 186
– Adäquanz 20, 143, 152 f, 175, 178
– alternative 154, 166, 169
– Doppelkausalität 154
– erweiterte Zurechnung 143
– Grundkausalität 138, 230
– haftungsausfüllende 142, 181, 184, 230, 234 f, 241
– haftungsbegründende 137, 149, 151, 181, 230, 235, 242, 246, 250
– Handlungskausalität 138
– hypothetische 16, 158
– Initialkausalität 138, 230, 243, 250
– koinzidierende 155
– komplementäre 155
– konkurrierende 154, 171
– kumulative 155, 178, 184, 202
– Monokausalität 153, 200
– ökologischer Kausalitätsbegriff 147
– Risikoerhöhung 148, 180, 232 f
– Wirkungsüberlagerungen 140
Klagebefugnis 61, 132 f
Kleinemittenten 141, 147, 152, 155 ff, 175, 186, 189, 197 f, 212, 233
Kleinimmissionen 180, 233
Kompensation 6, 31, 82, 92, 94, 133, 323, 325
Konsument 40 f

Langzeitschäden 21, 93, 141, 155, 157, 186
Luftverunreinigungen 14 f, 25, 147, 186, 230, 318, 325

Nachbarrecht 26, 76, 118 f, 125
Nachbarschaftsverhältnis 10, 47, 303
Nachbarschutz 69, 76, 86, 287, 302
Naturalrestitution 8, 38, 45, 62, 127, 129, 132 f
Normalbetrieb 21, 23, 35, 81, 83, 92, 94, 96 f, 141, 153, 218, 224 f, 265, 285, 309 f

Öffentliches Recht 12, 278, 281, 291 f, 301, 305
– Bestandsschutz 35, 305, 315
Öffentlich-rechtliche Vorgaben 264, 272, 274, 286, 298, 303, 309
– Beeinflussung der Umwelthaftung 274
– Indizwirkung 277, 298, 312
– Interpretationsherrschaft 264
– Legalisierungswirkung 288
– Maßgeblichkeit 276, 305
– Rechtfertigungswirkung 218 f
– Sperrwirkung 288
Ökologische Schäden 6, 127 ff, 131, 318, 325, 327
– Ökologisches Schmerzensgeld 132
Organisationsverschulden 78
Ortsüblichkeit 92, 257, 266, 268, 298 ff, 305, 308

Planvorgaben 312
Positive Forderungsverletzung 112
Prima-facie-Beweis 243
Privatautonomie 45, 297
Produkthaftung 76, 113 f, 277
Produzentenhaftung 56, 76, 244, 247, 258, 261

Rechtsgüterschutz 56 f, 60, 120
Rechtswidrigkeit 50, 65, 94, 136, 217 f, 220 ff, 236 ff, 240 f, 253, 274, 276, 303 ff
– Beweispflicht 44, 253 f
– Duldungspflicht 35, 81 ff, 87 ff, 91 f, 120 ff, 218 ff, 282, 304 f, 316
Regelvermutung 267, 299

Schaden 2 ff, 15 ff, 29 ff, 66, 77 f, 90 f, 100 ff, 147 ff, 171 ff, 193 ff, 210 ff, 232 ff, 257 ff, 320 ff
– drohender 53

– Gesamtschaden 173, 179, 181, 184 ff, 190, 193, 232 f
– künftiger 91
– Teilschaden 171, 179, 184 f, 193, 202
Schadensallokation 31, 40
Schadensersatz 2 ff, 29 ff, 44 ff, 50, 59 ff, 82 f, 91 ff, 112 ff, 118, 127 ff, 158, 218, 220 ff, 279, 325
Schadensprävention 33 ff, 37, 42, 115, 288, 293
Schadensschätzung 181, 197, 212, 214
Schadensvermeidung 37, 39, 307
Schutzgesetze 50, 65 ff, 244, 260, 272
– nachbarschützender Charakter 69, 76
– öffentlich-rechtliche Normen 78
– Regeln der Technik 68, 245
– Schutz von Individualbelangen 66, 77, 272
– Strafrechtsnormen 75, 272
– zivilrechtliche Normen 76
Sozialfonds s Fonds
Staatshaftung 2, 80, 318 ff, 328 f
Störfall 13, 21 f, 83, 92, 229, 252, 265, 283 ff, 305
Summationsschäden 141, 155, 157, 184, 197 f, 212, 214, 318 f

Teilhaftung 134, 176, 185, 201
Teilschuldnerschaft 181 f

Umweltauditgesetz 55, 78
Umweltbeeinträchtigung 2, 4, 56, 59, 77, 87, 115 f, 119, 127, 326
Umweltbelastung 17, 30, 46, 48, 59, 112 f, 227, 255
Umwelteinwirkung 2, 5 ff, 13, 15, 30, 33, 57, 76, 95, 112 ff, 136, 141, 148, 163, 170, 183, 237, 242
Umweltgüter 9, 48, 59 ff, 103, 127, 129
– als sonstige Rechte 60, 127
– Lizenz- bzw Zertifikatsmodell 48
– Privatisierung 48
– Vermarktung 48
Umwelthaftungsgesetz 29, 42, 90, 96, 115, 125, 156, 187, 252, 284, 310
Umwelthaftungsrecht 1 ff, 5, 10, 24 ff, 31, 33, 37, 42, 292 ff
– Anwendungsgrenzen 119
– Instrumentarium 49, 62
– ökonomische Präventionswirkung 37
– Schadensausgleich 3, 42, 50, 150, 246, 278, 279, 282, 291, 314, 318
– Steuerungsfunktion 5, 33, 222
– Umweltschutzinstrument 37
– volks- und betriebswirtschaftliche Aspekte 31
Umweltmedien 2, 5, 14, 24, 33, 50, 140
– Boden 2, 7, 15, 27 ff, 72, 85, 99 f, 108, 113, 115, 119, 202
– Luft 2, 7, 25, 27, 60, 62, 85, 103 ff, 119, 202, 325
– Wasser 2, 7, 26, 27, 60, 62, 71, 95, 99 f, 108, 113, 202, 325, 331 ff
Umweltpfad 2, 95, 97
Umweltprivatrecht 3, 10, 34, 95, 139
Umweltschadenskosten 37, 41
Umweltschutz 1, 10, 37, 42 ff, 69, 274, 289 ff
Umweltschutzprävention 36
Umweltstandards 23, 41, 261 f, 169, 296
Umweltressourcen 48
Unerlaubte Handlung 159, 170, 197
Unterlassungsanspruch 4, 34, 213 ff, 288, 320

Verantwortungsanteile 181, 186, 230
Verkehrssicherungspflichten 43, 54, 113, 222, 245, 248, 253, 263, 276, 285, 293, 304 f
Vermögensschäden 65, 126, 132
Verrichtungsgehilfen 78 f
Verschulden 65, 136, 225 ff, 236 ff, 240 ff, 259 ff, 275 ff, 304 ff, 309
Versicherbarkeit 31 f, 42, 94
Versicherung 1, 31 f, 41 f, 325, 331
Verursachermehrheit 143, 170, 184
Verursachungsbeiträge 153 ff, 166, 180, 186, 233, 324
– hinreichende 153 ff, 163 ff, 175, 181, 183, 192, 198, 210 ff
– minimale 157, 180
– notwendige 153 ff, 163 ff, 175, 180 f, 183, 192 ff, 198, 210 ff
– summiert hinreichende 157
– Teilnahme 170 ff, 177 f, 183
Verursachungsvermutung 284
Verwaltungsakt 22, 67, 264 f, 293
Verwaltungsrechtsakzessorietät 264, 284
Verwaltungsrechtsschutz 288
– verfahrensrechtliche Vorteile 289
Vollbeweis s Beweismaß
Vollstreckungsrechtliche Probleme 30
Vollzugsdefizit 290, 317

Wahrscheinlichkeit 52 f, 147, 149 f, 153, 185 f, 232 ff, 238, 243 f

– statistische 232
– überwiegende 232 ff, 238
Wasserhaushaltsgesetz 26, 28, 95
Wasserrecht 26, 71, 95, 278
Wertungsparallelität 306 f
Wesentlichkeit
123, 255 ff, 266 f, 298 f, 302, 305, 308
Wirkungsüberlagerung 18, 140, 237
Zurechnung
9, 47, 80, 136 f, 142 f, 146 ff, 153, 158, 160 ff, 169, 176, 179 ff, 191, 198 f, 212, 217, 232, 234, 247
Zurechnungserleichterungen 161
Zustandsunrecht 117
Zuweisungsgehalt 61, 118

I. Privatrechtliche Grundbegriffe

1. Umwelthaftungsrecht

a) Thematischer Standort

1 Umwelthaftungsrecht ist im verfassungsrechtlichen Zusammenhang als **zivilrechtliche Konkretisierung** des in Art 20a GG niedergelegten **Staatsziels** anzusehen, auch in Verantwortung für die künftigen Generationen die natürlichen Lebensgrundlagen im Rahmen der verfassungsmäßigen Ordnung durch die Gesetzgebung und nach Maßgabe von Gesetz und Recht durch die vollziehende Gewalt und die Rechtsprechung zu schützen. Es ist die zivilrechtliche **Reaktion auf** um sich greifende **Umweltschäden** vielfältiger und teilweise spektakulärer (Chemieunfälle von Seveso 1976, Bhopal 1984, Schweizerhalle [Sandoz] 1986, Nuklearunfall in Tschernobyl 1986, Öltankerunfälle Torrey Canyon 1967, Amoco Cadiz 1978, Exxon Valdez 1989) Art (Cosack 1; Michalski Jura 1995, 617; näher Erichsen 6 ff; Lytras 23 ff; allgemein zur geschichtlichen Entwicklung des Problembewusstseins insbes seit Beginn des 19. Jahrhunderts Kloepfer/Franzius/Reinert, pass), auf gestiegene **Sensibilität** der Bürger für Umweltschutzbelange und auf die **politische Bereitschaft,** koordiniert Umweltschutz auch mit haftungsrechtlichen Mitteln zu betreiben (vgl Lytras 38 ff; M Meyer-Abich, 86 ff; diesbezüglich zur Entstehungsgeschichte des UmweltHG Schmidt-Salzer, Einl Rn 10 ff, 24 ff; Wiebecke/Kummer, Entwürfe für eine Reform des Umwelthaftungsrechts, in: Wiebecke [Hrsg], Umwelthaftung und Umwelthaftungsrecht 24 ff). Es trifft auf grundsätzliche politische Akzeptanz als Teil einer generellen Entwicklung und **Eigenauffassung moderner Gesellschaften,** sich weniger als Industrie- denn als **Risikogesellschaften** zu verstehen und den Akzent vom Potenziale freisetzenden liberalen Staat zum **Sozial- und Schutzstaat** zu verschieben, so dass Schadenszuweisungen zunehmend weniger dem Prinzip des casum sentit dominus folgen als vielmehr vom Bemühen um tunlichste **Schadensinternalisierung,** begleitet und auch motiviert sind durch **Schadenskollektivierung** mittels Versicherung (in diesem Sinne Brüggemeier, in: FS Jahr 224 ff; ähnlich Flachsbarth 35; Hapke/Japp 18 ff). Als Rechtsmaterie zur Förderung des Umweltschutzes und der Schadensentlastung mittels Haftungsinternalisierung ist das Umwelthaftungsrecht in ständiger Weiterentwicklung begriffen und deshalb fortgesetzt Gegenstand rechtspolitischer **Bemühungen de lege ferenda** (**auf nationaler Ebene:** sog Professoren-Entwurf eines Umweltgesetzbuchs, Umweltbundesamt [Hrsg] Texte 10/92; dazu Vhdl 59. DJT; dazu und mit dem UmweltHG vergleichend Koch [Hrsg], Auf dem Weg zum Umweltgesetzbuch [1992]; Umweltgesetzbuch-Entwurf der Sachverständigenkommission des Bundesministers für Umwelt, Naturschutz und Reaktorsicherheit [1997], dazu Brüggemeier, in: FS Jahr 236 ff; Enders 507 ff; Gnaub 196 ff; Kloepfer/Durner DVBl 1997, 1081 ff; Schweikl BB 1997, 2123 ff; Vandrey, Neubau des Umweltrechts? pass; Wolfrum/Langenfeld 247 ff; **auf europäischer Ebene:** Europaratskonvention über Schäden aus umwelt-

gefährdenden Aktivitäten – sog Lugano-Abkommen European Treaty Series Nr 150; Text in PHI 1993, 196 ff, 211 ff und in: vBAR, Internationales Umwelthaftungsrecht I [1995] 251 ff; dazu vBAR, in: Vhdl 62. DJT A 47 f; BAUMANN 84 ff; BÜLTMANN, Auswirkungen des europäischen Umweltrechts auf das deutsche Umwelthaftungsrechtr, in: KORMANN [Hrsg], Umwelthaftung und Umweltmanagement [1994] 85 ff; ENDERS 536 ff; FRIEHE, Europäische Tendenzen der Umwelthaftung, in: NICKLISCH, Umweltrisiken und Umweltprivatrecht 48 ff; ders NuR 1992, 249 ff; ders NuR 1995, 512 ff; GNAUB 143 ff; M LEONHARD 205 ff; PIPERS, in: vBAR [Hrsg], Internationales Umwelthaftungsrecht I 15 ff; WOLFRUM/LANGENFELD 54 ff; ferner Model Act on the Protection of the Environment, abgedr UTR 31 [1995] 337 ff; dazu WEBER/LEJEUNE UTR 31 [1995] 184 ff; **auf EU-Ebene:** sog Grünbuch der EU-Kommission über die Sanierung von Umweltschäden, Text in BR-Drucks 436/93, S 1 ff und in: AHRENS/SIMON [Hrsg], Umwelthaftung, Risikosteuerung und Versicherung 197 ff; dazu BECKER 9 ff; BOHLKEN 46 ff; ENDERS 520 ff; FABIAN 252 ff; FRIEHE, Europäische Tendenzen der Umwelthaftung, in: NICKLISCH [Hrsg], Umweltrisiken und Umweltprivatrecht 61 ff; GNAUB 165 ff, HAGER, Europäisches Umwelthaftungsrecht – Überlegungen zum Grünbuch der EG-Kommission über die Sanierung von Umweltschäden, ZEuP 1997, 9 ff; HULST/KLINGE/VAN ROOIJ, Europäisches Haftungsrecht: Das „Umwelt-Grünbuch"-Ökologie oder Ökonomie?, PHI 1994, 108 ff; M LEONHARD 198 ff; REST NJW 1989, 2153 ff; WOLFRUM/LANGENFELD 137 ff; 170 ff; sog Weissbuch der EU-Kommission zur Umwelthaftung v 9. Feb 2000, KOM 2000, 66, dazu FALKE, ZUR 2000, 265 ff, GNAUB 170 ff; **weltweit:** Deklaration von Rio de Janeiro zu Umwelt und Entwicklung, abgedr bei vBAR, Internationales Umwelthaftungsrecht I 273 ff; Basler Übereinkommen über die Kontrolle der grenzüberschreitenden Verbringung gefährlicher Abfälle und ihrer Entsorgung im Rahmen des United Nations Environment Programme [UNEP, Protokollentwurf vom 17. März 1995]; Resolution des Institut de Droit International zur Umwelthaftung [Strasbourg 4. Sept 1997]).

b) Begriff und rechtssystematische Stellung

2 **Definitorisch** ist **Umwelthaftungsrecht** in zivilrechtlichem Zusammenhang zu bestimmen als der Inbegriff aller Rechtsnormen, die den haftungsrechtlichen Ausgleich für die **durch Umweltbeeinträchtigungen verursachten Schäden von Rechtssubjekten** unter Ausklammerung der Staatshaftung (BALENSIEFEN 26; BERGES 27; insbes zur Altlastenhaftung eingehend ENDERS 422 ff; unter Einschluss der Staatshaftung und der ordnungsrechtlichen Verantwortlichkeit WINTER, Fondslösungen 4 f; zum Verhältnis zum öffentlichem Recht und zu dessen Schadensausgleichsansprüchen WOLFRUM/LANGENFELD 227 ff) regeln (vgl Bericht Umwelthaftungsrecht der Interministeriellen Arbeitsgruppe Umwelthaftungs- und Umweltstrafrecht, Bundesministerium für Umwelt, Naturschutz und Reaktorsicherheit [1988] 5; vBAR, in: Vhdl 62. DJT A 32 f; DIEDERICHSEN, in: FS Lukes [1989] 41; FEESS-DÖRR 27; FLACHSBARTH 186; GANTEN/LEMKE UPR 1989, 2; HAGER UTR 11 [1990] 133, 134; HAMM/RAESCHKE-KESSLER 3; HUFFMANN 135; B LEONHARD 24; MARBURGER AcP 192 [1992] 16; I OSSENBÜHL 22; REITER 49; WAGNER, Kollektives Umwelthaftungsrecht 16; WENK 22 ff; WOLFF 16; hingegen finden sich auch Definitionen, die den Schaden an der Umwelt in den Umwelthaftungsbegriff einbeziehen, vgl WENK 9, 20 f). Mit dem Begriff der Umweltbeeinträchtigung und durch die Voraussetzung, dass die Umweltbeeinträchtigung von dem in Anspruch Genommenen verursacht worden sein muss, wird auf den mithin zentralen Begriff der **schadensursächlichen,** nachteiligen **Umwelteinwirkung** weiterverwiesen. Dieser Begriff ist aus der Legaldefinition des § 3 Abs 1 UmweltHG zu erschließen (zust ERL 79): Umwelteinwirkung ist eine infolge einer **Emission** (Rn 14) eintretende (WANG 5 f) gemeinschadensträchtige (vBAR, KF 6, NICKEL VW 1987, 1236 ff; PELLONI 19 ff, 22 f; **aA** GMILKOWSKY 27 ff in der verfehlten Annahme, damit sei schadensrechtlich das Erfordernis eines Individualschadens ausgeklammert), mehr als nur kleinsträumig verteilende (GMILKOWSKY 44 ff; PELLONI 24 f) **Ausbreitung** von Stoffen, Erschütterungen, Geräuschen, Druck, Strahlen, Gasen, Dämpfen, Wärme oder sons-

tigen Erscheinungen (dazu Erl zu § 3 UmweltHG) in den **Umweltmedien** Boden, Luft oder Wasser. Dazu tritt zur begrifflichen Bestimmung von Umwelthaftungsrecht grundsätzlich, ohne dass damit die rechtspolitische Diskussion über die Ersatzfähigkeit von Ökoschäden schon begrifflich präkludiert werden darf (insoweit im Erg zutr wohl auch COSACK 20; FLACHSBARTH 186; GÜTERSLOH 11f; WENK 9), als **Verbindung** von Umwelteinwirkung **mit Umweltschaden** in dem de lege lata auf Ausgleich personal zuordnungsfähiger Nachteile zielenden Schadensersatzrecht, dass infolge einer Emission eine Ausbreitung einer der genannten Emissionsarten zu einer **Immission** (Rn 15) führt (WANG 6f), indem eine aus der Umwelt herrührende, nicht unwesentliche **Beeinträchtigung eines** individuellen **Rechtsguts** eintritt (BALENSIEFEN 24f; COSACK 19; DIEDERICHSEN, in: Vhdl 56. DJT L 49ff; ders PHI 1992, 162ff; ENGELHARDT 8f; ERICHSEN 14; GMILKOWSKY 36ff; MARBURGER AcP 192, 16ff; M MEYER-ABICH 19; MEDICUS JZ 1986, 778; TAUPITZ, Umweltschutz durch zivilrechtliche Haftung, in: NICKLISCH [Hrsg], Umweltrisiken und Umweltprivatrecht 28f; WANG 6f; im Ergebnis auch GÜTERSLOH 5f; **aA** insoweit zum Begriff Umweltschaden NICKEL VW 1987, 1236ff; WINTER 5f). Eine in irgendeiner Weise nachteilige, wenngleich nicht notwendigerweise auch dauerhaft bestehende **Veränderung der** physikalischen, chemischen oder biologischen **Beschaffenheit eines Umweltmediums** ist nicht nur die Regel, sondern eine etwa von § 1 UmweltHG und auch außerhalb des Anwendungsbereichs dieses Gesetzes in Entsprechung zu § 22 Abs 1 S 1 WHG und im Einklang mit dem medienbezogenen Schutzansatz des Umwelthaftungsrechts (NICKEL VW 1987, 1236; WIEBECKE, Umwelthaftung als Gefährdungshaftung, in: WIEBECKE [Hrsg], Umwelthaftung und Umwelthaftungsrecht 18) geforderte, wenngleich für die Bestimmung des Begriffs des Umweltschadens nicht zugleich auch hinreichende (GÜTERSLOH 7f) Voraussetzung (BALENSIEFEN 227; MARBURGER AcP 192, 19; MEDICUS, in: FS Gernhuber 303; NICKEL VW 1987, 1236; **aA** COSACK 20; ENGELHARDT 8; GMILKOWSKY 29; PELLONI 26f). Damit können nicht nur die bloß ideellen Einwirkungen und Einwirkungen ohne jeden Ausbreitungseffekt ausgeschlossen werden (PELLONI 26f), sondern auch die rein mechanischen, wenngleich durch ein Umweltmedium getragene Einwirkungen infolge von solchen Emissionsvorgängen, die keinerlei nachteilige Relevanz für Umweltmedien haben und daher nicht den spezifisch umweltbezogenen Schutzzweck des Umweltrechts berühren. Kennzeichnend für das Umwelthaftungsrecht ist daher die Verursachung des Schadens über den **Umweltpfad** (HAGER NJW 1991, 134, 135; REITER 49), nämlich die Tatsache einer Schadensverursachung unter Vermittlung der genannten Umweltmedien Boden (LYTRAS 27), Luft (LYTRAS 23ff) und Wasser (LYTRAS 26f). Dieser Begriffszusammenhang verdeutlicht zugleich, dass der Begriff der **Umwelt** im Umwelthaftungsrecht im Unterschied etwa zu § 1 Abs 5 BauGB und § 1 Nr 1 BWaldG grundsätzlich restriktiv unter Ausklammerung der sozialen, kulturellen und politischen Bezüge (BALENSIEFEN 23; BERGES 16f; WENK 7f) zu verstehen ist, und dass er sich in Anlehnung an § 2 Abs 1 des Entwurfs eines Umweltgesetzbuchs vom 14.2. 1997 beschränkt auf die natürliche einschließlich der vom Menschen gestalteten (WENK 7f) Umwelt und die natürlichen Lebensgrundlagen des Menschen, namentlich auf die Umweltmedien Boden, Luft und Wasser, die Biosphäre und deren Beziehungen untereinander sowie zum Menschen und seinen Kulturgütern oder sonst nutzungswürdigen Sachgütern (vgl in diesem Sinne auch die Umweltdefinition in Art 2 § 11 der Draft Convention on Civil Liability for Damage Resulting from Activities Dangerous to the Environment [1991]). Der Schaden an dem Umweltmedium selbst ist als **Primärschaden** zu bezeichnen und als solcher nicht der Haftungsgegenstand des Umwelthaftungsrechts sowie namentlich des UmweltHG (BRÜGGEMEIER, in: FS Jahr 235), während der von dem Primärschaden vermittelte Schaden an weiteren Gegenständen **Sekundärschaden** ist; ersterer wird auch als **Umweltbeeinträchtigung** oder Umweltschaden iwS (im Erg etwa ENGELHARDT 7 ff) bezeichnet, letzterer als **Umweltschaden ieS** (BALENSIEFEN, Umwelthaftung 23 ff mwN; DÖRING 19; KLOEPFER § 1 Rn 14 mwN; PELLONI 13 f; zT enger PELLONI 8 ff und abweichend LYTRAS 30).

c) Schadensausgleich und Schadensabwehr auf Grund Privatrechts

3 Als das auf **Schadensausgleich beschränkte** Rechtsgebiet ist das Umwelthaftungsrecht ein Teilbereich des **Umweltprivatrechts** (GERLACH 46 ff). Über den Schadensausgleich hinaus gehören zum Umweltprivatrecht namentlich die zivilrechtlichen, auf allgemeinen gesetzlichen Vorschriften oder besonderen privatrechtlichen Titeln beruhenden Abwehransprüche, die auf **Unterlassung** oder zumindest Reduzierung umweltbeeinträchtigender Einwirkungen oder das Herstellen von **Vorkehrungen** gegen deren nachteilige Auswirkungen gerichtet sind. Maßgeblich sind namentlich die §§ 1004 iVm 906, 907, 862 BGB sowie die aus Schadensersatzgrundlagen hergeleiteten quasinegatorischen Unterlassungsansprüche (LANGHAEUSER 112 ff). Derartige Ansprüche (**aA** H P WESTERMANN ZHR 155 [1991] 226), ferner die nicht als Form des Schadensersatzes begründeten **Beseitigungsansprüche** gehören nicht zum Umwelthaftungsrecht als solchem (KLIMECK 15; SCHIMIKOWSKI, Umwelthaftungsrecht Rn 4; abw BALENSIEFEN 27; WINTER, Fondslösungen 5).

d) Umweltbeeinträchtigungen durch öffentliche Einrichtungen

4 Von öffentlich-rechtlich betriebenen Einrichtungen ausgehende Umweltbeeinträchtigungen sind grundsätzlich auch **privatrechtlich** in analoger Anwendung der §§ 1004, 906 BGB zu beurteilen, unbeschadet des Bestehens eines eigenständigen **öffentlichrechtlichen Unterlassungsanspruchs** auf der Grundlage der Art 2 Abs 2, 14 Abs 1 GG (BVerwG JZ 1989, 237, 238 f [Feuerwehrsirene] m Anm MURSWIEK; vgl VELDHUIZEN 194 ff). Bei Beurteilung von Unterlassungsansprüchen ist namentlich bei öffentlichen Betrieben erforderlich, auf die verfolgten Gemeinwohlbelange im Rahmen einer Abwägung der gesamten Interessen Rücksicht zu nehmen (BVerwG JZ 1989, 237, 238; krit VELDHUIZEN 197 f; vgl auch Rn 88 zum Entschädigungsanspruch bei Duldungspflichten in Bezug auf sog lebenswichtige Betriebe).

e) Gegenstand der Kommentierung

5 Der Begriff des Umwelthaftungsrechts verdeutlicht, dass es sich beim Umwelthaftungsrecht um ein **als Querschnittsaufgabe** (Umweltbericht 1976, BT-Drucks 7/5684, S 29; HOHLOCH, Entschädigungsfonds 1; H P WESTERMANN ZHR 155 [1991] 226; WINTER, Fondslösungen 3) **begriffenes Sachgebiet** und nicht primär um ein auf Anspruchsgrundlagen bezogenes Thema handelt; der Begriff umreißt eine Summe spezifischer Lebenssachverhalte und ist **keine zivilrechtsdogmatische Kategorie** (vBAR, in: Vhdl 62. DJT A 33; FLACHSBARTH 188; KLOEPFER UTR 11 [1990] 35; REITER 49). Überdies fehlt es bisher, jedenfalls solange das in Angriff genommene Umweltgesetzbuch (Rn 1) nicht in Kraft gesetzt ist, an einem geschlossenen Regelwerk (HOPPE/BECKMANN, Umweltrecht [1989] 259; FÖLLER 6), weil einerseits die allgemeinen Normen des Zivilrechts nicht schon definitorisch aus dem Bereich der Umwelthaftung ausgegliedert werden können (KETTELER/KIPPELS, Umweltrecht [1988] 68; STEIGER 11; WINTER, Fondslösungen 4; **aA** KLOEPFER, Systematisierung des Umweltrechts [1978] 75) und andererseits das UmweltHG zwar gewissermaßen einen rechtlichen Mittelpunkt des Umwelthaftungsrechts bildet, aber keine Vereinheitlichung im Sinne der Harmonisierung des Umwelthaftungsrechts bewirkt hat (ENDERS 372; I OSSENBÜHL 20); Normen der Verschuldens-, Gefährdungs- und Aufopferungshaftung stehen im Wesentlichen unverbunden nebeneinander (Föller 6) und bilden darüber hinaus ein unterschiedlich nach Umweltmedien, Schutzgütern und Handlungs- oder Anlagenanknüpfung differenzierendes, aber **nicht ganzheitlich konzipiertes Regelungsmosaik** (Taupitz Jura 1992, 113). Dieser Umstand bestimmt Gegenstand und Aufbau der Kommentierung des geltenden deutschen Umwelthaftungsrechts. Der Behandlung der im Zentrum der Kommentierung stehenden Vorschriften des UmweltHG ist eine Einführung voranzustellen, deren Gegenstand die Zusammenschau aller zivilrechtlichen Haftungsnormen ist, die den Ausgleich von Umweltschäden bezwecken. Dem gemäß werden einleitend in der Art eines Allgemeinen Teils die zentralen, übergreifenden und in wesentlichen Hinsichten einheitlich zu lösenden Fragen der zivilrechtlichen Haftung für durch Umwelteinwirkungen verursachte Schäden dargestellt, erforderlichenfalls differenziert nach den Besonderheiten von Verschuldens-, Gefährdungs- und Aufopferungshaftung. Dazu zählen namentlich die Problematik einer Definition der schadensersatzfähigen Rechtsgüter einschließlich der Ersatzfähigkeit sogenannter Ökoschäden sowie die Schadensbemessungsfragen (Lytras 36f), die Problematik der haftungsbegründenden Kausalität (Assmann, Privatrechtliche Tatbestände der Umwelthaftung in ökonomischer Analyse, in: Wagner [Hrsg], Unternehmung und ökologische Umwelt [1990] 201, 209; Föller 6; Lytras 34ff), je nach Haftungsnorm der Rechtswidrigkeit und des Verschuldens, die Fragen des Verhältnisses zwischen öffentlichem Recht und Zivilrecht, Fragen der Beweislastverteilung sowie der Steuerungsfunktion zivilrechtlicher Haftung. In einem gesonderten, speziellen Teil sind wichtige umweltrechtliche Haftungssondernormen zu erläutern.

2. Ökologische Schäden

6 Sogenannte **ökologische Schäden** (vBar, in: Vhdl 62. DJT A 49 ff; Baumann JuS 1989, 433, 439; Brüggemeier KritJustiz 1989, 224; Diederichsen, in: Vhdl 56. DJT L 48, 50; ders UTR 5 [1988] 189, 195f; ders, in: FS Lukes 55f; Engelhardt 127ff; Erichsen, Der ökologische Schaden im internationalen Haftungsrecht [1993] 13ff; Friehe, Umweltschutz und Privatrecht Zivilrechtliche – Haftung für Umweltschäden – Bewertung des ökologischen Schadens, NuR 1990, 360ff; ders, Der Ersatz ökologischer Schäden nach dem Konventionsentwurf des Europarates zur Umwelthaftung, NuR 1992, 453ff; Ganten/Lemke UPR 1989, 1, 12f; Gassner UPR 1987, 370; Gerlach 287ff; Godt, Haftung für ökologische Schäden [1997] 41ff; Gütersloh 8ff; Henseler UTR 5 [1988] 205, 227ff; Kadner, Der Ersatz ökologischer Schäden [1995]; Knebel UTR 5 [1988] 274ff; Knopp, Wiedergutmachung ökologischer Schäden nach § 22 WHG, ZfW 1988, 261ff; Ladeur NJW 1987, 1236ff; M Leonhard, Der ökologische Schaden [1996]; Lytras 183ff; Meder DVBl 1988, 336ff [Tagungsbericht]; Medicus JZ 1986, 778; Th Meyer 155ff; M Meyer-Abich, Schäden 19ff; Otto, Ersatz für geschützte Bäume – rechtliche Probleme bei der Festlegung des Ausgleichs für ökologische Schäden, UPR 1992, 365ff; Pelloni 51ff; Rehbinder NuR 1988, 105ff; ders NuR 1989, 149, 161ff; Rest, Der Sandoz-Brand und die Rheinverseuchung, UPR 1987, 363; ders, Ökologische Schäden im Völkerrecht. Die internationale Umwelthaftung in den Entwürfen der UN International Law Commission und der ECE Task Force, NuR 1992, 155ff; Schulte JZ 1988, 278ff; ders, Ausgleich ökologischer Schäden und Duldungspflicht geschädigter Grundeigentümer [1990] 21ff; Seibt 5ff; Wenk 34ff; Winter 19ff; Wolff 18ff), kurz auch **Öko-Schäden** (Feess 27; Klass UPR 1997, 141) genannt, sind im **weiteren** und naturwissenschaftlich korrekten Sinn in Anlehnung an § 1 Abs 1 BNatSchG alle vom Menschen durch Umwelteinwirkung verursachten nachhaltigen, nicht unerheblichen (M Leonhard 36ff) **Beeinträchtigungen** der biotischen und abiotischen Elemente der Natur sowie des **Naturhaushalts** als eines ganzheitlichen Funktionssystems (vgl Baumann JuS 1989, 433, 439; Engelhardt 128; Erichsen

14; GASSNER UPR 1987, 370f; GERLACH 292ff; KADNER 26ff, 33ff; KNEBEL UTR 5 [1988] 274; M LEONHARD 24ff; LYTRAS 183f; M MEYER-ABICH 19f; I OSSENBÜHL 20f; SCHULTE JZ 1988, 278, 285; ders, Ausgleich ökologischer Schäden und Duldungspflicht geschädigter Eigentümer 22f; WENK 10ff, 34ff; WOLFF 24). Begrifflich kommt es dabei auf die Beeinträchtigungsquelle (dazu M LEONHARD 29ff), die Qualifikation der Beeinträchtigung als materielle oder immaterielle oder als nicht ersatzfähiger Schaden nicht an (vgl dazu GÜTERSLOH 9; M LEONHARD 38ff; TH MEYER 156f; SCHULTE, 27f WENK 37f; insoweit begrifflich enger GASSNER UPR 1987, 370, 371; KADNER 36; REHBINDER NuR 1988, 105, 106). Allerdings ist zu beachten, dass wegen der Adaptions-, Resorptions-, Kompensations- und Regenerationskraft von Natursystemen nicht jede Veränderung des Naturhaushalts zugleich eine initiale oder gar nachhaltige Beeinträchtigung des Naturhaushalts ist (M MEYER-ABICH 20ff).

7 Im **engeren,** das besondere Rechtsschutzproblem herausstellenden Sinn sind Öko-Schäden die **keinem individuellen Rechtsträger zuzuordnenden Beeinträchtigungen** des Naturhaushalts und seiner Elemente, die die Folge einer Umwelteinwirkung im vorbezeichneten Sinne sind (Bericht Umwelthaftungsrecht 38; BAUMANN JuS 1989, 433, 439; BRÜGGEMEIER KJ 1989, 225; DIEDERICHSEN, in: Vhdl 56. DJT L 50; ERICHSEN 19ff; GASSNER UPR 1987, 370; GEISENDÖRFER VersR 1988, 421, 422; HAGER NJW 1986, 1961; NAWRATH 69; I OSSENBÜHL 21; SEIBT 9f; WIEBECKE, Umwelthaftung als Gefährdungshaftung, in: WIEBECKE [Hrsg], Umwelthaftung und Umwelthaftungsrecht 15; WINTER 20); mit dem Fehlen der privaten Verfügbarkeit gehen in der Regel das Fehlen eines Marktes und folglich Schwierigkeiten bei der Bewertung von Schäden einher (so wohl GEISENDÖRFER VersR 1988, 421, 422). Als Öko-Schäden begrifflich unstreitig sind daher zumindest die Beeinträchtigungen nicht eigentumsfähiger (zur politischen Gestaltbarkeit der eigentumsmäßigen Zuordnung aus ökonomisch-ökologischer Sicht SCHWARZE, Präventionsdefizite 106ff) Güter der jedermann zugänglichen Natur anzusehen, die nicht beherrschbar sind. Hierher zählen beispielsweise die Luft, das nicht einem Wasserentnahmerecht konkret zuzuordnende oder das nicht auf einem Grundstück lokalisierte Wasser (ERICHSEN 164f; LYTRAS 216ff; TH MEYER 158; **aA** für Flussgewässer LADEUR NJW 1987, 1236, 1237; REHBINDER NuR 1988, 105, 108) einschließlich des privatrechtlich nicht zugeordneten Grundwassers (im Anschluss an BVerfG NJW 1982, 745, 745 [Nassauskiesung]; OLG Frankfurt NJW-RR 1986, 819, 820; TH MEYER 158f) sowie der Boden außerhalb des eigentumsfähigen Festlandes einschließlich der dort gedeihenden Pflanzen sowie der freilebenden, nicht jagdbaren Tiere einschließlich der Mikroorganismen (zu diesen LYTRAS 202f; **aA** BAUMANN JuS 1989, 433, 439); ferner auch natürliche Funktionszusammenhänge, namentlich das Klima mit seinen Erscheinungsformen wie etwa Temperatur und Niederschlag. In diesen Bereichen können Umwelteinwirkungen sowohl zur Reduzierung oder Wucherung des vorhandenen Bestands als auch zum Auftreten neuer Spezies oder zu Kompositveränderungen führen (BRÜGGEMEIER KritJustiz 1989, 224f; wohl auch PELLONI 52f). Das Fehlen eines Vermögensschadens ist nicht begriffsnotwendig (M LEONHARD 55f; REHBINDER NuR 1988, 105, 106; SEIBT 9; **aA** GASSNER UPR 1987, 370, 371; PASCHKE, Kommentar § 16 Rn 1); anderenfalls wäre schon definitorisch die schadensersatzrechtliche Erfassung der in Natur nicht ausgleichbaren Ökoschäden a priori ausgeschlossen. Wegen ihrer sachenrechtlichen Zuordnung keine Öko-Schäden im engeren Sinn sind hingegen in der Regel Schäden an sachenrechtsfähigen Mobilien, an Immobilien (näher, auch zu Beeinträchtigungsformen, M MEYER-ABICH 128ff) einschließlich des Meeressaums (BGHZ 102, 1, 3 = NJW 1988, 1318; ENGELHARDT 135), des Watts und der Gewässerböden (anders der Meeresboden; BGHZ 44, 27, 30 = NJW 1965, 1712; GERLACH 287; M LEONHARD 61; M MEYER-ABICH 133f; **aA** ENGELHARDT 135), an eigentumsmäßig in der Regel mittels der §§ 93, 94 Abs 1 S 2

BGB zugeordneten Pflanzen und an Tieren (M Meyer-Abich 131, 136; Wenk 26), bei Tieren jedoch nur, sofern sie nicht herrenlos sind, mögen sie auch konkret zugeordnet fisch- oder jagdbar sein (Wenk 27) – letzterenfalls kommt jedoch deren zivilrechtlicher Schutz unter dem Gesichtspunkt der Verletzung des als absoluten Rechts einzuordnenden Jagd- bzw Jagdausübungsrechts oder des für ein Binnengewässer geltenden Fischereirechts in Betracht (M Meyer-Abich 142 ff; Wenk 27) –, und sofern es sich nicht um freilebende Mikroorganismen handelt (Engelhardt 129 ff; Gerlach 290 f; M Leonhard 54 f; M Meyer-Abich 137 f; Schulte JZ 1988, 278, 282; Seibt 51 f; bezügl der Fauna unter Zuordnung des Normalbesatzes zum Grundeigentum **aA** Baumann JuS 1989, 433, 439; Engelhardt 131 ff; insow zweifelnd Marburger AcP 192 [1992] 32; Rehbinder, Laufener Seminarbeiträge 1/87 S 26 f; ders NuR 1988, 105, 107; Baumann 439; M Meyer-Abich 139, und Wenk 26 ist darin beizutreten, dass bei Zerstörung des Mikroorganismus in Böden in der Regel eine Eigentumsverletzung bezogen auf das Grundstück vorliegt). Keine Öko-Schäden im engeren Sinne sind ferner wegen der sachenrechtlichen Zuordnung Schäden an einem aus Pflanzen, Tieren und spezifischer geologischer sowie hydrologischer Beschaffenheit gebildeten Ökosystem mit konkreter Bedeutung für die Nutzung eines Grundstücks (vBar, in: Vhdl 62. DJT A 49 f). Gleiches gilt für Schäden am Wasser einschließlich der fließenden Gewässer, soweit diese hinsichtlich des Bettes oder des Wassers eigentumsmäßig namentlich durch Wasserstraßenrecht, Wassergesetze der Länder oder sonst zivilrechtlich zugeordnet und tatsächlich beherrschbar sind (vgl BGHZ 28, 34, 37 f; BGHZ 49, 68, 71 f = NJW 1968, 598; stehende Binnengewässer werden daher in der Regel erfasst, M Meyer-Abich 132; weitgehend, unter Einschluss der sog fließenden Welle, Ladeur NJW 1987, 1236, 1237 f; enger M Leonhard 56 ff; M Meyer-Abich 133; Rehbinder NuR 1989, 149, 163), und an rechtmäßig, insbesondere auf Grund von Wasserbenutzungsrechten genutztem Grundwasser (Erichsen 164; Lytras 186 f; M Meyer-Abich 145 f; Seibt 12 ff; M Leonhard 57, 70 f weist insoweit darauf hin, dass das Grundwasserförderrecht absolutes Rechtsgut iSv § 823 Abs 1 BGB ist, nicht jedoch Sacheigentumsverletzung iSd UmweltHG).

8 Der Begriff des Öko-Schadens wird **erweitert** verwendet zur Bezeichnung von Beeinträchtigungen auch an individuell-konkret privatrechtlich zugeordneten Rechtsgütern, dabei teils beschränkt auf die in **nicht** oder nur langfristig **restituierbaren, vermögensneutralen Beschaffenheitsveränderungen** bestehenden Beeinträchtigungen (Brüggemeier KritJustiz 1989, 225; Gassner UPR 1987, 370, 371 f; Wagner, Kollektives Umwelthaftungsrecht [1990] 150; wohl auch Pelloni 52 f; Seibt 7), teils aber unabhängig von dieser Einschränkung (Erichsen 22 ff; Gerlach 292 ff; Godt 92 ff, 130 ff; Kadner 28; M Meyer-Abich 60 ff, gegen die Relevanz der Vermögensorientierung 68 ff; Rehbinder, Laufener Seminarbeiträge 1/87 S 25 f; ders NuR 1988, 105 f; Schulte 23 f, 27 f; ders JZ 1988, 278, 285). Aufgrund dieses Begriffsverständnisses kann auch eine Konkurrenz von Eigentumsverletzung und Umweltverletzung als unterschiedliche Schutzgüter möglich sein (so insbes Godt 92 ff; Rehbinder, Laufener Seminarbeiträge 1/87 S 28 f). Diese Begriffsausweitung ist allerdings auch insoweit, als sie eine nur langfristige Wiederherstellung oder eine vermögensneutrale Beschaffenheitsveränderung voraussetzt, nicht so zu verstehen, dass eine Naturalrestitution ausgeschlossen ist, oder dass der Begriff als solcher der Frage nach einer möglichen Monetarisierung derartiger Schäden entgegenstehen könnte.

9 Der Begriff **Umweltschaden** wird gelegentlich im Unterschied zum Terminus Öko-Schaden (zum allg – und hier – verwendeten Begriff des Umweltschadens), der die Seite des Geschädigten betrifft, zur Bezeichnung von Verletzungen an Umweltgütern verwendet, bei denen zwar das verletzte, individuell oder gemeinschaftlich zugeordnete

Rechtsgut feststehen mag, jedoch die **Zurechnung zu** einem haftenden **Schädiger** nicht gelingt (ERICHSEN 12; GODT 56; H. SCHULTE 16). Dies ist namentlich bei Multikausalität und insbesondere bei summierten Immissionen sowie Langzeit- und Distanzschäden der Fall.

3. Nachbarschaftsverhältnis

10 Umweltprivatrecht regelt in der derzeitigen Praxis vornehmlich den Umweltschutz in nachbarschaftlichen Verhältnissen; insbesondere § 906 BGB und § 14 BImSchG sind auf diesen Schutzbereich ausgerichtet (vgl SCHMIDT-SALZER Einl Rn 77; zu § 906 BGB statt vieler H P WESTERMANN UTR 11 [1990] 103, 109 ff). **Nachbarschaft** in diesem Sinne setzt nicht notwendig Grenznachbarschaft voraus; vielmehr genügt, dass ein Gebiet nachweislich im Einwirkungskreis einer Störungsquelle liegt (DIEDERICHSEN, in: Vhdl 56. DJT L 55; GERLACH 179; KLOEPFER § 4 Rn 297; SIMITIS VersR 1972, 1087, 1091; H P WESTERMANN UTR 11 [1988] 103, 110). Aufgrund der modernen technischen Verhältnisse, die Raumdistanzen immissionstechnisch überbrücken und damit verringern, ist ein derart erweiterter Nachbarschaftsbegriff gerade im umwelthaftungsrechtlichen Sinne sachangemessen (vgl DIEDERICHSEN, in: Vhdl 56. DJT L 55 m Beispielen). Allerdings nimmt ein derart weites Verständnis dem Begriff die erforderlichen rechtlichen Konturen und macht deutlich, dass es sich in der Sache nur darum handeln kann, Ansprüche auf den Kreis derjenigen zu beschränken, die in ihren eigenen subjektiven Rechten betroffen sein können.

II. Öffentlichrechtliche Grundbegriffe und umwelthaftungsrechtliche Funktionsbezüge

11 Begriffe und Kriterien des öffentlichen Rechts beeinflussen zunehmend die Auslegung der Tatbestände zivilrechtlicher Normen, teilweise ohne diese formell zu definieren, teilweise indem sie diese ausdrücklich inhaltlich bestimmen.

1. Begriffe und Standards

12 Die Beeinflussung der zivilrechtlichen Normen findet hauptsächlich durch die Übernahme von Begriffen und Standards des öffentlichen Rechts in das Zivilrecht statt.

a) Begrifflichkeiten

13 Namentlich der in § 3 Abs 2 BImSchG definierte Begriff der **Immission** und der in § 3 Abs 3 BImSchG festgelegte Terminus der Emission gelten auch im Privatrecht (Rn 2; BENDER/SPARWASSER Rn 259), und zwar für jede Form der Umwelteinwirkung. Der Begriff des **Störfalls** ist ebenfalls aus dem Verwaltungs- in das Haftungsrecht übertragbar.

14 **aa) Emissionen** sind gemäß § 3 Abs 3 BImSchG die von einer Anlage ausgehenden Luftverunreinigungen, Geräusche, Erschütterungen, Licht, Wärme, Strahlen und ähnlichen Erscheinungen. Der Begriff ist daher **quellen- bzw anlagenbezogen** (SAILER 7; WANG 4). In einem weiteren Sinne sind allerdings zivilrechtlich über die Luftverunreinigungen hinausgehend auch Verunreinigungen anderer Umweltmedien unter den Emissionsbegriff zu fassen.

bb) Immissionen sind gemäß § 3 Abs 2 BImSchG die auf Menschen, Tiere und Pflanzen, den Boden, das Wasser, die Atmosphäre sowie Kultur- und sonstige Sachgüter einwirkenden Luftverunreinigungen, Geräusche, Erschütterungen, Licht, Wärme, Strahlen und ähnliche Umwelteinwirkungen. Der Begriff ist mithin **zielbezogen** (SAILER 8). Die Bezugnahme auf den Terminus der „ähnlichen **Umwelteinwirkungen**" zeigt dabei die wegen des technischen Wandels und der damit verbundenen Veränderlichkeit der Gefahren unvermeidliche Offenheit des Begriffs (GMEHLING 116). Für den Begriff der Immission ist unerheblich, ob die Umwelteinwirkung die Folge eines Normalbetriebs, eines Störfalls oder einer willkürlichen Zuleitung ist (vgl zur früheren Differenzierung NAWRATH 187 ff). Die schadensrelevante Beziehung zwischen mehreren Immissionen kann unterschiedlich sein, wobei die nachfolgend eingeführten Begriffe in der Literatur häufig **kausalitätsbezogen** und **nicht eindeutig** verwendet werden (vgl FEESS, Haftungsregeln 50 ff; SCHMIDT-SALZER § 1 UmweltHG Rn 153 ff; STECHER 167; WANG 19 f). 15

Konkurrierende Immissionen liegen vor, wenn jede von mehreren einwirkenden Immissionen **allein** die gesamte eingetretene Rechtsgutsverletzung herbeiführen kann (BRÜGGEMEIER, UTR 12 [1990] 261, 270; ENDERS 158; ERL 94 f; HOPP 21 f; SCHMIDT-SALZER § 1 UmweltHG Rn 158; STECHER 174; WANG 22, WIESE 32). Sie werden als **alternativ** bezeichnet, wenn eine Immission von mehreren die Rechtsgutsverletzung herbeigeführt hat, aber nicht aufklärbar ist, welche von diesen tatsächlich schadensursächlich wurde (BRÜGGEMEIER, UTR 12 [1990] 261, 270 f; ENDERS 158; ERL 95; FACKLAMM 47; FEESS, Haftungsregeln 66 f; HOPP 22; QUENTIN 87 ff, auch zum Sonderfall partieller Identität von Kausalfaktoren als relativ notwendige Faktoren in insgesamt alternativen Wirkkomplexen; REITER 22; SCHMIDT-SALZER, in: vBAR [Hrsg], Internationales Umwelthaftungsrecht II 125). Steht hingegen fest, dass von mehreren an sich alternativ wirkungsgeeigneten Emissionen tatsächlich nur eine wirksam geworden ist, handelt es sich um den Fall der **hypothetischen Kausalität** (FACKLAMM 47; wohl auch SCHMIDT-SALZER, in: vBAR [Hrsg], Internationales Umwelthaftungsrecht II 126 f; vgl auch QUENTIN 93 ff), bei der die Frage aufgeworfen wird, ob die Haftung auf Grund der tatsächlich zur Wirkung gelangten Ursache wegen der Reserveursache ganz oder unter bestimmten Umständen ausgeschlossen ist (dazu Rn 158). 16

Summierte Immissionen, auch **additive** Immissionen genannt (PELLONI 140; WANG 21), zeichnen sich dadurch aus, dass das Schadenspotential jedes einzelnen zur Immission beitragenden Emittenten den daneben bestehenden Schadenspotentialen hinzuzurechnen ist (ERL 96; GMEHLING 120 f; KÖNDGEN UPR 1983, 345, 346; LYTRAS 419; PFEIFFER 145 Fn 3 u 211 f; SCHÜTT, Woran stirbt der Wald?, in: BAUMANN [Hrsg], Rechtsschutz für den Wald [1986] 8; STECHER 168 f; WESTERMANN, in: FS Larenz [1973] 1011 Fn 14); auf die Nähe der Emissionsquellen zum Ort der Schadensentstehung kommt es dabei begrifflich nicht an (REITER 20 f). Dies ist in der Regel beim Zusammentreffen gleichartiger Immissionen der Fall, die sich in ihrer **Wirkung linear ergänzen** (FACKLAMM 44; LYTRAS 419; REITER 22; SAILER 11 mit Beispielen). Typischerweise ist hier die Menge einer spezifischen Umweltbelastung schadensträchtig (SCHMIDT-SALZER § 1 UmweltHG Rn 114). Andererseits wird der Begriff auch zur Bezeichnung solcher Verläufe verwendet, bei denen die einzelnen schadensstiftenden Schadstoffe nicht mehr individuell erfassbar sind (REITER 20 f; WIESE 35). 17

Kumulierte Immissionen führen zu einer **synergetischen** Wirkung in der Weise, dass sie sich gegenseitig zu einer höheren Gesamtwirkung als der Summe der Einzelwirkungen steigern (BRÜGGEMEIER, UTR 12 [1990] 261, 268; ERL 96; FACKLAMM 45; GMEHLING 121; 18

Hager NJW 1991, 134, 139; Kleindienst 60; Köndgen UPR 1983, 345, 346; Schütt 8; Sailer 12 ff mit Beispielen; Stecher 171; Schmidt-Salzer § 1 UmweltHG Rn 146, 160); die Wirkungen überlagern sich in diesem Sinne (begrifflich insoweit anders Schmidt-Salzer § 1 UmweltHG Rn 160) **progressiv** (Feess, Haftungsregeln 53; Lytras 419; Reiter 22 f; Wang 21). Diese Sachlage setzt in der Regel die Überlagerung verschiedenartiger Immissionen voraus. Solchenfalls können allerdings auch **degressive, antagonistische** Wirkungen in der Weise eintreten, dass das Zusammenwirken der Immissionen die Schädlichkeit einer jeden einzelnen von diesen mindert (Sailer 14 f mit Beispielen).

19 **Komplementäre Immissionen** sind dadurch charakterisiert, dass jede Immission allein schadlos ist, jedoch mehrere Immissionen **gemeinsam** zusammenwirkend eine Rechtsgutsverletzung auslösen (Brüggemeier UTR 12 [1990] 261, 268; Erl 94; Hopp 23; Kormann UPR 1983, 281 f; Sailer 15 f mit Beispielen; Schmidt-Salzer § 1 UmweltHG Rn 157, dag diese Sachlage als kumulativ bezeichnend ders, in: vBar [Hrsg], Internationales Umwelthaftungsrecht II 127; Stecher 169 f; Wang 22; Quentin 86 f, Reiter 22 und Wiese 33 bezeichnet diese als kumulativ, Reiter 23 nennt sie überdies synergistisch).

20 **Minimale Immissionen** sind solche, bei denen bei Anwendung der üblichen Äquivalenz- oder Adäquanzkausalitätsformel jeder einzelnen Immission als solcher keine oder zumindest keine erhebliche Rechtsgutsverletzung und kein bzw kein erheblicher Schaden zuzurechnen ist (Feess, Haftungsregeln 54, 61 ff; Hager NJW 1991, 134, 138; Weckerle 92; Wiese 33 f). Nicht ausgeschlossen ist jedoch, dass eine jede derartige Einwirkung im Sinne der vorgenannten Effekte komplementär und alsdann zugleich additiv oder kumulativ schadenswirksam sein kann (Feess, Haftungsregeln 54 ff, 67 f; Wiese 33 f), wobei aber alsdann die Verletzungsanteile oft nicht zu identifizieren sind (Hopp 23).

21 **cc)** Als **Störfall** definiert § 2 StörfallVO die Störung des bestimmungsgemäßen Betriebs, bei der ein Stoff durch Ereignisse wie Emissionen, Brände oder Explosionen sofort oder später eine ernste Gefahr hervorruft. Der durch **Planwidrigkeit** und **Plötzlichkeit** charakterisierte (Pelloni 35) Störfall entwickelt Schadenspotenziale außerhalb des Normalbetriebs; es handelt sich typischerweise um Unfälle (Engelhardt 23 ff). Ein **Normalbetrieb** liegt bei einem Betreiben im Rahmen **ordnungsgemäßen,** insbesondere **genehmigten Tuns** vor. Der Normalbetrieb kann schadenfrei verlaufen, kann jedoch auch als solcher schadensträchtig sein, wie etwa § 14 BImSchG zeigt. Der Normalbetrieb wird als der schwerwiegendste Faktor der allgemeinen Umweltverschmutzung angesehen (vBar KF 1987, 6; Lytras 32 f mwN); vor allem der Normalbetrieb kann nämlich **Allmählichkeits-** und **Langzeitschäden** hervorrufen (Engelhardt 27). Insbesondere auf Grund eines Normalbetriebs kann sich auch ein **Entwicklungsrisiko** unvorhergesehen realisieren, weil die **Schadensträchtigkeit** trotz Anwendung aller zur gegebenen Zeit verfügbaren Erkenntnisse und der bestmöglichen Sorgfalt **fehldiagnostiziert** bzw **fehlprognostiziert** wurde (Schmidt-Salzer/Schramm, Kommentar zur Umwelthaftpflichtversicherung, Einl Rn 63; Arndt, Haftung für Umweltschäden 11 ff; Döring 23; Hager NJW 1992, 136; Hapke/Japp 26, 33 f). Zum Normalbetrieb gehören auch noch kleinere, alltägliche Störungen etwa in Gestalt von **Leckagen** oder sonst **gelegentlich überhöhten Emissionen,** weil es bei solchen Störungen im Unterschied zum Störfall an der Einmaligkeit fehlt (Pelloni 35 f; Engelhardt 30 f spricht von rechtswidrigem Normalbetrieb); der von diesen Beeinträchtigungen freie Betrieb wird als

störungsfreier Normalbetrieb unterschieden (Pelloni 35 f; Peter/Salje VP 1991, 12; Schmidt-Salzer § 1 UmweltHG Rn 31 ff).

dd) Eine **Betriebspflichtverletzung** (Klimeck 133) ist im Unterschied zum ereignisbezogenen Begriff des Störfalls **verhaltensbezogen.** Sie liegt bei einer nicht notwendigerweise schuldhaften Verletzung von Betriebspflichten vor, die auf Grund öffentlich-rechtlicher Vorschriften oder Verwaltungsakte auferlegt sind. Betriebspflichtverletzung und Störfall können einander bedingen, können jedoch auch unabhängig voneinander auftreten. **22**

b) Umweltstandards

Umweltstandards (Enders 132 ff; Feldhaus UPR 1982, 137 ff; Gmehling 164; Marburger, in: Vhdl 56. DJT C 106 f; Salzwedel NVwZ 1987, 276 ff) sind normative Festlegungen wissenschaftlich-technischer Art in allgemeinen Verwaltungsvorschriften oder sonstigen technischen Regelwerken, namentlich DIN-Normen, VDI-Richtlinien, über Emissions- und Immissionswerte, Messmethoden, technische Verfahrensweisen und Problemlösungen und Ähnlichem, ohne dass es für den Begriff des Umweltstandards auf deren Rechtsqualität ankommt. Sie definieren in der Regel den Normalbetrieb. Praktisch besonders bedeutsam sind die Grenzwerte, die durch die als Verwaltungsvorschrift auf der Grundlage des § 48 BImSchG erlassene sogenannte **TA-Luft** – Erste Allgemeine Verwaltungsvorschrift zum Bundesimmissionsschutzgesetz (Technische Anleitung zur Reinhaltung der Luft vom 27. 2. 1986 GMBl 95, 202) – und die sogenannte **TA-Lärm** – (Technische Anleitung zum Schutz gegen Lärm vom 16. Juli 1968, BAnz Nr 137 vom 26. Juli 1968 [Beilage]) – festgelegt sind. Ihre primäre Aufgabe ist die Konkretisierung des Begriffs der schädlichen Umwelteinwirkung im Sinne des § 3 Abs 1 BImSchG; ihr Adressat ist die Verwaltung. Sie werden, wenngleich prozessrechtlich in dieser Weise nicht in den konkreten Rechtsstreit eingeführt und daher terminologisch ungenau, als antizipierte Sachverständigengutachten aufgefasst, weil sie das Ergebnis fachmännischer, wenngleich auch politische Kompromisse enthaltender Sachverhaltsbeurteilung sind (Enders 133 f). **23**

2. Funktionsbezüge

Über die Bestimmung von Begriffen und Standards hinaus existieren zahlreiche Funktionsbezüge des Umwelthaftungsrechts zum öffentlichen Recht, die sich aus gemeinsamen Regelungsbezügen zu spezifischen Umweltmedien ergeben. **24**

a) Bezüge zum Immissionsschutzrecht; Schutz der Luft

Das Umwelthaftungsrecht fungiert hinsichtlich der durch das Umweltmedium **Luft** verursachten Schäden als Teil des auch und primär öffentlich-rechtlich angelegten Immissionsschutzrechts. Dieses ist im Wesentlichen, aber gemäß § 1 BImSchG nicht auf den Schutz der Luft beschränkt, im **Bundesimmissionsschutzgesetz** und den Immissionsschutzgesetzen der Länder geregelt. Den auch umwelthaftungsrechtlich relevanten Begriff der **Luftverunreinigungen** definiert § 3 Abs 4 BImSchG als Veränderungen der natürlichen Zusammensetzung der Luft, insbesondere durch Rauch, Ruß, Staub, Gase, Aerosole, Dämpfe oder Geruchsstoffe. **25**

b) Bezüge zum Wasserrecht; Schutz des Wassers

In Bezug auf die an dem Umweltmedium **Wasser** auftretenden bzw auf die durch **26** dieses vermittelten Schäden ist das Umwelthaftungsrecht Teil des ebenfalls primär öffentlich-rechtlich konzipierten, das Oberflächen- und das Grundwasser betreffenden Wasserschutzrechts. Sedes materiae sind im Wesentlichen das **Wasserhaushaltsgesetz** des Bundes und die Landeswassergesetze. Schäden können entstehen durch absichtliche oder auf Nebenwirkungen einer Grundstücksbehandlung oder auf Unglücksfällen beruhende Einleitung von körperlichen Stoffen, namentlich von Chemikalien, Ölen, Schwermetallen und Nitraten, aber auch durch Wasserverstrahlung, Temperaturveränderungen oder Entziehung von Stoffen aus dem Wasser, namentlich von Sauerstoff. Als Teil des Wasserschutzrechts ist dieses Gebiet des Umwelthaftungsrechts vom Wasserwirtschaftsrecht zu unterscheiden, das ebenfalls weitgehend öffentlich-rechtlich geregelt ist, aber daneben gemäß Art 65 EGBGB landesrechtlich in Bezug auf nachbarrechtliche Wasserversorgungs- und Entsorgungsrechte ausgebildet ist.

c) Bezüge zum Abfallrecht; Schutz des Bodens

27 Hinsichtlich des Umweltmediums **Boden** hat das Umwelthaftungsrecht Bezüge zum öffentlich-rechtlich geordneten Abfallrecht, das allerdings mittelbar auch die Reinhaltung von Wasser und Luft betrifft (zum Gefahrenpotenzial näher Enders 33 ff). Das öffentliche Abfallrecht ist in dem am 7. Oktober 1996 in Kraft getretenen **Kreislaufwirtschafts- und Abfallgesetz** des Bundes (BGBl I 1994, 1354) und in ergänzenden Gesetzen der Länder geregelt. § 3 Abs 1 KrW-/AbfG definiert **Abfälle** als alle beweglichen Sachen, die unter die in Anhang I dieses Gesetzes aufgeführten sechzehn Gruppen dort näher spezifizierter Abfallgegenstände fallen und derer sich ihr Besitzer entledigt, entledigen will oder entledigen muss (näher Enders 10 ff). Das Bodenschutzrecht findet sich im Kern im **Bundesbodenschutzgesetz** (BGBl I 1998, 502), in Kraft seit dem 1. März 1999.

d) Insbesondere: Altlasten

28 In umwelthaftungsrechtlicher Sicht spielen im Zusammenhang mit Abfällen, aber nicht auf diese beschränkt, namentlich sogenannte **Altlasten** eine Rolle (näher Enders 5 ff; Gütersloh 39 ff; Th Meyer 178 ff; Winter 6 ff; insbes zu Begriffsdifferenzierungen Schrader, Altlastensanierung nach dem Verursacherprinzip? [1988] 3 ff). Daneben wird der Begriff der **Uraltlast** zur Bezeichnung der Altlastfälle verwendet, die aus der Zeit vor In-Kraft-Treten des Wasserhaushaltsgesetzes am 1. März 1960 stammen (Bender/Sparwasser Rn 1048; Breuer NVwZ 1987, 751, 752; Kloepfer NuR 1987, 7 ff; Winter 7); ferner werden als **echte** Altlasten solche aus der Zeit vor Inkrafttreten des Abfallgesetzes am 11. Juni 1972 beschrieben, und zwar im Unterschied zu den so genannten **unechten** Altlasten, bei denen die Ablagerung zwar vor diesem Stichtag begann, aber erst danach abgeschlossen wurde (Winter 7). Altlasten sind in dem zum 1. März 1999 in Kraft getretenen § 2 Abs 5 BBodSchG **definiert** als stillgelegte Abfallbeseitigungsanlagen sowie sonstige Grundstücke, auf denen Abfälle behandelt, gelagert oder abgelagert worden sind, und Grundstücke stillgelegter Anlagen und sonstige Grundstücke, auf denen mit umweltgefährdenden Stoffen umgegangen worden ist, ausgenommen Anlagen, deren Stilllegung einer Genehmigung nach dem Atomgesetz bedarf (zu Ursachen, Erscheinungsformen und Folgen eingehend Schulz 20 ff). Über diese **öffentlich-rechtlich** auf **stillgelegte,** in § 2 Abs 5 BBodSchG so genannte **Altablagerungen** und **Altstandorte** beschränkte Begrifflichkeit hinaus wird zur vollständigen Erfassung der **zivilrechtlichen** Haftung ein weiteres Verständnis in dem Sinne verwendet, dass zu den Altlasten auch alle Bodenverunreinigungen auf ehemaligen wie noch **gegenwärtig genutzten Betriebsgeländen und Ablagerungsstätten** zählen, die Gefahren und Schäden für die menschliche Gesundheit und die Umwelt mit sich bringen (Enders 9). Häufig wird der Begriff unspezifiziert zur Beschreibung einer aus früherer Zeit stammenden fortwährenden Quelle von Langzeitschäden verwendet (vgl Schmidt-Salzer VersR 1990, 12, 14; Pelloni 37 f); dies geschieht namentlich auch in Fällen einer **Insolvenz** zur Beschreibung der schon vor der Eröffnung des Insolvenzverfahrens bestehenden Umwelthaftung (Lwowski/Tetzlaff WM 1998, 1509 ff; Pape KTS 1993, 551, 554 f; Rosset, Altlasten in der Insolvenz Zur Qualifizierung der Umwelthaftung aus insolvenzrechltlicher Sicht, DStR 1998, 895 ff, jew auch zur insolvenzrechtlichen Behandlung mwN; zu polizeirechtlichen Durchgriffsmöglichkeiten und zur Rechtsnachfolgerhaftung insbesondere in Insolvenzfällen eingehend H Neumann 104 ff).

29 Altlastenfälle werden wegen des Verbots einer rückwirkenden Haftung gemäß § 23 UmweltHG oft nicht vom Umwelthaftungsgesetz erfasst, jedoch vom allgemeinen Haftungsrecht (dazu Diederichsen, Die Verantwortlichkeit für Altlasten im Zivilrecht, UTR 1 [1986] 117 ff; Engelhardt 111 ff; Frey, Haftung für Altlasten [1992]; Leinemann, Haftung für Altlasten [1991]; Schulz 80 ff). Eine **privatrechtliche Schadensbelastung** des Verursachers (eingehend Th Meyer 178 ff; u Rn 112) kommt daher in den Fällen einer Bodenkontamination durch Altlasten insbesondere vertragsrechtlich auf Grund von Gewährleistungsansprüchen in Betracht, ferner stehen grundsätzlich alle gesetzlichen Schadensersatzansprüche zur Verfügung; namentlich letztere scheitern aber häufig daran, dass eine Eigenschädigung vorliegt oder es am ungeschädigten Vorzustand im Vermögen des Erwerbers eines altlastenverseuchten Grundstücks fehlt (Engelhardt 111; Reuter BB 1988, 497, 500). Die Geltendmachung von Ansprüchen aus § 1004 Abs 1 BGB bei Altlasten (Schulz 54 ff) kann ebenfalls die Wirkung einer Schadensverlagerung haben. Im **Beitrittsgebiet** gelten zur Förderung von Investitionen im Hinblick auf die zahlreichen erheblichen Kontaminationen, aber auch zur Regelung der Rechtsüberleitung Sonderregeln (zu diesen und zum DDR-Recht eingehend Enders 471 ff; Schulz 136 ff).

30 Namentlich bei Altlasten, aber nicht nur bei diesen, entstehen **vollstreckungspraktische** Schwierigkeiten bei einem mit erheblicher zeitlicher Verzögerung nach der Umwelteinwirkung auftretenden Umweltschaden dadurch, dass der Ersatzpflichtige inzwischen häufig nicht mehr aufzufinden oder er nicht mehr solvent ist. Das betrifft namentlich länger zurückliegende Umweltbelastungen durch gewerblich tätige Gesellschaften, die inzwischen liquidiert oder vermögenslos sind. Die Geschädigten suchen schon aus diesem Grund vor allem bei Altlasten in der Regel Ersatz nicht bei dem Urheber der Umwelteinwirkung, sondern halten sich primär an die öffentliche Verwaltung unter dem Gesichtspunkt des **hoheitlichen Planungsfehlers.** Die öffentliche Hand ihrerseits sucht die rechtliche Lösung insbesondere in den Altlastenfällen wegen der Schwächen der zivilrechtlichen Ansprüche und deren effektiver Vollstreckbarkeit in der Anwendung des öffentlichen Rechts, wobei die Problematik der **polizei- und ordnungsrechtlichen Verantwortlichkeit** im Vordergrund steht (Breuer NVwZ 1987, 751 ff; Breuer/Kloepfer/Marburger/Schröder, Altlasten und Umweltrecht [1986]; Enders 62 ff; Giesberts, Die gerechte Lastenverteilung unter mehreren Störern – Auswahl und Ausgleich insbesondere in Umweltschadensfällen [1990]; Griesbeck, Die materielle Polizeipflicht des Zustandsstörers und die Kostentragungspflicht nach unmittelbarer Ausführung und Ersatzvornahme – dargestellt am Beispiel der Altlasten-Problematik [1991]; Hajen, Organisation und Finanzierung der Altlastensanierung, ZfU 1986, 349 ff; Haller ZUR 1996, 21 ff; Herrmann, Flächensanierung als Rechtsproblem [1989]; Kloepfer NuR 1987, 7 ff; Kretz UPR 1993, 41 ff; H Neumann,

Haftung für Altlasten im Unternehmen [1997] 41 ff; OEHMEN Rn 421 ff; PAPIER, Altlasten und polizeiliche Störerhaftung [1985]; REHBINDER JuS 1989, 885 ff; SCHULZ, Die Lastentragung bei der Sanierung von Bodenkontaminationen [1995] 168 ff; STRUNDEN, Altlasten – Ansprüche des Grundstückseigentümers im Spannungsfeld zwischen öffentlichem und zivilem Recht [1991]; WOLFRUM/LANGENFELD 266 f). Häufig führt dies dazu, dass sich in der Altlastensanierung als Haftungseffekt das sogenannte Geschädigtenprinzip (vgl KLOEPFER § 3 Rn 42 f; SCHULZ 42 ff) verwirklicht, dh die Lastentragung durch den Geschädigten auch in den Fällen, in denen dieser die Altlast nicht verursacht hat.

III. Funktionsbezüge zwischen Umwelthaftung und Versicherung

31 Allgemein **volks- und betriebswirtschaftliche Aspekte** des Umwelthaftungsrechts sind bei seiner Ausgestaltung zu **beachten.** Die oft erhebliche Dimension von Umweltschäden lässt aus der isoliert haftungsrechtlichen Sicht auch bei frühzeitig entdeckten Schäden befürchten, dass der Schädiger das **Risiko wirtschaftlich nicht tragen** kann (FEESS, Haftung gesicherter Kreditgeber 12). Zum Vorteil des Geschädigten, dem ein solventer Schuldner (GNAUB 257 ff; SCHMIDT-SALZER, in: vBAR [Hrsg], Internationales Umwelthaftungsrecht II 100) und ein in das Schadensereignis als solchem nicht involvierter rechtskundiger Dritter zur Beurteilung und tunlichst außergerichtlichen Abwicklung des Schadens (SCHMIDT-SALZER, in: vBAR [Hrsg], Internationales Umwelthaftungsrecht II 100 f, 105 ff) zur Verfügung stehen soll, aber auch im betriebswirtschaftlichen Interesse des Schädigers an einer Kompensation der Haftungserwartungsunsicherheit mittels eines Erwartungssicherheit wiederherstellenden Entlastungssystems gegen Zahlung kalkulierbarer Prämien (HAPKE/JAPP 43 ff, 69 ff; IWANOWITSCH 100; SCHMIDT-SALZER, in: vBAR [Hrsg], Internationales Umwelthaftungsrecht II 77), und schließlich auch im Interesse der Allgemeinheit an einer Steigerung des Sorgfaltsniveaus (FEESS, Haftung gesicherter Kreditgeber 13; näher Rn 51) ist neben der Kompensationsübernahme durch Fonds (Rn 323) vor allem die Versicherbarkeit (vgl dazu BERGES 90 ff; DOMEYER 43 ff; FEESS 30 ff; ders, Haftung gesicherter Kreditgeber 14; SCHMIDT-SALZER, in: vBAR [Hrsg], Internationales Umwelthaftungsrecht II 75 ff; WAGNER VersR 1991, 249 ff; übersichtsweise zu Versicherungsmöglichkeiten OEHMEN Rn 780 ff; zur Kommentierung der Umwelthaftpflichtbedingungen SCHMIDT-SALZER/SCHRAMM, Kommentar zur Umwelthaftpflichtversicherung [1993]; VOGEL/STOCKMEIER, Umwelthaftpflichtversicherung [1997]) und die tatsächliche Versicherung des Schadensrisikos für alle Beteiligte einschließlich der Öffentlichkeit bedeutsam. Die **Versicherungsdeckung** (vgl § 19 UmweltHG u Erl ebda; zu Versicherungsmodellen FELDMANN, Zur Ausgestaltung der gesetzlichen Deckungsvorsorge aus umweltpolitischer Sicht, in: NICKLISCH [Hrsg], Umweltrisiken und Umweltprivatrecht, 159 ff; HAPKE/JAPP 43 ff; IWANOWITSCH 176 ff; ROHDE/LIEBENAU, Umwelthaftpflichtversicherung – Bedarf der Industrie, in: NICKLISCH [Hrsg], Umweltrisiken und Umweltprivatrecht, 147 ff; SCHILLING, Das Umwelthaftpflichtmodell: Das Angebot der Versicherer, in: NICKLISCH [Hrsg], Umweltrisiken und Umweltprivatrecht; 137 ff) als Grund und Grenze der Umwelthaftung macht eine **strenge Umwelthaftung** namentlich in Gestalt einer Gefährdungshaftung, die sich insbesondere auch auf nicht überschaubare Entwicklungsrisiken erstreckt, unter wirtschaftlichem Gesichtspunkt erst akzeptabel, da anderenfalls die Risiken der technischen Massenproduktion und des technischen Fortschritts wirtschaftlich beim Anlagenbetreiber konzentriert würden und dies eine Hemmung von Produktivität und Innovation zum Schaden der gesamten Volkswirtschaft zur Folge haben kann (vgl HAPKE/JAPP 43). Die Versicherung hingegen erlaubt eine Umlegung auf die Gemeinschaft durch Abwälzung der Prämien auf den Preis, nimmt daher der rechtlichen Risikoanlastung beim Schädiger die wirtschaftliche Schärfe, wenngleich um den Preis einer Minderung der Präventivwirkung des Umwelthaftungsrechts (dazu Rn 42). Sie hat überdies wegen des Effekts der Schadensallokation bei der Gemeinschaft insofern den Vorzug, gerecht zu sein, als der trotz aktueller oder wenigstens potenzieller Umweltschädigung gestattete Betrieb in der Regel zum Nutzen aller Mitglieder der Volkswirtschaft stattfindet und erlaubt ist.

32 Der Grundsatz, dass die **Versicherung der Haftung folgt,** nicht aber die Versicherbarkeit über die Haftung bestimmt, ist daher im Bereich der **Gefährdungshaftung konsequent** offen **eingeschränkt.** Die Interdependenz von Haftung und Versicherung trägt nämlich der mit der Verschiebung von der Schadensüberwälzung zur Schadensverteilung einhergehenden Entwicklung, die sich in der Ergänzung der klassischen personal-verantwortlichkeitsorientierten Deliktshaftung um die Gefährdungshaftung manifestiert, insofern folgerichtig Rechnung, als das für die Gefährdungshaftung charakteristische Prinzip der Haftungsverteilung auch die wirtschaftliche Effektivität der rechtlich angestrebten Haftungsverteilung, also die tatsächliche Fremdfinanzierung des Schadens sicherstellen will; dies leistet, von Fondslösungen oder Staatshaftungseintritten abgesehen, namentlich die Versicherungsdeckung (Schmidt-Salzer, in: vBar [Hrsg], Internationales Umwelthaftungsrecht II 17 f, 31 ff). Die daneben auch im **Deliktsrecht** anzutreffende allgemeine und doch nur selten eingestandene Tendenz, die zivilrechtliche Haftung je nach dem Bestehen einer haftungsdeckenden Versicherung großzügiger anzunehmen als ohne eine solche Versicherung, findet in der Einrichtung von Umwelthaftpflichtversicherungen eine rechtspsychologische Erklärung, wenngleich nicht auch eine positivrechtliche Legitimation. Das Bestehen von Versicherungsdeckung veranlasst im Zuge einer häufig so genannten **deep pocket policy** in bedenklicher Weise auch im Bereich der allgemeinen Deliktshaftung dazu, unter Zurückstellung von Sachrichtigkeitsgesichtspunkten Schäden zu kollektivieren, indem aus Gründen des Opferschutzes Schadensersatzansprüche durch Ausdehnung von Verkehrspflichten und Senkung von Fahrlässigkeitsmaßstäben zuerkannt werden, die bei einer individualisierbaren Belastung einer Person versagt worden wären. Das Bestehen von Versicherungsdeckung verstärkt auf diesem Rechtsgebiet die Gefahr einer **allmählichen Haftungsausweitung** als Folge einer darauf gerichteten gesellschaftlichen Erwartung an Risikoentlastungen und einer dem Rechnung tragenden Entwicklung der Rechtsprechung, die die Kalkulierbarkeit des Versicherungsrisikos erschwert (Diederichsen/Wagner VersR 1993, 641 f; Feess-Dörr/Prätorius/Steger, Umwelthaftungsrecht, Bestandsaufnahme, Probleme, Perspektiven 79 f, 127; Hapke/Japp 57 f; Schmidt-Salzer, in: vBar [Hrsg], Internationales Umwelthaftungsrecht II 88 f). Dazu tritt mit ähnlicher Wirkung, dass insbesondere bei versicherten Massenschäden, die bei industriell verursachten Umweltbeeinträchtigungen nicht selten sind, Trittbrettfahrer- und Schadensersatzmitnahmeeffekte festzustellen sind (Schmidt-Salzer, in: vBar [Hrsg], Internationales Umwelthaftungsrecht II 112 ff mit eindrucksvollen Beispielen).

IV. Umweltschutz als Funktion von Umwelthaftung

1. Steuerungsfunktion des Umwelthaftungsrechts

33 Umwelthaftungsrecht, verstanden als das Recht des Ausgleichs für einen infolge einer Umwelteinwirkung eingetretenen Schaden (Engelhardt 11; Hager NJW 1986, 1961, 1969), ist trotz seines Herkommens aus dem rechtsgeschichtlich primär präven-

tiv-verhaltenssteuernd angelegten Deliktsrecht (eingehend REHBINDER, Haftpflichtrecht und Verhütung von Umweltschäden aus juristischer Sicht, in: ENDRES/REHBINDER/SCHWARZE, Haftung und Versicherung für Umweltschäden aus ökonomischer und juristischer Sicht [1992] 34 f) heute seinem **unmittelbaren** Rechtsgehalt gemäß **reagierendes Recht** (GERLACH JZ 1986, 161, 165 f; KLASS UPR 1997, 136), das überdies als Teil des Privatrechts auf den **Ausgleich zwischen einzelnen Personen** (DÖRING 91 f mwN; STECHER 110 f) gerichtet ist und die Umwelt sowie die Umweltmedien lediglich mittelbar schützt (SCHMIDT-SALZER Einl Rn 3, 6). Eine dennoch anerkannte und stark betonte (BT-Drucks 11/6454, S 13; BRÜGGEMEIER KJ 1989, 209, 229; DÖRING 33 f; FALK, Die EG-Umwelt-Audit-Verordnung [1998] 210 ff; GERLACH JZ 1988, 161, 166; HAGER NJW 1986, 1961, 1969 f; HAPKE/JAPP 16 ff, 31 ff; KLASS UPR 1997, 136 f; TH MEYER 144 ff; NICKLISCH, Umweltschutz und Umweltprivatrecht, in: NICKLISCH [Hrsg], Umweltrisiken und Umweltprivatrecht 10 ff; REHBINDER NuR 1989, 149, 150; SALJE ZRP 1988, 153, 154; STECHER 111 ff; WAGNER JZ 1991, 175 ff; skeptisch DIEDERICHSEN, in: Vhdl 56. DJT L 48 f; LYTRAS 44 ff; TAUPITZ, Umweltschutz durch zivilrechtliche Haftung, in: NICKLISCH, Umweltschutz und Umweltprivatrecht 21 ff, 43), de lege ferenda noch auszubauende (DÖRING 100; SCHIMIKOWSKI, Umwelthaftung Rn 286) Steuerungsfunktion im Sinne der **Schadensprävention** im Interesse Einzelner und der Allgemeinheit an der methodisch-systematisch vorbeugenden Verminderung oder tunlichsten Vermeidung schädlicher Umwelteinwirkungen (vgl in diesem Sinn zum Begriff der Prävention HAPKE/JAPP 31 f) hat das Umwelthaftungsrecht, insoweit ergänzend zur direkten präventiven und reaktiven Kontrolle durch Verwaltungsbehörden und der indirekten Verhaltenssteuerung mittels des Umweltstrafrechts (BRÜGGEMEIER, in: FS Jahr 227 ff), überdies in dreifacher Weise.

a) Schadensprävention durch Ansprüche auf Unterlassen

34 Eine **Schadensprävention** findet aufgrund des Umwelthaftungsrechts indirekt, aber hinsichtlich der Realisierung unmittelbar (DÖRING 48) mit **rechtlichen** Mitteln statt, indem konkret bevorstehende (LYTRAS 49, 56), nach Maßgabe des Umwelthaftungsrechts schadensersatz- oder entschädigungsträchtige Maßnahmen oder Ereignisse verschuldensunabhängig quasinegatorische **Ansprüche auf Unterlassen** der fraglichen Maßnahme oder auf Verhinderung des drohenden Ereignisses auslösen können, die neben negatorischen Ansprüchen namentlich gemäß § 1004 BGB stehen (DIEDERICHSEN, in: Vhdl 56. DJT L 51; ders BB 1986, 778 ff; DÖRING 40; GERLACH JZ 1988, 161, 167; LYTRAS 49 f, 56 f, 74 f; MEDICUS JZ 1986, 778 ff; ders UTR 11 [1999] 5, 20 f; ders NuR 1990, 145, 150; VELDHUIZEN 4 f, 56 ff; WAGNER NuR 1992, 201, 202 f; spezifisch zu negatorischen Unterlassungsansprüchen in umwelthaftungsrechtlichen Zusammenhang H P WESTERMANN UTR 11 [1990] 103, 108 f). Als Minus kommen mit Rücksicht auf den Grundsatz des geringsterforderlichen Eingriffs auch **Ansprüche** auf Vornahme geeigneter **Schutzmaßnahmen** in Betracht, soweit diese technisch möglich und wirtschaftlich zumutbar sind. Umwelthaftungsrecht schlägt in diesen Fällen eine Brücke zu dem weiteren Feld des Umweltprivatrechts. Der Emittent kann auf diesem Wege unabhängig von einer auf ökonomischen Überlegungen beruhenden Eigeninitative zu vorkehrenden Maßnahmen gezwungen werden (ENGELHARDT 22).

35 In der Praxis **scheitern** diese Ansprüche jedoch häufig (so auch LYTRAS 56 f, 75) daran, dass der störungsfreie Normalbetrieb einer **genehmigten gewerblichen Anlage** gemäß **§ 14 S 1 HS 1 BImSchG** nicht zu untersagen ist, weil das öffentliche Recht Bestandsschutz für genehmigte gewerbliche Einrichtungen vermitteln will (MEDICUS UTR 11 [1990] 5, 20); ferner scheitern Unterlassungsansprüche daran, dass Störfälle in der Regel, mit Ausnahme der seltenen Fälle vorsätzlicher Auslösung, unvorhersehbar auftreten und daher faktisch nicht durch Geltendmachung von Unterlassungsansprüchen zu verhindern sind. Für die Prävention mit rechtlichen Mitteln bleiben daher nur die Fälle einer erkennbaren Schadensgeneigtheit einer Anlage, soweit nicht auch hier der Bestandsschutz aufgrund behördlicher Genehmigung ein zivilrechtliches Vorgehen hindert und damit die Schadensprävention zu einer Aufgabe der öffentlichen Verwaltung gemacht ist; deren präventives Eingreifen kann allerdings erforderlichenfalls im Verwaltungsrechtsweg erzwungen werden. Bestandsschutz hindert allerdings ausweislich des § 14 S 1 HS 2 BImSchG nicht den Anspruch auf Vornahme geeigneter Schutzmaßnahmen. Außerhalb des Anwendungsbereichs des § 14 BImSchG regelt im Übrigen **§ 906 BGB** die Duldungspflicht auch im Verhältnis zu den präventiv aus Schadensersatznormen hergeleiteten **Unterlassungsansprüchen,** wenn diese Norm nach herrschender Ansicht die Rechtmäßigkeit des Emissionsvorgangs im Deliktsrecht steuert (u Rn 162) und ist folgerichtig, dass sie auch die aus § 823 Abs 1 BGB zu entwickelnden quasinegatorischen Unterlassungsansprüche (vgl Medicus UTR 11 [1990] 5, 21 f) sowie die aus Gefährdungshaftungstatbeständen, insbesondere auch aus § 1 UmweltHG grundsätzlich ableitbaren Unterlassungsansprüche in Analogie zu § 114 Abs 2 Nr 3 BBergG konsequent **präkludiert** (Petersen 27 ff).

b) Umweltsteuerung durch Privatrechtspositionen

36 Als privatrechtliche Umweltschutzprävention in einem weiten Sinn können auch Vorgänge der mittelbaren Steuerung wirklich oder vermeintlich umweltschädigender Planungen durch **Aktivierung zivilrechtlicher Sperrpositionen** angesehen werden. Gelegentlich werden solche Rechtspositionen nur als Mittel zu dem Zweck erworben, Umweltverhältnisse aktiv zu gestalten, indem sie zur Verhinderung von Umweltveränderungen eingesetzt werden. Hierher ist vor allem neben der schuldrechtlichen Vereinbarung bestimmter umweltfreundlicher Verhaltensweisen (Medicus UTR 11 [1990] 5, 24) der Erwerb von Grunddienstbarkeiten oder beschränkten persönlichen Dienstbarkeiten zu rechnen, soweit sie zulässigerweise die Nutzbarkeit von Grundstücken regeln können (Medicus UTR 11 [1990] 5, 24; ders NuR 1990, 145, 150 f; Wagner 103), aber auch der Eigentumserwerb an Parzellen, der zu einer zivilrechtlichen Teilhabe an Planungsabläufen bezüglich der Errichtung von Anlagen führen kann (vgl BVerwGE 72, 15 ff = NuR 1986, 196). Als eine rechtsmissbräuchliche Verhaltensweise stellt sich ein solches Vorgehen nur unter besonderen Umständen dar; namentlich ein gemäß § 226 BGB unzulässiges schikanöses Verhalten ist nicht ohne weiteres anzunehmen.

c) Ökonomische Prävention

37 Das Umwelthaftungsrecht hat, wie namentlich aber nicht nur die Vertreter der so genannten ökonomischen Analyse des Rechts betonen (Wenk 64 f; deutlich etwa Schäfer/Ott, Ökonomische Analyse des Zivilrechts [1995] 99 f, 112; Schwarze, Präventionsdefizite 11 ff; Wiese 1 f, 8 ff; ferner Lehmann, in: Ott/Schäfer, Probleme des Zivilrechts [1991] 290 ff; zu dem gesamtgesellschaftlich verhaltenssteuernden Schutzansatz der ökonomischen Analyse des Rechts Quentin 127 ff), einen mittelbaren (Berges 25) Umweltschutzeffekt durch Entfaltung einer **ökonomischen Präventionswirkung.** Das Risiko der **Belastung mit Umweltschadenskosten motiviert** nämlich **betriebswirtschaftlich** den zweckrational-eigennützig agierenden und informierten, auf Effizienzoptimierung achtenden homo oeconomicus (näher dazu, teilw auch als Prämissen der ökonomischen Analyse des Rechts, in umwelthaftungsrechtlichem Zusammenhang Döring 48 ff mwN; Iwanowitsch 93 ff; Th Meyer 150 f; M Meyer-Abich 103 f; Rehbinder NuR 1989, 149, 151; Schwarze, Präventionsdefizite 12 ff; Stecher 116;

WAGNER, Kollektives Umwelthaftungsrecht 40 f; WENK 66 ff, 70 f), dem namentlich der Typ des betriebswirtschaftlich rational operierenden Unternehmens am nächsten (nicht ausschließlich, wie AK-BGB/RÜSSMANN vor § 249–253 Rn 18 f meint; dag WENK 70 f) kommt (FLACHSBARTH 36; REHBINDER, in: ENDRES/REHBINDER/SCHWARZE 54 ff), unter der Voraussetzung möglichster Gewährleistung sicher berechenbarer Haftungsstandards (SCHWARZE, Präventionsdefizite 42 ff) zu einer sachimmanent selbstgesteuerten Verhinderung der Schadensentstehung (ADAMS ZZP 99 [1986] 129, 139; BALENSIEFEN 29 ff; BARTSCH 52 ff; F BAUR JZ 1987, 317, 319; BECKER 53 ff; BERGES 28; DEUTSCH JuS 1981, 317, 318; DÖRING 40 ff; A ENDRES 14 f; ENDRES, Umwelt und Ressourcenökonomie [1985] pass; ENGELHARDT 12 ff; FABIAN 93 ff; FALK, EG-Umwelt-Audit-Verordnung [1998] 1 ff, 210 ff; FEESS/STEGER, Umweltschutz durch Haftung und Auditing aus ökonomischer Sicht, in: Nicklisch (Hrsg) Umweltrisiken und Umweltprivatrecht, 175 ff; FELDMANN UPR 1991, 45, 46; GEISENDÖRFER VersR 1989, 433 ff; GERLACH JZ 1988, 161, 165 f; GODT 29 ff; HAGER, Fortentwicklung des Umwelthaftungsrechts [1990] 4 f; ders JZ 1990, 397, 400 f; HAPKE/JAPP 3; HARTMANN 9 f; HERBST 25 ff; HOPP 93 ff; IWANOWITSCH 93 ff; KIRCHGÄSSNER ZfU 1992, 15, 19; KIRCHHOF NVwZ 1988, 97, 103; KLASS UPR 1997, 134, 135 f; KLAUS, Umweltökonomie und Umweltpolitik, in: WENZ/ISSING/HOFMANN, Ökologie, Ökonomie und Jurisprudenz [1987] 1 ff; KLOEPFER § 4 Rn 293, 299; KÖTZ KF 1990, 14 ff; KÜPPER BB 1996, 541 ff; B LEONHARD 31 ff; M LEONHARD 43 ff; LYTRAS 75 ff, 444 ff; TH MEYER 122 ff; M MEYER-ABICH ZRP 1999, 428 ff; ders 93 ff, 103 ff; MÖLLERS 8; NICKLISCH NJW 1986, 2287, 2288; PASCHKE Einl 18; QUENTIN 109 ff; REHBINDER, Politische und rechtliche Probleme des Verursacherprinzips [1973] 163 ff; ders NuR 1988, 105 ff; ders, Haftpflicht und Verhütung von Umweltschäden aus juristischer Sicht, in: ENDRES/REHBINDER/SCHWARZE, Haftung und Versicherung für Umweltschäden aus ökonomischer und juristischer Sicht [1992] 41 ff mwN; ders, Das Vollzugsdefizit im Umweltrecht und das Umwelthaftungsrecht [1995] 11 ff; REST NuR 1994, 271; SALJE §§ 1, 3 Rn 6 ff; SAUTTER 18; SCHIMIKOWSKI, Umweltrisiken Rn 4 f; SCHWARZE, Präventionsdefizite 11 ff; ders VW 1998, 1346 ff; STECHER 111 ff; STEGER, Ökonomische Analyse der Umwelthaftung, in: WIEBECKE [Hrsg], Umwelthaftung und Umwelthaftungsrecht [1990] 56 ff; STEHLING 84 ff; TÖPFER ZfU 1988, 287, 300; WAGNER, Kollektives Umwelthaftungsrecht 39 ff; ders VersR 1991, 249, 250; ders JZ 1991, 175, 176 ff; WENK 63 ff; WOLFRUM/LANGENFELD 184 f; insbes in Bezug auf Fondslösungen WINTER 35, 133 f). Im Unterschied zum öffentlichen Recht hat das Schadensersatzrecht als Teil des Privatrechts den Vorteil, dass es auf das Prinzip der **Selbstregulierung** aufbaut statt auf einer staatlichen Fremdregulierung durch öffentlich-rechtliche Regularien und kostspielige (vgl MEDICUS UTR 11 [1990] 5, 7) Behörden mit der Gefahr vielfältiger Möglichkeiten politischer Einflussnahme (MEDICUS UTR 11 [1990] 5, 7 f; M MEYER-ABICH 16, 91 ff). Selbstregulierung entfaltet hier ihre Wirkung, weil und indem das Motiv der **Schadensersatzvermeidung** den Effekt der **Schadensvermeidung** haben kann; Umweltschutz wird damit unter ökonomischem Aspekt zu einer Frage der Abwägung von Präventivaufwand zur Verhinderung von Umwelteinwirkungen und möglichem Nutzen in Gestalt ersparter Haftungskosten. Umwelthaftungsrecht erscheint nach dieser Maßgabe als selbstausführendes Erziehungsmittel zu umweltverträglichem Verhalten und Anlagenbetrieb unter Maximierung der Effizienz dank sachnaher eigener Wahl des am geeignetsten erscheinenden Mittels bei Minimierung der Transaktionskosten (vgl FALK, EG-Umwelt-Audit-Verordnung [1998] 217; FEESS/STEGER, Umweltschutz durch Haftung und Auditing aus ökonomischer Sicht, in: NICKLISCH [Hrsg], Umweltrisiken und Umweltprivvatrecht im deutschen und europäischen Recht [1995] 176 ff; HAPKE/JAPP 13 ff; M MEYER-ABICH 94; Wenk 75), das als ein nur vom Ziel der Schadensvermeidung gesteuertes System Flexibilität und Adaptibilität der Mittel zur Zielerreichung (HAPKE/JAPP 16) sowie freiwillige, nicht nur an gebotenen Schutzstandards orientierende Maximierung des Schutzerfolgs (HAPKE/JAPP 37 f) zulässt. Unter Marktgesichtspunkten kann Umwelthaftung überdies selektiv wirken, soweit die Kostenabwälzung für umweltfeindliche Produktionsweisen über den Preis misslingt (REHBINDER, in: ENDRES/REHBINDER/SCHWARZE 43; BULLINGER, in: FS v Caemmerer 295, 303 ff; DÖRING 41). Dieser umweltschützende Präventiveffekt ist als Folge ökonomischer Rationalität zwar nicht in allen Aspekten und Effekten ökonomischer Kosten-Nutzen-Erwägungen (vgl zu Differenzierungen etwa bei Schadensdiskontierungen ENDRES, Ökonomische Grundlagen des Haftungsrechts [1991] 51 ff; SCHWARZE, Präventionsdefizite 120 ff, 176 ff), aber doch im Grundsatz durchaus unabhängig von einer deliktsrechtstypischen Verantwortungszurechnung und kann daher als Wirkung auch, oder gerade, der Gefährdungshaftung gelten (FALK, EG-Umwelt-Audit-Verordnung [1998] 212 ff; GERLACH 157 f, HAGER UTR 11 [1990] 133, 143; IWANOWITSCH 94; KIRCHGÄSSNER ZfU 1992, 15, 22 ff; KLOEPFER § 4 Rn 293; SCHÄFER/OTT, Haftung für Umweltschäden [1993] 234; STECHER 113 f; WAGNER, Kollektives Umwelthaftungsrecht 38 ff; WIESE 37 f; dag in Kontrast zur Verschuldenshaftung krit DIEDERICHSEN, Stand und Entwicklungstendenzen des Umwelthaftungsrechts – Gefährdungshaftung und Umweltschutz, in: BREUER/KLOEPFER/MARBURGER/SCHRÖDER [Hrsg], UTR 5 [1988] 189 ff; FEESS, Haftungsregeln 16 ff, 133; KLOEPFER UTR 11 [1990] 35, 62; MARBURGER KF 1990, 4, 11; MEDICUS JZ 1986, 778, 785; ders, Umweltschutz als Aufgabe des Zivilrechts – aus zivilrechtlicher Sicht, in: BREUER/KLOEPFER/MARBURGER/SCHRÖDER [Hrsg], Umweltschutz und Privatrecht [1990] 5, 13 ff; ders NuR 1990, 145, 147; ders UTR 11 (1990) 5, 13; I OSSENBÜHL 23 f; STEFFEN NJW 1990, 1817, 1818; TAUPITZ Jura 1992, 113, 119; ders, Umweltschutz durch zivilrechtliche Haftung, in: NICKLISCH [Hrsg], Umweltrisiken und Umweltprivatrecht 44 f; insbes krit SCHMIDT-SALZER Einl Rn 100 ff; ders, in: AHRENS/SIMON, Umwelthaftung, Risikosteuerung und Versicherung [1996] 59 ff; H WESTERMANN, in: FS Larenz [1973] 1020; WOLFRUM/LANGENFELD 257 f; im Ergebnis auch SCHWARZE, Präventionsdefizite 176 ff). Das **auch ökonomisch motivierte Interesse** von Emittenten, eine dem öffentlichen **Ansehen** abträgliche Haftung wegen Umweltschäden (dazu empirisch DÖRING 99) und die Belastung mit den kostenträchtigen sowie persönlichen **Mühen** der Schadensabwicklung zu vermeiden, trägt überdies zur Schadensprävention bei (HAPKE/JAPP 105, 109 f; IWANOWITSCH 101; SCHIMIKOWSKI, Umweltrisiken Rn 6; SCHMIDT-SALZER, in: vBAR [Hrsg], Internationales Umwelthaftungsrecht II 85 f; WAGNER 45) ebenso wie die betriebswirtschaftliche Einsicht, dass Umweltschutz je nach Sachlage auch **Kostenersparnis** bewirken kann (HAPKE/JAPP 111 f). **Umwelthaftung** wird damit wegen ihrer wirtschaftlichen Auswirkung, aber nicht ausschließlich wegen dieser, zum **eigenständigen Umweltschutzinstrument** im allgemeinen bzw staatlichen Interesse (ADAMS ZZP 99 [1986] 129 ff; BULLINGER VersR 1972, 599, 599; GAENZTSCH NJW 1986, 601 ff; GERLACH JZ 1988, 161, 165; HAGER NJW 1986, 1961, 1970 f; KLOEPFER UTR 11 [1990] 35, 39 f, auch zu den daraus dem Zivilrecht drohenden Gefahren des Autonomieverlustes; KNEBEL, Zur Fortentwicklung des Umwelthaftungsrechts, in: BREUER/KLOEPFER/MARBURGER/SCHRÖDER [Hrsg], JUT [1988] 261 ff; M LEONHARD 47 ff; MARBURGER, in: Vhdl 56. DJT C 119 ff; TH MEYER 152 f; MOTSCH JZ 1984, 211, 217 ff; PFEIFFER 12; REHBINDER 163 ff mwN; ders NuR 1988, 105 ff; SIMITIS VersR 1972, 1087, 1093; SCHIMIKOWSKI, Umweltrisiken Rn 6). Umwelthaftung lässt sich in diesem Sinne als eine spezifische Form der Fremdprogrammierung des Wirtschaftssystems durch Recht begreifen (so HAPKE/JAPP 3). Diese vom Haftungsrecht veranlasste Orientierung des umweltrelevanten Wirtschaftens wirkt über bloß ökonomisch motivierende Haftungsvermeidungsstrategien hinaus **auch** und nicht zuletzt dadurch, dass sie ein **Bewusstsein für** das **Risiko** und die **Risikominimierbarkeit** technischer Vorgänge schafft, welches innerbetriebliche Zuständigkeitsoptimierungen und verbesserte schadenspräventive Betriebsprozesse auslöst (HAPKE/JAPP 5 ff; dezidiert SCHMIDT-SALZER, in: vBAR [Hrsg], Internationales Umwelthaftungsrecht II 87).

38 Allerdings darf die **Wirksamkeit** einer haftungsrechtlich-ökonomisch fundierten Präventionsstrategie schon aufgrund der Prämissen des ökonomischen Ansatzes **nicht überschätzt** werden, auch wenn von einer Einschätzung des generellen situationsbedingten Steuerungsvermögens hier abgesehen wird (vgl dazu Schmidt-Salzer, in: vBar [Hrsg], Internationales Umwelthaftungsrecht II 75 ff, 87 f) und lediglich die innerökonomischen Wirkungszusammenhänge des geltenden Umwelthaftungsrechts betrachtet werden. Das geltende Umwelthaftungsrecht weist nämlich **Defizite bei der Haftungsinternalisierung** von Umweltschäden auf. Die durch Haftung ausgelöste Umweltschutzstrategie wirkt dem gemäß optimal nur, wenn und soweit die Vervollständigung der Haftung für alle Umweltschäden gelingt, indem Schadensdiskontierungen im ökonomischen Kalkül vermieden werden. Dies geschieht durch tunlichste, auch die subjektive Bereitschaft von Geschädigten zur Schadensersatzdurchsetzung steigernde (Hapke/Japp 18; Schwarze, Präventionsdefizite 115 ff) **Internalisierung aller extern auftretenden Umweltkosten** (statt vieler Adams ZZP 99 [1986] 153; Bender/Sparwasser 30; Falk, EG-Umwelt-Audit-Verordnung [1998] 216 ff; M Meyer-Abich 158; Wenk 68 ff) vor allem – womit zugleich eine wesentliche derzeitige Grenze wirksamer Prävention durch Haftung beschrieben sind – durch richtige Monetarisierung externer Umweltkosten einschließlich der Eigenschäden und der Bagatellbeeinträchtigungen (vgl Wenk 32, 33 f), durch eine Schließung der Schutzlücken bei den Ökoschäden und bei der Zurechnung im Bereich der haftungsbegründenden Kausalität und, soweit gefordert, der Rechtswidrigkeit sowie des Verschuldens insbesondere bei den Distanz-, Summations- und Allmählichkeitsschäden (Diederichsen, in: Vhdl 56. DJT L 50; Döring 50 ff; Endres, Haftpflichtrecht und Verhütung von Umweltschäden, in: Berges 28 f; Endres/Rehbinder/Schwarze, Haftung und Versicherung für Umweltschäden aus ökonomischer und juristischer Sicht [1992] 2; Endres/Staiger, Ökonomische Aspekte des Umwelthaftungsrechts, in: Ahrens/Simon, Umwelthaftung, Risikosteuerung und Versicherung (1996) 80; Falk, EG-Umwelt-Audit-Verordnung [1998] 216 ff; Föller 89; Gmehling 181 f; Godt 101 ff; Hapke/Japp 17 f; Herbst 49; Iwanowitsch 96 ff, mit weiterem Hinweis auf die präventionsmindernde Wirkung der Gesamtschuld 99 f; Th Meyer 138, 155 ff; M Meyer-Abich ZRP 1999, 428, 430; ders 95, 105; Schwarze, Präventionsdefizite 100 ff, de lege ferenda 179 ff; Steger, Ökonomische Analyse der Umwelthaftung, in: Wiebecke [Hrsg], Umwelthaftung und Umwelthaftungsrecht [1990] 56 ff; Stehling 97; Wiese 12, 39), ohne andererseits die vom Emittenten zu verantwortende Beeinflussbarkeit der Umweltbeeinträchtigung durch einen Verzicht auf das Kausalitätserfordernis wegen Übergangs auf eine bloße Verdachtshaftung zu beseitigen (Assmann, in Nicklisch [Hrsg], Prävention im Umweltrecht 178; Brüggemeier KritV 1991, 297, 310; Wiese 15) oder einen dem deutschen Recht fremden Strafschadensersatz einzuführen (M Meyer-Abich 108). Darüber hinaus hängt der unmittelbar umweltschützende Effekt von dem Grad ab, in dem die Umwelthaftung zu einer **Naturalrestitution** führt. Diese ist aus praktischen Gründen oft nicht möglich, oft handelt es sich auch um einen Fall des **unverhältnismäßigen Aufwands** im Sinne des § 251 Abs 2 BGB. Allerdings kann Naturalrestitution auch in dem weiteren Sinn eines Naturalausgleichs für eingetretene und als solche nicht reparable Umweltschäden an anderer Stelle unter Herstellung ähnlicher Naturverhältnisse stattfinden (Rehbinder NuR 1988, 105 ff); bei Beurteilung der Unverhältnismäßigkeit einer Naturalrestitution kann zu deren Gunsten mit Rücksicht auf den Rechtsgedanken des § 16 Abs 1 UmweltHG das allgemeine ökologische Interesse in Ansatz gebracht werden (Schulte JZ 1988, 278, 280 f). Soweit Naturalrestitution nicht geschuldet ist, wirkt Umwelthaftung nur insoweit präventiv, als eine angemessene **geldliche Bewertung** von Umweltschäden gelingt (Berges 29).

39 Während der spezifische Nachteil der am persönlichen Verschuldensvorwurf orientierten **Verschuldenshaftung** im Unterschied zur Gefährdungshaftung darin besteht, dass die **Einhaltung von** extern, meist staatlich gesetzten **Sorgfaltsstandards** zu einer **vollständigen Haftungsfreistellung** führt (ENGELHARDT 239; FALK, EG-Umwelt-Audit-Verordnung [1998] 213, 216 f; HAGER UTR 11 [1990] 133, 143; IWANOWITSCH 95, 98 f; MEDICUS NuR 1990, 145, 148; REUTER BB 1991, 145, 146; SCHMIDT-SALZER, Unternehmens- und Mitarbeiterhaftung im Deutschen und Europäischen Produkt- und Umwelthaftungsrecht, in: Ahrens/Simon, Umwelthaftung, Risikosteuerung und Versicherung [1996] 67, 73; STEFFEN NJW 1990, 1817, 1818, 1820; TAUPITZ Jura 1992, 113, 119) kann bei der unternehmens- bzw betreiberbezogen anknüpfenden **Gefährdungshaftung** im Unterschied zur Verschuldenshaftung die hier vornehmlich wirksame ökonomische Rationalität überdies auch dann, wenn die vorbezeichnete Kosteninternalisierung gelingt, aufgrund eines **Optimierungskalküls** je nach Sachlage allerdings gebieten, ein Haftungsrisiko zu tragen und daher Umweltschutzmaßnahmen zu unterlassen, wenn **Risikokosten geringer als Präventionskosten** sind oder der Akteur dies wenigstens vermeint (ASSMANN, in: WAGNER, Unternehmung und ökologische Umwelt, 201, 204; BERGES 28; BRÜGGEMEIER KritV 1991, 297, 308; ders, in: FS Jahr 243; DÖRING 39; ENGELHARDT 239 f; HAGER UTR 11 [1990] 133, 143; HAPKE/JAPP 41 f, 74 f; LANDSBERG/LÜLLING § 1 Rn 5; LYTRAS 445; M MEYER-ABICH 93, 105, 109; PASCHKE Einl 19; WAGNER, Kollektives Umwelthaftungsrecht 44, 46 f), oder weil der Akteur die ihm nicht zurechenbare Inanspruchnahme von Umweltgütern ohne Haftungssanktion, namentlich bei den Ökoschäden oder bei **faktischer Schadensübernahme** insbesondere durch Krankenversicherungssysteme (vgl WAGNER JZ 1991, 175, 179 ff; WOLFRUM/LANGENFELD 184 f), als kostenneutralen Produktionsfaktor in sein Kalkül einstellen kann (STECHER 119 f; WAGNER, Kollektives Umwelthaftungsrecht 42 f). Diese ökonomisch bedingten, kalkulatorischen Präventionsdefizite treten gerade bei der Gefährdungshaftung negativ zutage. Dazu mag kommen, dass die Ausgestaltung einer Gefährdungshaftung als einer das Entwicklungsrisiko mitumfassenden Haftung die auf Schadensvermeidung angelegte Forschung und Implementierung entmutigen könnte (vgl MEDICUS UTR 11 [1990] 5, 13; H P WESTERMANN ZHR 155 [1991] 229), und dass die Unvermeidbarkeit einer Haftung trotz Einhaltung aller gebotenen Sorgfaltsstandards **Erwartungsunsicherheit** bewirkt, die dem Recht die Funktion der **Verhaltensorientierung nimmt** (HAPKE/JAPP 4; 23 ff). Schließlich ist Risikoprävention in technischer Hinsicht grundsätzlich, und zwar bei Gefährdungs- und bei Verschuldenshaftungstatbeständen, auf ein Mindestmaß an **Vorhersehbarkeit von Schadensmöglichkeiten** angewiesen, um andere als nur auf gänzlich unproduktives Unterlassen des riskanten Verhaltens gerichtete Vermeidungsstrategien antizipiert entwickeln zu können, so dass Präventionsinduzierung in dem Maße scheitert, in dem es – wie bei Neuentwicklungen und komplexen Wirkungsstrukturen häufig, bei denen sich daher Entwicklungsrisiken am ehesten realisieren – an substanzieller Kenntnis von Schadenspotenzialen fehlt; das Handeln unter der Bedingung kognitiver **Erwartungsungewissheit begrenzt präventives Tun** (HAPKE/JAPP 32 ff, 76 ff, 116 ff, 163 f) und leitet bestenfalls von einem Präventionsansatz der Handlungsrationalität über zu einer **Sicherheitsoptimierung durch** rational strukturierte **Verfahren** der Analyse und Erörterung von Risikoerwartungen und Risikovorbeugungen, etwa durch Implementierung von Umweltauditsystemen (HAPKE/JAPP 163 ff).

40 Auf diesem Hintergrund bedarf rechtlich wertend eine Umwelthaftung, die zur **Schadensallokation** bei einem individualisierten Betreiber einer Anlage bzw bei einem gewerblich oder im öffentlichen Interesse Handelnden führt, der sachlichen **Rechtfertigung** namentlich für Fälle **der Aufopferungs- und Gefährdungshaftung,** in denen der Gedanke des rechtswidrig-schuldhaften Fehlverhaltens die Haftung nicht trägt.

Dies gilt um so mehr, als gerade in diesen Fällen auch die Rechtfertigung der Haftung mit dem Verursacher- und dem Nutzenprinzip letztlich nicht überzeugt. Der **Konsument** der Produkte oder Dienstleistungen, die durch den umweltschädlichen Anlagenbetrieb oder die umweltschädliche Verhaltensweise verfügbar werden, ist nämlich in einem **mittelbaren** Sinn als Zweckveranlasser und Nutznießer umweltschädlicher Produkte ebenso **Verursacher** und **Nutzer** der Anlage bzw umweltschädigenden Verhaltensweise, wie dies der Anlagenbetreiber bzw Handelnde ist. Bei Berücksichtigung dieses Umstands scheint es daher nicht angemessen zu sein, den Produktnutzen allein dem Verbraucher zuzuordnen, aber die Produktverantwortung ausschließlich dem Produkterzeuger zuzuweisen (NICKEL VW 1987, 1240 f; ders VW 1988, 961; ders, Industrielle Produktion und Gefährdungshaftung. Zur politischen Verantwortung der Umweltpolitik für das Umwelthaftungsrecht [1988] 5; dazu FEESS 94 ff; anders in der Regel, wenn Umwelthaftungsrecht mit dem kompensatorischen Argument gerechtfertigt wird, dem Betroffenen Haftungsansprüche gegen einen als vom Betroffenen unterscheidbar angenommenen Verursacher zu geben, vgl GERLACH 152 ff, 164).

41 Wenn dennoch der Anlagenbetreiber als Produkterzeuger dem Geschädigten haften soll, so kann dies vor allem mit der merkantil-schadenspräventiven Wirkung von Haftung erklärt werden. Gerade die Verschuldensunabhängigkeit der Haftung lässt nämlich bei betriebswirtschaftlicher Betrachtung des Präventionskalküls eine Steigerung der Umweltstandards trotz der genannten gegenläufig präventionsmindernden Effekte der Gefährdungshaftung erwarten, weil die Haftungsanknüpfung der Verschuldenshaftung an die verkehrserforderliche Sorgfalt nicht dazu anregt, deren Niveau über den jeweils sozial herrschenden Standard zu steigern, und weil sie überdies zu einer vollständigen Haftungsfreistellung in allen Fällen der Einhaltung des gegebenen Sorgfaltsstandards führt, während etwa die Gefährdungshaftung auch Normalbetriebsschäden ohne weiteres erfassen kann und deshalb zu deren Minimierung anregt (DÖRING 44 ff; FALK, EG-Umwelt-Audit-Verordnung [1998] 212 ff; HAGER JZ 1990, 397, 401; HERBST 150 f; HOPP 96; I OSSENBÜHL 24; STEFFEN NJW 1990, 1817 ff; REHBINDER, in: ENDRES/REHBINDER/SCHWARZE 45 f; WIESE 38; WOLFRUM/LANGENFELD 195; zu vergleichbaren Effekten einer optimalen Verschuldenshaftung allerdings FEESS, Haftungsregeln 16 ff). Namentlich der Gefährdungshaftung kann daher eine spezifisch vorteilhafte Präventionswirkung zwecks Vermeidung von Umweltschäden zuerkannt werden (vgl Nachweise Rn 37). Die strenge Haftung kann ferner auch mit der entgegen dem ersten Anschein letztlich und doch eintretenden Belastung des Konsumenten mit den Kosten der strengen Haftung gerechtfertigt werden, obwohl und weil eine ökonomisch unvermeidliche **Abwälzung** der Umweltschadenskosten durch Umlegung von Versicherungskosten oder Schadensersatzaufwendungen auf den Güterpreis wegen der **mittelbaren Mitverursachung** von Umweltschäden durch den Konsumenten mit Recht stattfindet (so auch ADAMS JZ 1989, 787; ENGELHARDT 13 ff; NICKEL VW 1987, 1240 f; ders VW 1988, 961; SALJE ZRP 1988, 153, 154; krit REHBINDER, Politische und rechtliche Probleme des Verursacherprinzips 32; SIMITIS VersR 1972, 1087, 1089; wohl auch I OSSENBÜHL 23) und die Kostenabwälzung im Ergebnis quasi zu einer billigenswerten **Sozialfondslösung** führt, bei der der Fonds von den umweltschädigenden Konsumenten unterhalten wird (vgl SCHMIDT-SALZER, in: vBAR, Internationales Umwelthaftungsrecht II 9 f). Indem nämlich auf diese Weise das Umwelthaftungsrecht, auch und gerade soweit es Aufopferungs- und Gefährdungshaftung ist, anstelle der ausschließlichen und primären Sozialfondslösung haftungsrechtlich-konstruktiv im Verhältnis zum Geschädigten den Umweg über die unmittelbar-externe Verantwortlichkeit des Betreibers einer umweltschädigenden

Anlage bzw eines umweltschädlich Handelnden wählt, erreicht das Zivilrecht eine Kostenanlastung, die **Umweltschäden** zu wettbewerbsrelevanten **Kostenfaktoren** in Gestalt von Haftungsaufwendungen oder Versicherungsprämien macht und daher zum Markterfolg möglichst **wenig umweltschädigender** Produktionsweisen oder Dienstleistungen beiträgt (Döring 44; Rehbinder, in: Endres/Rehbinder/Schwarze 41; Bullinger, in: FS v Caemmerer 299, 303 ff). Die ökonomisch ohnehin indizierte Überwälzung der Umwelthaftungskosten über den Preis auf den Konsumenten ist daher, und zwar insbesondere bei so genannten Normalbetriebsschäden, durchaus sachlich gerechtfertigt.

2. Versicherbarkeit und Präventionswirkung

42 Die **Versicherbarkeit** der Schadensrisiken (insow insbes bezogen auf ökologische Schäden M Leonhard 357 ff) bezweckt zwar auch bei Umweltschäden primär, dem Geschädigten einen Schadensausgleich gerade für den Fall der Insolvenz des Schädigers zu gewährleisten und den Schädiger vor einer ruinösen Haftung zu schützen sowie ihm eine betriebswirtschaftliche Kalkulierbarkeit von Unsicherheit zu ermöglichen (näher Rn 31). Die Umwelthaftpflichtversicherung trägt jedoch auch zur **Schadensprävention** aufgrund des wirtschaftlichen Interesses des Versicherers bei (Küpper BB 1996, 541, 543 f; Th Meyer 151 f; vgl empirisch zur Wirksamkeit Schwarze VW 1998, 1346 ff; ders, Prävention von Umweltschäden durch Umwelthaftung?, in: Ott/Schäfer [Hrsg], Die Präventivwirkung zivil- und strafrechtlicher Sanktionen), indem dieser auf tunliche Vorkehrungen gegen Umweltbelastungen durch seinen Versicherungsnehmer achtet; der Versicherer wird im Rahmen von Risiko-Consulting (Iwanowitsch 201) oder Risiko-Audits (so Falk, EG-Umwelt-Audit-Verordnung [1998] 221) zum **Risikoanalysten** und **Risikoberater** (allerdings auch zum Haftungsentlastungsberater, Hapke/Japp 73) und verstärkt oder ermöglicht vor allem in kleinen Unternehmen erst Prozesse der betrieblichen Einschätzung und Bewältigung von Umweltrisiken (Döring 109; Falk, EG-Umwelt-Audit-Verordnung [1998] 219 ff; Fleck, Einschätzbarkeit und Versicherbarkeit von Umweltrisiken, in: Wiebecke [Hrsg], Umwelthaftung und Umwelthaftungsrecht [1990] 80 ff; Gnaub 258 ff; Hager NJW 1986, 1961, 1967; Hapke/Japp 63 ff, empirisch 130 ff; Herbst 137 ff, 202 ff; Jörissen 99 ff; Klass UPR 1997, 136 f; B Leonhard 37; Th Meyer 151 f; Rehbinder, Das Vollzugsdefizit im Umweltrecht und das Umwelthaftungsrecht [1995] 20 f; Sautter 20; Steger, Ökonomische Analyse der Umwelthaftung, in: Wiebecke [Hrsg], Umwelthaftung und Umwelthaftungsrecht [1990] 67 f; Wenk 72 ff; zweifelnd M Leonhard 49 unter Bezug auf Rehbinder NuR 1989, 151 u Roller PHI 1990, 160). Der Förderung des Umweltschutzes kann allerdings die Versicherbarkeit von Umweltschutzschäden auch **entgegenwirken.** Ein Absehen von Rückgriffen insbesondere dort, wo Personenschäden von Sozialversicherungsträgern im Rahmen der Kranken- und Rentenversicherung oder von Berufsgenossenschaften gedeckt werden, lässt zunächst auch erwarten, dass sich die Präventivwirkung des Umwelthaftungsrechts vermindert (Gmehling 184; Medicus UTR 11 [1990] 5, 13). Vor allem macht aber die Versicherungsdeckung im Rahmen der privaten Umwelthaftpflichtversicherung die Umwelthaftung weniger spürbar, und die Umwelthaftung wird durch die Umwelthaftpflichtversicherung nicht nur kalkulierbar, sondern sie kann auch billiger werden als die Schadensverhinderung (Berges 28; Gnaub 260 f; Hapke/Japp 5 f, 43 ff; Jörissen 97; Kloepfer § 4 Rn 293; Landsberg/Lülling § 1 Rn 5; Th Meyer 151 f; Schmidt-Salzer VersR 1990, 12, 14; ders, in: vBar [Hrsg], Internationales Umwelthaftungsrecht II 76 ff; Stecher 116 f; Steger 64; Wagner, Kollektives Umwelthaftungsrecht 39 ff; ders JZ 1991, 175, 178 f; Wenk 72). Diesem Effekt **begegnen** jedoch zunächst schon die versicherungvertraglich typischerweise gezogenen Deckungs-

grenzen; so ist im Umwelthaftpflichtversicherungsmodell des HUK-Verbandes eine im praktischen Ergebnis weitgehende Versagung der Deckung bei Normalbetriebs- und Entwicklungsrisikoschäden nicht nur dem Grunde nach vorgesehen (so HAPKE/JAPP 60 unter Hinweis auf Ziffer 6. 2. Abs 1 u 2 der Umwelthaftpflichtmodells des HUK-Verbandes; grundsätzlich sind danach alle Schäden durch betriebsbedingt unvermeidbare, notwendige oder in Kauf genommene Umwelteinwirkungen vom Versicherungsschutz ausgeschlossen, es sei denn, der Versicherungsnehmer weist nach, dass es nach dem Stand der Technik zum Zeitpunkt der schadensursächlichen Umwelteinwirkung unter den Gegebenheiten des Einzelfalls die Möglichkeit derartiger Schäden nicht erkennen musste), sondern wegen der je Versicherer auf kaum mehr als zehn Prozent der im Umwelthaftungsgesetz vorgesehenen Haftungsobergrenze (vgl HAPKE/JAPP 4, 60) auch dem Betrag nach, und schließlich folgen Deckungsbeschränkungen auch aus der weiten Definition des Serienschadens (vgl HAPKE/JAPP 61 unter Hinweis auf Ziff 7. 2 des Umwelthaftpflichtmodells, wonach in Bezug auf alle durch eine bestimmte Ursache hervorgerufene Schäden nur ein Versicherungsfall vorliegt) und den Ausschluss der Eigenschadenversicherung (HAPKE/JAPP 127 f unter Hinweis auf Ziff 5. 6. des Umwelthaftpflichtmodells). Soweit dennoch im Rahmen der bestehenden Versicherung das so genannte **moral hazard** Problem verbleibt, ist dem überdies durch ein Verfahren zur Risikoanalyse vor der Gewährung von Versicherungsschutz, durch ein geeignetes Prämiensystem mit Selbstbehalten, Risikozuschlägen und Schadensfreiheitsrabatten sowie durch Nichtversicherung oder Rückgriffsvorbehalt bei bestimmten Schadensverursachungen, namentlich bei vorsätzlichem oder grob fahrlässigem Verhalten, in gewissem Umfang zu begegnen (ENDRES/SCHWARZE, Allokationswirkung einer Umwelthaftpflichtversicherung, in: ENDRES/REHBINDER/SCHWARZE, Haftung und Versicherung für Umweltschäden aus ökonomischer und juristischer Sicht [1992] 67 ff; ENGELHARDT 17; FALK, EG-Umwelt-Audit-Verordnung [1998] 219 f; HAPKE/JAPP 17, 50 ff, empirisch mit geringen Steuerungseffekten 112 ff; IWANOWITSCH 101; I OSSENBÜHL 24 f; STECHER 117; WAGNER, Kollektives Umwelthaftungsrecht 46; ders NuR 1992, 201, 208; WENK 73 f). Diesen ökonomisch rationalen Erwartungen steht allerdings empirisch der Befund gegenüber, dass das Bestehen von Versicherungsschutz auf das Niveau der Präventionsaktivität von Unternehmen keinen bestimmenden Einfluss hat (HAPKE/JAPP 72, 112 ff).

3. Mithaftung Dritter und Präventionswirkung

a) Kreditgeber

43 Ähnlich, wie dies für Umwelthaftpflichtversicherer zutrifft, dürfte es auch für den **Kreditgeber** unter bestimmten Umständen haftungsrechtlich indiziert sein, sich als Sachwalter des Umweltschutzes zu verstehen und Risikoanalyse sowie entsprechende präventive Unternehmensberatung zu betreiben. Dies gilt für den grundpfandrechtlich gesicherten Kreditgeber schon aus wohlverstandenem **Eigeninteresse** im Hinblick auf **Altlasten** (DEUBEL 28 ff; FALK, EG-Umwelt-Audit-Verordnung [1998] 223; generell KEIDEL 109 ff), aber auch generell aus Interesse an der fortgesetzten **Solvenz** des Unternehmens als des Kreditnehmers (FALK, EG-Umwelt-Audit-Verordnung [1998] 223). Gleiches kann aber auch unter haftungsrechtlichen Gesichtspunkten einer möglichen **eigenen Haftung** des Kreditgebers gegenüber Dritten gelten. Eine solche kann wegen Verletzung eigener **Verkehrssicherungspflichten** bei Besitzpfandrechten begründet sein sowie eventuell auch unter dem Aspekt der **Anlageninhaberschaft** bei faktischer, auf Unternehmensabläufe erstreckter unternehmerischer Herrschaftsmacht (BIGALKE 78 ff; FEESS, Haftung gesicherter Kreditgeber 72 f; KEIDEL 111 ff, zu geeigneten Prüfungsverfahren für Kreditinstitute 122 ff). Dass Kreditinstitute sich überdies **politisch**

gebunden sehen, auf Umweltaspekte bei ihren Kreditvergaben zu achten, ergibt sich überdies aus der von zahlreichen deutschen Kreditinstituten mitunterzeichneten UNEP-Erklärung zum Thema Banken und Umwelt von 1992 (dazu KEIDEL 87 f).

b) Konzerngesellschaften

44 Ein Unternehmensverbund im **Konzern** kann zur **Trennung von umweltgefährdender Aktivität und hinreichendem Haftungsvermögen** führen, indem das Unternehmen, welches das Umweltrisiko verursacht, nicht dem Haftungsrisiko entsprechend finanziell angemessen ausgestattet wird, während die die einheitliche Leitung (vgl dazu in umwelthaftungsrechtlichem Zusammenhang I OSSENBÜHL 89 ff) auf Grund eines Beherrschungsvertrages oder de facto innehabende Muttergesellschaft die Vorteile aus der Tätigkeit zieht (zur Problematik COSACK 123 f, 143 ff; I OSSENBÜHL 27 ff; SCHNEIDER ZGR 1996, 225 ff; K SCHMIDT UTR 26 [1993] 69 ff; H P WESTERMANN ZHR 155 [1991] 223 ff). Dies mindert die präventionsfördernde Wirkung von Umwelthaftung und gefährdet, auch wenn die Beschränkung der Umwelthaftung nicht sogar der spezifische Zweck der Konzernstruktur ist, die Aussicht der Geschädigten auf Schadensersatz; andererseits kann die Mithaftung der konzernleitenden Gesellschaft deren Interesse an einer Vorkehr für Umweltschutz erhöhen. Daher kann die **Mithaftung der Konzernobergesellschaft,** die zu einer gesamtschuldnerischen Haftung gemäß § 840 Abs 1 BGB führt (I OSSENBÜHL 116 ff), rechtspolitisch unter bestimmten Umständen angezeigt sein; dabei ist allerdings zu beachten, dass die Annahme einer Mithaftung grundsätzlich die rechtliche Eigenständigkeit des die schädigende Anlage betreibenden Konzernunternehmens respektieren muss und daher eine Mithaftung nur unter spezifischen Voraussetzungen zuzulassen ist. Eine Mithaftung kann zunächst **nach allgemeinen konzernrechtlichen Grundsätzen** insbesondere gemäß den §§ 302 f, 311 ff AktG und den für den faktischen GmbH-Konzern geltenden Regeln stattfinden (in umwelthaftungsrechtlichem Zusammenhang näher I OSSENBÜHL 184 ff). **Spezifisch** und originär **umwelthaftungsrechtlich** kann ferner eine Mithaftung durch **Einbeziehung** der Konzernobergesellschaft **in den Inhaber- oder Betreiberbegriff** der jeweiligen Gefährdungshaftungstatbestände erreicht werden, je nach der spezifischen Gewichtung der in der Regel bei der Tochtergesellschaft liegenden vermögensrechtlichen Zuordnung im Verhältnis zum Maß der rechtlichen oder faktischen **Zuständigkeit** der Konzernobergesellschaft **für die Gefahrbeherrschung;** dies gilt auch für die gefährdungshaftungsrechtlichen Handlungshaftungsfälle (I OSSENBÜHL 175 ff). Dieses Maß an Zuständigkeit findet seinen Ausdruck namentlich in der Zuständigkeit für die wirtschaftliche Unterhaltung der gefährdenden Anlage und in der tatsächlichen, insbesondere durch **Weisungen** oder ähnlich wirkende Regelwerke oder durch **Personalverflechtungen** wesentlich ausgeübten **Bestimmung über** die Art der technischen **Betreuung und Verwendung** der Anlage sowie der Nutzziehung aus ihr (I OSSENBÜHL 50 ff; SCHNEIDER ZGR 1996, 238); die Zuweisung der Nutzungserträge ist dabei nur ein Indiz für die Inhaber- bzw Betreibereigenschaft. Eine Vermutung für eine derart haftungsbegründende Konzernabhängigkeit wird dabei jedoch nicht schon durch das Vorliegen einer partiellen oder vollständigen Personalverflechtung begründet (I OSSENBÜHL 84 ff). Allerdings ist die Substantiierungslast des in Bezug auf die Voraussetzungen der Mithaftung der Konzernobergesellschaft darlegungs- und beweispflichtigen Geschädigten insoweit mit Rücksicht auf die ihm verschlossen bleibende Organisationssphäre des Konzerns reduziert, als er nur Anhaltspunkte für eine umwelthaftungsrechtlich relevante faktische Beherrschung des die Anlage betreibenden Unternehmens durch die Muttergesellschaft darlegen muss (I OSSENBÜHL 170 ff).

4. Nichtumwelthaftungsrechtliche Grenzen der Präventionswirkung

45 **a)** Der **Verzicht** eines Geschädigten **auf Umwelthaftungsansprüche,** auch wenn vom Schädiger erkauft, ist trotz der damit verbundenen Vereitelung der Allgemeininteressen an einer Durchsetzung von Umweltschutzbelangen grundsätzlich **wirksam** (Föller 90; Kloepfer UTR 11 [1990] 35, 40 f). **Vergleichsweise Streiterledigungen** unter Zurückstellung von ökologischen Interessen an einer Naturalrestitution sind daher nicht nur tatsächlich nicht zu verhindern, sondern auch zulässig (Medicus UTR 11 [1990] 5, 19). Das gilt grundsätzlich auch für den verhandlungs- und vergleichsweisen **Verzicht auf verwaltungsprozessuale Verteidigungsmittel,** soweit der Vergleich auf Abgeltung möglicherweise bestehender Ansprüche zielt (BGHZ 79, 131, 131; Engelhardt NuR 1981, 145 ff; Kloepfer UTR 11 [1990] 35, 57 f; Knothe JuS 1983, 18 ff; Meier 138 ff; Schwerdtner Jura 1979, 327 ff), und zwar auch bei einem Verzicht von Körperschaften des öffentlichen Rechts, wenn dadurch nicht auf die Wahrnehmung öffentlicher Belange verzichtet wird (BGHZ 79, 131 ff = NJW 1981, 811 f; Kloepfer § 4 Rn 294). Ebensowenig ist der Geschädigte verpflichtet, geleisteten Schadensersatz zur Reparatur von Umweltschäden zu verwenden (Medicus NuR 1990, 145, 150; zweifelnd M Leonhard 251), soweit nicht der Sonderfall des § 16 UmweltHG vorliegt (Medicus UTR 11 [1990] 5, 19). Als Teil des auf Interessenausgleich zwischen Privaten angelegten Zivilrechts untersteht auch das Umwelthaftungsrecht dem Grundsatz der **Privatautonomie,** so dass die Wahrung von Allgemeininteressen durch Wahrnehmung privater Rechte nur ein zur Disposition des Geschädigten gestellter **Rechtsreflex** ist (Adams ZZP 99 [1986] 129, 135; Gmehling 180 f; Kloepfer UTR 11 [1990] 35, 44; Rehbinder RabelsZ 40 [1976] 363, 396; Schulz 160 ff). Das Privatrecht ist als autonomes rechtliches Subsystem insoweit nicht im Allgemeininteresse zu instrumentalisieren, auch wenn es als Umwelthaftungsrecht rechtspolitisch unter anderem mit mittelbaren Präventionseffekten im Allgemeininteresse begründet werden kann (vgl Kloepfer UTR 11 [1990] 35, 39 f, 51 f; H P Westermann UTR 11 (1990) 103, 106 f). Dieser Funktionsbeschränkung des Privatrechts entspricht es allerdings auch, dass eine zivilrechtliche Klage nicht dazu legitimiert, diese als Sachwaltung im Interesse des allgemeinen Umweltschutzes zu propagieren (vgl H P Westermann UTR 11 [1990] 103, 119).

46 Angesichts der zivilrechtlichen Dispositionsfreiheit wird wegen des Gemeininteresses an der Beseitigung von Umweltschäden gefolgert, dass der **Staat bei Untätigkeit des Geschädigten** an dessen Stelle treuhänderisch dessen Schadensersatzansprüche durchsetzen könne (Brüggemeier KJ 1989, 209, 226; Föller 90 f; Gerlach 293 ff; Rest NuR 1992, 155, 162). Demselben Ziel dient die Befürwortung einer **Verbandsklage** in solchen Fällen (Föller 91 f). Dieser Auffassung ist jedenfalls **de lege lata** nicht beizutreten. Sie hat weder eine gesetzliche Stütze im geltenden Recht, noch ist sie mit dem Wesen zivilrechtlicher Ansprüche zu vereinbaren, einem autonom handelnden privaten Rechtssubjekt als solchem nicht nur Rechtsbefugnisse, sondern auch die Entscheidung über deren Ausübung zuzubilligen (Medicus UTR 11 [1990] 5, 30 ff). Schließlich gerät das Instrument der Verbandsklage in Konflikt mit der staatlichen Funktion, durch verwaltungsrechtliche Normen und durch darauf aufbauendes Verwaltungshandeln sowohl Umweltschutz sicherzustellen als auch Umweltbelastungen zu gestatten (Kloepfer UTR 11 [1990] 35, 54).

47 **b)** In der zivilrechtlichen Struktur begründete Mängel des Umwelthaftungsrechts gebieten es, allein wegen des Bestehens von Umwelthaftung **nicht auf** den **öffentlich-**

rechtlichen Schutz zu **verzichten** (KLOEPFER UTR 11 [1990] 35, 40 f; STEFFEN UTR 11 [1990] 71, 75). Das Umwelthaftungsrecht hat zwar eine gewisse Präventionswirkung, doch ist das Verwaltungsrecht konzeptionell und regulativ zweckgerichtet **auf Vorbeugung angelegt** (KLOEPFER UTR 11 [1990] 35, 40; STEFFEN UTR 11 [1990] 71, 75). Die Orientierung an den öffentlich-rechtlichen Standards des Umweltordnungsrechts steht überdies trotz der mit Einführung der Umweltgefährdungshaftung verschärften Haftung weiterhin empirisch nachweisbar im Vordergrund der unternehmerischen Bemühungen um Vermeidung von Umweltschäden (HAPKE/JAPP 89, 91 ff, 106 f; KLOEPFER UTR 11 [1990] 35, 36 f). Im Übrigen verbleiben **Schutzlücken des reaktiv arbeitenden** (STEFFEN UTR 11 [1990] 71, 75) **Haftungsrechts.** Seine Defizite beruhen zunächst im Wesentlichen auf seiner **Individualschutzorientierung** (DIEDERICHSEN, in: Vhdl 56. DJT L 48 f; KLOEPFER UTR 11 [1990] 35, 44), die eine Sicherung vor allgemeinen ökologischen Schäden nicht zulässt, solange insoweit der Staat als Träger privatrechlicher Ansprüche nicht anerkannt ist. Schutzdefizite, die sich aus der traditionellen **Sachenrechtsbezogenheit** des klassischen, in §§ 1004, 906 BGB verankerten Umwelthaftungsrechts ergeben – auf Nachbarschaftsverhältnisse beschränkter Schutz, keine Verteidigung gegen sogenannte negative oder ästhetische Beeinträchtigungen, Schutz nur bei Beeinträchtigung von Erheblichkeit (STEFFEN UTR 11 [1990] 71, 75) und Ortsunüblichkeit (DIEDERICHSEN, in: Vhdl 56. DJT L 52 ff) –, werden durch die moderne Umweltgesetzgebung zwar verringert, aber nicht vollständig beseitigt. Dies gilt schließlich auch für die kausalitätsbezogenen Schwierigkeiten bei der **Zurechnung** von Umweltschäden.

5. Ökonomische Steuerung durch Lizenzmodelle

48 Funktional verwandt mit der Idee eines durch Umwelthaftung **ökonomisch steuernden Umweltschutzes** ist die außerhalb des Haftungsrechts unter dem Name **Zertifikats- bzw Lizenzmodell** (Dritter Immissionsschutzbericht der Bundesregierung, BT-Drucks 10/1354, S 55 ff; BECKER/NEETZ, Umweltzertifikatmodelle in der Luftreinhaltungspolitik [1988]; BENDER/SPARWASSER Rn 94 f; BENKERT NuR 1983, 295 ff; BONUS, Emissionsrechte als Mittel der Privatisierung öffentlicher Ressourcen aus der Umwelt, in: WEGEHENKEL [Hrsg], Marktwirtschaft und Umwelt [1981] 54 ff; ders, Vergleich von Abgaben und Zertifikaten, in: FS Hansmeyer [1994] 287 ff; ENDRES/REHBINDER/SCHWARZE, Umweltzertifikate und Kompensationslösungen aus ökonomischer und juristischer Sicht [1994]; FELDHAUS DVBl 1984, 552 ff; GERLACH 147 f; GNAUB 241 ff; HEISTER/MICHAELIS, Umweltpolitik mit handelbaren Emissionsrechten [1991]; HUCKESTEIN, Umweltlizenzen – Anwendungsbedingungen einer ökonomisch effizienten Umweltpolitik durch Mengensteuerung, ZfU 1993, 1 ff; KABELITZ, Nutzungslizenzen als Instrument der Luftreinepolitik, ZfU 1983, 153 ff; ders, Eigentumsrechte und Nutzungslizenzen als Instrumente einer ökologisch rationalen Luftreinhaltepolitik [1984]; ders, Handelbare Emissionsgenehmigungen als Instrument einer ökologisch und ökonomisch rationalen Luftreinhaltepolitik, in: Schneider/Sprenger: Mehr Umweltschutz für weniger Geld, ifo-Studien zur Umweltökonomie Bd 4 [1984] 227 ff; KIRCHHOF NVwZ 1988, 97 ff, 102 f; KLOEPFER § 4 Rn 218 ff mwN; KOSCHEL/BROCKMANN/SCHMIDT/STRONZIK/BERGMANN, Handelbare CO2–Zertifikate für Europa Konzeption und Wirkungsanalyse eines Modellvorschlags [1998]; KOTHE ZRP 1985, 145 ff; MARBURGER, in: Vhdl 56. DJT C 14; MEDICUS UTR 11 [1990] 5, 24 ff; MÜLLER/WITT ZfU 1981, 371 ff; MURSWIEK JZ 1988, 985, 990; REHBINDER/SPRENGER, Möglichkeiten und Grenzen der Übertragbarkeit neuer Konzepte der US-amerikanischen Luftreinhaltepolitik in den Bereich der Deutschen Umweltpolitik [1985] 39 ff; SCHÄRER ZfU 1984, 279 ff; SCHEELHAASE, Abgaben und Zertifikate als Instrumente zur CO2–Reduktion in der EG Ausgestaltung und regionalwirtschaftliche Wirkung [1994]; STEHLING 57 ff) oder unter dem Aspekt der Privatisierung und Vermarktung von Umweltgütern (KLOEPFER § 4 Rn 229 f; WICKE, Umweltökonomie

[1982] 122 ff) diskutierte Möglichkeit, mit dem ökonomischen Mittel der Güterknappheit und Gütermerkantilisierung Umweltschutz dadurch zu fördern, dass ein handelbares Recht oder eine Pflicht zum kostenträchtigen **Erwerb der Befugnis** begründet wird, auf **Umweltressourcen zuzugreifen** bzw Umweltbelastungen zu erzeugen. Unter ausschließlich umwelthaftungsrechtlichem Gesichtspunkt leidet dieses ökonomisch bestechend erscheinende Modell allerdings ungeachtet aller weiteren Einwände (vgl vorige Nachweise) schon bei isoliert betriebswirtschaftlicher Betrachtung daran, dass der Erwerb von Umweltbelastungsrechten wirtschaftlich nicht hinreichend werthaltig ist, weil deren Erwerb private Ansprüche Geschädigter de lege lata nicht ausschließt und de lege ferenda nicht ausschließen kann, solange der Fiskus den Ausgleich von Schäden Dritter nicht gewährleistet und zugleich den Schadensverursacher von der Haftung freistellt. Generell scheitern Vertragslösungen zur antizipierten Abgeltung von umweltbedingten Schäden an der großen, in der Regel nicht abgrenzbaren Zahl der potenziell Geschädigten (Kloepfer § 4 Rn 293).

V. Instrumentarium des Umwelthaftungsrechts

1. Übersicht; § 906 BGB als zentrale Steuerungsnorm

49 Das Umwelthaftungsrecht ist, wie das gesamte Umweltprivatrecht, hinsichtlich der Anspruchsgrundlagen normativ nicht konzentriert (statt vieler übersichtsweise v Dörnberg, Die Haftung für Umweltschäden; in: v Dörnberg/Gasser/Gassner [Hrsg] Umweltschäden [1992] 9; A Endres 9; Wolfrum/Langenfeld 183) und **nicht kodifiziert** (Selmer, Privates Umwelthaftungsrecht und öffentliches Gefahrenabwehrrecht [1991] 3). Das Umwelthaftungsrecht stellt sich insgesamt als ein weiterhin zersplittertes, Schutzlücken und Wertungswidersprüche aufweisendes (Diederichsen, PHI 1992, 163; Wiese 55) **Normenkonglomerat** ursprünglich allgemein zivilrechtlicher oder an verwaltungsrechtlichen Normen angelagerter (Diederichsen, in: FS Lukes 41 f) und schließlich, namentlich seit dem UmweltHG, vermehrt spezialgesetzlicher Regelungen mit zahlreichen normativen Bezügen zum öffentlichen Recht dar (so auch Gütersloh 14). Es wird allerdings durch **§ 906 BGB,** der im Wesentlichen einzigen umweltschutzspezifischen Norm des zivilrechtlichen Kernbereichs (Kloepfer § 4 Rn 303; Endres 10; Gmilkowsky 47; Petersen 1), inhaltlich weitgehend **zentral gesteuert** (vgl Hagen, in: FS H Lange 483 ff, 503 ff; U Wolf 30), allerdings beschränkt auf den nachbarschaftlichen Bereich (H P Westermann UTR 11 [1990], 103, 104, 109 ff). Nach dem Haftungsgrund und der Sanktion gegliedert, zugleich der historischen Entwicklung folgend sind drei Hauptgruppen der Umwelthaftung zu unterscheiden, die die Konzepte der **Verschuldens-, Gefährdungs- und Aufopferungshaftung** umfassen, aber nur teilweise umweltspezifisch sind (vgl Huffmann 135; Rehbinder NuR 1989, 149; Taupitz Jura 1992, 113 ff; Wolfrum/Langenfeld 180 ff).

2. Die klassische Deliktshaftung

50 Die älteste Rechtsschicht bildet das an ein **rechtswidriges und schuldhaftes Fehlverhalten** (Bälz JZ 1992, 57, 62) anknüpfende **Deliktsrecht,** das auf Schadensersatz im Sinne einer **Totalreparation** gerichtet ist. Als Schadensausgleichsrecht ist es schadenbehebendes Recht; Schadenvermeidung ist in dem deliktsrechtlichen Schutzbereich durch **Beseitigungs- und Unterlassungsklage** gemäß **§ 1004 BGB** und, soweit dort Rechtsgüter aus dem deliktsrechtlichen Schutzbereich nicht erfasst sind, durch die entsprechend entwickelte **quasi-negatorische** Beseitigungs- und Unterlassungsklage erreichbar (KLOEPFER § 4 Rn 299; MARBURGER, in: Vhdl 56. DJT C 119). Weil die Schadensersatzhaftung gemäß § 823 BGB entweder die Verletzung bestimmter Rechtsgüter oder eines Schutzgesetzes sowie Rechtswidrigkeit und Verschulden voraussetzt, lässt es auch mit Rücksicht auf die damit verbundenenen beweisrechtlichen Schwierigkeiten eine Haftung für Umweltschäden im Ergebnis zunächst nur vergleichsweise restriktiv zu (vgl DIEDERICHSEN, in: FS Lukes 46 f; ENGELHARDT 74 ff; GANTEN/LEMKE UPR 1989, 1, 4; GERLACH 286; HÜBNER NJW 1988, 441, 450; TAUPITZ, Umweltschutz durch zivilrechtliche Haftung, in: NICKLISCH [Hrsg], Umweltrisiken und Umweltprivatrecht 25). Dennoch ist das Deliktsrecht weiterhin wegen seiner generellen Einsetzbarkeit, nämlich insbesondere unabhängig von nachbarlichen Verhältnissen und unabhängig von einer Schädigung durch bestimmte Anlagen sowie der Art der beeinträchtigten Umweltmedien, von grundlegender Bedeutung im Umwelthaftungsrecht (zutr ENDERS 257 f; A ENDRES 10; FALK, EG-Umwelt-Audit-VO [1998] 179; wohl auch WOLFRUM/LANGENFELD 185 f). Überdies ist der Kreis der gemäß § 823 Abs 1 BGB geschützten Rechtsgüter weiter als in § 1 UmweltHG vorgesehen (ENGELHARDT 234; ERL 27 ff; B LEONHARD 39); die Handlungsorientierung des Deliktsrechts vermittelt partiell andere Haftungsadressaten als etwa die Inhaberschaft im Sinne des UmweltHG (ERL 58 ff). Ferner ist die Deliktshaftung abgesehen von der Ausstrahlungswirkung des § 906 BGB auf das Rechtmäßigkeitsurteil (u Rn 219 f) den Restriktionen wegen Minimalschäden gemäß § 5 UmweltHG nicht ausgesetzt, die in § 15 UmweltHG vorgesehene Haftungshöchstgrenze gilt nicht (zu allem ENGELHARDT 236 f, 241; B LEONHARD 39), und nur hier (krit dazu WOLFRUM/LANGENFELD 258) wird ein Schmerzensgeld gewährt (B LEONHARD 39).

51 Die **Entwicklung umweltspezifischer Verkehrspflichten** (BALENSIEFEN 175 ff; vBAR KF 1987, 1, 12; COSACK 30 ff; DIEDERICHSEN, in: Vhdl 56. DJT L 76 f; ENDERS 270 ff; ERL 49 ff; FALK, EG-Umwelt-Audit-VO [1998] 179 ff; FLACHSBART 26 ff, 209 ff; GERLACH 269 ff; GMEHLING 239 ff; HUFFMANN 159 ff; KLIMECK 31 ff; KÖNDGEN UPR 1983, 345, 351; LYTRAS 135 ff; MEDICUS JZ 1986, 778, 782 f; REITER 62 ff; STECHER 141 f; VELDHUIZEN 127 ff), die gewissermaßen in Entsprechung zu § 6 UmweltHG auch als privatrechtliche Betriebspflichten bezeichnet werden können (VELDHUIZEN 9 f, 127 ff), betrifft den Schutz der in § 823 Abs 1 BGB genannten Rechtsgüter. Mit deren Entwicklung praktisch erzielt wird zunächst rechtskonstruktiv durch **Extensivierung der Kausalitätsbetrachtung** eine **Verlagerung der haftungsbegründenden Anknüpfung** (FLACHSBARTH 27) mit eventuellen **beweisrechtlichen Vorteilen** (B LEONHARD 270 ff u wohl HOPP 31; u Rn 245) und erweiterter Möglichkeit einer Haftungsanknüpfung an ein Unterlassen (ERL 80; FALK, EG-Umwelt-Audit-VO [1998] 179 f), ferner eine **Umgehung der Entlastungsmöglichkeit** im Rahmen des § 831 BGB mittels einer Anknüpfung der Deliktshaftung an Verkehrspflichtverletzungen durch Organe im Sinne des § 31 BGB (BRÜGGEMEIER, in: FS Jahr 244; FALK, EG-Umwelt-Audit-VO [1998] 180, 185 f; LANGHAEUSER 191 ff; MEDICUS UTR 11 [1990] 5, 13; H SCHMIDT 86 ff mwN, insbes krit im Anschluss an BGHZ 109, 297, 297 = NJW 1990, 976 ff), und schließlich generell eine **Erweiterung des** potenziell **haftpflichtigen Personenkreises** (vgl beispielhaft NAWRATH 221 ff) insbesondere auch in Reaktion auf haftungsbeschränkende Effekte von Konzernbildungen (COSACK 3 f u zum faktischen GmbH-Konzern 26 ff, 29 ff). Die Ausdehnung der Verkehrspflichten und die dadurch geförderte Tendenz zur Steigerung der Anforderungen an das Maß der im Verkehr erforderlichen Sorgfalt führen bei typischen Gefahrenabläufen zu einer **Herabsetzung der Fahrlässigkeitsschwelle** (ENGELHARDT 193 f); im Ergebnis fördert dies mit Rücksicht auf den Fahrlässigkeitsbegriff des § 276 BGB gesetzeskonform (vBAR, Verkehrspflichten 131 ff) schließlich die Annäherung an eine objektive Haftung für rechtswidriges Verhalten (Diederichsen BB 1973, 485, 489; Koziol, Prävention im Umweltrecht 147 f) und bewirkt eine sich **der Gefährdungshaftung annähernde Haftungsausweitung** (vgl Diederichsen PHI 1990, 78, 79; Enders 271; Möllers 114 f; Steffen UTR 11 [1990] 71, 78 f). **Prozessual** bewirken Verkehrssicherungspflichten überdies, durch die Einführung von Befundsicherungsobliegenheiten **Aufklärungsschwierigkeiten abzuhelfen** (Medicus UTR 11 [1990] 5, 16 unter Hinweis auf BGHZ 92, 143, 143 = NJW 1985, 47 ff [Kupolofen] und BGHZ 104, 323, 323 = NJW 1988, 2611 ff [Mehrwegflasche]).

52 Umweltbezogen konkretisierend sind **Kriterien zur Pflichtenbestimmung** ausgehend von dem allgemeinen zivilrechtlichen Rechtsgrundsatz zu bestimmen, dass jeder, der in seinem Verantwortungsbereich eine Gefahrenquelle oder besondere Gefahrenlage schafft oder andauern lässt, die ihm zumutbaren Maßnahmen und Vorkehrungen treffen muss, um Gefahren abzuwenden, die den in § 823 Abs 1 BGB genannten Rechtsgütern Dritter drohen (vgl schon RGZ 159, 211, 218; BGHZ 5, 378, 380). **Maßgeblich** sind zivilrechtlich eigenständig, ex ante zu beurteilende (zu den Bezügen zum öffentlichen Recht Rn 273) Aspekte der **Schadenswahrscheinlichkeit** und des drohenden **Schadensausmaßes** (vBar Verkehrspflichten 113 ff; Cosack 32; Enders 273; Falk, EG-Umwelt-Audit-VO [1998] 184; Huffmann 160; Veldhuizen 131 f), auch im Hinblick auf die von der Art des gefährdeten Rechtsgutes abhängenden **Schutzwürdigkeit,** und die **technische** sowie **wirtschaftliche Möglichkeit** und **Zumutbarkeit** schadensabwehrender Maßnahmen (Lytras 137 f; vgl auch Möllers 59) unter Berücksichtigung des tatsächlich Üblichen und des rechtlich Gebotenen (Veldhuizen 131), ferner die **Vertrauenserwartung** der betroffenen Verkehrskreise (Cosack 31 f). Vorauszusetzen ist die **Erkennbarkeit** der Gefahrenträchtigkeit einer Sachlage im Hinblick auf ein geschütztes Rechtsgut, beurteilt einerseits anhand des allgemein und in dem spezifischen Lebensbereich üblichen Standes an Erfahrung und wissenschaftlich-technischer Kenntnis, wie sie namentlich durch einschlägige technische Regelwerke vermittelt wird (Enders 305 f; Marburger, Regeln der Technik 473 f), und andererseits beurteilt anhand der gebotenen Prüfung des situationsgebunden-individuellen Gefahrenpotentials der spezifischen Sachlage (Lytras 142 ff). Daraus ergibt sich die Pflicht zu einer – bei einer Unternehmensgesellschaft grundsätzlich organschaftlich verantworteten und im Kernbereich nicht und sonst nur unter Fortbestand von Aufsichts- und Überwachungspflichten delegierbaren (Falk, EG-Umwelt-Audit-VO [1998] 185; Huffmann 165 f) – **Organisation** und Einrichtung einer sachgerechten **Einschätzung** sowie geeigneten **Prüfung, Steuerung** und erforderlichenfalls **Minimierung des Gefahrenpotentials** von Produktionsablauf, Produktionsbeteiligten und Produkt in seinen Elementen und als System (vgl BGHZ 92, 143, 151 = NJW 1985, 47 ff [Kupolofen]; BGH NJW 1983, 2935 ff [beeinträchtigte Trinkwasserqualität]; vBar KF 1987, 1, 13 und allg ders, Verkehrspflichten [1980] § 4 III; Enders 273; Falk, EG-Umwelt-Audit-VO [1998] 182 ff; Flachsbarth 210; Huffmann 161 ff; Klimeck 33; Lytras 157 unter Bezug auf LG Münster NJW-RR 1986, 952 f; Marburger, in: Vhdl 56. DJT C 121; Medicus JZ 1986, 778, 782; Möllers 86 ff; Reiter 64; H Schmidt 110 ff; Veldhuizen 127 ff, 142 unter Hinweis auf die Konkretisierung gemäß § 5 Abs 1 Nr 1 BImSchG) einschließlich der auf Grund der erkennbaren Gesamtlage zu erwartenden **Immissionseffekte** (Veldhuizen 129 unter Bezug auf BGH NJW 1975, 2012 ff [mischungsbedingtes Entstehen von Stoffgefährlichkeit]; OLG Celle VersR 1981, 66 ff [Pflanzenschutzmittelverwehung]; OLG Köln NuR 1982, 236 ff [Bachlaufaufstauung]; LG Münster NJW-RR 1986, 947, 952 [Thalliumausbreitung]) und eine entsprechende **Dokumentationspflicht** (Enders 275; Flachsbarth 210; Gmehling 241; Hopp 32 ff; B Leonhard 270 ff; Lytras 157; Veldhuizen 127 ff) sowie eventuell eine **Instruktions-, Gefahrhin-**

weis- und Benachrichtigungspflicht (Cosack 40; Falk, EG-Umwelt-Audit-VO [1998] 184; Flachsbarth 210; Klimeck 33).

53 Die **Standards** und die **wirtschaftliche Zumutbarkeit** von Schutzvorkehrungen sind gemäß § 906 Abs 2 S 1 BGB zu beurteilen in Anlehnung an – aber nicht abschließend präjudiziert durch (Erl 200; Reiter 63 unter Bezug auf BGHZ 92, 143, 151 = NJW 1985, 47 ff [Kupolofen]) – insbesondere die Maßstäbe der unmittelbar anzuwendenden §§ 5, 22 BImSchG (Veldhuizen 141 ff, 151 ff, 157 ff) bzw deren normative und administrative Konkretisierungen sowie die nachbarschützenden Regelungen in den Anlagenbetriebsgenehmigungen (vgl Enders 273 f; Falk, EG-Umwelt-Audit-VO [1998] 181; Medicus JZ 1986, 778, 783; Reiter 63; Veldhuizen 141 ff), ferner im Hinblick auf die als Mindeststandard (Diederichsen, in: Vhdl 56. DJT L 68; Erl 183) und auch ohne analoge Heranziehung des § 6 Abs 2 UmweltHG (Erl 198) geltenden Betriebspflichten im Sinne des § 6 UmweltHG (Diederichsen, in: Vhdl 56. DJT L 64; Erl 183), und zwar unter Verhältnismäßigkeitsgesichtspunkten je nach dem **Stand von Wissenschaft und Technik** (Veldhuizen 147 ff unter Hinweis auf § 5 Abs 1 Nr 2, 3 Abs 6 BImSchG) und je nach **Art, Wahrscheinlichkeit und Maß des drohenden Schadens,** jedoch objektiv ohne Rücksicht auf die wirtschaftliche Leistungsfähigkeit des jeweils Gefährdenden (vgl BGHZ 92, 143, 148 = NJW 1985, 47 ff [Kupolofen]; Falk, EG-Umwelt-Audit-VO [1998] 192; Hager NJW 1986, 1961, 1964; Lytras 146 ff; Marburger, in: Vhdl 56. DJT C 114 f). Grundsätzlich gilt dabei, dass eine **finanzielle Belastung** nur dann **unzumutbar** ist, wenn die emissionsmindernde Maßnahme keine erhebliche Emissionsbeeinträchtigung abwenden soll (Veldhuizen 145), sie kostspielig ist, die Kosten der Maßnahme ganz außer Verhältnis zur Gefahrensicherung stehen und das Unterlassen der Gefahrenminimierung der Verkehrserwartung der beteiligten Kreise entspricht, so dass diese sich darauf einstellen (vgl BGH NJW 1991, 33, 34; Enders 305). Die wirtschaftliche Vertretbarkeit wird dadurch indiziert, dass bei einem Durchschnittsbetrieb der betreffenden Branche zu erwarten ist, die zur Schadensabwehr angezeigten Maßnahmen finanzieren zu können, ohne nachhaltig in wirtschaftliche Schwierigkeiten zu geraten (vgl BGHZ 92, 143, 147 = NJW 1985, 47 ff [Kupolofen]; Roth NJW 1972, 921, 923; Veldhuizen 133 ff; mit stärker subjektivem Einschlag Diederichsen, in: Vhdl 56. DJT L 120).

54 Der Verkehrssicherung unterliegt im Bereich der **Abfallbeseitigung** bei arbeitsteiliger Wirtschaft auch und vor allem, in Hinsicht auf den Umgang mit Umweltrisiken (nicht auch hinsichtlich einer Haftungssolvenz, so v Wilmowsky NuR 1991, 253, 257; **aA** zutr Enders 290 f) **verlässliche Unternehmen** zu **beauftragen,** die die Gewähr für einen sachgerechten Umgang mit umweltgefährdenden Stoffen bieten, und sich sogar bei lizensierten und behördlich kontrollierten Unternehmen in geeigneter Weise, namentlich durch Vertragsgestaltung, Instruktion und Überwachung, der **ordnungsgemäßen Verfahrensweisen** des Auftragnehmers zu **vergewissern** (BGH NJW 1976, 46 ff [Mineralölentsorgung]; BGH NJW 1994, 1748 ff [Falisan-Strafverfahren]; Cosack 93 ff; Diederichsen BB 1986, 1723, 1729; Enders 284 ff; Engelhardt 188; Erl 50 ff; Oehmen Rn 171 f, zur Altlastenbeseitigung Rn 451 ff; Marburger UTR 30 [1995] 151; Versen 179 f; H P Westermann ZHR 155 [1991] 223, 240; zweifelnd Hager NJW 1991, 134, 135); dies stellt jetzt auch § 16 Abs 1 S 3 KrW-/AbfG klar. Bei Delegation auf ein **konzernabhängiges Unternehmen** ist, um der Eigenhaftung der Muttergesellschaft zu entgehen, eine intensivere Kontrolle der vom untergeordneten Unternehmen praktizierten Sorgfalt und die Sicherstellung einer hinreichenden personellen, sächlichen und finanziellen Ausstattung geboten (Brüggemeier KritV 1991, 297, 309; H P Westermann ZHR 155 [1991] 223, 241; wohl **aA** Cosack 108 ff), und zwar zumindest

dann, wenn das herrschende Unternehmen das abhängige Unternehmen tatsächlich technisch und organisatorisch leitet (so Cosack 111 ff); unberührt von der verkehrspflichtbedingten originären Schadensersatzhaftung der Konzernobergesellschaft bleibt daneben die allgemein gesellschaftsrechtlich begründbare Haftung wegen Unterkapitalisierung im Falle einer Ausstattung, die bewertet anhand des Risikopotenzials im Hinblick auf die zu erwartenden Durchschnittsschäden eindeutig zu gering ist (Cosack 165 ff; H P Westermann ZHR 155 [1991] 223, 244 f). **Inhaltlich** ist die Verkehrssicherungspflicht namentlich im Umweltrecht **primär** auf **Beseitigung** der Gefahrenquelle statt auf die Vorkehr bloßer Hinweise auf die Gefahrenlage gerichtet (Lytras 156 ff).

55 **Systeme,** die der erforderlichen **Verkehrssicherung dienen** und die deren tunlichste Realisierung **dokumentieren,** können beispielsweise nach Maßgabe der auf freiwilliger Basis zu implementierenden **EU-Umwelt-Audit-Verordnung** (Abl-EG Nr L 168 v 10. 7. 1993 S 1; Nr 1836/93; dazu Antes/Clausen/Fichter DB 1995, 685 ff; Cosack 57 ff; Falk, EG-Umwelt-Audit-VO [1998] 178 ff; ders UPR 1996, 301; ders EuZW 1997, 593 ff; Falke ZUR 1995, 4 ff; Feldhaus, Umwelt-Audit und Betriebsorganisation im Umweltrecht, in: Kormann [Hrsg], Umwelthaftung und Umweltmanagement [1994] 9 ff; Förschle/Hermann/Mandler DB 1994, 1093 ff; Führ EuZW 1992, 468 ff; ders NVwZ 1993, 858 ff; Huffmann 97 ff; Knopp EWS 1994, 80 ff; Köck JZ 1995, 643 ff; ders ZUR 1995, 1 ff; Kothe, Das neue Umweltauditrecht [1997] pass; Lübbe-Wolff DVBl 1994, 361 ff; dies, NuR 1996, 217 ff; Möllers 213 f; Peglau ZUR 1995, 19 ff; Rhein, Das Gemeinschaftssystem für das Umweltmanagement und die Umweltbetriebsprüfung [1996] pass; Scherer NVwZ 1993, 11 ff; Schnutenhaus ZUR 1995, 9 ff; Schottelius BB 1995, 1549 ff; Sellner/Schnutenhaus NVwZ 1993, 928 ff; v Werder/Nestler RIW 1995, 296 ff; Wiebe NJW 1994, 289 ff) bzw des **Umweltauditgesetzes** (UAG v 7. 12. 1995, BGBl I S 1591; Falk NVwZ 1997, 144; ders, EG-Umwelt-Audit-Verordnung [1998] 87 ff; Klass UPR 1997, 134, 141 f) eingerichtet werden; sie werden zunehmend auch öffentlich-rechtlich unter Einengung des unternehmerischen Organisationsermessens durch öffentlich-rechtliche Regelungen vorgeschrieben (Schmidt-Salzer Einl Rn 113) und in verschiedenen Formen implementiert (dazu empirisch Hapke/Japp 94 ff). Diese Regelwerke bieten als Systeme einer auf Vorbeugung angelegten Verfahrensrationalität (Hapke/Japp 164 ff) Verfahren zur Erfüllung der technischen **Verkehrssicherungsobliegenheiten** (Brüggemeier, in: FS Jahr 245 f; Falk EuZW 1997, 593 ff; ders, EG-Umwelt-Audit-VO [1998] 184 f; 186 ff; Klass UPR 1997, 141 f) einschliesslich der **organisationsbezogenen Verkehrspflichten** (Falk, EG-Umwelt-Audit-VO [1998] 193) mit der Konsequenz, dass die Durchführung eines Umweltaudits mit entsprechenden Realisierungen im Unternehmensablauf eine Haftung wegen Verkehrspflichtverletzung zwar nicht ausschließt, sie aber unwahrscheinlicher macht (Brüggemeier, in: FS Jahr 248; Mann/Müller, Öko-Audit im Umweltrecht [1994] 43; H Schmidt 127 f). Sie haben dem gemäß ebenso wie Zertifizierungen nach Maßgabe der **DIN-ISO-Normen 9000 ff** bzw **14000 ff** (Cosack 59 ff; Huffmann 107 f) bei sachgerechter Implementierung eine hochgradige **Entlastungswirkung** (Cosack 58 f; Mann/Müller, Öko-Audit im Umweltrecht [1994] 43).

a) Geschützte Rechtsgüter im Bereich des § 823 Abs 1 BGB

aa) Klassischer Rechtsgüterschutz und Produzentenhaftung

56 Haftungsansprüche werden gemäß **§ 823 Abs 1 BGB** begründet durch die Beeinträchtigung eines der in dieser Norm genannten Rechtsgüter, nämlich alsdann – auch mit der möglichen Konsequenz eines Schmerzensgeldanspruchs gemäß § 847 BGB – Leben und Gesundheit, welch letztere erst bei nicht völlig unerheblicher Störung der inneren physischen oder psychischen Lebensvorgänge verletzt ist (dazu in umwelthaftungsrechtlichem Zusammenhang ENDERS 258 ff; ENGELHARDT 140 ff; FLACHSBARTH 205 f, insbes gegen die Einbeziehung bloßer Immissionsbelästigungen; LYTRAS 104 ff; eingehend unter Bezug auf die §§ 3, 5 BImSchG und § 906 BGB weit interpretierend unter Einschluß erheblicher Beeinträchtigungen des Wohlbefindens MÖLLERS 35 ff; VELDHUIZEN 40 f im Anschluss an vBAR KF 1987, 1, 11; DEUTSCH KF 1983, 93 ff; DIEDERICHSEN/SCHOLZ WiVerw 1984, 23, 30), sowie Eigentum (in umwelthaftungsrechtlichem Zusammenhang näher ENDERS 260 ff; ENGELHARDT 97 ff; bei Altlasten liegt oft eine Eigenschädigung vor, oder bei Weiterveräußerung fehlt es an einem unbeschädigten Vorzustand im Erwerbervermögen; FLACHSBARTH 206 ff; REUTER DB 1988, 497, 500) mit einem häufig mittelbar ebenfalls gesundheitsschützenden Zweck (VELDHUIZEN 41), ferner sonstige absolute Rechte und als solche insbesondere beschränkte dingliche Rechte (näher ENDERS 265 ff; ENGELHARDT 145 ff) einschließlich der Aneignungsrechte (FLACHSBARTH 209) und des berechtigten Besitzes (ENDERS 265 f; ENGELHARDT 145 f; MARBURGER, in: Vhdl 56. DJT C 115, 118 f). Die Umweltbeeinträchtigung durch Eingriff in die klassischen Rechtsgüter des § 823 Abs 1 BGB kann auch in einer Weise geschehen, die zugleich nach den Grundsätzen der **deliktischen Produzentenhaftung** zu beurteilen ist (KLOEPFER § 4 Rn 300; LYTRAS 68 ff; zur Gefährdungshaftung auf Grund des Produkthaftungsgesetzes u Rn 113). Wegen der Einzelheiten zum rechtsgüterbezogenen Schutzumfang ist auf die Kommentierung des § 823 Abs 1 BGB zu verweisen.

bb) Deliktsrechtliche Erweiterung des Rechtsgüterschutzes

57 **α)** Die Erweiterung (dazu allg in umwelthaftungsrechtlichem Zusammenhang M MEYER-ABICH 110 ff) des Kreises der geschützten Rechtsgüter auf umweltgefährdete **Aneignungsbefugnisse** (näher SEIBT 28 ff), namentlich auf das Recht zur **Grundwasserförderung** (BGH NJW 1976, 46 ff; KLOEPFER § 4 Rn 314; M LEONHARD 56 ff), führt zu einer ersten Haftungsausweitung über den traditionellen Kreis hinaus. Ein **Eingriff in den eingerichteten und ausgeübten Gewerbebetrieb** kommt als Haftungsgrundlage zwar in Betracht, jedoch fehlt es bei Schädigungen durch Umwelteinwirkungen in der Regel an der dafür geforderten Unmittelbarkeit und Betriebsbezogenheit des Eingriffs (ENGELHARDT 146 ff; FALK, EG-Umwelt-Audit-VO [1998] 179; LYTRAS 187 f; vgl aber zu § 839 BGB bei Schädigung von Muschelbänken BGHZ 57, 116 ff = NJW 1972, 102).

58 **β)** Die vorgeschlagene Entwicklung des **allgemeinen Persönlichkeitsrechts** zu einer umwelthaftungsrechtlich relevanten Anknüpfung deliktischer Haftung (FORKEL, Immissionsschutz und Persönlichkeitsrecht [1968] 24 ff, 47 ff; LANG, Grundfragen des privatrechtlichen Immissionsschutzes in rechtsvergleichender Sicht, AcP 174 [1974] 381, 387 ff; ähnlich ROTH NJW 1972, 921, 923) verfolgt ebenfalls das Ziel, die deliktsrechtliche Umwelthaftung auszuweiten. Unter diesem rechtlichen topos sollen Bedrohungen der Gesundheit zu erfassen sein, und auch das emotionale Wohlbefinden soll geschützt werden; das Übergewicht des Eigentumsschutzes müsse korrigiert werden, denn nur wenige Menschen lebten auf eigenem Grund und Boden und kämen so in den Genuss zivilrechtlichen Eigentumsschutzes. Der Mehrzahl der Bürger sei aber gegenüber Immissionen zivilrechtlicher Schutz mangels dinglicher Berechtigung versagt (zu diesem Ansatz MARBURGER, in: Vhdl 56. DJT C 116). Wirksamer Schutz sei dadurch zu erreichen, dass jedermann – unabhängig von einer dinglichen Rechtsstellung – wegen einer Verletzung des allgemeinen Persönlichkeitsrechtes Abwehransprüche geltend machen könne. Die notwendige Eingrenzung der Anspruchsvoraussetzungen sei zu erreichen, indem die Maßstäbe des § 906 BGB auf die Fälle der Verletzung des allgemeinen Persönlichkeitsrechts angewendet werden (MARBURGER, in: Vhdl 56. DJT C117).

59 Der **Tatbestand** des allgemeinen Persönlichkeitsrechts, der in seinen unklaren Randbereichen im Interesse der Rechtssicherheit ohnedies in der Regel einer konkretisierenden Einschränkung bedarf, würde jedoch **überspannt,** wenn aus ihm ein Recht auf eine gesunde Umwelt oder auf einzelne Umweltschutzgüter hergeleitet werden soll (BALENSIEFEN 176f; DIEDERICHSEN BB 1973, 485, 487; ders, in: Vhdl 56. DJT L 76; DÖRING 52f; ENDERS 266f; ENGELHARDT 150ff; ERL 39ff; FALK, EG-Umwelt-Audit-VO [1998] 179; GERLACH 285; HOPP 25f; HÜBNER NJW 1988, 441, 450; ders ZfBR 1988, 199, 201; KADNER 22f; KÖNDGEN UPR 1983, 345, 348f; KLOEPFER § 4 Rn 314; LYTRAS 91ff; MARBURGER, in: Vhdl 56. DJT C 117, 120; MEDICUS JZ 1986, 778, 780; TH MEYER 159f; M MEYER-ABICH 116; PFEIFFER 185f; REITER 54f; SAUTTER 56; SCHIMIKOWSKI, Umweltrisiken Rn 7; SEIBT 48f; SELMER 18; ders, Finanzierung des Umweltschutzes und Umweltschutz durch Finanzierung, in: THIEME [Hrsg], Umweltschutz im Recht [1988] 25, 28; SIMITIS VersR 1972, 1087, 1092; WOLFF 52; WOLFRUM/LANGENFELD 187f), um auf dieser Basis Öko-Schäden zivilrechtlich verfolgbar zu machen, die typischerweise Allgemeingutcharakter haben und als solche vorzugsweise öffentlich-rechtlich geschützt werden sollten (KLOEPFER UTR 11 [1990] 35, 65). Im Ergebnis wäre eine **umweltrechtliche Popularklage** etabliert, da eine Beschränkung des Anspruchs auf bestimmte Personenkreise, die situationsbedingt besonders und unausweichlich betroffen sind, plausibel nicht möglich und damit die **Grenze zwischen schädigender Umweltbelastung und hinzunehmender Störung nicht** mehr sicher **zu ziehen** ist (DIEDERICHSEN BB 1973, 485, 487; ERL 41; HOPP 26; KÖNDGEN UPR 1983, 345, 348f; MARBURGER, in: Vhdl 56. DJT C 117f; M MEYER-ABICH 116f). Der Rückgriff auf das generalklauselartig angelegte allgemeine Persönlichkeitsrecht lässt die Haftungsgrundlagen und Haftungsgrenzen von Umweltstörungen im Unklaren und läuft Gefahr, den Gemeinschaftscharakter von Umweltgütern nicht nur zu verkennen, sondern individuelle Präferenzen zur Haftungsgrundlage zu machen (ENDERS 267; ERL 41; GMEHLING 194; HOPP 26; TH MEYER 159f; PFEIFFER 185f; MEDICUS JZ 1986, 778, 780; SIMITIS VersR 1972, 1087, 1092). Schließlich gibt es keinen hinreichend engen und notwendigen Zusammenhang zwischen Umweltbeeinträchtigungen und Beeinträchtigungen persönlicher Nutzungsmöglichkeiten oder des persönlichen Wohlbefindens außerhalb der in § 823 Abs 1 BGB explizit genannten persönlichen Rechtsgüter, um die Anknüpfung einer Schadensersatzhaftung wegen Umweltbeeinträchtigungen an die Verletzung des allgemeinen Persönlichkeitsrechts zumindest in der Regel plausibel erscheinen zu lassen (M MEYER-ABICH 117).

60 Ausweitung der Umwelthaftung bezweckt auch der Versuch, die Umwelt oder die Natur (BOSSELMANN, Eigene Rechte der Natur?, KritJ 1986, 1ff; KADNER 88f, 134; LEIMBACHER, Rechte der Natur [1988] pass; LEIMBACHER/SALADIN, Die Natur und damit der Boden als Rechtssubjekt [1988] pass; teils auch v LERSNER, Gibt es Eigenrechte der Natur?, NVwZ 1988, 988ff; abl MEDICUS UTR 11 [1990] 5, 28ff; VG Hamburg NVwZ 1988, 1058f) selbst bzw konkret benannte **Umweltgüter** als solche wie sauberes Wasser, saubere Luft oder Lärmschutz wegen ihrer „sozialen Evidenz" unter Hinweis auf die angloamerikanische Rechtsfigur des public nuisance und unter Berufung auf öffentliche Teilhaberechte zu **sonstigen Rechten** im Sinne des § 823 Abs 1 BGB zu erklären (BÖSSELMANN KJ 1986, 1, 8ff; GOTH 130ff; KÖNDGEN UPR 1983, 345ff; ähnlich im Zusammenhang mit § 823 Abs 2 BGB H STOLL, Haftungsfolgen im Bürgerlichen Recht [1993] 141ff). Auch nach dieser Auffassung soll zwar eine Umweltpopularklage ausgeschlossen bleiben, jedoch jedermann ersatzberechtigt sein, der aufgrund einer Umweltverletzung einen eigenen Schaden vorweisen könne. Eine solche Ausweitung sprenge auch keinenfalls das deliktsrechtliche Haftungssystem, sondern entspreche der Tendenz, den deliktsrechtlichen Rechtsgüterschutz durch einen Vermögensschutz zu erweitern (Köndgen UPR 1983, 345, 349 f).

61 Auch eine Haftungsanknüpfung an die Verletzung sogenannter Umweltgüter **überzeugt nicht** (Diederichsen, in: Vhdl 56. DJT L 75 f; Enders 267; Engelhardt 153 ff; Erl 42 ff; Falk, EG-Umwelt-Audit-VO [1998] 179; Gütersloh 26 ff; Kadner 83 f; Kloepfer UTR 11 [1990] 35, 59 f; Lytras 94 f, 108 ff; Marburger, in: Vhdl 56. DJT C 116, 120; M Meyer-Abich 96 f, 119 ff; Medicus JZ 1986, 778, 779; Pfeiffer 187 ff; Rehbinder NuR 1988, 105; Seibt 47 f, 49 f; Taupitz, Umweltschutz durch zivilrechtliche Haftung, in: Nicklisch [Hrsg], Umweltrisiken und Umweltprivatrecht 30 ff; H P Westermann UTR 11 [1990] 103, 130; teilw Balensiefen 177 f). Zunächst ist festzustellen, dass es keine notwendige Übereinstimmung zwischen der Störung eines unterstellten Rechts auf Gebrauch gemeinfreier Umweltgüter und dem Vorhandensein einer ökologischen Beeinträchtigung gibt, so dass der vorgeschlagene Rechtsschutz gar nicht dazu geeignet ist, den intendierten Schutz vor Ökoschäden hinreichend genau zu erreichen (M Meyer-Abich 122). De lege lata ist überdies die **Entwicklung einer Rechtspersönlichkeit** der Natur oder von Umweltgütern als solcher rechtsimmanent **nicht möglich** (vgl Medicus JZ 1986, 778, 779 f; ders UTR 11 [1990] 5, 10, 28 ff; M Meyer-Abich 158); für eine derart grundsätzliche Erweiterung über § 1 BGB hinaus ist ein Gesetzgebungsakt erforderlich. Ein solcher legislativer Akt ist auch **nicht** ohne weiteres **zu empfehlen;** dies gilt auch, wenn die Anknüpfung an Umweltgüter nicht im Sinne ihrer Rechtssubjektivität verstanden wird, sondern im Sinne ihrer Anerkennung als Schutzgüter im Sinne des § 823 Abs 1 BGB. Da es bei Natur- und Umweltgütern gerade im Unterschied zu anderen absoluten Rechtsgütern, namentlich auch im Vergleich zum allgemeinen Persönlichkeitsrecht und zum Recht am eingerichteten und ausgeübten Gewerbebetrieb (M Meyer-Abich 119 f), evident an einem **konkret-individuellen,** andere Personen ausschließenden **Zuweisungsgehalt fehlt** und die Grenzziehung zwischen dem umweltrechtlichen Schutzbereich des einzelnen und dem Gemeingebrauch bzw dem Zugriffsrecht anderer Personen die eigentliche Haftungsfrage ist, besagt nämlich die soziale Evidenz von Umweltgütern nichts für die Anknüpfbarkeit einer deliktischen Haftung (Gmehling 196 f; Lytras 109; Medicus JZ 1986, 778, 779 f; Sautter 57; Selmer 18; H P Westermann UTR 11 [1990] 103, 130; wohl auch vBar, in: Vhdl 62. DJT A 52; M Meyer-Abich 97). Hieran zeigt sich, dass der Begriff des absoluten Rechts im Sinne des § 823 Abs 1 BGB mit gutem Grund auch das **Vorhandensein einer sozialen Ausschließungsfunktion** der vom Geschädigten geltend gemachten Rechtsposition verlangt, an der es bei Gütern im Gemeingebrauch fehlt (Gmehling 198 Fn 84; Lytras 109 f; Pfeiffer 188; so wohl auch M Meyer-Abich 120 f u Taupitz aaO, 33). Die von einem Rechtssubjekt gelöste Anerkennung eines Rechtguts muss überdies die Frage nach der **personalen Befugnis zur Durchsetzung** eines solchen Rechtsguts bzw nach der Zulässigkeit einer Popularklagebefugnis aufwerfen (M Meyer-Abich 121; Taupitz 31), zumal in Anbetracht der Gefahr einer Missrepräsentation eines Gemeinschaftsinteresses unter der Herrschaft von individuellen Präferenzen (vgl Th Meyer 159 f); denn Pflegschaften zur Wahrnehmung eines derart an sich subjektlosen Rechts bleiben inhaltlich unbestimmt und ideologieanfällig (Döring 51, 53; so wohl auch M Leonhard 237 f). Wenngleich die Rechtsprechung einen erheblichen deliktsrechtlichen Vermögenschutz etwa durch die Anerkennung des eingerichteten und ausgeübten Gewerbebetriebs als sonstiges Recht im Sinne des § 823 Abs 1 BGB etabliert hat, kann dies daher eine weitere Ausweitung der deliktsrechtlichen Haftung nicht rechtfertigen, da diese strukturell noch konturenloser als die Figur des

eingerichteten und ausgeübten Gewerbebetriebes sein würde (DIEDERICHSEN, in: Vhdl 56. DJT L 73f).

62 Überdies ist der **Inhalt der** sogenannten **Umweltgüter nicht definiert.** Reinheitsgrade bedürften der Bestimmung, die die öffentlich-rechtlich vorgegebenen Grenzwerte jedenfalls haftungsrechtlich nicht abschließend im Sinne einer hinreichend bestimmten Definition von technischen und rechtlichen Standards (GODT 170ff) leisten (DIEDERICHSEN, in: Vhdl 56. DJT L 74ff; GMEHLING 198; LYTRAS 110f; MEDICUS JZ 1986, 778, 779; PFEIFFER 189). Ferner **überlagern** sich, wenn auch bei Gütern in Privateigentum eine konkurrierende Haftung wegen Umweltverletzung als eines gesonderten Schutzgutes zugelassen wird (GODT 164ff), **eigentums- und umweltgutbezogene Schadensinhalte und Anspruchszuständigkeiten,** ohne dass eine hinreichend klare inhaltliche Abgrenzung möglich wäre (vgl dazu die Bemühung von GODT 207ff; M LEONHARD 243ff), und vor allem ohne dass bei Anerkennung des Primats der Naturalrestitution und der Zweckbindung von Schadensersatzleistungen (GODT 198ff, 263ff) die dazu notwendige Einwirkungsbefugnis von Sachwaltern des Schutzgegenstands Umwelt in den räumlich-gegenständlichen Rechtskreis des Eigentümers (dies postulierend GOTH 265f; KADNER 302) legitimiert wäre. Dies ist umso bedenklicher, als die individualisiert-haftungsrechtliche Zuweisung von Umweltgütern zu Einzelpersonen die **Anerkennung einer privaten Verfügbarkeit** über diese zur Voraussetzung und **Konsequenz** hat, die mit zunehmender Knappheit der Umweltgüter zu einer mittels der Rechtsfigur eines deliktsrechtlichen Schutzes von Umweltgütern als solchen privatrechtlich gesteuerten, bei Gütern des Gemeingebrauchs jedoch gerade in dieser Rechtsform **nicht zulässigen** Kontingentierung führen würde (DIEDERICHSEN, in: Vhdl 56. DJT L 75; MARBURGER, in: Vhdl 56. DJT C 120f; MEDICUS JZ 1986, 778, 779; wohl auch KLOEPFER UTR 11 [1990] 35, 60). Diese Rechtsfigur würde deshalb zum Instrumentarium einer Art von inhaltlich nicht gesetzlich bestimmtem Verteilungsplan für verknappte Rechtsgüter werden (so wohl ENDERS 267). Insgesamt zeigt sich damit, dass die Ausweitung der sonstigen Rechte im Sinne des § 823 Abs 1 BGB auf weitere Lebensgüter wie saubere Luft, sauberes Wasser, Lärmfreiheit der Rechtssicherheitsfunktion (DIEDERICHSEN, in: Vhdl. 56 DJT L 75) der Deliktsrechtskonzeption entgegensteht; die in § 823 Abs 1 BGB aufgezählten Rechtsgüter sollen für potentielle Eingreifer Verhaltensorientierung erlauben, was nicht gewährleistet ist, wenn die subjektiven Zuweisungsgrenzen und die objektiven Störungsgrenzen nicht hinreichend evident sind.

63 **γ)** Es besteht auch **kein anerkennenswerter praktischer Bedarf** dafür, das allgemeine **Persönlichkeitsrecht** oder **Umweltgüter** als solche als Grundlage einer Umwelthaftung zu aktivieren (ähnlich GERLACH 285). In der Regel handelt es sich nämlich bei umweltrelevanten Schadensereignissen zugleich um Tatbestände der Gesundheits- oder Eigentumsverletzung, die **unmittelbar und explizit** in § 823 Abs 1 BGB **spezifizierten Rechtsgütern zugeordnet** werden können und deshalb nicht den genannten, praeter legem entwickelten Rechtspositionen zugeordnet werden müssen. Im Übrigen kann eine am allgemeinen Persönlichkeitsrecht und eine an bestimmten Umweltgütern als solchen anknüpfende Haftung auf eine Liquidierung reiner Vermögensverletzungen hinauslaufen, die das Deliktsrecht nicht fördert (DÖRING 25f; MARBURGER, in: Vhdl 56. DJT C 120f; SELMER 18). Ebenso wenig, und erst recht nicht bei einem zusätzlichen Verzicht auf das haftungsbeschränkende Erfordernis einer vermögenswerten Verletzung im angenommenen Haftungstatbestand einer bloßen Umweltbeeinträchtigung (so wohl GODT 165), kann die Schadensersatzpflicht de lege lata unter

Hinweis darauf ausgeweitet werden, dass sich das deutsche Deliktsrecht immer weiter vom Element des absoluten Rechts entfernt und sich auf die Pflichtverletzung verlagert habe (so Godt 149, 187); die intendiert haftungsbeschränkende Wirkung des im Tatbestand von § 823 Abs 1 BGB geforderten Grundsatzes, dass die Verletzung eines sogenannten absoluten Rechtsgutes haftungsbegründend ist, ist nicht gering zu schätzen. Schließlich werden die Beweiserleichterungen, die infolge einer Vorverlagerung des umwelthaftungsrechtlichen Tatbestands in den Bereich der Störung des Persönlichkeitsrechts oder des Eingriffs in Umweltrechte eintreten (vgl Köndgen UPR 1983, 345, 348), durch die Schwierigkeiten bei der Grenzziehung zwischen haftungsrechtlich unerheblichen Belästigungen und schadensträchtigen Belastungen (Godt 164 ff) aufgewogen; die eigentlichen Schwierigkeiten der Ursachenermittlung bleiben dabei übrigens weiterhin ungelöst (Diederichsen, in: Vhdl 56. DJT L 76; Gmehling 195, 198 f).

δ) Zur Einführung einer etwa dem amerikanischen oder italienischen Recht (dazu Godt 75 ff; Kadner 115 ff; M Leonhard 124 ff, 160 ff; Seibt 59 ff) bekannten Form eines **öffentlichen Treuhandeigentums** oder funktional gleichartiger Rechtsfiguren **bedarf** es in Anbetracht der klar entgegenstehenden deutschen Rechtstradition einer gesetzlichen Regelung (so auch, jedenfalls soweit daraus Klagebefugnisse folgen sollen, Godt 273 ff, 278; de lege lata wohl auch M Leonhard 172 ff, 233 ff). Das gilt auch für die funktionsverwandte **Zuordnung** von Naturgütern **an die Allgemeinheit** als einer vom Staat verschiedenen Einheit (dazu Leimbacher 399 ff; Seibt 159 ff). Die Wahrnehmung einer solchen Rechtsinhaberschaft nach Maßgabe eines Gesamthandkonzepts (Seibt 162 ff; krit Godt 270 ff) überlastet diese Rechtsfigur, wenn sie auf alle Mitglieder eines Staatsvolkes bezogen wird, und sie wird überdies inhaltlos, wenn die Wahrnehmung der Gesamthandsrechte den zuständigen Behörden zustehen soll (so Seibt 166 ff). Wenn überdies derartige materiellrechtliche, im Wesen gemeineigentumsbezogene Modelle zur Begründung für die Beseitigung tragender zivilprozessualer Prinzipien wie der Ersetzung des Beibringungsgrundsatzes durch den Untersuchungsgrundsatz (dafür Godt 288) dienen sollen, so indiziert dies, dass diese Rechtsfiguren nicht in das geltende Rechtssystem zu integrieren sind. 64

b) Haftung für Schutzgesetzverletzung, § 823 Abs 2 BGB

aa) Begriff; Drittschutz

Neben der Haftung des § 823 Abs 1 BGB kommt eine Schadensersatzhaftung gemäß § 823 Abs 2 BGB in Verbindung mit der Verletzung eines Schutzgesetzes in Betracht (eingehend A Endres 8 ff; Gmehling 199 ff; Hopp 29 f; Huffmann 146 ff; Klimeck 34 ff; Lytras 54 f, 114 ff; M Meyer-Abich 146 ff; Medicus JZ 1986, 778, 783; Oehmen Rn 174 ff; H Schmidt 137 ff), soweit der **Normadressat des Schutzgesetzes in Anspruch** genommen werden soll (näher dazu H Schmidt 152 ff) und der **Schutzbereich** der verletzten Norm auch den geltend gemachten Verletzungserfolg umfasst. Neben der Rechtswidrigkeit setzt eine Haftung gemäß § 823 Abs 2 S 2 BGB in jedem Fall ein Verschulden hinsichtlich der Schutzgesetzverletzung voraus (Wolfrum/Langenfeld 191). In diesen beiden Hinsichten bietet die deliktische Haftung auf Grund einer Schutzgesetzverletzung jedoch **spezifische Vorzüge.** Schon der Verstoß gegen abstrakte Gefährdungsnormen ist eine Grundlage für das **Rechtswidrigkeitsurteil,** wobei allerdings die privatrechtsgestaltende Wirkung einer behördlichen Genehmigung die Rechtswidrigkeit ausschließt (BGHZ 88, 34, 40 = NJW 1984, 975 ff; Wolfrum/Langenfeld 191). Hinsichtlich des **Verschuldens** kommt dem Geschädigten bei einer Haftung wegen Verletzung eines gemäß 65

§ 823 Abs 2 BGB haftungsbegründenden Schutzgesetzes eine Verschuldensvermutung zugute (vgl BGHZ 51, 91, 103 = NJW 1969, 269; BGHZ 116, 104, 115 = NJW 1992, 1039 ff; A Endres 193 ff) sowie der Umstand, dass sich das Verschulden nur auf den Verstoß gegen das Schutzgesetz und nicht auch auf die Rechtsguts- oder Vermögensverletzung erstrecken muss (Enders 336 f; A Endres 190 ff). Schließlich sind auf Grund des § 823 Abs 2 BGB auch **reine Vermögensschäden** ersatzfähig, die nicht die Folge der Verletzung absoluter Rechtsgüter sind. Daher wird der Norm erhebliches umwelthaftungsrechtliches Potenzial beigemessen (Diederichsen BB 1973, 485, 589; Hübner NJW 1988, 441, 450), während die Rechtspraxis sich der Norm tatsächlich nur selten bedient (Balensiefen 185; vBar KF 1987, 1, 12; Ganten/Lemke UPR 1989, 1, 3; Huffmann 146), wohl weil die Entwicklung von Verkehrspflichten im Rahmen des § 823 Abs 1 BGB mehr Flexibilität erlaubt, und weil Umweltschutznormen häufig nicht als drittschützende Schutznormen zu identifizieren sind (Enders 323; Huffmann 146 f).

66 **Schutzgesetz** kann jede staatlich gesetzte formelle und, damit die Rechtsverordnungen einschließend (A Endres 28, 107 ff), materielle **Rechtsnorm** im Sinne des Art 2 EGBGB unter Einschluss des **Gewohnheitsrechts** sein (näher in umwelthaftungsrechtlichem Zusammenhang A Endres 24 ff). Vorausgesetzt ist, dass das Schutzgesetz nicht nur Allgemeininteressen und die Umwelt als solche (Lytras 54 f), sondern als Verbots- oder Gebotsnormen ausdrücklich, ausweislich der Gesetzesmaterialien oder wenigstens implizit und im Wege der Auslegung ermittelbar (Enders 324 f; Lytras 117 f) zumindest **auch Individualbelange** eines hinreichend **bestimmten Personenkreises** (Enders 324 f; Lytras 116; H Schmidt 142; Veldhuizen 137), zu dem der Anspruchsteller gehört, zu schützen bezweckt, und zwar durch Gewährung von Schadensersatz im Verletzungsfall (näher A Endres 47 ff; Huffmann 147 ff; H Schmidt 139). Ein Schaden ist allerdings auch bei der Verletzung eines Individualschutz bezweckenden Schutzgesetzes nur dann gemäß § 823 Abs 2 BGB ersatzfähig, wenn der Schaden im Schutzbereich des verletzten Gesetzes liegt; hiermit ist das normative Kriterium des **Schutzzwecks der Norm** in Bezug genommen (Lytras 118; H Schmidt 139 f).

67 **Verwaltungs- und Unfallverhütungsvorschriften** sind grundsätzlich keine Schutzgesetze, da ihr Adressat die öffentliche Verwaltung ist (Enders 323; A Endres 29 f, 113 ff; Erl 190; Lytras 115, 124 ff); **Verwaltungsakte** sind grundsätzlich mangels generell-abstrakten Charakters keine Schutzgesetze. Eine die Behörde ermächtigende, aber Individualschutz nicht unmittelbar aussprechende Norm soll jedoch **in Verbindung** mit einem diese Norm konkretisierenden **Verwaltungsakt** nach herrschender Ansicht Schutzgesetz im Sinne des § 823 Abs 2 BGB sein können (BGHZ 62, 265 ff = BGH NJW 1974, 1240; OLG Hamm JZ 1981, 277; Gmehling 200 Fn 95; Gnaub 115 f; Lytras 115, 119 ff; Oehmen 175; Medicus JZ 1986, 778, 783; im Erg auch Enders 324; **aA** A Endres 42 ff, 84 ff; Wolfrum/Langenfeld 191). Dies mag etwa zutreffen für behördliche Einzelanordnungen auf der Grundlage der §§ 12 Abs 1, 17 Abs 1, 20 Abs 2 und 3 sowie 24 BImSchG (Enders 330 f). Dem ist aber im Hinblick auf das grundsätzlich normative Verständnis des § 2 EGBGB nur in einem mittelbaren Sinn für den Fall beizutreten, dass ein Verwaltungsakt lediglich ein Schutzgesetz hinsichtlich der Ausübung von dort vorgesehenen Beurteilungs- und Ermessensspielräumen konkretisiert; alsdann kann und sollte aber die zu Grunde liegende Norm als die eigentlich drittschützende Norm angesehen werden, deren Inhalt durch Verwaltungsakt lediglich fallspezifisch näher bestimmt wird (so wohl A Endres 45, 91; Erl 188, 194; Huffmann 150). Ein Schutzgesetz liegt dem gemäß vor, wenn die die Verwaltung ermächtigende Norm selbst drittschützende Verbote, Gebote oder Grundpflichten für verwaltungsexterne Rechtsadressaten ausdrücklich oder in erkennbarer Weise formuliert und sich darüber hinaus die Tätigkeit der Verwaltung auf die individuelle Konkretisierung beschränkt (LYTRAS 119ff). Entsprechendes gilt für **Verwaltungsvorschriften,** wenn diese eine bewusst offen gelassene Regelungslücke ausfüllen und ein förmliches Gesetz oder eine Rechtsverordnung erst vollziehbar machen (H SCHMIDT im Anschluss an BVerwGE 36, 327). Schutzgesetzqualität wird über den Fall des normvollziehend-konkretisierend erlassenen Verwaltungsaktes hinaus vereinzelt auch angenommen, wenn es an der konkretisierenden **Umsetzung einer die Behörde ermächtigenden Norm** durch Verwaltungsakt **fehlt** (MünchKomm/MERTENS § 823 Rn 154f; F BAUR JZ 1974, 657, 660; auch MARBURGER, in: Vhdl 56. DJT C 122 mwN; WAGNER 240f; **aA** BULLINGER VersR 1972, 599, 605). Dies ist jedoch als eine von den allgemeinen Grundsätzen des § 823 Abs 2 BGB abweichende Ausnahme grundsätzlich nicht anzuerkennen; wegen des unterbliebenen Vollzugs der die Behörde ermächtigenden Norm fehlt es gerade an dem Essentiale der individualbezogenen Umsetzung der als solcher nur die Allgemeinheit schützenden Norm. Daher sind Normen von der Art des § 1 BImSchG keine Schutzgesetze (Nachw u Rn 70). Diese Vorschrift ist nicht nur ihrer Zielsetzung als Vorschriften des öffentlichen Rechts gemäß primär eine Leitlinie für die Umweltschutzhandhabung der Behörde. Sie hat überdies den Charakter einer bloßen Rahmennorm, der eine Verhaltenspflicht zugunsten einzelner Privater nicht hinreichend substantiiert zu entnehmen ist, und sie führt zu einer mit der Intention des § 823 Abs 2 BGB nicht vereinbaren übermäßigen Ausweitung in den Bereich des Schadensersatzes für reine Vermögensverletzungen.

68 Der Verstoß gegen **Regeln der Technik,** die **aufgrund gesetzlicher privatschützender** (BALENSIEFEN 186) **Ermächtigung** entwickelt wurden und wie sie dem gemäß im Zusammenhang mit dem Umweltschutz vor allem durch die **TA-Luft und TA-Lärm** oder sonst durch Regelwerke namentlich des Vereins Deutscher Ingenieure bestimmt werden, ist eine Schutzgesetzverletzung, auch soweit sie nicht selbst in Rechtsnormen enthalten sind, wenn sie **von Rechtsnormen in Bezug genommen** worden sind und sie ähnlich wie Rechtsnormen durch geeignete **Publikation** allgemein zugänglich gemacht wurden (A ENDRES 34ff). Wegen ihres gesetzlich besonders geregelten Erlassverfahrens und unter der Voraussetzung einer gesetzlich vorgesehenen Rezipierung bzw Inkorporation, die das Rechtsetzungsmonopol des Staates jedenfalls bei statischen Verweisungen und bei dynamischen Verweisungen mit hinreichend konkreten Regelungsanordnungen respektiert, können sie Rechtsnormen gleichgestellt werden (COSACK 70; A ENDRES 30ff; ERL 196; KÖNDGEN UPR 1983, 345, 351; MARBURGER, Regeln 481ff; ders, in: Vhdl 56. DJT C 122; PETERSEN 73; H SCHMIDT 146f; SENDLER UPR 1993, 321, 325), auch wenn sie zunächst wie Verwaltungsvorschriften primär Binnenwirkung entfalten. Wesentlicher Grund für die Qualifizierung solcher Regeln der Technik als mögliche Schutzgesetze, zugleich damit aber auch eine weitere Grenze für ihre Einordnung als Schutzgesetz, ist ihre Maßgeblichkeit für die Bestimmung konkreter, unmittelbar materieller Verhaltenspflichten Dritter, die unabhängig von behördlichen Anordnungen bestehen (KÖNDGEN UPR 1983, 345, 351; MARBURGER, in: Vhdl 56. DJT C 122), also nicht nur verwaltungsrechtliche Binnenwirkung haben (so die wohl herrschende Gegenansicht, MünchKomm/MERTENS § 823 Rn 158; ENDERS 330f; ENGELHARDT 73; KLIMECK 35; LYTRAS 128ff; MEDICUS JZ 1986, 778, 783). Eine bloße Verweisung gesetzlicher Vorschriften auf den Stand der Technik genügt daher schon wegen der Notwendigkeit einer Außenwirkung nicht, es sei denn, die verweisende Norm verweist nicht nur auf einen Maß-

stab für das Handeln einer Behörde, sondern verfolgt mit der Verweisung unmittelbar drittschützende Zwecke (LYTRAS 130ff). Dass im Übrigen in Bezug genommene Regeln der Technik lediglich dem Umweltschutz nicht hinreichend dienliche Mindeststandards angeben (MünchKomm/MERTENS § 823 Rn 158; MEDICUS JZ 1986, 778, 783), widerspricht der Einordnung als mögliche Schutzgesetze hingegen nicht. Lediglich **privat entwickelte Standards,** wie beispielsweise DIN-Standards, können allerdings mangels gesetzlicher Autorisierung nach wohl allgemeiner Ansicht nicht als Schutzgesetze gelten (ENDERS 324; A ENDRES 29f, 120ff, 145ff; MARBURGER VersR 1983, 597, 605; LYTRAS 130ff). Auch die **Umweltauditverordnung** ist mangels verpflichtenden Charakters kein Schutzgesetz (FALK, EG-Umwelt-Audit-VO [1998] 195f).

bb) Schutzgesetze des öffentlichen Umweltrechts

69 Normen des **öffentlich-rechtlichen Umweltschutzes** können insbesondere Schutzgesetze im deliktsrechtlichen Sinn sein, wenn sie auch unter öffentlich-rechtlichen Gesichtspunkten als **nachbarschützend** anzusehen sind (BGHZ 86, 356, 362 = NJW 1983, 1795ff; KLOEPFER § 4 Rn 315; MARBURGER, in: Vhdl 56. DJT C 122f); die verwaltungsprozessrechtlichen Voraussetzungen des § 42 Abs 2 VwGO bei umweltrechtlichen Nachbarklagen sind insoweit auch ein zivilrechtlicher Indikator (A ENDRES 69ff; WOLFRUM/LANGENFELD 191), ohne dass wegen der Unterschiedlichkeit hinsichtlich der personalen Schutzkreise, der öffentlich-rechtlich vor allem durch den Begriff der Nachbarschaft geprägt ist und der zivilrechtlich weiter gefasst sein kann (vgl BGHZ 92, 143, 143 = NJW 1985, 47ff [Kupolofen]), Identität bestehen muss (A ENDRES 69ff; vgl dag wohl mit anderer Tendenz BGHZ 69, 1, 1 = NJW 1977, 1770ff u DIEDERICHSEN, in: Vhdl 56. DJT L 57). Dies trifft allerdings auf verhältnismäßig wenige Vorschriften des öffentlichen Rechts zu, so dass eine Haftung auf dieser Grundlage, in Anbetracht der zahlreichen verwaltungsrechtlichen Umweltschutznormen wohl überraschend, nur ausnahmsweise begründet ist. Auch öffentlich-rechtlich nicht nachbarschützende Normen können jedoch Schutzgesetze im Sinne des § 823 Abs 2 BGB sein. Entscheidend ist, dass die öffentlich-rechtliche Norm auch **konkrete Verhaltenspflichten mit drittschützendem Charakter** formuliert (so wohl schon F BAUR JZ 1974, 657, 660; GMEHLING 200 Fn 100; LYTRAS 122; MARBURGER, in: Vhdl 56. DJT C 122). Das Zivilrecht ist insoweit, als es auf das Bestehen derartiger drittschutzbezogener Betreiberpflichten abstellt, durchaus von der zumindest in dieser Weise beschränkt gegebenen Nachbarschutzqualität einer Norm im Sinne des öffentlichen Rechts unabhängig.

70 Nach Maßgabe dieser Grundlage ist **immissionsschutzrechtlich** der Schutzgesetzcharakter zu bejahen (generell zum BImSchG bejahend F BAUR, in: FS Sontis 192f; ders JZ 1974, 657ff; zur verwaltungsgerichtlichen Beurteilung gemäß § 42 Abs 2 VwGO VELDHUIZEN 155ff) für § 4 Abs 1 iVm § 12 Abs 1 BImSchG (ENDERS 328), § 5 Abs 1 Nr 1 BImSchG (A ENDRES 108; M MEYER-ABICH 147; H SCHMIDT 145; WOLFRUM/LANGENFELD 191 Fn 501), § 5 Abs 1 Nr 2 BImSchG (GMEHLING 202; MARBURGER, in: Vhdl 56. DJT C 172; SCHULZ 76; vgl auch OVG Münster NJW 1976, 2360, aufgehoben durch BVerwGE 65, 313, 313, 320; darauf gestützt **aA** A ENDRES 109; M MEYER/ABICH 147), § 5 Abs 1 Nr 1 und 2 BImSchG (LG Münster NJW-RR 1986, 947; bestätigt von OLG Hamm NJW 1988, 1031f; BAUMANN JuS 1989, 433, 436; COSACK 69; ENGELHARDT 70; GÜTERSLOH 15; MARBURGER, in: Vhdl 56. DJT C 122; ders UTR 3 (1987) 138f; H SCHMIDT 144; offenlassend FALK, EG-Umwelt-Audit-VO [1998] 195) und noch weitergehend für den gesamten § 5 BImSchG (DIEDERICHSEN, in: FS R Schmidt 14; ENDERS 329; LYTRAS 121ff; NAWRATH 230f). Dasselbe gilt für § 22 BImSchG (DIEDERICHSEN BB 1973, 485; ENDERS 329; LYTRAS 123; MARBURGER, in: Vhdl 56. DJT C 122; VELDHUIZEN 200ff, krit gegen BVerwG

JZ 1989, 237 ff), für die §§ 62 Abs 1 Nr 1, 63 Abs 1 Nr 1 BImSchG (ENDERS 328) und für § 3 Abs 3 **StörfallVO** (OVG Lüneburg DVBl 1984, 819; LYTRAS 123). Schutzgesetzcharakter können auch auf Grund des § 7 BImSchG (ENDERS 330) und der §§ 34 bis 37 BImSchG erlassene **Verordnungen** haben (F BAUR JZ 1977, 657, 658 iVm 660; DIEDERICHSEN BB 1973, 485, 489; NAWRATH 232). § 1 BImSchG ist hingegen weder als solcher (F BAUR JZ 1974, 657, 660) noch als sogenanntes Rahmenschutzgesetz (DIEDERICHSEN, in: FS R Schmidt 10 ff) ein Schutzgesetz, weil das BImSchG jedenfalls teilweise verwaltungstechnischen Aufgaben dient und diese Vorschrift überdies nicht als unmittelbares Verhaltensgebot formuliert ist (ENDERS 329; A ENDRES 83; GMEHLING 204; HUFFMANN 151 f; LYTRAS 124; M MEYER-ABICH 147). § 52 a BImSchG ist kein Schutzgesetz, da die dort angeordneten Anzeige- und Mitteilungspflichten der Erleichterung der behördlichen Überwachung dienen; im Übrigen folgen die drittschützenden Organisationspflichten als solche schon aus § 5 BImSchG (FALK, EG-Umwelt-Audit-VO [1998] 194 f; HUFFMANN 150 ff; H SCHMIDT 145 f, 166 ff; **aA** COSACK 69). Auch die **GroßfeuerungsanlagenVO** ist kein Schutzgesetz (A ENDRES 108 ff; **aA** H SCHMIDT 146). § 5 **LärmbekämpfungsVO** ist hingegen ein Schutzgesetz (BGHZ 46, 35, 42 = NJW 1966, 1858 f; COSACK 69; H SCHMIDT 144).

71 **Wasserrechtlich** sind Schutzgesetze die §§ 3, 8 iVm 10 Abs 2 TrinkwasserVO (BGH NJW 1983, 2935 ff; COSACK 69; ENDERS 335; A ENDRES 107; ENGELHARDT 70; FALK, EG-Umwelt-Audit-VO [1998] 194; GÜTERSLOH 15; LYTRAS 123; OEHMEN Rn 178; H SCHMIDT 144; WOLFRUM/LANGENFELD 191 Fn 501). Nicht zu den Schutzgesetzen zählen zwar die §§ 1a Abs 2, 3 WHG (BREUER NuR 1987, 49, 50 f; ENDERS 331; **aA** DIEDERICHSEN BB 1986, 1723, 1727; GNAUB 115; OEHMEN Rn 178), weil sich die hier statuierten Pflichten an Behörden richten und § 1 a Abs 2 WHG der allgemeinen Verkehrssicherungspflicht nur einen speziellen Ausdruck gibt, und nicht die §§ 2, 3, und 41 Abs 1 WHG (BGHZ 69, 1, 14 ff = NJW 1977, 1770 ff; BGHZ 88, 34, 37 ff = NJW 1984, 975 ff; ENDERS 332; **aA** OLG München NJW 1967, 570, 571; OEHMEN Rn 178; H SCHMIDT 144; wohl auch LYTRAS 124), wohl aber die §§ 8 Abs 3 und 4 WHG (BGHZ 69, 1, 19 ff = NJW 1977, 1770 ff; BGHZ 88, 34, 38 ff = NJW 1984, 975 ff; COSACK 69; ENDERS 332; ENGELHARDT 70; FALK, EG-Umwelt-Audit-VO [1998] 194; GANTEN/LEMKE UPR 1989, 1, 3; GÜTERSLOH 15; SALZWEDEL NuR 1983, 41, 47 f; H SCHMIDT 144; WOLFRUM/LANGENFELD 191 Fn 501) und die §§ 18 b, 19, 38, 39 WHG (GNAUB 115; LARENZ VersR 1963, 593, 603; NAWRATH 232) sowie § 18 BayWG (BayObLGZ 1980, 172 und 1982, 432; COSACK 69; LYTRAS 123). Keine Schutzgesetze sind die §§ 26 Abs 2, 34 Abs 2 WHG, weil sie keinen Hinweis auf individualschützende Zwecke enthalten und insoweit der Schutz gemäß § 22 WHG hinreichend ist (ENDERS 332; **aA** OLG Celle VersR 1969, 355, 356; FLACHSBARTH 229 f unter Hinweis auf die Anwendbarkeit bei übermäßiger Düngung; WIETHAUP DB 1971, 1897, 1898); dies gilt auch für die Regelungen der §§ 19 g–19 l WHG sowie die ergänzenden Verordnungen (ENDERS 332).

72 **Bodenschutzrechtlich** enthalten die §§ 4 Abs 1 und 2, 3 S 1 und 4, Abs 6 BBodSchG sowie § 7 S 1 und 2 BBodSchG Schutzgesetze (ENDERS 334). Schutzgesetze im **landwirtschaftlichen** Bereich (umfassend dazu FLACHSBARTH 228 ff) sind ferner § 6 Abs 1 S 1, 3 u 4 PflSchG und die auf Grund von § 6 PflSchG erlassenen Verordnungen (NAWRATH 234) sowie die §§ 8 Abs 4 S 2 und 12 Abs 1 S 5 PflSchG (BGHZ 80, 199 ff = NJW 1981, 1606, 1608; COSACK 69; ENGELHARDT 70; FLACHSBARTH 228; GÜTERSLOH 15), § 2 DüngemittelG (FLACHSBARTH 229), § 2 BienenschutzVO (dazu OLG Hamm VersR 1983, 160, 161; COSACK 69; A ENDRES 108; ENGELHARDT 70; FALK, EG-Umwelt-Audit-VO [1998] 194; GÜTERSLOH 15; LYTRAS 123; OEHMEN Rn 178), § 7 PflanzenschutzmittelVO betreffend die regelmäßige Überprüfung von Pflanzenschutzgeräten (FLACHSBARTH 228), Verordnungen auf Grund von § 1 Schädlingsbekämpfungsverordnung (NAWRATH 234) sowie landesrechtliche Gülleverordnungen (FLACHSBARTH 229) und Pflanzenabfallverordnungen, die etwa die Strohverbrennung regeln (FLACHSBARTH 230).

73 **Abfallrechtlich** sind als Schutzgesetze anzusehen die früheren § 2 Abs 2 S 2 Nr 2 AbfG (OLG Hamm NJW-RR 1990, 794 ff; H SCHMIDT 144), §§ 7 iVm 7 a, 8, 9, 9 a und 15 AbfG, die §§ 3, 4 Abs 1, 3 und 4, 12 Abs 1 AbfG (ENDERS 325 ff; FLACHSBARTH 229; H SCHMIDT 144 f), die auf Grund der §§ 2 Abs 2, 4 Abs 4, 14 AbfG ergehenden Folgeverordnungen (NAWRATH 233) und wohl auch die §§ 2 Abs 1, 3 Abs 1 AbfG (so ENDERS 325 f; LYTRAS 123 f; SCHULZ 76), ferner die KlärschlammVO (FLACHSBARTH 229; LYTRAS 123; MÜLLER VR 1996, 217, 221; SCHIMIKOWSKI, Umwelthaftungsrecht Rn 78). Anknüpfend an die frühere Rechtslage sind die entsprechenden Regeln im KrW-/AbfG als Schutzgesetze anzusehen, ferner das Gebot der gemeinverträglichen Abfallbeseitigung in § 10 Abs 4 KrW-/AbfG (COSACK 70 unter Hinweis auf OLG Hamm NJW-RR 1990, 794) bzw § 5 Abs 3 S 3 KrW-/AbfG, ferner die Vorschriften über den Anlagenzwang nach § 27 Abs 1 KrW-/AbfG und das Hohe-See-Beseitigungsverbot nach § 28 Abs 4 KrW-/AbfG, die Zulassungsvorschriften nach §§ 31 bis 33, 35 KrW-/AbfG sowie die Genehmigungsvorschriften der §§ 49, 50 KrW-/AbfG (ENDERS 327). Der Schutzgesetzcharakter der §§ 3 Abs 24 und 4 AbfKlärV, § 3 Abs 1 Nr 2 TierKBG und § 2 Abs 1 AltölG ist wohl nicht anzuerkennen (MARBURGER UTR 3 [1987] 189; SCHULZ 76).

74 Als Schutzgesetz gelten schließlich § 7 Abs 2 Nr 3 **AtomG** (WOLFRUM/LANGENFELD 191 Fn 501), § 1 **ChemikalienG** (DIEDERICHSEN BB 1986, 1723, 1727; GNAUB 115; H SCHMIDT 144), § 6 Abs 2 GenTG (H SCHMIDT 147 f) sowie auf **Gefahrguttransporte** bezogen die Gefahrgutverordnung Straße (OLG Hamm NJW-RR 1993, 914, 916; ENDERS 335; WOLFF 54; offenlassend SCHÜNEMANN TranspR 1992, 53, 56) und sonstige auf Grund des GbefGG ergangene Rechtsverordnungen (ENDERS 335; NAWRATH 235).

cc) Strafrechtliche und ordnungswidrigkeitenrechtliche Schutzgesetze

75 **Strafrechtliche** Normen (zur Entwicklung der strafrechtlichen Verantwortung im Umweltschutz eingehend SCHMIDT-SALZER Einl Rn 129 ff) können Schutzgesetze in umwelthaftungsrechtlichem Zusammenhang sein, wenn sie den Schutz auch einzelner Rechtssubjekte und nicht lediglich der Allgemeinheit vor Umweltschäden bezwecken (näher A ENDRES 149 ff). Schutzgesetze sind daher drittschützende Normen des Umweltstrafrechts wie die §§ 324 ff StGB (COSACK 70 [zu §§ 326, 327 StGB]; DIEDERICHSEN UTR 1 [1986] 127; ders BB 1986, 1723, 1727; ENDERS 328, 334 [zu §§ 326, 327, 330 StGB; früher auch § 16 AbfG], 331 [zu §§ 327 Abs 2, 325, 325 a; 330 StGB], 333 [zu § 324 StGB, soweit sich das dort geschützte ökologische Rechtsgut auch auf den Schutz der menschlichen Lebensgrundlagen erstreckt; dazu auch DIEDERICHSEN BB 1986, 1723, 1727]; A ENDRES 158 ff [zu § 324 StGB], 166 [zu § 325 StGB], 168 ff [zu §§ 327, 330a StGB] u allg zur Verwaltungsrechtsakzessorietät 170 ff; GNAUB 115; MARBURGER UTR 30 (1995) 142 [zu §§ 326, 327 StGB]; MICHALSKI, Zivilrechtlicher Nachbarschutz bei durch Schadstoffe in der Luft kontaminiertem Boden, DB 1991, 1365, 1366; OEHMEN Rn 177 [zu §§ 324, 325, 326, 327, 328, 330]; REESE DStR 1996, 26; SCHEIER/KLOWAIT ZfW 1993, 143; H SCHMIDT 141 ff; WOLFRUM/LANGENFELD 192), aber auch des allgemeinen Strafrechts, namentlich die §§ 211 ff, 223 ff StGB und § 303 ff StGB (SCHMIDT-SALZER Einl Rn 130; H SCHMIDT 140). Die Begehung einer **Ordnungswidrigkeit** kann ebenfalls eine Schutzgesetzverletzung sein, beispielsweise im Falle des § 41 WHG (ENDERS 334).

dd) Zivilrechtliche Schutzgesetze

76 Für eine Haftung gemäß § 823 Abs 2 BGB kommen die nachbarschützenden Vorschriften des **zivilrechtlichen Nachbarschutzes,** also die §§ 906 ff BGB (BGHZ 62, 361, 364 f = NJW 1974, 1869; BGHZ 63, 176, 179 ff = NJW 1975, 257; 85, 383; Bälz JZ 1992, 57, 58; Oehmen Rn 176; H P Westermann UTR 11 [1990] 103, 131) und solche des Landesnachbarrechts, in Betracht. Insoweit hat die Haftung gemäß § 823 Abs 2 BGB aber durch die Ausweitung der Haftung gemäß § 906 Abs 2 S 2 BGB an praktischer Bedeutung verloren (Bälz JZ 1992, 57, 58). Im Übrigen können im Zusammenhang mit der Produzentenhaftung bzw Produkthaftung bedeutsame Schutzgesetze zugleich umwelthaftungsrechtlich relevante Schutzgesetze sein, soweit sie zugleich darauf zielen, Umwelteinwirkungen zu vermeiden, und soweit sie geeignet sind, auch Umweltschäden in den Kreis der ersatzfähigen Schäden einzubeziehen. Deliktische Verkehrspflichten (o Rn 51 f), deren Verletzung an sich eine Haftung gemäß § 823 Abs 1 BGB begründen können, sind nicht zugleich als Schutzgesetze im Sinne des § 823 Abs 2 BGB anzusehen (BGH NJW 1976, 46; in umwelthaftungsrechtlichem Zusammenhang näher A Endres 178 ff; Medicus JZ 1986, 778, 780; Steffen VersR 1980, 409 ff; vgl dag befürwortend Mertens VersR 1980, 397, 398 f; zweifelnd Engelhardt 71 f, 96).

c) Haftung für vorsätzliche sittenwidrige Schädigung, § 826 BGB

77 § 826 BGB kann umwelthaftungsrechtliche Bedeutung zum Schutz von individuell zuzuordnenden Rechtsgütern haben (Medicus JZ 1986, 778, 779, 780), wenn eine im Sinne von **dolus eventualis** vorsätzliche Umweltbeeinträchtigung nachgewiesen werden kann, deren Eintritt bzw pflichtwidriges Geschehenlassen als **sittenwidrige Inkaufnahme der Schädigung Dritter** zu werten ist. Dabei kommt es nicht darauf an, ob sich die Absicht sittenwidriger Schädigung gegen eine vor Schadenseintritt individualisierbare, dem Schädiger bekannte Person richtete. Ebensowenig muss sich der Vorsatz auf den konkret eingetretenen Schaden erstrecken.

d) Haftung für Dritte; §§ 823, 31 (89) BGB und § 831 BGB

78 Den Zweck, **Schwächen** der **Verrichtungsgehilfenhaftung** gemäß § 831 BGB (zu dessen Anwendbarkeit auf ein herrschendes Konzernunternehmen bei tatsächlicher Herrschaftsausübung in Bezug auf deliktisches Verhalten eines konzernabhängigen Unternehmens Cosack 123 f) auszugleichen (Cosack 72; Huffmann 152 ff), verfolgt wesentlich die Entwicklung einer Haftung, deren deliktischer Anknüpfungspunkt das **Organisationsverschulden** einer Person ist (Balensiefen 182; Brüggemeier KJ 1989, 209, 220; Cosack 33; Engelhardt 201; Erl 54 ff Langhaeuser 191 ff; Rehbinder UTR 26 [1994] 29 ff; Stecher 141); die fortschreitende Entwicklung von Verkehrspflichten bietet ein probates Mittel zu einer derartigen Anknüpfung (vgl Rn 51 ff). Haftungsbegründendes Verhalten ist bei dieser Betrachtungsweise die Versäumung der der Unternehmensleitung als solcher, soweit nicht eine delegierende Pflichtenspezifizierung namentlich auf der Grundlage der § 52 a BImSchG und § 53 KrW/AbfG entlastend wirkt (Cosack 51 f), gesamtverantwortlich (Brüggemeier, in: FS Jahr 244; zur Haftung bei mehrköpfigen Geschäftsführungsorganen und Überwachungsorganen Cosack 33 f; Erl 55 ff; H Schmidt 207 ff) institutionell obliegenden und nicht in toto delegierbaren (vBar, Verkehrspflichten 279; H Schmidt 193, 195) Einrichtung und Sicherstellung der notwendigen technischen und kommunikativen sowie schadenshindernden und gegebenenfalls tunlichst schadensbehebenden **Organisation, Überwachung, Steuerung** und **Dokumentation** schadensträchtiger Betriebsabläufe einschließlich der Entsorgung (Cosack 34; Huffmann 23 f; 35 ff; Möllers 193 ff; H Schmidt 156 ff) und der Zuweisung institutionell personalisierter Verantwortung

gemäß § 52 a BImSchG bzw § 53 KrW-/AbfG (Cosack 43 ff; Huffmann 23 f, 35 ff), wobei das Notwendige einerseits durch das Ziel maximaler Umweltfreundlichkeit und andererseits durch das technisch Mögliche sowie wirtschaftlich Zumutbare bestimmt wird (vgl Rn 51 ff). Da mithin haftungsentscheidend die Einhaltung der so beschriebenen Verkehrspflichten ist (vgl Cosack 34; H Schmidt 161 ff), die maßgeblich, wenngleich nicht abschliessend (Cosack 40) durch § 5 BImSchG oder funktionell ähnliche öffentlich-rechtliche Normen (zu deren Bedeutung als Grundlage von Verkehrspflichten Cosack 35 ff; insbes zu § 5 BImSchG ferner Huffmann 35 f, 51 ff) zwar nicht von Gesetzes wegen konkret inhaltlich strukturiert (Huffmann 38 f; Möllers 203), aber sachlich geboten und von § 52 a BImSchG zumindest als Obliegenheit vorausgesetzt werden (Huffmann 37 ff; Cosack 43 ff; Huffmann 23 f, 35 ff), kommt der **Einrichtung geeigneter Präventions-, Mess- und Datenarchivierungssysteme** wesentliche Bedeutung zu (Adams/Johannsen, Das gerichtsfeste Produktionsunternehmen, BB 1996, 1017 ff; Möllers 217 ff). Solche Systeme können beispielsweise nach Maßgabe der **EU-Umwelt-Audit-Verordnung** bzw gemäß dem Umweltauditgesetz angelegt werden und haben bei sachgerechter Verwendung und Implementierung ebenso wie Zertifizierungen nach Maßgabe der **DIN-ISO-Normen 9000 ff** bzw **14000 ff** eine erhebliche Entlastungswirkung (Falk, EG-Umwelt-Audit-VO [1998] 196; dazu näher Rn 55). Qualitätssicherungsverfahren mit definierten organschaftlichen Zuständigkeiten werden überdies zunehmend auch öffentlich-rechtlich unter Einengung des unternehmerischen Organisationsermessens durch öffentlich-rechtliche Regelungen vorgeschrieben (Schmidt-Salzer Einl Rn 113). Eine organschaftliche Haftung ergibt sich demgemäß zunehmend auch, soweit öffentlich-rechtliche Normen wie §§ 52 a, 53 BImSchG oder § 21 a WHG die Bestellung von **Beauftragten** anordnen und, wie etwa § 52 a BImSchG, eine diesbezügliche Organisationszuständigkeit eines **Geschäftsleitungsmitglieds** vorsehen (vgl Möllers 193 ff; Schmidt-Salzer Einl Rn 115, 120 ff; ders in: vBar [Hrsg], Internationales Umwelthaftungsrecht II 64 f) bzw Qualitätssicherungsverfahren zur Einrichtung derartiger Personalfunktionen führen (vgl zu konzernrechtlichen Haftungskonsequenzen bei Einrichtung von Konzernbeauftragten Cosack 62 ff), oder soweit Umweltschutzbeauftragte Unternehmensorgane auf Umweltschutzgefahren hinweisen und Letztere in Verkennung ihrer Verkehrspflicht nicht für Abhilfe sorgen (H Schmidt 205 ff). Wird an Fehler bei Organisation, Überwachung und Dokumentation nach Maßgabe der vorgenannten Gesichtspunkte einer Verkehrspflichtverletzung (dazu näher auch o Rn 51 f) als deliktisches Verhalten angeknüpft, **führt** dies **zu § 823 Abs 1 BGB** zurück, wenn das so beschriebene haftungsbegründende Verhalten, wie häufig und geradezu typischerweise, ein Direktions- oder sonstiges Leitungsverhalten ist und als ein solches einer Person im Sinne der **§§ 31, 89 BGB** zuzurechnen ist, für die sich ein Unternehmen **nicht entlasten** kann (Möllers 196, 234 ff; Reese DStR 1996, 24, 26; H Schmidt 82 ff, 135 f, zur Rückgriffshaftung des Unternehmens gegen sein Organmitglied 259 ff); Gleiches gilt für die Zurechnung einer Haftung gemäß **§ 823 Abs 2 BGB** (in umwelthaftungsrechtlichem Zusammenhang Cosack 70 f, 121; Ebenroth/Kräutter, Die Eigenhaftung des GmbH-Geschäftsführers bei der Anlagevermittlung, BB 1990, 569 ff; H Schmidt 49, 137 ff, 143) oder gemäß **§ 826 BGB.**

79 Bei einer Verantwortlichkeit gemäß § 31 BGB oder § 831 BGB haftet häufig, gegebenenfalls mit arbeitsrechtlicher Modifikation, neben dem Unternehmen bzw dem Geschäftsherrn gesamtschuldnerisch **zugleich** der in § 31 BGB bezeichnete **Organwalter** oder **verfassungsmäßig** berufene **Vertreter** bzw, soweit eigenes Verschulden vorliegt, der **Verrichtungsgehilfe persönlich** (Huffmann 194 ff; Schmidt-Salzer, in: vBar

[Hrsg], Internationales Umwelthaftungsrecht II 62ff). Dies kann namentlich bei Betriebsbeauftragten für Umweltschutz, wie etwa bei Gefahrgutbeauftragten (Salje TransportR 1998, 1ff), aber auch bei dem Beauftragten gemäß § 52 a BImSchG für Fehler bei Kontrolle und innerbetrieblicher Präventionsberatung der Fall sein (Möllers 234; im Rahmen einer Haftung gemäß § 823 Abs 2 BGB auch Huffmann 227ff).

e) Staatshaftung; § 839 BGB, Art 34 GG

80 Die Umwelthaftung öffentlicher Betriebe und Einrichtungen richtet sich nach den allgemeinen Regeln der **Amts- bzw Staatshaftung** (dazu in umwelthaftungsrechtlichem Zusammenhang Salje, in: Kormann [Hrsg], Umwelthaftung kommunaler Einrichtungen und Betriebe 89ff). Soweit die Haftung nicht an den Betrieb einer umweltgefährdenden Anlage als solcher anknüpft, sondern an ein persönliches Fehlverhalten, folgt daraus: Der Staat, die öffentliche Körperschaft oder Anstalt haftet bei Anknüpfung der Haftung an ein Verhalten eines seiner **Organe, verfassungsmäßigen Vertreter oder Repräsentanten** im Sinne des § 31 BGB bei hoheitlichem und privatrechtlichem Betrieb gleichermaßen und unabhängig von der Art des Dienstverhältnisses vermittels des **§ 89 BGB,** gleichgültig ob die Haftung je nach der nachfolgend dargestellten Differenzierung an § 839 BGB, an die §§ 823 BGB, eine sonstige gesetzliche Haftungsgrundlage oder an eine Vertragshaftung anknüpft. Für **andere öffentlich Bedienstete** wird für ein Handeln in **Ausübung eines öffentlichen Amtes** bei Beamten im staatsrechtlichen Sinn gemäß § 839 BGB, bei Angestellten und Arbeitern gemäß allgemeinem Deliktsrecht gehaftet, wobei gleichermaßen gemäß Art 34 GG ausschließlich der Staat oder die betreffende Körperschaft haftet, unbeschadet der internen Rückgriffsmöglichkeit nach Maßgabe der diesbezüglichen öffentlich-rechtlichen Regeln. Im Beitrittsgebiet gilt auf Grund des Einigungsvertrags bei rechtswidrigem hoheitlichem Handeln eine unmittelbare verschuldensunabhängige Staatshaftung gemäß dem DDR-Staatshaftungsgesetz (GBl DDR 69 I, 34 und 88 I 329). Bei nicht organschaftlichem Handeln öffentlich Bediensteter im **fiskalischen,** privatrechtlichen Bereich gilt Art 34 GG nicht, und § 839 BGB ist bei Beamten hier nur bei Verletzung von drittschützenden Amtspflichten anwendbar; hier gelten grundsätzlich die allgemeinen privatrechtlichen Haftungsregeln, namentlich also § 831 BGB. Ferner ist bei einer **Vertragshaftung** eine Zurechnung gemäß § 278 BGB möglich. Die persönliche Haftung der Handelnden im Außenverhältnis bleibt jeweils unberührt, soweit ihr nicht Art 34 GG oder nach allgemeinem Recht die Grundsätze der Vertragshaftung entgegenstehen.

3. Die Aufopferungshaftung

81 Dem Herkommen nach mit dem Untersagungsanspruch des allgemeinen Zivilrechts eng verbunden und daher ebenfalls einer älteren Rechtsschicht zugehörig (vgl Wolfrum/Langenfeld 257) ist die zivilrechtliche **Aufopferungshaftung.** Sie entwickelte sich im neunzehnten Jahrhundert im Gegenzug zu der Zurückdrängung der privatrechtlichen Ansprüche auf Untersagung betreffend industrieller Emissionen (näher Ogorek, Actio Negatoria und industrielle Beeinträchtigung des Grundeigentums, in: Coing/Wilhelm, Wissenschaft und Kodifikation des Privatrechts im 19. Jahrhundert, Bd IV [1979] 40ff mwN; wohl deshalb charakterisiert Berges 32 sie als eine Folge der Überlagerung und Vernichtung privatrechtlicher Ansprüche durch das öffentliche Recht); die im überwiegenden Interesse der Allgemeinheit oder eines privaten Dritten zivil- oder öffentlich-rechtlich angeordnete **Duldungspflicht** wird durch eine Befugnis zur Liquidierung der Nachteile kompensiert (statt vieler, in umwelthaftungsrechtlichem Zusammenhang, Taupitz, Umweltschutz durch

zivilrechtliche Haftung, in: NICKLISCH [Hrsg], Umweltrisiken und Umwelthaftung 24; WOLFRUM/LANGENFELD 182, 261). Ihrem Ansatz nach ist ihr ureigener Anwendungsbereich die Schädigung durch den **Normalbetrieb** (BAUMANN JuS 1989, 433, 435; FLACHSBARTH 32; GÜTERSLOH 19; SELMER 4), ihr wesentlicher Schutzbereich ist der **sachenrechtliche, nachbarschaftliche Raum** (FLACHSBARTH 200 f; GÜTERSLOH 19).

a) Übersicht, Begriff, Konzeption

82 Normativ findet sich die Aufopferungshaftung primär in dem im Jahre 1959 eingefügten, dem Umwelthaftungsrecht zuzurechnenden (FALK, EG-Umwelt-Audit-VO [1998] 167) **§ 906 Abs 2 S 2 BGB** (zu dessen normativer Qualifizierung DIEDERICHSEN, in: FS Lukes 42 f; FLACHSBARTH 189 ff; HAGER JZ 1990, 397, 400; ders UTR 11 [1990] 133, 141; wohl auch FALK, EG-Umwelt-Audit-VO [1998] 167; zur Einordnung als nachbarliche Gefährdungshaftung Rn 92), der als Parallele zum öffentlich-rechtlichen Institut des enteignenden Eingriffs zu verstehen ist (WOLFRUM/LANGENFELD 219) und der die ältere Rechtsprechung zur Entschädigungspflicht bei ortsüblichen, aber existenzgefährdenden Beeinträchtigungen (RGZ 154, 165 ff; RGZ 167, 25 ff; übersichtsweise ENDERS 242 ff; GMEHLING 143 ff) und zum Anspruch auf zumutbare Emissionsschutzvorkehrungen (RGZ 133, 152, 155; RGZ 162, 364, 365 ff und BGHZ 38, 61, 63 ff zur Feststellung der Geeignetheit und wirtschaftlichen Zumutbarkeit mit Hilfe von Umweltauditverfahren FALK, EG-Umwelt-Audit-VO [1998] 170 ff) aufgenommen hat (vgl näher Komm zu § 906). Sie findet sich ferner in **§ 14 S 2 BImSchG** (HAGER JZ 1990, 397, 400; ders UTR 11 [1990] 133, 141), der in der Nachfolge von § 26 GewO des Norddeutschen Bundes steht. Die Aufopferungshaftung knüpft an eine **rechtmäßige Verhaltensweise** bzw an einen **rechtmäßigen Zustand** an, die bzw der aufgrund einer zum Nachteil des Beeinträchtigten ausfallenden Abwägung zwischen dem Interesse am Fortgang des umweltschädigenden Betriebs und dem Güterschutzinteresse des durch die Umweltbeeinflussung Geschädigten geduldet werden muss, jedoch zum Vorteil des Geschädigten einen **angemessenen Nachteilsausgleich** als **Kompensation für die Duldungspflicht** verlangt (GERLACH 222; GMEHLING 126, 148; zur daraus folgenden Bestimmung der Passivlegitimation H SCHMIDT 31 ff [zu § 906 BGB]). Der Nachteilsausgleich kann in einem Anspruch auf **angemessenen Ausgleich** in Geld **oder** in einem **Schadensersatzanspruch** bestehen. Ersteres sieht § 906 Abs 2 S 2 BGB vor (BGHZ 62, 361, 370 f = NJW 1974, 1869; BGHZ 85, 375, 386 = NJW 1983, 872 ff; BGHZ 90, 255, 263 = NJW 1984, 2207 ff), letzteres § 14 S 2 BImSchG. Der Anspruchsinhalt des § 906 Abs 2 S 2 BGB, obwohl grundsätzlich nach Enteignungsgrundsätzen zu berechnen (BGHZ 49, 148, 155 = NJW 1968, 549; BGHZ 64, 220, 225 = NJW 1975, 1406; BGHZ 85, 375, 386 = NJW 1983, 872 ff; BGHZ 90, 255, 263 = NJW 1984, 2207 ff; KLOEPFER § 4 Rn 311; SAILER 35; H P WESTERMANN UTR 11 [1990] 103, 129), hat sich dabei der vollen Schadensersatzhaftung weitgehend angenähert (vgl BGHZ 48, 98, 106 = NJW 1968, 1914 f; BGHZ 60, 119, 124; BGHZ 91, 20, 23 ff = NJW 1984, 1876 ff; klar MÜNCHKOMM/SÄCKER § 906 Rn 118; BALENSIEFEN 171 f; ENDERS 246 ff; FALK, EG-Umwelt-Audit-VO [1998] 168; VERSEN 16; H P WESTERMANN UTR 11 [1990] 103, 129; krit JAUERNING JZ 1986, 605, 610 ff), soweit die Beeinträchtigung die Zumutbarkeitsgrenze überschreitet (BGH NJW-RR 1988, 1291 f).

83 Wegen der **Einzelheiten der Haftung** aufgrund des **§ 906 Abs 2 S 2 BGB** ist auf die dortige Erläuterung zu verweisen. Die als Aufopferungshaftung zu qualifizierende (F BAUR JZ 1974, 657, 659; DIEDERICHSEN, Gefährdungshaftung 68 ff, 75 f; ENDERS 253; HAGER NJW 1986, 1961, 1965; ders JZ 1990, 397, 400) Haftung gemäß **§ 14 S 2 BImSchG** (vgl eingehend u Kommentierungsteil E) findet statt bei allen nicht mit zumutbaren Maßnahmen zu verhindernden (vgl zur diesbezüglichen Beurteilung bei konzernabhängigen Unternehmen, auch zu

§ 906 BGB, Cosack 145 ff; I Ossenbühl 50 ff; allg Rn 47) Beeinträchtigungen, die an sich namentlich gemäß § 1004 BGB ungehindert durch Duldungspflichten gemäß § 906 BGB zivilrechtlich abwehrbar sind, deren Abwehr allerdings wegen des Vorrangs des öffentlich-rechtlich genehmigten Betriebs ausgeschlossen ist (H P Westermann UTR 11 [1990] 103, 127). Dazu zählen die regelmäßigen, duldungspflichtig-rechtmäßigen Beeinträchtigungen; aber auch die außerordentlich-regelwidrigen Beeinträchtigungen, mögen diese auf unvorhersehbaren Unfällen oder auf dem Unterlassen gebotener Schutzmaßnahmen beruhen, gelten als gemäß § 14 S 2 BImSchG ersatzfähig (Gerlach JZ 1988, 161, 173). Die Haftung ist also beim **Normalbetrieb** wie beim **Störfall** begründet. Für den Störfall stehen damit, wie sich normgeschichtlich auch zu § 26 GewO aF zeigt (Ogorek 60), Abwehr- und Schadensersatzanspruch nebeneinander zur Verfügung (Gerlach JZ 1988, 161, 173 f), wobei jedoch unterlassene Abwehr zu einer Schadensersatzminderung gemäß § 254 BGB führen kann. Die Norm erfasst auch die nicht vorhersehbare Verwirklichung von **Entwicklungsrisiken** (Hager JZ 1990, 397, 400).

84 Dem § 14 S 2 BImSchG **angeschlossen** bzw ihm **nachgebildet** sind die Regelungen in § 7 Abs 6 AtomG, § 23 S 2 GenTG, § 11 LuftVG, § 17 Abs 6 FStrG und § 75 Abs 2 S 1 VwVfG (Kloepfer § 4 Rn 306; Wolfrum/Langenfeld 224 f) sowie §§ 8 Abs 3, 10 Abs 2 und 22 Abs 3 WHG (Veldhuizen 69 f). § 12 FluglärmG enthält eine den Flugplatzbetreiber treffende Entschädigungspflicht für Nachteile infolge der Aufhebung der bisherigen baulichen Nutzbarkeit eines Grundstücks zum Zweck der Fluglärmbekämpfung, wenn diese Nutzbarkeitsänderung eine nicht nur unwesentliche Wertminderung des betroffenen Grundstücks mit sich bringt.

b) Fortentwicklung des § 906 Abs 2 BGB

85 Die Haftung aufgrund des **§ 906 Abs 2 S 2 BGB** wurde von Rechtsprechung und Wissenschaft in mehreren Hinsichten **weiterentwickelt.** Die als die interessanteste Neuentwicklung der letzten Jahre bezeichnete (so H P Westermann UTR 11 [1990] 103, 128) Ausweitung der Haftung gemäß § 906 Abs 2 S 2 BGB dürfte unter dem Eindruck stattgefunden haben, dass die durch die Umweltmedien Luft und Boden vermittelten Schäden nicht in gleicher Weise effektiv sanktioniert sind, wie dies § 22 WHG für Beeinträchtigungen der Wasserqualität leistet (in diesem Sinne H P Westermann ZHR 155 [1991] 223, 228).

aa) Haftungsbegründende Einwirkung; Schutzgüter

86 In tatbestandlicher Hinsicht wurde der Kreis der **haftungsbegründenden Einwirkungen** über die im Gesetz genannten hinaus erweitert, beispielsweise auf **grobkörperliche Emissionen** (BGH VersR 1985, 740, 740; BGHZ 111, 158 = BGH NJW 1990, 1910; Wolfrum/Langenfeld 226), auf **Vertiefungen** (BGHZ 72, 289, 297 = NJW 1979, 164 ff; BGHZ 85, 375, 384 = NJW 1983, 872 ff; BGHZ 101, 106, 110 = NJW 1987, 2810 ff), auf **Behinderungen des Zugangs** zu einem Gewerbebetrieb (BGHZ 62, 361, 366 f = NJW 1974, 1869; BGHZ 70, 212, 219 ff = NJW 1978, 373 ff), und auf **Tiere,** seien sie vom Menschen gehalten oder absichtlich oder unabsichtlich angelockt. Allerdings bleiben negative Einwirkungen, wie namentlich der Entzug von Licht oder die Abschattung von Funkwellen (BGHZ 88, 344, 347 = NJW 1984, 729 ff), oder die Verletzung ästhetischer oder sittlicher Empfindungen aus dem Schutzbereich ausgeschlossen (dazu H P Westermann UTR 11 [1990] 103, 109). Auch kann die auf Nachbarrechtsschutz zugeschnittene Norm weiterhin nicht die summierten Distanzschäden erfassen (Reiter 56 f). Der grundsätzlich nur grundstücksbezogene Schutzgegenstand der Norm erfährt jedoch im nachbarlichen Bereich eine **mittelbare**

Ausweitung auf den **Gesundheitsschutz,** indem namentlich Geräuschentwicklungen im Rahmen der Norm, wenngleich nur reflexweise unter dem Aspekt der Nutzungsbeeinträchtigung, entschädigungspflichtig sind (BGHZ 49, 148, 148 f = NJW 1968, 549; MARBURGER, in: Vhdl 56. DJT C 118; MÖLLERS 39; REITER 53).

bb) Rechtswidrige und aus übergeordneten Gründen zu duldende Einwirkungen

87 Ferner wurde § 906 Abs 2 BGB in entsprechender Anwendung zur Grundlage einer Haftung auch für **nicht zu duldende rechtswidrige,** aber **nicht** notwendig **schuldhafte** Umweltbeeinträchtigungen (vgl BGHZ 66, 70, 73 f = NJW 1976, 797; BGHZ 90, 255 = NJW 1984, 2207 ff; LANDSBERG/LÜLLING § 906 BGB Rn 14), wie etwa bei Beeinträchtigung durch Emissionen aus einer besonderen Leitung (BGH VersR 1985, 740). Damit werden **auch Störfälle** von der an sich auf Schäden infolge des duldungspflichtigen Normalbetriebs zugeschnittenen Norm erfasst (BGHZ 90, 255, 262 = NJW 1984, 2207 ff; FEESS 14 f; TAUPITZ Jura 1992 Fn 32). In der Praxis besonders bedeutsam sind hier die Fälle der rechtswidrigen Beeinträchtigungen, die **aus tatsächlichen Gründen nicht rechtzeitig abgewehrt** werden können (BGHZ 48, 98, 101 = NJW 1968, 64 = LM Nr 24 m Anm KREFT = JZ 1968, 64 m Anm HUBMANN = NJW 1968, 47 m Anm FABER = DVBl 1967, 883 m Anm SCHACK [Straßenbauarbeiten]; BGHZ 66, 70, 74 = NJW 1976, 797 für möglicherweise rechtswidrige Einwirkungen; BGHZ 72, 289, 292 = NJW 1979, 164 ff [wegen unterlassener Schutzmaßnahmen bei Straßenausschachtungsarbeiten eingetretene rechtswidrige Einwirkungen]; desgleichen BGHZ 85, 375, 385 = NJW 1983, 872 ff [Rammarbeiten]; BGHZ 90, 255, 256, 263 = NJW 1984, 2207 ff [Herbizidanschwemmung]; BGH WM 1985, 1041 [Unfalleinwirkung]; LG Münster NJW-RR 1986, 947 ff, 951 [Thalliumemissionen], bestätigt von OLG Hamm NJW 1988, 1031, 1032; BGHZ 90, 255, 263 = NJW 1984, 2207 ff [Pflanzenschutzmittelübertritt]; BGHZ 111, 158 ff = BGH NJW 1990, 1910, 1911 [Bleischrot]; BGH NJW 1995, 714 f [Rußimmissionen]; v DÖRNBERG, Die Haftung für Umweltschäden, in: vDÖRNBERG/GASSER/GASSNER, Umweltschäden [1992] 13 ff; GERLACH JZ 1988, 161, 173 f; GMEHLING 148; A SCHMIDT pass; H P WESTERMANN UTR 11 [1990] 103, 128). In diesem Fall stützt die Rechtsprechung den Anspruch auf eine analoge Anwendung des § 906 Abs 2 S 2 BGB (BGHZ 62, 361, 361 = NJW 1974, 1869; BGHZ 70, 212, 219 f = NJW 1978, 373 ff; BGHZ 72, 289, 289 = NJW 1979, 164 ff; BGHZ 85, 375, 375 = NJW 1983, 872 ff; BGHZ 92, 251, 255 = NJW 1985, 328 ff; BGHZ 110, 47 = NJW 1990, 987; BGHZ 111, 158 = NJW 1990, 1910; BGH NJW 1995, 714 f), der nach dem bis Ende 2001 geltenden Verjährungsrecht abweichend von § 852 BGB aF der bisher regelmäßigen dreißigjährigen Verjährung unterliegt (BGH NJW 1995, 714, 715) und auch unerkannte Entwicklungsrisiken erfassen kann (HAGER JZ 1990, 397, 400). Nunmehr gilt für die Verjährung § 195 BGB nF iVm § 199 BGB nF.

88 In diesen Bereich gehören auch die Fälle von Immissionen, die trotz ihrer an sich gegebenen Rechtswidrigkeit aufgrund einer Interessenabwägung von Rechts wegen auch mit Rücksicht auf das nachbarschaftliche Gemeinschaftsverhältnis hingenommen werden müssen, etwa weil es sich um Immissionen eines **lebenswichtigen** öffentlichen oder privaten **Betriebs** handelt (BGHZ 16, 366 ff; BGHZ 48, 98 ff = NJW 1968, 1914 f; BGHZ 60, 119 ff; BGHZ 72, 289 ff = NJW 1979, 164 ff; v DÖRNBERG, Die Haftung für Umweltschäden; in: vDÖRNBERG/GASSER/GASSNER, Umweltschäden [1992] 15 f; A SCHMIDT 85 ff; STEFFEN UTR 11 [1990] 71, 80; WOLFRUM/LANGENFELD 226). Besteht gegenüber lebenswichtigen öffentlichen oder privaten Betrieben eine Duldungspflicht, obschon die Grenze des § 906 Abs 2 S 1 BGB überschritten ist, findet der Ausgleichsanspruch seine Stütze nach ständiger Rechtsprechung und herrschender Lehre in einem **bürgerlich-rechtlichen Aufopferungsanspruch.** Der Ausschluss des Abwehranspruchs beruht hier auf einer qualifizierten Interessenabwägung, die eine über den Rahmen des § 906 BGB hinausgehende Pflicht zur Duldung von Immissionen rechtfertigt (BGHZ 16, 366, 370; BGHZ 48, 98, 104 = NJW 1968, 1914 f; BGHZ 60, 119, 123; RGZ 58, 130, 134; RGZ 101, 102 ff; RGZ 104, 18 ff; RGZ 139, 29 ff; RGZ 159, 68 ff; RGZ 162, 349 ff; BVerwG JZ 1989, 237, 239 [Feueralarmsirene] m Anm MURSWIEK); der Anspruch dürfte sich vorzugswürdig mit einer Analogie zu den §§ 41 Abs 2, 42 BImSchG als Maßnahme des nachrangigen passiven Immissionsschutzes begründen lassen (vgl MURSWIEK JZ 1989, 240, 242; PEINE JuS 1987, 169, 178 f). Gleiches gilt für solche nachbarschädigenden Einwirkungen, die bei sachangemessener Nutzung eines Grundstücks auftreten, aber mit **wirtschaftlich** vertretbarem Aufwand ausnahmsweise **nicht zu vermeiden** sind (BGHZ 28, 255 ff; BGHZ 58, 149 ff = NJW 1972, 724; BGHZ 62, 361 ff = NJW 1974, 1869; A SCHMIDT 93 ff).

89 Diese Entwicklung wird zum einen als durch das argumentum a maiore ad minus gedeckt angesehen, dass erst recht die unerlaubte, aber aus besonderen tatsächlichen oder rechtlichen Gründen nicht zu unterbindende Beeinträchtigung nicht haftungsfrei bleiben kann, wenn die zu duldende erlaubte Beeinträchtigung Ausgleichsansprüche begründet (mit Recht krit zum Schluss a maiore ad minus A SCHMIDT 153 ff). Zum anderen wird diese Haftungsausweitung analog § 906 Abs 2 S 2 BGB in rechtssystematischer Hinsicht mit der entsprechenden Rechtslage bei § 14 S 2 BImSchG gerechtfertigt, da dort Schäden infolge von Unfällen oder pflichtwidrigen Unterlassens zumutbarer Maßnahmen zur Schadensverhinderung ersatzfähig sind (LG Münster NJW-RR 1986, 947, 951 f, bestätigt von OLG Hamm NJW 1988, 1031 f; BAUMANN JuS 1989, 433 ff; ENDERS 250 f; ENGELHARDT 51 ff; GERLACH JZ 1988, 161, 173; LARENZ/CANARIS, Lb des Schuldrechts II/2 § 85 III). Erreicht wird damit die Schließung einer Haftungslücke, die allerdings erst durch die postulierte, aber zweifelhafte (Rn 219 f) Verdrängung des allgemeinen Schadensersatzanspruchs durch die Duldungspflicht der § 906 Abs 2 S 1 bzw § 14 S 1 BImSchG enstanden ist.

90 Diese Rechtsprechung kann als gefestigt gelten (so BGHZ 111, 158 ff = BGH NJW 1990, 1910, 1911; PETERSEN 5). Ihr ist **beizutreten,** soweit sie den Aufopferungsausgleich in den Fällen des ausnahmsweise aus übergeordneten Interessen bei **lebenswichtigen,** von § 14 BImSchG nicht erfassten **Betrieben** nicht zu untersagenden wesentlichen und ortsunüblichen Emissionen verwirklicht (o Rn 88) oder bei solchen nachbarschädigenden Einwirkungen, die bei sachangemessener Nutzung eines Grundstücks auftreten, aber mit **wirtschaftlich** vertretbarem Aufwand ausnahmsweise **nicht zu vermeiden** sind (Rn 88). In den Fällen des **lediglich faktischen Duldungszwangs** handelt es sich **hingegen** typischerweise um **Prognose- und Entwicklungsrisiken,** bei denen die Analogie zu § 906 Abs 2 S 2 BGB richtigerweise (**aA** die herrschende Ansicht, vgl STAUDINGER/ROTH § 906 Rn 239 ff mwN) ebenso wenig wie diese Norm selbst als Grundlage einer **Gefährdungshaftung** (zu dieser Charakterisierung der analogen Anwendung SCHIMIKOWSI Rn 32; A SCHMIDT 130 ff) fungieren darf (vBAR KF 1987, 1, 9 f; SCHLECHTRIEM, in: FS Gernhuber 418 f; A SCHMIDT 64 ff iVm 129 ff; WILHELM Sachenrecht Rn 229); oder es handelt sich um Fälle einer plötzlichen Schadensverwirklichungen, in denen die grundsätzlich Verschulden voraussetzende Deliktshaftung und die auf ihrer Grundlage entwickelten Verkehrspflichten als Garant der **Handlungsfreiheit** die Grenze der Einstandspflicht mit Recht markiert, jedenfalls soweit eine vorbeugende Unterlassungsklage hypothetisch erfolglos gewesen wäre (A SCHMIDT 169 ff). Die Existenz des Umwelthaftungsgesetzes und seine Beschränkung der Gefährdungshaftung auf Schäden durch enumerativ aufgeführte Anlagen wirft sogar die Frage erneut und zugespitzt auf, ob daneben der Fortbestand einer auf einer Analogie gestützten Handlungsgefährdungshaftung noch indiziert ist (A SCHMIDT 188f).

cc) Schadensersatz als Rechtsfolge

91 Bezüglich der **Rechtsfolge** wurde auch ein bereits in der Vergangenheit **entstandener Schaden** als ersatzfähig anerkannt (BGHZ 54, 384, 391 f = NJW 1971, 94 ff; BGHZ 62, 361, 361 = NJW 1974, 1869; BGHZ 66, 70, 75 = NJW 1976, 797; BGHZ 70, 102, 111 = NJW 1978, 419 ff; BGHZ 72, 289, 293, 295 ff = NJW 1979, 164 ff; BGHZ 85, 375, 384 = NJW 1983, 872 ff; BGHZ 90, 255, 262 = NJW 1984, 2207 ff; BGHZ 101, 106, 110 = NJW 1987, 2810 ff; BGHZ 111, 158 ff = NJW 1990, 1910 ff; FALK, EG-Umwelt-Audit-VO [1998] 168; SCHIMIKOWSKI, Umwelthaftungsrecht Rn 38). Damit wurde von der rechtssystematisch indizierten Beschränkung des Anspruchs auf den Ersatz eines **künftigen Schadens** abgewichen, die durch die Elementarfunktion der Norm gerechtfertigt ist, Ersatz für den zukunftsbezogenen Ausschluss des Untersagungsanspruchs gemäß § 1004 BGB bzw für die zukunftsbezogene Duldungspflicht zu sein (BGHZ 16, 366, 373). Generell entwickelt sich die in der Vorschrift vorgesehene angemessene **Entschädigung** in Geld (ENGELHARDT 43; HAGEN, Der nachbarliche Ausgleichsanspruch nach § 90b Abs 2 S 2 BGB, in: FS H LANGE [1992] 483, 502 f; vDÖRNBERG, Die Haftung für Umweltschäden, in: vDÖRNBERG/GASSER/GASSNER, Umweltschäden [1992] 16; WOLFRUM/LANGENFELD 223 f) **inhaltlich** zu einem **Schadensersatzanspruch** in Geld (FALK, EG-Umwelt-Audit-VO [1998] 168; FLACHSBARTH 198; JAUERNIG JZ 1986, 605, 610 ff; LANDSBERG/LÜLLING § 906 BGB Rn 12; MARBURGER UTR 2 [1987] 109, 113 f; PFEIFFER 88 ff).

dd) Annäherung an die Gefährdungshaftung

92 Insgesamt bestätigen diese Einzelentwicklungen die Tendenz, dass § 906 Abs 2 S 2 BGB inzwischen zur Grundlage einer **gefährdungshaftungsartig** (vDÖRNBERG, Die Haftung für Umweltschäden; in: vDÖRNBERG/GASSER/GASSNER, Umweltschäden [1992] 11; FALK, EG-Umwelt-Audit-VO [1998] 167 f; GERLACH 229; LANDSBERG/LÜLLING Komm § 906 BGB Rn 15; SCHMIDT-SALZER § 5 UmweltHG Rn 9; SCHIMIKOWSKI, Umwelthaftungsrecht Rn 32) von der Rechtswidrigkeit und vom Verschulden gelösten, **anlagenbezogenen Schadensersatzhaftung** für den **Normalbetrieb** und für den **Störfall** geworden ist (BÄLZ JZ 1992, 57, 58; GERLACH 229; DÖRING 30 f). Dabei wirkt in bezug auf die Erfassung des Normalbetriebs extensiv auch, dass § 906 Abs 2 BGB durch das Merkmal der Ortsüblichkeit der Grundstücksnutzung und der hieraus resultierenden erweiterten Duldungspflicht nicht nur gefahrenträchtige Produktionsprozesse schützt (GERLACH 153, 181), sondern damit auch den Raum für Entschädigungsansprüche als Kompensation für die Unzulässigkeit von Untersagungsansprüchen ausweitet.

c) Fortentwicklung des § 14 S 2 BImSchG

93 Der Entwicklung des § 906 Abs 2 S 2 BGB entsprechend hat sich in Analogie zu § 14 S 2 BImSchG die Anerkennung eines Schadensersatzes in den namentlich bei Langzeitschäden, aber auch bei Störfällen auftretenden Fällen durchgesetzt, in denen quasi ein nur **faktischer Duldungszwang** bestand, weil der an sich bestehende Abwehranspruch mangels frühzeitigen Erkennens des Verletzungsvorgangs und des Verletzungspotenzials nicht rechtzeitig geltend gemacht werden konnte (LG Münster NJW-RR 1986, 947, 952; vDÖRNBERG, Die Haftung für Umweltschäden, in: vDÖRNBERG/GASSER/GASSNER, Umweltschäden [1992] 16 f; ENDERS 254 ff; LANDMANN/ROHMER/REHBINDER § 14 BImSchG Rn 71; PIETZCKER, Die Umwelthaftung im System des Umweltgesetzbuches, JZ 1985, 209, 212; WAGNER 271; für direkte Anwendung GERLACH 228 f). Die Rechtfertigung wird auch hier in dem argumentum a maiore ad minus gesucht, dass der unberechtigt

Beeinträchtigte nicht schlechter als derjenige stehen könne, in dessen Rechtsposition unter Ausschluss des Abwehranspruchs eingegriffen worden sei. Mögen die bei § 906 Abs 2 S 2 BGB geltenden Bedenken auch hier zutreffen, so ist doch richtig, dass bei § 14 S 2 BImSchG wegen der funktionalen Identität der Normen nicht anders als dort entschieden werden kann. Entsprechend musste daher nach dem bis Ende 2001 geltenden Verjährungsrecht auch hier im Unterschied zu § 852 BGB aF grundsätzlich die dreißigjährige Regelverjährungsfrist gelten (Enders 256 mwN zum Streitstand). Nunmehr gilt für die Verjährung § 195 BGB nF iVm § 199 BGB nF.

4. Die Gefährdungshaftung

a) Übersicht, Begriff, Konzeption

94 Die entwicklungsgeschichtlich jüngste Schicht bilden die offen als **Gefährdungshaftungstatbestände** ausgebildeten Haftungsnormen. Sie knüpfen an eine besondere Gefahrenlage an (Diederichsen, in: FS Lukes 48; Flachsbarth 31), die auch bei pflichtgemäß sorgfältigem Verhalten nicht voll beherrschbar ist, aber um ihres Nutzens willen gleichwohl hingenommen werden muss, allerdings gegen Zuweisung des damit verbundenen Schadensrisikos zu demjenigen, der die Gefahrenquelle setzt oder hält und nutzt (Berges 31; v Caemmerer Ges Schr Bd III, 249; Falk, EG-Umwelt-Audit-Verordnung [1998] 215; Flachsbarth 31; Hager JZ 1990, 397, 400; ders UTR 11 [1990] 133, 142; Hapke/Japp 20; I Ossenbühl 51 ff; Taupitz Jura 1992, 113; ders, Umweltschutz durch zivilrechtliche Haftung, in: Nicklisch [Hrsg], Umweltrisiken und Umweltprivatrecht 24; Veldhuizen 102 ff; Wiese 52). Umwelthaftungsrechtlich relevante Gefährdungshaftungstatbestände sind in der Regel **anlagenbezogen** und **inhaber- bzw betreiberbezogen** (überblicksweise zur Verwendung und Bedeutung dieser grundsätzlich synonymen Begriffe I Ossenbühl 32 ff und zum Inhaber- und Betreiberbegriff im Konzern 50 ff), womit rechtspolitisch betrachtet die Tendenz zum Aufbau einer rechtlich eigen gearteten, spezifischen gesellschaftlichen Verantwortung von Unternehmen bzw allgemeiner, von dauerhaft in der Gesellschaft gegen Entgelt mit dem Angebot von bestimmten gewerblichen Leistungen tätig werdenden verselbstständigten Sondervermögen, zum Ausdruck kommt (Schmidt-Salzer, in: vBar [Hrsg], Internationales Umwelthaftungsrecht II 60 f, 65 ff). Teilweise sind Gefährdungshaftungstatbestände, insoweit im System der verhaltensbezogenen Verschuldenshaftung einerseits und der grundsätzlich objektiv-gefahrenbezogenen Gefährdungshaftung andererseits nicht stringent entwickelt (Döring 75 f; Salje ZRP 1989, 408, 409), auch **verhaltensbezogen** (Stecher 137 f), so namentlich im Fall des § 22 WHG. Zum Wesen der Gefährdungshaftung gehört, dass sie anders als die allgemeine Deliktshaftung **weder Rechtswidrigkeit des Verhaltens,** wird von einer für möglich gehaltenen Ausnahme hinsichtlich des Rechtswidrigkeitserfordernisses bei der Haftung gemäß § 22 WHG abgesehen (BGHZ 57, 170, 176 = NJW 1972, 204; Breuer, Öffentliches und Privates Wasserrecht [1987] Rn 729, 781; Gieseke/Wiedemann/Czychowski, Wasserhaushaltsgesetz [6. Aufl 1992] § 22 Rn 24; Landsberg/Lülling, Komm zu § 22 WHG Rn 3; Versen 203 ff; dem ist nicht beizutreten, da sich solches mit der Einordnung als Gefährdungshaftung nicht verträgt, vgl dazu Flachsbarth 256 f; Marburger AgrarR 1990 Beil III 15 u die diesbezügl Kommentierung u Teil H), **noch Verschulden** zur Haftungsvoraussetzung hat und sie insofern als Haftungsgrund nicht an das Leitbild des hinsichtlich des konkreten Schadensereignisses verantwortlich handelnden Individuums anknüpft (so Kloepfer UTR 11 [1990] 35, 60 f), sondern dass sie eine an einen **unrechtmäßigen** Erfolg **anknüpfende Kompensation** für den Vorteil aus dem an sich rechtmäßigen Betrieb oder der sonstigen erlaubten Setzung einer **potentiellen gefahrenträchtigen Schadensquelle** für den Fall der Rea-

lisierung des Schädigungspotentials ist (Bälz JZ 1992, 57, 63; ders, Ersatz oder Ausgleich [1991] 24; Feess 20; Hager NJW 1991, 134, 136; Klass UPR 1997, 134, 137; Klimeck 89; M Meyer-Abich 123; Sautter 106 ff; G Schmidt DÖV 1991, 878, 881; Schmidt-Salzer § 1 UmweltHG Rn 19; Schulte JZ 1988, 278, 283; Wiese 52). Dem gemäß begründet die umwelthaftungsrechtliche (anders gemäß § 1 Abs 2 Nr 5 ProdHG die produkthaftungsrechtliche; statt vieler Hager UTR 11 [1990] 133, 136) Gefährdungshaftung im Unterschied namentlich zur Verschuldenshaftung grundsätzlich eine **auch** auf den **Normalbetrieb** bezogene Einstandspflicht trotz Einhaltung des Standes von Wissenschaft und Technik, trotz Einhaltung aller Organisations-, Aufsichts- und Kontrollpflichten und trotz Beachtung aller verwaltungsrechtlich bestehenden Betriebspflichten, und überdies auch für **Entwicklungsrisiken** und für im Einzelfall auftretende Fehler von qualifizierten und zuverlässigen Mitarbeitern und Zulieferern (Klimeck 88 f; Schmidt-Salzer § 1 UmweltHG Rn 11; Steffen 81 f; Wolfrum/Langenfeld 194, 259 f); insofern handelt es sich um ein probates Haftungsinstrument zur Bewältigung von Ungewissheit beim Einsatz technischer Einrichtungen und ein Medium zur Schaffung von Risikoakzeptanz (vgl Kloepfer UTR 11 [1990] 35, 61). Als ein grundsätzlich auf **Ausgleich statt vollen Schadensersatz** angelegter, an Zustands- statt Verhaltensunrecht anknüpfender Rechtsbehelf hat sie Bezüge zur Eingriffskondiktion (Bälz JZ 1992, 57, 63 ff; ders, Ersatz oder Ausgleich 23 ff). Die Gefährdungshaftungsnormen sehen Schadensersatz vor, der im Interesse der Versicherbarkeit nicht ausnahmslos, aber doch in der Regel vom Konzept der unbeschränkten Totalreparation abweicht. Im Unterschied zur Aufopferungshaftung gehört zur Eigenart der Gefährdungshaftung, dass sie **Untersagungsansprüche** nicht **voraussetzungsgemäß ausschließt,** sondern solche insbesondere aufgrund des auf den Personenschutz auszudehnenden § 1004 Abs 1 S 2 BGB vorbehaltlich etwaiger anderweitig, namentlich in § 14 Abs 1 BImSchG und § 906 Abs 1 u Abs 2 S 1 BGB normierter Duldungspflichten zulässt (Bälz JZ 1992, 57, 59).

b) § 22 WHG, § 25 AtomG, § 32 GenTG

95 Neuere Gefährdungshaftungstatbestände, die trotz ihrer normativen Stellung in im Wesentlichen öffentlich-rechtlichen Gesetzen dem Umweltprivatrecht zuzuordnen sind (Kloepfer § 4 Rn 292), finden sich in der Nachkriegszeit zunächst vereinzelt hinsichtlich bestimmter Arten von Umwelteinwirkungen im Zusammenhang mit primär öffentlich-rechtlichen Gesetzen, insbesondere solchen des Umweltverwaltungsrechts. Beispiele sind, praktisch am wichtigsten, der wasserrechtlich bedeutsame § 22 Abs 1 und 2 **WHG,** der Tatbestände der Verhaltens- und der Anlagenhaftung für Fälle der Wasserbeeinträchtigung enthält (statt vieler zur Charakterisierung als Gefährdungshaftung Hager UTR 11 [1990] 133, 139); der Charakter als Gefährdungshaftung wird dabei nicht dadurch ausgeschlossen, dass die verschuldensunabhängige Haftung gemäß § 22 WHG nach weit verbreiteter Meinung Rechtswidrigkeit voraussetzt (vgl Breuer, Öffentliches und privates Wasserrecht [1987] Rn 729, 781; Landsberg/Lülling, Komm zu § 22 WHG Rn 3; Wolfrum/Langenfeld 181 Fn 461). Ferner rechnen zur Gefährdungshaftung die §§ 25 ff **AtomG** mit der Anordnung einer tatbestandlich weiten und unbegrenzten Haftung für Nuklearschäden mit Umweltbezug insbesondere bei Freisetzung von Strahlung und bei explosionsbedingten Erschütterungen, ferner die §§ 32 ff **GenTG** für Schäden infolge gentechnischer Arbeiten mit umweltrelevanten Auswirkungen etwa infolge Ausbreitung gentechnisch veränderter Organismen auf dem Umweltpfad (dazu näher Komm Teil F). Unter dem Aspekt der Umwelteinwirkung ist ferner die Regelung des § 2 **HaftPflG** vgl Kommentierung Teil G insofern bedeutsam, als dort eine Umwelthaftung bei Elektrizität, Gasen, Dämpfen oder Flüssigkeiten vorgesehen ist, die aus **Stromleitungs-** oder **Rohrleitungsanlagen** oder **Anlagen zur Abgabe dieser Energien oder Stoffe** austreten. § 114 **BBergG** vgl Kommentierung Teil D enthält eine Gefährdungshaftung für bestimmte **Bergbauaktivitäten,** die in Fällen von Erderschütterungen oder Wasserverunreinigungen auch Bezug zur Umwelthaftung haben können.

c) Das Umwelthaftungsgesetz

96 Vorläufiger Abschluss der Entwicklung von Gefährdungshaftungstatbeständen ist das **Umwelthaftungsgesetz** (vgl Kommentierung Teil B; zu dessen Typifizierung SCHMIDT-SALZER § 1 UmweltHG Rn 6, begriffskritisch den Begriff der Verursachungshaftung präferierend Rn 19 ff, und zu seiner gefährdungshaftungsrechtlichen Eigenartigkeit Rn 102 ff). Es schafft eine anlagenbezogene Haftung unter Einschluss der Schädigung durch den Normalbetrieb. Zu seinen Kennzeichen gehören, wie schon im GenTG anzutreffen, die positivrechtliche Regelung von Beweiserleichterungen zum Vorteil des Geschädigten, dem überdies spezielle Auskunftsansprüche zur Rechtsverfolgung zur Verfügung gestellt werden.

d) Verkehrshaftpflichtrecht (§ 7 StVG, § 33 LuftVG; § 1 HPflG, § 485 HGB; § 3 BinSchPrG)

97 Die Gefährdungshaftung trat explizit zunächst in den reichsrechtlichen Vorläufern der heutigen verkehrshaftpflichtrechtlichen Normen, ferner des Haftpflichtgesetzes und des Bundesberggesetzes auf. Die **straßenverkehrsrechtliche** Haftung gemäß § 7 StVG, die **luftverkehrsrechtliche** Haftung gemäß § 33 LuftVG, die den **Bahnbetrieb** erfassende Haftung gemäß § 1 HaftPflG und die **schiffahrtsrechtliche** Regelung des § 485 HGB und § 3 BinSchPrG, letztere allerdings als Verschuldenshaftung ausgebildet, haben eine umweltrechtliche Dimension, weil die dort behandelten Transportmittel im Normalbetrieb und bei Unfällen in je unterschiedlicher Weise und Intensität Abgase, Geräusche und Flüssigkeiten freisetzen, die vermittels des Umweltpfads Schäden verursachen können.

98 Im Unterschied zu dem daher hier eigenständig kommentierten § 2 HaftPflG betreffen die vorgenannten **verkehrsrechtlichen Regelungen** allerdings nicht schwerpunktmäßig Umweltschäden, da im Mittelpunkt der Ausgleich von Personen- und Sachschäden infolge unfallartiger mechanischer Einwirkungen steht; zu ihrer Erläuterung ist daher grundsätzlich auf die diesbezügliche Spezialliteratur zu verweisen. Umwelthaftungsrechtlich sind jedoch folgende verkehrsrechtliche Aspekte von Belang.

aa) Straßenverkehr

99 Die straßenverkehrsrechtliche Haftung nach **§ 7 StVG** erfasst neben den bei **Unfällen** mit Explosionen und Bränden einhergehenden Immissionen insbesondere auch **Boden- und Gewässerverunreinigungen** – vor allem des Grundwassers – durch die Freisetzung von Betriebsstoffen bzw transportierten Flüssiggütern (SALJE § 18 UmweltHG Rn 39). Speziell der Gefahrguttransport birgt erhebliche umweltrechtliche Haftungsrisiken (näher NAWRATH S 142 ff). Mangels Verletzung eines individuell zugeordneten Rechtsguts nicht erfasst werden die Schädigungen der Ozonschicht durch die beim Betrieb eines Kraftfahrzeuges entstehende Abgase.

100 Zu dem umwelthaftungsrechtlich erheblichen Risiko zählt nicht nur die Gefahr durch das entladende Kraftfahrzeug als solches, sondern auch diejenige, die von den Entladevorrichtungen und dem Ladegut ausgeht. Auch **ausfließende Betriebsstoffe** sind nicht nur wegen der Bildung von Schmierspuren auf der Straße gefährlich (vgl BGH NJW-RR 1997, 1486; OLG Koblenz NJW-RR 1994, 1369), sondern auch im Hinblick auf die Schädigung von Boden und Wasser schadensträchtig (vgl BGHZ 54, 21, 21 = NJW 1970, 1416; Hanseatisches OLG VersR 1969, 223 f). Ein infolge **Erschütterung** durch schwere Fahrzeuge hervorgerufener Gebäudeschaden (OLG Frankfurt ZfS 1987, 35; **aA** Becker D 5) ist ebenso wie die dadurch beschädigte Straße (Schneider MDR 1989, 193 ff) nach § 7 StVG ersatzfähig.

101 Umweltschädigungen durch **Entladevorgänge** bilden eine wichtige Fallgruppe. Soweit diese noch dem Betrieb des Kraftfahrzeuges im Sinne von § 7 Abs 1 StVG zuzurechnen sind, ist grundsätzlich eine straßenverkehrsrechtliche Haftung begründet, wenn das Fahrzeug in einem inneren Zusammenhang mit seiner Funktion als sich bewegendes Verkehrs- und Transportmittel entladen wird, insbesondere wenn das Entladen mit Hilfe einer Entladevorrichtung des Kraftfahrzeuges erfolgt (BGHZ 105, 65, 65 = NJW 1988, 3019 f [Streufahrzeug]). Für die Frage, ob das bloße Ingangsetzen der Betriebseinrichtungen eines stehenden Sonderfahrzeuges mittels seines Motors dem Betrieb des Kraftfahrzeuges im Sinne des § 7 StVG zuzurechnen ist, kommt es jedoch entscheidend darauf an, ob die durch den Betrieb des Kraftfahrzeugs verursachte Folge, für deren schädigende Wirkung Ersatz zu leisten sein soll, auch vom Schutzbereich der Vorschrift umfasst ist (BGH NJW 1975, 1886 = VersR 1975, 945; vgl dazu auch Tschernitscheck NJW 1980, 205 ff). Dies ist oft zu verneinen. Wenn die Maschinenkraft des Motors und die von diesem angetriebene besondere Betriebseinrichtung eines solchen Sonderfahrzeuges zum Entladen benutzt werden, kommt es für eine Haftung nach § 7 StVG darauf an, ob sich der schädliche Erfolg wegen der besonderen Bauart und der mit ihr verbundenen Betriebseinrichtung des Fahrzeuges verwirklicht hat, oder ob dabei lediglich die Funktion als Arbeitsmaschine im Vordergrund stand (st Rspr, vgl BGHZ 71, 212, 214 f = NJW 1978, 1582 f; BGHZ 105, 65, 66 f = NJW 1988, 3019 f; BGHZ 113, 164, 165 = NJW 1991, 1171 f; BGHZ 121, 161 ff = NJW 1993, 1258, 1260; BGH NJW 1993, 2740 f). So ist bei dem praktisch wichtigen Fall des Verfüllens von **Heizöl** entscheidend, ob sich ein Zusammenhang des Schadens mit der Bestimmung des Kraftfahrzeugs als Beförderungsmittel ergibt, also sich die von dem Kraftfahrzeug als solchem ausgehende Betriebsgefahr auf den Schadensablauf ausgewirkt hat (vgl BGH VersR 1960, 251). Dient der Motor des Fahrzeugs lediglich als Antriebskraft der Pumpvorrichtung und ist nicht für die Fortbewegung im konkreten Fall von Bedeutung, entfällt eine Haftung aus § 7 StVG (BGH NJW 1993, 2740, 2741; OLG Köln VersR 1994, 108 ff, VersR 1989, 402 f; **aA** Nawrath S. 147 mwN zur älteren Rspr).

102 Bei **Tieren** kommt neben dem Ersatz von körperlichen Schäden auch eine Haftung für die durch die Betriebsgefahr des Kraftfahrzeugs verursachten Tierreaktionen (BGH DAR 1988, 159) und dabei insbesondere das Aufschrecken durch **Lärmimmissionen** und die daraus resultieren Schäden in Betracht (vgl BGHZ 115, 84, 84 = NJW 91, 2568 f mit Anmerkung Roth JuS 1993, 716 ff; dazu Deutsch JZ 1992, 97 ff; ferner Kötz NZV 1992, 218; LG Köln NJW-RR 1998, 320 f mit Anmerkung Siller MDR 1997, 935; OLG Hamm MDR 1997, 350; LG Köln VersR 1999, 633 f [Pferd]).

bb) Luftverkehr

103 Die luftverkehrsrechtliche Haftung nach **§ 33 Abs 1 S 1 LuftVG** knüpft an die Verantwortlichkeit für die Schaffung einer besonderen, von dem Luftfahrzeug ausgehenden **Betriebsgefahr** an. Die durch § 33 LuftVG eröffnete Schadenshaftung weist in mehrerer Hinsicht umweltrechtliche Bezüge sowohl im Rahmen ordnungsgemäßen Betriebs als auch bei Unfällen auf. Praktisch im Vordergrund stehen **Lärmimmissionen** und **Erschütterungen.** Ferner kommen Immissionen aus der **Freisetzung von Betriebsstoffen** namentlich beim Betanken sowie Schäden bei Transporten von Gefahrgut in Betracht. Wie im Straßenverkehrsrecht werden auch hier Schädigungen der Ozonschicht durch Luftverschmutzungen nicht erfasst. Schließlich können bei Störfällen, namentlich Abstürzen von Luftfahrzeugen Schädigungen an Umweltgütern durch Explosionen und Brände entstehen, die eine Haftung nach § 33 LuftVG auslösen. Aufgrund der Vermehrung der Luftbewegungen und der zunehmenden Größe der Luftfahrzeuge wächst dabei das Gefährdungspotential quantitativ und qualitativ (vgl vRANDENBORGH ZRP 1989, 361 ff). Ein nach den allgemeinen Kriterien (vgl BGHZ 122, 363 ff = BGH NJW 1993, 2173, 2174) zu definierender **Unfall,** der durch die Plötzlichkeit der Schädigung charakterisiert ist, muss auf der Erde Personen oder Sachen beeinträchtigen, aber nicht notwendigerweise an dem Luftfahrzeug selbst einen Schaden verursachen (MÜLLER/ROSTIN VersR 1979, 594, 595).

104 Unter dem **Betrieb** eines Luftfahrzeuges im Sinne des § 33 LuftVG ist der konkrete Vorgang des **Wirkens der Betriebskräfte** zu verstehen (HOFMANN LuftVG § 33 Rn. 7; MÜLLER/ROSTIN VersR 1979, 594, 595). Nicht erforderlich ist, dass sich das Luftfahrzeug dabei auch in der Luft befindet; auch das Einbringen des Luftfahrzeuges in die Halle sowie das **Verfüllen von Betriebsstoffen** zählen daher zum Betrieb des Luftfahrzeugs (MÜLLER/ROSTIN VersR 1979, 595). Die Betriebskräfte sind je nach Art des Luftfahrzeuges verschieden; neben dem bei allen Luftfahrzeugen wirkenden Wind als Triebkraft kommt in der Regel eine Motorkraft beim Flugzeug, die Tragkraft beim Ballon oder auch lediglich die Schwerkraft wie bei einem Fallschirm in Betracht (HOFMANN § 33 Rn 8).

105 Neben den bei Abstürzen von Luftfahrzeugen auftretenden Personenschäden sind vor allem die von Luftfahrzeugen ausgehenden **Lärmimmissionen** als Eingriffe in die von § 33 LuftVG geschützten personalen oder eigentumsmäßigen Rechtsgüter anerkannt (vgl BGHZ 122, 363 ff = NJW 1993, 2173 ff; BGH NJW 1982, 1046 = MDR 1982, 480; BGHZ 79, 259 ff = NJW 1981, 983 f; OLG Oldenburg NJW 1990, 3215 f; OLG Schleswig NJW 1989, 1937 f; OLG Düsseldorf NJW 1968, 555 f). Typische Gefährdungen können sich insbesondere durch plötzliche Lärmentwicklung ergeben; dies gilt namentlich für einen Überschallknall. Ein typischer Gefährdungsvorgang liegt vor, wenn die plötzliche intensive Einwirkung auf das Nervensystem der betroffenen Menschen und Tiere zu unwillkürlichen, zumeist nicht steuerbaren Schreck-, Flucht-, Schutz- oder Abwehrreaktionen der Betroffenen führt (BGH NJW 1982, 1046 f; vgl auch OLG Celle VersR 1992, 1480 ff). Dieser Zusammenhang ist eine spezifische Auswirkung des Tiefflugs von Düsenflugzeugen und gehört damit zu den von der Gefährdungshaftung des Luftfahrzeughalters grundsätzlich zu deckenden Gefahren (OLG Düsseldorf NJW 1968, 555; OLG Stuttgart NJW 1968, 2202 f; HOFMANN § 33 Rn 9). Als typische Lärmschädigungen kommen beispielsweise motorische Unruhe, Weinanfälle, Kopf- und Ohrenschmerzen, Blutdruckerhöhung und Pulsbeschleunigung (vgl OLG Oldenburg NJW-RR 1990, 992) oder ein Herzinfarkt (vgl OLG Schleswig NJW 1989, 1937 f) in Betracht. Eine allmählich hervorgerufene Gesundheitsschädigung, welche durch **ständigen Fluglärm** verursacht wurde, löst hingegen mangels Vorliegens eines Unfalls als plötzlicher Schädigung keine Haftung nach § 33 LuftVG aus (BGHZ 122, 363 ff = NJW 1993, 2173 ff; OLG Celle

VersR 1992, 1480 ff; Schwenk BB 1968, 189, 193). Anders verhält es sich, wenn die Gesundheitsbeeinträchtigung plötzlich als Endpunkt einer sich bereits länger anbahnenden Entwicklung eintritt, auch wenn die diese verursachenden Einzelimmissionen über einen gewissen Zeitraum wirkten (OLG Oldenburg NJW-RR 1990, 992); eine etwaige Schadensdisposition des Verletzten ist nach allgemeinen schadensersatzrechtlichen Gesichtspunkten bei der Schadensbemessung zu berücksichtigen.

106 Auch bei **Tieren** kommen Schädigungen aufgrund von **Lärmimmissionen** in Betracht. So ist für Tiere, welche infolge des durch einen Gasbrenner eines Freiluftballons (allgemein zu den Sorgfaltspflichten des Ballonführers: OLG Hamm NZV 1990, 272 f; OLG Karlsruhe NZV 1990, 270 ff) verursachten Lärm in Panik geraten und verenden, nach § 33 LuftVG Ersatz zu leisten (vgl ferner: BGH VRS 71 [1986] 137 f [Pferde]; OLG Düsseldorf NJW-RR 1999, 1622; AG Lüdinghausen NJW 1987, 75 f [Zuchtsauen]). Gleiches gilt für infolge von Lärmimmissionen hervorgerufene Frühgeburten und die daraus resultierenden Schäden (RGZ 158, 34 ff [Silberfüchse]; OLG Oldenburg OLGZ 1994, 310 ff [Verfohlen einer Stute]; OLG Düsseldorf NJW 1968, 555 f [Hühnertod durch Tiefflieger]).

107 **Sachen** können in mannigfaltiger Art und Weise von Luftfahrzeugen geschädigt werden. Neben rein **mechanischen Einwirkungen** auf die Sache, etwa durch abstürzende Luftfahrzeuge bzw. Teile von ihnen oder durch Kontakt von Luftfahrzeugen mit Sachen während des Fluges, kommen in umwelthaftungsrechtlich relevantem Zusammenhang insbesondere über die Luft vermittelte **Druck- bzw. Stoßwellen** (vgl BGH BayVBl 1977, 94 = LM Nr 13 zu LuftVG; OLG Stuttgart NJW 1968, 2202 f; Müller/Rostin VersR 1979, 594, 595 mwN) oder der Rotorwind eines Propellers (vgl BGH NJW 1985, 269 f) als Schadensursache in Betracht. Die bei Durchbrechen der Schallmauer von einem Luftfahrzeug ausgelöste Druckwelle kann zu Schädigungen von Dächern führen (vgl BGHZ 79, 259, 259 = NJW 1981, 983 f), etwa durch Ziegelabfall, zu Zerstörungen von Fensterscheiben oder sogar zu Beeinträchtigungen der Gebäudesubstanz durch Mauerrisse bis hin zur Zerstörung (vgl LG Aachen NJW-RR 1992, 165 ff). Da eine Sachbeschädigung eine Substanzbeeinträchtigung voraussetzt, scheidet eine Haftung nach § 33 LuftVG aus, wenn ein Grundstück durch ständigen Fluglärm lediglich entwertet wird, da bei Unberührtheit der Substanz nur der Gebrauchswert als Grundlage der Verwertung beeinträchtigt wird (Hofmann § 33 Rn 18; vgl aber zur Haftung aus enteignendem Eingriff unten Rn 321).

cc) Bahnverkehr

108 Umwelthaftungsrechtliche Bezüge der Haftung des Bahnbetriebsunternehmers aus **§ 1 HaftpflG** ergeben sich im Rahmen des **Zuführens von Gasen, Dämpfen, Gerüchen, Ruß, Wärme Geräuschen, Erschütterungen und ähnlichen Einwirkungen,** mithin also bei Immissionen, die durch das Umweltmedium Luft übertragen werden. Daneben sind jedoch auch Haftungsfälle aufgrund unmittelbarer Kontamination und Schädigung fremder Rechtsgüter durch Eindringen von Stoffen und Flüssigkeiten in die Umweltmedien Boden und Wasser denkbar. Den größten umwelthaftungsrechtlich relevanten Anwendungsbereich hat § 1 HaftPflG bei Schäden im Zusammenhang mit dem **Bahntransport gefährlicher Güter,** dem Freisetzen von Immissionen im Zusammenhang mit **Explosionen** und **Bränden** sowie beim **Austreten von Betriebsstoffen** und **transportierten Flüssigkeiten.**

109 Der Schaden muss **bei dem Betrieb einer Schienen- oder Schwebebahn** eingetreten sein. Der **bahnhaftungsrechtliche Betriebsbegriff** ist weiter als der im StVG geltende; er umfasst alle technischen Betriebsvorgänge, die unmittelbar zur Beförderung von Personen oder Sachen dienen, einschließlich der sie unmittelbar vorbereitenden oder abschließenden Handlungen (BGHZ 1, 17, 17; Greger § 1 Rn. 4). Daher setzt die Haftung voraus, dass zwar zunächst ein kausaler und zeitlicher **Zusammenhang mit einer Betriebshandlung** gegeben ist. Jedoch beschränkt sich der Betrieb nicht nur auf den eigentlichen Beförderungsvorgang im engeren Sinne, sondern umfasst **auch vorbereitende und abschließende Handlungen,** die der Beförderung zu dienen bestimmt sind (Filthaut § 1 Rn. 60). Somit sind auch das Ein- und Aussteigen und das Rangieren sowie auch das **Be- und Entladen** und die damit verbundenen umwelthaftungsrelevanten Tätigkeiten erfasst. Dieser Zusammenhang wird auch nicht durch **vorübergehendes Halten** unterbrochen (st Rspr seit RG JW 1903, 403; BGH VersR 1976, 962, 963). Die Haftung ist dabei nicht auf Gefahrverursachungen durch die eigentlichen Transportmittel beschränkt, vielmehr ist ein örtlicher, zeitlicher und innerer Zusammenhang mit betriebsmäßigen Vorgängen ausreichend, wie er etwa bei der Betätigung von Bahnschranken und Weichen gegeben ist (Filthaut Rn 119 mwN).

110 Die Haftung setzt den Entritt eines **Unfalls** voraus. Ein Schadenseintritt durch **Dauereinwirkungen** ist **nicht** von § 1 HaftPflG erfasst, da es in einem solchen Fall an der Haftungsvoraussetzung des verursachenden unfallartigen Ereignisses fehlt (Filthaut Rn 126a mwN; Greger Rn 10). Damit werden beispielsweise Funkenflug von einer Straßenbahnoberleitung (AG Essen NZV 1998, 69), abwehender, die Umgebung verschmutzender Kohlenstaub aus dem Transport von Kohle und Dauerbeeinträchtigungen in Form von Schäden durch Bremsabriebpartikel oder Schäden durch dauerhafte Fahrgeräusche und Erschütterungen **nicht** erfasst. Ausnahmsweise kann in solchen Fällen dann ein Anspruch gegeben sein, wenn der Schaden durch die **plötzliche** Einwirkung der genannten Ereignisse entsteht (Filthaut Rn 125 mwN).

dd) Schiffsverkehr

111 Nach **§ 485 HGB** haftet der **Reeder** und nach **§ 3 BinSchPrG** der **Schiffseigner,** mithin gemäß § 484 HGB bzw § 1 BinSchPrG der **Eigentümer** eines ihm zum Erwerb durch die Seefahrt – für die Binnenschiffahrt beschränkt auf den Verkehr auf Flüssen oder sonstigen Binnengewässern – dienenden Schiffes, für solche Schäden, die eine Person der Schiffsbesatzung oder ein an Bord tätiger Lotse einem Dritten in Ausführung von Dienstverrichtungen **schuldhaft** zufügt. Für den besonders umweltrelevanten Bereich der **Verschmutzung durch Öl** aus Seeschiffen, sei es durch einen Unfall, eine Kollision oder aber durch vorsätzliches Einleiten, verschärft das **Ölschadengesetz** (BGBl I 1988, 1770 idF BGBl I 1994, 1802) in Verbindung mit der **Internationalen Übereinkunft über zivilrechtliche Haftung für Ölverschmutzungsschäden von 1992** (BGBl II 1994, 1169) die Haftung zu einer **Gefährdungshaftung** des Reeders. Diese Haftung kann jedoch gemäß verschiedener internationaler Übereinkommen **beschränkt** werden und wird durch **Fondslösungen** ergänzt (siehe Rn 330).

5. Sonstige Haftungsgründe mit Umweltbezug

a) Vertragshaftung, insbes Gewährleistungsrecht

112 Eine **vertragliche Übernahme** der Haftung für Umweltschäden und deren individualschädigende Konsequenzen ist nach den Grundsätzen der Vertragsfreiheit zulässig. In der Praxis kommen jedoch regelmäßig nur Schadensersatzansprüche aus Verletzung von **gewährleistungsrechtlichen** Vertragspflichten oder wegen **positiver Forderungsverletzung** vor. Auch solche vertragliche Schadensersatzpflichten gehören zum herkömmlichen Kernbereich des Zivilrechts, der Umwelthaftung verwirklichen kann (ENGELHARDT 46; HAGER UPR 1995, 401, 403 f; näher MEIER, Ökologische Aspekte des Schuldvertragsrechts [1995]; TH MEYER, Verjährung und Verursacherprinzip [1999] 177 ff). Umwelteinwirkungen, die von Waren, Werkleistungen oder Mietobjekten (Fallsammlung bei MEIER 15 f) ausgehen, können diese zu mangelhaften im Sinne des vertraglichen **Gewährleistungsrechts** machen. Je nach Art des Vertrages können schon nach dem bisherigen Vertragshaftungsrecht Umwelteinwirkungen, abgesehen von Wandelung und Minderung sowie unbeschadet daneben bestehender deliktischer oder gefährdungshaftungsrechtlicher Schadensersatzansprüche (näher zur Erstreckung vertraglicher Sonderregeln, insbes zur Verjährung, auf Umwelthaftungsfälle TH MEYER 176 ff), auf vertraglicher Grundlage insbesondere **kaufrechtliche** (BGHZ 17, 191, 191 [mangelhaftes Leitungswasser]; AG Kiel NJW 1987, 2748 [strahlenbelastete Babynahrung]; AG Kassel VuR 1987, 39 f [zur Zusicherungshaftung bei Verkaufs umweltfreundlicher Holzschutzmittel trotz Lindan und PCB], dag LG Frankfurt NJW-RR 1991, 225 ff [Formaldehydausgasungen]; zur Lieferung mangelhaften Klärschlamms und Komposts SALJE AgrarR 1997, 201, 202 f; zur Altlastenhaftung BGHZ 108, 224 ff = NJW 1990, 381 ff; BGHZ 117, 363 = NJW 1992, 1953; OLG Karlsruhe NJW 1991, 1836 f sowie ENGELHARDT 46; GÜTERSLOH 42; TH MEYER 178 ff, auch zum Ersatzanspruch des Käufers für Altlastenbeseitung; SCHULZ 50, 127 ff, zum sog weiterfressenden Mangel 133 f) gemäß § 463 BGB aF, **dienstvertragliche** unter dem Gesichtspunkt der positiven Forderungsverletzung (ENGELHARDT 46), **werkvertragliche** (dazu ENGELHARDT 46; MEIER VuR 1992, 30 ff; TH MEYER 278 ff; vgl OLG Saarbrücken [formaldehydbelastetes Fertighaus]; LG Nürnberg NJW-RR 1993, 1300 ff [Formaldehyd in Möbeln]; OLG Hamm BauR 1991, 343 ff [Kupferrohr kein Werkmangel]) gemäß § 635 BGB aF oder wegen positiver Forderungsverletzung, namentlich aus Anlass von Umweltschäden bei Ölanlieferungen (BGH NJW 1983, 1108 ff; BGH NJW 1984, 233 f), und **reiserechtliche** (LG Frankfurt NJW 1985, 1474 f u NJW-RR 1986, 540 f [Lärm]; ENGELHARDT 45; FÜHRICH NJW 1991, 2192 ff; PETER/TONNER NJW 1992, 1794 ff) gemäß § 651 f BGB, **miet- und pachtvertragliche** gemäß § 538 BGB aF (BGH NJW 1983, 2935 ff [nitratverseuchtes Trinkwasser]; BGHZ 98, 235 ff = BGH BB 1986, 2289 ff [unsorgfältiger Tankstellenbetrieb]; BayObLG NJW 1987, 1950 ff [Baulärm]; OLG Hamm NJW-RR 1987, 968 f [Altlast]; OLG Düsseldorf BB 1989, 2069 f [Lagern von Lacken und Farben]; LG Hamburg NJW 1973, 2254 f [Lärmbelästigung bei Hotelzimmer]; vgl für das Reisevertragsrecht OLG Frankfurt NJW 1983, 235 ff [Lärmbelästigung durch Mitreisende]; verschuldensunabhängig ist die Haftung bei anfänglichen Meinungen [OLG Hamm WuM 1987, 248] und bei Zusicherungen [OLG Nürnberg NJW-RR 1993, 1300, 1302 f; AG Kassel VuR 1987, 39 f;] zu beiden MEIER 31 ff; DERLEDER ua, Miete und Umwelt [1989]; EISENSCHMIDT WuM 1989, 357; ders WuM 1992, 3; ENGELHARDT 45 ; TH MEYER 244 ff, insbes 257 ff im Anschluss an JANKE/WEDDIGE BB 1991, 1805 ff abl zu der von BGHZ 98, 235, 235 = NJW 1987, 187 ff; abweichend BGHZ 124, 186 ff = BGH NJW 1994, 251, 251 bei Gesamtschuldnerschaft bzw entfernten Schäden vorgenommenen Erstreckung der kurzen Verjährungsfrist des § 558 BGB auf eine konkurrierende Haftung gemäß § 22 WHG sowie auf sonstige Umwelthaftungstatbestände; SCHLÄGER ZMR 1992, 85 ff; zur Altlastenproblematik SCHULZ 117 ff) Haftungen auslösen oder nach den Grundsätzen der **culpa in contrahendo** und der **positiven Forderungsverletzung** zu Ansprüchen auf **Schadensersatz** führen. Bei Leihverhältnissen sowie Miet- und Pachtverträgen kann hinsichtlich der vom Mieter oder Pächter verursachten Umweltschäden eine Schadensersatzhaftung bestehen (BGHZ 98, 235 ff = NJW 1987, 187 ff). Das **neue Leistungsstörungs- bzw Gewährleistungsrecht** ändert daran im Grundsatz nichts; durch die Ausweitung der Schadensersatzpflicht insbesondere bei der kaufrechtlichen Gewährleistung gemäß §§ 280 Abs 1, 437 Nr 3

BGB nF verstärken sich auch die umwelthaftungsrechtlichen Wirkungen der Vertragshaftung. Die haftungsbegründende **Fehler- bzw Mangelhaftigkeit** der Leistung wird durch Überschreitung von öffentlich oder sonst sachverständig normierten **Grenzwerten** in der Regel unwiderleglich **indiziert** (OLG Frankfurt NJW-RR 1988, 1328 f; OLG Köln NJW-RR 1991, 1077, 1078; OLG Nürnberg NJW-RR 1993, 1300 ff; LG Köln ZMR 1991, 223, 224; MEIER 23 ff mwN), jedoch nur als **Mindestanforderung,** so dass eine Fehler- oder Mangelhaftigkeit bei Unterschreiten von Grenzwerten nicht ausgeschlossen ist (LG Ansbach VuR 1990, 35, 37; MEIER 28 ff; **aA** OLG Hamm NJW-RR 1991, 1496 f). Im Übrigen ergibt sich eine auch umwelthaftungsrechtlich relevante Ausweitung der Gewährleistungshaftung, soweit eine Fehler- oder Mangelhaftigkeit auch schon bei Vorliegen des begründeten **Verdachts** einer nicht unerheblichen Umweltbelastung anzunehmen ist (BGH ZIP 1991, 1291 f; OLG Hamm WuM 1987, 248; MEIER 21 ff). Im Rahmen einer Haftung wegen culpa in contrahendo oder positiver Forderungsverletzung kann die Verletzung von umweltrisikobezogenen **Informationspflichten** haftungsbegründend sein, die namentlich in Betracht kommt, wenn der Leistende tatsächliche oder potenzielle Umweltgefahren seiner Leistung kennt oder kennen muss, während eine solche Kenntnis vom Leistungsempfänger nicht zu erwarten ist (BGHZ 17, 191, 193; LG Berlin NJW-RR 1989, 504 f; MEIER 36 ff); der Leistende hat das Gefahrenpotential seiner Leistung zu beobachten und seine Kunden erforderlichenfalls auch nachträglich darüber in geeigneter Weise zu informieren (MEIER 38). Die Vertragsansprüche haben den Vorteil der verschuldensbezogenen **Beweislastumkehr** gemäß § 282 BGB aF, jetzt § 280 Abs 1 S 2 BGB nF und der unbedingten **Einstandspflicht für Erfüllungsgehilfen** gemäß § 278 BGB (SCHULZ 122). Sie unterliegen allerdings bisher in der Regel einer **kurzen Verjährung** unabhängig von der Erkennbarkeit des Mangels (LG Frankfurt aM NJW-RR 1991, 225 ff; MEIER 35 f; SCHULZ 123 ff, 130 ff) und bewirken gegebenenfalls eine analoge Verjährungsfristverkürzung auch bei konkurrierenden gesetzlichen Schadensersatzansprüchen (BGHZ 98, 235 ff = NJW 1987, 187 ff; SCHULZ 123 f, zu § 558 BGB); nach neuem Recht gilt die dreijährige Regelverjährung gemäß § 195 BGB nF nur, soweit nicht das Gewährleistungsrecht in den §§ 438, 634a BGB nF anderes vorsieht. Vertragsansprüche können vertraglich beschränkt oder ausgeschlossen werden, und es besteht kein Anspruch auf Schmerzensgeld. Schließlich kann der Verstoß gegen umweltschützende Normen oder Verhaltensweisen zur **Vertragsunwirksamkeit** gemäß den §§ **134, 138 Abs 1 BGB** führen (HAGER UPR 1995, 401, 403; MEIER 45 ff, 97 ff); dies gefährdet die vertragliche Haftung zwar, soweit nicht eine teilweisc Aufrechterhaltung des Vertrages zulässig und im gegebenen Fall möglich ist (MEIER 76 ff), doch bleibt jedenfalls die Haftung wegen culpa in contrahendo und positiver Forderungsverletzung unberührt, soweit bei dieser anerkannt ist, dass sie einen wirksamen Vertrag nicht notwendig voraussetzt (BGHZ 99, 101, 106 = NJW 1987, 639 f; CANARIS, Ansprüche wegen positiver Forderungsverletzung und Schutzwirkung für Dritte bei nichtigen Verträgen, JZ 1965, 475 ff; MEIER 85 f).

b) Produkthaftungsrecht

113 Das Produkthaftungsgesetz kann, wie das Produkthaftungsrecht insgesamt und namentlich auch das Produktsicherheitsgesetz (STEHLING 110), ebenfalls in den Bereich des Umwelthaftungsrechts hineinreichen (eingehend GMILKOWSKY 51 ff, zu den produkthaftpflichtversicherungsrechtlichen Fragen eingehend 177 ff; sowie ENDERS 408 ff, insbes unter abfallwirtschaftlichem Aspekt; BAUMANN JuS 1989, 433, 436; ENGELHARDT 32 f, 40 ff; FLACHSBARTH 39 ff, 185 ff, für den landwirtschaftlichen Bereich; GNAUB 84 f; HAGER JZ 1990, 397 ff; ders UTR 11 [1990] 133 ff; IWANOWITSCH 35 f; KNEBEL UTR 5 [1988] 274, 276 ff; KOCH PHI 1992, 20 ff; MARBURGER UTR

30 [1995] 151, 157 ff; NAGEL DB 1993, 2469, 2473; NICKEL VW 1987, 1236 ff; ders VW 1988, 961 ff; SCHMIDT-SALZER Einl Rn 97 f u § 1 UmweltHG Rn 318 ff; SELMER 4; STEHLING 109 ff; STEFFEN UTR 11 [1990] 71, 84; THOMAS UTR 1990, 90; ders, Unternehmenshaftung ein neuer Haftungstatbestand an den Grenzen des zivilen Haftungsrechts [1991] 89 ff; H P WESTERMANN ZHR 155 [1991] 223, 226; vWILMOWSKY NuR 1991, 253, 265 ff; WOLFRUM/LANGENFELD 207 ff; wohl **aA** GANTEN/LEMKE UPR 1989, 1, 2); dies war bei der Erarbeitung des ProdHG erkannt und gebilligt worden (BT-Drucks 11/2447, S 7; vgl GMILKOWSKY 140) und trägt zur Prävention von Umweltbelastungen bei (HAGER UTR 11 [1990] 133, 157 f). Häufig scheitert das Vorhandensein einer Konkurrenzlage allerdings daran, dass es bei Umwelteinwirkungen an einem **Inverkehrbringen** im Sinne des Produkthaftungsrechts fehlt (NAGEL DB 1993, 2469, 2473); dies gilt typischerweise für produktions- und abfallbedingte (IWANOWITSCH 77; STEFFEN UTR 11 [1990] 71, 84) Emissionen sowie für Störfälle; in diesem Sinne handelt es sich beim Produkthaftungsrecht gerade nicht um ein Produktionshaftungrecht. Ein in Verkehr gebrachtes Produkt kann trotz seiner im Übrigen gegebenen Eignung für den bestimmungsgemäßen Gebrauch ökologisch schadensträchtig und damit zugleich ein fehlerhaftes Produkt sein, etwa weil es aus Fabrikations- oder Entwicklungsgründen unerwünscht schädliche **toxische Stoffe,** namentlich Gase freisetzt, insbesondere wenn darauf auch nicht entsprechend hingewiesen und die Produktauswirkung überdies nicht richtig beobachtet wurde (BGHZ 37, 106 ff = NJW 1990, 2560 ff [Lederspray]; OLG Frankfurt VuR 1992, 40 ff; OLG Düsseldorf VuR 1992, 109 ff [Holzschutzmittel]; ENGELHARDT 40 ff; HAGER JZ 1990, 397, 402 ff; ders UTR 11 [1990] 133, 147 ff), giftige Stoffe in Nahrungs- und Genussmitteln aufgenommen werden (WOLFRUM/LANGENFELD 208) oder das Produkt, namentlich im Falle von Agrarchemikalien, sich im Wasser oder Boden ausbreitet und toxisch wirkt (dazu HAGER UTR 11 [1990] 133, 160 ff), insbesondere indem **Schadstoffakkumulation** und **Nichtabbaubarkeit** eintreten (GMILKOWSKY 60 f; IWANOWITSCH 77), oder weil das als Verarbeitungs-, Lager-, oder Transportmedium benutzte Produkt einen technischen Defekt aufweist, der zur Freisetzung von umweltbelastenden Stoffen führt (vgl SCHMIDT-SALZER Einl Rn 98). Das gilt entsprechend namentlich auch für radioaktive Wirkungen eines Nuklearprodukts und für freigesetzte gentechnisch veränderte Organismen (GMILKOWSKY 61 f). Der Schaden kann seine Ursache auch in der chemischen Zusammensetzung einer Substanz wie beispielsweise Kompost oder Klärschlamm oder sonstigen **zur Weiterverwendung bestimmten** (ENDERS 412; GMILKOWSKY 93; SCHLECHTRIEM VersR 1986, 1033, 1037 f; die zur Beseitigung vorgesehenen Abfälle sind hingegen nach allg Ans keine Produkte, ENDERS 412 ff; BRÜGGEMEIER/REICH, Die EG-Produkthaftungs-Richtlinie 1985 und ihr Verhältnis zur Produzentenhaftung nach § 823 Abs 1 BGB, WM 1986, 149, 150; MARBURGER UTR 30 [1995] 151, 158; SCHLECHTRIEM VersR 1986, 1033, 1037 f) **Abfällen** (GMILKOWSKY 61) haben, die diese zur bestimmungsgemäßen Verwendung ungeeignet macht; hier kommt in der Regel nur die Haftung aus produkthaftungsrechtlichen und damit konkurrierenden allgemeinen deliktsrechtlichen Gesichtspunkten in Betracht, soweit die Rechtsgutsverletzung aus der aufbereiteten Substanz selbst und nicht schon unmittelbar aus dem Betrieb der diese aufbereitenden Anlage im Sinne des UmweltHG herrührt (SALJE AgrarR 1997, 201, 203 ff). Ferner kann eine quasi sekundäre Umweltschädlichkeit eines an sich umweltneutralen Produkts darauf beruhen, dass es – wie etwa PVC – im **Brandfall** schädliche Umwelteinwirkungen veranlasst, es bei **technischem Versagen** – wie etwa bei einem Sicherungsventil oder einem Bauteil oder auch bei einem Softwarefehler – eine von einer anderen Quelle ausgehende Umweltschädigung auslöst, oder dass es infolge eines **Instruktionsfehlers** mit umweltschädigenden Folgen falsch eingesetzt wird (GMILKOWSKY 63 ff). Schließlich kann sich ein Umweltschaden durch das produktspezifisch intendierte **Zusammen-**

wirken von je an sich nicht schädlichen Produkten, wie etwa einer Lackproduktionsanlage und einer Lackchemikalie, ergeben, für deren schadensträchtige Kombination eine jeweilige Produkthaftung unter dem Aspekt der Verletzung von Verkehrssicherungspflichten oder nach Maßgabe des Produkthaftungsgesetzes in Betracht zu ziehen ist (dazu eingehend Jörg Peter, pass). Schließlich wird jedenfalls unter der Geltung des § 22 Abs 1 KrW-/AbfG vertreten, dass ein Produktmangel nach der sich auf dieser Grundlage entwickelten Verkehrserwartung auch vorliegen kann, wenn ein Produkt nach dem Stand der Technik **nicht** hinreichend **umweltverträglich** zu **entsorgen** ist (näher Enders 415 ff).

114 Soweit die jeweiligen Haftungsnormen erfüllt sind (vgl zum Produkthaftungsrecht im einzelnen Gmilkowsky 69 ff [Abfüllbetriebe], 81 ff [Anlagenhersteller], 84 ff [Software], 91 ff [Industrieabfall], 96 f [gentechnisch veränderte Organismen], 97 ff [radioaktive Stoffe]; Staudinger/Hager § 823 F), **konkurrieren** die **Produkthaftung und** die Haftung nach den **umwelthaftungsrechtlichen Normen** (Gmilkowsky 78 ff; Hager UPR 1995, 401, 404 f; Iwanowitsch 35 f; Wolfrum/Langenfeld 208 f), weil ihre Zielsetzungen – Schutz vor Produktfehlern und Schutz vor schädlichen Umwelteinwirkungern – nebeneinander bestehen (Gmilkowsky 57; Hager JZ 1990, 397, 440 f; Thomas UTR 15 [1991] 90); die freie Konkurrenz erstreckt sich dabei auch auf die jeweils neben den Spezialgesetzen geltende allgemeine zivilrechtliche Haftung, insbesondere auf Grund des Rechts der unerlaubten Handlung (Gmilkowsky 142 ff). Infolgedessen wirken sich die jeweiligen **Vorzüge kumulativ** aus (vgl dazu Hager UTR 11 [1990] 133, 158 ff). Das gilt zum einen für die Vorzüge des Umwelthaftungsrechts. So findet im Unterschied zu § 1 Abs 1 S 2 ProdHG die Umwelthaftung auch bei Sachschäden an nicht privat genutzten Gütern (zu deren Bestimmung Gmilkowski 113 ff) statt, die auf Grund der umwelthaftungsrechtlichen Vorschriften erteilten Auskünfte können auch bei Verfolgung der Produkthaftung verwendet werden. Ferner kann ein Produkt eine Schadensersatzpflicht unter umwelthaftungsrechtlichen Gesichtspunkten auslösen, obwohl es nach der Definition des § 3 ProdHG fehlerfrei ist, weil es dazu auf den nach den Umständen berechtigterweise zu erwartenden Sicherheitsstandard ankommt (Gmilkowsky 100 ff; Iwanowitsch 77), oder weil die Haftung gemäß § 2 Abs 2 Nr 5 ProdHG ausgeschlossen ist, da es sich bei dem Fehler um einen nach dem Stand von Wissenschaft und Technik nicht erkennbaren Entwicklungsfehler handelte (Wolfrum/Langenfeld 209). Schließlich können die Kausalitätsvermutungen der §§ 6 f UmweltHG bei einem schädigenden Produkt eine umweltrechtliche Haftung begründen, während der Kausalitätsnachweis im Rahmen der Produkthaftung nicht zu führen sein könnte (Gmilkowsky 79 f), sofern nicht dort entsprechende, die Beweislast im Ergebnis umkehrende Obliegenheiten zur Befunderhebung und Befundsicherung entwickelt werden (Gmilkowsky 158 ff). Andererseits enthält das ProdHG im Unterschied zu § 15 S 1 UmweltHG keine Haftungshöchstgrenze für Sachschäden und, anders als in § 4 UmweltHG vorgesehen, keinen Haftungsausschluss für höhere Gewalt; ferner ist die Haftung nach dem ProdHG unabdingbar und gilt auch bei Schadensquellen, die nicht Kataloganlagen im Sinne des § 1 UmweltHG sind (Gmilkowsky 80 f; Iwanowitsch 76). Soweit § 6 Abs 2 S 1 ProdHG eine volle Haftung unter Ausschluss einer Schadensteilung gemäß § 287 ZPO bei einem Produktschaden vorsieht, der mit einer anderen Schadensursache konkurriert, können sich ferner Verbesserungen zugunsten des Geschädigten im Vergleich zur umwelthaftungsrechtlichen Lage ergeben (Gmilkowsky 131 ff). Schließlich bleiben die deliktsrechtlich zum Produkthaftungsrecht entwickelten Darlegungs- und Beweislastregelungen, die insbesondere die Ursächlichkeit eines festgestellten

Produktfehlers und dessen Nichtverschulden betreffen, anwendbar und können, wenn Immissionsgrenzwerte bei ordnungsgemäßem Betrieb eingehalten wurden und die Fehlerträchtigkeit des Produkts auf Instruktionsmängeln beruht, eine Vergünstigung gegenüber den Grundsätzen der Umwelthaftung zur Folge haben (vgl OLG Frankfurt VersR 1990, 981 f; GMILKOWSKY 150 ff).

c) Geschäftsführung ohne Auftrag

115 Eine quasivertragliche Haftung mit schadensersatzähnlichem Inhalt, ohne dass es eines Verschuldens bedürfte, kann auch aufgrund der Vorschriften der **Geschäftsführung ohne Auftrag** gemäß den §§ 683, 670 BGB begründet sein (AHRENS, Bürgerliches Recht und Umwelthaftung; in: AHRENS/SIMON, Umwelthaftung, Risikosteuerung und Versicherung 45 ff; zur Altlastenproblematik aus Käufersicht TH MEYER 184 ff, 216 ff; ENGELHARDT 48 ff). Dies trifft insbesondere für Maßnahmen der erfolgreichen oder erfolglosen (AHRENS aaO) **Schadensprävention und -beseitigung** nach einer umweltgefährdenden Immission zu, namentlich bei Boden- und Gewässerverunreinigungen, sofern die Beseitigung oder Eindämmung der Umweltbeeinträchtigungen dem tatsächlichen oder mutmaßlichen Willen des Geschäftsherrn entspricht (MEDICUS UTR 11 [1990] 5, 22; NAWRATH 170 ff); dabei ist jedoch Zurückhaltung bei einem Überspielen des entgegenstehenden Willen des Geschäftsherrn durch Anwendung des § 679 BGB zu üben; gerade weil in diesen Fällen das öffentliche Interesse an der Vornahme einer umweltschützenden Maßnahme in der Regel von einer Behörde wahrgenommen werden kann (vgl MEDICUS UTR 11 [1990] 5, 23). Mittels einer Haftung wegen berechtigter Geschäftsführung ohne Auftrag kann neben dem auf Schadensersatz Haftenden auch derjeneige auf Ersatz in Anspruch genommen werden, der aus einem anderen Rechtsgrund als dem eines gegen ihn gerichteten Schadensersatzanspruchs dem Geschädigten gegenüber beseitigungspflichtig ist (NAWRATH 182). Die Ersatzpflicht aufgrund Geschäftsführung ohne Auftrag setzt daher mit Rücksicht auf das tatbestandliche Erfordernis der Geschäftsführung in zumindest auch fremdem Interesse grundsätzlich, sofern es nicht um die Prävention von Eigenschäden des Geschäftsherrn geht, eine anderweitig begründete materielle Haftung eines anderen voraus (DIEDERICHSEN, in: FS Lukes 55 f; GODT 146); sie hat typischerweise Rückgriffscharakter (vgl auch AHRENS 50 ff). Das Rechtsinstitut der Geschäftsführung ohne Auftrag kann daher weder dazu verwendet werden, Beeinträchtigungen des Naturhaushalts infolge rechtmäßiger Nutzung der Umwelt auszugleichen (vgl WINTER 21), noch darf es dazu gebraucht werden, dem Staat ohne genuin öffentlich-rechtliche Legitimation zu einer Erstattung von Kosten ordnungs- und polizeirechtlicher Maßnahmen zu verhelfen (so aber BGHZ 40, 28, 28 = NJW 1963, 1825; BGHZ 54, 145, 147 = NJW 1970, 2157; BGHZ 63, 167, 169 f; BGHZ 72, 151, 153 ff = NJW 1978, 2030 f; krit DIEDERICHSEN, in: FS Lukes 55 f; ders BB 1988, 917; ENGELHARDT 49 f; M LEONHARD 191 f; REHINDER NuR 1989, 149, 162; H SCHULTE, Ausgleich ökologischer Schäden 40 ff; WOLFRUM/LANGENFELD 243 f); sie gibt daher auch dem als Zustandsstörer in Anspruch genommenen Grundeigentümer keinen Ausgleichsanspruch gegen den öffentlich-rechtlich nicht belangten und daher verwaltungsrechtlich nicht aktuell haftenden Verhaltensstörer in seiner Eigenschaft als Veräußerer eines kontaminierten Grundstücks (BGHZ 98, 235, 235 = NJW 1987, 187 ff; BGHZ 110, 313 ff = NJW 1990, 2058 ff; TH MEYER 216 ff; KLOEPFER/THULL DVBl 1989, 1121 ff). Ferner darf die Haftung wegen Geschäftsführung ohne Auftrag nicht die Spezialität der Haftungsbestimmungen insbesondere des verschuldensunabhängig konzipierten Umwelthaftungsgesetzes unterlaufen (AHRENS 46, 52); dies gilt auch für die Grenzen der kaufrechtlichen Vertragspflichten bei Sanierung veräußerter kontaminierter Grundstücke (TH MEYER 220).

d) Bereicherungsrecht

aa) Im Wege der **Rückgriffskondiktion** kann das Bereicherungsrecht im umwelthaftungsrechtlichen Zusammenhang eine der Geschäftsführung ohne Auftrag vergleichbare Funktion übernehmen (ENGELHARDT 50). Der bereicherungsrechtliche Rückgriff setzt typischerweise das Vorhandensein eines materiell vorrangig Verantwortlichen voraus, zu dessen Vorteil der Bereicherungsgläubiger Aufgaben im Zuge der Beseitigung einer Umweltbeeinträchtigung erledigt hat. Die Regelungen der Geschäftsführung ohne Auftrag gehen allerdings vor, da sie gegebenenfalls einen Rechtsgrund im bereicherungsrechtlichen Sinne schaffen. Liegen die Voraussetzungen der berechtigten Geschäftsführung ohne Auftrag nicht vor, ist allerdings tatbestandlich in der Regel auch keine Rückgriffskondiktion begründet und im Übrigen im Einzelfall zu erwägen, ob nicht die Bereicherung aufgedrängt ist. **116**

bb) Soweit ein **Gefährdungshaftungstatbestand** nicht im Einzelfall an Handlungsunrecht anknüpft und in diesen Fällen typischerweise praktisch haftungserleichternd neben die Deliktshaftung tritt, sondern die Gefährdungshaftung nur Zustandsunrecht sanktioniert, kann ein **Zusammenhang** mit der Bereicherungshaftung im Sinne der Kondiktion wegen **Bereicherung in sonstiger Weise** darin gesehen werden, dass die Gefährdungshaftung wie die Bereicherungshaftung nicht die Überwälzung des Schadens auf den Schädiger rechtfertige, sondern nur die Auskehrung des auf Kosten des Beeinträchtigten gezogenen Vorteils (näher BÄLZ JZ 1992, 57, 62 f, 65). Die Gefährdungshaftung selbst scheint in den auf Zustandsunrecht bezogenen Fällen als eine Form des bereicherungsrechtlichen Ausgleichs. Daher ist eine Haftungsbeschränkung, wie sie etwa § 15 UmweltHG vorsieht, als Inhalt der Bereicherungsabschöpfung der Gefährdungshaftung immanent und die Vorschrift selbst, da selbstverständlich, entbehrlich; die Verweisung des § 16 UmweltHG auf die §§ 249 ff BGB scheint demgemäß als verfehlt. **117**

cc) Der Ansatz, umweltrechtliche Eingriffe nicht als Schaden des Beeinträchtigten zu verstehen, sondern sie als Erlangung eines Vorteils durch einen auf Kosten eines anderen geschehenden Eingriff zugunsten des Emittenten zu begreifen (grundlegend BÄLZ, Zum Strukturwandel des Systems zivilrechtlicher Haftung [1991] 19, 23 ff; ders JZ 1992, 57, 63; ferner AHRENS, Bürgerliches Recht und Umwelthaftung, in: AHRENS/SIMON [Hrsg], Umwelthaftung, Risikosteuerung und Versicherung [1996] 30 ff; GODT 146 f; HORST, Querverbindungen zwischen Aufopferungsanspruch und Gefährdungshaftung einerseits und Aufopferungsanspruch und Eingriffserwerb andererseits [1966]), kann unter dem Gesichtspunkt der **Eingriffskondiktion** zu einer **grundlegenden Wende** in der Betrachtung von Umwelthaftungsfällen führen, indem das abzuschöpfende Erlangte auf Seiten des Emittenten ohne Rücksicht auf ein Verschulden zum Anknüpfungspunkt der Haftung gemacht wird. Allerdings teilt eine solche Bereicherungshaftung mit den schadensersatzrechtlichen Haftungsgründen die Problematik, unter dem Merkmal der Rechtsgrundlosigkeit des Erlangens die Zuweisungsgehalte der jeweiligen Rechtspositionen hinsichtlich der Befugnis zur Eingriffsabwehr und zur Eingriffsgestattung durch Immissionen feststellen zu müssen (AHRENS 33; GODT 147). Dies dürfte inhaltlich zum Zweck der Bestimmung des bereicherungsrechtlich relevanten Zuweisungsgehalts von Umweltpositionen zur Rezipierung der nachbarrechtlich, aufopferungsrechtlich und umwelthaftungsrecht- **118**

lich definierten Grenzen führen (Ahrens 34f, 36, 43f), so dass der aus dem Bereicherungsrecht gewinnbare Haftungsvorteil für den Immissionsbetroffenen zwar nicht ausgeschlossen (Ahrens 37), aber positiv nicht ohne weiteres anzugeben ist; dies gilt zumal insofern, als zusätzlich korrespondierend ein dem Emittenten zurechenbares – und schon wegen des Zurechenbarkeitserfordernisses bei komplexen Immissionsverhältnissen mit den bekannten schadensersatzrechtlichen Kausalitätsproblemen belastetes – Erlangen eines Vorteils auf Kosten des Immissionsbelasteten erforderlich ist (Ahrens 37ff). Überdies kann das Schadensersatzrecht ohnedies bereicherungsrechtstypische Abschöpfungsfunktionen integrieren, indem dort auch umweltrechtlich eine etwa aus der Verletzung von Patent- oder Urheberrechten bekannte dreifache Schadensberechnung unter Einschluss möglicher Einforderung einer Lizenzgebühr und einer Gewinnabschöpfung zugelassen wird (Godt 147 iVm 242f, 255ff), so dass das Bereicherungsrecht insoweit keine zusätzliche Haftungsfunktion erfüllt.

VI. Gegenständliche Schutzgrenzen und ihre Erweiterung

1. Analoge Anwendung des § 906 Abs 2 S 2 BGB

a) Ausgangslage; Imobiliarbezogenheit

119 Auch bei individuell-konkret zuzuordnenden Schäden hat das Umwelthaftungsrecht spezifische Anwendungsgrenzen schon in seinem klassischen Bereich, der das **Nachbarrecht** betrifft, also im Bereich des § 906 Abs 2 S 2 BGB sowie seiner auf Fälle der rechtswidrig-schuldlosen Rechtsgutsverletzung erweiterten Anwendung. Sie ergeben sich aus der Beschränkung des § 906 BGB auf das Schutzgut Eigentum oder, bei analoger Anwendung, auf sonstige **sachenrechtliche Positionen,** zu denen namentlich der zur Abwehr von Einwirkungen gemäß § 862 BGB berechtigende Besitz zählt (vgl RGZ 105, 213, 214f; RGZ 159, 68, 73; RG JW 1932, 2984; BGHZ 15, 148ff = NJW 1955, 19; BGHZ 30, 273, 276, 280; BGHZ 92, 143, 145 = NJW 1985, 47ff [Kupolofen]; dazu Gmehling 125ff); stets nämlich ist der Schutz beschränkt auf **Grundstücksbeeinträchtigungen** (BGHZ 92, 143, 145 = NJW 1985, 47ff [Kupolofen]; Bälz JZ 1992, 57, 58; Gerlach JZ 1988, 161, 161, 169), und auch dies nur im **nachbarlich-kleinräumigen** Bereich (Feess 14f; Kloepfer § 4 Rn 298; ders NuR 1990, 337ff; Marburger, in: Vhdl 56. DJT C 115, 118f; Selmer 4; Steffen NJW 1990, 1817ff) mit der Folge einer Nichterfassung von Distanz- und Summationsschäden (Diederichsen, in: FS Lukes 45). Wegen seiner Immobiliarbezogenheit (Lytras 160ff), die im Unterschied zu § 11 WHG auch bei § 14 S 2 BImSchG (BGHZ 92, 143, 146 = NJW 1985, 47ff [Kupolofen]), § 11 LuftVG, § 17 Abs 6 FStrG und § 7 Abs 4 AtomG anzutreffen ist, sind Schäden an **Leben, Gesundheit** und **beweglichen Sachen nicht** erfasst (BGHZ 92, 143, 145 = NJW 1985, 47ff [Kupolofen]; Feess 15). Schäden an diesen Rechtsgütern, insoweit allerdings von Rechts wegen ohne räumliche Beschränkung, sind **herkömmlich** nur unter den strengeren Voraussetzungen des **Deliktsrechts** ersatzfähig. Ferner erfasst die Vorschrift nur die durch Luft und Boden, nicht die von Wasser vermittelten Umweltbeeinträchtigungen (BGH DB 1973, 1887, 1889; Nawrath 185f; H Westermann, in: FS Larenz [1973] 1009).

b) Erweiterter Rechtsgüterschutz aufgrund des § 906 Abs 2 S 2 BGB

aa) Analogiebasis

120 Die **analoge,** zu einer nichtdeliktisch-verschuldensunabhängigen Haftung führende Anwendung des § 906 Abs 2 S 2 BGB auf immissionsbedingte duldungspflichtige, nicht zumindest mittelbar über das Grundeigentum miterfasste (SAILER 37) Verletzungen der Rechtsgüter **Leben, Gesundheit** (näher dazu abl ENGELHARDT 185ff; KONZEN, Aufopferung im Zivilrecht 203; LYTRAS 174ff; PFEIFFER 177) und **Mobiliareigentum** vollzieht die Rechtsprechung derzeit nicht (BGHZ 92, 143, 145 = NJW 1985, 47ff; ENGELHARDT 57ff; MEDICUS JZ 1986, 778, 785; OLZEN Jura 1991, 281, 284; vgl dag KONZEN, Aufopferung im Zivilrecht [1969] 166ff, 199ff). Sie ist jedoch grundsätzlich **angezeigt** (FLACHSBARTH 218; GERLACH 236ff; ders JZ 1988, 161, 170; LYTRAS 165ff; wohl auch DIEDERICHSEN, in: Vhdl 56. DJT L 54f; **aA** H P WESTERMANN UTR 11 (1990) 103, 111ff), weil die **Beschränkung** auf den Schutz des Immobiliareigentums **normstrukturell-wertend inkonsequent** (GERLACH 236ff; SCHIMIKOWSKI, Umweltrisiken Rn 8) ist.

121 Seitdem die Entwicklung negatorischer Ansprüche zum Schutz der genannten Rechtsgüter im Ergebnis den Anwendungsbereich des § 1004 BGB im Wege der Analogie verschuldensunabhängig auf diese ausgedehnt hat und die umweltbezogene Eingriffsbefugnis Dritter in Bezug auf diese Rechtsgüter zwar nicht abschließend, aber doch in wesentlichen Hinsichten im Sinne einer äußersten Grenze entsprechend § 906 Abs 2 S 1 BGB (BGHZ 92, 143, 148ff = NJW 1985, 47ff; GERLACH 177) bestimmt wird, ist **hinsichtlich der Befugnis zur Abwehr von Eingriffen** für die Rechtsgüter Leben, Gesundheit und Mobiliareigentum **dieselbe Normstruktur** wie für Immobiliarrechtspositionen ausgebildet. Da diese Normstruktur, die die Grenze für erlaubte Eingriffe in eine im Grundsatz absolut geschützte Rechtsposition angibt, auf der **kompensatorischen Einheit von Rechtsaufopferungspflicht und Anspruch auf Aufopferungsausgleich** beruht, weil nur die Gewährung des Ausgleichsanspruchs zugunsten des Duldungspflichtigen das Eingriffsrecht des anderen Teils rechtfertigt, muss diese **Regelungseinheit hinsichtlich der komplementären Haftung** auch in den Fällen des analog den §§ 1004, 906 Abs 2 S 1 BGB zu beurteilenden Eingriffs in den Schutzbereich der Rechtsgüter Leben, Gesundheit und Mobiliareigentum hergestellt werden (WAGNER, Öffentlich-rechtliche Genehmigung und zivilrechtliche Rechtswidrigkeit 262ff; WOLFRUM/LANGENFELD 190; **aA** ENGELHARDT 183 und wohl H P WESTERMANN UTR 11 [1990] 103, 111ff). Überdies ist die Gleichstellung dieser Rechtsgüter mit dem Schutz des Immobiliareigentums auch vor dem Hintergrund der **grundgesetzlichen Wertordnung** geboten, die den Schutz der menschlichen Gesundheit nicht hinter den Schutz des durch das Immobiliareigentum gewährleisteten Freiheitsbereichs zurücksetzt (vgl BVerwGE 54, 221, 222; F BAUR JZ 1987, 317, 319; GERLACH JZ 1988, 161, 170; ders 237; HERSCHEL JZ 1959, 76, 77; LYTRAS 166). Dazu tritt schließlich die Erwägung, dass § 906 BGB auch die persönlichen Rechtsgüter, vermittelt durch den Schutz des Grundeigentums, sichert. Das Grundstück erhält seinen Wert nämlich erst aufgrund seiner Nutzbarkeit durch den Menschen; es verkörpert daher lediglich den gesamten persönlichen und sachlichen Lebensbereich (DIEDERICHSEN, in: Vhdl 56. DJT L 54; GERLACH 184ff; MARBURGER, in: Vhdl 56. DJT C 115, 118f). Schutz des Grundeigentums bedeutet daher Schutz des dort verwurzelten Lebensbereichs des Menschen, also Schutz seiner damit betroffenen persönlichen Rechtsgüter.

bb) Analogiegrenzen

122 Die grundsätzlich **übertragbare Anwendung** des § 906 Abs 2 S 2 BGB auf die gesamten nichtliegenschaftlichen Rechtsgüter findet damit zugleich ihre **sachimmanenten Grenzen,** die zur Verhinderung der Haftung gemäß § 906 Abs 2 S 2 BGB gezogen werden müssen (insow im Erg zutr H P WESTERMANN UTR 11 [1990] 103, 109ff). Zunächst wird eine solche durch die kompensatorische Natur des Anspruchs gezogen, so dass eine analoge Anwendung ausscheidet, wenn § 906 Abs 1, Abs 2 S 1 BGB weder direkt noch mittelbar das Maß der Duldungspflicht bestimmt (vgl dazu Rn 219 f); dies kann namentlich die Ersatzfähigkeit von **Gesundheitsbeeinträchtigungen** betreffen (vgl Engelhardt 187 f). Wenn ferner der Grund für die Immobiliarbezogenheit der Ansprüche aus §§ 1004, 906 BGB nicht in der dinglichen Rechtsstellung des Berechtigten liegt, sondern in dem auf der örtlichen Nähe des Grundstücks zur Emmissionsquelle beruhenden qualifizierten, nämlich dauernden Betroffensein und in der Nichtvermeidbarkeit dieser Beeinträchtigungen, verdeutlicht dies nicht nur, dass es auf die dingliche Rechtsstellung nicht entscheidend ankommt. Vielmehr zeichnet sich außer der Möglichkeit einer vorsichtigen Erweiterung des Kreises der nach §§ 1004, 906 BGB Geschützten auch das Maß dafür ab, wie weit der Schutzkreis zu ziehen ist. Maßgeblich dafür sind die Kriterien, nach denen der Nachbarbegriff des öffentlichen Immissionsschutzrechts bestimmt ist. Hiernach sollen Abwehransprüche auch solchen dinglich nicht berechtigten Personen zustehen, die den Einwirkungen auf das Grundstück in ähnlicher Weise wie der Eigentümer oder Besitzer ausgesetzt sind, weil sie sich – etwa als Arbeitnehmer oder Besucher einer Ausbildungsstätte, aber auch unabhängig von einer Rechtspflicht (Lytras 180) – auf dem betroffenen Grundstück regelmäßig und, gemessen an dem jeweiligen Gefährdungspotential (Lytras 180), für längere Dauer aufhalten und sie sich deshalb tatsächlich den **Immissionen nicht nachhaltig entziehen** können (Diederichsen, in: Vhdl 56. DJT L 54; Gerlach 236 ff; Konzen 202; Lytras 166 f, 179 f; Marburger, in: Vhdl 56. DJT C 115 ff, 118; Ronellenfitsch/Wolf NJW 1986, 1955, 1960; Schimikowski, Umwelthaftungsrecht Rn 7; **aA** Engelhardt 62 ff; Pfeiffer 176 ff).

123 Das mit der analogen Anwendung des § 906 Abs 2 S 2 BGB verbundene **Risiko einer unangemessenen Ausweitung der Haftung** von Emittenten gegenüber einem unbegrenzten Personenkreis, das bei der herkömmlichen Normbegrenzung auf räumlich-gegenständlichen Kontakt von Schädiger und Geschädigtem vermieden wird, muss in einer weiteren Weise begrenzt werden. Dies lässt sich sachgerecht vornehmlich über das vom Tatbestand des § 906 Abs 2 S 1 BGB aufgestellte Erfordernis der **Wesentlichkeit** der Beeinträchtigung erreichen. Die Maßgeblichkeit des § 906 Abs 2 S 1 BGB für die Duldungspflicht besagt nämlich nur, dass das, was ein Grundstückseigentümer hinnehmen muss, auch andere Personen, die keine immobiliarbezogenen Rechtspositionen haben, hinnehmen müssen, dass aber deren Duldungspflicht wegen besserer Selbstschutzmöglichkeiten oder geringerer Schadensanfälligkeit je nach Sachlage auch weiter gehen kann (BGHZ 92, 143, 150 = NJW 1985, 47 ff [Kupolofen]). Mit der damit als möglich indizierten Ausdehnung des Kreises der nur unwesentlichen Beeinträchtigungen entfällt die Grundlage der Ausgleichshaftung gemäß § 906 Abs 2 S 2 BGB.

124 Schließlich kann, wenn Selbstschutzmöglichkeiten nicht in der gebotenen Weise genutzt werden, eine Anspruchsminderung bis zum Fortfall des Anspruchs wegen mitwirkenden Verschuldens auf der Grundlage des **§ 254 Abs 1 BGB** in Betracht kommen.

c) Verminderter Analogiebedarf wegen erweiteter Gefährdungshaftung

125 Die Problematik des objektiven Schutzumfangs ist dadurch wesentlich entschärft, dass das **Umwelthaftungsgesetz** am herkömmlichen Nachbarrecht gemessen zu einer, **Erweiterung des Kreises der geschützten Güter** über Immobiliarsachschäden hinaus auf Personenschäden und auf Mobiliarsachschäden in einer mit dem Deliktsrecht vergleichbaren Weise geführt hat. Diesen objektiv erweiterten Schutz hat das Umwelthaftungsgesetz allerdings abweichend vom Deliktsrecht nach dem Typus der **Gefährdungshaftung** ausgebildet und deshalb den Schutz auch hinsichtlich der übrigen Haftungsvoraussetzungen ausgedehnt, indem es eine Verursachung durch rechtswidrig-schuldhaftes Tun oder Unterlassen nicht verlangt. Damit sind wesentliche Defizite des traditionellen Rechts hinsichtlich des Kreises der schutzfähigen und effektiv geschützten Rechtspositionen beseitigt.

126 Soweit normativ darauf verzichtet wird, die bestimmter absoluter Rechtsgüter zur Haftungsvoraussetzung zu erklären, indem die **Ersatzfähigkeit reiner Vermögensschäden** übergegangen wird, führt dies insbesondere in Verbindung mit der **Gefährdungshaftung** zu einem über das klassische Deliktsrecht hinausgehenden Schutz von rechtlichen bzw wirtschaftlichen Positionen. Dies ermöglichen beispielsweise umwelthaftungsrechtliche Spezialregelungen wie **§ 22 WHG.**

2. Schutzgrenzen bei rein ökologischen Schäden

a) Grenzen der zivilrechtlichen Haftung

127 Die zivilrechtliche Orientierung des Umwelthaftungsrechts bedingt seine grundsätzliche **Beschränkung auf** die Regelung des Ausgleichs für **Schäden an individuell-konkret zugeordneten Rechtsgütern** (Brüggemeier KritV 1991, 299; Diederichsen, in: Vhdl 56. DJT L 49; Engler AgrarR 1972, 371, 372; Feess 27; Gmehling 178; Klass UPR 1997, 134, 139 f; Lytras 184 f; Medicus JZ 1986, 778, 785; M Meyer-Abich 159; Nawrath 69; Pelloni 53; Rest 93 f; Schröder 38 f; Schulte, Ausgleich ökologischer Schäden 11; Schwarze, Präventionsdefizite 106 ff; Simitis VersR 1972, 1087, 1089; Wenk 24 ff). Der **ökologische Schaden** (zum Begriff Rn 6 ff) in seiner Gesamtheit ist **als solcher** dem zivilrechtlichen Schadensersatzrecht de lege lata nicht zugänglich und insofern **nicht Gegenstand eines umwelthaftungsrechtlichen Schadensersatzanspruchs.** Soweit allerdings Einwirkungen auf Elemente des Naturhaushalts **zugleich eine Schädigung von Rechten Einzelner** im Sinne des § 823 Abs 1 BGB herbeiführen oder ein anderer Ersatzanspruch dem Grunde nach besteht, sind Öko-Schäden jedoch **mittelbar haftungsrechtlich** zu **erfassen** (Baumann JuS 1989, 433, 439; Kloepfer UTR 11 [1990] 35, 64; Lytras 185; M Meyer-Abich 159; Schulte JZ 1988, 278, 279 ff; Seibt 11, Wagner NuR 1992, 201, 202; Wenk 26 ff; vgl zum Nachbarrecht in diesem Sinne auch H P Westermann UTR 11 [1990] 103, 106), wenngleich auch dann der entstandene Schaden nur insoweit zu ersetzen ist, wie dies der Schutzzweck des haftungsbegründenden absoluten Individualrechts bzw der Haftungsgrundlage unabhängig von Allgemeinbelangen als solchen zulässt (Lytras 189 f; Wolff 47; vgl auch Schulte JZ 1988, 278, 281). Im Übrigen können Öko-Schäden auch nicht über die Weiterentwicklung des allgemeinen Persönlichkeitsrechts oder die Anerkennung bestimmter Umweltgüter als sonstige Rechte im Sinne des § 823 Abs 1 BGB auf zivilrechtlichem Wege ausgeglichen werden (dazu Rn 58 ff). In diesem Sinne verstanden, trifft es zu, dass das Zivilrecht gegen Belastungen aus der Umwelt und nicht gegen Belastungen der Umwelt schützt (Medicus JZ 1986, 778, 780). Es ist als Mittel zum Ausgleich eines die Allgemeinheit betreffenden Öko-Schadens nur **reflexweise** geeignet für den Fall, dass der Ausgleich eines Schadens, den eine Umweltbeeinträchtigung an einem individuell-konkret zugewiesenen Rechtsgut wie namentlich an der Gesundheit oder dem Eigentum verursacht hat, im Wege der Naturalrestitution erfolgt (Brüggemeier KritJustiz 1989, 209, 225; Kloepfer § 4 Rn 292; H Schulte, Ausgleich ökologischer Schäden 34), oder soweit sich aus der Streuwirkung von Umweltbeeinträchtigungen ergibt, dass die gegenüber einer Person bestehende Haftung die generelle und damit allgemein umweltschützend wirkende Einstellung einer streuenden Emission zur Folge haben kann (MEDICUS UTR 11 [1990] 5, 11). Sonstige Öko-Schäden entziehen sich, jedenfalls derzeit, der privatrechtlichen Haftung (vBAR KF 1987, 27; BAUMANN JuS 1989, 433; DIEDERICHSEN, in: Vhdl 56. DJT L 48 ff; ders UTR 5 [1988] 189, 195; GANTEN/LEMKE UPR 1989, 1, 13; GEISENDÖRFER VersR 1989, 433; GMEHLING 178 f; HAGER NJW 1986, 1961 f; HENSELER UTR 5 [1988] 205, 227 f; KLOEPFER § 4 Rn 292; MARBURGER, in: Vhdl 56. DJT C 14 f; MEDICUS JZ 1986,778, 780, 785; M MEYER-ABICH 159 f; SCHULTE, Ausgleich ökologischer Schäden 34 f; THIEM RdL 1981, 185; H WESTERMANN, in: FS Larenz [1973] 1003 ff; **aA** GASSNER UPR 1987, 370 ff; GERLACH 288; SEIBT 155 ff u wohl SCHULTE JZ 1988, 278, 281).

128 Von der Problematik des zivilrechtlichen Haftungsgrundes abgesehen, die sich aus dem Fehlen der Zuordnung zu einem Zivilrechtssubjekt ergibt, ist auch **schadensrechtsimmanent** die Annahme von Ökoschäden **schon dem Grunde nach** trotz des Umstandes, dass die Entwicklung des normativen Schadensbegriffs die Grenze zwischen Vermögens- und Nichtvermögensschaden unter Verwendung des Kommerzialisierungs- und Frustrationsansatzes grundsätzlich geöffnet hat (in umwelthaftungsrechtlichem Zusammenhang LADEUR NJW 1987, 1236, 1238 ff; REHBINDER, Laufener Seminarbeiträge 1/87 S 30; SCHULTE, Ausgleich ökologischer Schäden 28 f), schadensersatzrechtlich **schwierig** zu begründen (dazu näher ERICHSEN 211 ff; GODT 231 ff; M LEONHARD 246 ff; MARTICKE, Zur Methodik einer naturschutzrechtlichen Ausgleichsabgabe, NuR 1996, 387 ff; SCHWARZE, Präventionsdefizite 109 ff; TAUPITZ, Umweltschutz durch zivilrechtliche Haftung, in: NICKLISCH [Hrsg], Umweltrisiken und Umweltprivatrecht 36 f; WENK 136 ff; WINTER 19; WOLFF 25 ff; WOLFRUM/LANGENFELD 269; vgl jedoch konkret zu Baumschäden KOCH, Aktualisierte Gehölzwerttabellen). Die Schwierigkeiten, das Vorhandensein eines Schadens überhaupt anzunehmen, beruhen in naturwissenschaftlicher Hinsicht teils auf der Unmöglichkeit einer Wiederherstellung des ungestörten Vorzustands (LYTRAS 191 ff; zu den tatsächlichen Möglichkeiten KAULE, Arten- und Biotopenschutz [1986]; ders, Faktische Möglichkeiten der Wiedergutmachung ökologischer Schäden, Laufener Seminarbeiträge 1/87 S 15 ff; Beispiele bei M LEONHARD 248 f, 253 ff u SCHULTE JZ 1988, 278, 279 ff), teils auf der Begrenztheit wissenschaftlich-ökologischer Kenntnisse als Voraussetzung für die Bestimmung von Ist- und Sollzuständen (M MEYER-ABICH 42, 46 ff) und auf der Schwierigkeit einer Erfassung der komplexen Folge- und Wechselwirkungen (WENK 151 ff), teils auf der selbstgesteuerten Regenerationsfähigkeit von Ökosystemen und, unbeschadet der Möglichkeit einer grundsätzlich schadensersatzfähigen und schadensersatzwürdigen Beschleunigung des Regenerationsprozesses (M MEYER-ABICH 163), auf dem daraus folgenden Fehlen einer Nachhaltigkeit des Schadens (M MEYER-ABICH 27, 162), teils auf Ambivalenz von Vor- und Nachteilen als Folge von Eingriffen in ein Ökosystem mit der Folge, dass sich eingriffsbedingt neue Ökosysteme bilden (M MEYER-ABICH 29), etwa in Gestalt eines erhöhten Fischbesatzes wegen vermehrten Planktonwachstums in ölverschmutzter See (SEIBT 187 Fn 27), teils auf der gelegentlich schadenserhöhenden Wirkung von wiederherstellenden Maßnahmen, beispielsweise beim Beseitigen von Öl durch Einsatz von erhitztem Wasser unter Hochdruck (SEIBT 191 Fn 36). Die Annahme, dass ein Umweltschaden demgemäß zwar naturwissenschaftlich basiert und partiell an ökologischen Leitbildern wie namentlich Nachhaltigkeit und Biodiversität orientiert (dazu M MEYER-ABICH 34 ff), aber nicht ohne Wertentscheidung zu leisten ist (vgl M MEYER-ABICH 50 ff), wenngleich allein der Konsens noch keine überzeugende Begründung für das Vorhandensein eines relevanten Ökoschadens gibt (so M Meyer-Abich 29 ff, gegen Erichsen 21).

129 Soweit eine **Naturalherstellung** weder als solche noch zumindest als Herstellung eines ökologisch-funktional und ästhetisch gleichwertigen Zustands (Erichsen 215 f; Gassner UPR 1987, 370, 372; Godt 215 ff; M Leonhard 247 ff; M Meyer-Abich 164 ff; Rehbinder, Laufener Seminarbeiträge 1/87 S 26; Schulte JZ 1988, 278, 280; Wenk 86 ff) möglich ist oder sofern der Schuldner die Naturalrestitution im Anwendungsbereich des § 251 Abs 2 S 2 BGB wegen **unverhältnismäßigen Aufwands** verweigern kann (Erichsen 216; Kadner 56 ff, 79, 241 ff; Ladeur NJW 1987, 1236, 1240; Lytras 192; M Meyer-Abich 166 ff; Seibt 185 ff; Wenk 122 ff; Wolff 26 ff), treten bei ökologischen Schäden überdies wegen des Fehlens von Marktpreisen von Umweltgütern häufig Probleme der **Schadensbemessung in Geld** auf (Godt 235 ff; Kadner 263 ff; M Leonhard 258 ff, 321 ff; Seibt 192 ff; Wenk 136 ff; Winter 19, dort jeweils auch zu verschiedenen Berechnungsmethoden, zB nach marktwertbezogenem, behaviouristischem u empirischem Ansatz; Wolff 28 ff). Soweit die Ersatzfähigkeit von Ökoschäden dem Grunde nach anerkannt wird, sind nur die erheblichen und nachhaltigen, nicht aber notwendigerweise nur die ökonomisch oder ökologisch gesamtbilanziell nachteiligen Beeinträchtigungen auszugleichen (Seibt 298 ff). Ist die primär geschuldete Wiederherstellung des Vorzustands auch nicht in einer zwar nicht identischen, aber doch zumindest funktional-ökologisch vergleichbaren Weise (Lytras 198 ff; Seibt 301 ff) möglich und scheitert daran auch der Anspruch auf Leistung der Wiederherstellungskosten, kommt nur kompensatorischer Geldersatz gemäß § 251 BGB in Betracht (M Leonhard 248 f; Seibt 304 ff). Dabei kann in der Regel nur auf nicht marktpreisorientierte Monetarisierungsmethoden zurückgegriffen werden (M Meyer-Abich 170 f; Seibt 308), wie etwa Erholungswertansätze durch Rückgriff auf Kosten eines Urlaubs in ungestörter Umwelt (dazu abl M Meyer-Abich 173 f; Seibt 201; Wenk 172 ff) oder Zahlungsbereitschaftsanalysen bis hin zu Meinungsumfragen (Schwarze, Präventionsdefizite 111; Wenk 181 ff; krit M Meyer-Abich 175 ff; Wenk 175 ff), die allerdings außerhalb der Fälle, in denen die Umweltqualität eines Gutes als Preiskomponente messbar mittbewertet wird (vgl Wenk 177), so wenig verlässliche Kalkulationen zur Folge haben (abl deshalb die hM, Henseler UTR 5 [1988] 205 ff; Kloepfer NuR 1990, 337 ff; M Meyer-Abich 178 ff; als singulärer Ansatz wohl auch Wenk 191 ff; **aA** Knebel UTR 5 [1988] 274, 275; Ladeur NJW 1987, 1236 ff), dass die in § 253 BGB zum Ausdruck gebrachte Missbilligung schadensrechtlicher Messung des monetär nicht hinreichend verlässlich Messbaren einer Anerkennung eines Schadensersatzes in Geld ohne Gesetzesänderung auch bei Würdigung der diesbezüglichen Zurückhaltung des § 16 UmweltHG entgegenstehen dürfte.

b) Möglichkeiten einer staatlich-öffentlichen Inanspruchnahme

130 Für eine **staatliche Zuständigkeit** (vgl Hager NJW 1991, 134, 141; Töpfer, in: Gückelhorn/Steger, Umwelthaftungsrecht [1988] 59; Kloepfer/Rehbinder/Schmidt/Assmann, Umweltgesetzbuch, Allg Teil, Umweltbundesamt, Berichte 7/90, 424; Pelloni 54 f; Seibt 155 ff; zu Vorschlägen de lege ferenda Godt 49 ff) hinsichtlich der Wahrnehmung von Ersatzansprüchen bei ökologischen Schäden außerhalb dieses rechtsreflexiv geschützten Umweltbereichs fehlt derzeit die erforderliche normative Grundlage (Gerlach 287 ff; de lege lata wohl auch M Leonhard 233 ff; **aA** Godt 101 ff, 130 ff, 270 ff). Die staatliche Kompetenz beschränkt sich jedenfalls de lege lata auf das Gebiet des öffentlichen Rechts, das Präventivmaßnahmen zulässt und durch ordnungs- bzw polizeirechtlichen Eingriffe nach Eintritt ökologischer Schäden mittelbar schadensbehebende Folgen und Kostenrück-

belastungeffekte zum Nachteil des Störers mit ähnlicher Wirkung wie ein Schadensersatzanspruch haben kann. Im Übrigen sind Interessenkonflikte bei der staatlichen Wahrnehmung von ökologischen Interessen nicht auszuschließen, so dass der Staat kein sachgerechter Interessenwalter sein dürfte (Brüggemeier, Umwelthaftung als Kodifikationsproblem, in: Donner/Magoulas/Simon/Wolf, Umweltschutz zwischen Staat und Markt [1989] 336; Pelloni 54 f).

131 Die **Vorsorge** zur Vermeidung reiner Öko-Schäden ist folglich primär eine auf der Basis der Umweltschutzgesetzgebung **im Administrativwege** wahrzunehmende Aufgabe des öffentlichen Rechts (Rehbinder NuR 1989, 149, 162; jew auch mit dem Hinweis, dass bei Verletzung von Privatrechtspositionen keine Gewähr für die Verwirklichung des ökologischen Interesses besteht; H Schulte JZ 1988, 278, 281, 284; ders, Ausgleich ökologischer Schäden 11). Die Behebung eingetretener Öko-Schäden oder die Schaffung eines ökologischen Ausgleichs ist ebenfalls häufig, namentlich durch die Naturschutzgesetzgebung, sonst aufgrund des allgemeinen **Polizei- und Ordnungsrechts** als eine staatliche Aufgabe ausgestaltet. Letzteres schließt nicht aus, sondern fordert vielmehr zumindest rechtspolitisch, dass der Staat, der diese Aufgabe der ökologischen Schadensbeseitigung auf öffentlich-rechtlicher Grundlage nicht nur durch Inanspruchnahme des Störers auf Beseitigung, sondern selbst durch Einsatz eigener Mittel erfüllt hat, für seine Aufwendungen Rückgriff bei dem Verursacher oder Veranlasser des Öko-Schadens nehmen kann. Derartige Ausgleichsansprüche, die schon mit Rücksicht auf die Rechtsidee der Pflicht zum Ausgleich für die bei einer berechtigten Geschäftsführung ohne Auftrag entstandenen Aufwendungen bzw durch die allgemeinen polizeirechtlichen Prinzipien der Kostenerstattungspflicht bei einer Ersatzvornahme anstelle des verantwortlichen Störers legitimiert sind, sind jeweils in zahlreichen Naturschutzgesetzen (vgl Nachweise bei Brüggemann KritJustiz 1989, 209, 226) positivrechtlich, im Übrigen außerhalb solcher spezialgesetzlicher Regeln nach allgemeinem Polizei- bzw Ordnungsrecht (Selmer 29) geregelt bzw zu regeln.

132 Die Diskussion konzentriert sich daher darauf, ob nicht individuell-konkret zuzuordnende Öko-Schäden in der Weise ersatzfähig sind, dass **staatlichen Stellen oder Privaten,** dabei namentlich Naturschutzverbänden, außerhalb des Bereichs der polizei- oder ordnungsrechtlichen Inanspruchnahme des Störers bzw Schadensveranlassers eine **Klagebefugnis** zur Einforderung von Schadensbeseitigungsleistungen oder von Schadensersatz in Geld einzuräumen ist (Brüggemeier KritJustiz 1989, 209, 226 mwN; Kadner 19; Wolfrum/Langenfeld 268 f). Auch die Einführung eines sogenannten **Eigenrechts der Natur** (Borselmann, Eigene Rechte der Natur?, KritJ 1986, 1 ff; Kadner 88 f, 134; Leimbacher, Rechte der Natur [1988] pass; Leimbacher/Saladin, Die Natur und damit der Boden als Rechtssubjekt [1988] pass; teils auch v Lersner, Gibt es Eigenrechte der Natur?, NVwZ 1988, 988 ff; abl Medicus UTR 11 [1990] 5, 28 ff; VG Hamburg NVwZ 1988, 1058 f) im Sinne der Entwicklung einer Rechtsfähigkeit der Natur oder einzelner Naturgüter, stände dem nicht schon grundsätzlich § 1 BGB entgegen (Medicus UTR 11 [1990] 5, 10, 28 f), läuft auf die Frage nach der Zulassung und Auswahl eines zuständigen Treuwalters hinaus (Medicus UTR 11 [1990] 5, 28). Problematisch ist sowohl die **Aktivlegitimation** als auch das Vorliegen eines ersatzfähigen **Schadens** (dazu Rn 128 f). In letztgenannter Hinsicht wird, da es sich um Nichtvermögensschäden handelt und eine Naturalrestitution häufig praktisch ausgeschlossen ist oder sie an § 251 Abs 2 BGB scheitert (Kadner 56 ff, 79), ein sogenanntes ökologisches Schmerzensgeld im Sinne einer billigen Entschädigung für Beeinträchtigungen des Naturhaushalts gefordert, allerdings mit dem zutreffenden Bemerken, dass dies eine ausdrückliche gesetzliche Regelung erfordere (Brüggemeier KJ 1989, 209, 225).

133 Die Verleihung der Aktivlegitimation oder Prozessführungsbefugnis zur Geltendmachung von Ersatzansprüchen bei ökologischen Schäden (dazu Erichsen 203; Gerlach 357 ff; Wagner NuR 1992, 201, 209 f; bejahend insbes Godt 270 ff; Kadner 134 ff; Leimbacher 417 ff; abl Diederichsen 55 f; Kloepfer UTR 11 [1990] 35, 53 f; Leisner, Umweltschutz durch Eigentümer [1987] 47 ff; v Lersner UTR 12 [1990] 217 f; Medicus NuR 1990, 145, 154; Pfeiffer, Bedeutung des privatrechtlichen Immissionsschutzes [1987] 252 ff) **bedarf** richtigerweise der **spezialgesetzlichen Grundlage.** Eine der public trust doctrine des angloamerikanischen Rechts (dazu Erichsen 182 f) vergleichbare öffentliche Rechtsposition ist dem deutschen Recht nicht bekannt. Einige Landesnaturschutzgesetze sehen Klagebefugnisse von Naturschutzorganisationen vor, jedoch nicht in schadensersatzrechtlicher Hinsicht (Brüggemeier KritJustiz 1989, 209, 225 mwN). Darüber hinaus ist eine richterliche Rechtsfortbildung nicht möglich, weil es zur politischen Prärogative der Legislative gehört, darüber zu entscheiden, welche Organisation oder Gruppe sachlich legitimiert ist, allgemeinökologische Interessen stellvertretend für die staatliche Gesamtheit zu verfolgen. Im Übrigen sollte auch de lege ferenda eine Verbandsklage keinesfalls bei Verletzung individuell zugeordneten Eigentums zugelassen werden, damit der zivilrechtlich Berechtigte nicht infolge der Interferenz von privaten und öffentlichen Rechten unter Berufung auf das ökologische Wohl bevormundet wird (vgl schon Rehbinder, Grenzen und Chancen einer ökologischen Umorientierung des Rechts 28 f; vgl auch Schulte JZ 1988, 278, 284); überdies ist in diesen Fällen die Abgrenzung zwischen der Kompensation des Individualinteresses und des ökologischen Gemeininteresses meist nicht zu leisten und die Schadensleistung durch Naturalrestitution ausgeschlossen.

3. Unbestimmte Betroffenheit bei potenzieller Geschädigtenmehrheit

134 Eine Mehrheit von durch dieselbe Emission zumindest potenziell Geschädigten wirft **materiell** Zurechnungsprobleme auf, wenn die **Verursachung** von Schäden bei einem bestimmten Personenkreis durch eine Emission oder eine Mehrheit von Emissionen zwar **statistisch feststeht** (zu dieser Annahme krit Lytras 439 ff), aber **nicht** zu ermitteln ist, **wer** im einzelnen aus diesem Personenkreis von diesen Emissionen **konkret** geschädigt wurde (Bodewig AcP 185 [1985] 505, 542 ff; Gottwald KF 1986, 1, 27; Lytras 435 ff; Quentin 256 ff). Dies kann etwa bei Kontamination durch Chemikalien oder Strahlung der Fall sein, aber auch allgemein bei diffusen Wirkungsverläufen von summierten Immissionen insbesondere bei Langzeiteffekten (so etwa bei Gebäude- und Waldschäden, vgl dazu etwa Quentin 256 ff, 269 ff). Die Haftung kann nicht im Umfang der der statistischen Schadenserhöhung entsprechenden Zahl der Anspruchsteller in der Reihenfolge ihrer Klagen zugelassen und damit auch begrenzt werden, weil dies zu Zufallsergebnissen führt und überdies spätere Kläger selbst dann präkludieren würde, wenn deren Schädigung durch das Immissionsereignis feststeht (Bodewig AcP 185, 542; Gmehling 226; Lytras 436). Eine Teilhaftung nach den statistischen Schadenserhöhungseffekten (Bodewig AcP 185, 542 ff) hat dagegen den Vorteil, dass die Emission nicht trotz feststehender Ursächlichkeit unter Vereitelung einer sonst möglichen Steuerungswirkung von Umwelthaftung (Gottwald KF 1986, 28; Köndgen UPR 1983, 345, 347; Lytras 440) sanktionslos bleibt, und dass dem wirklich Geschädigten wenigstens ein Teil seines Schadens ersetzt wird. Dem geltenden Recht ist jedoch eine Rechtsgrundlage für eine solche Haftung nicht zu entnehmen. § 830 Abs 1 S 2 BGB gilt unmittelbar nur für Fälle alternativer Täterschaft, nicht aber alternativer Opferschaft (Quentin 270); eine Analogie zu § 830 Abs 1 S 2 BGB scheitert daran, dass die Vorschrift nur auf Schadensquellen mit dem konkreten Potenzial zur Herbeiführung des jeweils geltend gemachten bestimmten Rechtsgutsverletzung anzuwenden ist und eine nur abstrakte Gefährdung des Verletzten nach allgemeinen Risikowahrscheinlichkeiten nicht genügt (Gottwald KF 1986, 28; Lytras 438; Quentin 256 ff, 269 ff).

135 Eine Mehrheit von Personen, die durch dieselben Emission geschädigt ist, kann ihre Rechte **prozessual** nur durch Klage aller geltend machen, gegebenenfalls als Streitgenossen im Sinne der §§ 59 f ZPO. Eine class action ist im deutschen Recht nicht eingeführt (in umwelthaftungsrechtlichem Zusammenhang Lytras 435). Die Häufung gleichförmiger Verletzungen kann allerdings im Rahmen der Beweiswürdigung gemäß § 286 ZPO bei Feststellung der haftungsbegründenden Kausalität bedeutsam sein (Rn 233).

VII. Verantwortlichkeit: materielle Problematik

1. Übersicht

136 Aus der Sphäre des **Ersatzpflichtigen** sind der Umwelthaftung spezifische Grenzen **materiell-haftungsrechtlicher** und **prozessualer** Natur (zu deren Trennung zutr Schmidt-Salzer § 1 UmweltHG Rn 117) gesetzt. Die schon **materiellrechtlichen** Zurechnungsprobleme hinsichtlich der **Verursachung** einer Rechtsgutsverletzung bzw eines Schadens durch eine Umwelteinwirkung betreffen alle Haftungsgrundlagen (zur Gefährdungshaftung Steffen UTR 11 [1990] 71, 82). Materielle Zurechnungsschwierigkeiten bestehen aber auch hinsichtlich der Unerlaubtheit bzw Erlaubtheit der Umwelteinwirkung und des dadurch verursachten Schadens; die Frage der **Rechtswidrigkeit** stellt sich bei der **Delikts-** und der **Aufopferungshaftung.** Je nach den Erfordernissen des haftungsbegründenden Tatbestands, also namentlich bei der **Deliktshaftung,** ist auch das Kriterium des **Verschuldens** von materiellrechtlichem Belang.

2. Haftungsbegründende Kausalität

137 Die **haftungsbegründende Ursächlichkeit** eines Emissionsereignisses für den Eintritt eines Verletzungserfolges ist das **Minimum an Zurechnungsbedingung** (generell für Schadensersatzansprüche Mot zum BGB, Bd 2 [1898] S 18; grundsätzlich zur rechtstheoretischen Fundierung in umwelthaftungsrechtlichem Zusammenhang Quentin 102 ff, zur rechtsethischen Fundierung im Zusammenhang mit dem Verursacherprinzip Lytras 226 f; Erl 88; Feess, Haftungsregeln 46; Lytras 230), das alle umweltrechtlichen Haftungsgrundlagen für die Zuordnung der Haftung zu einem Emittenten (zur Sonderfrage zusätzlicher Haftung von kreditgebenden Banken Bigalke, Die umweltrechtliche Verantwortlichkeit von gesicherten Kreditgebern [1994]; Höche, Banken und Umwelt, WM 1996, 1852 ff; Pudill Kreditwesen 1995, 258 ff) aufstellen (Lytras 230 f; Stecher 154). In Bezug auf dieses Erfordernis (grundsätzlich krit auf dem Hintergrund der ökonomischen Analyse des Rechts und des wirtschaftswissenschaftlichen Coase-Theorems Adams JZ 1989, 787 ff; dag Kirchgässner JZ 1990, 1042 ff) sind gemeinsame, **alle Haftungssysteme übergreifende Aspekte und Regeln** feststellbar, die in einem **allgemeinen Teil** der Zurechnung kraft Kausalität zusammenzufassen sind.

138 Die im Zusammenhang mit der Kausalitätsermittlung zu stellenden Fragen lauten in der Regel (DIEDERICHSEN, in: Vhdl 56. DJT L 79 ff; DÖRING 54; ENDERS 139 f; ENGELHARDT 215; ERL 89 f; HAGER NJW 1991, 134, 137; LYTRAS 247 ff; PELLONI 143; SAILER 70 f; SAUTTER 147 f; SCHWABE VersR 1995, 371, 373; teilw abw HOPP 21; REITER 78 ff; STECHER 190): Erstens, ist ein bestimmter Schadstoff überhaupt geeignet, die eingetretene Rechtsgutsverletzung bzw den eingetretenen Schaden auszulösen (zur naturwissenschaftlichen Problematik BRÜGGEMEIER, Umwelthaftungsrecht [1989] 217; WIESE 35), besteht also eine **Kausalitätseignung;** zweitens, emittiert die in Frage stehende Anlage diesen Stoff, gibt es daher eine **Initialkausalität;** drittens, kann die ursächliche Verknüpfung des Ausstoßes dieses Schadstoffes mit der eingetretenen Rechtsgutsverletzung bzw dem eingetretenen Schaden, dh die **Grundkausalität,** festgestellt werden; und viertens, wenn es um Verhaltenshaftung geht, kann die den Schaden auslösende Emission als **Handlungskausalität** dem Unternehmen als haftungsrechtlich relevantes Verhalten, bei Gefährdungs- oder Aufopferungshaftung aus anderen Gründen wie namentlich der veranlasserbezogenen Korrelierung von Nutzen und Kosten, zugerechnet werden.

a) Problematik

139 Die Ermittlung der haftungsbegründenden Ursächlichkeit eines Ereignisses oder einer Anlage bereitet im Umwelthaftungsrecht besondere Schwierigkeiten aus Gründen, die in der Natur der Sache liegen (statt vieler ENGELHARDT 214; HAGER UTR 11 [1990] 133, 144 f; B LEONHARD 24 ff, 47 f; WOLFF 34; anschaulich für das sog Waldsterben, aber nicht darauf beschränkt QUENTIN 195 ff). Die damit aufgeworfenen Probleme gelten als die alle Anspruchsgrundlagen betreffenden größten des Umweltprivatrechts (ASSMANN, Rechtsfragen des Kausalitätsnachweises bei Umweltschäden; in: R NICKLISCH [Hrsg], Prävention im Umweltrecht [1987] 155 ff, 157 f; BAUMANN JuS 1989, 433, 437; BAUMGÄRTEL JZ 1984, 1109, 1109; BRÜGGEMEIER KritV 1991, 297 ff; ders, in: FS Jahr 232 f; DIEDERICHSEN, in: Vhdl 56. DJT L 79; ders, in: FS Lukes 53; ENDERS 138; FALK, EG-Umwelt-Audit-Verordnung [1998] 105; FELDHAUS UPR 1992, 161, 164; GMEHLING 181; GODT 184; HAGER NJW 1986, 1961, 1966; ders UTR 11 [1990] 133, 144 f; HOPP 15; IWANOWITSCH 42; KLOEPFER UTR 11 [1990] 35, 46; ders NuR 1990, 337, 341; B LEONHARD 24 ff; MEDICUS NuR 1990, 145, 147; NICKLISCH VersR 1991, 1093, 1094; QUENTIN 202; SAUTTER 23; SELMER 5; STECHER 181; STEFFEN UTR 11 [1990] 71, 86 f; ders NJW 1990, 1817, 1820 f; VELDHUIZEN 5 f; H WESTERMANN, in: FS Larenz [1973] 1012; WOLFRUM/LANGENFELD 263 ff). Hier finden sich für die Umwelthaftung typische **tatsächliche Problematiken** und stellen sich infolgedessen **spezifische Rechtsfragen.**

140 Die Ursachenfeststellung bereitet Schwierigkeiten wegen der **Allgegenwart** insbesondere von Luftschadstoffen (STECHER 181 ff) und wegen der oft auch die Umweltmedien übergreifenden (STECHER 185 f) **Wirkungsüberlagerungen** und Rückkoppelungen von Schadstoffen (REITER 77). Der private Immissionsschutz ist auf die Kollision einzelner bestimmter Eigentumsbefugnisse, überdies generell das Haftungsrecht auf Zweierbeziehungen zugeschnitten, während die in den zahlreichen Fällen einer ubiquitären und weiträumigen Störung einer Vielzahl von Rechtssphären durch eine Vielzahl von Störquellen mit ubiquitär auftretenden Immissionen privatrechtlich schwer zu erfassen ist (ASSMANN 157 f; vBAR KF 1987, 1; BRÜGGEMEIER KritV 1991, 297 ff, 300; GERLACH 201; GMEHLING 208 f, 236 ff; LANDSBERG/LÜLLING § 1 Rn 177; LYTRAS 341, 384; PELLONI 140 f; MARBURGER/HERRMANN JuS 1986, 354, 358; QUENTIN 195 ff; REITER 77 f; K SCHMIDT JuS 1976, 467; SCHMIDT-SALZER, in: vBAR [Hrsg], Internationales Umwelthaftungsrecht II 130; SCHWABE VersR 1995, 371, 372 f; STEINBERG NJW 1984, 457 ff; WAGNER, Kollektives Umwelthaftungsrecht 30 ff; WECKERLE 4 ff) und **Informationsdefizite** (WIESE 36 f) sowie **Defizite** bei der

Schadens- und Schädigerwahrnehmung (plastisch Steffen UTR 11 [1990] 71, 73 f) **sachimmanent** angelegt sind.

141 Diese Erfassungsschwierigkeiten treten weniger bei Störfällen als bei Schäden infolge eines **Normalbetriebs** auf. Typischerweise beim Normalbetrieb können, und zwar gerade auch bei den jeweils für sich genommen unterhalb rechtlich erheblicher Schwellen liegenden Emissionen (Kloepfer § 4 Rn 319) sogenannter Kleinemittenten – einer Gruppe von Emittenten, von denen jeder für sich höchstens fünf Prozent Anteil am Eintritt des Verletzungserfolgs hat (zur Definition BT-Drucks 11/8134 zu § 1 Abs 1 UmweltHG-Entwurf; Paschke § 1 Rn 60) –, spezifische Verläufe des Verletzungs- und Schadenseintritts nicht festgestellt werden. Gerade auf diesem Wege treten nämlich **Distanzschäden,** dh emittentenferne Schäden (etwa als Folge der sog Politik der hohen Schornsteine; Adams ZZP 99 [1986] 129, 150; Diederichsen, in: Vhdl 56. DJT L 82; Gmehling 186 f; Landsberg/Lülling § 1 Rn 177; Reiter 77 ff), und **Langzeitschäden** (zum Zeitfaktor Gmehling 188; Adams ZZP 99 [1986] 129, 131 f; Lytras 225; Quentin 198; Medicus JZ 1986, 778, 781) und dabei typischerweise auch bei **Altlastfällen** (Enders 138) auf, namentlich – aber nicht ausschließlich – in Gestalt von **Summationsschäden** (Döring 58 f; Lytras 80; Quentin 197 ff). Summationsschäden sind Schäden, die erst durch das additive, potenzierende, synergetische oder antagonistische Zusammenwirken mehrerer, nicht notwendig gleichartiger Umwelteinwirkungen verursacht oder durch ein solches Zusammenwirken in ihrer Art und Intensität geprägt werden (Kloepfer § 4 Rn 319; Landsberg/Lülling § 1 Rn 177). Die Wirkungszusammenhänge sind oft auch deshalb nicht leicht aufklärbar, weil sie von Zufälligkeiten der natürlichen Verhältnisse (Gmehling 187 f), bei Gesundheitsschäden auch von individuellen Schadensanlagen und Verhaltensweisen des Geschädigten (Gmehling 189; Adams ZZP 99 [1986] 129, 146) abhängen.

b) Fragestellungen und Differenzierungen

142 Hinsichtlich der **rechtlichen Fragestellungen** ist bei Ermittlung des ursächlichen Zusammenhangs von Emission und Beeinträchtigung zwischen der **haftungsbegründenden** und der **haftungsausfüllenden Kausalität** zu unterscheiden; dabei ist ferner zwischen der Kausalitätsfeststellung im naturwissenschaftlichen Sinn und einer juristisch zurechnenden Kausalitätsbestimmung (Kloepfer UTR 11 [1990] 35, 54; Wiese 19 ff), dabei namentlich auch einer Haftungseinschränkung unter dem Gesichtspunkt des Schutzzwecks der Norm bzw des Rechtswidrigkeitszusammenhangs zu differenzieren (Lytras 250, 254 ff; Wiese 28 f). Ferner ist zu unterscheiden zwischen **materiellrechtlichen Erleichterungen** hinsichtlich der Zurechnung eines Verletzungs- und Schadensereignisses zu einem Emittenten und den **prozessualen Fragen** des Beweismaßes, der Beweisführungslast und Beweislast sowie der Möglichkeiten der Beweiserleichterung (statt vieler klar Kloepfer UTR 11 [1990] 35, 54).

143 Die hier zu unternehmende Klärung der materiellrechtlichen Erleichterungen hat dabei Vorrang; diese können zwei Bereiche betreffen. Einerseits ist eine **unter Kausalitätsgesichtspunkten** über die Anwendung der Adäquanzformel hinaus **erweiterte Zurechnung** zu erwägen. Zum anderen sind die Möglichkeiten und Grenzen einer **gesamtschuldnerischen Haftung** bei einer Mehrheit von Verursachern bedeutsam (vgl Schmidt-Salzer § 1 UmweltHG Rn 122). Die Gesamtschuld erlaubt es nämlich dem Geschädigten, einen beliebigen, daher namentlich auch den leistungsstärksten Schädiger auf Ersatz des ganzen Schadens in Anspruch zu nehmen und dadurch Probleme der Zurechnung einzelner Verursachungsanteile zu einzelnen Schädigern gegenstandslos zu machen, indem die Klärung der Verursachungsanteile in den Innenausgleich der Schädiger verlagert wird, wird damit das Kausalitätsproblem jedenfalls im Außenverhältnis entschärft (Diederichsen PHI 1990, 78, 87; Hopp 67; Gmehling 209).

c) Grundlagen der haftungsbegründenden Kausalität

144 Zur Ermittlung der **haftungsbegründenden Kausalität** gehört die Feststellung, dass der in Anspruch Genommene, ein Dritter, für den er haftet, oder eine von ihm betriebene Anlage auf die Umwelt eingewirkt hat, ferner dass diese Einwirkung für die Rechtsgutsverletzung bzw den Schadenseintritt zumindest **mitursächlich** war. Die Geltung des Kausalitätsprinzips, speziell in der Ausprägung der grundsätzlich akzeptierten **Adäquanztheorie** (in diesem Zusammenhang Enders 139; Kloepfer § 4 Rn 318; Lytras 259 ff), ist allerdings im Umwelthaftungsrecht spezifischen Abweichungen und Anfechtungen ausgesetzt.

aa) Äquivalente Kausalität bei der Gefährdungshaftung

145 Bei Haftung auf Grund eines **Gefährdungshaftungstatbestands** ist **abweichend** von der handlungsorientierten Adäquanztheorie jeder Beitrag zur Schadensentstehung als ursächlich anzusehen ohne Rücksicht darauf, ob die Schadensentstehung außerhalb der Vorhersehbarkeit nach allgemeiner Lebenserfahrung lag. Die grundsätzliche Anwendung der **Äquivalenztheorie** entspricht dem Sinn der Gefährdungshaftung, die Entfaltung eines Gefährdungspotentials gegen Erleichterung der Haftungsvoraussetzungen auch und gerade in Fällen zuzulassen, in denen Entwicklungsrisiken der gestatteten Gefährdung nicht von Anbeginn abschätzbar sind (Deutsch JZ 1991, 1097, 1099; Lytras 260 ff; Stecher 178 f; wohl **aA** Peter/Salje VP 1991, 8; H Stoll KF 1985, 185 ff und – zu § 22 – WHG BGHZ 57, 170, 175 = NJW 1972, 204). Die damit erzeugte Strenge der Haftung steht in Einklang mit der Absicht der auch Entwicklungsrisiken einschließenden Gefährdungshaftung, die gesamte Verwirklichung eines bestimmten Risikopotenzials, namentlich einer umweltgefährdenden Anlage, grundsätzlich haftungsrechtlich zurechenbar zu machen (**aA** Erl 109 ff). Allerdings entbindet auch diese Erweiterung im Sinne der Äquivalenztheorie nicht von der Feststellung eines haftungsbegründenden und haftungsausfüllenden Kausalitätszusammenhangs. Sie befreit überdies nicht davon, einen Gefahrzusammenhang zwischen dem eingetretenen Schaden und der Grundlage, dh dem spezifischen **Schutzzweck der jeweiligen Gefährdungshaftung** festzustellen (Hopp 20; Medicus, in: FS Gernhuber 304 ff; Stecher 177 f). Dies führt **zu Elementen der Adäquanztheorie** zurück, soweit der Schutzzweck der Gefährdungshaftung in concreto auf Umstände wie etwa der generellen Eignung zur Herbeiführung einer Schädigung durch den gefährdenden Vorgang unter Verstoß gegen den Schutzzweck der Haftungsnorm – hier, Umweltschutz zu fördern – beschränkt ist (Lytras 262 f unter Bezug auf Gottwald KF 1986, 11 und ders, Schadenszurechnung 89 f; zur Kausalität bei § 22 WHG Lytras 264 ff).

bb) Ablehnung eines ökologischen Kausalitätsbegriffs

146 Die **Adäquanztheorie** bzw bei Gefährdungshaftungstatbeständen die Äquivalenztheorie wird im Umwelthaftungsrecht **zugunsten eines ökologiespezifischen Kausalitätsbegriffs** schon im Grundsätzlichen als materielle Zurechnungsgrundlage (zur ähnlichen Problematik im Rahmen der Beweismaßes Rn 232) **in Frage gestellt** (Köndgen UPR 1983, 345, 355; dazu Gmehling 212, 224 f; Lytras 233 ff, 258 ff; Medicus JZ 1986, 778, 782; Pfeiffer 215; Wolff 42 f; zur Gleichwertigkeit von Schädiger und Geschädigtem unter dem haf-

tungsrechtlichen Aspekt der ökonomischen Analyse des Rechts ADAMS, Ökonomische Analyse der Gefährdungs- und Verschuldenshaftung [1985] 154 ff; ders JZ 1989, 787; in diesem Zusammenhang auch PANTHER pass [vgl dazu BRÜGGEMEIER KritV 1991, 297, 305]; krit KIRCHGÄSSNER JZ 1990, 1042). Befürwortet wird unter Verwendung dieses Begriffs eine gesamtschuldnerische Haftung unter Anknüpfung an die Verletzung der Verkehrssicherungspflicht, sich durch fortgesetzte Emission nicht auf die dem Emittenten erkennbare Tatsache eingestellt zu haben, dass schon scheinbar geringe Emissionen weitreichende Nachteile in einem ausgewogenen Ökosystem auslösen. Die Adäquanztheorie kann jedoch **nicht** in dieser Weise **modifiziert** oder gar abgelöst werden.

147 Ein spezifisch ökologischer Kausalitätsbegriff **bedürfte** der **gesetzlichen Grundlage.** Dies gilt umso mehr, als § 830 Abs 1 S 2 BGB gerade nur unter engen Voraussetzungen Ausnahmen von dem Erfordernis der festgestellten adäquaten Ursächlichkeit eines bestimmten Ereignisses für einen bestimmten Verletzungserfolg vorsieht. Die **gesetzliche Anordnung** eines solchen kausalitätsmodifizierenden Zurechnungskriteriums **fehlt mit Recht.** Der Verzicht auf das Erfordernis der ursächlichen Verknüpfung von Emission und Immissionsschaden führt nämlich jedenfalls im Bereich der Luftverunreinigungen, bei denen sich die Zurechnungsprobleme insbesondere stellen, zu einer mit Gerechtigkeitsdefiziten behafteten, ausschließlich **opfer- und nicht** mehr **verantwortungsorientierten Verdachtshaftung** aller Emittenten für alle emissionstypischen Schäden. Eine solche würde überdies den Präventionsanreiz des Umwelthaftungsrechts zwar steigern, aber die Präventionswirkung entscheidend im Sinne einer bloßen Negativkonditionierung verändern (QUENTIN 122 f), ohne dass diese Wirkungsverschiebung in einer hinreichend optimierten und vorhersehbaren Balance mit einer Abwägung der auch verbleibenden Wahrscheinlichkeit von Schadensnichtursächlichkeit im klassischen deterministischen Sinne und der Vorteile emittierender Aktivitäten bleibt. Schließlich lässt sich die spezifisch ökologische Zurechnungstheorie auch nicht widerspruchsfrei anwenden. Denn entgegen ihrer Intention wären auch **Kleinemittenten** in die Haftung einzubeziehen, weil die Erkennbarkeit der Schadensträchtigkeit selbst geringer Emissionen in der Regel heute auch bei diesen vorauszusetzen ist. Im Übrigen ist schon der Begriff des nach dieser Theorie zu privilegierenden Kleinemittenten nur unter Einschätzung seines Beitrags zum Verletzungserfolg bestimmbar, also die Ermittlung von Verursachungsanteilen zur Bestimmung des Kreises der Verantwortlichen ohnedies nicht zu vermeiden.

cc) Keine Zurechnung auf Grund emissionsbedingter Risikoerhöhung

148 Für den im Umweltbereich nicht seltenen Fall, dass eine bestimmte Umwelteinwirkung eine **statistisch nachweisbare Vermehrung** einer spezifischen **Verletzungsfolge** mit sich bringt, aber die **Verursachung** einer einzelnen bestimmten Verletzung durch den Betrieb dieses Gewerbes **nicht konkret ermittelbar** ist, wird ähnlich der amerikanischen market-share-liability vertreten (HAGER NJW 1986, 161, 167; REITER 125 ff; WIESE, Umweltwahrscheinlichkeitshaftung [1997] 82 ff; zur diesbezüglichen Vergleichbarkeit ASSMANN, Rechtsfragen des Kausalitätsnachweises bei Umweltschäden, in: NICKLISCH [Hrsg] Prävention im Umweltrecht [1987] 173; vgl auch KLOEPFER UTR 11 [1990] 35, 47 f zur rechtspolitischen Frage einer sog Gruppenverantwortung), dass jeder Verletzte unabhängig von der konkreten Verursachung seines Schadens einen dem Verhältnis der betriebsbedingten Risikoerhöhung bzw bei einem schädlichen Produkt dem Marktanteil entsprechenden Schadensersatzanspruch habe (ADAMS ZZP 99 [1986] 129, 148 ff; BODEWIG AcP 185 [1985] 505, 528 f). Beispielhaft ist der Fall, dass die Zahl der Krebserkrankungen in einem bestimmten Gebiet seit Inbetriebnahme eines entsprechend gesundheitsgefährdenden Gewerbebetriebs in einem bestimmten Umfang gestiegen ist.

149 Diese Grundlage für eine Schadensanlastung ist jedoch nicht bloß eine Beweiserleichterung (so wohl GMEHLING 226 ff; zur Frage des Beweismaßes und der Beweiserleichterungen Rn 232, 242 ff). Sie bedeutet vielmehr den Verzicht auf die zumindest **potentiell haftungsbegründende Kausalität,** indem eine zumindest teilweise Haftung auch dann begründet wird, wenn feststeht, dass einige Geschädigte nicht durch die fragliche Emission geschädigt wurden. Mit dem herkömmlichen Verständnis des als Stütze herangezogenen (BODEWIG AcP 185 [1985] 505, 542 ff) § 830 BGB lässt sich dies jedenfalls nicht vereinbaren (vgl Rn 171). In Wirklichkeit wird der Schritt von dem Erfordernis der Kausalität im klassischen linearen Sinn zur bloßen, oft nur geringen **Wahrscheinlichkeit einer Verursachung** getan, welche als materiellrechtliche Zurechnungskategorie genügen soll (vgl QUENTIN 119 ff; WIESE 41). Das Ergebnis ist eine mit dem Verursacherprinzip als einem zentralen Umweltschutzprinzip in Konflikt geratende (vgl KLOEPFER UTR 11 [1990] 35, 55 f) Verdachtshaftung, zumal auch die Bestimmung von Schadenswahrscheinlichkeiten an praktische Grenzen stößt (ASSMANN, Rechtsfragen des Kausalitätsnachweises bei Umweltschäden, in: NICKLISCH [Hrsg], Prävention im Umweltrecht [1987] 172 f; DÖRING 56 f), weil dafür, was die **praktische Anwendbarkeit** dieses Zurechnungsmodells beeinträchtigt, gesicherte statistische Materialien (HAGER NJW 1986, 1961, 1967) fehlen.

150 Für eine die Zurechnung unter dem Gesichtspunkt der haftungsbegründenden Kausalität rechtfertigende Einführung des Kriteriums der Wahrscheinlichkeit fehlt vor allem auch die substanzielle Rechtfertigung im Rahmen des geltenden Rechts (vBAR KF 1987, 1, 4; ENGELHARDT 223; HOPP 104 f, namentlich zur Begründung mit der ökonomischen Analyse des Rechts; KÖNDGEN UPR 1983, 345, 347; TH MEYER 162 f; PFEIFFER 218 f; SCHWABE VersR 1995, 371, 375; dies konzedierend auch QUENTIN 126), deren es besonders bedarf, weil aus Sicht des Schädigers betrachtet mit Sicherheit eine fehlerhafte Entscheidung (so GMEHLING 228 f) getroffen wird. Der auf der so genannten ökonomischen Analyse des Rechts fußende Hinweis auf die Eignung zur optimalen Integration externer Kosten bei diffusen Summations-, Distanz- und Allmählichkeitsschäden (vgl SCHWARZE, Präventionsdefizite 189 ff; WIESE 41) ist de lege lata keine zureichende Begründung, weil das geltende Recht eine Schadensanlastung unter Berufung auf ökonomisch wirkende Präventionsstrategien als solche nicht anerkennt. Die bloß probabilistisch-statistische Verknüpfung von Emission und Verletzung, zumal wenn auf wertende Einzelfallentscheidung abstellend (VOGEL 200 ff), lässt sich nämlich nicht mit einem auf Seiten des Haftenden **individuell zurechnenden Schadenshaftungssystem** verbinden (GOTTWALD KF 1986, 1, 27; TAUPITZ, Umweltschutz durch zivilrechtliche Haftung, in: NICKLISCH [Hrsg], Umweltrisiken und Privatrecht 41 f), dem überdies auf Opferseite ein konkrete **Individualnachteile kompensierendes Schadensausgleichssystem** entspricht (KÖNDGEN UPR 1983, 345, 347; REITER 129 f; nicht überzeugend dag SCHWARZE, Präventionsdefizite 208). Sie könnte allenfalls eine Beitragspflicht zu einem Umweltschadensfonds tragen, dessen Weiterverteilungskriterien allerdings wiederum durch Wahrscheinlichkeiten nicht klar bestimmt werden. Schadenshäufungen im Zusammenhang mit Emissionen und daran knüpfende Wahrscheinlichkeitsurteile sollten daher nicht zu einer Änderung der materiellen Zurechnungskriterien Anlass geben und damit das Regelbeweismaß des § 286 Abs 1 S 1 ZPO auf der Ebene des materiellen Rechts unterlaufen (so HOPP 27), sondern nur im Rahmen einer **Beweiswürdigung** hinsichtlich

der Frage der haftungsbegründenden Kausalität beachtet werden. Dies gilt umso mehr, als eine zum Schadensersatz verpflichtende Zurechnung allein kraft Beitragswahrscheinlichkeit Präventionsbemühungen in der Erkenntnis der relativen Unausweichlichkeit einer jedenfalls eintretenden Haftung entgegen dem Ansatz der ökonomischen Analyse des Rechts sogar verringern dürfte.

dd) Ausschluss einer objektiven Zurechnung durch Kausalitätsfeststellung mittels Gesamtschuld

151 Das Erfordernis, die haftungsbegründende Kausalität festzustellen, lässt sich bei einer vermeintlichen Ursachenmehrheit **nicht** beseitigen, indem das **Kausalitätsproblem mittels Ausweitung der Gesamtschuld gelöst** wird (vgl in diesem Sinne Gmehling 214). Die Gesamtschuld, die im Ergebnis wie eine Vermutung der Schadensverursachung eines jeden Beteiligten in voller Höhe wirkt (so Klimeck 80), ist eine Form der Haftungsorganisation einer Mehrheit von Verantwortlichen und setzt daher die Haftung einer Mehrzahl von Personen nach den allgemeinen Regeln voraus, zu deren Erfordernissen auch die haftungsbegründende Kausalität gehört. Die Fragen der Ursächlichkeit und der gesamtschuldnerischen oder anteiligen Haftung sind zu trennen, zumal die gesamtschuldnerische Haftung im Außenverhältnis gerade in einem Spannungsverhältnis zu der umweltrechtlichen Maxime der Verursacherverantwortlichkeit steht (vgl Schmidt-Salzer, in: vBar [Hrsg], Internationales Umwelthaftungsrecht II 128 f). Die Rechtsfigur der Gesamtschuld kann grundsätzlich allenfalls nach Feststellung zumindest einer Mitursächlichkeit helfen, wenn Zweifel an den Kausalanteilen bestehen.

152 Die Notwendigkeit, die Fragen der gesamtschuldnerischen oder anteiligen Haftung und der Ursächlichkeit zu trennen, gilt auch in umgekehrter Hinsicht. Die grundsätzliche **Verantwortungszurechnung** lässt sich auch **nicht durch Reduzierung** des Bereichs der **Gesamtschuld** zugunsten bestimmter für eine Rechtsgutsverletzung nach Adäquanz- oder bei Gefährdungshaftungstatbeständen, Äquivalenzgesichtspunkten ursächlicher Emittenten modifizieren, indem einige Emittentengruppen, namentlich Kleinemittenten, trotz festgestellter Ursächlichkeit ihres Beitrags zum Verletzungserfolg ohne weiteres nur unter Berufung auf Billigkeit aus der gesamtschuldnerischen Haftung herausgenommen werden (vgl Nawrath NJW 1982, 2361; dag Pfeiffer 150 f). In ihrer Summe können diese einen so erheblichen Schadensbeitrag geleistet haben, dass die auf Großemittenten beschränkte Gesamtschuld diese Emittentengruppe auch wegen des damit ausgeschlossenen Binnenausgleichs gemäß § 426 BGB (vgl Haller ZUR 1996, 21) unbillig belastet.

d) Varianten der Verursachungsbeiträge

aa) Notwendige und hinreichende Bedingung

153 Unter dem Aspekt der – folglich weiterhin grundsätzlich maßgeblichen – Formel der adäquaten bzw bei Gefährdungshaftungstatbeständen äquivalenten Kausalität ist derjenige, welcher allein eine notwendige und hinreichende Bedingung für den Verletzungserfolg (Gmehling 213; Quentin 51 ff, 80 ff) gesetzt hat, für den Eintritt der Verletzung verantwortlich, wenn – bei Anwendung der Adäquanzformel – nicht der Eintritt der Verletzung außerhalb aller Wahrscheinlichkeit liegt (RGZ 152, 397, 401; RGZ 158, 34, 38; BGHZ 7, 198, 204 = NJW 1953, 700; BGHZ 57, 137, 141 = NJW 1972, 36) bzw wenn die objektive Möglichkeit eines Erfolgs von der Art des Eingetretenen durch das als haftungsbegründend in Betracht gezogene Ereignis generell in nicht unerheblicher Weise erhöht wurde (BGHZ 3, 261, 266 ff im Anschluss an RGZ 133, 126 ff). **Monokausale** Ursachenzusammenhänge kommen in der Praxis insbesondere bei Störfällen vor, jedenfalls sind sie in einem solchen Fall am besten beweisbar; sie sind jedoch auch bei schädigenden Dauerimmissionen im Rahmen eines Normalbetriebs möglich. Die Zurechnung des Verletzungserfolgs zur emittierenden Anlage unter Kausalitätsgesichtspunkten ist in diesen Fällen allgemein anerkannt (statt vieler Paschke § 1 Rn 52 f).

bb) Nicht notwendige, aber hinreichende Bedingung

154 Ist der Verursachungsbeitrag nach den genannten Erfordernissen der Formel adäquater oder äquivalenter Kausalität für den Verletzungseintritt nicht notwendig, aber hinreichend, so ist abweichend von der Formel der Äquivalenz- und der Adäquanztheorie eine Haftung aller Beteiligten anerkannt (BGHZ 101, 106, 112 = NJW 1987, 2810 ff). Dies ist erforderlich, um das logische, aber praktisch untragbare Ergebnis wechselseitiger Haftungsentlastung zu vermeiden (Landsberg/Lülling § 1 Rn 181; Paschke § 1 Rn 63; Schmidt-Salzer § 1 UmweltHG Rn 148). Dies ist der Fall der **Doppelkausalität,** auch als **konkurrierende** (Salje §§ 1, 3 Rn 134) oder **alternative Kausalität** (Schwabe VersR 1995, 371, 373; dag terminologisch Schmidt-Salzer § 1 UmweltHG Rn 146; dazu begrifflich Rn 16) bezeichnet. Sie liegt vor, wenn jeder Emittent allein durch seine Emission den gesamten Schaden unabhängig von anderen Emissionsbeiträgen herbeiführt oder, würden dies nicht schon andere Emissionen bewirken, herbeiführen könnte (BGH VersR 1971, 818, 819; VersR 1983, 731 ff; Landsberg/Lülling § 1 Rn 181). Als Schulbeispiel gilt die gleichzeitige Gewässerverunreinigung durch mehrere Betriebe auf Grund der Einleitung von Schadstoffen, die jeweils selbstständig genügen, um das eingetretene Fischsterben auszulösen.

cc) Notwendige, aber nicht hinreichende Bedingung

155 Nach der Äquivalenzformel ist unter dem Gesichtspunkt der Kausalität ein Verletzungserfolg auch demjenigen zuzurechnen, der eine notwendige, aber nicht hinreichende Bedingung für dessen Eintritt gesetzt hat (OLG Düsseldorf NJW 1998, 3720 m Anm Salje JZ 1999, 685 ff; Salje §§ 1, 3 Rn 133; Gmehling 213; Lytras 409; Wolfrum/Langenfeld 223; allg Ansicht), und zwar materiellrechtlich ohne Rücksicht auf die schadensstiftende, oft zeitlich erheblich gestreckte Verkettung mit anderen Umständen (Schmidt-Salzer § 1 UmweltHG Rn 212 ff). Dies ist der Fall der notwendigen **koinzidierenden Kausalität** (Gmehling 213 im Anschluss an Weckerle 90 ff; Lytras 403), auch **komplementäre Kausalität** (Paschke § 1 Rn 56; Schmidt-Salzer § 1 UmweltHG Rn 165) oder, wenn das Zusammenwirken sogar qualitativ oder quantitativ die Summe der hypothetischen Einzelschäden überschreitet, **kumulative Kausalität** (Lytras 403; Salje §§ 1, 3 Rn 133; Schwabe VersR 1995, 371, 373) genannt (vgl Rn 18 f). Diese Kausalitätsform kann im Fall der summierten Kausalität (Paschke § 1 Rn 57) als bloß quantitatives Überschreiten schädigend wirkender Emissionsgrenzen durch das Zusammentreffen von Schadstoffen auftreten, aber auch in Gestalt synergetischer Kausalität (Landsberg/Lülling § 1 Rn 176; Paschke § 1 Rn 57; Schmidt-Salzer § 1 UmweltHG Rn 202) als verletzungsträchtiger Qualitätswechsel zusammenwirkender, je für sich nicht schädigender Stoffe (Salje §§ 1, 3 Rn 133). In diesen Fällen kann je nach Sachlage auch ein Vielzahle von Kleinemittenten schadensursächlich sein, wenn mehrere Emissionen die Verletzung durch additive oder synergetische Effekte auslösen, also mehrere Emittenten Summationsschäden, und zwar praktisch insbesondere als Distanz- und Langzeitschäden, verursachen.

156 Die wegen der Ubiquität der möglicherweise beteiligten Schadstoffe häufig zu konstatierende **Unüberschaubarkeit der Emissionsbeteiligten** führt in diesen Fällen zwar in der Regel dazu, dass in bezug auf jeden einzelnen Kleinemittenten von einer weder notwendigen noch hinreichenden Bedingung ausgegangen werden muss (dazu Rn 157). Sollte es sich aber im Einzelfall so verhalten, dass der Kreis der Verursacher bestimmbar ist, ist deren Haftung unter Kausalitätsgesichtspunkten nicht allein deswegen ausgeschlossen, weil es sich um Kleinemittenten handelt (Paschke § 1 Rn 58). Summations- und Distanzschäden, auch wenn sie von **Kleinemittenten** verursacht sind, sind **nicht** als solche **rechtlich absichtlich von der Haftung ausgenommen** (**aA** Sailer 101, mit verfehltem – da für jeden Normalbetrieb typisch – Hinweis auf Sozialadäquanz und öffentlich-rechtlicher Gestattung). Selbst das Umwelthaftungsgesetz verfolgt einen derartigen Schutzzweck nicht (so aber Landsberg/Lülling § 1 Rn 182; Landsberg/Lülling DB 1991, 479, 480); es ist nur die regelmäßige Konsequenz der Unaufklärbarkeit der Wirkungszusammenhänge, dass eine Haftung mangels Zurechenbarkeit unter Kausalitätsgesichtspunkten gewöhnlich scheitert, ohne dass aber dieses Ergebnis als wünschenswert anzusehen wäre (Paschke § 1 Rn 169; Marburger KF 1990, 4, 12; Schmidt-Salzer KF 1990, 21, 28 f; ders § 1 UmweltHG Rn 132 ff; Wang 29 f).

dd) Weder notwendige noch hinreichende Bedingung

157 Unter Kausalitätsgesichtspunkten machen die Emissionen besondere Schwierigkeiten, die je für sich weder notwendig noch hinreichend für den Eintritt des Verletzungserfolgs sind, aber doch in ihrer Summe die Ursache für den Verletzungserfolg setzen; man kann diese als **summiert hinreichende** Ursachen oder **minimale Ursachen** (vgl Rn 20; Lytras 403) bezeichnen. Praktisch vor allem in diese Kategorie gehören die meisten auf Additionswirkung oder synergetischen Effekten (Schwabe VersR 1995, 371, 374) beruhenden **Summationsschäden,** namentlich auch als Distanz- und Langzeitschäden, und zwar gerade solche, die durch **Kleinemittenten** aufgrund jeweils unwesentlicher minimaler (vgl Rn 20) Emissionen erzeugt werden (Reiter 21; Steffen UTR 11 [1990] 71, 86). Ob die Haftung für derartige Emissionen wegen Nichtzurechenbarkeit mangels Kausalität ausgeschlossen ist, ist insbesondere hier **je nach Anspruchsgrundlage getrennt** zu untersuchen.

ee) Hypothetische Kausalität und rechtmäßiges Alternativverhalten

158 **Hypothetische Kausalität** liegt vor, wenn ein Ereignis nur deshalb nicht wirksam werden kann, weil eine zweite, davon unabhängige Kausalkette mindestens denselben Schadenseffekt früher herbeiführt (Hopp 22; Schmidt-Salzer § 1 UmweltHG Rn 203); es handelt sich um den Fall der **konkurrierenden Kausalität** (vgl Rn 16; Brüggemeier UTR 12 (1990) 261, 269; Enders 158; Quentin 93 ff; Schwabe VersR 1995, 371, 374; Weckerle 98; Wiese 33). Im Umwelthaftungsrecht kann diese Sachlage insbesondere vorliegen, wenn eine Immission eine Verletzung verursacht, die auf Grund der spezifischen Konstellation sonstiger Umstände, namentlich auch der Konstitution der verletzten Person oder Sache ohnedies eingetreten wäre. Der real **wirkende Umstand** ist hier in Abweichung von der Äquivalenzformel im Rechtssinne **ursächlich,** um auszuschließen, dass eine Haftung unbilligerweise vollständig entfällt (Brüggemeier UTR 12 [1990] 261, 270; Enders 158). Die Reserveursache ist in solchen Fällen zwar nicht haftungsbegründend (Schmidt-Salzer § 1 UmweltHG Rn 203), sofern sie nicht zumindest real mitursächlich war (Schmidt-Salzer § 1 UmweltHG Rn 208); sie ist jedoch auch im Umwelthaftungsrecht in Übereinstimmung mit den Grundsätzen des allgemeinen Haftungsrechts in der Weise zu berücksichtigen (Schwabe VersR 1995, 371, 374), dass zwar die Zurechnung der real wirksam gewordenen Ursache nicht ausgeschlossen ist (Erl 94 f; Hopp 22), aber der **Umfang** des geschuldeten Schadensersatzes **wegen der Reserveursache beschränkt** sein kann. Diese Beschränkung wird bestimmt durch den Umfang des Schadens, der bis zur fiktiven zweiten Verletzung durch die hypothetische Reserveursache unter Anwendung der schadensrechtlichen Differenzhypothese zu ermitteln ist (Schwabe VersR 1995, 371, 374; zur Beweislast BGH NJW 1972, 1515 ff), sofern nicht der Geschädigte durch diese Haftungsreduzierung bei Vorhandensein eines potentiellen Zweitschädigers dadurch benachteiligt wird, dass dieser mangels wirklicher Verursachung eines Schadens überhaupt nicht haftet.

159 Der Einwand des **rechtmäßigen Alternativverhaltens** gründet sich auf den Umstand, dass dieselbe Verletzung und der entsprechende Schaden ebenso bei korrektem Verhalten eingetreten wäre. Hinsichtlich der Erheblichkeit dieses Einwands gelten im Umwelthaftungsrecht keine Besonderheiten (Schwabe VersR 1995, 371, 374). Soweit die Haftungsgrundlagen wie bei der **Gefährdungs-** und bei der **Aufopferungshaftung** unabhängig von der Frage nach Rechtswidrigkeit (vgl insoweit zur Weiterentwicklung der Aufopferungshaftung Rn 87 ff) und Schuld zum Ersatz verpflichten, ist der Einwand **unerheblich.** Hinsichtlich der Haftung auf Grund **unerlaubter Handlung** gelten die dortigen Prinzipien; wenn die Pflichtwidrigkeit nicht gerade die Missachtung von Verfahrensregeln betrifft, kommt insbesondere in Betracht, dass die Haftung mangels Kausalität der Pflichtwidrigkeit am Verschuldenserfordernis scheitert, oder dass es je nach dem Schutzzweck der verletzten Norm oder Verkehrspflicht an dem gebotenen Rechtswidrigkeitszusammenhang zwischen Beeinträchtigungsursache und Verletzungserfolg fehlt (Schwabe VersR 1995, 371, 374).

3. Kausalitätsbezogene materiellrechtliche Zurechnung, einschließlich § 830 BGB und Gesamtschuld: Grundlagen; insbesondere Deliktshaftung

a) Vorrangige materielle Zurechnung; insbesondere Zurechnung gemäß § 830 BGB und mittels Gesamtschuld

160 Wenn nicht eine einzelne Emission unstreitig eine notwendige und hinreichende Bedingung für den Schadenseintritt gesetzt hat, also bei einer wirklichen oder potenziellen Mehrheit von Ursachen, stellt sich das Problem der Ursachenermittlung in bezug auf alle vorstehend dargestellten Kausalitätsvarianten. Seiner Thematik entsprechend ist es zwar ein **prozessual-beweisrechtliches** (dazu Rn 230 ff); diesem geht jedoch bei einer Mehrheit wirklich oder potentiell zusammenwirkender oder sonst sich überlagernder Schadensursachen schon im Außenverhältnis zum Geschädigten die Frage nach der **materiellrechtlichen Zurechnung** zu einem oder mehreren der Beteiligten **und nach der Verantwortungsverteilung** zwischen den Beteiligten **voran.**

161 Als materiellrechtliche Zurechnungserleichterung wirkt namentlich **§ 830 BGB** (dazu insges unter dem Gesichtspunkt kausaler Zurechnung grds krit Quentin 151 ff), insbesondere **Abs 1 S 2** (Lytras 384 ff; Quentin 166 ff). Soweit überdies bei einer Ursachenmehrheit eine **gesamtschuldnerische Haftung** statt einer **Haftung pro rata,** bezogen auf den jeweiligen Verantwortungsanteil, in Betracht kommt, wirkt sich die **Organisation des Haftungsverbundes** bei einer Mehrheit zusammenwirkender oder sonst sich überlagernder Schadensursachen schon auf den **Umfang der erforderlichen Kausalitätsermittlungen** aus, weil das **Maß des jeweiligen Verursachungsbeitrags** im Falle einer feststehenden oder als feststehend anzunehmenden Mehrheit zusammenwirkender Emissionen bei Annahme eines gesamtschuldnerischen Haftungsverbandes im Außenverhältnis nicht festgestellt werden muss.

162 Ausgehend von den tatsächlich möglichen und im Prozessvortrag zu erwartenden Konstellationen sind folglich die Voraussetzungen für die Erforderlichkeit des Kausalitätsnachweises in ihrer Abhängigkeit von der **Möglichkeit materieller Zurechnung bei real oder potentiell komplexen Verursachungsverhältnissen,** sei es mit Hilfe des § 830 BGB oder in sonstiger Weise, und nach der gesamtschuldnerischen Organisation des Haftungsverbundes zwischen mehreren Mitverursachern zu erörtern. Bei den Emittenten, die **weder** einen **notwendigen noch** einen **hinreichenden Beitrag** für die schädigende Emission geleistet haben, ist die Frage nach der Möglichkeit einer gesamtschuldnerischen Haftung zugleich eine solche nach der grundsätzlichen Zurechenbarkeit ohne Rücksicht auf Verursachung im Sinne der herkömmlichen Kausalitätsformeln. Dabei ist in allen möglichen **Sachverhaltsvarianten** zwischen den in Betracht zu ziehenden **Haftungsgrundlagen** zu **unterscheiden.**

b) Notwendige und hinreichende Bedingung

163 Bei der etwa erforderlichen Feststellung, ob eine behauptete notwendige und hinreichende Bedingung für eine umweltbedingte Verletzung durch eine Umwelteinwirkung gesetzt wurde, bietet das **materielle Recht in der Regel keine Hilfe.** Dies gilt sowohl hinsichtlich der Regeln der Gesamtschuld, aber auch für § 830 Abs 1 S 2 BGB. Diese Vorschrift setzt nämlich stets die Behauptung mehrerer konkurrierender Kausalverläufe voraus, die jeweils für den Erfolgseintritt nicht notwendig, aber jeweils für ihn ganz oder zu einem bestimmten Teil hinreichend sind (BGHZ 72, 355, 358 = NJW 1979, 544 f; Assmann, Rechtsfragen des Kausalitätsnachweises bei Umweltschäden, in: Nicklisch [Hrsg], Prävention im Umweltrecht [1987] 168 f; Gottwald, in: FS H Lange 466; Schwabe VersR 1995, 371, 375).

164 Ausnahmsweise ist eine gesamtschuldnerische Schadenszurechnung gemäß **§ 830 Abs 1 S 2 BGB** zuzulassen, wenn der Verletzungserfolg zwar nur **von einer Ursache** herrührt, für deren Wirksamwerden allerdings **mehrere Personen gleichrangig** verantwortlich sind (BGHZ 85, 375, 387 = NJW 1983, 872, 875; Lytras 393 f).

165 Haftungshindernisse, die sich aus Schwierigkeiten bei der Feststellbarkeit eines Verletzungsereignisses bei Behauptung einer Schadensverursachung durch ein Ereignis ergeben, das eine notwendige und hinreichende Bedingung für den Verletzungserfolg sein soll, können darüber hinaus mithin in der Regel nur **prozessual-beweisrechtlich** beseitigt werden (vgl dazu Rn 230 ff). Dabei kann allerdings das **materielle Recht** durch geeignete Beweislastverteilung und durch Auskunftsansprüche, vor allem aber auch durch Reduzierung von gesetzlichen Haftungsvoraussetzungen **unterstützend** wirken.

c) Nicht notwendige, aber hinreichende Bedingung

166 Werden nicht notwendige, jedoch jeweils hinreichende Verursachungsbeiträge behauptet (vgl Schmidt-Salzer § 1 UmweltHG Rn 145 ff), so ist materiellrechtlich danach zu **unterscheiden,** ob feststeht, dass beide oder mehrere Beiträge zugleich gewirkt haben, oder ob feststeht, dass nur einer von mehreren Beiträgen gewirkt hat, jedoch nicht feststellbar ist, welcher von diesen, oder ob beides nur behauptet wird, ohne dass eine dieser beiden Sachverhaltskonstellationen der **alternativen Kausalität** feststeht.

aa) Im Rahmen der Deliktshaftung führt es gemäß § 840 Abs 1 BGB **unmittelbar** zu einer **gesamtschuldnerischen** Haftung der Beteiligten, wenn **feststeht,** dass der Verletzungserfolg durch **mehrere Beiträge gleichrangig** wirkend verursacht wurde (Diederichsen, in: FS R Schmidt [1976] 16; Landsberg/Lülling § 1 Rn 181; Medicus JZ 1986, 778, 781; Paschke § 1 Rn 86; Reiter 94 f; Salje §§ 1, 3 Rn 134; Wang 115 ff; **aA** BGHZ 72, 289, 297 f = NJW 1979, 164 ff; BGHZ 89, 383, 399 = NJW 1984, 1226 ff). 167

Ist festgestellt, dass eine Immission wirksam wurde, während die an sich zur Herbeiführung desselben Erfolgs geeignete **Reserveursache** nicht mehr wirken konnte, so ist die real wirkende Immission unter Abweichung von der Äquivalenzformel nach wohl allgemeiner Ansicht als ursächlich anzusehen (Rn 158; statt vieler Erl 94 f; Wiese 33; Wolfrum/Langenfeld 222). 168

bb) Steht nur fest, dass **bloß ein Beitrag wirksam** geworden ist, **nicht** jedoch, **welcher von den mehreren Beiträgen,** hätte aber jeder von diesen den Verletzungserfolg zur Gänze oder in identischen Teilen für sich ebenfalls herbeiführen können – dies ist der Fall der **alternativen Kausalität** (vgl Enders 158 ff; Schmidt-Salzer § 1 UmweltHG Rn 166 ff; Wiese 32) –, so ist vor einer Beweiserhebung über die die Feststellung der konkreten Verursachung erübrigende Anwendung der materiellen Zurechnungsregel des § 830 BGB zu entscheiden. **Ist § 830 BGB anwendbar,** so hat dies **gemäß § 840 Abs 1 BGB** eine **gesamtschuldnerische Haftung** der aufgrund dieser Norm gemeinschaftlich Verantwortlichen zur Folge (Gottwald, in: FS H Lange 464). 169

α) **§ 830 Abs 1 S 1 BGB** (Wang 86 ff) und **§ 830 Abs 2 BGB** (Wang 99 ff) erfordern ein **bewusstes und gewolltes Zusammenwirken** mehrerer Verursacher bzw eine Teilnahme eines Emittenten als Anstifter oder Gehilfe an der unerlaubten Handlung eines anderen. Bei Umwelteinwirkungen ist jedoch das bloß zufällige Zusammentreffen von Emissionen typisch (Kloepfer § 4 Rn 322; Lytras 385; Schimikowski, Umweltrisiken Rn 51). 170

β) **§ 830 Abs 1 S 2 BGB,** der ebenfalls gemäß § 840 Abs 1 BGB zu einer gesamtschuldnerischen Haftung führen kann (Enders 159; Quentin 166, 193; Schmidt-Salzer § 1 UmweltHG Rn 169) und deshalb eine Schadensanteilsschätzung gemäß § 287 ZPO erübrigt, setzt bei Unaufklärbarkeit des Kausalzusammenhangs (Schmidt-Salzer § 1 UmweltHG Rn 168, 172; Stecher 301) die Feststellung voraus, dass **jeder Beteiligte allein potentiell den gesamten Schaden** infolge derselben Rechtsgutverletzung oder eine Rechtsgutsverletzung mit **identischem Teilschaden** (zu verschiedenen Teilschäden Quentin 182 ff; insow ist eine Schadenszuordnung im Rahmen des § 287 ZPO zu treffen) hätte verursacht haben können (Assmann 155 ff; Enders 159; Erl 125 ff; Gütersloh 32; Hager NJW 1986, 1961, 1969; Kloepfer § 4 Rn 322; Landsberg/Lülling § 1 Rn 181; Lytras 386, 401; Medicus JZ 1986, 778, 781; ders UTR 11 [1990] 5, 17 f; Paschke § 1 Rn 64 f; Quentin 166 ff; Reiter 95 ff; Salje §§ 1, 3 Rn 134; Schimikowski, Umweltrisiken Rn 53; Schmidt-Salzer § 1 UmweltHG Rn 168, 172; Schwabe VersR 1955, 371, 373, 375; Steffen UTR 11 [1990] 71, 89; krit Gmehling 215 ff; Stecher 303 ff) und eine dritte Ursache nicht in Betracht kommt (Schmidt-Salzer § 1 UmweltHG Rn 168, 174); das oft aufgestellte Erfordernis, es müsse zusätzlich auch ein raum-zeitliches Zusammentreffen der in Betracht gezogenen Ereignisse feststellbar sein (BGH NJW 1957, 1835 f), hat daneben keinen selbständigen identifizierbaren Inhalt (Deutsch NJW 1981, 2731, 2732) und ist auch nicht mit der ratio des § 830 Abs 1 S 2 BGB in Einklang zu bringen (Quentin 175 f). Dabei genügt für die Haftung eines jeden Be- 171 teiligten, wenn nachgewiesen ist, dass sein Verursachungsbeitrag für den Verletzungserfolg hinreichend war, wenn er wirksam geworden sein sollte, da konkurrierende Kausalität nicht von der Haftung befreit (Rn 154). Steht hingegen die Alleinursächlichkeit eines Beteiligten fest, kommt jedoch potenziell ein Zweiter als Verursacher desselben Schadens neben diesem in Betracht, ist § 830 Abs 1 S 2 BGB nicht anwendbar, weil die von dieser Regelung vorausgesetzte Beweisnot nicht so weit geht, dass der Geschädigte ohne deren Anwendung keinen Beteiligten haftbar machen könnte (BGHZ 67, 14, 19 f = NJW 1976, 1934; BGHZ 72, 355, 360 f = NJW 1979, 544, 545; Erl 128; Wang 188 ff).

172 Die Anwendung des § 830 Abs 1 S 2 BGB scheidet in diesen Fallkonstellationen allerdings **bei eigener Beteiligung des Geschädigten** an der Herbeiführung seines Emissionsschadens aus. Überdies fehlt es in solchen Fällen gelegentlich an dem dem Begriff der Beteiligung entnommenen Erfordernis des **einheitlichen objektiven Gefährdungstatbestands,** wenn **Einheitlichkeit zeitlich-räumliche** und **Gleichartigkeit der schädigenden Emissionen** nicht gegeben sind (vgl allg BGHZ 33, 286, 291 = NJW 1961, 263; BGHZ 55, 86, 93 = NJW 1971, 506; BGHZ 72, 355, 359 = NJW 1979, 544 f offenlassend; BGHZ 101, 106, 112 = NJW 1987, 2810, 2812; bestr; Diederichsen, in: Vhdl 56. L 92; Paschke § 1 Rn 66; Wiese 60).

173 § 830 Abs 1 S 2 BGB kommt nach den **allgemeinen Grundsätzen** der Norm daher in folgenden Fällen in Betracht: Obstspritzungen mehrerer Bauern haben ein Bienensterben herbeigeführt, wobei jede Spritzung allein den Tod der Bienen verursacht haben kann (OLG Neustadt VersR 1958, 251, 252; Gmehling 220 f). Schwefeldioxidimmissionen zerstören eine Gemüsekultur; zwar kommen mehrere Emittenten als Schadensverursacher in Betracht, doch ist der Immissionsbeitrag des Beklagten so erheblich, dass er den Gesamtschaden bei Fehlen anderer Immissionen auch allein hätte herbeigeführt haben können (für die Deliktshaftung zutr Gmehling 221 f zu LG Hamburg MDR 1965, 45, 46). Ebenso kann es im Fall der für Rissbildungen ursächlichen Sprengarbeiten in zwei Steinbrüchen liegen (BGHZ 66, 70, 76 = NJW 1976, 797; Gmehling 222 f). Dasselbe gilt bei Einleitung von Hühnergülle in einen Wasserlauf, wenn dieser Vorgang allein trotz Vorhandenseins weiterer Immissionen das Fischsterben ausgelöst haben kann (BGHZ 57, 257, 262 = NJW 1972, 205; Gmehling 223). **Wesentliche Gemeinsamkeit** ist stets, dass der Beitrag eines auf Schadensersatzhaftung in Anspruch Genommenen zwar für den Eintritt des ganzen oder abgrenzbar-teilweisen schadensträchtigen Verletzungserfolgs **nicht** sicher **notwendig, jedoch potentiell hinreichend** ist.

174 **cc)** Wird **lediglich behauptet,** dass der in Anspruch Genommene eine nicht notwendige, aber hinreichende Bedingung für den Schadenseintritt gesetzt habe, ohne dass die Voraussetzungen des § 830 BGB vorliegen, insbesondere weil sogar die **Alternativität der Kausalität nur potentiell** ist, so bietet das materielle Recht dem Geschädigten keine Hilfe (vgl dazu näher unten Rn 128). Hier muss eine Sachverhaltsaufklärung im Prozess, eventuell mit Hilfe von Beweiserleichterungen, stattfinden.

d) Notwendige, aber nicht hinreichende Bedingung

175 Bei den notwendigen, aber nicht hinreichenden Schadensursachen, typischerweise der im Umwelthaftungsrecht wohl als Regel anzusehende Fall der **komplementären** Kausalität (Enders 160), ist eine Haftung dem Grunde nach unter Anwendung der

Äquivalenz- und Adäquanzformel unzweifelhaft (ENDERS 157; SCHMIDT-SALZER § 1 UmweltHG Rn 165; WOLFRUM/LANGENFELD 222 f), aber die offene Frage nach gesamtschuldnerischer oder anteiliger Haftung praktisch von eminenter Bedeutung. Ihr ist auch bei Summations-, Langzeit- und Distanzschäden ebenso, wie dies bereits bei Fällen der hinreichenden Bedingung gilt, namentlich im Hinblick auf Kleinemittenten nicht schon dadurch auszuweichen, dass in diesen Fällen eine Haftung materiellrechtlich a priori von Rechts wegen nicht gewollt sei (vgl zum UmweltHG, aber darüber hinaus geltend, SCHMIDT-SALZER § 1 UmweltHG Rn 136 f). Damit zusammenhängend ist bei der rechtlichen Behandlung jeweils danach zu **unterscheiden,** ob das Vorhandensein und das Ausmaß eines mitursächlichen **Beitrags** zum Verletzungserfolg **festgestellt** oder es **tatsächlich unaufklärbar** ist (ebenso GÜTERSLOH 33).

176 Schon im klassischen Bereich der Deliktshaftung, deren rechtliche Ordnung für die Aufopferungs- und Gefährdungshaftung aufschlussreich sein kann, ist in den Fällen der notwendigen Mitursächlichkeit **stets** die Frage nach **gesamtschuldnerischer oder anteiliger Haftung** gestellt, weil sie über das erforderliche Maß an Aufklärung von Mitverursachungsanteilen mittelbar mitentscheidet. Insoweit sind in den **§§ 830, 840 BGB** materiellrechtliche Erleichterungen zur kausalitätsbezogenen Zurechnung einer immissionsbedingten Rechtsgutsverletzung oder einer Schutzgesetzverletzung sowie Regelungen betreffend den Haftungsverbund bei einer Mehrzahl von Verantwortlichen angelegt. Ist die notwendige Mitursächlichkeit **ungeklärt,** kommen neben der Gesamtschuldregelung weitere materiellrechtliche Hilfen durch § 830 Abs 1 S 2 BGB in Betracht, die eine Zurechenbarkeit trotz offener Kausalitätsfrage ohne Beweisaufnahme ermöglichen.

aa) Feststehender Sachverhalt

177 **α)** Steht fest, dass der Emissionsbeitrag im Sinne der **Mittäterschaft oder Teilnahme** mitursächlich war, findet grundsätzlich eine **gesamtschuldnerische Haftung** statt (GMEHLING 215). Dies folgt aus den **§§ 830 Abs 1 S 1, Abs 2, 840 Abs 1 BGB.** Diese Sachlage wird in Umwelthaftungsfällen nur selten vorliegen (LYTRAS 384).

178 **β)** Steht fest, dass der Emissionsbeitrag im Sinne der **Nebentäterschaft** für denselben Verletzungserfolg mitursächlich war – das ist der Fall der **kumulativen Kausalität** (ENDERS 157; LYTRAS 403) –, sind die Schädiger **grundsätzlich gesamtschuldnerisch** verbunden (BRÜGGEMEIER UTR 12 [1990] 261, 268 f; ENDERS 157; ENGELHARDT 229; HAGER NJW 1991, 134, 139; REST 81 f; WANG 125 ff; im Erg auch GMEHLING 213 f). Jeder Beteiligte haftet dem Grunde nach bereits aufgrund der Äquivalenz- und in aller Regel auch der Adäquanzformel (ENDERS 157; GÜTERSLOH 33; HAGER NJW 1991, 134, 138; WANG 116). Die Gesamtschuldnerschaft ist hier sachgerecht, weil alsdann dem Geschädigten die Ermittlung der Verursachungsanteile nicht zuzumuten ist. Dabei ist ohne praktischen Belang, ob sich dies unmittelbar aus deliktsrechtlichen Grundsätzen des § 823 BGB oder aus § 840 BGB ergibt (BGHZ 85, 121, 125 f = NJW 1983, 1798 f; KEUK AcP 168 [1968] 175, 186, 205; REST 82; RIES AcP 177 [1977] 543, 545). Eine anteilige Haftung ist allenfalls anzunehmen, wenn die Anteile der Nebentäter am Schadenserfolg unterscheidbar feststehen (ENGELHARDT 229).

179 Eine zur **Gesamtschuld** führende Zurechnung in toto findet allerdings **nicht stets** statt. Sie gilt nur soweit, als der jeweilige Beitrag eines Nebentäters feststellbar mitursächlich war für den Eintritt und das **Ausmaß** derjenigen Verletzung, auf der der geltend gemachte Schaden beruht (so auch GÜTERSLOH 33). Jeder zu einer gesamtschuldnerischen Haftung führende mitursächliche Beitrag muss von solchem Gewicht sein, dass er aufgrund seines ihm innewohnenden Gefahrenpotentials geeignet ist, die **Verletzungsrisiken** und damit den Schaden derart zu steigern, dass ihm, wie es den Rechtsfolgen der gesamtschuldnerischen Haftung entspricht, der **Gesamtschaden** oder ein **bestimmter Teilschaden** zugerechnet werden kann (vgl BGHZ 67, 14, 18 = NJW 1976, 1934; BGHZ 72, 355, 358 = NJW 1979, 544 f; BGH NJW 1982, 2307; LYTRAS 404 ff, 409; wohl auch REHBINDER NuR 1989, 149, 160; WOLFF 37 ff). Dies dürfte bei umweltvermittelten Schädigungen allerdings in Bezug auf den Entritt des ganzen Schadens oder identifizierbar abgrenzbarer Teilschäden nur selten der Fall sein (vgl SAILER 85).

180 Das damit gewonnene **Ergebnis** bestätigt die Richtigkeit, eine solche Beschränkung der Gesamtschuld bei Mitverursachungsbeiträgen anzunehmen, weil auf diese Weise die Haftung für notwendige, aber je für sich **minimale Kausalbeiträge** in Gestalt von Kleinimmissionen aus der jeweils gesamtschuldnerischen Vollverantwortung herausgenommen wird (DIEDERICHSEN/SCHOLZ WiVerw 1984, 23, 38; GMEHLING 218; GÜTERSLOH 34; MARBURGER, in: Vhdl 56. DJT C 146; PASCHKE § 6 UmweltHG Rn 26; PFEIFFER 217 f; SALJE §§ 1, 3 UmweltHG Rn 130; STECHER 299; WECKERLE 92 f). In **rechtssystematischer** Hinsicht wird diese für die Nebentäterschaft geltende Einschränkung durch die Notwendigkeit gefordert, das bei der Gesamtschuldhaftung in Fällen des § 22 Abs 1 S 2 WHG Geltende zu übertragen (BGHZ 57, 257, 262 f = NJW 1972, 205), das als allgemeine Regel der gesamtschuldnerischen Haftung anzusehen ist. **Rechtsdogmatisch** folgt die Einschränkung der Gesamtschuld aus der Begrenzung der Haftung durch den **Schutzzweck der Norm,** hier des § 421 BGB; denn die Strenge der gesamtschuldnerischen Haftung fordert als Inhalt einer diese rechtfertigenden Gefahren- und Haftungsgemeinschaft einen solchen qualitativen und quantitativen Bezug zwischen haftungsbegründendem Ereignis, Verletzungseintritt und Schaden, dass die gesamtschuldtypische Totalanlastung des Schadens nicht außer Verhältnis zu dem durch das haftungsbegründende Ereignis verwirklichten Schadenspotential gerät (zust GÜTERSLOH 33 und im Erg HOPP 69 gegen DIEDERICHSEN, in: Vhdl 56. DJT L 90). Im Haftungskriterium der Schutzzwecklehre findet auch der Gedanke eine Stütze, dass der zur Gesamtschuld führende Mitverursachungsanteil eine wesentliche Risikoerhöhung mit sich gebracht haben müsse (PASCHKE § 1 Rn 59 f; HAGER NJW 1986, 1961, 1969). Auch darf jedenfalls bei nur kleinem Verursachungsanteil nicht einem Schädiger der Nachteil aus der faktischen Unmöglichkeit des Binnenausgleichs wegen Unaufklärbarkeit der Mitursächlichkeiten und ihrer Anteile aufgebürdet werden (ADAMS ZZP 99 [1986] 129, 148 ff; BRÜGGEMEIER KritJ 1989, 209; DIEDERICHSEN, in: Vhdl 56. DJT L 90 ff; ders PHI 1992, 162, 168; DIEDERICHSEN/WAGNER VersR 1993, 648 f; GANTEN/LEMKE UPR 1989, 1, 9; GERLACH 265 ff; GMEHLING 225 f; GOTTWALD, in: FS Lange [1992] 464 ff; HAGER NJW 1991, 134, 140; MARBURGER UTR 3 [1987] 138, 144, 146; MEDICUS NuR 1990, 145, 149; ders JZ 1986, 778, 782; PELLONI 167 f; PFEIFFER 212 ff; REHBINDER NuR 1989, 149, 161; REUTER BB 1991, 145, 149; SCHMIDT-SALZER § 1 UmwelthaftHG Rn 242 ff, 254; STECHER 293 ff; WAGNER NuR 1992, 201, 207; **aA** ENDRES/REITER VersR 1991, 1329, 1337; KÖNDGEN UPR 1983, 345, 355; NAWRATH NJW 1982, 2361 f; bei Einrichtung eines Umweltfonds SALJE §§ 1, 3 UmweltHG Rn 125, 136 ff).

181 Scheitert aus diesen Gründen die gesamtschuldnerische Zurechnung einer festgestellten Mehrzahl jeweils für den Eintritt des Gesamtschadens notwendiger, aber nicht hinreichender Verletzungsbeiträge, so führt dies, da die haftungsbegründende Kausalität eines jeden Beteiligten feststeht, zur **Teilschuldnerschaft** der Beteiligten.

Die Schadensverteilung wird damit zu einer Frage der haftungsausfüllenden Kausalität; hier hilft die **Schadensschätzung gemäß § 287 ZPO** (Landsberg/Lülling § 1 Rn 183 unter Bezug auf BGHZ 66, 70, 76 = NJW 1976, 797; BGHZ 70, 102, 108 = NJW 1978, 419, 420; BGHZ 85, 375, 383 = NJW 1983, 872 ff; BGHZ 101, 106, 113 = NJW 1987, 2810, 2812; Paschke § 1 Rn 60, 82; Wang 176 ff). Diese Schätzung muss ihrerseits zur Vermeidung von Willkür auf Anhaltspunkten für eine sachgerechte Abgrenzung und Zuweisung von Verantwortungsanteilen aufbauen (BGH WM 1964, 588, 589; WM 1969, 832, 834; Gütersloh 34; Paschke § 1 Rn 83). Dabei kann etwa im schadensträchtigen Zusammentreffen einer konkreten Emission aus einer im Sinne des UmweltHG gefahrträchtigen Anlage mit multiplen und im Einzelnen nicht zurechenbaren Umweltvorbelastungen erheblich sein, dass der Anlagenemittent die schädigende Immission im Unterschied zum Geschädigten bei verkehrsrichtigem Verhalten hätte vermeiden können; dies kann eine die Hälfte überschreitende Schadenzuweisung gestatten (vgl Salje JZ 1999, 685, 687 f gegen OLG Düsseldorf NJW 1998, 3720). Fehlen solche Anhaltspunkte, führt auch § 287 ZPO nicht zu einer konkreten Schadensersatzhaftung (Paschke § 1 Rn 83). Diesem auch durch § 287 ZPO nicht abzuhelfenden Defizit kann auch nicht eventualiter mit der Deutung begegnet werden, dass alsdann der in § 830 Abs 1 S 2 BGB vorgesehenen Regelung entgegen den Prinzipien dieser Norm eine gesamtschuldnerische Haftung zu entnehmen sei (so wohl BGHZ 66, 70, 76 = NJW 1976, 797; Hager NJW 1991, 134, 139 f; bei schuldhafter Verletzung einer Emissionsbeobachtungspflicht auch Brüggemeier UTR 12 [1990] 261, 278; wohl auch Klimeck 82 ff; dag allerdings BGHZ 89, 383, 389 f = NJW 1984, 1226 ff und zutr Eberl-Borges AcP 196, 548 ff; Vogel 155).

bb) Offener Sachverhalt

182 Steht die Mitverursachung durch einen bestimmten Emittenten nicht fest, sind zunächst die der prozessual-beweisrechtlichen Zurechnungsermittlung vorgeschalteten Möglichkeiten einer **materiellrechtlichen Zurechnung** des Verletzungserfolgs zu prüfen. Von deren Ergebnis hängt die Möglichkeit einer Verbindung der Mehrzahl von Verantwortlichen zur Gesamt- oder Teilschuldnerschaft ab. Damit ist die Frage nach den rechtlichen Anknüpfungspunkten für eine materielle Nachweiserleichterung hinsichtlich des Haftungserfordernisses der haftungsbegründenden Kausalität gestellt.

183 **α)** Die zunächst die Ursachenermittlung betreffende deliktsrechtliche **Zurechnungsregel** des § 830 BGB, die gemäß § 840 Abs 1 BGB eine gesamtschuldnerische Haftung der aufgrund dieser Norm gemeinschaftlich Verantwortlichen zur Folge hat, kann dem Geschädigten auch in ihrem unmittelbaren deliktsrechtlichen Zusammenhang praktisch nur selten helfen (Schimikowski, Umweltrisiken Rn 51). **§ 830 Abs 1 S 1 BGB und § 830 Abs 2 BGB** erfordern ein bewusstes und gewolltes Zusammenwirken bzw eine Teilnahme eines Emittenten als Anstifter oder Gehilfe zu bzw bei der unerlaubten Handlung eines anderen, während bei Umwelteinwirkungen das bloß zufällige Zusammentreffen von Emissionen gerade auch bei notwendigen, aber nicht hinreichenden Kausalbeiträgen typisch ist (Kloepfer § 4 Rn 322; Schimikowski, Umweltrisiken Rn 51); eine Haftungsanknüpfung vermittels dieser Normen kommt daher kaum je in Betracht (Gottwald KF 1986, 1, 23; Lytras 385).

184 **β)** **§ 830 Abs 1 S 2 BGB,** der ebenfalls gemäß § 840 Abs 1 BGB zu einer gesamtschuldnerischen Haftung führen kann und daher dem Geschädigten insoweit auch im Rahmen der haftungsausfüllenden Kausalität hilft (Klimeck 77), setzt bei vollständigem (vgl dazu BGHZ 67, 14, 19 f = NJW 1976, 1934; BGHZ 72, 355, 360 = NJW 1979, 544 f; Eberl-Borges AcP 196, 491, 514) Scheitern der Verletzungszurechnung wegen Unaufklärbarkeit des Kausalzusammenhangs (Wang 147) grundsätzlich die Feststellung voraus, dass jeder Beteiligte allein **potentiell den gesamten Schaden** oder einen **identischen Teilschaden** verursacht haben kann (vBar, in: Vhdl 62. DJT A 17 f; Eberl-Borges AcP 196, 547 f; Gnaub 72; Gottwald KF 1986, 19; Klimeck 76; Lytras 386, 405; Medicus JZ 1986, 778, 782; Schwarz, Rückstellungen für die Produkthaftung und die Haftung nach dem Umwelthaftungsgesetz [1994] 17; Steffen UTR 11 [1990] 71, 89; Wang 148 ff; Wiese 61 f); dies ist der Fall der potentiell alternativen Kausalität (vgl oben Rn 113 ff). Für den Fall der **potentiell bloßen Mitursächlichkeit** bzw **bloß potentiell kumulativen Kausalität,** für die kennzeichnend ist, dass ein Beteiligter allenfalls einen Mitverursachungsbeitrag geleistet haben kann, besagt daher § 830 Abs 1 S 2 BGB nach herkömmlichem Verständnis nichts für die Zurechnung des Gesamtschadens (vBar, in: Vhdl 62. DJT A 17 f; Diederichsen, in: Vhdl 56. DJT L 92; Eberl-Borges AcP 196, 547; Engelhardt 230; Gottwald KF 1986, 23; Hager NJW 1991, 134, 139 f; Hopp 75 f; Lytras 404 ff, 410; Medicus JZ 1986, 778, 782; Reiter 97; Schwabe VersR 1995, 375 f; Vogel 150 f; Wang 148 ff; **aA** wohl Gmehling 220; Quentin 244; Steffen NJW 1990, 1821; Weckerle 160 ff); für abgrenzbare Teilschäden mag es sich dabei durchaus anders verhalten (so wohl Enders 164 f). Diese Sachlage findet sich typischerweise bei **Summationsschäden,** die sich aus **Distanz- und Langzeitemissionen** und nicht identifizierbaren Kleinemissionen zusammensetzen (Schimikowski, Umweltrisiken Rn 53) namentlich bei großräumig auftretenden Gebäude- und Waldschäden (zu letzteren Quentin 240 ff). Bei **zufälligem Zusammenwirken** mehrerer, in der Regel nicht überschaubar durch ein bestimmtes Verletzungsereignis miteinander verbundener Emittenten, die den Schaden nur jeweils mitverursacht haben können, sind daher die §§ 830 Abs 1, 840 BGB jedenfalls nicht ohne Weiterentwicklung des Normverständnisses anwendbar (BGHZ 89, 383, 399 = NJW 1984, 1226 ff; Paschke § 1 Rn 87; Schimikowski, Umweltrisiken Rn 51; Wiese 62). Die isolierte Anwendung des § 840 BGB scheitert überdies daran, dass diese Vorschrift eine Haftung mehrerer dem Grunde nach in dem Umfang voraussetzt, in dem sie zur Solidarhaftung herangezogen werden sollen (Lytras 410, 420 f und ablehnend im Ergebnis jedenfalls bei partieller Unaufklärbarkeit aller Verursachungsbeiträge; **aA** Weckerle 96 f).

185 **γ)** Zur Lösung der im vorgenannten Fall bestehenden Schwierigkeiten bei der Verursachungszurechnung und Haftungsverteilung außerhalb des anerkannten Anwendungsbereichs des § 830 Abs 1 S 2 BGB wird die **pollution share liability** des amerikanischen Rechts diskutiert (Gütersloh 35 f; Hager NJW 1991, 134, 140; Loser, Kausalitätsprobleme bei der Haftung für Umweltschäden 206 f; K Otte, Marktanteilshaftung [1990] pass; Paschke § 1 Rn 87; Quentin 246 ff; Reiter UTR 43 [1998] 128 f; Salje §§ 1, 3 Rn 137; Schwabe VersR 1995, 371, 375; Wiese 112 ff), die im Ergebnis im deutschen Recht zu einer wahrscheinlichkeitsbasierten Teil- (Wiese 157 ff) oder Gesamtschuldhaftung mit der Möglichkeit einer Teilschuldhaftung allein für den Fall führt, dass der Emittent das Maß seiner Beteiligung am Verletzungseintritt darlegen kann (Salje §§ 1, 3 Rn 136 f). Ebenfalls diesem Zweck dient der Vorschlag einer **erweiterten Anwendung des § 830 Abs 1 S 2 BGB** auch in den Fällen, in denen der einzelne Beitrag zwar **den Gesamtschaden bzw einen bestimmten Teil davon nicht allein verursacht** haben kann, aber die **Mitverursachung und der Kreis der** an der Entstehung des Gesamt- bzw Teilschadens **Beteiligten feststeht,** so dass der **Innenausgleich gesichert** ist (vgl Diederichsen BB 1973, 485, 488, 490; ders, in: FS R Schmidt [1976] 5, 13, 18; ders L 90 f; vDörnberg, Die Haftung für Umweltschäden, in; vDörnberg/Gasser/Gassner, Umweltschäden [1992] 22 f, 24;

Enders 165; Gnaub 72; Hager NJW 1991, 134, 140; Marburger, in: Vhdl 56. DJT C 124; krit Salje §§ 1, 3 Rn 138). Eine solche Sachlage liegt etwa vor, wenn ein bestimmbarer Kreis von Großemittenten vorhanden ist, deren jeweilige Beiträge zum Verletzungseintritt nicht ermittelbar sind (vgl Salje §§ 1, 3 Rn 136), aber eine durch den gemeinsamen Emissions- und Immissionsraum beschreibbare Gefahrengemeinschaft bilden (so wohl vDörnberg, Die Haftung für Umweltschäden, in: vDörnberg/Gasser/Gassner, Umweltschäden [1992] 22 f). Ein Vorbild für diese Haftung, zugleich die Rechtfertigung dieses Haftungsmodells wird beispielsweise für den Fall der Gewässerschädigungen in § 22 WHG gesehen (BGHZ 57, 257, 262 ff = NJW 1972, 205; Diederichsen, in: Vhdl 56. DJT L 93; Marburger, in: Vhdl 56. DJT C 124), wo die Möglichkeit der Mitverursachung infolge eines engen räumlichen und zeitlichen Zusammenhangs zwischen der gefährdenden Einwirkung und der Verletzung genügt.

186 Diese Lösung scheitert jedoch nicht nur daran, dass dem deutschen Recht nicht ohne weiteres die zu Wahrscheinlichkeitsurteilen notwendige so genannte abstrakte Kausalitätsbeurteilung im Sinne einer Zusammenfassung eingetretener Einzelschäden zu einem Gesamtschaden (Wiese 166 ff) zu imputieren ist. Sie scheitert vielmehr namentlich bei Luftverunreinigungen schon **praktisch** in vielen Fällen auch daran, dass der Kreis der an der Schadensverursachung **beteiligten Emittenten,** vor allem wegen der Beteiligung von Kleinemittenten (Salje §§ 1, 3 Rn 138), nicht geschlossen oder die **Verantwortungsanteile** der beteiligten Emittenten untereinander gerade in den kritischen Fällen der Summations-, Distanz- und Langzeitschäden ungeklärt sind (zust Gütersloh 37). Insbesondere sind die Arten und Quantitäten der möglichen Verursachungsbeiträge so heterogen, dass darin eine signifikante Abweichung vom Regelungstypus des § 830 Abs 1 S 2 BGB liegt, der von einer zwar möglicherweise auch großen, aber endlichen Zahl an Ursachenalternativen von im Wesentlichen gleicher Beschaffenheit ausgeht (anders wohl Quentin 249 ff). Infolgedessen ist der Innenregress nicht in der Weise gesichert, dass eine Umwelthaftung über den wirklichen oder zumindest potentiellen eigenen Verursachungsanteil hinaus ausgeschlossen ist. Der gemäß § 287 ZPO zu verteilende Anteil der Kleinemittenten wäre praktisch nicht gedeckt, solange es keine Haftungsfonds gibt (Salje §§ 1, 3 Rn 130 f, 138). Damit wird der im Zusammenhang mit § 840 BGB zu bestimmende Geltungsbereich des § 830 Abs 1 S 2 BGB verlassen (Diederichsen, in: Vhdl 56. DJT L 92; Marburger, in: Vhdl 56. DJT C 124; Schimikowski, Umweltrisiken Rn 54).

187 Das im Ergebnis an die Rechtslage bei § 22 WHG angelehnte Haftungsmodell ist überdies grundsätzlich zweifelhaft, weil eine auf andere Haftungsgrundlagen übertragende **Verallgemeinerung** des Haftungsmodells **des § 22 WHG** (Assmann, Multikausale Schäden im deutschen Haftungsrecht, in: Fenyves/Weyers, Multikausale Schäden im modernen Haftungsrecht [1988] 137; wohl auch Eberl-Borges AcP 196, 491, 548 f) mit Rücksicht auf ihre Singularität und Nichtübernahme in die übrigen umwelthaftungsrechtlichen Regeln **nicht möglich** ist (Balensiefen 164; Brüggemeier UTR 12 [1990] 261, 277; Diederichsen, in: Vhdl 56. DJT L 91; vDörnberg, Die Haftung für Umweltschäden, in: vDörnberg/Gasser/Gassner, Umweltschäden 24; Erl 98 f; Reiter 93; Schmidt-Salzer § 1 UmweltHG Rn 212 ff, 228, 233 ff; wohl auch Klimeck 78 ff; Feess, Haftungsregeln 78 ff, 82; wohl **aA** für die Gefährdungshaftung Hopp 77 ff und im Hinblick auf ein eigenes Verständnis des § 830 Abs 1 S 2 BGB Stecher 308 ff). Die bloß **anteilige Mitursächlichkeit** für die Entstehung des Gesamtschadens genügt zwar kraft Gesetzes in einigen Fällen der **Umweltgefährdungshaftung,** nämlich bei § 22 WHG, § 13 HaftpflichtG und § 32 Abs 2 GenTG, für die gesamtschuldnerische Haftung eines jeden mitursächlich Beteiligten, ohne dass es der Anwendung des § 830 BGB bedarf oder die dortige Regelung als Interpretation des auf Urheber- und Anteilszweifel, nicht aber auf darüber hinausgehende Ursachenzweifel (vgl Schmidt-Salzer § 1 UmweltHG Rn 192) ausgerichteten § 830 Abs 1 S 2 BGB zu verstehen wäre (zu letzterem Lytras 413). Diese materiellrechtliche Gestaltung behebt die Beweisnot des Geschädigten hinsichtlich der Feststellung der Verursachungsanteile, allerdings nur, wenn immerhin die bloße **Mitursächlichkeit feststeht;** gerade zu diesem Zweck wird die Verallgemeinerung dieses Zurechnungsweges erwogen (BGHZ 66, 70, 76 = NJW 1976, 797; vgl auch Diederichsen, in: Vhdl 56. DJT L 93; Hager NJW 1986, 1961, 1969). Die **Analogiebasis bei Nichtfeststellbarkeit** eines Kausalbeitrags **fehlt** jedoch schon im Bereich der Gefährdungshaftung, selbst wenn davon abgesehen wird, dass es in den vorgeschlagenen Analogiefällen am Feststehen der Mitursächlichkeit fehlt; umso weniger ist eine Übertragung in das Deliktsrecht oder die Aufopferungshaftung möglich. Da nämlich das Umwelthaftungsgesetz in Kenntnis der Sachproblematik und der Gläubigerfreundlichkeit der genannten Gefährdungshaftungstatbestände bewusst von einer solchen gesamtschuldartigen Lösung abgesehen hat, da § 8 UmweltHG-Entwurf jedenfalls für Normalbetriebsschäden, um die es gerade bei der Gefährdungshaftung vom Typus des § 22 WHG auch geht, explizit nur eine pro-rata-Haftung vorgesehen hatte, gibt es schon in den maßgeblichen Fällen der **umweltrechtlichen Gefährdungshaftung keine einheitliche Ordnung.** Dieses uneinheitliche Bild wird dadurch bestätigt, dass auch auf der Grundlage des **§ 906 Abs 2 S 2 BGB** eine Haftungszurechnung nach Maßgabe des § 830 Abs 1 S 2 BGB grundsätzlich nicht stattfinden dürfte (vgl Rn 205). Eine Übertragung gesamtschuldnerischer Haftungsmodelle aus einem Teilbereich der umweltbezogenen Gefährdungshaftung in das allgemeine Deliktsrecht, in dem überdies **§ 830 Abs 1 S 2 BGB** eine **entgegenstehende Regelung** trifft, ist daher nicht zu befürworten (Paschke § 1 Rn 87; Pfeiffer 213 f; Köndgen UPR 1983, 345, 354). Dagegen spricht überdies das Fehlen einer von der Gesamtschuld geforderten inneren Verbundenheit der Schädiger (Paschke § 1 Rn 87).

188 Der **Verzicht** auf die Zurechnung von Verletzungsbeiträgen und auf ihre Zusammenfassung zu einer gesamtschuldnerische Haftung ist bei Summations- und Distanzschäden in der Regel auch **sachgerecht.** Die genannten spezialgesetzlichen Zurechnungs- und Gesamtschuldregelungen betreffen Fälle, in denen aus tatsächlichen Gründen im Unterschied zu allgemeinen Haftungsgrundlagen, die auch luftverschmutzungsbedingte Schädigungen erfassen, im Hinblick auf den gewöhnlichen Verursachungsverlauf typischerweise ein **überschaubarer, abgrenzbarer Kreis von Verursachungsbeteiligten** mit ermittelbaren Verursachungsanteilen anzutreffen ist. Hier lässt sich der Binnenausgleich in der Regel in der Weise durchführen, dass letztlich jeder Beteiligte nur nach Maßgabe seines wirklichen oder zumindest potenziellen Schadensbeitrags haftet. Für die im Bereich des UmweltHG vor allem bedeutsamen Schädigungen über das Umweltmedium Luft, die auch im Zentrum der allgemein zivilrechtlichen Haftungsproblematik stehen, trifft dies aber in der Regel nicht zu (Erl 99; Gnaub 71 f; Sailer 94; Schmidt-Salzer § 1 UmweltHG Rn 237; Wiese 64; dag zu Unrecht Hopp 80 ff; bei einer unbestimmten Vielzahl von Regressmöglichkeiten prozessual unpraktikabel Quentin 254 f).

189 Die **Unvertretbarkeit** einer gesamtschuldnerischen Haftung in solchen Fällen zeigt sich an dem Ergebnis, dass solchenfalls auch **Kleinemittenten** der **vollen Haftung**

unterworfen würden (Diederichsen, in: Vhdl 56. DJT L 93; Kloepfer § 4 Rn 323; Schimikowski, Umweltrisiken Rn 57), zu deren Nachteil ein sachangemessener Binnenregress nicht gesichert wäre. Die diese Gruppe schonende Lösung in der Weise, dass die ihr zugehörigen Emittenten individuell von der gesamtschuldnerischen Haftung **freigestellt** werden (in diesem Sinne Gerlach 263; Quentin 265 ff; Schimikowski, Umweltrisiken Rn 57), ohne diesen ihren insgesamt oft erheblichen Verantwortungsanteil gesamtheitlich etwa mittels einer Fondslösung haftungsrechtlich zuzuordnen, ist **nicht angebracht,** da dies zu einer ungerechtfertigten Übermaß- und Verdachtshaftung (zu diesen Begriffen Adams ZZP 99 [1986] 129, 151; Wagner, Kollektives Umwelthaftungsrecht 34) der größeren Emittenten führt (Enders 169; Gütersloh 37; **aA** im Erg, ohne überzeugende Begründung, Quentin 283 ff). Im Übrigen ist auch der **Begriff des Kleinemittenten zu unbestimmt,** um eine hinreichend bestimmte Grenze zwischen den unter dem Aspekt der gesamtschuldnerischen Haftung privilegierten bzw benachteiligten Gruppen zu ziehen (zust Gütersloh 37; so im Erg auch Quentin 265 ff). Ein fünfprozentiger Anteil an der Gesamtbelastung (Schimikowski, Umweltrisiken Rn 57) ist sehr hoch gegriffen. Da dieser Anteil bei summierten Immissionen insbesondere in Fällen von Langzeit- und Distanzschäden auch von industriellen Großemittenten selten erreicht wird, träte die erwünschte Erleichterung bei der Verantwortungszuweisung wohl nur selten ein. Im sozialadäquaten Bereich liegende Immissionen (Quentin 283 ff; Rehbinder NuR 1989, 149, 159) zu privilegieren dient diesem Ziel ebenfalls praktisch nicht und ist argumentativ nicht folgerichtig, da sozialadäquat auch die schädigungsträchtige Setzung von Risiken durch Emmissionen im genehmigten Normalbetrieb ist, die aber nicht schon generell aus Kausalitätsgründen haftungsfrei gestellt werden können.

190 **δ)** Eine noch weitergehende Anwendung des § 830 Abs 1 S 2 BGB in der Weise, dass dazu die **bloße Möglichkeit der kumulativen Mitverursachung** genüge (Gmehling 215 ff im Anschluss an Weckerle 159 ff, 164 ff und unter Berufung auf BGH VersR 1975, 714 f), ist grundsätzlich nicht mit den Grenzen der Norm vereinbar. Dagegen sprechen zunächst schon die Gründe, die bereits gegen den engeren Ansatz der Normausweitung in dem Fall vorzubringen waren, in dem der einzelne Beitrag zwar den Gesamtschaden nicht verursacht haben kann, aber die Mitverursachung und der Kreis der an der Entstehung des Gesamtschadens Beteiligten feststeht, so dass der Innenausgleich gesichert ist (vgl oben Rn 130 ff).

191 Der Hinweis auf die damit **erzielbare Beweislastverteilung nach Einflusssphären** (Salje §§ 1, 3 Rn 137) **rechtfertigt** eine so weitgehende Interpretation des materiellen Rechts **nicht** (Lytras 407). Insoweit wären allenfalls prozessuale Erleichterungen zu rechtfertigen. Vor allem zeigt § 6 UmweltHG, dass Beweislastverteilungen nach Einflusssphären kein allgemeines, sondern nur ein in speziell geordneten Fällen geltendes Rechtsprinzip des Umwelthaftungsrechts ist, das überdies selbst in diesen Fällen nur unter bestimmten Voraussetzungen und allein hinsichtlich der kausalen Zurechnung gilt, nicht aber auch Aussagen zur Gesamt- oder Teilschuldnerschaft macht.

192 Im Übrigen wird diese Auffassung von dem zu ihrer Stützung herangezogenen **Entscheidungsmaterial** (BGHZ 67, 14, 16, 20 = NJW 1976, 1934; Gmehling 216) **nicht** umfassend **getragen.** In Fällen der **kumulativ adäquat kausalen Nebentäterschaft** ist nämlich zu unterscheiden zwischen einem nebentäterschaftlichen Beitrag, der gegebenfalls eine **notwendige und hinreichende Mitursache** für den Eintritt des Verletzungserfolgs setzt, und einem solchen nebentäterschaftlichen Beitrag, der gegebenenfalls zwar eine

notwendige, aber keine hinreichende Mitursache für den Eintritt des Verletzungserfolgs ist.

193 Der erstgenannte Fall ist dadurch gekennzeichnet, dass eine von mehreren Mitursachen feststeht oder mehrere Mitursachen feststehen und die Ermittlung der weiteren notwendigen Mitursache tatsächlich daran scheitert, dass sie von mehreren Personen oder mehreren Anlagen gesetzt worden sein kann, aber jeder dieser als **mitursächlich** in Betracht kommenden Beiträge für sich den noch **notwendigen restlichen Beitrag** für den Verletzungseintritt im Zusammenwirken mit dem anderen, feststehenden Tatumstand bzw den anderen feststehenden Tatumständen geleistet haben könnte. Dieser Fall ist **dem Regelungsbereich des § 830 Abs 1 S 2 BGB** noch **integrierbar.** Denn hier bleibt ausgeschlossen, dass mit Hilfe dieser Norm eine Haftung für einen potentiellen Verletzungsbeitrag entsteht, der als wirklicher Beitrag für den haftungsbegründenden Verletzungserfolg nicht adäquat kausal sein kann oder so unwesentlich ist, dass er dem Emittenten nicht mit der Konsequenz einer gesamtschuldnerischen Haftung zugerechnet werden kann. Insofern trifft also die Aussage zu, dass § 830 Abs 1 S 2 BGB auch für eine Gefahrenquelle gilt, die den Schaden mitverursacht haben kann (GMEHLING 215 unter Bezug auf BGH VersR 1975, 714 f), wenn und weil es sich nur um einen **Anteilszweifel** bei grundsätzlicher potenzieller Eignung des haftungsbegründenden Beitrags zur Herbeiführung des Gesamtschadens oder eines identifizierbaren Teilschadens mit der Konsequenz der vollen Haftung für den eingetretenen Gesamt- oder abgrenzbaren Teilschaden handelt (vgl v DÖRNBERG, Die Haftung für Umweltschäden, in: vDÖRNBERG/GASSER/GASSNER, Umweltschäden [1992] 21).

194 Die im Umwelthaftungsrecht oft problematischen Fälle sind allerdings in tatsächlicher Hinsicht meist so beschaffen, dass mehrere Beiträge zwar für den Eintritt des Verletzungserfolgs notwendig und daher mitursächlich sind, dass aber nicht behauptet werden kann, dass einer dieser Beiträge **alternativ** zu einer oder mehreren **anderen streitigen Gefahrenquellen,** etwa auch im Zusammenwirken mit gewissen **definitiv mitursächlichen Beiträgen,** die bestimmte schadensträchtige Verletzung hätte herbeigeführt haben können. Vielmehr ist häufig davon auszugehen, dass jeder als möglich in Betracht kommende Ursachenbeitrag, wenn er als gegeben unterstellt wird, seinerseits nur kumulativ zusammen mit anderen, nicht aufklärbaren Gefahrenquellen geeignet ist, den **haftungsbegründenden Verletzungserfolg** herbeizuführen.

195 In diesem Fall würde eine **Schadensanlastung über § 830 Abs 1 S 2 BGB** mit der **Konsequenz der gesamtschuldnerischen Haftung gemäß § 840 Abs 1 BGB** in der Regel zu einer **normzweckwidrigen** Haftungsausweitung führen. Damit würde nämlich eine Haftung begründet, die nicht mehr von der Funktion der Norm gedeckt ist, den Geschädigten haftungsrechtlich so zu stellen, wie dieser stünde, wenn der behauptete Zusammenhang zwischen dem streitigen Verletzungsbeitrag und dem Verletzungserfolg als feststehend angesehen wird. Die als feststehend zu unterstellende bloße Mitursächlichkeit kann nicht zu schärferer Haftung als die feststehende Mitursächlichkeit führen; der Schutzzweck des § 830 Abs 1 S 2 BGB, die vom Schädiger herbeigeführte Beweisnot dürfe im Zweifel nicht zu Lasten des Geschädigten gehen (BGHZ 66, 70, 77 = NJW 1976, 797; GMEHLING 224), darf nicht als konturenlose Maxime, sondern nur als zur Lösung des Kausalitätsproblems gültig angesehen werden.

196 **ε)** Wird diese Normfunktion des § 830 Abs 1 S 2 BGB und die daraus folgende

Normgrenze beachtet, ergibt sich: Bei feststehender Mitursächlichkeit findet unabhängig von § 830 Abs 1 S 2 BGB (zur entspr Rechtslage bei der Gefährdungshaftung EBERL-BORGES AcP 196, 491, 548) eine **gesamtschuldnerische Haftung** für den gesamten Schaden oder einen bestimmten Schadensteil nur statt, wenn das Gefahrenpotential des mitursächlichen Beitrags eine erhebliche **Steigerung des Verletzungs- und Schadensrisikos** mit sich bringt, die in angemessenem Verhältnis zu der mit der gesamtschuldnerischen Haftung verbundenen Haftungsausweitung steht (vgl Rn 180). Diese Tatsache muss ihrerseits feststehen. Insoweit hilft nämlich § 830 Abs 1 S 2 BGB nicht, weil die Norm nur die Kausalitätsproblematik behandelt, nicht aber die Fragen des gesamtschuldeigenen Normschutzzwecks zwischen Verletzungshandlung und spezifisch gesamtschuldnerischer Schadenumfangszurechnung. Ob die Grenzen des Schutzzwecks der spezifisch gesamtschuldartigen Schadenszurechnung in concreto eingehalten werden, lässt sich aber bei bloß potentiell kumulativer Mitursächlichkeit kaum je ermitteln, weil sich ein **wesentliches schadenstiftendes Gewicht** eines nicht festgestellten, allenfalls kumulativ mitursächlichen Beitrags bei Vorhandensein weiterer ebenfalls nicht festgestellter Faktoren in der Regel nur **spekulativ** behaupten lässt. Mit Recht, damit auch in das allgemeine Recht der unerlaubten Handlung und der Gesamtschuld übernehmbar, ist daher auch in Fällen des § 22 Abs 1 S 2 WHG eine gesamtschuldnerische Haftung bei bloßer Mitursächlichkeit nur unter der Voraussetzung anerkannt worden, dass der mitursächliche Beitrag allgemein geeignet ist, den entstandenen Schaden herbeizuführen (BGHZ 57, 257, 262 = NJW 1972, 205; vgl GMEHLING 223). Damit gilt grundsätzlich, dass im Fall der kumulativen Kausalität, in dem der Verursachungs- bzw Schadensanteil eines Beteiligten nicht feststellbar ist, eine Haftung durch § 830 Abs 1 S 2 BGB nur dann vermittelt wird, wenn sein Tatbeitrag geeignet war, den gesamten Verletzungserfolg oder einen bestimmten Schadensteil herbeizuführen (BAUMGÄRTEL/STRIEDER, Handbuch der Beweislast § 830 Rn 9).

cc) Haftung bei Summationsschäden

197 Bei **Summationsschäden,** namentlich bei Langzeit- und Distanzschäden unter Beteiligung von Kleinemittenten, muss mithin in der praktischen Regel, vor allem infolge der Unanwendbarkeit des § 830 BGB, die Verursachung und gegebenenfalls, soweit eine gesamtschuldnerische Haftung der mehreren Verursacher nicht in Betracht kommt, der **Verursachungsanteil** eines jeden Emittenten ermittelt werden, soweit dies möglich ist (ENDERS 171 f; SCHMIDT-SALZER § 1 UmweltHG Rn 129; WECKERLE 92 f). Im Ergebnis führt dies dazu, dass eine Haftung entfällt, sofern eine Schadensschätzung gemäß § 287 ZPO nicht plausibel durchgeführt werden kann (SCHIMIKOWSKI, Umweltrisiken Rn 55; WANG 35 f). Abhilfe kann hier nur de lege ferenda durch eine Fondslösung geschaffen werden (so auch ENDERS 169 f). Eine **Ausnahme** ist außerhalb der spezialgesetzlich geregelten und deshalb nicht ohne weiteres verallgemeinerungsfähigen (BRÜGGEMEIER KJ 1989, 209, 219; GÜTERSLOH 38; REITER UTR 43 [1998] 93) Gesamtschuldfälle in § 22 WHG, § 13 HaftpflichtG und § 32 Abs 2 GenTG allenfalls dann anzuerkennen, wenn ein **geschlossener Verursacherkreis mit feststellbaren Verursachungsanteilen** vorhanden ist (BRÜGGEMEIER KJ 1989, 209, 219; GÜTERSLOH 38), mag es alsdann auch am Erfordernis des § 830 Abs 1 S 2 BGB fehlen, dass jeder Schädiger potentiell den gesamten Schaden oder einen identischen abgrenzbaren Schadensteil verursacht haben kann.

e) Weder notwendige noch hinreichende Bedingung

198 Ist die Emission unabhängig davon, ob sie festgestellt ist oder dies nur potenziell zutrifft, weder notwendig noch hinreichend für den Eintritt des Verletzungserfolgs, sondern liegt bei je minimalen Immissionen der Fall der **nur summiert hinreichenden Emission** vor (vgl Rn 157), ist eine Zurechnung des Verletzungserfolgs und des Schadens weder nach der Äquivalenz- oder Adäquanzformel (so wohl auch vBAR KF 1987, 1, 17; SCHWABE VersR 1995, 371, 374) noch gemäß § 830 BGB und eine gesamtschuldnerische Schadensersatzhaftung gemäß § 840 BGB weder bei unmittelbarer Normanwendung noch bei erweitertem Normverständnis möglich (BALENSIEFEN 191; LYTRAS 408, 429 ff; WECKERLE 92). In diesen Fällen ist der Emissionsbeitrag noch weiter von der Verursachung entfernt als im Falle der zwar notwendigen, aber nicht hinreichenden Mitverursachung. § 830 Abs 1 S 2 BGB ist unanwendbar (**aA** GMEHLING 217, 225), da kein Beteiligter als alternativer Alleinverursacher auch nur hinsichtlich eines Teils des eingetretenen Schadens zumindest potenziell in Betracht kommt, sofern nicht der Sonderfall vorliegt, dass ein bestimmbarer Urheberkreis eventuell mitursächlicher Emittenten auch identifizierbare Kleinemittenten mitumfasst (LYTRAS 429). Im Übrigen ist eine gesamtschuldnerische Haftung den Kleinemittenten nicht zuzumuten, weil ein interner Ausgleich zugunsten des in Anspruch genommenen Kleinemittenten in der Regel nicht durchführbar ist (ENDERS 167; GANTEN/LEMKE UPR 1989, 1, 9; LYTRAS 429; SAILER 104; WAGNER VersR 1991, 249, 253); eine Haftung gemäß § 830 Abs 1 S 2 BGB hätte dies allerdings als regelmäßige Folge, ohne dass hinreichende Gründe dafür vorliegen, deren Eintritt zu verneinen, so dass auch deshalb in diesem Fall eine Anwendung des § 830 Abs 1 S 2 BGB nicht überzeugt (LYTRAS 430, **aA** GMEHLING 217, 225; NAWRATH 202 ff; ders NJW 1982, 2361 f). Die Annahme einer sogenannten Gefahrengemeinschaft aller zu einer schädigenden Immission beitragenden Emittenten kann nicht eine haftende Solidargemeinschaft begründen (so wohl DIEDERICHSEN, in: Vhdl 56. DJT L 90 f), ohne die mit § 830 Abs 1 S 2 BGB definierte Zurechnungsgrenze zu überschreiten (GOTTWALD KF 1986, 1, 23) und auf diese Weise zu einer unzulässigen Übermaß- und Verdachtshaftung einer überdies in ihren Grenzen regelmäßig nicht hinreichend klar bestimmbaren Emittentenvielzahl zu kommen (LYTRAS 432 f). Im Ergebnis, ohne dass dies als explizite gesetzgeberische Absicht anzusehen ist, bleiben daher **Kleinemittenten** von der Haftung in der Regel verschont; dies ist aber sachgerechter und weniger willkürlich, als etwa grundsätzlich auch diese gesamtschuldnerisch haften zu lassen und dies nur nach Treu und Glauben bei einem unter fünf Prozent schadensursächlichem Anteil haftungsfrei zu stellen (so aber ERL 101 f). Summationsschäden lösen daher unter diesen Umständen keine Umwelthaftungsansprüche aus (BRÜGGEMEIER UTR 12 [1990] 261, 277; GANTEN/LEMKE UPR 1989, 1, 9; GMILKOWSKY 132; HAGER NJW 1986, 1961, 1969; LANDSBERG/LÜLLING Rn 182; LYTRAS 429; MARBURGER UTR 1 [1986] 146; PELLONI 164 f; REHBINDER NuR 1989, 149, 160; WAGNER VersR 1991, 249, 252; WANG 35 f; WECKERLE 93); die Schadensentlastung kann deshalb in dieser Fallgruppe nur über eine Schadensversicherung des Geschädigten (FEESS, Haftungsregeln 63 ff; WECKERLE 93) oder eventuell über eine Fondslösung (BOHLKEN 31; FEESS, Haftungsregeln 88 f; zu Fondslösungen Rn 323 ff) stattfinden.

4. Kausalitätsbezogene materiellrechtliche Zurechnung, einschließlich § 830 BGB und Gesamtschuld: Gefährdungs- und Aufopferungshaftung

a) Gefährdungshaftung

aa) Grundlagen

199 Bei Gefährdungshaftungstatbeständen, etwa gemäß § 1 UmweltHG (von ENGELHARDT 247 als offenbar allg Ansicht bezeichnet; ERL 96 ff; HAGER NJW 1991, 134, 139 f; KLIMECK 162 ff;

Paschke § 1 Rn 86; Salje §§ 1, 3 Rn 134), gilt grundsätzlich unter Kausalitätsgesichtspunkten das zur allgemeinen zivilrechtlichen Haftung Gesagte entsprechend; daher gelten grundsätzlich auch gleiche Regeln zur Organisation des Haftungsverbundes beim Zusammentreffen einer Haftung nach den Grundsätzen der Gefährdungshaftung, etwa gemäß UmweltHG, und allgemeinem Deliktsrecht bei verschiedenen Emittenten (Gnaub 67; Klimeck 176). So ist grundsätzlich der für die Zurechnung in umwelthaftungsrechtlichen Zusammenhängen praktisch wichtige **§ 830 Abs 1 S 2 BGB** nach den für das Deliktsrecht genannten Grundsätzen analog anwendbar (BGHZ 55, 96 ff = NJW 1971, 509; BGHZ 85, 375, 386 f = NJW 1983, 872, 875; BGHZ 101, 106, 112 = NJW 1987, 2810, 2812; Bauer, Die Problematik gesamtschuldnerischer Haftung trotz ungeklärter Verursachung, JZ 1971, 4, 10; Brambring, Mittäter, Nebentäter und Beteiligte und die Verteilung des Schadens bei Mitverschulden des Geschädigten [1973] 105, 108; Eberl-Borges AcP 196, 491, 500 ff; Gottwald, in: FS H Lange 464, 466; Gütersloh 31 f; Klimeck 75; Köndgen NJW 1970, 2282 f; Lytras 411; Paschke § 1 Rn 66 u Rn 81; Quentin 304; Sailer 80 f, 88 ff; Sautter 136; Stecher 301; Veldhuizen 117; Wang 172 ff; wohl **aA** Schmidt-Salzer § 1 UmweltHG Rn 179), wenn insoweit das Deliktsrecht modifizierend sich jeweils die der Gefährdungshaftung zu Grunde liegende Gefährlichkeit der Anlage oder des Verhaltens mit Rücksicht auf die jeweiligen Umstände des Schadensereignisses konkret verwirklicht haben kann (Bodewig AcP 185 [1985] 505, 521; Eberl-Borges AcP 196 [1996] 491, 515 ff; Klimeck 102). Die analoge Anwendung bei den Gefährdungshaftungstatbeständen in Fällen des **§ 830 Abs 1 S 1 und Abs 2 BGB** scheitert hingegen an dem von diesen Regelungen vorausgesetzten willentlichen Zusammenspiel mehrerer Personen (Eberl-Borges AcP 196, 494 ff). **§ 840 Abs 1 BGB** kann bei Gefährdungshaftungstatbeständen, und zwar auch bei einem Zusammentreffen mit einer deliktischen Haftung, grundsätzlich ebenfalls angewendet werden (BGHZ 85, 375, 386 = NJW 1983, 872, 875; Klimeck 162 ff; I Ossenbühl 116 ff; Salje §§ 1, 3 Rn 134; Stecher 293 f; **aA** Schmidt-Salzer § 1 UmweltHG Rn 218 ff; ders VersR 1992, 389, 394 unter Hinweis auf das von der Gesamtschuld vorausgesetzte Rechtswidrigkeitsurteil, dag Stecher aaO). § 22 Abs 1 S 2 und Abs 2 S 1 WHG, § 32 Abs 2 GenTG, aber auch § 13 Abs 2 HPflG (I Ossenbühl 117) belegen die Möglichkeit der Gesamtschuld im Bereich der Gefährdungshaftung bei mehreren Verursachern. Eine Inkompatibilität von Gefährdungshaftung und Gesamtschuld ist daher nicht generell anzunehmen (**aA** Schmidt-Salzer § 1 UmweltHG Rn 228 ff). Für die konkurrierende Verantwortlichkeit mehrerer Inhaber bzw Betreiber derselben schadensursächlich gewordenen Anlage, etwa auch im Falle einer Mithaftung einer Konzernobergesellschaft (o Rn 44), ist dies offenkundig sachgerecht (näher I Ossenbühl 116 ff). Die Anwendung des § 840 Abs 1 BGB scheitert auch im Übrigen nicht ohne weiteres und allein an einer deliktsrechtlichen Spezifik der Norm (**aA** Paschke § 1 Rn 81; Schmidt-Salzer § 1 UmweltHG Rn 225), weil die Regelung nicht einen schuldhaft-rechtswidrigen Übergriff in einen fremden Rechtskreis voraussetzt, sondern Schadensverantwortlichkeit begrifflich dort nur Zurechnung zu Haftungszwecken meint; die Anwendbarkeit der Norm etwa in Fällen des § 833 BGB zeigt dies. Auf dieser Basis ist jedoch in concreto nach Unterschieden in den Sachverhalten zu differenzieren:

bb) Sachverhaltsvarianten

200 Bei behaupteter **notwendiger und hinreichender Bedingung,** also bei angenommener Monokausalität, sowie bei den **weder notwendigen noch hinreichenden Bedingungen,** die insbesondere bei Kleinemissionen vorliegen, ergibt sich entsprechend den allgemeinen zivilrechtlichen Grundsätzen, dass auch bei der Gefährdungshaftung weder § 830 BGB noch die Annahme eines gesamtschuldnerischen Haftungsverbandes als materiellrechtliche Erleichterung bei der Haftungsbegründung fungiert.

201 In den Fällen der **nicht notwendigen, aber hinreichenden Bedingung** überzeugt hingegen die Übernahme der deliktsrechtlichen Gesamtschuldhaftung (Engelhardt 248 f; Klimeck 165 f; Landsberg/Lülling § 1 Rn 181; Paschke § 1 Rn 62 f, 64 ff, 86; Salje §§ 1, 3 Rn 134; Schmidt-Salzer § 1 UmweltHG Rn 251). Eine Teilhaftung ist unangebracht, weil jeder zumindest potentiell einen vollen Beitrag zum Entstehen der Gesamtverletzung oder einer abgrenzbaren bestimmten Teilverletzung geleistet hat und daher eine Optimierung der Haftungslage im Interesse des Geschädigten durch Zulassung einer Gesamtschuldhaftung angemessen ist.

202 Bei **notwendiger, aber nicht hinreichender Bedingung** findet über die deliktsrechtlich anerkannten Fallgruppen (dazu für § 1 UmweltHG Paschke § 1 Rn 59) der nebentäterschaftlichen kumulativen Kausalität, soweit diese in Bezug auf das Maß der eingetretenen Rechtsgutsverletzung reicht (Rn 179 f; Hager NJW 1991, 134, 139; Klimeck 163 f; Schmidt-Salzer § 1 UmweltHG Rn 255), und der §§ 830, 840 Abs 1 BGB hinaus kraft **spezialgesetzlicher Anordnung** in einigen Fällen der Gefährdungshaftung, nämlich bei § 22 WHG, § 13 HaftpflichtG und § 32 Abs 2 GenTG, eine **gesamtschuldnerische Haftung bei bloßer Möglichkeit der Mitverursachung** statt (Paschke § 1 Rn 85). Eine Ausweitung der gesamtschuldnerischen Haftung auf andere als diese Gefährdungshaftungstatbestände ist nur in den im deliktsrechtlichen Zusammenhang genannten Grenzen zulässig (vgl Rn 181 ff), so dass insoweit nur eine teilende Schadensermittlung erforderlichenfalls mit Hilfe des § 287 ZPO in Betracht kommt (Engelhardt 249; Klimeck 164 f). Eine Ausweitung der Anwendung des § 830 Abs 1 S 2 BGB auf Schädigungsursachen, die nicht wenigstens potentiell den ganzen geltend gemachten Schaden oder denselben Teilschaden verursacht haben können, ist mit der Grundlage dieser Norm nicht vereinbar (so Engelhardt 249; wohl auch Schimikowski, Umwelthaftungsrecht Rn 212); selbst dann nicht anzuerkennen ist daher eine aus dieser oder einer anderen deliktsrechtlichen Regel abgeleitete Gesamtschuld, wenn der Kreis der Schadensbeteiligten bekannt und daher der Innenregress möglich ist (für Letzteres im Ergebnis aber Hager NJW 1991, 134, 140; Klimeck 173), zumal in diesen Fällen voraussetzungsgemäß gerade auch dem Geschädigten materiellrechtlich möglich und ihm trotz des alsdann ihn treffenden Insolvenzrisikos (Schmidt-Salzer § 1 UmweltHG Rn 258) zuzumuten ist, die Schädiger je anteilig in Anspruch zu nehmen (Schmidt-Salzer § 1 UmweltHG Rn 252). Die Herleitung einer Gesamtschuldnerschaft in anderer Weise als mittels des § 830 Abs 1 S 2 BGB scheitert überdies bei Kontaminationen über die Luft in der Regel und über den Boden je nach den konkreten Umständen auf Grund der Natur der Sache an der im Vergleich zur Wasserverunreinigung erheblich erhöhten Diffusität der Wirkungsverläufe (Schmidt-Salzer § 1 UmweltHG Rn 236; insoweit auch Klimeck 173 f). Dies bedeutet rechtlich, dass die aus dem Fehlen einer tatsächlich konkret bestehenden Gefahrengemeinschaft (auf Grund eines abstrahierten Begriffs der Gefahrengemeinschaft **aA** Klimeck 172) sowie die aus der Diffusität der Wirkungsverläufe folgenden Schwierigkeiten bei einer Anteilsbestimmung und beim daran anknüpfenden, im Falle einer angenommenen Gesamtschuld gebotenen Binnenausgleich, erst recht bei einer bloßen Verursachungshaftung nicht dem Emittenten angelastet werden können (Schmidt-Salzer § 1 UmweltHG Rn 238 ff, 258 ff; für diesen Fall ebenso Hager NJW 1991, 134, 140; w Nachw o Rn 180 ; **aA** Hopp 77 ff). Summations- und Distanzimmissionen, auch soweit sie überhaupt einen teilweisen Ursachenbeitrag geleistet haben, sind daher in der Regel, und zwar sachlich mit Recht, nicht der gesamtschuldnerischen Haftung zugänglich (im Ergebnis schon ENGELHARDT 248; SCHMIDT-SALZER § 1 UmweltHG Rn 258 ff).

cc) Anteilsschätzung

203 Bei Gefährdungshaftungstatbeständen ist **in Fällen der Teilschuld** eine **Schadensanteilschätzung** gemäß § 287 ZPO möglich (OLG Düsseldorf NJW 1998, 3720 f m Anm SALJE JZ 1999, 685, 688; LANDSBERG/LÜLLING § 1 Rn 183, 202; Klimeck 165; PASCHKE § 1 Rn 83; SCHMIDT-SALZER § 1 UmweltHG Rn 256 f; HAGER NJW 1991, 134, 139). Die Kriterien entsprechen den bei deliktischer Haftung geltenden Grundsätzen (o Rn 181).

b) Aufopferungshaftung

aa) § 906 Abs 2 S 2 BGB

204 Für die **Aufopferungshaftung** im unmittelbaren Anwendungsfall des § 906 Abs 2 S 2 BGB gilt:

α) Grundsätzliche Unanwendbarkeit des § 830 Abs 1 S 2 BGB

205 § 830 Abs 1 S 2 BGB ist entgegen wohl herrschender Ansicht **grundsätzlich unanwendbar,** und zwar auch dann, wenn die Vorschrift bei der deliktsrechtlichen Haftung anzuwenden ist (wie hier BGHZ 66, 70, 75 = NJW 1976, 797, 799; BGHZ 72, 289, 297 f = NJW 1979, 164, 165; BGHZ 85, 375, 387 = NJW 1983, 872, 875; LG Hamburg MDR 1965, 45; vBAR KF 1987, 17 f; ASSMANN, Multikausale Schäden im deutschen Haftungsrecht, in: FENYVES/WEYERS, Multikausale Schäden in modernen Haftungsrechten [1988] 118 ff, 122 ff; GOTTWALD KF 1986, 1, 22 f; PASCHKE § 1 Rn 82; SCHIMIKOWSKI, Umwelthaftungsrecht Rn 31; SCHMIDT-SALZER § 1 UmweltHG Rn 152, 224; **aA** BGHZ 101, 106, 112 = NJW 1987, 2810, 2812 unter fehlerhafter Berufung auf die vorgenannten Urteile; GMEHLING 222; GÜTERSLOH 31 f, aber wohl anders 39; KLIMECK 168 f; LYTRAS 422 ff; REITER 95; STECHER 301). Eine **Gesamtschuld** mehrerer Emittenten **auf dieser Basis** ist daher **in der Regel nicht** begründet.

206 Die neuere **Rechtsprechung** (BGHZ 101, 106, 111 f = NJW 1987, 2810, 2812; zustimmend GERLACH 229 f; LYTRAS 422 ff; STECHER 294) **befürwortet** allerdings die Anwendung des § 830 Abs 1 S 2 BGB auf den Ausgleichsanspruch aus § 906 Abs 2 S 2 BGB. Für die Anwendung des § 830 BGB sei nicht entscheidend, ob die Beweisnot des Geschädigten Ansprüche aus Delikts- und Gefährdungshaftung oder den Ausgleichsanspruch aus § 906 Abs 2 S 2 BGB betreffe. Daraus folgt konsequent die analoge Anwendbarkeit des § 840 BGB. Auf der Grundlage dieser Auffassung ergeben sich keine Besonderheiten gegenüber der dargestellten allgemein zivilrechtlichen, insbesondere deliktsrechtlichen Lage.

207 Der neueren Rechtsprechung, die allerdings die Praktikabilität im Interesse des Geschädigten für sich hat, ist aus gesetzesgeschichtlichen und systematisch-regelungsfunktionellen Gründen nicht zu folgen. Die zur gesamtschuldnerischen Haftung führende Anwendung des § 830 Abs 1 S 2 BGB im Fall des § 906 Abs 2 S 2 BGB wurde bei der Gesetzesnovellierung **ablehnend beraten** (vgl Hinweis von BGHZ 66, 70, 76 = NJW 1976, 797, 799 auf Bericht EVEN, Verhandlungen des Dt Bundestages, 3. Wahlp, Stenogr Berichte Bd 44, 4855). Das ist aufgrund der **Funktion** der Norm folgerichtig. Der Entschädigungsanspruch ist nämlich als das Surrogat für den durch § 906 Abs 2 S 1 BGB ausgeschlossenen Abwehranspruch konzipiert und kann daher nicht eine weitergehende Verantwortlichkeit als dieser, wäre er nicht ausgeschlossen, begründen. Des-

halb ist entscheidungstragend, dass der Abwehranspruch seinerseits aus vollstreckungsrechtlichen Gründen nur besteht, wenn die Störung durch eine bestimmte Emission feststeht, und dass der Abwehranspruch grundsätzlich nicht gesamtschuldnerisch gewährt werden kann, weil die zu titulierende Unterlassungspflicht ihre Grenze in der durch die jeweilige Herrschaftssphäre des Emittenten beschränkte Rechtsmacht zur Einstellung oder Minderung der schädlichen Emission findet.

β) Gesamtschuld ohne § 830 Abs 1 S 2 BGB

208 Unabhängig von § 830 Abs 1 S 2 BGB findet jedoch eine gesamtschuldnerische Haftung mehrerer Emittenten, wenn der hier vertretenen älteren Auffassung gefolgt wird, in Übereinstimmung mit dem Charakter des § 906 Abs 2 S 2 BGB als Annexregelung zu § 906 Abs 2 S 1 BGB in folgenden Fällen statt.

209 Aus der Funktion des § 906 Abs 2 S 2 BGB, ein Surrogat für den Ausschluss des Abwehranspruchs anlässlich einer Eigentumsstörung zu gewähren, ergibt sich die Zulässigkeit einer gesamtschuldnerischen Haftung in entsprechender Anwendung des § 840 BGB in einem Sonderfall der **notwendigen und hinreichenden Bedingung** für den Verletzungserfolg, wenn sich der Anspruch auf Ausgleich für Schäden richtet, die von nur einer, aber von mehreren Personen **gleichrangig zu verantwortenden Schadensquelle** verursacht wurden (BGHZ 85, 375, 387 = NJW 1983, 872, 875). Denn in diesem Fall kann jeder allein handelnd die Beeinträchtigung unterbinden und könnte daher, sofern dem nicht § 906 Abs 2 S 1 BGB entgegenstünde, auf Unterlassung in bezug auf die gesamte Störung in Anspruch genommen werden.

210 Die gesamtschuldnerische Haftung ist ferner begründet, wenn der Schaden in der Weise durch mehrere Emissionsquellen verursacht wurde, dass der ganze Schaden oder bestimmte Teile davon allein von einem Emittenten hätte verursacht werden können, also jeder Beteiligte für sich eine zwar **nicht notwendige, aber hinreichende Ursache** für den Schadenseintritt gesetzt hat (BGHZ 101, 106, 112 = NJW 1987, 2810, 2812 gegen BGHZ 72, 289, 297 f = NJW 1979, 164, 165 und BGHZ 85, 375, 387 = NJW 1983, 2810, 2812; Diederichsen, in: FS R Schmidt [1976] 16; Gmehling 214 Fn 200; Marburger, in: Vhdl 56. DJT C 124). Solchenfalls wäre nämlich jeder ohne Rücksicht auf den Schadensbeitrag des anderen, vorbehaltlich der Anspruchsbeschränkung durch § 906 Abs 2 S 1 BGB, in bezug auf das gesamte Schadenspotential unterlassungspflichtig. Der Schaden ist jedem zur Gänze zuzurechnen; dass es an der Ursächlichkeit eines jeden Beitrags für die Schadensentstehung im Sinne der Adäquanztheorie fehlt, steht der Inanspruchnahme aus den bei der Deliktshaftung genannten Gründen (Rn 166 ff) nicht entgegen.

211 Werden jeweils **notwendige, aber nicht hinreichende Mitursachen** für den ganzen Schaden oder einen bestimmten Teil davon gesetzt, ist eine gesamtschuldnerische Haftung entsprechend § 840 BGB gerechtfertigt (BGHZ 66, 70, 75 ff = NJW 1976, 797, 799; BGHZ 72, 289, 298 = NJW 1979, 164 ff, 165 f; Gottwald KF 1986, 1, 22; Lytras 425; Salje §§ 1, 3 Rn 124). Dies ist allerdings bestritten (Medicus JZ 1986, 778, 782), weil die gesamtschuldnerische Haftung zum Ergebnis der §§ 830, 840 Abs 1 BGB führt, obwohl die Voraussetzung des § 830 Abs 1 S 2 BGB nicht erfüllt ist, dass jeder für sich handelnd den Schaden verursacht haben können muss. Der vergleichende Bezug auf § 830 Abs 1 S 2 BGB trägt den Einwand jedoch nicht. Die Fallkonstellation liegt nämlich außerhalb des Regelungsbereiches dieser Norm, weil hier die Mitursächlichkeit eines jeden Beteiligten in Bezug auf den gesamten Verletzungserfolg feststeht.

γ) **Teilschuld**

212 In den verbleibenden Fällen ist mangels Anwendbarkeit der §§ 830 Abs 1 S 2, 840 BGB eine Haftung pro rata angezeigt (Lytras 425 f). Für solche Schäden, zu deren Entstehen **mehrere** eine je für sich **weder notwendige noch hinreichende Mitursache** gesetzt haben, also bei den summiert hinreichenden Immissionen (vgl Rn 157), ist eine Zurechnung gemäß § 830 BGB mit der Folge des § 840 BGB, auch bei erweiterter Anwendung des § 830 BGB, nicht möglich. Dies folgt schon aus den für die deliktische Haftung geltenden Gründen, gilt aber auch wegen der Sachstruktur des § 906 Abs 2 S 2 BGB. Dies trifft insbesondere für die an sich **unwesentlichen Emissionen,** damit namentlich für **Kleinemittenten** und für **Summationsschäden** zu. In Fällen der Teilschuld ist eine Schadensschätzung gemäß § 287 ZPO zulässig (BGHZ 70, 102, 108 = NJW 1978, 419, 420; BGHZ 85, 375, 383 = NJW 1983, 872 ff; BGHZ 101, 106, 113 = NJW 1987, 2810, 2812; Landsberg/Lülling § 1 Rn 183 unter Bezug auf BGHZ 66, 70, 76 = NJW 1976, 797; Paschke § 1 Rn 60, 82). Die Verteilungskriterien entsprechen dabei denjenigen bei deliktischer Haftung (Rn 181).

213 Im Unterschied zur deliktsrechtlichen Haftung scheitert die Ersatzpflicht gemäß § 906 Abs 2 S 2 BGB allerdings nicht an der **Nichtzurechenbarkeit** des Verletzungserfolgs mangels Kausalität der Emission. Der Anspruch ist das Surrogat für den Ausschluss des Abwehranspruchs durch § 906 Abs 2 S 1 BGB und daher zu gewähren, wenn der Abwehranspruch bestünde, wäre er nicht durch § 906 Abs 2 S 1 BGB ausgeschlossen (Gütersloh 39). Der **Bestand des Abwehranspruchs** dem Grunde nach, dh ohne Berücksichtigung des § 906 Abs 2 S 1 BGB, ist also die **Grundlage des Entschädigungsanspruchs.** Darin liegt der Unterschied zur deliktischen Haftung und zum quasinegatorischen Unterlassungsanspruch auf deliktsrechtlicher Basis, der seinerseits abgesehen vom Verschuldenserfordernis von den deliktsrechtlichen Haftungsvoraussetzungen abhängt. Der Abwehranspruch gemäß den §§ 1004, 906 Abs 1 und 2 S 1 BGB ist aber bei summierten Immissionen begründet, die je für sich unwesentlich sind, aber in ihrem Zusammentreffen wesentlich werden oder über das zumutbare Maß des § 906 Abs 2 S 1 BGB hinausgehen; der Beeinträchtigte kann hier wahlweise von jedem Störer Unterlassung seines Störungsbeitrags verlangen, bis die Störung unwesentlich oder auf das gemäß § 906 Abs 2 S 1 BGB zu duldende Maß reduziert ist (OLG Oldenburg AgrarR 1975, 258; Soergel/Baur § 906 Rn 53; Pleyer AcP 165 [1965] 559, 560; Kleindienst 60; **aA** Westermann, in: FS Larenz [1973] 1012).

214 Summationsschäden führen daher entsprechend dem jeweils auf den Schadensursachenbeitrag beschränkten Unterlassungsanspruch grundsätzlich nur zu einer erforderlichenfalls der Schadensschätzung gemäß § 287 ZPO unterliegenden **Ausgleichspflicht pro rata** (Diederichsen/Scholz WiVerw 1984, 23, 38; Kleindienst 78; Medicus JZ 1986, 778, 782; Ruhwedel NJW 1971, 641, 645; Westermann, in: FS Larenz [1973] 1012; für diesen Fall wohl auch BGHZ 66, 70, 76 = NJW 1976, 797, 799). Da bei diesen allerdings hinzukommt, dass eine **Schadensanteilsschätzung gemäß § 287 ZPO praktisch undurchführbar** ist, wenn eine unbestimmte Vielzahl von Störungsquellen zusammenwirken, scheitert die Haftung im Ergebnis (Adams ZZP 99 [1986] 129, 156 ff; Marburger, in: Vhdl 56. DJT C 124 f; **aA** Nawrath NJW 1982, 2361, 2364).

bb) § 906 Abs 2 S 2 BGB analog

215 Für die dem Anspruch aus § 906 Abs 2 S 2 BGB **nachgebildete Aufopferungshaftung** in den Fällen einer ausnahmsweisen Versagung oder faktischen Undurchsetzbarkeit

des Unterlassungsanspruchs muss dasselbe wie im unmittelbaren Anwendungsfall des § 906 Abs 2 S 2 BGB gelten. Dies ist die rechtliche Konsequenz der analogen Bildung dieser Anspruchsgrundlage.

cc) § 14 S 2 BImSchG

216 Für die Haftung gemäß § 14 S 2 BImSchG gelten die zu § 906 Abs 2 S 2 BGB entwickelten Grundsätze entsprechend. Dies ergibt sich aus der Übereinstimmung der Sachstruktur beider Fälle als Aufopferungshaftung.

5. Rechtswidrigkeit

217 Das bei der **Gefährdungshaftung** (Lytras 260, 275, 282 ff, 448; Sautter 107 f; Schmidt-Salzer § 1 UmweltHG Rn 7; Stecher 136), dort nach einer Auffassung mit Ausnahme der wasserhaushaltsgesetzlichen Haftung, und bei der **Aufopferungshaftung** (Lytras 285) **nicht** geltende, aber expressis verbis bei der **Deliktshaftung** aufgestellte Erfordernis der Rechtswidrigkeit der Schadensverursachung des Ereignisses kann die Zurechnung eines Schadensereignisses zum Emittenten bei einem wie umwelthaftungsrechtlich häufig nicht unmittelbar für die Rechtsgutsverletzung ursächlichen sowie unvorsätzlichen Tun oder Unterlassen (in umwelthaftungsrechtlichem Zusammenhang etwa Engelhardt 158 ff; Marburger UTR 3 [1987] 130; H Schmidt 130 f) ausschließen, wenn der Emittent sich **verkehrsgerecht verhalten** hat. Die Teilnahme an **Öko-Audits** allein belegt dies noch nicht, da die Gültigerklärung einer Umwelterklärung durch den Umweltgutachter gemäß Art 4 Abs 3 AuditVO nicht bestätigt, dass alle umweltrechtlich relevanten Vorschriften eingehalten sind, sondern nur, dass die betriebliche Umweltpolitik mit den Bestimmungen der AuditVO übereinstimmt (Mann/Müller 42 f; Wiebe NJW 1994, 289, 292; **aA** Knopp/Striegel BB 1992, 2009, 2011).

218 Besonders bedeutsam ist unter dem Aspekt des verkehrsgerechten Verhaltens insbesondere die Frage, welche **Rechtfertigungswirkung der Einhaltung öffentlich-rechtlicher Standards,** namentlich auch der Einhaltung von umweltbezogenen Betriebsgenehmigungen zukommt; dazu ist hier auf allgemeine Aspekte des Zusammenwirkens von Haftungsrecht und öffentlichem Recht zu verweisen (näher zur Rechtswidrigkeit unter diesem Aspekt Rn 273, 275, 304 ff). Ferner ist zur Feststellung der Rechtswidrigkeit zu ermitteln, ob diese durch die Grenzen der zivilrechtlichen oder öffentlich-rechtlichen Immissionsduldungspflicht der Allgemeinheit einschliesslich des Geschädigten bestimmt wird. Ein solcher etwaiger **Bezug des Rechtswidrigkeitsurteils zur Duldungspflicht** hinsichtlich des schädigenden Tuns oder Ereignisses, womit das Verhalten des Schädigers bzw der Emissionsvorgang in seiner Sphäre zum Maßstab des Rechtswidrigkeitsurteils wird (BGHZ 92, 143, 148 = NJW 1985, 47 ff [Kupolofen]; Lytras 277 ff; Wolfrum/Langenfeld 262), ist insbesondere bei Schäden infolge des **Normalbetriebs** einer Anlage und bei unvorhersehbaren Schadensereignissen im Zuge eines Normalbetriebs sowie infolge eines **Störfalls** von Bedeutung; gilt dieser Zusammenhang, besteht nur in den letztgenannten Fällen jedoch immerhin unter dieser Voraussetzung ein deliktsrechtlicher Schadensersatzanspruch.

a) Rechtmäßigkeit bei privatrechtlicher Duldungspflicht

219 Der zunächst im Hinblick auf § 906 Abs 1 u 2 S 1 BGB (vgl zum Tatbestand die dortige Kommentierung) für die **Immobiliarschädigung** aufgestellte und schon dort nicht unbedenkliche (vgl Rn 220 f) Grundsatz, dass sich das Rechtswidrigkeitsurteil nach der zivilrechtlichen Pflicht zur Duldung von Immissionen richte (BGHZ 90, 255, 258 ff = NJW 1984, 2207 ff; Gmehling 137 f; Nawrath 240; Petersen 5; U Wolf 34 f), wurde höchstrichterlich auf die Beschädigung von **Fahrnis übertragen** (BGHZ 92, 143, 147 ff = NJW 1985, 47 ff [Kupolofen]; dazu Diederichsen, in: Vhdl 56. DJT L 54; Enders 306; Emmerich JuS 1985, 313; Gmehling 129; Gottwald KF 1986, 4, 9; B Leonhard 38; Marburger/Herrmann JuS 1986, 354, 355; Petersen 6; Nick AgrarR 1985, 343, 347; Steffen UTR 11 [1990] 71, 79 f; Veldhuizen 178 f; H P Westermann UTR 11 [1990] 103, 111 ff; U Wolf 35; Wolfrum/Langenfeld 188 ff). Die Übertragbarkeit und mithin die Parallelisierung der Haftungsverhältnisse ist zunächst insoweit sachgerecht, als sich unter dem Gesichtspunkt der Unwesentlichkeit der Beeinträchtigung stimmig ein deliktsrechtlicher Haftungsausschluss in Parallele zur Bagatellregelung des § 5 UmweltHG bei Sachbeschädigungen entwickeln lässt (näher Erl 229 ff), und als sich bewegliche Sachen ähnlich wie Immobilien mit einer gewissen Notwendigkeit **im nachbarschaftlichen Immissionsbereich** befinden; denn insoweit ist die Unausweichlichkeit des Aufenthalts im engeren Gefahrenkreis der emittierenden Anlage die die entsprechende Anwendung tragende Gemeinsamkeit mit dem unmittelbaren liegenschaftsrechtlichen Fall des § 906 BGB. Auf dieser Basis ist allerdings folgerichtig zu beachten, dass **andere Fahrnis,** die sich nicht unausweichlich im kleinräumigen Immissionsbereich befindet, nicht stärker geschützt sein kann; in bezug auf derartige Mobilien kann daher der Rechtmäßigkeitsmaßstab nicht strenger, jedoch wohl **milder** sein. Auf **Gesundheitsbeeinträchtigungen** ist die Rechtfertigungswirkung des § 906 BGB allerdings nach derzeit hM wegen ihres eigentumsbezogenen Schutzzwecks **nicht** zu übertragen (Engelhardt 177; Erl 251 ff; Hagen KF 1987, 23; Veldhuizen 96 f, 178 f; **aA** v Dörnberg, Die Haftung für Umweltschäden, in: v Dörnberg/Gasser/Gassner, Umweltschäden [1992] 12; für Gerüche und Geräusche wohl Petersen 8).

220 Eine derartige Bestimmung der **Rechtswidrigkeit** an Hand des § 906 BGB und des § 14 BImSchG (Nawrath 240) bei Eigentumsbeeinträchtigungen führt, wohl gestützt von einer allgemeinen Hinwendung des Deliktsrechts zum Verhaltensunrecht unter Abkehr vom Erfolgsunrecht, zu einer **Harmonisierung von Duldungspflicht und Ausschluss des Schadensersatzanspruchs** (Engelhardt 180; Gerlach JZ 1988, 161, 170 ff; Kloepfer § 4 Rn 315; Lytras 334 ff; Marburger/Herrmann JuS 1986, 354, 355; Schwabe VersR 1997, 371, 377), wodurch die früher (RGZ 159, 68, 74 ff; RG DR 1942, 1703 f; dazu Gerlach JZ 1988, 161, 170; Nawrath 240 Fn 4) als möglich angesehene Kombination von nicht zu verbietendem – in diesem Sinn rechtmäßigem – Betrieb und rechtswidriger Schädigung ausgeschlossen wird. Das vom Emittenten nicht zumutbar zu Verhindernde ist daher nun auch deliktsrechtlich ersatzlos hinzunehmen, auch wenn der Schaden vorhersehbar ist. Das bedeutet, gemessen an der reichsgerichtlichen Rechtsprechung, einen Rückschritt zum Nachteil des Geschädigten (Gerlach 225 f; ders JZ 1988, 161, 170; Lytras 334), und dies führt zu der Zwiespältigkeit, dass nur die Duldungspflicht verallgemeinert wird, während der Entschädigungsschutz gemäß § 906 Abs 2 S 2 BGB den Immobiliarberechtigten vorbehalten bleibt (Gerlach JZ 1988, 161, 170 ff; vgl auch H P Westermann UTR 11 [1990] 103, 111 ff).

221 In Anbetracht der bei § 14 S 2 BImSchG befürworteten, aber wegen der Spezialität und Singularität dieser Norm nicht lückenschließend heranzuziehenden (Balensiefen 184; **aA** Peine NJW 1990, 2442, 2446 f; Wagner 265 ff) Schadensersatzhaftung und der Entwicklung der Ausgleichspflicht analog § 906 Abs 2 S 2 BGB bei unvorhersehbaren, nicht zu duldenden Schadensereignissen im Rahmen eines insgesamt zu duldenden Betriebs ist die uneingeschränkte Parallelsetzung von Duldungspflicht und deliktsrechtlichem Rechtmäßigkeitsurteil auffällig. Diese Abweichung deliktsrechtlicher Resultate von aufopferungsrechtlichen Regeln bzw Entwicklungen lässt eine Weiterentwicklung auch der Deliktshaftung in der Weise konsequent erscheinen, dass eine **Rechtswidrigkeit der Schädigung** auch dann angenommen werden kann, wenn sie die unvorhersehbare und unabwendbare, aber als solche nicht zu duldende Folge eines an sich zu duldenden Betriebs und seiner Emissionen ist (Baumann JuS 1989, 433, 435; Gerlach JZ 1988, 161, 174; Reese DStR 1996, 24, 25). Eine solche Entwicklung ist durchaus mit einer deliktsrechtlichen Anknüpfung des Rechtswidrigkeitsurteils an das Verhalten vereinbar, wenn als das maßgebliche Verhalten nicht der an sich zu duldende Normalbetrieb als solcher zugrundegelegt wird, sondern die Haftung an das rechtsgutsverletzende Ereignis angeknüpft wird.

222 Eine solche deliktsrechtliche Weiterentwicklung würde es vermeiden, zwischen **Sach- und Gesundheitsverletzungen** in der Weise zu **differenzieren,** dass wegen des bloß eigentumsrechtlichen Regelungsbereichs des § 906 BGB nur erstere und nicht auch Gesundheitsverletzungen der deliktsrechtlichen Schadensersatzhaftung nach Maßgabe des § 906 Abs 2 S 1 BGB entzogen sind (vBar KF 1987, 1, 18; wohl auch Lytras 337; Medicus JZ 1986, 778, 785; Pfeiffer 202). Der Verzicht auf diese schadenskreisbezogene Unterscheidung wäre zu begrüßen (**aA** Reiter 67). Dies gilt nicht nur, weil § 823 Abs 1 BGB Gesundheit und Eigentum abstrakt gleichwertigen Schutz zukommen lassen will (Gmehling 176). Wesentlicher ist es, dass unter dem **Eigentumsbezug des § 906 Abs 1 BGB** in der Sache **Gesundheitsschutz** verfolgt wird, wie etwa die dortige Erfassung von Geräusch- und Geruchsbelästungen deutlich macht; die Alternative zwischen Eigentums- und Gesundheitsschutz ist daher im Rahmen des § 906 BGB nur eine vordergründige. Durch Harmonisierung der deliktsrechtlich maßgeblichen Verkehrssicherungspflichten und der Duldungspflichten nach § 906 Abs 2 S 1 BGB ist dabei sicherzustellen, dass sich aus der Erstreckung der Steuerungsfunktion dieser Norm in das Deliktsrecht dort keine planwidrigen und praktisch unzuträglichen Schutzlücken zum Nachteil des Geschädigten ergeben (Lytras 336, 338 ff).

b) Rechtsmäßigkeit bei öffentlich-rechtlicher Duldungspflicht

223 Für den Fall eines Ausschlusses des Untersagungsanspruchs gemäß **§ 14 S 1 BImSchG,** dem der Ausschluss von Abwehransprüchen bei Einrichtungen von **besonderem öffentlichem Belang** insbesondere nach Planfeststellungsverfahren namentlich gemäß den §§ 75 Abs 2 S 1 VwVfG, 17 Abs 6 S 1 FStrG, 29 Abs 4 und 4 Abs 4 PbefG sowie 11 Abs 1 S 1 WHG gleichsteht (Lytras 305), ist hinsichtlich der Rechtswidrigkeit der Verletzung grundsätzlich ebenso zu entscheiden. Die Erteilung einer Anlagengenehmigung präjudiziert das Rechtswidrigkeitsurteil jedoch nicht, soweit die schadensursächlichen Emissionen die immissionsschutzrechtlich zulässigen **Grenzwerte überschreiten** (vorausgesetzt von BGHZ 92, 143 ff = NJW 1985, 47 ff [Kupolofen]), oder wenn die schadensträchtigen Emissionspartikel nicht Gegenstand des **behördlichen Prüfungsverfahrens** waren und der Anlagenbetreiber wegen von ihm zu **erwartender Kenntnis der Gefährlichkeit** des Stoffes und seines Auftretens verkehrssicherungspflichtig war (LG Münster NJW-RR 1986, 947, 951, bestätigt von OLG Hamm NJW 1988, 1031 f; Gmehling 140; näher dazu u Rn 273, 275 ff, 304 ff).

c) Duldungspflichten und Gefährdungshaftung

224 Bei den vom Rechtswidrigkeitsurteil nicht abhängigen Gefährdungshaftungstatbeständen präjudizieren die auch dort entsprechend geltenden (Rn 94 aE) Duldungspflichten gemäß § 14 S 1 BImSchG oder § 906 Abs 1 u Abs 2 S 1 BGB die Schadensersatzpflicht nicht (für § 1 UmweltHG PETERSEN 60 zu § 14 BImSchG, anders – in schadensersatzrechtlich nicht überzeugender Analogie zu § 114 Abs 2 Nr 3 BBergG – ders 40 ff, 109 zu § 906 BGB). Soweit hiernach Duldungspflichten bestehen und auch die auf diese Schadensersatznormen grundsätzlich zu stützenden Unterlassungsansprüche ausgeschlossen sind (Rn 35), konkurrieren die Haftung auf Grund der Gefährdungshaftungsnormen mit der Haftung gemäß § 14 S 2 BImSchG oder § 906 Abs 2 S 2 BGB (zu Unrecht wohl differenziert PETERSEN aaO). Dies mildert die Problematik der sonst bestehenden deliktsrechtlichen Haftungslücke bei zu duldenden Normalbetriebsschäden (vgl WOLFRUM/LANGENFELD 262), beseitigt aber die Problematik bei nicht nachbarschaftlichen, nicht immobilienbezogenen und nicht im Sinne des UmweltHG anlagenbedingten Umweltschäden nicht vollständig.

6. Verschulden

225 Die Deliktshaftung erfordert im Unterschied zur Gefährdungshaftung (COSACK, Die Gefährdungshaftung im Vordringen, VersR 1992, 1439 ff, 1440; DÖRING 47; LYTRAS 260, 275, 281, 448) und zur Aufopferungshaftung überdies ein **Verschulden;** leichte Fahrlässigkeit genügt. Hinsichtlich der für die zum Fahrlässigkeitsvorwurf nötigen Verletzung der inneren Sorgfalt ist auf einen objektiv-typisierenden **Maßstab** abzustellen, demzufolge es auf die durchschnittlichen Anforderungen ankommt, die an Angehörige der jeweiligen Berufs- und Verkehrskreise in der jeweiligen Gefahrensituation bei einer ex ante Betrachtung zu stellen sind (BGHZ 80, 186, 193 = NJW 1981, 1603 ff; ENDERS 308 f; MARBURGER UTR 3 [1987] 109, 135). **Höhere Gewalt,** namentlich im Sinne des § 4 UmweltHG, schließt ein Verschulden aus (ERL 222 ff). Auf die Feststellung von Verschulden in bezug auf konkret schadensstiftende Vorgänge kann auch beim Umwelthaftungsrecht nicht verzichtet werden, wenn nicht das Deliktsrecht ohne gesetzliche Autorisierung in die Aufopferungs- oder Gefährdungshaftung übergeleitet werden soll. Darauf läuft es auch hinaus, wenn eine mit dem erlaubten Betrieb verbundene **Grundgefahr** bereits als Anknüpfungspunkt für eine verschuldensunabhängige Haftung bei Schäden aus dem Normalbetrieb ausreichen könnte (so wohl GERLACH JZ 1988, 161, 174; vgl auch ders 228 f).

226 Die Teilnahme an einem **Öko-Audit** schließt als solche ein Verschulden nicht mit Notwendigkeit in jeder Hinsicht aus. Die Gültigerklärung einer Umwelterklärung durch den Umweltgutachter gemäß Art 4 Abs 3 AuditVO bestätigt nämlich nicht, dass alle umweltrelevanten Vorschriften tatsächlich eingehalten sind oder gar künftig beachtet werden, sondern nur, dass die betriebliche Umweltpolitik mit den Bestimmungen der AuditVO übereinstimmt (MANN/MÜLLER 42 f; WIEBE NJW 1994, 289, 292; **aA** KNOPP/STRIEGL BB 1992, 2009, 2011).

227 Bei Einhaltung der **öffentlich-rechtlich vorgesehenen Grenzwerte** und, damit häufig praktisch verbunden, der gemäß § 906 Abs 1 und Abs 2 S 1 BGB maßgeblichen Parameter, sollte solchenfalls eine Deliktshaftung nicht schon am Mangel der Rechtswidrigkeit scheitern, **fehlt in der Regel** das deliktsrechtlich geforderte **Verschulden** (FLACHSBARTH 219). Gleiches gilt grundsätzlich bei Beachtung der in **Verwaltungsvorschriften** und in Bezug genommenen **technischen Regelwerke** wie der TA-Luft oder TA-Lärm festgesetzten Grenzwerte (BGHZ 92, 143, 151 f = NJW 1985, 47 ff [Kupolofen];

Gmehling 132; Marburger, in: Vhdl 56. DJT C 121; B Leonhard 38; Reiter 65). Der Emittent kann sich in der Regel darauf verlassen, dass solchenfalls keine haftungsbegründenden schädigenden Umweltbelastungen eintreten, so dass es an der Außerachtlassung der im Verkehr erforderlichen Sorgfalt im Sinne des § 276 Abs 1 S 2 BGB aF, § 276 Abs 2 BGB nF fehlt. Entwicklungsrisiken und sonstige verborgene Risiken lassen sich daher mit dem Deliktsrecht kaum erfassen (Flachsbarth 219).

228 Dagegen kann dennoch **ausnahmsweise** ein **Verschuldensvorwurf** begründet sein, wenn **besondere Umstände,** beispielsweise ungewöhnliche klimatische (OLG Celle VersR 1981, 66 f) oder topographische Verhältnisse oder die Emission von nicht durch die TA-Luft erfassten Schadstoffen (LG Münster NJW-RR 1986, 947, 951 f, bestätigt von OLG Hamm NJW 1988, 1031 ff; Gmehling 140), es erkennbar notwendig erscheinen lassen, besondere Sicherungsvorkehrungen zu treffen (BGHZ 92, 143, 152 = NJW 1985, 47 ff [Kupolofen]; BGH NJW 1997, 2749 [Lackieranlage]; vBar, in: Vhdl 62. DJT A 35; Gmehling 132, 170; Th Meyer 169 f; Wolfrum/Langenfeld 189 f). Dabei dürfen die Anforderungen an die Erkennbarkeit des ausnahmsweise erhöhten Gefahrenpotentials nicht überspannt werden (Gmehling 133).

229 Bei einem **Störfall** ist ein **Verschulden indiziert.** Allerdings kann der Emittent zur Ausräumung der Verschuldensvermutung darlegen und beweisen, dass er alle zu erwartenden Vorkehrungen zur Verhinderung eines Störfalls der vorliegenden Art getroffen hat (Schwabe VersR 1995, 371, 378).

VIII. Verantwortlichkeit: prozessuale Problematik

230 Die **Ermittlung der tatsächlichen Grundlagen** für die Zuordnung eines Umweltschadens zu einem haftungsrechtlich Verantwortlichen und für die Erfassung der Verantwortungsanteile bei einer Mehrzahl von Beteiligten setzt die Feststellung voraus, dass ein oder mehrere Schadstoffe überhaupt geeignet sind, die eingetretene Rechtsgutsverletzung und bzw oder den eingetretenen Schaden auszulösen, dass ferner die in Frage stehende Emissionsquelle oder Mehrheit von Emissionsquellen entsprechend emittiert, und dass zwischen Emission und Rechtsgutsverletzung und bzw oder Schadenseintritt ein Zusammenhang besteht (vgl Rn 138; Diederichsen, in: Vhdl 56. DJT L 97 ff, Döring 54). Diese Feststellung ist wegen der Komplexität der naturwissenschaftlichen Zusammenhänge, und zwar insbesondere bei Luftverunreinigungen, **prozessual-beweisrechtlich** vor allem hinsichtlich des zur haftungsbegründenden Kausalität gehörenden Elements der sogenannten **Grundkausalität** (zum Begriff Rn 138) schwierig, hingegen in naturwissenschaftlicher Hinsicht bezüglich der Kausalitätseignung und der Initialkausalität sowie hinsichtlich der haftungsausfüllenden Kausalität oft leichter zu treffen (statt vieler Lytras 79 ff, 248 f). Insoweit können rechtliche Lösungen zum Vorteil des Geschädigten bei **Beweismaß** und **Beweis(führungs)last** ansetzen, die dazu beitragen, dass die materiell für richtig gehaltene Haftung auch prozessual effektiv werden kann; denn es trifft zu, dass das Prinzip, dass der Geschädigte grundsätzlich alle tatbestandlichen Voraussetzungen der Haftungsnorm voll beweisen muss, zwar nicht zum Tatbestand einer Haftungsnorm gehört, es aber faktisch zu Gunsten des Haftungsschuldners wie eine **zweite Verteidigungsschwelle** wirkt (so Schmidt-Salzer, in: vBar [Hrsg], Internationales Umwelthaftungsrecht II 45 f, 55, 125). Bei den beweisrechtlichen Lösungen muss allerdings vermieden werden, mittels einer im Ergebnis stattfindenden materiellen **Haftungsverlagerung durch beweisrechtliche Mittel** (so H Stoll AcP 176

[1976] 145 ff; SCHMIDT-SALZER, in: vBAR [Hrsg], Internationales Umwelthaftungsrecht II 56 f, 61, 120; STECHER 232) zu einer sachlich **nicht** begründeten bloßen **Verdachtshaftung** (DIEDERICHSEN, Bitburger Gespräche 1989, 66; GANTEN/LEMKE UPR 1989, 1, 5; GEISENDÖRFER VersR 1988, 421; MARBURGER KF 1990, 4, 12; STECHER 20, 280 ff) zu kommen.

1. Beweismaß

a) Vollbeweis

231 Beim **Beweismaß** bleibt es auch im Bereich des Umwelthaftungsrechts beim Grundsatz des **Vollbeweises** (ERL 140; KLOEPFER § 4 Rn 325; REESE DStR 1996, 24, 25; REITER 83; SAUTTER 45 ff; WIESE 30 f) mit dem Beweismaß des § 286 Abs 1 ZPO (rechtstheoretisch in Bezug auf die Kausalitätsfeststellung grds krit QUENTIN 142 ff). Danach gilt ein erforderlicher Beweis erst dann, aber auch schon dann als erbracht, wenn die Auswertung der Beweismittel aus **objektiv nachvollziehbaren Gründen** ergibt, dass **kein vernünftiger und ernsthafter Zweifel** an der Richtigkeit der aufgestellten Behauptung möglich ist (vgl in umweltrechtlichem Zusammenhang ENDERS 149 ff; GMEHLING 31; KLIMECK 39 f; LYTRAS 343 ff; SCHWABE VersR 1995, 371, 378; SCHMIDT-SALZER § 6 UmweltHG Rn 69 ff; STECHER 36 ff). Dies bedeutet zugleich, dass ein lückenloser Nachweis insbesondere einer Ursachenkette im naturwissenschaftlichen Sinne nicht notwendig zu verlangen ist (LYTRAS 453; SCHMIDT-SALZER, § 6 UmweltHG Rn 71 ff; ders in: vBAR [Hrsg], Internationales Umwelthaftungsrecht II 121; vgl dazu unter Befürwortung einer probabilistischen Ursachenfeststellung QUENTIN 141 ff unter Bezug auf BGH NJW 1989, 2947 f). Dabei ist zu dem Zweck, das materielle Haftungsrecht nicht in einer für den umwelthaftungsrechtlichen Sachverhalt geradezu typischen Weise nahezu regelmäßig fallgruppenspezifisch am geforderten Beweismaß scheitern zu lassen, eine Überspannung des erwartbaren Grades an Gewissheit zu vermeiden (vgl ergänzend und konkretisierend Rn 239).

b) Bloße Wahrscheinlichkeit

232 Eine die Ursachenfeststellung betreffende Reduzierung des Beweismaßes auf die im Sozialrecht als genügend angesehene (BSGE 32, 209; erheblich etwa bei potenziell multikausaler Lungenfibrose eines Bergmanns, vgl PÖHL, Der Kompass 2000, 175) **überwiegende Wahrscheinlichkeit** (BAUMANN JuS 1989, 433, 437; BRÜGGEMEIER KritV 1989, 209, 221; ENGELHARDT 223 f; FÖLLER 84 ff; GMEHLING 104 ff; HAGER NJW 1986, 1961, 1967 ff; ders ZeuP 1997, 23 ff; MAYER MDR 1991, 813, 815; REHBINDER NuR 1989, 149, 159; SAUTTER 151 f [für die Eignungskausalität]; STECHER 208 ff; WALTER NJW 1978, 1158 f; WOLFF 42 ff; auf das amerikanische Recht hinweisend REESE DStR 1996, 24, 25; zum Wechselbezug mit dem Anscheinsbeweis und dem Regelmaß beim Vollbeweis GOTTWALD, in: FS H Lange 450 f, 458 ff) und die Arbeit mit **statistischen Wahrscheinlichkeiten** (KÖNDGEN UPR 1983, 345 ff; auf das japanische Recht hinweisend REESE DStR 1996, 25; zum amerikanischen Recht eingehend WIESE 81 ff; zum japanischen Recht eingehend LANGHAEUSER 136 ff), wird wenigstens bei wesentlichen Bedingungen (HAGER NJW 1986, 1961 f) wegen der für das Umwelthaftungsrecht typischen Beweisnot zumindest im Bereich der haftungsbegründenden Kausalität (STECHER 208 ff) und wegen des Umstands für vertretbar gehalten, dass sich zumindest, aber durchaus nicht nur (vgl BGH NJW 1989, 2947 f [Virusinfektion]) im Umweltbereich über Verursachungszusammenhänge typischerweise nur Wahrscheinlichkeitsaussagen treffen lassen (ENGELHARDT 223; QUENTIN 141 ff). Die bloß statistisch feststellbare Ursächlichkeit bestimmter Umstände für Schädigungen einer bestimmten Art soll Grundlage der Zurechnung sein, wobei das Risiko der Unaufklärbarkeit im Sinne einer Beweislastumkehr zu Lasten der möglichen Schädiger gehen soll. Der Umstand, dass es sich um eine Schadens-

zurechnung aufgrund eines bloßen Wahrscheinlichkeitsurteils handelt, soll dabei derart Berücksichtigung finden, dass der Gesamtschaden auf alle wahrscheinlichen Schädiger verteilt oder der Schadensersatzanspruch entsprechend dem Grad der Wahrscheinlichkeit der Verursachung gekürzt wird (Köndgen UPR 1983, 345, 347 f). Eine überwiegende Wahrscheinlichkeit soll ähnlich einer Beweislastumkehr die Haftung eines Emittenten begründen können, wenn eine von ihm veranlasste Immission zu einer Risikoerhöhung führt und der Emittent nicht beweist, dass seine Immission nicht schadensursächlich ist (Hager NJW 1986, 1961, 1969).

233 Für eine solche Reduzierung des Beweismaßes, die über die Bedeutung der Wahrscheinlichkeit als eines zulässigerweise auf Plausibilität Bedacht nehmenden Abwägungsgesichtspunktes im Rahmen freier richterlicher Beweiswürdigung hinausgeht (dazu Lytras 349, 359; in diesem Sinne mag das Kriterium der ganz überwiegenden Wahrscheinlichkeit zutreffend sein, vgl im Ergebnis so wohl auch Enders 151 f), **fehlt** allerdings nach ganz herrschender Ansicht (so wohl auch Wiese 31) in Anbetracht des § 286 ZPO und der Ausnahmen, etwa in den §§ 714 Abs 2, 920 Abs 2 ZPO, als Regel die **Rechtsgrundlage** (Enders 148 f; Erl 151; Gmehling 67 ff; Hopp 42; Kloepfer § 4 Rn 325; Quentin 202 ff; Pfeiffer 218; Reiter 122 ff; Sautter 62 ff, 157; Stecher 46 ff; Wolff 36). Dies gilt für das allgemeine Umwelthaftungsrecht erst recht im Umkehrschluss zur singulären Regel des § 6 Abs 1 UmweltHG, wenn diese Spezialnorm als untergeordnete beweismaßmindernde Vorschrift eingeordnet werden kann, weil der dort für die Annahme der haftungsbegründenden Kausalverknüpfung genügende Nachweis der konkreten Geeignetheit einer Anlagenemission zur Herbeiführung der gegebenen Rechtsgutsverletzung bedeutet, dass allein dort nur die geringere Anforderung der – widerleglichen – überwiegenden Wahrscheinlichkeit gestellt wird (Facklamm 147 ff, 190 ff, 229; u § 6 UmweltHG Rn 4). Derartige Beweismaßregeln, die aus dem Sozialrecht bekannt sind, sind überdies auch **nicht** ohne weiteres **mit praktischem Erfolg auf das Zivilrecht übertragbar** (Diederichsen, in: Vhdl 56. DJT L 89 f; Döring 57 f; Lytras 347 ff, Quentin 204 ff); dies gilt selbst dann, wenn der prinzipielle Einwand zurückgestellt wird, dass die Analogiebasis fehlt, weil das Sozialrecht im Unterschied zum Umwelthaftungsrecht von der Idee der Solidargemeinschaft und vom Opferschutzgedanken geleitet wird (Quentin 206 f). Die Begründung eines zivilrechtlichen Ursachenzusammenhangs auf der Basis einer wahrscheinlichen Bedingung setzt nämlich ebenfalls die Feststellung voraus, dass überhaupt wenigstens eine solche Bedingung vorliegt; dies aber ist in den problematischen Fällen zivilrechtlicher Umwelthaftung, als die die Distanz-, Summations- und Allmählichkeitsschäden anzusehen sind, in der Regel gerade nicht feststellbar (Diederichsen, in: Vhdl 56. DJT L 89 f; vgl auch vBar KF 1987, 16; Enders 149; Medicus JZ 1986, 778, 781; Lytras 359; Pelloni 132 ff; Sautter 37; Stecher 69 ff). Die Bedenken gegen die Anwendung des Beweismaßes der bloßen Wahrscheinlichkeit gelten erst recht, wenn dieses Beweismaß dazu verwendet werden soll, entgegen den materiellrechtlichen Regeln der §§ 830 Abs 1 S 2, 840 BGB eine **gesamtschuldnerische Haftung** in den Fällen zu begründen, in denen die Mitursächlichkeit von Emittenten nach den Grundsätzen des Vollbeweises feststeht und lediglich die **Mitverursachungsanteile unbekannt** sind. Wenn auf dieser Basis das Zusatzkriterium der maßgeblichen Risikoerhöhung als materielle Haftungsvoraussetzung eingeführt wird, um Kleinemittenten von der Haftung freizustellen (Hager NJW 1986, 1961, 1968; Gmehling 207 f), entsteht überdies ein Gerechtigkeitsdefizit, weil die Summe der Kleinimmissionen ein derartiges Risikopotenzial in sich tragen kann, dass die mittels Gesamtschuldnerschaft erreichte Gesamtschadensanlastung zum Nachteil eines Großemittenten zu einer

Übermaßhaftung für fremde Verursachungsbeiträge ohne Rückgriffsmöglichkeit wird. Ferner kann ein Teil der Umweltschäden ihren Grund auch in einer Disposition des Geschädigten haben; diesem Umstand kann mit der statistischen Methode nicht oder nur unzureichend Rechnung getragen werden (Diederichsen, in: Vhdl 56. DJT L 87 ff). Am ehesten kommt eine statistisch begründende Haftung in Betracht, wenn es um eine grosse Zahl von Geschädigen geht, bei denen sich die individuellen, endogenen Unterschiede insgesamt im Wesentlichen aufheben (Medicus JZ 1986, 778, 781), aber die möglichen Verursachungsquellen identifizierbar sind; solchenfalls aber genügt die Sachlage in der Regel ohnedies typischerweise zur vollen Überzeugungsbildung im Sinne des § 286 ZPO.

c) Geltungsgrenzen des § 287 ZPO

234 Die Regelung des zu einer Herabsetzung des Beweismaßes auf die **überwiegende Wahrscheinlichkeit** (BGH NJW 1972, 1515 f) führenden § 287 ZPO, der nur die **haftungsausfüllende Kausalität** einschließlich der Zurechnung von Spät- und Folgeschäden (Engelhardt 225; Erl 141, 157 f; Klimeck 42; Lytras 381 ff; Reiter 97 ff; Stecher 87 ff, 158 ff; Wang 42, 241 ff; Wiese 70; **aA** H Stoll, Haftungsverlagerung durch beweisrechtliche Mittel [1976] 195 f) und die Schadensanteilszumessung bei einer dem Umfang nach ungeklärten Herbeiführung eines Teils eines insgesamt eingetretenen Schadens (Klimeck 81 f; Wang 80 ff) betrifft, kann dem Geschädigten in dem schon mit diesem Geltungsbereich eng gesteckten Rahmen grundsätzlich nicht helfen (vgl BGHZ 66, 70, 75 = NJW 1976, 797; 92, 143, 147 = NJW 1985, 47 ff [Kupolofen]; BGH NJW 1987, 705 f; Assmann, Rechtsfragen des Kausalitätsnachweises bei Umweltschäden, in: Nicklisch [Hrsg], Prävention im Umweltrecht [1987] 171 f; Diederichsen, in: Vhdl 56. DJT L 85; Diederichsen/Scholz WiVerw 1984, 23, 28 ff; Enders 153; Engelhardt 225; Hopp 70 f; Köndgen UPR 1983, 345, 352 f, jew mwN; Kloepfer § 4 Rn 322; Salje §§ 1, 3 Rn 124 f; Sautter 57 f; Schwabe VersR 1995, 371, 379; Walter NJW 1978, 1158, 1159; Wiese 70 f; differenziert Gottwald, Schadenszurechnung und Schadensschätzung [1979] 63 ff). Vereinzelt wird zwar angenommen, § 287 ZPO sei auch im Bereich der haftungsbegründenden Kausalität bei einer Mehrheit gleichartiger Schadensursachen angewendet worden, bei denen nicht feststellbar war, welche Schadensfolgen welcher Ursache zuzurechnen waren (BGHZ 66, 70, 76 f = NJW 1976, 797 [Steinbruch]; offengelassen in BGHZ 70, 102, 107 f = NJW 1978, 419 ff [Fluorabgase]; Gmehling 135 f; Kloepfer § 4 Rn 322; ablehnend Diederichsen, in: Vhdl 56. DJT L 85). Tatsächlich stand aber in den bisher zu entscheidenden Fällen die Ursächlichkeit eines jeden schadensstiftenden Faktors zumindest mit Hilfe des § 830 Abs 1 S 2 BGB fest, so dass, wenn nicht sogar unter Vermittlung der §§ 830 Abs 1 S 2, 840 Abs 1 BGB eine gesamtschuldnerische Haftung aller Beteiligter angezeigt sein sollte (Gmehling 222), nur über die Zuweisung des Schadens im Bereich der haftungsausfüllenden Kausalität zu entscheiden war (Stecher 214 f; Wiese 70).

235 Eine mittelbare Anwendungserweiterung des beweiserleichternden § 287 ZPO wird durch die Ausdehnung des Bereichs der haftungsausfüllenden Kausalität auf Kosten der haftungsbegründenden Kausalität erreicht, wenn zwischen Verhaltens- und Eingriffsnormtatbeständen unterschieden und bei ersteren das Vorhandensein eines haftungsbegründenden Kausaltatbestands in Abrede gestellt (Hanau, Kausalität der Pflichtwidrigkeit [1971] 121 ff; Ahrens ZZP 88 [1975] 1 ff) oder bei Beweisnot die Anwendung des § 287 ZPO schon im Bereich der haftungsbegründenden Kausalität bejaht (so wohl Gottwald 63 ff; vgl auch Stecher 203 ff) wird (dazu abl Sautter 66 ff). Diese Anwendungsausweitung des § 287 ZPO ist jedoch schon grundsätzlich abzulehnen, weil im Rahmen des § 823 Abs 1 BGB stets erst die Verletzung des von der konkreten

Verhaltensnorm geschützten Rechtsguts die Haftung auslöst (H Stoll, Haftungsverlagerung durch beweisrechtliche Mittel [1976] 187; Wiese 70f). Im Übrigen würde dieses Verständnis der Norm im Umwelthaftungsrecht auch nur selten helfen, weil hier meist Eingriffsnormtatbestände vorliegen. Das gilt für die Haftung gemäß § 823 Abs 1 BGB ebenso wie für den an eine Eigentumsstörung anknüpfenden § 906 Abs 2 S 2 BGB oder den Eingriffe in bestimmte absolute Rechtsgüter voraussetzenden Anspruch aus § 1 UmweltHG; hier ist die rechtsgutsbezogen-haftungsbegründende Kausalität einer zum Eingriff in ein Rechtsgut führenden Verletzungshandlung von der schadensbezogen-haftungsausfüllenden Ursächlichkeit einer Rechtsgutsverletzung für einen Schaden zu unterscheiden. Anders kann es bei der verhaltensbezogenen Haftung gemäß § 823 Abs 2 BGB oder gemäß § 22 WHG sein. Hier ist in der Tat mit festgestellter Schutzgesetzverletzung bzw Wasserverunreinigung durch eine bestimmte Person bzw Anlage der haftungsbegründende Tatbestandskomplex abgeschlossen und die daran anknüpfende Frage der Schadensentstehung eine solche der dem § 287 ZPO zugänglichen Haftungsausfüllung. Allerdings bedarf es in diesen Fällen wohl selten einer Reduzierung des Beweismaßes, weil hier wohl in der Regel typische prima-facie-Lagen zum Vorteil des Geschädigten bestehen (so wohl generell Lytras 379f).

2. Darlegungs- und Beweis(führungs)last

236 Hinsichtlich der Darlegungs- bzw Behauptungslast, der **Beweisführungslast,** der subjektiven bzw formellen Beweislast, und der **Feststellungslast,** dh der objektiven bzw materiellen Beweislast, ist zu unterscheiden zwischen den Fragen der Verursachung, der Rechtmäßigkeit bzw Rechtswidrigkeit sowie des Vorhandenseins bzw Fehlens von Verschulden, soweit letzteres materiellrechtlich von der Haftungsnorm gefordert wird. Dabei bestehen jeweils spezifisch umwelthaftungsrechtliche Schwierigkeiten.

237 **Tatsächliche Schwierigkeiten** bei der Ermittlung der **Ursächlichkeit** einer Umwelteinwirkung für eine Rechtsgutsverletzung bzw einen Schaden (anschaulich Quentin 195ff; näher Sautter 25ff, kurz Gnaub 52f) beruhen auf der weiten, häufig nicht erkennbaren Verbreitung von Immissionen über große Distanzen und bis in Mikroorganismen hinein, auf der häufig beträchtlichen Zeitspanne zwischen der Umwelteinwirkung und dem Erkennbarwerden eines Schadens, ferner auf der wechselseitigen Wirkungsüberlagerung einer Vielzahl umweltbelastender Immissionen. Der prozessual nötige Nachweis der materiellrechtlich geforderten Kausalität erfordert die Aufklärung komplexer physikalischer, chemischer und biologischer Wirkungszusammenhänge. Zu diesem Nachweis tritt erschwerend die Notwendigkeit, technische Abläufe im nicht ohne weiteres zugänglichen Bereich des potentiell Haftpflichtigen auf ihre Ordnungsmäßigkeit zu überprüfen. Soweit die jeweiligen Haftungsnormen zusätzlich **Rechtswidrigkeit** und eventuell überdies **Verschulden** als Anspruchsvoraussetzungen vorsehen, ergeben sich namentlich aus dem letztgenannten Grund Darlegungs- und Beweisschwierigkeiten.

238 Grundsätzlich trägt der **Geschädigte** die Darlegungs- und Beweislast für alle anspruchsbegründenden Tatsachen, zu denen die Ursächlichkeit des schädigenden Ereignisses für den Schadenseintritt in allen Aspekten (Rn 138; Sautter 148) der haftungsbegründenden Kausalität (BGH NJW 1997, 2748ff; Engelhardt 214; vDörnberg, in: vDörnberg/Gasser/Gassner, Umweltschäden [1992] 20; Stecher 192f) und, soweit normativ erheblich, die **Rechtswidrigkeit** von Erfolg oder Verhalten sowie das **Verschulden** zählt (Gmehling 186). Insbesondere ist eine pauschale Beweislastverteilung nach **Gefahrenbereichen** (Prölss, Beweiserleichterungen im Schadensersatzrecht [1966]; wohl auch Schimikowski, Umwelthaftungsrecht Rn 64) wegen der grundsätzlichen Bedenken dagegen jedenfalls im Bereich der haftungsbegründen Kausalität nicht mit einer über die Grundsätze des Anscheinsbeweises hinausführenden Wirkung möglich (umwelthaftungsrechtlich statt vieler Gmehling 90 ff; Sautter 40 ff; Stecher 69 ff), weil dem in der Regel der Umstand entgegensteht, dass sich Nähe- oder Sphärenprinzipien bei komplexen Wirkungsverläufen in der Natur außerhalb des betrieblichen Bereichs nicht anwenden lassen (Quentin 214), und weil dies die Existenz voneinander getrennter Sphären und den Nachweis voraussetzt, dass das schädigende Ereignis überhaupt aus dem Gefahrenbereich des in Anspruch Genommenen stammt; eine Berücksichtigung der Bereichsbezogenheit bei der Beweislastverteilung nach Feststellung des Kausalitätszusammenhangs ist hingegen zur Feststellung des Verschuldens im Einzelfall nicht ausgeschlossen. Auch eine Beweislastverteilung nach überwiegender **Wahrscheinlichkeit** kommt grundsätzlich und insbesondere in den umwelthaftungsrechtlich typischen Sachlagen nicht in Betracht, weil aussagekräftige Wahrscheinlichkeitswerte kaum zuverlässig zu ermitteln sind (Sautter 37; Stecher 69 ff).

239 Die Anforderung an das **Substantiierungmaß** darf mit Rücksicht darauf, dass dem Geschädigten der Bereich der Verletzungsquelle nicht zugänglich oder einsichtig ist, **nicht überspannt** werden (BGH NJW 1997, 2748, 2749 [Lackieranlage]), sofern der Geschädigte den Hergang des Verletzungsereignisses plausibel darlegt. Der in Anspruch Genommene hat alsdann die Behauptung so **substantiiert** zu **bestreiten,** dass er nähere tatsächliche Angaben zu seinen Betriebsabläufen macht, aus denen sich seine objektive und, soweit dies normativ erheblich ist, auch subjektive Nichtverantwortlichkeit ergibt. Unterlässt der Beklagte dies, kann dies – in Abweichung von § 138 Abs 3 ZPO – wie eine verweigerte Parteiaussage im Wege der freien Beweiswürdigung verwertet werden (Sautter 88 ff [Lehre von der sekundären Darlegungslast] unter Bezug auf BGH NJW 1989, 2948 f [Leptospireninfektion] und BGH NJW 1993, 528 f [Mehrwegflasche II]).

3. Beweiserleichterung durch Auskunftsansprüche

240 Den Beweisschwierigkeiten des Geschädigten, die insbesondere die Feststellung des haftungsbegründenden Kausalzusammenhangs und, je nach Anspruchsgrundlage, auch die Feststellung der Pflicht- bzw Rechtswidrigkeit und des Verschuldens betreffen, können **primär** Erleichterungen hinsichtlich der Darlegbarkeit des Sachverhalts und der Beweisführung abhelfen, die durch eine **prozessual eigenständige Gelegenheit zur Sachverhaltsaufklärung** geschaffen werden. Für den Geschädigten vorzugswürdig ist es nämlich, wenn er eine für Haftungsansprüche erforderliche Sachverhaltsaufklärung mittels Durchsetzung von eigenständigen **Auskunftsansprüchen** betreiben kann (Sautter 29, 160 ff), weil innerprozessuale Beweiserleichterungen wesensgemäß erst im Laufe eines Prozesses wirksam werden, so dass der Kläger stets erst den schadensersatzrechtlichen Rechtsschutz initiieren muss, um auf diese Weise Sachverhaltsaufklärung zu erlangen. Daher bleibt ihm ein erhebliches und kostenträchtiges Prozessrisiko (Gerlach 301; B Leonhard 21); dieses kann nur durch eine **vorprozessuale Aufklärungs- und Mitwirkungspflicht** der Gegenpartei sachgerecht begrenzt werden (Haller 158; Gerlach 306 ff; Lytras 487 f; Sautter 160). Dieses vorprozessuale Aufklärungsinteresse ist schon im geltenden Recht anerkannt; insoweit wird zum Rechtssystem und zu den Einzelheiten auf die Vorbemerkungen zu §§ 8–10 UmweltHG und die Kommentierung der §§ 8–10 UmweltHG verwiesen.

4. Beweiserleichterungen des allgemeinen Beweisrechts

241 Soweit materielle Auskunftsansprüche dem Geschädigten nicht zur Verfügung stehen, können ihm **prozessuale Beweiserleichterungen** zum Erfolg verhelfen. Im Ergebnis bewirken sie eine erhebliche Risikoverschiebung zu Gunsten des Geschädigten (H Stoll AcP 176, 145 ff [Haftungsverschärfung mit beweisrechtlichen Mitteln]; Michalski Jura 1995, 617, 621; Sautter 61 [Instrumente der Haftungsverlagerung]; Stecher 232). Sie sind verschiedener Art: Wird von der **durch die Entwicklung des materiellen Rechts erreichten mittelbaren Beweiserleichterung** abgesehen, die die Verringerung der haftungsbegründenden Voraussetzungen etwa der Gefährdungs- und Aufopferungshaftungstatbestände im Vergleich zum Deliktsrecht bewirkt (Sautter 48 f; Stecher 78) und die ferner die deliktsrechtliche Vorverlagerung der Haftung durch Erweiterung der haftungsbegründenden Verkehrspflichtverletzungen etwa hinsichtlich Statuserhebung und Befundsicherung sowie Folgenbeobachtung bei Emissionen (Sautter 50 ff; Stecher 78 f) oder die schliesslich die Reduzierung der haftungsausfüllenden Kausalität auf eine bloß nach der Lebenserfahrung anzunehmenden Kausalität (Greger VersR 1980, 1091, 1103, abl Sautter 68 ff) erzielt, ist bei den Möglichkeiten der **Beweiserleichterung im engeren** prozessualen **Sinne** zwischen den Problemkreisen der Kausalität, der Rechtswidrigkeit und des Verschuldens zu unterscheiden.

a) Haftungsbegründende Kausalität

242 Hinsichtlich der Feststellung der haftungsbegründenden Kausalität, namentlich im **Deliktsrecht** (offengelassen in BGHZ 92, 143, 146 f = NJW 1985, 47 ff [Kupolofen]; entschieden BGH NJW 1997, 2748 ff; Reiter 77 ff; vBar, in: Vhdl 62. DJT A 33 f), bleibt es zwar bei dem genannten Grundsatz, dass der Geschädigte die Darlegungs- und Beweislast für die Verursachung eines Schadens durch eine Umwelteinwirkung trägt (Kloepfer § 4 Rn 317; Marburger, in: Vhdl 56. DJT C 123), wobei an das Maß der gebotenen Substantiierung des diesbezüglichen Sachvortrags wegen des Fehlens eigener Sachkunde und mangels Kenntnis der betrieblichen Abläufe und ihrer umweltrelevanten Wirkungen keine übertriebenen Anforderungen zu stellen sind (BGH NJW 1997, 2748, 2749 [Lackieranlage]; I Ossenbühl 170). Gerade auch hier gilt der Grundsatz des **Vollbeweises.** Anderes wird nur bei der Haftung gemäß § 22 WHG angenommen, weil dort in Fällen einer Mehrheit von Einleitern eine gesamtschuldnerische Haftung gemäß § 22 Abs 1 S 1 WHG auch dann bestehen soll, wenn der volle Beweis für die Ursächlichkeit des einzelnen schädigenden Beitrags für den Schaden nicht erbracht ist (BGHZ 57, 257, 262 = NJW 1972, 205; Kloepfer § 4 Rn 327).

aa) Prima-facie-Beweis

243 Beweiserleichterungen im Sinne des sogenannten **Beweises des ersten Anscheins,** der der Bildung der richterlichen Überzeugung dient und damit die beweislastrechtliche Problematik der Unaufklärbarkeit gerade vermeiden soll, sind grundsätzlich und gerade auch im Umwelthaftungsrecht eröffnet (vgl LG Münster NJW-RR 1986, 947, 950 [Thalliumemission]; vBar KF 1987, 1, 4, 15 ff; F Baur JZ 1974, 657; Diederichsen, in: Vhdl 56. DJT L 85 f; ders BB 1973, 485, 489; Enders 147 f; Engelhardt 220 ff; Erl 141 ff; Gottwald KF 1986, 3, 16 ff; ders, in: FS H Lange 450; Huffmann 168 f; Klimeck 44 ff; Quentin 229 ff; Reiter 85 ff, vornehmlich beschränkt auf die Stoffkausalität; Sautter 152, 154, 156 zu Eignungs-, Initial- und

Grundkausalität [o Rn 138]; SCHMIDT-SALZER § 6 UmweltHG Rn 85 ff; VELDHUIZEN 105 f; WOLFF 35), und zwar auch bei einer Haftung auf Grund des UmweltHG (ERL 208 ff). Dafür müssen die allgemeinen Voraussetzungen, namentlich Anhaltspunkte für das Vorliegen eines **typischen Geschehensablaufs** in dem Sinne (BGH NJW 1982, 2447, 2448; vBAR, in: Vhdl 62. DJT A 16) gegeben sein, dass ein unstreitiger oder durch einen vom Geschädigten zu erbringenden Vollbeweis (KLIMECK 62; MARBURGER, in: Vhdl 56. DJT C 124) ermittelter Sachverhalt feststeht, der insbesondere rückschließend vom Schadenseintritt auf die Schadensursache (SCHMIDT-SALZER, in: vBAR [Hrsg], Internationales Umwelthaftungsrecht II 49) nach der Lebenserfahrung auch ohne vollständige Analyse des konkreten Kausalverlaufs typusgemäß (QUENTIN 229 ff) den Schluss auf das Vorliegen einer bestimmten Ursache oder eines bestimmten Ablaufs zulässt (KLOEPFER § 4 Rn 324, grds ebenso DIEDERICHSEN, in: Vhdl 56. DJT L 85; KLIMECK 44; LYTRAS 360 f; SAUTTER 70 ff; SCHMIDT-SALZER § 6 UmweltHG Rn 85 ff; STECHER 95 ff, 196 ff; WIESE 57); Eignungs- und Initialkausalität müssen demgemäß in der Regel feststehen (ERL 143). Auch die damit verwandte Heranziehung von **Indizien,** die in der Regel erst in ihrer Summe oder wegen der Parallelität mehrerer gleicher Schadensereignisse auf Grund gleicher Umstände (SCHMIDT-SALZER § 6 UmweltHG Rn 79 ff, 114 ff; ders, in: vBAR [Hrsg], Internationales Umwelthaftungsrecht II 49 f, 111 f) den Schluss auf eine bestimmte Schadensursache zulassen, erleichtern den Beweis (SAUTTER 77 ff; SCHMIDT-SALZER aaO). Bestimmungsgemäßer Betrieb allein schließt dabei die Möglichkeit eines Anscheins- oder Indizienbeweises nicht notwendigerweise aus, und namentlich ist ein Anscheinsbeweis nicht nur bei einer Grenzwertüberschreitung möglich (ENGELHARDT 221; MARBURGER, in: Vhdl 56. DJT C 123 f); unzulässig ist ein Rückschluss aus § 6 UmweltHG des Inhaltes, bei bestimmungsgemäßem Betrieb sei ein Anscheinsbeweis jedenfalls ausgeschlossen (SALJE VersR 1998, 797 ff gegen OLG Köln NJW-RR 1993, 598, 599). Derartiges kann etwa bei Schädigung einer Baumschule durch ein Spritzmittel anzunehmen sein, wenn die Art der Schädigung, die Sprühmethode und die Windrichtung zur Zeit des Sprühvorgangs den Schluss auf eine Verursachung des Schadens durch die fragliche Spritzung aufdrängen (OLG Celle VersR 1981, 66, 67; GMEHLING 138; **aA** DIEDERICHSEN, in: Vhdl 56. DJT L 85). Gleiches kommt bei Thalliumschädigungen eines landwirtschaftlichen Betriebs durch Thalliumemissionen eines nahegelegenen Industriewerks in Betracht (LG Münster NJW-RR 1986, 947, 949 f, bestätigt von OLG Hamm NJW 1988, 1031, 1032; GMEHLING 138 ff). Allerdings **fehlt** es bei Umweltschäden wegen der häufig vorliegenden Singularität der Ereignisse und ihrer Umstände **oft** gerade an der für den Beweis des ersten Anscheins vorausgesetzten (vgl BGH NJW 1991, 231 f) **Typizität eines Ablaufs** (ASSMANN, Rechtsfragen des Kausalitätsnachweises bei Umweltschäden, in: NICKLISCH, Präventation im Umweltrecht [1988] 146; DIEDERICHSEN, in: Vhdl 56. DJT L 85; ENDERS 148; KLIMECK 59 ff; LANDSBERG/LÜLLING 155; MICHALSKI Jura 1995, 617; PELLONI 145 f; QUENTIN 233 f; REITER 88; SAILER 71 f; SAUTTER 76 f; SCHWABE VersR 1995, 371, 379; STEFFEN VP 1990, 98) **oder** die **Schlüssigkeit eines Umstands** als Indiz (SAUTTER 79 f). Der in Anspruch Genommene kann daher die Basis des Anscheins- oder Indizienbeweises häufig **gegenbeweislich erschüttern,** indem er die Atypik des Vorgangs bzw einen anderen möglichen, nicht unwahrscheinlichen Verlauf darlegt (SAUTTER 72, 78 f). Wenn dennoch der Anscheinsbeweis oft als geführt angesehen wird, so deutet dies darauf, dass tatsächlich statt der Häufigkeit eines bestimmten Geschehensablaufs ein unter den gegebenen Umständen berechtigtes Wahrscheinlichkeitsurteil als genügend angesehen wird (vBAR KF 1987, 16; KLIMECK 60 ff; REHBINDER NuR 1989, 149, 157; WIESE 72 f, 77 spricht von unzulässigem „Individualanscheinsbeweis“).

bb) Beweislastumkehr: Schutzgesetzverletzung, Grenzwertüberschreitung und Verkehrspflichtwidrigkeit

244 Beweiserleichterungen, die je nach Art und Umfang der Pflichtwidrigkeit (so Hopp 38) vom Anscheinsbeweis (wohl generell dafür Stecher 194 ff; Wiese 72) bis zur **Beweislastumkehr** gehen können, sind bei **Verstößen gegen Schutzgesetze** im Sinne des **§ 823 Abs 2 BGB** schon nach allgemeinen deliktsrechtlichen Beweisgrundsätzen anzunehmen (Assmann, Rechtsfolgen des Kausalitätsnachweises bei Umweltschäden, in: Nicklisch [Hrsg], Prävention im Umweltrecht [1987] 175; Deutsch, in: FS. Larenz [1973] 901; Erl 145, 196 f im Anschluss an BGH NJW 1983, 2935 f; Erl 196 f; Flachsbarth 231; Hopp 29; Lytras 55; Reiter 69; Sautter 38 ff; Stecher 195). Gleiches ist auch, wofür primär der Gesichtspunkt der pflichtwidrigen Gefahrerhöhung in Verbindung mit dem Risikosphärengedanken als Begründung anzuführen ist (vgl auch BGHZ 114, 273 ff = NJW 1991, 2021 f; Enders 145; Flachsbarth 220 f; Klimeck 67), bei festgestellter, vom Emittenten auszuschließender (zu dieser Beweislastverteilung Enders 145 f; Marburger/Herrmann JuS 1986, 354, 358) **Überschreitung** der durch Verwaltungsvorschriften, namentlich die TA-Luft und die TA-Lärm, oder der durch Bestimmungen und Auflagen im Rahmen einer Betriebsgenehmigung definierten **höchstzulässigen Emissionswerte** möglich, soweit die betreffende Emission als solche zur Herbeiführung des geltend gemachten Schadens mit Rücksicht auf ihre Eigenart und die lokalen Verhältnisse in abstracto geeignet ist (BGH NJW 1997, 2748 ff [Lackierkabine] m zust Anm Hager JZ 1997, 361 f, unter Bezug auf BGHZ 92, 143, 147 = NJW 1985, 47 ff [Kupolofen]; BGHZ 70, 102, 107 = NJW 1978, 419 ff; BGH VersR 1983, 441, 442; LG Münster NJW-RR 1986, 947, 950 bestätigt von OLG Hamm NJW 1988, 1031, 1032; Diederichsen, in: Vhdl 56. DJT L 86; Döring 56; Enders 145; Engelhardt 216; Erl 152 ff; Flachsbarth 220 ff; Gerlach 249; Gmehling 136 f, 170 f; Klimeck 67 ff; Köndgen UPR 1983, 345, 353; Lytras 84 f, 367 ff; Marburger, in: Vhdl 56. DJT C 107 f; Marburger/Hermann JuS 1986, 354, 358; Medicus JZ 1986, 778, 781; Möllers 178 f; 243; Nick AgrarR 1985, 343, 345; Pelloni 155; Rehbinder NuR 1989, 149, 158; Sailer 72; Schwabe VersR 1995, 371, 377; Stecher 234 ff; Walter NJW 1978, 1158 f; ders, Beweiswürdigung 254 f; **aA** für Beweislastumkehr auch bei Grenzwerteinhaltung – Hager NJW 1991, 134, 138; Nicklisch, in: FS Serick 309; Paschke UTR 12 [1990] 284, 298) **und** ein konkreter Anhaltspunkt für die mögliche, dh **hinreichend wahrscheinliche Ursächlichkeit** der Emission für den Schaden vorliegt (Marburger/Herrmann JuS 1986, 354, 358; Medicus JZ 1986, 778, 781; Lytras 375 f; Reiter 91 f; wohl auch Quentin 213 ff, 218; Hopp 37 f). Es ist dann Aufgabe des Emittenten, darzulegen und zu beweisen, dass dennoch im gegebenen Fall eine kausale Verknüpfung nicht besteht oder sie nur eine geringe Wahrscheinlichkeit hat (Engelhardt 220). Damit wird die Obliegenheit zur Beobachtung und Dokumentation von Emissionsverläufen beweisrechtlich bei Feststellung der haftungsbegründenden Kausalität ähnlich erheblich, wie dies für die Produktbeobachtungspflicht im Rahmen der Produzentenhaftung der Fall ist (H P Westermann UTR 11 [1990] 103, 131). Eine Beweiserleichterung im Sinne einer kausalitätsbezogenen Beweislastumkehr in Fällen von Grenzwertüberschreitungen ist anzunehmen, wenn bzw weil unter diesen Umständen auch die allgemeinen Voraussetzungen des Anscheinsbeweises erfüllt sind; das gilt daher insbesondere bei Vorliegen konkreter Anhaltspunkte für den Ursachenzusammenhang, bei Identität von Emission und Immission und bei Wahrscheinlichkeit der Emittierung aus der Anlage des in Anspruch Genommenen (Assmann, Rechtsfragen des Kausalitätsnachweises bei Umweltschäden, in: Nicklisch [Hrsg] Prävention im Umweltrecht [1987] 175 f; Herrmann JuS 1986, 354, 358; Lytras 369 f; Medicus JZ 1986, 778, 781 f). Die Überschreitung von **Immissionsgrenzwerten** erlaubt hingegen gerade hinsichtlich der Kausalitätsfrage keine beweisrechtliche Erleichterung der Zurechnung (Flachsbarth 223).

245 Gleiches wie bei Überschreitung von Emissionsgrenzwerten gilt bei sonstiger Missachtung sogenannter **anerkannter Regeln der Technik** soweit diese tatsächlich eine Vermutung für das Bestehen des kausalen Zusammenhangs zu begründen geeignet sind (Lytras 370; Quentin 21 f) oder der Verletzung richterrechtlich entwickelter **Verkehrspflichten** (Erl 145; Falk, EG-Umwelt-Audit-VO [1998] 188 ff; Huffmann 170 ff; Klimeck 70 f; Weber/Weber VersR 1990, 688, 689; vgl auch Deutsch, in: FS H Lange 439; Köndgen UPR 1983, 345, 352). Dabei wird letzterenfalls bei Verkehrspflichtverletzungen, die an **Instruktionsfehler** anknüpfen, im Sinne einer Beweislastumkehr vermutet, dass der Geschädigte eine rechtzeitige und ordnungsgemäße Warnung bzw einen sachdienlichen Hinweis unverzüglich beachtet und die zur Gefahrvermeidung erforderlichen und ausreichenden Maßnahmen getroffen hätte (Schmidt-Salzer, in: vBar [Hrsg], Internationales Umwelthaftungsrecht II 49 unter Bezug auf BGHZ 61, 118, 121 f). Eine Beweislastumkehr kann im Übrigen in diesen Fällen in Analogie zur Rechtsprechung bei Berufspflichtverletzungen angenommen werden (auf diese Parallele verweisen Gmehling 247; Veldhuizen 112 f; krit deshalb hinsichtlich einer generellen Beweislastumkehr Lytras 371 ff), wodurch beweisrechtliche Vorteile im Vergleich zu § 6 UmweltHG insoweit entstehen können, als Verkehrspflichten unabhängig von öffentlich-rechtlichen Betriebspflichten im Sinne des § 6 UmweltHG begründet sein können (Erl 200). Die Beweislastumkehr gilt im Falle von Berufspflichtverletzungen aber nur bei **groben Pflichtwidrigkeiten.** Eine wesentliche Missachtung von anerkannten Regeln der Technik oder die erhebliche Verletzung von Verkehrssicherungspflichten, etwa auch bei Ermittlung der von der TA-Luft oder TA-Lärm nicht erfassten Umweltrahmenbedingungen, kann daher insoweit beweislastrechtlich erheblich sein.

246 Damit wird die **Einhaltung von Emissionsgrenzwerten,** mithin die Beachtung von Sorgfaltsstandards, beweisrechtlich **schon im Kausalitätsbereich entscheidend** (vBar KF 1987, 1, 36 f; Falk, EG-Umwelt-Audit-VO [1998] 188 f; Flachsbarth 221; Gmehling 133; Langhaeuser 150; Veldhuizen 113; wohl auch Medicus JZ 1986, 778, 781; abl Schmidt-Salzer § 6 UmweltHG Rn 155 ff im Hinblick auf die arbiträre Natur von Emissionsgrenzwertfestsetzungen) zumindest in dem Sinne, dass damit prima facie unter den vorgenannten weiteren Kautelen die haftungsbegründende Kausalität als gegeben anzusehen ist, ohne dass es auf das Vorhandensein eines typischen Schädigungsverlaufs ankäme (vgl Veldhuizen 113 unter Bezug auf BGHZ 85, 212 ff = NJW 1983, 333, 334). Die **Einhaltung** derartiger Grenzwerte hat allerdings **nicht** die beweisrechtliche Bedeutung, dass damit die **Nichtursächlichkeit feststeht** (BGH NJW 1997, 2748, 2749 f; Salje VersR 1998, 797, 798). Dieser Umstand ist lediglich im Rahmen der gesamten Beweiswürdigung, allerdings insoweit grundsätzlich zum Vorteil des Emittenten, zu beachten, da die Grenzwertfestsetzung aufgrund einer generalisierenden Betrachtung stattfand, es aber beim zivilrechtlichen Schadensausgleich um die Sachverhaltsermittlung unter Berücksichtigung der Eigenart des Einzelfalles geht (Baumgärtel, Handbuch der Beweislast § 906 Rn 7; Diederichsen/Scholz WiVerw 1984, 23, 35 f; Gmehling 172; Hager NJW 1986, 1961, 1962; Lytras 368; Marburger, in: Vhdl 56. DJT C 109; weitergehend: Indiz für fehlende Kausalität, F Baur JZ 1974, 657, 659).

247 Wenn die **Grenzwerteinhaltung,** worauf die allerdings im umwelthaftungsrechtlichen Zusammenhang nicht eindeutige neuere höchstrichterliche Rechtsprechung zielt, mit Rücksicht auf den Sphärengedanken und auf das prozessuale Prinzip, dass derjenige die prozessualen Nachteile tragen muss, der fahrlässig die Aufklärung einer vom anderen Teil zu beweisenden Tatsache vereitele (vgl BGH VersR 1983, 441, 442 [nitrathaltiges Brunnenwasser]; Klimeck 63 f), schon hinsichtlich der haftungsbegründenden Kausalität vom **Emittenten** mit der Konsequenz **nachzuweisen** ist, dass bei Nichterweislichkeit deren Überschreitung anzunehmen ist (so wohl BGHZ 92, 143, 150 f = NJW 1985, 47 ff [Kupolofen], aber unklar, weil das Feststehen der Ursächlichkeit vorausgesetzt wurde; deutlicher in diesem Sinn LG Münster NJW-RR 1986, 947, 951, bestätigt von OLG Hamm NJW 1988, 1031, 1032 [dazu Gmehling 138 ff]; die Beweisführungslast des Klägers wohl annehmend BGH NJW 1997, 2749, wobei das Maß der zu fordernden Substantiierung wegen der Unzugänglichkeit der Emissionsquelle für den Geschädigten nicht überspannt werden darf [Hager JZ 1998, 361 f]; wie hier befürwortend Balensiefen 242 f; Diederichsen, in: Vhdl 56. DJT L 67 f; Gerlach 253; Kloepfer § 4 Rn 321; Sautter 82 ff; Stecher 238 ff; Selmer 6 f), wird die Beweissituation des Geschädigten deutlich verbessert. Die diesbezügliche Überbürdung der Darlegungs- und Beweislast in diesem Umfang lässt sich damit rechtfertigen, dass der Emittent der Schadensquelle als deren Veranlasser und unmittelbarer Nutzer tatsächlich sowie wirtschaftlich nähersteht und er daher die Kontrolle leichter als die Geschädigten ausüben kann (BGHZ 92, 143, 150 f = NJW 1985, 47 ff [Kupolofen]; Kloepfer § 4 Rn 321; Gmehling 244). Wesentlich tritt hinzu, dass der Emittent bei Feststehen der Zurechnung unter Kausalitätsgesichtspunkten hinsichtlich der dann deliktsrechtlich erheblichen Frage des Verschuldens ohnedies die Beweislast trägt und schon dies praktisch auf eine Obliegenheit zur Dokumentation der Emissionsverläufe hinausläuft (dazu u Rn 285), so dass die Übernahme einer aus der Emissionsermittlungs- und -dokumentationspflicht erwachsenden Beweislastregel bereits in den Bereich der Ursachenfeststellung keine materielle Zusatzbelastung für den Emittenten bedeutet, selbst wenn von den oft ohnehin bestehenden öffentlich-rechtlichen Emissionsermittlungs- und dokumentationspflichten abgesehen wird. Schließlich entspricht die Belastung des Emittenten mit der Pflicht zur Dokumentation und der Obliegenheit zum Beweis der Einhaltung von Grenzwerten der beweisrechtlichen Entwicklung hinsichtlich der Dokumentationspflicht und Beweislastverteilung im Bereich der Produzentenhaftung (BGHZ 104, 323, 332 f = NJW 1988, 2611 ff; NJW 1993, 528 ff [Limonadenflasche I und II]).

248 Normativ erleichtern öffentlich-rechtliche **Emissionsermittlungs- und Emissionsdokumentationspflichten** die positivrechtliche Entwicklung entsprechender zivilrechtlicher **Verkehrspflichten** von Anlagenbetreibern (Selmer 6 f) gerade auch im Interesse gefährdeter Dritter (Huffmann 176; B Leonhard 273 f unter Bezug auf BGHZ 104, 323, 332 f = NJW 1988, 2611, 2613 [Mineralwasserflasche I]). Diese sind aber auch autonom zivilrechtlich bereits aufgrund des Gedankens der Verantwortung für eine selbstverantwortlich eröffnete und zu beherrschende Gefahrenquelle begründet (vgl BGH VersR 1983, 441 ff [Brunnenwasser] BGHZ 92, 143, 151 = NJW 1985, 47 ff [Kupolofen] u LG Münster NJW-RR 1986, 947, 953; vBar KF 1987, 1, 24; Diederichsen, in: Vhdl 56. DJT L 76 ff; Gmehling 239 ff; Köndgen UPR 1983, 345, 355; B Leonhard 274 ff, ausgehend von der produkthaftungsrechtlichen Entscheidung BGHZ 104, 323, 332 f = NJW 1988, 2611, 2613 [Mineralwasserflasche I]; Medicus JZ 1986, 778, 782). Die Missachtung derartiger Verkehrssicherungspflichten, ferner die Nichterfüllung spezieller **materieller Auskunftsansprüche** und **prozessualer Aufklärungspflichten** (näher Einl §§ 8–10 UmweltHG) bewirken eine **Beweislastumkehr** zum Vorteil des Geschädigten, weil die schuldhafte Nichterfüllung der Pflicht sowohl zur Erhebung als auch zur hinreichend dauerhaften Dokumentation umweltrelevanter Emissionsbefunde sowie zur Erteilung entsprechender Auskünfte die Unterstellung rechtfertigt, dass die betreffende Tatsache als je nach Sach- und Rechtslage zum Nachteil des Auskunfts- bzw Erhebungs- und Befundsicherungspflichtigen vorhanden oder nicht vorhanden anzunehmen ist. Unabhängig von der Frage ihrer materiellrechtlichen Klagbarkeit ist daher die Gewährleistung von Auskünften, die sich auf eine Verkehrspflicht zur Erhebung und Dokumentation von Emissionsdaten stützt, zugleich eine prozessual-beweisrechtliche **Obliegenheit,** deren verschuldete Nichterfüllung im Ergebnis eine entsprechende Beweiswürdigung in Bezug auf die Grenzwerteinhaltung bis zur Umkehr der Beweislast bedeutet (vgl Lytras 375 f; Steffen UTR 11 [1990] 71, 88; grundsätzlich auch Quentin 221 ff, 224 ff); zur Erfüllung dieser Obliegenheit können Ökoauditverfahren dienlich sein (Falk, EG-Umwelt-Audit [1998] 191). Damit wird erreicht, dass das Risiko der Unmöglichkeit, eine geschuldete Auskunft über einen möglicherweise umweltbelastenden Vorgang zu geben, dem Emittenten so zur Last fällt, wie wenn das in Frage stehende umweltbelastende Ereignis stattgefunden hätte. Auf das Vorhandensein einer **Beweisvereitelung** im engen Sinne der Beseitigung oder Unterdrückung eines vorhandenen Beweismittels, die als solche je nach Art und Verschuldensmaß im Rahmen der Beweiswürdigung bis hin zur Beweislastumkehr zu Gunsten des Geschädigten auch in umwelthaftungsrechtlichem Zusammenhang (B Leonhard 268 ff; Steffen UTR 11 [1990] 71, 87) wirken kann, kommt es daher nicht mehr an.

cc) Beweislastmodifizierung trotz Grenzwerteinhaltung

249 Trotz feststellbarer Grenzwerteinhaltung kann eine **Beweislastmodifizierung** zu Lasten des Emittenten, etwa in Form des Anscheinsbeweises (Marburger, in: Vhdl 56. DJT C 123 f unter Bezug auf OLG Celle VersR 1981, 661 f), bis zur Beweislastumkehr schon hinsichtlich der **Ursachenermittlung** anzunehmen sein, wenn **besondere Umstände,** die bei der Grenzwertfestsetzung nicht berücksichtigt wurden, die **erhöhte Gefahr** einer Umweltschädigung mit sich bringen (LG Münster NJW-RR 1986, 947, 951 ff bestätigt von OLG Hamm NJW 1988, 1031, 1032; Baumann JuS 1989, 433, 437; Gmehling 138; Marburger, in: Vhdl 56. DJT C 123 f; Sautter 86 ff). Das Vorhandensein solcher Umstände muss allerdings der Kläger nach allgemeinen Grundsätzen beweisen. Je nach der zu erwartenden Gefahrenlage kann sich die Verkehrssicherungspflicht des Emittenten auch auf die Ermittlung und Dokumentation bestimmter, in concreto wahrscheinlich wirksam werdender risikoerhöhender Außenfaktoren erstrecken (Gmehling 243); unterlässt der Emittent dies, ist deren Vorhandensein als bewiesen anzusehen.

250 Zu weit geht es, wenn bezüglich der **haftungsbegründenden Kausalität** aufgrund der Feststellung der **abstrakten Kausalitätseignung** (zu diesem und den folgenden Begriffen Diederichsen, in: Vhdl 56. DJT L 81; Marburger/Herrmann JuS 1986, 354, 358) eines bestimmten Stoffes und der Ermittlung der **Initialkausalität** des in Anspruch Genommenen, dh aus der Ermittlung der Emission des bestimmten Stoffes durch diesen, schon grundsätzlich gefolgert wird, damit finde innerhalb des gemäß 2. 6. 2. 2 TA-Luft bestimmten nachbarlichen Bereichs eine **Beweislastumkehr** hinsichtlich der die haftungsbegründende **Kausalität** betreffenden Frage statt, ob die eingetretene Verletzung auf der fraglichen Emission beruhe (Gmehling 237 f). Für eine derartige Beweislastumkehr fehlt der tatsächliche und normative Grund. Diese Situation trägt nämlich wie üblich nur, dies allerdings in der Regel und daher praktisch auch ausreichend (Marburger, Regeln der Technik [1979] 453 f; **aA** Gmehling 247; Gottwald Karlsruher Forum 1986, 1, 17), zusammen mit weiteren Umständen, die auf eine Typik der Kausalverknüpfung schließen lassen, die Annahme eines Beweises des ersten Anscheins. Zur Entlastung genügt demgemäß die Erschütterung des Erfahrungssatzes, indem die reale Möglichkeit einer andersartigen Verursachung dargelegt wird, während der volle Beweis des Gegenteils nicht zu verlangen ist.

dd) Geltungsbereich: Aufopferungshaftung

251 Die vorgenannten materiell- und beweisrechtlichen Grundsätze gelten auch für die Aufopferungshaftung.

ee) Geltungsbereich: Besonderheiten bei der Gefährdungshaftung

252 Bei Gefährdungshaftungsnormen muss der **Geschädigte** grundsätzlich ebenfalls den **Vollbeweis** der haftungsbegründenden Kausalität erbringen (Sautter 99). Für wesentliche Gebiete der Gefährdungshaftung, nämlich für das **Umwelthaftungsgesetz** in § 6 UmweltHG, ist allerdings positivrechtlich angeordnet, dass im **Störfall** dessen **Ursächlichkeit** für anlagentypische Schäden **widerleglich** zu **vermuten** ist (Sautter 60). Dabei hat der Anlagenbetreiber die Last des Nachweises, dass ein Störfall nicht vorliegt. Im Verein mit den in den §§ 8 10 UmweltHG vorgesehenen **Auskunftsansprüchen** führt dies entsprechend dem Grundsatz, dass die Erfüllung dieser materiellen Pflichten eine beweisrechtliche Obliegenheit ist, im Ergebnis zu einer kausalitätsbezogenen Umkehr der Beweislast. Im Gentechnikgesetz findet sich eine vergleichbare Regelung, allerdings mit der Maßgabe, dass § 34 GenTG die Vermutung aufstellt, dass die schädigenden Eigenschaften von gentechnisch bearbeiteten Organismen gerade auf gentechnischen Arbeiten beruhen.

b) Rechtswidrigkeit

253 Hinsichtlich der Frage der Rechtswidrigkeit, die für die **Deliktshaftung** und für die wasserhaushaltsrechtliche Haftung, soweit dort Rechtswidrigkeit als Haftungsvoraussetzung angesehen wird, aber hinsichtlich der Unterscheidung zwischen der direkten oder der analogen Anwendung des **§ 906 Abs 2 S 2 BGB** auch für die Aufopferungshaftung bedeutsam ist, ist zwar grundsätzlich ebenfalls der Geschädigte darlegungs- und beweispflichtig. Im umwelthaftungsrechtlichen Zusammenhang kann eine Beweislaständerung jedenfalls nicht allein damit begründet werden, dass die Verletzung eines absolut geschützten Rechtsgutes die Rechtswidrigkeit indiziere (Lytras 325 f; **aA** wohl Rest 73 f). Im Ergebnis findet jedoch insoweit eine weitreichende **Beweislastumkehr** statt, als die Haftung auf eine Verletzung von **Verkehrssicherungspflichten** gestützt (Lytras 84 f) und dabei § 906 Abs 1 und Abs 2 S 1 BGB auch bei Schäden an Mobilien (BGHZ 92, 143, 147 ff = NJW 1985, 47 ff [Kupolofen]) zum Maßstab genommen wird (BGHZ 90, 255, 260 f = NJW 1984, 2207 ff; vBar, in: Vhdl 62. DJT A 34; Falk, EG-Umwelt-Audit-VO [1998] 189 f; Kloepfer § 4 Rn 326; Lytras 326; Marburger, in: Vhdl 56. DJT C 122; Reese DStR 1996, 24, 25 f; Rest 96 f); es obliegt demgemäß dem Emittenten, emissionsbezogene Beweismittel zu erheben und hinreichend nachhaltig zu dokumentieren, namentlich unter Nutzung geeigneter Umweltauditverfahren (vgl dazu Falk, EG-Umwelt-Audit-VO [1998] 188 ff). Die genannte Beweislastverteilung bedeutet im einzelnen:

aa) Rechtfertigung gemäß § 906 BGB bei Immobiliarschäden

254 Der als schadensursächlich festgestellte **Emittent** ist grundsätzlich darlegungs- und beweispflichtig für das Vorliegen der Voraussetzungen des § 906 Abs 1 und Abs 2 S 1 BGB, weil die Norm als eine ihm günstige Einwendung gegen den Untersagungsanspruch gemäß § 1004 Abs 1 BGB konzipiert ist (Engelhardt 190 ff; Gmehling 149 f; Hager NJW 1986, 1961, 1964; Lytras 321, 327; Marburger, in: Vhdl 56. DJT C 122; Reiter 65, mit dem wegen des Geltungsbereichs des § 906 BGB zutr Hinweis darauf, dass dies nur im nachbarlichen Bereich gilt). Der Emittent hat also darzutun und zu beweisen, dass die von seinem Grundstück ausgehenden **Immissionen unwesentlich** sind. Der Emittent muss ferner darlegen und beweisen, dass seine **Emissionen,** die sich als wesentliche Immissionen auswirkten, im Rahmen einer **ortsüblichen** Benutzung seines Grundstücks geblieben sind, und dass er die ihm wirtschaftlich **zumutbaren Vorkehrungen** getroffen hat, um eine Schädigung anderer durch seine Emissionen zu verhindern (BGHZ 92, 143, 147 ff = NJW 1985, 47 ff [Kupolofen]; Gerlach 200 f; Gmehling 149 f; Klimeck 28 f; Lytras 327; Marburger/Herrmann JuS 1986, 354, 358; Schmidt-Salzer Einl Rn 64 f; H Schmidt 240). Aus dieser Verteilung der Beweislast ergibt sich eine weitgehende Obliegenheit des Emittenten, im wohlverstandenen prozessualen Eigeninteresse die Emissionsverläufe zu messen, zu dokumentieren und erforderlichenfalls zu korrigieren. Die Anforderungen an den Entlastungsbeweis dürfen aber nicht überspannt werden, um nicht im Ergebnis zu einer bloßen Verursacherhaftung zu kommen (BGHZ 92, 143, 151 = NJW 1985, 47 ff [Kupolofen]).

255 Die **Überschreitung** der namentlich in der **TA-Luft** oder der **TA-Lärm** festgesetzten **Grenzwerte belegt** grundsätzlich die **Wesentlichkeit** und **Ortsunüblichkeit** einer Umweltbelastung (MünchKomm/Säcker § 906 Rn 23; Gerlach 201), wobei es für Haftungszwecke auf das Maß der Immission ankommt (Lytras 322); Ausnahmen aufgrund der Besonderheiten des Einzelfalls sind aber nicht auszuschließen, allerdings muss der Emittent diese beweisen (weitergehend für Ausnahmslosigkeit Mittenzwei MDR 1977, 99, 104; dag Baumgärtel, Handbuch der Beweislast § 906 Rn 6; Gmehling 170; Marburger, in: Vhdl 56. DJT C 108). **Unterschreitung** der Grenzwerte schließt die Wesentlichkeit oder Ortsunüblichkeit nicht zwingend aus, da es stets auf die Lage des Einzelfalls ankommt und der eingetretene Schaden, Ursächlichkeit der Emission für diesen vorausgesetzt, auf die Wesentlichkeit der Beeinträchtigung deutet (BGHZ 70, 102, 110 = NJW 1978, 419 ff; BGH NJW 1997, 2748, 2749; LG Münster NJW-RR 1986, 947, 951 bestätigt von OLG Hamm NJW 1988, 1031; Gmehling 170 f; Hager NJW 1986, 1961, 1962; Klimeck 48; Lytras 322 ff; Marburger, in: Vhdl 56. DJT C 108 f). Die Tatsache der Unterschreitung der Grenzwerte ist lediglich im Rahmen der Gesamtwürdigung aller Beweismittel zugunsten des Emittenten zu berücksichtigen, begründet aber keine Beweislastumkehr (Baumgärtel, Handbuch der Beweislast § 906 Rn 7; Diederichsen/Scholz WiVerw 1984, 23, 35 f ; Gmehling 172; Hager NJW 1986, 1961, 1962; Lytras 322, 323; Marburger, in: Vhdl 56. DJT C 109; **aA** F Baur JZ 1974, 657, 660).

256 Diese allgemeinen Grundsätze zur Indikation der Wesentlichkeit durch die Überschreitung von Grenzwerten hat der Gesetzgeber in die **Neufassung des § 906 Abs 1 S 2 und 3 BGB** (geändert durch Art 2 § 3 SachenRÄndG vom 21. 9. 1994, BGBl I 1994, 2457) übernommen. Die Einhaltung von Grenz- oder Richtwerten, die in Gesetzen, Rechtsverordnungen oder auf der Grundlage von § 48 BImSchG erlassenen, den Stand der Technik wiedergebenden Verwaltungsvorschriften festgelegt sind, indiziert lediglich als Regel, dass eine nur unwesentliche Beeinträchtigung vorliegt. Die Regelung des § 906 Abs 2 S 2 und 3 BGB hat allerdings zur Folge, dass der Geschädigte bei einer vom Emittenten nachgewiesenen Einhaltung der Grenzwerte darlegen und beweisen muss, dass dennoch eine wesentliche Beeinträchtigung vorliegt (Klimeck 49 f; so in Erg schon F Baur JZ 1974, 657, 660; **aA** Lytras 322, 323 und zum früheren Recht Diederichsen/Scholz WiVerw 1984, 23, 35 f; Gmehling 172; Hager NJW 1986, 1961, 1962; Marburger, in: Vhdl 56. DJT C 109).

bb) Rechtfertigung analog § 906 BGB bei Mobiliarschäden

257 Bei der Deliktshaftung wegen Verletzung **nichtliegenschaftlicher** Rechtsgüter muss allerdings stets der **Geschädigte** wegen der Ortsungebundenheit der beeinträchtigten Sache (Rest 97f) die **Wesentlichkeit** der immissionsbedingten Beeinträchtigung beweisen (BGHZ 92, 143, 149 = NJW 1985, 47 ff [Kupolofen]; vBar, in: Vhdl 62. DJT A 34; Engelhardt 191; Falk, EG-Umwelt-Audit-VO [1998] 189; Klimeck 51 f; Rest 97 f; insoweit krit Lytras 329). Die Wesentlichkeit ergibt sich jedoch in aller Regel daraus, dass die Haftungsnorm die Feststellung einer dem Emittenten zurechenbaren Rechtsgutsverletzung mit messbarem Schaden voraussetzt (vgl LG Münster NJW-RR 1986, 953, bestätigt von OLG Hamm NJW 1988, 1032; Gmehling 130; Klimeck 52; Lytras 330; Pfeiffer 76). Auch ist das Maß dessen, was als **ortsübliche** Beeinträchtigung gilt, und was als **wirtschaftlich zumutbare Vorkehrung** anzusehen ist, je nach Art des betroffenen Schutzgutes eigens und daher gegebenenfalls, soweit es sich nicht um Grundstücksschäden handelt, abweichend von den grundstücksbezogenen Maßgaben des § 906 Abs 2 S 1 BGB zu bestimmen (BGHZ 92, 143, 150 = NJW 1985, 47 ff [Kupolofen]); insoweit liegt jedoch die Darlegungs- und Beweislast wie im unmittelbaren Anwendungsbereich des § 906 BGB beim Emittenten (BGHZ 92, 143, 147 = NJW 1985, 47 ff [Kupolofen]; Falk, EG-Umwelt-Audit-VO [1998] 189 f; Gerlach JZ 1988, 161, 170; Marburger/Herrmann JuS 1986, 354, 356). Für die **Aufopferungshaftung** gilt dasselbe.

258 Diese in Parallele zur deliktischen Produzentenhaftung stehende und allgemein begrüßte (vBar KF 1987, 1, 15; Baumann JuS 1989, 433, 436; Gmehling 131; Gottwald KF 1986, 4, 9; Hager NJW 1986, 1961, 1966; Lytras 326 ff; Marberger/Herrmann JuS 1986, 354, 357; Pfeiffer 178, 242 f; H Schmidt 241 ff; Stecher 144 ff) Beweislastverteilung hat ihren **Grund** in den von § 906 Abs 1 und Abs 2 S 1 BGB aufgestellten Beweislastregeln. Sie sind grundsätzlich geeignet, über die Fälle von Grundstücksbeeinträchtigungen hinaus allgemein das Maß des erlaubten, rechtmäßigen Verhaltens zu bestimmen (BGHZ 92, 143, 149 ff = NJW 1985, 47 ff [Kupolofen]; Lytras 328; Sailer 65). Diese Beweislastverteilung ist in der Sache dadurch gerechtfertigt, dass der Emittent der Schadensquelle tatsächlich nähersteht und daher diese besser als der Geschädigte überwachen und dokumentieren kann (BGHZ 92, 143, 148, 151 = NJW 1985, 47 ff [Kupolofen]; Gerlach 156; Stecher 143). Hinsichtlich des **ausnahmsweise** dem Geschädigten obliegenden Nachweises der Wesentlichkeit bei der deliktischen und aufopferungsrechtlichen Haftung außerhalb des von § 906 BGB unmittelbar geregelten Bereichs der immobiliarbezogenen Beeinträchtigung folgt die Abweichung von der Regel des § 906 BGB daraus, dass es hier an der gegenstandstypisch bedingten Situationsgebundenheit fehlt, aufgrund deren eine typischerweise stärkere Immissionsanfälligkeit besteht (BGHZ 92, 143, 149 = NJW 1985, 47 ff [Kupolofen]; Kloepfer § 4 Rn 317). Bezüglich des Maßes der wirtschaftlich zumutbaren Vorkehrungen gilt die Ausnahme, weil das Fehlen einer sachnotwendigen Situationsgebundenheit des geschädigten nichtimmobiliarrechtlichen Rechtsguts dem Emittenten die vorweggenommene Einschätzung des Gefahrenpotenzials zumindest wesentlich erschwert, so dass der Emittent den Emissionsschutzbedarf nur mit geringerer Zuverlässigkeit einschätzen kann.

c) Verschulden

259 Das im deliktsrechtlichen Zusammenhang erforderliche Verschulden hat zwar grundsätzlich der Geschädigte darzulegen und zu beweisen. Allerdings helfen ihm insoweit spezifische Beweiserleichterungen, die praktisch zu einer weitgehenden Beweislastumkehr führen.

aa) Haftung gemäß § 823 Abs 2 BGB

260 Das **Verschulden** wird bei festgestellten Verstößen gegen ein **Schutzgesetz** im Sinne des **§ 823 Abs 2 BGB** vermutet (LG Münster NJW-RR 1986, 947, 953 bestätigt von OLG Hamm NJW 1988, 1031, 1032; Flachsbarth 29; Föller 83; Hopp 29; Kloepfer § 4 Rn 326; Lytras 55; Nawrath 243; Reiter 69; Rest 75; Stecher 193). Dies gilt jedenfalls dann, wenn die Prüfung des Schutzgesetzes ergibt, dass vom Schutzbereich der Vorschrift auch die Vermeidung auftretender Beweisschwierigkeiten für den materiell geschützten Teil erfasst wird (Baumgärtel/Wittmann, in: FS Schäfer 20 f; Diederichsen, in: Vhdl 56. DJT L 86; Stoll, in: FS v Hippel 558 f). Der Schädiger hat in diesen Fällen des § 823 Abs 2 BGB den Beweis des Gegenteils zu erbringen, also die Vermutung durch Erbringung des vollen Beweises des Gegenteils zu widerlegen (vgl Schilken, Zivilprozessrecht [1992] Rn 482).

bb) Haftung gemäß § 823 Abs 1 BGB; Umweltstandards

261 Steht die Verursachung einer wesentlichen Beeinträchtigung im Sinne des § 906 BGB fest, hat bei einer Haftung gemäß § 823 Abs 1 BGB der **Emittent** die Darlegungs- und die subjektive sowie objektive **Beweislast** für das **Fehlen** von Verschulden (BGHZ 92, 143, 150 f = NJW 1985, 47 ff [Kupolofen]; Enders 320 ff; Engelhardt 202 f; Klimeck 56 f; Lytras 84 f; Reese DStR 1996, 24, 26; Rest 96 f; Sautter 99; Stecher 193 f). Das folgt aus der schon bei der Produzentenhaftung entwickelten Erwägung, dass der Verursacher der Schadensquelle nähersteht, er allein übersehen kann, ob die erforderlichen Sicherheitsvorkehrungen eingehalten wurden, und dass er sich durch geeignete Dokumentation durchaus beweisrechtlich ausreichend entlasten kann. Dabei dürfen die Voraussetzungen an die Entlastung allerdings nicht überspannt werden, um nicht im Ergebnis zu einer bloßen Verursacherhaftung zu gelangen (BGHZ 92, 143, 151 = NJW 1985, 47 ff [Kupolofen]).

262 Die **Einhaltung** von **Umweltstandards,** namentlich der TA-Luft und der TA-Lärm, ist auf der Grundlage der genannten Beweislastverteilung für den **Beweis des Nichtverschuldens** bedeutsam. Weil sich der Anlagenbetreiber in der Regel an die dort vorgesehenen Grenzwerte halten darf, da solchenfalls erwartungsgemäß in der Regel keine haftungsbegründenden schädlichen, unzulässigen Immissionen eintreten, fehlt es bei Einhaltung der Emissionsgrenzwerte grundsätzlich am Verschulden (BGHZ 92, 143, 151 f = NJW 1985, 47 ff [Kupolofen]; BGH NJW 1997, 2748, 2749 [Lackieranlage]; Engelhardt 196 ff; Gmehling 172; Hager JZ 1998, 361 f; Lytras 368 f; Pelloni 151; Sailer 65; krit Frank KJ 1989, 50; Gerlach JZ 1988, 161, 171). Die **Sammlung von Emissionsdaten** wird damit durch die beweisrechtliche Lage zu einer im Eigeninteresse des Emittenten liegenden Aufgabe (vgl H P Westermann UTR 11 [1990] 103, 131); die Haftungslage setzt mithin darauf zielende Anreize, deren Erfüllung die Umwelthaftung im Ergebnis erschwert (Schwarze, Präventionsdefizite 104). Eine materiellrechtliche Datenerhebungs- und Dokumentationspflicht (so wohl Gmehling 131), deren Verletzung etwa einen eigenständigen Schadensersatzanspruch begründen könnte, ist darin nicht zu sehen; sie ist auch sachlich entbehrlich. Es genügt nämlich, die Emissionsbeobachtung, -minimierung und dokumentation als prozessual erhebliche **Obliegenheit** zu gestalten; zu deren Erfüllung bietet sich die Implementierung geeigneter Umweltauditverfahren an (dazu Falk, EG-Umwelt-Audit-VO [1998] 190 f).

263 Allerdings liegt ein **Verschulden** trotz Einhaltung der Grenzwerte vor, wenn **besondere Umstände des Einzelfalls** bei einem aufmerksamen Emittenten die Annahme begründen mussten, dass ausnahmsweise eine wesentliche Immissionbeeinträchti-

gung trotz Einhaltung der Emissionsgrenzwerte eintreten könnte, und dass daher besondere Gefahrenabwendungspflichten bestanden (BGHZ 92, 143, 152 = NJW 1985, 47 ff [Kupolofen]; BGH NJW 1997, 2748, 2749; LG Münster NJW-RR 1986, 947, 953 bestätigt von OLG Hamm NJW 1988, 1031, 1032; Gmehling 140, 248 f; Engelhardt 197, 198 ff; Lytras 332 f; Reese DStR 1996, 25 f; Sailer 65; Schwabe VersR 1995, 371, 376 f). Derartige an objektive Verkehrssicherungspflichten anknüpfende (Rest 74) **Sonderumstände** werden durch den eingetretenen Schaden indiziert (so Lytras 333) und können sich beispielsweise ergeben aus besonderen klimatischen oder topographischen Verhältnissen vor Ort, aus der Verwendung besonders schadensträchtiger Stoffe, deren Gefahrenpotenzial von der TA-Luft nicht erfasst wird, oder aus der Nutzung eines noch nicht erforschten neuen Verfahrens. Dass die vorhersehbaren Schäden auch durch Schutzmaßnahmen nicht vermeidbar waren, entschuldigt solchenfalls nicht (Engelhardt 198 ff; **aA** bei nur unverhältnismäßig teurer Vermeidbarkeit Hübner ZfBR 1988, 199, 202). Das **Vorliegen** derartiger **besonderer Umstände** und deren **Kenntnis oder fahrlässige Nichtkenntnis** hat der **Geschädigte** nach den allgemeinen beweisrechtlichen Grundsätzen darzulegen und zu beweisen (Baumgärtel JZ 1984, 1109; Emmerich JuS 1985, 313; Gmehling 129; Klimeck 57). Alsdann ist es wiederum Sache des Emittenten, besondere Umstände dafür darzulegen und zu beweisen, die dennoch den Schuldvorwurf im Einzelfall ausschließen.

IX. Bezüge zum öffentlichen Recht; Verwaltungsrechtsakzessorietät

264 Zivilrechtliche Umwelthaftung wird in mehreren Hinsichten durch **öffentlich-rechtliche Vorgaben** bestimmt. Dies steht in Einklang mit dem Umstand, dass das Umweltrecht als Gefahrenabwehrrecht unter dem Primat des öffentlichen Rechts steht, das sich der traditionellen Mittel der öffentlich-rechtlichen Gebote und Verbote, Erlaubnisvorbehalte und Sanktionsandrohungen bedient (Schimikowski, Umweltrisiken Rn 2). Die öffentlich-rechtlichen Vorgaben für das Umwelthaftungsrecht können **unmittelbar** formell oder materiell **normativer** Art sein; in Betracht kommen aber insbesondere auch Vorgaben durch wirksamen **Verwaltungsakt,** wobei vorauszusetzen ist, dass er nicht wegen Umständen, die der Emittent zu vertreten hat, rücknehmbar ist oder der Verwaltungsakt auf einer für den Emittenten erkennbar unvollständigen Beurteilung durch die Behörde beruht (Diederichsen, in: Vhdl 56. DJT L 70). Vorgaben des öffentlichen Rechts wirken auf das Zivilrecht vornehmlich durch ihre so genannte **Interpretationsherrschaft** (Kloepfer § 4 Rn 302) über zivilrechtlich verwendete Begriffe ein, aber auch dadurch, dass gewisse zivilrechtliche Haftungsnormen nur **Annexregelungen** zu bestimmten öffentlich-rechtlich geregelten Rechtslagen sind.

1. Prägung zivilrechtlicher Kategorien und Begriffe

a) Störfall und Normalbetrieb

265 Die Abhängigkeit des Umwelthaftungsrechts vom öffentlichen Recht betrifft zunächst die **grundsätzliche Anwendbarkeit** der Haftungsgrundlage bzw gewisser anspruchsstützender Normen. Diese Rechtslage findet sich in den Fällen, in denen die Haftung schon unmittelbar und explizit normativ oder kraft Verwaltungsakts je nach der Verursachung durch einen **Störfall** oder durch den **Normalbetrieb,** unterschiedlich behandelt wird (zu den Begriffen Rn 21). Das Vorliegen von Störfällen oder von Normalbetrieb ist nämlich danach zu beurteilen, ob die öffentlich-rechtlich, insbesondere im Zusammenhang mit der verwaltungsrechtlichen Genehmigung einer Anlage vorgegebenen Betriebsregeln eingehalten wurden; so sieht es etwa § 6 UmweltHG vor.

b) Wesentlichkeit der Beeinträchtigung und Ortsüblichkeit der Grundstücksnutzung wirtschaftlich zumutbare Maßnahme

266 Bei der direkten und der vor allem deliktsrechtlich analogen Anwendung des § 906 Abs 2 S 2 BGB ist ebenfalls eine begriffsprägende, insofern nun infolge der Neufassung des § 906 Abs 1 S 2 und 3 BGB unmittelbare Steuerung des Privatrechts durch das öffentliche Recht vorgesehen. Hier wirkt das öffentliche Recht bzw seine konkreten Vorgaben und Standards als **Konkretisierung von zivilrechtlichen Tatbestandsmerkmalen** (Wolfrum/Langenfeld 219 f).

267 **aa)** Die Neufassung des § 906 Abs 1 BGB hat die bislang anerkannte Steuerungswirkung öffentlich-rechtlicher Vorgaben für den **Begriff der Wesentlichkeit** zwecks Harmonisierung der Rechtsordung übernommen (BT-Drucks 12/7425, S 270), und zwar in der Weise, dass bei Einhaltung öffentlich-rechtlicher Grenz- oder Richtwerte, namentlich bei **Unterschreitung** der Erheblichkeitsschwelle im Sinne des BImSchG (Wolfrum/Langenfeld 221), die Wesentlichkeit einer Beeinträchtigung in der Regel zu verneinen sein soll (BGHZ 111, 63, 65 f = NJW 1990, 2465 ff [Volksfest]; BGHZ 120, 239, 255 ff = NJW 1993, 925 ff [Froschteich]; BGHZ 121, 248, 254 f = NJW 1993, 1656 ff [Jugendzeltplatz]; BGH NJW 1995, 132, 133 [Papierfabrik]; näher krit Enders 129 ff; abl Wolfrum/Langenfeld 221). Dies entspricht den bisherigen Grundsätzen, nach denen es für die Frage der gemäß § 906 Abs 1 BGB erheblichen Wesentlichkeit der Beeinträchtigung auf öffentlich-rechtliche Grenzwertfestsetzungen, namentlich solchen in technischen Regelwerken wie der TA-Luft und TA-Lärm, nicht zwingend und ausschließlich (dazu Rn 242), aber doch weitgehend im Sinne einer **Regelvermutung** ankam (BGHZ 70, 102, 107 = NJW 1978, 419 ff; Diederichsen, in: Vhdl 56. DJT L 58 ff; Enders 133 ff). Wie schon bisher von der Rechtsprechung angenommen, geben diese die äußere Grenze der als zumutbar bzw unwesentlich hinzunehmenden Belastung an (BGHZ 120, 239 ff = BGH NJW 1993, 925, 929; Kloepfer § 4 Rn 302; Selmer 5, Schulz 114 f); deren **Überschreitung** kann, und dies ist in der Regel anzunehmen, zivilrechtlich eine wesentliche Beeinträchtigung darstellen (vgl weitergehend im Sinne der Begriffsidentität BVerwG JZ 1989, 237, 238). Ihre **Einhaltung** schließt allerdings die Wesentlichkeit der Beeinträchtigung in zivilrechtlichem Sinne vermutungsweise, **nicht** jedoch **zwingend** aus (BGHZ 70, 102, 109 f = NJW 1978, 419 ff; BGHZ 92, 143, 152 = NJW 1985, 47 ff [Kupolofen]; BGHZ 111, 63, 65 = NJW 1990, 2465, 2466 [Volksfest]; BGHZ 120, 239, 255 = NJW 1993, 929 f [Froschteich]; BGHZ 121, 248, 255 = NJW 1993, 1656, 1657 = JZ 1993, 1113 m Anm Hager [Jugendzeltplatz]; BGH NJW 1995, 132, 133 [Papierfabrik]; Döring 70 ff; Erl 246 ff; Gerlach 185; Kloepfer § 4 Rn 312; Lytras 309 f; Marburger, in: Vhdl 56. DJT C 106 ff; Schimikowski, Umwelthaftungsrecht Rn 13 f; Veldhuizen 196 ff; Wagner NJW 1991, 3247 ff; H P Westermann UTR 11 [1990] 103, 118). Mit der Formulierung eines bloßen Regeltatbestandes soll die Kompetenz zur **Einzelfallprüfung** anerkannt werden, und zwar insbesondere in bezug auf atypische Fallgestaltungen (BT-Drucks 12/7425, S 279) und im Hinblick auf den sich ändernden Stand der Technik, den die öffentlich-rechtlichen in § 906 Abs 1 S 2, 3 BGB in bezug genommenen Vorschriften nicht stets unverzüglich nachvollziehen (BT-Drucks 12/7425, S 277 f). Aus dem Charakter der Norm als Regelvermutung folgt eine Umkehr der **Beweislast** zu Lasten des Emittenten, wenn die Grenzwerte überschritten werden. Der Emittent muss entweder die Einhaltung der Grenzwerte darlegen und beweisen, um alsdann den Kläger zum Beweis dafür zu zwingen, dass trotz der Einhaltung eine wesentliche Beeinträchtigung vorliegt (BT-Drucks 12/7425, S 270, 272; Fritz NJW 1996, 573, 574; Kregel NJW 1994, 2599, 2600; **aA** Enders 136; Marburger, in: FS Ritter 908 ff, mangels Akzeptanz des Vorhandenseins zumindest einer Anscheinsbeweislage) oder der Emittent muss darlegen und

beweisen, dass trotz der Überschreitung der Immissionswerte eine wesentliche Beeinträchtigung nicht eintrat.

268 **bb)** Gleiches gilt für die bei § 906 Abs 2 S 1 BGB bedeutsame, da den Ausgleichsanspruch präjudizierende **Ortsüblichkeit.** Sie wird nämlich durch öffentlich-rechtliche Planungsvorgaben bzw Anlagengenehmigungen und jedenfalls durch deren Vollzug in der Regel entschieden (Kloepfer § 4 Rn 302, 312). Dies gilt allerdings außerhalb des Geltungsbereichs von § 14 S 1 BImSchG bzw der dieser Vorschrift nachgebildeten Anlagegenehmigungsregelungen **nicht ausnahmslos** und ausschließlich (dazu Rn 244), solange das Zivilrecht den Begriff der Ortsüblichkeit nach der **gegenwärtigen tatsächlichen Lage** bestimmt (BGHZ 85, 388 ff = BGH NJW 1983, 752 f [Tennisplatz]; Gerlach JZ 1988, 161, 166; **aA** Lytras 292 ff, 323). Da die Ortsüblichkeit nach den tatsächlich vorherrschenden Nutzungsverhältnissen im jeweiligen Vergleichsgebiet zu beurteilen ist, können Emissions- und Immissionswertfestsetzungen allenfalls **indizielle Bedeutung** haben (Döring 72; Falk, EG-Umwelt-Audit-VO [1998] 168 ff; Marburger, in: Vhdl 56. DJT C 109).

269 **cc)** Das ebenfalls bei § 906 Abs 2 S 1 BGB erhebliche Kriterium der **wirtschaftlichen Zumutbarkeit** einer emissionsmindernden Maßnahme ist grundsätzlich in Anlehnung an die verwandten Begriffe der **wirtschaftlichen Vertretbarkeit** in § 14 BImSchG bzw der **Verhältnismäßigkeit** in § 17 Abs 2 BImSchG zu interpretieren (Falk, EG-Umwelt-Audit-VO [1998] 170 ff; Hager NJW 1986, 1961, 1964; Kloepfer § 4 Rn 347; Lytras 299 ff; zurückhaltend Diederichsen, in: Vhdl 56. DJT L 63 ff). Eine zwingende Übereinstimmung, der schon die unterschiedliche Terminologie vorbeugt, ist auch insoweit allerdings nicht zu erwarten (vgl Wolfrum/Langenfeld 221). Die Frage der Zumutbarkeit kann jedoch **indiziell** im Wesentlichen in Anlehnung an die in den technischen Anleitungen festgesetzten, anlagenbezogenen Emissionswerten beantwortet werden (Döring 73; Steffen NJW 1990, 1817, 1819), deren Überschreiten nach dem Stand der Technik vermeidbar ist und bei deren Festlegung auch wirtschaftliche Gesichtspunkte berücksichtigt wurden; umgekehrt ist der Beachtung der Emissionswerte beweisrechtliche Bedeutung im Sinne eines Anscheinsbeweises für die wirtschaftliche Unzumutbarkeit weiterer Schutzmaßnahmen beizumessen (Marburger, in: Vhdl 56. DJT C 109). Alle Maßnahmen, die zur Einhaltung öffentlich-rechtlicher Umweltstandards erforderlich sind, sind allerdings auch privatrechtlich als wirtschaftlich zumutbar anzusehen; insoweit gibt das öffentliche Recht den zivilrechtlichen Minimalstandard vor (Lytras 314 f).

270 **dd)** Insgesamt wird trotz der öffentlich-rechtlich veranlassten Prägung der in § 906 BGB verwendeten zivilrechtlichen Steuerungsbegriffe deutlich, dass diese Prägung keine absolute ist. Die partielle Autonomie des Privatrechts ist deshalb eigens zu betonen (näher Rn 286 ff)

2. Haftungstatbestandsmerkmale

a) Grundtatbestand

271 Eine Rechtslage, die durch die explizite und unmittelbare Bezugnahme der **Tatbestandsmerkmale** der **Anspruchsgrundlage** selbst auf öffentlich-rechtliche Umweltschutzstandards gekennzeichnet ist, ist namentlich im Deliktsrecht anzutreffen.

aa) § 823 Abs 2 BGB und Strafvorschriften und verwaltungsrechtliche Normen

272 Eine tatbestandsmäßige Bezugnahme liegt offenkundig bei einigen im Rahmen des § 823 Abs 2 BGB **zivilrechtlich relevanten Strafrechtsnormen** vor, soweit diese individualschützenden Charakter haben (Petersen 74) und sie schon tatbestandsmäßig verwaltungsrechtsakzessorisch sind (A Endres 170 ff; Wagner 22 ff mwN). In Betracht kommen solche, die tatbestandlich die **Verletzung verwaltungsrechtlicher Pflichten** voraussetzen, wie etwa § 325 StGB betreffend Luftverunreinigung und Lärm, oder solche, die auf eine erforderliche **Genehmigung** oder **vollziehbare Untersagung Bezug nehmen** wie die §§ 327, 328 StGB betreffend das unerlaubte Betreiben kerntechnischer Anlagen bzw den unerlaubten Umgang mit Kernbrennstoffen. Hierher zählen ferner diejenigen Normen, die, wie § 329 StGB bei der Gefährdung schutzbedürftiger Gebiete, Verstöße gegen eine auf Grund des BImSchG erlassene Rechtsverordnung voraussetzen, oder die, wie der Tatbestand der schweren Umweltgefährdung gemäß § 330 StGB, Verstöße gegen eine Rechtsvorschrift, gegen eine vollziehbare Untersagung, Anordnung oder Auflage oder das Fehlen einer erforderlichen Genehmigung, Eignungsfeststellung oder Bauartzulassung erfordern. Die damit hergestellte Bindung des Strafrechts an öffentlich-rechtliche Vorgaben hat allerdings notwendigerweise zur Konsequenz, dass deren Defizite auf den strafrechtlichen Schutz und damit auch auf den durch § 823 Abs 2 BGB vermittelten hinüberwirken (Gerlach 110). Auch andere Schutzgesetze im Sinne des § 823 Abs 2 BGB außerhalb des strafrechtlichen Bereichs können, Individualschutzcharakter vorausgesetzt, solche des öffentlichen Rechts sein.

bb) § 823 Abs 1 BGB und Verkehrspflichten

273 Im Bereich der Tatbestandsmäßigkeit des § 823 Abs 1 BGB spielt die Beobachtung der **Verkehrspflichten** eine Rolle. Deren Existenz und Maß wird wesentlich durch öffentlich-rechtliche drittschützende Umweltschutzmaßstäbe mitbestimmt (vgl näher Rn 53; Diederichsen, in: Vhdl 56. DJT L 68; Enders 125 ff; Kloepfer UTR 11 [1990] 35, 48; ders § 4 Rn 302; Selmer 5; Veldhuizen 137 ff), und zwar unstreitig insoweit, als diese das auch zivilrechtlich zu beachtende Minimum an Schutzanforderungen angeben (Canaris, in: FS Larenz [1983] 27 ff; Gerlach JZ 1988, 161, 172; Marburger, in: Vhdl 56. DJT C 110 f, 120 ff).

b) Rechtswidrigkeit

274 Auch für die Beurteilung der **Rechtswidrigkeit** eines Verhaltens, das Grundlage einer Deliktshaftung sein soll, ist es wesentlich, ob die öffentlich-rechtlichen Normen des Umweltschutzes eingehalten wurden (Diederichsen BB 1986, 1723, 1724 ff; ders, in: Vhdl 56. DJT L 65 ff; Engelhardt 167; Gütersloh 16; Petersen 75). Die Beeinflussung der Umwelthaftung durch öffentlich-rechtliche Vorgaben, soweit die Haftungsgrundlagen eine pflichtwidrige Verletzung bestimmter Rechtsgüter durch Tun oder Unterlassen voraussetzen, gilt erkennbar im Bereich des **§ 823 Abs 1 und 2 BGB** (BGHZ 92, 143, 147 ff = NJW 1985, 47 ff [Kupolofen]; Döring 26; Gerlach JZ 1988, 161, 170; Wagner 2), Dies wird durch Aufwertung des § 906 Abs 2 S 1 BGB zu einer auch deliktsrechtlich erheblichen Steuerungsnorm erreicht, indem die Antwort auf die für das deliktsrechtliche Rechtswidrigkeitsurteil bedeutsame Frage danach, ob Umweltbeeinträchtigungen durch **zumutbare** Maßnahmen verhindert werden können, entsprechend der tatbestandlichen Vorgabe des § 906 Abs 2 S 1 BGB von der Einhaltung der erforderlichen Sicherheitsvorkehrungen abhängt; denn deren Maß wird in der Regel durch Beobachtung der in **verwaltungsrechtlichen Vorschriften** vorgesehenen Grenzwerte bestimmt (BGHZ 92, 143, 151 f = NJW 1985, 47 ff [Kupolofen]). Im Verhältnis von Privatrecht

und öffentlichem Recht ist damit hinsichtlich der Beurteilung der Rechtmäßigkeit zugleich die Signifikanz des öffentlichen Rechts in wesentlicher Hinsicht anerkannt (Döring 26; Übersicht zum älteren Meinungsstand bei Wagner 8 ff).

c) Verschulden

275 Die **Einhaltung** der verwaltungsrechtlich vorgegebenen **Grenzwerte** schließt in den Fällen, in denen nach Lage des konkreten Einzelfalls privatrechtlich **strengere Anforderungen** zu stellen sind, das für die Deliktshaftung erhebliche Verschulden des Emittenten in der Regel aus (vgl Rn 227; BGHZ 92, 143, 152 = NJW 1985, 47 ff [Kupolofen]; BGH NJW 1997, 2748, 2749; Flachsbarth 219; Gerlach 102 f, der allerdings auch hier die Einzelfallbetrachtung hervorhebt). Das öffentliche Recht gewinnt daher spätestens hier ganz entscheidenden Einfluss auf die zivilrechtliche Haftung, und zwar im Ergebnis im Sinne einer Minderung der Haftungsrisiken (Gerlach JZ 1988, 161, 170).

d) Grenzen der Maßgeblichkeit verwaltungsrechtlicher Vorgaben

276 Die **Maßgeblichkeit verwaltungsrechtlicher Vorgaben** ist allerdings **nicht absolut** (näher u Rn 286 ff), und zwar weder hinsichtlich der Tatbestandsmäßigkeit in Bezug auf Verkehrssicherungspflichten noch hinsichtlich der Feststellung von Rechtswidrigkeit und Verschulden (BGH VersR 1976, 776, 778; BGH NJW 1987, 372, 373; Enders 125 ff; Versen 115 ff; wohl **aA** Gerlach JZ 1988, 161, 170; Sellner, in: FS 25 Jahre Bundesverwaltungsgericht [1978] 603, 616 f). Es bleibt daher dem Zivilrecht vorbehalten, von den verwaltungsrechtlichen Vorgaben, denen nur **Richtwertcharakter für den Regelfall** im Sinne einer für die Entscheidungsökonomie und die Rechtssicherheit dienlichen Entscheidungshilfe (BGHZ 111, 63 ff = BGH NJW 1990, 2465, 2466 [Volksfest]; BGH VersR 1993, 609, 613 [Froschteich]; BGHZ 121, 248 ff = BGH VersR 1993, 879, 880 [Jugendzeltplatz]; Enders 101 f, 128 f, 134 f; Selmer 19 f; Wolfrum/Langenfeld 221) zugebilligt wird, mit Rücksicht auf die Besonderheiten der jeweiligen Verhältnisse **im Einzelfall abzuweichen** (BGHZ 70, 102, 111 = NJW 1978, 419 ff; BGH NJW 1983, 751 f, BGHZ 92, 143, 151 f = NJW 1985, 47 ff [Kupolofen]; BGH NJW 1997, 2748, 2749; F Baur JZ 1974, 657, 660; ders JZ 1981, 278; Canaris, in: FS Larenz [1983] 27 ff; Cosack 40; Diederichsen, in: Vhdl 56. DJT L 65 ff; ders, in: FS Lukes 44; Enders 125 ff; Engelhardt 190; Gerlach 94 ff; Klimeck 54 ff; Lytras 309; Schimikowski, Umwelthaftungsrecht Rn 9 ff; H Schulte 36 ff).

277 In Parallele zur Produkthaftung obliegt dem Anlagenbetreiber dem gemäß wegen der bloßen Indizwirkung öffentlich-rechtlicher Standards, selbst regelmäßig **Kontrollen** und Messungen bezüglich der Gefährlichkeit seines Betriebes durchzuführen. Denn Vertrauen auf die Unschädlichkeit der Emission, soweit diese sich im Rahmen vorgegebener Grenzwerte hält, reicht nicht aus, um den Verschuldensvorwurf auszuschließen (Engelhardt 198; Gerlach 103; Nicklisch NJW 1986, 2287, 2291). Die Darlegungs- und Beweislast liegt hinsichtlich der Einhaltung der gebotenen Grenzwerte beim Emittenten, auch soweit es um die Feststellung deliktsrechtlichen Fehlverhaltens einschließlich des Verschuldens geht (Döring 26).

3. Haftungstatbestandspräklusion durch öffentliches Recht

278 Eine Ausnahme vom Grundsatz der Selbstständigkeit des Zivilrechts vom öffentlichen Recht im Sinne einer **Deliktsrechtspräklusion** auf Grund öffentlich-rechtlicher Vorgaben, die damit zivilrechtliche Eingriffslegitimation begründen, ist festzustellen, wenn das an sich bestehende zivilrechtliche Abwehrrecht des Betroffenen kraft öffentlichen Rechts ausgeschlossen (Veldhuizen 172ff) und zugleich die zivilrechliche Funktion des Schadensausgleichs selbstständig negativ geregelt wird. Dies trifft im Falle der wasserrechtlichen Bewilligung gemäß **§ 11 Abs 1 WHG** explizit zu (Enders 97; Veldhuizen 181 ff, 209 f; U Wolf 40 f); allerdings kann in diesem Fall § 22 Abs 3 WHG einen genuin wasserrechtlichen Entschädigungsanspruch begründen. Die Existenz einer derartigen expliziten Sonderregelung zum öffentlich-rechtlichen Ausschluss allgemeiner zivilrechtlicher Haftungsansprüche indiziert allerdings zugleich das Fehlen eines solchen allgemeinen Rechtsprinzips (Enders 100).

279 Die **Genehmigungen** nach **§ 14 BImSchG, § 7 Abs 6 AtomG, § 11 LuftVG, § 17 BFStrG, § 23 GenTG** sowie **§ 75 Abs 2 VwVfG** (zu diesen Enders 225 ff; Veldhuizen 172 ff; U Wolf 40) unterscheiden sich davon insofern, als sie zwar hinsichtlich der zivilrechtlichen Abwehransprüche präkludierend privatrechtsgestaltend sind (Kloepfer UTR 11 [1990] 35, 49; Veldhuizen 172 ff), sie aber allgemeine zivilrechtliche Schadensersatzansprüche nicht ausdrücklich ausschließen. Dessen ungeachtet wird ihnen vereinzelt rechtfertigender Charakter in Bezug auf eine deliktische Haftung beigelegt (Peine NJW 1990, 2442, 2447; näher insbes Wagner 105 ff), unbeschadet der Möglichkeit einer explizit angeordneten Aufopferungshaftung und einer ohne Rechtswidrigkeitsurteil begründbaren Gefährdungshaftung. Anders als im Falle der Gefährdungshaftung soll durch die Genehmigung nicht die Gefährdung gestattet sein, sondern auch die Schädigung anderer selbst dann, wenn diese in Vollzug der Genehmigung vorsätzlich erfolgt (Wagner 110). Dem ist jedoch **nicht** beizutreten (zumind implizit BGHZ 92, 143, 151 f = NJW 1985, 47 ff [Kupolofen]; BGH JZ 1998, 358, 359; RGZ 101, 102, 105; RGZ 159, 68, 75; RGZ 159, 129, 135; vBar KF 1987, 1, 10; Diederichsen, in: FS R Schmidt 19 f; Enders 116 ff; Engelhardt 99 f, 177 Gerlach 93 ff, 227; Hager NJW 1986, 1961, 1965; Marburger, Regeln der Technik 438). Schon die Aufrechterhaltung des Anspruchs auf Schutzvorkehrung, wie dies etwa § 14 S 1, HS 2 BImSchG vorsieht, belegt die Beschränkung der Präklusionswirkung der Vorschrift allein auf den Ausschluss des Stilllegungsverlangens, ohne darüber hinaus den Rechtsschutz zu verkürzen (F Baur JZ 1974, 657, 658; Enders 118 f). Überdies bezweckt die Regelung lediglich, die Frustrierung von gewerblichen Investitionen zu verhindern, nicht aber weitergehend Rechte von Geschädigten zu verkürzen; der eigens etwa in § 14 S 2 BImSchG gewährte Aufopferungsanspruch indiziert dabei nur, dass dem Geschädigten eine Erleichterung bei Durchsetzung des Schadensausgleichs gewährt werden soll, nicht aber zeigt diese Regelung eine Beschränkung der allgemeinen, durch das Rechtswidrigkeits- und Verschuldenskriterium erschwerten Schadensersatzhaftung auf Grund Deliktsrechts an. Überdies folgt aus der Dynamisierung der Schutzpflicht gemäß § 5 Abs 1 Nr 1 BImSchG, dass die Anlagengenehmigung nur als eine unter dem Vorbehalt der Nichtschädigung stehende abstrakte Gefährdungserlaubnis anzusehen ist, nicht aber als Gestattung dennoch eintretender konkreter Verletzungen (Enders 120 f).

280 Die lediglich eine **Unbedenklichkeit bescheinigenden Genehmigungen,** wie etwa im Fall der wasserwirtschaftlichen Erlaubnis gemäß § 7 WHG, sowie Genehmigungen mit **thematisch begrenztem Prüfungsgegenstand,** die unbeschadet privater Rechte Dritter ergehen, wie dies bei der Baugenehmigung der Fall ist, haben auf Schadensersatzansprüche keinen Einfluss (U Wolf 39 f).

4. Aufopferungskompensation bei Haftungstatbestandspräklusion durch öffentliches Recht

281 Mit den Fällen der tatbestandsmäßigen Bezugnahme des Zivilrechts auf das öffentliche Recht verwandt sind die Fälle, in denen der Bezug zu öffentlich-rechtlichen Vorgaben zwar nicht in den Normtatbestand selbst integriert ist, aber dessen **Anwendbarkeit** durch die **systematische Stellung** der Norm erkennbar in Abhängigkeit von öffentlich-rechtlichen Vorgaben gebracht ist. Planungs-, Genehmigungs- und Bewilligungsakte haben hier unmittelbar privatrechtsgestaltende Wirkung, indem sie private Rechte ausschließen oder beschränken; der privatrechtliche Haftungstatbestand wird zum Annex öffentlich-rechtlicher Befugnisse. Diese Situation findet sich unmittelbar in Fällen der **Aufopferungshaftung,** aber partiell auch bei der Deliktshaftung, soweit nämlich diese durch die von § 906 Abs 2 S 1 BGB vorgegebenen Grenzen mitbestimmt wird (dazu Rn 266 ff).

282 Deutlich wird die Abhängigkeit der Aufopferungshaftung von öffentlich-rechtlichen Erlaubnistatbeständen bei § 14 S 2 BImSchG bzw bei den dieser Vorschrift entsprechenden Regelungen in § 7 Abs 6 AtomG, § 23 S 2 GenTG, § 17 Abs 6 FStrG, § 11 LuftVG und für Planfeststellungsbeschlüsse in § 75 Abs 2 S 1 VwVfG, weil dort der Ausgleichsanspruch grundsätzlich nur wegen der infolge der verwaltungsrechtlichen Genehmigung der Anlage gebotenen **Duldungspflicht** gewährt wird. Auch die Schadensersatzpflicht hängt jedoch nicht vollständig von der behördlichen Genehmigung ab. Die Schadensersatzpflicht ist nämlich durch die nach dem Stand der Technik zu beurteilende Undurchführbarkeit oder wirtschaftliche Unvertretbarkeit von **Vorkehrungen zum Ausschluss oder zur Milderung beeinträchtigender Wirkungen** bedingt, und ein Anspruch auf derartige Vorkehrungen ist gemäß § 14 S 1 HS 2 BImSchG durch den Inhalt der behördlichen Genehmigung und insbesondere durch darin enthaltene Auflagen von Rechts wegen **nicht präjudiziert.** Die Zivilgerichte können daher im nachhinein im gegebenen Fall strengere Schutzanforderungen stellen als in der behördlichen Genehmigung vorgesehen (Gerlach 79; ders JZ 1988, 161, 171; Wagner 174). Das ist entgegen Angriffen aus dem Bereich des öffentlichen Rechts (Kleinlein, Das System des Nachbarrechts [1987] 259 ff; dag Gerlach JZ 1988, 161, 172 mwN) auf diesen gesetzlich anerkannten Bestand an Zivilrechtskompetenz auch praktisch unbedenklich, weil sich die Zivilrechtsprechung auf die letzte mittelbare Kontrolle der Einhaltung von technisch-wirtschaftlichen Standards beschränkt. In diesem Maße trifft es zu, dass öffentlich-rechtliche Duldungspflichten den Beseitigungsanspruch gemäß § 1004 Abs 1 BGB nicht ausschließen, sondern nur der Beseitigung der Störungsquelle in toto entgegenstehen (Gerlach 193 f). Bei Planfeststellungsverfahren ist der Beeinträchtigte allerdings gemäß § 75 Abs 2 S 2 VwVerfG allein darauf verwiesen, etwa nachträglich erforderliche Schutzmaßnahmen in der Weise von der Behörde zu verlangen, dass diese nachträglich Schutzauflagen anordnet (Wagner 161).

5. Beeinflussung der Beweislast

283 In einem weiteren Sinn neben den in Anlehnung an öffentlich-rechtlich und technisch definierte Standards entwickelten Beweisregeln (dazu Rn 244 ff, 253 ff, 262 ff) werden ausdrücklich normative Abhängigkeiten des Umwelthaftungsrechts vom öffentlichen Recht auch durch solche gesetzlichen Regeln geschaffen, die außerhalb der Anspruchsgrundlage **rechtliche Rahmenbedingungen** zur **Anspruchsrealisierung** namentlich in **beweisrechtlicher** Hinsicht je nach öffentlich-rechtlich definiertem Normalbetrieb bzw Störfall differenziert setzen.

a) Im Umwelthaftungsgesetz findet sich eine umwelthaftungsrechtliche Verwaltungsrechtsakzessorietät insofern, als dort gemäß **§ 6 UmweltHG** hinsichtlich der Haftungsdurchsetzung je nach Störfall oder Normalfall unterschieden wird (vDörnberg, Die Haftung für Umweltschäden, in: vDörnberg/Gasser/Gassner, Umweltschäden [1992] 28). Indem an den vom Anlagenbetreiber zu widerlegenden Störfall anknüpfend eine **Verursachungsvermutung** aufgestellt wird, wird die **Beweislast** bezüglich der haftungsbegründenden Kausalität abweichend vom haftungsrechtlichen Normalfall vom Geschädigten auf den in Anspruch Genommenen verlagert. 284

b) Über diesen positivrechtlich geregelten Sonderbereich der Gefährdungshaftung hinaus beeinflusst die **öffentlich-rechtliche Auferlegung von Emissionskontroll- und Immissionsdokumentationspflichten** die beweisrechtliche Situation in allen Umwelthaftungsstreitverfahren in entsprechender Weise generell erheblich, wenn an diese Pflichten **inhaltsgleiche zivilrechtliche Verkehrssicherungspflichten** des Anlagenbetreibers geknüpft werden, deren Erfüllung der Anlagenbetreiber nachzuweisen hat, indem er das Vorhandensein eines Störfalls substantiiert verneinen und im Bestreitensfall den Normalbetrieb beweisen muss (Selmer 6 f). In Verbindung mit der Annahme eines zumindest den Anscheinsbeweis oder sogar eine Beweislastumkehr stützenden Grundsatz des Inhalts, dass der Störfall die **Vermutung** für die Ursächlichkeit der Emission für die auszugleichende Rechtsgutsverletzung bzw Schädigung begründet, führt dies nämlich zu einer erheblichen Erleichterung der Anspruchsrealisierung in dem schwierigen Bereich der haftungsbegründenden Kausalität (dazu Rn 244 ff). 285

X. Unabhängigkeit des Umwelthaftungsrechts vom öffentlichen Recht

1. Problemgrundlagen: materielle und prozessuale Konkurrenz

Das Maß an **zivilrechtlicher Autonomie,** das das Umwelthaftungsrecht trotz seiner erkennbaren Abhängigkeit von dem das Umweltschutzrecht dominierenden (Kloepfer UTR 11 [1990] 35, 36; Steffen UTR 11 [1990] 71, 78) öffentlichen Recht hat, ist **umstritten;** dies gilt schon generell für die **Zulässigkeit** seiner Autonomie. Die Beurteilung der Rechtsentwicklung vollzieht sich von der Annahme einer weitgehenden **Selbstständigkeit** (BGHZ 30, 382, 390 = NJW 1959, 2215; Canaris, in: FS Larenz [1983] 27, 54 ff; Diederichsen, in: Vhdl 56. DJT L 65 ff; Gerlach 74 ff; Hagen UPR 1985, 192 ff; Marburger, in: Vhdl 56. DJT C 106; Stecher 122 ff; Veldhuizen 190 ff; Wagner 18, 86 ff) des Zivilrechts über vermittelnde, **partiell Abhängigkeiten** anerkennende Ansichten (F Baur JZ 1987, 317, 322; Breuer DVBl 1983, 431, 438; Gaentzsch, Sportanlagen im Wohnbereich, UPR 1985, 201, 210; Johlen BauR 1984, 134 ff; Medicus JZ 1986, 778, 780 ff, 785; Mühl, in: FS F Baur [1981] 83, 102 f; ders, Die Ausgestaltung des Nachbarrechtsverhältnisses in privatrechtlicher und öffentlichrechtlicher Hinsicht, in: Funktionswandel der Privatrechtsinstitutionen [1974] 159, 182 f; Papier NVwZ 1986, 624, 626; Peine JuS 1987, 169, 175; Wolfrum/Langenfeld 220 f) bis zum Postulat einer Ausgestaltung des privaten Umwelthaftungsrechts als eines **verwaltungsrechtsakzessorischen Rechtsfolgenrechts** (Kloepfer § 4 Rn 328) bzw zum Postulat einer verbindlichen **Unterordnung** des Zivilrechts unter öffentlich-rechtliche Vorgaben (Bartelsperger VerwArch 60 [1969] 35, 62 ff; Diederichsen BB 1986, 1723, 1724 ff; ders, in: Vhdl 56. 286

DJT L 65 ff; Schnapp, Das Verhältnis von privatem und öffentlichem Nachbarrecht pass; H Westermann, in: FS Larenz [1973] 1003 ff). Die **Vereinheitlichung** zivilrechtlicher und öffentlich-rechtlicher Maßstäbe wird zur **Zielvorgabe** (BGH JZ 1991, 91, 92). Prozessual entspricht der materiellrechtlichen Beschränkung der zivilrechtlichen Regelungskompetenz die Neigung, den zivilgerichtlichen Rechtsschutz zumindest im Bereich der Abwehransprüche durch den verwaltungsgerichtlichen Rechtsschutz zu verdrängen.

287 Diese Entwicklungslinie beruht darauf, dass das öffentliche Recht durch die **Entwicklung des verwaltungsgerichtlich durchzusetzenden Nachbarschutzes,** die aus der zunehmenden Entfaltung des nachbarschützenden Charakters öffentlich-rechtlicher Normen folgt, in Konkurrenz zu dem früher allein privatrechtlich gewährten Umweltschutz vor allem im nachbarschaftlichen Verhältnis getreten ist (Gerlach 44; ders JZ 1988, 161, 162; Marburger, in: Vhdl 56. DJT C 17 ff, 38; Sellner 28 ff). Daraus ergibt sich ein **zweigleisiger Rechtsschutz;** neben den zivilgerichtlichen Rechtsbehelf tritt das nach verwaltungsrechtlichen Grundsätzen klagbare Recht, die zuständige Behörde zum Einschreiten zu bewegen (Balensiefen 154 ff; Kloepfer UTR 11 [1990] 35, 48 f; ders § 4 Rn 307; Stich, in: Salzwedel, Grundzüge des Umweltrechts [1982] 301 ff). Der zweigleisige Rechtsschutz verursacht nicht nur eine **Doppelbelastung** der Gerichtsbarkeit mit im Wesentlichen gleichem Streitstoff. Mangels wechselseitiger Rechtskraftbindung besteht auch die Gefahr **divergierender Sachentscheidungen** (Gerlach 36; ders JZ 1988, 161, 162).

288 Praktisch gewinnt dabei der **Verwaltungsrechtsschutz** zunehmend die Vorhand, weil dort die in einigen **materiellrechtlichen** Hinsichten attraktivere Rechtsschutzform zur Verfügung steht (Diederichsen, in: Vhdl 56. DJT L 50; Gerlach JZ 1988, 161, 163; eingehende Übersicht zum folgenden bei Pfeiffer, Die Bedeutung des privatrechtlichen Immissionsschutzes [1987] 143 ff). Das Verwaltungsrecht bietet günstigere Chancen zur **Schadensprävention,** weil die zivilrechtliche Haftung insbesondere bei summierten Immissionen und, oft damit zusammenhängend, bei Langzeit- und Distanzschäden Zurechnungsschwierigkeiten bietet (statt vieler in diesem Zusammenhang M Leonhard 49), und weil die zivilrechtliche Haftung den Nachweis einer konkreten Gefährdung einer individuell zuzuordnenden Rechtsposition verlangt; beides gilt auch für den zivilrechtlichen vorbeugenden Unterlassungsanspruch (Diederichsen, in: Vhdl 56. DJT L 50; Gerlach 49 f; ders JZ 1988, 161, 163). Letztgenanntes Erfordernis findet sich zwar verwaltungsrechtlich cum grano salis im prinzipiellen Ausschluss der Popularklage wieder, doch besteht im Verwaltungsrecht eine diesem Grundsatz entgegenwirkende Neigung zur Ausdehnung des Kreises der als nachbarschützend anerkannten Normen. Wohl entscheidend tritt hinzu, dass das öffentliche Recht, da es in erster Linie schadensquellenbezogen anknüpft, den schwierigen **Nachweis der Ursächlichkeit** bestimmter Emissionen für bestimmte individualisierbare Schäden erspart und es im Übrigen, wie dies teilweise bei der zivilrechtlichen Haftung der Fall ist, auf **rechtswidrig-schuldhaftes Verhalten nicht ankommt** (Kloepfer § 4 Rn 328). Die partielle **Legalisierungswirkung** bzw **Sperrwirkung** öffentlich-rechtlicher Vorgaben im Hinblick auf die zivilrechtlichen Abwehr- oder Haftungsansprüche, etwa gemäß § 14 BImSchG oder aufgrund von Planfeststellungsverfahren, trägt überdies zur Attraktivität, wenn nicht sogar zur Notwendigkeit einer zumindest vorgeschalteten verwaltungsrechtlichen bzw verwaltungsgerichtlichen Streitbereinigung bei (Kloepfer § 4 Rn 329). Der verwaltungsrechtliche Rechtsschutz hat einen Aufschwung aus materiellem Grunde auch durch die sog Nassauskiesungsentscheidung (BVerfGE 58, 300 ff) erfahren, durch die den Zivilgerichten die von diesen bis dahin in Anspruch genommene weitgehende Kompetenz bei der Zuerkennung einer Enteignungsentschädigung genommen wurde, solange eine verwaltungsgerichtlichen Kontrolle der enteignenden Maßnahme als solche nicht stattgefunden hat; diese gewann damit in Bezug auf den zivilgerichtlichen Schutz quasi entscheidungsausschließenden Vorrang (Gerlach 47).

289 Der Verwaltungsprozess bietet spezifische **verfahrensrechtliche** Vorteile. Diese reichen von der Reduzierung der Darlegungs- und Beweisführungslast als Folge des **Untersuchungsgrundsatzes** bis zur **Erleichterung der Vollstreckung,** wozu nicht zuletzt das fehlende Risiko der Haftung gemäß § 945 ZPO für den Fall einer unberechtigten Eilentscheidung zählt (Diederichsen, in: Vhdl 56. DJT L 50; Gerlach JZ 1988, 161, 163; Konrad BayVBl 1984, 33, 71 f; eingehend Pfeiffer 143 ff; Steinberg NJW 1984, 457 ff). Auch die **Prozesskostenrisiken** der Rechtsverfolgung sind in Umwelthaftungsstreitsachen in der Regel erheblich; dies führt praktisch ebenfalls zu einer Meidung des zivilrechtlichen Umweltschutzes (Brüggemeier, in: FS Jahr 230; Gerlach 35 f, 137; Gmehling 182 f; Kloepfer UTR 11 [1990] 35, 44; Köndgen UPR 1983, 345; M Leonhard 49; Pfeiffer 66) und zu einer Verlagerung des Umweltschutzes in das öffentliche Recht.

2. Vorzüge eines autonomen Zivilrechts

a) Funktionsunterschiede von privatem und öffentlichem Umweltrecht

290 Die Überantwortung des Umweltschutzes ausschließlich in den öffentlich-rechtlichen Bereich, dies verstanden als eine uneingeschränkte **Unterordnung** des privaten Umweltrechts einschließlich des Umwelthaftungsrechts unter die Vorgaben des öffentlichen Rechts, ist allerdings **weder zu erwarten noch zu wünschen** (Enders 110 f; Flachsbarth 213 f; Gerlach JZ 1988, 161, 163, 164; Kloepfer UTR 11 [1990] 35, 43), obwohl die Gefahr einer Destabilisierung des öffentlichen Umweltschutzrechts durch Zulassung eines autonomen Umwelthaftungsrechts besteht und deshalb eine fortlaufende Harmonisierung von öffentlich-rechtlichem und privatrechtlichem Umweltschutz gefordert wird (Kloepfer § 4 Rn 295, 302). Es gibt keinen Rechtssatz des Inhaltes, dass die Maxime der Einheit der Rechtsordnung in dem Sinne zwingend sei, dass das, was öffentlich-rechtlich erlaubt ist, auch haftungsrechtlich zulässig sein müsse (so klar Enders 109 ff; Kloepfer UTR 11 [1990] 35, 63 f; Schmidt-Salzer § 1 UmweltHG Rn 33 ff, 38). Die Gründe für die erforderliche Bewahrung grundsätzlicher Autonomie des Zivilrechts liegen nicht nur in einem sogenannten, auf den Eigengesetzlichkeiten der Bürokratie, der Gefahr politischer Einflussnahmen oder Rücksichtnahmen (dies gilt auch bei grenzüberschreitenden Immissionen; vgl Kloepfer UTR 11 [1990] 35, 43; Medicus UTR 11 [1990] 5, 7 f) beruhenden sowie durch mangelndes Planungsbewusstsein der Bürger (Diederichsen, in: Vhdl 56. DJT L 68) geförderten **Vollzugsdefizit** der Verwaltung (Gerlach JZ 1988, 161, 165; R Mayntz ua, Vollzugsprobleme der Umweltpolitik [1978] insbes 43 ff; Gmehling 156 ff, Herbst 120 ff; Kadner 107 ff mzahlrwN, Kloepfer UTR 11 [1990] 35, 41, aber mit Hinweis auf Bürokratisierungen in privaten Organisationen und auf Möglichkeiten zu externen Beeinflussung von Verwaltungsaktivitäten; Lübbe-Wolff NuR 1989, 295 ff; Lytras 317; Medicus UTR 11 [1990] 5, 7 f; ders NuR 1990, 145 ff; M Meyer-Abich ZRP 1999, 429 f; ders 91 f; Möllers 6 ff; Rehbinder, Das Vollzugsdefizit im Umweltrecht und das Umwelthaftungsrecht, Leipziger Juristische Vorträge Heft 12 [1996] 1 ff; Vandrey 66 ff; Veldhuizen 212 ff; Wagner, Effizienz des Ordnungsrechts für den Umweltschutz?, in: Nicklisch [Hrsg], Umweltrisiken und Umweltprivatrecht 173 f; Wenk 76), dessen negative Auswirkungen durch Geltendmachung privater Rechte gemildert werden kann (Stecher 122 f). Sie sind vielmehr vornehmlich

sachstruktureller Natur (DIEDERICHSEN, in: Vhdl 56. DJT L 57 ff; GERLACH 49; SCHMIDT-SALZER § 1 UmweltHG Rn 38 ff), und zwar sowohl aufgrund der Eigenart des öffentlichen Rechts wie des Zivilrechts. Hinsichtlich des öffentlichen Rechts ist insoweit Folgendes wesentlich:

291 Historisch, nämlich seit Einführung des § 26 GewO, und **materiellrechtlich** betrachtet, fungiert das **öffentliche Recht** partiell, nämlich bei der sog Aufopferungshaftung, im umweltschutzrechtlichen Sinne unvorteilhaft als **Einschränkung** des privaten Umweltschutzrechts (GERLACH JZ 1988, 161, 164; MEDICUS UTR 11 [1990] 5, 20). Indem das öffentliche Recht eine solche Privatrechtseinschränkung explizit anordnet, formuliert es bemerkenswerterweise zugleich einen eigenen Entschädigungsanspruch (WAGNER 100 ff). Diese Funktionsweise erklärt sich aus der Aufgabe des öffentlichen Umweltrechts, einen Ausgleich zwischen dem gesamtheitlichen Interesse an günstiger wirtschaftlicher Entwicklung und an tunlichster Vermeidung von Umweltschäden zu schaffen. Eine derartige Ausschlusswirkung des öffentlichen Rechts in Bezug auf allgemeine Privatrechtsbefugnisse setzt allerdings voraus, dass dem Betroffenen Gelegenheit zur Verteidigung seiner Rechte im Verwaltungs- und Verwaltungsgerichtsverfahren sowie grundsätzlich auch die Ausführung seiner privaten Entschädigungsansprüche als solcher gegeben ist; damit ist die **Dualität** von öffentlichem Recht und Privatrecht **unausweichlich** (DIEDERICHSEN, in: Vhdl 56. DJT L 68; CANARIS, in: FS Larenz [1983] 27 ff). An dieser durch die Lösung von Zielkonflikten bedingten umweltschutzbeschränkenden Wirkung des öffentlichen Rechts in privatrechtlicher Hinsicht hat sich in wichtigen Bereichen grundsätzlich nichts geändert. § 14 S 1 BImSchG und die anderen Fälle der Aufopferungshaftung zeigen dies. Lediglich die Auswirkungen dieser Sperren sind dank der heute strengeren Umweltschutzanforderungen des öffentlichen Rechts und einer daraus folgenden strengeren Genehmigungspraxis prima facie in Bezug auf **Schädigungen** durch einzelne Emittenten weniger nachteilig; sie sind jedoch nicht beseitigt (GERLACH JZ 1988, 161, 164). Daher bleibt ein umwelthaftungsrechtlich relevanter **Bedarf an privatrechtlich zu organisierendem Schadensausgleich** erhalten (KLOEPFER UTR 11 [1990] 35, 43).

b) Autonome Umwelthaftung versus öffentlich-rechtlicher Prognostik, Globalität und Statik

292 Aus der Funktion des öffentlichen Rechts, mit der Gestaltung von Emissionen auch eventuell schädigende Immissionen zu erlauben, folgt die eigentliche und eigenständige Funktion von Umwelthaftungsrecht. Das öffentliche Recht nimmt nämlich weiterhin, solange es durch die – nicht stets nur wissenschaftlich fundierte, sondern auch als politischer Kompromisse zustande gekommene (COSACK 40; DIEDERICHSEN, in: Vhdl 56. DJT L 61; DÖRING 71 mwN; FALK, EG-Umwelt-Audit-VO [1998] 182; FELDMANN UPR 1991, 45, 46; MARBURGER, in: Vhdl 56. DJT C 110; QUENTIN 218 ff; SCHMÖLLING, Grenzwerte in der Luftreinhaltung Entscheidungsprozesse bei der Festlegung, in: WINTER [Hrsg], Grenzwerte [1986] 73 ff; STECHER 124, 257; WENK 75) – Setzung von Grenzwerten Umweltbelastungen zulässt, ein **verwaltungsrechtlich erlaubtes Restrisiko** hin, bei dem in ihrem Zusammenwirken nicht voll erfassbare und nicht steuerbare Summationen von Immissionen das im einzelnen geringe Restrisiko zu einer durchaus regelmäßig eintretenden erheblichen Beeinträchtigung steigern können (GERLACH 51; ders JZ 1988, 161, 164; DÖRING 70 f; SAUTTER 17; SCHIMIKOWSKI, Umwelthaftungsrecht Rn 72; STECHER 249 f). Das ist nur solange zweck- und funktionsgerecht sowie unbedenklich, als die Aufgabe des öffentlichen Rechtes, **Gefahrenabwehr** zu betreiben, als eigenständige Funktion betrachtet wird und sie

nicht zugleich als **Präklusionsgrund für Schadensersatzansprüche** in der Eventualität einer dennoch eintretenden Verletzung von Rechtsgütern gebraucht wird (vgl LG Münster NJW-RR 1986, 947, 951; ENDERS 111; KLOEPFER UTR 11 [1990] 35, 43). Das **öffentliche Recht,** das als Genehmigungsrecht **prognostisch** und **standardisierend** statt konkretsituationsbezogen (ENDERS 111 f; SCHMIDT-SALZER § 1 UmweltHG Rn 40 ff; ders VersR 1990, 124, 134) arbeitet, kann insbesondere in concreto fehlprognostizieren (DIEDERICHSEN, in: Vhdl 56. DJT L 68).

293 Dieses aus Standardisierung und Prognose folgende Risiko ist dem Geschädigten **zivilrechtlich nachsorgend** (GERLACH 93, 102; ders JZ 1988, 161, 172, 175; VELDHUIZEN 212 ff; SCHIMIKOWSKI, Umwelthaftungsrecht Rn 72; STECHER 258) **und situativ-konkret** angepasst (BRÜGGEMEIER, in: FS Jahr 229 f; HUFFMANN 136) ungehindert durch das öffentliche Recht abzunehmen (GERLACH 106; ders JZ 1988, 161, 167; KLOEPFER § 4 Rn 302; M LEONHARD 48; LYTRAS 307 ff; MARBURGER, in: Vhdl 56. DJT C 107 f; PFEIFFER 261 ff, 282 ff; SCHMIDT-SALZER § 1 UmweltHG Rn 44 ff). Die prinzipielle Unabhängigkeit des Umwelthaftungsrechts von öffentlich-rechtlich gesetzten Standards, die eine Haftung für Schäden infolge des öffentlich-rechtlich definierten und zu duldenden Normalbetriebs zulässt, ist überdies wegen des Ergebnisses rechtspolitisch zu begrüßen, da sie **schadenspräventiv** und **innovationsfördernd** wirkt. Die Beschränkung der Umweltverantwortung auf die Einhaltung öffentlich-rechtlicher Anforderungen in Normen oder Verwaltungsakten, die nur stufenweise zu ändern sind oder nach Maßgabe etwa der §§ 17, 21 BImSchG ein Mindestmaß an Bestands- und Vertrauensschutz namentlich unter Verhältnismäßigkeitsgesichtspunkten erzeugen und daher neuen Erkenntnissen nur verzögert angepasst werden können (STECHER 125, 257; VELDHUIZEN 34 ff; WENK 76), setzt nämlich keine Anreize zur Optimierung des Umweltschutzes, sondern sie führt nur zu dem Bemühen, die geforderten Grenzwerte gerade noch einzuhalten (M LEONHARD 47 f; SAUTTER 17; SCHIMIKOWSKI, Umweltrisiken Rn 3; WIEBECKE 11). Die Anerkennung einer grundsätzlichen Autonomie des Umwelthaftungsrechts ist daher auch ein wesentlicher Beitrag zur fortschreitenden Schadensprävention, wenn und weil im Gegensatz zur relativen **Globalität und Statik öffentlich-rechtlicher Normvorgaben** auf der Grundlage einer **antizipierten Gefahreneinschätzung** und ihrer verwaltungsaktförmigen Umsetzung verwaltungsrechtlich ungebundene Verkehrssicherungspflichten **dynamisch** sind und sich den Änderungen der konkreten Verhältnisse unmittelbar von Rechts wegen anpassen (DIEDERICHSEN, in: Vhdl 56. DJT L 70; FLACHSBARTH 213; FÖLLER 118; STECHER 124 ff; STEFFEN UTR 11 [1990] 71, 77). Konzeption und Einzelfallbetrachtung von spezifisch zivilrechtlich entwickelten Verkehrspflichten, im Schadensfall aus der **ex-post-Perspektive,** sind als strukturelle Vorteile im Vergleich zu öffentlich-rechtlichen Normen durch Wahrung zivilrechtlicher Selbstständigkeit zur Geltung zu bringen (vBAR KF 1987, 1, 14; BAUMANN JuS 1989, 433, 436; BRÜGGEMEIER, in: FS Jahr 229 f; DIEDERICHSEN, in: Vhdl 56. DJT L 63; GERLACH 104 ff; GMEHLING 173 ff, 239 ff; HUFFMANN 136; MARBURGER, in: Vhdl 56. DJT C 103, 106 f, 121; PASCHKE UTR 12 [1990] 284, 290 f; PFEIFFER 154 ff; STECHER 122 ff; VELDHUIZEN 212 ff).

c) Autonome Umwelthaftung versus Verwaltungsverfahren und verwaltungsgerichtliche Kontrolle

294 Auch aus Gründen des **Verwaltungsverfahrens** hat das öffentliche Recht spezifische Schwächen, die das Zivilrecht für seinen Bereich teilweise ausgleichen kann. Ausgehend vom Grundsatz der Gewerbefreiheit ist eine emittierende Anlage grundsätzlich genehmigungsfähig, sofern nicht die Zulässigkeit des Betriebs aufgrund eines

Gesetzesvorbehalts generell oder hinsichtlich bestimmter Betriebsweisen ausgeschlossen ist; die Durchsetzung von Umweltschutzbelangen wird damit im öffentlichen Recht normativ zur Einwendung, die **Genehmigungsbehörde** trifft daher die materielle **Beweislast;** Beweisfälligkeit der Behörde hat damit mittelbar auch Nachteile für mitzuschützende Privatinteressen (GERLACH 58; ders JZ 1988, 161, 167).

295 Das öffentliche Recht beschränkt den Schutz gegen Genehmigungen umweltbelastender Anlagen überdies primär auf die **Zeit der Genehmigung,** also regelmäßig auf die Phase der Planung, ohne den erforderlichen Umweltschutz zur Zeit des schädigenden Betriebs ohne weiteres zu ermöglichen (GERLACH JZ 1988, 161, 164 f). Das Verwaltungsrecht arbeitet mithin **vorbeugend prognostisch** (GERLACH JZ 1988, 167; VELDHUIZEN 213 f), damit auf allgemeinen Erfahrungen und Regeln aufbauend. Ein Misslingen der Gefahrenabschätzung ist aber gerade in Umweltfragen wegen der Komplexität der schadensträchtigen Abläufe nicht unwahrscheinlich. Spätere **Korrekturen** falscher Gefahrprognosen sind verwaltungsrechtlich schwer durchsetzbar, da der für genehmigte Anlagen geltende **Bestandsschutz** Auflagen oder Entziehungen und Einschränkungen der Betriebserlaubnis nur nach näherer Maßgabe namentlich der §§ 17, 21 BImSchG oder sonstigen Umweltgesetzen gestattet, diese Maßnahmen gelegentlich nur als Sollvorschriften ausgestaltet sind oder aber bloß ein Widerruf mit einer Entschädigungspflicht möglich ist (GERLACH JZ 1988, 161, 165; VELDHUIZEN 214 ff). Öffentlich-rechtliche **Ersatzansprüche** in Fällen einer seinerzeit rechtmäßig genehmigten, wenngleich sich schädigend auswirkenden Anlage stehen dem Geschädigten nicht zu (GERLACH 60; ders JZ 1988, 161, 165).

296 Im Rahmen des **verwaltungsgerichtlichen Rechtsschutzes** können zwar weitgehend Verfahrensfehler erfolgreich gerügt werden. Hinzunehmen ist aber materiellrechtlich eine beschränkte Kontrolldichte, weil die Verwaltungsgerichte aufgrund von Verwaltungsvorschriften entwickelte technische Sicherheitswerte als zulässige Grenzwerte zur Ausfüllung von Umweltstandards definierenden unbestimmten Rechtsbegriffen akzeptieren (BVerwG DVBl 1986, 190, 194 ff; GERLACH 51; ders JZ 1988, 161, 165; MARBURGER, in: Vhdl 56. DJT C 89 ff).

3. Materiellrechtliche Bereiche der Privatautonomie

297 Aufgrund seiner Eigenart hat das **Zivilrecht** vom öffentlichen Recht verschiedene, eigenständige Aufgaben. Dies gilt generell insofern, als das Zivilrecht **Instrument zur Selbstregulierung** von Lebensbereichen ist (KLOEPFER § 4 Rn 293). Weil das Zivilrecht insbesondere als Haftungsrecht, aber auch soweit es Abwehransprüche regelt, trotz mittelbar präventiver Wirkung konzeptionell primär reagierendes Recht ist, das als solches **nachsorgend** wirkt und dabei die Spezifika des **konkreten** Falles und des real verwirklichten Risikos, insoweit die generalisierend-gemeinwohlorientierte Betrachtungsweise des öffentlichen Rechts korrigierend, berücksichtigen kann (Rn 292 f), hat es überdies seinen Eigenwert als Steuerungsmittel, der trotz der weitgehenden Tendenz zur Harmonisierung mit öffentlich-rechtlichen Gegebenheiten bewahrenswert ist und nicht mit der verfehlt generalisierten Maxime der Einheit der Rechtsordnung beiseite geräumt werden sollte (GERLACH JZ 1988, 161, 174 ff; STECHER 257 ff). Mit diesen Umständen verbindet sich schließlich rechtspolitisch, dass das Umwelthaftungsrecht im Interesse des Umweltschutzes insbesondere ökonomisch wirkend auch eigenständige Präventivwirkungen entwickeln soll und kann (Rn 33 ff), deren umweltschutzsteigernde Entfaltung aber durch eine zu enge Bindung an öffentlich-rechtliche Standards verhindert würde (SCHWARZE, Präventionsdefizite 214 ff, 251). In materieller Hinsicht sind deshalb die folgenden **Autonomiebereiche** anzuerkennen.

a) Tatbestand des § 906 BGB

298 Der Bezug zum konkreten Einzelfall wird insbesondere hinsichtlich des bei **§ 906 Abs 2 S 1 BGB** relevanten Erfordernisses der **Wesentlichkeit** (vgl auch Rn 267) einer Beeinträchtigung dadurch deutlich, dass die öffentlich-rechtlich gesetzten Grenzwerte zivilrechtlich nur den **regelmäßigen Mindeststandard** des wegen Unwesentlichkeit oder Ortsüblichkeit und daher wegen Zumutbarkeit zivilrechtlich Hinzunehmenden **indizieren,** aber ausnahmsweise abweichend davon insbesondere auch strengere Maßstäbe angelegt werden können (BGHZ 70, 102, 105 ff = NJW 1978, 419 ff; BGHZ 92, 143, 151 f = NJW 1985, 47 ff [Kupolofen]; BGHZ 111, 63 ff = NJW 1990, 2465 ff ; BGH NJW 1983, 751 [Tennisplatzlärm]; DIEDERICHSEN, in: Vhdl 56. DJT L 58 ff; ENDERS 216; FALK, EG-Umwelt-Audit-VO [1998] 168 f; FLACHSBARTH 190 ff; GERLACH JZ 1988, 161, 167, 170; KLIMECK 48 f, 54; KLOEPFER § 4 Rn 312; MARBURGER, in: Vhdl 56. DJT C 106 ff; SELMER 6; WOLFRUM/LANGENFELD 221), indem auf das Empfinden einer verständigen Durchschnittsperson abgestellt wird (so nunmehr BGH JZ 1993, 1112, 1114; zum bisherigen Maßstab MünchKomm/SÄCKER § 906 Rn 26 ff; GERLACH 185; ders JZ 1988, 161, 167; MARBURGER, in: Vhdl 56. DJT C 108). Es kann gerade die sinnvolle eigenständige Funktion des Privatrechts sein, weiter entwickelten technischen Normen Privater zur Anerkennung zu verhelfen, denen das öffentliche Recht die Anerkennung zu verhelfen, denen das öffentliche Recht die Anerkennung jedenfalls zur Zeit des Schadensfalls versagt (KLOEPFER UTR 11 [1990] 35, 43). Die bloße **Indizwirkung** öffentlich-rechtlicher Vorgaben hat der Gesetzgeber durch die Neufassung des § 906 Abs 1 BGB positivrechtlich insofern anerkannt und geradezu explizit gemacht, als hiernach die Unterschreitung solcher Vorgaben **lediglich in der Regel** das Vorliegen einer wesentlichen Beeinträchtigung ausschließen soll. **Gleiches** gilt für die Frage der bei § 906 Abs 2 S 1 BGB erheblichen **Ortsüblichkeit** (vgl Rn 268; ENDERS 223; FLACHSBARTH 193 f; MARBURGER UTR 2 [1987] 109, 125). Nicht zuletzt ergibt sich ein wesentlicher Unterschied im Interesse eines zivilrechtlich wirkungsvolleren Umweltschutzes dadurch, dass gemäß § 906 Abs 2 S 1 BGB **wirtschaftlich zumutbare Maßnahmen** zur Vorkehr gegen wesentliche Beeinträchtigungen als Folge ortsüblicher Grundstücksnutzung auch nachträglich während des Betriebs einer emittierenden Anlage verlangt werden können, während dieser Forderung öffentlich-rechtlich der Verhältnismäßigkeitsmaßstab des auch auf Bestandsschutz Rücksicht nehmenden § 17 BImSchG entgegenstehen könnte, wenngleich dies nur selten praktisch der Fall sein dürfte.

299 Die **öffentlich-rechtlich** geforderten **Standards steuern** daher nicht die materiellen Haftungsvoraussetzungen des Zivilrechts, sondern die **Beweisbedürftigkeit bzw Beweisführungs-** und **Beweislast** insofern, als die Einhaltung der öffentlich-rechtlichen Maßgaben die Unwesentlichkeit und Ortsüblichkeit der Beeinträchtigung vermuten lässt und der das Gegenteil behauptende Kläger beweisbelastet ist, während bei Nichteinhaltung der öffentlich-rechtlichen Maßgaben die Wesentlichkeit und Ortsunüblichkeit der Beeinträchtigung feststeht (vgl Rn 267; BT-Drucks 12/7425; FRITZ NJW 1996, 573, 574; KREGEL NJW 1994, 2599, 2600; SELMER 6; **aA** ENDERS 217; MARBURGER, in: FS Ritter 912 f, wohl wegen geringer Veranschlagung der prima-facie Situation der Grenzwertüberschreitung; WOLFRUM/LANGENFELD 221; zur Bedeutung von Umweltauditverfahren in diesem beweisrechtlichen Zusammenhang FALK, EG-Umwelt-Audit-VO [1998] 174 ff). Bemerkenswert ist, dass der Ge-

setzgeber die Prüfungskompetenz des Tatrichters insbesondere auch auf die Frage erstreckt sehen will, dass die in öffentlich-rechtlichen Vorschriften festgelegten Grenzwerte inzwischen auf der Grundlage neuer wissenschaftlicher Erkenntnisse überholt und veraltet sind und somit nicht mehr dem Stand der Technik entsprechen. Gelingt dem Tatrichter mit Hilfe eines Sachverständigen diese Feststellung, soll die Regelvermutung hinsichtlich der Unwesentlichkeit der Beeinträchtigung entfallen (BT-Drucks 12/7425, S 277 f).

300 Auch die öffentlich-rechtlichen **Genehmigungen** geben einen zivilrechtlich beachtlichen **Mindeststandard** vor, der zugleich eine ebenfalls beweisrechtlich erhebliche Vermutung für die **Ortsüblichkeit** oder **Unwesentlichkeit** der entsprechend ausgeführten emittierenden Anlagen bzw Emissionen begründet (Kloepfer § 4 Rn 302; Marburger, in: Vhdl 56. DJT C 110 f, 120 ff mwN; Selmer 6). Für die Ortsüblichkeit kommt es jedoch in materiellrechtlicher Hinsicht letztlich auf die **tatsächlich bestehenden Verhältnisse** an und nicht ausschließlich auf öffentlich-rechtliche Planungsvorgaben (Diederichsen, in: Vhdl 56. DJT L 57 ff, Gerlach JZ 1988, 161, 168, 172 f; Hagen UPR 1985, 192, 196 ff; Lytras 312; Marburger, in: Vhdl 56. DJT C 46 f mwN, 109; Medicus JZ 1986, 778, 784; Pfeiffer 137 ff). Eine zivilrechtliche Verbindlichkeit bedarf einer ausdrücklichen Vorschrift; im Übrigen finden öffentlich-rechtliche Planungen grundsätzlich unbeschadet privater Rechte Dritter statt.

301 Diese materielle Autonomie des Zivilrechts wird zwar vom öffentlichen Recht zunehmend bestritten (Bartelsperger VerwArch 51 [1960] 35 ff, 62 ff; Dolderer DVBl 1998, 19, 25 f; Peine JuS 1987, 169, 171 f; Schapp, Das Verhältnis von privatem und öffentlichem Nachbarrecht [1978] 30 ff, 162 ff, 241 ff; zum Baurecht Breuer DVBl 1983, 431, 438 f; Gaenztsch UPR 1985, 201, 210; ders NVwZ 1986, 601, 604; Kleinlein, Das System des Nachbarrechts [1987] 118 ff, 133 ff, 259 ff; Papier, in: Pikart/Gelzer/Papier, Umwelteinwirkungen durch Sportanlagen [1984] 101 ff; Sellner L 25 f). Das öffentliche Recht, dabei schon die Baugenehmigung als solche, habe eine gestalterische, systembildende Führungsrolle und damit die Herrschaft über den zivilrechtlich relevanten Begriff der **Ortsüblichkeit** (Breuer DVBl 1983, 431; ausführlich zum Einfluss der öffentlichen Bauleitplanung auf das private Immissionsschutzrecht Lytras 311 ff; Marburger, in: Vhdl 56. DJT C 102 ff). Das Zivilrecht sei am status quo orientiert, dem öffentlichen Planungsrecht und seinem Einzelfallvollzug komme die Leitfunktion der Zukunftsgestaltung zu (Schapp ebd; Friauf DVBl 1971, 713, 718; Gaenztsch UPR 1985, 210; ders NVwZ 1986, 604; Salzwedel UPR 1985, 210, 213). Das gelte jedenfalls für den Bebauungsplan (Kleinlein 118 ff; Johlen BauR 1984, 134, 136), oder doch wenigstens insoweit, als bei bebauungsplankonformen Bauten nicht mehr deren Beseitigung oder eine deren prinzipielle Nutzbarkeit ausschließende Maßnahme verlangt werden könne (Papier UPR 1985, 73, 77 f).

302 Die Autonomie des Privatrechts ist jedoch mit der wohl herrschenden Meinung aufrechtzuerhalten (BGH NJW 1976, 1204; BGH NJW 1983, 751 f [Tennisplatzlärm]; Diederichsen, in: Vhdl 56. DJT L 57 ff; Enders 104 ff; Gerlach JZ 1988, 161, 167 ff; Gmehling 156 ff; Hagen UPR 1985, 192, 198; Marburger, in: Vhdl 56. DJT C 105; Medicus JZ 1986, 778, 784; Th Meyer 168; Papier NJW 1974, 1797, 1801; Salzwedel UPR 1985, 210, 213; Veldhuizen 190 ff; Wagner 232; U Wolf 51 ff). Behördliche Genehmigungen und namentlich Zulassungsentscheidungen ergehen, soweit dies nicht – wie allerdings tatsächlich häufig – jeweils eigens anders geregelt ist (vgl Kloepfer UTR 11 [1990] 35, 49 f) im Prinzip, wie die Bauordnungen positiv formulieren, **unbeschadet privater Rechte Dritter** und anerkennen damit gerade die **Autonomie** des Zivilrechts (vgl in diesem Sinne VELDHUIZEN 191; WOLFRUM/LANGENFELD 220). Der so gewährte privatrechtliche Handlungsraum ist auch nötig. Die dem Verwaltungsrecht zuerkannte prognostische Leistung ist begrenzt; das Zivilrecht hat bei sich erweisendem Prognosefehler eine wesentliche, gegenüber den spezifischen Bindungen des öffentlichen Rechts gerade vorteilhafte **Korrekturfunktion,** indem es mit den Merkmalen der Wesentlichkeit, der Ortsüblichkeit und der wirtschaftlich zumutbaren Emissionsbegrenzungsmöglichkeit auf den status quo in dem **dynamischen** Sinne der Anpassung an die Anforderungen der jeweiligen Gegenwart abstellt (ENDERS 107 f; GMEHLING 158; HAGEN NVwZ 1991, 817, 820; LYTRAS 312, 316; U WOLF 51 f); das gilt auch im Verhältnis zu Bebauungsplänen (GMEHLING 160; **aA** jedenfalls für die Geltendmachung von allgemeinen Planungsinteressen KLOEPFER UTR 11 [1990] 35, 50 f; U WOLF 54). Ein genereller Interessenvorrang des Genehmigungsempfängers ist nicht anzuerkennen. Ferner verhindert die Autonomie des Privatrechts, den **Kreis der schutzfähigen Personen** entgegen der Intention des § 906 BGB auf den Kreis derjenigen zu beschränken, die öffentlich-rechtlich zur Erhebung von Nachbarschaftsklagen berechtigt sind, zumal die Mitwirkungsrechte Dritter bei Bauleitplanungen nicht so intensiv gestaltet sind, dass diese eine Präklusion privatrechtlicher Befugnisse rechtfertigen könnten (ENDERS 108 f). Überdies ist die verwaltungsgerichtliche Nachbarschutzklage nicht so günstig wie ein eigener zivilrechtlicher Untersagungsanspruch, der eine selbständig-unmittelbare **Vollstreckung** im Privatrechtsverhältnis erlaubt.

303 Die zwingende Bindung zivilrechtlicher Kontrollmaßstäbe an öffentlich-rechtliche Vorgaben ist auch **nicht aus praktischen Erwägungen** erforderlich, weil die Gefahr einer untragbaren Regelungsdivergenz nicht besteht. Denn die Zivilrechtsprechung bestimmt den Begriff der Ortsüblichkeit nicht statisch, sondern beachtet dabei öffentlich-rechtliche Planungsvorgaben und korrigiert diese nur bei erheblichen Unzuträglichkeiten im Einzelfall, also in der Regel bei deutlichen Planungsfehlern (GERLACH JZ 1988, 161, 168 unter Hinweis auf RGZ 133, 152, 155 und BGH LM Nr 11 zu § 906 BGB; anders abwägend BGHZ 38, 61 ff und BGH LM Nr 32 zu § 906 BGB). Der zivilrechtliche Abwehranspruch vereitelt daher die öffentlich-rechtliche Planung in der Regel nicht (GMEHLING 161; LYTRAS 313; PFEIFFER 118 f) oder jedenfalls nur selten in besonders begründeten Fällen. Im Übrigen bietet der im Nachbarschaftsverhältnis geltende Grundsatz von Treu und Glauben wegen der Möglichkeit, Abwehransprüche wegen **Rechtsmissbrauchs,** dabei auch unter dem Gesichtspunkt der **Verwirkung** (GERLACH JZ 1988, 161, 172 Fn 91), zu negieren, eine zivilrechtsimmanente Handhabe zu einer weitgehenden, aber eben nicht von Rechts wegen zwingenden Anpassung des Zivilrechts an öffentlich-rechtliche Vorgaben. Schließlich verhindert die analoge Anwendung des **§ 254 Abs 2 BGB** die Durchsetzung unverhältnismäßig kostenträchtiger Abwehransprüche, sofern der Schädiger nicht vorsätzlich rechtswidrig gehandelt hat (BGH NJW 1970, 1180, 1181; WM 1974, 572, 573; WM 1977, 536, 537; GERLACH JZ 1988, 161, 172 Fn 91).

b) Deliktsrechtliche Verkehrssicherungspflicht, Rechtswidrigkeits- und Verschuldensurteil

304 Die zivilrechtliche Einzelfallfürsorge zeigt sich an der Entwicklung **zivilrechtlicher Verkehrssicherungspflichten** (vgl Rn 52 f; SELMER 16; anders RGZ 161, 203, 208 f und noch BGHZ 62, 265, 270 = NJW 1974, 1240 [Wildtaubenschaden]). Zivilrechtliche, deliktsrechtliche erhebliche Verkehrspflichten werden nicht durch Vorentscheidungen des öffentlichen Rechts abschließend bestimmt (CANARIS, in: FS Larenz [1983] 54 ff; ERL 200; HAGEN

UPR 1985, 192 ff; HAGER NJW 1986, 1961, 1966; KÖNDGEN UPR 1983, 345, 350 f; LYTRAS 139 ff, 318; MARBURGER L 121; ders VersR 1983, 600, 604 f; TH MEYER 169; PFEIFFER 142 ff, 168 ff, 261 ff; SCHIMIKOWSKI, Umwelthaftungsrecht Rn 64), wenngleich diese bei der Entwicklung der zivilrechtlich maßgeblichen Standards indiziell zu berücksichtigen sind. Verkehrssicherungspflichten bestehen namentlich in Gestalt einer **nachsorgenden** Verkehrssicherungspflicht des Emittenten bei Verursachung vom Geschädigten zu beweisender (KLIMECK 55) besonderer und unvorhersehbarer Gefahren, die besteht, obwohl der Betrieb genehmigt ist und die Emissionen auf dieser Grundlage kraft öffentlichen Rechts rechtmäßig und daher duldungspflichtig sind (BGHZ 62, 186, 191= NJW 1974, 987; BGH VRS 69 [1985] 172 ff; BGHZ 92, 143, 151 f = NJW 1985, 47 ff [Kupolofen]; DIEDERICHSEN, in: Vhdl 56. DJT L 67 f; KLIMECK 54 f; MARBURGER, in: Vhdl 56. DJT C 121; WAGNER 14 ff; GERLACH JZ 1988, 161, 176). In diesen Fällen bietet wohl allein das Zivilrecht Schutz für den schadensträchtigen Zeitraum zwischen der Eröffnung eines genehmigten Betriebes und der Anpassung eines Genehmigungsbescheids auf der Grundlage späterer Erkenntnis einer zunächst nicht bekannten Gefahrträchtigkeit des genehmigten Betriebs (SCHIMIKOWSKI, Umwelthaftungsrecht Rn 72). Auch die deliktische **Rechtswidrigkeit** einer Rechtsgutsverletzung und der Verschuldensvorwurf (WIESE 49) werden **nicht grundsätzlich** durch die Einhaltung des Handlungsrahmens **ausgeschlossen,** der durch eine öffentlich-rechtliche **Anlagen- oder Betriebsgenehmigung** eröffnet ist (LYTRAS 319 f; PEINE NJW 1990, 2442 ff; SCHRÖDER DVBl 1991, 279 f; SCHRÖDER/JARASS, DVBl 1990, 1217 ff; SELMER 7 ff; WAGNER 116). Die Tatbestandswirkung der Genehmigung widerspricht dieser Feststellung sachlogisch nicht, da sie nur bedeutet, dass die Existenz der Genehmigung und ihr Inhalt zwar allgemein anzuerkennen ist, nicht aber auch, dass Folgen einer Ausübung der Genehmigung hinzunehmen sind (SELMER 8).

305 Die **Maßgeblichkeit verwaltungsrechtlicher Vorgaben** ist in der Sache mit Recht **nicht absolut** zu setzen, und zwar weder hinsichtlich der Tatbestandsmäßigkeit in Bezug auf Verkehrssicherungspflichten noch hinsichtlich der Feststellung von Rechtswidrigkeit und Verschulden (BGH VersR 1976, 776, 778; BGH NJW 1987, 372, 373; ENDERS 125 ff; GERLACH JZ 1988, 161, 170; VERSEN 115 ff; wohl **aA** DIEDERICHSEN BB 1986, 1723, 1726 ff; SELLNER, in: FS 25 Jahre Bundesverwaltungsgericht [1978], 603, 616 f). Öffentlich-rechtliche Standards können nämlich lückenhaft und unbestimmt, unkoordiniert und nicht stets wissenschaftlich zutreffend fundiert (die frühere Einschätzung der Altlastenproblematik zeigt dies; vgl ENDERS 128) oder technisch-wirtschaftlich überholt sein; gelegentlich handelt es sich um unzureichende politische Kompromisse (BGHZ 70, 102, 107 = NJW 1978, 419 ff; DIEDERICHSEN, in: Vhdl 56. DJT L 58 ff; ENDERS 126 f ; LYTRAS 309; WOLFRUM/LANGENFELD 221). In der Regel sind sie generalisierend und werden dem Einzelfall nicht stets gerecht (ENDERS 107; LYTRAS 309, 316; MARBURGER, in: Vhdl 56. DJT C 105 f; WAGNER 86), unter anderem weil Emissionsgrenzwertfestsetzungen prospektiv orientierte Sicherheitsreserven beinhalten (SCHMIDT-SALZER § 6 UmweltHG Rn 155 ff); überdies ist der Unterschied zwischen Emissionsgrenzwerten und den schadenswesentlichen Immissionsgrenzwerten in der Regel nicht zu vernachlässigen (SCHMIDT-SALZER § 6 UmweltHG Rn 164). Zivilrechtlich nicht unmittelbar verbindlich sind insbesondere auch die Richtwertvorgaben durch TA-Luft und TA-Lärm. Diese sind Verwaltungsvorschriften, die schon wegen ihres Rechtscharakters den Richter nicht unmittelbar binden. Sie haben Bedeutung als **antizipierte Sachverständigengutachten** (BGH NJW 1987, 372, 373; BGHZ 99, 167 ff = NJW 1987, 1009, 1011 [Produzentenhaftung]; BVerwGE 55, 255; BREUER DVBl 1978, 28 ff; GERLACH 64; WAGNER 18 ff, 86 ff; für den Bereich des BJagdG auch BGHZ 62, 265, 270 = NJW 1974, 1240), sind aber doch Ausdruck einer **politischen Entscheidung** (BADURA, in: FS Bachof [1984] 169 ff;

Diederichsen, in: Vhdl 56. DJT L 61 f, Gottwald KF 1986, 1 ff; Feldhaus UPR 1982, 137 ff; Lytras 309) über das noch vertretbare Maß der Umweltbelastung, unbeschadet der zivilrechtlich zu verwirklichenden Dynamisierung von Umweltschutzpflichten (Enders 126; Versen 171 ff). Daher sind sie zivilrechtlich eine zwar wesentliche Orientierungshilfe, aber nicht in dem Sinne verbindlich, dass sie über Wesentlichkeit, Ortsüblichkeit oder generell Rechtmäßigkeit einer Belastung abschließend entscheiden (BGHZ 92, 143, 151 = NJW 1985, 47 ff [Kupolofen]; BGHZ 70, 109 ff = NJW 1978, 419, 420 f [zur TA-Luft]; BGHZ 69, 105, 116 f = NJW 1977, 1917 ff [zur TA-Lärm]; OLG Stuttgart NJW-RR 1986, 1339, 1340; Gmehling 167 ff). Das Zivilrecht hat nämlich den jeweiligen Einzelfall unter dem vom Aspekt der Gefährdungsbefugnis zu unterscheidenden Gesichtspunkt der Eingriffserlaubnis (Engelhardt 168) zu beurteilen, während die TA-Luft und die TA-Lärm oder allgemein verwaltungsrechtliche Kriterien generalisierende Maßstäbe setzen (F Baur JZ 1981, 278; Hager NJW 1986, 1961, 1962; Lytras 316; Marburger, in: Vhdl 56. DJT C 107 f). Es bleibt daher dem Zivilrecht vorbehalten, von den verwaltungsrechtlichen Vorgaben, denen nur **Richtwertcharakter für den Regelfall** im Sinne einer für die Entscheidungsökonomie und die Rechtssicherheit dienlichen Entscheidungshilfe (BGHZ 111, 63 ff = BGH NJW 1990, 2465, 2466 [Volksfest]; BGH VersR 1993, 609, 613 [Froschteich]; BGHZ 121, 248 ff = BGH VersR 1993, 879, 880 [Jugendzeltplatz]; Enders 101 f, 128 f, 134 f; Selmer 19 f; Wolfrum/Langenfeld 221) zugebilligt wird, mit Rücksicht auf die Besonderheiten der jeweiligen Verhältnisse **im Einzelfall abzuweichen** (BGHZ 70, 102, 111 = NJW 1978, 419 ff; BGH NJW 1983, 751, BGHZ 92, 143, 151 f = NJW 1985, 47 ff [Kupolofen]; BGH NJW 1997, 2749; F Baur JZ 1974, 657, 660; ders JZ 1981, 278; Canaris, in: FS Larenz [1983] 27 ff; Cosack 40; Diederichsen, in: Vhdl 56. DJT L 65 ff; ders, in: FS Lukes 44; Enders 125 ff; Engelhardt 190; Gerlach 94 ff; Klimeck 54 ff; Lytras 309; Schimikowski, Umwelthaftungsrecht Rn 9 ff; H Schulte 36 ff). Auf der Grundlage der öffentlich-rechtlichen Gestattungen wird nur vermutungsweise ein zivilrechtlicher Bereich des rechtmäßigen Verhaltens konstituiert. Zwar beschreibt das öffentliche Recht in negativer Hinsicht das Unerlaubte mit Verbindlichkeit für das Zivilrecht (BGHZ 70, 102, 107 = NJW 1978, 419 ff; Diederichsen/Scholz WiVerw 1984, 23, 36; Mittenzwei MDR 1977, 99, 104; Walter NJW 1978, 1158 f), so dass als **zivilrechtlich rechtswidrig** gelten muss, **was öffentlich-rechtlich rechtswidrig ist** (Lytras 315); Störfälle und auch die gewöhnlichen beiläufigen Abweichungen vom Erlaubten des Normalbetriebs sind daher keinesfalls gerechtfertigt (Engelhardt 169). Das aufgrund des öffentlichen Rechts Gestattete ist nämlich, richtig betrachtet, nur als das nicht Verbotene anzusehen, das als solches nicht zugleich in positiver Hinsicht eine verbindliche Entscheidung über die zivilrechtliche Rechtmäßigkeit trifft. In diesem Sinne gilt, dass eine öffentlich-rechtliche Gestattung eine Gefährdung erlaubt, nicht jedoch ohne weiteres auch eine Gefahrverwirklichung (Engelhardt 166 ff; Gerlach 94 ff; wohl im Erg auch Schimikowski, Umwelthaftungsrecht Rn 11; implizit auch Veldhuizen 23). Deutlich wird diese Differenzierung besonders, wenn öffentlich-rechtliche Duldungspflichten aus Gemeinwohlinteressen oder mit Rücksicht auf Bestandsschutz oder wegen Unzumutbarkeit von Schutzmaßnahmen bestehen, aber Schädigungen infolge eines solchen Betriebs erwartbar sind (Gerlach 94 ff); diese Fälle machen das allgemeine Konkurrenzverhältnis sichtbar.

306 Die postulierte **Einheit der Rechtsordnung** erzwingt keine öffentlich-rechtliche Determiniertheit des zivilrechtlichen Urteils insbesondere über Verkehrspflichten und Rechtswidrigkeit (nur im Grundsatz anders Diederichsen BB 1986, 1723, 1724; ders, in: Vhdl 56. DJT L 48, 65 f; dag Canaris, in: FS Larenz [1983] 55 f; Enders 109 ff; Engelhardt 178 f; Gerlach 47 f, 85, 212; ders JZ 1988, 161, 163 ff; Kloepfer UTR 11 [1990] 35, 63 f; Lytras 315 ff; Versen UTR

27 [1994] 104; Wagner 99). Ein rechtsstaatswidriger und daher unzulässiger Widerspruch zwischen dem Gebot einer Handlung und ihrer Beurteilung als rechtswidrig liegt nicht vor, da die Anlagen- oder Betriebsgenehmigung eine Handlungsgestattung, nicht aber ein positives Handlungsgebot enthält (Wagner 99). Entscheidend ist vielmehr die Frage, ob eine **Wertungsparallelität** notwendig ist zwischen der in einem Teilrechtsbereich erteilten Erlaubnis und der Beurteilung der Erlaubnisausübung oder ihrer Folgen als rechtswidrig in einem anderen Teilrechtsbereich (Selmer 10). Eine solche Parallelität ist im geltenden Recht **nicht notwendig vorausgesetzt.** Die Erteilung von Baugenehmigungen unbeschadet privater Rechte Dritter belegt dies exemplarisch ebenso wie der Umstand, dass eine Erstreckungswirkung behördlicher Anlagengenehmigungen auf zivilrechtliche Regelungsbereiche im Sinne eines Rechtswidrigkeitsausschlusses eben nur in ausdrücklich genannten Einzelfällen vorgesehen ist. Dies gilt etwa im Anwendungsbereich des § 14 S 1 BImSchG (Gerlach 75 f; Selmer 12), aber auch hier nur, soweit sich die schädigenden Emissionen im Rahmen des Genehmigten bewegen und sie überhaupt Gegenstand der Prüfung im Genehmigungsverfahren waren (vgl Rn 223). Im Umkehrschluss zu den gesetzlich ausdrücklich normierten Haftungsausschlüssen ist gerade zu folgern, dass eine solche Ausschlusswirkung im Übrigen öffentlich-rechtlichen Vorgaben nicht zukommen kann (Engelhardt 175 f). Dies ist auch sachgerecht, weil dies den unterschiedlichen Aufgaben der Rechtsgebiete entspricht. Das öffentliche Recht bezweckt nämlich antizipiert Gefahrenabwehr, nicht aber ist es seine Funktion, den Schädiger zu entlasten, wenn sich die Gefahrenvorbeugung schließlich in concreto im Einzelfalle einer Risikoverwirklichung als unzureichend herausgestellt hat (Brüggemeier, in: FS Jahr 230 f; Enders 111; Gütersloh 16; Reese DStR 1996, 24, 25). Allerdings fehlt es bei Einhaltung der öffentlich-rechtlichen Bestimmungen in der Regel subjektiv am **Verschulden,** wenn nicht im Einzelfall erkennbar Anlass zu weitergehenden Schutzvorkehrungen bestand (Rn 275; Wiese 50 unter Hinweis auf BGHZ 92, 143 ff = NJW 1985, 47 ff [Kupolofen]).

307 Wertungsparallelität ist auch nicht mit Notwendigkeit gefordert. Denn jeder Teilrechtsbereich entwickelt seine **Erlaubnistatbestände** im Hinblick auf die Eigenart der je ihm zugewiesenen Regelungsbereiche. Mithin trifft das öffentliche Recht seine Regelungen und Einzelentscheidungen primär unter der Perspektive des Schutzes der Allgemeinheit unter Abwägung generellen Risikos und Nutzens, das Zivilrecht hingegen nicht nur handlungs-, sondern weithin auch erfolgsorientiert mit dem Blick auf konkrete Beeinträchtigungen zum Nachteil eines einzelnen Betroffenen (Gerlach 48; ders JZ 1988, 161, 163; Selmer 12 f). Die Maßstäbe für die Erteilung einer behördlichen Genehmigung umweltrelevanten Verhaltens sind dem gemäß nicht allein auf Belange möglichst vollständiger Schadensvermeidung abgestellt (Wiese 49).

308 Die Einheit der Rechtsordnung ist daher nur ein Annäherungsprinzip, ein **Postulat wünschenswerter Rechtsentwicklung** (Brüggemeier, in: FS Jahr 230 f; Enders 110 f; Kloepfer, Rechtsumbildung [1990] 9; Peine NJW 1990, 2442, 2446; Selmer 13 f; Versen 104), primär gerichtet an den Gesetzgeber (Selmer 14; Wagner 95). Es ist umso mehr zu erfüllen, als das öffentliche Recht in den spezifisch privatrechtlichen Regelungsbereich eindringt, indem es auch individualschützenden Charakter annimmt. Tatsächlich befindet sich die Rechtsordnung auf dem Weg zur Annäherung der Rechtsgebiete, indem die Rechtsprechung zunehmend öffentlich-rechtliche Standards, wenngleich nicht zwingend, maßgeblich sein lässt für die privatrechtlich gestellte Aufgabe, die Ortsüblichkeit oder Wesentlichkeit einer Emission oder Immission zu beurteilen; denn unter

Vermittlung des § 906 Abs 2 S 1, 2 BGB wirkt dies auf die Beurteilung der deliktsrechtlichen Erlaubtheit zurück. Gleiches gilt, soweit die Genehmigung nach § 14 S 1 BImSchG das deliktsrechtliche Rechtswidrigkeitsurteil beeinflusst.

c) Gefährdungshaftung

309 Für die **Gefährdungshaftung,** namentlich für den Bereich des Umwelthaftungsrechts, haben öffentlich-rechtliche Vorgaben zwar ihre Bedeutung für die Abgrenzung von Normalbetrieb und Störfall. Wegen des Wesens der Gefährdungshaftung, Ausgleich für die Ausübung erlaubten Risikos zu sein (Bälz JZ 1992, 57, 60; Hager NJW 1991, 134, 136; Landsberg/Lülling DB 1990, 2205, 2207; Selmer 26), haben öffentlich-rechtliche Erlaubnistatbestände aber folgerichtig keine **Bedeutung** für die gefährdungshaftungsrechtlich ohnehin unerhebliche Beurteilung von **Rechtswidrigkeit** und **Verschulden** (Gerlach 86; Reuter BB 1991, 145, 145; Selmer 26; Wagner 113).

310 Im Übrigen unterscheiden die Gefährdungshaftungstatbestände der § 22 WHG, § 25 AtomG, § 114 BBergG, § 2 HaftplichtG sowie § 32 GenTG nicht nach der Störungsursache und erfassen daher sowohl Unfall- als auch Normalbetriebsschäden. Gleiches gilt für das Umwelthaftungsgesetz, bei dem lediglich die Kausalitätsvermutung des § 6 UmweltHG nicht für den ordnungsgemäßen Normalbetrieb gilt (Gerlach 86). Auch darin zeigt sich eine Emanzipation zivilrechtlicher Haftung, dass sie auf eine im öffentlichen Recht angelegte Kategorienbildung verzichtet.

4. Verfahrens- und prozessrechtliche Bereiche der Privatrechtsautonomie

311 Die Autonomie des zivilrechtlichen Rechtsschutzes bewährt sich auch auf **verwaltungsverfahrensrechtlichem** und **prozessualem** Gebiet. Sie ist allerdings nicht unbeschränkt; hier ist zu unterscheiden.

a) Planungsvorgaben in der zivilgerichtlichen Kontrolle

312 Öffentlich-rechtliche **Planvorgaben,** insbesondere solche aufgrund von **Planfeststellungsverfahren,** namentlich auch der **Bebauungsplan,** haben zwar, soweit sie wirksam sind, eine verbindliche oder wenigstens indiziell privatrechtsgestaltende und daher auch eine im Zivilprozess zu beachtende Wirkung (Gerlach JZ 1988, 161, 172 f; Kleinlein 127 ff; Papier, in: Pikart/Gelzer/Papier, Umwelteinwirkungen durch Sportanlagen [1987] 108; **aA** Diederichsen, in: Vhdl 56. DJT L 58 ff; Hagen UPR 1985, 192, 199; Marburger, in: Vhdl 56. DJT C 102 ff). Die Verbindlichkeitswirkung beruht, wie bei Planfeststellungsbeschlüssen, auf besonderer gesetzlicher Anordnung, bzw die indizielle Wirkung darauf, dass – wie es § 1 Abs 6 BauGB formuliert – öffentliche und private Belange gegeneinander und untereinander gerecht abzuwägen sind und damit ein starkes Indiz für die Einbeziehung von privaten Belangen in die Planfestsetzung gegeben ist. Der zivilrechtliche Schutz wird dadurch nicht unangemessen zurückgesetzt, weil erhebliche Abwägungsdefizite zur **Nichtigkeit des Plans** führen und dies auch von den Zivilgerichten inzident festgestellt werden kann (Papier ebd; Gerlach 84 f; ders JZ 1988, 161, 173). Auch wird häufig festzustellen sein, dass der zu rügende **Mangel** der auf dem Plan beruhenden **Einzelgenehmigung** als solcher in der Weise anhaftet, dass die an sich rechtmäßige Planvorgabe inkorrekt umgesetzt wurde oder die vom Plan gelassenen Spielräume fehlerhaft ausgefüllt wurden (Gerlach JZ 1988, 161, 173). In diesen Fällen haben Genehmigungen keine Bindungskraft oder Indizwirkung.

313 Die **Bestandskraft behördlicher Genehmigungen** oder die **Präklusion von Einwendungen im Genehmigungsverfahren** ist allerdings für die zivilrechtliche Versagung von **Abwehransprüchen** bedeutsam, soweit nämlich diese gesetzlich gerade für den Fall einer wirksamen behördlichen Genehmigung ausgeschlossen sind. Für die privatrechtlichen Surrogatansprüche auf **Schadensersatz** oder **Entschädigung** hat dies jedoch keine Bedeutung (Feldhaus/Vallendar § 10 Bem 15; Gerlach JZ 1988, 161, 174; Ule/Laubinger § 14 Rn 6; **aA** Jarass § 14 Rn 10; Marburger, in: Vhdl 56. DJT C 119 u Fn 522; Sellner 104 f), weil die unterschiedlichen Zielsetzungen von Zivilrecht und öffentlichem Recht keine generelle, über die positivrechtlichen Berührungspunkte hinausgehende Verfahrens- und Entscheidungskoppelung erfordern.

314 Abgesehen von diesen Fällen der zivilrechtliche Abwehransprüche präkludierenden Wirkung von Genehmigungen und außer in den genannten Fällen der Tatbestandswirkung verwaltungsrechtlicher Genehmigungen findet aufgrund verwaltungsbehördlicher oder verwaltungsgerichtlicher Entscheidungen **keine Wirkungserstreckung** aufgrund der **Bestandskraft** oder **Rechtskraft** verwaltungsbehördlicher oder verwaltungsgerichtlicher Entscheidungen statt (Gerlach JZ 1988, 161, 175; **aA** F Baur, Durchdringung [1979] 191). Dem steht schon die Tatsache entgegen, dass die Streitparteien und die Streitanträge – Geltendmachung eines Anspruchs auf ein Verwaltungshandeln der Behörde im Verwaltungsrechtsstreit, Erhebung eines Anspruchs auf Unterlassen oder auf Schadensausgleich gegen einen Störer – verschieden sind (BGH NJW 1984, 1242; Gerlach JZ 1988, 161, 175 Fn 112). Auch eine Bindung kraft **materieller Präjudizialität** ist nicht gegeben, weil die Schutzziele von Privatrecht und öffentlichem Recht, wie zu zeigen war (vgl Rn 290 ff), verschieden sind (Gerlach JZ 1988, 161, 175 Fn 112; in der praktischen Anwendung trotz anderer Auffassung auch BVerwGE 50, 282, 289). Eine Rechtskraftbindung entfalten dementsprechend auch zivilgerichtliche Urteile nicht gegenüber verwaltungsgerichtlichen Entscheidungen; dies schließt allerdings nicht aus, eine zivilgerichtliche Entscheidung bei Ausfüllung öffentlich-rechtlicher Entscheidungsspielräume zu berücksichtigen (BVerwG NJW 1965, 552; Gerlach JZ 1988, 161, 175 Fn 112).

b) Zivilprozessuale Vorteile

315 In formeller Hinsicht hat das Zivilrecht gegenüber dem öffentlichen Recht den Vorzug, dass der Schutz zum Vorteil des Beeinträchtigten weder durch **Rechtsbehelfsverfristungen** noch durch das allgemeine ordnungsrechtliche Prinzip des **Gesetzesvorbehalts** von Eingriffen oder durch Gebote des **Bestandsschutzes** beeinträchtigt ist. Insoweit handelt es sich um spezifische Instrumente des um Rechtssicherheit und Vertrauensschutz besonders bemühten Verwaltungsrechts (Gerlach 54).

316 Die **Beweislast** gestaltet sich trotz des zivilprozessualen Beibringungsgrundsatzes für den Geschädigten partiell günstiger als im Verwaltungsprozess. Zivilrechtlich ist nämlich die Duldungspflicht in § 906 Abs 2 S 1 BGB als eine vom Emittenten zu beweisende Einwendung konzipiert (Gerlach JZ 1988, 161, 167).

5. Beeinflussung des öffentlichen Rechts durch das Privatrecht

317 Die im öffentlichen Recht geführte Diskussion belegt, dass das Umwelthaftungsrecht sogar für das öffentliche Recht maßgeblich sein kann. Die Frage, ob der **ordnungsrechtliche Veranlasserbegriff** konkretisiert werden könne durch die gefährdungshaftungsrechtliche Erwägung, dass die umweltrechtliche Verantwortlichkeit durch die Erlaubtheit eines Risikos bestimmt werde (SELMER 26ff), zeigt unabhängig von der Antwort auf diese Frage, dass der sogenannte Primat des öffentlichen Rechts (SCHIMIKOWSKI, Umweltrisiken Rn 2) keine unbezweifelbare und in jeder Hinsicht geltende Tatsache ist. Im Übrigen bewirkt die in § 6 UmweltHG vorgesehene Anknüpfung der zivilrechtlichen Haftung an die Einhaltung öffentlich-rechtlich vorgegebener Standards und an die entsprechende Dokumentation faktisch, dass das Haftungsrecht auf den Vollzug öffentlich-rechtlicher Anordnungen hinwirkt und damit **Vollzugsdefizite** der Verwaltung **mildert** (WOLFRUM/LANGENFELD 195).

XI. Private Umwelthaftung oder Staatshaftung und Umweltfonds

1. Problematik

a) Problemfeld: Öko-Schäden, Altlasten, Summations- und Distanzschäden

318 Die Grenzen der Zuordnungsfähigkeit von Umweltschäden zu individualisierbaren Rechtssubjekten, die der zivilrechtlichen Haftung unterliegen, werfen de lege lata und de lege ferenda die Frage auf, ob eine aus allgemeinen Steuermitteln zu finanzierende Schadensausgleichspflicht der **staatlichen Gemeinschaft** besteht oder eine **Schadensausgleichspflicht** zu Lasten einer in einer **Fondslösung** zusammengefassten Finanzierungsgemeinschaft von mehreren wirklichen oder zumindest potentiellen Schadensverursachern zu entwickeln ist. Im Zentrum der Problematik stehen zum einen auf der Aktivseite die **Öko-Schäden,** die sich als gewissermaßen subjektlose Schäden dem zivilrechtlichen Anspruchssystem entziehen, zum anderen auf der Passivseite die **Altlasten,** ferner die **Langzeit-, Distanz- und Summationsschäden** (SCHIMIKOWSKI, Umwelthaftungsrecht Rn 107) in Fällen ungeklärter Schadensverursachung und ungeklärter Schadensbeiträge. Letzteres findet sich praktisch vor allem bei Waldschäden (eingehend QUENTIN 240ff) und bei Gebäudeschäden als Folge von Luftverunreinigungen.

b) Schadensersatzausschluss de lege lata

319 Das geltende Recht bietet hier keine Hilfe, wenn von einem gewissen Schutzreflex des § 16 Abs 1 UmweltHG sowie des § 32 GenTG für Öko-Schäden abgesehen wird. Die Heranziehung des **Staatshaftungsrechts** oder allgemein umweltrechtlicher, den Staat verantwortlich machender Haftungsnormen zum Ausgleich unaufklärbarer Summationsschäden aus dem Normalbetrieb ist nicht möglich, wie sich anlässlich der Klagen auf Ersatz von Waldschäden zeigte (BENDER VerwArch 77 [1986] 335ff; BULLINGER VersR 1972, 599, 610; vHIPPEL NJW 1985, 30ff; ders NJW 1986, 592; ders ZRP 1986, 233ff; LEISNER, Waldsterben [1972 u 1983] 91ff; MURSWIEK WiVerw 1986, 203ff; REST 83ff; SCHWABE JZ 1987, 91f; vUSSLAR NuR 1983, 289ff; WOLFRUM/LANGENFELD 230ff); höchstrichterlich wird dazu ausgeführt (BGHZ 102, 305ff = NJW 1988, 478m Anm vHIPPEL ; vgl auch OLG München JZ 1987, 88m Anm SCHWABE; OLG Köln NJW 1986, 589m Anm vHIPPEL = AgrarR 1986, 51; bestätigend BVerfG NJW 1998, 3264f; LG Bonn NJW 1985, 71f; LG Stuttgart VersR 1986, 249f; BOHLKEN 28ff; WINTER 16ff).

aa) § 14 S 2 BImSchG

320 § 14 S 2 BImSchG ist nur für Schäden infolge Betriebs genehmigungsbedürftiger Anlagen anzuwenden. Für Kraftfahrzeug- und Hausbrandimmissionen bietet die Norm daher keinen Anknüpfungspunkt. Schwierigkeiten bei der daher gebotenen

differenzierten Schadenszurechnung bzw Schadensersatzbeschränkung für Industrieimmissionen sind daher unvermeidlich. Im Übrigen scheitert die Haftung aufgrund dieser Norm schon prinzipiell an ihrer Funktion. Sie ist Surrogat für den Ausschluss des Unterlassungsanspruchs aus § 1004 BGB durch § 14 S 1 BImSchG, so dass der Kreis der Ersatzpflichtigen entsprechend beschränkt ist; Störer im Sinne des § 1004 BGB iVm § 14 S 1 BImSchG ist der Betreiber der umweltschädlichen Anlage und nicht der Staat. Eine erweiterte Anwendung des § 14 S 2 BImSchG im Sinne einer Analogie macht aus der Vorschrift eine solche des Staatshaftungsrechts, die mit der zivilrechtlich ausgleichenden Aufgabenstellung der Norm im Verhältnis von Anlagenbetreiber und Geschädigtem nicht vereinbar ist. Eine solche Erweiterung geht über den Bereich zulässiger Analogie hinaus (vgl BGH VersR 1988, 186).

bb) Enteignungsgleicher und enteignender Eingriff

321 Ein **enteignungsgleicher Eingriff** durch positives Tun scheitert abgesehen von Zweifeln an der Unmittelbarkeit des Eingriffs daran, dass diese Rechtsfigur an ein rechtswidriges staatliches Handeln und nicht, wie hier gerügt wird, an den normgemäßen Vollzug eines eventuell verfassungs- und daher rechtswidrigen Gesetzes anknüpft. Ein **enteignender Eingriff** setzt voraus, dass eine an sich rechtmäßige hoheitliche Maßnahme auf eine Rechtsposition des Eigentümers einwirkt und im konkreten Fall bei einzelnen Betroffenen zu meist atypischen und unvorhergesehenen Nebenfolgen und Nachteilen führt, die die Schwelle des enteignungsrechtlich Zumutbaren überschreiten. Entschädigung auf dieser Basis ist aber auf Einzeleingriffe beschränkt und kann nicht auf Massenschäden ausgedehnt werden, ohne unzulässig in die politische und haushaltsrechtliche Kompetenz der Legislative einzugreifen. Eine Anknüpfung der Haftung wegen enteignungsgleichen Eingriffs an ein **Unterlassen,** nämlich die Nichtvorkehrung genügenden Schutzes durch die staatliche Gewalt, ist darüber hinaus nicht möglich, weil nicht feststeht, welchen konkreten Inhalt die Verhaltenspflicht der öffentlichen Gewalt hat. Im Übrigen setzt die Staatshaftung ein evident pflichtwidriges Unterlassen voraus.

cc) Amtshaftung

322 Amtshaftungsansprüche gemäß § 839 BGB wegen fehlerhaften Verhaltens des Gesetz- oder Verordnungsgebers scheitern daran, dass insoweit, wenn dies als richtig unterstellt wird, umweltschutzrechtlich unzureichende abstrakt-generelle Regelungen getroffen wurden und daher nicht, wie diese Anspruchsgrundlage voraussetzt, drittbezogene Verhaltenspflichten verletzt wurden; ein etwa anders zu beurteilender Fall eines Einzelfall- oder Maßnahmegesetzes liegt nicht vor. Im Übrigen kann auch hier aus den vorgenannten Gründen nicht an ein pflichtwidriges Unterlassen angeknüpft werden. Ein für die Anwendung des § 839 BGB notwendiges Fehlverhalten bei konkreter Anwendung der vorgegebenen umweltbezogenen Normen kann in aller Regel nicht festgestellt werden.

2. Fondslösung

a) Rechtspolitische Diskussion

323 Rechtspolitisch diskutiert (Bocken, Alternative compensation systems for pollution damages [1989]; ders, Responsabilité Civile et Fonds de Compensation: Propositions de la Commission de Réforme du Droit de l'environnement en Région flamande, in: Environmental Policy and Law 1992, 160 ff; ders, Alternatives to liability and liability insurance for the compensation of pollution damages,

TMA 1987, 83 ff u TMA 1988, 3 ff; Bohlken, Waldschadensfonds im EG-Recht [1999]; Brandt/Lange Kostentragung bei der Altlastensanierung, UPR1987, 11 f; Brüggemeier KJ 1989, 209, 222 ff; Diederichsen, Bitburger Gespräche [1989] 67 ff; ders, in: FS Lukes 52; Domeyer 131 ff; Ebersbach, Ausgleichspflicht des Staates bei neuartigen immissionsbedingten Waldschäden, NuR 1985, 165 ff; Enders 170 f; Föller 183 ff; Ganten/Lemke UPR 1989, 1, 11 ff; Gerlach 364 ff; Gnaub 184 ff, 214 ff; Godt 71 ff; Gütersloh 45 ff; Hohloch, Ausgleich von Umweltschäden in Teilgebieten durch Entschädigungsfonds – Rechtsvergleichende Anmerkungen [1992] 73 ff; ders, Umweltschäden im Spannungsfeld zwischen Individualhaftung und Kollektivhaftung [1993] 25 ff; ders, Entschädigungsfonds auf dem Gebiet des Umwelthaftungsrechts – Rechtsvergleichende Untersuchung zur Frage der Einsatzfähigkeit einer „Fondslösung", in: Forschungsbericht des Bundesministers für Umwelt, Naturschutz und Reaktorsicherheit [1994]; v Hippel NJW 1985, 30, 32; ders ZRP 1986, 233 f; ders NJW 1988, 482; Karl, Umweltschutz mit Hilfe zivilrechtlicher und kollektiver Haftung, RWI-Mitteilungen 1992, 183 ff; Kinkel, Bitburger Gespräche [1989] 105 ff; Kloepfer, DÖV 1988, 573 ff; ders, Aufgabe 35, 66 ff; Köck KritV 1991, 311 ff; ders NuR 1992, 412, 419 ff; Ladeur DÖV 1986, 445, 453 f; ders VersR 1993, 257 ff; M Leonhard 374 ff; Loser, Kausalitätsprobleme bei der Haftung für Umweltschäden 271 ff; Marburger AcP 192, 1, 33 f; Medicus, in: Breuer/Kloepfer/Marburger/Schröder (Hrsg), Umweltschutz und Privatrecht 26 ff; ders UTR 11 [1990] 5, 26 ff; Pelloni 313 ff; Rehbinder NuR 1989, 149, 161; Reiter 133 ff; Reuter BB 1991, 145, 146; ders, Der Beitrag von Versicherungs- und Fondlösungen zur Verhütung von Umweltschäden aus gebürtiger Sicht, in: Endres ua [Hrsg], Haftung und Versicherung für Umweltschäden aus ökonomischer und juristischer Sicht [1992] 120 ff; Rest 99 ff; Sailer 145 ff; Salje KritV 1991, 324, 341; ders ZRP 1989, 293, 296 ff; Schmidt-Salzer, in: vBar [Hrsg], Internationales Umwelthaftungsrecht II pass; Selmer 48 ff; G Wagner, Kollektives Umwelthaftungsrecht auf genossenschaftlicher Grundlage [1990] pass; ders, Umweltschutz mit zivilrechtlichen Mitteln, NuR 1992, 201, 268, ders ZfU 1994, 261 ff; Wiese 176 ff; Winter 29 ff; Wolfrum/Langenfeld 255) und auf nationaler (Erklärung des Bundesministers der Justiz, BT-Sitzung vom 16. 2. 1990, Plenar Prot 11/198, 15282, und BR-Sitzung vom 12. 10. 1990, Plenar Prot 622/1990, 564; Beantwortung einer Kleinen Anfrage durch die Bundesregierung BT-Drucks 12/7500 vom 9. 5. 1994; zu älteren Gesetzesanträgen und sonst vorgeschlagenen Modellen Bohlken 89 ff sowie namentlich Hohloch, Entschädigungsfonds auf dem Gebiet des Umwelthaftungsrechts [1994] Teil IV, 232 ff) oder europäischer (namentlich Einrichtung eines Europäischen Waldschadensfonds, dazu und zu den europarechtlichen Kompetenzen Bohlken 129 ff) Ebene angekündigt werden zur Schadenskompensation führende **Genossenschaftslösungen** (vgl insbes Wagner, Kollektives Umwelthaftungsrecht auf genossenschaftlicher Grundlage, 104 ff; ders in: Schmidt [Hrsg], Das Umweltrecht der Zukunft 224 f; Marburger/Gebhard, in: Endres/Marburger [Hrsg], Umweltschutz durch gesellschaftliche Sebststeuerung 116 ff; Rehbinder, in: Endres/Rehbinder/Schwarze [Hrsg], Haftung und Versicherung für Umweltschäden aus ökonomischer und juristischer Sicht 126 ff; Reiter 152 ff; krit Kinkel, Möglichkeiten und Grenzen der Bewältigung von umwelttypischen Distanz- und Summationsschäden, ZRP 1989, 293, 296; Sailer 156 ff) und vor allem – auch im Rahmen der Europäischen Union zur Durchführung der Habitat- und Vogelschutzrichtlinie umgesetzt (näher Bohlken 40 ff) – privatwirtschaftlich, öffentlich oder gemischt finanzierte (vgl dazu Schmidt-Salzer, in: vBar [Hrsg], Internationales Umwelthaftungsrecht II 20 ff) **Fondslösungen,** die über die **Bergschadensausfallkasse** gemäß den §§ 122 f BBergG (dazu Hohloch, Entschädigungsfonds 104 ff), über die vertraglich-freiwilligen und gesetzlichen (BGBl I 1994, 2705) **Klärschlammfonds** gemäß § 9 Abs 1 DüngemittelG (Bohlken 65 ff; Gnaub 226 ff; Küpper VR 1996, 217, 222 f; Reiter 194 f; Schmeken, Städte- und Gemeinderat 1990, 311 ff) und über den Solidarfonds **Abfallrückführung** im Ausführungsgesetz zum Basler Übereinkommen über die Kontrolle der grenzüberschreitenden Verbringung gefährlicher Abfälle und ihrer Entsorgung (BGBl I 1994, 2771; Bohlken 63 ff; Gnaub 225 f) und über **Altlasten-**

sanierungsfonds auf gesetzlicher oder kooperativ-vertraglicher Basis (übersichtsweise zur Rechtslage in Baden-Württemberg, Nordrhein-Westfalen, Bayern, Hessen und Rheinland-Pfalz GÜTERSLOH 58 ff; WINTER 44 ff) hinausgehen (zum Modell eines Waldschädenentschädigungsfonds HOHLOCH, Entschädigungsfonds 232 ff). Ein Fonds ist zu **definieren** als ein privatwirtschaftlich oder staatlich organisiertes, zwar nicht notwendigerweise, aber doch in der Regel mit Rechtsfähigkeit ausgestattetes Sondervermögen zur Erfüllung eines besonderen Zwecks; auch die alleinige Zweckbindung von Mitteln ohne Bildung eines Sondervermögens kann den Begriff des Fonds erfüllen (BOHLKEN 50; GÜTERSLOH 52; REITER 189; ders UTR 43 [1998] 128, 189; SANDER UTR 5 [1988] 293; WINTER 29); Umweltfonds sind in diesem Rahmen solche Fonds, deren Mittel im Bereich des Umweltrechts eingesetzt werden (GÜTERSLOH 53). Dabei können Fonds haftungsersetzend oder haftungsergänzend gestaltet sein, einen mit dem privaten Haftungsanspruch konkurrierenden primären oder nur einen subsidiären Zugang eröffnen, einen Regress zulassen oder ausschliessen (GÜTERSLOH 61 ff; SCHMIDT-SALZER, in: vBAR [Hrsg], Internationales Umwelthaftungsrecht II 142 ff), und sie können rechtsgüterbezogen und schadensersatzumfänglich unterschiedliche Schutzinhalte haben (GÜTERSLOH 83 ff; REITER UTR 43 [1998] 128, 228 ff). Fonds dienen praktisch der Lösung des Haftungsproblems bei den unter Kausalitätsgesichtspunkten nicht zuzuordnenden, namentlich den summierten Immissionen, Distanz- und Wahrscheinlichkeitsschäden sowie bei den Ökoschäden und den Altlasten (BOHLKEN 51 ff; BRÜGGEMEIER KritV 1991, 297, 299; GNAUB 184 ff; GÜTERSLOH 53 ff; HOHLOCH, Entschädigungsfonds 14 ff; FÖLLER 184; KLOEPFER UTR 11 [1990] 35, 66; REITER UTR 43 [1998] 128, 131 f; REST 106 ff; WINTER 30 ff) und sind zur Erfüllung dieses Zwecks geradezu wesensgemäß geeignet, wenn als ihre Besonderheit herausgestellt wird, dass eine rechtliche Verantwortlichkeit des Fonds für die Verursachung des auszugleichenden Schadens nicht besteht (BOHLKEN 50; HOHLOCH IUR 1992, 74). Fonds entlasten überdies vom Insolvenzrisiko (GÜTERSLOH 60; WINTER 23) und garantieren die Kostendeckung bei Sanierungen (WINTER 33). Überdies können sie schadenspräventive Wirkung haben und zur Förderung einer effizienten Ressourcenallokation, unter anderem als Methode zur gesicherten Internalisierung externer Kosten, beitragen (BOHLKEN 52, 54, 59 f; KLOEPFER UTR 11 [1990] 35, 66). De lege ferenda häufig vorgeschlagen werden branchengenossenschaftliche Modelle in der Rechtsform einer Körperschaft öffentlichen Rechts (REST 107 f; WAGNER, Kollektives Umwelthaftungsrecht; dazu krit REHBINDER NuR 1989, 149, 151; SCHIMIKOWSKI, Umweltrisiken Rn 108 f), aber aus Gründen größerer Flexibilität auch eine privatrechtliche Organisation (GÜTERSLOH 107, zur Beziehung zu versicherungsrechtlicher Gestaltung 151 ff).

324 Der **Aufopferungsgedanke rechtfertigt** zwar eine **Ausgleichspflicht** auf der Basis einer reinen **Verursacherhaftung,** die der **Beitragspflicht** zu einer Umweltgenossenschaft oder zu einem Umweltfonds zugrundeliegt (EBERSBACH AgrarR 1984, 214, 216 ff; HAGER NJW 1991, 134 ff; vHIPPEL ZRP 1986, 233, 234 f; SANDER, Zu Fondsüberlegungen im Umweltrecht, in: BREUER/KLOEPFER/MARBURGER/SCHRÖDER [Hrsg], UTR 11 [1990] 281 ff; SCHIMIKOWSKI, Umweltrisiken Rn 107 ff). Das Vorhandensein eines sich realisierenden allgemeinen ökologischen Schadenspotenzials einer bestimmten Emission gestattet auch eine Inanspruchnahme des jeweiligen Emittenten zugunsten eines Fonds, wenn und weil die konkrete Beeinträchtigung eines Einzelnen durch eine bestimmte Immission nicht feststellbar oder nicht nachweisbar ist (BRÜGGEMEIER 222, FÖLLER 184). Die Fondslösung, wie auch das Genossenschaftsmodell, ist aber dennoch rechtlich und praktisch **problematisch** (vgl vBAR, in: Vhdl 62. DJT A 56). Sie bietet außer **Schwierigkeiten** der rechtlichen Organisierung unter Vermeidung kostenträchtigen Verwaltungsaufwands primär Probleme der gerechten, insoweit an Verursachungsbeiträgen anknüpfenden, und dennoch praktikablen **Erhebung und Verteilung von Kosten** zwischen höchst heterogenen Emittentenkreisen im Verhältnis zueinander und in Beziehung zu genossenschafts- oder fondsfremden Dritten (vgl GANTEN/LEMKE UPR 1989, 1, 11; GÜTERSLOH 93; KINKEL, Möglichkeiten und Grenzen der Bewältigung von umwelttypischen Distanz- und Summationsschäden, ZRP 1989, 293, 295; MEDICUS UTR 11 [1990] 5, 27 f; REITER 164 ff; ders UTR 43 [1998] 128, 232; SCHMIDT-SALZER, in: vBAR [Hrsg], Internationales Umwelthaftungsrecht II 144 ff; WIESE, Umweltwahrscheinlichkeitshaftung; Konzept für Kausalität und Zurechnung im Umwelthaftungsrecht 146 ff; WINTER 48 ff), und zwar namentlich in Luftverschmutzungsfällen bei Distanz- und Summationsschäden (MARBURGER AcP 192, 1, 34; TH MEYER 166), die vor allem bei Langzeit- bzw Allmählichkeitsschäden vorliegen. Die Fondslösung kann das in diesem Sinne fortbestehende **Kausalitätsproblem** im Übrigen zwar mindern, aber jedenfalls **gerade dann nicht umgehen,** wenn die Fondsbeitragspflicht die **Internalisierung von Umweltkosten** bewirken soll, um eine betriebswirtschaftlich fundierte Präventionsstrategie zu verwirklichen (MICHALSKI Jura 1995, 617, 621; zur Genossenschaftslösung WAGNER, Kollektives Umwelthaftungsrecht 124 f), und wenn eine finanzielle **Überforderung der Fonds** durch bloß wahrscheinliche Umweltschäden und **Mitnahmeeffekte** (vgl REITER 233; SCHMIDT-SALZER, in: vBAR [Hrsg], Internationales Umwelthaftungsrecht II 145 ff; WINTER 167 f; WOLFRUM/LANGENFELD 255 unter Hinweis auf das von BVerfGE 55, 308 ff aufgestellte Gebot hinreichender Gruppenhomogenität und Gruppenverantwortung) vermieden werden soll. Ferner gelingt die Abgrenzung von Individual- und Kollektivhaftungstatbeständen kaum, und bei Überlagerungen sind kaum lösbare **Rückgriffsschwierigkeiten** zu befürchten (DIEDERICHSEN, in: FS Lukes 52 f). Schließlich bleibt zumindest außerhalb des engeren Bereichs der Altlastfälle (zu diesen WINTER 88 ff) offen, wer der **Fondsbegünstigte** ist; hierbei finden sich wiederum die klassischen zivilrechtlichen Probleme der Zuordnung eines Schadens zu einer bestimmten Schadensquelle, deren Urheber einen Beitrag zu dem in Anspruch genommenen Fond geleistet hat (vgl WINTER 131 ff). Insbesondere ist es namentlich bei Allmählichkeitsschäden, die bei Distanz- und Summationsschäden in der Regel vorliegen und daher den praktischen Kern des durch Fonds zu lösenden Haftungsproblems ausmachen, ebenso sehr geboten wie auch schwierig, eine Anlastung von bloßen Alterungsschäden ohne spezifischen Umweltbezug zu verhindern (GANTEN/LEMKE UPR 1989, 1, 11; GÜTERSLOH 75; REITER UTR 43 [1998] 128, 224 ff). Die Fondslösung ist daher vornehmlich, aber wohl auch allein, bei **überschaubaren Verursacherkreisen** und **feststellbarem Schadensbereich,** dh bei hinreichend klar und eng begrenztem Fondszweck, praktikabel (HOHLOCH, Entschädigungsfonds 229).

b) Ausländische Fondslösungen

325 Ein Fonds zum Ausgleich weiträumiger Summations- und Distanzschäden, namentlich auch ökologische Schäden mitumfassend (dazu näher M LEONHARD 374 ff), würde in den vorhandenen ausländischen und internationalen allenfalls mit Ausnahme des schwedischen Fonds (Übersicht bei BOHLKEN 67 ff; BOTHE/GUNDLING, Neuere Tendenzen des Umweltrechts im internationalen Vergleich, in: Bundesumweltamt, Berichte 2/90 [1990]; GANTEN, Fonds zum Ausgleich von Umweltschäden in den Niederlanden, in Japan und in den USA [mschr 1990]; GANTEN/LEMKE UPR 1989, 1 ff; GERLACH 364 ff; GNAUB 216 ff; GÜTERSLOH 45 ff; HOHLOCH, Entschädigungsfonds 115 ff; M LEONHARD 143 ff, 374 ff; PELLONI 322 ff; REHBINDER, Der Beitrag von Versicherungs- und Fondslösungen zur Verhütung von Umweltschäden aus juristischer Sicht, in: ENDRES/REHBINDER/SCHWARZE, Haftung und Versicherung für Umweltschäden aus ökonomischer und juristischer Sicht [1992] 130 ff mwN; REITER 207 ff; ders UTR 43 [1998] 128, 327 ff; REST 103;

Sailer 168 ff; Winter 128 ff) kein Vorbild finden (Geppert, Umweltmanagement pass). Nur in wenigen Ländern existieren Fonds, deren heterogene inhaltliche Ausgestaltung und in fast allen Fällen nur enge Zielsetzung (Hohloch, Entschädigungsfonds 205) jedoch von der in Deutschland diskutierten Konzeption erheblich abweicht. Die **Schweiz** hat schon 1959 einen Fonds zur Kompensation von Nuklearenergieschäden eingerichtet. Der in den **Niederlanden** seit 1972 bestehende Umweltfonds soll auf plötzlich einsetzende Luftverunreinigungen zurückzuführende Personen- und Sachschäden nach Billigkeitsgesichtspunkten übernehmen, wenn auf dem normalen Rechtsweg kein Schadensersatz zu erlangen ist (Bohlken 73 ff; M Leonhard 376; Reiter 207 ff). Die Fondsmittel werden aus einer allgemeinen Umweltabgabe bereitgestellt, die in erster Linie auf Brennstoffe erhoben wird. **Finnland** hat 1973 einen Fonds für Ölverschmutzungsschäden eingerichtet. In **Japan** besteht seit 1974 ein Umweltfonds. Er reguliert Gesundheitsschäden einschließlich solcher mit Todesfolge auf Grund von Luft- oder Wasserverschmutzungen; praktisch stehen umweltbedingte Erkrankungen der Atemwege im Vordergrund (Bohlken 67 ff; Ganten, Fonds zum Ausgleich von Umweltschäden 40 ff; Hohloch, Entschädigungsfonds 122 ff; ders, Umweltschäden im Spannungsfeld zwischen Individualhaftung und Kollektivhaftung [1993] 4 ff; M Leonhard 377; Prüfer, Zivilrechtliche Umwelthaftung und Schutzmaßnahmen für das Management von Unternehmen – eine Studie über zivilrechtliche Umwelthaftungsbestimmungen in Japan und Deutschland [1999] 82 ff; Reiter 212 ff; allgemein zum japanischen Umwelthaftungsrecht Langhaeuser, Private Haftung für Umweltschäden nach deutschem und japanischem Recht [Diss Augsburg 1996]). Die Beiträge zum Fonds werden von der emittierenden Industrie, aus der Kraftfahrzeugsteuer und aus dem allgemeinen Staatshaushalt aufgebracht. **Belgien** schuf 1977 einen Fonds zur Abgeltung von Schäden infolge der Entnahme von Grundwasser. Der in den **USA** neben speziellen Fonds für Ölverunreinigungen durch die Alaska-Pipeline sowie durch Öltanker, Offshoreölbohrungen und durch Ölumschlag in Seehäfen (dazu Bohlken 80 f; Hohloch, Entschädigungsfonds 192 f; zu dem auf Grund des Clean Water Act und des Oil Pollution Act – OPA – 1990 eingerichteten Oil Spill Liability Trust Fund Wolfrum/Langenfeld Röben 333 f) seit 1980 auf der Grundlage des Comprehensive Environmental Response, Compensation and Liability Act – CERCLA – bestehende Superfund ist ausschließlich ein Programm zur Sanierung von Deponien (Bohlken 81 ff; Erichsen 186 ff; Feess, Haftung gesicherter Kreditgeber 21 ff; Hohloch, Entschädigungsfonds 193 ff; Keidel 19 ff; M Leonhard 377; H Neumann 34 ff; Reiter 218 ff; Tybusseck, Umwelthaftungssystem: Erfahrungen in USA aus Sicht der Industrie; in: Nicklisch [Hrsg], Umweltrisiken und Umweltprivatrecht 77 ff; Wiebecke, Exkurs Umwelthaftungsrecht international, in: Wiebecke [Hrsg], Umwelthaftung und Umwelthaftungsrecht 49 ff; Wolfrum/Langenfeld [bearb von Röben] 291 ff; eingehend insbes auch zur konzernrechtlichen Durchgriffshaftung Ochsenfeld pass). Im Gegensatz zu den Umweltfonds in den Niederlanden und in Japan handelt es sich beim Superfund nicht um einen Fonds zur Erstattung von Schadensersatzansprüchen privater Dritter. Seinem Zweck gemäß ist er auf eine Lösung der Probleme aus Summations- und Distanzschäden nicht anwendbar; das gilt in der Regel auf Grund der Natur der Sache auch für den Ölverschmutzungsfonds. Der in **Schweden** seit 1989 bestehende sog Miljöskade-Fonds ist eine Pflichtversicherung für alle umweltbelastenden Betriebe zur Deckung von Umweltschäden, deren Verursacher unbekannt ist oder nicht mehr existiert oder der wegen Verjährung haftungsfrei ist. Ein seit 1990 in **Frankreich** bestehendes Sondervermögen, finanziert aus Abwasser- und Luftverschmutzungsabgaben, soll Maßnahmen zur Verbesserung der Umweltqualität ermöglichen; es tritt neben eine seit 1973 bestehende Fondsentschädigung für Lärmschäden bei Anwohnern Pariser Flughäfen (Hohloch, Entschädigungsfonds 164 ff; Reiter 210 ff).

Die in **Österreich** und in **Polen** eingerichteten Umweltfonds haben hingegen keinen Entschädigungscharakter (HOHLOCH, Entschädigungsfonds 201).

XII. Internationale Haftung, Verträge und Fonds für spezifische Umweltschäden

1. Grundlagen

326 **Grenzüberschreitende Umweltbeeinträchtigungen** sind grundsätzlich nach allgemeinen Grundsätzen des **Internationalen Privat- und Verfahrensrechts** (zu beidem eingehend vBAR [Hrsg], Internationales Umwelthaftungsrecht I [1995] pass, insbes dort MCCAFFREY 81 ff u BALLARINO 111 ff; ferner SCHMIDT-SALZER, in: vBAR [Hrsg], Internationales Umwelthaftungsrecht II 157 ff; WOLFRUM/LANGENFELD 357 ff) zu behandeln. Eine überstaatliche **Koordinierung** des Umweltschutzes und der Umwelthaftung wird dabei angestrebt (vgl dazu zahlreiche internationale Abkommen, die häufig ihrerseits keine eigene Haftungsgrundlage vorsehen; Nachweise bei WOLFRUM/LANGENFELD 3 ff), namentlich auf der Ebene der Europäischen Union und des Europarates auf der Basis der Lugano Umwelthaftungskonvention (vgl zu beidem Rn 1), aber auch im Rahmen des United Nations Environment Programme vom 17. März 1995 (zu diesen internationalen Regelwerken näher FABIAN 252 ff) weltweit gemäß Principle 13 der Deklaration von Rio de Janeiro (abgedr bei vBAR, Internationales Umwelthaftungsrecht 273 ff), gemäß des Protokolls in Ausführung von Art 12 des Basler Übereinkommens über die grenzüberschreitende Verbringung gefährlicher Abfälle und ihrer Entsorgung (dazu JAYME, Rechtsfragen des Baseler Übereinkommens über die grenzüberschreitende Verbringung gefährlicher Abfälle und ihrer Entsorgung, in: NICKLISCH [Hrsg], Umweltrisiken und Umweltprivatrecht 69 ff) sowie der Genfer Konvention über die Haftung beim Transport gefährlicher Güter (dazu HERBER, Zum ECE-Übereinkommen vom 10. 10. 1989 über die Haftung beim Transport gefährlicher Güter, TransportR 1990, 51 ff). Bis zur Umsetzung solcher Konventionen und Leitprinzipien sind allerdings weiterhin vor allem die Grundsätze des internationalen Privatrechts und internationalen Zivilprozessrechts maßgeblich (eingehend vBAR, Internationales Umwelthaftungsrecht I pass; ERICHSEN pass; FABIAN 65 ff [basierend auf Gesamtschuldverhältnissen, die jedoch gerade bei diffusen global-ubiquitären Luftverschmutzungen infolge Zusammenwirkens je minimaler Emissionsbeiträge nach deutschem Sachrecht kaum je vorliegen dürften [vgl o Rn 198]; GNAUB 151 ff; REST, Luftverschmutzung und Haftung in Europa 114 ff; WIEBECKE, Exkurs: Umwelthaftungsrecht international, in: WIEBECKE [Hrsg], Umwelthaftung und Umwelthaftungsrecht 46; U WOLF 107 ff; WOLFRUM/LANGENFELD [bearb von WOLF], Umweltschutz durch internationales Haftungsrecht 353 ff und [bearb von RÖBEN] zum materiellen Inhalt des US-amerikanischen Haftungsrechts 271 ff; zum materiellen Inhalt ausländischen Umweltrechts KLOEPFER/MAST, Das Umweltrecht des Auslandes [1995] pass; WANDT VersR 1998, 529 ff; zur internationalrechtlichen Weiterentwicklung Haager Konferenz für Internationales Privatrecht, 18. Session, Abschlussbericht v 19. Okt 1996), soweit nicht internationale Verträge bereits Teilbereiche regeln.

327 **Internationale Verträge** und international operierende **Fonds** regulieren und sichern den Ersatz von spezifischen erheblichen Umweltschäden, die in Durchführung des internationalen Wirtschaftsverkehrs oder infolge des Versagens von technischen Einrichtungen mit transnationalem Schadenspotenzial eintreten (übersichtsweise BOCKEN, in: vBAR, Internationales Umwelthaftungsrecht I 31 ff). Auf deren Grundlage sind vermehrt auch ökologische Schäden ersatzfähig (näher BAUMANN 96 ff).

328 Eine **Staatshaftung** (BAUMANN, Die Entwicklung im internationalen Umwelthaftungsrecht unter

besonderer Berücksichtigung von erga omnes-Normen [2000] 13 ff; insbes zur Haftung gegenüber der internationalen Staatengemeinschaft 135 ff; BORNHEIM, Haftung für grenzüberschreitende Umweltbeeinträchtigungen im Völkerrecht und im Internationalen Privatrecht [1995] 281 ff; HARMATHY, in: vBAR, Internationales Umweltschutzrecht 3 ff; KIMMINICH ArchVR 1984, 241 ff; WOLFRUM/LANGENFELD 125) wird in internationalen Konventionen in der Regel ausgeschlossen (vgl die Genfer Konvention über weiträumige grenzüberschreitende Luftverunreinigungen, BGBl II 1982, 1210 ff, Fn zu Art 9 f; dazu WIEBECKE aaO 45 u allg BAUMANN 94 ff) und ist trotz einzelner auch gefährdungshaftungsrechtlicher Regelungen in internationalen Abkommen nach allgemeinem Völkerrecht jedenfalls als Gefährdungshaftung noch nicht unbestritten etabliert (BAUMANN 88 ff; ERICHSEN 36, 79; näher, auch zur Konkurrenz von Staatsverantwortlichkeit und zivilrechtlicher Haftung, WOLFRUM/LANGENFELD 121 ff); sie wird aber bei spektakulären Umweltschäden faktisch gelegentlich akzeptiert (ERICHSEN 150) und ist Gegenstand völkerrechtlicher Normsetzungsbemühungen (näher BAUMANN 13 ff). Umweltschutzkonventionen sehen häufig programmatisch vor, dass die Staaten zur Weiterentwicklung des internationalen Umwelthaftungsrechts aufgefordert sind (vgl näher BAUMANN 41 ff; WOLFRUM/LANGENFELD 41 ff). Wesentliche Ausnahmen, in denen eine Staatshaftung etabliert ist, finden sich auf vertraglicher Basis bei Umweltschäden auf Grund des Tiefseebergbaus, nuklearer Aktivitäten, bezüglich der anders als durch Schifffahrt eintretenden Schädigung bei Benutzung internationaler Wasserläufe und für Schäden infolge Nutzung des Weltraums (BAUMANN 49 ff; zu diesen Fällen Rn 329 ff).

2. Einzelne Schadensmaterien

329 Erhebliches **transnationales Schadenspotenzial infolge Versagens technischer Einrichtungen** haben namentlich **Nuklearunfälle.** Der Ersatz von Nuklearschäden ist Gegenstand internationaler Übereinkommen (vgl dazu die Komm Teil C); diese verlagern allerdings die Haftung weitgehend auf die Privatrechtsebene (BAUMANN 52 ff; WIEBECKE, Exkurs: Umwelthaftungsrecht international, in: WIEBECKE [Hrsg], Umwelthaftung und Umwelthaftungsrecht 45). Gleiches gilt in Hinsicht auf das transnationale Schadenspotenzial für Schäden aus der **Nutzung des Weltraums** (Abkommen über die internationale Verantwortlichkeit für Schäden durch Weltraumobjekte, BGBl II 1975, 959; BAUMANN 57 f; WOLFRUM/LANGENFELD 105 ff); hier ist jedoch eine Staatshaftung vorgesehen (WIEBECKE aaO Rn 45).

330 Schäden in **Durchführung des internationalen Wirtschaftsverkehrs** treten allgemein bei **Transporten** und speziell vor allem bei Meeresverschmutzungen durch Öltransporte auf. (überblicksweise BAUMANN 58 ff; HOHLOCH, Entschädigungsfonds 176 ff; SAILER 165 ff; WOLFRUM/LANGENFELD 6 ff; ferner GNAUB 130 ff). Die Haftung beim Transport gefährlicher Güter im **Straßen-, Eisenbahn- und Binnenschiffsverkehr** hat das 1990 von Deutschland unterzeichnete, aber völkerrechtlich noch nicht in Kraft getretene Genfer Übereinkommen über die zivilrechtliche Haftung für Schäden bei der Beförderung gefährlicher Güter auf der Straße, der Schiene und auf Binnenschiffen, abgekürzt CRTD, zum Gegenstand (abgedr in TranspR 1990, 83; übersetzt in VersR 1992, 806; dazu BAUMANN 73 ff; BREMER 350 ff; GNAUB 136 f; M LEONHARD 210 ff; WOLFRUM/LANGENFELD 65 ff). Transportbezug speziell in Hinsicht auf **Abfälle,** allerdings ohne eigene Haftungsregelung, hat das Basler Übereinkommen vom 22. März 1989 über die Kontrolle der grenzüberschreitenden Verbringung gefährlicher Abfälle und ihrer Entsorgung (BGBl II 1994, 2704; BAUMANN 75 ff; GNAUB 141 ff).

331 Wesentliche Rechtsgrundlage für **Ölverschmutzungsschäden** auf den Meeren ist das

Internationale Übereinkommen vom 29. 11. 1969 über die zivilrechtliche Haftung für Ölverschmutzungsschäden (Ölhaftungsübereinkommen; BGBl II 1975, 301, 305) iVm dem Internationalen Übereinkommen vom 18. 12. 1971 über die Errichtung eines Internationalen Fonds zur Entschädigung für Ölverschmutzungsschäden (Fondsübereinkommen; BGBl II 1975, 301, 320), beide geändert durch das allerdings völkerrechtlich nicht in Kraft getretene Londoner Protokoll vom 25. Mai 1984 (BGBl II 1988, 705, 840 bzw 724, 839) und durch 1998 in Kraft getretene Änderungen beider Regelwerke aus dem Jahr 1992 (BGBl II 1994, 1152 und 1169 sowie Ölschadengesetz BGBl I 1988, 1770, geänd durch Gesetz v 25. 7. 1994, BGBl I 1802 iVm Bek v 8. 12. 1995; BGBl I 2084; zu allem Bohlken 84 ff; M Leonhard 213 ff; Wolff 62 ff; Wolfrum/Langenfeld 6 ff, dort auch zum materiellen Inhalt der Haftung und zum Fonds). Das neu gefasste Ölhaftungsübereinkommen enthält gemäß Artt 1 Nr 1, 2 und 3 Abs 1 eine der Höhe nach bei Nichtverschulden durch Art 5 begrenzte und gemäß Art 3 Abs 4 S 1 andere Haftungsgrundlagen verdrängende Gefährdungshaftung des Schiffseigners für Ölverschmutzungsschäden einschließlich der Ökoschäden und der Kosten für Schutzmaßnahmen, die im Hoheitsgebiet einschließlich der Küstenmeere oder in der ausschließlichen Wirtschaftszone bzw der Zweihundert-Seemeilen-Zone eines Vertragsstaats durch Seefahrzeuge der Vertragsstaaten, die Öl als Bulkladung befördern, verursacht werden. Art 7 sieht eine Versicherungspflicht vor, wobei der Versicherer dem Geschädigten direkt haftet. Soweit die Haftung aus Rechtsgründen oder faktisch wegen Insolvenz ausgeschlossen ist oder die Deckung nicht genügt, kommt eine beitragsfinanzierte Leistung nach Maßgabe des Fondsübereinkommens bis zu einer in § 4 Abs 4 lit a definierten schließlichen Obergrenze von 450 Mio Schweizer Franken in Betracht, wenn nicht ein kriegsbedingter Schaden oder ein Schaden durch ein im nichtgewerblichen staatlichen Dienst eingesetztes Schiff vorliegt. Private Vereinbarungen wie TOVALOP, dh Tanker Owners Voluntary Agreement Concerning Liability for Oil Pollution, und CRISTAL, dh Contract Regarding an Interim Supplement to Tanker Liability for Oil Pollution (Bremer 235 ff; 243 ff; Gnaub 136; Wolfrum/Langenfeld 21 ff), ergänzten bis Februar 1997 die vorgenannten völkerrechtlichen Regelungen. **Seetransportschäden** auf Grund **anderer gefährlicher Substanzen** werden in Anlehnung an die Ölverschmutzungsabkommen durch die zur Unterzeichnung aufgelegte Konvention zur Haftung für Schäden durch den Transport gefährlicher Substanzen auf See von 1996 erfasst werden (dazu Baumann 83 ff; Wolfrum/Langenfeld 25 ff).

332 Umwelthaftung bei Schäden anlässlich der **Gewinnung von Bodenschätzen im Meer** ist Gegenstand des Internationalen Übereinkommens über die zivilrechtliche Haftung für Ölverschmutzungsschäden durch die Forschung nach und die Ausbeutung von mineralischen Bodenschätzen auf dem Meeresgrund, das jedoch nicht in Kraft getreten ist. Allerdings gilt seit 1975 das von der Ölindustrie beschlossene private Haftungsregime zur Deckung von Schäden durch den Betrieb von Offshoreinstallationen, das Offshore Pollution Liability Agreement (abgedr bei Gehring/Jachtenfuchs, Haftung und Umwelt 289 ff), das mit Bezug zu Deutschland praktisch insbesondere das Gebiet der Nordsee erfasst (Wolfrum/Langenfeld 33 ff). Das **UN-Seerechtsübereinkommen** (Baumann 65 f), inländisch in Kraft seit 1994 (BGBl 1994 II, 1799), enthält allerdings in Art 139 Abs 2 eine Haftung eines Vertragsstaats für den Schaden, der aus der Nichterfüllung der nach der Konvention bestehenden Meeresschutzverpflichtungen in Bezug auf das Tiefseebodengebiet und seine Ressourcen resultiert, und zwar auch dann, wenn die Schäden von einem privaten Bergbauunternehmen verursacht wurden (Wolfrum/Langenfeld 37 ff).

333 Die Haftung eines Nutzerstaates für Schäden infolge der anders als durch Schifffahrt stattfindenden **Nutzung internationaler Wasserläufe** sind Gegenstand der 1997 von der UNO-Generalversammlung verabschiedeten Convention on the Law of the Non-Navigational Uses of International Water Courses (Wolfrum/Langenfeld 48 ff).

B. Gesetz über die Haftung für den Betrieb umweltgefährdender Anlagen (Umwelthaftungsgesetz – UmweltHG)

vom 10.12.1990 (BGBl I 2634)

Materialien (in zeitlicher Reihenfolge): Entwurf eines Gesetzes über die Haftung für den Betrieb umweltgefährdender Anlagen, BR-Drucks 100/87; Entwurf eines Gesetzes zur Verbesserung des Umwelthaftungsrechts und des Umweltstraf- und Ordnungswidrigkeitenrechts BR-Drucks 217/87; 1. Diskussionsentwurf des Bundesministers der Justiz und des Bundesministers für Umwelt, Naturschutz und Reaktorsicherheit vom 16. Mai 1989, UPR 1990, 14 ff; Gesetzgebungsinitiative der Fraktion DIE GRÜNEN, BT-Drucks 11/4247; Gesetzesentwurf der Fraktionen der CDU/CSU und der FDP, BT-Drucks 11/6454; Gesetzentwurf der Bundesregierung, BT-Drucks 11/7104; Zweiter Diskussionsentwurf vom 4. Juli 1989; Stellungnahme des Bundesrats vom 6. April 1990 (vgl BT-Drucks 11/7104 Anlage 2); Beschlussempfehlung und Bericht des Rechtsausschusses des Bundestages vom 17.9.1990, BT-Drucks 11/7881; Änderungsantrag der SPD-Fraktion, BT-Drucks 11/7925; 2. u 3. Beratung am 20.9.1990, BT-Plenarprotokoll 11/226; Anrufung des Vermittlungsausschusses durch den Bundesrat, BT-Drucks 11/8134; Beschlussempfehlung des Vermittlungsausschusses, BT-Drucks 11/8208; Annahme des Gesetzes am 31. Oktober 1990, BT-Plenarprotokoll 11/234; Zustimmung des Bundesrats am 9.11.1990; BR-Drucks 741/90.

§ 1 UmweltHG
Anlagenhaftung bei Umwelteinwirkungen

Wird durch eine Umwelteinwirkung, die von einer im Anhang 1 genannten Anlage ausgeht, jemand getötet, sein Körper oder seine Gesundheit verletzt oder eine Sache beschädigt, so ist der Inhaber der Anlage verpflichtet, dem Geschädigten den daraus entstehenden Schaden zu ersetzen.

Schrifttum: Siehe Schrifttumsverzeichnis zur Einleitung.

Systematische Übersicht

I. Grundlagen 1

II. Haftungsvoraussetzungen
1. Rechtsgutsverletzung (Immission) 5
a) Grundlagen 5
b) Einzelne Schutzgüter 13
2. Umwelteinwirkung (Emission) 35
3. Anlagenbezug der Emission 36
4. Haftungsbegründende Zurechnung 49
a) Haftungsbegründende Kausalität 49
b) Gefährdungszusammenhang 58
c) Unerheblichkeit von Rechtswidrigkeit und Verschulden 61
5. Mehrheit schädigender Immissionen 67
6. Ersatzfähiger Schaden 68
7. Haftungsausfüllende Zurechnung 74
8. Geschädigter (Ersatzberechtigter) 79
9. Anlageninhaber (Ersatzverpflichteter) 84

III. Rechtsfolgen
1. Schadensersatz 96
2. Ansprüche auf und aus Vorbeugung 111
3. Vorschuss 113
4. Haftungsausschluss 114

Alphabetische Übersicht

Adäquanztheorie 56
Allgemeines Lebensrisiko 67
Allgemeines Persönlichkeitsrecht 7
Allmählichkeitsrisiko 93 f
Anlage
– Abnahme 38
– Anlagenkatalog 39, 41
– Anwendungsbereich 36, 38
– Begriff 37
– Behördliche Genehmigung 94
– Betriebsbezogenheit 58
– Betriebsrisiko 47, 59
– Betriebsspaltung 89
– Betriebsunterbrechung 38
– Beurteilungsspielraum 45
– Einstellung des Betriebes 38
– Fertigstellung 38
– Grenzwert 43
– Grundstücksgrenze 48
– Immission 43 f
– Leistungsgrenzen 45
– Mitarbeiterschutz 82
– Mitbetreiber. 83
– Normalbetrieb 62, 93, 111
– Schadensverursachung durch Dritte 47
– Spezifische Gefährlichkeit 58 ff, 90
– Typisierung 36
– Umwelteinwirkung 37
– Verwirklichung des Betriebsrisikos 47
Anlagenbetreiber 85
– Ansprüche gegen Mitbetreiber 83
– Kenntnis der Entwicklungslücke 63
– Pflichtwidrigkeit des Verhaltens 62
Anlageninhaber 84 ff
– Additive Inhaberschaft 89
– Allmählichkeitsrisiko 91
– Auskunftsanspruch 94
– Eigentum 95
– Ermittlung 94
– Gewaltsame Übernahme durch Dritte 90
– Inhaberschaft mit Drittwirkung 87
– Mehrere Inhaber 88
Verfügungsgewalt 86, 88
– Wechsel 91
Anspruchsinhalt 103
– Aufwendungsersatz 112
– Unterlassung 111
– Vorbeugung 111
Auskunftsanspruch 2

Besitz 26
– berechtigter 26
– mittelbarer 26
– nichtberechtigter 26
– schuldrechtliche Beziehung 26

Dritte
– Gewaltsame Übernahme der Anlage 90
– Schadensverursacher 47

Eigentum 9
– Gebrauchsbeeinträchtigung 29 ff, 31
– Nutzungseinschränkung 30 f
– Tatsächliche Gebrauchseinschränkungen 34
Emission 5, 35 f, 46 f, 63, 68
Entwicklungsrisiko 63
Enumerationsprinzip 8 f

Freiheit 6, 76

Gebrauchsbeeinträchtigung 30 ff
Gefährdungshaftung 2, 36, 47 ff, 83
– Erfolgshaftung 62
Gefährdungszusammenhang 30, 64
Geschädigter 79 ff
– Tod 79
– Disposition über Schadensersatzleistung 108
– Einwilligung 117
– Ersatzberechtigung 82
– Meistbegünstigungsprinzip 43
– Mitverantwortung 114
– Personenschäden 81
– Sachbeschädigung 80
– Vertraglicher Haftungsausschluss 117
Gesundheit 5, 14, 49
Gesundheitsverletzung 14 ff
– Einwilligung 117
– Vorgeburtliche Schädigung 13, 17
– Wesentlichkeit 66
Gewerbebetrieb 7

Haftung 1 ff, 49, 52
– Allgemeines Lebensrisiko 66
– Allmählichkeitsrisiko 91

– Ausschluss 51, 60 ff, 65 f
– Ausschluss durch AGB 82, 116 f
– Ausschluss durch Einwilligung 117
– Ausschluss durch Vertrag 115, 117
– Befreiung durch AGB 116 f
– Begrenzung 66
– Beschränkung 59, 80, 114 f
– Einwirkungen Dritter 64 f
– Entdeckungsrisiko 91
– Entwicklungslücke 63
– Entwicklungsrisiko 63
– Fortfall der merkantilen Akzeptanz 76
– Gefährdungszusammenhang 58 ff
– Geschädigter 79 ff
– Gesetzlicher Haftungsausschluss 114
– Haftungsbeteiligung 92
– Lücke 4
– Minimalbeitrag 56
– Mittelbare Verursachung 57
– Negative Immissionen 57
– Normalbetrieb 62
– Schadensvorbeugende Maßnahmen 74, 112
– Sittenwidriger Ausschluss 115
– Spezifisches Betriebsrisiko 58 f
– Unspezifisches Betriebsrisiko 46, 58 f
– Verschulden 61 ff
– Zurechnungsbeschränkung 58
Haftungsgrund
– Emission 5
– Immission 5

Immission 5, 60
– Negative Immission 57
– Zusammenwirken mehrerer Anlagen 46 ff
– Summationsschäden 46 ff

Kausalität 49 ff, 57 f, 74
– Adäquanz 54 f
– Äquivalenz 53
– Atypische 74
– Einwirkungen Dritter 64
– Einwirkungskausalität 52
– Gefährdungszusammenhang 58 ff
– haftungsbegründende 3, 47 ff, 58
– Haftungskriterium 51
– Schutzzweck der Norm 47
– Ursachenvermutung 51 f
– Ursachenzusammenhang 49 ff
– Verletzungskausalität 52
– Vorbeugende Kosten 112
Körperverletzung 5, 14 ff
– Einwilligung 116
– Kosmetische Behandlung 109
– Schadensersatz 72
– Schwangere 17
– Vorgeburtliche Schädigung 17
– Wesentlichkeit der Beeinträchtigung 66

Nutzungseinschränkung 29 ff
– rechtliche 30
– tatsächliche 29, 32

Personenschaden 72 ff
– Haftungsausschluss durch AGB 116

Rechtsgut 5 ff
– Gesundheit 5
– Schutzbereich 5
Rechtsgutverletzung 5 ff, 56 ff
– Besitz 26
– Eigentumsverletzung 9, 27 ff, 29
– Freiheitsentziehung 6
– Körperverletzung 5
– Recht am Arbeitsplatz 8
– Rechte 22

Sachbeschädigung 5
– Verletzung dinglicher Rechte 24
– Verletzung eines sonstigen Rechts 7
– Vermögen 26
– Aneignungsrechte 25
– Anwartschaftsrecht 24
– Durchmischung 27
– Eingriff in die Sachsubstanz 27
– Gebrauchsbeeinträchtigung 29 ff, 31
– Geschädigter 79 ff
– Minderung der Marktfähigkeit 30
– Nutzungsbefugnis 79
– Pflanzen 105
– Sachentziehung 28
– Ständige Aggregatzustandsänderung 27
– Tiere 18, 104
– Verunstaltung der Sache 27
Sache 18 ff
– Flüssigkeiten 20
– Gase 20
– Gewässer 20
– Grundstücke 20

– Mobiliarsachschutz 3
Schaden 68 ff
– Allmählichkeitsschäden 63
– Anspruchsspaltung nach Schadensarten 81
– Differenzhypothese 68
– Einwilligung 116
– Entschädigung 103
– Ersatzfähigkeit 70
– Folgenachteile 69
– Gesamtschaden 92
– Höhere Gewalt 114
– Inhaber des Rechtsguts 69
– Kumulationsschaden 4
– Mitverantwortung des Geschädigten 114
– Nutzungsausfall 75
– Ökoschaden 71
– Personenschaden 72
– Rechtsgut- und Objektbezogenheit 76
– Sachbeschädigung 80
– Sachschaden 62, 70 f
– Schutz reiner Marktbeziehungen 76
– Summationsschaden 4
– Umweltschaden 2
– Unwesentliche Beeinträchtigungen 66
– Vermögenseinbuße 68
– Vermögensschaden 25, 76
– Wesentlichkeit der Beeinträchtigung 66
Schadensersatz 96 ff
– Entgangener Gewinn 106
– Geldersatz 101, 103, 108
– Heilbehandlung von Tieren 108
– Körperverletzungsschäden 108
– Missverhältnis 109 f
– Naturalrestitution 97 f, 109
– Nichtvermögensschaden 107
– Rückforderung 108
– Schmerzensgeld 96
– Tiere 104
– Vertraglicher Haftungsausschluss 117
– Vorbeugende Maßnahmen 112
– Vorschuss 113
– Wertersatzberechnung bei Pflanzen 105
Schadensersatzanspruch
– Anspruchsinhalt 103
– Begrenzung 103
– Inhaber 79
– Unverhältnismäßigkeit 104
– Schadenseinschränkung 75
Sonstiges Recht 7

Tiere 13, 19
Tötung 5 f
– Schadensersatz 72, 96
– Vorgeburtliche Schädigung 13, 17
Tröpfchenrisiko 93

Umwelteinwirkung 1, 6, 35 ff
– Begriff 35
– Bezug auf Anlagen 46
– Emissionsquelle 46
– Grundstücksgrenze 49
Umwelthaftungsgesetz 2
– Schutzzweck 28

Zurechnung
– Gesamtschuldnerische Zurechnung 77
– haftungsausfüllende 74
– haftungsbegründende 48 ff
– Kausalität 49 ff
– Ursachenvermutung 49
– Vorbeugende Kosten 112

I. Grundlagen

1 § 1 UmweltHG ist die Haftungsgrundnorm des am 1. 1. 1991 in Kraft getretenen Umwelthaftungsgesetzes. Dieses ist die legislatorische Reaktion auf ein geschärftes Umweltbewusstsein der Allgemeinheit, das sich unter dem Eindruck einzelner spektakulärer Umweltkatastrophen und in der Erkenntnis ständiger schleichender Umweltstörungen in den letzten Jahrzehnten stark entwickelt hat (statt vieler Lytras 442 f; zur Entstehung und Motivation des Gesetzes Diederichsen, in: FS Lukes 49 ff; Feldmann UPR 1989, 45 ff; Ganten/Lemke UPR 1989, 1 ff). Das Gesetz bezweckt präventiv die Vermeidung von Umweltschäden durch haftungsrechtliche Erhöhung des Kostenrisikos, das die Vorsorge gegen den Eintritt des Haftungsfalls durch vorbeugenden Umweltschutz zu einem ökonomischen Gebot macht (WAGNER VersR 1991, 250; LANDSBERG/LÜLLING DB 1990, 2250; SALJE §§ 1, 3 Rn 6). Primär hat das Gesetz jedoch die Aufgabe, die Haftung für Schäden infolge einer Umwelteinwirkung zugunsten des Beeinträchtigten zu verbessern; der Schutz der Umweltmedien als solcher ist nicht primäres oder eigenständiges Ziel (statt vieler ENDERS 375; MARBURGER AcP 192 [1992] 1, 27; WANG 26 ff). Zum Zweck des Individualschutzes **erweitert** es den durch die Sanktion einer Schadensersatzhaftung geschützten Rechtsgüterbereich von dem traditionell durch **§ 906 BGB** erfassten Gebiet des Sachgüterschutzes, darunter insbesondere der immobiliarbezogenen Rechte, auf **Persönlichkeitsrechte** wie Leben und körperliche sowie gesundheitliche Integrität. Im Interesse des Geschädigten tritt **unter Abweichung vom** deliktsrechtlichen Haftungsschutz gemäß §§ **823 ff BGB** der **Verzicht auf** das **Rechtswidrigkeits- und Verschuldenserfordernis** als einer Haftungsvoraussetzung hinzu. Die Haftung aufgrund des Umwelthaftungsgesetzes wird daher als **Gefährdungshaftung** angesehen (LANDSBERG/LÜLLING § 1 Rn 6 ff; PASCHKE Rn 3; SALJE §§ 1, 3 Rn 4; SCHMIDT-SALZER Rn 6 „Verursachungshaftung"), die **über § 22 WHG** hinaus Beeinträchtigungen über die Umweltmedien **Luft** und **Boden** erfasst (FLACHSBARTH 274). Als solche knüpft sie an das bloße Anlagenbetriebsrisiko katalogmäßig **bestimmter Anlagen** an, dh an einen kasuistisch umschriebenen gefährlichen Betrieb (ENDERS 373; ENGELHARDT 258), und zwar über den **Störfall** hinausgehend, also unter Einschluss auch der nicht vorhersehbaren **Entwicklungsrisiken** (vgl DIEDERICHSEN PHI 1992, 162 164; ENDERS 374; FLACHSBARTH 274; KOZIOL, Erlaubte Risiken und Gefährdungshaftung, in: NICKLISCH, Prävention im Umweltrecht [1988] 143 ff, 150; B LEONHARD 36 f; LYTRAS 459 f; OEHMEN Rn 229; G. WAGNER 250), der auch bei Vorhersehbarkeit unvermeidlichen Schädigungen (B LEONHARD 37; GERLACH 335) sowie des störungsfreien, ggf. sogar behördlich genehmigten **Normalbetriebs** (statt vieler DEUTSCH JZ 1991, 1097, 1098 f; ENDERS 374; HAGER NJW 1991, 134, 136; LYTRAS 457 f; OEHMEN Rn 228; SCHIMIKOWSKI, Umwelthaftungrecht Rn 166). Von einer Handlungshaftung wurde hingegen wegen der befürchteten Unklarheit eines solchen Tatbestands und Unüberschaubarkeit der Haftung abgesehen (ENDERS 374; MARBURGER AcP 192 [1992] 1, 17: TAUPITZ Jura 1992, 113, 114). Praktisch bedeutsam ist ferner die Einführung von **Vermutungsregeln** in Bezug auf die haftungsbegründende **Kausalität** von Umwelteinwirkungen; dies hat die prozessual erhebliche Folge, dass sich die Beweislast zugunsten des Geschädigten verschoben hat. Ähnliche Wirkung haben auch die durch das UmweltHG eingeführten **Auskunftsansprüche.**

2 Die durch das Umwelthaftungsgesetz **erzielten Haftungsausdehnungen** zum Vorteil von Umweltgeschädigten **bedürfen** jedoch in Anbetracht der deliktsrechtlichen Entwicklungen **der Relativierung.** Hinsichtlich der geschützten Rechtsgüter ist der Schutzbereich des § 823 Abs 1 BGB jedenfalls nicht geringer. Dort hat sich in Zusammenspiel mit § 906 BGB eine Übernahme der liegenschaftsrechtlichen Kriterien in den Bereich des Mobiliarsachschutzes vollzogen (BGHZ 92, 143 = NJW 1985, 47 [Kupolofen]); Defizite mögen insoweit hinsichtlich der persönlichkeitsrechtlichen Schutzgüter festzustellen sein (LYTRAS 450), jedoch beinhaltet Sachschutz, jedenfalls soweit er präventiv betrieben wird, in der Regel zugleich den Schutz von Persönlichkeitsgütern derjenigen Personen, deren Lebenssphäre auf die betreffenden Sachgüter bezogen ist. Hinsichtlich des Verzichts auf das Verschuldenserfordernis wird im Bereich des allgemeinen Deliktsrechts durch den Ausbau von Verkehrspflichten mit entsprechend stark objektiviertem Verständnis des Fahrlässigkeitsurteils gemäß § 276 Abs 1 S 2 BGB aF, § 276 Abs 2 BGB aF, § 276 Abs 2 BGB nF tendenziell ein gleiches Ergebnis erzielt (SALJE ZRP 1989, 408 f). Dazu tritt die expandierende Anwendung von § 906 Abs 2 S 2 BGB insbe-

sondere im Wege der Analogie bei lediglich faktisch nicht abwehrbaren Einwirkungen (Lytras 449 f), die als selbstständige Anspruchsgrundlage ohnedies wie § 14 S 2 BImSchG verschuldensunabhängig konzipiert ist. Dies trifft naturgemäß auch für die älteren Spezialfälle der Gefährdungshaftung gemäß § 22 WHG, §§ 25 ff AtomG und §§ 1 ff HaftpflichtG zu. Hinsichtlich des Kausalitätsnachweises wurden bereits vor dem Umwelthaftungsgesetz in mehreren Hinsichten Erleichterungen zugunsten des Geschädigten entwickelt (s o Rn 1). Die Rechtswidrigkeits- und Verschuldensgebundenheit des Deliktsrechts wird im Hinblick auf die Unabhängigkeit des Rechtswidrigkeitsurteils von öffentlich-rechtlichen Vorgaben und wegen der Herausarbeitung umweltspezifischer Verkehrspflichten mit Recht nicht als das Kardinalproblem einer deliktischen Haftungszurechnung bei Umweltschäden angesehen (Lytras 446, 450).

3 Auch das Umwelthaftungsgesetz lässt **Haftungslücken.** Es gewährt eine Haftung nur für Emissionen **bestimmter Anlagen** (s u Rn 35), deren Betrieb typischerweise umweltschadensträchtig ist, begründet aber keine Haftung für den Betrieb anderer dort nicht genannter Anlagen, wie etwa Tankstellen und Chemischen Reinigungsbetrieben oder Tierintensivhaltung (Engelhardt 258; Flachsbarth 266; Klass UPR 1997, 134, 138 f; Salje §§ 1, 3 Rn 40), deren Gefährdungspotenzial praktisch ebenso erheblich ist. Das Umwelthaftungsgesetz erfasst nur zu einem geringen Teil die Umweltschäden, die durch legale Verhaltensweisen zahlloser kleiner Verursacher herbeigeführt werden (Klass UPR 1997, 134, 135). Auch die **Kausalitätsproblematik** insbesondere **bei** den **Distanz-, Summations- und Kumulierungsschäden** wird nicht gelöst (Klass UPR 1997, 134, 139; Lytras 446), ohne allerdings de jure die Ersatzfähigkeit derartiger Schäden nach dem UmweltHG deshalb ausschließen zu wollen (Diederichsen/Wagner VersR 1993, 641, 645; Paschke Rn 67 ff; Reiter 73 ff; Schmidt-Salzer Rn 135 f; **aA** Landsberg/Lülling DB 1991, 479, 480). Außerhalb des Bereichs der Störfälle sind gemäß § 6 UmweltHG auch die **Beweiserleichterungen** zu Gunsten des Geschädigten hinsichtlich der Feststellung der haftungsbegründenden Kausalität bei risikoangemessenem und verkehrsrichtigem Verhalten des Anlagenbetreibers **gering** (Klass UPR 1997, 134, 139). Schließlich enthält das Gesetz keine Grundlage für den Ausgleich allgemein **ökologischer Schäden** an gemeinfreien Gütern; insbesondere sind die **primären Umweltfaktoren** Boden, Wasser und Luft **als solche nicht Schutzgegenstand** (statt vieler Klass UPR 1997, 134, 138, 139 f; Michalski Jura 1995, 617, 620).

4 Aus § 1 UmweltHG sind, ebenso wie dies bei deliktsrechtlichen Schadensersatzansprüchen der Fall ist, auch vorbeugend **Unterlassungsansprüche** herzuleiten. In Analogie zu § 114 Abs 2 Nr 2 BBergG ist allerdings dieser Anspruch ausgeschlossen, soweit eine Duldungspflicht gemäß § 906 BGB oder § 14 S 1 besteht (Petersen 27 f).

II. Haftungsvoraussetzungen

1. Rechtsgutsverletzung (Immission)

a) Grundlagen

5 § 1 UmweltHG hat mit dem Tatbestand des § 823 Abs 1 BGB gemeinsam und unterscheidet sich dadurch zugleich namentlich von § 22 WHG, dass zunächst ein **rechtsgutbezogener Verletzungserfolg** vorausgesetzt wird (statt vieler Taupitz Jura 1992, 113, 115). Die nachteilige Immission ist daher der primäre Haftungsgrund; die Emission als solche ist ebenso wie die Störung des Naturhaushalts oder seiner Elemente für das

Umwelthaftungsgesetz nur sekundär als Ursache der Verletzung durch Immission von Bedeutung (Enders 375). § 1 UmweltHG und § 823 Abs 1 BGB haben ferner gemeinsam, dass der schadensersatzbewehrte Schutz auf bestimmte benannte Rechtsgüter beschränkt ist; reine Vermögensbeeinträchtigungen genügen nicht. Als tatbestandlichen Erfolg nennt § 1 UmweltHG die Tötung einer Person, die Verletzung ihres Körpers oder ihrer Gesundheit und die Beschädigung einer Sache. Damit wird der Schutzbereich des § 1 UmweltHG teilweise enger, aber zumindest formal betrachtet hinsichtlich der Sachschäden auch weiter definiert.

6 Der Tatbestand des § 1 UmweltHG ist **enger** als § 823 Abs 1 BGB, weil die **Freiheit** als deliktsrechtlich geschütztes Rechtsgut **nicht** rezipiert ist. Freiheitsentziehungen oder Freiheitsbeschränkungen als Folge einer Umwelteinwirkung können beispielsweise bei räumlichen Absperrungen oder Verhaltens- und Aufenthaltsverboten oder -geboten nach Austritt von Giftgasen vorkommen. In diesen Fällen bleibt nur der deliktsrechtliche Schutz (Landsberg/Lülling Rn 17; Salje §§ 1, 3 Rn 87; ders ZRP 1989, 408, 409).

7 § 1 UmweltHG enthält im Unterschied zu § 823 Abs 1 BGB **keine** tatbestandliche Öffnung zu einem **„sonstigen Recht"**. Dies betrifft im vorliegenden Zusammenhang praktisch vor allem das **Recht am eingerichteten und ausgeübten Gewerbebetrieb** sowie die Verletzung des **allgemeinen Persönlichkeitsrechts** (Landsberg/Lülling Rn 19, 21, 23; Paschke Rn 22 f; Salje §§ 1, 3 Rn 87; Steffen UTR 11, 84 f). Mangels Betriebsbezogenheit erfasst allerdings auch § 823 Abs 1 BGB die meisten Umwelteinwirkungen nicht als Fälle des Eingriffs in den eingerichteten und ausgeübten Gewerbebetrieb (Paschke Rn 23).

8 Die deliktsrechtlich geführte Diskussion, ob ein **Recht am Arbeitsplatz** als solches schadensersatzbewehrt ist, ist wegen des Enumerationsprinzips des § 1 UmweltHG gegenstandslos (Landsberg/Lülling Rn 22). Die Fälle, in denen ein Arbeitnehmer seinen Arbeitsplatz infolge umweltvermittelter Dritteinwirkung auf seinen Betrieb zeitweilig oder ganz verliert, können daher allenfalls deliktsrechtlich gelöst werden.

9 Der Tatbestand des § 1 UmweltHG ist **formal weiter** als § 823 Abs 1 BGB, soweit er statt einer Eigentumsverletzung eine **Sachbeschädigung** voraussetzt. Damit wird die Verletzung von Eigentum erfasst, aber darüber hinaus lässt der Begriff den Schutz weiterer Rechtspositionen an der Sache oder tatsächlicher Beziehungen zu der Sache zu (näher u Rn 18 ff, 23); dies kompensiert teilweise die fehlende tatbestandliche Öffnung, die § 823 Abs 1 BGB durch den Bezug auf das „sonstige Recht" vorhält. Die haftungsrechtlich singuläre Erfassung der Sachbeschädigung als des haftungsbegründenden Ereignisses statt der Bezeichnung der verletzten Rechtsposition ist allerdings zugleich wegen der damit verbundenen tatbestandlichen Öffnung der Norm bedenklich, weil damit in Grenzbereichen mit dem Schutzumfang des haftungsbegründenden Bestands zugleich der Kreis der potenziellen Anspruchsinhaber unbestimmt wird (Paschke Rn 21; dazu u Rn 79).

10 Der Kreis der in § 1 UmweltHG genannten schutzfähigen Rechtsgüter ist **nicht erweiterungsfähig** (im Verhältnis zu den Schutzgütern des § 823 Abs 1 BGB Erl 31 ff, 33 ff; Landsberg/Lülling Rn 19; Paschke Rn 22). Dies ergibt neben der verbalen Interpretation schon die historische Auslegung, weil § 1 UmweltHG in Kenntnis des und in Anleh-

nung an das bei § 823 Abs 1 BGB geltende Enumerationsprinzip geschaffen wurde (vgl BT-Drucks 11/7104, S 16 f; Paschke Rn 22). Für eine Analogie fehlt es überdies an der Regelungslücke, weil für die abweichend vom Deliktsrecht nicht geschützten Rechtsgüter die Haftung gemäß § 823 Abs 1 BGB offensteht (Landsberg/Lülling Rn 19; Paschke Rn 22).

11 Aus dem Enumerationsprinzip des § 1 UmweltHG folgt wie bei § 823 Abs 1 BGB, dass **bloße Vermögensschäden,** die nicht die Folge der Verletzung eines der im Haftungstatbestand genannten Rechtsgüter bzw einer Sachbeschädigung sind, **nicht ersatzfähig** sind (vgl BT-Drucks 11/7104, S 17; Landsberg/Lülling Rn 15; Lytras 461 f; Paschke Rn 21). Die Verletzung der **Umwelt als solcher,** soweit sich deren Beschädigung nicht als Beeinträchtigung einer individualisierbar zugewiesenen rechtlichen oder tatsächlichen Position erfassen lässt, wird dafür von § 1 UmweltHG ebenso, wie durch das Deliktsrecht, **nicht** erfasst (Kloepfer NuR 1990, 337, 348; Landsberg/Lülling Rn 24; Paschke Rn 21, 24; Rehbinder NuR 1989, 149, 161 f; Salje §§ 1, 3 Rn 88; Taupitz Jura 1992, 113, 118; vgl im deliktsrechtlichen Zusammenhang BGHZ 86, 152, 156 = NJW 1983, 553).

12 Die Beschränkung auf bestimmte schutzfähige Positionen beschränkt den durch § 1 UmweltHG geschaffenen Haftungskreis auch im Vergleich zu **§ 22 WHG.** Dort können auch reine Vermögensschäden als Folge einer Wasserverunreinigung ersatzfähig sein (Salje §§ 1, 3 Rn 87).

b) Einzelne Schutzgüter

13 **aa)** Der Schutz des **menschlichen Lebens** ist die primäre Aufgabe des Umwelthaftungsgesetzes. Es hat dieses Schutzgut mit § 823 Abs 1 BGB gemeinsam. Der dort verwendete Begriff der Verletzung des Lebens ist deckungsgleich (Erl 12 ff). Auch unter Beachtung von § 1 BGB ist heute allgemein anerkannt, dass dem vorgeburtlich Geschädigten jedenfalls unter der Voraussetzung seines späteren Erwerbs der Rechtsfähigkeit gemäß § 1 BGB Schadensersatzansprüche aufgrund der vorgeburtlichen Schädigung zustehen können (Landsberg/Lülling Rn 30 ff; Paschke Rn 25 f; Salje §§ 1, 3 Rn 89). Kommt es jedoch nicht zu einer Lebendgeburt im Sinne von § 1 BGB, hat das werdende Kind keinen eigenen Schadensersatzanspruch (Paschke Rn 269). Mangels Rechtsfähigkeit lässt sich dies ohne Änderung des § 1 BGB allein durch tatbestandliche Erweiterung von § 1 UmweltHG auch nicht de lege ferenda erreichen (vgl dagegen Salje §§ 1, 3 Rn 89); im Übrigen ist wohl auch ein eigener Schaden des nicht lebend geborenen Kindes nicht feststellbar.

14 **bb)** Die Tatbestandsmerkmale der **Verletzung von Körper oder Gesundheit** in § 1 UmweltHG stimmen mit denen in § 823 Abs 1 BGB überein (Erl 24); für Einzelfragen ist auf die Erläuterung dort zu verweisen. Mit dem Begriff der Körperverletzung wird grundsätzlich der Eingriff in die körperliche Unversehrtheit bezeichnet, während unter Gesundheitsverletzung eine Störung der inneren Lebensvorgänge verstanden wird (Landsberg/Lülling Rn 26; Paschke Rn 27; Salje §§ 1, 3 Rn 90 ff). Wegen der Gleichbehandlung von Körper- und Gesundheitsverletzung im Tatbestand des § 1 UmweltHG bedarf es praktisch keiner genauen Grenzziehung im Verhältnis der beiden Begriffe zueinander (Landsberg/Lülling Rn 26).

15 Bloße **Beeinträchtigungen des Wohlbefindens** sind nicht tatbestandsmäßig (OLG Hamm VersR 1979, 579; Landsberg/Lülling Rn 28; Paschke Rn 28; Salje §§ 1, 3 Rn 90 ff).

Auf das Zufügen von Schmerzen (BGHZ 114, 284 = NJW 1991, 1948) oder auf die Sichtbarkeit einer körperlichen Beeinträchtigung kommt es hingegen nicht an (Landsberg/Lülling Rn 27; Paschke Rn 28; Salje §§ 1, 3 Rn 909). Die Grenze zwischen unerheblicher Belästigung und relevanter Verletzung ist nach medizinisch-pathologischem Gesichtspunkt zu ziehen (Landsberg/Lülling Rn 28; Paschke Rn 28; Salje §§ 1, 3 Rn 90). Eine ärztliche Behandlung indiziert das Vorliegen einer Körper- oder Gesundheitsverletzung, das Unterlassen einer solchen Behandlung hingegen nicht das Gegenteil, zumal das Unterlassen im Einzelfall ein Gebot der Schadensminderungspflicht ist.

16 Auch **psychische Beeinträchtigungen,** die den Grad des Pathologischen erreichen, werden vom Tatbestand der Körper- und Gesundheitsverletzung erfasst. Daher können auch Schockschäden haftbar machen, die insbesondere nach Benachrichtigung von schweren Unglücksfällen, beispielsweise der Tötung oder Verletzung naher Angehöriger, auftreten und sich in körperlichen oder seelischen Fehlsteuerungen auswirken; in Fällen unangemessen überzogener Erlebnisverarbeitung kann jedoch die Haftung am Fehlen adäquater haftungsbegründender Kausalität scheitern (BGHZ 56, 163 = NJW 1971, 1883; BGH NJW 1984, 1405; VersR 1989, 894; Landsberg/Lülling Rn 184 ff; Salje §§ 1, 3 Rn 91). Entscheidend ist also letztlich die Frage, ob der Schock als eine nicht unangemessene, sondern verständliche Reaktion auf den Eintritt des als haftungsbegründend in Betracht gezogenen Ereignisses anzusehen ist (Landsberg/Lülling Rn 189). Soweit äquivalente Kausalität als genügendes Zurechnungskriterium angesehen wird, ist eine Anspruchsreduzierung in Entsprechung zu § 254 BGB möglich.

17 Ein Schadensersatzanspruch wegen Körper- oder Gesundheitsverletzung ist, im Ergebnis wohl unzweifelhaft, auch zugunsten eines lebend geborenen Menschen begründet, der **vorgeburtlich geschädigt** wurde (Erl 12; Landsberg/Lülling Rn 30; Paschke Rn 29; Salje §§ 1, 3 Rn 92); hier gilt dasselbe wie bei § 823 Abs 1. Auch eine Schädigung des werdenden Lebens als Folge eines Schockschadens der Mutter genügt (BGHZ 93, 351 = NJW 1985, 1390). Mit der Verletzung des werdenden Kindes kann eine Körper- oder Gesundheitsverletzung der Schwangeren konkurrieren (Landsberg/Lülling Rn 31; Paschke Rn 29; Salje §§ 1, 3 Rn 92). Hinsichtlich der Unterhaltsansprüche eines körperlich oder gesundheitlich versehrt geborenen Kindes und bzw oder seiner Eltern gilt nichts vom allgemeinen Deliktsrecht Abweichendes (BGHZ 89, 95 = NJW 1984, 658).

18 **cc)** Eine **Sachbeschädigung** setzt die **Verletzung einer Sache** iSv § 90 BGB, also eines körperlichen Gegenstands, voraus. Körperlichkeit erfordert Abgrenzbarkeit kraft eigener Beschaffenheit oder durch äußere Mittel, beispielsweise durch ein Behältnis oder einen Grenzstein (Landsberg/Lülling Rn 30; Paschke Rn 36; Salje §§ 1, 3 Rn 93). Die beeinträchtigte Sache kann zugleich das Umweltmedium selbst sein, namentlich also der Boden (Enders 376), jedoch kommen auch Sachbeschädigungen an anderen Sachen in Betracht, die über ein Umweltmedium affiziert werden, auch wenn dieses dabei nicht selbst konkret nachhaltig beeinträchtigt wird (Diederichsen/Wagner VersR 1993, 641, 644; Enders 376). Die Haftung des Inhabers einer Anlage für Verletzungen infolge des Austritts schädigender Stoffe wird andererseits nicht dadurch ausgeschlossen, dass diese erst durch Vermittlung des Bodens zur Verletzung des Rechtsgutes eines anderen geführt haben (Landmann/Rohmer/Rehbinder Rn 18; Paschke Rn 19; Salje §§ 1, 3 Rn 30).

19 Bewegliche Sachen im Rechtssinne sind primär **festkörperliche Gegenstände.** Dazu gehört auch der menschliche Leichnam (SALJE §§ 1, 3 Rn 93). Tiere nimmt § 90 a BGB zwar grundsätzlich aus dem Sachbegriff heraus, gemäß § 90 a S 3 BGB sind auf **Tiere** jedoch die Regeln über Sachen entsprechend anwendbar. Dies gilt auch im vorliegenden Zusammenhang, da speziell vorgehende Sonderregelungen nicht getroffen worden sind und die Einführung des § 90 a BGB nicht zur Folge haben sollte, dass der Schutz des Tieres im Falle von Verletzungen gegenüber dem früheren Rechtszustand reduziert wird (PASCHKE Rn 32; SALJE §§ 1, 3 Rn 93).

20 Zu den beweglichen Sachen zählen der Definition gemäß auch **Flüssigkeiten** und **Gase,** wenn sie eingegrenzt sind. Allgemeingüter wie die Luft oder fließendes Wasser einschließlich Grundwasser kommen hingegen grundsätzlich nicht in Betracht (LANDSBERG/LÜLLING Rn 34; PASCHKE Rn 30; SALJE §§ 1, 3 Rn 93; **aA** wohl für Luftverunreinigungen REHBINDER NuR 1988, 105, 107); auf die Eigentumsfähigkeit dieser Gegenstände kommt es daher für die Anwendbarkeit des § 1 UmweltHG nicht an. Anders verhält es sich bei abgeschlossenen Grundwasserseen (BGHZ 69, 1, 3 f = NJW 1977, 1770; BGH NJW 1978, 2290; BayObLG NJW 1965, 973; LANDSBERG/LÜLLING Rn 34; PASCHKE Rn 30; SALJE §§ 1, 3 Rn 93), die als solche Sachqualität haben, aber nicht dem Bodeneigentum als solchem zugeordnet sind.

21 Zu den unbeweglichen Sachen zählen neben den **Grundstücken** auch deren **wesentliche Bestandteile** im Sinne der §§ 93–96 BGB. Zu diesen zählen insbesondere errichtete Gebäude und Pflanzen, wobei gleichgültig ist, ob es sich um Kulturpflanzen oder um natürlichen Bewuchs handelt (LANDSBERG/LÜLLING Rn 35; PASCHKE Rn 33).

22 **Rechte** sind im Gegensatz zu Sachen **nicht** geschützt. Dies gilt insbesondere für **Wassergewinnungsrechte** als solche nach Maßgabe der §§ 7, 8 WHG; mangels Sachqualität des Grundwassers und wegen Fehlens eines privatrechtlichen Aneignungsrechts bleibt daher insoweit nur ein Schutz gemäß § 22 WHG (BGHZ 103, 129 = NJW 1988, 1593; OLG Nürnberg NJW 1991, 299; LANDSBERG/LÜLLING Rn 45; SALJE §§ 1, 3 Rn 93).

23 **dd)** Die von § 823 Abs 1 BGB terminologisch auffällig abweichende Bezugnahme des § 1 UmweltHG auf die Beschädigung einer Sache als Haftungsvoraussetzung ist dahin zu präzisieren, dass mit der Beschädigung der Sache die **Verletzung einer Rechtsposition an der Sache** verbunden sein muss (ERL 25). Damit wird im Ergebnis eine Übereinstimmung mit dem Tatbestand des § 823 Abs 1 BGB erzielt, indem gefordert und anerkannt wird, dass der Eigentümer der Sache und der Inhaber eines sonstigen Rechts im Sinne des § 823 Abs 1 BGB in den Schutzbereich des § 1 UmweltHG aufgenommen sind (ERL 25 f; LANDSBERG/LÜLLING Rn 48; PASCHKE Rn 71).

24 Neben einer Beschädigung des **Eigentums** genügt daher die Verletzung eines **sonstigen absoluten, dinglichen Rechts.** Hierzu gehören das Erbbaurecht, die Grunddienstbarkeit, die beschränkte persönliche Dienstbarkeit, der Nießbrauch, die Reallast, beispielsweise bei einem Altenteilsvertrag, die Grundpfandrechte und das Mobiliarpfandrecht (LANDSBERG/LÜLLING Rn 49; PASCHKE Rn 72). Dazu tritt der Schutz des Anwartschaftsrechts als eines wesensgleichen Minus zum Eigentum. In der Praxis kommt hier insbesondere die Rechtsposition beim Eigentumsvorbehaltskauf in Betracht, ferner die Erwerbsaussicht nach bindender Grundstücksauflassung, wenn der Erwerber selbst den Antrag auf Eigentumsumschreibung beim Grundbuchamt gestellt hat oder eine Vormerkung zu seinen Gunsten eingetragen wurde, die durch Rückzahlung des gesicherten Kredits auflösend bedingte Sicherungsübereignung und ferner die Aussicht auf Grundpfandrechtserwerb, wenn zu diesem nur noch die Valutierung des Kredits erforderlich ist (Landsberg/Lülling Rn 51; Paschke Rn 72). Die Vormerkung stellt hingegen nur eine Sicherung eines obligatorischen Anspruchs dar und begründet als solche ebenso wenig eine schutzfähige Position, wie dies nach richtiger Ansicht im Bereich des § 823 Abs 1 BGB der Fall ist (bestritten; wie hier Landsberg/Lülling Rn 52; **aA**, die wohl überwiegt, zB Paschke Rn 72).

25 **Aneignungsrechte** sind ebenfalls geschützt. Hierher zählen Aneignungsrechte an herrenlosen Tieren kraft Jagd- oder Fischereirechts. Gleiches gilt für Bergbaugerechtigkeiten, Schürf- und Förderrechte (Salje §§ 1, 3 Rn 93). Erforderlich ist jedoch, dass es sich um ein privatrechtliches Aneignungsrecht handelt; ein aufgrund von §§ 7, 8 WHG kraft öffentlichen Rechts gewährtes Wassergewinnungsrecht ist nicht geschützt (BGHZ 103, 129 = NJW 1988, 1593; OLG Nürnberg NJW 1991, 299; Landmann/Rohmer/Rehbinder Rn 39; Salje §§ 1, 3 Rn 93).

26 **ee)** Der berechtigte **Besitz** ist trotz seiner auf die bloß tatsächliche Herrschaft bezogenen Definition durch spezifische Sachenrechtsnormen mit Rechtsschutz ausgestattet und genießt nach richtiger Ansicht im Drittverhältnis auch Deliktsschutz. Dies gilt auch entsprechend für den Schutz im Rahmen von § 1 UmweltHG (Landsberg/Lülling Rn 53; Salje §§ 1, 3 Rn 96). Der mittelbare Besitz gemäß § 868 BGB ist hingegen keine schutzfähige Rechtsposition in bezug auf die Sache (BGHZ 32, 194, 204; BGH NJW 1984, 2569, 2570; Salje §§ 1, 3 Rn 96; Landsberg/Lülling Rn 53 schließen den Schutz hingegen nur im Verhältnis zwischen mittelbarem und unmittelbarem Besitzer aus). Der nichtberechtigte Besitz begründet eine schutzfähige Rechtsposition an der Sache, wenn der unberechtigte Besitzer wegen seiner Redlichkeit und der Entgeltlichkeit seines Erwerbs sachenrechtlich schutzwürdig ist (Landsberg/Lülling Rn 53 unter Bezug auf Medicus, SchR BT § 140; zweifelnd BGHZ 79, 232, 238 = NJW 1981, 865). Keine Sachbeschädigung im Sinne der Verletzung einer relevanten Rechtsposition an der Sache liegt bei einer bloß schuldrechtlichen Beziehung zur Sache vor; diese Grenze wird durch die Notwendigkeit gezogen, reine Vermögensschäden von der Ersatzfähigkeit auszuschließen (Landsberg/Lülling Rn 54; Paschke Rn 71). Kauf als solcher begründet also keine schutzfähige Position. Der Mieter oder Pächter einer Sache ist nicht kraft seines Vertrages geschützt, sondern die Innehabung des berechtigten Besitzes als solches stellt eine relevante Rechtsposition an der Sache im Sinne von § 1 UmweltHG dar.

27 Die Sachbeschädigung ist nach den im Deliktsrecht geltenden **Kriterien** zu bestimmen. Ein Eingriff in die **Sachsubstanz** stellt regelmäßig eine Sachbeschädigung dar. Der Eingriff in die Sachsubstanz muss verwirklicht sein und darf nicht nur eventuell drohen, ohne dass es konkret Anhaltspunkte dafür gibt, dass mit hinreichender Sicherheit eine Verletzung des Rechtsgutes unmittelbar bevorsteht (LG Stuttgart NJW 1997, 1861). Eine Sachbeschädigung liegt auch bei der Durchmischung einer Sachsubstanz mit Fremdstoffen vor, beispielsweise des Erdreichs mit Öl (BGH VersR 1972, 274; Landsberg/Lülling Rn 36). Auch die dauernde Änderung des Aggregatszustandes einer Sache zählt zu den Sachbeschädigungen, beispielsweise das Erkalten flüssigen Metalls vor der Verarbeitung (Landsberg/Lülling Rn 36; **aA** OLG Hamm NJW 1973, 760 mit zustimmender Anmerkung Finzel). Ein Eingriff in den Sachzustand ohne Veränderung der Sachsubstanz liegt bei Verunstaltungen der Sache, insbesondere

ihrer Oberfläche, vor. Im Zusammenhang mit der Umwelthaftung kommen insoweit insbesondere Gas- und Partikelablagerungen in Betracht. Derartige Verunstaltungen erreichen die Qualität einer Sachbeschädigung im zivilrechtlichen Sinne, wenn ihre Beseitigung eine Substanzverletzung verursacht (OLG Düsseldorf NJW 1982, 1167) oder zumindest aufwendig ist (Landsberg/Lülling Rn 37; Paschke Rn 36). Liegt ein Stoffeintrag, namentlich bei Grundstücken, über dem Durchschnittswert, aber unterhalb der Toxiditätsschwelle, dürfte die Annahme einer Sachbeschädigung davon abhängen, ob dadurch der Verkehrswert der Sache oder objektiv die Nutzungsmöglichkeit nachhaltig gemindert ist (vgl Schmidt-Salzer § 6 UmweltHG Rn 175 ff); im Übrigen ist § 5 UmweltHG zu beachten.

28 Die **Sachentziehung** wird nach bestrittener Ansicht im Wege eines argumentum a fortiori der Substanzbeeinträchtigung gleichgestellt (bestritten; dafür Erl 26 f; Salje §§ 1, 3 Rn 95). Auf diese Weise soll etwa der Diebstahl einer Sache als Folge der Räumung eines Gebäudes wegen eines Gasunglücks zu einem Schadensersatzanspruch auf der Grundlage des § 1 UmweltHG führen. Mag schon die Unterordnung des Begriffs der Entziehung unter den Terminus der Beeinträchtigung zweifelhaft sein, fehlt es für die Haftung doch daran, dass der Schutzzweck des Umwelthaftungsgesetzes nicht mehr die in der Sachentziehung infolge physischen Eingriffs Dritter liegende Eigentumsstörung deckt. Dem widerspricht nicht die Anerkennung des Schutzes nicht eigentumsrechtlicher dinglicher Rechtspositionen wie etwa Nießbrauch oder Anwartschaftsrecht (so aber Erl 27), weil es hier um die Bestimmung des Begriffs der Sachbeschädigung geht und davon die Frage zu unterscheiden ist, ob gegebenenfalls die Sachbeschädigung zugleich die Verletzung einer Rechtsposition (o Rn 23) ist. Ein bloßes Bestreben nach Harmonisierung mit dem Schutzgut Eigentum im Rahmen des § 823 Abs 1 BGB allein rechtfertigt im Übrigen eine auf die Sachentziehung ausgedehnte Interpretation des Begriffs der Sachbeschädigung nicht, zumal wenn die dem Schutzzweck des UmweltHG zuzuordnende Sachentziehung infolge einer kontaminationsbedingten Beschlagnahme als Sekundärfolge der Sachbeschädigung noch zwanglos dieser als besondere Form der Verwirklichung eines gesteigerten Schadens zugerechnet werden kann (**aA** Erl 26 f).

29 **Gebrauchseinschränkungen ohne Substanzverletzungen** kommen als rechtliche und als tatsächliche Nutzungseinschränkungen vor und werden teilweise als Eigentumsverletzung angesehen.

30 Als **rechtliche Nutzungsbeschränkung** kommt insbesondere ein **Veräußerungshindernis** als Folge eines **behördlichen Verkaufsverbots** anlässlich der Kontaminierung eines Gegenstands in Betracht (BGHZ 105, 346 = NJW 1989, 707, 708; Landsberg/Lülling Rn 39; Paschke Rn 37). Für die Eigentumsverletzung unerheblich ist es dabei, ob die Ware tatsächlich verunreinigt war, sofern sie Gegenstand des Verkaufsverbots war. Die Anordnung des Veräußerungsverbots ihrerseits muss allerdings rechtmäßig gewesen sein, weil sonst der Gefährdungszusammenhang zwischen der Umweltverunreinigung und der Gebrauchsbeeinträchtigung fehlt und der Anlagenbetreiber zum Ersatzschuldner neben der Behörde für fehlerhaftes Verwaltungshandeln würde (Paschke Rn 37). Die durch eine Umweltbelastung verursachte Minderung der Marktfähigkeit eines Produktes wegen des bloßen Verdachts einer umweltbedingten Produktbelastung ist nicht, wie erforderlich, eine die Sachsubstanz gegenständlich erfassende Beeinträchtigung, sondern beruht auf dem externen Faktor einer Objekteinschätzung durch die Marktteilnehmer (Landsberg/Lülling Rn 39 f).

Gebrauchsbeeinträchtigungen werden regelmäßig unter dem Gesichtspunkt der Eigentumsverletzung im Sinne des § 823 Abs 1 BGB erörtert. § 1 UmweltHG verwendet hingegen den Terminus der Sachbeschädigung. Aus diesem ergibt sich zunächst nur, dass das Eigentum sowie sonstige unmittelbare sachbezogene Rechtspositionen bei Beeinträchtigungen der Sachsubstanz geschützt sind. Der Verzicht des § 1 UmweltHG auf die Bezugnahme auf den durch § 903 BGB definierten Inhalt des Eigentums kann daher allenfalls zu einer Restriktion des objektiven Schutzbereichs im Vergleich zu demjenigen führen, der im Falle der Eigentumsverletzung durch § 823 Abs 1 BGB eröffnet wird. Nur eine den § 1 UmweltHG mit den Grundsätzen des § 823 Abs 1 BGB harmonisierende Auslegung des § 1 UmweltHG, die allerdings im Interesse einer Abstimmung der Schutzbereiche beider Haftungsgrundlagen in den Fällen einer Sachbeeinträchtigung erreicht werden sollte, rechtfertigt daher die Übernahme der zu § 823 Abs 1 BGB zur Frage der Eigentumsverletzung bei Gebrauchsbeeinträchtigungen entwickelten Grundsätze in die Bemessung des objektiven Schutzbereichs von § 1 UmweltHG (im Ergebnis so wohl Landsberg/Lülling Rn 40). 31

Zu den tatsächlichen Gebrauchsbeeinträchtigungen zählen primär die **durch Substanzveränderungen verursachten Nutzungseinschränkungen.** Dazu treten **Störungen der Funktionsbestimmung** einer Sache ohne Substanzveränderungen. Hierher rechnen Nutzungseinschränkungen durch Einströmen von Gasen oder Einlaufen von Flüssigkeiten in ein Gebäude oder auf ein Grundstück (Salje §§ 1, 3 Rn 94). Mittelbar sind damit auch ökologische Interessen geschützt, wenn ein Grundstück als Biotop gehalten wird und die dazu gehörende Fauna zerstört oder wesentlich beeinträchtigt wird, und zwar auch bei Herrenlosigkeit der betroffenen Tiere; in diesen Fällen ist Ersatz im Wege der Naturalrestitution zu leisten (Landsberg/Lülling Rn 46; Salje §§ 1, 3 Rn 94). 32

Nutzungseinschränkungen als Folge der **Unterbrechung von Versorgungsleitungen** sind nur dann als Eigentumsverletzungen anzusehen, wenn die Unterbrechung zu einer Substanzverletzung geführt hat; im Übrigen hat die Rechtsprechung in diesen Fällen weder eine Eigentumsverletzung noch, mangels Betriebsbezogenheit, einen relevanten Eingriff in den eingerichteten und ausgeübten Gewerbebetrieb angenommen (BGHZ 29, 65 = NJW 1959, 479; 41, 123 = NJW 1964, 720; Landsberg/Lülling Rn 44; Paschke Rn 38). Es handelt sich um eine tatbestandlich nicht erfasste ideelle Einwirkung, die zu einer Verkehrswertminderung führt. Auch eine grundstücksbezogene ideelle Einwirkung mit der Folge einer Verkehrswertminderung, die beispielsweise infolge **Errichtung einer als gefährlich geltenden Anlage** in der Nachbarschaft eintreten kann, ist jedoch mangels genügenden unmittelbaren Sachbezugs nicht ersatzfähig (BGHZ 54, 56, 59 ff; 73, 272, 274 = NJW 1979, 1408; BGHZ 95, 307 = NJW 1985, 2823; Landsberg/Lülling Rn 47). 33

Gebrauchsbeeinträchtigungen, die die **Folge persönlich bedingter Indisponibilität** einer Sache sind und nicht ihr selbst anhaften, sind der Sphäre der Persönlichkeit und nicht dem ersatzfähigen Bereich der sachbezogenen Gebrauchsbeeinträchtigungen zuzurechnen (Landsberg/Lülling Rn 41). Bei tatsächlichen Gebrauchseinschränkungen wird hier eine Eigentumsverletzung allerdings angenommen, wenn die wesens- 34 gemäße Funktion der Sache für einen wirtschaftlich erheblichen Zeitraum gestört ist (BGHZ 55, 153 = NJW 1971, 886; BGHZ 63, 203 = NJW 1975, 347; Landsberg/Lülling Rn 42; Paschke Rn 38). Bleibt hingegen die Sache als solche nutzbar und ist nur der Zugang zu ihr erschwert, jedoch nicht ausgeschlossen, ist die Gebrauchsbeeinträchtigung nicht der Sachverletzung zuzurechnen, sondern der persönlichen Disposition des Berechtigten oder seiner potenziellen Kunden (BGHZ 86, 152 = NJW 1983, 2313; Paschke Rn 38).

2. Umwelteinwirkung (Emission)

35 Der Rechtsgutverletzung muss eine **Umwelteinwirkung,** also ein Emissionstatbestand, **vorangehen.** Der Begriff der Umwelteinwirkung ist in § 3 Abs 1 UmweltHG definiert. Danach sind unter Umwelteinwirkungen Ausbreitungen von Stoffen, Erschütterungen, Geräuschen, Druck, Strahlen, Gasen, Dämpfen, Wärme oder sonstigen Erscheinungen in Boden, Luft oder Wasser zu verstehen. Wegen der Einzelheiten ist auf die Kommentierung des § 3 UmweltHG zu verweisen.

3. Anlagenbezug der Emission

36 **a)** Das Umwelthaftungsgesetz führt keine allgemeine Gefährdungshaftung für jedwede Umwelteinwirkung ein. Im Interesse der Überschaubarkeit des Haftungsrisikos und der damit verbundenen Versicherbarkeit **beschränkt** das Gesetz die **Haftung auf Anlagen** typischerweise – allerdings nicht rechtlich notwendigerweise – **gewerblichen Charakters.** Damit wird die besondere haftungsrechtliche Verantwortlichkeit zugleich typisierend an das Vorhandensein gewöhnlich besonders gefahrträchtiger Einrichtungen geknüpft. Aus Gründen der Rechtssicherheit ist die Gefahrträchtigkeit als solche jedoch nicht als abstrakte Haftungsvoraussetzung eingeführt; vielmehr sorgt die Bezugnahme auf einen konkreten Anlagenkatalog für einen möglichst klar umgrenzten Anwendungsbereich des Gesetzes (Landsberg/Lülling DB 1990, 2205).

37 **b)** Die Umwelteinwirkung muss von einer Anlage ausgehen; die Emission muss **Anlagenbezug** haben. § 3 Abs 2 UmweltHG definiert den Begriff der Anlage als ortsfeste Einrichtung wie Betriebsstätten und Lager; § 3 Abs 3 UmweltHG konkretisiert dies in der Weise, dass zu den Anlagen auch Maschinen, Geräte, Fahrzeuge und sonstige ortsveränderliche technische Einrichtungen und Nebeneinrichtungen gehören, die mit der Anlage oder einem Anlagenteil in einem räumlichen oder betriebstechnischen Zusammenhang stehen und für das Entstehen von Umwelteinwirkungen von Bedeutung sein können. Wegen der Einzelheiten wird auf die Kommentierung des § 3 UmweltHG verwiesen.

38 **c)** Im unmittelbaren Anwendungsbereich des § 1 wird ausweislich des Rückschlusses aus § 2 UmweltHG vorausgesetzt, dass die Anlage fertiggestellt ist und noch betrieben wird. **Fertigstellung** bedeutet, dass die Anlage erkennbar für den **Betriebszweck gewidmet** ist (Salje §§ 1, 3 Rn 139). Dies geschieht regelmäßig durch die tatsächliche Inbetriebnahme (Landmann/Rohmer/Rehbinder Rn 12; Salje §§ 1, 3 Rn 140). Alsdann schließen Betriebsunterbrechungen beispielsweise für Wartungsarbeiten die unmittelbare Anwendung des § 1 UmweltHG nicht aus, solange der Wille zur Wiederaufnahme des Betriebs vorhanden ist (Salje §§ 1, 3 Rn 139). Ist die Anlage noch nicht in Betrieb genommen, kann sie dennoch im Sinne des § 1 UmweltHG fertiggestellt sein mit der Folge, dass keine erst durch Anwendung des § 2 Abs 1 UmweltHG zu schließende Haftungslücke für den Fall einer zwar fertiggestellten, aber noch nicht betriebenen Anlage besteht (Salje §§ 1, 3 Rn 140; vgl dagegen Landmann/Rohmer/Rehbinder Rn 3). Mangels Inbetriebnahme wird die Fertigstellung durch eine Abnahme im werkvertraglichen Sinne der Billigung der Anlage als im wesentlichen betriebsbereit indiziert. Der Anlagenbezug mit der Folge unmittelbarer Anwendung des § 1 UmweltHG **endet** mit Rücksicht auf § 2 Abs 2 UmweltHG mit dem Anlagenbetrieb. Dieser Zeitpunkt wird durch die tatsächliche, nach außen sichtbare Einstellung des Betriebes aufgrund des Entschlusses, die Anlage endgültig außer Funktion zu stellen, markiert (Salje §§ 1, 3 Rn 141; vgl zu Einzelheiten Erl zu § 2).

d) Im Interesse der Rechtssicherheit und Rechtsklarheit muss die emittierende Anlage dem im Anhang zum UmweltHG befindlichen **Anlagenkatalog** 1 zuzuordnen sein (zum Verhältnis zur Definition des Standortes gemäß Art 2 lit i UmweltauditVO Falk, EG-Umwelt-Audit-VO [1998] 107 f). Dieser der 4. BImSchVO nachgebildete, aber – vermehrt nach zwischenzeitlichen Änderungen im Rahmen der 4. BImSchV (Enders 380) – nicht identische Katalog macht deutlich, dass die Anlagen nach ihrer Gefährlichkeit gerade für die durch das UmweltHG zu schützenden Rechtsgüter ausgewählt wurden, und dass sich in dieser Auswahl prinzipiell der Schutzbereich des UmweltHG zeigt (Medicus, in: FS Gernhuber 304 ff). Der Anlagenkatalog lässt allerdings Schutzdefizite, die wohl mit dem Schutz der Landwirtschaft (dazu Flachsbarth 265) und mittelständischer Betriebe erklärlich (Salje §§ 1, 3 Rn 40 ff), aber unter dem Gesichtspunkt der Gleichbehandlung im wesentlichen gleich gefährlicher Anlagen bedenklich sind; so fehlen etwa Tankstellen und Chemische Reinigungsbetriebe (Salje §§ 1, 3 Rn 12, 40 ff). Gemessen an deren Schadenspotenzial erscheinen hingegen einige Anlagen, die in die in bezug genommene Anlagenliste aufgenommen sind, weniger gefahrträchtig; auch insoweit ist die Frage nach dem Sachkriterium für die Katalogauswahl gestellt (vgl Medicus, in: FS Gernhuber 308 f). Gleichbehandlungsdefizite bedürfen daher zumindest de lege ferenda einer Korrektur (Döring 77 ff) und sind derzeit nur hinnehmbar, weil das Listenprinzip in wünschenswerter Weise für Rechtssicherheit sorgt und der Katalog jedenfalls im wesentlichen, wenngleich nicht vollständig, das schadensträchtige Emissionspotenzial richtig erfasst. Im Übrigen ist die fortgesetzte Bezugnahme auf das frühere AbfG in den Nummern 71, 72, 75–77 zumindest bedenklich (Enders 381 f). **39**

Aus dem mit dem Katalogprinzip verfolgten Zweck, für Rechtssicherheit zu sorgen, folgt zugleich, dass ein **Nachweis besonderer Gefährlichkeit** der Anlage **nicht** zu führen ist, wenn feststeht, dass eine im Katalog aufgeführte Anlage die Umweltbeeinträchtigung herbeigeführt hat. Das besondere Gefahrenpotenzial ist lediglich legislatorisches Motiv für die Aufnahme der Anlage in den Katalog, nicht jedoch selbstständige Haftungsvoraussetzung (Salje §§ 1, 3 Rn 38; Landsberg/Lülling DB 1990, 2206). **40**

Im Anlagenkatalog sind die folgenden 96 Anlagen aufgeführt: **41**

Wärmeerzeugung, Bergbau, Energie

1. Kraftwerke, Heizkraftwerke und Heizwerke mit Feuerungsanlagen für den Einsatz von festen, flüssigen oder gasförmigen Brennstoffen, soweit die Feuerungswärmeleistung
a) bei festen oder flüssigen Brennstoffen 50 Megawatt oder
b) bei gasförmigen Brennstoffen 100 Megawatt übersteigt.

2. Feuerungsanlagen für den Einsatz von
a) Kohle, Koks, Kohlebriketts, Torfbriketts, Brenntorf, Heizölen, Methanol, Äthanol, naturbelassenem Holz sowie von
aa) gestrichenem, lackiertem oder beschichtetem Holz sowie daraus anfallenden Resten, soweit keine Holzschutzmittel aufgetragen oder enthalten sind und Beschichtungen nicht aus halogenorganischen Verbindungen bestehen, oder von
bb) Sperrholz, Spanplatten, Faserplatten oder sonst verleimtem Holz sowie daraus anfallenden Resten, soweit keine Holzschutzmittel aufgetragen oder enthalten sind und Beschichtungen nicht aus halogenorganischen Verbindungen bestehen, mit einer Feuerungswärmeleistung von 50 Megawatt oder mehr oder
b) gasförmigen Brennstoffen
aa) Gasen der öffentlichen Gasversorgung, naturbelassenem Erdgas oder Erdölgas mit vergleichbaren Schwefelgehalten, Flüssiggas oder Wasserstoff,
bb) Klärgas mit einem Volumengehalt an Schwefelverbindungen bis zu 1 vom Tausend, angegeben als Schwefel oder Biogas aus der Landwirtschaft,
cc) Koksofengas, Grubengas, Stahlgas, Hochofengas, Raffineriegas und Synthesegas mit einem Volumengehalt an Schwefelverbindungen bis zu 1 vom Tausend, angegeben als Schwefel, mit einer Feuerungswärmeleistung von 100 Megawatt oder mehr.
3. Feuerungsanlagen für den Einsatz anderer fester, flüssiger oder gasförmiger brennbarer Stoffe mit einer Feuerungswärmeleistung von 1 Megawatt oder mehr.
4. Verbrennungsmotorenanlagen für den Einsatz von Altöl oder Deponiegas.
5. Gasturbinen zum Antrieb von Generatoren oder Arbeitsmaschinen mit einer Feuerungswärmeleistung von 10 Megawatt oder mehr, ausgenommen Gasturbinen mit geschlossenem Kreislauf.
6. Kühltürme mit einem Kühlwasserdurchsatz von 10000 Kubikmeter oder mehr je Stunde unter Einschluss von Kühltürmen von Anlagen zur Spaltung von Kernbrennstoffen oder zur Aufarbeitung bestrahlter Kernbrennstoffe.
7. Anlagen zum Mahlen oder Trocknen von Kohle mit einer Leistung von 30 Tonnen oder mehr je Stunde.
8. Anlagen zum Brikettieren von Braun- oder Steinkohle.
9. Anlagen zur Trockendestillation, insbesondere von Steinkohle, Braunkohle, Holz, Torf oder Pech (zB Kokereien, Gaswerke, und Schwelereien), ausgenommen Holzkohlenmeiler.
10. Anlagen zur Destillation oder Weiterverarbeitung von Teer oder Teererzeugnissen oder von Teer- oder Gaswasser.
11. Anlagen zur Erzeugung von Generator- oder Wassergas aus festen Brennstoffen.
12. Anlagen zur Vergasung oder Verflüssigung von Kohle.
13. Anlagen zur Erzeugung von Stadt- oder Ferngas aus Kohlenwasserstoffen durch Spalten.
14. Anlagen über Tage zur Gewinnung von Öl aus Schiefer oder anderen Gesteinen oder Sanden sowie Anlagen zur Destillation oder Weiterverarbeitung solcher Öle.
15. Anlagen innerhalb von Kernbrennstoffabriken
– zur chemischen Umwandlung von Uran- oder Plutoniumverbindungen (Konversion),
– zum Sintern von Brennstofftabletten oder
– zum Aufbereiten von kernbrennstoffhaltigen Rückständen.
16. Verfahrenstechnische Anlagen innerhalb von Urananreicherungsanlagen (Isotopentrennanlage oder Produktanlage) einschließlich Lager- und Hantierungsanlagen für Behälter mit Uranhexafluorid (UF).
17. Einrichtungen zur Aufbewahrung von Kernbrennstoffen in Form von löslichen Uranverbindungen.
18. Einrichtungen zur Behandlung radioaktiver Abfälle.

Steine und Erden, Glas, Keramik, Baustoffe

19. Anlagen zur Herstellung von Zementklinker oder Zementen.

20. Anlagen zum Brennen von Bauxit, Dolomit, Gips, Kalkstein, Kieselgut, Magnesit, Quarzit oder Schamotte.
21. Anlagen zur Gewinnung, Bearbeitung oder Verarbeitung von Asbest.
22. Anlagen zum mechanischen Be- oder Verarbeiten von Asbesterzeugnissen auf Maschinen.
23. Anlagen zum Blähen von Perlite, Schiefer oder Ton.
24. Anlagen zur Herstellung von Glas, auch soweit es aus Altglas hergestellt wird, einschließlich Glasfasern, die nicht für medizinische oder fernmeldetechnische Zwecke bestimmt sind.
25. Anlagen zum Brennen keramischer Erzeugnisse unter Verwendung von Tonen, soweit der Rauminhalt der Brennanlage drei Kubikmeter oder mehr und die Besatzdichte 300 Kilogramm oder mehr je Kubikmeter Rauminhalt der Brennanlage beträgt, ausgenommen elektrisch beheizte Brennöfen, die diskontinuierlich und ohne Abluftführung betrieben werden.
26. Anlagen zum Schmelzen mineralischer Stoffe.
27. Anlagen zur Herstellung oder zum Schmelzen von Mischungen aus Bitumen oder Teer mit Mineralstoffen einschließlich Aufbereitungsanlagen für bituminöse Straßenbaustoffe und Teersplittanlagen, von denen den Umständen nach zu erwarten ist, dass sie länger als während der zwölf Monate, die auf die Inbetriebnahme folgen, an demselben Ort betrieben werden.

Stahl, Eisen und sonstige Metalle einschließlich Verarbeitung

28. Anlagen zum Rösten (Erhitzen unter Luftzufuhr zur Überführung in Oxide), Schmelzen oder Sintern (Stückigmachen von feinkörnigen Stoffen durch Erhitzen) von Erzen.
29. Anlagen zur Gewinnung von Roheisen oder Nichteisenrohmetallen.
30. Anlagen zur Stahlerzeugung sowie Anlagen zum Erschmelzen von Gusseisen oder Rohstahl, ausgenommen Schmelzanlagen für Gusseisen oder Stahl mit einer Schmelzleistung bis zu 2,5 Tonnen pro Stunde.
31. Schmelzanlagen für Zink oder Zinklegierungen für einen Einsatz von 1000 Kilogramm oder mehr oder Schmelzanlagen für sonstige Nichteisenmetalle einschließlich der Anlagen zur Raffination für einen Einsatz von 500 Kilogramm oder mehr, ausgenommen
- Vakuum-Schmelzanlagen,
- Schmelzanlagen für niedrigschmelzende Gusslegierungen aus Zinn und Wismut oder aus Feinzink, Aluminium und Kupfer,
- Schmelzanlagen, die Bestandteil von Druck- oder Kokillengießmaschinen sind,
- Schmelzanlagen für Edelmetalle oder für Legierungen, die nur aus Edelmetallen oder aus Edelmetallen und Kupfer bestehen, und
- Schwallötbäder.

32. Anlagen zum Abziehen der Oberflächen von Stahl, insbesondere von Blöcken, Brammen, Knüppeln, Platinen oder Blechen durch Flämmen.
33. Anlagen zum Walzen von Metallen, ausgenommen
- Kaltwalzwerke mit einer Bandbreite bis zu 650 Millimeter und
- Anlagen zum Walzen von Nichteisenmetallen mit einer Leistung von weniger als 8 Tonnen Schwermetall oder weniger als 2 Tonnen Leichtmetall je Stunde.

34. Eisen-, Temper- oder Stahlgießereien, ausgenommen Anlagen, in denen Formen oder Kerne auf kaltem Wege hergestellt werden, soweit deren Leistung weniger als 80 Tonnen Gussteile je Monat beträgt.
35. Gießereien für Nichteisenmetalle, ausgenommen
- Gießereien für Glocken- oder Kunstguss,
- Gießereien, in denen in metallische Formen abgegossen wird,
- Gießereien, in denen das Metall in fortbeweglichen Tiegeln niedergeschmolzen wird und
- Gießereien zur Herstellung von Ziehwerkzeugen aus niedrigschmelzenden Gusslegierungen aus Zinn und Wismut oder aus Feinzink, Aluminium und Kupfer.

36. Anlagen zum Aufbringen von metallischen Schutzschichten aus Blei, Zinn oder Zink auf Metall-

oberflächen mit Hilfe von schmelzflüssigen Bädern oder durch Flammspitzen mit einer Leistung von 1 Tonne Rohgutdurchsatz oder mehr je Stunde, ausgenommen Anlagen zum kontinuierlichen Verzinken nach dem Sendzimirverfahren.
37. Anlagen, die aus einem oder mehreren maschinell angetriebenen Hämmern bestehen, wenn die Schlagenergie eines Hammers 1 Kilojoule überschreitet; den Hämmern stehen Fallwerke gleich.
38. Anlagen zur Sprengverformung oder zum Plattieren mit Sprengstoffen bei einem Einsatz von 10 Kilogramm Sprengstoff oder mehr je Schuss.
39. Anlagen zum Zerkleinern von Schrott durch Rotormühlen mit einer Nennleistung des Rotorantriebes von 500 Kilowatt oder mehr.
40. Anlagen zur Herstellung von warmgefertigten nahtlosen oder geschweißten Rohren aus Stahl.
41. Anlagen zur Herstellung von Schiffskörpern oder -sektionen aus Metall mit einer Länge von 20 Metern oder mehr.
42. Anlagen zur Herstellung von Bleiakkumulatoren.
43. Anlagen zur Herstellung von Metallpulver oder -pasten durch Stampfen.
44. Anlagen zur Herstellung von Aluminium-, Eisen- oder Magnesiumpulver oder -pasten oder von blei- oder nickelhaltigen Pulvern oder Pasten in einem anderen als dem in Nummer 43 genannten Verfahren.

Chemische Erzeugnisse, Arzneimittel, Mineralölraffination und Weiterverarbeitung

45. Anlagen zur fabrikmäßigen Herstellung von Stoffen durch chemische Umwandlung, insbesondere
a) zur Herstellung von anorganischen Chemikalien wie Säuren, Basen, Salzen,
b) zur Herstellung von Metallen oder Nichtmetallen auf nassem Wege oder mit Hilfe elektrischer Energie,
c) zur Herstellung von Korund oder Karbid,
d) zur Herstellung von Halogenen oder Halogenerzeugnissen oder von Schwefel oder Schwefelerzeugnissen,
e) zur Herstellung von phosphor- oder stickstoffhaltigen Düngemitteln,
f) zur Herstellung von unter Druck gelöstem Acetylen (Dissousgasfabriken),
g) zur Herstellung von organischen Chemikalien oder Lösungsmitteln wie Alkohole, Aldehyde, Ketone, Säuren, Ester, Acetate, Äther,
h) zur Herstellung von Kunststoffen oder Chemiefasern,
i) zur Herstellung von Cellulosenitraten,
k) zur Herstellung von Kunstharzen,
l) zur Herstellung von Kohlenwasserstoffen,
m) zur Herstellung von synthetischem Kautschuk,
n) zum Regenerieren von Gummi oder Gummimischprodukten unter Verwendung von Chemikalien,
o) zur Herstellung von Teerfarben oder Teerfarbenzwischenprodukten,
p) zur Herstellung von Seifen oder Waschmitteln;
hierzu gehören nicht Anlagen zur Erzeugung oder Spaltung von Kernbrennstoffen oder zur Aufarbeitung bestrahlter Kernbrennstoffe, soweit in diesem Anhang nichts anderes bestimmt ist.
46. Anlagen zur Chemikalienaufbereitung und zur Abwasserbehandlung in Anlagen zur Aufarbeitung bestrahlter Kernbrennstoffe.
47. Anlagen, in denen Pflanzenschutz- oder Schädlingsbekämpfungsmittel oder ihre Wirkstoffe gemahlen oder maschinell gemischt, abgepackt oder umgefüllt werden.
48. Anlagen zur fabrikmäßigen Herstellung von Arzneimitteln oder Arzneimittelzwischenprodukten, soweit
a) Pflanzen, Pflanzenteile oder Pflanzenbestandteile extrahiert, destilliert oder auf ähnliche Weise behandelt werden, ausgenommen Extraktionsanlagen mit Ethanol ohne Erwärmen,
b) Tierkörper, auch lebende Tiere, sowie Körperteile, Körperbestandteile und Stoffwechselprodukte von Tieren eingesetzt werden oder

c) Mikroorganismen sowie deren Bestandteile oder Stoffwechselprodukte verwendet werden.
49. Anlagen zur Destillation oder Raffination oder sonstigen Weiterverarbeitung von Erdöl oder Erdölerzeugnissen in Mineralöl-, Altöl- oder Schmierstoffraffinerien in petrochemischen Werken oder bei der Gewinnung von Paraffin.
50. Anlagen zur Herstellung von Schmierstoffen, wie Schmieröle, Schmierfette, Metallbearbeitungsöle.
51. Anlagen zur Herstellung von Ruß.
52. Anlagen zur Herstellung von Kohlenstoff (Hartbrandkohle) oder Elektrographit durch Brennen, zum Beispiel für Elektroden, Stromabnehmer oder Apparateteile.
53. Anlagen zur Aufarbeitung von organischen Lösungsmitteln durch Destillieren mit einer Leistung von 1 Tonne oder mehr je Stunde.
54. Anlagen zum Erschmelzen von Naturharzen mit einer Leistung von 1 Tonne oder mehr je Tag.
55. Anlagen zur Herstellung von Firnis, Lacken oder Druckfarben mit einer Leistung von 1 Tonne oder mehr je Tag.

Oberflächenbehandlung mit organischen Stoffen, Herstellung von bahnenförmigen Materialien aus Kunststoffen, sonstige Verarbeitung von Harzen und Kunststoffen

56. Anlagen zum Lackieren von Gegenständen oder bahnen- oder tafelförmigen Materialien einschließlich der zugehörigen Trocknungsanlagen, soweit die Farben oder Lacke
a) als organisches Lösungsmittel ausschließlich Ethanol enthalten und von diesem 50 Kilogramm oder mehr je Stunde eingesetzt werden, oder
b) sonstige organische Lösungsmittel enthalten und von diesen 25 Kilogramm oder mehr je Stunde eingesetzt werden.
57. Anlagen zum Bedrucken von bahnen- oder tafelförmigen Materialien mit Rotationsdruckmaschinen einschließlich der zugehörigen Trockungsanlagen, soweit die Farben oder Lacke
a) als organisches Lösungsmittel ausschließlich Ethanol enthalten und von diesem 50 Kilogramm oder mehr je Stunde eingesetzt werden, oder
b) sonstige organische Lösungsmittel enthalten und von diesen 25 Kilogramm oder mehr je Stunde eingesetzt werden.
58. Anlagen zum Beschichten, Imprägnieren oder Tränken von Glasfasern, Mineralfasern oder bahnen- oder tafelförmigen Materialien einschließlich der zugehörigen Trocknungsanlagen mit
a) Kunstharzen oder
b) Kunststoffen oder Gummi unter Einsatz von 25 Kilogramm organischen Lösungsmitteln je Stunde oder mehr.
59. Anlagen zum Tränken oder Überziehen von Stoffen oder Gegenständen mit Teer, Teeröl oder heißem Bitumen, ausgenommen Anlagen zum Tränken oder Überziehen von Kabeln mit heißem Bitumen.
60. Anlagen zum Isolieren von Drähten unter Verwendung von Phenol- oder Kresolharzen.
61. Anlagen zur Herstellung von bahnenförmigen Materialien auf Streichmaschinen einschließlich zugehöriger Trocknungsanlagen unter Verwendung von Gemischen aus Kunststoffen und Weichmachern oder von Gemischen aus sonstigen Stoffen und oxidiertem Leinöl.

Holz, Zellstoff

62. Anlagen zur Gewinnung von Zellstoff aus Holz, Stroh oder ähnlichen Faserstoffen.
63. Anlagen zur Herstellung von Holzfaserplatten, Holzspanplatten oder Holzfasermatten.

Nahrungs-, Genuss- und Futtermittel, landwirtschaftliche Erzeugnisse

64. Anlagen zum Halten oder zur Aufzucht von Geflügel oder zum Halten von Schweinen mit
a) 50000 Hennenplätzen,
b) 100000 Junghennenplätzen,
c) 100000 Mastgeflügelplätzen,
d) 1700 Mastschweineplätzen oder
e) 500 Sauenplätzen

oder mehr. Bei gemischten Beständen werden die Vomhundertanteile, bis zu denen die vorgenannten Platzzahlen jeweils ausgeschöpft werden, addiert; die maßgebende Anlagengröße ist erreicht, wenn die Summe der Vomhundertanteile einen Wert von 100 erreicht; Bestände, die kleiner sind als jeweils 5 vom Hundert der in den Buchstaben a bis e genannten Platzzahlen, bleiben bei der Ermittlung der maßgebenden Anlagengröße unberücksichtigt.

65. Anlagen zur Tierkörperbeseitigung sowie Anlagen, in denen Tierkörperteile oder Erzeugnisse tierischer Herkunft zur Beseitigung in Tierkörperbeseitigungsanlagen gesammelt oder gelagert werden.

66. Mühlen für Nahrungs- oder Futtermittel mit einer Produktionsleistung von 500 Tonnen und mehr je Tag.

67. Anlagen zum Extrahieren pflanzlicher Fette oder Öle, soweit die Menge des eingesetzten Extraktionsmittels 1 Tonne oder mehr beträgt.

Abfälle und Reststoffe

68. Anlagen zur teilweisen oder vollständigen Beseitigung von festen oder flüssigen Stoffen durch Verbrennen.

69. Anlagen zur thermischen Zersetzung brennbarer fester oder flüssiger Stoffe unter Sauerstoffmangel (Pyrolyseanlagen).

70. Anlagen zur Rückgewinnung von einzelnen Bestandteilen aus festen Stoffen durch Verbrennen, ausgenommen Anlagen zur Rückgewinnung von Edelmetallen in Geräte-Veraschungsöfen, soweit die Menge der Ausgangsstoffe weniger als 200 kg je Tag beträgt.

71. Anlagen, in denen feste Abfälle, auf die die Vorschriften des Abfallgesetzes Anwendung finden, aufbereitet werden, mit einer Leistung von 1 Tonne oder mehr je Stunden, ausgenommen Anlagen, in denen Stoffe aus in Haushaltungen anfallende oder aus gleichwertigen Abfällen durch Sortieren für den Wirtschaftskreislauf zurückgewonnen werden.

72. Anlagen zum Umschlagen von festen Abfällen im Sinne von § 1 Abs 1 des Abfallgesetzes mit einer Leistung von 100 Tonnen oder mehr je Tag, ausgenommen Anlagen zum Umschlagen von Erdaushub oder von Gestein, das bei der Gewinnung oder Aufbereitung von Bodenschätzen anfällt.

73. Kompostwerke.

74. Anlagen zur chemischen Aufbereitung von cyanidhaltigen Konzentraten, Nitriten, Nitraten oder Säuren, soweit hierdurch eine Verwertung als Reststoff oder eine Entsorgung als Abfall ermöglicht werden soll.

75. Ortsfeste Anlagen im Sinne des § 4 des Abfallgesetzes zum Lagern, Behandeln oder Ablagern von Abfällen im Sinne des § 2 Abs 2 des Abfallgesetzes.

76. Ortsfeste Anlagen im Sinne des § 4 des Abfallgesetzes zur thermischen Behandlung oder Ablagerung von in Haushaltungen anfallenden Abfällen.

77. Anlagen, die der Lagerung oder Behandlung von Autowracks dienen im Sinne des § 5 des Abfallgesetzes.

Lagerung, Be- und Entladen von Stoffen

78. Anlagen zum Lagern von brennbaren Gasen in Behältern mit einem Fassungsvermögen von 3 Tonnen oder mehr.

79. Anlagen zum Lagern von Mineralöl, flüssigen Mineralölerzeugnissen oder Methanol aus anderen Stoffen in Behältern mit einem Fassungsvermögen von 10.000 Tonnen oder mehr.

80. Anlagen zum Lagern von Acrylnitril in Behältern mit einem Fassungsvermögen von 350 Tonnen oder mehr.

81. Anlagen zum Lagern von Chlor in Behältern mit einem Fassungsvermögen von 10 Tonnen oder mehr.

82. Anlagen zum Lagern von Schwefeldioxid in Behältern mit einem Fassungsvermögen von 20 Tonnen oder mehr.

83. Anlagen zum Lagern von flüssigem Sauerstoff in Behältern mit einem Fassungsvermögen von 200 Tonnen oder mehr.
84. Anlagen zum Lagern von 25 Tonnen oder mehr Ammoniumnitrat oder ammoniumnitrathaltiger Zubereitungen der Gruppe A nach Anhang IV Nr 2 der Gefahrstoffverordnung von 26. August 1986 (BGBl 1 S 1470).
85. Anlagen zum Lagern von 5 Tonnen Alkalichlorat oder mehr.
86. Anlagen zum Lagern von 5 Tonnen oder mehr Pflanzenschutz- oder Schädlingsbekämpfungsmitteln oder ihrer Wirkstoffe.
87. Anlagen zum Lagern von Schwefeltrioxid in Behältern mit einem Fassungsvermögen von 100 Tonnen und mehr.
88. Anlagen zum Lagern von 100 Tonnen oder ammoniumnitrathaltiger Zubereitungen der Gruppe B nach Anhang IV Nr 2 der Gefahrstoffverordnung von 26. August 1986 (BGBl 1 S 1470).
89. Anlagen zum Lagern von insgesamt 20 Tonnen oder mehr von im Anhang II der Störfall-Verordnung bezeichneten Stoffen, auch als Bestandteile von Zubereitungen, soweit es sich nicht um Stoffe der Nummern 1 bis 4, 6, 14, 15, 17, 18, 21, 25, 26, 36, 39, 40 bis 42, 45, 56, 64 bis 67, 76, 81, 83, 84, 102, 110, 112, 114, 116, 169, 173, 184, 185, 211, 223, 236, 245, 246, 261, 266, 271, 272, 277, 281, 286, 294, 295, 303, 305, 306, 310 oder 317 handelt.

Sonstiges

90. Anlagen zur Herstellung, Bearbeitung, Verarbeitung, Wiedergewinnung oder Vernichtung von explosivgefährlichen Stoffen im Sinne des Sprengstoffgesetzes, die zur Verwendung als Sprengstoffe, Zündstoffe, Treibstoffe, pyrotechnische Sätze oder zur Herstellung dieser Stoffe bestimmt sind; hierzu gehören auch die Anlagen zum Laden, Entladen oder Delaborieren von Munition oder sonstigen Sprengkörpern, ausgenommen Anlagen zur Herstellung von Zündhölzern.
91. Anlagen zur Herstellung von Zellhorn.
92. Anlagen zur Herstellung von Zusatzstoffen zu Lacken und Druckfarben auf der Basis von Cellulosenitrat, dessen Stickstoffgehalt bis zu 12,6 vom Hundert beträgt.
93. Anlagen zum Schmelzen oder Destillieren von Naturasphalt.
94. Pechsiedereien.
95. Anlagen zur Herstellung von Bautenschutz-, Reinigungs-, Holzschutz- oder Klebemitteln mit einer Leistung von einer Tonne oder mehr je Tag, ausgenommen Anlagen, in denen diese Mittel ausschließlich unter Verwendung von Wasser als Verdünnungsmittel hergestellt werden.
96. Anlagen zur Herstellung von Holzschutzmitteln unter Verwendung von halogenierten aromatischen Kohlenwasserstoffen.

Zur **Klarstellung** insbesondere **hinsichtlich der Bemessungsgrenzen** enthält ebenfalls der Anhang 1 zum UmweltHG, dort gesetzestechnisch an den Anfang des Anhangs gestellt, **in drei Vorbemerkungen** folgende Regelung: 42

Für die genannten Anlagen gilt:
1. Ist für eine der Anlagen das Erreichen oder Überschreiten einer Leistungsgrenze oder einer Anlagengröße maßgebend, so ist auf den rechtlich zulässigen und, sofern dieser überschritten wird, auf den tatsächlichen Betriebsumfang abzustellen. Der rechtlich zulässige Betriebsumfang bestimmt sich aus dem Inhalt verwaltungsrechtlicher Zulassungen, aus Auflagen, aus vollziehbaren Anordnungen und aus Rechtsvorschriften.
2. Ist für eine der im Anhang genannten Anlagen die Menge eines Stoffes maßgebend, so ist darauf abzustellen, ob diese Menge
a) im bestimmungsgemäßen Betrieb vorhanden sein kann oder
b) bei einer Störung des bestimmungsgemäßen Betriebs entstehen kann.
3. Mehrere Anlagen eines Betreibers, die die maßgeblichen Leistungsgrenzen, Anlagengrößen oder

Stoffmengen jeweils allein nicht erreichen, sind Anlagen im Sinne des § 1 UmweltHG, sofern sie in einem engen räumlichen und betrieblichen Zusammenhang stehen und zusammen die maßgeblichen Leistungsgrenzen oder Anlagengrößen (Nummer 1) oder Stoffmengen (Nummer 2) erreichen.

43 Aus der **Vorbemerkung** zum Anhang 1 ergibt sich quasi ein **Meistbegünstigungsprinzip** im Interesse des Geschädigten. Ist die Anlage bereits nach ihrer technischen Konzeption von Anhang 1 erfasst, kommt es für die Haftung nämlich nicht darauf an, ob die Immission tatsächlich den nach Maßgabe von Anhang 1 geforderten Grenzwert erreicht hat. Umgekehrt kann die Haftung begründet sein, wenn die Anlage als solche nach ihrer Konzeption von Anhang 1 nicht erfasst wird, die schädigende Immission jedoch tatsächlich bei einem Betriebszustand auftrat, bei dem im Einzelfall die in Anhang 1 genannten Grenzwerte überschritten wurden (Salje §§ 1, 3 Rn 46). Hinsichtlich der Darlegungs- und Beweislast ist in einem solchen Fall § 6 Abs 1 UmweltHG analog anzuwenden (so iE auch Salje §§ 1, 3 Rn 46). Der Anlageninhaber hat daher darzulegen und zu beweisen, dass die relevanten Grenzwerte nicht überschritten wurden. Seine Belastung ist nicht nur mit dem auch § 6 UmweltHG zugrundeliegenden Aspekt der Betriebsnähe zu rechtfertigen. Sie wird auch durch die in § 6 Abs 1 S 2 eingegangene Erwägung gestützt, dass unter den dort genannten Voraussetzungen des Einzelfalls eine prima-facie-Situation vorliegt, deren Erschütterung dem Betriebsinhaber ohnedies nach allgemeinen beweisrechtlichen Regelungen obläge.

44 Die **Vorbemerkung 2** zu Anhang 1 lässt **das nur mögliche Vorhandensein** einer bestimmten Menge eines Stoffs im bestimmungsgemäßen Betrieb oder bei einer Störung genügen. Es kommt daher nur auf die Art des eingesetzten Stoffs und die daraus folgende Prognostizierbarkeit seiner Immission an. Dies erleichtert die Darlegungs- und Beweissituation zum Vorteil des Geschädigten.

45 Die **Vorbemerkung 3** zu Anhang 1 behandelt das **Zusammenrechnen von Leistungsgrenzen** bei Anlagen, die jeweils für sich nicht von Anhang 1 erfasst werden, aber durch ihren engen räumlichen und betrieblichen Zusammenhang synergetisch wirken und zusammen die maßgebenden Leistungsgrenzen, Anlagengrößen oder Stoffmengen erreichen. Entscheidend ist die Summation des auftretenden Schadenspotenzials, so dass diese Regelung nur anwendbar ist, wenn die Anlagen gleichzeitig betrieben werden (Salje §§ 1, 3 Rn 47). Die Beurteilung, ob ein genügend enger räumlicher und betrieblicher Zusammenhang der Anlagen besteht, ist zum einen Tatfrage und lässt zum anderen einen gewissen Beurteilungsspielraum, der im Hinblick darauf auszufüllen ist, ob die beteiligten Anlagen aufgrund der gegebenen Verhältnisse durch das Zusammenwirken ihrer Immissionen die nach Maßgabe des Anhangs 1 definierte Überschreitung des Gefahrenpotenzials als quasi einheitliche Anlage herbeiführen.

46 Die Umwelteinwirkung muss mit einer Anlage in der Weise in Verbindung stehen, dass jene von dieser ausgeht. Die Anlage muss gerade in der Hinsicht **zur Emissionsquelle geworden** sein, in der sie **als Gefahrenquelle** in die Anlagenliste **aufgenommen** worden ist; in der so beschriebenen Relation muss also ein Schutzzweckzusammenhang bestehen. Insoweit allerdings ist auch für **unspezifische Betriebsrisiken** zu haften. Die Art des Immissionsvorgangs ist nicht näher definiert, so dass es auf Dauer, Nähe oder Auftreten in einem Störzustand nicht ankommt (Paschke Einl 19).

Eine gewissermaßen **nur bei Gelegenheit der Existenz** der Anlage als bauliche Einrichtung **auftretende Emission,** in der sich keinerlei Betriebsrisiko als solches verwirklicht, genügt nicht. Emissionen, die etwa aus Anlass von Reinigungsarbeiten an Anlagengebäuden entstehen, aber ebenso bei gleichen Arbeiten an Gebäuden, die nicht Anlagen im Sinne des UmweltHG sind, entstehen könnten, sind nicht tauglicher Anknüpfungspunkt für die Anlagenhaftung; auf Fragen einer die haftungsbegründende Kausalität korrigierenden wertenden Einschränkung unter dem Aspekt des Schutzzwecks der Norm kommt es alsdann nicht an (so, mit demselben Ergebnis, Landsberg/Lülling Rn 169). Ein Ausgehen der Umwelteinwirkung von einer Anlage liegt ebenfalls nicht vor, wenn die schädigende Immission erst im Zuge einer von einem Dritten besorgten Abfallbeseitigung nach ordnungsgemäßer Übergabe des schadensträchtigen Materials durch dessen Produzenten an den Dritten verursacht wird. Der Präventionsgedanke in dem Sinne, dass damit ein Anreiz für den Abfallproduzenten zur Abfallminimierung und zur Beseitigungsvorsorge gesetzt werde (vgl Hager NJW 1991, 135; ders, in: Blaurock [Hrsg], Verantwortlichkeit für Abfall 41), rechtfertigt allein noch keine andere Entscheidung. In Entsprechung zu § 22 Abs 2 WHG genügt das bloß mittelbare Einwirken nicht für die Zurechnung des Schadensereignisses; der dem UmweltHG eigene Gedanke der Anlagengefährdungshaftung in Bezug auf die jeweils eigene, der Risikoherrschaft unterliegenden Anlage würde überspannt (Enders 388 f; Hager NJW 1991, 134, 135; Landmann/Rohmer/Rehbinder Rn 25; Marburger UTR 30, 156; Paschke Rn 20; Paschke/Köhlbrandt NuR 1993, 256, 262; de lege ferenda **aA** v Wilmowsky NuR 1993, 253, 264), sieht man von den Fällen kollusiven Zusammenwirkens mit einem unzuverlässigen Entsorger ab, in denen sich der Abfallproduzent gewissermaßen die Vorteile von dessen Entsorgungsanlage wie eine eigene dienstbar macht (Enders 389). **47**

Die emittierende Anlage muss **nicht** von der immissionsbetroffenen Person oder Sache in der Weise getrennt sein, dass eine die **Grundstücksgrenze überschreitende Einwirkung** vorliegt. Der Begriff der Umwelteinwirkung begründet ein solches Erfordernis nicht (**aA** Feldhaus UPR 1992, 161, 163). § 3 Abs 1 BImSchG ist in haftungsrechtlichem Zusammenhang nicht notwendigerweise maßgeblich, da sich die dortige Begriffsbestimmung ausdrücklich auf das Bundesimmissionsschutzgesetz bezieht und der Begriff der Nachbarschaft nicht im grundstücksrechtlichen Sinne gemeint sein muss (so auch Feldhaus UPR 1992, 161, 163). Auch eine diesbezügliche Beschränkung des § 906 BGB muss nicht übernommen werden, weil sich dessen Regelungsbereich gesetzessystembedingt typischerweise auf liegenschaftliche Nachbarverhältnisse bezieht (Deutsch JZ 1991, 1097, 1110). Vielmehr lässt die Textfassung des § 1 den Haftungskreis offen. Dies geschah ausweislich der Gesetzesmaterialien mit der Absicht, auch solche Personen zu schützen, die sich innerhalb der Anlage aufhalten (BT-Drucks 11/7104, S 17; Paschke Einl 18). Praktisch spricht dafür auch, dass Zufälligkeiten in der Entscheidung je danach vermieden werden, ob ein Schaden innerhalb oder außerhalb eines Werksgeländes eintritt. § 1 UmweltHG umfasst daher auch Personen- und Sachschäden im engen räumlichen Bereich der emittierenden Anlage. **48**

4. Haftungsbegründende Zurechnung

a) Haftungsbegründende Kausalität

Zwischen Umwelteinwirkung und Tötung, Körper- oder Gesundheitsverletzung oder **49**

Sachbeschädigung muss ein **ursächlicher Zusammenhang** bestehen; diese Folgen müssen „durch" eine Umwelteinwirkung eintreten. Dieser Kausalnexus betrifft die **Haftungsbegründung** und steht im Gegensatz zur haftungsausfüllenden Kausalität, die Personenverletzung oder Sachbeschädigung und Schaden in Zusammenhang bringt. Das Umwelthaftungsgesetz verzichtet nicht auf die haftungsbegründende Kausalität als Zurechnungskriterium, noch enthält es diesbezüglich materiellrechtliche Regelungen; insoweit gelten grundsätzlich die allgemeinen zivilrechtlichen Grundsätze (Paschke Rn 40). Auf dem Hintergrund der sonst geltenden allgemeinen Regeln der Darlegungs- und Beweislast (Sautter 115; dazu Einl 241 ff) enthalten hingegen die §§ 6, 7 UmweltHG Ursachenvermutungen, die prozessual-beweisrechtlich von erheblicher Bedeutung sind. Mittelbar trifft dies auch für die Auskunftsansprüche gemäß den §§ 8 bis 10 UmweltHG zu.

50 Das Kriterium der haftungsbegründenden Kausalität bezweckt in erster Linie, solche Personen von der Haftung freizustellen, die in einem naturwissenschaftlichen Sinne keinen Beitrag zu der konkreten Verletzung geleistet haben (Salje §§ 1, 3 Rn 106). Die Wahrung dieser Grenze ist unerlässlich, um den spezifisch haftungsrechtlichen Charakter des § 1 UmweltHG **nicht** zugunsten einer **materiellrechtlichen Vermutungshaftung** aufzugeben, die sich allenfalls durch eine außerhalb des klassischen Haftungsrechts stehende Fondlösung unter Beteiligung aller potenziell schädigenden Emittenten rechtfertigen ließe.

51 Das **Erfordernis des Kausalzusammenhangs** zwischen anlagenbezogener Umwelteinwirkung und Personen- oder Sachbeeinträchtigung ist das **wesentliche Haftungskriterium,** weil eine Korrektur über die deliktsrechtstypischen Kategorien der Rechtmäßigkeit und des mangelnden Vertretenmüssens nicht möglich ist (Landsberg/Lülling Rn 155; Schmidt-Salzer Rn 8). Die Feststellung haftungsbegründender Kausalität lässt jedoch einen **rechtlich-wertenden Beurteilungsspielraum** nach Feststellung des naturwissenschaftlichen Kausalnexus zu. Überdies kommen im Einzelfall besondere Gründe für einen Haftungsausschluss in Betracht, beispielsweise nach Maßgabe der §§ 4, 5 UmweltHG und unter dem Gesichtspunkt des Schutzzwecks der Norm.

52 Nach der Fassung des § 1 UmweltHG ist das Thema der haftungsbegründenden Kausalität der Ursachenzusammenhang zwischen der Umwelteinwirkung und Personen- oder Sachbeeinträchtigung; diese Beziehung kann als **Verletzungskausalität** bezeichnet werden (Salje §§ 1, 3 Rn 113, 118; Wang 58). Technisch und juristisch vorgelagert ist ihr der als **Einwirkungskausalität** zu bezeichnende (Salje §§ 1, 3 Rn 113 f; Wang 58) Zusammenhang zwischen der Anlage bzw dem anlagebezogenen Emissionsereignis einerseits und der Umwelteinwirkung im Sinne des § 3 UmweltHG andererseits. Einwirkungs- und Verletzungskausalität zusammen konstituieren die haftungsbegründende Kausalität.

53 Zum Minimalerfordernis der Kausalität gehört grundsätzlich, dass – im Sinne der **Äquivalenztheorie** – das anlagebezogene Immissionsereignis nicht hinweggedacht werden kann, ohne dass die Umwelteinwirkung und der daraus resultierende Verletzungserfolg ausgeblieben wäre (Landsberg/Lülling Rn 157; Paschke Rn 42). Eine Ausnahme vom Erfordernis äquivalenter Kausalität ist bei der sogenannten Doppelkausalität zu machen (dazu Einl 154).

Über äquivalente Kausalität hinausgehend wird zum Teil nach dem Vorbild der deliktsrechtlich allgemein anerkannten Entwicklung Adäquanz des ursächlichen Zusammenhangs verlangt (Peter/Salje VP 1991, 8; vgl auch – zu § 22 WHG – BGHZ 57, 170, 175 = NJW 1972, 204). Nach der Adäquanztheorie ist ein äquivalent kausales Ereignis nur dann für die Verletzung ursächlich, wenn sie nicht erfahrungsgemäß außerhalb aller Wahrscheinlichkeit liegt, sie also im allgemeinen und nicht nur unter besonders eigenartigen, ganz unwahrscheinlichen und nach dem regelmäßigen Verlauf der Dinge außer Betracht zu lassenden Umständen zur Herbeiführung des Erfolgs geeignet war (BGHZ 7, 204 = NJW 1953, 700). Praktisch wird dabei allerdings an die Beurteilung der Adäquanz ein strenger Maßstab gelegt (Landsberg/Lülling Rn 159), so dass ein haftungseinschränkender Effekt kaum vorhanden ist; denn bei der Gefährdungshaftung kann Inadäquanz der Kausalbeziehung nicht dazu führen, solche Emissionsereignisse nur wegen ihrer Unwahrscheinlichkeit haftungsfrei zu stellen, bei denen sich die Gefahr verwirklicht, derentwegen die emittierende Anlage der Gefährdungshaftung unterworfen wurde (Landmann/Rohmer/Rehbinder Rn 15; Wang 59 ff). **54**

Die Geltung der zur deliktsrechtlichen Haftung entwickelten Adäquanztheorie bei der Gefährdungshaftung ist bestritten (BGB-RGRK/Steffen § 823 Rn 78, 80; Deutsch, Haftungsrecht Bd 1, § 11). Dieses Kausalitätskriterium sei deliktstypisch verhaltensbezogen und gelte für die Unrechtshaftung, sei aber bei einer Haftung unpassend, die wie die Gefährdungshaftung betriebsbezogen an ein abstraktes Gefährdungspotenzial anknüpfe und nicht an die Folgen eines rechtswidrig-schuldhaften Willensakts. Diese Einwände erfordern bei der Gefährdungshaftung gemäß § 1 UmweltHG ein **Abgehen von der Adäquanztheorie,** obwohl die vom Umwelthaftungsgesetz erfassten Anlagengefahren ebenso, wie dies für die Deliktshaftung gilt, auf willensbedingten Errichtungs- und Betriebshandlungen beruhen (Erl 110; Landmann/Rohmer/Rehbinder Rn 15; Salje §§ 1, 3 Rn 109), und obwohl die Adäquanztheorie wesentlich auf dem Gedanken der Gefahrerhöhung beruht (BGHZ 3, 261, 263, 266 ff) und dieser Gedanke gerade wesentliche Grundlage der Gefährdungshaftung ist (Landsberg/Lülling Rn 162; Stoll 185). Auf eine **Hinwendung zur Äquivalenztheorie** läuft es nämlich hinaus, wenn eine Haftungserweiterung für nicht adäquate Ursachen richtigerweise nicht nur als vom Schutzzweck der Norm begrenzt (Gnaub 49), sondern auch als von diesem gefordert anzusehen ist (zur Gefährdungshaftung außerhalb des UmweltHG etwa BGH NJW 1982, 1047; BGHZ 79, 259, 262 = NJW 1981, 983), weil es der Normzweck gebietet, auch und namentlich bei Entwicklungsrisiken einen äußerst unwahrscheinlichen und damit inadäquaten Geschehensablauf als Haftungsgrundlage genügen zu lassen (Landsberg/Lülling Rn 161, 170). Das UmweltHG bezweckt gerade den Schutz vor Verletzungen infolge jedweder anlagenbezogener Umwelteinwirkung und stellt dabei insbesondere auch nicht auf die Wahrscheinlichkeit von Störfällen ab, sondern knüpft als Gefährdungshaftung wesensgemäß an das abstrakte Gefahrenpotenzial an, zu dem auch der Eintritt unwahrscheinlicher Risiken zählt (Paschke Rn 42 f). Statt deshalb eine Haftung kraft Schutzzwecks der Norm trotz Nichtvorliegens der geforderten adäquaten Kausalität zu postulieren, ist es stimmiger, wegen der vom Schutzzweck der Norm verlangten weiten Zurechnung die äquivalente Verursachung als kausalitätsbezogenes Zurechnungskriterium genügen zu lassen (vgl Wang 59 ff). **55**

Die Zurechnung unter Kausalitätsgesichtspunkten ist **nicht wegen** der **Geringfügigkeit** des mitwirkenden Immissionsbeitrags von Rechts wegen von vornherein ausgeschlossen. § 5 UmweltHG setzt nämlich die Haftung für Minimalbeiträge bei **56**

Schädigung von Personen voraus (Landsberg/Lülling Rn 176, Paschke Rn 58; Schmidt-Salzer Rn 129, 201; **aA** Brüggemeier UTR 12 [1990] 261, 277; Hager NJW 1991, 134, 138 Fn 52). Es genügt Mitursächlichkeit im Sinne der Setzung einer conditio sine qua non, wenn erst die Verbindung des betreffenden Stoffs mit anderen Belastungen eines Umweltmediums die Rechtsgutsverletzung herbeiführte (OLG Düsseldorf NJW 1998, 3720 m Anm Salje JZ 1999, 685).

57 Die Umwelteinwirkung im Sinne des § 3 Abs 1 UmweltHG muss auch nicht **unmittelbar** für die Rechtsgutsverletzung ursächlich sein. So genügt beispielsweise, dass Staubemissionen, die als solche unmittelbar unschädlich sind, den Lichteinfall derart mindern, dass dadurch Pflanzenschäden entstehen. In diesem Sinne umfasst § 1 UmweltHG auch die Haftung für negative Immissionen, dh für Verletzungen infolge der Verminderung einer gewöhnlichen externen Einwirkung (Salje §§ 1, 3 Rn 71). Gleiches gilt, wenn eine Umwelteinwirkung im Sinne des § 3 Abs 1 UmweltHG für die Verletzung eines Rechtsgutes im Sinne des § 1 UmweltHG nur dadurch ursächlich wird, dass es den gewöhnlichen Austausch von Erscheinungen im Sinne des § 3 Abs 1 UmweltHG verhindert, wie beispielsweise das Abfließen von Kaltluft (vgl BGHZ 113, 384 = NJW 1991, 1671; Salje §§ 1, 3 Rn 71). Das Genügen bloß mittelbarer Ursächlichkeit einer Umwelteinwirkung im Sinne des § 3 Abs 1 UmweltHG für den Verletzungserfolg rechtfertigt schließlich auch die vom Gesetzgeber (BT Drucks 11/7104, S 17) befürwortete Haftung, wenn die Verletzung mechanisch durch Anlagenteile verursacht wurde, die aufgrund der bei einer Explosion der Anlage ausgelösten und als solche als Umwelteinwirkung im Sinne des § 3 Abs 1 UmweltHG geltenden Druckwelle umherschleuderten (Landsberg/Lülling Rn 7; Landmann/Rohmer/Rehbinder Rn 9; Paschke Rn 14; Schmidt-Salzer Rn 6; **aA** Salje §§ 1, 3 Rn 65, 86).

b) Gefährdungszusammenhang

58 Die auf den Schutzzweck der Norm zurückgreifende Zurechnungsbeschränkung, die aus dem neben die Kausalitätsbetrachtung tretenden Erfordernis des Rechtswidrigkeitszusammenhangs bzw, bei der Gefährdungshaftung wegen des Verzichts auf das Rechtswidrigkeitserfordernis passender, des **Gefährdungszusammenhangs** (zum Begriff Landsberg/Lülling Rn 166) folgt, gehört als Haftungskorrektiv thematisch in den Bereich der haftungsbegründenden Kausalität. Der Gefährdungszusammenhang fehlt, wenn der Verletzungserfolg nicht mit der Gefahr im Zusammenhang steht, derentwegen die Schadensersatzpflicht nach dem Zweck des UmweltHG – Rechtsgüterschutz vor anlagebezogenen Umweltbeeinträchtigungen und mittelbar Umweltschutz als solchen (Medicus, in: FS Gernhuber 300, 304 ff) – bestehen soll (Landsberg/Lülling Rn 166; Medicus, in: FS Gernhuber 304 ff; Paschke Rn 45; Schmidt-Salzer Rn 62 f, 77 f). Das Kriterium des Gefährdungszusammenhangs als eines haftungseinschränkenden Gesichtspunktes gilt auch hier, obwohl § 1 UmweltHG im Unterschied zu anderen Gefährdungshaftungstatbeständen nicht erwähnt, dass die Verletzung „beim Betrieb" einer Anlage verursacht worden sein muss (Erl 111 f; wohl **aA** Diederichsen PHI 1992, 162, 165). Das Haftungserfordernis der Betriebsbezogenheit ist jedoch nicht nur durch sinngerechtes Verständnis des Haftungsgrundes zu gewinnen, sondern ergibt sich auch aus § 2 UmweltHG, weil dort die Haftung für anlagentypische Gefahren eigens auf nichtbetriebene Anlagen erstreckt werden musste (Paschke Rn 45) und § 2 Abs 2 UmweltHG den Anlagenbetrieb als solchen als Gefährdungs- und damit Haftungsgrund bezeichnet.

Die mit dem Haftungserfordernis des Gefährdungszusammenhangs erzielbare Haftungseinschränkung hat jedoch praktisch allenfalls **geringe Bedeutung.** Außerhalb des Bereichs des UmweltHG kann die Haftung mangels Gefährdungszusammenhangs eingeschränkt sein, wenn und weil der Verletzungserfolg nicht die spezifische Auswirkung derjenigen Gefahr ist, derentwegen nach dem Sinn der Haftungsvorschrift ein Ersatzanspruch gewährt wird. Das UmweltHG hingegen geht zwar bei der Aufnahme von Anlagen in den Gesetzeskatalog von einer spezifischen Gefährlichkeit der dort genannten Anlagen aus; dies ist jedoch nur gesetzgeberisches Motiv für die Berücksichtigung dieser Anlage, nicht aber als Grenze der Haftung in der Weise zu verstehen, dass die Verletzung gerade die Folge der Verwirklichung der für die Berücksichtigung der Anlage im Gesetzeskatalog maßgeblichen Gefahr ist (Landsberg/Lülling Rn 167 f; Paschke Rn 44). Die Haftung setzt daher **nicht** die Verwirklichung des spezifischen Betriebsrisikos der Anlage voraus. Vielmehr genügt auch eine unspezifische Gefahrverwirklichung, sofern diese nur in irgendeiner Weise von der Anlage als solcher ausgeht und sich in irgendeiner Weise das Betriebsrisiko der Anlage, wenngleich in unerwarteter und ungewöhnlicher Art, verwirklicht hat (Landsberg/Lülling Rn 166 f; Paschke Rn 44; Diederichsen PHI 1992, 162, 163 f). **59**

Das Fehlen des Gefährdungszusammenhangs schließt hingegen die Haftung wegen immissionsbedingter Verluste aus, wenn die Einbuße **allein gelegentlich** der Immission auftrat, es aber am Immissionstatbestand in Bezug auf den eigentlichen Verletzungsvorgang fehlt. Hierher rechnet beispielsweise der Fall des Diebstahls, wenn Sachen infolge einer immissionsbedingten Gebäuderäumung ungesichert unbefugtem Zugriff ausgesetzt waren. Gleiches gilt für einen Verlust infolge einer Verkaufsbeschränkung, die zu Unrecht nach einem Immissionsereignis verhängt wurde. **60**

c) Unerheblichkeit von Rechtswidrigkeit und Verschulden

Aufgrund des Gefährdungshaftungskonzepts sind Gesichtspunkte **unbeachtlich,** die in der Sache ein **Rechtswidrigkeits- oder Verschuldensurteil** implizieren. Rechtsgutsverletzungen werden auch dann von der Haftung erfasst, wenn sie Folge eines **Entwicklungsrisikos** sind, für das charakteristisch ist, dass es nach dem wissenschaftlichen und technischen Standard zur Zeit der Emission weder vermeidbar noch erkennbar war (Hager NJW 1991, 134, 136 f; Schieber VersR 1999, 816 f; Taupitz Jura 1992, 113, 117). Das Fehlen von Rechtswidrigkeit und Verschulden ermöglicht keinen Ausschluss der Haftung wegen Fehlens eines Gefährdungszusammenhangs. **61**

Als eine an ein erlaubtes Risiko anknüpfende Erfolgshaftung **setzt** das UmweltHG **nicht voraus,** dass der schädigende Anlagenbetrieb **pflichtwidrig** war (Landsberg/Lülling Rn 6 und wohl auch Rn 212; Paschke Rn 46, 88; Salje §§ 1, 3 Rn 126). Dies zeigt sich daran, dass **auch** für den **rechtmäßigen Normalbetrieb gehaftet** wird. Dieser wird nämlich ausweislich des § 5 UmweltHG nicht generell materiellrechtlich haftungsfrei gestellt, sondern nur bei geringfügigen Sachschäden; darüber hinaus wird er prozessual hinsichtlich der Ursachenvermutung durch § 6 UmweltHG besser gestellt (Paschke Rn 46). Auch auf die Pflichtwidrigkeit des Verhaltens des Anlagenbetreibers im Rahmen der Betriebsorganisation oder einzelner Mitarbeiter beim Anlagenbetrieb kommt es bei der ausschließlich anlagenbezogenen Haftungskonzeption des § 1 UmweltHG nicht an (Paschke Rn 47). **62**

Das Verschulden ist nicht mittelbar etwa im Sinne des Ausschlusses des Fahrlässig- **63** keitsvorwurfs in der Weise als Haftungskriterium eingeführt, dass für die Verwirklichung solcher Risiken nicht gehaftet würde, die bei Anwendung aller verkehrserforderlichen Sorgfalt unter Berücksichtigung des Standes von Wissenschaft und Technik nicht erkennbar und daher zumindest subjektiv nicht vermeidbar waren (Begründung zum Regierungsentwurf BT-Drucks 11/7104 Zif 12; Paschke Rn 48; Schmidt-Salzer Rn 25; Hager NJW 1991, 134, 136; Wagner VersR 1991, 249, 250). Die Verwirklichung eines sogenannten **Entwicklungsrisikos** befreit daher nicht von der Haftung. Ein solches Risiko realisiert sich in der Praxis insbesondere in Gestalt von **Allmählichkeitsschäden,** für die das Entstehen durch eine **Summierung** je für sich genommen geringfügiger Emissionen über einen längeren Zeitraum charakteristisch ist; auch für sie wird gehaftet (Paschke Rn 48; Diederichsen PHI 1992, 162, 164). War das emissionsbedingte Verletzungspotenzial sogar bekannt, die Vermeidung der Verletzung jedoch technisch oder ökonomisch nicht möglich – dies ist der Fall der sogenannten Entwicklungslücke –, so wird der Anlagenbetreiber dadurch erst recht nicht entlastet (Paschke Rn 48; Schmidt-Salzer Rn 25).

64 Aus der **Sphäre Dritter** stammende verletzungsverursachende Umstände, soweit diese nicht in schadensursächlichen Emissionen der von diesen betriebenen Anlagen bestehen, schließen den Zurechnungszusammenhang nicht aus. Sie bewirken weder eine Unterbrechung des Kausalnexus, noch entfällt der Gefährdungszusammenhang.

65 Dies gilt zunächst für betriebliche **Maßnahmen** oder Unterlassungen **von Anlagenmitarbeitern** als unmittelbare Verletzungsursache; insoweit ist die Haftung zweifellos unbedingt. **Eingriffe betriebsfremder Dritter,** insbesondere Sabotageakte, schließen die Haftung nur aus, wenn diese Eingriffe als Fall höherer Gewalt gemäß § 4 UmweltHG anzusehen sind (Paschke Rn 49).

66 Die eigene **Sphäre des Verletzten** wird zum Grund eines Haftungsausschlusses, wenn der Gesichtspunkt des sogenannten allgemeinen Lebensrisikos als solcher zurechnungsausschließende Bedeutung haben sollte (vgl BGHZ 27, 137 = NJW 1958, 1041; dazu Landsberg/Lülling Rn 72 ff). Dieser nicht scharf umgrenzte Begriff umfasst die Schadensdisposition, die allgemein mit der menschlichen Existenz aufgrund ihrer Einbeziehung in den allgemeinen Daseinsbereich verbunden ist. Im Zusammenhang mit dem Umwelthaftungsrecht zielt der Topos des allgemeinen Lebensrisikos praktisch vor allem auf die Ausgrenzung der Haftung für unwesentliche Beeinträchtigungen, nicht jedoch auf den Ausschluss des im Zusammenhang der Gefährdungshaftung nicht erheblichen Rechtswidrigkeitsurteils (Landsberg/Lülling Rn 174). § 5 UmweltHG zeigt jedoch, dass die Unwesentlichkeit einer Beeinträchtigung ein neben der Zurechnung stehendes, selbstständiges Haftungsbegrenzungskriterium ist, und zwar nur für Sachbeschädigungen; für Verletzungen des Körpers oder der Gesundheit ist die Wesentlichkeit der Beeinträchtigung daher kein zulässiges Kriterium für einen Haftungsausschluss (Landsberg/Lülling Rn 174). Im Übrigen ist das mit dem Begriff des allgemeinen Lebensrisikos thematisierte Problem der Haftungsbegrenzung bei Beeinträchtigung des Körpers oder der Gesundheit durch unwesentliche Emissionen bereits ausreichend im Bereich der Tatbestandsmäßigkeit der Körper- oder Gesundheitsverletzung zu lösen (Landsberg/Lülling Rn 166; Paschke Rn 93).

5. Mehrheit schädigender Immissionen

67 Hinsichtlich der **kausalitätsbezogenen Zurechnung** der Verletzung zur emittierenden Anlage bei einer **Mehrzahl** von wirklich oder potenziell schädigend wirkenden Immissionen, in Bezug auf welche § 1 UmweltHG – wie § 7 UmweltHG indiziert – auch und unabhängig von der Art der Mitursächlichkeit anwendbar ist (allg Meinung, statt vieler Lytras 493 f; Schmidt-Salzer Rn 125 ff), wird auf die Einl 154 ff, 164 ff verwiesen. Dies gilt auch für die **Organisation** einer Haftungsmehrheit als **Gesamt- oder Teilschuld.**

6. Ersatzfähiger Schaden

68 § 1 UmweltHG trennt die Verletzung eines der dort genannten Rechtsgüter von dem **Vorhandensein eines** vom Anspruchsteller in den Grenzen des § 287 ZPO darzulegenden und zu beweisenden (Sautter 111 f, 115) **Schadens,** allerdings ohne im Folgenden den sachlichen Unterschied auch im Begriff konsequent zu trennen. Schaden als Rechtsterminus ist im Zusammenhang des Umwelthaftungsgesetzes nicht von dem allgemein gültigen haftungsrechtlichen Begriff verschieden (Paschke Rn 90; Salje §§ 1, 3 Rn 100), so dass insoweit auf die Kommentierung des allgemeinen Schadensersatzrechts zu verweisen ist (§§ 249 ff BGB). Schaden als Rechtsbegriff rezipiert im Umwelthaftungsrecht wie im allgemeinen einen wirtschaftlichen Sachverhalt (BGHZ 89, 60, 62 = NJW 1984, 724; Salje §§ 1, 3 Rn 101). Anzusetzen ist dem gemäß grundsätzlich auf der Grundlage der **Differenzhypothese** in der Weise, dass der Unterschied – das Interesse – zwischen dem infolge des haftungsbegründenden Ereignisses eingetretenen Ist-Zustand einerseits und dem bei Fehlen des eingetretenen haftungsbegründenden Umstandes zu erwartenden Soll-Zustand ermittelt wird (Landsberg/Lülling Rn 125). Ergibt sich aufgrund dieser Betrachtung naturaliter oder in Bezug auf das Vermögen eine Einbuße, so liegt grundsätzlich ein Schaden vor. Das so gewonnene Ergebnis bedarf alsdann in Randbereichen der normativen Korrektur, beispielsweise unter dem Aspekt der Vorteilsausgleichung.

69 Schaden sind neben den Vermögenseinbußen auch die **nicht vermögensmäßig** in Erscheinung tretenden Nachteile (Wenk 102 ff). Für das Vorhandensein eines Schadens als solchen ist auch unerheblich, ob es sich um einen unmittelbar verursachten Nachteil oder um **Folgenachteile** handelt. Ein relevanter Schaden fehlt allerdings wie bei der deliktischen Grundhaftung, wenn der Schaden bei einem anderen als dem Inhaber des verletzten Rechtsguts aufgetreten ist. Vom Erfordernis der **Identität des Geschädigten mit dem Rechtsgutsinhaber** können allerdings durch besondere gesetzliche Anordnungen Ausnahmen gemacht werden; eine solche enthält § 12 Abs 2 UmweltHG.

70 Die Ersatzfähigkeit eines Schadens ist von seinem Vorhandensein zu trennen. Aus den im Zusammenhang mit den allgemeinen Haftungsregeln der §§ 249 ff BGB stehenden Sondervorschriften der **§§ 12–16 UmweltHG** ist die Ersatzfähigkeit von **Sachschäden,** und zwar einschließlich der Folgeschäden wie etwa Aufräumkosten sowie grundsätzlich auch der Schadensermittlungskosten (Godt 228 ff), zu entnehmen. Soweit das Umwelthaftungsgesetz keine eigenen Regelungen enthält, gelten ergänzend die **allgemeinen schadensersatzrechtlichen Grundlagen,** jedoch unter dem Vorbe-

halt, dass das Schweigen des Umwelthaftungsrechts zur Ersatzfähigkeit bestimmter Schadensarten nicht als Ausschluss der allgemeinen Regeln zu werten ist.

71 Hinsichtlich der Sachschäden gilt grundsätzlich dasselbe wie bei der Deliktshaftung, beispielsweise hinsichtlich der Frage der Ersatzfähigkeit von entgangenen **Gebrauchsvorteilen;** insoweit ist auf die Kommentierung des Deliktsrechts bzw des allgemeinen Schadensrechts zu verweisen. Sachschäden, die sich als sogenannte **Ökoschäden** darstellen (dazu Einl 6), sind dann ersatzfähig, wenn es sich um Schäden handelt, die dem verletzten Rechtsgut eines Rechtssubjekts zuzuordnen sind (Landsberg/Lülling Rn 151).

72 Bezüglich der **Personenschäden** enthalten die §§ 12 und 13 UmweltHG Bestimmungen über den Kreis der ersatzfähigen Schäden bei Tötung und Körperverletzung; wegen der Einzelheiten wird auf die dortige Kommentierung verwiesen. Eine wesentliche Abweichung von allgemeinen haftungsrechtlichen Grundsätzen liegt insoweit, abgesehen von der Festsetzung von Haftungshöchstgrenzen in § 15 UmweltHG, nicht vor. Allerdings fehlt eine Parallelvorschrift zu den §§ 845 und 847 BGB, obwohl die §§ 843 und 844 BGB im Wesentlichen inhaltsgleich in den §§ 11 und 12 UmweltHG rezipiert wurden, so dass das Schweigen des Umwelthaftungsgesetzes auf die Versagung der Ersatzfähigkeit von Schäden infolge entgangener Dienste und auf die mangelnde Ersatzfähigkeit immaterieller Schäden in Geld schließen lässt (ebenso zu letzterem Salje §§ 1, 3 Rn 102).

73 Die Bestimmung von Umfang und Art des Schadensersatzes gehört zur Erörterung der Rechtsfolgen des § 1 UmweltHG (s u Rn 96 ff).

7. Haftungsausfüllende Zurechnung

74 **Zwischen** der **Rechtsgutsverletzung** und dem **ersatzfähigen Schaden** muss ein ursächlicher Zusammenhang bestehen; dieser muss aus jener entstanden sein. Die mit diesem Kriterium eingeführte **haftungsausfüllende Kausalität** wird primär nach den Grundsätzen der **Äquivalenztheorie** bestimmt (Paschke Rn 93; Salje §§ 1, 3 Rn 120), auf adäquate Kausalität kommt es bei der Gefährdungshaftung nicht an (Paschke Rn 93 unter Bezug auf BGHZ 79, 259 = NJW 1981, 983; Deutsch JZ 1991, 1097, 1099; **aA** Salje §§ 1, 3 Rn 120), so dass auch für atypische Kausalverläufe gehaftet werden kann (Paschke Rn 99; Diederichsen PHI 1992, 162, 167). **Schadensvorbeugende Maßnahmen,** wie beispielsweise der Einbau einer gasdichten Tür, sind daher mangels kausaler Verknüpfung mit einem späteren Immissionsfall auch dann nicht ersatzfähig, wenn dessen schädigende Wirkung durch die Vorbeugemaßnahme gemindert wurde (BGH NJW 1992, 1043; Landsberg/Lülling Rn 139; Medicus, SchR AT § 55 VII 1). Anderes gilt ausnahmsweise dann, wenn die Vorbeugungsmaßnahmen angesichts eines konkret bevorstehenden Verletzungsereignisses getroffen wurden, so dass sie als solche erstattungsfähige Abwehr eines bereits gegenwärtigen Schadens sind (BGHZ 59, 286, 288 = NJW 1973, 96; BGH NJW 1992, 1043, 1044; Landsberg/Lülling Rn 138); als Kriterium kann es gelten, ob die Verletzung so konkret bevorstand, dass an sich ein vorbeugender Unterlassungsanspruch bestehen würde (Landsberg/Lülling Rn 138). Insbesondere kann schadensersatzrechtlich auch nicht verlangt werden, die Kosten für die wissenschaftliche Erkundung der eventuellen Umweltschadensgeeignetheit eines nachbarlichen Verhaltens – etwa bei Anbau gentechnisch veränderter Rüben neben biologischem Landbau – zu tragen, wenn eine Rechtsgutsverletzung nicht wenigstens so konkret unmittelbar bevorsteht, dass mit deren Eintritt sicher zu rechnen ist (LG Stuttgart NJW 1997, 1861).

75 Die unter Kausalitätsgesichtspunkten weite Schadenszurechnung wird normativ durch die Lehre vom **Schutzzweck der Norm** eingeschränkt (Salje §§ 1, 3 Rn 120). Aufgrund dieses Kriteriums ist die Zurechnung ausgeschlossen, wenn der eingetretene Schaden nicht aus dem Gefahrenbereich stammt, dessen Verwirklichung nach dem Sinn und Zweck der Gefährdungshaftungsnorm ausgeschlossen werden soll (vgl sinngemäß Paschke Rn 93); ein Gefährdungszusammenhang ist aber nicht allein deshalb ausgeschlossen, weil der Schaden nicht in Verwirklichung gerade des Risikos eingetreten ist, dessentwegen die Anlage in den Katalog des UmweltHG aufgenommen wurde (Michalski Jura 1995, 617, 622). Im Schutzzweckbereich des UmweltHG liegen grundsätzlich alle durch Natural- oder Geldkompensation ausgleichbaren Nachteile infolge der Tötung oder Verletzung einer Person oder einer Sachsubstanzbeeinträchtigung, jeweils einschließlich aller weiteren Folgen. Liegt eine Personen- oder Sachverletzung vor, so ist der schadensersatzrechtliche Schutzbereich allerdings nur dann eingehalten, wenn der geltend gemachte Schaden der Verletzung einer solchen Funktion des verletzten Rechtsguts zuzurechnen ist, deren Ausübung dem Anspruchsteller zusteht. Daraus ergibt sich beispielsweise, dass der Eigentümer abgesehen von einem Ausgleich für eine Verletzung der Sachsubstanz nicht auch den Nutzungsausfall als Schaden geltend machen kann, wenn er das Recht zur Nutzung einem anderen übertragen hatte und der Eigentümer infolge der mit der Substanzverletzung verbundenen Nutzungseinschränkung mangels eines gegen ihn gerichteten Anspruchs des nutzenden Dritten oder infolge Fortbestands der Nutzungsentgeltpflicht keine Einbuße erleidet (vgl Salje §§ 1, 3 Rn 97 f). So verhält es sich etwa bei einer Nießbrauchs- oder Erbbaurechtsbestellung, eventuell auch bei Miete oder Pacht, wenn ausnahmsweise die Entgeltpflicht trotz Nutzungseinschränkung fortbestehen sollte. Auch Vorbeugemaßnahmen, wie etwa der Einbau einer gasdichten Tür, sind einem früheren schädigenden Immissionsereignis nicht zuzurechnen, weil die Schutzaufgabe des § 1 UmweltHG in der Behebung der anlässlich dieses Ereignisses eingetretenen Schäden besteht, nicht aber auf das Sichern gegen künftige Nachteile aufgrund anderer Ereignisse erstreckt ist (BGH NJW 1992, 1043; Salje §§ 1, 3 Rn 105).

76 Aus der Rechtsgut- bzw Objektbezogenheit geltend zu machender Schäden ergibt sich im übrigen auch, dass **reine Vermögensschäden** ohne Bezug zu derartigen Rechtsgütern schon mangels eines tatbestandlich haftungsbegründenden Verletzungsereignisses, das zu der Verletzung eines anerkannten Rechtsgutes führt, **nicht ersatzfähig** sind (Salje §§ 1, 3 Rn 99, 120). Zu derartigen Schäden zählt etwa die Pflicht zur Lohnfortzahlung bei einer durch eine Umwelteinwirkung bedingten zeitweiligen Betriebsstillegung (Salje §§ 1, 3 Rn 99), weil das Personal nicht zu dem im Wesentlichen objektbezogen definierten Schutzbereich des Betriebs als einer Zusammenfassung von eigentumsfähigen Sachen gehört. Ferner ist ein **Lohnausfall** als Folge einer immissionsbedingten Freiheitsbeschränkung nicht ersatzfähig (Schimikowski, Umwelthaftungsrecht Rn 162). Auch der Ausschluss der Ersatzfähigkeit immaterieller Schäden, soweit diese nicht naturaliter ausgeglichen werden können, wird mit der Schutzbereichslehre begründet (Salje §§ 1, 3 Rn 120), jedoch ist überzeugender, die grundsätzliche Ersatzfähigkeit derartiger Schäden mit einem Rückschluss aus den §§ 12, 13 UmweltHG zu begründen, aus dem sich die Unanwendbarkeit des § 847 BGB ergibt (vgl

u Rn 96). Ausgeschlossen ist aber auch die Haftung wegen **Fortfalls der merkantilen Akzeptanz** einer an sich mangelfreien Ware, der allein aufgrund eines infolge anderer Kontaminierungsfälle allgemein gegen Waren dieser Art bestehenden Vorbehalts entstand (vgl Landsberg/Lülling Rn 171), oder die Haftung wegen Einkommensverlusten eines Gastwirts, dessen Gaststätte wegen Imissionen einen Besucherrückgang erleidet (Schimikowski, Umwelthaftungsrecht Rn 162). Der Schutz reiner Marktbeziehungen, deren Störung nicht auf die Beeinträchtigung der Substanz einer dem Anspruchsteller gehörenden Sache zurückzuführen ist, rechnet nämlich nicht zu den Aufgaben des Umwelthaftungsrechts, die nur auf die Sicherung eines konkreten Rechtsgutes in seiner Substanz bezogen sind.

77 Die Schadenszurechnung bei einer **Mehrheit** von ursächlichen und dem Schutzbereich der Norm unterliegenden Ereignissen hängt mittelbar von der Anwendbarkeit der **Gesamtschuldregeln** ab. Die gesamtschuldnerische Zurechnung der gesamten Rechtsgutsverletzung oder identischer Teilverletzungen im Bereich der haftungsbegründenden Kausalität muss nämlich zu einer entsprechenden Zurechnung auch der hieraus resultierenden Schäden führen, wenn das Prinzip der gesamtschuldnerischen Verantwortung eines jeden Beteiligten auf das Ganze praktische Konsequenzen haben soll.

78 Außerhalb einer gesamtschuldnerischen Haftungsverbindung ist, sofern eine konkrete Schadenszuweisung zu einzelnen Beteiligten tatsächlich nicht möglich oder unaufklärbar ist, eine Zuweisung von Schadensanteilen aufgrund einer **Schätzung gemäß § 287 ZPO** möglich (BGHZ 66, 70, 76 f = NJW 1976, 797; BGHZ 70, 102, 108 = NJW 1978, 419; BGHZ 85, 375, 383 = NJW 1983, 872; BGHZ 101, 106, 113 = NJW 1987, 2810; Paschke Rn 97; Salje §§ 1, 3 Rn 120). Dabei sind sogenannte neutrale Verletzungsanteile, die aus ubiquitärer Umweltbelastung folgen, entsprechend in Ansatz und Abzug zu bringen (Hager NJW 1993, 134, 140; Paschke Rn 98).

8. Geschädigter (Ersatzberechtigter)

79 Der Geschädigte ist Inhaber des Schadensersatzanspruchs. Geschädigt ist grundsätzlich das Rechtssubjekt, **in dessen** durch § 1 UmweltHG geschützte **Rechtsposition** durch die Umwelteinwirkung **eingegriffen** wurde und dem daraus ein **zurechenbarer Schaden** entstand. Bei Personenschäden ist der Verletzte selbst der Geschädigte. Darüber hinaus enthält § 12 Abs 2 UmweltHG eine Haftungsausweitung zugunsten Dritter, wenn diese durch die Tötung einer Person einen Unterhaltsanspruch verloren haben.

80 Im Falle einer **Sachbeschädigung** ist maßgeblich, ob der Anspruchsteller eine Rechtsposition innehat, die im Rahmen des § 1 UmweltHG geschützt ist (s o Rn 18 f). Ist dies der Fall, hängt die Schadensersatzhaftung im Übrigen davon ab, dass der geltend gemachte Schaden im Schutzbereich dieser Rechtsposition liegt (s o Rn 23 f); auf diese Haftungseinschränkung ist in der Praxis insbesondere zu achten, wenn der Eigentümer einem anderen aufgrund eines dinglichen oder obligatorischen Rechts den Besitz an der Sache zur Ausübung einer Nutzungsbefugnis eingeräumt hat.

81 Im Ergebnis tritt damit eine **Anspruchsspaltung nach** dem Gesichtspunkt der **Schadensarten** ein (Salje §§ 1, 3 Rn 97). Ist eine Schadensspaltung rechtlich oder praktisch nicht möglich, kann der Schädiger hinterlegen oder entsprechend den §§ 1281, 432 BGB an die Geschädigten gemeinsam schuldbefreiend leisten (LANDSBERG/LÜLLING Rn 55; SALJE §§ 1, 3 Rn 98).

Personen, die sich bestimmungsgemäß und berechtigt **im Gefahrenbereich** der Anlage aufhalten, also namentlich Mitarbeiter, Lieferanten und Besucher, sind ebenfalls ersatzberechtigt (LANDSBERG/LÜLLING Rn 68 ff; MICHALSKI Jura 1995, 617, 619 f; PASCHKE Rn 73), nicht jedoch Anlageninhaber im Verhältnis zueinander (MICHALSKI Jura 1995, 617, 623). Dies entspricht der Intention des Gesetzgebers (BT-Drucks 11/7104, S 17). Dies ist sachgerecht, weil diese Personen infolge ihrer räumlichen Nähe zur Gefahrenquelle besonders schutzbedürftig sind, und weil sie im Unterschied zu den Benutzern eines Kraftfahrzeugs oder eines Luftfahrzeugs nicht an den Vorzügen des gefährdenden Betriebs unmittelbar teilhaben. Ein vertraglicher Haftungsausschluss ist zulässig, allerdings wegen § 9 Abs 2 Nr. 1 AGBG nicht durch Allgemeine Geschäftsbedingungen (vgl PASCHKE Rn 104; SALJE § 4 Rn 21). 82

Der **Anlagenbetreiber** selbst hat aus Anlass einer schädigenden Immission **keinen** Schadensersatzanspruch **gegen Mitbetreiber** (LANDSBERG/LÜLLING Rn 67). Der Zweck des UmweltHG beschränkt sich auf den Schutz Außenstehender vor den Gefahren der Anlage. Insbesondere entspricht es den Prinzipien der sondergesetzlich geregelten Gefährdungshaftung, dass sie demjenigen nicht zugute kommt, der selbst die Gefahrenquelle schafft und aus ihr Vorteile zieht (vgl LANDSBERG/LÜLLING Rn 67; KNÜTEL [Tierhalterhaftung gegenüber dem Vertragspartner] NJW 1978, 297, 300). 83

9. Anlageninhaber (Ersatzverpflichteter)

Schuldner des Haftungsanspruchs ist der **Inhaber der Anlage. Rechtsgeschäftliche Regelungen,** durch die die Inhaberschaft mit Drittwirkung auf eine andere Person als die durch den gesetzlich zugrunde gelegten Inhaberbegriff übertragen werden sollen, sind unzulässig und **unwirksam** (COSACK 131 f), weil die Person des Ersatzpflichtigen anhand des Inhaberbegriffs kraft Gesetzes im Interesse des Geschädigten objektiv festgelegt ist, damit Klarheit über die haftungsrechtliche Verantwortlichkeit besteht. Auch eine **vertragliche Delegation von Inhaberpflichten** auf Dritte mit der Folge, dass der Anlageninhaber ähnlich wie im Rahmen der Deliktshaftung nicht mehr für den Anlagenbetrieb als solchen, sondern nur noch für die Verletzung von Überwachungs- und Kontrollpflichten haftet, hat im Bereich der Gefährdungshaftung **keine haftungsbegrenzende Wirkung,** weil diese wesensgemäß nicht an Verhaltenspflichten, sondern an die Gefährlichkeit des Anlagenbetriebs als solchen anknüpft (SALJE §§ 1, 3 Rn 23). 84

Der **Begriff** des Inhabers ist gesetzlich nicht definiert. Er ist daher in Entsprechung zu den in anderen Gefährdungshaftungsgesetzen geltenden Begriffen wie Halter in § 7 StVG oder Betriebsunternehmer in § 1 HaftpflichtG zu entwickeln. Danach ist – in Übereinstimmung mit dem Präventionsgedanken (MICHALSKI Jura 1995, 617, 623) – grundsätzlich derjenige Inhaber, der als natürliche oder juristische Person die schadensträchtige Anlage auf **eigene Rechnung benutzt,** die **Verfügungsgewalt** über sie hat und die **Kosten der Unterhaltung** trägt (COSACK 74; ENDERS 386; LANDSBERG/LÜLLING Rn 58; OEHMEN Rn 218; PASCHKE Rn 74; SALJE §§ 1, 3 Rn 16; SCHMIDT-SALZER Rn 309; auf die unmittelbare Nutzziehung abstellend ERL 68 ff); auf Geschäftsfähigkeit kommt es nicht an (LANDS- 85

BERG/LÜLLING Rn 59). Mit dieser Definition wird zum Ausdruck gebracht, dass entscheidend ist, wer die Gefahrenquelle setzt und beherrscht; dies entspricht dem Grundgedanken der Gefährdungshaftung, nämlich für eine Einheit von Risikonutzung, Risikobeherrschung und Risikohaftung zu sorgen (MICHALSKI Jura 1995, 617, 623; vgl SALJE §§ 1, 3 Rn 17). Der Begriff des Inhabers ist **nicht** identisch mit dem Begriff des **Betreibers** (vgl dazu SALJE §§ 1, 3 Rn 15). Der Begriff des Betreibers wird in der Regel in öffentlich-rechtlichem Zusammenhang gebraucht und bezeichnet denjenigen, dem die Abläufe und Ergebnisse eines technischen Prozesses zuzurechnen sind (SALJE §§ 1, 3 Rn 15). Die begriffliche Differenzierung erscheint unbefriedigend, weil die Anlage zu § 1 UmweltHG regelmäßig vom Betreiber spricht (SALJE §§ 1, 3 Rn 18; WEBER/WEBER VersR 1990, 688, 689). Die begriffliche Unterscheidung ist jedoch keine sachliche, sondern gibt nur eine verschiedene terminologische Üblichkeit im Privatrecht und im öffentlichen Recht wieder (SALJE §§ 1, 3 Rn 18).

86 Der Inhaber ist **nicht notwendig** identisch mit dem **Eigentümer,** wenngleich das Eigentum im Regelfall Inhaberschaft indiziert (LANDSBERG/LÜLLING Rn 58; wohl auch SALJE §§ 1, 3 Rn 20). Wesentlich ist die **tatsächliche Verfügungsgewalt.** Bei Betriebspacht, -leasing oder sonstiger Betriebsüberlassung ist daher der Pächter oder sonstige Nutzer der Anlageninhaber (vgl BGH NJW 1986, 2312, 2313; COSACK 74; LANDSBERG/LÜLLING Rn 60; MICHALSKI Jura 1995, 617, 623; PASCHKE Rn 76; SALJE §§ 1, 3 Rn 22). Da es für die Inhaberschaft auf die Tatsache der Gefahrherrschaft ankommt, ist die Unwirksamkeit des Nutzungsrechtsverhältnisses unerheblich, solange damit nicht zugleich ein Verlust der tatsächlichen Sachherrschaft verbunden ist (COSACK 75; SALJE §§ 1, 3 Rn 24). Die Inhaberschaft endet in diesen Fällen erst, wenn der Besitzer wegen der Unwirksamkeit des mit dem Eigentümer bestehenden Rechtsverhältnisses die Sachherrschaft aufgibt; alsdann ist der Eigentümer als solcher unabhängig von seiner Bereitschaft, die Gefahrenquelle zu übernehmen, als Anlageninhaber anzusehen (SALJE §§ 1, 3 Rn 25).

87 Keine Anlageninhaber sind solche natürlichen **Personen,** die bei dem Betrieb der Anlage **weisungsgebunden** und nicht auf eigene Rechnung tätig sind (MICHALSKI Jura 1995, 617, 623), wie insbesondere **Mitarbeiter** oder sonstige Besitzdiener im Sinne des § 855 BGB (SALJE §§ 1, 3 Rn 17). Auch **Lieferanten** oder aufgrund Werkvertrags tätige **selbstständige Installateure** haben keine eigene Verfügungsgewalt und sind daher nicht Anlageninhaber (LANDSBERG/LÜLLING Rn 61; PASCHKE Rn 76; SALJE §§ 1, 3 Rn 22; SCHMIDT-SALZER Rn 309). **Organschaftlich** handelnde Personen eines Unternehmens sind persönlich nicht Anlageninhaber (SALJE §§ 1, 3 Rn 17), da sie die Verfügungsgewalt nicht für sich ausüben und jedenfalls nicht auf eigene Rechnung arbeiten (SALJE §§ 1, 3 Rn 21; vgl auch PASCHKE Rn 75); die juristische Person als Trägerin des Unternehmens ist Anlagenbetreiberin (COSACK 74). Wird eine geleaste Anlage betrieben, so liegt die tatsächliche Verfügungsgewalt und die Nutzung auf eigene Rechnung und Kosten in der Regel allein beim Leasingnehmer, so dass der Leasinggeber allenfalls ganz ausnahmsweise bei besonderer Vertragsgestaltung Anlageninhaber ist (SALJE §§ 1, 3 Rn 22).

88 Haben **mehrere** die Gefahrenherrschaft, insbesondere weil mehrere Verfügungsgewalt besitzen und die Anlage auf eigene oder gemeinsame Rechnung nutzen, so können mehrere Anlageninhaber sein. Dies kann im Einzelfall für das Verhältnis von pachtweisem Besitzer und Eigentümer zutreffen (LANDSBERG/LÜLLING Rn 60). Gleiches gilt für einen Anlagenbetrieb durch eine Gesellschaft des Bürgerlichen Rechts, bei der die einzelnen Gesellschafter Inhaber sind (Landsberg/Lülling Rn 59). Bei Personengesellschaften des Handelsrechts (Landsberg/Lülling Rn 59) und juristischen Personen (Paschke Rn 75) sind jeweils diese und nicht ihre Gesellschafter Anlageninhaber. Bei einer Mehrzahl von Anlageninhaber haften diese gesamtschuldnerisch (Paschke Rn 75).

89 Eine Mehrheit gesamtschuldnerisch haftender Inhaber kann auch bei einer **Betriebsspaltung,** etwa in einem **Konzernverbund,** bei Übertragung des Anlagenbetriebs auf eine formell selbständige Betriebsführungsgesellschaft vorliegen (Salje §§ 1, 3 Rn 22; wohl auch Landsberg/Lülling Rn 76; Schmidt-Salzer Rn 309). Die Annahme einer additiven Inhaberschaft hängt davon ab, ob die Betriebsführungsgesellschaft rechtlich und wirtschaftlich so ausgestaltet ist, dass sie, wie es dem Inhaberbegriff entspricht, die Anlage auf eigene Rechnung nutzt und die hierfür erforderliche Verfügungsgewalt hat sowie die Unterhaltskosten trägt. Ist dies nicht der Fall, etwa weil sie zwar allein die tatsächliche Herrschaftsgewalt hat, aber die Betriebskosten nicht selbstständig trägt, so ist auch die kostentragende Muttergesellschaft Anlageninhaberin (Paschke Rn 75). Hingegen reicht das bloße Bestehen einer Weisungsbefugnis für die Inhaberschaft nicht aus, sofern der Betreiber dadurch seine unmittelbare tatsächliche Verfügungsgewalt nicht verliert (BGHZ 76, 35, 39 = NJW 1980, 943; Salje §§ 1, 3 Rn 17). Bei konzernabhängigen Betrieben kann eine Inhaberschaft der Muttergesellschaft nur dann angenommen werden, wenn diese auf die technischen und organisatorischen Prozesse in Bezug auf die emittierende Anlage unmittelbar durch Anweisungen oder mittelbar durch Vorenthaltung einer angemessenen Ausstattung gefahrbeherrschenden Einfluss ausübt (Cosack 124 ff; H P Westermann ZHR 155 [1991] 223, 238), unbeschadet der allgemeinen konzernrechtlichen Frage einer möglichen Durchgriffshaftung der Konzernobergesellschaft wegen Unterkapitalisierung der abhängigen Gesellschaft, die Inhaberin im Sinne des UmweltHG ist (Cosack 165 ff; H P Westermann ZHR 155 [1991] 223, 244 f). Die bloße Verpflichtung zur Verlustübernahme durch die Muttergesellschaft macht diese jedoch noch nicht zur Anlageninhaberin, da dies nichts an dem Grundsatz ändert, dass die unmittelbar anlagenbetreibende Gesellschaft auf eigene Rechnung und Kosten arbeitet.

90 Eine **vorübergehende Verhinderung** in der Ausübung der tatsächlichen Verfügungsgewalt beendet die Inhaberschaft nicht (Salje §§ 1, 3 Rn 28). Dies gilt selbst bei einer gewaltsamen Übernahme der Anlage durch betriebsfremde Dritte, selbst wenn dies zur Verübung von Angriffen auf Dritte unter Einsatz des spezifischen Verletzungspotenzials der Anlage geschieht. Auch bei einem solchen Vorgang realisiert sich nämlich das anlageneigene Gefährdungspotenzial, aufgrund dessen die Gefährdungshaftung begründet ist. In solchen Fällen kommt allerdings ein Haftungsausschluss gemäß § 4 UmweltHG in Betracht; als Grundsatz ist dieser Norm jedoch gerade zu entnehmen, dass die Haftung nicht schon allgemein ohne Rücksicht auf die Vermeidbarkeit einer Übernahme der Anlage durch betriebsfremde Dritte allein aufgrund des Inhaberbegriffs des § 1 UmweltHG ausgeschlossen ist. Die die Anlage in ihrer Gewalt habenden Dritten selbst sind nicht Anlageninhaber, da sie die tatsächliche Verfügungsgewalt nur vorübergehend ausüben und insbesondere, weil sie die Anlage nicht auf eigene Rechnung und Kosten betreiben; ihre deliktsrechtliche Haftung bleibt davon unberührt.

91 Bei einem **Inhaberwechsel** haftet der neue Anlageninhaber für die vor dem Inhaberwechsel verursachten Emissionen, wenn eine zumindest kumulative Schuldübernahme nach allgemeinen zivilrechtlichen Grundsätzen, dabei namentlich aufgrund des Handelsrechts, wie beispielsweise bei Firmenfortführung gemäß § 25 HGB stattfindet (DIEDERICHSEN BB 1986, 1723, 1729; ENDERS 386; SALJE §§ 1, 3 Rn 27). Im Übrigen haften der frühere und der nachfolgende Anlageninhaber mit Rücksicht auf das schadenspräventive Verursacherprinzip (ENDERS 386) grundsätzlich jeweils nur für diejenigen Verletzungen, die auf eine zur Zeit ihrer jeweiligen Inhaberschaft eingetretenen Umwelteinwirkung zurückzuführen sind (LANDSBERG/LÜLLING Rn 64; SALJE §§ 1, 3 Rn 27; SCHMIDT-SALZER Rn 313). Damit wird dem neuen Anlageninhaber das sogenannte **Entdeckungsrisiko** genommen; darunter ist der Fall zu verstehen, dass der gesamte immissionsbedingte Verletzungstatbestand bereits während der Inhaberschaft des früheren Anlageninhabers vollendet war und lediglich die Verletzung nach dem Inhaberwechsel entdeckt wurde (PASCHKE Rn 77 f). Dasselbe gilt, wenn sich ein sogenanntes **Allmählichkeitsrisiko** (vgl zum Begriff in diesem Sinne PASCHKE Rn 77) in der Weise verwirklicht, dass der **Immissionstatbestand** bereits zur Zeit des Inhaberwechsels **abgeschlossen** war, jedoch die Verletzung selbst erst nach dem Inhaberwechsel eintrat (ENDERS 386; LANDSBERG/LÜLLING Rn 65; SCHMIDT-SALZER Rn 314; **aA** PASCHKE Rn 78). Dies entspricht dem allgemeinen haftungsrechtlichen Grundsatz, dass die Haftung zwar von der Erfüllung sämtlicher Merkmale des haftungsbegründenden Tatbestands abhängt, es aber bei zeitlich gestreckten Kausalverläufen nicht darauf ankommt, dass die normativen Voraussetzungen des haftungsbegründenden Ereignisses noch im Zeitpunkt des Erfolgseintritts vorliegen (vgl dagegen PASCHKE Rn 78).

92 Bei **Allmählichkeitsrisiken** in dem Sinne, dass erst das **Zusammenwirken von Immissionen** aus der Zeit **vor und nach dem Inhaberwechsel** die Verletzung herbeigeführt haben, ist dem Grunde nach eine Haftung des alten und des neuen Anlageninhabers anzunehmen (LANDSBERG/LÜLLING Rn 65; SALJE §§ 1, 3 Rn 27; SCHMIDT-SALZER Rn 314, 129, 212 ff; **aA** PASCHKE Rn 78). Dies ergibt sich aus der Mitursächlichkeit eines jeden Anlageninhabers. Das Maß der Haftungsbeteiligung richtet sich nach den Grundsätzen, die für die Setzung notwendiger, aber nicht hinreichender Bedingungen für den Eintritt eines Verletzungserfolgs gelten (Einl 175). Dies kann zur Gesamtschuldnerschaft in bezug auf den Gesamtschaden oder bestimmter Schadensteile führen, wenn jeder der gesamtschuldnerisch zu verbindenden Beiträge von solchem Gewicht ist, dass er aufgrund seines ihm innewohnenden Gefahrenpotenzials geeignet ist, die Verletzungsrisiken und damit den Schaden derart zu steigern, dass ihm, wie es den Rechtsfolgen der gesamtschuldnerischen Haftung entspricht, der Gesamtschaden oder ein bestimmter identischer Teilschaden zugerechnet werden kann. Ist dies nicht der Fall, namentlich weil ein Verursachungsbeitrag nur geringfügig ist oder aber die Anteilsgewichte nicht feststellbar sind, kommt nur eine Anteilsschätzung gemäß § 287 ZPO in Betracht (vgl Einl 181; LANDSBERG/LÜLLING Rn 65; für gesamtschuldnerische Verbundenheit hingegen DIEDERICHSEN/WAGNER VersR 1993, 641, 644; ENDERS 386 f; LANDMANN/ROHMER/REHBINDER Rn 53; SALJE Rn 27; SCHMIDT-/SALZER Rn 315). Eine direkte oder analoge Anwendung des § 830 Abs 1 Satz 2 BGB scheitert hingegen voraussetzungsgemäß daran, dass die Nichtursächlichkeit eines jeden Beitrags als solchen für den Eintritt des Gesamtschadens feststeht (**aA** LANDMANN/ROHMER/REHBINDER Rn 53; SALJE §§ 1, 3 Rn 27).

93 Ein Allmählichkeitsrisiko im letztgenannten Sinne liegt insbesondere beim sogenannten **Tröpfchenrisiko** vor. Darunter wird die über längere Zeit eintretende Umweltverletzung durch fortwährende Immission jeweils an sich unerheblich belastender Stoffe im Zuge des Normalbetriebs oder aufgrund kleinerer Anlagendefekte verstanden (Landsberg/Lülling Rn 65; Paschke Rn 77).

94 Die **Ermittlung** des Anlageninhabers kann indiziell, soweit genehmigungsbedürftige Anlagen immissionsursächlich sind, anhand der öffentlich-rechtlichen **Betreibergenehmigung** vorgenommen werden (Salje §§ 1, 3 Rn 19; Schmidt-Salzer Rn 310). Der Geschädigte hat gemäß § 9 S 3 UmweltHG einen gegen die Genehmigungsbehörde gerichteten **Anspruch auf Auskunft** über Namen und Anschrift des Anlageninhabers, seines gesetzlichen Vertreters oder eines Zustellungsbevollmächtigten. Da die Behörde aufgrund ihrer öffentlich-rechtlichen Tätigkeit Name und Anschrift in der Regel im Rahmen des öffentlich-rechtlichen Genehmigungsverfahrens erfährt und zugrunde legt, belegt dies die grundsätzliche Übereinstimmung von Anlagenbetreiber im öffentlich-rechtlichen Sinne und von Anlageninhaber im haftungsrechtlichen Verständnis des § 1 UmweltHG. Allerdings ist die öffentlich-rechtliche bestimmte Angabe des Anlagenbetreibers **nur** ein **Indiz;** die autonome Bestimmung des haftungsrechtlichen Inhaberbegriffs wird dadurch materiell nicht präjudiziert. Die Indizwirkung der öffentlich-rechtlichen Betreibereigenschaft überbürdet dem Anlagenbetreiber jedoch die Darlegungs- und Beweislast dafür, dass nicht er, sondern ein anderer Anlageninhaber ist; dies kann im Prozess substantiiert in aller Regel nur durch Benennung desjenigen geschehen, der nach Auffassung des Beklagten der Anlageninhaber ist. Eines selbstständigen materiellen Auskunftsanspruchs des Verletzten gegen den öffentlich-rechtlichen bestimmten Anlagenbetreiber bedarf es daher nicht (wohl **aA** Salje §§ 1, 3 Rn 20).

95 Bedarf eine Anlage im Sinne des § 1 UmweltHG im Einzelfall nicht der behördlichen Genehmigung, ist das **Eigentum am Grundstück** ein **Indiz** für die Inhaberschaft an der emittierenden Anlage. Das Grundeigentum kann der Geschädigte mittels des Grundbuchs ermitteln. Bestreitet der Eigentümer, Anlageninhaber zu sein, hat er aufgrund der indiziell gegenteiligen Grundbuchlage die Darlegungs- und Beweislast dafür, dass er nicht Anlageninhaber ist; dies kann in der Regel substantiiert nur dann dargelegt werden, wenn ein anderer als Anlageninhaber namhaft gemacht wird. Aufgrund dieser prozessualen Situation bedarf es auch hier keines selbstständigen materiellen, auf Benennung des Anlageninhabers gerichteten Auskunftsanspruchs des Verletzten gegen den Grundstückseigentümer.

III. Rechtsfolgen

1. Schadensersatz

96 Der Anlageninhaber hat dem Verletzten den diesem entstandenen ersatzfähigen Schaden (o Rn 68 f) zu ersetzen. Bei einer Mehrheit von Schadensverursachern gelten dabei mangels besonderer Regeln im UmweltHG die allgemeinen Regeln (Klimeck 162 ff), auf die insoweit zu verweisen sind (Einl 199 ff). **Art und Umfang** des geschuldeten Schadensersatzes regelt das UmweltHG **partiell in den §§ 11–16 UmweltHG.** Besondere Regelungen sind namentlich für das mitwirkende Verschulden des Geschädigten in § 11 UmweltHG sowie für den Schadensersatz bei **Körperverletzung** und **Tötung** in den **§§ 12–15 UmweltHG** vorgesehen; hinsichtlich der Ersatzpflicht bei

Körperverletzung und Tötung wird daher insgesamt auf die dortige Kommentierung verwiesen. Für **Sachschäden** enthält das Gesetz hingegen nur vergleichsweise **marginale Eigenständigkeiten** in den **§§ 15, 16 UmweltHG,** während im übrigen grundsätzlich das **Schadensersatzrecht der §§ 249 ff BGB anzuwenden** ist. Es besteht kein Anspruch auf Schmerzensgeld. Mit Ausnahme der in bezug zu den §§ 16, 17 UmweltHG stehenden Themen sind daher grundsätzlich nur die allgemeinen schadensersatzrechtlichen Folgen einer zurechenbaren Sachbeschädigung zu erläutern. Aus der Bezugnahme des Umwelthaftungsgesetzes auf das allgemeine Schadensersatzrecht ergibt sich dabei, dass es alle Grundprobleme des Haftungsrechts, wie beispielsweise die Ersetzbarkeit eines Nutzungsausfalls, Fragen der Vorteilsausgleichung, Erheblichkeit spezifischer Schadensanlagen im Bereich des Geschädigten wie etwa Allergien oder neurotische Fehlreaktionen, teilt, also in weiten Bereichen keine spezifisch umwelthaftungsrechtlichen Probleme bestehen (Paschke Rn 91 gegen Schmidt-Salzer Rn 284); hinsichtlich dieser Grundfragen ist auf die Erläuterung der §§ 249 ff BGB zu verweisen. Die Kommentierung kann sich daher hier auf die haftungsrechtlichen Besonderheiten des Umwelthaftungsgesetzes im Bereich der Sachschäden beschränken.

97 Gemäß § 249 S 1 BGB ist **primär Naturalersatz** geschuldet, sofern nicht die Voraussetzungen des § 251 BGB vorliegen, also die **Herstellung** entweder **nicht möglich** oder zur Entschädigung des Gläubigers **nicht genügend** ist oder der Gläubiger wegen **Unverhältnismäßigkeit** der Herstellungsaufwendungen unter Beachtung der diesbezüglich bestehenden **Sonderregelung des § 16 UmweltHG** die Geldentschädigung wählt. Eine Naturalrestitution ist in Anlehnung an § 8 Abs 9 BNatSchG auch dann möglich, wenn zwar ein mit dem ungestörten Vorzustand identischer Zustand nicht hergestellt werden kann, wohl aber ein insgesamt oder, alsdann von Schadensersatz in Geld begleitet, wenigstens teilweise **funktional gleichwertiger Zustand** (Klass JA 1997, 509, 514 f; Rehbinder NuR 1988, 105, 106; ders NuR 1989, 149, 162; Wenk 86 ff); mit einer weiten Deutung der Herstellbarkeit wird zugleich dem ökologischen Interesse am besten Rechnung getragen und die Problematik der Bewertbarkeit von Ökoschäden vermindert. Zum Naturalersatz rechnen auch alle Aufwendungen des Geschädigten, die dieser in Erfüllung seiner Schadensminderungspflicht nach Eintritt des Schadensfalls gemacht hat; so beispielsweise Kosten einer Gebäude- oder Grundstücksabsicherung, Verhinderung weiterer Immissionsausbreitung, aber auch Schutzvorkehrungen gegen Plünderei (BGHZ 10, 18 = NJW 1953, 1098; 70, 39 = NJW 1978, 210; Landsberg/Lülling Rn 136). Dabei ist es unerheblich, wenn die Maßnahmen ohne Verschulden des Geschädigten erfolglos geblieben sind (BGH NJW 1959, 933; Landsberg/Lülling Rn 136).

98 Zum Naturalersatz zählt ferner der Anspruch auf **Befreiung von öffentlich-rechtlich auferlegten Pflichten,** die den Gläubiger polizei- oder ordnungsrechtlich als Zustandsstörer treffen; erfüllt der Geschädigte seine öffentlich-rechtliche Pflicht zur Beseitigung der Umweltbeeinträchtigung, kann er auch aufgrund von § 1 UmweltHG Ersatz für seine Aufwendung verlangen (Landsberg/Lülling Rn 152).

99 Im Ergebnis besteht aufgrund von § 249 S 1 BGB ein vom Gesetz nicht ausdrücklich vorgesehenes **Recht** des Geschädigten **auf Übernahme eines kontaminierten Gegenstands** durch den Anlageninhaber, wenn allein die Übertragung des betroffenen Gegenstands das geeignete Mittel ist, um die polizei- oder ordnungsrechtliche Zustandshaftung des Geschädigten zu beenden. Hat der Geschädigte schließlich die Umweltbelastung beseitigt, gehört zur Naturalrestitution die Rückübertragung des Gegenstands. Ist allerdings die Kontamination nicht hinreichend zu beheben oder das Behalten der betroffenen Sache sonst unzumutbar, kann der Geschädigte gemäß § 251 Abs 1 2. Fall BGB Schadensersatz für den Gesamtwert des betroffenen Gegenstandes in unverletztem Vorzustand Zug um Zug gegen Übertragung des Eigentums auf den Schädiger verlangen (LANDSBERG/LÜLLING Rn 154 unter Bezug auf RGZ 76, 146).

100 Im Anwendungsbereich des § 249 S 1 BGB kann der Schadensersatzgläubiger seinerseits aufgrund des § 249 S 2 BGB bei einer Personenverletzung oder einer Sachbeschädigung **statt** der **Herstellung** den **dazu erforderlichen Geldbetrag** verlangen; neben dieser Möglichkeit hat § 250 BGB im Tatbestandsbereich des § 1 UmweltHG praktisch kein Anwendungsfeld (LANDSBERG/LÜLLING Rn 106 a; WENK 137). Insbesondere kommt auf dieser Grundlage auch die Ersatzfähigkeit zwischenzeitlicher mietweiser Beschaffung von Ersatznutzungsmöglichkeiten oder von Nutzeneinbußen bis zur Wiederherstellung des ungestörten Vorzustands in Betracht (WENK 132 f).

101 Im Umweltrecht ist das Recht des Geschädigten zur **Wahl der Geldentschädigung** anstelle der Naturalrestitution aus doppeltem Grund **problematisch** (LANDSBERG/LÜLLING Rn 102; GODT 198 ff; WENK 94 ff). Zunächst ist richtig, dass die **Verwendung** des Schadensersatzes in Geld **für andere Zwecke als** den der **Wiederherstellung** des früheren natürlichen Zustands umweltpolitisch **unerwünscht** ist (SCHULTE 282); inwieweit daraus eine Verwendungszweckbindung von Rechts wegen folgt, ist zweifelhaft (dazu Rn 108). Bei Wahl der Geldentschädigung ist überdies zum **Schutz des haftpflichtigen Schädigers** der Einwand zu erwägen, dass der infolge anderweitiger Verwendung der Geldmittel eintretende Fortbestand der Umweltverletzung den Schädiger **weiterhin** als **Störer** in der öffentlich-rechtlichen Polizei- bzw Ordnungspflicht hält, auf deren Grundlage er zur Naturalbeseitigung verpflichtet ist. Wenn und soweit ein solches öffentlich-rechtliches Haftungsrisiko besteht, gehört es zur Schadensminderungspflicht des Geschädigten, den Schaden in Natur beseitigen zu lassen oder ihn, gegebenenfalls auf Grund von Vorschussleistungen gemäß § 16 Abs 2 UmweltHG, selbst zu beseitigen (GNAUB 74 f). Dasselbe gilt, soweit die Art der Rechtsgutsverletzung das Entstehen weiterer Schäden befürchten lässt, wenn die eingetretene Verletzung nicht alsbald natural beseitigt wird.

102 Da Ansprüche gemäß § 249 S 1 und 2 BGB ausweislich des § 251 Abs 1 BGB die **Möglichkeit einer Naturalrestitution** voraussetzen, ist das Bestehen von Ansprüchen gemäß § 249 S 1 und 2 BGB fraglich, wenn die beschädigte Sache **vor der Schadensersatzleistung veräußert** wird. Die Frage ist insbesondere dann bedeutsam, wenn das Vorhandensein oder der Umfang einer Verletzung zur Zeit der Veräußerung der Sache, namentlich eines Grundstücks, nicht bekannt ist und der Veräußerer seinen etwaigen inhaltlich gemäß § 249 BGB bestimmten Schadensersatzanspruch dem Erwerber abtritt; häufig wird nämlich erst eine derartige Zession einen Ausschluss der Gewährleistung des Veräußerers für versteckte Umweltbelastungen ermöglichen, zumal der Erwerber selbst aufgrund Fehlens eines ungestörten Eigentumsvorzustands in seiner Person keinen eigenen Schadensersatzanspruch aufgrund von Kontaminationen aus der Zeit vor seinem Rechtserwerb hat. Die Frage kann nicht in der Weise differenziert entschieden werden, dass trotz Veräußerung eine Schadensabrechnung aufgrund des § 249 BGB bei beweglichen Sachen zugelassen wird (BGHZ

66, 239, 244 = NJW 1976, 1396; 81, 385 = NJW 1982, 98; BGH NJW 1985, 2469), dies aber bei Immobilien nicht gelten soll (BGHZ 81, 385 = NJW 1982, 98; dagegen BGHZ 99, 81 = NJW 1987, 645). Für die Ersatzfähigkeit trotz Veräußerung spricht entscheidend, dass die Form des Schadensersatzes nicht von der aus der Sicht des Schädigers festzustellenden **Zufälligkeit** abhängen darf, ob der Geschädigte von seiner Dispositionsfreiheit in dem Sinne Gebrauch macht, dass er zunächst den Schadensersatz einfordert und die Sache alsdann veräußert, oder ob er in umgekehrter Weise verfährt (so auch Landsberg/Lülling Rn 104 f). Dies ist normativ anhand des Tatbestands von § 251 Abs 1 BGB jedenfalls dann gerechtfertigt, wenn der Rechtsnachfolger bereit ist, die geschädigte Sache zur Erbringung der Naturalrestitution zur Verfügung zu stellen; solchenfalls fehlt es an der von § 251 Abs 1 BGB vorausgesetzten Unmöglichkeit der Naturalrestitution.

103 Ist **Naturalherstellung unmöglich** oder **zur Schadensbeseitigung ungenügend,** ist gemäß **§ 251 Abs 1 BGB** Schadensersatz in Geld zu leisten. § 287 Abs 1 ZPO kann zur Schadensbemessung herangezogen werden (Wenk 118 f); zur Bemessung bei ökologischen Schäden wird auf die Kommentierungseinleitung verwiesen (Einl 129). Auf der Grundlage des § 251 Abs 1 BGB sind nicht die vollen, fiktiven Wiederherstellungskosten geschuldet, sondern nur eine verhältnismäßige Entschädigung, die am Wiederbeschaffungswert orientiert ist. Auf diesen Anspruch ist § 251 Abs 2 BGB unmittelbar nicht anwendbar, da diese Vorschrift die Grenze für das Bestehen von Ansprüchen gemäß § 249 S 1 und 2 BGB bestimmen soll (so auch Salje § 16 Rn 18). Allerdings wird die analoge Anwendung des § 251 Abs 2 BGB auf den Anspruch aus § 251 Abs 1 BGB zumindest in Umwelthaftungsfällen befürwortet (Salje Rn 18), und zwar wohl in dem Sinne, dass der Inhalt des Anspruchs abweichend vom Regelfall durch § 251 Abs 2 BGB in Verbindung mit § 16 Abs 1 UmweltHG bestimmt werden soll. Die Erhöhung des Schadensersatzanspruchs über den Betrag der vollen fiktiven Wiederherstellungskosten im Anwendungsbereich des § 251 Abs 1 BGB überzeugt jedoch nicht, weil die Obergrenze der erhöhten Schadensersatzhaftung mit Rücksicht auf die von § 251 Abs 1 BGB erfassten Fälle nicht bestimmbar ist, da die Wiederherstellung voraussetzungsgemäß nicht nur, wie im Falle des § 251 Abs 2 BGB, unverhältnismäßig teuer, jedoch möglich, sondern objektiv unmöglich oder ungenügend ist. Nicht ersichtlich ist im Übrigen, warum bei Nichtanwendung des § 251 Abs 2 BGB im Falle des § 251 Abs 1 BGB für § 16 UmweltHG kein Anwendungsbereich bliebe (so Salje Rn 18). Vielmehr bleibt die Funktion der Norm erhalten, den Anwendungsbereich des § 249 BGB indirekt dadurch auszuweiten, dass die Erfüllung des Tatbestands von § 251 Abs 2 BGB durch § 16 Abs 1 UmweltHG eingeschränkt wird.

104 Die in **§ 251 Abs 2 BGB** enthaltene Ersetzungsbefugnis zugunsten des Schadensersatzgläubigers setzt **Unverhältnismäßigkeit der Herstellungsaufwendungen** voraus. Dies ist in der Regel durch Vergleich der Wiederherstellungskosten mit dem infolge der Verletzung eingetretenen Vermögensverlust beim Geschädigten festzustellen, wobei die Herstellungskosten diesen Verlust erheblich übersteigen müssen. Eine schematische und formelhafte Bestimmung des Unverhältnismäßigkeitsmaßstabs ist im Rahmen der gebotenen **Interessenabwägung** zu vermeiden; bei Umweltschäden sind auch immaterielle Interessen an intakter Natur je nach der Bedeutung des beschädigten Gegenstandes für den Naturschutz angemessen mit zu berücksichtigen (Baumann JuS 1989, 433, 439; Klass JA 1997, 509, 516 ff; Schulte 280; Rehbinder NuR 1989, 149,

151; Toussaint ZRP 1999, 395 f; Wenk 122; de lege ferenda J Werner ZRP 1998, 421 ff), allerdings ausweislich des § 16 Abs 1 UmweltHG je nach Haftungsgrundlage in unterschiedlichem Maße. Bei der Verletzung von Tieren erhöht bereits § 251 Abs 2 S 2 BGB explizit die Schwelle zur Unverhältnismäßigkeit. In gleicher Weise wirkt **§ 16 Abs 1 UmweltHG,** wenn die Beschädigung einer Sache auch eine Beeinträchtigung der Natur oder der Landschaft darstellt, soweit der Geschädigte den Zustand herstellt, der bestehen würde, wenn die Beeinträchtigung nicht eingetreten wäre.

105 Ist auch unter Berücksichtigung der Sonderregelung in § 16 Abs 1 UmweltHG gemäß § 251 Abs 2 BGB oder bereits aufgrund von § 251 Abs 1 BGB Schadensersatz in Geld zu leisten, ist die **Ersatzbemessung schwierig** (Klass JA 1997, 509, 521 f). Einen praktischen Schwerpunkt bilden Schäden an Pflanzen, dabei namentlich an **Bäumen** (vgl BGH NJW 1975, 2061). Bei der Wertersatzberechnung hat sich in der Praxis die sogenannte Methode Koch durchgesetzt (Koch VersR 1969, 16, 17; VersR 1970, 789; VersR 1973, 10; VersR 1974, 1154; VersR 1977, 898; NJW 1979, 2601; VersR 1981, 505; VersR 1984, 110 ff und 213 ff ; VersR 1986, 1160; VersR 1990, 573; kritisch Landsberg/Lülling Rn 146 ff). Danach ergibt sich der Schaden als Summe aus den Kosten für Beschaffung und Anpflanzung eines jungen Ersatzbaumes und aus den Herstellungskosten, die beim Aufwachsen des jungen Baumes bis zum Alter des zerstörten anfallen, zuzüglich der Vorhaltekosten in Gestalt der Verzinsung des eingesetzten Kapitalaufwands. Entsprechendes gilt bei teilweiser Schädigung von Bäumen (Koch VersR 1979, 16), doch kommt hier häufig zumindest teilweise auch Naturalrestitution durch baumchirurgische Maßnahmen in Betracht. Bei Nutzgehölzen, etwa Obstplantagen, wird die Geldentschädigung nach sogenannten Alterswertfaktoren berechnet (Landsberg/Lülling Rn 150), wobei der Restwert des Nutzungspotenzials, der bis zum wirtschaftlich gebotenen Ersatz der Pflanzung besteht, zugrunde gelegt wird. Die Methode Koch orientiert sich im Ergebnis am Herstellungsaufwand. Falls sich dies als Bemessungsgrundlage im Rahmen des § 251 Abs 2 BGB überhaupt mit Rücksicht auf ein allgemeines ökologisches Interesse rechtfertigen lässt (Landsberg/Lülling Rn 124, 148; Gassner UPR 1987, 370, 373; Schulte JZ 1988, 278, 280), ist der Geschädigte jedoch dazu angehalten, die Geldleistung tatsächlich zur Wiederherstellung zu verwenden.

106 Gemäß **§ 252 BGB** ist auch der **entgangene Gewinn** zu ersetzen; dies folgt bereits aus § 249 S 1 BGB (BGHZ 98, 212, 219 = NJW 1987, 1828). Damit ergibt sich die Ersatzfähigkeit von Folgeschäden, die insbesondere bei Sachbeschädigungen im gewerblichen Bereich vorkommen. § 252 S 2 BGB enthält dabei nach herrschender Meinung keine materielle Anspruchsbeschränkung, sondern nur eine Erleichterung des Beweismaßes zum Vorteil des Geschädigten, indem die Vorschrift anordnet, dass als entgangen der Gewinn gilt, welcher nach dem gewöhnlichen Laufe der Dinge oder nach den besonderen Umständen, insbesondere nach den getroffenen Anstalten und Vorkehrungen mit Wahrscheinlichkeit erwartet werden konnte (BGHZ 29, 393, 398 = NJW 1959, 1079; BGHZ 100, 36, 50 = NJW 1987, 1703).

107 Gemäß § 253 BGB kann wegen eines Schadens, der **nicht Vermögensschaden** ist, Entschädigung in Geld nur in den durch das Gesetz bestimmten Fällen gefordert werden. Als eine solche Ausnahmeregelung kommt § 847 BGB in Fällen der Körperverletzung im Zusammenhang des Umwelthaftungsgesetzes zwar in Betracht, jedoch ist diese in deliktsrechtlichem Zusammenhang stehende Vorschrift mit Rücksicht auf den spezialgesetzlichen Charakter des Umwelthaftungsgesetzes, das diese Vorschrift nicht in bezug nimmt, nicht anwendbar (krit STEFFEN UTR 11 [1990] 85). Folglich gilt § 253 BGB ausnahmslos (LANDSBERG/LÜLLING Rn 118; gegen die Ersatzfähigkeit des bloßen Affektionsinteresses WENK 110 ff), womit allerdings die Schadensersatzleistung in natura bei Schäden, die nicht Vermögensschäden sind, nicht ausgeschlossen ist.

108 Verlangt der Geschädigte **anstelle der Naturalrestitution Ersatz in Geld** gemäß § 249 S 2 BGB, muss sich dieser in der Regel an dem **Wiederherstellungsaufwand** orientieren und in Bezug auf dieses Ziel den materiellen Schaden spiegeln. Insoweit ist das **Recht** des Gläubigers zur **freien Disposition über die Schadensersatzleistung** trotz schutzzweckorientierter Bedenken (o Rn 101) anzuerkennen, weil das Umwelthaftungsgesetz den Schutz der Allgemeinheit und öffentlicher ökologischer Interessen allenfalls reflexweise als Sekundärwirkung eines Individualschutzes gewährleisten soll. Die Dispositionsfreiheit ist allerdings insoweit bedenklich, als die Naturalrestitution, bzw an deren Stelle der Geldleistungsanspruch gemäß § 249 S 2 BGB, gerade mit Rücksicht auf immaterielle Schadenskomponenten in den Fällen zuerkannt wird, in denen der Herstellungsaufwand ohne Berücksichtigung solcher immaterieller Komponenten als unverhältnismäßig hoch erscheint; dies kann in Fällen kosmetischer Behandlung von Körperverletzungsfolgen der Fall sein, aber auch im Anwendungsbereich des § 251 Abs 2 S 2 BGB bei Heilbehandlung eines verletzten Tieres und im Anwendungsbereich des § 16 UmweltHG bei Verfolgung ökologischer Belange neben dem unmittelbar eigentumsrechtlichen Wiederherstellungsinteresse. Die freie Disposition des Geschädigten über die Teile einer Schadensersatzleistung in Geld, die spezifisch im Hinblick auf die immaterielle Komponente der eingetretenen Schädigung auf der Grundlage des § 249 S 2 BGB geschuldet werden, führt im Ergebnis zu einer bloßen **Kommerzialisierung eines immateriellen Interesses,** die § 253 BGB verhindern soll (LANDSBERG/LÜLLING Rn 120). Daher ist insoweit der Schadensersatz auf der Grundlage des § 249 S 2 BGB nur geschuldet, wenn insoweit der Geschädigte den eingetretenen Schaden in Natur beseitigt (BGHZ 97, 14 = NJW 1986, 1538; LANDSBERG/LÜLLING Rn 120; LIPP NJW 1990, 104); stellt sich nach Schadensersatzleistung heraus, dass der Geschädigte anders verfährt, ist die Schadensersatzleistung insoweit bereicherungsrechtlich zurückzufordern (BAUMANN JuS 1989, 433, 439; KLASS JA 1997, 509, 520 f; LANDSBERG/LÜLLING Rn 120; LYTRAS 211 ff; REHBINDER NuR 1988, 105, 107; im Erg auch WENK 94 ff).

109 Der **Anspruch auf Naturalrestitution,** bzw auf den dazu erforderlichen **Geldbetrag** gemäß § 249 S 2 BGB, steht auch beim Vorhandensein immaterieller Schäden unter dem **Vorbehalt des § 251 Abs 2 BGB** (LANDSBERG/LÜLLING Rn 121). Dies ergibt sich bei der Verletzung von Tieren aus § 251 Abs 2 S 2 BGB, im Übrigen bei Sachschäden unter den Tatbestandsvoraussetzungen des § 16 UmweltHG aus diesem. Für Körperverletzung mag die unmittelbare Anwendung des § 251 Abs 2 BGB zwar wegen des Zuschnitts auf materielle Schäden unzulässig erscheinen (BGHZ 63, 295, 297 = NJW 1975, 640), doch wird der darin enthaltene Rechtsgedanke als ein solcher des allgemeinen Prinzips von Treu und Glauben in evidenten Fällen eines erheblichen Missverhältnisses zwischen der zu behebenden Verletzungsfolge einerseits und den Beseitigungskosten andererseits – etwa bei erheblichen Operationskosten zur Beseitigung einer unscheinbaren Narbe – entsprechend zur Geltung zu bringen sein (BGHZ 63, 295 = NJW 1975, 640; LANDSBERG/LÜLLING Rn 121 f). Wegen der besonderen Bedeutung der körperlichen Integrität ist ein strenger Maßstab bei Beurteilung eines solchen Missverhältnisses anzulegen.

110 Zu **Unverhältnismäßigkeiten** bei der Heilbehandlung von Tieren ist auf die Kommentierung des § 251 Abs 2 S 2 BGB zu verweisen, bei Sachschäden mit Bezug zu **allgemein ökologischen Interessen** auf die Kommentierung des § 16 UmweltHG.

2. Ansprüche auf und aus Vorbeugung

111 Ein **vorbeugender Anspruch auf Unterlassung** von Umwelteinwirkungen, die eine Schadensersatzhaftung gemäß § 1 UmweltHG auszulösen drohen, ist in Entsprechung zum quasinegatorischen Unterlassungsanspruch, der aus dem deliktischen Schadensersatzanspruch entwickelt wurde, zwar grundsätzlich **zuzulassen.** Allerdings darf er im Ergebnis **nicht** dazu führen, dass auf diesem Wege ein Anspruch auf **Unterlassung** oder technische Modifizierung eines **erlaubten Normalbetriebs** einer von § 1 UmweltHG erfassten Anlage erreicht wird, falls dies gegen § 14 BImSchG und § 906 BGB verstößt. Als Gefährdungshaftungstatbestand knüpft § 1 UmweltHG kompensatorisch an das Vorhandensein und Duldenmüssen eines erlaubten Risikos an, so dass die Verwendung dieser Norm als Grundlage eines quasinegatorischen Unterlassungsanspruch zur Unterbindung eines solchen Betriebs den Geltungsgrund der Norm selbst aufheben würde. Vorbeugende Ansprüche aufgrund des § 1 UmweltHG können daher nur bei bevorstehenden Emissionen infolge eines **konkret zu erwartenden** Störfalls begründet sein, bei dem das Maß des erlaubten Risikos überschritten ist.

112 Die Kosten für **abstrakt schadensvorbeugende Maßnahmen** können grundsätzlich nicht ersetzt verlangt werden (BGH NJW 1992, 1043); das gilt auch für die Kosten wissenschaftlicher Untersuchungen zur Ermittlung einer vermeintlichen Umweltgefahr (LG Stuttgart NJW 1997, 1861). Entstehen solche Kosten im Anschluss an ein schädigendes Immissionsereignis zum Zweck der Vorsorge gegen einen eventuellen Wiederholungsfall, scheitert die Zurechnung zum früheren haftungsbegründenden Verletzungsereignis daran, dass diese Kosten außerhalb des Schutzbereiches des § 1 UmweltHG liegen (vgl o Rn 5 ff, 74), während die Zurechnung zu dem Haftungstatbestand, der später durch den Eintritt des abzuwehrenden Immissionsereignisses erfüllt wird, grundsätzlich an der fehlenden Kausalität scheitert. Anders verhält es sich, wenn die Vorbeugemaßnahme, häufig als **Rettungskosten** bezeichnet, angesichts des **konkreten Bevorstehens des Verletzungsereignisses** getroffen wurde, so dass sie als Abwehr eines bereits gegenwärtigen Schadens anzusehen ist (BGH NJW 1992, 1043 ff); in diesem Fall sind auch Untersuchungs- und Rettungskosten ersatzfähige Vorsorgekosten (BGHZ 80, 1 = NJW 1981, 1516; BGHZ 103, 129 = NJW 1988, 1593; so wohl auch LG Stuttgart NJW 1997, 1861; Döring 87 f; Herbst 74 ff; Hager ZEuP 1997, 9, 20; Pelloni 57 f; Schimikowski, Umwelthaftungsrecht Rn 86 ff). Darüber hinaus, insbesondere wenn das erwartete Schadensereignis nicht eintritt, kommt ein Anspruch auf Aufwendungsersatz für die schadensvorbeugende Maßnahmen nur unter den Voraussetzungen einer berechtigten Geschäftsführung ohne Auftrag gemäß den §§ 683, 670 BGB in Betracht (BGH NJW 1992, 1043, 1044; Landsberg/Lülling Rn 140). Dies ist nur ausnahmsweise der Fall, wenn der Verwendende nicht nur im eigenen Interesse Vorsorgemaßnahmen traf, sondern zumindest auch ein Geschäft im Interesse des Emittenten zum Zweck der Haftungsvermeidung betrieb; ein solcher Geschäftsführungswille ist nur aufgrund besonderer Umstände anzunehmen.

3. Vorschuss

113 Bei einer Schadensersatzabrechung gemäß § 249 S 1 BGB sieht **§ 16 Abs 2 UmweltHG** einen **Anspruch auf Vorschuss** vor, wenn die Beschädigung einer Sache auch eine Beeinträchtigung der Natur oder der Landschaft darstellt, soweit der Geschädigte den Zustand herstellt, der bestehen würde, wenn die Beeinträchtigung nicht eingetreten wäre. Liegen diese Voraussetzungen nicht vor, folgt aus einem Rückschluss aus § 16 Abs 2 UmweltHG und aus den allgemeinen schadensersatzrechtlichen Grundsätzen, dass ein Vorschuss nicht verlangt werden kann; in den Fällen des § 1 UmweltHG ist dies wegen der aufgrund von § 249 S 2 BGB eingeräumten Möglichkeit des unmittelbaren Übergangs auf den Schadensersatzanspruch in Geld für den Geschädigten praktisch auch nicht nachteilig. Die Einzelheiten des Vorschussanspruchs, der Zweckbindung und der Abrechnung über den Vorschuss sind der Kommentierung des § 16 UmweltHG zu entnehmen.

4. Haftungsausschluss

114 § 4 UmweltHG enthält einen gesetzlichen **Haftungsausschluss,** soweit der Schaden durch **höhere Gewalt** verursacht wurde. Daneben sieht § 5 UmweltHG eine **Haftungsbeschränkung bei Sachschäden** vor, wenn die Anlage **bestimmungsgemäß betrieben** worden ist und die Sache nur **unwesentlich** oder in einem Maße beeinträchtigt wird, das nach den örtlichen Verhältnissen **zumutbar** ist. § 11 UmweltHG enthält eine dem § 254 BGB gleiche Regelung der **Haftungsbeschränkung wegen Mitverantwortung des Geschädigten** für den Verletzungseintritt. Die sich aus den §§ 104 ff SGB VII ergebenden Haftungsbeschränkungen des Anlageninhabers bei nicht vorsätzlich herbeigeführten **Arbeitsunfällen,** die zugleich die Haftungsvoraussetzungen des UmweltHG erfüllen, beschränken auch die Haftung des UmweltHG (Salje § 4 Rn 15 f noch zu §§ 636, 637 RVO). Im Unterschied zu § 7 HaftpflichtG, § 14 ProdHG, § 8 a StVG enthält das Umwelthaftungsgesetz keine Aussage zu nichtgesetzlichen, insbesondere vertraglichen Haftungsbeschränkungen, und zwar ausweislich der amtlichen Begründung zu § 1 UmweltHG zu dem Zweck, grundsätzlich einen **Haftungsausschluss** zu ermöglichen (Landsberg/Lülling Rn 75; Paschke Rn 103; § 4 Rn 18; Weber/Weber VersR 1990, 688, 690).

115 **Individualvertragliche Haftungsfreistellungen** oder Haftungsbeschränkungen sind daher **grundsätzlich zulässig** (Landsberg/Lülling Rn 85; Paschke Rn 103; Salje § 4 Rn 19). Unwirksam sind gemäß § 138 Abs 1 BGB sittenwidrige Vereinbarungen (Landsberg/Lülling Rn 85; Paschke Rn 103). Sittenwidrigkeit liegt beispielsweise vor, wenn die Vereinbarung auf der Ausnutzung einer einseitigen Machtposition beruht; dies kann etwa bei haftungsbeschränkenden Vereinbarungen zum Nachteil von Arbeitnehmern eines Betriebes der Fall sein, während dies in der Regel zu verneinen ist, wenn sich jemand, wie etwa ein Gastwissenschaftler, vornehmlich im eigenen Interesse im Gefahrenbereich aufhält (Landsberg/Lülling Rn 85; Paschke Rn 103).

116 Haftungsbefreiungen oder Haftungseinschränkungen aufgrund **Allgemeiner Geschäftsbedingungen** im Sinne des § 1 AGBG sind bei ordnungsgemäßer Geltungsvereinbarung gemäß § 2 AGBG möglich. Die Wirksamkeit solcher Befreiungen und Einschränkungen richtet sich nach den §§ 9–11 AGBG. § 11 Nr 7 AGBG erklärt eine Haftungsbeschränkung, soweit diese nicht bereits nach § 276 Abs 2 BGB aF,

§ 276 Abs 3 BGB nF unwirksam ist, in seinem Anwendungsbereich, der insbesondere in persönlicher Hinsicht gemäß § 24 Abs 1 AGBG eingeschränkt ist, für unwirksam. Daraus wird im Anwendungsbereich des § 11 Nr 7 AGBG, im Übrigen bei Geltung von § 24 Abs 1 AGBG im Wesentlichen jedenfalls für Sachschäden wohl auch gemäß § 9 AGBG, auf die Zulässigkeit haftungsbeschränkender Regelungen in allgemeinen Geschäftsbedingungen geschlossen, die sich auf Schäden infolge schuldlos oder leicht fahrlässig eingetretener Verletzungen zurückführen lassen (Salje § 4 Rn 21). Der Haftungstatbestand des § 1 UmweltHG als Fall der Gefährdungshaftung entzieht sich jedoch wesensgemäß der Beurteilung anhand von Verschuldenskriterien, so dass sich die Wirksamkeit nicht nach § 11 Nr 7 AGBG bzw mittelbar darauf bezugnehmender Anwendung des § 9 AGBG richten kann; die an die Schaffung einer Gefahrenquelle anknüpfende Haftungsgrundlage als solche bleibt durch das Vorhandensein einer daneben bestehenden Vertragsbeziehung unberührt (Landsberg/Lülling Rn 86; Paschke Rn 104). Die Wirksamkeit derartiger haftungsbeschränkender Klauseln ist daher allein anhand des § 9 AGBG, und zwar ohne Rücksicht auf § 11 Nr 7 AGBG, zu beurteilen. Zu entscheiden ist daher, ob eine gemessen am Leitbild der Gefährdungshaftung unangemessene Benachteiligung durch den Haftungsausschluss eintritt. Dies kann nicht generell bei Personenschäden angenommen werden (so aber Salje § 4 Rn 22); vielmehr wird ein Haftungsausschluss auch bei Personenschäden mit Rücksicht auf die Regelungen anderer Gefährdungshaftungsfälle dann zuzulassen sein, wenn sich die verletzte Person freiwillig in Kenntnis des Gefahrenpotenzials in den Gefahrenbereich begeben hat und sie damit im Wesentlichen eigene Zwecke verfolgt hat (vgl Landsberg/Lülling Rn 87; Paschke Rn 104). An ersterem wird es insbesondere bei der Verletzung von Anlagenbesuchern fehlen. Eine formularmäßige Freizeichnung ist stets bei Verletzungen infolge von Störfällen unwirksam; insoweit trägt der Rechtsgedanke des § 11 Nr 7 AGBG als Ausdruck des Prinzips, dass erhebliche Verletzungstatbestände im Sinne der jeweils haftungsbegründenden Norm – hier das Ausmaß des verwirklichten Gefahrenpotenzials, dort der Grad des Verhaltensverschuldens – nicht haftungsfrei zu stellen sind.

117 Die **Einwilligung des Geschädigten** in die Verletzung seiner Rechtsgüter kann die Haftung ausschließen, obwohl die Einwilligung bei Gefährdungshaftungstatbeständen nicht die Wirkung eines Rechtswidrigkeitsausschlusses haben kann (Paschke Rn 105). Eine anspruchsausschließende Einwilligung setzt jedoch neben der freiwilligen Übernahme des Gefahrenrisikos voraus, dass dieses Risiko auch für den Fall der Gefahrenverwirklichung mit der Konsequenz übernommen wird, in einem solchen Falle keinen Schadensersatz zu verlangen. Daran fehlt es bei Rettungshelfern in der Regel (**aA** Paschke Rn 105), während eine solche Einwilligung bei gewerblicher Übernahme von Risiken etwa im Zuge von Dekontaminierungen angenommen werden kann (so wohl auch Paschke Rn 105). Eine solche Einwilligung muss im Übrigen wirksam sein; dies setzt nach allgemeinen Regeln die fehlerfreie Bildung des Einwilligungsentschlusses und die Sittengemäßheit der Einwilligung voraus (Paschke Rn 105). Nach Eintritt des Schadensfalles abgeschlossene haftungsbeschränkende Vereinbarungen sind grundsätzlich wirksam. Im Zusammenhang mit Vergleichen kommen sie sehr häufig vor; ihre Verbindlichkeit richtet sich nach den auch in anderen Fällen der Schadensersatzhaftung geltenden Regeln, insbesondere des Vergleichs.

§ 2 UmweltHG
Haftung für nichtbetriebene Anlagen

(1) Geht die Umwelteinwirkung von einer noch nicht fertiggestellten Anlage aus und beruht sie auf Umständen, die die Gefährlichkeit der Anlage nach ihrer Fertigstellung begründen, so haftet der Inhaber der noch nicht fertiggestellten Anlage nach § 1.

(2) Geht die Umwelteinwirkung von einer nicht mehr betriebenen Anlage aus und beruht sie auf Umständen, die die Gefährlichkeit der Anlage vor der Einstellung des Betriebs begründet haben, so haftet derjenige nach § 1, der im Zeitpunkt der Einstellung des Betriebs Inhaber der Anlage war.

Schrifttum: Siehe Schrifttumsverzeichnis zur Einleitung.

Systematische Übersicht

I. Grundlagen 1
II. Haftung für noch nicht fertiggestellte Anlagen (Abs 1) 4
III. Haftung für nicht mehr betriebene Anlagen (Abs 2) 12

I. Grundlagen

1 Die Vorschrift **bezweckt** die **Vermeidung von Haftungslücken in der Bau- und Stilllegungsphase,** die aus einer einschränkenden Interpretation des Anlagenbegriffs in § 1 UmweltHG resultieren könnten, aber wegen des der Anlage zuzuordnenden und mit ihr wachsenden oder ihr – insbesondere wegen mangelnder Überwachung und Instandhaltung (Enders 400) – nachfolgenden Gefährdungspotenzials bereits bzw fortgesetzt dem Gefährdungshaftungsprinzip unterworfen werden muss (Salje Rn 2; vgl auch Feldhaus UPR 1992, 161, 163). Mit der dadurch erreichten **Vorverlagerung der Haftung** für die Zeit vor Fertigstellung der Anlage **und** mit ihrer **Ausdehnung** auf die nach der Einstellung des Anlagenbetriebs wird überdies erreicht, dass der etwa bei § 2 HaftpflichtG (AG Jülich VersR 1986, 606; dazu Filthaut VersR 1986, 1087 f) und bei § 22 Abs 2 WHG (Ettner DB 1964, 723, 724) geführte Streit darüber, ob der Anlagenbetrieb Haftungsvoraussetzung ist, im Bereich des Umwelthaftungsgesetzes im Ergebnis gegenstandslos ist. Ferner verdeutlicht § 2 Abs 1 UmweltHG, dass in Übereinstimmung mit dem Wortlaut des § 1 UmweltHG **neben** der **Fertigstellung** der Anlage **nicht auch** deren **Betrieb** als solcher eine **haftungsbegründende Voraussetzung** ist, weil anderenfalls eine unerwünschte und nur im Wege der Analogie zu schließende Haftungslücke für den Fall der Umwelteinwirkung durch eine zwar schon fertiggestellte und daher dem Anwendungsbereich des § 2 Abs 1 UmweltHG entzogene, jedoch noch nicht betriebene Anlage einträte (vgl Salje Rn 2; s o § 1 Rn 38). Der Verzicht auf das Erfordernis, dass die Immissionsverletzung auf den Anlagenbetrieb zurückzuführen ist, befreit hingegen nicht davon, dass zwischen der von der Anlage ausgehenden Umwelteinwirkung und der eingetretenen Verletzung ein betriebsbezogener Gefährdungszusammenhang bestehen muss (Paschke Rn 2; vgl o Komm § 1 Rn 58); dieses grundsätzliche Erfordernis ergibt sich aus § 2 Abs 1 und 2 UmweltHG insofern, als dort die Haftung nur für solche Umwelteinwirkungen angeordnet wird, die auf Umständen beruhen, die die Gefährlichkeit der Anlage nach ihrer Fertigstellung bzw vor der Betriebseinstellung begründen.

2 Seiner Rechtsnatur gemäß enthält § 2 UmweltHG **keine Anspruchsgrundlage,** sondern nimmt nur auf die Anspruchsgrundlage des § 1 UmweltHG unter Ausweitung seines Tatbestands Bezug. Die Differenzierung des § 2 UmweltHG in zwei Absätze bezweckt dabei, den Unterschied in der Person des Haftungsadressaten deutlich zu machen (Salje Rn 3).

3 Der wesensgemäß **faktische Anlagenbegriff** setzt nicht voraus, dass die Anlage genehmigt oder genehmigungsfähig ist; sogar eine behördlich stillgelegte Anlage bleibt eine solche (Salje Rn 7). Andererseits setzt das Vorhandensein einer Anlage mehr voraus als nur die Innehabung eines Betriebsgrundstücks ohne Einbringung irgendwelcher Sachen, die der Errichtung einer Anlage im Sinne des § 1 UmweltHG dienen sollen (Salje Rn 7). Sind solche Sachen auf das Grundstück verbracht worden und hat damit die **Errichtungsphase** im Sinne des § 2 Abs 1 UmweltHG begonnen (Cosack 76), so endet diese nur, wenn die Errichtungsabsicht endgültig aufgegeben und das Betriebsgrundstück geräumt worden ist; wegen verbleibender Risiken bleibt alsdann eine Haftung in entsprechender Anwendung von § 2 Abs 2 UmweltHG, obwohl die Anlage niemals betrieben wurde (Salje Rn 7). Eine Anlage bzw Teilanlage kann hingegen auch dann vorliegen, wenn ein der Anlagenerrichtung dienender Gegenstand noch nicht auf das Betriebsgrundstück verbracht worden ist, aber er für die Verwendung gewidmet ist oder werden soll; der Probebetrieb im Herstellerwerk kann in einem solchen Fall dem Anlagenbegriff des § 2 Abs 1 UmweltHG zugeordnet werden (vgl Salje Rn 7; insoweit auch Paschke Rn 9).

II. Haftung für noch nicht fertiggestellte Anlagen (Abs 1)

4 Die Umwelteinwirkung muss von einer **Anlage** ausgehen, die **noch nicht fertiggestellt** ist. Der **Begriff der Anlage** erfordert die tatsächliche Bereitstellung wenigstens eines Gegenstands, der zur Ausführung einer Anlage im Sinne von § 1 UmweltHG dienen soll. Tatsächliche Maßnahmen zur Bauausführung, auch wenn sie selbst nur bauvorbereitenden Charakter haben, erfüllen daher den Anlagenbegriff; die reine Planungsphase vor Umsetzung der Errichtungsabsichten ohne irgendeine, wenn auch geringfügige faktische Realisierung wird hingegen nicht erfasst (Landsberg/Lülling Rn 3; Paschke Rn 3; Salje Rn 4). Der folglich zeitlich und sachlich weite Anwendungsbereich des § 2 UmweltHG wird erst sekundär dadurch eingeschränkt, dass die Umwelteinwirkung auf Umständen beruhen muss, die die Gefährlichkeit der Anlage nach ihrer Fertigstellung begründen. In Abgrenzung zum Anwendungsbereich des § 1 UmweltHG setzt § 2 Abs 1 UmweltHG voraus, dass die Anlage noch nicht fertiggestellt ist. Inbetriebnahme indiziert Fertigstellung. Jedoch kann Fertigstellung auch vor Inbetriebnahme vorliegen; entscheidend ist dann die Widmung zu Betriebszwecken, die in der Regel mit der werkvertraglichen Abnahme der errichteten Anlage bzw durch das Entstehen des Abnahmeanspruchs erfolgt (vgl o § 1 Rn 38).

5 Die noch nicht fertiggestellte Anlage muss **für eine Umwelteinwirkung ursächlich** geworden sein. Der Begriff der Umwelteinwirkung wird in § 3 Abs 1 UmweltHG definiert; wegen der Einzelheiten ist auf die dortige Kommentierung zu verweisen.

Das Erfordernis, dass die Umwelteinwirkung von der hier noch nicht fertiggestellten Anlage ausgehen muss, hat seine Entsprechung in § 1 UmweltHG.

6 Die Umwelteinwirkung muss auf **Umständen** beruhen, die **die Gefährlichkeit der Anlage nach ihrer Fertigstellung begründen.** Dieses bei den Gesetzesberatungen nicht näher konkretisierte (SALJE Rn 12) Kriterium bedarf der Interpretation vor dem Hintergrund der Tatsache, dass eine Haftung gemäß § 1 UmweltHG unabhängig davon begründet ist, ob sich das spezifische Risiko verwirklicht hat, dessentwegen die Anlage in den Haftungskatalog einbezogen wurde. Dem entsprechend erfasst auch § 2 Abs 1 UmweltHG solche Umwelteinwirkungen, die keinen Zusammenhang gerade mit dem spezifischen Gefahrenpotenzial der in Rede stehenden Anlage haben (LANDSBERG/LÜLLING Rn 5; PASCHKE Rn 5; SALJE Rn 13 f; SCHMIDT-SALZER Rn 14; zur Differenzierung vDÖRNBERG, Die Haftung für Umweltschäden, in: vDÖRNBERG/GASSER/GASSNER, Umweltschäden [1992] 18; STÄDTLER 149 f).

7 Das Tatbestandsmerkmal wird erst durch die Bezugnahme auf die Haftungslage verständlich, die bei Eintritt der als haftungsbegründend zu untersuchenden Umwelteinwirkung im Falle ihres Auftretens während eines späteren Anlagenbetriebs gelten würde (vgl SALJE Rn 14). Würde derselbe Umstand, wäre er nach Fertigstellung der Anlage eingetreten, eine Haftung gemäß § 1 UmweltHG begründen, so soll dies auch dann der Fall sein, wenn dieser Umstand vorher eintrat; damit wird die für § 1 UmweltHG typische weite Haftung für jedes Anlagenrisiko auf die Errichtungsphase vorgezogen. Hingegen bleibt die **Haftung** gemäß § 2 Abs 1 UmweltHG gerade dann **ausgeschlossen, wenn die Umwelteinwirkung nach Fertigstellung** der Anlage **nicht einträte.** Das ist praktisch bei allgemeinen Bau- und Montagerisiken, die nicht anlagenspezifisch sind, der Fall (LANDSBERG/LÜLLING Rn 4; PASCHKE Rn 5; SALJE Rn 14). Wird hingegen eine Anlage in Stufen errichtet und erzeugt sie in einer Errichtungsstufe, in der sie bereits betrieblich genutzt wird, umweltspezifische Schäden anderer Art als nach ihrer Fertigstellung, so ist eine restriktive Interpretation geboten und insbesondere möglich, wenn die Errichtungsstufe selbst schon als Anlage im Sinne des § 3 UmweltHG anzusehen ist (im Ergebnis LYTRAS 454).

8 Nicht von § 2 Abs 1 UmweltHG erfasst werden daher zum **Beispiel** Schäden, die im Zusammenhang mit dem Ausheben einer Baugrube entstehen (PASCHKE Rn 6; SCHMIDT-SALZER Rn 13), aber etwa auch im Zusammenhang mit Bauausführungen auftretende Bodenkontaminierungen im Boden, die bei einer Baumaßnahme als solcher unabhängig von deren Bezug zu einer Anlage im Sinne des § 1 UmweltHG zutage treten können (SALJE Rn 15). Gleiches gilt für allgemeine Montagefehler, falls diese nicht den eigentlichen Anlagenbetrieb beeinflussen (weitergehend PASCHKE Rn 6). Statische Fehlberechnungen sind hingegen anlagenbezogen, so dass für diese gehaftet wird, wenn sie bereits vor Fertigstellung zu Umweltbeeinträchtigungen führen (PASCHKE Rn 6). Für Schäden infolge der Einwirkung Dritter auf die Anlage in der Errichtungsphase ist so zu haften, wie wenn die Einwirkung nach Fertigstellung stattgefunden und zu einer Umwelteinwirkung geführt hätte (SALJE Rn 15). Gleiches gilt für Undichtigkeiten eines Anlagenbehältnisses, wenn und weil für einen solchen Vorgang nach Fertigstellung gemäß § 1 UmweltHG zu haften ist (LANDSBERG/LÜLLING Rn 5; SALJE Rn 15; SCHMIDT-SALZER Rn 14).

9 **Haftendes Subjekt** ist der **Inhaber** der Anlage. Der Inhaberbegriff bestimmt sich nach den auch bei § 1 UmweltHG geltenden Grundsätzen (vgl § 1 Rn 84 ff), so dass es darauf ankommt, wer die noch nicht fertiggestellte Anlage auf eigene Rechnung nutzt, die Verfügungsgewalt über sie hat und die Kosten der Unterhaltung trägt und zwar in der Phase der Errichtung der Anlage.

10 Im Verhältnis zwischen dem **die Anlage bauenden** bzw die Anlage **liefernden Unternehmen** einerseits und dem Auftraggeber, der Inhaber der fertiggestellten Anlage im Sinne des § 1 UmweltHG wird, führt dies in der Regel dazu, den Letztgenannten als Anlageninhaber auch in der Errichtungsphase anzusehen (Landsberg/Lülling Rn 7; Salje Rn 17; Schmidt-Salzer Rn 8 f; **aA** Oehmen Rn 221; Paschke Rn 8; Schimikowski, Umwelthaftungsrecht Rn 157). Dies entspricht nicht nur dem praktischen Interesse des Geschädigten, sich für die Errichtungs- und die Betriebsphase einheitlich an einem Verantwortlichen halten zu können; auch wird nicht nur die Versicherbarkeit des gesamten umwelthaftungsrechtlichen Risikos erleichtert. Vielmehr entspricht dieser Haftungszuweisung auch der Konzeption als Gefährdungshaftung, weil diese nicht an verhaltensbezogene Verantwortung anknüpft, der die Bezugnahme auf das Kriterium der tatsächlichen Verfügungsgewalt entsprechen mag (so wohl Paschke Rn 7 f), sondern die Zuweisung des Nutzungspotenzials der gefahrträchtigen Einrichtung in Verbindung mit der entsprechenden Betreibung der Anlagenkosten entscheidend sein lässt. Die Inhaberhaftung des Bauauftraggebers basiert daher nicht nur in dem Maße auf einer Betriebsstättenverantwortung, wie dies der Inhaberhaftung aufgrund der Unterhaltung einer gefährlichen Anlage immanent ist. Im Übrigen erfüllt der Bauauftraggeber in der Regel auch den Inhaberbegriff, wenn dieser durch die tatsächliche Verfügungsgewalt über die Anlage definiert wird, weil ihm als Auftraggeber die Bestimmung des Leistungsgegenstandes und wesentlicher Ausführungsmodalitäten zusteht; seiner Haftung gemäß § 2 Abs 1 UmweltHG schafft daher einen Gleichlauf von tatsächlicher Herrschaft und rechtlicher Verantwortung (vgl dagegen Paschke Rn 7 f).

11 Bei einem **Anlagenleasing** kommt es für die haftungsbegründende Inhaberschaft in der Errichtungsphase darauf an, in welchem Umfang der Leasingnehmer Einfluss auf die Bauausführung nehmen kann (Salje Rn 17). In den meisten Fällen hat der Leasingnehmer wesentliche tatsächliche Gestaltungsmöglichkeiten, so dass dieser der Haftungsadressat ist (Schmidt-Salzer Rn 11 f), während die Alleinhaftung des Leasinggebers nur seltener begründet sein wird (**aA** Salje Rn 17). Handelt in der Errichtungsphase eine von der späteren Betriebsgesellschaft verschiedene Anlagengesellschaft, ist diese Haftungssubjekt in der Errichtungsphase, wenn nicht die Betreibergesellschaft selbst bereits in dieser Phase den Errichtungsvorgang maßgeblich steuert (Salje Rn 17).

III. Haftung für nicht mehr betriebene Anlagen (Abs 2)

12 Eine Umwelteinwirkung geht von einer nicht mehr betriebenen Anlage aus, wenn eine **Anlage im Sinne des § 1 UmweltHG** (vgl § 1 Rn 41 ff) **fertiggestellt** war und der **Anlagenbetrieb endgültig erkennbar eingestellt** wurde (vgl o § 1 Rn 38; Landsberg/Lülling Rn 8; Paschke Rn 10; Salje Rn 8; Schmidt-Salzer Rn 15). Die Haftung nach Abs 2 tritt auch ein, wenn die Anlage wenigstens in das Errichtungsstadium im Sinne von § 2 Abs 1 UmweltHG gelangt war, ohne aber jemals fertiggestellt worden zu sein (s o Rn 5). **Vorübergehende Betriebseinstellungen** bei Reparaturen oder bei Personalwechsel genügen nicht; soweit besteht die Haftung gemäß § 1 UmweltHG. Entscheidend ist, dass die Einrichtung nicht länger Betriebszwecken gewidmet sein soll, und dass dies sichtbar gemacht wird. Die Entwicklung kann sich durch den Beginn des technischen Abbaus manifestieren oder durch Verzicht auf die Anlagengenehmigung, jedoch genügt auch bereits die auf Dauer angelegte technische Stillegung.

13 Die Haftung gemäß § 2 Abs 2 **endet** grundsätzlich mit der vollständigen gegenständlichen **Beseitigung aller Anlagenteile** (LANDSBERG/LÜLLING Rn 8; PASCHKE Rn 11; SALJE Rn 8). Allerdings ist dieser Zeitpunkt im Hinblick auf § 3 Abs 3 UmweltHG in der Weise hinausgeschoben, dass kein der Anlage zuzurechnender Gegenstand unter Einschluss von **Zubehörstücken** mehr auf dem Betriebsgelände verblieben sein darf; damit wird der Begriff der nicht mehr betriebenen Anlage spiegelbildlich zu den Kriterien definiert, die für den Beginn der Haftung für eine noch nicht fertiggestellte Anlage im Sinne des § 2 Abs 1 UmweltHG maßgeblich sind (vgl SALJE Rn 8).

14 Eine **allgemeine Haftung für Bodenkontaminierung** für die Zeit nach vollständiger Beseitigung der Anlage in allen ihren gemäß § 3 UmweltHG zu bestimmenden Teilen ist daher **nicht** begründet (LANDSBERG/LÜLLING Rn 8; SALJE Rn 8; **aA** LANDMANN/ROHMER/REHBINDER Rn 6 f; wohl auch PASCHKE Rn 11). § 2 Abs 2 UmweltHG würde den Charakter als anlagenspezifische Gefährdungshaftung verlieren, wenn die Haftung an eine Verletzung anknüpft, die tatbestandlich erst nach Beseitigung der Anlage verwirklicht wird. Allerdings bleibt die Haftung unberührt, wenn die Rechtsgutsverletzung im Sinne des § 1 UmweltHG bereits während des Bestehens der Anlage oder in der von § 2 UmweltHG erfassten Phase verwirklicht worden ist und die lediglich erst später feststellbar wurde bzw der Schaden erst später zu ermitteln war (wohl in diesem Sinne PASCHKE Rn 11). In diesem Sinne ist zusätzlich die Beseitigung von betriebsbedingten **Altlasten und Rückständen** des früheren Betriebs erforderlich, um den Anwendungsbereich des Abs 2 zu verlassen; anderenfalls würde dem Betreiber durch das bloße Beseitigen der Anlage und ihrer Zubehörungen sachwidrig ein Ausweg aus der Verantwortung für anlagenbetriebsbedingte Schadensquellen eröffnet (ENDERS 400 f; LANDMANN/ROHMER/REHBINDER Rn 6). Eine allein zeitlich fixierte Haftungsbegrenzung sieht das UmweltHG nicht vor; insoweit kann nur Anspruchsverjährung begrenzend wirken (ENDERS 400).

15 Die nicht mehr betriebene Anlage muss die Umwelteinwirkung **verursacht** haben. Der Begriff der Umwelteinwirkung wird in § 3 Abs 1 UmweltHG definiert; wegen der Einzelheiten ist auf die dortige Kommentierung zu verweisen. Das Erfordernis, dass die Umwelteinwirkung von der Anlage ausgehen muss, hat seine Entsprechung in § 1 UmweltHG.

16 Die Umwelteinwirkung muss auf **Umständen** beruhen, **die die Gefährlichkeit der Anlage vor der Einstellung des Betriebs begründet** haben. Die Umwelteinwirkung muss in der Weise mit der Anlage verknüpft sein, dass die Einwirkung eine Haftung gemäß § 1 oder § 2 Abs 1 UmweltHG begründet hätte, wenn sie während des Anlagenbetriebs oder vor Fertigstellung der Anlage aufgetreten wäre (ENDERS 400; PASCHKE Rn 14; SALJE Rn 14). Damit ist auch eine Haftung infolge schädlicher Umwelteinwirkung bei Entsorgung von Lagerstätten, Behältnissen und Tanks begründet, ferner für Verletzungen beim Abbau von Anlagenteilen und bei Wartungsarbeiten im Zusammenhang mit der Stillegung einer Anlage (SALJE Rn 15); eine Identität der nach Stillegung sich realisierenden Folgerisiken des Anlagebetriebs mit den im Betriebszustand aktuell vorhandenen Risiken ist nicht erforderlich (Lytras 454 f). Allgemeine Baustellenrisiken, die nicht anlagenspezifisch sind, begründen hingegen keine Haftung. Im Übrigen scheitert die Haftung für anlagenspezifische Risiken dann, wenn die Verletzung, beispielsweise durch Kontaminierungen, erst eintrat, nachdem die Anlage als solche im Sinne des § 2 Abs 2 zur Gänze nicht mehr bestand (vgl o Rn 9).

17 **Haftendes Subjekt** ist derjenige, der im Zeitpunkt der Einstellung des Betriebs Anlageninhaber war. Haftungsgrund ist die Beherrschung der Gefahrenquelle zur Zeit der Betriebseinstellung (Enders 401; Landmann/Rohmer/Rehbinder Rn 7; Landsberg/Lülling Rn 9; Paschke Rn 12; Salje Rn 18; Schmidt-Salzer Rn 20). Die Regelung hat **haftungsbeschränkende Wirkung** in zwei Hinsichten. Sie schließt zum einen die Haftung des vormaligen Anlageninhabers im Sinne des § 1 UmweltHG für solche Rechtsgutsverletzungen aus, deren Ursache zwar bereits in der Betriebsphase gesetzt war, die sich jedoch erst in der Stillegungsphase verwirklichten, wenn im Moment der Einstellung ein anderer der Anlageninhaber war (Salje Rn 19; Schmidt-Salzer Rn 20). Dieser Person wird damit auch die Haftung für Rechtsgutsverletzungen übertragen, die durch den von einer anderen Person zu verantwortenden früheren Betrieb veranlasst sind (Paschke Rn 13). Der Enthaftungseffekt tritt allerdings nicht ein, wenn die Rechtsgutsverletzung bereits vor Beginn der Stillegungsphase beendet war und sie lediglich erst in dieser Phase sichtbar wurde. Soweit dennoch Härten bleiben, weil der gemäß § 2 Abs 2 UmweltHG Haftende im Unterschied zum früheren Anlagenbetreiber insolvent und nicht deckungsvorsorgepflichtig ist, wird in Analogie zu der höchstrichterlichen Rechtsprechung in Bergschadensfällen (BGHZ 53, 226) ein Durchgriff auf den früheren Anlageninhaber erwogen (Salje Rn 19). Zum anderen bewirkt § 2 Abs 2 UmweltHG eine Haftungsfreistellung von Grundstückseigentümern, die das Grundstück nach Beseitigung der Anlage erwarben; § 2 Abs 2 UmweltHG schließt daher eine allein grundstücksbezogene Altlastenverantwortlichkeit aus (Landsberg/Lülling Rn 9; Paschke Rn 12, Salje Rn 19).

18 Die **ordnungsrechtliche Zustandshaftung** bleibt von dieser Haftungsfreistellung unberührt. Die Fortdauer der Haftung aufgrund **anderer Gefährdungshaftungstatbestände** wie auch aufgrund **unerlaubter Handlung** wegen Verletzung von Verkehrssicherungspflichten bleibt ebenfalls unberührt (Enders 401 f; Landsberg/Lülling Rn 10; Salje Rn 20; Schmidt-Salzer Rn 23 ff).

19 Die Nachwirkungshaftung gemäß § 2 Abs 2 UmweltHG gilt nicht für die **vor dem 1. Januar 1991 stillgelegten Anlagen,** auch wenn sich erst danach Immission und Rechtsgutsverletzung ereigneten und dies im Rahmen des § 23 UmweltHG zur Begründung einer Haftung auf Grund des UmweltHG genügen sollte (Cosack 77; Enders 402 f; Schmidt-Salzer Rn 21; **aA** Salje Rn 11). § 2 Abs 2 UmweltHG stellt nämlich eine erstmals ausdrückliche Erstreckung einer Anlagengefährdungshaftung auf die Nachbetriebsphase dar, so dass der Anlagenbetreiber bei der Stillegung nicht mit einer solchen gefährdungshaftungsrechtlichen Nachhaftung rechnen musste; insoweit ist Vertrauensschutz in Entsprechung zu der in diesem Sinne interpretierten Regelung des etwa zeitgleich in Kraft getretenen § 5 Abs 3 BImSchG angezeigt (Enders 402 f).

§ 3 UmweltHG
Begriffsbestimmungen

(1) Ein Schaden entsteht durch eine Umwelteinwirkung, wenn er durch Stoffe, Erschütterungen, Geräusche, Druck, Strahlen, Gase, Dämpfe, Wärme oder sonstige Erscheinungen verursacht wird, die sich in Boden, Luft oder Wasser ausgebreitet haben.

(2) Anlagen sind ortsfeste Einrichtungen wie Betriebsstätten und Lager.

(3) Zu den Anlagen gehören auch
a) Maschinen, Geräte, Fahrzeuge und sonstige ortsveränderliche technische Einrichtungen und
b) Nebeneinrichtungen,
die mit der Anlage oder einem Anlagenteil in einem räumlichen oder betriebstechnischen Zusammenhang stehen und für das Entstehen von Umwelteinwirkungen von Bedeutung sein können.

Schrifttum: Siehe Schrifttumsverzeichnis zur Einleitung.

Systematische Übersicht

I. Grundlagen 1
II. Schadensentstehung durch Umwelteinwirkung (Abs 1) 2
III. Anlage (Abs 2) 14
IV. Anlagenzugehörige Gegenstände (Abs 3) 22

I. Grundlagen

1 Die Vorschrift enthält **Definitionen** für den Begriff der Umwelteinwirkung und der Anlage; ferner bestimmt sie die zur Anlage gehörenden Gegenstände. Diese Begriffsbestimmungen sind im Rahmen der Haftungstatbestände der §§ 1, 2 UmweltHG bedeutsam.

II. Schadensentstehung durch Umwelteinwirkung (Abs 1)

2 Der Begriff der Umwelteinwirkung (dazu näher Einl 15 ff) als Haftungskriterium hat im Zusammenwirken mit § 1 UmweltHG in grundsätzlicher Hinsicht nicht nur die **Aufgabe,** die spezifisch mittelbar **umweltschützende Funktion** des UmweltHG zu verdeutlichen und **sicherzustellen** (Stecher 175). Diesem Zweck verpflichtet und anders als dies in den Gesetzesmaterialien zum Ausdruck kommt (dazu Medicus, in: FS Gernhuber 299 ff), ist daher eine nachteilige Veränderung der physikalischen, chemischen oder biologischen Beschaffenheit eines Umweltmediums nicht nur die Regel, sondern eine auch im UmweltHG in Entsprechung zu § 22 Abs 1 S 1 WHG geforderte Voraussetzung (Balensiefen 227; Marburger AcP 192 [1992] 1, 18 f; Medicus, in: FS Gernhuber 303; **aA** Engelhardt 8; Gmilkowsky 29; Pelloni 26 f), um nicht nur die bloß ideellen Einwirkungen und Einwirkungen ohne jeden Ausbreitungseffekt auszuschließen

(Pelloni 26 f), sondern auch die rein mechanischen, wenngleich durch ein Umweltmedium getragenen Einwirkungen infolge von solchen Emissionsvorgängen, die keinerlei nachteilige Relevanz für Umweltmedien haben. Der Begriff der Umwelteinwirkung verfolgt überdies den Zweck, eine **allgemeine Anlagenhaftung auszuschließen** (Landmann/Rohmer/Rehbinder Rn 2; Landsberg/Lülling Rn 5; Paschke Rn 3; Salje §§ 1, 3 Rn 55). Dies wird dadurch gewährleistet, dass das bloße Vorhandensein oder der bloße Betrieb der Anlage als Verletzungsursache den Haftungstatbestand des § 1 UmweltHG noch nicht erfüllt, sondern vielmehr die Umwelteinwirkung im Sinne des § 3 UmweltHG als haftungsbegründende Brücke zwischen der Anlage und dem Eintritt der Verletzung im Tatbestand des § 1 UmweltHG fungiert. Wenngleich die damit erzielbare haftungsbeschränkende Wirkung praktisch gering ist, weil sich die meisten Rechtsgutsverletzungen infolge des Anlagenbetriebs über den Umweltpfad verwirklichen (so Paschke Rn 3), ist dieses haftungsbeschränkende Kriterium doch nicht als funktionslos zu kritisieren (Deutsch JZ 1991, 1097, 1100; Feldhaus UPR 1992, 161, 162); so wird zB auf diese Weise die Haftung aufgrund des § 1 UmweltHG ausgeschlossen, wenn eine Verletzung durch den bloßen Kontakt einer Person oder einer Sache mit einer Säure entstand, die sich in einem zur Anlage gehörenden Kessel befand (Beispiel von Salje §§ 1, 3 Rn 55).

3 Die Regelung enthält einen **Redaktionsfehler,** indem sie davon spricht, dass durch die Umwelteinwirkung ein Schaden entstanden sein müsse. Richtigerweise ist damit gemeint, dass die Umwelteinwirkung eine Verletzung einer der in § 1 UmweltHG genannten **Rechtsgüter** verursacht haben muss (vgl § 1 Rn 5; Paschke Rn 4; Deutsch JZ 1991, 1097, 1099; **aA** wohl Schmidt-Salzer § 1 Rn 3). Zur Frage der Verursachung, insbesondere zum Genügen einer mittelbaren Verursachung durch eine Umwelteinwirkung, § 1 Rn 57.

4 Der Begriff der Umwelteinwirkung setzt gemäß § 3 Abs 1 UmweltHG die Ausbreitung von Stoffen, Erschütterungen, Geräuschen, Druck, Strahlen, Gasen, Dämpfen, Wärme oder sonstigen Erscheinungen in Boden, Luft oder Wasser voraus. Er ist aber damit noch nicht vollständig erfasst, weil der Begriff weitere Charakteristika in sich trägt. Dazu gehört, anknüpfend an den Begriff der Einwirkung bzw der Ausbreitung, dass es sich um **emissionsbedingte Verletzungsvorgänge** handeln muss, während eine bloß auf den Kontakt mit der Anlage zurückzuführende Verletzung einer Person oder Sache (Landmann/Rohmer/Rehbinder Rn 11; Salje §§ 1, 3 Rn 72; Schimikowski RUS 1999, 148) ebenso wenig genügt wie die bloße Bewegung eines Gegenstands in einem Umweltmedium (vgl dazu Medicus, in: FS Gernhuber 299 ff).

5 Mit dem Merkmal der Einwirkung auf ein gemäß § 1 UmweltHG geschütztes **Rechtsgut** wird ferner vorausgesetzt, dass dieses eine **materielle,** nämlich physikalische, chemische oder biologische **Veränderung** erfährt (Landsberg/Lülling Rn 3; Paschke Rn 10; **aA** Lytras 456). Sogenannte **immaterielle Emissionen,** beispielsweise hässliche Anblicke von Schrottplätzen, mögen daher über den Umweltpfad Luft als sonstige Erscheinung im Sinne des § 3 Abs 1 UmweltHG verbreitet werden, begründen aber mangels relevanter Einwirkung keine Haftung.

6 Indem eine Verletzungsverursachung durch eine Umwelteinwirkung die Verursachung durch Stoffe, Erschütterungen, Geräusche, Druck, Strahlen, Gase, Dämpfe, Wärme oder sonstige Erscheinungen voraussetzt, **nimmt** § 3 Abs 1 UmweltHG weitgehend auf die bereits **in § 906 Abs 1 BGB verwendeten Begriffe Bezug.** Gleichlautend werden die Imponderabilien in Form von Erschütterungen, Geräuschen, Gasen, Dämpfen und Wärme genannt, zu deren Erläuterung auf die Kommentierung des § 906 BGB verwiesen werden kann. Der im § 906 BGB nicht verwendete Begriff des **Drucks** ist als Krafteinwirkung auf eines der Umweltmedien Boden, Luft oder Wasser zu verstehen, die eine Verdichtung des Umweltmediums zur Folge hat (Salje §§ 1, 3 Rn 65; Vogel VW 1998, 106, 107). Der ebenfalls im § 906 Abs 1 BGB nicht verwendete Begriff der **Strahlen** umfasst neben den ionisierenden Strahlen im Sinne der StrahlenschutzVO auch die nichtionisierenden Strahlen wie Röntgenstrahlen, Laserstrahlen, elektromagnetische Strahlen, ultraviolette Strahlen und Lichtstrahlen (Salje §§ 1, 3 Rn 66; Vogel VW 1998, 107). Die genannten Erscheinungen müssen **nicht allein und unmittelbar als solche** die Rechtsgutsverletzung herbeigeführt haben; es genügt, dass sie ein Glied in einer mehrstufigen Verursachungskette sind (Vogel VW 1998, 106 f), auch wenn sie dabei ihre Gestalt ändern, wie etwa bei Umwandlung von Wasserdampf in Kondensat und daraus entstehender Eisglätte (Salje DAR 1998, 373, 375; ders VersR 1998, 797, 799 f im Anschluss an OLG Köln NJW-RR 1995, 1177), oder dass sie auf eine Schadensprädisposition stoßen, wie dies namentlich bei Lärmschäden oder Erschütterungen der Fall sein kann (Salje DAR 1998, 373, 374 f).

7 Im Unterschied zu dem auf Imponderabilien beschränkten Tatbestand des § 906 Abs 1 BGB eröffnet § 3 Abs 1 UmweltHG vermittels des Begriffs des Stoffs auch eine Haftung für **Ponderabilien,** die sich auf dem Umweltpfad ausgebreitet haben (Paschke Rn 3). Als Stoff sind dem gemäß alle chemischen Elemente und Verbindungen anzusehen, seien sie fest, flüssig oder gasförmig, natürlich oder künstlich, unsichtbar oder sichtbar (Landmann/Rohmer/Rehbinder Rn 5; Oehmen Rn 203; Salje §§ 1, 3 Rn 61 f). Mit Rücksicht auf Nr 48 c) des Anhangs 1 zu § 1 UmweltHG zählen auch **Viren** und **Bakterien** zu den relevanten Stoffen (Oehmen Rn 203; Paschke Rn 8; Salje §§ 1, 3 Rn 62).

8 Der Begriff der **sonstigen Erscheinungen** öffnet § 3 Abs 1 UmweltHG **generalklauselartig,** ähnlich wie dies bei § 906 Abs 1 BGB durch das Merkmal der ähnlichen, von einem anderen Grundstück ausgehenden Einwirkungen geschieht. Da sich der Begriff des Stoffes den Anwendungsbereich des § 3 Abs 1 UmweltHG im Unterschied zu demjenigen des § 906 Abs 1 BGB auch auf Ponderabilien erstreckt, ist für eine grundsätzlich auf Imponderabilien einengende Interpretation des Merkmals der sonstigen Erscheinungen im Bereich des § 3 Abs 1 UmweltHG kein Raum. Allerdings bleibt Konformität mit der Regelung des § 906 Abs 1 BGB im Ergebnis, also ohne entscheidungsbegründenden Rückgriff auf diese Norm, dadurch gewahrt, dass mit Rücksicht darauf, dass vom Begriff des Stoffs im Sinne des § 3 Abs 1 UmweltHG nur feine Ponderabilien erfasst werden, **grobkörperliche Ponderabilien** auch **nicht** vom Begriff der sonstigen Erscheinungen im Sinne des § 3 Abs 1 UmweltHG erfasst werden (**aA** wohl unter Verkennung des nicht vorhandenen Begründungszusammenhangs mit § 906 BGB Erl 85 u implizit Schmidt-Salzer Rn 6); in der Regel kommen daher nur solche Erscheinungen in Betracht, die sich **im Umweltmedium** lösen (zust Oehmen Rn 206; iE auch Salje §§ 1, 3 Rn 70). Innerhalb dieser Grenze ist der Begriff daher weit auszulegen und umfasst jegliches, das von einer Anlage ausgehen kann. Dem Merkmal sind daher die bereits unter § 906 Abs 1 BGB subsumierbaren und in § 3 Abs 1 UmweltHG nicht ausdrücklich genannten Vorgänge zuzuordnen, wie namentlich die Entwicklung von Gerüchen, Rauch und Ruß (OLG München VersR 1998, 1497) sowie der dort genannten ähnlichen Einwirkungen; soweit ist auf die Kommentierung des § 906 BGB zu verweisen. Erfasst wird hier auch die Einwirkung durch Licht (BT-Drucks 11/7104, S 17; PASCHKE Rn 9), soweit es sich nicht bei künstlichem Licht bereits um Strahlung handelt (vgl SALJE §§ 1, 3 Rn 66). Auch Frequenzen, die mangels Hörbarkeit für Mensch oder Tier nicht als Geräusche gelten (vgl SALJE §§ 1, 3 Rn 64), können sonstige Einwirkungen sein. Schließlich hat das Merkmal der sonstigen Erscheinung auch generalklauselartig die Funktion, die Haftung für derzeit noch nicht bekannte oder noch nicht messbare Umwelteinwirkungen künftig zu ermöglichen (PASCHKE Rn 9).

9 Für Verletzungen infolge bloß **negativer Immissionen,** dh durch das Fernhalten gewöhnlicher externer Einwirkungen auf das Grundstück wie beispielsweise Sonnenlicht oder Niederschlag, ist grundsätzlich eine Haftung nicht begründet. Dies gilt allerdings nicht, wenn die negative Immission ihrerseits durch eine Umwelteinwirkung im Sinne des § 3 Abs 1 UmweltHG verursacht ist (vgl § 1 Rn 57). Auch bloß **immateriell-ideelle Auswirkungen,** namentlich optische Erscheinungen von nachteiliger Ästhetik, genügen nicht dem Begriff der sonstigen Erscheinung (ERL 86; OEHMEN Rn 206).

10 Die genannten Erscheinungen müssen sich in Boden, Luft oder Wasser **ausgebreitet** haben. Damit wird die Haftung auf solche Vorgänge beschränkt, die sich über den Umweltpfad vollziehen. Geschieht dies, so ist im Übrigen unerheblich, ob die Rechtsgutsverletzung bei außenstehenden Dritten oder anlagenintern, namentlich bei Mitarbeitern, eintritt (MICHALSKI Jura 1995, 617, 619 f gegen FELDHAUS UPR 1992, 161, 162 f). Ausbreiten bedeutet **Eintritt** einer Erscheinung im Sinne des § 3 Abs 1 UmweltHG in eines der Umweltmedien Boden, Luft oder Wasser und Verteilung in diesem, wobei sie mit Hilfe des Mediums **weitertransportiert** wird (LANDSBERG/LÜLLING Rn 6; PASCHKE Rn 13; SALJE §§ 1, 3 Rn 73). Daran fehlt es bei einer bloß mechanischen Vermittlung des Verletzungseintritts und bei bloßer Einwirkung von Sachen durch Schwerkraft, etwa wenn sich Anlagenteile lösen und herabfallen (LANDSBERG/LÜLLING Rn 6). Das gilt auch bei Druck- und Explosionsvorgängen, die Schäden durch hinausgeschleuderte Metallteile erzeugen (**aA** LANDSBERG/ LÜLLING Rn 7), da hier die Schadensursache nicht umweltmedienspezifisch, sondern lediglich mechanisch vermittelt wurde (MEDICUS, in: FS Gernhuber 299, 302 f; SALJE §§ 1, 3 Rn 57; SCHIMIKOWSKI, Umwelthaftungsrecht Rn 146). Hingegen ist eine Umwelteinwirkung bei einer Schädigung durch eine Druckwelle, durch Funkenflug oder durch Eisbildung infolge Niederschlags von Wasserdampf gegeben (SCHIMIKOWSKI aaO).

11 **Gleichgültig** ist die **Intensität,** mit der sich die Umwelteinwirkung vollzieht (LANDSBERG/LÜLLING Rn 7). Unerheblich ist auch, ob sich die Umwelteinwirkung auf geringer oder großer **Distanz** ausgebreitet hat; abweichend von § 3 Abs 1 BImSchG kommt es mit Rücksicht auf den umfassenden Schutzzweck des UmweltHG weder auf eine Mindestreichweite der Anlagenemission noch auf die **Unüberschaubarkeit des Gefährdungskreises** an (OLG München VersR 1998, 1497, 1498 [Rußausbreitung in Werkstatt durch Brand]; AG Kehl VersR 2000, 313, 314 [Autolackschaden durch undichte Polyurethanflasche] **aA** OLG Köln VersR 1996, 442 m abl Anm RÖHRIG VersR 1996, 1004 f, dort auch zur Auswirkung auf den Versicherungsschutz), so dass dem Umwelthaftungsgesetz eine Beschränkung entweder allein auf Nachbar- oder allein auf Allgemeinbezug nicht zu entnehmen ist (OLG München VersR 1998, 1497 f; LANDSBERG/LÜLLING Rn 7; PASCHKE Rn 11; SCHIMIKOWSKI,

Umwelthaftungsrecht Rn 144; **aA** Feldhaus UPR 1992, 161, 163). Unerheblich ist schließlich, ebenfalls abweichend von § 3 Abs 1 BImSchG, ob sich das **Umweltmedium** durch die Umwelteinwirkung **nachhaltig verändert** hat; vielmehr genügt, dass es lediglich als Transportmedium beteiligt ist (Landsberg/Lülling Rn 2; Paschke Rn 2, 15; Salje §§ 1, 3 Rn 74). Daran kann es insbesondere bei Verletzungen durch Druckwellen und durch Strahlungen fehlen.

12 Damit wird zugleich deutlich, dass das Umwelthaftungsgesetz **nicht** den **Schutz der Umweltmedien als solche bezweckt;** das allgemein umweltpolitische Anliegen des Umwelthaftungsgesetzes wird daher nur mittelbar insofern erreicht, als in vielen Fällen mit der Einwirkung der in § 3 Abs 1 UmweltHG genannten Erscheinungen auf die Umweltmedien zugleich deren eigene dauerhafte nachteilige Veränderung eintritt (Paschke Rn 3; Schmidt-Salzer Rn 3).

13 Als **Umweltmedien,** in denen sich die Erscheinungen im Sinne des § 3 Abs 1 UmweltHG ausbreiten können, kommen Boden, Luft und Wasser in Betracht. **Boden** ist der feste Teil der Erde bis zum Grundwasser, das als solches selbständig als Umweltmedium in § 3 Abs 1 UmweltHG genannt ist; die Ausbreitung im Boden ist bereits mit dem ersten Kontakt des schädigenden Stoffes mit dem Erdkörper vollendet (Salje §§ 1, 3 Rn 76 ff). **Wasser** ist die unter diesem Namen bekannte chemische Verbindung aus zwei Wasserstoffatomen und einem Sauerstoffatom ohne Rücksicht auf den Aggregatzustand, unabhängig von der Menge und ohne Rücksicht darauf, ob es sich um ein Gewässer im Sinne des Wasserhaushaltsgesetzes handelt, ob es frei oder geleitet fließt oder steht, ob es sich auf oder unter der Erdoberfläche befindet; die Ausbreitung schädlicher Stoffe beginnt bereits mit dem Auftreffen auf die Wasseroberfläche, es sei denn, der Stoff oder die Stoffzusammenballung schwimmt und geht daher keine zumindest teilweise Vermischung mit dem Wasser ein, sondern das Wasser fungiert statt als Ausbreitungsmedium nur als äußeres Transportmittel (Salje §§ 1, 3 Rn 80 ff). **Luft** ist das die Erdkugel umgebende lebensnotwendige Gasgemisch, das im Wesentlichen aus Sauerstoff und Stickstoff besteht; das Ausbreiten in diesem Medium beginnt mit dem Transport von Stoffen der in § 3 Abs 1 UmweltHG genannten Art in diesem Medium (Salje §§ 1, 3 Rn 84 f), wobei die rein mechanische Luftdurchdringung eines festen Körpers im Unterschied zu dem Fall nicht genügt, dass der Transport dieses festen Körpers seinerseits durch das Ausbreiten einer Erscheinung im Sinne des § 3 Abs 1 UmweltHG in der Luft, wie beispielsweise bei einer Druckwelle, verursacht ist (vgl § 1 Rn 57; zust Oehmen Rn 211; **aA** Salje §§ 1, 3 Rn 86).

III. Anlage (Abs 2)

14 § 3 Abs 2 UmweltHG definiert den **Begriff** der Anlagen selbstständig, und zwar als **ortsfeste Einrichtungen** wie **Betriebsstätten** und **Lager.** Von einer schlichten Bezugnahme auf die Anlagendefinition des § 3 Abs 5 Nr 1 BImSchG, in dem Anlagen als Betriebsstätten und sonstige ortsfeste Einrichtungen definiert sind, wird im Interesse der Rechtsklarheit und zur Sicherung der Selbstständigkeit des haftungsrechtlichen Anlagenbegriffs verzichtet (Landsberg/Lülling Rn 8; Paschke Rn 16; Schmidt-Salzer Rn 13; Salje §§ 1, 3 Rn 29). Wenngleich die zum Anlagenbegriff des BImSchG entwickelten Grundsätze in der Regel auf § 3 Abs 2 und 3 UmweltHG übertragbar sind (Landsberg/Lülling Rn 8; Landmann/Rohmer/Rehbinder Rn 15; Salje §§ 1, 3 Rn 29), können sich doch auch aus der Eigenständigkeit des haftungsrechtlichen Begriffs Abweichungen gegenüber dem öffentlich-rechtlichen Begriff mit Rücksicht auf die haftungsrechtliche Aufgabe des UmweltHG ergeben (Landsberg/Lülling Rn 8; Paschke Rn 16; Salje §§ 1, 3 Rn 30). Der Begriff ist weit und im Hinblick auf das Gefährdungspotenzial der Einrichtung zu interpretieren (Lytras 453).

15 Daraus ergibt sich beispielsweise, dass es für § 3 Abs 2 UmweltHG in Übereinstimmung mit § 2 Abs 1 UmweltHG **nicht** auf die **Betriebsfähigkeit** einer Einrichtung oder der **Dauerhaftigkeit** ihres Betriebs ankommt (Landsberg/Lülling Rn 10; Paschke Rn 18; Schmidt-Salzer Rn 13), während der Anlagenbegriff des § 3 Abs 5 BImSchG einen nachhaltigen, nicht nur einmaligen oder kurzfristigen Betrieb voraussetzt (Landsberg/Lülling Rn 8). Aus dem für das UmweltHG charakteristischen Katalogprinzip gemäß Anlage 1 zu § 1 UmweltHG folgt im Übrigen im Unterschied zum BImSchG auch, dass der Anlagenbegriff auch dann an die dort aufgeführten Merkmale anknüpft, wenn diese nur auf einen Teil einer größeren Gesamtanlage zutreffen (Landsberg/Lülling Rn 10), während beim Anlagenbegriff des § 3 Abs 5 BImSchG bei Gesamtanlagen, die sich aus genehmigungsbedürftigen und genehmigungsfreien Teilen zusammensetzen, der Umfang der Genehmigungspflicht streitig ist (vgl BVerwGE 50, 49, 53 = MDR 1976, 607; Landsberg/Lülling Rn 9). Aus der an den Elementen einer Gesamtanlage anknüpfenden Beurteilung des Anlagenbegriffs ergibt sich auch, dass eine Haftung nach dem UmweltHG nicht stattfindet, wenn die schadensursächlich emittierende Einrichtung keine Kataloganlage ist, obwohl andere Einrichtungen einer Gesamtanlage solche sind (Michalski Jura 1995, 617, 619; Schmidt-Salzer Rn 14).

16 Auch **Grundstücke,** auf denen ohne bauliche oder technische Vorrichtungen **Stoffe gelagert oder abgelagert** werden, können als **Anlage** gelten (näher Enders 383 ff). Zwar deutet der in § 3 Abs 2 UmweltHG verwendete Begriff der Einrichtung auf das Erfordernis baulicher oder technischer Vorrichtungen, und es muss eine vom UmweltHG nicht beabsichtigte Handlungshaftung auch für das Deponieren von Abfällen vermieden werden. Die mit Anlage 1 Nr 75–77 UmweltHG in Bezug genommene abfallrechtliche Rechtslage erfasst aber unter dem Begriff der Abfallentsorgungsanlage auch brachliegende Grundstücke ohne bauliche Einrichtung (BVerwGE 85, 120 = NVwZ 1990, 863; VGH München NVwZ 1986, 492, 493). Ferner wird durch ein solch weites Begriffsverständnis eine Schutzlücke vermieden, die denjenigen sachwidrig bevorzugen würde, der Schadstoffe ohne jede bauliche oder technische Vorkehrung lagert. Allerdings erfasst ein derart weiter Anlagenbegriff **nicht jede Abfallablagerung,** weil der in § 3 Abs 2 UmweltHG verwendete Begriff der **Einrichtung** über die Zweckbestimmung hinausgehend eine gewisse Nachhaltigkeit der Grundstücksnutzung im Sinne eines wiederholten, für eine gewisse Dauer beabsichtigtes und nicht nur geringfügige Abfallmengen betreffendes Lagern voraussetzt (BVerwGE 85, 120 = NVwZ 1990, 863; BVerwGE 66, 301, 302 f = NVwZ 1983, 408); dadurch wird eine vom UmweltHG nicht intendierte verhaltensbezogene Gefährdungshaftung vermieden (Enders 384 f). Ebenfalls nicht erfasst wird der Eigentümer eines Grundstücks, auf dem unbefugt von Dritten Abfall abgelagert wurde, weil der Begriff der Abfallentsorgungsanlage im Sinne der Anlage 1 Nr 75 – 77 eine entsprechende Zweckbestimmung des Inhabers voraussetzt; von der damit erzielten Haftungsbeschränkung auf Grund des UmweltHG bleibt eine eventuelle Haftung wegen Verletzung der Verkehrssicherungspflicht unberührt (Enders 384 f). Derjenige hingegen, der unerlaubte Ablagerungen auf fremdem Grundstück vornimmt, haftet nach den vorgenannten Kriterien

allerdings ebenfalls nach dem UmweltHG nur, wenn er das fremde Grundstück mit einer gewissen Nachhaltigkeit für einen nicht unerheblichen Zeitraum zur Behandlung, Lagerung oder Ablagerung seiner Abfälle nutzt (Enders 385; wohl weitergehend Landsberg/Lülling Rn 15).

17 Eine **Einrichtung** ist die Zusammenfassung eines Minimums an sächlichen und persönlichen Mitteln (Landsberg/Lülling Rn 12; Paschke Rn 19; Salje §§ 1, 3 Rn 32), die einem bestimmten **Zweck** dienen soll (Salje §§ 1, 3 Rn 32) und eine gewisse Nachhaltigkeit der Grundstücksnutzung in einer zweckentsprechenden Weise mit sich bringt. Betriebsstätten und Lager sind Beispiele von Einrichtungen.

18 **Ortsfest** ist die Einrichtung, wenn sie nicht frei beweglich ist. Die Verbindung einer Sache mit einem Grundstück in der Weise, dass diese zum wesentlichen Grundstücksbestandteil im Sinne der §§ 946, 93, 94 BGB wird, ist jedoch nicht nötig; es genügt auch die vorübergehende Verbindung mit einem Grundstück (Landsberg/Lülling Rn 11; Paschke Rn 20; **aA** Salje §§ 1, 3 Rn 32). Dem Haftungszweck des § 1 UmweltHG würde es nämlich nicht gerecht werden, wenn ein Grundstückspächter, der eine Anlage für die Dauer seiner Pachtzeit errichtet hat, die gemäß § 95 Abs 1 Satz 1 BGB nicht Grundstücksbestandteil ist, mangels Ortsfestigkeit der Anlagen nicht von § 3 Abs 2 UmweltHG erfasst würde. Frei beweglich sind hingegen Transportmittel, wenn sie fahrbereit sind, und zwar auch, wenn ihre Verwendung als Transportmittel nicht mehr beabsichtigt ist (Paschke Rn 20; in letztgenannter Hinsicht **aA** Landsberg/Lülling Rn 11; Schmidt-Salzer Rn 17).

19 **Betriebsstätten** im Sinne des Umwelthaftungsgesetzes sind ortsfeste Einheiten, die einem bestimmten technischen Zweck dienen sollen (Salje §§ 1, 3 Rn 33). Dazu gehören in erster Linie die auf einem Betriebsgrundstück befindlichen Baulichkeiten einschließlich des Betriebsinventars. Verwaltungs- und Wohnbereiche sind nicht hinzuzurechnen, da von ihnen nicht die anlagenspezifischen Gefahren ausgehen (Schimikowski, Umwelthaftungsrecht Rn 147). Ein Grundstück als solches ist keine Betriebsstätte im Sinne des UmweltHG, auch wenn es unter § 3 Abs 5 Nr 1 BImSchG subsumierbar ist (Michalski Jura 1995, 617, 618 Fn 21 mwN).

20 Ein **Lager** ist eine Einrichtung, die zur Aufnahme fester, flüssiger oder gasförmiger Stoffe bestimmt ist, sei es zur Aufbewahrung zwecks späterer anderweitiger Verwendung, oder sei es zum Deponieren in der Absicht, sich der Stoffe an anderer Stelle zeitweilig oder dauernd zu entledigen (vgl BGHZ 46, 17, 19 = BGH NJW 1966, 2014; Landsberg/Lülling Rn 13; Salje §§ 1, 3 Rn 36). Auf die Genehmigungsbedürftigkeit des Lagers kommt es nicht an; so erfasst Ziffer 73 des Anlagenkatalogs 1 zu § 1 UmweltHG Kompostwerke, die nicht genehmigungsbedürftig sind. Allerdings muss das Lager den Charakter einer Einrichtung haben, also ein Mindestmaß an organisatorischer Vorkehrung vorhanden sein, so dass eine wilde Ablagerung durch Grundstücksfremde nicht genügt (Paschke Rn 19, 21). Bei unbefugt von Dritten vorgenommenen Abfalldeponierungen scheitert die gefährdungshaftungsrechtliche Inanspruchnahme des Grundstückseigentümers im Übrigen daran, dass er nicht Anlageninhaber ist, weil dazu die Einrichtung und Grunderhaltung der Gefahrenquelle mit Wissen und Willen gehört; seine Haftung wegen unerlaubter Handlung bei Missachtung von Sicherungspflichten wird dadurch jedoch nicht berührt (Landsberg/Lülling Rn 15).

Liegt eine Anlage im Sinne von § 3 Abs 2 UmweltHG vor, so findet eine Haftung gemäß den §§ 1, 2 UmweltHG nur statt, wenn die Anlage im **Anhang zu § 1 UmweltHG** genannt ist; vgl zu dem Katalog § 1 Rn 39 ff. Die Umwelteinwirkung muss gerade von einer solchen Anlage ausgehen; es genügt nicht, dass sich eine solche lediglich auf dem Betriebsgelände befindet (Schimikowski, Umwelthaftungsrecht Rn 148). **21**

IV. Anlagenzugehörige Gegenstände (Abs 3)

§ 3 Abs 3 UmweltHG **erstreckt** die haftungsrechtlich relevante Anlageneigenschaft auf Maschinen, Geräte, Fahrzeuge und sonstige ortsveränderliche technische Einrichtungen und Nebeneinrichtungen. Damit folgt er der Regelung des § 3 Abs 5 Nr BImSchG, wobei allerdings alternativ ein räumlicher oder betriebstechnischer Zusammenhang genügt (Landsberg/Lülling § 1 Rn 19). **22**

Zu den von § 3 Abs 3 **Buchst a)** erfassten **ortsveränderlichen technischen Einrichtungen** gehören typischerweise Zubehörstücke im Sinne der §§ 97 f BGB, die in einem betrieblich-organisatorischen Zusammenhang mit einer Anlage stehen (Landsberg/Lülling Rn 19). Mit Rücksicht auf das haftungsrelevante Gefährdungspotenzial und auf die spezifische Nennung von Maschinen, Geräten und Fahrzeugen müssen die Einrichtungen auch dann, wenn sie mit der Anlage oder einem Anlagenteil nur in einem räumlichen Zusammenhang stehen, einen auf den gefährlichen Betrieb bezogenen Zusammenhang haben. Bloße Verwaltungseinrichtungen, wie etwa Maschinen der Datenverarbeitung, zählen daher nicht hierher (Salje §§ 1, 3 Rn 50); dies wird häufig auch für Fahrzeuge gelten, es sei denn, sie dienen gerade dem Transport umweltgefährdender Güter (vgl Salje DAR 1998, 373, 377). **23**

Nebeneinrichtungen gemäß § 3 Abs 3 **Buchst b)** sind Einrichtungen, die für den eigentlichen Anlagenzweck technisch zwar nicht benötigt werden, ihm aber jedenfalls in irgendeiner Weise dienen (Landsberg/Lülling Rn 21; Paschke Rn 24; Salje §§ 1, 3 Rn 51). Charakteristisch ist hier die **Ortsgebundenheit;** dieses Kriterium gewährleistet eine Abgrenzung zu Fällen des § 3 Abs 3 Buchst a) UmweltHG (Salje §§ 1, 3 Rn 51). Typische Nebeneinrichtungen sind festinstallierte Förderbänder, Verpackungseinrichtungen, Rohrleitungen und Materiallager. **24**

Die mit Hilfe des Abs 3 erreichte Weite des Anlagenbegriffs (Lytras 453; Mayer MDR 1991, 814) und der damit erkennbare Schutzzweck der Norm, auch die technischen Peripherie einer gefahrträchtigen Anlage im engeren Sinne hinsichtlich ihres umweltschädigenden Potenzials in die Umwelthaftung einzubeziehen, erlaubt auch die Erstreckung der Haftung auf Schäden, die beim **Transport** von Produkten in einer vom Umwelthaftungsgesetz erfassten Anlage entstehen (Enders 382; Landmann/Rohmer/Rehbinder Rn 26; Reuter BB 1991, 145, 147; Schünemann TranspR 1992, 53, 59; wohl enger Koller UTR 27, 245). Wird jedoch das Betriebsgelände verlassen und ereignet sich die Umwelteinwirkung während des Transports im öffentlichen Straßenraum, ist die hinreichende Bezogenheit auf das Risiko der stationären Anlage nicht mehr anzuerkennen (Bremer, Die Haftung beim Gefahrguttransport 326 ff; Enders 383; Landmann/Rohmer/Rehbinder Rn 26; Reuter BB 1991, 145, 147; **aA** Junke PHI 1991, 138, 143; Schünemann TranspR 1992, 53, 59). In Abgrenzung zum Produkthaftungsrecht ist ferner die Anlagenbezogenheit beendet, sobald das Produkt durch willentliche Weitergabe, typischerweise als Handelsgut, in Verkehr gebracht ist (Junke aaO; vgl auch Pelloni 128 ff). **25**

26 Die genannten ortsveränderlichen technischen Einrichtungen im Sinne von § 3 Abs 3 Buchst a) UmweltHG und Nebeneinrichtungen gemäß § 3 Abs 3 Buchst b) UmweltHG müssen ferner mit der Anlage oder dem Anlagenteil in einem **räumlichen oder betriebstechnischen Zusammenhang** stehen. Der **räumliche Zusammenhang** bemisst sich nach den Kriterien, die für Zubehör gemäß § 97 BGB gelten; das räumliche Verhältnis muss daher von der Art sein, dass es noch geeignet ist, dem wirtschaftlichen Zweck der Hauptsache zu dienen (Salje §§ 1, 3 Rn 52). Die Gegenstände müssen sich dem gemäß auf dem Betriebsgelände, auf dem sich eine haftungsbegründende Anlage befindet, oder auf einem unmittelbar angrenzenden Grundstück befinden (Paschke Rn 26; Salje §§ 1, 3 Rn 52).

27 Alternativ (Schimikowski, Umwelthaftungsrecht Rn 149) genügt ein **betriebstechnischer Zusammenhang** der technischen Einrichtungen und Nebeneinrichtungen mit der Anlage oder einem Anlagenteil. Auch insoweit gibt der Zubehörbegriff des § 97 BGB, namentlich § 98 Ziff 1 BGB, Aufschluss (Salje §§ 1, 3 Rn 52). Eine gelegentliche Verwendung außerhalb des betriebstechnischen Zusammenhangs ist unschädlich; so etwa der Einsatz eines Lastkraftwagens für einen Ferntransport, der gewöhnlich für innerbetriebliche Transporte verwendet wird. Allerdings genügt umgekehrt nicht, dass eine Sache, beispielsweise ein Werkzeug, nur gelegentlich dazu verwendet wird, den Betrieb einer Anlage aufrechtzuerhalten; jedoch liegt dann gewöhnlich ein ausreichender räumlicher Zusammenhang vor (Landsberg/Lülling Rn 20; wohl auch Paschke Rn 27).

28 Die in räumlichem oder betriebstechnischem Zusammenhang stehenden Gegenstände müssen **für das Entstehen von Umwelteinwirkungen von Bedeutung** sein können. Sie müssen mit der ortsfesten Anlage ein integriertes System bilden und in Bezug auf dieses eine dienende Funktion haben (Schimikowski, Umwelthaftungsrecht Rn 151). Das Merkmal hat keine eigenständige Bedeutung, sofern die anlagenbezogene Verursachung einer Umwelteinwirkung als Konkretion der bloßen Eignung für eine solche Verursachung ohnedies als haftungsbegründendes Kriterium in den §§ 1, 2 UmweltHG enthalten ist (Paschke Rn 28).

29 Die Funktion dieses Tatbestandsmerkmals beschränkt sich daher darauf, schon objektiv diejenigen Gegenstände als Anknüpfung einer Anlagenhaftung auszuschließen, die bei objektiver Betrachtung ex ante **ihrer Sachnatur gemäß kein Verletzungspotenzial** aufweisen, dass technisch ergänzend oder unterstützend neben das Gefahrenpotenzial der Kataloganlage tritt. Daher findet eine Anlagenhaftung für Gebäude, in denen sich nur Verwaltungseinrichtungen oder Sozialeinrichtungen befinden, oder für Lager, die keine gefährlichen Stoffe enthalten und daher nicht von § 3 Abs 2 UmweltHG erfasst werden, nicht statt, auch wenn sie Anlagen im Sinne des § 3 Abs 5 BImSchG sind (Landsberg/Lülling Rn 18). Anders verhält es sich hingegen, wenn die in den Haftungskatalog aufgenommene Anlage selbst nicht schädigend emittiert hat, jedoch ein ihrem Betrieb nachgeschalteter Zubehörgegenstand, beispielsweise eine Abgasreinigungsanlage, die ihrerseits nicht dem Anlagenkatalog zuzuordnen ist (Salje §§ 1, 3 Rn 53).

§ 4 UmweltHG
Ausschluss der Haftung

Die Ersatzpflicht besteht nicht, soweit der Schaden durch höhere Gewalt verursacht wurde.

Schrifttum: Siehe Schrifttumsverzeichnis zur Einleitung.

Systematische Übersicht

I. **Grundlagen** 1
II. **Begriff der höheren Gewalt** 4
III. **Einzelne Ereignisse** 10

I. Grundlagen

1 Die Gefährdungshaftung auch des UmweltHG ist ihrem Wesen nach **verschuldensunabhängig.** In einigen Fällen, beispielweise gemäß § 1 ProdHaftG, § 33 LuftverkehrsG, § 25 AtomG und § 32 GenTG ist die Gefährdungshaftung als ausnahmslose Strenghaftung konzipiert, während andere Gefährdungshaftungstatbestände den Einwand des unabwendbaren Ereignisses vorsehen, nämlich für den Kraftfahrzeughalter gemäß § 7 Abs 2 StVG und den Eisenbahnunternehmer hinsichtlich des Betriebs innerhalb des Verkehrsraums einer öffentlichen Straße gemäß § 1 Abs 2 Satz 2 und 3 HaftpflichtG, oder den Einwand höherer Gewalt, beispielsweise bei der Haftung gemäß § 2 HaftpflichtG und bei der Anlagenhaftung gemäß § 22 Abs 2 Satz 2 WHG. Für die Ersatzpflicht aufgrund des Umwelthaftungsgesetzes sieht § 4 UmweltHG den **haftungsausschließenden Einwand der höheren Gewalt** vor. Damit ist eine Harmonisierung mit den Regeln des WHG und des HaftpflichtG bezweckt (BT-Drucks 11/7104, S 17; Paschke Rn 2; Diederichsen PHI 1992, 162, 165). Zugleich wird dadurch, dass nicht das haftungsbegrenzende Kriterium des unabwendbaren Ereignisses eingeführt wurde, die **Haftung für** sogenannte **Entwicklungsrisiken** beibehalten (Landsberg/Lülling Rn 3; Paschke Rn 2). Die Aufopferungshaftung gemäß § 906 Abs 2 Satz 2 BGB und § 14 Satz 2 BImSchG ist dem Einwand der höheren Gewalt nicht zugänglich.

2 Die in den Gefährdungshaftungsgesetzen enthaltenen unterschiedlichen Haftungsbegrenzungen folgen keiner einheitlichen, stringenten Konzeption; ihre **sachliche Berechtigung** ist daher **zweifelhaft** (Salje Rn 3). Rechtspolitisch gilt dies auch für § 4 UmweltHG. § 1 UmweltHG zeigt gerade im Gegensatz zu § 2 UmweltHG, dass die Haftung auch an atypische, nämlich an alle mit dem Anlagenbetrieb verbundenen Gefahren anknüpft und nicht nur eine typische Anlagengefahr in Bezug nimmt (Salje Rn 1; Landsberg/Lülling DB 1990, 2206). Auch kommt es oft spezifisch anlagebedingt zu einer wesentlichen Risikoerhöhung, wenn und weil ein unabwendbares Ereignis gerade auf eine Anlage im Sinne des UmweltHG statt auf einen anderen Gegenstand oder ein nicht mit einer Anlage bebautes Grundstück einwirkt (Salje Rn 2). Ferner trifft der Gesichtspunkt der Haftungsbegrenzung für Einrichtungen, die in vorwiegend öffentlichem Interesse betrieben werden, auf den Anwen-

dungsbereich des UmweltHG in der Regel nicht zu (Salje Rn 3). Schließlich sind Widersprüche in den Ergebnissen nicht auszuschließen. Dies gilt etwa, wenn ein der Haftung nach § 7 StVG unterliegendes Fahrzeug zugleich gemäß § 3 Abs 2 UmweltHG einer Anlage im Sinne der §§ 1, 2 UmweltHG zuzurechnen ist (Salje Rn 6), weil ein unabwendbares Ereignis im Unterschied zur höheren Gewalt nicht die Außergewöhnlichkeit des Ereignisses voraussetzt und daher in der Regel eine weiter gezogene Entlastung ermöglicht; gleiches trifft in den Fällen des § 1 Abs 2 S 2 HaftpflichtG zu (Salje Rn 17).

3 In der Praxis hat sich bisher gezeigt, dass der Begriff der höheren Gewalt **keine nennenswerte Haftungsbegrenzung** auslöst (Landsberg/Lülling Rn 2). Die um dieses Kriterium geführte rechtspolitische Diskussion ist deshalb von vornehmlich theoretischer Bedeutung, zumal das Kriterium der höheren Gewalt die Haftung für Entwicklungsrisiken gerade nicht ausschließt. Auch prozessual ist die Entlastung unter Berufung auf höhere Gewalt für den Anlageninhaber erschwert, weil er die Beweislast für die für höhere Gewalt sprechenden Tatsachen trägt.

II. Begriff der höheren Gewalt

4 Der gesetzlich nicht definierte **Begriff** der höheren Gewalt wurde von der Rechtsprechung (RG JW 1918, 176; RGZ 101, 94; BGHZ 7, 338, 339; BGHZ 62, 351, 354 = NJW 1976, 804; BGHZ 109, 224 = NJW 1990, 572) definiert als betriebsfremdes, von außen durch elementare Naturkräfte oder durch Handlungen Dritter herbeigeführtes Ereignis, das nach menschlicher Einsicht und Erfahrung unvorhersehbar ist und mit wirtschaftlich erträglichen Mitteln auch durch die äußerste nach der Sachlage vernünftigerweise zu erwartende Sorgfalt nicht verhütet oder unschädlich gemacht werden kann. Dieses Begriffsverständnis liegt auch dem UmweltHG zugrunde (vgl BT-Drucks 11/7104, S 17; Paschke Rn 3).

5 Die Verletzungsursache muss in einem **betriebsfremden Ereignis** liegen, das von außen herbeigeführt wird. **Nicht** betriebsfremd ist die Verwirklichung des **anlageneigenen Gefährdungspotenzials** (Paschke Rn 6; Salje Rn 8; Deutsch JZ 1991, 1097, 1100). Höhere Gewalt kann auch vorliegen, wenn die Verletzungsursache im räumlichen Bereich der Anlage liegt, beispielsweise bei Sabotageakten; maßgeblich ist, ob ein innerer Zusammenhang der Verletzungsverursachung mit dem Anlagenbetrieb vorliegt (Salje Rn 8). Bei Kausalketten genügt grundsätzlich, dass die erste Ursache eine betriebsfremde äußere Einwirkung im Sinne obiger Definition ist (Landsberg/Lülling Rn 7; Salje Rn 8).

6 An einer Einwirkung von außen fehlt es, wenn die **Schadensursache im Bereich einer Anlage** im Sinne des § 3 UmweltHG liegt (**aA** Landsberg/Lülling Rn 6; Paschke Rn 7; Salje Rn 8; Schmidt-Salzer Rn 4). Beruht die Verletzung auf einem Ereignis, das seinen Ausgang in einem nicht als Teil einer Anlage im Sinne des § 3 UmweltHG anzusehenden Anteils eines einheitlichen Betriebs nahm, liegt in der Regel eine Einwirkung von außen nicht vor, weil der Zweck des Haftungsausschlusses der höheren Gewalt darauf begrenzt ist, die Haftung für Ereignisse außerhalb der beherrschbaren Sphäre des Haftpflichtigen auszuschließen (Paschke Rn 7; iE auch Salje Rn 8; Schmidt-Salzer Rn 3, 4; **aA** Landsberg/Lülling Rn 6).

Das betriebsfremde, von außen herbeigeführte **Ereignis** muss nach menschlicher Einsicht und Erfahrung **unvorhersehbar** sein. Unvorhersehbarkeit bedeutet Außergewöhnlichkeit in dem Sinne, dass sich das schadensstiftende Ereignis so selten ereignet, dass sich der Anlageninhaber darauf vernünftigerweise nicht einstellen kann. Einmaligkeit des Ereignisses ist nicht erforderlich, weil (Salje Rn 12) wiederholt vorkommende Störungsereignisse höhere Gewalt in der Regel ausschließen (Landsberg/Lülling Rn 8; Paschke Rn 4). Das Kriterium der Unvorhersehbarkeit bzw Außergewöhnlichkeit schafft einen Bewertungsspielraum, der je nach den Umständen, insbesondere nach Zeit und Raum, verschieden zu füllen ist (Landsberg/Lülling Rn 8; Paschke Rn 4). 7

Höhere Gewalt setzt im Unterschied zum Begriff der unabwendbaren Ereignisse die **Außergewöhnlichkeit** des Vorgangs voraus. Auch statistisch häufige Vorkommnisse können in concreto unabwendbar sein, so dass der Begriff und die hierdurch bewirkte Haftungsbeschränkung des unabwendbaren Ereignisses weiter als derjenige der höheren Gewalt ist (Landsberg/Lülling Rn 9; Salje Rn 6). 8

Der Eintritt der Verletzung darf **nicht mit wirtschaftlich tragbaren Mitteln** unter Anspannung der äußersten, nach der Sachlage vernünftigerweise zu erwartenden Sorgfalt **vermeidbar** gewesen sein. Das Maß der damit auferlegten Obliegenheit zur Gefahrabwendung geht über den für den Fahrlässigkeitsbegriff geltenden Maßstab hinaus (Salje Rn 14). Maßgeblich ist der jeweils zur Zeit der Rechtsgutsverletzung geltende **technisch-wirtschaftliche Standard** (Paschke Rn 8; Salje Rn 14; Schmidt-Salzer Rn 12). Dabei kommt es auf die Grenzen der wirtschaftlichen Leistungsfähigkeit des konkret betroffenen Unternehmens nicht an (so aber wohl Landsberg/Lülling Rn 10); vielmehr entscheidet auch in ökonomischer Hinsicht der Standard bei fremden vergleichbaren Unternehmen, weil eine ökonomisch gestufte Haftung zum Nachteil wirtschaftlich stärkerer Unternehmen weder aus der Sicht des Geschädigten gerechtfertigt ist noch mit dem im Interesse der Wettbewerbsgleichheit geltenden Gebot haftungsrechtlicher Gleichbehandlung im wesentlich gleichartig gefährdender Anlagen vereinbart werden kann. Maßgeblich sind stets die Umstände des Einzelfalls; insbesondere hängt das Ausmaß der geforderten Schadensvorkehrungen einerseits vom Gefahrenpotenzial, andererseits vom Maß der Unwahrscheinlichkeit des Eintritts des Schadensereignisses ab. Zum Stand der Technik gehören in der Regel mindestens die in Rechtsvorschriften niedergelegten Standards (Salje Rn 14), jedoch können diese auch darüber hinausgehen; ferner gehören zu den technischen Standards einfache Sicherungsmaßnahmen, je nach Anlage beispielsweise Notstromaggregate oder Überwachungseinrichtungen (Salje Rn 14). 9

III. Einzelne Ereignisse

Naturereignisse wie meteorologische Vorkommnisse, beispielsweise Sturm, Blitzschlag und Überschwemmung, aber auch die Schadensstiftung durch Tiere bilden den wohl größten Bereich der höheren Gewalt. Allerdings liegt auch bei Schadensverursachung durch derartige Naturereignisse ein Fall der höheren Gewalt nicht vor, wenn das Naturereignis nicht ungewöhnlich ist; dies trifft für normalen Niederschlag als Regen oder Schnee zu, ferner für Nebel- und Eisbildung (Landsberg/Lülling Rn 12). In Anbetracht sich weltweit ändernder klimatischer Verhältnisse können auch bisher unbekannte Intensitäten von Stürmen und Niederschlägen nicht mehr 10 ohne weiteres als ungewöhnlich gelten (Landsberg/Lülling Rn 12; Paschke Rn 10; Schmidt-Salzer Rn 8 f). Im Übrigen ist die Ungewöhnlichkeit des Naturereignisses als Maßgabe für den Begriff der höheren Gewalt nicht als wesentliches haftungsbegrenzendes Kriterium anzusehen, wenn das Naturereignis zwar statistisch nicht häufig zu Schäden führt, Vorkehrungsmaßnahmen dagegen jedoch sowohl üblich als auch ohne besonderen Aufwand möglich sind; dies trifft etwa für den Blitzschlag zu, dessen schädigende Auswirkungen durch Blitzableiter verminderbar sind, ferner für das Vorhalten von Notstromaggregaten zur Vermeidung der Folgen einer Unterbrechung der Stromzufuhr als Folge eines Unwetters (vgl Salje Rn 9).

11 Auch **menschliches Verhalten** als Verletzungsursache kann ein Fall höherer Gewalt sein. Da der Begriff ein außergewöhnliches, von außen einwirkendes Ereignis voraussetzt, konstituieren Bedienungsfehler des Anlagenpotenzials grundsätzlich keine höhere Gewalt (Landsberg/Lülling Rn 13; Paschke Rn 11; Salje Rn 11). Dies gilt grundsätzlich auch für bewusste Fehlbedienung durch Personen, denen der Anlageninhaber den Anlagenbetrieb anvertraut oder denen er sonst Zugang verschafft hat (Landsberg/Lülling Rn 14; Salje Rn 10; wohl **aA** Paschke Rn 11; Schmidt-Salzer Rn 6). Eine Unterbrechung des Zurechnungszusammenhangs unter dem Gesichtspunkt der höheren Gewalt scheitert nicht nur begrifflich daran, dass die Einwirkung eine nicht von außen kommende, sondern innerbetriebliche ist; sachlich ist die Haftung des Anlageninhabers vielmehr dadurch begründet, dass er das Gefährdungspotenzial durch Gewährung des Zugangs des Saboteurs zur Anlage erhöht hat und ihm überdies obliegt, Schutzvorkehrungen gegen das Wirksamwerden innerbetrieblicher Sabotage zu treffen (Landsberg/Lülling Rn 14; Salje Rn 11).

12 **Von außen** auf die Anlage einwirkende **Sabotageakte** und Attentate, etwa das Zünden von Sprengsätzen (RG JW 1904, 577), sind in der Regel Fälle höherer Gewalt. Anders kann es sich jedoch verhalten, wenn der Anlageninhaber Grund für die Annahme haben muss, dass mit Anschlägen auf die Anlage zu rechnen ist und er die infolgedessen erforderlichen Vorkehrungen nicht insoweit getroffen hat, als sie bei Abwägung des Risikos, der technischen Möglichkeiten und der Kosten zumutbar sind (Landsberg/Lülling Rn 15; Paschke Rn 12; Salje Rn 10). Der Grad der Anschlagswahrscheinlichkeit und das Maß der zumutbaren Vorbeugemaßnahmen sind je nach Einzelfall zu bestimmen; dabei kommt es unter anderem zum einen darauf an, ob konkrete Anhaltspunkte für die Planung eines Anschlags auf eine bestimmte Anlage vorliegen, und ob generell wegen Widerständen bestimmter Kreise gegen bestimmte Anlagen mit betriebsfremden Eingriffen zu rechnen ist. Da objektiv gleichermaßen gefährlich, stehen Attentaten und Sabotage anlagenbezogene Eingriffe in Selbstschädigungsabsicht, namentlich Selbstmordunternehmungen gleich (Landsberg/Lülling Rn 19).

13 **Kriegseinwirkungen** und Eingriffe im Zuge allgemeiner **gewalttätiger Unruhen** sind in der Regel Fälle höherer Gewalt. Allerdings kann es sich auch hier anders verhalten, wenn derartig veranlasste Eingriffe konkret vorhersehbar waren und gegen sie mit zumutbaren Mitteln Vorkehrungen getroffen werden konnten (Landsberg/Lülling Rn 18); so beispielsweise durch die Installation von Notstromaggregaten, um Anlagenstörungen infolge einer Kappung der Stromzufuhr entgegenzuwirken.

14 **Streiks** begründen keine höhere Gewalt, wenn sie rechtmäßig sind. Ist die schädigende Anlage selbst bestreikt, ist eine derartige Haftung dem Anlageninhaber auch zuzumuten, weil das Arbeitskampfrecht ihm einen Anspruch gegen die streikenden Arbeitnehmer auf Aufrechterhaltung des Notbetriebs gibt, zu dem auch alle Verrichtungen zur Vermeidung von Drittschäden durch die Anlage gehören (Paschke Rn 13). Dies gilt auch für anlagenbedingte Schadensereignisse infolge Streiks in einem branchenfremden Betrieb oder in einem anderen Tarifbezirk, weil mit derartigen Einwirkungen auf den Anlagenbetrieb stets zu rechnen ist, es also an der Unvorhersehbarkeit des schadensträchtigen Ereignisses fehlt (Landsberg/Lülling Rn 20; Paschke Rn 13; Salje Rn 11). Rechtswidrige Streiks können Fälle höherer Gewalt sein, weil der Anlageninhaber grundsätzlich mit rechtswidrigem Verhalten von Arbeitnehmern nicht zu rechnen braucht (Paschke Rn 13). Allerdings kann es sich auch in diesen Fällen ähnlich wie bei Attentaten und Sabotageakten im Einzelfall anders verhalten, wenn die Absicht zu rechtswidrigen Arbeitsniederlegungen erkennbar wurde und noch Maßnahmen in zumutbarer Weise getroffen werden konnten, mit deren Hilfe das anlagenbedingte Schadensereignis abzuwehren war.

15 **Technische Vorgänge im Anlagenbetrieb** begründen in aller Regel keine höhere Gewalt. Konstruktionsfehler, Materialfehler, Fehler in der Ablauforganisation und in der Kontrolle sind typische betriebsinterne Vorgänge (Landsberg/Lülling Rn 3; Paschke Rn 6; Salje Rn 11). Unerheblich ist dabei, ob eine solche betriebsinterne Schadensursache den Maßstäben des öffentlichen Rechts entsprochen hat und die zuständige Behörde die Anlage auch insoweit zugelassen hat (Salje Rn 11). Insbesondere rechnen zur höheren Gewalt nicht die Entwicklungsrisiken, dh das zur Zeit des schädigenden Anlagenbetriebs technisch-wissenschaftlich noch nicht bekannte Risiko (Landsberg/Lülling Rn 3; Paschke Rn 2; Salje Rn 11).

§ 5 UmweltHG
Beschränkung der Haftung bei Sachschäden

Ist die Anlage bestimmungsgemäß betrieben worden (§ 6 Abs. 2 Satz 2), so ist die Ersatzpflicht für Sachschäden ausgeschlossen, wenn die Sache nur unwesentlich oder in einem Maße beeinträchtigt wird, das nach den örtlichen Verhältnissen zumutbar ist.

Schrifttum: Siehe Schrifttumsverzeichnis zur Einleitung.

Systematische Übersicht

I. Grundlagen — 1

II. Tatbestand
1. Bestimmungsgemäßer Anlagenbetrieb — 6
2. Sachschaden — 8
3. Unwesentliche Beeinträchtigungen — 10
4. Ortsangemessen zumutbare Beeinträchtigung — 16
5. Beweislast — 24

III. Rechtsfolge — 25

I. Grundlagen

1 Die Vorschrift **bezweckt,** der Rechtspflege die Belastung durch eine Vielzahl von **Streitigkeiten** über die Ersatzpflicht **bei Bagatellverletzungen** zu **ersparen** (LANDSBERG/LÜLLING Rn 2; LYTRAS 463; SALJE Rn 2). Dies ist den Geschädigten **zumutbar,** wenn – wie es der Tatbestand des § 5 UmweltHG vorsieht – nur Sachbeschädigungen vorliegen, die überdies nur unwesentlich sind oder nur ein solches Maß haben, das nach den örtlichen Verhältnissen zumutbar ist, und wenn die Sachverletzung durch den bestimmungsgemäßen Normalbetrieb einer Anlage verursacht wurde. Anhand dieser Kriterien wird ein volkswirtschaftlich grundsätzlich sachgerechter Lastenausgleich erreicht, bei dessen Beurteilung nicht außer Acht gelassen werden darf, dass jedermann als Nutznießer der Vorteile emissionsträchtigen Anlagenbetriebs in gewissen Grenzen auch deren Nachteile mittragen sollte (MICHALSKI Jura 1995, 617, 622 f; PASCHKE Rn 1). Dem gemäß wird § 5 UmweltHG als Norm bezeichnet, in die Elemente der Zurechnung nach Aufopferungsgesichtspunkten eingeflossen seien (vDÖRNBERG, Die Haftung für Umweltschäden, in: vDÖRNBERG/GASSER/GASSNER, Umweltschäden [1992] 18).

2 Die Vorschrift war im Gesetzgebungsverfahren kontrovers. Erst im Vermittlungsausschuss wurde die Beschränkung des Anwendungsbereichs der Norm auf durch den **Normalbetrieb** verursachte Sachbeschädigungen durchgesetzt (BT-Drucks 11/8208 Nr 1, aufgrund Stellungnahme des Bundesrates, BT-Drucks 11/7104, S 23). Maßgeblich war die zutreffende Erwägung, dass die Erweiterung der Normanwendung auf den Störfall den Anreiz zu schadenspräventivem Verhalten mindert und Gerechtigkeitsdefizite in der Abwägung der Interessen von Schädiger und Geschädigtem auftreten (PASCHKE Rn 2). Ebenfalls erst im Laufe der Gesetzesberatung wurde der Anwendungsbereich der Norm auf **Sachschäden jeder Art** ausgedehnt und die Beschränkung auf Beeinträchtigungen der Sachbenutzung aufgegeben (Stellungnahme des Bundesrates, BT-Drucks 11/7104, S 23 und Gegenäußerung der Bundesregierung, BT-Drucks 11/7104, S 30). Diese einheitliche und umfassende Regelung aller Sachschäden ist sachgerecht, zumal Sachsubstanzschäden und Nutzungsbeeinträchtigungen praktisch häufig miteinander verbunden sind. Die Beschränkung des Anwendungsbereichs des § 5 UmweltHG auf den Normalbetrieb zwingt allerdings dazu, auch bei Minimalschäden das Nichtvorliegen eines Störfalls zu prüfen, wodurch der Zweck der Norm, für eine Entlastung der Rechtspflege zu sorgen, partiell aufgehoben werden kann (LANDSBERG/LÜLLING Rn 6).

3 **Nicht** aufgegriffen wurde der Vorschlag, entsprechend der Regelungstechnik des § 11 ProdHaftG einen betragsmäßig fixierten **Selbstbehalt** des Geschädigten festzusetzen. Dieser Verzicht bedeutet eine Einbuße an Rechtssicherheit, weil damit der Begriff der Unwesentlichkeit nicht zweifelsfrei gestellt wird, doch ist dies wohl wegen der Verschiedenheit der Sachkonstellationen als sachangemessen hinzunehmen. Deshalb, aber auch aufgrund gesetzeshistorischer Interpretation ist die schematische Anwendung des § 5 UmweltHG nach Maßgabe fixer Schadensbeträge abzulehnen, wenngleich dies der Entwicklung von Regelsätzen nicht entgegensteht (PASCHKE Rn 4), unterhalb deren grundsätzlich ein unwesentlicher Sachschaden anzunehmen ist.

4 Ebenfalls **nicht** aufgegriffen wurde die Anregung, geringfügige **Personenschäden** von der Haftung auszunehmen, obwohl § 84 Arzneimittelgesetz diesbezüglich als Vorbild hätte dienen können (LANDSBERG/LÜLLING Rn 7; PASCHKE Rn 7 mwN). Das Absehen von einer Ausdehnung des § 5 UmweltHG auf Personenschäden ist weniger mit den

Schwierigkeiten einer Abgrenzung zwischen erheblichen und unerheblichen Verletzungen zu rechtfertigen (Landsberg/Lülling Rn 7; Paschke Rn 4), weil der Gesetzgeber diese bei Sachschäden ebenso schwierige Grenzziehung von der Praxis durchaus erwartet, als vielmehr durch die Erwägung, dass es bei Personenschäden als unbillig empfunden wird, diese den Geschädigten anzulasten, wenn feststeht, dass sie durch den Betrieb einer Anlage verursacht wurden (Landsberg/Lülling Rn 7).

5 § 5 UmweltHG gilt ohne Unterschied für Beeinträchtigungen **beweglicher** wie **unbeweglicher Sachen.** Die Gleichbehandlung von Mobilien und Immobilien ist bei bloß unwesentlichen Schädigungen sinnvoll und führt im Hinblick auf § 906 Abs 1 BGB zu einer harmonischen Lösung (Salje Rn 2; vgl zur Schädigung beweglicher Sachen BGHZ 92, 143 = NJW 1985, 47 [Kupolofen]). Bei Beeinträchtigungen in einem Maße, das nach den örtlichen Verhältnissen zumutbar ist, kann hingegen § 5 UmweltHG zu einer sachwidrigen Differenzierung zwischen Mobilien und Immobilien führen, weil die Vorschrift die Haftung in beiden Fällen gleichermaßen ausschließt, während sie bei Grundstücksbeeinträchtigungen durch § 14 Satz 2 BImSchG und § 906 Abs 2 Satz 2 BGB eröffnet wird (Salje Rn 2). Eine Harmonisierung kann daher insoweit nicht durch das Umwelthaftungsgesetz erreicht werden, sondern allenfalls im Zuge einer die Kriterien des § 14 Satz 2 BImSchG oder des § 906 Abs 2 Satz 2 BGB aufgreifenden Interpretation der Deliktshaftung. Eine unangemessene Benachteiligung des Schutzes beweglicher Sachen liegt auch darin, dass ein Ausgleich für wesentliche Sachschäden, die als ortsüblich zumutbar sind, ausgeschlossen ist, und zwar obwohl ein Anspruch auf Schutzvorkehrung im Unterschied zu § 14 S 2 BImSchG bzw § 902 Abs 2 S 1 BGB durch § 5 UmweltHG nicht gewährt wird (Salje Rn 2).

II. Tatbestand

1. Bestimmungsgemäßer Anlagenbetrieb

6 Der Haftungsausschlusstatbestand gilt nur für den **bestimmungsgemäßen Anlagenbetrieb,** der in § 6 Abs 2 Satz 2 UmweltHG definiert ist (krit Lytras 464 f). Damit ist die Privilegierung des sogenannten Normalbetriebs bezweckt, wodurch der schadensvermeidende Anlagenbetrieb gefördert werden soll (Paschke Rn 5).

7 Die **besonderen Betriebspflichten** iSv § 6 Abs 2 Satz 2 iVm Abs 3 UmweltHG sind **eingehalten,** wenn diejenigen Betriebspflichten beobachtet wurden, die in einem kausalen Bezug zu der konkreten Verletzung stehen (Paschke Rn 6; Schmidt-Salzer Rn 21). Der Nachweis einer umfassend einwandfreien Betriebsorganisation ist nicht zu führen. Dies ergibt sich aus einer im Hinblick auf § 6 Abs 3 UmweltHG vorzunehmenden restriktiven Interpretation des § 6 Abs 2 S 2 UmweltHG, unterstützt von der Erwägung, dass eine solche restriktive Interpretation mit dem Normzweck in Einklang steht, den Schädiger durch Privilegierung des Normalbetriebs zu einer ordnungsgemäßen Betriebsführung im Hinblick auf das sich konkret verwirklichende Schadenspotenzial anzuhalten. Wegen der Einzelheiten des Begriffs des bestimmungsgemäßen Betriebs und zum Nachweis ihrer Einhaltung (dazu auch Falk, EG-Umwelt-Audit-VO [1998] 155 f) ist auf die Kommentierung des § 6 Abs 2 Satz 2 UmweltHG (siehe § 6 Rn 32 ff) zu verweisen.

2. Sachschaden

8 Die Haftungsbeschränkung gilt nur für **Beschädigungen von Sachen,** gleichgültig ob beweglich oder unbeweglich, iSd § 90 BGB unter Einschluss von Tieren gemäß § 90 a BGB. Dabei kommt es auf die Art der Sachbeschädigung nicht an, insbesondere nicht darauf, ob die Benutzbarkeit der Sache leidet (vgl o Rn 2). § 5 UmweltHG schließt auch die Haftung für Vermögensschäden aus, soweit diese Folgen von Sachschäden sind (Salje Rn 4; Schmidt-Salzer Rn 45).

9 Bei **Personenverletzung** ist die Haftung **nicht** ausgeschlossen. Eine Haftungsprivilegierung findet auch dann nicht statt, wenn die Personenverletzung ihrerseits nur die Folge der Kontaminierung einer Sache und der diesbezügliche Schaden wegen § 5 UmweltHG nicht zu ersetzen ist (Landsberg/Lülling Rn 8; Schmidt-Salzer Rn 45). Der ersatzfähige Schaden erfasst in diesen Fällen auch Vermögensfolgeschäden (Salje Rn 4).

3. Unwesentliche Beeinträchtigungen

10 Der Begriff der **unwesentlichen Beeinträchtigungen** steht in **Parallele zu § 906 Abs 1 BGB** (vgl Regierungsbegründung zu § 5, BT-Drucks 11/7104, S 18; kritisch J Hager Jura 1991, 303, 307 f). Für Grundstücksbeschädigungen sind die dort geltenden Maßstäbe unstreitig zu übernehmen (Enders 404 f; Landsberg/Lülling Rn 9; Paschke Rn 7; Salje Rn 5). Für bewegliche Sachen wird hingegen geltend gemacht, eine Auslegung anhand des § 906 Abs 1 BGB scheitere an dem Fehlen des dort vorausgesetzten nachbarschaftlichen Gemeinschaftsverhältnisses sowie daran, dass sich die Zweckbestimmung bei beweglichen Sachen anders als bei Grundstücken häufiger ändere (Landsberg/Lülling Rn 16). Hingegen verzichtet § 5 UmweltHG gerade im Unterschied zu § 906 Abs 1 BGB auf eine Differenzierung zwischen beweglichen und unbeweglichen Sachen und strebt eine Einheitslösung an, die insbesondere keinen Raum für Rücksichtnahme auf nachbarschaftliche Gemeinschaftsverhältnisse lässt. Im Übrigen ist die Idee der gegenseitigen Rücksichtnahme als Leitprinzip des nachbarschaftlichen Gemeinschaftsverhältnisses im Bereich des Umwelthaftungsrechts im Hinblick auf die Wechselseitigkeit von Vor- und Nachteilen moderner umweltbeeinträchtigender Produktionsmethoden als haftungsbeschränkendes Kriterium undifferenziert auf bewegliche wie unbewegliche Sachen zu übertragen. Schließlich lassen sich auch sachgerecht differenzierende Kriterien für bewegliche und unbewegliche Sachen nicht entwickeln (zu allem Paschke Rn 8).

11 Ausgehend von den Kriterien des § 906 Abs 1 BGB wird der **Begriff der Unwesentlichkeit** vom Empfinden eines normalen Durchschnittsmenschen bestimmt, wobei Natur und Zweckbestimmung der von der Einwirkung betroffenen Sache zu berücksichtigen sind (BGH NJW 1982, 440, 441; NJW 1984, 1242; BGHZ 90, 255 = NJW 1984, 2207; Landsberg/Lülling Rn 9 a; Michalski Jura 1995, 617, 624; Paschke Rn 9; Salje Rn 5). Anzulegen ist ein objektivierter Maßstab unter Berücksichtigung der konkreten Umstände, einerseits bezogen auf die Art der Emission und andererseits unter Berücksichtigung der eingetretenen Störungsweise, und zwar jeweils bezogen auf das Gepräge in dem betroffenen Gebiet (Paschke Rn 10). Subjektive Empfindlichkeiten bleiben außer Betracht; sich steigerndes Umweltbewusstsein kann jedoch dazu führen, dass der Bereich der unerheblichen Beeinträchtigung kleiner wird (Landsberg/

Lülling Rn 10). Bei Berücksichtigung der konkreten Umstände sind insbesondere Dauer und Zeitpunkt der Beeinträchtigung zu berücksichtigen, letzteres insbesondere bei Geräuschen (Landsberg/Lülling Rn 11; Paschke Rn 14; Salje Rn 8). Die in allgemeinen Verwaltungsvorschriften oder technischen Regelwerken, zB TA Lärm oder TA Luft, niedergelegten Grenzwerte können als allgemeine Anhaltspunkte Maßstäbe materieller Kriterien enthalten und als antizipierte Sachverständigengutachten gelten (vgl BGHZ 111, 63 = NJW 1990, 2465; Paschke Rn 12 f; Salje Rn 6). Allerdings ist eine Bindung der zivilrechtlichen Beurteilung an derartige Vorgaben, die sich häufig als politische Kompromisse unter Berücksichtigung wirtschaftlicher Erwägungen darstellen, de lege lata nicht anzuerkennen (vgl insoweit zu den Einzelheiten Einl 264 ff, insb 286 ff).

12 Wirken **mehrere** je für sich genommen **unwesentliche Beeinträchtigungen** in der Weise zusammen, dass diese in ihrer **Summe** zu einer **wesentlichen** Beeinträchtigung führen, ist grundsätzlich der Einwand eines jeden der beteiligten Emittenten ausgeschlossen, dass sein Beitrag nur eine unwesentliche Beeinträchtigung verursache (Landsberg/Lülling Rn 13; Paschke Rn 16; Salje Rn 12). Von diesem Grundsatz sind Ausnahmen anzuerkennen, wenn die Art und Intensität der Emissionen sich deutlich voneinander unterscheiden, wie beispielsweise beim Zusammentreffen von Verkehrs- und Fabrikgeräuschen; hier kommt es auf die Wesentlichkeit einer jeden der beteiligten Beeinträchtigungsquellen an (vgl BGHZ 46, 35 = NJW 1966, 1858; Paschke Rn 16). Das Prinzip der haftungsrechtlichen Zusammenrechnung mehrerer zusammenwirkender Emissionen ist gerechtfertigt, weil es aus der konsequenten Anwendung des umgekehrt auch zum Nachteil des Geschädigten angewandten Grundsatzes steht, dass jeder der haftungsrechtlich miteinander verbundenen Personen die haftungsrechtlichen Konsequenzen aus der Situationsgebundenheit des Emissions- bzw Immissionsereignisses tragen muss (Landsberg/Lülling Rn 13; Paschke Rn 16).

13 Da § 5 UmweltHG im Unterschied zu § 906 Abs 1 BGB primär die Funktion des Schadensersatzausschlusses hat, kommt es nicht zuletzt auch auf die **Höhe des eingetretenen Schadens** an. Dabei verbietet sich zwar die schematische Festlegung bestimmter Grenzwerte, zumal diese nicht selten willkürlich erscheinen (vgl o Rn 11; Landsberg/Lülling Rn 14; Paschke Rn 17; Salje Rn 11). Die in § 11 ProdHaftG vorgesehene Selbstbeteiligungsgrenze dürfte in der Regel zu hoch liegen (Paschke Rn 17). Ein Bagatellschaden wird jedoch in der Regel bei Schadensbeseitigungsaufwendungen unter 50 Euro vorliegen, wenn als Kriterium für dessen Fixierung etwa das bei den Gesetzesberatungen angeführte Beispiel verwandt wird, dass die Verschmutzung von Wäsche auf der Leine noch keinen Ersatzanspruch auslösen soll (Salje Rn 11). Auch wenn mit einem Verlust an Praktikabilität verbunden, ist jedoch daran festzuhalten, dass sich jede schematische Lösung verbietet und je nach Einzelfall darauf abzustellen ist, ob die Geltendmachung eines Schadensersatzanspruches im Einzelfall als eine Maßnahme erscheint, die in Anbetracht des mit der Geltendmachung und Durchsetzung eines solchen Anspruchs verbundenen Aufwands von einem Durchschnittsbürger gewöhnlich unterlassen würde und daher querulatorisch erscheint. Daran dürfte es jedoch in der Regel fehlen, wenn eine bestimmte Art von Sachbeschädigungen wiederholt eintritt und die Summe aller Schädigung ein erhebliches Ausmaß erreicht, mag auch die Schädigung in jedem Einzelfall geringfügig sein.

14 Ist eine Sachbeschädigung zugleich eine **Beeinträchtigung von Natur und Landschaft**

im Sinne des § 16 UmweltHG, ist in der Regel schon in tatsächlicher Hinsicht davon auszugehen, dass eine wesentliche Beeinträchtigung vorliegt (Salje Rn 22). Damit wird das vom Gesetzgeber angestrebte Ziel meist verwirklicht, für einen haftungsrechtlichen Ausgleich von Störungen des Natur- und Landschaftshaushalts in natura zu sorgen. Wird allerdings im Einzelfall die Bagatellgrenze bei derartigen Schäden nicht erreicht, ist das Ergebnis des Haftungsausschlusses hinzunehmen. Der Vorschlag, § 5 UmweltHG im Anwendungsbereich des § 16 UmweltHG ausnahmslos als tatbestandlich unanwendbar anzusehen (Schmidt-Salzer Rn 46), ist nicht systemgerecht umzusetzen, da § 16 UmweltHG einen Schadensersatzanspruch als bestehend voraussetzt und auf dieser Grundlage lediglich erreichen soll, dass eine Naturalherstellung entgegen allgemeinen Grundsätzen des Schadensersatzrechts auch dann geschuldet wird, wenn dies mit unverhältnismäßigen Kosten verbunden ist (so wohl auch Salje Rn 22).

15 Das **Unterlassen geeigneter Schutzvorkehrungen** durch den Geschädigten begründet in der Regel nicht den Einwand der Unerheblichkeit einer Beeinträchtigung (Paschke Rn 18). Selbst der Gedanke des nachbarschaftsrechtlichen Gemeinschaftsverhältnisses verpflichtet einen benachbarten Grundstückseigentümer grundsätzlich nicht zur Vornahme von Schutzmaßnahmen, weil jeder Eigentümer grundsätzlich sein Grundstück so nutzen darf, wie es ihm beliebt (BGHZ 111, 63 = NJW 1990, 2465); das Unterlassen von Schutzvorkehrungen führt daher auch nicht über § 254 BGB zu einer Minderung des Haftungsumfanges, aus der sich die Unerheblichkeit der Schädigung herleiten ließe.

4. Ortsangemessen zumutbare Beeinträchtigung

16 Der Haftungsausschluss für Beeinträchtigung in einem Maße, das **nach den örtlichen Verhältnissen zumutbar** ist, orientiert sich an der ähnlichen Regelung in § 906 Abs 2 BGB. Ihr zufolge ist eine Beeinträchtigung, die durch die ortsübliche Benutzung eines anderen Grundstücks herbeigeführt wird, zu dulden, wenn sie nicht durch Maßnahmen verhindert werden kann, die Benutzern dieser Art wirtschaftlich zumutbar sind. § 5 UmweltHG stellt jedoch auf die Immissionen beim Geschädigten ab, während es gemäß § 906 Abs 2 S 1 BGB primär auf die Zumutbarkeit aus der Sicht des Emittenten ankommt und erst § 906 Abs 2 S 2 BGB die Entschädigungspflicht davon abhängig macht, dass die ortsübliche Benutzung oder der Ertrag des Grundstücks über das zumutbare Maß hinaus beeinträchtigt werden (Landsberg/Lülling Rn 21; Paschke Rn 19; Salje Rn 13). Da am Immissionstatbestand orientiert und auch bei beweglichen Sachen anwendbar, kommt es ferner bei § 5 UmweltHG nicht darauf an, ob die Beeinträchtigung durch eine ortsübliche Grundstücksnutzung herbeigeführt wurde (Paschke Rn 19; Salje Rn 15; im Erg auch Lytras 466 f).

17 Einem berechtigten Interesse daran, in Übereinstimmung mit der Auffassung des Gesetzgebers Unterschiede zu § 906 Abs 2 BGB tunlichst zu verhindern, dient es, wenn die Anwendung des § 5 UmweltHG davon abhängig gemacht wird, dass der Anlagenbetreiber alle möglichen und **zumutbaren Schutzvorkehrungen getroffen** hat und dennoch eine Beeinträchtigung eintrat (Salje Rn 13). An den Tatbestand des § 5 UmweltHG anknüpfend, lässt sich dieses Ergebnis erreichen, indem der Begriff der Zumutbarkeit der Beeinträchtigungen in der Weise interpretiert wird, dass eine durch mögliche und zumutbare Schutzvorkehrungen vermeidbare Beeinträchtigung als im Sinne des § 5 UmweltHG unzumutbar anzusehen ist.

18 Unter Berücksichtigung der genannten Unterschiede können die **zu § 906 Abs 2 BGB entwickelten Kriterien** sinngemäß zur Auslegung des § 5 UmweltHG herangezogen werden (Landsberg/Lülling Rn 21; Paschke Rn 21). Wegen der Einzelheiten ist grundsätzlich auf die dortige Kommentierung zu verweisen. Wesentlich ist, dass sich die Zumutbarkeit der Beeinträchtigungen nach den **örtlichen Verhältnissen** richtet. Die örtlichen Verhältnisse werden vom Gepräge des Gebietes bestimmt, in welchem sich die Schädigung auswirkt, bezogen auf den aktuellen Zustand der Mehrheit der Vergleichsobjekte. Dies entspricht dem bei § 906 Abs 2 BGB geltenden Kriterium (Landsberg/Lülling Rn 21; Paschke Rn 20; Salje Rn 14), wobei es jedoch nicht auf das Gepräge des emittierenden Grundstücks ankommt, sondern auf dasjenige der beeinträchtigten Sache (Paschke Rn 20). Dabei ist zwischen der Beschädigung einer beweglichen und einer unbeweglichen Sache in Anbetracht der von § 5 UmweltHG verfolgten Einheitslösung grundsätzlich kein Unterschied zu machen (Paschke Rn 20). Bei Bestimmung des Gepräges im Sinne der ortsüblichen Verhältnisse kommt es auf den Zustand der Örtlichkeiten an, an denen die bewegliche Sache beschädigt wurde, mag es auch nicht ihr gewöhnlicher Aufenthaltsort sein (Landsberg/Lülling Rn 24).

19 Das Kriterium des Umfeldgepräges eröffnet in der Praxis einen gewissen **Beurteilungsspielraum** in räumlicher, zeitlicher und sachlicher Hinsicht.

20 Bezüglich der **räumlichen** Abgrenzung kommt es auf die sachgerechte Begrenzung des Bezugsgebietes an. Insoweit können öffentlichrechtliche Planungsvorgaben Indizbedeutung haben (BGH NJW 1958, 1776; NJW 1959, 1632; NJW 1964, 666; Landsberg/Lülling Rn 22; Paschke Rn 21; Salje Rn 14), jedoch kommt es materiell primär auf die tatsächlichen Verhältnisse an (Salje Rn 14). Für bewegliche Sachen kann dies dazu führen, dass dieselbe Emission in unterschiedlichem Maße haftbar macht; so kann die Haftung entfallen, wenn an Personenkraftwagen Lackschäden im Industriegebiet auftreten und dieselbe Emission infolge ungünstiger Windverhältnisse zu Lackschäden in einem entfernter liegenden Wohngebiet führt (Landsberg/Lülling Rn 24; Paschke Rn 21).

21 **Zeitlicher** Bezugspunkt für die Beurteilung der Ortsüblichkeit ist der des Schadensereignisses, da die örtlichen Verhältnisse einem Wandel unterliegen (Landsberg/Lülling Rn 21; Paschke Rn 23). Bei Widersprüchen zwischen dem öffentlichrechtlichen Planungsstand und den faktischen Verhältnissen entscheidet auch hier Letzteres (BGHZ 59, 378, 381; BGHZ 69, 105, 111 = NJW 1977, 1917), auch wenn dies zu einer partiellen Abkopplung des privaten Haftungsrechts von den verwaltungsrechtlichen Vorgaben führen kann (kritisch daher Paschke Rn 24; wie hier Landsberg/Lülling Rn 23; Salje Rn 15).

22 Im Rahmen der Beurteilung der Ortsüblichkeit nach der Prägetheorie sind die Vergleichsobjekte schließlich **sachlich** abzugrenzen (Paschke Rn 22). Regelmäßig sind nur die mit dem betroffenen Gegenstand identischen oder funktionell gleichrangigen Sachen einzubeziehen.

23 Die **Beeinträchtigung** muss im Rahmen der Ortsüblichkeit für den Geschädigten **zumutbar** sein. Darin liegt formal im Vergleich zu § 906 Abs 2 BGB eine Verschie-

bung des Anknüpfungspunktes insofern, als es dort darauf ankommt, ob der Störer die Beeinträchtigung mit für ihn wirtschaftlich zumutbaren Maßnahmen hätte vermeiden oder vermindern können (Paschke Rn 25). In der Sache ergibt sich jedoch eine Annäherung aufgrund der Erwägung, dass das Kriterium der Zumutbarkeit bei § 5 UmweltHG ebenso wie bei § 906 Abs 2 BGB im Hinblick darauf auszulegen ist, ob das Maß der Beeinträchtigungen einerseits und andererseits der technische bzw finanzielle Aufwand zu seiner Vermeidung in einem angemessenen Verhältnis zueinander stehen. Damit wird auch bei § 5 UmweltHG das Maß des zur Vermeidung der Beeinträchtigung erforderlichen Aufwands zum Haftungskriterium, so dass auch hier auf die Gesichtspunkte der Eignung, Erforderlichkeit und Verhältnismäßigkeit von Präventivmaßnahmen durch den Emittenten abzustellen ist (Paschke Rn 25).

5. Beweislast

24 Der **Schädiger** hat die formelle und materielle Beweislast hinsichtlich der tatsächlichen Voraussetzungen der Einwendungsnorm. Dies gilt wie im Falle des § 906 BGB hinsichtlich der Unwesentlichkeit der Sachbeschädigung wie auch hinsichtlich der Frage, ob die Sache nur in einem solchen Maß beeinträchtigt worden ist, das nach den örtlichen Verhältnissen zumutbar ist (Salje Rn 21). Gleiches gilt für den Nachweis, dass die Verletzung auf dem bestimmungsgemäßen Normalbetrieb beruht.

III. Rechtsfolge

25 § 5 UmweltHG enthält eine **Einwendung** gegen die Schadensersatzpflicht gemäß § 1 UmweltHG. Liegt der Tatbestand vor, so ist die Haftung vollständig ausgeschlossen.

§ 6 UmweltHG
Ursachenvermutung

(1) Ist eine Anlage nach den Gegebenheiten des Einzelfalles geeignet, den entstandenen Schaden zu verursachen, so wird vermutet, dass der Schaden durch diese Anlage verursacht ist. Die Eignung im Einzelfall beurteilt sich nach dem Betriebsablauf, den verwendeten Einrichtungen, der Art und Konzentration der eingesetzten und freigesetzten Stoffe, den meteorologischen Gegebenheiten, nach Zeit und Ort des Schadenseintritts und nach dem Schadensbild sowie allen sonstigen Gegebenheiten, die im Einzelfall für oder gegen die Schadensverursachung sprechen.

(2) Abs 1 findet keine Anwendung, wenn die Anlage bestimmungsgemäß betrieben wurde. Ein bestimmungsgemäßer Betrieb liegt vor, wenn die besonderen Betriebspflichten eingehalten worden sind und auch keine Störung des Betriebs vorliegt.

(3) Besondere Betriebspflichten sind solche, die sich aus verwaltungsrechtlichen Zulassungen, Auflagen und vollziehbaren Anordnungen und Rechtsvorschriften ergeben, soweit sie die Verhinderung von solchen Umwelteinwirkungen bezwecken, die für die Verursachung des Schadens in Betracht kommen.

(4) Sind in der Zulassung, in Auflagen, in vollziehbaren Anordnungen oder in Rechtsvorschriften zur Überwachung einer besonderen Betriebspflicht Kontrollen vorgeschrieben, so wird die Einhaltung dieser Betriebspflicht vermutet, wenn
1. die Kontrollen in dem Zeitraum durchgeführt wurden, in dem die in Frage stehende Umwelteinwirkung von der Anlage ausgegangen sein kann, und diese Kontrollen keinen Anhalt für die Verletzung der Betriebspflicht ergeben haben, oder
2. im Zeitpunkt der Geltendmachung des Schadensersatzanspruchs die in Frage stehende Umwelteinwirkung länger als zehn Jahre zurückliegt.

Schrifttum: Siehe Schrifttumsverzeichnis zur Einleitung.

Systematische Übersicht

I. Grundlagen — 1

II. Kausalitätsvermutung (Abs 1)
1. Tatbestand — 9
a) Anlage — 9
b) Eignung zur Schadensverursachung — 10
c) Eignung nach den Gegebenheiten des Einzelfalles (Satz 2) — 11
d) Darlegungs- und Beweislast — 22
2. Rechtsfolge — 28

III. Ausschluss der Ursachenvermutung (Abs 2)
1. Grundlagen — 32
2. Tatbestand — 35
3. Rechtsfolge — 41

IV. Besondere Betriebspflichten (Abs 3)
1. Grundlagen — 42
2. Tatbestand — 43
3. Rechtsfolgen — 54

V. Vermutung der Betriebspflichtenerfüllung (Abs 4)
1. Grundlagen — 55
2. Tatbestand — 56
a) Fall des § 6 Abs 4 Nr 1 UmweltHG — 56
b) Fall des § 6 Abs 4 Nr 2 UmweltHG — 61
c) Darlegungs- und Beweislast — 63
3. Rechtsfolge — 64

Alphabetische Übersicht

Anlage
– bestimmungsgemäßer Gebrauch — 35 ff
– Betriebsstörung — 15 f, 37 f
– Eignung zur Schadensverursachung — 10 ff, 24
– Überprüfung — 44, 48 f, 57
– Ursächlichkeit — 6, 11, 20
Anordnung — 50 ff, 56 ff, 64
Auflage — 49, 52 ff, 56 ff, 64 f

Betriebspflicht
– Abgrenzung zur Betriebsstörung — 35 ff
– Anzeigepflicht — 48
– Auflage — 49, 52 ff, 56 ff, 64 f
– besondere — 35 f, 42 ff
– gesetzliche geregelte — 43 ff
– Kontrolle — 56 ff
– Nichteinhaltung — 35 ff
Beweis
– Beweisführung — 31
– Beweislage — 3
– Beweislast — 22 ff
– Erleichterungen — 6, 10, 26 ff, 31
– prima-facie-Beweis — 4 f, 11, 24, 26
– Vermutung des Normalbetriebs — 55
– Verteilung — 22 ff, 55 ff
– Würdigung — 28 ff

Haftung
– Verdachtshaftung des Anlageninhabers — 11 f, 24, 27

Kausalität
– alternative 19
– Ausweitung der Vermutung 29
– haftungsbegründende 1, 5 ff, 9, 28 ff, 34, 64
– mehrere Anlagen 4, 9, 19 ff
Kontrolle 56 ff
– Aufbewahrungspflicht 25, 62
– Zeitraum 59

Normzweck 2 ff

Schaden
– Distanzschäden 5, 11, 21
– Geltendmachung 61
– Summationsschaden 5, 11, 21
– Sukzessivschaden 61
Schadenseignung
– abstrakte 11
– Indikatoren 10 ff
– Toleranzen im Normalbetrieb 38
Schadensersatzanspruch
– Verjährung 62
– Verwirkung 62

I. Grundlagen

1 Die Vorschrift (zu ihrer Genese Gottwald, in: FS H Lange 451 ff) betrifft die für den Haftungstatbestand des § 1 UmweltHG erhebliche **haftungsbegründende Kausalität** (Diederichsen PHI 1992, 162, 166; Diederichsen/Wagner VersR 1993, 641, 646; Landsberg/Lülling DB 1991, 479; Marburger AcP 192 [1992] 1, 23; Stecher 277), die zwischen anlagebezogener Umwelteinwirkung und der Verletzung eines der in § 1 UmweltHG genannten Rechtsgüter besteht; für die zusätzliche Anwendung auf die haftungsausfüllende Kausalität besteht mangels diesbezüglicher Beweisnot des Geschädigten kein Anlass (Diederichsen/Wagner VersR 1993, 641, 646; Marburger AcP 192 [1992] 1, 23; Reiter 100 f; **aA** Deutsch JZ 1991, 1097, 1100). Die Feststellung dieses ursächlichen Zusammenhangs, für die grundsätzlich der Geschädigte darlegungspflichtig und beweisbelastet ist, ist im umwelthaftungsrechtlichen Zusammenhang besonders schwierig. Das verletzungsträchtige Emissionsereignis findet nämlich in der Regel in einer fremden Betriebssphäre statt, in die der Geschädigte keinen Einblick hat (vgl Salje Rn 6), während sich der Emittent in **Verursachungsnähe** befindet (Schimikowski, Umwelthaftungsrecht Rn 181, irreführend als Schadensnähe bezeichnet); dies legt eine **Beweislastverteilung nach Beherrschungs- und Aufklärbarkeitssphären** nahe (zur diesbezüglichen Grundlade des § 6 UmweltHG Deutsch JZ 1991, 1097, 1102; Salje Rn 36; Schmidt-Salzer Rn 89 ff). Überdies sind die Wirkungszusammenhänge häufig technisch komplex und naturwissenschaftlich nicht immer bekannt oder jedenfalls nur durch aufwendige Untersuchungen aufklärbar. Der **Geschädigte** befindet sich daher in einer **besonderen Beweisnot,** aus der ihm auch der Grundsatz der freien Beweiswürdigung wegen der Komplexität der möglichen Wirkungszusammenhänge bei Umweltschäden nicht ausreichend heraushelfen kann (so Landsberg/Lülling Rn 5 f). Ihr soll durch die Regelung des § 6 Abs 1 S 1 UmweltHG im Haftungsinteresse des Geschädigten abgeholfen werden (vgl BT-Drucks 11/7104, S 18; Landmann/Rohmer/Hager Rn 1 ff; Landsberg/Lülling Rn 1; Paschke Rn 1; Salje Rn 6; Baumann JuS 1989, 433, 437; so schon Diederichsen BB 1973, 485, 489; Hager NJW 1986, 1961, 1966), indem eine Vermutung der kausalen Verknüpfung einer Rechtsgutsverletzung mit einer Anlage aufgestellt wird. Damit wird erreicht, dass die Haftung unter Zuhilfenahme der Kausalitätsvermutung in diesem Zurechnungsbereich zu Gunsten des beweisbelasteten Geschädigten praktisch vorverlagert wird, indem durch eine widerlegliche **Vermutung** mittelbar der eigentliche Haftungstatbestand verkürzt wird (Stecher 232; stattdessen für eine Deutung als Beweismaßvorschrift Facklamm 85 ff, 147 ff).

Das **Ziel,** die **Haftungslage** zu **verbessern,** teilt § 6 UmweltHG mit dem Verzicht auf das Verschuldenserfordernis als Voraussetzung für eine Haftung gemäß § 1 UmweltHG (Landsberg/Lülling Rn 2) und mit der Gewährung materiellrechtlicher Auskunftsansprüche gemäß §§ 8–10 UmweltHG (Salje Rn 7). Insbesondere mittels Durchsetzung der Auskunftsansprüche wird es dem Geschädigten erleichtert, entweder unmittelbar die Voraussetzungen gemäß § 1 UmweltHG oder aber die Tatsachen darzulegen und zu beweisen, auf denen die Kausalitätsvermutung gemäß § 6 UmweltHG gründet (Salje Rn 7; hierzu auch Diederichsen/Wagner VersR 1993, 641, 646). In der Sache bilden allerdings § 6 Abs 1 S 1 UmweltHG und § 7 UmweltHG den Regelungskern zur Verbesserung der Haftungslage im Interesse des Geschädigten (Klimeck 93; Schmidt-Salzer Rn 2). **2**

Die **Gesamtregelung** stellt sich wie folgt dar: § 6 Abs 1 S 1 UmweltHG enthält die Vermutungsregel, S 2 definiert ergänzend das Tatbestandsmerkmal der Eignung einer Anlage im Einzelfall, für den entstandenen Schaden ursächlich zu sein. § 6 Abs 2 S 1 UmweltHG enthält eine Unanwendbarkeitsregelung zum Nachteil des Geschädigten in Fällen bestimmungsgemäßen Anlagenbetriebs. Der Begriff des bestimmungsgemäßen Betriebs wird in § 6 Abs 2 S 2 UmweltHG definiert, der dort verwendete Begriff der besonderen Betriebspflichten sodann in § 6 Abs 3 UmweltHG erläutert. § 6 Abs 4 UmweltHG enthält eine Vermutung bezüglich der Einhaltung der in § 6 Abs 3 UmweltHG definierten besonderen Betriebspflichten. Insgesamt ist die Regelung gekennzeichnet durch eine Betonung der Einzelfallbetrachtung, eine Privilegierung des Normalbetriebs und, mit dessen Feststellung verbunden, eine Anknüpfung an öffentlich-rechtliche Vorschriften (Salje Rn 5; Blömer/Hardtke Chemie-Technik 1993, 88, 90 f). **3**

Die durch § 6 UmweltHG geschaffene Beweislage wird **durch § 7 UmweltHG** wesentlich **modifiziert,** ohne dass damit die vorausgesetzte Anwendbarkeit des § 6 UmweltHG auf eine Mehrzahl mitursächlicher Emittenten grundsätzlich ausgeschlossen wird (Hager NJW 1991, 134, 138; Lytras 493 f Paschke Rn 21 ff; Salje Rn 11; Schmidt-Salzer Rn 6 ff). § 7 UmweltHG, der zusammen mit § 6 Abs 1 UmweltHG den wesentlichen Kern der Beweislastregel bildet (Landsberg/Lülling DB 1991, 479), enthält **Vermutungsausschlusstatbestände** bei einer Mehrzahl von Anlagen, wenn ein anderer Umstand außerhalb des Anlagenbetriebs des in Anspruch Genommenen nach den Gegebenheiten des Einzelfalls geeignet ist, den Schaden zu verursachen, oder wenn zwar nur eine Anlage geeignet ist, den Schaden zu verursachen, aber ein anderer Umstand nach den Gegebenheiten des Einzelfalls geeignet ist, den Schaden zu verursachen. § 7 UmweltHG reduziert daher das dem auf Schadensersatzhaftung in Anspruch Genommenen im Anwendungsbereich des § 6 Abs 1 S 1 UmweltHG obliegende Beweismaß vom Beweis des Gegenteils auf das Erfordernis der bloßen Erschütterung der Wahrscheinlichkeit der kausalen Verknüpfung von Immission und Rechtsgutsverletzung. Insgesamt wird damit die Regelung der §§ 6, 7 UmweltHG der Situation bei dem sogenannten prima-facie-Beweis angenähert (Landsberg/Lülling Rn 45), indem partiell vom Beweis des Gegenteils Abstand genommen wird (Paschke Rn 2). Dies schließt allerdings die Einordnung des § 6 Abs 1 S 1 UmweltHG als materielle Vermutungsregel im technischen Sinne nicht aus; dass sie als **4** solche prozessual auch Beweisregel ist (vgl dagegen Paschke Rn 2), steht dieser materiellrechtlichen Einordnung nicht entgegen.

5 Die **Bedeutung** der im Gesetzgebungsverfahren umstrittenen (vgl übersichtsweise Gottwald, in: FS H Lange 451 ff; Landsberg/Lülling Rn 34 ff; Salje Rn 1 ff; Sautter 138 ff; Stecher 318 ff) Norm wird **unterschiedlich bewertet.** Klassifiziert als Mischform zwischen Beweislastumkehr und Anscheinsbeweis (Diederichsen/Wagner VersR 1993, 641, 647; Deutsch JZ 1991, 1097, 1101; Klimeck 130), als Beteiligungsvermutung (vDörnberg, Die Haftung für Umweltschäden, in: vDörnberg/Gasser/Gassner, Umweltschäden [1992] 26 f) oder, da gemäß § 6 Abs 1 UmweltHG der Nachweis der konkreten Geeignetheit zur Herbeiführung der Rechtsgutsverletzung grundsätzlich für den Nachweis der Ursächlichkeit genügt und damit nur die im Vergleich zum grundsätzlichen Beweismaß des § 286 ZPO geringere Anforderung der – widerleglichen – überwiegenden Wahrscheinlichkeit gestellt wird, als untergeordnete beweismaßmindernde Vorschrift (Facklamm 147 ff, 190 ff, 229), ist die Regelung Ausdruck einer allgemeineren Tendenz zur Haftungsverschärfung durch beweisrechtliche Mittel (dazu grds H Stoll AcP 176 [1976] 145 ff). Ganz überwiegend Zustimmung hat der Verzicht des Gesetzgebers darauf gefunden, die Beweisnot des Geschädigten mittels genereller Reduzierung des Beweismaßes zu beheben (Hager NJW 1991, 134, 137; Landsberg/Lülling Rn 41, 46; wohl auch Steffen NJW 1990, 1817, 1822; **aA** Stecher 320). Anerkannt wird auch der mit der Regelung bewirkte Fortschritt an Methodenehrlichkeit, da nun das Merkmal der Typizität bei der Annahme einer prima-facie-Beweislage nicht mehr umwelthaftungsspezifisch relativiert (dazu Einl 243) werden müsse (Klimeck 127). Im Übrigen ist die Regelung kontrovers. Zum einen wird sie für die wesentliche genuin durch das UmweltHG bewirkte Haftungsgewährleistung gehalten (Nicklisch, in: FS Serick 297, 306 ff; Wolfrum/Langenfeld 194), die entweder als noch nicht weit genug gehend (Schimikowski, Umweltrisiken Rn 42; Wagner VersR 1991, 249, 251) oder als überzogene, bisher dem deutschen Recht unbekannte Beteiligungsvermutung angesehen wird (Medicus NuR 1990, 145; vgl auch Stecher 322; dag als am Vorbild des Schuldhaftungsrechts orientierte Weiterentwicklung bezeichnet von Deutsch JZ 1991, 1097, 1101). Auch wird die Norm in der Substanz als zwar im Vergleich zu Fällen der Schutzgesetzverletzung hilfreich beurteilt, da sie auch die dort nicht erfassten Verletzungen von Untersuchungs- und Kontrollpflichten in die Vermutung einbezieht, sie die Beweislast für die Einhaltung der Betriebspflichten im Unterschied zum dort nötigen Nachweis einer Schutzgesetzverletzung dem Emittenten aufbürdet und sie zu einer vermutungsgestützten Beweislastumkehr statt nur zu einem Anscheinsbeweis führt (Klimeck 136 f). Andererseits gilt die Norm jedoch, soweit sie den für die Beweislastverteilung im Rahmen des § 823 Abs 1 BGB bei Störfällen schon akzeptierten Sphärengedanken für die Verursachungseignung der emittierenden Anlage mit entsprechend angebahnter Beweislastumkehr zu Gunsten einer bloßen Vermutungsregel aufgibt, wenn nicht gar als rückschrittliche (v Dörnberg, Die Haftung für Umweltschäden, in: vDörnberg/Gasser/Gassner, Umweltschäden [1992] 29; Klimeck 104, 135; wohl auch Erl 216) Entwicklung, so doch zumindest als allenfalls funktionslose, überflüssige (Engelhardt 242 ff, 246), wegen der Relevanz von verwaltungsrechtlichen Erlaubnissen und der Einhaltung von Dokumentationspflichten für die auf eine Gefährdungshaftung bezogene Vermutung verwirrende Norm, und als eine die Entwicklung von privatrechtsautonomen Verkehrspflichten als Vermutungsanknüpfung oder Grundlage einer Beweislastumkehr zu Gunsten einer ausschließlichen Verwaltungsrechtsorientierung hemmende (Klimeck 137 f) Regelung ohne nennenswerten praktischen Unterschied zur Führung des die haftungsbegründende Kausalität betreffenden Vollbeweises (Diederichsen PHI 1990, 78, 89 ff; Enders 143; Falk, EG-Umwelt-Audit-VO [1998] 112; Gottwald, in: FS H Lange 454 ff; Paschke UTR 11 [1990] 297 f; ders Rn 5; Sautter 138 ff), die weitgehend deklaratorischer Natur ist (Schmidt-Salzer Rn 200) und im Wesentlichen prozesspsychologische, die Klagefreudigkeit steigernde (Schmidt-Salzer VersR 1992, 389, 396 f; ders, Komm Einl 47 ff; Umweltberichterstattungen im Rahmen von Ökoaudits können diesen Effekt noch verstärken, vgl Führ UTR 1993, 170; Mann/Müller 48; Wiebe NJW 1994, 289, 293) Wirkung zur Überwindung letzter Ursachenzweifel (Marburger AcP 192 [1992] 1, 24 f) hat, ohne aber das wesentliche Problem der Summations-, Distanz- und Langzeitschäden zu lösen (Reiter 112; Wiese 68; Wolfrum/Langenfeld 196).

6 An der Einschätzung als **praktisch wenig effektive Neuerung** ist richtig, dass die Vorschrift nur die bloß geringe Differenz zwischen der ganz konkreten Möglichkeit einer Verursachung der individuellen Rechtsgutsverletzung und der tatsächlichen Ursächlichkeit betrifft (Klimeck 105, 127), und dass folglich der Geschädigte mit Nachweis der in § 6 Abs 1 S 1 aufgestellten Vermutungsgrundlage **ohnehin** in der Regel bereits den im Rahmen der freien Beweiswürdigung gemäß § 286 Abs 1 S 1 ZPO unter Berücksichtigung der Regeln des Anscheinsbeweises geforderten **Vollbeweis geführt** hat (Diederichsen PHI 1990, 78, 88 f; Falk, EG-Umwelt-Audit-VO [1998] 112; Gottwald, in: FS H Lange 454 ff; Klimeck 105, 127; Lytras 474 ff; Marburger AcP 192 [1992] 1, 24; Salje Rn 8, 31 f; Schmidt-Salzer Rn 57; Wagner NuR 1992, 201, 206; Weber/Weber VersR 1990, 688 f), ohne dass deshalb die Regelung nur als eine gesetzliche Regelung eines Falls des Anscheinsbeweises anzusehen ist (Stecher 105 f, 280 klassifiziert die Regelung als Beweislastsonderregel; Diederichsen/Wagner VersR 1993, 641, 647 sprechen von einer Mischform zwischen Beweislastumkehr und Anscheinsbeweis). Allerdings bedeutet der Verzicht des § 6 Abs 1 S 1 UmweltHG darauf, vom Geschädigten den Vollbeweis der Ursächlichkeit des Anlagenbetriebs für die Rechtsgutsverletzung zu verlangen, und die Beschränkung des Beweiserfordernisses auf die bloße Eignung des Anlagenbetriebs für die Schadensverursachung **statt der** vom Anscheinsbeweis geforderten **Typizität des Geschehens** (Schimikowski, Umwelthaftungsrecht Rn 182) eine Nachweiserleichterung zugunsten des Geschädigten, wenn die Anforderung an das Kriterium der Eignung nicht überzogen werden (so wohl auch Wagner VersR 1991, 249, 251); **im Ergebnis** führt dies hinsichtlich der Feststellung der haftungsbegründenden Kausalität zwar nicht generell, aber im Anwendungsbereich der §§ 6, 7 UmweltHG zu einer Minderung des Beweismaßes vom Erfordernis des Vollbeweises zum Nachweis **überwiegender** bzw ernstlicher **Wahrscheinlichkeit** (Hopp 66; Paschke Rn 5, 14; Salje Rn 32; Hager NJW 1991, 134, 137; Marburger AcP 192 [1992] 1, 24 f; Wagner NuR 1992, 201, 206). Auf dieser Grundlage können im Zusammenwirken mit § 7 UmweltHG insbesondere Beweisschwierigkeiten in Fällen potenziell **multikausaler Verletzungsverläufe** begrenzt werden (Landsberg/Lülling Rn 6), soweit dies nicht § 830 Abs 1 S 2 BGB ohnehin leistet und daher die Regelung doch nur den irreführenden Anschein einer auf Kataloganlagen beschränkten Sonderregelung erzeugt (Stecher 321 f). Schließlich enthält § 6 Abs 1 UmweltHG im Zusammenhang mit § 6 Abs 2 UmweltHG zu Zwecken der Kausalitätsermittlung mittelbar die **Vermutung des** Vorhandenseins eines **Störfalls** (vgl u Rn 37 f), was dem Geschädigten unbeschadet der Möglichkeit, sich mit der Darlegung der Schadenseignung schon des Normalbetriebs zu begnügen (Paschke Rn 28; wohl auch Landsberg/Lülling Rn 56), zugute kommt, indem er seine Kausalitätsbehauptung und seinen Kausalitätsnachweis auf die Annahme der ungünstigsten Sachlage in der Sphäre des Anlageninhabers stützen kann und er diesen damit gegen-

beweislich mittelbar zur Aufklärung der Verhältnisse in seinem Betriebsbereich zwingen kann (vgl Bälz JZ 1992, 57 ff).

7 Die unter den Voraussetzungen des § 6 Abs 1 begründete tatsächliche Vermutung ist eine durch den **Beweis des Gegenteils widerlegliche** (Falk, EG-Umwelt-Audit-VO [1998] 109; Salje Rn 18). Der Beweis des Gegenteils ist nur geführt, wenn der Schädiger zur Überzeugung des Gerichts darlegt und im Bestreitensfall beweist, dass eine von der Vermutung abweichende tatsächliche Ursache die Rechtsgutsverletzung ausgelöst hat (Salje Rn 18). Im Anwendungsbereich des § 6 Abs 1 UmweltHG ist daher bei Vorliegen des Tatbestands wegen des Verzichts des § 1 UmweltHG auf weitere haftungsbegründende Voraussetzungen die Haftung in der Regel schon dann begründet, wenn die Voraussetzungen des § 6 Abs 1 UmweltHG zur Überzeugung des Gerichts feststehen (so im Ergebnis wohl auch Paschke Rn 3). Die Norm allein aus diesem Grunde als unmittelbar haftungsbegründend zu beschreiben (vgl Paschke Rn 3; Deutsch JZ 1991, 1097, 1100 und NJW 1992, 73, 76 f), wird jedoch ihrer normativen Konstruktion und ihrer rechtstechnischen Funktion nicht gerecht (Salje Rn 7).

8 Der **Geltungsbereich** der Regelung beschränkt sich auf die **Haftung aufgrund von § 1 UmweltHG;** für andere Haftungsgrundlagen im Sinne des § 18 UmweltHG gilt sie nicht (Landsberg/Lülling Rn 49 a; Paschke Rn 38).

II. Kausalitätsvermutung (Abs 1)

1. Tatbestand

a) Anlage

9 Die Kausalitätsvermutung gilt in Bezug auf **Rechtsgutsverletzungen durch eine Anlage** im Sinne des Anhangs 1 zu § 1 UmweltHG, wie sich aus der Funktion des § 6 Abs 1 S 1 UmweltHG ergibt, die Beweisnot des Geschädigten im Rahmen der Haftungsgrundlage der §§ 1, 2 UmweltHG hinsichtlich der **haftungsbegründenden Kausalität** (Reiter 100; Stecher 222) zu lindern (Paschke Rn 6; Schmidt-Salzer Rn 126 f; Landsberg/Lülling DB 1991, 479). Daher ist die Vorschrift unanwendbar, wenn der Geschädigte behauptet, dass die Verletzung aus einer anderen Sphäre als der einer Anlage im vorbezeichneten Sinne stammt, auch wenn als Ursache eine Einrichtung in Betracht kommt, die nur wegen ihrer geringen Dimension nicht als Kataloganlage gilt (Schmidt-Salzer Rn 127, 132 ff). Die Vorschrift ist hingegen grundsätzlich anwendbar, wenn mehrere Anlagen im Sinne der Anlage 1 zu § 1 UmweltHG als verletzungsursächlich in Betracht kommen; dies ergibt sich daraus, dass § 7 Abs 1 UmweltHG die in § 6 Abs 1 S 1 UmweltHG aufgestellte Vermutung in derartigen Fällen, und zwar jeweils getrennt für jeden Beteiligten zu beurteilend, nur im Einzelfall unter den dort gegebenen Voraussetzungen ausschließt (v Dörnberg, Die Haftung für Umweltschäden, in: vDörnberg/Gasser/Gassner, Umweltschäden [1992] 27; Landsberg/Lülling Rn 60 f; Paschke Rn 7; Schmidt-Salzer Rn 12). Dies gilt sowohl, wenn es sich um Anlagen verschiedener Inhaber handelt, als auch im Falle potenzieller Schädigung durch verschiedene Anlagen desselben Inhabers, gleichgültig, ob innerhalb einer Betriebsstätte oder in verschiedenen Betriebsstätten gelegen; anderenfalls würde der Schutzzweck des § 6 Abs 1 S 1 UmweltHG zweckwidrig verfehlt (Paschke Rn 8; Schmidt-Salzer Rn 9 ff). Daraus ergibt sich auch, dass die Regelung auch bei lediglich **synergetischer, summierter** oder **sonst zusammenwirkender Ursachensetzung** gilt

(LANDSBERG/LÜLLING DB 1991, 479, 480), außer in Fällen minimaler Teilkausalität im Sinne der weder notwendigen noch gar hinreichenden Bedingung (vgl vDÖRNBERG, Die Haftung für Umweltschäden, in: vDÖRNBERG/GASSER/GASSNER, Umweltschäden [1992] 27; HAGER NJW 1991, 134, 138).

b) Eignung zur Schadensverursachung

10 Die Formulierung, dass die Anlage zur Verursachung des entstandenen Schadens geeignet sein muss, ist ungenau. Im Hinblick auf § 1 UmweltHG interpretiert, ist damit gemeint, dass sie **geeignet** sein muss, die **Verletzung** der dort genannten **Rechtsgüter mittels einer Immission** zu verursachen, die auf einer **Emission der betreffenden Anlage** beruht (DEUTSCH JZ 1991, 1097, 1100; HOPP 46; LANDSBERG/LÜLLING Rn 48; dies, DB 1991, 479; LYTRAS 469; MARBURGER AcP 192 [1992] 1, 23; PASCHKE Rn 4; SAUTTER 116 f; SCHMIDT-SALZER Rn 64, 144); entsprechend den Haftungsvoraussetzungen des § 1 UmweltHG ist dies dahin zu präzisieren, dass die Kausalverknüpfung zwischen Anlage und Rechtsgutsverletzung zweigliedrig vermutet wird, nämlich als Wirkungskette, ausgehend von einer Anlage über eine Umwelteinwirkung zu einer von dieser ausgehenden Rechtsgutsverletzung (LANDSBERG/LÜLLING Rn 47; KLIMECK 94; SALJE Rn 21). Die Vorschrift regelt hingegen **nicht** die **haftungsausfüllende Kausalität,** also die Zurechnung von Schadenspositionen zur Rechtsgutsverletzung; insoweit kann die durch § 287 ZPO geschaffene Beweiserleichterung helfen (HOPP 46; LANDSBERG/LÜLLING Rn 48; PASCHKE Rn 36; **aA** DEUTSCH JZ 1991, 1097, 1100; ders NJW 1992, 73, 76).

c) Eignung nach den Gegebenheiten des Einzelfalles (Satz 2)

aa) Grundlagen

11 Die in Betracht gezogene Anlage muss **abstrakt** nach ihrer Art **und** zusätzlich **nach den konkreten Umständen** des vorliegenden Falles (deutlich FALK, EG-Umwelt-Audit-VO [1998] 109 ff; LANDSBERG/LÜLLING DB 1991, 479, 480; OEHMEN Rn 240; SCHMIDT-SALZER Rn 54 ff, 143 ff) beim bestimmungsgemäßen Betrieb oder, wie sich im Rückschluss aus § 6 Abs 2–4 UmweltHG ergibt, unter der Hypothese eines Störfalls (DIEDERICHSEN/WAGNER VersR 1993, 641, 646; KLIMECK 114 ff; LANDMANN/ROHMER/HAGER Rn 28; LANDSBERG/LÜLLING Rn 55; SALJE Rn 29; SCHMIDT-SALZER Rn 167 ff) als **schadensursächlich** in Betracht kommen, wobei sich dies aus Indizien oder prima-facie-Lagen ergeben kann (SCHMIDT-SALZER Rn 149 ff). **Potenzielle Mitursächlichkeit** im – wie sich aus § 7 UmweltHG ergibt – Zusammenwirken mit Kataloganlagen (KLIMECK 152 f; daraus ergibt sich auch die Unanwendbarkeit der Vermutungsregel in Fällen möglichen Zusammenwirkens mit unbekannten Schadensquellen, KLIMECK 154 ff) reicht im vorliegenden beweisrechtlichen Zusammenhang ungeachtet des jeweilig potenziellen Maßes der Mitursächlichkeit (KLIMECK 152 f; PASCHKE Rn 26) dem Grunde nach prinzipiell aus, wie § 7 UmweltHG im Zusammenhang mit § 1 UmweltHG zeigt und wie es dem Zweck der Verbesserung der Beweislage für den Geschädigten entspricht (HAGER NJW 1991, 134, 138; LANDMANN/ROHMER/HAGER Rn 35; KLIMECK 148 ff; LANDSBERG/LÜLLING Rn 63; LYTRAS 493; PASCHKE Rn 22; REITER 104; SAUTTER 119; SCHMIDT-SALZER Rn 8; ders, VersR 1991, 14; TAUPITZ Jura 1992, 113, 118 f; WANG 265 ff, **aA** ENGELHARDT 249 ff); dies deckt sich mit der bei § 22 WHG geltenden Vermutungsregel, und dem widerspricht § 830 Abs 1 S 2 BGB nicht, weil diese Vorschrift als materiellrechtliche Zurechnungsregel kein vergleichbarer Vermutungstatbestand ist (KLIMECK 149 ff). Bei **potenzieller Mitursächlichkeit** ist aber zur Vermeidung einer unbegründeten Verdachtshaftung notwendig, den zuzurechnenden **Haftungsumfang** nicht über das Maß des dem jeweiligen möglichen Verursachungsbeitrag innewohnenden **abstrakten Gefährdungspotenzials** hinausgehen zu lassen (DIEDERICH-

sen/Wagner VersR 1993, 641, 646; Landmann/Rohmer/Hager § 7 Rn 38 ff; Reiter 104 f; Schmidt-Salzer § 7 UmweltHG Rn 64 ff); insoweit bleibt Raum für eine Schadensanteilzuweisung gemäß § 287 ZPO (Reiter 105). Distanz- und Summationsschäden mit je minimalen Verursachungsbeiträgen sind daher praktisch nicht bzw nicht quantifizierbar zu erfassen (Reiter 105).

12 Es genügt insbesondere nicht dem Gebot der konkreten Betrachtung, dass allein aus dem Vorhandensein einer bestimmten Rechtsgutsverletzung auf die Kausalverknüpfung mit irgendeiner Anlage geschlossen wird, die lediglich kraft der Natur der von ihr ausgehenden Umwelteinwirkung geeignet ist, eine Rechtsgutsverletzung der vorliegenden Art zu verursachen (Landsberg/Lülling Rn 51; Paschke Rn 9; Salje Rn 27). Bloß **abstrakte Eignung** im vorgenannten Sinne ist daher zwar eine **notwendige** Voraussetzung für die Anwendung bei der Vermutungsregel, **nicht** jedoch eine **hinreichende Bedingung** (Hager NJW 1991, 134, 137; Lytras 471; vgl zur abstrakten und konkreten Kausalitätseignung Schmidt-Salzer Rn 53 ff, 143 ff, 187 ff; zu Unrecht begriffskritisch Salje Rn 28). Insofern ist die Prüfung der abstrakt-generellen Schadensverursachungseignung, die sich etwa mittels der in einem Umweltauditverfahren abgegebenen Umwelterklärung oder einer gemäß den §§ 8 ff UmweltHG geschuldeten Auskunft feststellen lässt (Falk, EG-Umwelt-Audit-VO [1998] 111), nur ein Teil der Beurteilung der **erforderlichen konkreten Kausalitätseignung** (Paschke Rn 10; Sautter 118; Schmidt-Salzer Rn 143); auf diese kommt es an (Gottwald, in: FS H Lange 454), während allein allgemeine Möglichkeitsbeurteilungen unzureichend sind (zutr Schmidt-Salzer Rn 42 ff), um einer bloßen Verdachtshaftung vorzubeugen (Gnaub 56). Der Geschädigte muss darlegen und erforderlichenfalls beweisen, dass die **individuelle Kausalität** der Anlage **im gegebenen Einzelfall** auf Grund des tatsächlichen Auftretens bestimmter schadensträchtiger Emissionen (Hopp 47 f) **konkret positiv indiziert** ist (Schmidt-Salzer Rn 51; Stecher 221) und daher eine **substantiierte Wahrscheinlichkeit der Kausalverknüpfung** besteht (Diederichsen PHI 1990, 78, 90; Klimeck 126; B Leonhard 49 f; Rehbinder NuR 1989, 149 ff; Schmidt-Salzer Rn 39; Steffen NJW 1990, 1817, 1822), deren Maß zwischen den Anforderungen des § 286 Abs 1 S 1 ZPO und des § 8 UmweltHG liegt (Hopp 58, 61 ff; Paschke Rn 17 f). Dazu gehört namentlich eine wenigstens ungefähre zeitliche Einordnung des Schadenseintritts, zumal sonst dem Betreiber eine Widerlegung der Ursachenvermutung gemäß § 2 Abs 2 UmweltHG unmöglich gemacht wäre (OLG Düsseldorf NJW-RR 1994, 1181 [Eisenoxid]). Der Geschädigte muss allerdings abweichend vom allgemeinen Beweisrecht, insbesondere vom Anscheinsbeweis, **nicht** auch die **Ausschließung anderer möglicher schadensursächlicher Umstände darlegen** und beweisen; dies ist nach dem Zusammenhang mit § 7 UmweltHG Angelegenheit des Anlagenbetreibers (Schmidt-Salzer Rn 58 ff). Zur Darlegung einer substanziierten konkreten Wahrscheinlichkeit gehört, wenn der Geschädigte die konkrete Eignung der Anlage auf eine Betriebspflichtverletzung oder auf das Vorliegen einer Betriebspflichtverletzung stützen will, auch die Darlegung und erforderlichenfalls der Beweis einer konkreten Möglichkeit für das Eintreten bestimmter Normalbetriebsabweichungen oder eines Störfalls und eines sich daraus ergebenden Potenzials für die eingetretene Rechtsgutsverletzung (Stecher 226 f). Die Regelung ist dem gemäß allerdings auch dann anwendbar, wenn eine Anlage ihrer Art nach gewöhnlich zur Rechtsgutsverletzung ungeeignet ist, sich dies jedoch wegen der besonderen Gegebenheiten der in Rede stehenden Anlage anders verhält, weil solchenfalls die konkrete Anlage ihrer spezifischen Art oder Betriebsweise gemäß doch zur Schadensverursachung geeignet ist (Schmidt-Salzer Rn 143; **aA** Paschke Rn 10).

bb) Eignungsindikatoren

13 **Gesichtspunkte** zur Beurteilung der **Eignung** nach den Gegebenheiten des Einzelfalls werden **in § 6 Abs 1 Satz 2 UmweltHG beispielartig** (Paschke Rn 12; Sautter 117) genannt. Die Kriterien werden zunächst unter Berücksichtigung praktisch-empirischer Vernunft konkret benannt. Sie sind aber, wie der abschließende Hinweis auf die Berücksichtigung aller sonstigen Gegebenheiten, die im Einzelfall für oder gegen die Schadensverursachung sprechen, zeigt, **nicht abschließend** aufgeführt, sondern erlauben ergänzende Erwägungen unter Berücksichtigung von Erfahrungssätzen in spezifischen Sachkonstellationen (Landsberg/Lülling Rn 51; Paschke Rn 12; Salje Rn 26). Die konkret benannten Einzelfallumstände sind in zeitlicher Reihenfolge aufgelistet, fortschreitend von **anlagenbezogenen** über **umweltmedienbezogenen** zu **schadensbezogenen** Gegebenheiten (Salje Rn 26). Anlagenbezogen sind Betriebsablauf, verwendete Einrichtungen, Art und Konzentration der eingesetzten und freigesetzten Stoffe; umweltmedienbezogen sind die meteorologischen Gegebenheiten, und schadensbezogen sind Zeit und Ort des Schadenseintritts und Schadensbild nach den Einzelfallumständen. Auch Gegenindizien sind zu würdigen, wobei diese die konkrete Eignung noch nicht widerlegen, wenn sie die Schädigung durch die Anlage nicht schlechterdings völlig unwahrscheinlich machen (Stecher 222).

14 Typische **Betriebsabläufe,** namentlich Produktionsprozesse und sonstige Arbeitsvorgänge in einer Anlage, sind wesentliche Indikatoren für die mögliche Eignung. Dabei **genügt** im Rahmen des Tatbestands von § 6 Abs 1 UmweltHG, dass ein **Störfall** im Zuge eines betrieblichen Ablaufs geeignet ist, die Rechtsgutsverletzung zu verursachen, weil die Vorschrift auch und gerade, wie der Rückschluss aus § 6 Abs 2 UmweltHG ergibt, in Störfällen anwendbar ist (Landsberg/Lülling Rn 53; Salje Rn 25). Für die im Zusammenhang mit der Anlage verwendeten Einrichtungen gilt das zum Betriebsablauf Gesagte entsprechend.

15 **Art und Konzentration der eingesetzten und freigesetzten Stoffe** sind weitere wesentliche Eignungsindikatoren (Sautter 117). Es **genügt,** dass die Stoffe ihrer Art und Konzentration nach nur im **Störfall** schädigend wirken können. Der Begriff des Stoffes ist dabei zu eng gewählt. Entsprechend den haftungsbegründenden Umständen gemäß §§ 1, 2 UmweltHG und der Regelung der Auskunftsansprüche in § 8 Abs 1 S 2 UmweltHG sind auch nicht stoffgebundene Wirkungen wie insbesondere Erschütterungen, Lärm, Druck, Strahlen und Wärme in die Betrachtung als sonstige Gegebenheit einzubeziehen (Landsberg/Lülling Rn 52; Paschke Rn 13); allerdings lassen sich die Kausalverläufe bei derartigen Phänomenen in der Regel tatsächlich aufklären (Landsberg/Lülling Rn 54; Sautter 117 f). Im Bereich der meteorologischen Gegebenheiten spielen insbesondere die Windrichtung und Niederschläge eine Rolle. Damit hängen in der Regel auch Ort und Zeit des Schadenseintritts sowie die Distanz von der Emissionsstelle zusammen.

16 Die **Verletzung von Betriebspflichten** und der **Eintritt eines Störfalls** sind als **sonstige Gegebenheiten** anzusehen (Sautter 117). Grundsätzlich kann auch das **Vorhandensein eines anderen** ebenso schadensträchtigen **Emittenten** als sonstige Gegebenheit gelten (vgl OLG Düsseldorf NJW-RR 1994, 1181 ff [Eisenoxid]), zumal sich dessen Einbeziehung in die Gesamtwürdigung des Einzelfalls im Rahmen des § 6 UmweltHG tatsächlich kaum vermeiden lässt (Klimeck 125; Schmidt-Salzer Rn 84). Dabei ist jedoch zur Vermeidung einer Funktionsstörung des § 6 UmweltHG zu beachten, dass nicht schon im

Rahmen des § 6 UmweltHG eine solche Gegebenheit unter Anwendung der bei § 6 UmweltHG geltenden Maßstäbe als genügend zur Erschütterung der Vermutung angesehen wird, obwohl bzw weil das Vorhandensein anderer Emittenten zur Thematik des § 7 UmweltHG gehört und deren Schadenseignung und Vorhandensein demgemäß unerheblich bzw nach dem Maßstab des § 7 UmweltHG von dem in Anspruch genommenen Emittenten darzulegen und zu beweisen ist; deshalb genügt zur Erschütterung nur der Vollbeweis der gleichen Eignung eines solchen anderen Umstands in Gestalt einer anderen emittierenden Anlage (Diederichsen/Wagner VersR 1993, 641, 647; Klimeck 125 ff).

17 Das **Schadensbild am verletzten Rechtsgut** erlaubt schließlich in manchen Fällen die Zuordnung zu bestimmten Schadensursachen. Vorauszusetzen ist dabei jedoch, dass es sich um ein stoffspezifisches Schadensbild handelt, wobei auch hier **genügt,** dass ein solches einem **Störfall zuzuordnen** ist (Landsberg/Lülling Rn 55). Im Übrigen sind auch alle sonstigen Gegebenheiten im Einzelfall, die für oder gegen die Schadensverursachung sprechen, zu betrachten. Gefordert ist also eine Abwägung der vorgenannten einzelnen Eignungsindikatoren, wobei weitere Indikatoren je nach Sachlage hinzuzuziehen sind.

18 Insgesamt handelt sich dabei weniger um einen wertenden Prozess (so Salje Rn 30) als um einen Vorgang **vernünftiger, empirisch fundierter Sachverhaltseinschätzung.** Widersprechen die in Betracht zu ziehenden Indikatoren einander hinsichtlich der Vermutbarkeit eines Kausalnexus, etwa weil die Emissionsvorgänge und die herrschenden meteorologischen Verhältnisse kein stimmiges Bild ergeben, ist die vermutungsweise Zuweisung einer Rechtsgutsverletzung zu einer Anlage ausgeschlossen (Salje Rn 29).

cc) Anlagenmehrheit

19 § 6 UmweltHG gilt auch, wenn **mehrere Anlagen** nach den Gegebenheiten des Einzelfalles geeignet sind, den entstandenen Schaden zu verursachen; § 7 Abs 1 UmweltHG setzt dies voraus (Hager NJW 1991, 134, 138; Landsberg/Lülling Rn 60 ff; Paschke Rn 20 ff; Sautter 118 f; **aA** Schmidt-Salzer VersR 1991, 1, 14). Dies gilt zunächst für vermutungsweise anzunehmende **alternative** Kausalität in dem Sinne, dass jede von mehreren Anlagen nach den Umständen des Einzelfalls je hinreichend, aber damit alternativ zugleich je für sich nicht notwendig für die Rechtsgutsverletzung ist. In diesen Fällen wird in bezug auf jede Anlage § 6 UmweltHG angewendet; insbesondere kommt es dabei nicht auf ein unterschiedliches Maß an Wahrscheinlichkeit hinsichtlich der Rechtsgutsverletzung durch die eine oder die andere Anlage an (Landsberg/Lülling Rn 60 f; Paschke Rn 21).

20 Lässt sich nach den konkreten Umständen des Einzelfalls vermuten, dass mehrere Anlagen in der Weise zur Herbeiführung der Rechtsgutsverletzung geeignet sind, dass jede Anlage einen zwar **nicht hinreichenden,** wohl **aber** einen **notwendigen Beitrag** zur Rechtsgutsverletzung geleistet haben kann, indem sich gleichartige Stoffe schadensträchtig summierten oder verschiedene Stoffe synergetisch schadensträchtig wurden, ergibt sich ebenfalls im Rückschluss aus § 7 Abs 1 UmweltHG die Anwendung des § 6 UmweltHG in Bezug auf jede der beteiligten Anlagen in der Weise, dass deren **Mitursächlichkeit** vermutet wird (Hager NJW 1991, 134, 138; Hopp 48 ff; Landmann/Rohmer/Hager Rn 30, 35; Landsberg/Lülling Rn 62 ff; Paschke Rn 22 ff; Salje Rn 11; Schmidt-Salzer Rn 7 f und § 7 UmweltHG Rn 1 ff; Steffen VP 1990, 102; Wagner VersR 1991,

249, 252; **aA** Engelhardt 250 ff). Auf die Gleichartigkeit der eventuell mitursächlichen Schadstoffe kommt es dabei nicht an (**aA** Diederichsen PHI 1992, 162, 168; Paschke Rn 25; Schmidt-Salzer VersR 1992, 389, 393; ders § 7 UmweltHG Rn 64 ff), zumal es auch bei § 22 WHG und bei § 830 Abs 1 S 2 BGB nur darauf ankommt, dass die Handlungen das Rechtsgut gleichartig gefährden, wofür neben der Gleichartigkeit der schädigenden Ereignisse schon die Ähnlichkeit ihrer Folgen ausreicht (Hopp unter Hinweis auf BGHZ 101, 112 [Moorboden]; Landmann/Rohmer/Hager § 7 UmweltHG Rn 14; Landsberg/Lülling Rn 63; dies DB 1991, 479, 480). Wird die auf dieser Grundlage ermittelte Mitursächlichkeit einer Anlage für die Rechtsgutsverletzung nicht widerlegt, hängt die Haftung eines jeden Beteiligten für den Gesamtschaden materiell von der Anwendung des § 830 Abs 1 S 2 BGB auf den Fall des sogenannten bloßen Anteilszweifels ab. Zu der durch § 6 Abs 1 UmweltHG nicht präkludierten Anwendung des § 830 Abs 1 S 2 BGB wird auf die Kommentierung des § 7 UmweltHG verwiesen.

21 Bei **Summations- und Distanzschäden,** die typischerweise von Kleinemittenten ausgelöst werden, ist § 6 UmweltHG grundsätzlich auch anwendbar (Paschke Rn 26). Jedoch ist in diesen Fällen aus tatsächlichen Gründen wahrscheinlich, dass die Vermutungsbasis tatbestandlich nicht gilt bzw im Ergebnis nicht weiterführt (vgl o Rn 9, 11; Sautter 119; Schimikowski, Umwelthaftungsrecht Rn 184; im Erg auch Hager NJW 1991, 134, 138; Landsberg/Lülling Rn 67; Reiter 104 f); insbesondere ist hier darauf zu achten, dass nicht statt der konkreten schadensursächlichen Eignung von Anlagen lediglich in unzulässiger Weise eine abstrakte Schadenseignung angenommen wird.

d) Darlegungs- und Beweislast

22 Der Geschädigte hat die tatbestandlichen Voraussetzungen des § 6 Abs 1 S 1 und 2 UmweltHG darzulegen und erforderlichenfalls zu beweisen. Gegenstände der Darlegung und des Beweises sind (Gottwald, in: FS H Lange 455 ff; Klimeck 95 ff; Paschke Rn 15; Salje Rn 21; Lytras 471 ff; Marburger AcP 192 [1992] 1, 23 f; Sautter 118): Verletzung eines Rechtsguts des Geschädigten im Sinne des § 1 UmweltHG; Verursachung der Rechtsgutsverletzung durch eine konkret zu bestimmende Umwelteinwirkung gemäß § 3 Abs 1 UmweltHG, also Darlegung einer durch ein Umweltmedium vermittelten Einwirkung auf das Rechtsgut; abstrakte Eignung der behaupteten Kataloganlagenemission wegen Kongruenz von Emissions-, Immissions- und Schadensbild dazu, die Rechtsgutsverletzung zu verursachen; Entstehen der in Rede stehenden Umwelteinwirkungen in Zusammenhang mit der Anlage des in Anspruch genommenen Inhabers in der Weise, dass die behaupteten schadensträchtigen Immissionen eine Emission dieser Anlage im Normalbetrieb oder im Störfall sein kann; konkrete Eignung der verletzungsträchtigen Einwirkung dieser Emission, über den Umweltpfad auf das verletzte Rechtsgut nach Maßgabe der Gegebenheiten des Einzelfalls einzuwirken.

23 Der Geschädigte kann den Eintritt der Rechtsgutsverletzung konkret durch die Behauptung darlegen, es habe **tatsächlich** ein **Störfall** vorgelegen, muss dies jedoch nicht; auch die Behauptung, dass eine **Betriebspflichtverletzung** geschehen sei, gehört insbesondere nicht zum prozessualen Pflichtenkreis des Geschädigten (Landsberg/Lülling Rn 56; Paschke Rn 28; Salje Rn 29; Schmidt-Salzer Rn 174). Vielmehr folgt aus § 6 Abs 2 S 1 UmweltHG, dass es Sache des Beklagten ist, das Nichtvorhandensein eines Störfalls und die Einhaltung der Betriebspflichten im Bestreitensfall zu beweisen (BGH NJW 1997, 2748, 2750 [Lackieranlage]; Gnaub 60; Klimeck 114 f; Landsberg/Lülling

Rn 56; Paschke Rn 27; Sautter 120; Schmidt-Salzer Rn 169; **aA** wohl Diederichsen/Wagner VersR 1993, 641, 646; Landmann/Rohmer/Hager Rn 28). Diese dem Geschädigten günstige Verteilung der Darlegungs- und Beweislast betrifft allerdings nicht die Vorfrage, ob die Anlage unter der Annahme eines Störfalls oder einer Betriebspflichtverletzung auf Grund der verwendeten Einrichtungen, der Art und Konzentration der eingesetzten Stoffe sowie der sonstigen schadensbezogenen Gegebenheiten zur Verursachung des eingetretenen Schadens abstrakt sowie konkret **geeignet** ist (Klimeck 115 f; Stecher 226 f).

24 Soweit der Geschädigte beweispflichtig ist, obliegt ihm grundsätzlich der **Vollbeweis** für das Vorhandensein der die **Vermutung begründenden Tatsachen,** § 286 ZPO (Klimeck 112; Lytras 472; Sautter 143 ff; G Schmidt DÖV 1991, 878, 881). Hinsichtlich des **Nachweises der konkreten Schadenseignung** ist jedoch eine flexible, situationsbezogene Beweismaßminderung vertretbar (Gottwald, in: FS H Lange 456, 459; Klimeck 111 ff; Paschke Rn 18; Wagner NuR 1992, 201, 206; **aA** Sautter 66). Sie fügt sich in eine allgemein beweisrechtliche Tendenz ein, hinsichtlich des Nachweises der Kausalität von der Strenge des Vollbeweises abzurücken, wenn die maßgebende materielle Norm dafür einen Anhalt bietet, dass dies der Intention des Gesetzes in concreto entspricht (MünchKommZPO/Prütting § 286 Rn 46). Damit ist eine Distanzierung vom Erfordernis des Vollbeweises möglich, um zu gewährleisten, dass die vom Gesetzgeber mit der Schaffung des § 6 Abs 1 UmweltHG bezweckte beweisrechtliche Besserstellung des Geschädigten gegenüber der normalen Beweislage erreicht wird, indem im Anwendungsbereich des § 6 Abs 1 UmweltHG das Beweismaß effektiv über die Normalsituation des prima-facie-Beweises beim Kausalitätsnachweis hinaus gesenkt wird. Dabei ist allerdings das mittelbare Entstehen einer bloßen Verdachtshaftung auszuschließen; insbesondere genügt ein auf Tatsachen gestütztes bloßes Wahrscheinlichkeitsurteil im Sinne des § 8 UmweltHG nicht (Paschke Rn 18), vielmehr ist eine **sehr hohe Wahrscheinlichkeit** der eignungsbegründenden Tatsache erforderlich, aber auch genügend (Klimeck 111 ff).

25 Die Darlegung der vermutungsbegründenden Tatsachen und die etwa erforderliche Beschaffung von Beweismitteln wird dem Geschädigten durch Gewährung von **Auskunftsansprüchen** nach Maßgabe der §§ 8 ff UmweltHG **erleichtert** (Landsberg/Lülling Rn 57). Soweit der Auskunftsanspruch besteht und die **Auskunft rechtswidrig verweigert** wird (zur rechtmäßigen Verweigerung § 8 UmweltHG Rn 39 ff; § 9 UmweltHG Rn 19 ff) oder sonst **mangels gebotener Dokumentation nicht möglich** ist (Feldhaus UPR 1992, 164; Landsberg/Lülling Rn 58; Mann/Müller 44, Letztere unter Hinweis auf den diesbezüglichen Nutzen der Teilnahme am Befunddokumentationssystem der AuditVO), kann dies nach allgemeinen zivilprozessualen Grundsätzen als Beweisvereitelung mit der Folge angesehen werden, dass die vom Geschädigten behauptete Tatsache im Rahmen der richterlichen Beweiswürdigung analog §§ 427, 441 Abs 3, 444, 446, 453 Abs 2, 454 Abs 1 ZPO als bewiesen angesehen wird (Landsberg/Lülling Rn 58; Paschke Rn 30; Rosenberg/Schwab § 118 Rn 6). Dies gilt auch, wenn der Anlageninhaber bestimmte Auskünfte, zu deren Erteilung er verpflichtet ist, deswegen nicht geben kann, weil er die erforderlichen Informationen pflichtwidrig entweder nicht gesammelt oder nicht aufbewahrt hat (BGHZ 6, 224, 226; BGHZ 72, 132, 137 = NJW 1978, 2337; Landsberg/Lülling Rn 58; Paschke Rn 30). Die Minderung der Beweisführungslast ist dabei für den Geschädigten nur dann von Nutzen, wenn mit ihr eine entsprechende Minderung der Darlegungslast einhergeht (Paschke Rn 30). Die Beweiserschwerung durch Vorenthalten von Auskünften gilt allerdings nur für pflichtwidriges Unterlassen des in Anspruch Genommenen, so dass es nicht genügt, wenn der Anlageninhaber Auskünfte berechtigterweise verweigert, insbesondere weil er zu ihrer Erteilung nach den §§ 8 ff UmweltHG nicht verpflichtet ist (PASCHKE Rn 31 gegen LANDSBERG/LÜLLING Rn 59). Eine im Rahmen der Beweiswürdigung zum Nachteil des Schädigers anzusetzende Beweisvereitelung ist allein aufgrund des dem Sphärengedanken entnommenen Arguments, dass der Anlageninhaber dem Betriebsrisiko tatsächlich näher stünde, nicht zu entnehmen, weil auch im Anwendungsbereich des § 444 ZPO nur ein pflichtwidrig-vorsätzliches Beiseiteschaffen des Beweismittels die den Geschädigten begünstigende beweisrechtliche Wirkung hat.

26 Den ihm obliegenden Beweis streitiger Tatsachen im Rahmen des § 6 Abs 1 UmweltHG kann der Geschädigte im Übrigen mit **allgemeinen Beweisführungshilfen** erbringen. In Betracht kommt der prima-facie-Beweis, der zu führen ist, indem der Geschädigte einen typischen Geschehensablauf darlegt, der den Schluss zwischen einem Schadensereignis und einem bestimmten Schadensanlass erlaubt. Dieser so genannte Anscheinsbeweis stützt sich in der Regel auf – ihrerseits gegebenenfalls beweisbedürftige – Indizien, dh Tatsachen, die ihrerseits in ihrer Summe bei einer Gesamtwürdigung aller Umstände den Schluss auf das Vorhandensein der durch die Haftungsnorm vorgegebenen Haupttatsache zulassen (zu allem KLIMECK 109 ff; PASCHKE Rn 32 f; SAUTTER 143 ff).

27 Eine **Beweislastverteilung nach Gefahrenbereichen** ist hinsichtlich des Kausalitätserfordernisses im Rahmen des Umwelthaftungsrechts **nicht** zu befürworten (ebenso PASCHKE Rn 34). § 6 Abs 1 UmweltHG selbst ist Ausdruck der gesetzgeberischen Ablehnung einer solchen Beweislastverteilung, indem zugunsten des Geschädigten lediglich eine Kausalitätsvermutung bei Vorliegen der Tatbestandsvoraussetzung des § 6 Abs 1 UmweltHG eingeführt wurde, aber gerade auf eine Beweislastumkehr unter dem Gesichtspunkt der Risikosphäre verzichtet wurde, um eine durch Beweisregeln veranlasste Verdachtshaftung des Anlageninhabers zu vermeiden.

2. Rechtsfolge

28 Liegen die tatbestandlichen Voraussetzungen des § 6 Abs 1 UmweltHG nach Überzeugung des Gerichts vor, wird gesetzlich im Sinne von § 292 ZPO **vermutet** (SALJE Rn 17; SAUTTER 120), dass die vom Geschädigten geltend gemachte **Rechtsgutsverletzung durch eine bestimmte Umwelteinwirkung verursacht** wurde (zutr KLIMECK 98 f; insow **aA** LYTRAS 472 f;), und dass diese Umwelteinwirkung auf die Anlage zurückzuführen ist, für welche der Tatbestand des § 6 Abs 1 UmweltHG zutrifft (LANDSBERG/LÜLLING Rn 49; KLIMECK 98; PASCHKE Rn 37; SCHMIDT-SALZER Rn 64). Die Vermutung betrifft also die haftungsbegründende Kausalität, bestehend zwischen dem anlagenbezogenen Emissionsereignis und der Rechtsgutsverletzung (LANDSBERG/LÜLLING Rn 47 f; PASCHKE Rn 35; DEUTSCH JZ 1991, 1097, 1100; MARBURGER AcP 192 [1992] 1, 23); die Beweiserleichterung im Bereich der haftungsbegründenden Kausalität war gerade das Anliegen des Gesetzgebers bei Schaffung der Norm (BT-Drucks 11/7104, S 18). Gilt die Vermutung, so obliegt alsdann dem **Anlagenbetreiber gegenbeweislich,** zu seiner Entlastung den **vollen Beweis** gemäß § 286 ZPO zu **führen,** dass es entweder an der Immissionskausalität fehlt, weil keine gerade anlagenbedingte Rechtsgutsverletzung im Sinne des § 1 UmweltHG vorliegt, oder dass die Emissions- oder Immissionskausalität entfällt, weil nicht seine Anlage die Schadensursache gesetzt hat (Diederichsen/Wagner VersR 1993, 641, 647; Gnaub 57; Klimeck 117; Schmidt-Salzer Rn 211 ff).

29 Eine darüber hinausgehende, die **haftungsausfüllende Kausalität** betreffende Vermutung hinsichtlich des Kausalnexus zwischen Rechtsgutsverletzung und Schaden wird dagegen trotz der insoweit irreführenden (vgl o Rn 1), nämlich die Schadensverursachung erwähnenden Formulierungen der Norm **nicht** begründet (Paschke Rn 36; **aA** Deutsch JZ 1991, 1097, 1100). Für eine Ausweitung der Vermutungsregel auf die haftungsausfüllende Kausalität besteht kein Anlass, weil insoweit die typisch sphärenbezogenen Beweisschwierigkeiten, deren Vermeidung das Anliegen der Norm ist, nicht bestehen (Klimeck 99 f; Paschke Rn 36). Insoweit hilft dem Geschädigten überdies erforderlichenfalls die Anwendung des § 287 ZPO (Klimeck 99 f; Paschke Rn 36; Salje Rn 22 f).

30 § 6 Abs 1 UmweltHG enthält neben der Regelung der haftungsbegründenden Kausalität **keine Aussage hinsichtlich anderer materiellrechtlicher Zurechnungskriterien.** Die Frage nach dem Zurechnungszusammenhang unter **Normzweckgesichtspunkten** ist beispielsweise nicht präjudiziert (Landsberg/Lülling Rn 50). Bei einer Mehrheit von Kausalbeiträgen, die auf der Grundlage des § 6 Abs 1 UmweltHG angenommen wird, ist über die Frage ihrer haftungsrechtlichen Verantwortungszuweisung gemäß **§ 830 Abs 1 S 2 BGB** selbstständig anhand dieser Norm zu entscheiden.

31 Ist die **Vermutungsgrundlage des § 6 Abs 1 UmweltHG nicht** gegeben, weil deren Voraussetzungen nicht dargelegt oder bewiesen sind oder weil die Norm unanwendbar ist, ist der Kausalitätsbeweis vom Geschädigten nach den **allgemeinen Grundsätzen** einschließlich der dort geltenden Beweiserleichterungen zu führen (Deutsch JZ 1991, 1097, 1101; Diederichsen/Wagner VersR 1993, 641, 647; Mayer MDR 1991, 813, 815; Sautter 130; Stecher 276); dazu gehört namentlich der Anscheins- bzw Indizienbeweis (Klimeck 109 ff). Dies gilt gemäß § 6 Abs 2 S 1 UmweltHG insbesondere, wenn der Anlageninhaber nachweisen kann, dass die Anlage bestimmungsgemäß betrieben wurde. Die entscheidungserheblichen Tatsachen entsprechen grundsätzlich den im Zusammenhang mit dem Tatbestand des § 6 Abs 1 UmweltHG maßgeblichen Tatsachen (vgl o Rn 9 ff). Insbesondere stehen dem Geschädigten auch hier der Anscheinsbeweis, in der Regel gestützt durch Indizien, als Mittel der Beweisführung zur Verfügung; auch gelten die Grundsätze der Beweisvereitelung. Hinsichtlich des Beweismaßes ist jedoch im Rückschluss aus § 6 Abs 1 S 1 UmweltHG zu folgern, dass dem Geschädigten hinsichtlich der Verursachung der Rechtsgutsverletzung durch eine auf dem Umweltpfad vermittelte Einwirkung einer von der Anlage herrührenden Emission der Vollbeweis obliegt.

III. Ausschluss der Ursachenvermutung (Abs 2)

1. Grundlagen

32 Die **Vermutungsregel** des § 6 Abs 1 UmweltHG **gilt** gemäß § 6 Abs 2 UmweltHG **nicht,** wenn der Inhaber der Anlage den **bestimmungsgemäßen Betrieb** der Anlage nachweist; allerdings schließt dieser Nachweis nicht die Berücksichtigung der sonst gemäß § 6 Abs 1 UmweltHG herangezogenen Umstände des Einzelfalls im Rahmen der dann gebotenen gewöhnlichen Beweiswürdigung außerhalb der gesetzlichen

Kausalitätsvermutung aus (LYTRAS 478; SALJE VersR 1998, 797, 798). **Rechtspolitisch** wird die Regelung damit begründet, dem Anlageninhaber einen starken **Anreiz** für die **Vermeidung von Störfällen** und zur **Einhaltung** der öffentlich-rechtlich auferlegten **Betriebspflichten** zu geben (DÖRING 83; KLIMECK 140; LANDSBERG/LÜLLING Rn 75; MARBURGER AcP 192 [1992] 1, 25; SALJE Rn 33 f; SAUTTER 121). Die **Kritik** an § 6 Abs 2 UmweltHG richtet sich zum einen dagegen, dass unter der Voraussetzung des § 6 Abs 1 UmweltHG die **Ratio** der gesetzlichen Kausalitätsvermutung, dem Geschädigten aus seiner Beweisnot zu helfen, auch dann zutrifft, wenn die Anlage schon im Normalbetrieb verletzungsgeeignet ist (HAGER NJW 1991, 134, 138; PASCHKE UTR 12, 285, 298 Rn 39; Stecher 248 ff; **aA** KLIMECK 139 ff; MARBURGER AcP 192 [1992] 1, 25). Mit Recht wird überdies der **Widerspruch** der Regelung **zum Konzept der Gefährdungshaftung** kritisiert, weil diese gerade eingreifen soll, wenn sich das Restrisiko trotz Einhaltung ordnungsrechtlicher Normen realisiert (BALENSIEFEN 245; DIEDERICHSEN PHI 1992, 162, 169; DÖRING 84; GERLACH 250 ff; KLASS UPR 1997, 134, 139; PASCHKE UTR 12, 298; SCHMIDT-SALZER Rn 231; STECHER 233 f, 245 f, 257 ff; STEFFEN NJW 1990, 1817, 1820), zumal tatsächlich nicht stets gewährleistet ist, dass die Beachtung des ordnungsrechtlich vorgegebenen Rahmens ein zuverlässiges Indiz dafür ist, dass eine Schädigung unwahrscheinlich ist (v DÖRNBERG, Die Haftung für Umweltschäden, in: vDÖRNBERG/GASSER/GASSNER, Umweltschäden 20; FALK, EG-Umwelt-Audit-VO [1998] 114 f; SCHMIDT-SALZER Rn 161 ff, 222 ff; STECHER 248 ff; WANG 305 ff). De lege ferenda wird deshalb für richtig gehalten, im Rahmen der umwelthaftungsrechtlichen Gefährdungshaftung zu einer Beweislastumkehr zu Lasten des Emittenten überzugehen, wenn wahrscheinlich ist, dass der in Anspruch genommene Emittent zur Schadensentstehung beigetragen hat (STECHER 261 ff; unter dem Gesichtspunkt ökonomisch motivierter Prävention PANTHER 181 ff).

33 Die **Vermutungsregel** ist hingegen **in ihrer Gesamtheit** unter Einschluss einer Würdigung der Vermutungsausschlusstatbestände des § 6 Abs 2–4 UmweltHG zur Behebung der Beweisnot des Geschädigten gerade deshalb **vertretbar,** weil es sich nicht nur um eine – allerdings auch beim störungsfreien Normalbetrieb zutreffende (KLIMECK 139 f) – Beweislastverteilung nach **Gefahrenbereichen** handelt (STECHER 244), sondern sie zusätzlich – und insoweit gegenüber dem störungsfreien Normalbetrieb differenzierend – auch vom Gedanken der **Gefahrerhöhung** getragen wird (KLIMECK 141; MARBURGER AcP 192 [1992] 1, 25), mag auch die vom Gesetz vorgenommene Definition der gefahrerhöhenden Elemente durch bloßen Rückgriff auf öffentlich-rechtlich bestimmte Eckpunkte nicht überzeugen (vgl zu dieser Differenzierung zutr KLIMECK 138 ff, 143 ff). Rechtfertigend tritt die Erwägung hinzu, dass ein im Zuge des Normalbetriebs zugefügter Schaden als sozialadäquat verursacht und als unvermeidbarer Beitrag des Geschädigten zum Funktionieren einer Industriegesellschaft angesehen werden mag (so LANDSBERG/LÜLLING Rn 75). Schließlich ist auch dem Nachweisinteresse des Geschädigten und dem Vorbeugeziel dienlich, dass die Regelung wegen der durch § 6 Abs 2 UmweltHG geschaffenen Beweislastverteilung iVm § 6 Abs 4 UmweltHG einen wünschenswerten Anreiz zur Durchführung von Kontrollen und entsprechenden Dokumentationen setzt, die auf Grund einer dadurch wahrscheinlicher werdenden Gefahrenerkennung die Entwicklung von Strategien zur Schadensprävention initiieren können (FALK, EG-Umwelt-Audit-VO [1998] 116 f; LANDSBERG/LÜLLING Rn 75; SALJE Rn 73; krit BALENSIEFEN 245; PASCHKE UTR 12, 298).

34 Richtig ist allerdings, dass die von § 6 Abs 2 UmweltHG in Bezug genommenen **öffentlich-rechtlichen Grenzwertbestimmungen** zum Zweck der Bestimmung signifikanter Risikoerhöhungen **nicht notwendig treffend** sind, etwa weil nicht öffentlich-rechtlich erfasste besondere Gefahrerhöhungen auch außerhalb von Störfällen auf Grund neuer naturwissenschaftlich-technischer Erkenntnisse vorliegen können, hinsichtlich derer die bisherige Rechtsprechung dem Emittenten ohnehin bereits eine Beobachtungspflicht auferlegt hatte (Klimeck 141 f unter Bezug auf BGHZ 92, 143, 152 = NJW 1985, 47 [Kupolofen]), oder weil öffentlich-rechtlich festgesetzte Grenzwerte nicht stets im nötigen Umfang umweltschutzbezogen nach dem Stand der wissenschaftlichen Erkenntnisse festgelegt sind (Döring Rn 83; Hager ZEuP 1997, 9, 23; Lytras 478 f; Salje Rn 34). Im Übrigen sind diese Standards in der Regel emissionsbezogen, während die haftungsbegründende Rechtsgutsverletzung immissionsbestimmt ist (Stecher 256 f). Die Eignung der öffentlich-rechtlichen Grenzwertbestimmungen als Indiz dafür, dass eine Schädigung Dritter unwahrscheinlich sei (Landsberg/Lülling Rn 76), ist daher zweifelhaft. Eine Präklusion der Vermutungsausschlusstatbestände im Hinblick auf die Autonomie des Zivilrechts gegenüber dem öffentlichen Recht (Einl 286 ff) ist deshalb de lege ferenda wünschenswert, die das Zivilrecht durch die Möglichkeit eigenständiger Entwicklung von Verkehrssicherungspflichten gerade als Chance zur sachangepassten Flexibilisierung von Standards hinsichtlich der Definition von Normalrisiken und Gefahrerhöhungen bietet (Klimeck 141 ff). Überdies wird der Anreiz dazu vermindert, präventiv Umweltschutz in einem höheren Maße zu betreiben, als dies öffentlich-rechtlich ohnedies vorgeschrieben ist (Stecher 250 ff, 259 f). Im Übrigen ist die Gefahr nicht zu verkennen, dass die Regelung die Übertragung des an die Einhaltung öffentlich-rechtlicher Standards anknüpfenden Beweisprivilegs auf die nach allgemeinem Recht zu beurteilenden Haftungsfälle bei Nichtkataloganlagen im Wege des argumentum a fortiori nahelegt (vgl OLG Köln NJW-RR 1993, 598 [Perchlorethylenschäden aus chemischer Reinigung]), so dass die dort schon anerkannte Unabhängigkeit des Haftungsrechts von öffentlich-rechtlichen Vorgaben unbeabsichtigt und ohne rechtliche Notwendigkeit gefährdet wird (Klimeck 145 ff; Stecher 327). Bedenkenswert ist schließlich, dass im praktischen Ergebnis schließlich § 6 Abs 2 UmweltHG im Zusammenwirken mit § 6 Abs 4 Nr 2 UmweltHG die Kausalitätsvermutung bei Langzeit- und Allmählichkeitsschäden aufhebt, so dass die durch § 6 Abs 1 UmweltHG geschaffenen Beweiserleichterungen gegenüber der deliktsrechtlichen Lage marginal bleiben (Döring 84; Hager ZEuP 1997, 9, 23; Klass UPR 1997, 134, 139; Schmidt-Salzer/Schramm Rn 37; Stecher 258 f).

2. Tatbestand

35 Der **bestimmungsgemäße Betrieb** der Anlage ist tatbestandliche Voraussetzung für die Anwendung von § 6 Abs 1 S 1 UmweltHG. Im Rahmen der Haftung gemäß § 1 UmweltHG **beweisrechtlich privilegiert** ist also der sogenannte **Normalbetrieb,** wenngleich gerade § 6 Abs 2 UmweltHG zeigt, dass auch dieser eine materielle Haftung gemäß § 1 UmweltHG begründen kann. Der bestimmungsgemäße Betrieb, unter dem gewöhnlich derjenige Anlagenbetrieb zu verstehen ist, für den die Anlage ihrer Konstruktion nach bestimmt ist und der ihrer gewöhnlichen Arbeitsweise insbesondere unter Berücksichtigung der öffentlich-rechtlichen Betriebspflichten entspricht (Landsberg/Lülling Rn 69), wird im vorliegenden Tatbestandszusammenhang durch § 6 Abs 2 S 2 UmweltHG definiert. Er liegt vor, wenn – kumulativ – die **besonderen Betriebspflichten** eingehalten worden sind und auch **keine Störung** des Betriebs vorliegt. In der Praxis liegt bei einer Störung des Betriebs häufig zugleich ein Nichteinhalten der besonderen Betriebspflichten vor, bzw führt die Nichteinhaltung der be-

sonderen Betriebspflichten zu einem Störfall (Landsberg/Lülling Rn 71 f), wenngleich kein zwingender Zusammenhang besteht.

36 Der Begriff der **besonderen Betriebspflichten** wird durch § 6 Abs 3 UmweltHG konkretisiert (dazu u Rn 42 ff). Die Feststellung, dass sie eingehalten wurden, erfordert den **Vergleich** der von den **besonderen Betriebspflichten** aufgestellten Erfordernisse **mit** dem **tatsächlichen Betriebsvollzug.** Dabei ist nur die Einhaltung derjenigen besonderen Betriebspflichten haftungsrechtlich relevant, die sich auf die Veränderungen von Umwelteinwirkungen beziehen und einen konkreten Zusammenhang mit der eingetretenen Rechtsgutsverletzung haben (Landsberg/Lülling Rn 77; Paschke Rn 42; Sautter 122); dies mildert die Beweis- und Dokumentationslast des Anlageninhabers in sachlicher und zeitlicher Hinsicht (Landsberg/Lülling Rn 77; Paschke Rn 56). Auf ein **Verschulden** bei der Nichteinhaltung der besonderen Betriebspflichten kommt es **nicht** an; dieses Tatbestandsmerkmal ist rein verhaltensbezogen in dem Sinne, dass die Feststellung eines objektiven Fehlverhaltens genügt (Landsberg/Lülling Rn 73).

37 Der Begriff der **Betriebsstörung** wird in § 6 UmweltHG nicht definiert. Der Begriff ist ereignisbezogen (Landsberg/Lülling Rn 73). Er wird mit Rücksicht auf § 2 Abs 1 der StörfallVO (StörfallVO in der Fassung der Bekanntmachung vom 20. 9. 1990, BGBl I 1891) und mit Rücksicht auf die Bestimmung des Begriffs der Umwelteinwirkungen im § 3 Abs 1 UmweltHG häufig definiert als eine Störung des bestimmungsgemäßen Betriebs in der Weise, dass aufgrund eines Ereignisses Erscheinungen iSv § 3 Abs 1 UmweltHG, insbesondere Stoffe, von der Anlage erzeugt oder freigesetzt werden, Stoffe in Brand geraten oder explodieren, die bei ordnungsgemäßem Betrieb nicht entstehen oder nicht emittiert werden (Erl 168; Falk, EG-Umwelt-Audit-VO [1998] 118; Landmann/Rohmer/Hager Rn 42; Landsberg/Lülling Rn 73; im Ergebnis auch Paschke Rn 45; Sautter 123); dabei genügt für die Annahme eines Störfalls im vorliegenden beweisrechtlichen Zusammenhang, dass sich derartige Emissionen offenkundig anbahnten, weil entsprechende Sicherungseinrichtungen in Funktion traten (Oehmen Rn 244). Nicht erforderlich ist für die Annahme eines Störfalls, dass der anormale Betriebszustand zugleich eine beträchtliche Gefahr für Personen und Sachen mit sich bringt (so Falk, EG-Umwelt-Audit-VO [1998] 118 f; Salje Rn 35); wegen der bloßen Betriebsbezogenheit des Begriffs der Betriebsstörung (Feldhaus UPR 1992, 161, 164) kommt es auf dieses zusätzliche Erfordernis nicht an (Paschke Rn 44).

38 Der für den **Begriff der Betriebsstörung** entscheidende **Vergleich** zwischen dem **realen Betriebszustand** zum Zeitpunkt der schädigenden Emission mit dem **Zustand bei ordnungsgemäßem Betrieb** muss in Rechnung stellen, dass auch im Normalbetrieb Toleranzen bestehen. Solange sich der Betrieb im Rahmen sicherheitstechnisch kalkulierter **Schwankungen** bewegt, liegt ein Störfall jedenfalls dann nicht vor, wenn die Toleranzgrenze öffentlich-rechtlich zugebilligt ist oder sie sich sonst im Rahmen der technischen Auslegung der Anlage hält (Paschke Rn 45 f; Salje Rn 35; Feldhaus UPR 1992, 161, 165; Schimikowski, Umwelthaftungsrecht Rn 186; zu den Maßnahmen: Jost DB 1990, 2381, 2385). Unerheblich für den Begriff der Betriebsstörung ist es, wenn die Anlage als solche unversehrt bleibt; insoweit ist ein Rückschluss aus § 2 Abs 1 S 3 HaftpflichtG möglich und erforderlich (Landsberg/Lülling Rn 74; Salje Rn 47). Im Unterschied zur Frage der Nichteinhaltung von Betriebspflichten kommt es hinsichtlich der Betriebsstörung nicht darauf an, dass die festgestellte Betriebsstörung geeignet ist, die aufgetretene Rechtsgutsverletzung zu verursachen. Dieser Aspekt ist im Rahmen der Eignungsprüfung gemäß § 6 Abs 1 UmweltHG zugunsten des Schädigers zu berücksichtigen (Salje Rn 36, 38).

39 Da die **Darlegungs- und Beweislast,** unbeschadet der vorgeordneten Darlegungs- und Beweislast des Geschädigten bezüglich der konkreten Schadenseignung der Anlage bei einer Normalbetriebsabweichung oder einem Störfall, hinsichtlich der Voraussetzung des § 6 Abs 2 UmweltHG beim **Anlageninhaber** liegt (BGH NJW 1997, 2748 [Lackieranlage]; Falk, EG-Umwelt-Audit-VO [1998] 118; Gnaub 61; Klimeck 133; Landsberg/Lülling DB 1991, 479, 480; Sautter 124; Salje Rn 36; Stecher 223), gilt dies auch für die Einhaltung der besonderen Betriebspflichten, wobei jedoch dem Anlageninhaber die Vermutung gemäß § 6 Abs 4 UmweltHG zu Hilfe kommen kann (dazu u Rn 55 ff). Die Darlegungs- und Beweislast hinsichtlich des Fehlens einer Betriebsstörung trägt aus diesem Grunde ebenfalls der Anlageninhaber (Landsberg/Lülling Rn 77; Salje Rn 36). Diese Verteilung ist sachlich durch den Sphärengedanken gerechtfertigt. Soweit hinsichtlich der Einhaltung der besonderen Betriebspflichten die Vermutung gemäß § 6 Abs 4 UmweltHG zu Gunsten des Anlagenbetreibers wirkt, obliegt es dem Geschädigten, substantiiert die Unzulänglichkeit der vom Emittenten ergriffenen Maßnahmen darzulegen und erforderlichenfalls zu beweisen, um zu erreichen, dass das Vorliegen eines bestimmungsgemäßen Betriebs im Sinne des § 6 Abs 2 UmweltHG und damit der Ausschluss der Ursachenvermutung des § 6 Abs 1 UmweltHG nicht angenommen wird (Hager JZ 1998, 362 zu BGH NJW 1997, 2748).

40 Der **Nachweis des bestimmungsgemäßen Anlagenbetriebs** ist als **Vollbeweis** (Paschke Rn 56; Schmidt-Salzer Rn 225) zu führen. Zulässig sind alle zivilprozessualen Beweismittel, auch über die Vorlage von Messdaten hinausgehend (Falk EuZW 1997, 593, 594; Klimeck 133 f; Landmann/Rohmer/Hager Rn 43; Landsberg/Lülling Rn 78 f; Paschke Rn 58); nicht nur zur systematischen Sammlung solcher Messdaten, sondern bereits zur technischen Sicherung einer tatsächlichen Einhaltung des Normalbetriebszustandes trägt insbesondere die Teilnahme an Umwelt-Audits etwa auf der Grundlage der EG-Umwelt-Audit-Verordnung (ABl-EG Nr L 168 v. 10. 7. 1993; Nr 1836/93) bei (Falk EuZW 1997, 593 ff; ders, EG-Umwelt-Audit-VO [1998] 118 ff, 135, 225; Klaus UPR 1997, 134, 142; Prüfer 98 ff). Praktisch kommt häufig ein Anscheinsbeweis, auch mit Hilfe von Indizien, in Betracht (Paschke Rn 57). Das erkennende Gericht muss, soweit dies streitig ist, in seiner Entscheidung substantiiert zum Vorhandensein besonderer Betriebspflichten und zu ihrer Einhaltung Stellung nehmen (BGH NJW 1997, 2748; dazu Hager JZ 1998, 362). Die Vermutung gemäß § 6 Abs 4 UmweltHG hinsichtlich der Einhaltung der Betriebspflichten entlastet den Anlageninhaber erheblich.

3. Rechtsfolge

41 **Liegen die Voraussetzungen** des § 6 Abs 2 UmweltHG **vor,** ist die **Vermutungsregel** des § 6 Abs 1 UmweltHG **nicht** anzuwenden. Der Geschädigte muss und kann dann den Kausalzusammenhang zwischen Anlage und Rechtsgutsverletzung nach allgemeinen Grundsätzen beweisen, da ihn § 6 UmweltHG keinesfalls schlechter stellen soll, als er ohne diese ihn begünstigende Regelung ohnehin gestanden hätte (Deutsch JZ 1991, 1097, 1101; Enders 144 f; Hager JZ 1998, 362 im Anschluss an BGH NJW 1997, 2748; Marburger/Herrmann JuS 1986, 354, 358; Sautter 146; Schmidt-Salzer Rn 233; **aA** Paschke UTR 12, 297 f). Dazu gehört neben der Darlegung der abstrakten und konkreten Kausalität auch die Darlegung und der Beweis der individuellen Kausalität der betreffenden Anlage, die allerdings dann schon nach allgemeinen Regeln indiziert sein kann (Schmidt-Salzer Rn 232 ff). Insoweit bleibt auch § 830 Abs 1 S 2 BGB unberührt und anwendbar (Sautter 146; **aA** Landsberg/Lülling § 7 Rn 22). Kann hingegen der Anlageninhaber **weder** die **Einhaltung der besonderen Betriebspflichten noch** das **Nichtvorhandensein eines Störfalls beweisen, gilt** nicht nur die **Vermutungsregel** des Abs 1; vielmehr ist auch vom **Vorliegen eines Störfalls** mit der Konsequenz auszugehen, dass dann die bei solchen geltenden allgemeinen Beweislastregeln gelten (Stecher 226).

IV. Besondere Betriebspflichten (Abs 3)

1. Grundlagen

42 § 6 Abs 3 UmweltHG **definiert** den im vorangegangenen Absatz verwendeten **Begriff der besonderen Betriebspflichten.** Die Vorschrift bindet die zivilrechtliche Haftung mittelbar an **verwaltungsrechtliche Regelungen,** indem diese die Ursachenvermutungen steuern. § 6 Abs 3 UmweltHG lässt jedoch nicht alle öffentlich-rechtliche Pflichten in diesem Zusammenhang bedeutsam werden, indem nur bestimmte Quellen besonderer verwaltungsrechtlicher Betriebspflichten von Belang sind. Ferner muss ein Schutzzweckzusammenhang zwischen der jeweils verletzten besonderen Betriebspflicht und der auf dem Umweltpfad konkret eingetretenen Rechtsgutsverletzung bestehen, und zwar in der Weise, dass es die Aufgabe der in Rede stehenden besonderen Betriebspflicht aufgrund ihrer Eigenart und gesetzgeberischen Zwecksetzung ist, die spezifische Schädigung vermeiden zu helfen (Falk, EG-Umwelt-Audit-VO [1998] 122; Landmann/Rohmer/Hager Rn 55; Paschke Rn 55 f; Salje Rn 44). Mit der **Beschränkung auf verwaltungsrechtliche Normen** wird zugleich ein Rückgriff unmittelbar auf das Verfassungsrecht, auf die EG-UmweltauditVO und das Ökoauditgesetz (Falk, EG-Umwelt-Audit-VO [1998] 122) sowie auf zivilrechtliche Verkehrssicherungspflichten als Kriterien für die Bestimmung der besonderen Betriebspflicht im Sinne des § 6 UmweltHG ausgeschlossen (Falk, EG-Umwelt-Audit-VO [1998] 122; Versen 221 f), und zwar auch nicht mittelbar über § 5 Abs 1 Nr 2 BImSchG; derartige nur generalklauselartig ableitbaren Regelungen würden die Rechtsunsicherheit hinsichtlich der gebotenen Dokumentation übermäßig erhöhen (Landsberg/Lülling Rn 109; Paschke Rn 53; Salje Rn 44; Stecher 224 f). Die mit § 6 Abs 3 UmweltHG erreichte Rückbindung der Beweislage an öffentlich-rechtliche Betriebspflichten kann für den Geschädigten eine vom Deliktsrecht nachteilig abweichende Wirkung haben, weil die Betriebspflichten im Recht der unerlaubten Handlung nicht mit Notwendigkeit an öffentlich-rechtliche Maßstäbe geknüpft sind; allerdings ändert § 6 Abs 3 UmweltHG die im Deliktsrecht geltenden Rechtsgrundsätze nicht und lässt daher dic konkurrierende Haftung auf Grund unerlaubter Handlung unberührt (Lytras 480).

2. Tatbestand

43 Besondere Betriebspflichten können sich insbesondere aus verwaltungsrechtlichen (Salje Rn 49) **Rechtsvorschriften** ergeben. Rechtsvorschriften sind alle **Gesetze** im formellen Sinne, zudem auch **Rechtsverordnungen** und **Satzungen,** mangels Außenwirkung nicht jedoch Verwaltungsvorschriften und Verwaltungsrichtlinien (Salje Rn 49).

44 Wesentlich sind dabei namentlich die Regelungen des **Bundesimmissionsschutzgesetzes** und darauf gestützter **Rechtsverordnungen.** Zu besonderen Betriebspflichten im Sinne von § 6 Abs 3 UmweltHG wird damit auch die Pflicht aus § 5 Abs 1 Nr 1 BImSchG, genehmigungsbedürftige Anlagen so zu errichten und zu betreiben, dass schädliche Umwelteinwirkungen und sonstige Gefahren, erhebliche Nachteile und erhebliche Belästigungen für die Allgemeinheit und die Nachbarschaft nicht hervorgerufen werden können. Hier, wie auch durch Rezeption von § 5 Abs 1, 2 BImSchG, ergibt sich, dass der jeweilige Stand der Technik, der begrifflich durch § 3 Abs 6 BImSchG bestimmt wird, im Rahmen der in § 5 Abs 1 Nr 1–3 BImSchG statuierten **Schutz-, Vorsorge und Reststoffvermeidungspflicht** unmittelbar normativ umwelthaftungsrechtliche Bedeutung erlangt (Falk, EG-Umwelt-Audit-VO [1998] 124 f; Klimeck 131 Landsberg/Lülling Rn 108; Paschke Rn 53); der Stand der Technik wird dabei auch durch die TA-Luft und die TA-Wasser angezeigt (vgl Petersen NJW 1998, 2099; Stecher 225). Über das Genehmigungserfordernis gemäß den §§ 4, 6 BImSchG werden mittelbar außer der Schutz-, Vorsorge- und Reststoffvermeidungs- sowie Entsorgungspflicht insbesondere die Abwärmenutzungspflicht des § 5 Abs 1 Nr 3 und Nr 4 BImSchG rezipiert (Klimeck 131), wobei allerdings Abwärmenutzungspflichten in der Regel nicht die Vermeidung von Umwelteinwirkungen bezwecken, die für eine Schadensverursachung in Betracht kommen (Falk, EG-Umwelt-Audit-VO [1998] 125; Salje Rn 51). Zu den Betriebspflichten zählt gemäß § 5 BImSchG auch die Einrichtung einer geeigneten **Betriebsorganisation** zur Vermeidung von Umweltbelastungen (Falk, EG-Umwelt-Audit-VO [1998] 126 ff), dazu namentlich die **Benennung der umweltrechtlich verantwortlichen Person** in einem mehrköpfigen Leitungsorgan gemäß § 52 a BImSchG (Falk, EG-Umwelt-Audit-VO [1998] 123 f) sowie der Immissionsschutz- und Störfallbeauftragten gemäß den §§ 53 ff, 58 a ff BImSchG (Falk, EG-Umwelt-Audit-VO [1998] 130 f). Anforderungen an die Betriebsorganisation stellen auch die Messungen nach §§ 28, 29 BImSchG, nach der 13. und 17. BImSchV sowie nach der TA-Luft und die sicherheitstechnischen Prüfungen nach § 29a BImSchG (Falk, EG-Umwelt-Audit-VO [1998] 131).

45 Einzelheiten ergeben sich generell auch aus **Rechtsverordnungen** auf der Basis des § 7 BImSchG, so dass damit auch umwelthaftungsrechtlich die Festlegung bestimmter Emissionswerte und die Sicherung von Organisationsstandards relevant wird (Landsberg/Lülling Rn 81 ff; Paschke Rn 49 f; Salje Rn 45). Maßgeblich können insoweit vor allem die StörfallVO, dort namentlich auch gemäß §§ 7 f StörfallVO die Pflicht zur Vornahme einer Sicherheitsanalyse und ihrer Fortschreibung (Falk, EG-Umwelt-Audit-VO [1992] 129 f; Sautter 122), und die GroßfeuerungsanlagenVO sein (Falk, EG-Umwelt-Audit-VO [1992] 129 f; Landsberg/Lülling Rn 94 ff; Paschke Rn 50). Wegen der Einzelheiten dazu ist auf Kommentare des BImSchG und der genannten Verordnungen zu verweisen.

46 Zu den von § 6 Nr 3 BImSchG in Bezug genommenen anderen öffentlich-rechtlichen Vorschriften zählen bau-, wege-, verkehrs-, gewerbe-, abfall-, wasser-, berg-, atom- sowie natur- und landschaftsschutzrechtliche **Gesetze des öffentlichen Rechts** (Landsberg/Lülling Rn 98; Salje Rn 45) wie auch des **Arbeitsschutzes** (Erl 169; Salje Rn 49), sowie die auf diesen Grundlagen erlassenen Rechtsverordnungen. Bei Abfallentsorgungsanlagen ergeben sich betriebsorganisatorische Anforderungen von Relevanz im Rahmen des § 6 Abs 3 UmweltHG aus der TA-Abfall, insbesondere aus deren Nr 5 (Falk, EG-Umwelt-Audit-VO [1998] 130).

Besondere Betriebspflichten können sich aus einer **verwaltungsrechtlichen Zulassung** ergeben; sie müssen die Verhinderung der im gegebenen Fall eingetretenen Rechtsgutsverletzung bezwecken (Sautter 122). Als solche kommen insbesondere die Pflichten aus dem Anlagengenehmigungsbescheid (Erl 169), ferner solche unmittelbar aus den diesen tragenden Rechtsvorschriften in Betracht. **47**

Die bloße **Anzeigepflicht** bezüglich einer Anlage ist der verwaltungsrechtlichen Zulassung im Sinne des § 6 Abs 3 UmweltHG gleichzustellen, wenn und soweit die Anzeige der Verwaltungsbehörde Anlass geben kann, den Anlagenbetrieb anhand der öffentlich-rechtlichen Umweltschutznormen zu prüfen und gegebenenfalls zu beanstanden (Salje Rn 46). Ist auch eine Anzeige nicht erforderlich, kann § 6 Abs 3 UmweltHG dennoch anwendbar sein, wenn der Anlagenbetrieb durch Rechtsvorschriften geregelt und gegen diese verstoßen wird (Salje Rn 46). **48**

Unter einer **Auflage** ist eine Nebenbestimmung zu einem Verwaltungsakt zu verstehen, die dem Inhaber der Genehmigung ein Tun, Dulden oder Unterlassen vorschreibt; dies ergibt sich aus § 36 Abs 2 Nr 4 VwVfG. Keine Auflage im Sinne des § 6 Abs 3 UmweltHG ist die sogenannte modifizierende Auflage, die bloß eine Definition und Konkretisierung der Genehmigungsgrenzen enthält. Ferner ist von der Auflage die Genehmigung unter einer Bedingung zu unterscheiden, für die charakteristisch ist, dass die Nichterfüllung der Bedingung die Genehmigung als solche nicht wirksam sein lässt (Salje Rn 47). Namentlich § 12 Abs 1 BImSchG erlaubt die Verbindung einer Anlagengenehmigung mit einer Beauflagung. Diese kann sich beispielsweise auf die Art der einzusetzenden Feuerungsmaterialien beziehen, etwa unter dem Gesichtspunkt der Schwefelkonzentration in einem Brennstoff. **49**

Eine **vollziehbare Anordnung** im Sinne des § 6 Abs 3 UmweltHG kommt **auch** in Gestalt einer **nachträglichen** Anordnung gemäß § 17 BImSchG vor. Inhaltlich geht es hierbei in der Regel um die Realisierung nachträglich als erforderlich erkannter Umweltstandards, indem Maßnahmen zur Optimierung des Anlagenbetriebs im Hinblick auf die Vermeidung von Umwelteinflüssen aufgegeben werde. Nachträgliche Anordnungen kommen ferner aufgrund von 35 Abs 2 KrW/AbfG, § 36 Abs 2 KrW/AbfG und aufgrund von § 19 Abs 2 WHG in Betracht. **50**

Die Anordnungen müssen **vollziehbar** sein. Dazu gehört in der Regel ihre Bestandskraft, aber auch die Anordnung des sofortigen Vollzugs gemäß § 80 Abs 2 Nr 4 VwGO genügt (Landsberg/Lülling Rn 105; Paschke Rn 52; Salje Rn 48). **51**

Die verwaltungsrechtlichen Zulassungen, Auflagen und vollziehbaren Anordnungen und Rechtsvorschriften kommen nur insoweit in Betracht, als sie zumindest auch die **Verhinderung** solcher **Umwelteinwirkungen bezwecken** (Landsberg/Lülling Rn 110; Paschke Rn 54), die für die Verursachung des Schadens in Betracht kommen. Die gesetzgeberische Intention, bloß das öffentliche Interesse oder die Allgemeinheit zu schützen, genügt also nicht (Erl 169; Salje Rn 51). Allerdings liegt in der Regel den emissionsschutzrechtlichen Bestimmungen zumindest auch der Zweck zugrunde, Umwelteinwirkungen zu vermeiden, die den eingetretenen Schaden verursachen können (so Paschke Rn 54). An der erforderlichen Zweckrichtung fehlt es allerdings, wenn die verwaltungsrechtlichen Zulassungen, Auflagen und vollziehbaren Anordnungen und Rechtsvorschriften nicht geeignet sind, Rechtsgutsverletzungen auf dem **52**

Umweltpfad zu verhindern (Salje Rn 50). Unerheblich sind damit diejenigen Betriebspflichtverletzungen, die in bezug auf die konkret eingetretene Verletzung nicht ursächlich geworden sein können (Landsberg/Lülling Rn 111).

53 Die **Darlegungs- und Beweislast** hinsichtlich des **Nichtbestehens** besonderer Betriebspflichten im Sinne von § 6 Abs 3 UmweltHG liegt beim **Anlageninhaber.** Der Geschädigte kann sich darauf beschränken, das Bestehen gewisser besonderer Betriebspflichten vorzutragen, soweit sie nicht als Rechtsvorschriften ohnedies dem Gericht von Amts wegen bekannt sein müssen; dabei sind wegen seiner fehlenden Kenntnis der Betriebsinterna nur geringe Anforderungen an das Maß an Substantiierung zu stellen, im Übrigen helfen ihm Auskunftsansprüche gemäß §§ 8 f UmweltHG. Im Rahmen dieser Verteilung der Darlegungs- und Beweislast kommt dem Anlageninhaber jedoch die Vermutungsregel des § 6 Abs 4 UmweltHG zugute. Ist diese nicht anwendbar, hat der Anlageninhaber den Vollbeweis zu führen. Die Anforderungen an die alsdann dem Anlageninhaber obliegende Darlegung und den Beweis hinsichtlich solcher besonderer Betriebspflichten dürfen jedoch, da es sich um negative Tatsachen handelt, nicht überspannt werden (Sautter 128; Taupitz Jura 1992, 113, 117 f). Die verwaltungsrechtlichen Zulassungen, Auflagen und vollziehbaren Anordnungen sind, da aktenkundig, in der Regel durch Urkundenbeweis beizubringen; die Rechtsvorschriften sind als solche offenkundig und nicht beweisbedürftig. Soweit die normativen Voraussetzungen der Vermutungsregel gemäß § 6 Abs 4 UmweltHG vorliegen, tritt hinsichtlich der Beobachtung der besonderen Betriebspflichten eine Beweislastumkehr zu Lasten des Geschädigten ein.

3. Rechtsfolgen

54 Liegt der Tatbestand des § 6 Abs 3 UmweltHG vor, so ist damit **über Vorhandensein** und Inhalt besonderer **Betriebspflichten** im Sinne des § 6 Abs 2 S 2 UmweltHG **entschieden.** Die Einschlägigkeit der Ursachenvermutung des § 6 Abs 1 UmweltHG ist hingegen davon abhängig, ob die Einhaltung dieser besonderen Betriebspflichten in concreto gemäß § 6 Abs 2 UmweltHG oder kraft der Vermutung des § 6 Abs 4 UmweltHG nachgewiesen werden kann.

V. Vermutung der Betriebspflichtenerfüllung (Abs 4)

1. Grundlagen

55 § 6 Abs 4 UmweltHG enthält eine **Vermutung** dafür, dass die nach § 6 Abs 2 S 2 UmweltHG erheblichen, in § 6 Abs 3 UmweltHG definierten besonderen **Betriebspflichten eingehalten** wurden. Die Regelung enthält damit eine **Beweislasterleichterung zugunsten des Anlageninhabers** (Lytras 481). Eine Vermutung hinsichtlich des Fehlens einer **Betriebsstörung** im Sinne des § 6 Abs 2 S 2 UmweltHG wird hingegen **nicht** aufgestellt (Paschke Rn 59), desgleichen auch keine Vermutung dafür, dass die Kataloganlage bestimmungsgemäß betrieben wurde (Falk, EG-Umwelt-Audit-VO [1998] 135 f). Die Norm bietet einen weiteren Anreiz zum bestimmungsgemäßen Betrieb von Anlagen sowie zu entsprechender Dokumentation und fügt sich insoweit konsequent in die dies bezweckende Regelung des § 6 Abs 1–3 UmweltHG ein (Diederichsen/Wagner VersR 1993, 641, 647; Falk, EG-Umwelt-Audit-VO [1998] 136; Schmidt-Salzer Rn 227 ff; zur Kritik u Rn 62 f).

2. Tatbestand

a) Fall des § 6 Abs 4 Nr 1 UmweltHG

56 Allgemein setzt die Normanwendung gemäß § 6 Abs 4 Nr 1 UmweltHG voraus, dass in der Zulassung, in Auflagen, in vollziehbaren Anordnungen oder in Rechtsvorschriften zur Überwachung einer besonderen Betriebspflicht **Kontrollen vorgeschrieben** sind. Da nicht für alle besonderen Betriebspflichten im Sinne von § 6 Abs 3 UmweltHG Kontrollen vorgeschrieben sein müssen, ergibt sich schon aus diesem Erfordernis, dass die Vermutungsregel nur für einen Teil der in § 6 Abs 3 UmweltHG erheblichen besonderen Betriebspflichten gilt (Paschke Rn 59). Als Kontrollen kommen namentlich solche auf Grund der §§ 26 ff BImSchG oder einer Rechtsverordnung auf der Grundlage des § 7 BImSchG in Betracht (Falk, EG-Umwelt-Audit-VO [1998] 137). Kontrollen können insbesondere als Auflagen gemäß § 12 BImSchG oder im Wege nachträglicher Anordnungen gemäß § 17 BImSchG vorgeschrieben werden, und zwar in der Regel als Immissions- oder Emissionsmessungen an bestimmten Orten und zu bestimmten Zeiten. **Bleibt** der gegen den Anlagenbetreiber durch immissionsschutzrechtliche Anordnungen und Bescheide festgesetzte Kontrollstandard mangels rechtzeitiger Anpassung gemäß § 17 BImSchG hinter dem **Kontrollstandard zurück,** der infolge einer zur Zeit der Schädigung eingetretenen normativen Weiterentwicklung sachlich angebracht wäre, so ist letzterer maßgeblich, um zu vermeiden, dass die ältere, potenziell schadensträchtigere Anlage gegenüber einer jüngeren gleicher Art beweisrechtlich allein deswegen privilegiert wird, weil der normativ vorgesehene höhere Standard nur bei der jüngeren Anlage schon in immissionsschutzrechtlichen Anordnungen konkret umgesetzt werden konnte (vDörnberg, Die Haftung für Umweltschäden, in: vDörnberg/Gasser/Gassner, Umweltschäden [1992] 28 f). Sind Kontrollen **angeordnet,** kommt es jedoch im Übrigen für die Anwendung des § 6 Abs 4 UmweltHG **nicht** darauf an, ob diese Kontrollen dazu **geeignet** sind, die Einhaltung der besonderen Betriebspflicht angemessen zu überwachen; insoweit hat sich der Bundesrat gegenüber den weitergehenden Vorstellungen der Bundesregierung durchsetzen können, die die Vermutungsregel nur für anwendbar erklären wollte, wenn der Zivilrichter zu der Überzeugung gelangen sollte, dass die angeordneten Kontrollen zur Überwachung geeignet seien (vgl BT-Drucks 11/7881 zu Art 1 §§ 6 und 7, S 32; Falk, EG-Umwelt-Audit-VO [1998] 146; Landsberg/Lülling Rn 22; Paschke Rn 60; Salje Rn 52; Sautter 126; krit wegen diesbezüglicher Defizite im Verwaltungsvollzug Stecher 261). § 6 Abs 4 UmweltHG ist daher auch dann anwendbar, wenn sich ergeben sollte, dass die angeordneten Kontrollen zwar durchgeführt, jedoch die Anordnung als solche unzureichend war, um Rückschlüsse auf die Beobachtung der betreffenden besonderen Betriebspflichten zu gestatten.

57 **Kontrollen,** die der Anlageninhaber **aufgrund eigener Initiative** einrichtet, ohne dass sie auf öffentlich-rechtlicher Grundlage vorgeschrieben sind, entfalten hingegen auch dann nicht die Vermutungswirkung gemäß § 6 Abs 4 UmweltHG zugunsten des Anlageninhabers, wenn die Kontrolle an sich geeignet ist, die Einhaltung auferlegter besonderer Betriebspflichten oder des störungsfreien Normalbetriebs zu überprüfen (Falk, EG-Umwelt-Audit-VO [1998] 141 f, 145 f; Paschke Rn 63; Salje Rn 53; **aA** für verwaltungsrechtlich zugelassene Eigenkontrolle Feldhaus UPR 1992, 161, 167; Sautter 126 f); das gilt de lege lata auch für Dokumentationen auf Grund freiwilliger Implementierung der EG-Umwelt-Audit-Verordnung bzw des Umweltauditgesetzes oder anderer Qualitätssicherungssysteme (Klass UPR 1997, 141 f; Salje Rn 53; **aA** unter Hinweis darauf, dass nur

das Ob der Teilnahme, aber hier ebenso wenig wie bei behördlich angeordneten Kontrollen das Wie der Kontrollen freisteht, FALK EuZW 1997, 594 f; ders, EG-Umwelt-Audit-VO [1998] 147 ff; FELDHAUS UPR 1992, 167), unbeschadet der Eignung derartiger Erhebungen zur Führung des Entlastungsbeweises im Rahmen des § 6 Abs 1 UmweltHG (KLASS UPR 1997, 134, 142).

58 Hinzutreten muss gemäß § 6 Abs 4 Nr 1 UmweltHG, dass die gebotenen Kontrollen in dem Zeitraum durchgeführt wurden, in dem die Umwelteinwirkung von der Anlage ausgegangen sein kann, und dass diese Kontrollen keinen Anhalt für die Verletzung der Betriebspflichten ergeben haben. **Kontrolldurchführung** bedeutet, dass der Anlageninhaber die von einer Verwaltungsbehörde oder durch Rechtsvorschrift auferlegten tatsächlichen Handlungen oder Unterlassungen vorgenommen haben muss, die sicherstellen sollen, dass die besonderen Betriebspflichten eingehalten wurden; damit gewinnt hier die Installation einer dem entsprechenden betrieblichen Organisation Bedeutung (COSACK 80). Unerheblich ist dabei, ob die Kontrollen durch einen Betriebsbeauftragten oder durch einen unabhängigen Dritten durchgeführt wurden (FALK, EG-Umwelt-Audit-VO [1998] 140; wohl auch FELDHAUS UPR 1992, 161, 167; PASCHKE Rn 62; SAUTTER 126 f). Soweit es zum Auftrag des Emissions- und Störfallbeauftragten gehört, die Einhaltung von Vorschriften, Auflagen und Anordnungen zu überwachen und dabei Betriebsstätten in regelmäßigen Abständen nach Maßgabe der öffentlich-rechtlichen Vorschriften zu kontrollieren, kann seine Kontrolltätigkeit den Tatbestand des § 6 Abs 4 Nr 1 UmweltHG erfüllen (PASCHKE Rn 62; **aA** FELDHAUS UPR 1992, 161).

59 Die Kontrollen müssen **in dem Zeitraum durchgeführt** worden sein, in dem die in Frage stehende Umwelteinwirkung von der Anlage ausgegangen sein kann. Lässt sich der Eintritt der Rechtsgutsverletzung zeitlich fixieren und ist aufgrund der Gegebenheiten des Einzelfalles in Bezug auf die in Rede stehende Anlage zu ermitteln, in welchem Zeitraum die Emission durch die Anlage stattgefunden haben muss, um die aufgetretene Rechtsgutsverletzung verursachen zu können, so wird der nach § 6 Abs 4 Nr 1 UmweltHG maßgebliche Zeitraum der in Betracht zu ziehenden Kontrollen regelmäßig auf diejenigen Kontrollen beschränkt, die periodisch unmittelbar vor bzw nach dem potenziell schadensträchtigen Emissionszeitraum liegen (LANDSBERG/LÜLLING Rn 123).

60 Die maßgeblich in Betracht zu ziehenden Kontrollen dürfen **keinen Anhalt** für die **Verletzung** der besonderen Betriebspflichten ergeben. Dies ist regelmäßig dann der Fall, wenn die Kontrollergebnisse keine Abweichungen von den verwaltungsrechtlich als zulässig festgesetzten Grenzwerten ergeben.

b) Fall des § 6 Abs 4 Nr 2 UmweltHG

61 **Alternativ** ist die Vermutung gemäß § 6 Abs 4 Nr 2 UmweltHG begründet, wenn die in Frage stehende Umwelteinwirkung im Zeitpunkt der Geltendmachung des Schadensersatzanspruchs länger als **zehn Jahre zurückliegt.** Bei Sukzessivschäden ist die Vorschrift hinsichtlich aller Verursachungsbeiträge nur anwendbar, wenn die letzte schadensmitursächliche Umwelteinwirkung länger als zehn Jahre zurückliegt (PASCHKE Rn 64).

62 Diese formal fristbezogene Regelung ist zum einen Ausdruck des **Verwirkungs- und Verjährungsgedankens** (vgl SAUTTER 127 f), dessen Geltung vor allem damit zu rechtfertigen ist, dass dem Anlageninhaber eine über zehnjährige Aufbewahrung der Dokumentation seiner Kontrollen nicht zumutbar ist (Landsberg/Lülling Rn 126; Paschke Rn 64; Salje Rn 54; mit Recht krit Stecher 260). Materiell tritt wesentlich hinzu, dass bei derartig langfristiger Schadensentstehung in der Sache selbst regelmäßig ein **Langzeit- und Allmählichkeitsschaden** vorliegt, der im allgemeinen für den gemäß schon § 6 Abs 2 S 1 UmweltHG privilegierten Normalbetrieb charakteristisch ist (Landsberg/Lülling Rn 126; krit Lytras 483 f); die Vorschrift trägt daher dazu bei, dass die im Umweltbereich typischen Langzeit- und Allmählichkeitsschäden kaum je durchsetzbar sind (vor allem deshalb krit gegenüber der Regelung viele; so Brüggemeier KritV 1991, 297, 308; Gerlach 250 ff, 323; Hager NJW 1991, 134 138; Knebel UTR 5, 269; Nicklisch, in: FS Serick 309; Paschke UTR 12, 298; Stecher 244; Steffen NJW 1990, 1817, 1820; Wagner NuR 1992, 201, 206). Im Vergleich zu der deliktsrechtlichen Rechtslage verändert die Regelung deshalb die materielle und prozessuale Situation nicht substanziell (Erl 202 f).

c) Darlegungs- und Beweislast

63 Die Darlegungs- und Beweislast für das Vorliegen der Voraussetzung des § 6 Abs 4 UmweltHG liegt beim **Anlageninhaber** (Sautter 128). Darzulegen und zu beweisen ist nicht nur generell die Durchführung von Kontrollen, sondern die Kontrollsubstanz in Gestalt der einzelnen Punkte und Ergebnisse der Kontrolle (Lytras 482). Der Anlageninhaber hat den Beweis als Vollbeweis zu führen; zugelassen sind alle Beweismittel, wobei in der Praxis insbesondere die Vorlage von Dokumenten über die Durchführung der Kontrollmaßnahmen in Betracht kommt (Paschke Rn 63; Salje Rn 55; Sautter 128). Die bloße Zeugenaussage der Aufsichtsbehörde, der Betreiber habe sich genehmigungs- und normkonform verhalten, genügt nicht (BGH NJW 1997, 2748 m Anm Wagner EwiR 1998, 83, 84; Döring 84 f). Damit erreicht § 6 Abs 4 UmweltHG haftungsrechtlich, dass die vorgeschriebenen Kontrollen nicht nur durchgeführt, sondern sowohl die Durchführung als auch das Ergebnis der Kontrollen aktenkundig gemacht werden (Salje Rn 53).

3. Rechtsfolge

64 Liegen die Voraussetzungen des § 6 Abs 4 UmweltHG vor, wird **vermutet,** dass die besonderen Betriebspflichten im Sinne von § 6 Abs 3 UmweltHG, soweit in der Zulassung, in Auflagen, in vollziehbaren Anordnungen oder in Rechtsvorschriften Kontrollen zur Überwachung der **besonderen Betriebspflichten** vorgeschrieben sind, **eingehalten** wurden, so dass gemäß § 6 Abs 2 S 2 UmweltHG **bei weiterem Nachweis des Fehlens einer Betriebsstörung** ein **bestimmungsgemäßer Betrieb** vorliegt, der gemäß § 6 Abs 2 S 1 UmweltHG die **Kausalitätsvermutung** des § 6 Abs 1 UmweltHG **ausschließt.** Der Geschädigte kann der damit verbundenen Notwendigkeit, alsdann seinerseits den Vollbeweis der haftungsbegründenden Kausalverknüpfung zwischen der in Rede stehenden Anlage und der Rechtsgutsverletzung zu führen, entweder dadurch entgehen, dass er das Vorhandensein weiterer Kontrollpflichten im Sinne von § 6 Abs 4 UmweltHG darlegt und beweist, in Bezug auf welche sich der Anlageninhaber nicht geäußert hat (vgl BGH NJW 1997, 2748, 2749 f; Hager JZ 1998, 361 f; Salje VersR 1998, 797, 799), oder indem er den Vollbeweis des Gegenteils darüber führt, dass doch Anhaltspunkte für eine Verletzung der streitgegenständlichen Betriebspflicht vorliegen (Sautter 129). Ferner kann der Geschädigte die Vermutung des § 6 Abs 4 UmweltHG dadurch ausräumen, dass er die Verletzung besonderer Betriebs-

pflichten darlegt und behauptet, in Bezug auf welche Kontrollen auf öffentlich-rechtlicher Grundlage nicht vorgeschrieben sind.

65 Trifft der **Vermutungstatbestand** des § 6 Abs 4 UmweltHG **nicht** zu, bleibt dem **Anlageninhaber** unbenommen, im Rahmen von § 6 Abs 2 S 2 UmweltHG **in anderer Weise** den **Vollbeweis** dafür zu führen, dass die besonderen Betriebspflichten eingehalten wurden. In diesem Zusammenhang kommen Kontrollen als Beweismittel in Betracht, die aufgrund eigener Initiative ohne Grundlagen in einer öffentlich-rechtlichen Vorschrift durchgeführt wurden, namentlich durch Implementierung von Ökoauditverfahren (Mann/Müller 47). Gelingt dies nicht, wird vermutet, dass eine besondere Betriebspflicht im Sinne des § 6 Abs 2 S 2 UmweltHG nicht eingehalten worden ist, so dass die Vermutung des § 6 Abs 1 UmweltHG zu Lasten des Anlagebetreibers gilt.

§ 7 UmweltHG
Ausschluss der Vermutung

(1) Sind mehrere Anlagen geeignet, den Schaden zu verursachen, so gilt die Vermutung nicht, wenn ein anderer Umstand nach den Gegebenheiten des Einzelfalles geeignet ist, den Schaden zu verursachen. Die Eignung im Einzelfall beurteilt sich nach Zeit und Ort des Schadenseintritts und nach dem Schadensbild sowie allen sonstigen Gegebenheiten, die im Einzelfall für oder gegen die Schadensverursachung sprechen.

(2) Ist nur eine Anlage geeignet, den Schaden zu verursachen, so gilt die Vermutung dann nicht, wenn ein anderer Umstand nach den Gegebenheiten des Einzelfalles geeignet ist, den Schaden zu verursachen.

Schrifttum: Siehe Schrifttumsverzeichnis zur Einleitung.

Systematische Übersicht

I. Grundlagen
1. Normaufbau ____ 1
2. Systematische Zusammenhang ____ 2
3. Normfunktion ____ 3
4. Verhältnis zu § 830 Abs 1 S 2 BGB ____ 6

II. Tatbestand
1. Anlage und Mehrheit von Anlagen; Abgrenzung von Abs 1 und 2 ____ 10
2. Schadensverursachungseignung einer Anlage oder mehrerer Anlagen ____ 13
3. Anderer Umstand ____ 14
4. Schadensverursachungseignung eines anderen Umstandes ____ 19
5. Darlegungs- und Beweislast ____ 23

III. Rechtsfolgen ____ 24

I. Grundlagen

1. Normaufbau

Die Vorschrift enthält in § 7 Abs 1 S 1 und Abs 2 UmweltHG nahezu identische **Vermutungsausschlussgründe.** Diese unterscheiden sich allein dadurch, dass § 7 **Abs 1 S 1** UmweltHG eine auf die Kausalitätsvermutung bezogene **Regelung des Verhältnisses mehrerer Anlagen** iSd § 1 UmweltHG einerseits zueinander und andererseits zu anderen Umständen regelt, § 7 **Abs 2** UmweltHG hingegen nur das **Verhältnis zwischen einer Anlage** iSd § 1 UmweltHG **und einem anderen verursachungsgeeigneten** Umstand (Erl 171). Inhaltlich liegt daher nur eine Vermutungsausschlussnorm mit einer begrenzten Tatbestandsalternative vor. Rechtstechnisch nicht gelungen, da **auch für § 7 Abs 2 UmweltHG geltend** (**aA** wohl Salje Rn 1, 14, näher Rn 16), enthält daneben § 7 **Abs 1 S 2** UmweltHG eine **definitionsartige Erläuterung** von Kriterien zur Beurteilung solcher Gegebenheiten, die im Einzelfall geeignet sind, die Rechtsgutsverletzung zu verursachen. 1

2. Systematischer Zusammenhang

§ 7 UmweltHG ist wegen seines Regelungsthemas und aufgrund seiner systematischen Stellung **auf § 6 UmweltHG bezogen.** Unter den Voraussetzungen des § 7 Abs 1 S 1 oder Abs 2 UmweltHG ist § 6 Abs 1 S 1 UmweltHG unanwendbar. Ist die Vermutungsregel des § 6 Abs 1 S 1 UmweltHG tatbestandlich nicht anwendbar oder ihre Anwendung gemäß § 6 Abs 2 S 1 UmweltHG ausgeschlossen, ist in bezug auf die betroffene Anlage kein Raum für die Anwendung von § 7 UmweltHG; diese Norm regelt daher typischerweise den nicht bestimmungsgemäßen Betrieb und den Störfall (Salje Rn 15; Sautter 130). Als im Wesentlichen störfallbezogene Regelung ist ihre beweiserleichternde praktische Bedeutung beschränkt, da in einem solchen Fall schon allgemein beweisrechtlich Nachweiserleichterungen zugunsten des Geschädigten in Betracht kommen. 2

3. Normfunktionen

Indem die Vorschrift in **rechtstechnisch-funktionaler** Hinsicht Regelungen zum **Ausschluss** der in § 6 Abs 1 S 1 UmweltHG aufgestellten **Kausalitätsvermutung** enthält, **macht** sie damit zugleich in positiver Hinsicht **deutlich,** dass **§ 6 UmweltHG bei** einer möglichen **Verursachungskonkurrenz** mehrerer Anlagen oder einer Anlage und eines anderen Umstands prinzipiell **anwendbar** ist (vDörnberg, Die Haftung für Umweltschäden, in: vDörnberg/Gasser/Gassner, Umweltschäden [1992] 29; Schmidt-Salzer Rn 5). Dies geschieht, indem § 7 UmweltHG im Zusammenwirken mit § 6 Abs 1 S 1 UmweltHG die eigentlich einheitliche Kausalitätsproblematik in der Weise spiegelbildlich und gleichwertig in zwei Komplexe gliedert, dass der Geschädigte die Eignung einer Anlage zur Schadensverursachung beweisen muss, während dem Anlagenbetreiber der Vollbeweis der Eignung von Alternativursachen unter Ausschluss von Kataloganlagen auferlegt ist (Klimeck 119 f). Unter beweisrechtlichem Aspekt stellt die Norm zu diesem Zweck eine Beweisregel des Inhalts auf, dass die Kausalitätsvermutung des § 6 Abs 1 S 1 UmweltHG von dem in Anspruch Genommenen nicht schon durch die Darlegung und den Beweis von Umständen entkräftet werden kann, aus denen sich ergibt, dass auch eine andere Anlage im Sinne des § 1 UmweltHG geeignet war, die 3 eingetretene Rechtsgutsverletzung zu verursachen (BT-Drucks 11/6454, S 17; Deutsch JZ 1991, 1097, 1101; Engelhardt 247; Hager NJW 1991, 134, 139; Landsberg/Lülling DB 1991, 479, 481; Marburger AcP 192 [1992] 1, 26; Stecher 227). § 7 Abs 1 S 1 UmweltHG ist daher verdeutlichend so zu lesen, dass bei Schadensverursachungseignung mehrerer Anlagen die Vermutung **nur dann nicht** gilt, wenn **entweder ein anderer Umstand** als die in Betracht gezogenen Anlagen nach den Gegebenheiten des Einzelfalles geeignet ist, den Schaden zu verursachen (Quentin 299), oder wenn **zwar eine andere Kataloganlage** geeignet ist, den gesamten Schaden zu verursachen, **ohne** dass aber eine **kumulative oder synergetische Schädigungswirkung der Anlagen** anzunehmen ist (Quentin 296 ff, 299). Dabei ist es die prozessuale Obliegenheit der beteiligten Anlagenbetreiber, das Vorliegen einer dieser Situationen darzulegen und zu beweisen.

4 Damit ist als praktisch wichtige **Konsequenz** der Norm festzustellen, dass sich nicht verschiedene Inhaber mehrerer Anlagen korrespondierend der Geltung der Ursachenvermutung und damit regelmäßig auch der Haftung entziehen können, indem sie wechselseitig die Verursachungseignung der jeweils anderen Anlage dartun (BT-Drucks 11/7104, S 18; Landsberg/Lülling Rn 3, 20; Paschke Rn 1); insoweit wird gewissermaßen ein negativer Kompetenzkonflikt gelöst (Klimeck 118, 156; Schmidt-Salzer Rn 3). Positiv gewendet – und darin liegt ihre durchaus zentrale Bedeutung –, (Diederichsen PHI 1990, 78, 89; krit Salje Rn 21 f) enthält damit § 7 Abs 1 UmweltHG in materieller Hinsicht die Grundlage für eine Beteiligungsvermutung zu Lasten mehrerer Kataloganlagen iSd § 1 UmweltHG sowohl bei Urheber- als auch bei Anteilszweifeln (Schmidt-Salzer Rn 42), weil die Vermutung des § 6 Abs 1 S 1 UmweltHG in Bezug auf sämtliche möglicherweise als schadensursächlich in Betracht kommenden Anlagen gilt, sofern sich nicht ein außerhalb sämtlicher Anlagen liegender Umstand als verursachungsgeeignet ermitteln lässt (Salje Rn 4; Stecher 291 f; krit Medicus NuR 1990, 145, 149). Daraus ergibt sich, dass die Vorschrift die in § 6 Abs 1 UmweltHG aufgestellte Vermutung der Alleinursächlichkeit des Inhabers einer Anlage für den eingetretenen Schaden um die **Vermutung der Mitursächlichkeit** mehrerer Anlagen ergänzt (Lytras 485; Paschke Rn 2, 5). Dies gilt sowohl für mögliche kumulative wie alternative Kausalität (Paschke Rn 5; Salje Rn 19; Schmidt-Salzer Rn 13 ff, 42 ff; Wang 329 ff; Landsberg/Lülling sind der Ansicht, dass § 7 Abs 1 bei alternativer Kausalität eingreift), wobei letzterenfalls den Anlageninhabern der Nachweis der jeweils nur quotalen Verursachung offen steht (Paschke Rn 6). Bei kumulativer und alternativer Kausalität ist die Vermutung des § 6 Abs 1 S 1 UmweltHG gemäß § 7 Abs 1 S 1 UmweltHG nur dann ausgeschlossen, wenn feststeht, dass der andere Umstand alternativ alleinursächlich war, oder dies möglich ist; letzterenfalls hilft jedoch schon § 830 Abs 1 S 2 BGB.

5 Schließlich kehrt § 7 UmweltHG in prozessualer Hinsicht die **Darlegungs- und Beweislast** hinsichtlich der Feststellung der haftungsbegründenden Kausalität insofern um, als es ohne diese Regelung die prozessuale Obliegenheit des Geschädigten wäre, darzulegen und erforderlichenfalls zu beweisen, dass andere Umstände als mögliche Schadensursachen auszuschließen sind (Schmidt-Salzer Rn 8). Die Regelung zeigt damit zugleich, dass es dem Geschädigten deshalb auch nicht im Rahmen des § 6 Abs 1 S 1 UmweltHG obliegt, solches zur Begründung der dortigen Vermutung darzulegen oder zu beweisen (Schmidt-Salzer Rn 10). Eine Entscheidung über die Art ihrer gemeinsamen Haftung, insbesondere über Gesamt- oder Teilschuldnerschaft, ist damit nicht verbunden (Stecher 293 ff).

4. Verhältnis zu § 830 Abs 1 S 2 BGB

6 Die auf diese Weise erzielbare gemeinschaftliche Haftung der Inhaber mehrerer zur Schadensverursachung geeigneter Anlagen **entspricht** im Ergebnis, wird von der materiellrechtlichen Natur des § 830 Abs 1 S 2 BGB abgesehen, dem **Haftungsmodell des § 830 Abs 1 S 2 BGB** (Erl 203 f; Landsberg/Lülling Rn 20, 22; Salje Rn 23; Schmidt-Salzer Rn 3). Entsprechend erfasst die Regelung des § 7 UmweltHG auch die Fälle der alternativen Multikausalität, in denen der Schaden durch Emissionen verschiedenartiger Kataloganlagen mit einem bezogen auf den eingetretenen Rechtsgutsverletzung gleichartigen, aber auch mit einem synergetischen Immissionspotenzial verursacht sein kann (Schmidt-Salzer Rn 45 ff, 50 ff), nicht jedoch die Fälle mit verschiedenartig schädigendem, nicht synergetischem Immissionspotenzial (Schmidt-Salzer Rn 52 ff; Quentin 296 ff). Dabei bieten die §§ 6, 7 UmweltHG im Vergleich zu § 830 Abs 1 S 2 BGB den Vorteil, dass die Vermutung bei potenzieller Mitursächlichkeit begründet ist (vgl § 6 Rn 9) und nur bei Alleinkausalität anderer, nicht kataloganlagenbezogener Umstände ausgeschlossen (u Rn 19) wird (Klimeck 161).

7 Aus der Vergleichbarkeit mit § 830 Abs 1 S 2 BGB wird gefolgert, dass die **Anwendbarkeit der §§ 6 Abs 1 S 1, 7 Abs 1 UmweltHG** als leges speciales die Anwendung des § 830 Abs 1 S 2 BGB ausschließe (Erl 206; Landsberg/Lülling Rn 21; wohl auch Salje Rn 25; **aA** zutr Paschke § 6 Rn 24 f; Quentin 304). Das trifft wegen der unterschiedlichen Normfunktionen nicht zu. Wie § 830 Abs 1 S 2 BGB bestimmen zwar auch die §§ 6 Abs 1 S 1, 7 Abs 1 UmweltHG, dass die beteiligten Anlagen je für sich als schadensursächlich anzusehen sind, sofern die Vermutung nicht aus anderen Gründen widerlegt wird. Aus der dadurch mit Hilfe der § 6 Abs 1 S 1, § 7 UmweltHG etablierten Kausalverknüpfung der eingetretenen Rechtsgutsverletzung mit einer jeden der beteiligten Anlagen ergibt sich allerdings noch nichts für die erst damit aufgeworfene materiellrechtliche Frage, ob die jeweilige Kausalitätseignung genügt, um auch im Falle möglicherweise alternativer Kausalität die gesamte Rechtsgutsverletzung jeder der beteiligten Anlagen haftungsrechtlich zuzuordnen. Dies entscheidet erst die Regelung des § 830 Abs 1 S 2 BGB (dazu, insbes auch zur Unanwendbarkeit bei Mitursächlichkeit, Eberl-Borges AcP 196 [1996] 491, 548; Quentin 296 ff); insofern liegen die §§ **6 Abs 1 S 1, 7 Abs 1 UmweltHG im Vorfeld des § 830 Abs 1 S 2 BGB** und machen diesen häufig erst **anwendbar,** und zwar mit der durch § 830 Abs 1 S 2 BGB vermittelten (insow **aA** Eberl-Borges AcP 196 [1996] 491, 549) Folge einer gesamtschuldnerischen Haftung gemäß § 840 BGB (Eberl-Borges AcP 196 [1996] 491, 549 f).

8 **§ 830 Abs 1 S 2 BGB** bleibt im Übrigen im Rahmen der dort geltenden Normgrenzen unzweifelhaft grundsätzlich **anwendbar, wenn die Vermutung gemäß § 7 UmweltHG widerlegt** ist, etwa weil eine andere Störungsquelle, die nicht Anlage im Sinne des UmweltHG ist, als potenziell schadensursächlich in Betracht kommt (Eberl-Borges AcP 196 [1996] 491, 550 f), oder soweit der typische Fall des Urheberzweifels bei vollständig alternativer Kausalität vorliegt (o Rn 4). Insoweit überschreitet § 830 Abs 1 S 2 BGB gegenständlich die Schutzwirkung des § 7 UmweltHG (Erl 204).

9 Ist die **Vermutungsregel des § 6 Abs 1 S 1 UmweltHG** wegen § 6 Abs 2 S 1 UmweltHG **unanwendbar,** so namentlich bei Nachweis bestimmungsgemäßen Anlagenbetriebs oder Vorhandensein anderer schadensgeeigneter Umstände, gelten die allgemeinen beweis- und materiellrechtlichen Regelungen, darunter **auch § 830 Abs 1 S 2 BGB**

(Deutsch JZ 1991, 1097, 1101; Lytras 486 f; Salje Rn 25; **aA** Erl 206; Landsberg/Lülling Rn 22 für den Fall des bestimmungsgemäßen Anlagenbetriebs). Es kann nicht als Regelungsziel des auf Verbesserung der Rechtsstellung des Geschädigten angelegten UmweltHG sein, die bei Gefährdungshaftungstatbeständen anerkannten allgemeinen Zurechnungskriterien und Zurechnungserleichterungen, zu denen auch § 830 Abs 1 S 2 BGB gehört (Einl 160), schon grundsätzlich außer Kraft zu setzen. Allerdings ist im Sinne einer Regelungsharmonisierung bei der Ermittlung der tatbestandlichen Anwendbarkeit des § 830 Abs 1 S 2 BGB im Lichte des § 6 Abs 2 S 1 UmweltHG zu berücksichtigen, dass es an der Eignung einer Anlage, die aufgetretenen Rechtsgutsverletzung zu verursachen, als Voraussetzung für die Anwendbarkeit des § 830 Abs 1 S 2 BGB in der Regel fehlt, wenn bzw weil die Anlage iSd § 6 Abs 2 S 1 UmweltHG bestimmungsgemäß betrieben wurde.

II. Tatbestand

1. Anlage und Mehrheit von Anlagen; Abgrenzung von Abs 1 und 2

10 Sowohl § 7 Abs 1 S 1 als auch Abs 2 UmweltHG setzen das Vorhandensein einer Anlage voraus, die potenziell schadensursächlich ist. Auf Grund des durch § 6 Abs 1 S 1 UmweltHG vermittelten Rückbezugs auf § 1 UmweltHG kommen zwar **grundsätzlich nur Kataloganlagen** gemäß § 1 UmweltHG in Betracht (Landmann/Rohmer/Hager Rn 7; Landsberg/Lülling Rn 6; Paschke Rn 7), so dass etwa nicht zu den Anlagen solche im Sinne des § 22 Abs 2 WHG zählen. Eine Ausnahme davon ist allerdings zu machen, wenn die gesamtschuldnerische Mithaftung einer Nichtkataloganlage feststeht; auf diese Weise wird das unplausible Ergebnis vermieden, dass der Betreiber einer Kataloganlage sich der Beweiserleichterung zum Nachteil des Geschädigten durch den Hinweis auf die Ursächlichkeit einer potenziell weniger gefährlichen Nichtkataloganlage entziehen kann, obwohl im Falle der Mithaftung der mitursächlichen Kataloganlage ein Binnenausgleich zwischen den Gesamtschuldnern möglich ist (Diederichsen PHI 1990, 78, 89; Enders 155 f; Marburger AcP 192 [1992] 1, 26; Petersen 90).

11 Auf dieser Grundlage ist auch über die **Abgrenzung der beiden Absätze** des § 7 UmweltHG zu entscheiden. § 7 Abs 1 S 1 UmweltHG ist nur anzuwenden, wenn **zwei oder mehr Anlagen im Sinne des § 1 UmweltHG** als möglicherweise schadensursächlich in Betracht kommen und nicht eine beteiligte Anlage ausnahmsweise als anderer Umstand im Sinne der Norm anzusehen ist (Landsberg/Lülling Rn 7; Paschke Rn 8; Salje Rn 7). Kommt also sowohl eine Anlage im Sinne des § 1 UmweltHG als auch eine solche außerhalb des Anlagenkatalogs zu § 1 UmweltHG als schadensursächlich in Betracht, so gelingt, da Letztere als ein anderer Umstand im Sinne von § 7 Abs 2 UmweltHG anzusehen ist, der Ausschluss der Vermutungsregel des § 6 Abs 1 S 1 UmweltHG infolge der Anwendbarkeit des § 7 Abs 2 UmweltHG (Landsberg/Lülling Rn 7; Paschke Rn 8; Salje Rn 8, 10; ders JZ 1999, 686; anders, wenn die Mitursächlichkeit der Nichtkataloganlage feststeht, o Rn 10). § 7 Abs 1 S 1 UmweltHG ist hingegen auch anwendbar, wenn neben mindestens zwei Anlagen im Sinne des § 1 UmweltHG auch eine nicht im Anlagenkatalog des § 1 UmweltHG befindliche Anlage schadensursächlich geworden sein kann (Paschke Rn 8); allerdings kommt dann in Betracht, die Ursachenvermutung des § 6 UmweltHG durch den Hinweis darauf zu entkräften, dass die nicht im Katalog befindliche Anlage ein anderer Umstand im Sinne des Tatbestandes von § 7 Abs 1 S 1 UmweltHG sei (Landsberg/Lülling Rn 7).

12 **Personale Verschiedenheit** des involvierten Anlageninhabers bzw -betreibers wird **nicht vorausgesetzt.** Allerdings entsteht hier das haftungsrechtliche Zuordnungsproblem nicht, wenn feststeht, dass der Schaden alternativ oder kumulativ auf mehrere Anlagen desselben Inhabers oder Betreibers zurückzuführen ist, weil auch diesem verwehrt ist, die Ursachenvermutung durch Hinweis auf die Verursachung durch eine andere Anlage zu entkräften (Paschke Rn 7; Salje Rn 8). Unerheblich ist daher auch, ob Anlagen innerhalb einer Betriebsstätte oder in verschiedenen Betriebsstätten desselben Inhabers oder Betreibers schadensursächlich sind (Paschke Rn 7).

2. Schadensverursachungseignung einer Anlage oder mehrerer Anlagen

13 Mit dem Tatbestandsmerkmal der Eignung einer oder mehrerer Anlagen im Sinne des § 1 UmweltHG, schadensursächlich zu sein, nimmt § 7 Abs 1 S 1, Abs 2 UmweltHG tatbestandlich **auf § 6 Abs 1 S 1 UmweltHG Bezug.** Da § 6 Abs 2 S 1 UmweltHG die Anwendung von § 6 Abs 1 UmweltHG ausschließt, lässt sich aus diesem Tatbestandsmerkmal des § 7 Abs 1 S 1, Abs 2 UmweltHG rechtslogisch folgern, dass die **Anwendbarkeit von § 6 Abs 2 UmweltHG** die tatbestandliche Geltung von § 7 Abs 1 S 1, Abs 2 UmweltHG **präkludiert** (Erl 172; Wang 333 f, krit 344 ff) und daher vorrangig zu prüfen ist (so wohl Salje Rn 4, 13); in prozessökonomischer Hinsicht schließt dies allerdings die vorrangige Prüfung von § 7 Abs 1 S 1, Abs 2 UmweltHG ungeachtet der Anwendbarkeit des § 6 Abs 2 UmweltHG nicht aus.

3. Anderer Umstand

14 Ein anderer Umstand iSv § 7 Abs 1 S 1, Abs 2 UmweltHG ist jeder Zustand und jedes Ereignis, der bzw das **nicht auf das Vorhandensein oder den Betrieb einer Anlage** im Sinne von § 1 UmweltHG zu **beziehen** ist (vDörnberg, Die Haftung für Umweltschäden, in: vDörnberg/Gasser/Gassner, Umweltschäden [1992] 30; Hager NJW 1991, 134, 139; Klimeck 118 f; Landsberg/Lülling Rn 8; Michalski Jura 1995, 617, 622; Paschke Rn 9; Salje Rn 14; Sautter 134 f). Der andere Umstand muss zumindest ebenso wie die Anlage bzw Anlagen **geeignet** sein, die **Rechtsgutsverletzung herbeizuführen** (Gottwald, in: FS H Lange 464). Als anderer Umstand kommen natürliche Gegebenheiten in Betracht, die keiner Person zuzurechnen sind (Landsberg/Lülling Rn 10; Lytras 487; Paschke Rn 10; Salje Rn 11; Schmidt-Salzer Rn 72); natürliche Umweltbelastungen, beispielsweise Pollen als Allergieauslöser, rechnen hierher (Landsberg/Lülling Rn 10; Paschke Rn 10; Salje Rn 11). Eine besondere **Schadensdisposition des Geschädigten** selbst ist nur dann ein anderer Umstand, wenn diese so beschaffen ist, dass sie den Schaden auch ohne die von der in Rede stehenden Anlage ausgehenden Umwelteinwirkung herbeigeführt hätte (Landsberg/Lülling Rn 10; Paschke Rn 10; weitergehend Lytras 487). Ein anderer Umstand liegt auch vor, wenn ein umweltgefährdendes **Handeln eines Dritten** schadensursächlich gewesen sein kann (Landsberg/Lülling Rn 9; Paschke Rn 10; Salje Rn 11); in Betracht kommen etwa umweltgefährdende Einleitungen in ein Gewässer.

15 Ein anderer Umstand ist grundsätzlich auch dann anzunehmen, wenn eine Anlage, die **nicht** zu den **Kataloganlagen** im Sinne des § 1 UmweltHG zählt, schadensursächlich geworden sein kann (vDörnberg, Die Haftung für Umweltschäden, in: vDörnberg/Gasser/Gassner, Umweltschäden [1992] 29 f; Landsberg/Lülling Rn 9; Lytras 487; Paschke Rn 11; Quentin 299 ff; Salje Rn 5; Schmidt-Salzer Rn 73). Der Begriff des anderen Umstandes

bietet keine Grundlage dafür, Nichtkataloganlagen von der Subsumtion unter diesen Begriff auszuschließen; denn der Begriff des anderen Umstandes ist in Antithese zum Begriff der Anlage gesetzt, unter welcher bei § 7 Abs 1 S 1 und Abs 2 UmweltHG stets eine Kataloganlage im Sinne des § 1 UmweltHG zu verstehen ist (Quentin 299 f). Der Vermutungsausschluss bei möglicher Beteiligung einer Nichtkataloganlage ist auch sinnvoll, weil einerseits auf diese Weise der von § 7 verfolgte Zweck nicht verfehlt wird, Inhabern von Anlagen gemäß § 1 UmweltHG die wechselseitige Entlastung unter Hinweis auf das Schadenspotenzial des jeweils anderen zu erschweren (Paschke Rn 11), während andererseits bei einer restriktiven Interpretation des Begriffs des anderen Umstands die Gefahr besteht, dass der Inhaber einer Kataloganlage trotz Beteiligung eines nur eventuell und nur deliktsrechtlich haftenden Inhabers einer Nichtkataloganlage für den gesamten Schaden haftet, aber der potenzielle Deliktstäter seiner Mithaftung mit dem Argument entgehen könnte, mangels Anwendbarkeit des § 7 UmweltHG auf die Deliktshaftung überhaupt nicht nachweislich ursächlich zu sein (Quentin 300). Der gegenteiligen Auffassung (Balensiefen 245; Diederichsen PHI 1990, 78, 89; Erl 172 f; Hager NJW 1991, 134, 135; Klimeck 157 ff; Marburger AcP 192 [1992] 1, 25; v Dörnberg, Die Haftung für Umweltschäden, in: v Dörnberg/Gasser/Gassner, Umweltschäden [1992] 30) ist daher nicht zu folgen, auch wenn – aber gerade auch weil – richtig ist, dass dadurch der Betreiber der beteiligten Nichtkataloganlage nicht der Haftung und Vermutungsregel des UmweltHG unterworfen wird. Die gegenteilige Auffassung führt nämlich zu einer Überdehnung der Haftung gemäß § 1 UmweltHG, indem der beteiligte Inhaber einer Kataloganlage durch Anwendung der Vermutungsnorm in der Regel der Haftung gemäß § 1 UmweltHG unterworfen wird, während der Inhaber der Nichtkataloganlage wegen Unanwendbarkeit des UmweltHG haftungsfrei bleiben könnte und damit der Binnenrückgriff zu Lasten des gemäß § 1 UmweltHG Haftenden gefährdet ist.

16 Zweifelhaft ist, ob ein anderer Umstand auch dann vorliegt, wenn die in Betracht kommende zusätzliche Verletzungsursache zwar eine **Kataloganlage** im Sinne des § 1 UmweltHG ist, **aber** die **Haftung** des Inhabers oder Betreibers dieser Anlage **aus besonderen Gründen scheitert.**

17 Zum einen kann dies der Fall sein, wenn in Bezug auf eine möglicherweise beteiligte Anlage der Haftungsausschlussgrund der **höheren Gewalt** gemäß § 4 UmweltHG vorliegt. Dies ist als ein anderer Umstand iSd § 7 UmweltHG anzusehen, so dass bei Beteiligung von nur zwei Anlagen § 7 Abs 2 UmweltHG anzuwenden ist (Landsberg/Lülling Rn 15; Paschke Rn 13; **aA** Erl 174 f; Landmann/Rohmer/Hager Rn 7; Salje Rn 17). Zwar wird damit durch die Anwendung des § 7 Abs 2 UmweltHG die Vermutungsregel des § 6 Abs 1 UmweltHG zum Vorteil der anderen Anlage außer Kraft gesetzt. Dies entspricht jedoch noch der Intention des § 7 UmweltHG, weil der Fall des Schadenseintritts infolge höherer Gewalt aufgrund der normativen Aussage des § 4 UmweltHG objektiv-haftungsrechtlich nicht einer Anlage als solcher zugerechnet wird.

18 Anders ist zu entscheiden, wenn die Ursachenvermutung des § 6 Abs 1 UmweltHG in bezug auf eine der beteiligten Anlagen wegen **Anwendbarkeit des § 6 Abs 2 S 1 UmweltHG** nicht gilt, wenn bzw weil diese Anlage bestimmungsgemäß betrieben wurde; hier ist § 7 Abs 1 UmweltHG anzuwenden (Paschke Rn 12; Salje Rn 18; wohl auch Landsberg/Lülling Rn 14; **aA** vDörnberg, Die Haftung für Umweltschäden, in: vDörnberg/

Gasser/Gassner, Umweltschäden [1992] 30). Im Unterschied zum Fall des § 4 UmweltHG bedeutet die Anwendbarkeit des § 6 Abs 2 S 1 UmweltHG nicht den Ausschluss objektiver Zurechenbarkeit des Schadensereignisses zu der beteiligten Anlage. Vielmehr lässt § 6 Abs 2 S 1 UmweltHG die Frage der materiellen Haftung der bestimmungsgemäß betriebenen Anlage unberührt und privilegiert diese in lediglich beweisrechtlicher Hinsicht dadurch, dass die kausalitätsbezogene Vermutungsregel des § 6 Abs 1 UmweltHG nicht gilt. Da der materielle Haftungsverbund der beteiligten Anlagen unberührt bleibt, ist nicht angezeigt, eine gemäß § 6 Abs 2 S 1 UmweltHG betriebene Anlage beweisrechtlich zum Vorteil einer nicht bestimmungsgemäß betriebenen Anlage in die Betrachtung einzubeziehen, indem erstere als anderer Umstand im Sinne des § 7 UmweltHG angesehen wird und dies zur Anwendung des § 7 Abs 2 UmweltHG unter Störung der beweiserleichternden Funktion von § 6 Abs 1 UmweltHG iVm § 7 Abs 1 UmweltHG führt.

4. Schadensverursachungseignung eines anderen Umstandes

19 Die Vermutung des § 6 Abs 1 UmweltHG gilt nicht, wenn ein **anderer Umstand** im vorgenannten Sinne nach den Gegebenheiten des Einzelfalles **geeignet** ist, den **Schaden allein** oder **allein im Zusammenwirken mit anderen nicht anlagenbezogenen Umständen** und daher, um nicht die Vermutungsgrundlage des § 6 UmweltHG und seine Wirkung als Alleinkausalitätsvermutung praktisch zu neutralisieren, nicht nur mitwirkend (Hager NJW 1991, 134, 139; Hopp 61; Klimeck 159 ff; Paschke Rn 16 f; Schmidt-Salzer Rn 75 f; Sautter 133; Schimikowski, Umwelthaftungsrecht Rn 191; **aA** Landsberg/Lülling Rn 3; dies DB 1991, 479, 481) zu **verursachen.** Es genügt nicht, die Annahme lediglich zu erschüttern, dass der Schaden nicht etwa durch Drittursachen und ausschließlich durch die streitige Anlage verursacht sei; insoweit ist vielmehr der Vollbeweis zu führen (Schmidt-Salzer Rn 80 ff). Die diesbezüglichen Umstände muss der Anlagenbetreiber ausreichend konkret darlegen sowie erforderlichenfalls beweisen (B Leonhard 52 f), so dass der Hinweis auf die allgemeine Luftverschmutzung jedenfalls nicht genügt (BGH NJW 1997, 2748 m Anm Hager, LM § 823 [9] BGB Nr 73; ders JZ 1998, 362; Wagner EwiR 1998, 83 f; Döring 84 f).

20 § 7 Abs 1 **S 2** UmweltHG benennt als **Aspekte der Einzelfallbeurteilung** Zeit und Ort des Schadenseintritts und das Schadensbild sowie alle sonstigen Gegebenheiten, die im Einzelfall für oder gegen die Schadensverursachung sprechen; dies gilt trotz der systematisch verfehlten Stellung dieses Satzes auch für den Fall des § 7 Abs 2 UmweltHG (**aA** Salje Rn 14, 22). Die Formulierung des § 7 Abs 1 S 2 UmweltHG deckt sich teilweise mit derjenigen des § 6 Abs 1 S 2 UmweltHG, der jedoch weitere einzelne Gesichtspunkte benennt. Der gleichartige generalklauselartige Bezug des § 7 Abs 1 S 2 UmweltHG auf alle sonstigen Gegebenheiten, die im Einzelfall für oder gegen die Schadensverursachung sprechen, gestattet jedoch, unter diesem Merkmal **auch** die weiteren, bei **§ 6 Abs 1 S 2 UmweltHG** im Einzelnen benannten Aspekte in die Betrachtung **einzubeziehen.** Der Verzicht auf eine vollständige Übernahme der Fassung von § 6 Abs 1 S 2 UmweltHG in den § 7 Abs 1 S 2 UmweltHG beruht lediglich darauf, dass die in § 7 Abs 1 S 2 UmweltHG verwendeten spezifisch anlagenbezogenen Aspekte zum einen in Bezug auf das Verhältnis von Anlagen zueinander, auf welche jeweils der Tatbestand des § 6 Abs 1 UmweltHG zutrifft, nicht als primär bedeutsam erschien (so Salje Rn 14), und zum anderen daraus, dass es im Themenbereich des § 7 Abs 1 S 2 UmweltHG gerade auch um spezifisch nichtanlagenbezogene Umstände geht (Landsberg/Lülling Rn 11; Paschke Rn 14). Insgesamt ergibt sich damit, dass Identität zwischen den Kriterien für die Begründung und für die Entkräftung der Ursachenvermutung besteht. Die Geltung desselben Maßstabs für den „Ausstieg aus der Vermutung" wie für den „Einstieg" in diese (**aA** vDörnberg, Die Haftung für Umweltschäden, in: vDörnberg/Gasser/Gassner, Umweltschäden [1992] 29 unter Bezug auf Landsberg/Lülling Rn 12) entspricht auch der konzeptionellen Absicht des Gesetzgebers (BT-Drucks 11/7104, S 18; Klimeck 120; Paschke Rn 14; Salje Rn 1 hinsichtlich § 7 Abs 2; Landsberg/Lülling DB 1990, 2205, 2208).

21 Schon der Wortlaut des § 7 Abs 1 S 1 UmweltHG und des § 7 Abs 2 UmweltHG lässt **keinen Raum für** eine **Abwägung nach Eignungswahrscheinlichkeiten** (im Ergebnis so auch Landsberg/Lülling Rn 12; Paschke Rn 15; Schmidt-Salzer Rn 92, Rn 122; Hager NJW 1991, 134, 139; **aA** Diederichsen PHI 1990, 78, 90; Diederichsen/Wagner VersR 1993, 641, 648; Gottwald, in: FS H Lange 463; Klimeck 120 ff; Landmann/Rohmer/Hager Rn 9; Salje Rn 3). Auch ein von einem anderen Umstand iSv § 7 Abs 1 S 1, Abs 2 UmweltHG ausgehender Geschehensablauf, der relativ zu der von der Anlage ausgehenden Risikolage unwahrscheinlich ist, kann daher unter Vermittlung des § 7 UmweltHG zu einem Ausschluss der Vermutungsregel des § 6 Abs 1 S 1 UmweltHG führen (Landsberg/Lülling Rn 12; **aA** Salje Rn 3). Dies ist eine sachangemessene Regelung, weil die Vermutungsregel des § 6 Abs 1 S 1 UmweltHG, wie die Existenz des § 7 UmweltHG zeigt, daran anknüpft, dass die kausale Zurechenbarkeit des Verletzungsereignisses zu einer Kataloganlage nach den Umständen als Möglichkeit gewiss ist (Paschke Rn 15).

22 Die **Schadensverursachungseignung eines anderen Umstandes** im Sinne des § 7 Abs 1 S 1 und Abs 2 UmweltHG **hängt davon ab, in welcher Weise die Ursächlichkeit einer Kataloganlage** im Sinne des § 1 UmweltHG auf der Grundlage des § 6 Abs 1 S 1 UmweltHG **vermutet** wird. Wird Alleinkausalität einer solchen Anlage vermutet, muss zum Ausschluss der Vermutungsregel dargelegt werden, dass der in Betracht gezogene andere Umstand geeignet ist, seinerseits für die eingetretene Verletzung alleinursächlich zu sein; die Darlegung einer bloßen Eignung zur Mitursächlichkeit genügt hingegen nicht (Hager NJW 1991, 134, 139; Landmann/Rohmer/Hager Rn 10; Paschke Rn 17; Schmidt-Salzer VersR 1992, 389, 393 f; ders Rn 75 f; Stecher 287). Wird hingegen gemäß § 6 Abs 1 S 1 UmweltHG lediglich Mitursächlichkeit einer Anlage im Sinne des § 1 UmweltHG vermutet, genügt für dic Widerlegung der Kausalitätsvermutung aufgrund des § 7 Abs 1, Abs 2 UmweltHG nicht die Darlegung, dass ein anderer Umstand ebenfalls mitursächlich gewesen sein kann (so aber Hager NJW 1991, 134, 139; vgl auch Steffen NJW 1990, 1817, 1822), vielmehr ist erforderlich, dass der andere Umstand die eingetretene Verletzung allein verursacht haben kann (Paschke Rn 18; Schmidt-Salzer Rn 76).

5. Darlegungs- und Beweislast

23 Die Darlegungs- und Beweislast hinsichtlich des Vorliegens eines anderen Umstandes, der nach den Gegebenheiten des Einzelfalles geeignet ist, den Schaden zu verursachen, liegt bei dem in Anspruch genommenen **Anlageninhaber** (Sautter 134, 135). § 7 Abs 1 und Abs 2 UmweltHG enthalten ihm günstige Regelungen. Die Umstände des Einzelfalles sind umfassend dahingehend zu würdigen, ob sie für oder gegen die Schadenseignung sprechen (Lytras 485); dabei folgt aus der Symmetrie der Vermutungsregelungen in den §§ 6, 7 UmweltHG auch die Zulässigkeit eines Indizien- bzw Anscheinsbeweises (Klimeck 120). Der Anlagenbetreiber muss nicht den Vollbeweis einer anderen Schadensursache erbringen, sondern es genügt die Darlegung und der Beweis, dass ein anderer Umstand konkret geeignet war, die Rechtsgutsverletzung allein herbeizuführen (Stecher 228). Lässt sich nur die Mitverursachung eines anderen Umstandes darlegen und beweisen, so ist § 7 UmweltHG allerdings zum Vorteil des Geschädigten unanwendbar (Stecher 229).

III. Rechtsfolgen

24 Ist § 7 Abs 1 S 1 oder Abs 2 UmweltHG **anwendbar, gilt** die **Kausalitätsvermutung des § 6 Abs 1 S 1 UmweltHG nicht** (Sautter 133; Stecher 228). Der Geschädigte hat dann so, wie dies auch im Falle des § 6 Abs 2 S 1 UmweltHG gilt, den Vollbeweis der Verursachung nach allgemeinen prozessualen Grundsätzen zu führen. Es findet freie richterliche Beweiswürdigung statt; ein Indizien- und Anscheinsbeweis ist auch dann zulässig, wird aber tatsächlich in der Regel selten zu führen sein (Landsberg/Lülling Rn 21; Sautter 134).

25 Bei **Unanwendbarkeit** des § 7 Abs 1 S 1 und Abs 2 UmweltHG kann die **Vermutung des § 6 Abs 1 S 1 UmweltHG** Platz greifen, sofern dessen Tatbestand erfüllt ist und § 6 Abs 2 S 1 UmweltHG nicht entgegensteht. Bei einer Mehrheit schadensgeeigneter Anlagen iSv § 7 Abs 1 S 1 UmweltHG kommt alsdann unter den weiteren Haftungsvoraussetzungen des § 1 UmweltHG in der Regel eine gesamtschuldnerische Haftung in Betracht (Landsberg/Lülling Rn 5; Paschke Rn 5; Salje Rn 2, 20), sofern nicht ein konkreter kleinerer Mitverursachungsanteil festzustellen ist (Stecher 229). Für den Binnenausgleich zwischen mehreren Anlageninhabern gemäß § 426 BGB enthält hingegen § 7 Abs 1 UmweltHG keine quotale Regelung, so dass es insoweit bei den allgemeinen Grundsätzen, insbesondere auch bei der entsprechenden Anwendung von § 254 BGB und § 287 ZPO, bleibt (Landsberg/Lülling Rn 5; Salje Rn 20).

Vorbemerkung zu §§ 8–10 UmweltHG

Schrifttum: Siehe Schrifttumsverzeichnis zur Einleitung sowie im Besonderen auch:

Arzt, Entwurf eines Umweltinformationsgesetzes vorgelegt, ZRP 1993, 18
Baumbach/Hefermehl, Gesetz gegen den unlauteren Wettbewerb (21. Aufl 1999)
Becker, Das Urteil des Europäischen Gerichtshofes zum deutschen Umweltinformationsgesetz, NVwZ 1999, 1187
Bieber, Informationsrechte Dritter in Verwaltungsverfahren, DÖV 1991, 857
Büge, Die 3. Novelle zum Bundes-Immissionsschutzgesetz und ihre Bedeutung für die Betreiber genehmigungspflichtiger Anlagen, DB 1990, 2408
Bull, Datenschutz contra Amtshilfe, DÖV 1979, 689
Deutsch, Haftung und Rechtsschutz im Gentechnikrecht, VersR 1990, 1041
Diederichsen/Wagner, Das UmweltHG zwischen gesetzgeberischer Intention und interpretatorischer Phantasie, VersR 1993, 641
Eckardt, Europarechtliche und praktische Probleme des Umweltinformationsgesetzes, NJ 1997, 175
Engel, Akteneinsicht und Recht auf Information über umweltbezogene Daten (1993)
Erichsen, Zur Umsetzung der Richtlinie des

Rates über den freien Zugang zu Informationen über die Umwelt, Berichte des Umweltbundesamtes 1/92, 1992 (zitiert: Gutachten)
ders, Das Recht auf freien Zugang zu Informationen über die Umwelt, NVwZ 1992, 409
ders, Der Zugang des Bürgers zu staatlichen Informationen, Jura 1993, 180
Feldhaus/Vallendar, Kommentar zum Bundes-Immissionsschutzgesetz (Loseblatt ab 1995)
Fluck/Theuer, Kommentar zum Umweltinformationsgesetz (Loseblatt ab 1994)
Geiger, Anspruch auf Akteneinsicht, JA 1982, 316
Geppert, Umweltschutz: Führungskräfte müssen haften, Gablers Magazin 1987, 40
ders, Umweltschutz, Haftung und Umweltstrafrecht: Was kommt auf die Unternehmen zu?, Gablers Magazin 1988, 25
Gurlit, Die Verwaltungsöffentlichkeit im Umweltrecht (1989)
Gusy, Zum Einsichtsrecht der selbständigen Untergliederung einer politischen Partei in die staatliche Förderung eines Umweltprojekts, JZ 1999, 1169
Haller, Die Genehmigung einer Abfallverbrennungsanlage nach neuem Recht und die Unzulässigkeit einer Einzugsgebietsbeschränkung, NVwZ 1994, 1066
ders, Unmittelbare Rechtswirkung der EG-Umweltinformationsrichtlinie im nationalen deutschen Recht, UPR 1994, 88
ders, Die Rechtsqualität der Behördenentscheidung im Rahmen des Auskunftsanspruchs nach § 9 UmwHG – und dic daraus resultierenden Konsequenzen für den betroffenen Anlageninhaber, NuR 1995, 217
ders, Umfang des Auskunftsanspruchs gegen Behörden im Umweltrecht – zugleich Anm zu OVG Nordrhein-Westfalen, Urt v 19. Jan. 1995 – 20 A 1518/93, UPR 1995, 338
ders, Der „Rechtsweg" zum EuGH, JuS 1996, 209
Hatje, Anmerkung zur Entscheidung des EuGH vom 17. 6. 1998 C–321/96, NJ 1999, 99
Hegele/Röger (Hrsg), Umweltschutz durch Umweltinformation – Chance und Grenzen des neuen Informatinsanspruchs (1993)
Hendler, Zum Auswahlermessen der Behörde bei der Umweltinformation, JZ 1998, 245
Hüpers, Auskunftsansprüche der SVT nach dem UmweltHG, VersR 1994, 653
Jensen, Amtshilfe durch Informationsweitergabe, DVBl 1977, 1
Kamlah, Informationsweitergabe und Amtshilfe, NJW 1976, 510
Kimber/Eckardt, Zugang zu Umweltinformationen in Großbritannien und Deutschland, NuR 1999, 262
Knack, Verwaltungsverfahrensgesetz (7. Aufl 2000)
Knemeyer, Auskunftsanspruch und behördliche Auskunftsverweigerung, JZ 1992, 348
ders, Die Wahrung von Betriebs- und Geschäftsgeheimnissen bei behördlichen Umweltinformationen, DB 1993, 721
Kollmer, Klage auf Umweltinformation nach dem neuen Umweltinformationsgesetz, NVwZ 1995, 858
Kopp/Ramsauer, Verwaltungsverfahrensgesetz (7. Aufl 2000)
Kramer, Umweltinformationsgesetz (1994)
Krasser, Der Schutz des know-how nach deutschem Recht, GRUR 1970, 587
Krieger, Das Recht des Bürgers auf behördliche Auskunft (1972)
Kummer/Schumacher, Umweltinformationsgesetz (1997)
Lachmann, Unternehmensgeheimnisse im Zivilrechtsstreit, dargestellt am Beispiel des EDV-Prozesses, NJW 1987, 2206
Laubinger, Grundrechtsschutz durch Gestaltung des Verwaltungsverfahrens, VerwArch 73 (1982) 60
Lüderitz, Ausforschungsverbot und Auskunftsanspruch bei Verfolgung privater Rechte (1966)
Lüke, Der Informationsanspruch im Zivilrecht, JuS 1986, 2
Lytras, Zivilrechtliche Haftung für Umweltschäden (1995)
Maass, Information und Geheimnis im Zivilrecht (1970)
Mecking, Zum Umfang des Rechts auf Einsichtnahme in ausgelegte Unterlagen, NVwZ 1992, 316
Meyer/Borgs, Verwaltungsverfahrensgesetz (2. Aufl 1982)

Meyer-Rutz, Das neue Umweltinformationsgesetz (1995)
Möllers, Rechtsgüterschutz im Umwelt und Haftungsrecht (1996)
Müller/Heuer, Problemfälle des Anspruchs auf Umweltinformation, NVwZ 1997, 330
Müller/Waack, Die Auskunftspflicht der Verwaltungsbehörden im Zusammenhang mit Verwaltungsverfahren (1980)
Münchener Kommentar zur Zivilprozeßordnung Band 1 (1992)
Nastelski, Der Schutz des Betriebsgeheimnisses, GRUR 1957, 1
Niewerth, Informationsmittel bei Anspruch auf Umweltinformation, DZWiR 1997, 372
Obermayer, Verwaltungsverfahrensgesetz (3. Aufl 1999)
Oppermann, Die Dritte Gewalt in der Europäischen Union, DVBl 1994, 901
Palandt, Bürgerliches Gesetzbuch (60. Aufl 2001)
Pfeiffer, Der Umweltgerichtsstand als zuständigkeitsrechtlicher Störfall – Bemerkungen zu § 32a ZPO, ZZP 106 (1993) 159
Pitschas/Lessner, Zur Auslegung der Begriffe „Informationen über die Umwelt“ sowie „Vorverfahren“ nach EGRL 313/90, DVBl 1999, 226
Röger, Umweltinformationsgesetz (1994)
ders, Ein neuer Informationsanspruch auf europäischer Ebene: Der Verhaltenskodex vom 6. Dezember 1993 für den Zugang der Öffentlichkeit zu Kommissions- und Ratsdokumenten, DVBl 1994, 1182
ders, Zur unmittelbaren Geltung der Umweltinformationsrichtlinie, NuR 1994, 125
ders, Zum Begriff des „Vorverfahrens“ im Sinne der Umweltinformationsrichtlinie, UPR 1994, 216
ders, Das Recht des Antragstellers auf Wahl des Informationszugangs im Rahmen der Ermessensentscheidung nach § 4 Abs 1 Satz 2 UIG, DVBl 1997, 885
Rossi, Das Umweltinformationsgesetz in der Rechtsprechung – ein Überblick, UPR 2000, 175
Scherzberg, Der freie Zugang zu Informationen über die Umwelt, UPR 1992, 48
ders, Freedom of information – deutsch gewendet – Das neue Umweltinformationsgesetz, DVBl 1994, 733
Schickdanz, Gesetzlichkeitsaufsicht durch Informationshilfe – Der zwischenbehördliche Informationsaustausch als Vorbereitung des Einschreitens gegen einen Bürger (Diss Frankfurt 1978)
R Schmidt, Neuere höchstrichterliche Rechtsprechung zum Umweltrecht, JZ 1999, 1147
Schnapp, Amtshilfe, behördliche Mitteilungspflichten und Geheimhaltung, NJW 1980, 2165
Schomerus/Schrader/Wegener, Umweltinformationsgesetz (1994)
Schröder, Der Schutz von Betriebs- und Geschäftsgeheimnissen im Umweltschutzrecht, UPR 1985, 394
ders, Auskunft und Zugang in bezug auf Umweltdaten als Rechtsproblem, NVwZ 1990, 905
Schürmann, Erfordert der Schutz von Geheimnissen um ihrer selbst willen ein Staatsziel Geheimnisschutz?, ZUR 2000, 273
Schwab, Das Recht auf Akteneinsicht (1989)
ders, Die Begründungspflicht im Verwaltungsrecht (1991)
vSchwanenflügel, Das Öffentlichkeitsprinzip des EG-Umweltrechts, DVBl 1991, 95
Soergel, Bürgerliches Gesetzbuch, Band 2 (12. Aufl 1990)
Stadler, Der Schutz des Unternehmensgeheimnisses im deutschen und US-amerikanischen Zivilprozeß und Rechtshilfeverfahren (1989)
dies, Der Schutz von Unternehmensgeheimnissen im Zivilprozeß, NJW 1989, 1202
Stelkens/Bonk/Sachs, Verwaltungsverfahrensgesetz (5. Aufl 1998)
Stich/Porger, Immissionsschutzrecht des Bundes und der Länder (Loseblatt ab 1974)
Stollmann, Umweltinformationen im Verwaltungsverfahren – zwischen europäischem Anspruch und deutscher Umsetzung, NVwZ 1995, 146
Stürner, Die Aufklärungspflicht der Parteien im Zivilprozeßrecht (1976)
ders, Die gewerbliche Geheimnissphäre im Zivilprozeß, JZ 1985, 453
ders, Parteipflichten bei der Sachverhaltsaufklärung im Zivilprozeß, ZZP 98 (1985) 237
Taeger, Auskunftspflichten und Geheimnisschutz im Umweltrecht, in: Donner u a, Umweltschutz zwischen Staat und Markt (1989)

THIELE, Akteneinsicht, Auskunfts- und Beratungspflicht bei Behörden, DÖD 1978, 65
TIETJE, Europäischer Grundrechtsschutz nach dem Maastricht-Urteil, „Solange III"?, JuS 1994, 197
TURIAUX, Umweltinformationsgesetz (1994)
ders, Das neue Umweltinformationsgesetz, NJW 1994, 2319
ULE/BECKER, Verwaltungsverfahren im Rechtstreit (1964)
ULE/LAUBINGER, Bundes-Immissionschutzgesetz (Loseblatt ab 1974)
VAHLDIEK, Neue Entwicklungen in der Rechtsprechung zum Umweltinformationsrecht, ZUR 1997, 144
WEGENER, Die unmittelbare Geltung der EG-Richtlinie über den freien Zugang zu Umweltinformationen, ZUR 1993, 17
WIECZOREK/SCHÜTZE, Zivilprozeßordnung und Nebengesetze, Erster Band, 1. Teilband (1994)
WINKLER vMOHRENFELS, Abgeleitete Informationspflichten im deutschen Zivilrecht (1986).

Systematische Übersicht

I. Beweiserleichterung durch Auskunftsansprüche ___ 1
1. Zivilrechtliche Auskunftsansprüche ___ 2
2. Zivilprozessuale Auskunftsrechte ___ 10
3. Öffentlich-rechtliche Auskunftsansprüche ___ 11
4. Insbesondere: Umweltinformationsgesetz ___ 16
5. Europarecht ___ 27
6. Datenlage zur Umweltsituation in der ehemaligen DDR ___ 28

II. Zweck der Auskunftsansprüche des UmweltHG ___ 29

III. Vergleich mit der US-amerikanischen discovery ___ 34

Alphabetische Übersicht

Akteneinsichtsrecht
– de lege ferenda ___ 1
– grundgesetzliches ___ 12
– nach pflichtgemäßem Ermessen ___ 15
– nach UIG ___ 25
– verwaltungsrechtliches ___ 13
Aktivlegitimation ___ 18
Antrag ___ 19
Auskunft
– Beschränkung ___ 13, 18, 21, 27
– Richtigkeit ___ 25
Auskunftsanspruch ___ 1 ff
– allgemeiner ___ 4
– aus Auskunftsvertrag ___ 5
– aus Herausgabe von Gegenständen ___ 7
– aus Treu und Glauben ___ 8
– aus UIG ___ 16 ff
– aus unberechtigter Geschäftsführung ___ 6
– aus unerlaubter Handlung ___ 8
– Ausschluss ___ 21
– Beschränkung ___ 13, 18, 21, 27
– gesetzlich normierter ___ 4 ff
– grundgesetzlicher ___ 12
– Inhaber ___ 18, 25
– Inhalt ___ 17, 21 ff
– Klageart ___ 25
– der Medien ___ 13
– öffentlich-rechtlicher ___ 11 ff
– Umfang der Verpflichtung ___ 17, 20 ff
– verwaltungsrechtlicher ___ 13 ff
– zivilprozessualer ___ 10
– zivilrechtlicher ___ 2 ff
– Zweck ___ 29 ff
Auskunftserteilung
– Frist ___ 19, 25
– Kosten ___ 26, 35
– Modalität ___ 25
– Möglichkeit ___ 17
Auskunftsklage ___ 25
Auslagen ___ 26

BDSG ___ 14
Beeinträchtigung von Umweltgütern ___ 21
Betriebs- und Geschäftsgeheimnis ___ 24

Beweiserleichterung 1
Behördliche Aufsicht 16

Daten 17
DDR 28
discovery 34 f

Ermessen 15, 22, 25
Europarecht 27

Gebühren 26
Geheimnisschutz 21 ff
Geistiges Eigentum 24

Informationen 17

Passivlegitimation 19
Person des öffentlichen Rechts 18
Personenbezogene Daten 24

Steuer- oder Statistikgeheimnis 24

Umweltinformationsgesetz 16 ff
– Akteneinsicht 25
– Aktivlegitimation 18
– Antrag 19
– Anspruchsbeschränkung 18, 21
– Anspruchsinhaber 18, 25
– Anspruchsinhalt 17, 21 ff
– Auskunftserteilung 25
– Auskunftsklage 25
– Auslagen 26
– Beeinträchtigung von Umweltgütern 21
– Betriebs- und Geschäftsgeheimnis 24
– behördliche Aufsicht 16
– Informationen 17
– Daten 17
– Ermessen 22, 25
– Frist 19, 25
– Gebühren 26
– Geheimnisschutz 21 ff
– geistiges Eigentum 24
– Informationen 17
– Klageart 25
– Kosten 26
– Modalität der Auskunftserteilung 25
– Möglichkeit der Auskunftserteilung 17
– Passivlegitimation 19
– Person des öffentlichen Rechts 18
– personenbezogene Daten 24
– Richtigkeit 25
– Steuer- oder Statistikgeheimnis 24
– Überlassung von Informationsträgern 25
– Unterlassen 17
– Verhältnismäßigkeitsprinzip 26
– verwaltungsbehördliche Verfahren 21
– Verwaltungsrechtsweg 25
– Wahrnehmung von Umweltbelangen 20
Unterlassen 17

Verhältnismäßigkeitsprinzip 26
Verwaltungsbehördliche Verfahren 21
Verwaltungsrechtsweg 25

Wahrnehmung von Umweltbelangen 20

I. Beweiserleichterung durch Auskunftsansprüche

1 Den Beweisschwierigkeiten des Geschädigten, die insbesondere die Feststellung des haftungsbegründenden Kausalzusammenhangs und, je nach Anspruchsgrundlage, auch die Feststellung der Pflicht- bzw Rechtswidrigkeit und des Verschuldens betreffen, können **primär** Beweisführungserleichterungen abhelfen, die durch eine **prozessual eigenständige Gelegenheit zur Sachverhaltsaufklärung** geschaffen werden. Für den Geschädigten vorzugswürdig ist es nämlich, wenn eine solche Sachverhaltsaufklärung durch Erfüllung von eigenständigen **Auskunftsansprüchen** geschieht (Sautter 29, 160 ff), weil innerprozessuale Beweiserleichterungen wesensgemäß erst im Laufe eines Prozesses wirksam werden, so dass der Kläger stets erst den schadensersatzrechtlichen Rechtsschutz initiieren muss, um auf diese Weise Sachverhaltsaufklärung zu erlangen. Daher bleibt ihm ohne vorprozessuale Sachverhaltsaufklärung ein erhebliches Prozessrisiko (Gerlach 301; B Leonhard 21); dieses kann nur durch eine

vorprozessuale Aufklärungs- und Mitwirkungspflicht der Gegenpartei sachgerecht begrenzt werden (Gerlach 306 ff; Haller 158; Lytras 487 f; Sautter 160). Dieses Interesse ist schon im geltenden Recht anerkannt und wird auch de lege ferenda unterstützt. Eine extensive, zusammenfassende Normierung derartiger Pflichten wird dem gemäß im Rahmen des vorgeschlagenen Umweltgesetzbuchs (vgl Einl 1) vorgesehen (Kloepfer DVBl 1994, 305 ff; W Koch NVwZ 1991, 953 ff; Köck DVBl 1994, 27 ff); sein Allgemeiner Teil regelt in den §§ 103–109 die Befugnis von Behörden zur Veröffentlichung von Umweltdaten, sieht in den §§ 122–124 Auskunftsansprüche Geschädigter gegen Anlagenbetreiber und Umweltbehörden und zwischen diesen in Entsprechung zu den §§ 8–10 UmweltHG vor und gewährt in den §§ 134–144 ähnlich dem Umweltinformationsgesetz (Rn 16 ff) ein voraussetzungsloses Akteneinsichtsrecht für jedermann in allen umwelterheblichen Verfahren.

1. Zivilrechtliche Auskunftsansprüche

2 Ein **allgemeiner,** verfahrensunabhängiger oder von besonderen Rechtsgründen unabhängiger zivilrechtlicher **Auskunftsanspruch** ist im deutschen Recht **nicht** anerkannt (BGH NJW 1957, 669; 1981, 1733; B Leonhard 70; Lüke JuS 1986, 2, 5; missverständlich BAG NJW 1974, 1348; vgl auch Palandt/Heinrichs § 261 Rn 3 mwN). Es lässt sich auch aus § 242 BGB nicht ableiten (Rn 8).

3 **Positivrechtlich** sind in zivilrechtlichem Zusammenhang in den §§ 8–10 UmweltHG detailliert **spezifisch umwelthaftungsbezogene Auskunftsansprüche** für die Haftung aufgrund des Umwelthaftungsgesetzes geregelt, darunter in § 9 UmweltHG solche öffentlich-rechtlicher Natur (vgl Komm ebda). Eine spezialgesetzliche Normierung von Auskunftsansprüchen findet sich daneben in § 35 GenTG (Komm Teil F §§ 32, 34, 35, 37 GenTG 50 ff); § 35 Abs 2 GenTG enthält zugleich einen öffentlich-rechtlichen Auskunftsanspruch. Als **spezialgesetzliche Regelungen** sind die dortigen Vorschriften jedoch **nicht verallgemeinerungsfähig** (vgl § 8 Rn 11). Auskunftsansprüche sind daher für die Umwelthaftung außerhalb des UmweltHG bzw GenTG nur aus den allgemeinen Regeln herleitbar.

4 Als **allgemeine gesetzlich normierte Auskunftsansprüche** kommen (im Anschluss an Stürner 287 ff) nach ihrer Grundlage oder ihrem Zweck unterteilt, solche aus Rechtsverhältnissen wie etwa einem Auskunftsvertrag gemäß § 305 BGB aF, § 311 Abs 1 BGB nF oder Pflichten gemäß § 666 BGB in Betracht, aus einem rechtswidrigen Eingriff in fremde Rechte wie etwa § 687 Abs 2 iVm §§ 681 S 2, 666 BGB sowie bei solchen Rechtsverhältnissen, die der Klärung des Anspruchsinhalts oder von Einwendungen dienen, wie etwa § 260 BGB (Haller 6 f; Sautter 225 f).

5 Auskunftspflichten können sich aus einem **Auskunftsvertrag** ergeben, dessen Zulässigkeit aus dem Prinzip der Vertragsfreiheit folgt, § **305 BGB** aF, § 311 Abs 1 BGB nF. Soweit Rechtsverhältnisse der **Wahrnehmung fremder Rechtsinteressen** dienen, sind gesetzliche Auskunftsrechte als Auskunftspflicht des Beauftragten über Stand des Geschäfts und Rechenschaft (§ 666 BGB) ausgebildet, ferner als Auskunftspflicht des Vorstandes eines eingetragenen Vereins (§ 27 Abs 3 BGB), als Auskunftspflicht des geschäftsführenden BGB-Gesellschafters (§ 713 BGB) und als einzelne Informationsrechte der Gesellschafter (§ 716 BGB, § 118 HGB sowie § 740 Abs 2, §§ 105 Abs 2, 340 Abs 2 HGB und § 131 AktG). Im Zusammenhang mit umweltrechtlichen Fragen helfen diese Auskunftsansprüche dem Geschädigten jedoch in aller Regel nicht.

6 Eine **zentrale Grundlage** für Informationsrechte aufgrund rechtswidrigen Eingriffs in fremde Rechte ist **§ 687 Abs 2 iVm §§ 681 Satz 2, 666 BGB.** Sie gewährt dem Geschäftsherrn jedoch nur einen Informationsanspruch gegen den Geschäftsführer bei unberechtigter Geschäftsführung. In dieselbe Kategorie gehört auch der Auskunftsanspruch des Erben gegen den Erbschaftsbesitzer und den Störer des Erbschaftsbesitzers (§ 2027 Abs 1, 2 BGB) und der Auskunftsanspruch des Erben gegen den Scheinerben (§ 2362 Abs 2 BGB). Auch diese Auskunftsansprüche sind für den durch Umwelteinwirkung Geschädigten unergiebig.

7 Wer verpflichtet ist, einen **Inbegriff von Gegenständen** herauszugeben, hat gemäß **§ 260 Abs 1 BGB** dem Berechtigten ein **Bestandsverzeichnis** vorzulegen. Eine Mehrheit von Gegenständen bildet einen Inbegriff, wenn diese von einem einheitlichen Rechtsverhältnis erfasst werden und der Berechtigte nach der Natur des in Frage stehenden Rechtsverhältnisses zur Bezeichnung der einzelnen Gegenstände nicht in der Lage ist (RGZ 90, 139; Palandt/Heinrichs § 261 Rn 6). Dieser Auskunftsanspruch nach § 260 BGB, auf den § 8 Abs 4 UmweltHG verweist, ist für den Geschädigten in umwelthaftungsrechtlichen Zusammenhang allerdings ebenfalls mangels Tatbestandsmäßigkeit regelmäßig unergiebig.

8 Neben den gesetzlich normierten Auskunftsansprüchen ist in bestimmten Fällen ein Auskunftsanspruch aufgrund der **Generalklausel** des **§ 242 BGB** anerkannt (Erl 132 f; Haller 8 ff; Sautter 228 ff). Einen allgemeinen Auskunftsanspruch gewährt § 242 BGB jedoch nicht (Haller 5; Landsberg/Lülling § 8 Rn 5; B Leonhard 90; Lytras 488). Die bloße Tatsache, dass jemand Informationen besitzt, die für einen anderen bedeutsam sind, begründet keine Auskunftspflicht (BGH NJW 1980, 2463; MünchKomm/Krüger § 260 Rn 13; Palandt/Heinrichs § 261 Rn 9). Vielmehr muss zwischen den Parteien eine **Sonderverbindung** bestehen (Haller 12; Möllers 365; vgl auch B Leonhard 90 ff; **aA** Huffmann 139), so dass ein mögliches Haftungsverhältnis dem Grunde nach feststeht (Erl 133; Lytras 488; Sautter 228 ff). Bei derartigen Sonderverbindungen kann es sich um einen Vertrag (BGH LM § 242 [Be] Nr 5), um ein gesetzliches Schuldverhältnis aus unerlaubter Handlung (BGHZ 95, 285, 288 = NJW 1986, 1247; BGH NJW 1962, 731), um einen Anfechtungstatbestand (BGHZ 74, 379, 381 = NJW 1979, 1832; OLG Köln OLGZ 85, 375, 376) oder um eine Rechtsbeziehung des Sachenrechts (BGH NJW-RR 1986, 874, 876; OLG Oldenburg WM 1985, 748), des Familienrechts (BGHZ 82, 132, 137 = NJW 1982, 176) oder des Erbrechts (BGHZ 61, 180, 184) handeln. Ein Auskunftsanspruch aus Treu und Glauben gemäß § 242 BGB wird unter dieser Voraussetzung im Einzelfall lediglich gewährt, wenn sich aus dem Wesen der Rechtsverhältnisse ergibt, dass der **Berechtigte in entschuldbarer Weise** über das Bestehen oder den Umfang seines Rechts **im Ungewissen,** der **Verpflichtete** aber in der Lage ist, **unschwer** solche **Auskünfte** zu **erteilen,** die zur Beseitigung jener Ungewissheit geeignet sind (RGZ 108, 1, 7; BGHZ 10, 385, 387 = NJW 1954, 70; BGHZ 55, 201, 203 = NJW 1971, 656; BGHZ 81, 21, 24 = NJW 1981, 2000; 95, 285, 288 = NJW 1986, 1247 stRspr; vgl Landsberg/Lülling § 1 Rn 5; Sautter 229). Demgemäß besteht der Auskunftsanspruch aus § 242 BGB auch nur subsidiär (B Leonhard 101 ff). Auskunftsansprüche, die aus einem gesetzlichen Schuldverhältnis wegen unerlaubter Handlung herzuleiten sind bzw solche Ansprüche stützen können und die deshalb für den Geschädigten im Rahmen umwelthaftungsrechtlicher Fragen vornehmlich

von Interesse sein dürften, sind bislang nur aus dem Bereich des Wirtschaftsrechts, namentlich bei Verstößen gegen das Wettbewerbs-, Warenzeichen- oder Urheberrecht anerkannt (Rechtsprechungsnachweise bei PALANDT/HEINRICHS § 261 Rn 16).

9 Neben § 242 BGB wird versucht, die **Rechtsgedanken der §§ 809 ff BGB** (zur historischen Entwicklung des Besichtigungsrechts B LEONHARD 73 ff) für eine Ausweitung von Auskunfts- und Informationsansprüchen nutzbar zu machen (GERLACH 310 f; SAUTTER 226). Mit Hilfe dieser Normen soll ein Ausgleich zwischen den Interessen der Parteien erreicht werden (GERLACH 316). Aus ihnen abgeleitete Auskunftsansprüche werden als Konsequenz der besonderen Kontroll- und Beobachtungspflichten des Gefahrenurhebers gegenüber dem Betroffenen gesehen, so dass die Gewährung darauf gestützter Auskunftsansprüche zumindest einer Interessenabwägung zugänglich sei (GERLACH 318). Wegen des Verbots der Ausforschung ist jedoch nur eine einschränkende Interpretation dieser Bestimmungen zuzulassen (BGHZ 93, 191, 198 ff; kritisch ERL 132). Auch widerspricht es den Grundsätzen des Zivilprozessrechts, jemanden auf Grund extensiver Norminterpretation zu verpflichten, seinem Gegner die Informationen in die Hand zu geben, die dieser gegen ihn verwenden kann. Die Rechtsprechung bejaht deshalb solche Auskunftsansprüche grundsätzlich nur in den gesetzlich normierten und in weiteren, damit verwandten und eng abzugrenzenden Ausnahmefällen. **§ 809 BGB** gewährt demgemäß lediglich einen Anspruch auf Besichtigung, wenn bereits ein gewisser Grad von Wahrscheinlichkeit für das Vorliegen eines Anspruchs gegeben ist (SAUTTER 226). Auch die Urkundenvorlagepflicht gemäß **§ 810 BGB** scheitert in der Regel am Erfordernis des rechtlichen Interesses des Anspruchstellers, weil dazu zwecks Vermeidung einer Ausforschung vorausgesetzt wird, dass schon eine Sonderbeziehung zwischen den Parteien besteht (SAUTTER 227 f; **aA** GERLACH 317). Aus diesen Gründen haben die §§ 809 ff BGB für die Begründung von Ansprüchen im Bereich des Umwelthaftungsrechts **bislang keine Rolle** gespielt (SAUTTER 226); insbesondere konnte aus ihnen kein allgemeiner Auskunftsanspruch abgeleitet werden (HALLER 19).

2. Zivilprozessuale Auskunftsrechte

10 Zivilprozessuale Auskunftsrechte (HALLER 97 ff; SAUTTER 240 ff) folgen in den allgemein geltenden Grenzen der Norm mittelbar aus der sog **Wahrheitspflicht** nach Maßgabe des § 138 Abs 1 u 2 ZPO, jedoch ergeben sich daraus keine selbstständigen Substantiierungspflichten des Beklagten. Die nach § 445 ZPO mögliche **Vernehmung des Beweisgegners** ist subsidiär und erfordert, dass schon Anhaltspunkte für den Beweis der fraglichen Tatsache bestehen. Ein Antrag auf **Urkundenvorlegung** gemäß den §§ 421, 423 ZPO setzt voraus, dass der Beklagte im Prozess auf eine Urkunde Bezug genommen hat. Die Annahme einer allgemeinen prozessualen Auskunftspflicht der nicht beweisbelasteten Partei hat sich bisher nicht durchgesetzt (HALLER 113; SAUTTER 241 ff).

3. Öffentlich-rechtliche Auskunftsansprüche

11 Öffentlich-rechtliche Auskunftsanprüche mit umweltrechtlichem Gegenstand sehen ausdrücklich die **Verfassungen** der neuen Bundesländer vor, Art 39 Abs 7 Verf Brandenburg (GVBl 1992, 298), Art 6 Abs 3 und 4 Verf Mecklenburg-Vorpommern (GVOBl 1993, 372), Art 34 Verf Sachsen (GVBl 1992, 243), Art 6 Abs 1 Verf Sachsen-Anhalt

(GVBl 1992, 600), Art 33 Verf Thüringen (GVBl 1993, 625). Sie stehen teilweise ausdrücklich unter Gesetzesvorbehalt – so Brandenburg, Mecklenburg-Vorpommern, Sachsen-Anhalt – und sind teilweise an den Nachweis einer Betroffenheit im eigenen Lebensraum – so Sachsen, Sachsen-Anhalt und Thüringen – geknüpft (Haller 45 ff). Ihnen geht Bundesrecht vor, so dass der dort geregelte und grundgesetzlich geforderte Schutz von Geschäfts- und Betriebsgeheimnissen auch gegenüber diesen Verfassungsbestimmungen wirksam ist (Breuer NVwZ 1986, 171 f und 174; Haller 49 f; Paschke Rn 123; Schröder UPR 1985, 394, 396). Ein landesverfassungsrechtlicher Auskunftsanspruch kann allenfalls zur Auslegung der einfachgesetzlichen Gesetzeslage herangezogen werden. Die Verdichtung von Informationsinteressen zum Informationsanspruch ist Aufgabe des Gesetzgebers, der die notwendige Interessenabwägung zu konkretisieren hat.

12 Grundlage eines gegen eine Behörde gerichteten **grundgesetzlichen Rechts auf Akteneinsicht** kann **Art 103 Abs 1 GG** sein. Insbesondere nach Auffassung in der älteren Literatur setzt die Wahrnehmung des rechtlichen Gehörs voraus, dass sich der Betroffene tatsächlich zu allen entscheidungserheblichen Gesichtspunkten äußern kann (Ule/Becker 43), und dies erfordere, dass der Betroffene durch Einsicht in die Verwaltungsakten die Tatsachen erkennt und kennt, von denen die Verwaltung, das Gericht oder andere Beteiligte ausgehen (Schwab, Akteneinsichtsrecht 10). Angesichts des klaren Wortlauts des Art 103 Abs 1 GG und seiner Geltung allein für das gerichtliche Verfahren lässt sich eine Fernwirkung für das Verwaltungsverfahren jedoch nicht herleiten (Geiger JA 1982, 316; Haller 39; Schwab, Akteneinsichtsrecht 13; ders, Begründungspflicht 11 f; Thiele DÖD 1978, 65; vgl auch Meyer/Borgs § 29 Rn 5). Dies gilt entsprechend für den Versuch, das Recht auf Akteneinsicht mit **Art 19 Abs 4 GG** und dem **Prinzip des effektiven Rechtsschutzes** zu begründen (Haller 40; Schwab, Akteneinsichtsrecht 13 f mwN; ders, Begründungspflicht 10), da beide verfassungsrechtlichen Bezugspunkte primär allenfalls das Gerichtsverfahren betreffen. Ein Akteneinsichtsrecht ist im Ergebnis auch aus den **Grundrechten** nicht abzuleiten (Haller 43). Die verwaltungsgerichtliche Rechtsprechung (BVerfGE 53, 30 ff; BayVGH BayVBl 1988, 209 f), der die Literatur folgt (Laubinger VerwArch 1982, 72; Schwab, Akteneinsichtsrecht 14), begreift das Verwaltungsverfahren zwar als Verwirklichungschance und Schutzeinrichtung für die Grundrechte, so dass ein Akteneinsichtsrecht als Teil der grundrechtlich geschützten Verfahrensrechte gesehen wird. Ein auf die Grundrechte gestütztes allgemeines Akteneinsichtsrecht ist dennoch abzulehnen, da ein generelles Einsichtsrecht einerseits im Hinblick auf das verwaltungsgerichtliche Rechtsschutzverfahren regelmäßig nicht geboten, andererseits die Effizienz des Verwaltungshandelns erheblich zu beeinträchtigen geeignet wäre (vgl Schwab, Akteneinsichtsrecht 14 f). Auch die These von der **allgemeinen verfassungsrechtlichen Herleitung** einer allgemeinen behördlichen Auskunftspflicht (vgl Bieber DÖV 1991, 857, 865 f) blieb ohne Resonanz. Sie ist als allgemeines verfassungsrechtliches Postulat, das sich zum Anspruch konkretisiert, nicht geeignet, da auch das Geheimhaltungsprinzip und seine Ausgestaltung als Ausfluss des Rechts auf informationelle Selbstbestimmung dem verfassungsrechtlich geschützten Interesse Einzelner entspricht und eine daher gebotene Einzelabwägung der konkretisierenden Bestimmung durch Gesetz bedarf.

13 **Verwaltungsrechtlich** kommen, von Rechten gemäß den §§ 9 f UmweltHG und § 35 Abs 2 GenTG abgesehen (vgl Komm ebda), Auskunftsansprüche gemäß **§§ 27 ff BImSchG** in Betracht, doch besteht insoweit ein Ermessensvorbehalt und sind Be-

triebs- oder Geschäftsgeheimnisse nicht offenbarungspflichtig (Erl 136; Sautter 245). Allerdings existiert im **Anlagengenehmigungsverfahren** ein nicht auf die Beteiligten iSd § 13 VwVfG beschränktes Akteneinsichtsrecht nach **§ 10 Abs 4 der 9. BImSchVO** (Haller 37) oder nach **§ 6 Abs 3 AtomG** (Erl 136). Das allgemeine Akteneinsichtsrecht gemäß **§ 29 VwVfG** des Bundes und der Länder hat in umweltschadensrechtlichem Zusammenhang kaum Bedeutung, weil es erst mit der Einleitung des Verwaltungsverfahrens iSd § 22 VwVfG beginnt und mit dem Abschluss des Verfahrens endet; es ist somit auf die Dauer des Verwaltungsverfahrens beschränkt (BT-Drucks 7/910, S 53; BVerwGE 67, 300, 304 [Einsichtsrecht Besetzungsbericht]; OVG Koblenz NVwZ 1992, 384 [Adelsprädikat]; siehe auch Knemeyer JZ 1992, 348, 350 mwN; Möllers 363) und steht überdies wegen des Prinzips der beschränkten Aktenöffentlichkeit nur den im Sinne des § 13 VwVfG Beteiligten eines Verwaltungsverfahrens gemäß § 9 VwVfG (BVerwGE 67, 300, 304; Erichsen, Gutachten 24 f mwN; Gurlit 137 f; Haller 33 ff) zu. Diese Voraussetzungen werden restriktiv ausgelegt (BT-Drucks 7/910, S 53; BVerwGE 67, 300, 304; OVG Koblenz NVwZ 1992, 384; siehe auch Knemeyer JZ 1992, 348, 350 mwN). Darüber hinaus ist die Vorschrift des § 29 VwVfG im immissionsschutzrechtlichen Genehmigungsverfahren und im wasserhaushaltsrechtlichen Gestattungsverfahren (Salje Vor §§ 8–10 Rn 14 ff) gemäß § 1 VwVfG durch spezielle Informationsansprüche verdrängt (Haller 37; vSchwanenflügel DVBl 1991, 95). **Landesrechtlich** folgt ein auf die **Medien** begrenzter Informationsanspruch gegenüber Behörden aus den jeweiligen **Landespressegesetzen.** Ein Informationsanspruch, der durch Einsichtsmöglichkeit in die **Wasserbücher** zu befriedigen ist, folgt aus einzelnen Landeswassergesetzen (Erl 137 mwN).

14 Nach §§ **19 Abs 1, 34 BDSG** ist dem Betroffenen Auskunft hinsichtlich der über ihn erhobenen Daten zu erteilen. Die Informationsweiterleitung an Dritte untersagt § 5 BDSG. Gemäß § 3 Abs 1 BDSG betrifft der Auskunftsanspruch im Übrigen lediglich personenbezogene Daten natürlicher Personen sowie Daten über die sachlichen Verhältnisse von natürlichen Personen. Emissionsdaten zählen nicht hierzu, da diese nicht personen-, sondern vielmehr anlagenbezogen sind, so dass nach richtiger Ansicht das BDSG in diesem Bereich unanwendbar ist (Salje Vor §§ 8–10 Rn 10 mwN). Emissionsdaten treffen nämlich keine Aussagen über Personen, insbesondere den Inhaber der Anlage, sondern allein über die Anlage selbst. Auch die Anlagengenehmigung nach BImSchG ist als Sachkonzession nur anlagenbezogen (Salje Vor §§ 8–10 Rn 10).

15 Außerhalb eines Verwaltungsverfahrens hat die Rechtsprechung ein allein im **pflichtgemäßen Ermessen** der Behörde stehendes Akteneinsichtsrecht anerkannt (Paschke Rn 2 mwN; Salje Vor §§ 8–10 Rn 24). Diesem Recht sind aber enge Grenzen gesetzt (BVerfGE 67, 100, 141 ff = NJW 1984, 2271). Ein Anspruch auf Akteneinsicht besteht dann, wenn die Kenntnis des Akteninhalts Voraussetzung für eine wirksame Rechtsverfolgung ist. Der Anspruch setzt voraus, dass die Akteneinsicht durch ein eigenes gewichtiges und auf andere Weise nicht zu befriedigendes Interesse des Antragstellers gedeckt wird (BVerwGE 30, 154, 160; BVerwG NJW 1981, 2270). Abweichend von den allgemeinen Grundsätzen, nämlich ebenfalls ein im pflichtgemäßen Ermessen liegendes Recht auf Akteneinsicht, ist im Beamtenrecht in § 90 BBG und für das Planfeststellungsverfahren in § 72 Abs 1 VwVfG geregelt (Schwab, Akteneinsichtsrecht 36 f). Inhaltlich begrenzt werden die allgemeinen verwaltungsrechtlichen Informationsansprüche von ggf bestehenden Geschäfts- und Betriebsgeheimnissen (zu diesem Begriff s Rn 24) betroffener Dritter (Erl 136 ff).

4. Insbesondere: Umweltinformationsgesetz

16 Das **Umweltinformationsgesetz** (UIG), das die EG-Richtlinie über den freien Zugang zu Informationen über die Umwelt (UIRL) (EWG/313/90 vom 7.6. 1990, ABl L 158, 56) umsetzt und Auskunftsansprüche aufgrund anderer Rechtsgrundlagen gemäß § 4 Abs 2 UIG unberührt lässt, bietet einen konkreten **verfahrensunabhängigen Auskunftsanspruch** gegen **Behörden** und gegen **Privatrechtssubjekte,** die bestimmte öffentlich-rechtliche Aufgaben wahrnehmen (Haller UPR 1994, 88 ff; Röger NuR 1994, 125 ff; ders UPR 1994, 216 ff; Wegener IUR 1992, 211; ders ZUR 1993, 17 ff; ders ZUR 1994, 232 ff). **§ 4 Abs 1 Satz 1 UIG** begründet als subjektiv-öffentliches Recht (Erl 134; Huffmann 140; Schomerus/Schrader/Wegener § 4 Rn 1) einen **Anspruch auf freien Zugang** zu Informationen über die Umwelt, die bei Behörden (§ 2 Nr 1 UIG) und natürlichen oder juristischen Personen des Privatrechts vorhanden sind, soweit sie öffentlich-rechtliche Aufgaben im Bereich des Umweltschutzes wahrnehmen und Letztere der Aufsicht von Behörden unterstellt sind (§ 2 Nr 2 UIG). Auch das UIG schafft damit keinen allgemeinen Auskunftsanspruch gegenüber Privatpersonen, sondern ist vielmehr darauf gerichtet, den Zugang zu Informationen im Bereich der öffentlichen Hand unabhängig von der Wahl der Rechtsform bzw der Ausgliederung von Tätigkeitsbereichen zu gewährleisten. Erforderlich ist demgemäß bei nicht öffentlich-rechtlicher Organisationsform, dass hinsichtlich der **behördlichen Aufsicht** ein Subordinationsverhältnis besteht (Erichsen Jura 1993, 180, 183; Kramer § 2 Ziff 5; Meyer-Rutz 13; Schomerus/Schrader/Wegener § 2 Rn 33; **aA** Scherzberg UPR 1992, 48, 50 f; Turiaux §§ 2, 3 Rn 104), an dessen Grundlage jedoch keine besonderen Anforderungen zu stellen sind, so dass insoweit auch ein vertraglich begründetes Aufsichtsrecht ausreicht (Röger § 2 Rn 6; Schomerus/Schrader/Wegener § 2 Rn 33; Turiaux §§ 2, 3 Rn 104; **aA** Erichsen Jura 1993, 180, 183). Zu den Personen des Privatrechts im Sinne des § 2 Nr 2 UIG zählen beispielsweise Abfallentsorgungsunternehmen, die im Rahmen der §§ 15 Abs 2, 16 ff KrW-/AbfG tätig sind (Kramer § 2 Ziff 3; Meyer-Rutz 13; weitere Beispiele bei Turiaux §§ 2, 3 Rn 109 ff). Hingegen sind Beliehene bereits vom Behördenbegriff des § 3 Abs 1 Satz 1 UIG erfasst (Kramer § 2 Ziff 4; § 3 Ziff 2; Meyer-Rutz 13; Röger § 2 Rn 6; Schomerus/Schrader/Wegener § 3 Rn 7 f; Turiaux §§ 2, 3 Rn 105; **aA** Kummer/Schumacher 23).

17 Die vom Auskunftsanspruch betroffenen **Informationen** über die Umwelt sind in **§ 3 Abs 2 UIG definiert.** Danach umfasst der weit auszulegende (EuGH NVwZ 1998, 945, 946; BVerwGE 108, 369, 376) Begriff der Umweltinformation Daten, die den Zustand der Gewässer, der Luft, des Bodens, der Tier- und Pflanzenwelt und der natürlichen Lebensräume betreffen, sowie diese Umweltbereiche beeinträchtigende bzw deren Schutz unmittelbar oder mittelbar (BVerwGE 108, 369, 377; idS auch EuGH NVwZ 1998, 945, 946; **aA** VGH Mannheim NVwZ 1998, 987, 988) bezweckende Tätigkeiten und Maßnahmen, wie beispielsweise die staatliche Förderung eines umweltverbessernden Produktionsverfahrens (BVerwGE 108, 369, 376 ff; **aA** OVG Lüneburg NVwZ 1998, 652, 654); die Art der Fixierung der Daten ist dabei unerheblich (Röger § 3 Rn 24; Schomerus/Schrader/Wegener § 3 Rn 64). Als **Daten** idS sind alle tatbestandsrelevanten Einzelangaben zu verstehen (Kramer § 3 Ziff 12). Auch fixierte subjektive Einschätzungen oder Wertungen können dem Begriff der Umweltinformation unterfallen (OVG Schleswig NVwZ 1999, 670, 671). Ein **Unterlassen** steht der Tätigkeit oder Maßnahme gleich (Kramer § 3 Ziff 17; Kummer/Schumacher 15; Röger § 3 Rn 33; Schomerus/Schrader/Wegener § 3 Rn 90). Der Auskunftsanspruch besteht jedoch nur hinsichtlich der **tatsächlich vorhandenen Informationen,** und zwar ungeachtet dessen, ob die jeweilige Behörde bzw Person des

Privatrechts verpflichtet gewesen wäre, die begehrten Daten zu erheben (Meyer-Rutz 16; Röger § 4 Rn 11 f). Auf die Herkunft der Informationen kommt es grundsätzlich nicht an (Kramer § 3 Ziff 13), sofern sie nicht rechtswidrig erlangt wurden. Ist der Behörde bekannt, dass die gewünschten Informationen bei einer anderen Behörde vorhanden sind, so folgt aus der allgemeinen behördlichen Beratungspflicht (§ 25 VwVfG) die Verpflichtung, dies dem Antragsteller mitzuteilen (Kummer/Schumacher 69).

18 Nach dem Wortlaut des § 4 Abs 1 Satz 1 UIG steht der Auskunftsanspruch **jedermann** zu und ist somit weder auf Rechtssubjekte aus EG-Mitgliedsstaaten (Kramer § 4 Ziff 3; Kummer/Schumacher 69; Oehmen Rn 269; Röger § 4 Rn 3; Schomerus/Schrader/Wegener § 4 Rn 4; vSchwanenflügel DVBl 1991, 95, 100; **aA** Erichsen NVwZ 1992, 409, 410) noch auf natürliche oder juristische Personen beschränkt. Anspruchsberechtigt sind auch nichtrechtsfähige Personenvereinigungen, sofern sie organisatorisch hinreichend verfestigt sind (BVerwGE 108, 369, 373). Insbesondere können auch Umweltschutzverbände (Kramer § 4 Ziff 3; Scherzberg UPR 1992, 48, 50) oder der Ortsverband einer politischen Partei (BVerwGE 108, 369, 372 ff; Gusy JZ 1999, 1169; Rossi UPR 2000, 175, 177) Anspruchsinhaber sein. Aus dem Zweck des Gesetzes sowie der zugrundeliegenden Richtlinie folgt jedoch, dass der Kreis der möglichen Anspruchinhaber grundsätzlich **auf Rechtssubjekte des Privatrechts beschränkt** ist (Kramer § 4 Ziff 4; Kummer/Schumacher 69; Meyer-Rutz 16; Turiaux § 4 Rn 6 ff; **aA** Landmann/Rohmer/Moormann § 4 Rn 4 ff). Demgemäß ist beispielsweise eine Gemeinde als juristische Person des öffentlichen Rechts nicht anspruchsberechtigt (BVerwG NVwZ 1996, 400, 401). Stehen juristische Personen des öffentlichen Rechts der auskunftspflichtigen Behörde allerdings in einer Funktion gegenüber, die der privater Rechtsubjekte entspricht, so ist insoweit auch eine Aktivlegitimation gegeben (Röger § 4 Rn 6; Schomerus/Schrader/Wegener § 4 Rn 5; idS auch Erl 134). **Nicht** erforderlich ist ein **besonderes Interesse** des Anspruchstellers an den begehrten Informationen (Huffmann 140; Möllers 363; Rossi UPR 2000, 175). Die Intention des Antrags sowie die beabsichtigte Verwendung der Daten ist gemäß § 7 Abs 3 UIG bis zur Grenze des Missbrauchs irrelevant (Turiaux § 4 Rn 5).

19 Formelle Anspruchsvoraussetzung ist gemäß § 5 Abs 1 UIG ein hinsichtlich der begehrten Informationen hinreichend bestimmter **Antrag;** über diesen ist im Rahmen eines Verwaltungsverfahren nach § 5 Abs 2 Satz 1 UIG binnen zweier Monate ab Zugang durch Verwaltungsakt zu entscheiden (Kummer/Schumacher 28; Röger § 4 Rn 4). Der Antrag kann formfrei, also auch mündlich gestellt werden (Kramer § 5 Ziff 3; Kummer/Schumacher 26; Schomerus/Schrader/Wegener § 5 Rn 3; Turiaux § 5 Rn 10). Er ist dergestalt zu spezifizieren, dass die Person des Antragstellers, die Art der begehrten Information und die ersuchte Behörde erkennbar sind (Schomerus/Schrader/Wegener § 5 Rn 10; zu weitgehend Huffmann 140 Fn 10, der entgegen dem eindeutigen Wortlaut des § 9 Abs 1 Satz 2 UIG eine Abfrage der Daten auch direkt bei der auskunftspflichtigen Privatperson zulassen will). Eine Pflicht zur Beratung des nicht sachkundigen Antragstellers kann sich aus § 25 Abs 1 VwVfG ergeben (Kramer § 5 Ziff 4; Kummer/Schumacher 26; Schomerus/Schrader/Wegener § 5 Rn 13). Die Berechnung der **Bescheidungsfrist** richtet sich nach den §§ 31 Abs 1 VwVfG iVm 187 ff BGB (Kramer § 5 Ziff 6; Schomerus/Schrader/Wegener § 5 Rn 16; Turiaux § 5 Rn 17). Bei gleichlautenden Anträgen von mindestens 50 Antragstellern sind die §§ 17–19 VwVfG entsprechend anzuwenden. **Passiv legitimiert** ist gemäß § 9 Abs 1 Satz 1 UIG diejenige Behörde, bei der die begehrte Information vorhanden ist. Betrifft der Informationsanspruch Personen des Privatrechts, so ist nach Satz 2 die Aufsichtsbehörde passiv legitimiert.

20 Die Auskunftspflicht besteht gemäß § 3 Abs 1 Satz 1 UIG nur dann, wenn die jeweilige Behörde Aufgaben des Umweltschutzes wahrzunehmen hat. Erforderlich ist deshalb, dass eine **rechtliche Verpflichtung zur Wahrnehmung von Umweltbelangen** besteht. Eine solche Verpflichtung ist bei den Behörden gegeben, die umweltrechtliche Vorschriften, wie beispielsweise solche des Abfall-, Atom-, Boden-, Chemikalien-, Immissionsschutz-, Natur- und Wasserrechts, als **Hauptaufgabe** zu vollziehen haben (Meyer-Rutz 14). Eine Verpflichtung zur Wahrnehmung von Umweltbelangen trifft aber auch die Behörden, die bei der Wahrnehmung ihrer Aufgaben zugleich Belange der Umwelt als **Nebenpflichten** zu beachten haben (BVerwGE 108, 369, 374; Schomerus/Schrader/Wegener § 3 Rn 13 ff). Nicht ausreichend ist hingegen, wenn der Besitz von Umweltinformationen lediglich **Reflex einer anderen Aufgabenzuweisung** ist, wie beispielsweise bei Kfz-Steuerstellen hinsichtlich des Einsatzes von Katalysatoren (BVerwGE 108, 369, 375; Kramer § 3 Ziff 6; ausführlich Turiaux §§ 2, 3 Rn 74 ff). Von der Auskunftspflicht ausgenommen sind gemäß § 3 Abs 1 Satz 2 UIG die Behörden, die Umweltbelange lediglich nach für alle geltenden Bestimmungen zu beachten haben, oberste Bundes- und Landesbehörden, soweit sie rechtssetzend tätig werden, sowie Gerichte, Strafverfolgungs- und Disziplinarbehörden (bestätigt durch EuGH NVwZ 1999, 1209, 1210).

21 Inhaltlich **begrenzt** wird der Auskunftsanspruch durch die als anspruchsbegrenzende Normen eng auszulegenden (Rossi UPR 2000, 175, 181) **§§ 7, 8 UIG,** die einen Ausschluss bzw eine Beschränkung des Anspruchs zum Schutz bestimmter öffentlicher und privater Belange vorsehen. Können die geschützten Informationen ausgesondert werden, so hat die Behörde dem Anspruch durch **auszugsweise Mitteilung** zu genügen (EuGH NVwZ 1999, 1209, 1210 f; Becker NVwZ 1999, 1187, 1188; Scherzberg DVBl 1994, 733, 744; Turiaux Vor §§ 7, 8 Rn 4). So steht beispielsweise einer Bekanntgabe umweltrelevanter Kabinettsvorlagen gemäß § 7 Abs 1 Nr 1 Var 3 UIG deren Vertraulichkeit entgegen (OVG Schleswig NVwZ 2000, 341 f; VG Schleswig NuR 2000, 235, 236). Jedoch besteht dieser Schutz nur hinsichtlich der die Beratungs- und Abwägungsvorgänge selbst betreffenden Informationen, während die diesen Vorgängen zugrunde liegenden Informationen sowie das vom Beratungsprozess zu isolierende Ergebnis zugänglich zu machen sind (OVG Schleswig NVwZ 1999, 670, 674; Rossi UPR 2000, 175, 177). Der Ausschluss der Auskunftspflicht für die Dauer gerichtlicher, staatsanwaltschaftlicher und behördlicher Verfahren (§ 7 Abs 1 Nr 2 UIG) betrifft lediglich die Informationen, die der Behörde aufgrund des Verfahrens zugehen, nicht jedoch diejenigen, die bei der Behörde bereits vorher vorhanden waren (VGH Mannheim NVwZ 1998, 987, 988 ff; VG Freiburg NVwZ 1997, 411 f; Kollmer NVwZ 1995, 858, 861; Schmidt JZ 1999, 1147, 1149; eingehend Schürmann ZUR 2000, 273 ff; **aA** BVerwGE 110, 17, 21 ff wonach das Vorliegen der Informationen bereits vor Verfahrensbeginn lediglich im verwaltungsbehördlichen Verfahren [§ 7 Abs 1 Nr 2 Var 3 UIG] relevant ist). Da aber der Ausschluss des Informationsanspruchs hinsichtlich der aufgrund des Verfahrens erlangten Daten während sämtlicher **verwaltungsbehördlicher Verfahren** gegen Art 3 Abs 2 Var 3 der UIRL verstieße (EuGH NVwZ 1998, 945, 946; 1999, 1209, 1210; Eckardt NJ 1997, 175, 177 f; Hatje NJ 1999, 99; Kimber/Ekardt NuR 1999, 262, 263 f; Kummer/Schumacher 34 f; Pitschas/Lessner DVBl 1999, 226, 227; Röger § 7 Rn 37; Schomerus/Schrader/Wegener § 7 Rn 15; Stollmann NVwZ 1995, 146, 147 f; Turiaux § 7 Rn 23 ff; **offen gelassen** OVG Greifswald NuR 1997, 150, 151; **aA** VG Gelsenkirchen

NuR 1995, 158; KOLLMER NVwZ 1995, 858, 861 f; MÜLLER/HEUER NVwZ 1997, 330, 332), ist der Begriff des verwaltungsbehördlichen Verfahrens im Sinne des in der Richtlinie verwendeten Begriffs des Vorverfahrens auszulegen, so dass ein behördliches Verfahren, das lediglich eine Maßnahme der Verwaltung vorbereitet, nur dann erfasst wird, wenn es einem gerichtlichen oder quasigerichtlichen Verfahren unmittelbar vorausgeht und durchgeführt wird, um Beweise zu beschaffen oder ein Ermittlungsverfahren durchzuführen, bevor das eigentliche Verfahren eröffnet wird (EuGH NVwZ 1998, 945, 946; 1999, 1209, 1210; ähnlich RÖGER § 7 Rn 38, **aA** OVG Greifswald NuR 1997, 150 f; MEYER-RUTZ 19 f). Die Gefahr einer erheblichen **Beeinträchtigung von Umweltgütern** im Sinne des § 7 Abs 1 Nr 3 UIG besteht beispielweise dann, wenn die begehrten Daten Gebiete mit seltenen Tier- oder Pflanzenarten offenlegen würden (KRAMER § 7 Ziff 15; RÖGER § 7 Rn 41).

22 Auch wenn die Tatbestandsvoraussetzungen des § 7 Abs 1 UIG erfüllt sind, ist es der Behörde hierdurch nicht ausnahmslos verwehrt, im Rahmen ihres pflichtgemäßen Ermessens den **Informationszugang im Einzelfall** dennoch zu gewähren (MEYER-RUTZ 18). Nach dem ausdrücklichen Wortlaut folgt aus dem Vorliegen der Tatbestandsvoraussetzungen lediglich, dass der Informationsanspruch nicht besteht, nicht jedoch, dass der gestellte Antrag zwingend abzulehnen ist.

23 Nach § 7 Abs 2 UIG ist der Antrag, der auf die Übermittlung verwaltungsinterner Mitteilungen (vgl zu diesem Begriff auch VG Mainz NuR 1996, 266) bzw solcher Daten gerichtet ist, die von der jeweiligen Behörde noch **nicht abschließend bearbeitet** wurden, im Regelfall abzulehnen. § 7 Abs 4 Satz 1 UIG verwehrt es der Behörde, Informationen, die eine Privatperson freiwillig übermittelt hat, ohne deren Einwilligung zugänglich zu machen, wobei die Einwilligung sowohl zum Zeitpunkt der Informationsübermittlung als auch zu jedem späteren Zeitpunkt erteilt werden kann. Ob eine Einwilligung vorliegt bzw erteilt wird, hat die Behörde gemäß § 24 VwVfG von Amts wegen zu prüfen (RÖGER § 7 Rn 68; SCHOMERUS/SCHRADER/WEGENER § 7 Rn 40; TURIAUX § 7 Rn 64; idS auch KUMMER/SCHUMACHER 42).

24 § 8 Abs 1 Satz 1 Nr 1 UIG trägt dem Recht auf informationelle Selbstbestimmung (Art 2 Abs 1 iVm 1 Abs 1 GG) Rechnung, indem er den Informationsanspruch ausschließt, sofern dessen Erfüllung durch die Offenbarung **personenbezogener Daten** schutzwürdige Interessen des Betroffenen beeinträchtigen würde. Insoweit ist zwischen dem Informationsbegehren des Antragstellers und dem Recht auf informationelle Selbstbestimmung abzuwägen (KRAMER § 8 Ziff 2; MEYER-RUTZ 21; eingehend RÖGER § 8 Rn 7 ff). § 8 Abs 1 Satz 1 Nr 2, Satz 2 UIG verwehrt den Auskunftsanspruch, wenn dem der Schutz des **geistigen Eigentums** entgegensteht bzw hierdurch von Art 12 und 14 GG geschützte **Betriebs- und Geschäftgeheimnisse** unbefugt zugänglich gemacht würden. Nach § 8 Abs 1 Satz 3 UIG besteht der Auskunftsanspruch insbesondere dann nicht, wenn die begehrte Information dem **Steuer- oder Statistikgeheimnis** unterliegt. Zum geistigen Eigentum zählen neben den exemplarisch genannten Urheberrechten beispielsweise auch Datenschutz-, Geschmacks- und Gerbrauchsmuster-, Patent- und Verlagsrechte sowie unter Umständen auch wissenschaftliche Gutachten (KRAMER § 8 Ziff 4; TURIAUX § 8 Rn 26 ff mit weiteren Beispielen). Dem Begriff des Betriebs- und Geschäftsgeheimnisses unterfallen die Tatsachen, die im Zusammenhang mit dem Geschäftsbetrieb stehen, nur einem begrenzten Personenkreis zugänglich sind und nach dem Willen des Geschäftsinhabers und in dessen berechtigten Interesse geheim zu halten sind (vgl BAUMBACH/HEFERMEHL, UWG § 17 Rn 2 ff; HUFFMANN 143). Regelmäßig zählen hierzu namentlich Bilanzen, Kalkulationen, Konstruktions- und Funktionspläne, Kundenverzeichnisse, Testprotokolle, Investitionsplanungen (vgl BAUMBACH/HEFERMEHL, UWG § 17 Rn 2 ff; KRAMER § 8 Ziff 5 jeweils mit weiteren Beispielen). Eine Befugnis zur Offenbarung von Betriebs- und Geschäftsgeheimnissen kann sich aus anderen gesetzlichen Bestimmungen, aus der Zustimmung des Inhabers sowie aus höherrangigen Interessen ergeben (TURIAUX § 8 Rn 75; vgl auch Aufzählung bei KRAMER § 8 Ziff 8), wobei jedoch bei Vorliegen dieser Voraussetzungen oft bereits kein Betriebs- oder Geschäftsgeheimnis im Sinne der Definition mehr gegeben sein wird.

25 Der Anspruch nach § 4 Abs 1 Satz 1 UIG ist gemäß Satz 2 im Wege der **Auskunftserteilung,** Gewährung von **Akteneinsicht** oder **Überlassung der Informationsträger** zu erfüllen. Bei nicht allgemeinverständlichen Unterlagen kommt eine Erklärungshilfe als ergänzender Auskunftsanspruch in Betracht (KRAMER § 4 Ziff 10; SCHERZBERG UPR 1992, 48, 51; TURIAUX § 4 Rn 26). Die Erfüllung des Informationsanspruchs im Wege der Akteneinsicht kann im Einzelfall erfordern, dem Anspruchsinhaber die Anfertigung von Notizen und Fotokopien zu ermöglichen (MECKING NVwZ 1992, 316, 318 ff; SCHOMERUS/SCHRADER/WEGENER § 4 Rn 24). Die Wahl der Art der Informationsübermittlung steht im **Ermessen** der auskunftspflichtigen Behörde (VG München NVwZ 1996, 410, 412; ERL 135; HENDLER JZ 1998, 245; KRAMER § 4 Ziff 9; MEYER-RUTZ 16; NIEWERTH DZWiR 1997, 372 f; RÖGER § 4 Rn 17; TURIAUX § 4 Rn 29; krit SCHOMERUS/SCHRADER/WEGENER § 4 Rn 17 ff), das jedoch unter Berücksichtigung der Ziele von UIG und UIRL auszuüben ist, zu denen insbesondere die Sicherung eines effektiven Informationszugangs zählt (BVerwGE 102, 282, 287 f; 108, 369, 378 f; RÖGER DVBl 1997, 885, 887 f; VAHLDIEK ZUR 1997, 144, 147). Demgemäß besteht das Auswahlermessen nur zwischen solchen Informationsmitteln, die im Wesentlichen die gleiche Informationseignung besitzen (BVerwGE 102, 282, 287), wobei die Behörde dem Wunsch des Antragstellers hinsichtlich eines bestimmten Informationszugangs zu entsprechen hat, sofern nicht gewichtige Gründe, wie beispielsweise ein deutlich höherer Verwaltungsaufwand, dem entgegenstehen (BVerwGE 102, 282, 287 f; 108, 369, 378 f; **aA** ERL 135). Die Behörde ist nicht verpflichtet, die inhaltliche Richtigkeit der zugänglich gemachten Daten zu überprüfen (§ 5 Abs 2 Satz 2 UIG). Ist ihr allerdings die Unrichtigkeit positiv bekannt, so hat sie den Auskunftssuchenden darauf hinzuweisen (MEYER-RUTZ 17; RÖGER § 5 Rn 12; TURIAUX § 4 Rn 5). Eine Frist für die Realisierung des Informationsanspruchs sieht das UIG nicht vor. Gleichwohl wird die Behörde dem Anspruch des Informationssuchenden nur dann gerecht, wenn sie die tatsächliche Realisierung des Anspruchs direkt im Anschluss an die unverzüglich und zügig durchzuführenden Vorbereitungshandlungen ermöglicht. Wird der Auskunftsantrag abgelehnt, so ist dies gemäß § 39 Abs 2 Nr 1 VwVfG zu begründen. Gegen die vollständige oder teilweise Ablehnung steht gemäß § 40 Abs 1 VwGO der **Verwaltungsrechtsweg** offen (KRAMER § 5 Ziff 10; RÖGER § 5 Rn 13 ff; SCHOMERUS/SCHRADER/WEGENER § 4 Rn 34 ff). Statthafte Klageart ist die Verpflichtungsklage (OVG Schleswig NVwZ 1999, 670, 671; ROSSI UPR 2000, 175, 180).

26 Nach § 10 UIG werden für Amtshandlungen im Bereich des Umweltinformationsrechts grundsätzlich kostendeckende **Gebühren und Auslagen** erhoben, so dass hiernach sowohl der positive Bescheid als auch die Ablehnung des Auskunftsanspruch grundsätzlich kostenpflichtig wäre. Die Kostenpflicht im letzteren Fall widerspricht jedoch Art 5 UIRL (EuGH NVwZ 1999, 1209, 1211 f; ARZT ZRP 1993, 18, 21; KUMMER/SCHUMACHER 66; SCHOMERUS/SCHRADER/WEGENER § 10 Rn 9 f; TURIAUX NJW 1994, 2319, 2323; weitergehend Haller UPR 1994, 88, 92 f; Kimber/Ekardt NuR 1999, 262, 264; **offengelassen** Landmann/Rohmer/Moormann § 19 Rn 6; **aA** Becker NVwZ 1999, 1187, 1189 f; Kramer § 10 Ziff 2; Meyer-Rutz 24). Im Fall des positiven Bescheids steht die Kostenpflicht im Spannungsfeld zwischen der gesetzgeberischen Intention, der auskunftgebenden Behörde die personelle und sächliche Belastung im Wesentlichen auszugleichen, sowie dem Ziel von UIRL und UIG, ungehinderten Zugang zu Umweltinformationen zu schaffen, der jedoch durch eine möglicherweise hohe Kostenbelastung des Auskunftssuchenden faktisch eingeschränkt würde (vgl hierzu auch VG Braunschweig NVwZ-RR 1998, 413 f). Der Ausgleich dieser widerstreitenden Interessen kann jedoch durch das **Verhältnismäßigkeitsprinzip** erfolgen, das als allgemeiner verwaltungsrechtlicher Grundsatz auch ohne explizite gesetzliche Erwähnung gilt (Becker NVwZ 1999, 1187, 1189; Kummer/Schumacher 66; Meyer-Rutz 24; Röger § 10 Rn 20; Schomerus/Schrader/Wegener § 10 Rn 23; Turiaux § 10 Rn 16; vgl auch EuGH NVwZ 1999, 1209, 1211 f) und ein Missverhältnis zwischen erhobener Gebühr und gegebener Information verhindert (vgl hierzu auch EuGH NVwZ 1999, 1209, 1212). Keine Bedenken hinsichtlich der Höhe der kostendeckenden Gebühr bestehen, wenn offensichtlich ist, dass der Antragsteller die erlangten Informationen kommerziell nutzen will (BVerwG NVwZ 2000, 913 f). Der Rahmen, in dem die Gebühr im Einzelfall festzusetzen ist, wird für Bundesbehörden durch die Umweltinformationsgebührenordnung (BGBl I 1994, 3732) konkretisiert.

5. Europarecht

27 Neben der in Deutschland durch das UIG umgesetzten (o Rn 16 ff) EG-Richtlinie über den freien Zugang zu Informationen über die Umwelt, die einen – auf den Bereich des Umweltrechts beschränkten – Informationsanspruch der Öffentlichkeit einräumt, haben Rat und Kommission der Europäischen Gemeinschaften Ende 1993 ein allgemeines, nicht auf ein bestimmtes Themengebiet beschränktes Zugangsrecht zu Rats- und Kommissionsdokumenten gewährt. Der sog Verhaltenskodex vom 6. 12. 1993 für den Zugang der Öffentlichkeit zu Kommissions- und Ratsdokumenten (veröffentlicht im ABl EG Nr L 23 v 28. 1. 1994, S 34; ebenfalls im Anhang zum Beschluss der Kommission über den Zugang der Öffentlichkeit zu den der Kommission vorliegenden Dokumenten in ABl EG Nr L 46 v 18. 2. 1994, S 60 f) realisiert so die in der Schlussakte des Vertrages zur Europäischen Union (BGBl 1992 II 1317 ff; Vertrag von Maastricht S 1253 ff = ABl EG Nr C 191 v 7. 2. 1992, am 1. 11. 1993 in Kraft getr, S 1; hierzu: BVerfGE 89, 155 = NJW 1993, 3047; vgl Haller JuS 1996, 209, 210; Tietje JuS 1994, 197; kritisch Oppermann DVBl 1994, 901 ff) geforderte Transparenz (Erklärung zum Recht auf Zugang zu Informationen, Schlussakte des Vertrages über die Europäische Union v 7. 2. 1992, veröffentlicht ua im Bulletin der Bundesregierung v 12. 2. 1992, S 180) des Beschlussverfahrens der europäischen Organe in einem wesentlichen Bereich (Röger DVBl 1994, 1182). Der von Rat und Kommission vereinbarte Verhaltenskodex wird ergänzt durch zwei Umsetzungsbeschlüsse (Ratsbeschluss vom 20. 12. 1993 über den Zugang zu Ratsdokumenten, ABl EG Nr L 340 vom 31. 12. 1993, S 43 f; Kommissionsbeschluss vom 8. 2. 1994 über den Zugang der Öffentlichkeit zu den der Kommission vorliegenden Dokumenten, ABl EG Nr L 46 vom 18. 2. 1994, S 58 f). Auch die ebenfalls am 6. 12. 1993 beschlossene Geschäftsordnung des Rates geht in ihrem Art 22 auf den Zugangsanspruch ein (ABl EG Nr L 304 vom 10. 12. 1993, S 1, 5) und enthält die Festlegung grundsätzlicher Regelungen über den Informationszugang sowie Detailregelungen (Röger DVBl 1994, 1182). Regelungszweck des Verhaltenskodex ist es, jedermann einen über die allgemeine Öffentlichkeitsarbeit der Organe und die amtlichen Veröffentlichungen hinausgehenden, möglichst umfassenden Zugang zu den Dokumenten des Rates und der Kommission zu gewähren (Röger DVBl 1994, 1182, 1183). Auch dieser Auskunftsanspruch ist jedoch begrenzt. Im Abschnitt „Regelung der Ausnahmen" des Verhaltenskodex ist vorgesehen, dass der Informationszugang ausgeschlossen und somit zu verweigern ist, wenn der Schutz öffentlicher Interessen, der Schutz des Einzelnen einschließlich seiner Privatsphäre, der Schutz des Geschäfts- und Industriegeheimnisses oder der Schutz der finanziellen Interessen der Gemeinschaft dies gebieten (vgl zu den Einzelheiten Röger DVBl 1994, 1182, 1185 f). Darüber hinaus kann auch die Wahrung der erbetenen Vertraulichkeit oder die Geheimhaltung der Beratungen der Organe einen Ausnahmegrund darstellen.

6. Datenlage zur Umweltsituation in der ehemaligen DDR

28 In der ehemaligen DDR existierten zu keiner Zeit Auskunftsansprüche von Bürgern auf umweltrechtlich relevante Daten gegenüber Behörden oder privaten Dritten (siehe Staudinger/Kohler [1996] § 9 UmweltHG Rn 9).

II. Zweck der Auskunftsansprüche des UmweltHG

29 Die oben näher dargestellten **Auskunftsansprüche,** insbesondere der aus § 242 BGB entwickelte Anspruch auf Auskunft bieten für den Geschädigten **keine ausreichende Gewähr** dafür, die im Einzelfall für die Durchsetzung eines Schadensersatzanspruches notwendigen tatsächlichen Informationen zu erhalten (Landsberg/Lülling Rn 5). Die genannten Regelungen des Zivilrechts und des öffentlichen Rechts (vgl hierzu § 9 Rn 3 ff) zu Auskunftsansprüchen helfen dem Geschädigten nicht gegenüber dem Inhaber einer Anlage in umweltrechtlichem Zusammenhang; das gilt auch, wenn Auskunftsansprüche in deliktsrechtlichem Zusammenhang über die anerkannten Fallgruppen hinaus weiterzuentwickeln sein sollten, da zu dem besonderen Regelungszweck des UmweltHG gerade gehört, Ansprüche unabhängig von deliktsrechtlichem Verschulden zu gewähren (vgl Landsberg/Lülling Rn 3).

30 **§ 6 Abs 1 UmweltHG** stellt zwar eine **Vermutung** für die Schadensursächlichkeit einer Anlage auf, wenn diese **nach den Gegebenheiten des Einzelfalles** zur Verursachung des Schadens geeignet ist (Paschke Rn 1). Der Geschädigte hat jedoch **diese Eignung** darzulegen und gegebenenfalls zu **beweisen** (Landsberg/Lülling § 6 Rn 56; B Leonhard 50; Marburger AcP 192 [1992] 1, 23). Ferner obliegt dem Geschädigten auch nach dem UmweltHG der **Nachweis der konkreten Umwelteinwirkung** sowie deren Ursächlichkeit für Verletzung und Schaden (vgl amtliche Begründung: BT-Drucks 11/7104, S 18; vBar 4 und 15; Diederichsen, in: Verhandlungen des 56. DJT, Bd 2, L 48, L 79 ff; Paschke, UTR 12 [1990] 281, 296 f, jew mwN). Die übrigen Regelungen des UmweltHG gewährleisten ebenfalls die Realisierung der Haftung aus tatsächlichen Gründen nicht hinreichend.

31 Zur **Beseitigung des Informationsdefizits** auf Seiten des Geschädigten wurde versucht, die für den Geschädigten unbefriedigende Situation in der Weise zu ändern, dass mit dem UmweltHG für das deutsche Recht neuartige (Brüggemeier KritV 1991, 297, 307; Diederichsen/Wagner VersR 1993, 641, 650) **Auskunftsansprüche** eingeführt wurden. Ausgehend von verschiedenen Vorschlägen im Zuge der Gesetzgebung (vgl zB § 65 b des Gesetzesantrags des Landes NRW, BR-Drucks 217/87; § 15 des GesetzE der Grünen, BT-Drucks 11/4247) wurden die §§ 8–10 UmweltHG entwickelt, die inhaltlich deutlich weiter gehen als der Anspruch aus § 242 BGB, **ohne** jedoch einen **allgemeinen Auskunftsanspruch** zu eröffnen. Indem die §§ 8–10 UmweltHG dem Geschädigten Zugang zu Informationen aus der Sphäre des Anlageninhabers oder der Behörde verschaffen, dienen die Auskunftsansprüche dazu, dem Geschädigten Klarheit darüber zu geben, ob ein Anspruch besteht, und, wenn mehrere Anlageninhaber als Ersatzpflichtige in Betracht kommen, wer passivlegitimiert ist (B Leonhard 60). Die §§ 8–10 UmweltHG dienen somit materiell dem **Ausgleich** des regelmäßig bestehenden **Wissensgefälles** zwischen Anlagenbetreiber und Geschädigtem (Falk 157; B Leonhard 63) und prozessual der Vorbereitung des Schadensersatzverfahrens in Form eines Feststellungsverfahrens (Salje Rn 2; Schmidt-Salzer Rn 19 ff). Sie erleichtern auf diese Weise die Durchsetzung von Ersatzansprüchen (Amtl Begr BT-Drucks 11/7104, S 19; vgl auch Paschke Rn 3; Schmidt-Salzer VersR 1992, 389, 391). Wesensgemäß von Auskunftsansprüchen unbeeinflusst sind solche Informationsdefizite, die darauf beruhen, dass der Stand der Wissenschaft und Technik die Aufklärung des Kausalverlaufs noch nicht zulässt (B Leonhard 64) bzw trotz technisch möglicher Aufklärung die benötigten Informationen nicht vorhanden sind; Auskunftsansprüche begründen keine Obliegenheit des Verpflichteten zur Informationsbeschaffung (vgl o Rn 17).

32 Die **Problematik** der §§ 8–10 UmweltHG, wie aller Auskunftsansprüche, besteht in der Gefahr eines **unberechtigten Eindringens in fremde Sphären** aus schadensersatzfremden Gründen, etwa zur Erkundung von Betriebsgeheimnissen. Daneben bedeutet eine Auskunftspflicht ein gewisses Maß an **Belästigung** mit Dokumentations- und Mitteilungspflichten. Schließlich steht eine Auskunftspflicht in grundsätzlicher Hinsicht in Spannung zum prozessualen Prinzip der **parteibezogenen Beibringungsobliegenheit** und materiellen **Unzumutbarkeit einer Selbstbelastung.** Die §§ 8–10 UmweltHG haben daher die Aufgabe, das Informationsinteresse eines Geschädigten mit den entgegenstehenden Belangen des eventuell Haftpflichtigen zum Ausgleich zu bringen.

33 Die Bundesregierung war der Auffassung, dass das am 1. Januar 1991 in Kraft getretene Umwelthaftungsgesetz wesentliche Verbesserungen für die Position Geschädigter enthält und einen wichtigen Beitrag zum Schutz der natürlichen Lebensgrundlagen darstellt (Antwort der Bundesregierung vom 9. Mai 1994, BT-Drucks 12/7500, S 2, auf eine Kleine Anfrage der SPD vom 14. 4. 1994, BT-Drucks 12/7301). Erkenntnisse über die Umsetzung in der rechtlichen Praxis lagen der Bundesregierung jedoch nicht vor (BT-Drucks 12/7500, S 2). Die Verringerung des Prozessrisikos für den Geschädigten wirkt darüber hinaus einerseits über das höhere Haftungsrisiko des Anlageninhabers einer Umweltschädigung mittelbar präventiv entgegen, andererseits auch mittelbar befriedigungsfördernd hinsichtlich eingetretener Umweltschäden, da ein Anlageninhaber, der einen mit negativer Öffentlichkeitswirkung belasteten Prozess fürchten muss, den der Geschädigte aufgrund der verbesserten Kalkulierbarkeit schneller zu führen bereit sein wird, eher vergleichsbereit sein dürfte (vgl B Leonhard 67 f).

III. Vergleich mit der US-amerikanischen discovery

34 In der rechtspolitischen Diskussion im Vorfeld der Verabschiedung des UmweltHG wurde der Vergleich der Ansprüche aus §§ 8–10 UmweltHG zur US-amerikanischen discovery (discovery kann wohl sinngemäß mit Offenlegung übersetzt werden; Stadler 61 spricht von Sachaufklärung; eingehend zur discovery: B Leonhard 123 ff, 171 ff, 201 ff, 226 ff) gezogen. Hierbei handelt es sich um eine dem deutschen Zivilprozessrecht unbekannte **spezifische Vorbereitungsphase** der Hauptverhandlung (Stadler 66). Bereits in der Verfahrensvorbereitung wird mit Hilfe der pretrial discovery der **Prozessstoff umfassend aufgearbeitet.** Prägend ist hierfür der Grundgedanke im US-amerikanischen Zivilprozessrecht, dass die eigentliche Hauptverhandlung (trial) in rechtlicher und tatsächlicher Hinsicht so erschöpfend vorbereitet werden muss, dass der Gegner nicht mit neuem Vorbringen überrascht werden kann (Haller 145; Stadler 67). Da bereits in diesem frühen Stadium die hauptsächliche Sachaufklärung betrieben wird, ist die pretrial discovery mit der Beweisaufnahme in der Hauptverhandlung nach deutschem Recht zu vergleichen (Stadler 66), wobei der Informationsaustausch umfassender ist (Stadler 67). Die bereits 1939 erstmals in Kraft getretenen Federal Rules of Civil Procedure (FRCP) sehen in rules 26–37 FRCP zahlreiche Aufklärungsmöglichkeiten, -pflichten und Sanktionen vor (Haller 145; Stadler 63).

35 Der **Aufwand,** bezogen auf die erforderliche Zeit, die hohen nicht erstattungsfähigen Anwaltskosten und die umfangreiche Offenlegung von Geschäftsgeheimnissen, ist zwar für die Parteien sehr hoch (Haller 146; eingehend B Leonhard 123 ff). Die für die Ablehnung einer Übernahme des amerikanischen discovery-Systems wesentliche **Furcht vor** den **umfangreichen Aufklärungspflichten** des discovery-Verfahrens ist allerdings überzogen. Erheblich ist jedoch, dass die discovery aufgrund der Unterschiede zwischen den Regeln des US-amerikanischen Zivilprozessrechtes und dem deutschen Zivilprozessrecht **nicht** in das deutsche Recht **integrierbar** ist. Insbesondere fehlt dem US-amerikanischen Prozessrecht die Obliegenheit, eine Klage schlüssig zu machen, sowie eine Kostenerstattungshaftung (Schmidt-Salzer § 8 Rn 70). Discovery wird geradezu als Trauma bezeichnet, während § 8 Abs 1 Satz 1 UmweltHG als eine sehr plausible, konkrete und praktikable Abgrenzung zwischen dem Informationsinteresse des Anspruchsstellers und berechtigten Schutzinteressen des Anlageninhabers gilt (Schmidt-Salzer § 8 Rn 70 und 72). Aufgrund ihrer tatbestandlichen Voraussetzungen verhindern die §§ 8–10 UmweltHG reine Verdachtsklagen oder abstrakte Ausforschungsklagen, sog fishing expeditions; darin liegt ein wesentlicher Vorteil gegenüber der discovery-Praxis des US-amerikanischen Rechts, in dem schon kraft erhobener Klage ein Prozessrechtsverhältnis entsteht und welches den Kläger bereits zur discovery berechtigt (Haller 147; Schmidt-Salzer § 8 Rn 70).

§ 8 UmweltHG
Auskunftsanspruch des Geschädigten gegen den Inhaber einer Anlage

(1) Liegen Tatsachen vor, die die Annahme begründen, daß eine Anlage den Schaden verursacht hat, so kann der Geschädigte vom Inhaber der Anlage Auskunft verlangen, soweit dies zur Feststellung, daß ein Anspruch auf Schadensersatz nach diesem Gesetz besteht, erforderlich ist. Verlangt werden können nur Angaben über die verwendeten Einrichtungen, die Art und Konzentration der eingesetzten oder freigesetzten Stoffe und die sonst von der Anlage ausgehenden Wirkungen sowie die besonderen Betriebspflichten nach § 6 Abs. 3.

(2) Der Anspruch nach Absatz 1 besteht insoweit nicht, als die Vorgänge aufgrund gesetzlicher Vorschriften geheimzuhalten sind oder die Geheimhaltung einem überwiegenden Interesse des Inhabers der Anlage oder eines Dritten entspricht.

(3) Der Geschädigte kann vom Inhaber der Anlage Gewährung von Einsicht in vorhandene Unterlagen verlangen, soweit die Annahme begründet ist, dass die Auskunft unvollständig, unrichtig oder nicht ausreichend ist, oder wenn die Auskunft nicht in angemessener Frist erteilt wird. Absätze 1 und 2 gelten entsprechend.

(4) Die §§ 259 bis 261 des Bürgerlichen Gesetzbuchs finden entsprechende Anwendung.

Schrifttum: Siehe Schrifttumsverzeichnis zur Einleitung sowie zu den Vorbemerkungen zu §§ 8–10 UmweltHG.

Systematische Übersicht

I. Grundlagen 1

II. Auskunftsanspruch (Abs 1) 3
1. Anspruchsvoraussetzungen (Tatbestand) 4
a) Anspruch auf Schadensersatz nach UmweltHG 4
b) Erforderlichkeit der Auskunft zur Anspruchsfeststellung 12
c) Anlage 17
d) Annahme der Schadensverursachung durch eine Anlage begründende Tatsachen 18
e) Aktivlegitimation; Geschädigter 22
f) Passivlegitimation; Inhaber der Anlage 23
2. Inhalt und Umfang des Auskunftsanspruchs (Rechtsfolge) 25
a) Möglichkeit 26
b) Umfang (Abs 1 S 2) 27
c) Modalitäten 33
d) Kosten 35

III. Geheimnisschutz (Abs 2) 39
1. Gesetzliche Geheimhaltungspflichten 40
2. Überwiegendes Interesses des Anlageninhabers oder eines Dritten 41
a) Regelungsinhalt 42
b) Betriebs- und Geschäftsgeheimnis 43
c) Interessenabwägung; geringst erforderlicher Eingriff 44

IV. Einsichtsrecht (Abs 3) 47
1. Voraussetzungen 48
2. Rechtsfolge 53
3. Kosten 54

V. Versicherung an Eides Statt (Abs 4)
1. Regelungsinhalt von Abs 4 55
2. Voraussetzungen der Verpflichtung zur Versicherung an Eides Statt 56
3. Kosten 58

VI. Prozessuales
1. Klageart 59
2. Zuständigkeit 60
a) Auskunftsklage 60
b) Versicherung an Eides Statt 61
3. Beweislast 62
4. Kosten 63
5. Vollstreckung 65
6. Einstweiliger Rechtsschutz 66

Alphabetische Übersicht

Akteneinsichtsrecht 47 ff
– Voraussetzungen 48 ff
Aktivlegitimation 22
Akzessorietät 11
Anlage 17
Auskunft
– Anlagenbezug 17
– Begründung 18
– Berechtigung 6
– Beschränkung 7

– Erforderlichkeit 12 ff, 44 ff
– Klage 59 ff
– nicht ausreichende 47 f, 51
– unrichtige 47 f, 50
– unvollständige 47 ff
Auskunftsanspruch 1 ff
– Aufgabe 1
– aus UmweltHG 3 ff
– Ausschluss 8
– bei höherer Gewalt 10
– bei Mitverschulden des Geschädigten 10
– Beschränkung 6
– geringst erforderlicher Eingriff 44 ff
– Inhaber 22
– Inhalt 25 ff
– Klageart 59 f
– Kosten 35 ff
– Modalität 33 f
– Möglichkeit 26
– Restanspruch 9
– Schuldner der Auskunft 23 f
– Umfang 27 ff
– Verjährung 11
– Voraussetzung 4 ff
Auskunftsklage 59 ff
– Einstweiliger Rechtsschutz 61
– Klageart 59 f
– Kosten 63 f
– Vollstreckung 65
– Zuständigkeit 60 f
Auskunftspflicht
– bezüglich der Art von Stoffen 30
– bezüglich der besonderen Betriebspflicht 32
– bezüglich der Konzentration von Stoffen 30
– bezüglich der sonstigen Wirkungen 31
– bezüglich der verwendeten Einrichtung 29
Auskunftsverweigerung
– Regelungsinhalt 39 ff
– Betriebs- und Geschäftsgeheimnis 43

Beweis
– der Annahme der Schadensverursachung 18
– Feststellung des Zusammenhangs 19
– Tatsachenbehauptung 21
– Verteilung der Beweislast 62
– Wahrscheinlichkeitsurteil 20
Beweisverwertungsverbot 7

Geheimnisschutz
– Auskunftsverweigerungsrecht 39 ff
– Betriebs- und Geschäftsgeheimnis 43
– gesetzliche Pflichten 40
– überwiegendes Interesse 41 ff
Geschädigter 22

Informationsbedürfnis 13
Inhaber der Anlage 23 f

Kausalität 20 f

Passivlegitimation 23 f

Rechtsgutsverletzung 5
Rechtsschutz 59 ff
– Auskunftsklage 60
– einstweiliger 66
– Kosten 63 f
– Verfahrensart 59 ff
– Versicherung an Eides Statt 61
– Vollstreckung 65

Schaden
– ersatzfähiger 5
Schutzzweck 1 f
Subsidiarität 15

Versicherung an Eides Statt
– Kosten 58
– Voraussetzung 57
– Zuständigkeit 61
Vollstreckung 65

I. Grundlagen

1 Informationen über tatsächliche Verhältnisse und Ergebnisse sind wichtige Voraussetzungen für die Ermittlung und Durchsetzung von Rechten (Erl 175; Sautter 28 f). Sie helfen dem Betroffenen **vorprozessual** bei der **Klärung der materiellen Rechtslage,** weil er erst aufgrund dieser Informationen abschätzen kann, ob und in welchem

Umfang ihm ein Anspruch zusteht (vgl Einl 230 ff; HALLER 1). Im Prozess erlauben ihm oft erst solche Informationen einen substantiierten Sachvortrag sowie Beweisantritte. Für die Beschaffung dieser notwendigen Informationen zu sorgen, ist Aufgabe von Auskunftsansprüchen und damit zusammenhängenden Rechten, wie zB dem Akteneinsichtsrecht.

2 Die bis zur Verabschiedung des UmweltHG vorhandenen gesetzlichen Regelungen über Schadensausgleich und Auskunftsanspruch wurden als für den Schutz der Umwelt und des Geschädigten nicht ausreichend angesehen (vgl HALLER 53 ff mwN). Durch das Gesetz über die Umwelthaftung sollte die Rechtsstellung der Geschädigten nachhaltig verbessert und die bestehenden Regelungslücken geschlossen werden. Dem sollte auch durch Verbesserung der **Aufklärbarkeit von Kausalzusammenhängen** bei Umweltschäden gedient werden; diesbezüglich werden die Auskunftsansprüche des UmweltHG geradezu als dessen bedeutsamste Neuerung angesehen (SAUTTER 29; idS auch ERL 213).

II. Auskunftsanspruch (Abs 1)

3 Abs 1 begründet ein auf Auskunft gerichtetes gesetzliches Schuldverhältnis. Es bezieht sich allein auf materielle Haftungsansprüche nach dem UmweltHG (HALLER 66; PASCHKE Rn 17 mwN).

1. Anspruchsvoraussetzungen (Tatbestand)

a) Anspruch auf Schadensersatz nach UmweltHG

4 Auskunft kann nur insoweit verlangt werden, als sie für einen Schadensersatzanspruch nach dem UmweltHG erheblich ist. Dies setzt die grundsätzliche **Anwendbarkeit des UmweltHG** im gegebenen Fall voraus. Daher ist namentlich die durch § 23 UmweltHG gezogene Grenze zu beachten (HALLER 66).

5 Zunächst muss ein **nach dem UmweltHG ersatzfähiger Schaden** des Anspruchsstellers auf der Grundlage einer nach dem UmweltHG **relevanten Rechtsgutsverletzung** vorliegen; für beides (vgl dazu und zu Beispielen § 1 Rn 5 ff) muss dieser schon im Auskunftsprozess im Streitfall den Vollbeweis führen (FALK 158; HALLER 66; SALJE Rn 2; SAUTTER 161 f; vgl auch LANDMANN/ROHMER/HAGER Rn 7; LANDSBERG/LÜLLING Rn 9; SCHMIDT-SALZER Rn 10 ff; einschränkend ERL 213). Nicht ausreichend ist allein eine Rechtsgutsverletzung, aus der kein Schaden entstanden ist (**aA** KG VersR 1991, 826, 827; B LEONHARD 150, die allein die Rechtsgutverletzung dann bereits als ausreichend ansehen, wenn ein späterer Schadenseintritt nicht auszuschließen ist), da insoweit auch kein Schadensersatzanspruch nach § 1 UmweltHG bestehen kann. Erforderlich ist lediglich, dass überhaupt ein Schaden entstanden ist; der Umfang des Schadens braucht zum Zeitpunkt der Geltendmachung des Auskunftsanspruchs noch nicht festzustehen (HALLER 66). Ausreichend ist es, dass die begehrte Auskunft eine Feststellungsklage über die Ersatzpflicht des Schädigers ermöglichen soll (PASCHKE Rn 32; SALJE Rn 2; SCHMIDT-SALZER Rn 27).

6 Die Auskunft muss der Feststellung dienen, dass dem Geschädigten ein Schadensersatzanspruch gerade **auf Grund von § 1 UmweltHG** zusteht (ERL 176). Allein zur Geltendmachung eines isolierten Anspruchs auf Ersatz eines Schadens, der nach dem UmweltHG nicht ersatzfähig ist, wie etwa Schmerzensgeld oder ein bloßer Vermö-

gensschaden, kann der Auskunftsanspruch nicht herangezogen werden (Haller 66; Landsberg/Lülling DB 1990, 2205, 2209; B Leonhard 154; Schimikowski, Umwelthaftungsrecht Rn 197; Schmidt-Salzer Rn 59; **aA** Lytras 489 f); dass es sich so verhält, muss der Anspruchsgegner darlegen und beweisen (Sautter 164). Die **Ausforschung** zu Zwecken, die nicht die Verfolgung von Schadensersatzansprüchen aufgrund des UmweltHG bezwecken, ist unzulässig (Haller 66 f).

7 Trotz dieser Beschränkung in § 8 UmweltHG kann der Geschädigte die auf dieser normativen Grundlage erhaltene Auskunft zur Durchsetzung anderer, etwa deliktsrechtlicher Ansprüche nutzen. Insoweit besteht **kein Beweisverwertungsverbot** (Falk 161 f; Haller 67; Landsberg/Lülling Rn 13; B Leonhard 154; Sautter 164). Nur wenn der Geschädigte im Auskunftsverfahren erkennbar einen Schaden geltend machen will, der vom UmweltHG nicht erfasst wird und eine nach dem UmweltHG liquidierbare Schadensposition nur vorschützt, kann ein derartiges Verhalten mit Rücksicht auf § 242 BGB treuwidrig sein und zur Versagung des Auskunftsanspruchs führen (Salje Rn 14; Sautter 164; Schimikowski, Umwelthaftungsrecht Rn 197 Fn 489). Die Voraussetzungen der treuwidrigen Geltendmachung sind allerdings eng auszulegen, wobei nachzuweisen ist, dass die nach dem UmweltHG geltend gemachte Schadensposition nur zum Schein eingeführt wird (Landsberg/Lülling Rn 13). Im Zweifel ist davon auszugehen, dass der Geschädigte solche Ansprüche zumindest zusätzlich geltend machen will, so dass in der Regel ein Auskunftsanspruch zuzugestehen ist (Haller 67).

8 Die §§ 4, 5, 11 UmweltHG schließen **im Einzelfall** den Schadensersatzanspruch gemäß § 1 UmweltHG zwar aus, wenn der Schaden auf **höherer Gewalt** (§ 4 UmweltHG) oder auf einem **extremen Mitverschulden** (§ 11 UmweltHG) auf Seiten des Geschädigten beruht, oder wenn lediglich eine unwesentliche oder eine nach den örtlichen Verhältnissen **zumutbare Beeinträchtigung** (§ 5 UmweltHG) vorliegt. Der Auskunftsanspruch entfällt in diesen Fällen jedoch in der Regel nicht a priori (Landsberg/Lülling DB 1990, 2205, 2209; dies § 8 Rn 12; Oehmen Rn 255 f; Schimikowski, Umwelthaftungsrecht Rn 198; Schmidt-Salzer Rn 61), dh vor der Sachverhaltsaufklärung, der der Auskunftsanspruch dienen soll (Haller 67).

9 Aufgrund des Auskunftsanspruch soll der Geschädigte beurteilen können, inwieweit die Geltendmachung eines Schadensersatzanspruchs Aussicht auf Erfolg hat. Daher muss ein **Auskunftsanspruch** auch dann bestehen, **wenn** nach der im Zeitpunkt des Auskunftsverlangens sich abzeichnenden Sachlage **nicht ausgeschlossen** werden kann, dass die §§ 4, 5, 11 UmweltHG im gegebenen Fall unanwendbar sind oder ein Restanspruch trotz ihrer Anwendbarkeit verbleibt (Haller 67 f; Schmidt-Salzer Rn 61 f; vgl aber auch B Leonhard 153, die auf die Möglichkeit des Nachweises der Voraussetzungen der §§ 4 f UmweltHG bereits im Auskunftsverfahren hinweist).

10 Ob ein Fall der **höheren Gewalt** gemäß § 4 UmweltHG vorliegt, kann erst nach detaillierter Kenntnis der Anlage und ihrer Funktionsweise abschließend beurteilt werden; dem Geschädigten diese Kenntnis zu verschaffen, ist Aufgabe des Auskunftsanspruchs. Auch sind gemäß § 5 UmweltHG Fälle einer **unwesentlichen oder örtlich zumutbaren Beeinträchtigung** nicht von vornherein von der Haftung ausgenommen, sondern nur unter der Voraussetzung des bestimmungsgemäßen Betriebs (§ 6 Abs 2 Satz 2 UmweltHG). Solange also der Anlageninhaber den **Vollbeweis des**

Normalbetriebs nicht erbracht hat, sind die Ursachenvermutungen der § 6 Abs 1 Satz 1 und § 7 Abs 1 Satz 1 UmweltHG anwendbar, mit der Folge, dass dem Geschädigten bis zur Erbringung des Vollbeweises ein Auskunftsanspruch zusteht (Haller 68; Schmidt-Salzer Rn 62). Soweit eine **Mitverantwortung des Geschädigten** gemäß § 11 UmweltHG möglich ist, aber nicht gewiss ist, dass der Anlageninhaber ihretwegen insgesamt nicht haftet, bedarf es der Aufklärung des Verursachungsbeitrags der Anlage, um die schadensmitwirkenden Verantwortlichkeiten überhaupt abwägen zu können (Haller 68).

11 Das Auskunftsrecht unterliegt auch in zeitlicher Hinsicht **Beschränkungen aus Akzessorietätsgründen.** Soweit der Schadensersatzanspruch bereits verjährt oder erfüllt ist, besteht auch kein Auskunftsanspruch mehr (B Leonhard 154; Sautter 164; vgl OLG Düsseldorf NJW 1988, 2389, 2390).

b) Erforderlichkeit der Auskunft zur Anspruchsfeststellung

12 Der Auskunftsanspruch des Geschädigten besteht nur insoweit, wie die begehrten Informationen zur Feststellung seines Schadensersatzanspruchs erforderlich sind. Schon dies ist Ausdruck des **Verhältnismäßigkeitsgebots** und insbesondere des Gebots der Anspruchsbeschränkung auf das zwar Zweckdienliche und Notwendige, aber **Geringsterforderliche** (Haller 76).

13 Nicht erforderlich ist eine Auskunft, wenn ein auf das Schadensersatzbegehren bezogenes **Informationsbedürfnis fehlt** (B Leonhard 151 f), beispielsweise weil das Schicksal des Anspruchs bereits geklärt ist, dessentwegen Auskunft bzw Einsicht verlangt wird (Haller 68; Salje Rn 45; Sautter 164 f). Mangels Erforderlichkeit entfällt das Auskunfts- und Einsichtsrecht infolgedessen, insbesondere soweit der auf die Auskunft in Anspruch Genommene den Schaden des Anspruchsstellers ersetzt (B Leonhard 153).

14 Ferner fehlt es an der Erforderlichkeit, wenn der Geschädigte über die verlangte Information bereits verfügt (Erl 177). Anzuerkennen ist ein Informationsbedürfnis jedoch auch in diesem Fall, wenn der Geschädigte die Auskünfte zur absichernden **Substantiierung** der ihm ohnedies schon verfügbaren Beweismittel benötigt (Sautter 165). Die Auskunft ist auch dann nicht erforderlich, wenn sich der Geschädigte die begehrte Information **anderweitig** aus ihm zugänglichen Unterlagen **unschwer** und ebenso **zuverlässig** wie vom Anlageninhaber **beschaffen** kann (Falk 162; Landsberg/Lülling Rn 14; B Leonhard 155; Erl 177; Paschke Rn 103; Salje Rn 11), etwa aus allgemein zugänglichen amtlichen Quellen (Haller 69; Sautter 165). Die Ratio für den Informationsanspruchs gemäß § 8 UmweltHG liegt nämlich darin, dass der Anspruchsgegner der zu beweisenden Tatsache näher steht. Insoweit unterscheiden sich diese Voraussetzung nicht von der entsprechenden Voraussetzung zum richterrechtlich entwickelten Anspruch aus § 242 BGB (hierzu: BGH LM § 242 [Be] Nr 25; WM 1971, 1196; Palandt/Heinrichs § 261 Rn 12; vgl oben Rn 8). Nach der diesbezüglichen und insoweit übertragbaren Rechtsprechung ist Voraussetzung, dass sich der Betroffene die erforderliche Information nicht selbst beschaffen kann. Daran fehlt es, wenn der Geschädigten ihm zugängliche Informationsquellen nutzen kann. In diesem Fall wäre eine Inanspruchnahme treuwidrig (Erl 177; Haller 76). Nicht jede theoretisch denkbare anderweitige Auskunftsmöglichkeit schließt den Anspruch gegen den Inhaber aus (Haller 76; Paschke Rn 105). Die Auskunftsmöglichkeit muss dem Geschädigten auch tatsächlich zugänglich sein, sie muss mindestens gleichwertig sein, und ihm muss deren Gebrauch zumutbar sein. So sind beispielsweise solche Umweltinformationen, die aufgrund der Teilnahme am EG-Umwelt-Audit-System veröffentlicht wurden, regelmäßig nicht geeignet, den Auskunftsanspruch auszuschließen, da sie wegen ihrer beschränkten Aktualität sowie ihres geringen Detaillierungsgrades nicht geeignet sind, dem Geschädigten die benötigten konkreten und detaillierten Informationen zu liefern (Falk 162). Auch ist die Auskunft erforderlich, wenn sie sonst nur in unzumutbarer Weise (Gottwald BB 1979, 1780, 1784; Haller 76 f; MünchKomm/Krüger § 260 Rn 18; Soergel/Wolf § 260 Rn 29; **aA** LAG Baden-Württemberg AP Nr 7 zu § 242 BGB Auskunftspflicht = AP Nr 1 zu § 260 BGB) durch die Einschaltung einer Detektei (Paschke Rn 105) zu erlangen ist, oder der Geschädigte an einen nicht auskunftspflichtigen Dritten verwiesen wird, so dass grundsätzlich auch weitere Mitgeschädigte, denen die begehrte Auskunft bereits erteilt wurde, als anderweitige Informationsquelle ausscheiden (B Leonhard 155).

15 Eine anderweitige Erreichbarkeit der Information wird nicht durch das Nebeneinander der Ansprüche gemäß § 8 und § 9 UmweltHG begründet. Der Anlagenbetreiber kann den Geschädigten nicht auf den gegen Behörden gerichteten Auskunftsanspruch gemäß **§ 9 UmweltHG** verweisen (B Leonhard 155; Sautter 165); in diesem Verhältnis besteht **keine Subsidiarität.** Die Ansprüche aus § 8 und § 9 UmweltHG bestehen kumulativ und sind einander gleichwertig (Haller 77; Salje Rn 13).

16 **Inhaltlich erforderlich** sind in der Regel Auskünfte über alle **anlagerelevanten Daten** (Salje Rn 11; Schmidt-Salzer Rn 85), da diese dem Geschädigten gerade nicht zugänglich sind. Nicht erforderlich sind dagegen im allgemeinen beispielsweise meteorologische Auskünfte, weil diese Angaben auch bei den Wetterämtern oder in der Tagespresse zu erhalten sind (Landsberg/Lülling Rn 16; Paschke Rn 103; Schmidt-Salzer Rn 95). Derartige Auskünfte wird der Inhaber der Anlage zumeist ohnehin nicht aus eigener Sachkompetenz erteilen können, sondern sich oft über dieselben Quellen wie der Geschädigte besorgen müssen. Ebenfalls nicht erforderlich sind Auskünfte über die Wirkungsweise der emittierten Stoffe, über die Art der dabei auftretenden Schäden und über das Ausbreitungsverhalten im Allgemeinen, da diese Informationen durch die Fachliteratur öffentlich zugänglich und präsent sind. Der Geschädigte hat sich im Zweifel eines Sachverständigen zu bedienen. Etwas anderes kann nur dann gelten, wenn der Anspruchsverpflichtete über diesbezügliche Informationen verfügt, die noch nicht in die Fachliteratur Eingang gefunden haben, weil sie dem Geschädigten solchenfalls nicht über den Sachverständigen zur Kenntnis gelangen können (Haller 77).

c) Anlage

17 Als **Schadensverursacher** muss eine **Anlage im Sinne des Anhangs I zu § 1 UmweltHG** in Betracht kommen (Erl 176 f; so auch Landsberg/Lülling Rn 11), obwohl der Text des § 8 UmweltHG dies nicht ausdrücklich erwähnt. Dies ergibt sich aus dem systematischen Zusammenhang des Gesetzes. § 8 UmweltHG gewährt nämlich lediglich einen Auskunftsanspruch für solche Schäden, die nach dem UmweltHG ersatzfähig sind; dies hängt gemäß § 1 UmweltHG davon ab, dass die Emission von einer Kataloganlage ausgegangen ist (Haller 69; zur ggf entsprechenden Anwendung des Auskunftsanspruchs auf Umweltschäden, die nicht auf der Emission einer Kataloganlage beruhen, vgl B LEONHARD 163 ff).

d) Annahme der Schadensverursachung durch eine Anlage begründende Tatsachen

18 Der Geschädigte muss **Tatsachen** darlegen und gegebenenfalls beweisen, auf denen die **Annahme** aufbauen kann, **dass** eine **Kataloganlage** den **Schaden verursacht** hat (HALLER 69; PASCHKE Rn 42; SAUTTER 162 f). Insoweit genügt, da der Auskunftsanspruch erst die hinsichtlich der haftungsbegründenden Kausalität bestehende Beweisnot beheben soll, dass der Geschädigte plausibel darlegt und erforderlichenfalls beweist, dass die Verletzung seines Rechtsgutes sowie sein Schaden von einer Kataloganlage herrühren können, und dass in der betreffenden Betriebsstätte derartige Kataloganlagen existieren (SAUTTER 162; idS auch FALK 159; B LEONHARD 150 f).

19 Die **abstrakte und konkrete Möglichkeit der Schadensverursachung** durch die betreffende Anlage erfordert primär die Feststellung, dass der eingetretene Schaden überhaupt seiner Natur entsprechend und den gegebenen Fallumständen gemäß durch die Anlage verursacht worden sein kann. Im einzelnen muss daher festgestellt werden, dass ein Zusammenhang zwischen der bestimmten Anlage und einer Umwelteinwirkung sowie zwischen dieser Umwelteinwirkung und einer Verletzung eines der geschützten Rechtsgüter und zwischen der Rechtsgutverletzung und einem eingetretenen Schaden bestehen kann (vgl insoweit LANDSBERG/LÜLLING § 1 Rn 156). Der Anspruchsteller muss konkrete Tatsachen darlegen, die eine derartige Vermutung begründen, und er muss diese Tatsachen im Bestreitensfall beweisen (DIEDERICHSEN/WAGNER VersR 1993, 641, 651; HALLER 69 f; SAUTTER 163; hilfreich hierfür können insbes Veröffentlichungen nach der EG-Umwelt-Audit-Verordnung sein, vgl FALK 159 ff).

20 Indem diese Vorschrift auf Tatsachen abstellt, die die Annahme begründen, dass eine Anlage den Schaden verursacht hat, wird ein **Wahrscheinlichkeitsurteil** (vgl LANDSBERG/LÜLLING Rn 10; PASCHKE Rn 44; SCHMIDT-SALZER Rn 31 ff) **bezüglich der haftungsbegründenden Kausalität** zur tatbestandlichen Voraussetzung des Auskunftsanspruchs (HALLER 70; NICKLISCH, in: FS Serick 297, 307; PASCHKE Rn 44; idS auch FALK 159). Der **Grad** der erforderlichen Wahrscheinlichkeit ist nicht geregelt. Eine relative Bestimmung des Wahrscheinlichkeitsmaßes ergibt sich aus der Systematik des UmweltHG. § 1 UmweltHG erfordert für den Nachweis der haftungsbegründenden Kausalität den Vollbeweis; nach § 6 wird die Ursächlichkeit vermutet, wenn die konkrete Eignung der Anlage feststeht, während § 8 eine begründete Annahme voraussetzt (HALLER 70; PASCHKE Rn 45). Wenn die Vermutung der Ursächlichkeit dem Geschädigten helfen soll, so muss der zu fordernde Grad der Wahrscheinlichkeit relativ zu den Erfordernissen des § 6 UmweltHG niedrig angesetzt werden, um dem Geschädigten insoweit eine weitere vorprozessuale Hilfe zu sein. Insoweit liegen die Anforderungen an den Grad der vorliegenden Wahrscheinlichkeit in diesem abgestuften System deutlich niedriger als bei einem aus § 242 BGB abgeleiteten Auskunftsanspruch (PASCHKE Rn 45), der hinsichtlich ungewisser Schadensersatzansprüche eine hohe oder zumindest überwiegende Wahrscheinlichkeit verlangt (BAG ZIP 1989, 668, 669; SOERGEL/WOLF § 260 Rn 28). Daher ist kein strenger Maßstab anzulegen, um der Vorschrift nicht die Effektivität zu nehmen. Der Geschädigte muss andererseits **mehr** vortragen **als** einen bloßen **Verdacht** (BAG ZIP 1989, 668, 669; SOERGEL/WOLF § 260 Rn 28), um die berechtigten Interessen des Emittenten zu wahren, nicht zum willkürlichen Ziel von Ausforschungen zu werden. Daher ist insgesamt die **ernsthafte Möglichkeit** (Schmidt-Salzer VersR 1991, 1, 15; ders Rn 42; idS [Plausibilität] auch Diederichsen/Wagner VersR 1993, 641, 650 f; Möllers 368; so wohl auch Lytras 489; **aA** Landsberg/Lülling Rn 10; Paschke Rn 44) ebenso wie ein begründeter (Gottwald, in: FS Lange 447, 461; Oehmen Rn 254) oder **hinreichend begründbarer Verdacht** (Paschke Rn 44; Deutsch VersR 1990, 1041, 1044 zu § 35 GenTG) eines Kausalzusammenhangs sowohl notwendig als auch hinreichend (Haller 70).

21 Die **Vermutung** der Kausalverknüpfung von Anlage und Schaden muss sich **auf Tatsachen stützen.** Unter Tatsachen sind konkrete äußere oder innere Umstände zu verstehen, die der Nachprüfung durch Dritte offenstehen (Falk 158; Landsberg/Lülling Rn 10; Paschke Rn 43; zum Begriff: Baumbach/Lauterbach/Albers/Hartmann Einf vor § 284 Rn 17; vgl KG NJW 1970, 2029, 2031). In Betracht kommen gemäß § 6 Abs 1 Satz 2 UmweltHG alle Gegebenheiten, die im Einzelfall für die Schadensverursachung sprechen, also alle Umstände, die den Beweis der konkreten Eignung der Anlage zu begründen vermögen (Haller 71). Gegebenheiten, die gegen die Ursächlichkeit der Anlage sprechen, haben außer Betracht zu bleiben, weil nicht schon im Auskunftsverfahren die Haftungsfrage geklärt werden soll (Paschke Rn 27, 43). Die geforderten Tatsachen müssen gestatten, eine Verbindung zwischen der Rechtsgutverletzung und dem Betrieb der Anlage herzustellen. Art und Umfang des erforderlichen Tatsachenmaterials sind eine Frage des konkreten Einzelfalls (so Landsberg/Lülling Rn 10; Paschke Rn 47). Reine Spekulationen und Behauptungen, die jeder tatsächlichen Grundlage entbehren, genügen nicht. Soweit jedoch nicht in diesem Sinne unschlüssige Tatsachen vorgetragen werden, sind die Anforderungen an Inhalt und Umfang des Tatsachenmaterials nicht zu überspannen, weil sich der Auskunftsanspruch nicht bereits aus der Wahrscheinlichkeit der Schadensursächlichkeit der Anlage rechtfertigt, sondern er seine Grundlage in der Beweisnot des Geschädigten hat (Haller 71; Paschke Rn 46).

e) Aktivlegitimation; Geschädigter

22 Anspruchsinhaber ist der **Geschädigte.** Der Geschädigte ist grundsätzlich die natürliche oder juristische Person, in dessen durch § 1 UmweltHG geschützte Rechtsposition durch die Umwelteinwirkung eingegriffen wurde und dem daraus ein zurechenbarer Schaden entstand (B Leonhard 147). § 8 UmweltHG eröffnet **keinen allgemeinen Informationsanspruch** in Gestalt einer Popularklage (Amtl Begr BT-Drucks 11/7104, S 19), sondern ermöglicht nur einem Geschädigten, im Geltungsbereich des UmweltHG Auskünfte über Emissionsdaten zu verlangen (Haller 71; Oehmen Rn 254). Der Anspruch ist entsprechend dem Schadensersatzanspruch **vererblich** (Haller 71; B Leonhard 147; Paschke Rn 63; vgl Palandt/Heinrichs § 261 Rn 26). Wird der Schadensersatzanspruch **abgetreten,** so geht in entsprechender Anwendung von § 401 Abs 1 BGB im Zweifel auch der Auskunftsanspruch auf den Zessionar über (Paschke Rn 18). Gleiches gilt entsprechend §§ 412, 401 Abs 1 BGB bei **gesetzlichem Übergang** des Schadensersatzanspruchs, beispielsweise gemäß § 116 Abs 1 SGB X, weil der Sozialversicherungsträger anlässlich des Schadensfalls an den Geschädigten leistet (Hüpers VersR 1994, 653, 655 f; B Leonhard 147).

f) Passivlegitimation; Inhaber der Anlage

23 Schuldner des Anspruchs aus § 8 UmweltHG und damit Verpflichteter ist der **Inhaber der Anlage.** Dies ist diejenige natürliche oder juristische Person, gegen die sich der Schadensersatzanspruch richtet, in bezug auf dessen tatsächliche Voraussetzungen Auskunft verlangt wird. Der Anlageninhaber im Sinne des § 8 UmweltHG ist daher entsprechend § 1 UmweltHG zu bestimmen (Oehmen Rn 264); auf die Kommentierung des § 1 Rn 8 ist zu verweisen. Stirbt der Verpflichtete, so geht die Informationspflicht nach § 1922 BGB auf dessen **Erben** über (BGHZ 107, 104, 108 zu §§ 675, 666 BGB = BGH NJW 1989, 1601; Palandt/Heinrichs § 261 Rn 26; Soergel/Wolf § 260 Rn 5). Wird das Insolvenzverfahren über das Vermögen des Inhabers eröffnet, so ist der **Insolvenzverwalter** nach § 80 Abs 1 InsO zur Auskunft verpflichtet (Winkler vMohrenfels 168; Salje Rn 13).

24 Im Hinblick auf § 17 UmweltHG ist der Inhaber der Anlage auch verpflichtet, über seine **Inhaberschaft** Auskunft zu erteilen (Haller 72). Soweit keine Anlage betrieben wird oder der in Anspruch Genommene nicht deren Inhaber ist, beschränkt sich die Auskunftspflicht auf diese Tatsache (Paschke Rn 64). Hat zwischen dem mutmaßlichen Zeitpunkt der Schadensverursachung und dem Auskunftsverlangen ein **Inhaberwechsel** stattgefunden, so sind beide Inhaber zur Auskunft verpflichtet (Oehmen Rn 264). Durch die Übertragung der Anlage wird die Haftung für das schadensverursachende Ereignis nicht beendet (Haller 73). Da sich der Auskunftsanspruch zur Haftung akzessorisch verhält, bleibt grundsätzlich der Inhaber im mutmaßlichen Zeitpunkt der Verursachung durch die Kataloganlage auch zur Auskunft verpflichtet (Schmidt-Salzer Rn 54; Paschke 68). Daneben kommt es mit Rücksicht auf den Zweck und die Erfüllbarkeit des Auskunftsanspruchs bei § 8 UmweltHG nicht allein auf den Zeitpunkt der Schadensverursachung an, sondern auch darauf, wer tatsächlich zur Auskunft gegenüber dem Geschädigten in der Lage ist. Zusätzlich ist demgemäß auch der Inhaber im Zeitpunkt der Geltendmachung des Auskunftsanspruchs Verpflichteter. Mit der Übertragung der Anlage werden zumeist auch alle Unterlagen, Daten und sonstige Informationen übergeben. Tatsächlich kann in diesen Fällen nur der neue Inhaber den Anspruch auf Auskunft erfüllen. Da der Geschädigte nicht einschätzen kann, inwieweit dem alten oder dem neuen Inhaber der Anlage die Auskunftspflichterfüllung tatsächlich möglich ist, da dies von der internen Sphäre der Beteiligten abhängt, ist es notwendig, sowohl den Inhaber im Schadenszeitpunkt wie den Inhaber im Geltendmachungszeitpunkt als Verpflichteten anzusehen (Haller 73; so auch Schmidt-Salzer Rn 55).

2. Inhalt und Umfang des Auskunftsanspruchs (Rechtsfolge)

25 Soweit die tatbestandlichen Voraussetzungen vorliegen, ist der Inhaber der Anlage zur Auskunftserteilung verpflichtet.

a) Möglichkeit

26 Grundsätzlich werden nur dem Anlageninhaber **verfügbare** Informationen geschuldet. Eine über das Zusammentragen vorhandener Daten hinausgehende **Pflicht zur Sachverhaltserforschung** besteht auch bei einem Störfall **nicht** (Paschke Rn 140 mit Ausnahme von dieser Regel beim Störfall). Insoweit kann sich der Auskunftsverpflichtete auf die Unmöglichkeit der Auskunftserteilung berufen (Haller 80 f; Paschke Rn 139; Soergel/Wolf § 260 Rn 66). Vorhanden sind außer den beim Auskunftsverpflichteten selbst befindlichen Informationen auch solche, die er sich in seinem Unternehmen beschaffen kann, insbesondere das Wissen seiner Arbeitnehmer (BGHZ 89, 24, 28 = NJW 1984, 487; BGHZ 107, 104, 108 = NJW 1989, 1601; LG Gießen MDR 1979, 64; Haller 80; Palandt/Heinrichs § 261 Rn 24; Paschke Rn 139; Soergel/Wolf § 260 Rn 51). Darüber hinaus kann er in den Grenzen der Zumutbarkeit verpflichtet sein, von Auskunftsrechten gegenüber Dritten Gebrauch zu machen (Sautter 170).

b) Umfang (Abs 1 S 2)

27 Gemäß § 8 Abs 1 S 2 UmweltHG ist die **Verpflichtung** in mehrfacher Hinsicht **konkretisierend und abschließend beschränkt.** So können Angaben verlangt werden über die verwendeten Einrichtungen, die Art und Konzentration der eingesetzten oder freigesetzten Stoffe (Oehmen Rn 256) sowie – in ergänzender Auslegung – auch ihrer Menge (Erl 177 f; B Leonhard 158 f; Sautter 168), die sonst von der Anlage ausgehenden Wirkungen sowie die in § 6 Abs 3 UmweltHG spezifizierten sog besonderen Betriebspflichten einschließlich (Sautter 168) ihrer Einhaltung, woraus der Geschädigte gegebenenfalls auf das Vorliegen einer Betriebsstörung schließen kann (Sautter 169). Zweck der gegenständlichen Begrenzung der Auskunftspflicht ist es, dem geschädigten Anspruchsinhaber im Rahmen des Erforderlichen und des dem Auskunftspflichtigen Zumutbaren (Sautter 169) diejenigen Informationen zugänglich zu machen, die er für die Feststellung der konkreten Eignung der Anlage zur Schadensverursachung sowie – im Falle des Normalbetriebes – der Kausalität zwischen den von der Anlage ausgehenden Wirkungen und dem Schaden benötigt, um seine Rechte prüfen oder durchsetzen zu können (Amtl Begr BT-Drucks 11/7104, S 19). Damit soll der Anspruchsgegner vor Ausforschungen (Begriff: Lüderitz 5 ff; Stürner 106 ff) geschützt werden (Haller 78; Landsberg/Lülling Rn 15; B Leonhard 156 f; Salje Rn 16; Schmidt-Salzer Rn 93).

28 Die für die Auskunft vorgesehenen Angaben sind im Wesentlichen **dieselben Angaben,** wie sie in **§ 6 Abs 1 S 2 UmweltHG** verlangt werden. Allein der **Betriebsablauf** ist nicht in die Auskunftspflichten übernommen worden, womit der Geheimnisschutz des Anlageninhabers gewährleistet werden soll (B Leonhard 162; Huffmann 144; Paschke Rn 76; Salje Rn 16; Sautter 167 f). Je nach Umfang der Auskünfte zu den verwendeten Einrichtungen lässt sich hieraus aber der Betriebsablauf gegebenenfalls für den Fachmann ableiten (Paschke Rn 76, der insoweit eine Abgrenzung vornimmt). Dies wiederum begründet für den Inhaber der Anlage jedoch nicht den Einwand, über die Einrichtungen deshalb keine Auskunft zu erteilen, weil daraus der Betriebsablauf erkennbar wird (Paschke Rn 77), da sonst der Auskunftsanspruch entwertet würde. Der Inhaber kann sich insoweit nur nach Abs 2 auf die Geheimhaltungsbedürftigkeit berufen (Haller 79; Sautter 168).

29 Die Auskunftspflicht ist zum einen gegenständlich begrenzt hinsichtlich der verwendeten **Einrichtungen.** Unter Einrichtungen sind die sachlich-technischen Betriebsmittel im weitesten Sinne zu verstehen (B Leonhard 157; Paschke Rn 75). Dazu gehören Art der Betriebsmittel, ihr Alter, ihre Leistungsfähigkeit sowie ihr Hersteller, die verwendeten Sicherheitseinrichtungen wie Filter- und Kläranlagen und ihre Leistungsfähigkeit, die zum innerbetrieblichen Transport genutzten Gerätschaften, die Fahrzeuge und ihre Be- und Entlademöglichkeiten und Angaben über die Art und räumliche Belegenheit von Lagern, Tanks oder sonstigen Behältnissen für Vor-, Zwischen- und Endprodukte sowie Abfälle und Produktionsrückstände (Paschke Rn 75). Angaben hierzu geben Auskunft über die konkrete Kausalitätseignung (Paschke Rn 54) und den Sicherheitsstandard der Anlage (Haller 79; Paschke Rn 74). In Betracht kommen die vorgenannten Einrichtungen jedoch nur insoweit, wie sie für die Entstehung einer von § 1 UmweltHG erfassten Umwelteinwirkung von Bedeu-

tung sein können. Auskunft ist darüber zu erteilen, welche Einrichtungen vorhanden sind und ob diese betrieben wurden. Die Auskunftspflicht erstreckt sich nicht darauf, wie diese betrieben wurden (so auch PASCHKE Rn 78 f), da diese Frage zum betrieblichen Ablauf gehört, über den nach § 8 Abs 1 S 2 UmweltHG keine Auskunft geschuldet wird (HALLER 79).

30 Ferner ist Auskunft über die **Art und Konzentration** der eingesetzten oder freigesetzten Stoffe zu geben. Hierzu zählen Angaben über die chemische Zusammensetzung der verwendeten und erzeugten Substanzen sowie der Anteil dieser Substanzen in einer weiteren Substanz wie Luft oder Wasser (B LEONHARD 158). Der Geschädigte kann aufgrund dieser Angaben ein Überschreiten der Grenzwerte feststellen und sich Klarheit über Art und Ausmaß des Geschehens am Beginn der Kausalkette verschaffen. Mitzuteilen ist, welche Stoffe in der Anlage allgemein und im Zusammenhang mit dem konkreten Fall ein- und freigesetzt werden oder wurden (HALLER 80; PASCHKE Rn 82).

31 Auskunft ist auch über die **sonst von der Anlage ausgehenden Wirkungen** zu erteilen. Hierbei handelt es sich um nicht stoffgebundene Vorgänge wie Erschütterungen, Lärm, Druck, Strahlen oder Wärme im Sinne von § 3 Abs 1 UmweltHG. Die Auskunftspflicht bezieht sich auf Art und Umfang der Freisetzung (HALLER 80; PASCHKE Rn 92).

32 Mitzuteilen sind schließlich noch die **besonderen Betriebspflichten,** die in § 6 Abs 3 UmweltHG eigens umschrieben sind (Erläuterungen ebda) und dem Inhaber der Anlage den Nachweis des Normalbetriebes erleichtern sollen, sowie Einzelheiten, die die Einhaltung dieser Betriebspflichten betreffen (HUFFMANN 144). Daneben können die im Einzelfall bestehenden spezifischen Pflichten, die die Verhinderung von Umwelteinwirkungen bezwecken, auch Aufschluss über das Gefährdungspotential und damit die konkrete Kausalitätseignung der Anlage geben (HALLER 80; PASCHKE Rn 95).

c) Modalitäten

33 Die Übermittlung der Informationen durch den Inhaber ist eine **Wissenserklärung** (LANDSBERG/LÜLLING Rn 18; MünchKomm/KRÜGER § 260 Rn 40; PASCHKE Rn 139; SOERGEL/WOLF § 260 Rn 51; STÜRNER 340), so dass die rechtsgeschäftlichen Vorschriften unanwendbar sind (B LEONHARD 168). Sie bedarf der **Schriftform,** da sie nur in dieser Form für den Geschädigten zur Anspruchsverfolgung genutzt werden kann (LANDSBERG/LÜLLING Rn 18; SAUTTER 166; differenzierend B LEONHARD 168 f); die Gewährung von **Einsicht** in Unterlagen **genügt** unbeschadet des in Abs 3 vorgesehenen Rechts der Geschädigten, solches zu verlangen, **nicht** (SAUTTER 166; **aA** LANDMANN/ROHMER/HAGER Rn 17). Mitzuteilen sind die Tatsachen, die Gegenstand der Auskunftsverpflichtung sind. Der Auskunftspflichtige schuldet nur Informationen über **Tatsachen,** nicht jedoch Lageeinschätzungen, Bewertungen, Interpretationen (HALLER 81; PASCHKE Rn 140; SCHMIDT-SALZER Rn 78). Der Verpflichtete kann statt der eigenen Auskunft auch eine **Inaugenscheinnahme** zulassen, wenn zugleich die Dokumentation des Befundes durch den Geschädigten unter Hinzuziehung fachlicher Berater zugelassen wird (SAUTTER 166; SCHMIDT-SALZER Rn 79 f).

34 Die Informationen sind nur so weit **aufzubereiten,** dass sie für einen durchschnittlichen **Fachmann verständlich** sind (PASCHKE Rn 141; SCHMIDT-SALZER Rn 77; weitergehend

B Leonhard 169; Salje Rn 33). Der Geschädigte muss sich gegebenenfalls, wenn ihm selbst die Kenntnisse eines Fachmannes fehlen, eines sachverständigen Dritten bedienen (Paschke Rn 141; Schmidt-Salzer Rn 77). Der Auskunftsverpflichtete muss die Informationen, schon um eine Verfälschung durch sachwidrige Vereinfachung auszuschließen, zwar nicht populistisch und allgemeinverständlich aufbereiten (Haller 82). Er hat sie jedoch, soweit die Sache dies zulässt, so verständlich zu machen, dass der Geschädigte die Bedeutung der Mitteilung einschätzen kann (Sautter 166 f). Ein Recht auf Einsicht in die Betriebsunterlagen besteht nur in den Fällen des Abs 3.

d) Kosten

35 Die zum Auskunftsanspruch aus § 242 BGB entwickelte Rechtsprechung zu den Kosten ist sinngemäß zu übertragen (Landsberg/Lülling Rn 19). Hiernach werden die **Kosten,** die für die Erteilung der Auskunft entstehen, **dem Auskunftspflichtigen nicht erstattet** (Haller 83; MünchKomm/Krüger § 260 Rn 46). Im Unterschied zu § 261 Abs 3 BGB fehlt es bei der Auskunftserteilung nach § 242 BGB oder §§ 8 ff UmweltHG an einer entsprechenden Rechtsgrundlage, so dass der Auskunftspflichtige die Kosten der Auskunft selbst zu tragen hat (BAG JZ 1985, 628; Diederichsen/Wagner VersR 1993, 641, 650; Haller 83 f). Die Kosten, die mit der Erfüllung des Auskunftsanspruchs im Sinne der Bereitstellung von Informationen und der sonstigen Bearbeitung von Auskünften verbunden sind, zB Arbeitszeit für das Heraussuchen und das Zusammenstellen der Informationen oder für die Beauftragung eines Dritten, hat also auch im UmweltHG grundsätzlich der zur Auskunft verpflichtete Inhaber der Anlage zu tragen (B Leonhard 169; Oehmen Rn 262; Sautter 169 f). Hierzu gehören neben den Kosten von Personal, Schreibarbeiten, Kopien (Schmidt-Salzer Rn 83) auch die Kosten für einen Sachverständigen, wenn die Auskünfte nur durch Einschaltung eines sachverständigen Dritten erteilt werden können (Haller 84; Paschke Rn 144).

36 Eine **zumutbare Relation** zwischen Arbeits- und Zeitaufwand auf Seiten des Auskunftspflichtigen und dem schutzwürdigen Interesse des Geschädigten ist allerdings für die Kostenüberbürdung auf den Anlageninhaber vorausgesetzt (BGHZ 70, 86, 91 = NJW 1978, 538), da die Kosten dem Auskunftspflichtigen nur deshalb auferlegt sind, weil eine anderweitige Rechtsgrundlage fehlt. Fehlt eine sachgerechte Relation, ist angesichts des möglichen Umfangs einer Auskunft nach den §§ 8 ff UmweltHG eine Kostenbeteiligung nach Treu und Glauben geboten. Ist diese zumutbare Relation daher gegeben, so kann es dem Geschädigten billigkeitshalber obliegen, einen je nach den Verhältnissen zu bemessenden, im Zweifel hälftigen Teil der Kosten für die Bearbeitung des Auskunftsbegehrens zu tragen oder die Arbeiten selbst oder durch von ihm beauftragte Personen durchführen zu lassen (Landsberg/Lülling Rn 19). Obsiegt der Geschädigte schließlich im nachfolgenden Schadensersatzprozess, ist sein Kostenanteil dort als Schaden ersatzfähig (Haller 84).

37 Den **Kostenaufwand des Geschädigten** für die Einsichtnahme und Besichtigung trägt dieser selbst, weil es sich dabei um ein Recht auf Selbstinformation handelt und nicht um Erfüllung des Auskunftsanspruchs (Paschke Rn 144). Der Geschädigte trägt auch die Kosten für die sachverständigen Dritten, die er ggf für die Aufarbeitung der ihm ordnungsgemäß erteilten Auskünfte benötigt (Haller 85). Erfolgt hingegen die **Einschaltung des Dritten im Interesse des Anlageninhabers,** beispielsweise um seine überwiegender Geheimhaltungsinteressen zu wahren, so hat er die hierdurch entstande-

nen Kosten zu tragen (B LEONHARD 170 f). Obsiegt der Geschädigte im anschließenden Schadensersatzprozess, sind seine Kosten dort als angemessene Kosten der Rechtsverfolgung ersatzfähig.

38 Die Kosten, die dem **Haftpflichtversicherer** in Wahrnehmung der ihm obliegenden Rechtsverteidigungspflicht bei der Abwehr von Auskunftsansprüchen entstehen, hat dieser selbst zu tragen (HALLER 85; **aA** SCHMIDT-SALZER Rn 84).

III. Geheimnisschutz (Abs 2)

39 Gemäß § 8 Abs 2 UmweltHG ist der Auskunftsanspruch insoweit ausgeschlossen, als die Vorgänge aufgrund gesetzlicher Vorschriften geheim zu halten sind oder die Geheimhaltung einem überwiegendem Interesse des Inhabers der Anlage oder eines Dritten entspricht. Der Inhaber hat insoweit ein **Auskunftsverweigerungsrecht;** rechtstechnisch ist die Vorschrift als Einwendung ausgebildet. Abs 2 enthält somit eine Regelung, die es ermöglicht, die **gegenläufigen Interessen des Geschädigten und des Inhabers der Anlage** jeweils nach den Umständen des Einzelfalles in einem ausgewogenen Verhältnis zu berücksichtigen (Amtl Begr BT-Drucks 11/7104, S 19; HALLER 86; B LEONHARD 201).

1. Gesetzliche Geheimhaltungspflichten

40 Sofern der Inhaber **gesetzlich** zur Geheimhaltung der Angaben nach § 8 Abs 2 UmweltHG verpflichtet ist, **muss** er die Auskunft verweigern. Hierunter fallen zB beamtenrechtliche Vorschriften, wonach Amtsträger zur Verschwiegenheit bezüglich solcher Angelegenheiten verpflichtet sind, die ihnen in ihrer Eigenschaft als Amtsträger anvertraut oder sonst bekannt geworden sind, da hierüber der Amtsträger nur mit Genehmigung seines Dienstherren Erklärungen abgeben darf (vgl § 39 Abs 2 BRRG; LANDSBERG/LÜLLING Rn 21). Bestimmte Formen der Offenbarung bzw Nutzung fremder Unternehmensgeheimnisse werden in §§ 17, 18, 20 UWG, § 333 HGB, §§ 203, 204, 355 StGB und Sondervorschriften wie zB §§ 120 BetrVG, 404 AktG, 85 GmbHG, 151 GenTG strafrechtlich sanktioniert und sind daher geheim zu halten (STADLER 53; eingehend B LEONHARD 201 ff).

2. Überwiegendes Interesses des Anlageninhabers oder eines Dritten

41 Soweit der Inhaber **Betriebs- oder Geschäftsgeheimnisse** offenbaren müsste, die das Informationsinteresse des Geschädigten **überwiegen,** kann er von einem Auskunftsverweigerungsrecht Gebrauch machen.

a) Regelungsinhalt

42 Sinn des Rechts zur Auskunftsverweigerung gemäß Abs 2 ist es, die **gewerbliche Geheimsphäre** zu schützen. Die Regelung vollzieht den diesbezüglich verfassungsrechtlich gebotenen Schutz (BREUER NVwZ 1986, 171 f und 174; PASCHKE Rn 123; SCHRÖDER UPR 1985, 394, 396) einfachgesetzlich. Die Vorschrift soll das technische Know-how des Anlageninhabers schützen und ihm seine Konkurrenz- und Wettbewerbsfähigkeit erhalten (HALLER 86; LANDSBERG/LÜLLING Rn 7; PASCHKE Rn 123; STÜRNER JZ 1985, 453 f mwN; vgl auch LACHMANN NJW 1987, 2206 f; SCHRÖDER UPR 1985, 394, 396). Nicht zu berücksichtigen ist das Interesse des Anlageninhabers, dass er selbst, ein Angehöriger oder ein Dritter nicht zum Schadensersatz herangezogen werde (Amtl Begr BT-Drucks 11/7104, S 19; Oehmen Rn 258; Sautter 180). Wenn sich der Inhaber der Anlage oder ein Dritter (Sautter 179 f), der nicht Angehöriger im Sinne des § 383 Abs 1 Nr 1–3 ZPO und des § 52 StPO ist (Sautter 178 f), durch die Auskunft einer strafbaren Handlung, zB gemäß §§ 324 ff StGB, § 27 ChemG, oder einer Ordnungswidrigkeit, etwa wegen einer fehlerhaften Emissionserklärung gemäß § 62 Abs 2 Nr 2 BImSchG, bezichtigen würde, liegt ebenfalls kein anerkennenswertes überwiegendes Interesse vor (Landsberg/Lülling Rn 25; Möllers 372; für Einzelfallabwägung Sautter 177 f und Schmidt-Salzer Rn 103; für straf- und ordnungswidrigkeitenrechtliches Verwertungsverbot B Leonhard 207 f und Oehmen Rn 258; zur Grundsatzfrage siehe auch BVerfGE 56, 37 ff; BGHZ 41, 318, 322 ff).

b) Betriebs- und Geschäftsgeheimnis

43 Der **Begriff** der Betriebs- und Geschäftsgeheimnisse ist nicht gesetzlich definiert. In § 22 Abs 3 ChemG findet sich lediglich eine Negativdefinition; so wird von diesem Begriff zB nicht der Handelsname oder die physikalisch-chemischen Eigenschaften eines Stoffes erfasst (Salje Rn 22). Ein Geschäfts- oder Betriebsgeheimnis liegt vor, wenn Tatsachen im Zusammenhang mit einem Geschäftsbetrieb, die nur einem eng begrenzten Personenkreis bekannt und nicht offenkundig sind, nach dem Willen des Betriebsinhabers auf Grund eines berechtigten wirtschaftlichen Interesses geheimgehalten werden (Falk 163; Sautter 182; vgl BAG NJW 1983, 134; Baumbach/Hefermehl UWG § 17 Rn 2 ff). Zur gewerblichen Geheimnissphäre rechnen als Betriebsgeheimnisse Geheimnisse technischen Charakters, wie zB Konstruktionszeichnungen, Rezepturen, chemische Formeln oder Herstellungsverfahren, und als Geschäftsgeheimnisse Geheimnisse kaufmännischer Art, wie Kundenlisten, Bezugsquellen, Marktstrategien oder Preiskalkulationen (Gottwald BB 1979, 1780, 1781; Krasser GRUR 1970, 587 ff; B Leonhard 209; Maass 94; Stürner 208; ders JZ 1985, 453 mit Hinweis auf Nastelski GRUR 1957, 1). Da jedoch schon § 8 Abs 1 S 2 UmweltHG den Auskunftsanspruch auf technische Umstände begrenzt (Paschke Rn 123 in Fn 250), beschränkt sich das in § 8 Abs 2 UmweltHG erfasste Zeugnisverweigerungsrecht auf die Betriebsgeheimnisse. Offen gelegte Umstände, etwa in Patentschriften, oder allgemein zugänglichen Darlegungen in Genehmigungsverfahren sind keine Geheimnisse (Sautter 182), desgleichen nicht die Existenz und der Inhalt besonderer Betriebspflichten (Sautter 184). Emissionen, die außerhalb des Betriebsgeländes von jedermann messbar wären, zählen nur ausnahmsweise dann zu den Betriebsgeheimnissen, wenn hieraus unmittelbar Rückschlüsse auf den Produktionsprozess zu ziehen wären (B Leonhard 211 mwN). Wendet der Anlagenbetreiber Geheimhaltungsschutz ein, hat er auch darzulegen, in wie weit das Geheimnis konkret gefährdet ist, und in wie weit es zwingend ist, in keiner Weise und gegenüber niemandem das Geheimnis zu offenbaren (Sautter 184 f).

c) Interessenabwägung; geringst erforderlicher Eingriff

44 Zwischen dem Informationsbedürfnis des Verletzten und den Geheimhaltungsinteressen des Inhabers muss eine **auf den Einzelfall bezogene Interessenabwägung** vorgenommen werden (Erl 178; Oehmen Rn 258; Paschke Rn 129; Sautter 188 ff; eingehend B Leonhard 212 ff). Einerseits ist wegen der anerkannten (vgl Rn 1) **Informationsbedürfnisse** unbestritten, dass dem Geschädigten zusätzliche Informationen gewährt werden müssen, damit sein Schadensersatzanspruch auch durchgesetzt werden kann. Dem steht jedoch das Bedürfnis zum Schutz von **Unternehmensgeheimnissen** gegenüber (Haller 88).

45 Auf Seiten des Verletzten müssen **Art und Schwere des Schadens,** und zwar grundsätzlich auch bei Gesundheitsbeeinträchtigungen (**aA** Landmann/Rohmer/Hager Rn 35; Möllers 373; Salje Rn 27), sowie das Maß der **Erforderlichkeit** der Auskunft für eine aussichtsreiche Rechtsverfolgung (Sautter 192), auf der Seite des Inhabers die **Bedeutung des Geheimnisses** und die **Folgen der Aufdeckung** für das Unternehmen abgewogen werden (Paschke Rn 130; Sautter 187; Schmidt-Salzer Rn 105 ff), wobei insbesondere zu berücksichtigen ist, ob die Auskunft einem Konkurrenten zu gute käme und welche unternehmerische Bedeutung dies hätte (Sautter 187 ff). Der Schutz der Betriebsgeheimnisse hat große Bedeutung für die Erhaltung der Wettbewerbsfähigkeit eines Unternehmens. Technisches und kaufmännisches Know-how gewähren einen Wettbewerbsvorsprung und bestimmen damit die Marktchancen (Landsberg/Lülling Rn 7). Oft sind technische, nicht jedermann offenstehende Verfahren oder organisatorische Ideen sogar der wesentliche Wertfaktor eines Betriebes, dessen Erhaltung nicht nur im Vermögensinteresse des Unternehmensinhabers, sondern auch im Interesse der beschäftigten Arbeitnehmer liegt (Haller 88; Stürner JZ 1985, 454).

46 Soweit **Geheimhaltungsinteressen auf andere Weise** als durch eine Begrenzung der Auskunftsverpflichtung **gewahrt** werden können, ist dieser Umstand ebenfalls in der Interessenabwägung zu berücksichtigen (Haller 88). Insoweit gilt das ultima-ratio-Prinzip zulasten des Anlageninhabers in der Weise, dass er auskunftspflichtig ist, wenn sich die erforderliche Geheimhaltung in anderer Weise als durch Vorenthaltung der Auskunft zuverlässig sichern lässt (Sautter 195 ff). Sind die begehrten Informationen nach § 8 Abs 2 schutzwürdig, kann dies auch dadurch geschehen, dass die Öffentlichkeit in der mündlichen Verhandlung gemäß § 172 Nr 2 GVG ausgeschlossen und ein Geheimhaltungsgebot gemäß §§ 174 Abs 3, 172 Nr 2 GVG ausgesprochen wird (Sautter 198; eingehend B Leonhard 221 ff), oder dass ein auch gegenüber dem Geschädigten zur Verschwiegenheit verpflichteter Sachverständiger befasst wird (Amtl Begr BT-Drucks 11/7104, S 19; Landsberg/Lülling Rn 26 ff; B Leonhard 216 f; Paschke Rn 132; Sautter 199 ff; Schmidt-Salzer Rn 113 ff; vgl auch Marburger AcP 192 [1992] 27), obwohl auf die Ausgestaltung einer diesbezüglichen besonderen Regelung in der Gesetzgebung verzichtet wurde (Amtl Begr BT-Drucks 11/7104, S 19 f); die Beschränkung der Auskunft nur auf den zur Verschwiegenheit besonders verpflichteten Prozessbevollmächtigten ist hingegen im Umwelthaftungsrecht kaum praktikabel (Sautter 202 f). Die von der Rechtsprechung auf dem Gebiet des Wettbewerbsrechts entwickelten Grundsätze für die Offenbarung gegenüber einem zur Geheimhaltung verpflichteten Sachverständigen (Rechtsprechungsnachweise bei Landsberg/Lülling Rn 27 und Stürner JZ 1985, 453, 456) können auch für die umwelthaftungsrechtlichen Fälle nutzbar gemacht werden (Oehmen Rn 259; zu den Besonderheiten vgl B Leonhard 219 f).

IV. Einsichtsrecht (Abs 3)

47 Über die Auskunftspflicht hinaus gewährt das UmweltHG dem Geschädigten in einigen Fällen auch ein direktes **Akteneinsichtsrecht.** Das Einsichtsrecht kommt nur in Betracht, wenn die Annahme begründet ist, dass die Auskunft unvollständig, unrichtig oder nicht ausreichend ist oder sie nicht in angemessener Frist erteilt wird. Durch diese **grundsätzliche Subsidiarität** (B Leonhard 256; Sautter 205) des Einsichtsrechts soll der unmittelbare Zugang zu den betrieblichen Akten und Unterlagen des Inhabers der Anlage eingeschränkt werden. Im Regelfall soll die Information des

Geschädigten durch Auskunftserteilung erfolgen (Amtl Begr BT-Drucks 11/7104, S 20; HALLER 89; krit B LEONHARD 257 f).

1. Voraussetzungen

48 Das gegenüber dem Auskunftsrecht subsidiäre Einsichtsrecht wird in den Fällen der **Unvollständigkeit** der Auskunft, der **Unrichtigkeit** der Auskunft, der **nicht ausreichenden** Auskunft sowie der **nicht rechtzeitigen** Auskunft gewährt (LANDMANN/ROHMER/HAGER Rn 50; PASCHKE Rn 146 f; SALJE Rn 32 und 39; SCHMIDT-SALZER Rn 118 f). Die Fälle lassen sich nur zum Teil strikt trennen (SALJE Rn 40 fasst die ersten 3 Varianten zusammen mit Hinweis auf LANDMANN/ROHMER/HAGER Rn 51 ff; SAUTTER 206; SCHMIDT-SALZER Rn 122 ff); mehrere Gründe können kumulativ vorliegen. Eine diesbezügliche Sorgfaltswidrigkeit setzt der Einsichtsanspruch nicht voraus (LANDMANN/ROHMER/Hager Rn 51; B LEONHARD 258 f; PASCHKE Rn 149; **aA** LANDSBERG/LÜLLING Rn 33). Der Geschädigte muss nur die Umstände vortragen, die den Verdacht der mangelnden Korrektheit der erteilten Auskunft hervorrufen (B LEONHARD 259; SAUTTER 206). Wird zum Beispiel die Schadstoffemission einer Anlage nicht für den gesamten möglichen Zeitraum der Schadensentstehung mitgeteilt, so ist die Auskunft zugleich unvollständig und unzureichend. Wird ein bestimmter emittierter Stoff überhaupt nicht mitgeteilt, so ist die Auskunft unvollständig und unrichtig (HALLER 89 f). Der Anlagenbetreiber kann den entstandenen Anspruch auf Einsicht nicht dadurch abwenden, dass er nachträglich die Unvollständigkeit, Unrichtigkeit oder die sonst nicht ausreichende Auskunft behebt bzw berichtigt (SAUTTER 207 f; **aA** LANDMANN/ROHMER/HAGER Rn 58 und SALJE Rn 39), da sonst dem Anlagenbetreiber ein risikoloser Verstoß gegen seine Auskunftspflicht gemäß Abs 1 ermöglicht würde; anderes kann nur gelten, wenn der Anlagenbetreiber erhebliche Gründe dafür darlegen kann, dass er zunächst keine ausreichende Auskunft geben konnte.

49 **Unvollständig** ist die Auskunft, wenn geschuldete Informationen nicht enthalten sind (LANDSBERG/LÜLLING Rn 34; PASCHKE Rn 149; SCHMIDT-SALZER Rn 126). Soweit der Inhaber keine Angaben machen kann, ist die Information nicht unvollständig, weil nur vorhandene Informationen geschuldet sind (HALLER 90; LANDSBERG/LÜLLING Rn 36; SCHMIDT-SALZER Rn 130). Aus den allgemeinen zivilrechtlichen Grundsätzen ergibt sich, dass die erteilte Auskunft die Nachprüfung ihrer Vollständigkeit und Richtigkeit ermöglichen muss (RGZ 127, 243, 244; BGHZ 10, 385, 388 = NJW 1954, 70; LÜKE JuS 1986, 2, 6); ist dies nicht der Fall, ist davon auszugehen, dass eine weitere Information möglich ist, so dass die Auskunft unvollständig ist und der Geschädigte entsprechend ein Einsichtsrecht hat.

50 **Unrichtig** ist die Auskunft, wenn sie nicht der Wahrheit entspricht (HALLER 90; LANDSBERG/LÜLLING Rn 34; SALJE Rn 149; SCHMIDT-SALZER Rn 126).

51 Eine **nicht ausreichende Auskunft** liegt vor, wenn nur die Einsicht in Unterlagen dem berechtigten Informationsbedürfnis des Geschädigten Rechnung trägt (B LEONHARD 259; SAUTTER 206 f); dies kann etwa bei Einsicht in Überwachungsprotokolle der Fall sein. Eine Auskunft kann auch dann nicht ausreichend sein, wenn zB der in Betracht kommende Zeitraum der Schadensentwicklung nicht abgedeckt ist, weil zB der jetzige Inhaber die Anlage erst kurzfristig übernommen hat und über den früheren Zeitraum aus eigenem Wissen keine Kenntnis hat (HALLER 90; LANDSBERG/LÜLLING Rn 36; SCHMIDT-SALZER Rn 130).

52 Die Auskunft ist nicht nur im inhaltlich erforderlichen Umfang, sondern darüber hinaus innerhalb einer **angemessenen Frist** zu erteilen. Wenn der Auskunftsanspruch seinen Sinn erfüllen und dem Geschädigten helfen soll, die für die Beurteilung erforderlichen Informationen zu erhalten, so muss er an die Auskunft innerhalb einer vertretbaren Zeitspanne gelangen. Zur Festlegung der angemessenen Frist bedarf es im Einzelfall einer Abwägung zwischen dem berechtigten Interesse des Auskunftssuchenden an einer möglichst schnellen Auskunftserteilung und der Erforderlichkeit, dem Inhaber der Anlage zur Prüfung, ob überhaupt ein Auskunftsanspruch besteht, und zur Sichtung der für das Auskunftsersuchen benötigten Unterlagen und Daten sowie zu deren Mitteilung je nach Sachlage hinreichend Zeit zu geben (Haller 90 f; Landsberg/Lülling Rn 37; Sautter 207; Schmidt-Salzer Rn 131).

2. Rechtsfolge

53 Der Berechtigte hat grundsätzlich nur Anspruch auf **Einsicht in** die Unterlagen, die **Informationen über die nach § 8 Abs 1 Satz 2 UmweltHG mitzuteilenden Umstände** geben (Salje Rn 43; Sautter 207). Ein generelles Akteneinsichtsrecht besteht nicht, da das Akteneinsichtsrecht nicht die Voraussetzungen für einen Anspruch außerhalb des Geltungsbereichs des UmweltHG verschaffen soll (Haller 91). Das Einsichtsrecht erstreckt sich nicht auf alle vorhandenen Unterlagen, sondern beschränkt sich auf die Vorgänge, die Aufschluss über die Informationen im Sinne des Abs 1 geben können. Auch Abs 2 gilt entsprechend, so dass die berechtigten Geheimhaltungsinteressen auch bei der Einsicht zu berücksichtigen sind (Amtl Begr BT-Drucks 11/7104, S 20; Sautter 207). Soweit ein Einsichtsrecht besteht, berechtigt es den Anspruchsinhaber auch zur Fertigung von Fotokopien und Abschriften, denn er darf nicht schlechter gestellt werden, als wenn der Anlageninhaber seine Informationspflicht erfüllt hätte (B Leonhard 261). Gleiches gilt für die Befugnis des Anspruchsinhabers, einen Sachverständigen hinzuzuziehen (B Leonhard 261; Paschke Rn 159). Nicht vom Einsichtsanspruch umfasst ist das Recht, die Anlage selbst zu besichtigen (B Leonhard 261; **aA** Paschke Rn 161 ff; Schmidt-Salzer Rn 79 ff). Eine solches Recht ist nicht vom Gesetzeswortlaut gedeckt und würde dem Anlageninhaber auch nicht in jedem Fall ermöglichen, die geheimhaltungsbedürftigen Tatsachen der Wahrnehmung des Anspruchsinhabers vorzuenthalten (B Leonhard 262).

3. Kosten

54 Die mit der Ausübung des Einsichtsrechts entstehenden **Kosten trägt** in Anlehnung an die Kostenlast hinsichtlich des Auskunftsanspruchs grundsätzlich der **Anlageninhaber.** Dies betrifft sowohl seine primär eigenen Kosten als auch die des Anspruchsinhabers, soweit diese bei ordnungsgemäßer Erfüllung des Auskunftsanspruchs nicht entstanden wären (bzgl letzterem **aA** B Leonhard 261; Paschke Rn 144). Materielle Grundlage für die Kostenerstattungspflicht ist die positive Verletzung des gesetzlichen aus Auskunft gerichteten Schuldverhältnisses, die demgemäß jedoch – im Gegensatz zum Einsichtsanspruch überhaupt – ein Verschulden des Anlageninhabers voraussetzt.

V. Versicherung an Eides Statt (Abs 4)

1. Regelungsinhalt von Abs 4

55 Abs 4 regelt durch die Verweisung auf die §§ 259 bis 261 BGB vor allem die Frage, unter welchen **Voraussetzungen** der Geschädigte vom Betreiber der Anlage die Abgabe einer Versicherung an Eides Statt verlangen kann (Amtl Begr BT-Drucks 11/7104, S 20).

2. Voraussetzungen der Verpflichtung zur Versicherung an Eides Statt

56 § 8 Abs UmweltHG verweist auf die §§ 259–261 BGB. Besteht also der **Verdacht,** dass die Auskunftspflicht nicht mit der nötigen Sorgfalt erfüllt worden ist, so sieht das Gesetz die Pflicht zur Abgabe der eidesstattlichen Versicherung vor. Es besteht jedoch **keine unmittelbare Verpflichtung** des Anlageninhabers, zugleich mit der Auskunftserteilung die Richtigkeit und Vollständigkeit an Eides Statt zu versichern (Haller 95; Landsberg/Lülling Rn 32; Schmidt-Salzer Rn 133).

57 Die Versicherung an Eides Statt kommt in Betracht, wenn der **begründete Verdacht** besteht, dass die Auskunft nicht mit der erforderlichen Sorgfalt erteilt wurde. Dies gilt insbesondere, wenn die Auskunft unvollständig oder unrichtig erteilt wurde und daher Ansprüche gemäß Abs 3 bestehen (Landsberg/Lülling Rn 40; Salje Rn 47). In diesem Fall kann der Geschädigte sowohl Akteneinsicht als auch die Abgabe der Versicherung an Eides Statt verlangen (so Haller 95; Salje Rn 47; unklar Sautter 208 und Landsberg/Lülling Rn 40). Konsequenterweise kann der Anspruchsteller die Abgabe der Versicherung an Eides Statt auch verlangen, wenn das Einsichtsrecht gemäß Abs 3 nicht in dem geschuldeten Umfang gewährt wurde (Salje Rn 48). Die Annahme, dass ein Einsichtsrecht nicht in dem geschuldeten Umfang gewährt wurde, ist begründet, wenn die vorgelegten Unterlagen keine vollständigen Informationen über die besonderen Betriebspflichten liefern oder keine Aussagen über deren Einhaltung zulassen (Haller 95; Salje Rn 48). Die diesbezügliche Darlegungs- und Beweislast trägt der Anspruchsteller (B Leonhard 263). Im Übrigen ist auf die Kommentierung der §§ 259–261 BGB zu verweisen.

3. Kosten

58 Die Kosten der Abgabe der Versicherung an Eides Statt hat gemäß § 261 Abs 3 BGB derjenige zu tragen, der ihre Abgabe verlangt. Dies wäre in der Regel also der informationssuchende, geschädigte Anspruchsteller. Soweit die Voraussetzungen der Abgabe der Versicherung an Eides Statt jedoch nach dem UmweltHG vorliegen, ist nach richtiger Auffassung davon abzuweichen (**aA** Landsberg/Lülling Rn 42; Oehmen Rn 265; Salje Rn 49). In diesen Fällen hat der nach dem Verursacherprinzip zur Abgabe der Versicherung an Eides Statt **Verpflichtete** die Kosten zu tragen. Diese Kostenregelung entspricht überdies dem Grundsatz, dass der Verpflichtete die Kosten der Erfüllung seiner Verpflichtung trägt.

VI. Prozessuales

1. Klageart

59 Der materiellrechtliche Auskunftsanspruch kann selbstständig mit der **Leistungsklage** geltend gemacht werden (Haller 157; Lüke JuS 1986, 2, 6; Paschke Rn 174; Winkler vMohrenfels 170 mwN), die allerdings die Verjährung des Schadensersatzanspruchs nicht unterbricht (B Leonhard 279 f). Er kann aber auch im Wege der **Stufenklage** nach § 254 ZPO mit dem Schadensersatzanspruch (Haller 157; Paschke Rn 174), aber auch mit der Klage auf Feststellung der Verantwortlichkeit für künftig eintretende Schäden (vgl MünchKommZPO/Lüke § 254 Rn 9) verbunden werden, wobei eine dreifache Stufung mit Einschluss der Klage auf Abgabe einer Versicherung an Eides Statt vorgenommen werden kann; dies hat neben der ökonomischen Prozessgestaltung den Vorteil, die Verjährung des Schadensersatzanspruchs zu unterbrechen (MünchKommZPO/Lüke § 254 Rn 3). Hierzu ergeben sich keine Besonderheiten. Zu einem bestimmten Klageantrag gemäß § 253 Abs 2 Nr 2 ZPO (Paschke Rn 175), gehört die Angabe des Inhalts der begehrten Auskunft und des Zeitraums, auf den sich die Auskunft erstrecken soll; auch die Art der Informationsübermittlung muss im Antrag enthalten sein (Haller 157 f; Palandt/Heinrichs § 261 Rn 28; Paschke Rn 175; Soergel/Wolf § 260 Rn 77). Neben Leistungs- und Stufenklage kann der Geschädigte seinen Auskunftsanspruch im Schadensersatzprozess selbst durchsetzen (B Leonhard 282). Der Anlageninhaber ist dann unter den Voraussetzungen und in den Grenzen des § 8 UmweltHG zur Aufklärung im Prozess verpflichtet. Ein hierauf gerichteter Beweisantrag ist weder unbestimmt noch auf eine unzulässige Ausforschung gerichtet (B Leonhard 282).

2. Zuständigkeit

a) Auskunftsklage

60 Das zuständige Gericht der **selbstständig** erhobenen Auskunftsklage bestimmt sich nach den **allgemeinen Vorschriften** über den Gerichtsstand. § 32 a ZPO, der einen besonderen Gerichtsstand der Umwelthaftung festlegt, ist auf gesondert erhobene Auskunftsklagen nach § 8 UmweltHG nicht anwendbar, da sich § 32 a ZPO ausschließlich auf die Schadensersatzklage bezieht (Haller 161 f; Pfeiffer ZZP 106 [1993], 159, 161 f). Soweit der Auskunftsanspruch nach § 8 UmweltHG selbstständig geltend gemacht wird, bestimmt sich daher der Gerichtsstand nach den §§ 3 ff ZPO, der anschließende Schadensersatzprozess ausschließlich nach § 32 a ZPO, so dass für beide Ansprüche unterschiedliche Gerichte zuständig sein können. Wird jedoch der Auskunftsanspruch im Wege der **Stufenklage** nach § 254 ZPO als Vorstufe zum Schadensersatz bzw zur Feststellung klageweise geltend gemacht, ist auch das nach § 32 a ZPO ausschließlich zuständige Gericht für die Entscheidung über den Auskunftsanspruch sachlich und örtlich zuständig (Haller 162).

b) Versicherung an Eides Statt

61 Für die **Erzwingung** einer Versicherung an Eides Statt ist in entsprechender Anwendung des § 261 Abs 1 BGB das **Vollstreckungsgericht** zuständig, wobei sich Gericht und Verfahren aus § 889 ZPO ergeben (Haller 166; Landsberg/Lülling Rn 41; Salje Rn 49). Bei der **freiwilligen Abgabe** der Versicherung an Eides Statt ist gemäß § 261 Abs 1 BGB das **Amtsgericht** des Ortes, an welchem die Verpflichtung zur Auskunft oder Einsichtsgewährung besteht, also in der Regel des Ortes der Anlage, oder das Amtsgericht des inländischen Wohnsitzes oder Aufenthaltes des Verpflichteten zuständig. Es handelt sich um ein Verfahren der Freiwilligen Gerichtsbarkeit gemäß §§ 163, 79 FGG (HALLER 166 f).

3. Darlegungs- und Beweislast

62 Der **Geschädigte** muss **alle Tatbestandsvoraussetzungen des Abs 1** darlegen und erforderlichenfalls im Wege des Vollbeweises beweisen, insbesondere einen ersatzfähigen Schaden nach dem UmweltHG (vgl auch HALLER 66; LANDMANN/ROHMER/HAGER Rn 7; LANDSBERG/LÜLLING Rn 9; SALJE Rn 2 und 14; SCHMIDT-SALZER Rn 10 ff; einschränkend ERL 213). In den Fällen, in denen die zeitliche Anknüpfung der Haftung in Bezug auf die Anwendbarkeit des UmweltHG nicht evident ist, gehört zur Schlüssigkeit des Auskunftsverlangens auch die Konkretisierung des Schadensentstehungszeitpunkts (SCHMIDT-SALZER Rn 63). Die Darlegungs- und Beweislast dafür, dass die Auskunft nicht erforderlich ist oder der Anspruch treuwidrig geltend gemacht wird, trifft den **Anspruchsgegner,** da er diese **Anspruchsausschlussgründe** auch gegenüber einem dem Grunde nach bestehenden Anspruch darlegen und beweisen muss (SALJE Rn 9). Für die Einrede der Verjährung sowie für die Behauptung, dass der Schaden dennoch vor dem 1. 1. 1991 verursacht wurde, trägt der Anspruchsgegner ebenfalls die Beweislast (SALJE Rn 14 und § 23 Rn 11).

4. Kosten

63 Der **Streitwert** ist nach § 3 ZPO festzusetzen (PASCHKE Rn 176; SOERGEL/WOLF § 260 Rn 78; WINKLER vMOHRENFELS 174). Die Höhe richtet sich dabei vor allem nach der Bedeutung für den Geschädigten und kann zwischen einem Zehntel und zwei Fünfteln des Wertes des vermögensrechtlichen Hauptanspruches, dh des Schadensersatzanspruchs, betragen (Bandbreite ein Zehntel bis zwei Fünftel: PASCHKE Rn 176; Bandbreite: ein Zehntel bis ein Viertel: SOERGEL/WOLF § 260 Rn 78; WIECZOREK/SCHÜTZE/GAMP § 3 Rn 183; vgl BGH NJW 1960, 1252; NJW 1964, 2061 f; WINKLER vMOHRENFELS 174 f; weitergehend: ein Zehntel bis drei Viertel: MünchKommZPO/LAPPE § 3 Rn 34).

64 Die **Kosten** des Auskunftsprozesses trägt gemäß den allgemeinen prozessualen Regeln der **Unterliegende** (HALLER 172). Dies gilt für den Rechtsstreit um die Verpflichtung zur Abgabe einer Versicherung an Eides Statt ebenso (SALJE Rn 49; LANDSBERG/LÜLLING Rn 42).

5. Vollstreckung

65 Die Vollstreckung des **Auskunftsanspruchs** richtet sich nach § 888 ZPO (vgl BGH NJW 1975, 1774, 1777; HALLER 170; PASCHKE Rn 178; SOERGEL/WOLF § 260 Rn 82; STÜRNER 340 Fn 70 mwN; WINKLER vMOHRENFELS 201 mwN). Streitig ist die Vollstreckungsweise von **Einsichts- und Besichtigungsansprüchen** (PASCHKE Rn 178 Fn 394; STÜRNER 346 Fn 92; WINKLER vMOHRENFELS 203 ff mwN); nach wohl richtiger, überwiegender Ansicht wird die Vorlagepflicht oder die Besichtigung beweglicher Sachen durch vorübergehende Wegnahme gemäß § 883 ZPO vollstreckt (HALLER 170; WINKLER vMOHRENFELS 203 mwN). Eine Ersatzvornahme gemäß § 887 ZPO ist möglich und nötig, wenn ein zur Geheimhaltung verpflichteter Sachverständiger die aussonderbaren Informationen aus

ansonsten geheimzuhaltenden Unterlagen entnehmen kann (B Leonhard 283). Die Verpflichtung zur Abgabe einer **Versicherung an Eides Statt** wird nach § 889 ZPO vollstreckt (Haller 171; Paschke Rn 178; Soergel/Wolf § 260 Rn 83; Winkler vMohrenfels 131).

6. Einstweiliger Rechtsschutz

66 **Einstweilige Verfügungen** über den Auskunftsanspruch und das Einsichtsrecht sind **grundsätzlich nicht** möglich, weil sie regelmäßig eine endgültige Befriedigung des Gläubigers zur Folge hätten (B Leonhard 284; Paschke Rn 177; Soergel/Wolf § 260 Rn 81; Winkler vMohrenfels 208 mwN). Die Ausnahmen einer anerkennungsfähigen Befriedigungsverfügung liegen in der Regel nicht vor. Anders kann es sich aber dann verhalten, wenn die Auskunftspflicht der Vorbereitung eines Schadensersatzanspruchs dient, der seinerseits, etwa bei besonderer Bedürftigkeit des Geschädigten, im Verfahren des einstweiligen Rechtsschutzes geltend zu machen ist, wenn bzw weil letzteres nicht ohne vorherige Auskunft bzw Einsicht möglich ist.

§ 9 UmweltHG
Auskunftsanspruch des Geschädigten gegen Behörden

Liegen Tatsachen vor, die die Annahme begründen, dass eine Anlage den Schaden verursacht hat, so kann der Geschädigte von Behörden, die die Anlage genehmigt haben oder überwachen, oder deren Aufgabe es ist, Einwirkungen auf die Umwelt zu erfassen, Auskunft verlangen, soweit dies zur Feststellung, dass ein Anspruch auf Schadensersatz nach diesem Gesetz besteht, erforderlich ist. Die Behörde ist zur Erteilung der Auskunft nicht verpflichtet, soweit durch sie die ordnungsgemäße Erfüllung der Aufgaben der Behörde beeinträchtigt würde, das Bekanntwerden des Inhalts der Auskunft dem Wohle des Bundes oder eines Landes Nachteile bereiten würde oder soweit die Vorgänge nach einem Gesetz oder ihrem Wesen nach, namentlich wegen der berechtigten Interessen der Beteiligten oder dritter Personen, geheimgehalten werden müssen. § 8 Abs. 1 Satz 2 gilt entsprechend für die Behörden, die die Anlage genehmigt haben oder überwachen; von diesen Behörden können auch Angaben über Namen und Anschrift des Inhabers der Anlage, seines gesetzlichen Vertreters oder eines Zustellungsbevollmächtigten verlangt werden.

Schrifttum: Siehe Schrifttumsverzeichnis zur Einleitung sowie zu den Vorbemerkungen zu §§ 8–10 UmweltHG.

Systematische Übersicht

I. **Grundlagen** 1

II. **Auskunftsvoraussetzungen**
1. Tatbestandliche Anknüpfung an § 8 Abs 1 S 1 UmweltHG 4
2. Passivlegitimation 5
a) Anlagengenehmigungs- und Anlagenüberwachungsbehörden 6
b) Umweltüberwachungsbehörden 8

III. **Rechtsfolge** 10
1. Inhalt der Auskunft 11
2. Umfang der Auskunft 13

a) Betriebliches Vertraulichkeitsinteresse 14
b) Betriebsbezogene Informationsansprüche von Behörden 16
3. Form der Auskunftserteilung 17

IV. Auskunftsverweigerungsrechte der Behörde; Erlöschen des Auskunftsanspruchs 19
1. Beeinträchtigung der Behördenaufgaben 22
2. Nachteile für das Wohl des Bundes oder eines Landes 23
3. Geheimhaltung 24
a) Gesetzliche Geheimhaltungspflicht 25
b) Wesensgemäße Geheimhaltung 28

V. Verfahren
1. Verwaltungs- und Gerichtsverfahren 31
2. Kosten 32

Alphabetische Übersicht

Akteneinsichtsrecht 18
Auskunft
- betriebsbezogene 16
- Inhalt 11 f
- Kosten 32
- Umfang 13 ff
Auskunftsanspruch
- der Behörde 14 ff
- Durchsetzung 21
- Erlöschen 19 f
- materiellrechtlicher 2
- öffentlich-rechtlicher 2
- Passivlegitimation 5 ff
- subjektiv öffentliches Recht 2
- Voraussetzungen 4 ff
Auskunftserteilung
- Form 17 f
- Verfahren 31 f
Auskunftsverweigerungsrecht der Behörde 19 ff
- Beeinträchtigung der Behördenaufgaben 22
- Nachteile für Bund oder Land 23
- Geheimhaltungsinteresse 24 ff

Behörde
- Anlagengenehmigungsbehörde 6 f
- Anlagenüberwachungsbehörde 6 ff
- Umweltüberwachungsbehörde 8 f
Betriebsinterna 9
Betriebliches Vertraulichkeitsinteresse 14 f

Ermessen 15, 20, 27

Geheimhaltungsinteresse 24 ff
Geheimhaltungspflicht 24 ff
- Amtsverschwiegenheit 26
- Ermessensreduzierung auf Null 27
- gegenüber Sachverständigen 30
- Geschäftsgeheimnis 29
- gesetzliche 25 ff
- wesensgemäße 28 ff

Offenbarungspflicht 16

Schutzzweck 1

UIG 3

Verwaltungsakt 21

I. Grundlagen

1 § 9 UmweltHG verfolgt denselben **Schutzzweck** zugunsten eines durch Umwelteinwirkung Geschädigten wie § 8 UmweltHG. Mit Hilfe beider Vorschriften sollen dem Geschädigten **Informationen zur Verfügung** gestellt werden, die dieser zur Prüfung und Durchsetzung eines Schadensersatzanspruchs nach dem UmweltHG benötigt. Insoweit werden dem Geschädigten in begrenztem Umfang und bezogen auf den

Schadensersatzzweck Datenbestände bestimmter Behörden zugänglich gemacht (ERL 213; HALLER 59; PASCHKE Rn 1).

2 Der materiellrechtliche Auskunftsanspruch gemäß § 8 UmweltHG (PASCHKE § 8 Rn 16) wird durch § 9 UmweltHG mittels Gewährung eines **öffentlich-rechtlichen Anspruchs** im Sinne eines subjektiven öffentlichen Rechts auf Auskunftserteilung durch bestimmte Behörden ergänzt (HALLER 58 f, 60; PASCHKE Rn 6; SAUTTER 209), um dem Geschädigten schadensersatzrelevante Daten in vollem Umfang zugänglich zu machen (Amtl Begr BT-Drucks 11/7104, S 20). Ein solcher Anspruch gemäß § 9 UmweltHG ist zwar grundsätzlich **notwendig.** Denn ein **allgemeiner Auskunftsanspruch** ist im öffentlichen Recht weder einfachgesetzlich geregelt, noch verfassungs- (vgl Vorbem 11 f zu §§ 8–10) oder europarechtlich (vgl Vorbem 27 zu §§ 8–10) herleitbar; Auskunfts- oder Akteneinsichtsrechte privater Dritter gegenüber Behörden sind nur für Teilbereiche normiert (vgl Vorbem 13 f, 16 ff zu §§ 8–10) oder aus anerkannten Rechtsgrundsätzen ableitbar (vgl Vorbem 12 zu §§ 8–10). Überdies brauchen die Aktenlage der Behörde und die des Betreibers nicht identisch zu sein, so dass der Geschädigte von den verpflichteten Behörden zusätzliche Informationen erhalten kann (HALLER 61). Das **Umweltinformationsgesetz** (dazu Vorbem 16 zu §§ 8–10) hat jedoch die **praktische Bedeutung** des § 9 UmweltHG praktisch erheblich **vermindert** (ERL 178 f; SAUTTER 210).

3 Einen allgemeinen, auf Umweltinformationen begrenzten Auskunftsanspruch eröffnet das **Umweltinformationsgesetz** (UIG) (vgl näher Vorbem 16 ff zu §§ 8–10). Der Anspruch aus § 4 Abs 1 Satz 1 UIG **unterscheidet** sich jedoch von § 9 UmweltHG, zu dem er gemäß § 4 Abs 2 UIG in **Konkurrenz** tritt. § 4 UIG ist einerseits weiter als § 9 UmweltHG, weil die Vorschrift kein konkretes Interesse oder Verfahren voraussetzt (MÖLLERS 365, 367 f), und andererseits enger, weil sich der Anspruch ausschließlich auf Angaben über die Umwelt als solche sowie auf menschliche Aktivitäten bezieht, die diesen Zustand verändern (von lediglich untergeordneter Funktion des § 9 UmweltHG geht jedoch ERL 214 f aus). Anders als bei § 9 UmweltHG richtet sich der Anspruch gemäß § 4 UIG nicht nur gegen bestimmte Behörden, sondern mit Ausnahme der in § 3 Abs 1 S 2 UIG genannten gegen alle Behörden, die Aufgaben des Umweltschutzes wahrzunehmen haben, § 3 Abs 1 Satz 1 UIG, sowie gegen diese ersetzende Privatpersonen, § 2 Nr 2 UIG. Wie bei § 9 UmweltHG haben die in Anspruch genommenen Behörden allerdings keine Informationsbeschaffungspflicht (TURIAUX NJW 1994, 2319, 2321). Die sich aus den §§ 7, 8 UIG ergebenden Gründe, die die grundsätzlich auskunftspflichtige Behörde in concreto berechtigen, die Auskunftserteilung insbesondere zur Herstellung der Konkordanz mit den Rechten des durch die Auskunft möglicherweise beeinträchtigten Dritten zu verweigern, unterscheiden sich von denen des § 9 UmweltHG, wobei es jedoch auch Übereinstimmungen gibt, etwa hinsichtlich des Schutzes von Betriebs- und Geschäftsgeheimnissen sowie öffentlicher Belange oder der Vertraulichkeit personenbezogener Daten (SCHERZBERG DVBl 1994, 733, 738 ff).

II. Auskunftsvoraussetzungen

1. Tatbestandliche Anknüpfung an § 8 Abs 1 S 1 UmweltHG

4 Die Vorschrift knüpft an die in § 8 UmweltHG enthaltenen Regelungen über das Auskunftsrecht des Geschädigten gegenüber dem Inhaber einer Anlage an (Amtl Begr

BT-Drucks 11/7104. S 20). Die **Voraussetzungen** sind **identisch,** soweit auch § 9 S 1 UmweltHG fordert, dass Tatsachen vorliegen, die die Annahme begründen, dass eine bestimmte (Lytras 491 f) Anlage den Schaden verursacht hat, und dass der Geschädigte Auskunft verlangen kann, soweit dies zur Feststellung erforderlich ist, dass ein Anspruch nach dem UmweltHG besteht (Haller 68; Sautter 211). Wegen dieser Tatbestandsmerkmale ist daher auf die Kommentierung des § 8 UmweltHG (Rn 18 ff) zu verweisen. In **Abweichung** zu § 8 UmweltHG geht jedoch der Auskunftsanspruch des Geschädigten insoweit nicht auf den leistenden Sozialversicherungsträger über, wie dieser Auskunft im Wege der Amtshilfe erhalten kann (Hüpers VersR 1994, 653, 656; B Leonhard 147).

2. Passivlegitimation

5 Abweichend von § 8 UmweltHG sind **bestimmte Behörden** auskunftspflichtig. Das sind zum einen solche, deren Aufgabe es ist, Anlagen zu genehmigen oder zu überwachen, und zum anderen solche, die Einwirkungen auf die Umwelt erfassen (Haller 73 f; Paschke Rn 15). Von anderen Behörden können Auskünfte aufgrund des UmweltHG nicht verlangt werden; diese dürfen Auskünfte nicht erteilen (Paschke Rn 16 und 21 ff).

a) Anlagengenehmigungs- und Anlagenüberwachungsbehörden

6 Unter Genehmigungs- und Überwachungsbehörden sind die Behörden zu verstehen, die die Anlage tatsächlich **genehmigt** haben **oder** in deren Zuständigkeit die **Überwachung** fällt (Erl 198; Haller 74; Paschke Rn 16). Die Zuständigkeiten richten sich nach Landesrecht und ergeben sich im Regelfall aus Rechtsverordnungen des betreffenden Landes.

7 Behörden, die bei der Genehmigung oder Überwachung lediglich **mitwirken** (vgl §§ 6 Nr 2, 10 Abs 5 BImSchG), sind **nicht unmittelbar** zur Auskunft verpflichtet und berechtigt (Erl 179; Landsberg/Lülling Rn 12; Paschke Rn 16; Schmidt-Salzer Rn 5, jeweils unter Hinweis auf die §§ 6 Nr 2, 10 Abs 5 BImSchG). Sie sind verwaltungsintern, ggf im Wege der Amtshilfe gemäß § 4 VwVfG (vgl zum Problem Bull DÖV 1979, 689; Kamlah NJW 1976, 510; W Schmidt ZRP 1979, 185; Schnapp NJW 1980, 2165), lediglich insoweit verpflichtet, als die auskunftspflichtigen Behörden auf die Unterlagen der Mitwirkungsbehörden zurückgreifen müssen. Der Gesetzgeber hat dem Geschädigten bewusst kein allgemeines Informationsrecht gegen alle Behörden gewährt, die Informationen über Betriebe haben können, wie zB Polizei- und Verfassungsschutzbehörden, Zoll oder nachgeordnete Behörden (Haller 74 f; Landsberg/Lülling Rn 12).

b) Umweltüberwachungsbehörden

8 Umweltüberwachungsbehörden sind solche Behörden, denen die Aufgabe zugewiesen ist, **Einwirkungen** auf die Umwelt zu **erfassen** (Sautter 211). Unter Erfassen von Einwirkungen auf die Umwelt ist eine Tätigkeit zu verstehen, die die Erhebung von Daten zum Gegenstand hat, die sich auf den Zustand der Umwelt, ihre Belastung mit Schadstoffen oder anderen Einwirkungen und den daraus resultierenden Veränderungen beziehen (Paschke Rn 18). Unerheblich, ob die Umweltüberwachung Haupt- oder Nebenzweck der Behörde ist (Haller 75; Paschke Rn 17). Bereits mangels Behördeneigenschaft sind selbstständig und freiberuflich tätige Umweltgutachter nicht passivlegitimiert. Sie selbst sind nicht Beliehene, sondern werden lediglich von einer

hierzu beliehenen Organisation, der DAU (Deutsche Akkreditierungs- und Zulassungsgesellschaft für Umweltgutachter), überwacht (FALK 165).

9 Strittig ist, ob eine Umweltüberwachungsbehörde im Rahmen der Auskunft auch **Betriebsinterna im Sinne des § 8 Abs 1 S 2 UmweltHG** melden darf (ablehnend PASCHKE Rn 17 und 25). Wegen der Nichterwähnung der Umweltüberwachungsbehörden in § 9 S 3 UmweltHG wird vertreten, dass Umweltüberwachungsbehörden nur solche Auskünfte erteilen dürfen, die sich nicht auf den Themenkatalog des § 8 Abs 1 S 2 beziehen und auch im Übrigen keine Betriebsinterna betreffen, während Anlagengenehmigungs- und Anlagenüberwachungsbehörden gemäß § 9 S 3 über den Themenkatalog des § 8 Abs 1 S 2 UmweltHG hinaus – vgl § 51 b BImSchG – zur Gewährleistung der Identifizierung des Haftpflichtigen (LANDSBERG/LÜLLING Rn 11) Auskunft über Namen und Anschrift des Inhabers der Anlage, des gesetzlichen Vertreters oder eines Zustellungsbevollmächtigten geben dürfen und müssen. Ein Rückschluss aus § 9 S 3 UmweltHG im Sinne einer beschränkten Auskunftspflicht von Umweltüberwachungsbehörden ist jedoch nicht zu ziehen. Die dortige Nichterwähnung der Umweltüberwachungsbehörden beruht allein darauf, dass diese in der Regel nur allgemeine, nicht aber anlagenbezogene Daten sammeln (SALJE Rn 9; vgl Gegenäußerung des BR zum RegE BT-Drucks 11/7104, S 26) und daher in der Regel tatsächlich nicht in der Lage sind, Betriebsinterna mitzuteilen; verhält es sich im Einzelfall anders, ist auf sie § 9 S 3 UmweltHG analog anzuwenden (HALLER 78).

III. Rechtsfolge

10 Soweit die Anspruchsvoraussetzungen vorliegen, entsteht ein Recht auf Information hinsichtlich eines **bestimmten Empfängerkreises** und in einem **bestimmten Umfang.** Anspruchsinhaber ist wie bei § 8 UmweltHG nur derjenige, der einen Schaden erlitten hat, der aus der Verletzung eines der in § 1 genannten Rechtsgüter resultiert. Ein Jedermann-Recht auf Auskunft wird durch § 9 UmweltHG nicht begründet (LANDSBERG/LÜLLING Rn 1; PASCHKE Rn 14; SCHMIDT-SALZER Rn 3).

1. Inhalt der Auskunft

11 Unter der Voraussetzung des § 9 S 1 UmweltHG entsteht ein Auskunftsanspruch gegen die dort genannten Behörden. Die Auskunftspflicht ist gemäß S 3 auf die **Angaben nach § 8 Abs 1 S 2 UmweltHG** im Rahmen des **Erforderlichen** beschränkt (vgl § 8 Rn 27 f, 39), soweit die Genehmigungs- und Anlagenüberwachungsbehörde in Anspruch genommen wird. Auch von den Behörden können nur Angaben über die verwendeten Einrichtungen, die Art und Konzentration der eingesetzten Stoffe und die sonst von der Anlage ausgehenden Wirkungen sowie die besonderen Betriebspflichten nach § 6 Abs 3 UmweltHG verlangt werden (OEHMEN Rn 256). Der Schwerpunkt der Auskünfte wird dabei auf den besonderen Betriebspflichten liegen (LANDSBERG/LÜLLING Rn 11; SALJE Rn 8). Wie bei § 8 UmweltHG ist der Inhaber der in Frage kommenden Anlage vor Ausforschung zu schützen. Zusätzlich kann zur Sicherstellung der personalen Identifizierung, namentlich für Zwecke der Zustellung auch Auskunft über Namen und Anschrift des Inhabers der Anlage, seines gesetzlichen Vertreters oder eines Zustellungsbevollmächtigten verlangt werden; hiervon hat die Behörde aufgrund der allgemeinen Unterlagen im Verfahren oder mindestens nach § 51 b BImSchG Kenntnis.

12 Die Umweltüberwachungsbehörde ist zur Angabe allgemeiner, im gegebenen Haftungszusammenhang **relevanter Umweltdaten** verpflichtet. Im Übrigen gilt für sie § 9 S 3 UmweltHG analog, wenn sie ausnahmsweise Informationen gemäß § 8 Abs 1 S 2 UmweltHG hat (vgl o Rn 9).

2. Umfang der Auskunft

13 Soweit die Behörde zur Auskunft verpflichtet ist, besteht der Anspruch nur im Rahmen des **Möglichen.** Maßgeblich ist also, inwieweit der Behörde Informationen vorliegen oder sie sich solche beschaffen kann und muss.

a) Betriebliches Vertraulichkeitsinteresse

14 Der Genehmigungs- und Überwachungsbehörde einer Anlage werden vielfältige Informationen bekannt. Im Genehmigungsverfahren sind der Behörde sämtliche entscheidungsrelevanten Unterlagen einschließlich der **betrieblich sensiblen** vorzulegen; auch sind ihr Auskünfte zu erteilen. Auch der Anmelde- oder Zulassungszwang für Industrieprodukte (zB § 4 ChemG: Meldepflicht; § 7 Abs 1 PflSchG; § 21 AMG: Zulassungszwang) bewirkt, dass den Behörden weitere Auskünfte erteilt werden, denn auch insoweit müssen alle für die Beurteilung des Produkts relevanten Unterlagen zugänglich gemacht werden (Schröder UPR 1985, 394, 395). Der Anlageninhaber in seiner Eigenschaft als Antragsteller im Genehmigungsverfahren muss auch sensible Unterlagen vorlegen, darf sie aber als solche kennzeichnen und separieren, soweit der Genehmigungsantrag mit erläuternden Unterlagen zur Einsichtnahme ausgelegt wird und Akteneinsicht gewährt werden kann; dies gilt etwa nach §§ 4, 10 Abs 3 BImSchG, § 10 der 9. BImSchV; § 7 AtomG, § 6 AtVfV. Ihr Inhalt muss aber so ausführlich dargestellt werden, wie dies ohne Preisgabe von Geheimnissen geschehen kann, und so ausführlich, dass Dritte die Auswirkungen der Anlage beurteilen können (Schröder UPR 1985, 394, 395). Unter diesen Voraussetzungen müssen und dürfen nur diese Ersatzunterlagen publiziert werden.

15 Umstritten ist dabei, ob die Genehmigungsbehörde Betriebs- und Geschäftsgeheimnisse auslegen darf, wenn sie von der Notwendigkeit der Geheimhaltung nicht überzeugt ist (so Feldhaus/Vallendar § 10 Anm 7; Landmann/Rohmer/Kutscheid § 10 Rn 43; Schmatz/Nöthlichs § 10 Erl 3.3; Stich/Porger § 10 Erl 11), oder ob allein der Anlageninhaber über die Geheimhaltung befindet (Sellner Rn 131; Ule/Laubinger § 10 Rn 5). Letztlich wird die Behörde aber nach **pflichtgemäßem Ermessen** darüber zu entscheiden haben, **ob** die Unterlagen **geheimhaltungsbedürftig** sind. Aus diesem Grund ist es jedoch unabdingbar, den Anlageninhaber im Rahmen eines förmlichen Verwaltungsverfahren anzuhören (Haller NuR 1995, 217, 219), auch um ihm Gelegenheit zu geben, sein Geheimhaltungsinteresse gerichtlich durchzusetzen.

b) Betriebsbezogene Informationsansprüche von Behörden

16 Zur Unterstützung der behördlichen Überwachung statuiert das Gesetz zahlreiche **Offenbarungspflichten,** die jedoch **nur gegenüber Behörden,** nicht gegenüber privaten Dritten bestehen. So unterliegen Unternehmen regelmäßig einer Auskunftspflicht, die konkretisiert wird durch das Recht der Überwachungsbehörden, geschäftliche und betriebliche Unterlagen einzusehen, Geschäfts- und Betriebsräume zu betreten sowie Produkt- und Warenproben zu entnehmen; so zB nach § 21 Abs 2 ChemG, § 23 PflSchG, § 8 Abs 2 § 3 DMG, § 9 Abs 2 GefahrgutG, § 17 Abs 4 AbfG, § 6 Abs 2

AltölG, § 21 WHG, § 10 WaschmG. In der Emissionserklärung gemäß § 27 Abs 1 BImSchG, die der Überwachung wie der Aufstellung und Fortschreibung des Emissionskatasters dient, muss der Betreiber einer Anlage der zuständigen Behörde Angaben über Art, Menge, räumliche und zeitliche Verteilung der Luftverunreinigungen, die von der Anlage in einem bestimmten Zeitraum ausgegangen sind, sowie über die Austrittsbedingungen machen (SALJE Vor §§ 8–10 Rn 8; Einzelheiten enthält die 11. BImSchV: Emissionserklärungsverordnung v 12. 12. 1991, BGBl I 1991, 2213 ff). Durch das 3. Gesetz zur Änderung der BImSchG (BGBl I 1990, 870; vgl BÜGE DB 1990, 2408 ff) wurde klargestellt, dass die Offenbarung von Angaben der Emissionserklärung zulässig ist, ohne dass jedoch ein Rechtsanspruch Dritter hierauf entsteht (vgl SALJE Vor §§ 8–10 Rn 8 mit Einzelheiten). Der dort wiedergegebene Streit ist jedoch ohne praktische Konsequenz, weil der Geschädigte die Angaben über § 9 UmweltHG erhält, da die 3. BImSchG-Novelle jedenfalls klarstellt, dass die Daten der Emissionserklärung nicht geheimhaltungsbedürftig sind.

3. Form der Auskunftserteilung

17 Aus dem Gesetz ergibt sich nichts zur Form der Auskunftserteilung. Die Auskunft ist **grundsätzlich schriftlich** zu erteilen, damit der Geschädigte diese zuverlässig im Rahmen seiner Beweisführung verwenden kann (SAUTTER 211). Bei der Auskunftserteilung steht der Behörde im Übrigen ein im pflichtgemäßen Ermessen stehendes Wahlrecht zu, ob sie im konkreten Einzelfall eine bloße Auskunft erteilt, Informationsträger zur Verfügung stellt oder dem Anspruch auf Information auf andere Weise vertretbar nachkommt (OVG Nordrhein-Westfalen ZUR 1994, 253; HALLER UPR 1994, 88, 92; ders UPR 1995, 338, 339). Hinsichtlich des technischen Ablaufs der bloßen Akteneinsicht kann die Praxis zu § 29 Abs 3 VwVfG maßgeblich sein. Hiernach hat die Akteneinsicht grundsätzlich bei der aktenführenden Behörde zu erfolgen, die aber Ausnahmen zulassen kann (HALLER 93; vgl auch KOPP/RAMSAUER § 29 Rn 40 f; SCHWAB, Akteneinsichtsrecht 37). Die Behörde schuldet nur die **Weitergabe vorhandener Informationen.** Die Aufarbeitung der Informationen über ein Ordnen und Strukturieren hinaus kann nicht verlangt werden (PASCHKE Rn 47).

18 Der Gesetzgeber hat kein **Akteneinsichtsrecht** vorgesehen, weil er – wie das Stufenverhältnis zwischen Auskunft und Einsicht in § 8 UmweltHG zeigt – die Einsichtnahme als den schwereren Eingriff ansah. Diese Wertung trifft jedoch gegenüber der Behörde nicht zu. Die bloße Akteneinsichtnahme ist für die Behörde oftmals praktikabler als eine Auskunft, da eine Auskunft in der Regel Schriftverkehr verursacht und das Personal stärker bindet als die bloße Aufsicht während der Einsichtnahme; im Übrigen ist eine Haftung wegen unrichtiger Information ausgeschlossen (so auch HALLER 91; ders UPR 1995, 338 ff; KRIEGER 31; LANDSBERG/LÜLLING Rn 26 f; ein Akteneinsichtsrecht bei Genehmigungs- und Überwachungsbehörden ablehnend PASCHKE Rn 51 f und differenzierend bei Erfassungsbehörden in Rn 53; SCHMIDT-SALZER Rn 13), es sei denn, Akteneinsicht wird schuldhaft unvollständig gewährt. Daher ist auch Akteneinsichtsrecht gegenüber der Behörde zu gewähren, soweit diese auskunftspflichtig ist. Die Behörde kann aber die Wahrnehmung der Akteneinsicht vom Anspruchsteller nicht verlangen, wenn dieser eine Auskunftserteilung ausdrücklich verlangt (so PASCHKE Rn 53; im Erg auch SAUTTER 211 f).

IV. Auskunftsverweigerungsrechte der Behörde; Erlöschen des Auskunftsanspruchs

19 § 9 S 2 UmweltHG zeichnet die Regelung des § 29 Abs 2 VwVfG nach und sichert unter den genannten Voraussetzungen die **Wahrung eines etwaigen überwiegenden Geheimhaltungsinteresses** (Amtl Begr BT-Drucks 11/7104, S 20; Erl 179; Haller 87; Oehmen Rn 260; Sautter 212). Geheimnisse sind alle sich auf ein bestimmtes Rechtssubjekt und dessen Lebensverhältnisse beziehende Tatsachen, die nur einem bestimmten Personenkreis bekannt sind und an deren Nichtverbreitung der Rechtsträger ein berechtigtes Interesse hat (Schwab, Akteneinsichtsrecht 32). Insoweit kann auf die Rechtsprechung und Literatur zu § 29 Abs 2 VwVfG verwiesen werden.

20 Die Auskunft ist bei Vorliegen eines Auskunftsverweigerungsrecht nicht generell unzulässig, vielmehr hat die Behörde nach **pflichtgemäßem Ermessen** zu entscheiden, ob sie von dem Auskunftsverweigerungsrecht ganz oder zum Teil Gebrauch macht (Kopp/Ramsauer § 29 Rn 25; Landmann/Rohmer/Hager § 9 UmweltHG Rn 21; Landsberg/Lülling Rn 14; Meyer/Borgs § 29 Rn 15; Salje Rn 10; Sautter 213; Stelkens/Bonk/Sachs/Bonk § 29 Rn 52; jetzt auch Obermayer/Grünewald § 29 Rn 47). Dabei ist der – gerichtlich überprüfbare – Ermessensspielraum unterschiedlich groß (vgl Salje Rn 10; **aA** Landsberg/Lülling Rn 14, die davon auszugehen scheinen, dass in allen Fällen des § 9 UmweltHG keine Auskunft erteilt werden darf, was aber der abgestuften Behandlung des Ermessensspielraums nach § 29 VwVfG widerspricht und insoweit einen gerichtlich angreifbaren Ermessensnichtgebrauch darstellt). Ist eine Aufgabenbeeinträchtigung der Behörde zu befürchten, so ist der Spielraum der Behörde größer als in dem Fall, dass ein Auskunftsverweigerungsrecht aus Gründen des Geheimnisschutzes oder von Drittinteressen in Frage steht, da es nur hinsichtlich ihrer eigenen Rechtsposition einen großen Spielraum geben darf. Ein danach bestehendes Auskunftsverweigerungsrecht erlaubt nicht generell die gänzliche Auskunftsverweigerung, sondern **nur soweit,** wie dies zur Geheimhaltung der von den Geheimhaltungsgründen erfassten Daten **notwendig** ist; im Übrigen ist die Auskunft zu erteilen (Salje Rn 10).

21 Die Entscheidung der Behörde, die Auskunft zu erteilen oder zu verweigern, ist ein **Verwaltungsakt** (OVG Bremen NJW 1989, 926; Haller NuR 1995, 217, 218; Paschke Rn 54; Sautter 214; explizit nur hinsichtlich der Verweigerung: Knack/Clausen § 25 Rn 28; Stelkens/Bonk/Sachs/Bonk § 35 Rn 81; **aA** Erichsen, Gutachten 31; unklar bei Landsberg/Lülling Rn 32); dafür und dagegen stehen dem Geschädigten und dem betroffenen Anlageninhaber die gewöhnlichen Rechtsbehelfe der Verwaltungsgerichtsordnung zur Verfügung (Sautter 214). Die Auskunftsverweigerungsregelung dient dem Schutz der ordnungsgemäßen Erfüllung von Behördenaufgaben, dem Geheimnisschutz aus Gründen des Wohls des Bundes oder eines Landes und den berechtigten Interessen Dritter. Bei **Streit** über das Bestehen oder den Umfang eines Auskunftsverweigerungsrechts ist die Entscheidung der Behörde **im Verwaltungsgerichtsverfahren** nach § 99 VwGO überprüfbar (Landmann/Rohmer/Hager Rn 23 ff; Salje Rn 10). Dabei kann auch im Verfahren um die Verpflichtung gemäß § 9 UmweltHG aufgrund von § 99 Abs 1 S 2 VwGO – als Ausnahme vom Prinzip der Parteiöffentlichkeit des Gerichtsverfahrens nach § 100 Abs 1 VwGO – von der Behörde die volle Darlegung der Auskunftsverweigerungsrechte gegenüber dem Gericht verlangt und ein zur Verschwiegenheit verpflichteter Sachverständiger eingeschaltet werden, um eine Überprüfung der Rechtmäßigkeit zu ermöglichen (Salje Rn 10; ausführlich Wegener 44 f). Auf diese Weise muss das Gericht nicht in Unkenntnis der Aktenlage nach Glaubhaftmachung des Geheimhaltungserfordernisses nach § 99 Abs 2 Satz 1 VwGO entscheiden, sondern kann sich ein eigenes Bild machen, ohne dass der Gegner bereits Auskünfte über möglicherweise geheimhaltungsbedürftige Informationen erlangt; insoweit gelten die diesbezüglichen Ausführungen zu § 8 UmweltHG entsprechend (SAUTTER 212 f; dazu § 8 Rn 46).

1. Beeinträchtigung der Behördenaufgaben

22 Die Aufgaben der Behörde werden beeinträchtigt, wenn der normale **Geschäftsgang** durch eine große Zahl von Anträgen auf Auskunft **unzumutbar belastet** und so ein Verfahren in unvertretbarer Weise verzögert wird (HALLER 123 f; KNACK/CLAUSEN § 29 Rn 19; LANDSBERG/LÜLLING Rn 15). Die Beeinträchtigung muss allerdings die Schwelle zur Unzumutbarkeit erreichen (für restriktive Auslegung auch ERL 180), da wohl in jedem Auskunftsersuchen eine gewisse Beeinträchtigung des Geschäftsgangs liegt. Die Behörde hat in den Fällen der Aufgabenbeeinträchtigung allerdings ein weites Ermessen, da es um ihre eigene Rechtsposition geht (SALJE Rn 10). Zur pflichtgemäßen Ermessensausübung gehört, die Vorteile der Verbesserung der Rechtsstellung des Auskunftssuchenden mit den konkreten Beeinträchtigungen abzuwägen. Je nach Sachlage kann die Behörde bei einer Reihe gleichartiger Anfragen ein Auskunftsersuchen ausführlich behandeln und die übrigen Anspruchsteller auf diese Auskünfte verweisen. Um nicht jeden Auskunftsanspruch bereits an dem Gesichtspunkt der Aufgabenbeeinträchtigung scheitern zu lassen, kann von der Behörde auch verlangt werden, Personal zur Erfüllung des Anspruchs vorübergehend intern umzusetzen (HALLER 124; SALJE Rn 12).

2. Nachteile für das Wohl des Bundes oder eines Landes

23 Eine entsprechende Formulierung, die Nachteile für das Wohl des Bundes oder eines Landes für erheblich erklärt, findet sich in §§ 29 Abs 2, 5 Abs 2 Nr 2 VwVfG (Verweigerung der Amtshilfe), § 99 Abs 1 S 2 VwGO (Verweigerung der Akteneinsicht im Verwaltungsprozess), § 62 Abs 1 BBG (Verweigerung der Aussagegenehmigung für Beamte), § 54 Abs 3 StPO, § 376 Abs 4 ZPO (Aussageverweigerungsrecht des Bundespräsidenten), § 96 StPO (Verweigerung der Akteneinsicht im Strafprozess) (LANDSBERG/LÜLLING Rn 16). Nach diesen eng auszulegenden Vorschriften sind das **Interesse** des Rechtssuchenden an der Beibringung von Beweismitteln und das damit verbundene Interesse an der Wahrheitsfindung einerseits und die öffentlichen oder privaten Interessen an der Geheimhaltung gewisser Vorgänge andererseits gegeneinander **abzuwägen** (HALLER 124; SCHWAB, Akteneinsichtsrecht 31).

3. Geheimhaltungsinteresse

24 Mit der Ausnahme von behördlichen Auskunftsverpflichtungen bei einem Geheimhaltungsinteresse soll sichergestellt werden, dass **berechtigte** Geheimhaltungsinteressen des Anlageninhabers, sonstiger Dritter sowie staatlicher Stellen gewahrt werden (PASCHKE Rn 39).

a) Gesetzliche Geheimhaltungspflicht

25 **Gesetzlich normierte Verpflichtungen** zur Geheimhaltung finden sich beispielsweise in

§ 30 AO, § 355 StGB (Steuergeheimnis), §§ 203, 353 b StGB (Verschwiegenheitspflicht der Angehörigen von Heilberufen) und § 78 S 2 SGB X (Sozialgeheimnis), Art 10 GG, § 354 StGB (Geheimhaltungspflicht der Post), § 16 des Gesetzes über die Statistik für Bundeszwecke (Geheimschutz bei statistischen Angaben). Verfassungsrechtlich garantiert sind gesetzliche Geheimhaltungsinteressen etwa durch das allgemeine Persönlichkeitsrecht und den Schutz des materiellen oder geistigen Eigentums (Schwab, Akteneinsichtsrecht 32). Die genannten Geheimhaltungsvorschriften betreffen jedoch in der Regel keine Emissionsdaten (vgl Salje Rn 15; Vorbem 10 zu §§ 8–10).

26 Keine Verpflichtung zur Geheimhaltung stellt die **allgemeine Pflicht zur Amtsverschwiegenheit** (§§ 39 BRRG, 61 BBG und § 9 BAT, § 30 VwVfG) dar (Landsberg/Lülling Rn 20). Der Pflicht zur Amtsverschwiegenheit entspricht gemäß § 30 VwVfG, dass der am Verwaltungsverfahren Beteiligte einen Anspruch auf Wahrung seiner persönlichen und geschäftlichen Geheimnisse hat. § 30 VwVfG ist allerdings kein gesetzliches Offenbarungsverbot im Sinne von § 9 S 2 UmweltHG, sondern verbietet nur die unbefugte Offenbarung; befugt ist die Offenbarung jedoch, wenn die Behörde zur Offenbarung ermächtigt oder verpflichtet ist (Paschke Rn 40).

27 Sind Daten **kraft Gesetz geheim zu halten,** so ist das Ermessen der Behörden auf Null reduziert; die Behörde darf in keinem Fall Auskünfte erteilen (Landmann/Rohmer/Hager § 9 Rn 21; Meyer/Borgs § 29 Rn 15; Salje Rn 10). Liegen die Voraussetzungen des § 9 UmweltHG vor, so sind auch Auskünfte trotz § 30 VwVfG zu erteilen; es handelt sich um eine gebundene Entscheidung. Soweit die Voraussetzungen für den Auskunftsanspruch nach § 9 UmweltHG nicht vorliegen, ist auch die Offenbarung von Geheimnissen nach § 30 VwVfG unbefugt (Paschke Rn 40).

b) Wesensgemäße Geheimhaltung

28 Vorgänge, die **ihrem Wesen nach geheim zu halten** sind, begründen ebenfalls ein Auskunftsverweigerungsrecht. Berechtigte Interessen der Beteiligten oder dritter Personen sind beispielhafte Aspekte, die für wesensgemäße Geheimhaltung sprechen; sie sind jedoch nicht abschließend. Wesensgemäß geheim zu halten sind ebenso Daten, die dem Bereich der Persönlichkeits- und Intimsphäre zuzurechnen sind (Landsberg/Lülling Rn 21; Paschke Rn 41), namentlich solche, die durch das Recht der informationellen Selbstbestimmung (vgl BVerfGE 27, 1 ff; 65, 1 ff, 41 ff) geschützt sind (Knack/Clausen § 29 Rn 24; Kopp/Ramsauer § 29 Rn 38; Paschke Rn 41). In diesem Bereich ist eine Kollision von umwelthaftungsbezogenen Informationsinteressen mit persönlichen Geheimhaltungsinteressen jedoch kaum denkbar (Landsberg/Lülling Rn 21; Paschke Rn 41), da durch die Verweisung in § 9 S 3 UmweltHG auf § 8 Abs 1 S 2 UmweltHG klargestellt ist, dass nur Angaben der dort genannten Art verlangt werden können.

29 Unter den Begriff der ihrem Wesen nach geheimzuhaltenden Daten fallen allerdings auch **Geschäftsgeheimnisse** (Landsberg/Lülling Rn 21; Paschke Rn 42; zum Begriff vgl Baumbach/Hefermehl UWG § 17 Rn 2 ff), soweit berechtigte Interessen Beteiligter oder dritter Personen tangiert werden. Obgleich die Daten der Emissionserklärung nach § 27 Abs 1 BImSchG grundsätzlich offenbart werden dürfen, gilt dies gemäß § 27 Abs 3 BImSchG daher nicht für solche Daten, die Rückschlüsse auf Betriebs- und Geschäftsgeheimnisse zulassen (Salje Vor §§ 8–10 Rn 9; vgl § 8 Rn 60). Wie bei § 8

UmweltHG ist allerdings das Interesse des Anlageninhabers, nicht zum Schadensersatz herangezogen zu werden, kein Grund zur Auskunftsverweigerung (zustimmend LANDSBERG/LÜLLING Rn 23). Ein Geheimhaltungsinteresse ist ebenfalls für polizeiliche Ermittlungsakten im Zuge einer Fahndung, zum Schutz des Behördeninformanten, zum Schutz der Beteiligten, etwa bei Suizidgefahr und bei Zusicherung von Vertraulichkeit zu bejahen (SCHWAB, Akteneinsichtsrecht 33 f mwN).

30 Fraglich ist, ob von der an sich zur Auskunftsverweigerung berechtigten Behörde verlangt werden kann, die **Auskunft gegenüber** einem **zur Verschwiegenheit verpflichteten Sachverständigen** zu erteilen. Der Gesetzgeber hat eine entsprechende Vorgehensweise der Behörde, anders als im Rahmen des § 8 Abs 2 UmweltHG (Amtl Begr BT-Drucks 11/7104, S 19), auch in der Begründung nicht erwähnt (zum Problem LANDSBERG/LÜLLING Rn 24). Vertretbar ist daher die Auffassung, dass die Behörde nicht zur Einschaltung eines Dritten verpflichtet ist und daher der Anspruch insgesamt nicht gegeben ist (LANDSBERG/LÜLLING Rn 24). Auch wird der Behörde der zusätzliche Verwaltungsaufwand nicht zuzumuten sein. Das Auskunftsverweigerungsrecht der Behörde in diesem Fall schließt allerdings nicht aus, dass sich die Behörde und der Anspruchssteller zur Vermeidung eines Rechtsstreits, ob die Behörde berechtigt ist, die Auskunft zu verweigern, auf eine entsprechende Verfahrensweise einigen (LANDSBERG/LÜLLING Rn 24).

V. Verfahren

1. Verwaltungs- und Gerichtsverfahren

31 Die verfahrensrechtliche Durchsetzung der Auskunftsansprüche aus § 8 UmweltHG und § 9 UmweltHG unterscheidet sich, da die beiden Auskunftsansprüche unterschiedlichen Rechtsgebieten angehören. § 9 UmweltHG enthält einen dem öffentlichen Recht zuzuordnenden Anspruch. Daher richtet sich die **Durchsetzung** dieses Anspruchs **nach öffentlich-rechtlichen Regeln.** Die Beteiligung der Betroffenen an diesem Verfahren folgt den allgemeinen Vorschriften des Verwaltungsverfahrensrechts (Amtl Begr BT-Drucks 11/7104, S 20). Die Auskunft selbst ist bloßer Realakt, während die Verweigerung der Auskunftserteilung regelmäßig einen Verwaltungsakt darstellt (zutreffend HALLER NuR 1995, 217, 218 und LANDSBERG/LÜLLING Rn 32 mwN; kritisch differenzierend PASCHKE Rn 54 mwN). An dem Verwaltungsverfahren auf Auskunft ist auch der Anlageninhaber, über dessen Betrieb Auskunft verlangt wird, nach den allgemeinen Grundsätzen zu beteiligen; so ist er gemäß § 28 VwVfG anzuhören und gemäß § 63 Nr 3, 65, 66 VwGO beizuladen (HALLER NuR 1995, 217, 219; LANDSBERG/LÜLLING Rn 33; PASCHKE Rn 54 ff, insbesondere Rn 58). Eine Bezugnahme auf die §§ 259 bis 261 BGB kam daher – im Gegensatz zu § 8 UmweltHG – für den Gesetzgeber nicht in Betracht (Amtl Begr BT-Drucks 11/7104, S 20). Im Streitfall steht der Verwaltungsrechtsweg gemäß § 40 VwGO offen (LANDSBERG/LÜLLING Rn 30 f mit Begründung und Hinweisen zum Streitwert). Bei Ablehnung des Antrags auf Informationen über die Umwelt durch die ersuchte Behörde kann das Informationszugangsrecht, vorbehaltlich der Ausnahmeregelung des § 68 Abs 1 Satz 2 VwGO, nach vorherigem Widerspruchsverfahren gemäß § 68 Abs 2 VwGO im Wege der Verpflichtungsklage geltend gemacht werden (BLUMENBERG NuR 1992, 4, 14; HALLER NuR 1995, 217, 220).

2. Kosten

32 Die Kosten trägt nach den allgemeinen Regeln grundsätzlich der Auskunftsschuldner (BGHZ 84, 31, 32 = NJW 1982, 1643; Palandt/Heinrichs § 261 Rn 20). Da der Gesetzgeber keine Rechtsverordnungsermächtigung zur Schaffung von Gebührentatbeständen vorgesehen hat (vgl Landsberg/Lülling Rn 28), sind die eigenen Kosten der Auskunft von der **Behörde** als Auskunftsschuldner ersatzlos zu tragen (Haller 85; ders UPR 1995, 338, 339 mwN in Fn 25; Sautter 212).

§ 10 UmweltHG
Auskunftsanspruch des Inhabers einer Anlage

(1) Wird gegen den Inhaber einer Anlage ein Anspruch aufgrund dieses Gesetzes geltend gemacht, so kann er von dem Geschädigten und von dem Inhaber einer anderen Anlage Auskunft und Einsichtsgewährung oder von den in § 9 genannten Behörden Auskunft verlangen, soweit dies zur Feststellung des Umfangs seiner Ersatzpflicht gegenüber dem Geschädigten oder seines Ausgleichsanspruchs gegen den anderen Inhaber erforderlich ist.

(2) Für den Anspruch gegen den Geschädigten gilt § 8 Abs. 2, 3 Satz 1 und § 8 Abs. 4, für den Anspruch gegen den Inhaber einer anderen Anlage gilt § 8 Abs. 1 Satz 2, Abs. 2 bis 4 und für den Auskunftsanspruch gegen Behörden § 9 entsprechend.

Schrifttum: Siehe Schrifttumsverzeichnis zur Einleitung sowie zu den Vorbemerkungen zu §§ 8–10 UmweltHG.

Systematische Übersicht

I. Grundlagen ____ 1

II. Voraussetzungen des Anspruchs
1. Inanspruchnahme nach dem UmweltHG ____ 3
2. Erforderlichkeit der Auskunft ____ 4
3. Wahrscheinlichkeit ____ 6
4. Aktiv- und Passivlegitimation ____ 7

III. Rechtsfolge (Abs 1 und 2)
1. Inhalt des Auskunftsanspruchs ____ 9
a) Auskunftsanspruch gegen einen anderen Anlageninhaber ____ 10
b) Auskunftsanspruch gegenüber Behörden ____ 11
c) Auskunftsanspruch gegen den Geschädigten ____ 12
2. Form ____ 14
3. Einsichtsanspruch gegen einen anderen Anlageninhaber ____ 15
4. Pflicht zur Abgabe einer Versicherung an Eides Statt ____ 16
5. Kosten ____ 17

I. Grundlagen

1 § 10 UmweltHG gibt dem **Inhaber** einer Anlage unter bestimmten Voraussetzungen einen Auskunftsanspruch **gegen** den **Inhaber einer anderen Anlage** oder gegen die in § 9 UmweltHG genannten **Behörden** sowie gegen den **Geschädigten.** Vor allem in den

Fällen der **Gesamtschuld,** aber auch bei einer **anteiligen Haftung** nach § 7 UmweltHG kann ein Inhaber ein berechtigtes Interesse daran haben zu erfahren, ob und in welchem Umfang eine andere Anlage oder der Geschädigte den Schaden **mitverursacht** hat (OEHMEN Rn 266). Von dieser Kenntnis hängt möglicherweise die Durchsetzung seines Ausgleichsanspruchs nach § 426 BGB, der Umfang seiner anteiligen Haftung nach § 7 UmweltHG oder die Möglichkeit einer Anspruchskürzung zum Nachteil des Geschädigten ab (Amtl Begr BT-Drucks 11/7104, S 20; HALLER 61 f; SAUTTER 215).

2 Die Vorschrift dient ferner der **Waffengleichheit** zwischen dem vermeintlichen Schädiger und dem Geschädigten (HALLER 62; PASCHKE Rn 2; vgl BT-Drucks 11/7881, S 33; KETTELER AnwBl 1992, 3, 6 f; rechtspolitische Bedenken haben LANDSBERG/LÜLLING Rn 10; vgl auch LANDSBERG/LÜLLING DB 1991, 479, 484) – wobei gegenüber letzterem das typische Informationsdefizit, um dessentwillen der Auskunftsanspruch des Geschädigten gegen den Anlageninhaber normiert wurde, im umgekehrten Verhältnis nicht in gleichem Maße besteht (B LEONHARD 66) –, da sie auch zur **Widerlegung der Ursachenvermutung** des § 6 Abs 1 dienen soll, indem der Inhaber Auskünfte über bestehende Vorerkrankungen, Schadensdispositionen oder ein Mitverschulden des Geschädigten erhält (LANDSBERG/LÜLLING Rn 10; PASCHKE Rn 2; SCHMIDT-SALZER Rn 4). Auf diese Weise soll der Inhaber einer Anlage die Erfolgsaussichten seiner Verteidigung gegen einen Haftungsanspruch aus § 1 UmweltHG einschätzen und somit von einem Prozess Abstand nehmen können. Indem der Inhaber der Anlage Kenntnis von Umständen erlangt, die ausschließlich oder überwiegend in der Sphäre des Geschädigten liegen, wie etwa frühere Krankheiten oder sonstige schadensbeeinflussende Ereignisse (LANDSBERG/LÜLLING Rn 10), soll schließlich auch die **Erschleichung von Schadensersatzleistungen** erschwert werden (BT-Drucks 11/7881 zu Art 1 §§ 9–11, 33; HALLER 62).

II. Voraussetzungen des Anspruchs

1. Inanspruchnahme nach dem UmweltHG

3 Voraussetzung ist zunächst, dass der Inhaber einer Anlage aufgrund des Umwelthaftungsgesetzes **in Anspruch genommen** wird. Nur in diesem Fall hat er ein schutzwürdiges Interesse an der Auskunft (Amtl Begr BT-Drucks 11/7104, S 20). Es genügt, wenn die Inanspruchnahme aufgrund eines Sachvortrags stattfindet, aus dem sich ein Schadensersatzanspruch nach § 1 UmweltHG begründen lässt; eine ausdrückliche Berufung auf das UmweltHG ist nicht notwendig (LANDSBERG/LÜLLING Rn 2; PASCHKE Rn 5; SCHMIDT-SALZER Rn 9). Ein gegen ihn gerichtetes bloßes Auskunftsverlangen nach § 8 oder § 9 UmweltHG genügt nicht (PASCHKE Rn 3; SCHMIDT-SALZER Rn 8; **aA** B LEONHARD 167 f). Ausreichend ist aber die vorprozessuale Geltendmachung eines Schadensersatzanspruches (LANDSBERG/LÜLLING Rn 2; PASCHKE Rn 4; SAUTTER 215 f). Das ergibt sich aus teleologischer Auslegung der Norm, da der Inhaber bereits in diesem Zeitraum die Erfolgsaussichten des Anspruchsstellers beurteilen können soll (PASCHKE Rn 4; SCHMIDT-SALZER Rn 7), um eventuell eine außergerichtliche Regelung herbeizuführen (SAUTTER 216).

2. Erforderlichkeit der Auskunft

4 Der Auskunftsanspruch besteht nur insoweit, als dies zur Feststellung des Umfangs seiner Ersatzpflicht gegenüber dem Geschädigten oder seines Ausgleichsanspruchs gegen einen anderen Inhaber **erforderlich** ist (Amtl Begr BT-Drucks 11/7104, S 20). Die Auskunft ist **nicht** erforderlich, wenn sich der Inhaber der Anlage aus ihm zugänglichen Informationsquellen selbst informieren kann (Sautter 216) oder die Auskunft nur den in Anspruch Genommenen belasten soll (Landsberg/Lülling Rn 3; Paschke Rn 13). Es können keine Auskünfte über Tatsachen verlangt werden, die der Geschädigte in einem Schadensersatzprozess aus der Kenntnis seines Risikobereichs darzulegen und zu beweisen hat, wie etwa die Höhe seines Schadens, da die Auskunft insoweit nicht erforderlich ist (vgl auch Paschke Rn 15).

5 **Scheidet** eine erfolgreiche **Inanspruchnahme** des Inhabers der Anlage durch den Geschädigten **erkennbar aus,** zB weil ein Anspruchsmerkmal des § 1 UmweltHG mit Sicherheit nicht vorliegt (Paschke Rn 5) oder der Anspruch wegen des Vorliegens der Voraussetzungen der §§ 4, 5 UmweltHG ausgeschlossen ist, fehlt es an der Erforderlichkeit (Landsberg/Lülling Rn 3; Sautter 216 f; idS auch Haller 67). Da jedoch der Streit um den Auskunftsanspruch des Inhabers nicht mit der Haftungsproblematik als solcher belastet werden soll, muss **mit Sicherheit feststehen,** dass ein Haftungsanspruch aufgrund des UmweltHG nicht besteht (Haller 67; Paschke Rn 5, § 8 Rn 26 f, 118). Der Anspruch des Anlageninhabers gegen den Geschädigten ist ferner ausgeschlossen, wenn feststeht, dass in dessen Person kein Umstand vorliegen kann, der für die Haftung des Anlageninhabers dem Grunde oder dem Umfang nach von Bedeutung ist. Der gegen den Inhaber einer anderen Anlage gerichtete Anspruch ist ausgeschlossen, wenn der Inhaber der Anlage einen Ausgleichsanspruch gegen den Inhaber der anderen Anlage mit Sicherheit nicht geltend machen kann. Der zunächst fehlende Wille zur Geltendmachung genügt jedoch nicht, da die Willensbildung vom Ergebnis der Auskunft abhängen wird (**aA** Landsberg/Lülling Rn 3). Auch die Insolvenz des Auskunftspflichtigen beseitigt die Erforderlichkeit nicht, da auch die Insolvenz die umfängliche Liquidation eines Ausgleichsanspruch jedenfalls nicht per se hindert und jedenfalls eine Teilhabe an der Insolvenzmasse als Insolvenzgläubiger stattfindet (**aA** Landsberg/Lülling Rn 3).

3. Wahrscheinlichkeit

6 Entsprechend der Regelung in § 8 UmweltHG ist auch § 10 UmweltHG durch das dort ungeschriebene Tatbestandsmerkmal zu ergänzen, dass eine **Wahrscheinlichkeit** in dem für § 8 UmweltHG genügenden Maß (Paschke Rn 7) für die Behauptung des Inhabers vorliegen muss, die ihm als Verteidigungseinwand dient und Gegenstand des Auskunftsbegehrens ist (mit zutr Begr Paschke Rn 6). Er muss also konkrete tatsächliche Anhaltspunkte (vgl Paschke § 8 Rn 42 f) vortragen und im Bestreitensfall beweisen, aufgrund deren der Schluss zu ziehen ist, dass die behauptete normative **Verteidigung** im Verhältnis zum Geschädigten **oder** der **Ausgleichsanspruch** im Drittverhältnis **bestehen kann.** § 10 UmweltHG soll nämlich Waffengleichheit zwischen dem in Anspruch Genommenen einerseits und dem Geschädigten oder dem Mitschädiger herstellen, so dass ein Auskunftsanspruch nur in einem mit § 8 UmweltHG vergleichbarem Rahmen gewährt werden kann (Paschke Rn 7). Ein bloßes Ausforschungsrecht gewährt auch § 10 UmweltHG nicht. Der Geschädigte oder der andere Anlageninhaber kann den Auskunftsanspruch grundsätzlich nicht abwehren, indem er aus Rechtsgründen bestreitet, dass der vom Inhaber angeführte Umstand für das Bestehen oder die Höhe des Ersatzanspruchs bedeutsam ist. Diese Frage ist nämlich

Gegenstand des Haftungsprozesses; die Haftungsfrage soll jedoch nicht bereits im Rahmen des Auskunftsanspruchs geklärt werden (insoweit ist PASCHKE Rn 8 zuzustimmen).

4. Aktiv- und Passivlegitimation

7 Inhaber des Auskunftsanspruchs nach § 10 UmweltHG ist der Inhaber einer Anlage als Verpflichteter eines Schadensersatzanspruchs aus § 1 UmweltHG.

8 Schuldner des Auskunftsanspruchs können der Inhaber einer anderen Anlage, die in § 9 UmweltHG genannten Behörden oder der Geschädigte sein.

III. Rechtsfolge (Abs 1 und 2)

1. Inhalt des Auskunftsanspruchs

9 Der Auskunftspflichtige schuldet nur Informationen über Tatsachen, nicht jedoch Lageeinschätzungen, Bewertungen, Interpretationen (PASCHKE Rn 140; SCHMIDT-SALZER Rn 78). Art und Umfang des Auskunftsrechts richten sich danach, gegen wen der Auskunftsanspruch geltend gemacht wird; grundsätzlich gilt jedoch das zu den §§ 8, 9 UmweltHG Ausgeführte entsprechend (SAUTTER 218).

a) Auskunftsanspruch gegen einen anderen Anlageninhaber

10 Der Anspruch gegen einen Inhaber einer anderen Anlage richtet sich wie in § 8 Abs 1 S 2 UmweltHG nur auf bestimmte Angaben (Amtl Begr BT-Drucks 11/7104, S 20), maßgeblich sind einschränkenden Voraussetzungen des § 8 Abs 1 S 2, Abs 2 bis 4 UmweltHG (LANDSBERG/LÜLLING Rn 4). Aufgrund dieser Einschränkungen werden abstrakte Ausforschungsklagen eines Konkurrenten auch dann verhindert, wenn der Tatbestand des § 10 UmweltHG erfüllt ist. Insoweit ist auf die Kommentierung zu § 8 Rn 55 ff zu verweisen. Der bloße Vergleich der wirtschaftlichen Werte von Betriebsgeheimnis und Ersatzanspruch allein präkludiert dabei die Auskunftspflicht nicht (SAUTTER 220; wohl **aA** SALJE Rn 24 f).

b) Auskunftsanspruch gegenüber Behörden

11 Parallel zum Auskunftsanspruch des Geschädigten kann der Inhaber der Anlage, der aufgrund des UmweltHG in Anspruch genommen wird, einen Auskunftsanspruch gegen bestimmte Behörden geltend machen. Behörden haben die gleichen Auskünfte in bezug auf eine andere Anlage zu erteilen, die sie auch dem Geschädigten gegenüber erteilen müssen (PASCHKE Rn 35). Anspruchsverpflichtet sind nur die in § 9 UmweltHG genannten Behörden und diese, soweit sie Genehmigungs- oder Überwachungsbehörden sind, auch nur hinsichtlich der in § 9 S 3 UmweltHG bestimmten Angaben (LANDSBERG/LÜLLING Rn 9). Der Auskunftsanspruch des Inhabers der Anlage gegen die Behörde besteht gemäß der Verweisung in § 10 Abs 2 UmweltHG nicht, soweit die Behörde ein Auskunftsverweigerungsrecht nach § 9 S 2 UmweltHG zusteht. Wegen der Einzelheiten kann auf die Kommentierung des § 9 Rn 19 ff verwiesen werden.

c) Auskunftsanspruch gegen den Geschädigten

12 Der Auskunftsanspruch gegen den Geschädigten setzt voraus, dass der Inhaber der

Anlage bereits aufgrund des UmweltHG vom Geschädigten, der in bezug auf den Auskunftsanspruch Anspruchsverpflichteter ist, in Anspruch genommen wurde (Landsberg/Lülling Rn 11). Bei § 10 UmweltHG fehlt ein dem § 8 Abs 1 S 2 UmweltHG vergleichbarer Themenkatalog, der den Gegenstand der Auskunft beschreibt. Soweit sich der Auskunftsanspruch gegen den Geschädigten richtet, erstreckt er sich auf alle Umstände, die zur Widerlegung der Ursachenvermutung, zur Feststellung des Mitverschuldens oder zum Ausschluss einer der Voraussetzungen des § 1 UmweltHG führen können, sofern eine Wahrscheinlichkeit in dem für § 8 UmweltHG genügenden Maß für deren Vorliegen spricht (Paschke Rn 12). So kann der Inhaber zum Beispiel von einer **natürlichen Person** Informationen über das Krankheitsbild und über den konkreten Krankheitsverlauf verlangen, wenn eine einschlägige Vorerkrankung des Geschädigten in Rede steht (Paschke Rn 13; **aA** Salje Rn 7), aber auch bei anderen Krankheiten, soweit dem nicht mit Rücksicht auf die Art der Erkrankung, etwa bei einer stigmatisierenden Infektionskrankheit, ausnahmsweise der Schutz des Persönlichkeitsrechts entgegen steht (Sautter 221 f). Es können auch Auskünfte über krankheitsrelevante Lebensgewohnheiten, wie etwa Rauchen, verlangt werden (Sautter 222); die Grenze der Auskunftspflicht wird durch das Persönlichkeitsrecht im Bereich des Intimen gezogen. Der Geschädigte muss allerdings nicht von sich aus auf bestehende Vorerkrankungen oder sonstige Vorbelastungen hinweisen, sondern lediglich Auskünfte hinsichtlich konkreter Fragestellungen geben. Ebenfalls nicht vom Auskunftsanspruch umfasst sind Angaben über den normalen Verlauf bestimmter Krankheiten oder Schädigungsprozesse, weil diese auch von Fachleuten gemacht werden können und der Geschädigte als Nichtfachmann hierzu häufig keine geeignete Auskunft geben kann (insoweit zutr Paschke Rn 13). Ist der Geschädigte ein **Unternehmen,** so sind seine Auskunftspflichten gemäß § 8 Abs 2 UmweltHG beschränkt (B Leonhard 216; Sautter 223 f).

13 Durch die **Verweisung in § 10 Abs 2 UmweltHG** findet bei einem Auskunftsanspruch gegen den Geschädigten § 8 Abs 2, Abs 3 S 1 und Abs 4 UmweltHG entsprechende Anwendung. Der Auskunftsanspruch gegen den Geschädigten besteht also gemäß § 8 Abs 2 UmweltHG nicht, wenn die Vorgänge aufgrund gesetzlicher Vorschriften geheimzuhalten sind oder die Geheimhaltung einem überwiegenden Interesse des Geschädigten oder eines Dritten entspricht (Landsberg/Lülling Rn 12). Soweit im konkreten Einzelfall ein überwiegendes Geheimhaltungsinteresse des Geschädigten besteht, kommt auch die Einschaltung eines zur Geheimhaltung verpflichteten Sachverständigen in Betracht (Landsberg/Lülling Rn 12; vgl o § 8 Rn 63).

2. Form

14 Die Übermittlung der Informationen durch den Verpflichteten ist eine **Wissenserklärung** (Landsberg/Lülling Rn 18; MünchKomm/Krüger § 260 Rn 40; Paschke Rn 139; Soergel/Wolf § 260 Rn 51; Stürner 340). Sie bedarf daher der **Schriftform,** da sie nur in dieser Form für den Inhaber des Auskunftsanspruchs zur Anspruchsabwehr genutzt werden kann (Landsberg/Lülling Rn 18). Mitzuteilen sind die Tatsachen, die Gegenstand der Auskunftsverpflichtung sind. Grundsätzlich werden nur vorhandene Informationen geschuldet. Darüber hinaus besteht keine Pflicht zur Sachverhaltserforschung, die über das Zusammentragen vorhandener Daten hinausgeht (Paschke § 8 Rn 140 mit Ausnahme von dieser Regel in Rn 87 – Störfall – u § 10 Rn 19). Insoweit kann sich der Auskunftsverpflichtete auf die Unmöglichkeit der Auskunftserteilung berufen (Paschke Rn 139; Soergel/Wolf § 260 Rn 66).

3. Einsichtsanspruch gegen einen anderen Anlageninhaber

15 Wie der Geschädigte soll auch der Inhaber neben dem Auskunftsanspruch einen Anspruch auf **Gewährung von Einsicht** nach Maßgabe des **§ 8 Abs 3 UmweltHG** haben (Amtl Begr BT-Drucks 11/7104, S 20). Der Inhaber einer Anlage kann die Unterlagen eines anderen Inhabers nur hilfsweise unter den einschränkenden Voraussetzungen des § 8 Abs 3 UmweltHG einsehen, da § 8 Abs 3 UmweltHG grundsätzlich nur ein Auskunftsrecht gewährt und ein Einsichtsrecht nur ausnahmsweise zulässt (Landsberg/Lülling Rn 7; vgl o § 8 Rn 64).

4. Pflicht zur Abgabe einer Versicherung an Eides Statt

16 Durch die Verweisung von § 10 Abs 2 UmweltHG auf **§ 8 Abs 4 UmweltHG,** der die entsprechende Anwendung der §§ 259–261 BGB angeordnet, ist geregelt, unter welchen Voraussetzungen der Inhaber der Anlage von dem Inhaber der anderen Anlage oder vom Geschädigten eine **Versicherung an Eides Statt** verlangen kann (Landsberg/Lülling Rn 8). Wegen der Einzelheiten ist auf die Kommentierung des § 8 Rn 71 ff zu verweisen.

5. Kosten

17 Die Kosten trägt nach den allgemeinen Regeln grundsätzlich der jeweils in Anspruch genommene Auskunftsschuldner (Haller 84 f).

§ 11 UmweltHG
Mitverschulden

Hat bei der Entstehung des Schuldverhältnisses ein Verschulden des Geschädigten mitgewirkt, so gilt § 254 des Bürgerlichen Gesetzbuchs; im Falle der Sachbeschädigung steht das Verschulden desjenigen, der die tatsächliche Gewalt über die Sache ausübt, dem Verschulden des Geschädigten gleich.

Schrifttum: Siehe Schrifttumsverzeichnis zur Einleitung sowie im Besonderen auch:

Dunz, Anmerkung zu BGH Urt v 26. 4. 1966, VI ZR 221/64, NJW 1966, 1810

Dubischar, Richtiges und Mißverständliches am Begriff der „Haftungseinheit", NJW 1967, 608

Selb, Schadensausgleich mit und unter Nebentätern, JZ 1975, 193

Reinelt, Gesamtschau und Einzelabwägung – Haftung mehrer gegenüber einem mitschuldigen Verletzten, JR 1971, 177

Ries, Zur Haftung der Nebentäter nach BGB § 830 und BGB § 840, AcP 1977 (1977) 543

Roth, Haftungseinheiten bei § 254 BGB (1982).

Systematische Übersicht

I. Grundlagen — 1

II. Voraussetzungen
1. Grundsatz (HS 1) — 3
2. Haftungsausschlüsse — 10
3. Verantwortlichkeit des Geschädigten für Dritte (HS 2) — 13

III. Rechtsfolgen
1. Grundsatz — 14
2. Mehrere Schädiger — 16
3. Mehrere Geschädigte — 21

I. Grundlagen

1 § 11 UmweltHG ordnet die Geltung von § 254 BGB für die Fälle an, in denen ein **Verschulden des Geschädigten** bei Entstehung des Haftungsverhältnisses **mitgewirkt** hat. Der Begriff des Mitverschuldens bezeichnet nicht das zur Haftungsbegründung bei Verschuldenshaftungstatbeständen erforderliche Verschulden in Form von Vorsatz und Fahrlässigkeit, sondern mit Rücksicht auf die verschuldensunabhängigen Haftung des Schädigers einen allgemeinen Grundsatz des Haftungsrechts des Inhalts, dass der Geschädigte, der die zur Abwendung einer eigenen Schädigung erforderliche Sorgfalt außer acht lässt, den Verlust oder eine Herabsetzung seines Schadensersatzanspruchs hinnehmen muss (Landsberg/Lülling Rn 1 f; Paschke Rn 1). Das Verschulden besteht also in der Verletzung einer Obliegenheit, unter der man ein Gebot zur Wahrung eigener Interessen versteht, deren Einhaltung zwar vom Geschädigten nicht verlangt werden kann, deren Missachtung sich aber als Nachteil gestaltet (Palandt/Heinrichs § 254 Rn 1; Staudinger/Schiemann [1998] § 254 Rn 30 f). § 11 UmweltHG kann daher als **Sanktion für** ein **Verschulden des Geschädigten gegen sich** selbst verstanden werden.

2 Die **Verweisung** des § 11 UmweltHG **auf § 254 BGB** wird bei Beschädigung einer Sache insoweit ergänzt, als dass in diesen Schadensfällen das **Verschulden desjenigen,** der die **tatsächliche Gewalt** über die Sache **ausübt,** dem Verschulden des Geschädigten **gleichsteht.** § 11 HS 2 UmweltHG stellt somit klar, dass dem Inhaber einer Anlage bei einer Sachbeschädigung auch das Verschulden eines vom Sacheigentümer verschiedenen unmittelbaren Besitzers im Sinne des §§ 854 f BGB entgegengehalten werden kann (BT-Drucks 11/7104, S 20). Insofern findet eine Zurechnung außerhalb der nach den § 831 BGB und § 278 BGB geltenden Grundsätze statt und ist der über die Anwendbarkeit dieser Vorschriften im unmittelbaren Geltungsbereich des § 254 BGB geführte Streit im Regelungsbereich des § 11 S 2 UmweltHG gegenstandslos.

II. Voraussetzungen

1. Grundsatz (HS 1)

3 **a)** § 11 UmweltHG setzt ein Mitwirken des Verschuldens des Geschädigten bei der Entstehung des Schadens voraus. Das entspricht inhaltlich den Regelungen des § 254 BGB, so dass ein **Rückgriff auf die bei § 254 BGB anerkannten Grundsätze** möglich ist. Ist eine Rechtsgutsverletzung eingetreten, so ist der Geschädigte gehalten, **Folgeschäden** zu vermeiden (RGZ 72, 219; 139.135; BGH VersR 1964, 94; Landsberg/

LÜLLING Rn 35 ff). Insoweit enthält § 11 UmweltHG keine Regelung, jedoch gilt insoweit **§ 254 BGB unmittelbar.**

4 **b)** Obwohl § 254 BGB keine Pflicht im Sinne des § 276 BGB enthält, sich nicht selbst zu schädigen, sondern eine **Obliegenheit** (vgl STAUDINGER/SCHIEMANN [1998] § 254 Rn 30 f) als ein vom wohlverstandenen Eigeninteresse gegebenes Verhaltensgebot minderer Intensität, ist das begriffliche Kriterium für das Vorliegen von Mitverschulden **analog zu § 276 BGB zu entwickeln.** Verschulden im Sinne des § 11 UmweltHG, § 254 BGB liegt daher vor, wenn der Geschädigte diejenige Sorgfalt außer acht lässt, die jedem ordentlichen und verständigen Menschen obliegt, um sich vor Schaden zu bewahren (RGZ 100, 44; 112, 287; BGHZ 3, 49; 9, 318; ERL 274 ff).

5 **c)** Die Verletzung der Obliegenheit muss **vorsätzlich oder fahrlässig,** bezogen auf den Schutz der eigenen Rechtsgütersphäre, erfolgen (BGHZ 61, 144 = NJW 1973, 1143). Inhalt und Gegenstand des Pflicht- und Sorgfaltsmaßstabes ist also ein **Verschulden** des Geschädigten **gegen sich selbst** (RGZ 149, 7; 156, 207; BGHZ 3, 49; BGHZ 57, 137, 145 = NJW 1972, 36; BGHZ 53, 245 = NJW 1970, 946). Die Praxis führt die Regelung des § 254 BGB auf das Verbot widersprüchlichen Verhaltens und damit letztlich auf § 242 BGB zurück (LANDSBERG/LÜLLING Rn 2 mwN). Diese Obliegenheitsverletzung ist am objektiven Maßstab zu messen; für dessen Bestimmung ist ein konkretes Erkennen der Gefahrensituation und der Vermeidbarkeit im Einzelfall nicht erforderlich. Die Selbstschädigung muss für den Geschädigten vorhersehbar und vermeidbar sein (RGZ 159, 68, 76).

6 Aus § 11 UmweltHG iVm § 254 BGB kann eine Obliegenheit zur **Schadensvorsorge** durch Sicherheitsmaßnahmen gegen mögliche Gefahren folgen, obwohl anerkannt ist, dass eine allgemeine Vorsorge gegen Umweltgefahren von niemandem gefordert werden kann (LANDSBERG/LÜLLING Rn 32; vgl auch LG Münster NJW-RR 1986, 947), und zwar auch nicht von den in der Nähe von Anlagen im Sinne des § 1 UmweltHG lebenden Personen. Eine Schadensvorsorgeobliegenheit kann dann gegeben sein, wenn konkrete Anhaltspunkte für eine bevorstehende Gefahr vorliegen. Bestehen insbesondere Anhaltspunkte für einen Störfall, so kann die Entstehung einer Gefahrensituation vorhersehbar sein, und von den Betroffenen dürfen Maßnahmen zur Vermeidung oder Reduzierung von Schäden erwartet werden. Werden Warnungen durch den Anlagenbetreiber, Behörden oder Medien ausgesprochen, bestehen erst recht entsprechende Obliegenheiten.

7 **d)** Die Berücksichtigung des untechnisch sogenannten Verschuldens des Geschädigten setzt dessen **Zurechnungsfähigkeit** (BGHZ 24, 325; MünchKomm/OETKER § 254 Rn 34) sowie einen **Zurechnungszusammenhang** zwischen dem Verschulden des Geschädigten und dem eingetretenen Schaden voraus (BGHZ 61, 144, 147 = NJW 1973, 1143; MünchKomm/OETKER § 254 Rn 32). Liegt Zurechnungsfähigkeit nicht vor, kann ausnahmsweise dann eine Beteiligung des Unzurechnungsfähigen am eigenen Schaden analog § 829 BGB stattfinden, wenn diese aus Billigkeitsgründen, geboten ist (BGH NJW 1969, 1762). Dabei ist an das Vorliegen von Unbilligkeit ein strenger Beurteilungsmaßstab anzulegen (BGH NJW 1969, 1762).

8 **e)** Verschulden auch im Sinne einer Obliegenheitsverletzung ist nur entbehrlich, wenn sich der Geschädigte eine **Betriebsgefahr zurechnen** lassen muss. Über den

Wortlaut des § 254 BGB und somit auch des § 11 UmweltHG hinaus ist anerkannt, dass schadensmindernd auch Gefahren zu berücksichtigen sind, die ihrerseits Grundlage für eine Gefährdungshaftung des Geschädigten sind, wenn sie auf die Entwicklung oder Entstehung des Schadens Einfluss gehabt haben (Landsberg/Lülling Rn 9). Bei der mitwirkenden Betriebsgefahr seitens des Geschädigten rechtfertigt sich die Kürzung des Schadensersatzanspruchs allein damit, dass kein Anlass dazu besteht, die Betriebsgefahr lediglich bei Fremdschädigungen und nicht bei Selbstschädigungen zu berücksichtigen (MünchKomm/Oetker § 254 Rn 5). Haftet der Schädiger nur aus Gefährdungshaftung, so muss sich der Geschädigte eine Mitverursachung des Schadens anrechnen lassen; das Verschulden des Geschädigten entlastet den Schädiger jedoch nur ausnahmsweise gänzlich (MünchKomm/Oetker § 254 Rn 16).

f) Denjenigen, der bei einer für ihn vorhersehbaren Gefahrensituation keine zumutbaren Sicherheitsvorkehrungen trifft, kann ein Mitverschulden treffen, wenn nach den Umständen des Einzelfalls aus objektiver Sicht ein **Handeln auf eigene Gefahr** (BGHZ, 34, 355 = NJW 1961, 655; vgl aber auch BGH NJW 1974, 234; BGHZ 68, 281 = NJW 1977, 1236) vorliegt. Der Tatbestand des Handelns auf eigene Gefahr ist erfüllt, wenn sich jemand willentlich in eine Situation drohender Eigengefährdung begibt (BGHZ 2, 159, 163; 34, 355, 358 = NJW 1961, 655; Palandt/Heinrichs § 254 Rn 76). Die Selbstgefährdung darf, wenn sie eine Schadensbeteiligung rechtfertigen soll, nicht auf einem anerkennenswerten Motiv beruhen. Dabei findet eine Schadensbeteiligung nicht statt, wenn sich der Geschädigte in eine Gefahrensituation bringt, um für andere Rechtsgüter einen Schaden abzuwehren. **9**

2. Haftungsausschlüsse

a) Die Frage der Haftungsbeschränkung gemäß § 11 UmweltHG stellt sich nicht, wenn die Haftung bereits **dem Grunde nach** ausgeschlossen ist. Dies ist etwa der Fall, wenn die Haftung bereits dem Grunde nach wegen **§ 5 UmweltHG** scheitert, weil die Sachbeschädigung situationsgebunden zumutbar ist. **10**

b) Eine Schadensteilung gemäß §§ 254 BGB iVm 11 UmweltHG kommt ferner nicht in Betracht, wenn eine **rechtsgeschäftliche Vereinbarung** über die Schadenstragung vorliegt oder ein Haftungsausschluss vereinbart wurde. **11**

c) Eine **Einwilligung** des Geschädigten, die auf mangelfreier und unbeeinflusster Willensentschließung beruht, kann auch im Geltungsbereich der Gefährdungshaftung den Tatbestand oder die Rechtswidrigkeit entfallen lassen (BGH NJW 1964, 1177). Soweit einer solchen Einwilligung die Rechtswirksamkeit, zB wegen Sittenwidrigkeit, versagt bleibt, wird diese regelmäßig den Mitverschuldenseinwand eröffnen. So wird bei Betriebsbesichtigung gelegentlich eine Einwilligung in aus der Betriebssphäre drohende Schäden verlangt, bevor Besuchern oder Wissenschaftlern das Betreten des Betriebes gestattet wird. Solche Einwilligungen mögen bei leichten Sach- und Körperschäden noch wirksam sein, sie sind aber nach § 138 Abs 1 BGB oder § 9 AGBG unwirksam, wenn es zu schweren Körperschäden oder gar Tod kommt (BGH VersR 1986, 991; Salje Rn 15). Der Inhaber der Anlage kann sich nur dann auf ein Mitverschulden des Einwilligenden berufen, wenn er den Besucher hinreichend über die Gefahren der Anlage aufgeklärt und dieser dennoch die Gefahr von schweren Schäden in Kauf genommen hat. **12**

3. Verantwortlichkeit des Geschädigten für Dritte (HS 2)

13 Der Geschädigte hat im Rahmen des Mitverschuldens **für ein Verhalten Dritter einzustehen.** Hat sich der Geschädigte zur Wahrnehmung seiner eigenen Interessen im Rahmen eines Schuldverhältnisses, welches vor dem Schadensfall zwischen ihm und dem Inhaber der Anlage bestand (BGHZ 103, 338, 342 = NJW 1988, 2667), eines Dritten als Hilfsperson bedient, so gelten die **Grundsätze der §§ 254 Abs 2, 278 BGB** (BGHZ 36, 329, 338). Daneben kommt auch der Mitverschuldenseinwand wegen Handelns des **Inhabers der tatsächlichen Gewalt,** dh des unmittelbaren Besitzers oder des Besitzdieners, **nach § 11 HS 2 UmweltHG** in Betracht (Salje Rn 46). Die Erstreckung des § 11 HS 2 auf Sachschäden ist dann bedeutsam, wenn Mitglieder dieser Personengruppe weder Erfüllungsgehilfen noch Verrichtungsgehilfen sind. Problematisch ist es, dass Mitverschulden einem Inhaber der tatsächlichen Gewalt zuzurechnen, wenn die Sache dem Eigentümer abhanden gekommen ist und daher eine Einwirkung des Eigentümers auf den Inhaber der tatsächlichen Gewalt, zB dem Dieb oder Nichtnutzungsberechtigten, nicht besteht (Salje Rn 48). Dieser Einwand vermag den Eigentümer zu entlasten und den Mitverschuldenseinwand zu sperren, soweit nicht ein grobes Mitverschulden zur unbefugten Nutzung der Sache geführt hat (OLG Nürnberg VersR 1984, 948, 949; OLG Hamm VersR 1984, 1051, 1052; NJW-RR 1990, 289).

III. Rechtsfolgen

1. Grundsatz

14 Liegt nach der Berücksichtigung des Einzelfalls bei der Entstehung eines Schadens ein Mitverschulden des Geschädigten vor, so kann der Schadensersatzanspruch **herabgesetzt** werden oder **ganz entfallen.**

15 Die Grundsätze der Schadensbemessung des § 254 BGB sind auf § 11 UmweltHG anwendbar: Nach § 254 Abs 1 BGB, auf den durch § 11 UmweltHG verwiesen wird, muss daher vor allem berücksichtigt werden, **inwieweit der Schaden** vorwiegend **von dem Schädiger,** dh dem Anlageninhaber, **oder dem Geschädigten verursacht** wurde. Maßgeblich ist das Gewicht der Verursachungsbeiträge in der Weise (BGH NJW 1969, 789, 790), dass die **Wahrscheinlichkeit,** mit der das jeweilige Verhalten zum Schadenseintritt geführt hat, über die Schadensmittragung entscheidet (BGH NJW 1952, 537, 539; NJW 1963, 1449; MünchKomm/Oetker § 254 Rn 109; Palandt/Heinrichs § 254 Rn 46; vgl auch Staudinger/Schiemann § 254 Rn 112). Bei der Zurechnung von Gefahren ist unter Beachtung des auf den konkreten Schadenseintritt bezogenen **Grades der konkreten Gefährlichkeit** deren besonderes **Gewicht** zu berücksichtigen. Die Berücksichtigung aller Umstände findet jedoch dort ihre Grenzen, wo eine Schadensverteilung nach Billigkeitsgesichtspunkten beginnt. Die Abwägung der bewiesenen maßgeblichen Umstände erfolgt nach **§ 287 ZPO** (BGH NJW 1968, 985; BGHZ 60, 177, 184 = NJW 1973, 993); dem entscheidendem Gericht steht danach ein Schätzungsermessen zu (BGHZ 60, 177, 184; Ahrens ZZP 88 [1975] 1, 44 ff).

2. Mehrere Schädiger

16 Ist der Schaden durch mehrere Schädiger verursacht worden, so ist bei der **Abwägung nach Teilnahmeformen** zu unterscheiden (OLG Saarbrücken OLGZ 70, 11).

a) Handelt es sich um **Nebentäter,** so ergibt sich die vom Geschädigten zu beanspruchende Quote aus der Abwägung der Verursachungs- und Schuldbeiträge aller Nebentäter mit dem entsprechenden Beitrag des Geschädigten in einer Gesamtschau (BGHZ 30, 203 = NJW 1959, 1772; NJW 1964, 2011); wieweit der Geschädigte den einzelnen Nebentäter in Anspruch nehmen kann, bestimmt sich durch Einzelabwägung unter Nichtberücksichtigung der übrigen Schädiger (BGHZ 30, 203, 211 = NJW 1959, 1772; BGHZ 61, 351, 354 = NJW 1974, 360; NJW 1964, 2011; krit Ries AcP 177 [1977] 543, 550). Soweit mehrere Nebentäter selbstständig nebeneinander zum Schadensersatz verpflichtet sind, haften diese nicht gesamtschuldnerisch gemäß § 830 BGB; vielmehr ist der gegen jeden Nebentäter gerichtete Anspruch auf den Betrag beschränkt, den er bei einer Einzelabwägung seines Haftungsbeitrages mit dem Mitverschuldensbeitrag des Geschädigten zahlen müsste (BGHZ 30, 203, 211 = NJW 1959, 1772; BGHZ 54, 283, 285; BGHZ 61, 351, 354 = NJW 1974, 360; Landsberg/Lülling Rn 25). Die Aufteilung des Schadens nach einer Gesamtschau geht davon aus, dass mehrere Schädiger verschiedene Ursachen gesetzt haben, wobei entweder jede Ursache für den Schadenseintritt unerlässlich war oder den Schaden auch für sich allein herbeigeführt hätte; eine Haftungseinheit liegt hingegen dann vor, wenn die Schädiger dafür verantwortlich sind, dass sich ihr Verhalten auf ein und denselben Ursachenbeitrag ausgewirkt hat. Auf diese Schädiger entfällt dann die gemeinsame Haftungsquote (BGHZ 54, 283; 61, 213 = NJW 1973, 2022; BGH VersR 1971, 350; OLG Celle VersR 1970, 1013; Dunz NJW 1966, 1810; kritisch Dubischar NJW 1967, 608, 610; Reinelt JR 1971, 177, 179; Selb JZ 1975, 193). **17**

Die Gesamtschau ist beim **Schmerzensgeldanspruch** nicht möglich; die Angemessenheit im Sinne des § 847 BGB bestimmt sich gegenüber jedem Schädiger nach den besonderen Umständen und kann daher unterschiedlich bemessen sein (BGHZ 54, 283, 286 f). **18**

b) Die für das Verhältnis mehrerer Nebentäter dargestellte Gesamtschau gilt auch für den Fall der Schädigung durch mehrere **Mittäter.** Bei Mittätern oder Teilnehmern sind bei der Abwägung Verursachungs- und Schuldbeiträge sämtlicher Mittäter denjenigen des Geschädigten gegenüberzustellen (BGHZ 30, 203 = NJW 1959, 1772; BGH NJW 1964, 2011; NJW 1983, 623, 624; OLG Saarbrücken OLGZ 70, 9, 11). Im Gegensatz zur Nebentäterschaft entfällt jedoch die Einzelabwägung; da sich jeder Mittäter den Tatbeitrag der anderen anrechnen lassen muss, haften alle Mittäter gesamtschuldnerisch auf den zu ersetzenden Schadensanteil (BGHZ 30, 203, 206 = NJW 1959, 1772; OLG Saarbrücken OLGZ 1970, 9, 11; Dunz JZ 1955, 728; ders JZ 1959, 593). **19**

c) Die gleichen Grundsätze wie für Mittäter sind auf **Anstifter** und **Gehilfen** im Verhältnis zum Täter anzuwenden (OLG Saarbrücken OLGZ 1970, 9, 11); insbesondere haften sie gesamtschuldnerisch. Auch in ihrem Verhältnis und im Verhältnis der Anstifter und Gehilfen untereinander muss sich jeder gemäss § 830 Abs 1 S 1, Abs 2 BGB den Tatbeitrag des anderen anrechnen lassen; die Schadensbeiträge der einzelnen Beteiligten sind einheitlich einem eventuellen Mitverschulden des Geschädigten gegenüberzustellen (BGHZ 30, 203 = NJW 1959, 1772; OLG Saarbrücken OLGZ 70, 11; Landsberg/Lülling Rn 24). **20**

3. Mehrere Geschädigte

Bei der Mehrheit von Geschädigten gibt es keine Begrenzung der Ersatzpflicht durch **21**

Zurechnung fremden Verschuldens im Sinne einer Gesamtschau. Anderenfalls müssten die Opfer im Ergebnis für das Mitverschulden auch der anderen Opfer einstehen. Anderes kann nur im Falle einer besonderen Verbindung zwischen den Geschädigten gelten, sofern diese Bezug zum Eintritt des Schadensereignisses hat.

§ 12 UmweltHG
Umfang der Ersatzpflicht bei Tötung

(1) Im Falle der Tötung ist Ersatz der Kosten einer versuchten Heilung sowie des Vermögensnachteils zu leisten, den der Getötete dadurch erlitten hat, dass während der Krankheit seine Erwerbsfähigkeit aufgehoben oder gemindert war oder seine Bedürfnisse vermehrt waren. Der Ersatzpflichtige hat außerdem die Kosten der Beerdigung demjenigen zu ersetzen, der diese Kosten zu tragen hat.

(2) Stand der Getötete zur Zeit der Verletzung zu einem Dritten in einem Verhältnis, aus dem er diesem gegenüber kraft Gesetzes unterhaltspflichtig war oder werden konnte, und ist dem Dritten infolge der Tötung das Recht auf Unterhalt entzogen, so hat der Ersatzpflichtige dem Dritten insoweit Schadensersatz zu leisten, als der Getötete während der mutmaßlichen Dauer seines Lebens zur Gewährung des Unterhalts verpflichtet gewesen wäre. Die Ersatzpflicht tritt auch ein, wenn der Dritte zur Zeit der Verletzung gezeugt, aber noch nicht geboren war.

Schrifttum: Siehe Schrifttumsverzeichnis zur Einleitung.

Systematische Übersicht

I. Grundlagen
1. Übersicht ____ 1
2. Normeigenart ____ 2
3. Normzweck ____ 4

II. Voraussetzungen ____ 6
1. Ansprüche aus Abs 1 S 1 ____ 8
2. Ansprüche aus Abs 1 S 2 ____ 9
3. Ansprüche aus Abs 2 ____ 10

I. Grundlagen

1. Übersicht

1 Die Norm regelt den Umfang der Ersatzpflicht des Anlageninhabers im Sinne der §§ 1 ff UmweltHG **im Fall der Tötung.** Gleich- oder ähnlich lautende Vorschriften finden sich in §§ 10 StVG, 5 HaftpflichtG, 7 ProdHaftG, 32 GenTG, 28 AtomG, 35 LuftVG sowie § 844 BGB. In § 12 UmweltHG sind drei verschiedene Ansprüche geregelt: Ein Anspruch auf Ersatz der **Schäden,** die **dem unmittelbar Betroffenen** zwischen dem Verletzungsereignis und dem Eintritt des Todes entstanden sind, wird in § 12 Abs 1 S 1 UmweltHG begründet; ein Anspruch auf Ersatz der **Beerdigungskosten** ergibt sich aus § 12 Abs 1 S 2 UmweltHG; schließlich wird durch § 12 Abs 2 UmweltHG ein Anspruch auf Ersatz des Schadens gewährt, der in der **Entziehung von Unterhaltsansprüchen** besteht.

2. Normeigenart

Anspruchsinhaber sind in allen drei Fällen jeweils Dritte (Landsberg/Lülling Rn 2; Paschke Rn 2), die nach deliktsrechtlichen Grundsätzen, aber auch nach dem UmweltHG als **mittelbar Geschädigte** grundsätzlich nicht ersatzberechtigt sind. Hinzu kommt, dass die gewährten Ersatzansprüche dem Ausgleich reiner Vermögensschäden dienen, sie nicht die Verletzung einer absoluten Rechtsposition im Sinne des § 1 UmweltHG oder des § 823 Abs 1 BGB in der Person des Dritten voraussetzen. 2

Ein Unterschied zwischen den Fällen des § 12 UmweltHG besteht jedoch darin, dass die Ansprüche aus § 12 Abs 1 **S 1** UmweltHG zunächst beim Betroffenen entstehen und dann **auf die Erben übergeleitet** werden, während die Ansprüche aus § 12 Abs 1 **S 2** und **Abs 2** UmweltHG **originär in der Person des Dritten** begründet sind (Landsberg/Lülling Rn 2; Paschke Rn 2). Das hat zur Folge, dass der Verletzte vor seinem Tod nicht über die letztgenannten beiden Ansprüche verfügen kann (Landsberg/Lülling Rn 2; Paschke Rn 2). In Bezug auf § 12 Abs 1 S 1 UmweltHG ergibt sich daraus lediglich seine klarstellende Funktion, weil der Anspruchsübergang auf die Erben schon aus § 1922 BGB folgt (Landsberg/Lülling Rn 5); § 12 Abs 1 S 1 UmweltHG erlaubt allerdings nicht den Rückschluss, dass andere Ansprüche von einem Übergang auf den Erben ausgeschlossen sein sollen. 3

3. Normzweck

Die Norm hat den Zweck, einerseits den **Kreis der Anspruchsberechtigten** in Durchbrechung des allgemeinen zivilrechtlichen Grundsatzes zu **erweitern,** dass nur der in eigenen Rechtsgütern Verletzte Schadensersatz verlangen kann (Paschke Rn 3; Salje Rn 1). Dies geschieht, indem auch der Unterhaltsberechtigte und derjenige, der die Beerdigungskosten zu tragen hat, Schadensersatzansprüche gegen den Anlageninhaber haben, ohne dass sie in eigenen Rechtsgütern verletzt sind. 4

Die Vorschrift bezweckt ferner, den Umfang der **Ansprüche mittelbar Geschädigter** genauer **festzulegen** (Salje Rn 1), indem sie durch Umkehrschluss verdeutlicht, was nicht Gegenstand von Drittansprüchen sein soll (Schmidt-Salzer §§ 12–14 Rn 4). Da § 12 UmweltHG eine Sonderregelung ist, die von allgemeinen Grundsätzen der §§ 249 ff BGB abweicht, ist die Vorschrift eng auszulegen (Paschke Rn 3). Eine analoge Anwendung auf andere mittelbar Geschädigte oder auf Schäden, die statt durch Tötung nur durch Verletzung entstanden sind, kommt nicht in Betracht (Landsberg/Lülling Rn 3; Paschke Rn 3). Ersatzfähig sind auch nur die aufgeführten Schäden (Paschke Rn 3). Das bedeutet insbesondere, dass nach dem UmweltHG ein Anspruch, wie § 845 BGB ihn kennt, nicht besteht; ferner kann ein Schmerzensgeld nur unter den Voraussetzungen der allgemein bürgerlich-rechtlichen Verschuldenshaftung gewährt werden. 5

II. Voraussetzungen

Sämtliche Ansprüche der mittelbar Geschädigten gemäß § 12 UmweltHG setzen voraus, dass der in Anspruch genommene Anlageninhaber **dem Getöteten dem Grunde nach auf der Grundlage des UmweltHG ersatzpflichtig** war. Nicht erforderlich 6 ist, dass dem Getöteten tatsächlich ein Schaden entstanden ist (Landsberg/Lülling Rn 3; Paschke Rn 5).

7 Aus der Bezugnahme auf die Haftung im Verhältnis zwischen Anlageninhaber und Getötetem folgt, dass sich der mittelbar Geschädigte sämtliche **Einwendungen und Einreden entgegenhalten** lassen muss, die dem Ersatzpflichtigen gegen die Ansprüche des Getöteten zugestanden haben oder hätten. Ein Mitverschulden des Getöteten kann daher die Ansprüche der Dritten mindern oder sogar ganz ausschließen, ohne dass eine Verweisung auf § 846 BGB ausdrücklich vorgesehen ist (Landsberg/Lülling Rn 3; Paschke Rn 5).

1. Ansprüche aus Abs 1 S 1

8 § 12 Abs 1 S 1 UmweltHG stellt klar, dass die Schäden, die dem unmittelbar Betroffenen vor dessen Tod entstanden sind und die er selbst, wenn er noch lebte, nach § 13 UmweltHG ersetzt verlangen könnte, nach seinem Tod den Erben zu ersetzen sind. Dabei handelt es sich um drei Schadensersatzansprüche, nämlich um die **Kosten der versuchten Heilung,** die Schäden durch **Beeinträchtigung der Erwerbsfähigkeit,** sowie die durch **Vermehrung der Bedürfnisse** entstandenen Vermögensnachteile. Die Einzelheiten zum Umfang dieser Ansprüche des Verletzten bzw Getöteten ergeben sich aus § 13 UmweltHG.

2. Ansprüche aus Abs 1 S 2

9 § 12 Abs 1 S 2 regelt die Ersatzpflicht für die Beerdigungskosten. Anspruchsinhaber ist derjenige, der die Beerdigungskosten zu tragen hat. Diese Verpflichtung kann sich aus Gesetz oder aus Vertrag ergeben (Näheres MünchKomm/Stein § 844 Rn 12; Staudinger/Schäfer[12] § 844 Rn 34). Der Umfang der ersatzfähigen Beerdigungskosten richtet sich nach den Kosten einer standesgemäßen Beerdigung gemäß § 1968 BGB. § 12 Abs 1 S 2 UmweltHG entspricht dem § 844 Abs 1 BGB; zu den Einzelheiten des Umfangs der Beerdigungskosten wird auf die Kommentierungen dieser Vorschrift verwiesen.

3. Ansprüche aus Abs 2

10 **a)** Aufgrund von § 12 Abs 2 kann der Schaden ersetzt verlangt werden, der Dritten dadurch entsteht, dass ihnen durch den Tod des unmittelbar Betroffenen ein **Unterhaltsanspruch entzogen** wird, der ihnen kraft Gesetzes gegen diesen zustand. Die Vorschrift ist nahezu identisch mit § 844 Abs 2 BGB. Ein letztlich nur formaler Unterschied besteht darin, dass § 844 Abs 2 BGB auch die Art und Weise der Schadensersatzleistung regelt, indem dort die Zahlung einer Geldrente angeordnet wird, während § 12 UmweltHG als solcher nur die Schadensersatzhaftung dem Grunde nach anordnet und erst § 14 UmweltHG die **Art und Weise** der Ersatzleistung regelt, und zwar ebenso **wie § 844 BGB.** Auch wenn die Ersatzleistung in Form einer Rente erbracht werden muss, handelt es sich nicht um einen Unterhaltsanspruch, sondern um einen Anspruch auf Schadensersatz, der den vollen Unterhaltsschaden ausgleichen muss (Paschke Rn 25; Salje Rn 12). Sind mehrere Personen ersatzberechtigt, erfolgt die Berechnung der Schadensersatzansprüche für jede gesondert; eine Gesamtgläubigerschaft entsteht hier auch dann nicht, wenn die Ersatzberechtigten verschiedene Familienangehörige sind (Paschke Rn 27).

b) Kumulative **Voraussetzungen** für den Anspruch aus § 12 Abs 2 UmweltHG sind das **Bestehen einer gesetzlichen Unterhaltsverpflichtung** des Getöteten und der **Entzug** des Unterhaltsanspruchs aufgrund der Tötung. 11

aa) Es muss eine gesetzliche Unterhaltsbeziehung zwischen dem Getöteten und dem Dritten bestanden haben, oder eine solche hätte künftig entstehen können. Eine **gesetzliche Unterhaltspflicht** in diesem Sinne kann sich allein **aus dem Familienrecht** ergeben (Paschke Rn 29). Die Unterhaltspflicht kann also aktuell, aber auch nur potentiell gewesen sein. Es genügt also, dass eine Unterhaltspflicht in der Zukunft von Rechts wegen eintreten kann (Paschke Rn 32). Lässt sich eine solche Prognose treffen, muss der Ersatzpflichtige für den Zeitraum Schadensersatz leisten, in dem der Getötete ohne das Schadensereignis zur tatsächlichen Unterhaltsleistung verpflichtet gewesen wäre (Paschke Rn 33). 12

Das persönliche Verhältnis, das die Unterhaltsverpflichtung begründet, muss bereits **zur Zeit der Verletzung** bestanden haben (Landsberg/Lülling Rn 20; Paschke Rn 34). Es genügt allerdings, wie § 12 Abs 2 S 2 UmweltHG ausdrücklich anordnet, dass der Dritte zu diesem Zeitpunkt bereits **gezeugt** war. 13

bb) Der Tod des aktuell oder potentiell Unterhaltspflichtigen muss dem Dritten den **Unterhaltsanspruch entzogen** haben, und durch dieses Ereignis muss ein **Unterhaltsschaden entstanden** sein (Paschke Rn 36). Letztlich ist der Verlust des Unterhaltsanspruchs regelmäßig die Konsequenz der Tötung des Unterhaltsverpflichteten. 14

Für den Schadensersatzanspruch des Dritten ist es nach § 14 Abs 2 UmweltHG iVm § 843 Abs 4 BGB unerheblich, wenn **ein anderer, nachrangig Unterhaltspflichtiger an die Stelle des Getöteten tritt** (Landsberg/Lülling Rn 22; Paschke Rn 37). § 843 Abs 4 BGB ist jedoch nicht anwendbar, wenn nur die Person des Unterhaltspflichtigen, nicht aber die Quelle der Unterhaltszahlungen, zum Beispiel ein Erwerbsgeschäft, gewechselt hat (Landsberg/Lülling Rn 23; Paschke Rn 37). Ausnahmsweise geht solchenfalls die Unterhaltsverpflichtung auf die Erben als solche über, so dass dem Dritten kein tötungsbedingter Schaden entsteht. In diesen Fällen entsteht ein gemäß § 12 Abs 2 UmweltHG ersatzfähiger Unterhaltsschaden nur dann, wenn die Erben aus tatsächlichen Gründen nicht leistungsfähig oder aus Rechtsgründen nur zu geringeren Leistungen verpflichtet sind (Landsberg/Lülling Rn 21; Paschke Rn 36). 15

Die **Höhe** des Schadensersatzes bemisst sich nach dem Betrag, den der Getötete nach den familienrechtlichen Vorschriften als Unterhalt hätte leisten müssen, wenn er nicht getötet worden und daher selbst zahlungspflichtig geblieben wäre. Nicht erheblich ist, welche Leistungen der Getötete tatsächlich erbracht hat (Landsberg/Lülling Rn 25; Paschke Rn 40; vgl zu den Einzelheiten die Erl zu § 844 BGB). 16

§ 13 UmweltHG
Umfang der Ersatzpflicht bei Körperverletzung

Im Falle der Verletzung des Körpers oder der Gesundheit ist Ersatz der Kosten der Heilung sowie des Vermögensnachteils zu leisten, den der Verletzte dadurch erleidet, dass infolge der Verletzung zeitweise oder dauernd seine Erwerbsfähigkeit aufgehoben oder gemindert ist oder seine Bedürfnisse vermehrt sind.

Schrifttum: Siehe Schrifttumsverzeichnis zur Einleitung.

Systematische Übersicht

I. Grundlagen 1

II. Einzelne Schadensposten
1. Heilungskosten 5
2. Erwerbsschaden 6
3. Schaden wegen vermehrter Bedürfnisse 10

I. Grundlagen

1 § 13 UmweltHG regelt den Umfang der Ersatzpflicht im Falle einer durch Umwelteinwirkung hervorgerufenen Körper- oder Gesundheitsverletzung und ergänzt § 12 Abs 1 UmweltHG für den Fall, dass es lediglich zur **Verletzung** eines Menschen gekommen ist (Salje Rn 1). Sämtliche Ansprüche aus § 13 UmweltHG setzen die Verletzung von Körper oder Gesundheit voraus (zur Abgrenzung zwischen beiden und zur Abgrenzung einer Verletzung derselben von bloßen Belästigungen vgl § 1 Rn 15 ff). Die Norm ist identisch mit den §§ 11 StVG, 6 HaftpflichtG, 8 ProdHG, 87 AMG, 36 LuftVG und 32 GenTG.

2 Gegenüber § 843 Abs 1 BGB **beschränken** diese Vorschriften die Haftung bei Körper- und Gesundheitsverletzungen **auf drei Schadensposten:** Heilungskosten, Vermögensnachteile durch Beeinträchtigung der Erwerbsfähigkeit und Vermögensnachteile durch vermehrte Bedürfnisse. Diese Aufzählung der zu ersetzenden Schäden bei Körper- bzw Gesundheitsverletzungen ist abschließend (Paschke Rn 3). Nicht ersatzfähig nach § 13 UmweltHG sind demnach reine Vermögensschäden, Sachschäden und immaterielle Schäden, auch wenn sie aus Körper- und Gesundheitsverletzungen folgen; insbesondere gewährt § 13 UmweltHG keinen Schmerzensgeldanspruch.

3 Da der Rechtsträger erhalten bleibt (Paschke Rn 6, 7), ist bei § 13 UmweltHG anders als bei § 12 UmweltHG **nur der Verletzte anspruchsberechtigt,** auch wenn Dritten durch die Verletzung Nachteile erwachsen. § 12 UmweltHG kann jedoch zeitlich nachfolgend zur Anwendung kommen, wenn der Verletzte stirbt, nachdem ihm bereits Schadensersatz geleistet wurde. In einem solchen Fall sind für Schäden des schließlich Getöteten, die zur Zeit seines Todes noch nicht ausgeglichen waren, auch Dritte anspruchsberechtigt (Paschke Rn 9).

4 Ebenso wie bei beiden Ansprüchen aus § 12 Abs 2 UmweltHG wird auch für die in § 13 UmweltHG geregelten Ansprüche auf Schadensersatz für die Beeinträchtigung der Erwerbsfähigkeit und die Vermehrung der Bedürfnisse, die **Art und Weise** der **Ersatzleistung** durch § 14 UmweltHG dahingehend bestimmt, dass eine Geldrente zu zahlen ist.

II. Einzelne Schadensposten

1. Heilungskosten

5 Allgemein zivilrechtliche Parallelvorschrift hinsichtlich der Heilungskosten ist § 249 S 2 BGB. Die Kosten der Heilung umfassen alle **Aufwendungen,** die den körperlichen und gesundheitlichen **Zustand des Verletzten in den Zustand zurückversetzen** sollen, der **vor der schädigenden Umwelteinwirkung** bestand, sowie solche Aufwendungen, die einer **weiteren Verschlechterung** des Gesundheitszustandes **vorbeugen** sollen (Landsberg/Lülling Rn 3; Paschke Rn 16). Die Kosten einer Heilbehandlung sind dann ersatzfähig, wenn die Heilbehandlung vom Standpunkt eines verständigen Menschen aus bei der gegebenen Sachlage zweckmäßig und angemessen erscheint (Paschke Rn 16), also in jedem Fall dann, wenn sie medizinisch geboten ist (BGH NJW 1969, 2281; OLG Oldenburg VersR 1984, 765; Landsberg/Lülling Rn 4; Paschke Rn 16; Salje Rn 3). Ist dies der Fall, so ist es unschädlich, wenn die Heilung erfolglos blieb (Landsberg/Lülling Rn 5; Paschke Rn 18; Salje § 12 Rn 4). Von den Heilungskosten sind auch Nebenkosten wie zB Fahrtkosten für den Besuch naher Angehöriger erfasst (Landsberg/Lülling Rn 8 mwN; Paschke Rn 20; Salje § 12 Rn 5). Der Ersatzpflichtige haftet auch für Folgeschäden, soweit durch diese der Kausalzusammenhang zu seiner eigenen Verletzungshandlung nicht unterbrochen wird (BGHZ 3, 261, 268; BGH NJW 1986, 2367, 2368; Landsberg/Lülling Rn 5). Der Anspruch entsteht bereits mit der Verletzung und nicht erst nach Aufnahme der Behandlung, so dass der Ersatzpflichtige die Heilungskosten auszulegen hat (Paschke Rn 20). Die bei stationärer Behandlung ersparten häuslichen Lebenshaltungskosten unterliegen der Vorteilsausgleichung (Landsberg/Lülling Rn 9; Paschke Rn 26; Salje § 12 Rn 5; zu den Einzelheiten wird auf die Erl der §§ 249, 251 BGB verwiesen).

2. Erwerbsschaden

6 Die §§ **842, 843 BGB** enthalten die allgemeine zivilrechtliche Parallelvorschrift hinsichtlich der Ersatzfähigkeit von Erwerbsschäden; grundsätzlich **gelten** die dortigen Regelungen **entsprechend.** Zu ersetzen ist nur der aus der Beeinträchtigung der Erwerbsfähigkeit erwachsende Vermögensnachteil. Es ist also anders als im Sozialversicherungsrecht stets ein konkreter Erwerbsschaden zu bestimmen (BGHZ 54, 45 = NJW 1970, 1411; VersR 1978, 1170; BGHZ 90, 334 = NJW 1984, 1811; Landsberg/Lülling Rn 10; Paschke Rn 34; Salje § 12 Rn 6). Als Erwerbsschaden sind neben dem Verlust des Einkommens alle wirtschaftlichen Beeinträchtigungen anzusehen, die der Geschädigte dadurch erleidet, dass er seine Arbeitskraft verletzungsbedingt nicht verwerten kann (Paschke Rn 28). Ebenso wie gemäß § 842 BGB ist auch der Fortkommensschaden ersatzfähig (Paschke Rn 28, 35). Als Erwerbsschaden kommt auch ein Schaden in Betracht, den jemand dadurch erleidet, dass ihm Mehraufwendungen entstehen, weil er verletzungsbedingt Arbeiten an seinem eigenen Grundstück nicht ausführen kann (Landsberg/Lülling Rn 11; Paschke Rn 34; Salje § 12 Rn 8).

7 Bei unselbstständig Tätigen ist der **Differenzbetrag** zwischen dem **Einkommen,** das

ohne die Verletzung erzielt worden wäre und dem tatsächlich erzieltem Einkommen zu ersetzen (LANDSBERG/LÜLLING Rn 12; PASCHKE Rn 30). Bei **Selbstständigen** oder Gesellschaftern ist der geschätzte **entgangene Gewinn** zu ersetzen (LANDSBERG/LÜLLING Rn 19; PASCHKE Rn 32; SALJE § 12 Rn 8). Ein Arbeitsloser erleidet einen Erwerbsschaden, wenn er infolge der Verletzung seinen Anspruch auf Arbeitslosengeld oder Arbeitslosenhilfe verliert, selbst dann, wenn er statt dessen in gleicher Höhe Krankengeld erhält (LANDSBERG/LÜLLING Rn 10; PASCHKE Rn 31).

8 Kann der Verletzte **Arbeiten im Haushalt** nicht ausführen, so hat der Ehegatte einen eigenen Anspruch auf Ersatz seines Erwerbsschadens, wenn er einen solchen durch Erwerbsausfall wegen Übernahme der Haushaltsführung infolge der Verletzung des anderen Ehegatten erleidet (LANDSBERG/LÜLLING Rn 21; PASCHKE Rn 35).

9 Keinen Anspruch hat, wer **keiner Erwerbstätigkeit nachgeht** und auch in Zukunft keine Erwerbstätigkeit aufnehmen will, etwa weil er von seinem Vermögen lebt (LANDSBERG/LÜLLING Rn 10; PASCHKE Rn 36).

3. Schaden wegen vermehrter Bedürfnisse

10 Schadensersatz für vermehrte Bedürfnisse wird im allgemeinen Zivilrecht in **§ 843 BGB** geregelt, dessen Grundsätze **entsprechend zu übertragen** sind. Unter Vermehrung der Bedürfnisse sind alle Mehraufwendungen für die persönliche Lebensführung zu verstehen, die dem Betroffenen infolge der Verletzung im Vergleich zu einem gesunden Menschen zusätzlich entstehen (LANDSBERG/LÜLLING Rn 23; PASCHKE Rn 51; SALJE § 12 Rn 9). Durch den Schadensersatz wegen vermehrter Bedürfnisse sollen alle diejenigen Vermögensnachteile ausgeglichen werden, die dadurch entstanden sind, dass der Verletzte nun dauernd und fortlaufend fremde Hilfe in Anspruch nehmen oder aufgrund der Schädigung sonstige zusätzliche Aufwendungen tragen muss. Der Anspruch entsteht bereits mit der Mehrung der Bedürfnisse des Geschädigten und nicht erst nach deren Befriedigung (PASCHKE Rn 51).

11 Die **Abgrenzung zu anderen Schadensposten** kann im Einzelfall schwierig sein. Der wesentliche Unterschied zwischen vermehrten Bedürfnissen und Heilungskosten ist darin zu sehen, dass vermehrte Bedürfnisse in der Regel fortlaufend anfallen (LANDSBERG/LÜLLING Rn 24; PASCHKE Rn 52, 53; SALJE § 12 Rn 9). Zum Erwerbsschaden zählen Aufwendungen, die der Abwendung oder Minderung eines Verdienstausfalls dienen (LANDSBERG/LÜLLING Rn 24; PASCHKE Rn 54; SALJE § 12 Rn 9). Die Grenze zum Schmerzensgeld ist dadurch gezogen, dass vermehrte Bedürfnisse nur in Bezug auf konkrete Aufwendungen festgestellt werden können, während das Schmerzensgeld Beeinträchtigungen durch Schäden ausgleicht, die durch Behandlungsmaßnahmen nicht ausgeglichen werden können (PASCHKE Rn 55).

§ 14 UmweltHG
Schadensersatz durch Geldrente

(1) Der Schadensersatz wegen Aufhebung oder Minderung der Erwerbsfähigkeit und wegen vermehrter Bedürfnisse des Verletzten sowie der nach § 12 Abs. 2 einem Dritten zu gewährende Schadensersatz ist für die Zukunft durch eine Geldrente zu leisten.

(2) § 843 Abs. 2 bis 4 des Bürgerlichen Gesetzbuches ist entsprechend anzuwenden.

Schrifttum: Siehe Schrifttumsverzeichnis zur Einleitung.

1 § 14 UmweltHG regelt die **Art und Weise,** in der der **Schadensersatz** für den Erwerbsschaden (§ 13 UmweltHG), für vermehrte Bedürfnisse (§ 13 UmweltHG) und den Unterhaltsentzugsschaden (§ 12 Abs 2 UmweltHG) **zu leisten** ist. Grundsätzlich ist eine **Geldrente** zu zahlen. Die Norm korrespondiert inhaltlich mit den §§ 7 HaftpflichtG, 13 StVG, 38 LuftVG, 89 AMG, 9 ProdHaftG, 30 AtomG, 32 Abs 6 GenTG. Die Vorschrift hat den Zweck, im Hinblick auf drei sich auch in der Zukunft realisierende Ansprüche wie Erwerbsschaden, vermehrte Bedürfnisse und Unterhaltsentzugsschaden die Abwicklung in einem Verfahren sicherzustellen und zu vermeiden, dass der Verletzte regelmäßig wiederkehrend abrechnen und seinen Ersatzanspruch immer wieder erneut einklagen muss (Salje Rn 1).

2 Im allgemeinen Zivilrecht wird die Art und Weise der gestreckten Ersatzleistung für den Erwerbsschaden und für den Schaden durch vermehrte Bedürfnisse in § 843 BGB und für den Unterhaltsentzugsschaden in § 844 BGB ebenfalls so geregelt, dass grundsätzlich eine Geldrente zu zahlen ist. Der **Wortlaut** des § 14 UmweltHG **unterscheidet** sich jedoch insofern **von §§ 843, 844 BGB,** als § 14 UmweltHG eine Geldrente nur für die Zukunft anordnet. Maßgeblicher Zeitpunkt für den Beginn der Zukunft im Sinne des § 14 UmweltHG ist bei prozessualer Durchsetzung die letzte mündliche Tatsachenverhandlung (Landsberg/Lülling Rn 6; Paschke Rn 3). Ein **sachlicher Unterschied** besteht zwischen § 14 UmweltHG und der §§ 845, 844 BGB jedoch **nicht.** Auch bereits eingetretene Schäden der genannten Art sind nach dem UmweltHG zu erstatten. Der Geschädigte hat hier die Wahl zwischen Rentenzahlung und Kapitalabfindung (BGHZ 59, 187 = NJW 1972, 1711; BGH NJW 1982, 757, 759; BGHZ 90, 334 = NJW 1984, 1811; Landsberg/Lülling Rn 2; Paschke Rn 3).

3 Die **Art der Ersatzleistung** für die genannten Schäden **entspricht den Regelungen im BGB.** Zu den Einzelheiten, insbesondere zum Inhalt von § 14 Abs 2 UmweltHG, der auf § 843 Abs 2 bis 4 BGB verweist, ist daher auf die Kommentierung dieser Vorschriften zu verweisen.

§ 15 UmweltHG
Haftungshöchstgrenzen

Der Ersatzpflichtige haftet für Tötung, Körper- und Gesundheitsverletzung insgesamt nur bis zu einem Höchstbetrag von einhundertsechzig Millionen Deutsche Mark und für Sachbeschädigung ebenfalls insgesamt nur bis zu einem Höchstbetrag von einhundertsechzig Millionen Deutsche Mark, soweit die Schäden aus einer einheitlichen Umwelteinwirkung entstanden sind. Übersteigen die mehreren aufgrund der einheitlichen Umwelteinwirkung zu leistenden Entschädigungen die in Satz 1 bezeichneten jeweiligen Höchstbeträge, so verringern sich die einzelnen Entschädigungen in dem Verhältnis, in dem ihr Gesamtbetrag zum Höchstbetrag steht.

Schrifttum: Siehe Schrifttumsverzeichnis zur Einleitung.

Systematische Übersicht

I. Grundlagen
1. Satz 1 — 1
2. Satz 2 — 2
3. Unbegrenzte Haftung — 3

II. Haftungshöchstgrenze (Satz 1)
1. Normzweck — 4
2. Einheitliche Umwelteinwirkung — 6

III. Kürzungsregelung (Satz 2) — 12

I. Grundlagen

1. Satz 1

1 § 15 S 1 UmweltHG bestimmt eine **Haftungshöchstgrenze** für Ansprüche aus dem UmweltHG in Höhe von 160 Millionen Deutsche Mark (nach Art 9 Abs 4 des Referentenentwurfes des 2. Gesetzes zur Änderung schadensersatzrechtlicher Vorschriften: 85 Millionen Euro.). Die Haftungshöchstgrenze ist **je Schadensfall** vorgesehen, und zwar jeweils für die Haftung für Körper- und Gesundheitsverletzungen einerseits und für die Haftung für Sachbeschädigungen andererseits. Die Feststellung, ob der Schaden in den Grenzen der Höchstbeträge liegt, muss demnach je Haftungsfall getrennt für diese Schädigungen erfolgen. Der Anspruch wird wie auch in § 88 AMG, § 33 GenTG, § 37 LuftVG und § 10 ProdHG dabei global, dh **unabhängig von der Zahl der Ersatzberechtigten,** je Haftungsfall auf diese Summe begrenzt (Landsberg/Lülling Rn 1; Paschke Rn 1). Der Entwurf der Bundesregierung sah noch eine individuelle Begrenzung des Geldrentenanspruchs im Falle der Tötung oder Verletzung einer Person vor, wenn die Tötung oder Schädigung durch bestimmungsgemäßem Anlagenbetrieb verursacht wurde (Gesetzentwurf der Bundesregierung BT-Drucks 11/7104).

2. Satz 2

2 § 15 S 2 UmweltHG regelt die Folgen, die sich aus einer globalen Haftungshöchstgrenze im Falle einer Ersatzberechtigung **mehrerer Geschädigter** ergeben, wenn der Schaden insgesamt über der bestimmten Grenze liegt. Die Vorschrift sieht insoweit eine **anteilige Kürzung** der Ersatzansprüche vor (Landsberg/Lülling Rn 9; Paschke Rn 3).

3. Unbegrenzte Haftung

§ 15 UmweltHG erfasst **ausschließlich** die **Haftung nach dem Umwelthaftungsgesetz** und hat keinen Einfluss auf die nach § 18 UmweltHG daneben bestehende Haftung nach anderen Vorschriften (Paschke Rn 2). Werden die Haftungshöchstgrenzen erreicht, kann der Geschädigte einen weitergehenden Anspruch aufgrund anderer Haftungstatbestände geltend machen. 3

II. Haftungshöchstgrenze (Satz 1)

1. Normzweck

Die summenmäßige Begrenzung der Haftung nach dem UmweltHG folgt im Wesentlichen dem Vorbild anderer spezialgesetzlicher Regelungen einer Gefährdungshaftung wie dem ProdHG, LuftVG, HaftplichtG und GenTG, bei denen solche Beschränkungen in der Regel vorgesehen sind (zur Geschichte des § 15 UmweltHG Schmidt-Salzer Rn 13 ff). Inhaltlich wird sie durch die wiederkehrende Begründung gerechtfertigt, dass es eines so gestalteten Ausgleichs für die besonders strenge Gefährdungshaftung bedürfe und die summenmäßige Begrenzung die **Versicherbarkeit** möglicher Schadensfälle gewährleiste; sie entspreche insoweit auch einer deutschen Rechtstradition (so Beschlussempfehlung und Bericht des Rechtsausschusses BT-Drucks 11/7881; Kötz AcP 170 [1970] 1, 38; Landsberg/Lülling VersR 1990, 2205, 2210; Mayer MDR 1991, 813, 817; Nicklisch VersR 1991, 1093, 1095). 4

Hinsichtlich der Zweckmäßigkeit einer Haftungshöchstgrenze dürfte die negative Einschätzung der Bundesregierung zutreffend gewesen sein, dass **angesichts der höchst unterschiedlichen Risiken** der erfassten Anlagen als auch der Vielgestaltigkeit möglicher Schadensfälle die **Bestimmung** sowohl einer einzelfallbezogenen als auch **einer globalen Haftungshöchstgrenze nicht möglich** sei (Gesetzentwurf der Bundesregierung BT-Drucks 11/7104; zustimmend Landsberg/Lülling Rn 4). Dem liegt wohl die Erkenntnis zugrunde, dass insbesondere die praktisch allein denkbare globale Haftungshöchstgrenze auf erhebliche Bedenken stoßen muss. Die vorgesehene Grenze von 160 Mio DM (85 Mio Euro, vgl Rn 1) je für Körper- und Gesundheitsschäden einerseits und Sachschäden andererseits entbehrt jeder nachvollziehbaren Grundlage, was den Schluss rechtfertigt, dass hier lediglich schon bestehende Konzepte der Gefährdungshaftung übernommen wurden (so insbesondere Schmidt-Salzer Rn 17). Gegen die Auffassung, die Haftungshöchstgrenze werde durch die Versicherbarkeit bestimmt, bestehen im Übrigen schon grundsätzlich erhebliche Bedenken. Abgesehen davon, dass sich Betriebe entsprechend ihres Risikopotentials und ihrer wirtschaftlichen Leistungsfähigkeit Deckungsvorsorge verschaffen (dazu Schmidt-Salzer Rn 20), ist diese Privilegierung der Gefährdungshaftung nicht mit deren Wesen zu rechtfertigen. Sie beruht auf der überkommenen Ansicht, dass die Gefährdungshaftung ein nicht in das sonstige zivilrechtliche Haftungssystem passendes Institut sei. Da jedoch anerkannt ist, dass auch bei diesem die Ersatzverpflichtung auf der Verantwortlichkeit des Schädigers beruht, ist keine Grundlage für eine gegenüber der Haftung nach Deliktsrecht begrenzte Haftung ersichtlich. Die im Einzelfall ruinöse Folge der unbeschränkten Haftung ist insoweit hinzunehmen (Kötz AcP 170 [1970] 1, 39); im Übrigen wäre stattdessen ein richterliches Moderationsrecht zum Schutz vor untragbarer Schuldnerüberforderung im Einzelfall erwägenswert (Rehbinder NuR 1989, 149, 161; 5

Döring 89; **aA** Föller 99). Die Grenze von 160 Mio DM ist ohnedies so hoch, dass hinsichtlich der Versicherbarkeit durch sie kaum ein Unternehmen entlastet wird; für den Großteil der der Haftung nach dem UmweltHG unterliegenden Unternehmen bedeutet diese Grenze im Ergebnis eine unbeschränkte Haftung (Landsberg/Lülling Rn 4, Schmidt-Salzer Rn 19). Schließlich unterliegen Haftungshöchstgrenzen zudem dem generellen Einwand einer verfassungsrechtlich nicht zulässigen Überwälzung der erfassten Schäden auf den Geschädigten, obwohl die Voraussetzungen der Haftung vorliegen (so auch Döring 89). Im Hinblick auf Art 2 Abs 2 GG bestehen gegen diesen Haftungsausschluss erhebliche Bedenken, wenn und solange nicht – wie etwa im Rahmen der Haftung nach dem AtomG – ein anderweitiger Ersatzanspruch vorgesehen ist (Salje Rn 29).

2. Einheitliche Umwelteinwirkung

6 **a)** Mit dem **Begriff der Umwelteinwirkung** wird auf die Begriffsdefinition in § 3 UmweltHG Bezug genommen. Danach ist ein Schaden durch Umwelteinwirkung entstanden, wenn er durch Stoffe, Erschütterungen, Geräusche, Druck, Strahlen, Gase, Dämpfe, Wärme oder sonstige Erscheinungen verursacht wird, die sich in Boden, Luft oder Wasser ausgebreitet haben.

7 **b)** Die Problematik der § 15 UmweltHG besteht in der Bestimmung der Einheitlichkeit der Umwelteinwirkung. Bei dessen Beurteilung kommt es auf die Auswirkung des haftungsbegründenden Ereignisses an, nicht aber auf die jeweilige Ursache (Salje Rn 5; Schmidt-Salzer Rn 15). Entscheidend ist das Vorhandensein eines zeitlichen und räumlichen Zusammenhangs von Emissionen und Verletzungseintritt.

8 **aa)** Eine **Verschiedenheit von Ursachen** führt **in der Regel** dazu, dass **mehrere Umwelteinwirkungen** vorliegen. Sind die Folgewirkungen auch von anderen Anlagen mitverursacht, muss für diese die Haftungshöchstgrenze gesondert festgestellt werden. Bei einheitlicher Ursache liegen mehrere Umwelteinwirkungen vor, wenn sich eine Emission über verschiedene Umweltmedien ausbreitet, da nach § 15 UmweltHG nicht die einheitliche Ursache, sondern das Vorliegen einer einheitlichen Auswirkung maßgebend ist; eine haftungsrechtliche Zusammenfassung, wenn und weil eine gemeinsame betriebliche Ursache vorliegt, findet insoweit nicht statt (Paschke Rn 6).

9 **bb)** Folgen von einer Anlage ausgehende Umwelteinwirkungen **zeitlich aufeinander** oder gehen sie von **räumlich getrennten** Anlagen oder Anlagenteilen aus, fehlt es an der Einheitlichkeit. Dies ist insbesondere bei einer Vielzahl fortdauernder Umwelteinwirkungen, also **Allmählichkeitsschäden,** der Fall, so dass in diesen Fällen keine einheitliche Umwelteinwirkung vorliegt und die Haftungshöchstgrenze für jeden Emissionsvorgang gesondert maßgeblich ist. Gleiches gilt mangels räumlichen Zusammenhangs, wenn mehrere Anlagen schadensursächlich sind, auch wenn die Schädigung auf der Emission gleichartiger Stoffe beruht (Salje Rn 59).

10 **cc)** Problematisch ist die Einordnung von Folgewirkungen eines einheitlichen Ereignisses in derselben Anlage oder in verschiedenen Anlagen, wenn weitere Umwelteinwirkungen in Form einer **Kettenreaktion** aufgrund der Erstschädigung ausgelöst werden. Vertretbar ist, hier das Prinzip des räumlichen und zeitlichen Zusammenhangs durch das Prinzip der Tätereinheit zu ergänzen; der Begriff der einheitlichen

Umwelteinwirkung ist also im Zusammenhang mit der Person des Schädigers zu sehen, so dass sich dieser auch hinsichtlich der Haftung für die Folgeschäden auf die Haftungshöchstgrenze berufen kann (Salje Rn 4).

dd) Hat **eine Schadensquelle mehrere Schadensfälle** in der Weise ausgelöst, dass – beispielsweise bei Chemikalienemissionen – verschiedene Umweltmedien beeinträchtigt wurden und sich daraus, etwa durch luftgetragene Immissionen einerseits und Bodenkontakt andererseits, unterschiedliche Verletzungsereignisse ergaben, so ist auf diese Fälle zusammen die Haftungshöchstsumme anzuwenden, weil es mit Rücksicht auf die Kalkulierbarkeit des Risikos auf die einheitliche Umwelteinwirkung bei der Emission ankommt und dem gegenüber der Zufall nicht für die Geschädigten vorteilhaft sein kann, dass sich die Emission auf verschiedenen Umweltpfaden ausgebreitet hat (**aA** Oehmen Rn 301). 11

III. Kürzungsregelung (Satz 2)

§ 15 S 2 UmweltHG regelt die **Kürzung des Ersatzanspruchs** des einzelnen Geschädigten **bei Überschreitung der Haftungshöchstgrenze durch den Gesamtschaden,** der auf einer einheitlichen Umwelteinwirkung beruht. Die Regelung ist insoweit Folge der globalen Haftungshöchstgrenze, da diese die Auswirkung auf die Haftungsbegrenzung bezüglich des einzelnen Anspruchs nicht regelt. Die Kürzungsregelung des § 15 S 2 UmweltHG ist angelehnt an § 12 Abs 1 S 2 StVG, § 10 Abs 3 HaftpflichtG, § 88 S 1 AMG, § 33 S 2 GenTG. 12

Bei jedem auf einer einheitlichen Umwelteinwirkung beruhenden Schadenfall bedarf es einer getrennten Feststellung, ob die Höchstgrenze überschritten ist. Eine anteilige Anrechnung auf die jeweils andere Schadensgruppe findet bei Unterschreitung der Höchstgrenze in einer Schadensart und Überschreitung in einer anderen nicht statt. Die Kürzung ist vorzunehmen, wenn die **Summe der Ersatzleistungsansprüche entweder für Personen- oder Sachschäden oder für beide Schadensarten den Betrag der Haftungshöchstgrenzen überschreitet** (Paschke Rn 3). In diesem Fall sollen sämtliche Entschädigungsleistungen anteilig herabgesetzt werden, dh im Verhältnis der jeweiligen Einzelposition zum Gesamtschaden (Landsberg/Lülling Rn 9; Schmidt-Salzer Rn 6). 13

Die **Praktikabilität** der Vorschrift ist gerade im Bereich des Umwelthaftungsrechts **zu bezweifeln.** Die Abwicklung der Schadensregulierung wird insoweit regelmäßig unter dem Vorbehalt eines zunächst vorübergehenden Ausgleichs stehen, da sich oft nicht absehen lassen wird, ob durch später auftretende oder erkannte Schädigungen die Haftungshöchstgrenze doch erreicht wird (Landsberg/Lülling Rn 9; Paschke Rn 9; Schmidt-Salzer Rn 10). Hier kann es, wenn sich Schädigungen erst nach Jahren zeigen, auch zu einer **nachträglichen Kürzung** bereits festgestellter Ersatzansprüche oder zugesprochener Geldrenten kommen. Der Entschädigungsanspruch beschränkt sich solchenfalls darauf, dass der Haftpflichtige seinen Bereicherungsanspruch auf Erstattung des geleisteten Schadensersatzes zu dem Teil, der aus der Anspruchskürzung nach § 15 Satz 2 UmweltHG folgt, an den nachträglich anmeldenden Drittgeschädigten abtritt. Die Geschädigten müssen sich in jedem Fall untereinander um Beteiligung am gesamten Schadensersatzkapital auseinandersetzen (Salje Rn 10). 14

§ 16 UmweltHG
Aufwendungen bei Wiederherstellungsmaßnahmen

(1) Stellt die Beschädigung einer Sache auch eine Beeinträchtigung der Natur oder der Landschaft dar, so ist, soweit der Geschädigte den Zustand herstellt, der bestehen würde, wenn die Beeinträchtigung nicht eingetreten wäre, § 251 Abs. 2 des Bürgerlichen Gesetzbuches mit der Maßgabe anzuwenden, dass Aufwendungen für die Wiederherstellung des vorherigen Zustandes nicht allein deshalb unverhältnismäßig sind, weil sie den Wert der Sache übersteigen.

(2) Für die erforderlichen Aufwendungen hat der Schädiger auf Verlangen des Ersatzberechtigten Vorschuss zu leisten.

Schrifttum: Siehe Schrifttumsverzeichnis zur Einleitung.

Systematische Übersicht

I. Grundlagen 1

II. Absatz 1
1. Voraussetzungen 5
a) Haftung aufgrund des UmweltHG 5
b) Sachbeschädigung 7
c) Beeinträchtigung der Natur oder Landschaft 9
d) Naturalherstellung 13
e) Verhältnismäßigkeit von Aufwendungen 16
2. Rechtsfolgen 18
a) Grundsatz 18
b) Folgen bei Anwendbarkeit des § 251 Abs 1 BGB 19

III. Absatz 2
1. Voraussetzungen 20
2. Rechtsfolgen 22
3. Abrechnung über Vorschuss 23

I. Grundlagen

1 Die Vorschrift **regelt** in schadensrechtlicher Hinsicht, ähnlich wie § 32 Abs 7 GenTG, einen **Teilbereich der** sogenannten **ökologischen Schäden.** Darunter sind Veränderungen der physikalischen, chemischen oder biologischen Beschaffenheit der Umweltmedien Boden, Wasser, Luft, Klima, der Pflanzen- und Tierwelt sowie deren Wechselbeziehungen zu verstehen (Landsberg/Lülling Rn 1 f; Paschke Rn 1; Salje Rn 1). Die Norm enthält **keine Anspruchsgrundlage** und **erweitert nicht** den Kreis der **schutzfähigen Rechtsgüter** (Lytras 213 ff; Seibt 245), sondern **setzt** das **Bestehen eines Anspruchs** gemäß § 1 UmweltHG **voraus** (Paschke Rn 2). Beschränkt auf den Sonderfall des ökologischen Schadens sieht § 16 Abs 1 UmweltHG eine den Geschädigten begünstigende Änderung der allgemeinen schadensersatzrechtlichen Regelungen der §§ 249 ff BGB vor (Paschke Rn 12).

2 Bezogen auf das **allgemeine Schadensrecht** ergibt sich folgendes Regelungsbild: Zwar ist der Schädiger gemäß § 249 S 1 BGB grundsätzlich verpflichtet, den vor dem schädigenden Ereignis bestehenden Zustand in natura wiederherzustellen, wenn nicht der Geschädigte im Falle der Sachbeschädigung von seinem Recht gemäß § 249 S 2 BGB

Gebrauch macht, statt dessen den zur Wiederherstellung erforderlichen Geldersatz zu verlangen. Beide Rechte aufgrund von § 249 BGB sind jedoch gemäß § 251 Abs 2 S 1 BGB nicht begründet, wenn die Naturalherstellung bzw der dazu erforderliche Geldaufwand einen unverhältnismäßigen Aufwand darstellen würde. Diese Grenze ist regelmäßig jedenfalls dann überschritten, wenn der **Wiederherstellungsaufwand erheblich,** nämlich etwa dreißig Prozent (BGHZ 115, 371), über dem Sachwert des zerstörten Gegenstands liegt. **Beschränkt auf diesen Fall** der nach allgemeinen Grundsätzen ausgeschlossenen Pflicht zur Naturalrestitution enthält § 16 Abs 1 UmweltHG eine **besondere Regelung** insofern, als auch unter diesen Umständen **Naturalherstellung** im Sinne des § 249 S 1 BGB verlangt werden kann (Landsberg/Lülling Rn 11 f; Paschke Rn 2; Salje Rn 2), weil die Grenze der Unverhältnismäßigkeit im Sinne des § 251 Abs 2 S 1 BGB zugunsten des Geschädigten hinaufgesetzt wird.

3 Die Vorschrift trägt daher dem Umstand Rechnung, dass an der Wiederherstellung eines **ungestörten Naturzustandes** ein über den Sachwert hinausgehendes Allgemeininteresse sowie im Einzelfall ein anerkennenswertes individuelles Affektionsinteresse (vBar Vhdl 62. DJT A 50 f) des Geschädigten besteht; soweit besteht eine Übereinstimmung mit § 252 Abs 2 S 2 BGB, der die Verletzung eines Tieres regelt. Zugleich ergibt sich als Folge des § 16 Abs 1 UmweltHG, dass die Frage praktisch entschärft wird, ob der Sachwert, eventuell zuzüglich eines gewissen Wertzuschlags, in jedem Falle die Obergrenze im Sinne des § 251 Abs 2 BGB für die Beurteilung der Verhältnismäßigkeit der Wiederherstellungsaufwendungen darstellt (Landsberg/Lülling Rn 13). Ferner wird gewährleistet, dass Sachbeschädigungen, die beim Geschädigten keinen merkantilen Verlust auslösen, im Wege der Naturalrestitution ersatzfähig werden (Landsberg/Lülling Rn 13).

4 Aufgrund der Funktion der Vorschrift, nur Modalitäten des Schadensersatzanspruchs gemäß § 1 UmweltHG, nicht aber dessen Begründung zu regeln, enthält die Vorschrift **keine Grundlage für die Ersatzfähigkeit allgemeiner ökologischer Schäden** in den Fällen, in denen es an der Zuordnung des geschädigten Naturgutes zu einer natürlichen oder juristischen Person fehlt (Enders 406; Hager NJW 1991, 134, 141; Klass UPR 1997, 134, 140; Landsberg/Lülling Rn 3; Oehmen Rn 297; Paschke Rn 4; Salje Rn 1; Seibt 245). Erfasst werden daher **nur Fälle,** in denen der **Schaden privatrechtlich einer konkreten Person zuzurechnen** ist (Diederichsen L 49, 50; Hager NJW 1986, 1961). Von der Einbeziehung bloßer Allgemeininteressen in die Schadensersatzregelung des Umwelthaftungsgesetzes wurde abweichend von weitergehenden Gesetzesvorschlägen und ausländischen Vorbildern abgesehen und der Schutz von derartigen Allgemeininteressen dem öffentlichen Recht überlassen (Landsberg/Lülling Rn 4 ff; Salje Rn 3). Ökoschäden sind daher auch in Anbetracht des § 16 UmweltHG nur ersatzfähig, wenn sie sich zugleich als Schädigung einer individuellen Rechtsposition in Bezug auf eine Sache im Sinne von § 1 UmweltHG darstellen.

II. Absatz 1

1. Voraussetzungen

a) Haftung aufgrund des UmweltHG

5 Aus der systematischen Einordnung in das UmweltHG folgt, dass die Anwendbarkeit des § 16 Abs 1 UmweltHG **auf die nach dem Umwelthaftungsgesetz begründeten**

Schadensersatzansprüche beschränkt ist (SALJE Rn 15). Eine nahezu identische Regelung enthält § 32 Abs 7 GenTG. Im Übrigen fehlt auch im umweltrechtlichen Zusammenhang eine Parallelregelung, beispielsweise in § 14 S 2 BImSchG und § 22 WHG. Damit ist angezeigt, es in diesen Fällen bei der Anwendung der allgemeinen schadensrechtlichen Grundsätze des § 251 Abs 2 zu belassen. Einer analogen Anwendung des § 16 Abs 1 UmweltHG (dies erwägend DÖRING 87; HERBST 71; KLASS JA 1997, 509, 518 f; SALJE Rn 15) steht rechtsmethodisch der spezialgesetzliche Ausnahmecharakter der Vorschrift entgegen, zumal des Schweigen des Gesetzes insofern beredt ist, als der generelle Charakter des Problems der Unverhältnismäßigkeit von Wiederherstellungsmaßnahmen bei Umweltbeeinträchtigungen bei Erarbeitung des UmweltHG bekannt war und dennoch eine allgemeine Änderung des § 251 BGB unterblieb (M MEYER-ABICH, ökol Schäden 167). Nicht ausgeschlossen ist jedoch, **§ 251 Abs 2 S 1 BGB** mit Rücksicht auf das ihm zugrunde liegende Prinzip von Treu und Glauben und unter Berücksichtigung der deshalb in die Normanwendung integrierbaren wertenden Einzelfallbetrachtung bereits in sich **vorsichtig** so **weiterzuentwickeln,** dass bei Involvierung allgemeiner ökologischer Interessen die bloße Kostenbetrachtung nicht ohne weiteres genügt, um die Unverhältnismäßigkeit von Naturalherstellungsaufwendungen zu rechtfertigen (so wohl auch SALJE Rn 15).

6 Das **Prognoserisiko,** dh die Gefahr einer zu einer Unverhältnismäßigkeit führenden Fehleinschätzung des Wiederherstellungsaufwandes, stellt sich im Anwendungsbereich des § 16 Abs 1 UmweltHG praktisch wohl seltener als im Falle des § 251 Abs 2 BGB, weil die Kostenverhältnisse bei § 16 Abs 1 UmweltHG im Unterschied zum allgemeinen Schadensrecht gerade nicht der wesentliche Faktor für die Beurteilung der Verhältnismäßigkeit sind. Verwirklicht sich jedoch ausnahmsweise das Prognoserisiko, weil die Wiederherstellungsaufwendungen wider Erwarten so hoch sind, dass sie, wäre ihr Umfang rechtzeitig erkannt worden, die Wiederherstellung als unverhältnismäßig hätten erscheinen lassen, geht jedoch auch dies grundsätzlich entsprechend den allgemeinen schadensrechtlichen Grundsätzen zu Lasten des Schädigers, wenn der Geschädigte die Aufwendungen unverschuldet fehlerhaft prognostiziert hat (SALJE Rn 19 unter Bezug auf BGH NJW 1972, 1800, 1801).

b) Sachbeschädigung

7 § 16 gilt **nur** für **Sachschäden,** dh für Verletzungen von Sachen im Sinne des § 1 UmweltHG. Die Sache muss einem Rechtssubjekt zugeordnet sein; die Sachbeschädigung muss ein Eingriff in dessen Rechtsposition in Bezug auf die Sache sein. Der Begriff der Beschädigung der Sache ist identisch mit den zu § 1 UmweltHG zur Verletzung der Sache Ausgeführten, auf die dortige Erläuterung wird verwiesen.

8 Auf **Personenschäden** in Gestalt von Gesundheitsbeeinträchtigungen ist § 16 Abs 1 UmweltHG **nicht anzuwenden.** Das nicht wertungsgerecht erscheinende Resultat, dass Sachen und Tiere schadensrechtlich besser als Menschen gestellt werden, wird dadurch vermieden, dass bei Personenschäden ohnedies bereits bei der Anwendung des § 251 Abs 2 S 1 BGB besonders große Zurückhaltung zu üben ist (SALJE Rn 4).

c) Beeinträchtigung der Natur oder Landschaft

9 Die Sachbeschädigung muss sich zugleich als **Beeinträchtigung** der **Natur** oder der **Landschaft** darstellen. Eine Beeinträchtigung der Natur liegt in Parallele zu § 22 Abs 1 WHG vor, wenn auf Boden, Wasser oder Luft derart eingewirkt wurde, dass sich deren physikalische, chemische oder biologische Beschaffenheit verändert hat. Auf äußerliche Sichtbarkeit kommt es nicht an, vielmehr genügt eine nicht nur unwesentliche Beeinträchtigung der Substanz oder eine Störung der Funktionszusammenhänge (SALJE Rn 5). Eine Beeinträchtigung der Landschaft setzt hingegen eine zumindest vom Fachmann äußerlich wahrnehmbare Schädigung der Natur voraus. § 8 Abs 1 Bundesnaturschutzgesetz versteht unter einem Eingriff in die Landschaft eine Veränderung der Gestalt oder Nutzung von Grundflächen, die das Landschaftsbild erheblich oder nachhaltig beeinträchtigen kann. Zur Landschaft gehören daher Bodenformationen, Bewuchs, Gewässer und Biotope, nicht jedoch Tiere (vgl zu allem SALJE Rn 6).

10 Als **Gegenbegriff** zu Natur und Landschaft sind **künstlich geschaffene Bauwerke, Anlagen und Einrichtungen** anzusehen (SALJE Rn 6). Auch solche können allerdings nach einiger Zeit Teil der Natur sein, wenn sie von dieser integriert werden. Dies kann etwa bei künstlichen Seen oder Aushüben eintreten, hingegen allenfalls ausnahmsweise bei unterirdischen Veränderungen und Stollen (SALJE Rn 6).

11 Die **Beeinträchtigung** von Natur oder Landschaft müssen **objektiv** vorliegen; nicht genügt ein bloßes Affektionsinteresse des Geschädigten. Eine selbstständige **ökologische Bedeutung der Beeinträchtigung verlangt** § 16 UmweltHG hingegen **nicht** (so SALJE Rn 6; **aA** LANDSBERG/LÜLLING Rn 17; PASCHKE Rn 7). Weder gibt der Wortlaut des § 16 Abs 1 UmweltHG einen Anhalt für ein solches Erfordernis, noch geht es bei § 16 Abs 1 UmweltHG um den Schutz von Allgemeininteressen an der Erhaltung des Ökosystems (LANDSBERG/LÜLLING Rn 17), da § 16 Abs 1 UmweltHG seiner Konstruktion gemäß individualschutzbezogen ist und Allgemeininteressen allenfalls reflexweise geschützt werden. Im Übrigen lässt sich das Kriterium der ökologischen Bedeutung nicht hinreichend konkretisieren, so dass die Befürwortung, das Kriterium der ökologischen Bedeutung großzügig zu handhaben, und der Hinweis darauf, zum Nachweis der ökologischen Bedeutung genüge regelmäßig schon die Darlegung einer ökologischen Funktion der beschädigten Sache im Naturhaushalt oder im Nahrungskreislauf oder die Darlegung der Beeinträchtigung einer Funktion für den Landschaftsschutz (LANDSBERG/LÜLLING Rn 17; PASCHKE Rn 8), die Erheblichkeit dieses zusätzlichen Kriteriums praktisch wieder aufhebt.

12 Sachbeschädigung und Beeinträchtigung der Natur oder Landschaft müssen **kumulativ** vorliegen. Löst ein Schadensereignis zugleich eine Sachbeschädigung und eine Beeinträchtigung der Natur oder Landschaft aus, etwa wenn es zugleich zur Schädigung von Anpflanzungen und zu einem Bauwerksschaden kommt, so gilt für den reinen Sachschaden, der nicht zugleich eine Beeinträchtigung der Natur oder Landschaft ist, uneingeschränkt § 251 Abs 2 BGB (SALJE Rn 8). Wird ein Tier verletzt, was – wie bei Haustieren in der Regel – nicht zugleich die Beeinträchtigung von Natur oder Landschaft bedeutet, gilt insoweit die den Geschädigten begünstigende Regelung des § 251 Abs 2 S 2 BGB.

d) Naturalherstellung

13 Vorausgesetzt wird, dass der Geschädigte den Zustand herstellt, der bestehen würde, wenn die Beeinträchtigung nicht eingetreten wäre. Damit wird der **Grundsatz der Naturalrestitution** im Sinne des § 249 S 1 BGB **betont.** Zugleich wird damit als **Anwendungsgrenze** des § 16 UmweltHG angegeben, dass die **Wiederherstellung möglich**

sein muss (vDörnberg, Die Haftung für Umweltschäden, in: vDörnberg/Gasser/Gassner, Umweltschäden [1992] 19; Hager NJW 1991, 141). Der neue Zustand muss dem nun geschädigten Vorzustand nur insoweit gleichkommen, als ein ökologisch-funktional und ästhetisch gleichwertiger Zustand hergestellt wird (Gassner UPR 1987, 370, 372; Godt 215 ff; M Meyer-Abich, ökol Schäden 164 ff; Salje Rn 10; Seibt 224). Für Unikate, zu denen in der Regel Tiere jedenfalls dann zählen, wenn sie als Haustiere, die nicht Nutztiere sind, gehalten werden, ist daher der Anwendungsbereich des § 249 BGB schon mit Rücksicht auf § 251 Abs 1 BGB verlassen, so dass insoweit § 16 UmweltHG keine Anwendung findet (Salje Rn 9). Gleiches gilt, wenn der Ersatzberechtigte seinen Schadensersatzanspruch an einen Dritten überträgt und dadurch die Naturalrestitution unmöglich werden sollte (so wohl Salje Rn 22); außer in diesem Fall ist ein allein durch die Abtretung veranlasster Grund, die Anwendbarkeit des § 16 Abs 1 UmweltHG einzuschränken (so aber wohl Schmidt-Salzer Rn 21 ff), nach Wortlaut und Zweck der Regelung nicht anzuerkennen.

14 Die Wiederherstellungsaufwendungen müssen nicht vom Geschädigten selbst vorgenommen werden. Es genügt, dass er die **Wiederherstellung** des Urzustandes **auf seine Rechnung** veranlasst (Paschke Rn 10; Salje Rn 10). Allerdings ist **erforderlich,** dass die **Wiederherstellung stattfindet.** Dies entspricht nicht nur dem Wortlaut, sondern auch der Intention des Gesetzes, die Naturalrestitution über die durch § 251 Abs 2 S 1 BGB gezogenen Grenzen hinaus zu fördern (Landsberg/Lülling Rn 18; Paschke Rn 9). Der Geschädigte unterliegt insoweit, als der Anspruch auf Naturalherstellung nach allgemeinen schadensrechtlichen Grundsätzen nicht bestünde, einer **Verwendungsbindung** (Landmann/Rohmer/Rehbinder § 6 Rn 15; Paschke Rn 9; Salje Rn 23). Dies schließt allerdings nicht einen Vergleich zwischen Schädiger und Geschädigtem aus, in welchem der Geschädigte unter Hinweis auf § 16 Abs 1 UmweltHG eine höhere Schadensersatzleistung in Geld erhält, als ihm aufgrund von § 251 Abs 2 S 1 BGB zusteht, wenn im Übrigen die grundsätzlichen Voraussetzungen des Vergleichs erfüllt sind, also ein beiderseitiges Nachgeben zur Beilegung eines Streits festzustellen ist (Enders 406; Hager NJW 1991, 134, 141; Landsberg/Lülling Rn 20; Marburger, in: FS Steffen 325 ff; Medicus, in: FS Gernhuber 301; Paschke Rn 11; Seibt 234 ff).

15 Im Rückschluss aus § 16 Abs 2 UmweltHG folgt, dass § 16 Abs 1 UmweltHG den Abschluss von Naturalherstellungsmaßnahmen voraussetzt (vgl Schimikowski, Umwelthaftungsrecht Rn 229). Dieses Erfordernis sichert die von der Vorschrift intendierte Verwendungsbindung, indem erst die Mittelverwendung zum Zwecke der Naturalrestitution den aufgrund von § 16 Abs 1 UmweltHG aufrechterhaltenen Naturalrestitutionsanspruch gemäß § 249 BGB, gewissermaßen dessen Existenz durch die Wiederherstellungsarbeiten bedingend, durchsetzbar macht (vgl Lytras 215). Dies schließt allerdings die **Abrechnung von Teilwiederherstellungsmaßnahmen** nicht aus, soweit es sich um in sich abgeschlossene Teilleistungen zum Zwecke der Gesamtwiederherstellung handelt (dazu unten Rn 18).

e) Verhältnismäßigkeit von Aufwendungen

16 Die zur Naturalrestitution erforderlichen Aufwendungen müssen in einem **noch verhältnismäßigen Bezug** zum Interesse an der Naturalrestitution stehen. Insoweit erhält § 16 Abs 1 UmweltHG keine Ausnahme von **§ 251 Abs 2 BGB,** den die Vorschrift gerade für **grundsätzlich anwendbar** erklärt (Paschke Rn 13). In diesem Bezug zu allgemeinen schadensrechtlichen Grundsätzen liegt die Funktion des § 16 Abs 1 UmweltHG allein darin, das Argument abzuschneiden, dass Aufwendungen für die Wiederherstellung des vorherigen Zustands schon deshalb unverhältnismäßig seien, weil sie den Wert der Sache übersteigen. Das allgemein gültige **Verhältnismäßigkeitsprinzip,** wonach der angestrebte Erfolg, hier die Naturalrestitution, und das dafür eingesetzte Mittel, hier die Aufwendungen, in einer vernünftigen Relation zueinander stehen, wird daher **modifiziert** (Salje Rn 16, 20), **nicht** jedoch **allgemein aufgehoben.**

17 Ein **positives Kriterium** für die Bestimmung von Unverhältnismäßigkeit des Wiederherstellungsverlangens enthält § 16 Abs 1 UmweltHG nicht (Paschke Rn 13). Zur Konkretisierung kann der Leitgedanke des weiterhin grundsätzlich anwendbaren § 251 Abs 2 BGB herangezogen werden, dass es auf eine nach Treu und Glauben vorzunehmende **Abwägung** zwischen dem Rang des geschützten Wiederherstellungsinteresses des Geschädigten, das durch das Allgemeininteresse am Ausgleich des ökologischen Schadens unterstützt wird, und dem Interesse des in Anspruch Genommenen an Vermeidung einer vergleichsweise unzumutbar hohen Haftung ankommt (Landsberg/Lülling Rn 14; Paschke Rn 13). Bei der Abwägung ist, dem Gesetzeszweck des § 16 Abs 1 UmweltHG entsprechen, das allgemeine **ökologische Interesse** besonders zu **gewichten** (Landsberg/Lülling Rn 14; Paschke Rn 13). Dabei ist allerdings schadensersatzmindernd auch zu berücksichtigen, in welchem Maße sich Schadensbeseitigungsmaßnahmen vernünftigerweise erübrigen, weil sich das geschädigte Ökosystem in angemessener Zeit ganz oder teilweise selbst regeneriert (Seibt 219). Die Entscheidung ist daher nur im Einzelfall und unter Abwägung der jeweils vorliegenden natürlichen und ökonomischen Verhältnisse zu treffen. Dabei kann im Einzelfall das über das Restitutionsinteresse hinausgehende ökologische Interesse so geringfügig sein, dass die durch Anwendung von § 251 Abs 2 S 1 BGB gezogene Grenze der Wiederherstellungspflicht im Ergebnis trotz Anwendbarkeit von § 16 Abs 1 UmweltHG maßgeblich ist. Andererseits können Wiederherstellungskosten nicht schon deswegen als unverhältnismäßig gelten, weil sie den Sachwert erheblich übertreffen (Paschke Rn 14; Salje Rn 21). Wenn § 32 Abs 7 GenTG von § 16 Abs 1 UmweltHG nur dadurch abweicht, dass Aufwendungen für die Wiederherstellung des vorherigen Zustands nicht allein deshalb unverhältnismäßig seien, weil sie den Wert der Sache **erheblich** übersteigen, so ist daraus für § 16 Abs 1 UmweltHG nicht der Rückschluss zu ziehen, dort sei Naturalrestitution nur geschuldet, wenn die Aufwendungen für die Wiederherstellung des vorigen Zustandes den Wert der Sache bis zur Grenze der Erheblichkeit übersteigen. Bei den Gesetzesberatungen war man sich nämlich des unterschiedlichen Wortlautes bewusst, ohne damit unterschiedliche Regelungen treffen zu wollen (BT-Drucks 11/7104, S 230; Paschke Rn 14). Eine Haftungsgrenze wegen absoluter Unverhältnismäßigkeit lässt sich daher nicht allgemein formulieren (Salje Rn 21). Erst die Haftungshöchstsummenregelung des § 15 UmweltHG bildet im Ergebnis eine Haftungsgrenze (Salje Rn 21). Unzumutbarkeit der Wiederherstellungsaufwendungen wegen unverhältnismäßigen Aufwands kommt daher wohl praktisch nur selten in Betracht (Landmann/Rohmer/Rehbinder Rn 14; Salje Rn 21; Gassner UPR 1987, 370, 373), ist aber keineswegs von Rechts wegen absolut ausgeschlossen (Balensiefen 233; Enders 405; Medicus NuR 1990, 145, 150; Seibt 247).

2. Rechtsfolgen

a) Grundsatz

18 Liegen die Voraussetzungen des § 16 Abs 1 UmweltHG vor, so hat der Schädiger die

Kosten der Naturalrestitution gemäß § 249 Abs 1 BGB zu tragen. Im Ergebnis handelt es sich um einen Aufwendungsersatzanspruch (Seibt 233). Der mit Hilfe des § 16 Abs 1 UmweltHG entstehende Anspruch auf Erstattung der Wiederherstellungsaufwendungen entsteht zur Gänze, wenn die Naturalrestitution insgesamt durchgeführt worden ist. Sind identifizierbare und abgrenzbare Teilleistungen zwecks Wiederherstellung des gesamten früheren Zustands in abrechenbarer Weise vorgenommen worden, gestattet § 16 Abs 1 UmweltHG insoweit eine teilweise Schadensabrechnung (Salje Rn 23).

b) Folgen bei Anwendbarkeit des § 251 Abs 1 BGB

19 Da § 16 Abs 1 UmweltHG die Anwendung des § 251 Abs 2 BGB modifiziert und diese Vorschrift tatbestandlich alternativ zu § 251 Abs 1 angelegt ist, ist **§ 16 Abs 1 UmweltHG** in Fällen des § 251 Abs 1 BGB, also **bei Unmöglichkeit oder Nichtgenügen der Naturalherstellung, nicht anzuwenden.** Eine analoge Anwendung des durch § 16 Abs 1 UmweltHG modifizierten § 251 Abs 2 BGB auf den Kompensationsanspruch des § 251 Abs 1 BGB ist nicht zu befürworten (so aber Salje Rn 18, 20). Die analoge Anwendung des § 16 Abs 1 UmweltHG in Fällen des § 251 Abs 1 BGB mit dem Argument, die bloße Kompensation nach § 251 Abs 1 BGB sei im Hinblick auf den Normzweck des § 16 Abs 1 UmweltHG unzureichend und ermögliche eine annähernde Wiederherstellung nicht, geht fehl, weil § 251 Abs 1 BGB bereits tatbestandlich die Unmöglichkeit einer annähernden Wiederherstellung voraussetzt und an dieser Tatsache auch eine durch § 16 Abs 1 UmweltHG bestimmte Schadensabrechnung nichts ändert. Auch gehört es gerade zum Normzweck des § 16 UmweltHG, die Naturalrestitution zu fördern, die jedoch im Anwendungsbereich des § 251 Abs 1 BGB ausgeschlossen ist; die Nichtanwendung des § 16 Abs 1 UmweltHG in Fällen des § 251 Abs 1 BGB verwirklicht daher den Sinn des § 16 Abs 1 UmweltHG. Sie vermeidet folgerichtig auch Probleme bei der Anwendung des Tatbestands von § 16 Abs 1 UmweltHG insofern, als dieser die Vornahme von – mithin möglichen – Wiederherstellungsmaßnahmen voraussetzt. Ob die Unanwendbarkeit des § 16 UmweltHG in Fällen des § 251 Abs 1 BGB dazu führt, dass für § 16 UmweltHG ein zu geringer Anwendungsbereich bliebe, weil die Naturalrestitution bei Umweltschäden häufig nicht möglich oder nicht genügend sei, ist als Tatsachenfrage im Wesentlichen nicht verifizierbar und im Übrigen unerheblich wegen der bei analogen Anwendung drohenden Verfehlung des Normzwecks des § 16 UmweltHG, einen über das normale Maß hinausgehenden Beitrag zur Naturalrestitution zu leisten.

III. Absatz 2

1. Voraussetzungen

20 Der durch § 16 Abs 2 UmweltHG begründete Anspruch des Ersatzberechtigten gegen den Schädiger auf **Vorschussleistung** setzt aufgrund seiner systematischen Stellung voraus, dass der Geschädigte vom Schädiger bei der Beschädigung einer Sache, die auch eine Beeinträchtigung der Natur oder der Landschaft darstellt, nach Durchführung von Wiederherstellungsmaßnahmen **Schadensersatz gemäß § 249 S 2 BGB ungehindert durch § 251 Abs 2 BGB** verlangen kann. Der Anspruch auf Vorschussleistung beschränkt sich auf die erforderlichen Aufwendungen. Maßgeblich sind die objektiven Verhältnisse (Salje Rn 24) auf der Basis einer substantiierten Ermittlung der zu erwartenden Wiederherstellungskosten.

Der Anspruch ist ein verhaltener, der erst auf **Verlangen des Ersatzberechtigten** entsteht. Der Anspruch auf Vorschuss **erlischt** außer durch Erfüllung, wenn und **soweit eine Restitutionsmaßnahme durchgeführt** ist; in einem solchen Fall ist eine endgültige Abrechnung des Schadensersatzes unter Berücksichtigung des § 16 Abs 1 UmweltHG möglich und für eine Vorschussleistung ihrem Sinn gemäß kein Raum mehr. 21

2. Rechtsfolgen

Der Vorschuss ist **in der Weise** zu leisten, dass dem Geschädigten die **Geldmittel** so rechtzeitig und in dem Umfang **zur Verfügung stehen, dass** dieser aufgrund eigener Verfügungsmacht über die vom Schädiger bereitgestellten Geldmittel bei Veranlassung der Wiederherstellungsmaßnahme die **Gewissheit** hat, die **Wiederherstellungskosten decken zu können.** Wird die Naturalrestitution in mehreren Abschnitten realisiert, insbesondere wenn sie sich über längere Zeiträume erstreckt und die Restitutionskosten sukzessiv entstehen, kann jeweils nur ein Teilvorschuss verlangt werden, soweit dies im Hinblick auf die jeweils auszulösenden Restitutionsmaßnahmen und das daraus folgende Sicherungsinteresse des Geschädigten angemessen ist (Salje Rn 24). Über einen erhaltenen Vorschuss kann der Ersatzberechtigte nicht frei verfügen; vielmehr sind die ihm **gewährten Mittel zweckgebunden** zur Durchführung der Naturalrestitution zu verwenden (BT-Drucks 11/7104, S 21; Landsberg/Lülling Rn 19; Paschke Rn 15). 22

3. Abrechnung über Vorschuss

Nach Durchführung der Wiederherstellungsmaßnahmen ist über den Vorschuss **abzurechnen.** Soweit der Vorschuss für die Wiederherstellung verwendet wurde, ist er als vorweggenommene Erfüllung des Schadensersatzanspruchs, der gegebenenfalls mit Hilfe des § 16 Abs 1 UmweltHG zu begründen ist, anzusehen. Bleibt der Vorschuss hinter den schließlich entstandenen Wiederherstellungskosten zurück, hat der Schädiger die Differenz an den Ersatzberechtigten zu leisten. Übersteigt der erhaltene Vorschuss die tatsächlich entstandenen Wiederherstellungskosten, ist der überschießende Teil des Vorschusses unter dem Gesichtspunkt der ungerechtfertigten Bereicherung, § 812 Abs 1 S 2, 1. Fall BGB, oder analog § 667 BGB zurückzugewähren, wobei sich der Geschädigte gemäß § 820 Abs 1 S 2 BGB nicht auf Wegfall der Bereicherung berufen kann (Paschke Rn 15; Salje Rn 24; Seibt 233). Gleiches gilt, wenn der Geschädigte die Naturalrestitution in angemessener Frist nicht veranlasst hat. 23

§ 17 UmweltHG
Verjährung

Auf die Verjährung finden die für unerlaubte Handlungen geltenden Verjährungsvorschriften des Bürgerlichen Gesetzbuchs entsprechende Anwendung.

Schrifttum: Siehe Schrifttumsverzeichnis zur Einleitung.

Systematische Übersicht

I. Grundlagen 1

II. Beginn der dreijährigen Verjährungsfrist 3

III. Beginn der verlängerten Verjährungsfrist 8

IV. Hemmung der Verjährung (§ 852 Abs 2 BGB aF, § 203 S 1 BGB nF) 10

V. Konkurrierende Normen 11

I. Grundlagen

1 § 17 UmweltHG ist den § 11 HaftpflichtG und § 16 StVG nachgebildet und **verweist** wie diese **auf** die deliktsrechtliche Vorschrift des **§ 852 BGB** aF und daneben auf die allgemeinen Vorschriften der §§ 194 bis 225 BGB aF (Landsberg/Lülling Rn 1; Paschke Rn 1); mit Inkrafttreten des neuen Verjährungsrechts wird auf die §§ 194–218 BGB nF verwiesen. Diese Verweisung gilt ausschließlich für eine Haftung nach dem UmweltHG, so dass konkurrierende Ersatzansprüche der Verjährung nach den jeweils eigenen Verjährungsvorschriften unterliegen.

2 Aufgrund der Verweisung auf § 852 BGB aF und nunmehr § 195 iVm § 199 BGB nF sind hinsichtlich der Verjährung **drei Fristen** zu beachten. Es gilt die **dreijährige Frist ab Kenntnis vom Schaden und der Person** des Schädigers, der nach neuem Verjährungsrecht die diesbezügliche grob fahrlässige Unkenntnis gleichsteht, sowie **subsidiär nach altem Recht die dreißigjährige Frist,** gerechnet **vom Zeitpunkt der unerlaubten Handlung;** nach neuem Recht gilt subsidiär je nach Anwendung von § 199 Abs 2 oder 3 eine zehn- oder dreißigjährige Frist. Ist der Ersatzanspruch nach einer der Fristen verjährt, kann die Verjährungseinrede erfolgreich geltend gemacht werden. Im Hinblick auf die Haftung nach dem UmweltHG ergeben sich einige spezifische Besonderheiten; im Übrigen wird auf die Kommentierung des § 852 BGB aF verwiesen.

II. Beginn der dreijährigen Verjährungsfrist

3 Für die Haftung nach dem UmweltHG ergeben sich im Vergleich zur deliktsrechtlichen Anwendung der Norm keine Besonderheiten. Die **dreijährige Verjährungsfrist** beginnt nach § 852 Abs 1 BGB aF bzw § 199 Abs 1 BGB nF von dem Zeitpunkt an, in welchem der Verletzte **von** dem **Schaden** und der **Person des Ersatzpflichtigen** Kenntnis erlangt; nach neuem Verjährungsrecht genügt auch grobe Fahrlässigkeit hinsichtlich der diesbezüglichen Unkenntnis. Diese Voraussetzungen müssen kumulativ vorliegen.

4 Hinsichtlich der **Kenntnis vom Schaden** kommt es nicht auf ein detailliertes Wissen des Geschädigten an, sondern es genügt, dass er Kenntnis vom Eintritt irgendeines Schadens in der Weise hat (BGHZ 109, 327 = NJW 1990, 975), dass er Feststellungsklage gegen eine bestimmte – damit als bekannt vorausgesetzte – Person erheben kann.

Bei einer **zeitlichen Streckung der Schadensentstehung** ist unter diesen Voraussetzungen für den Fristbeginn entscheidend, wann die eigentliche Rechtsgutsverletzung eingetreten ist; damit ist frühester maßgeblicher Zeitpunkt derjenige der Immission (Paschke Rn 5, Schmidt-Salzer Rn 5). Insbesondere bei gesundheitlichen Spätfolgen aufgrund von Umwelteinwirkungen kommt es zudem zu einer Verlagerung des maßgeblichen Zeitpunkts zugunsten des Geschädigten, da die Verjährung erst mit dem Ausbruch der Krankheit beginnt (Paschke Rn 5; Schmidt-Salzer Rn 5). 5

Hinsichtlich des Ersatzes für **Spätfolgen** gilt auch für die Haftung nach dem UmweltHG keine Besonderheit. Die Verjährung beginnt nach der Rechtsprechung mit dem Eintritt der Erstschädigung, wenn sich die Spätfolge nicht als eine völlig unvorhersehbare Folge der Erstschädigung darstellt; in einem solchen Fall beginnt für diese die Verjährung mit der Erkennbarkeit der Spätfolge (Paschke Rn 6; Salje Rn 9 mwN aus der Rechtsprechung). Um den Ersatzanspruch für typische oder auch untypische, aber nicht außergewöhnliche Spätfolgen vor dem Verjährungseinwand zu bewahren, bedarf es insoweit einer Feststellungsklage hinsichtlich der Verpflichtung zum Schadensersatz. 6

Bei einer Schadensverursachung durch **kontinuierliche Umwelteinwirkungen** wird die dreijährige Verjährungsfrist grundsätzlich für jede Einwirkung gesondert bestimmt. Die Rechtsprechung wertet jede Immission als verjährungsrechtlich bedeutsame Teilhandlung, die den Lauf der Verjährungsfrist jeweils erneut in Gang setzt (BGH NJW 1978, 262, 263; NJW 1981, 573). Dies ist im Zusammenhang mit der dreijährigen Verjährungsfrist in der Regel unproblematisch, da für den Beginn der Verjährung jedenfalls der Eintritt und damit die Kenntnis vom Schaden maßgeblich ist; das Entstehen des Schadens ist ohne Bedeutung (so zutreffend Schmidt-Salzer Rn 5). Eine abweichende Bewertung für kontinuierlich schädigende Immissionen ist angezeigt, wenn diesen eine einheitliche Gesamthandlung zugrunde liegt und deshalb im Nachhinein nicht mehr festgestellt werden kann, welche Teilimmission zu welchem bestimmten Schaden geführt hat. Der Verletzte würde übermäßig belastet, wenn in einem solchen Fall die dreijährige Verjährungsfrist für jede Teilimmission läuft (so Salje Rn 10). Der Beginn der Verjährung ist an die Kenntnis – nach neuem Recht auch grob fahrlässige Unkenntnis – des Geschädigten vom Schaden gebunden, so dass in diesen Fällen der Schädigung aufgrund kontinuierlicher Immissionen die Verjährung erst mit dem Eintritt des Gesamtschadens nach der letzten Teilimmission beginnt. Eine Aufspaltung des eingetretenen Schadens in Teilschädigungen oder Schadensstadien ist schon praktisch nicht möglich. 7

III. Beginn der verlängerten Verjährungsfrist

Die absolute Verjährungsfrist von dreißig Jahren beginnt unabhängig von der Kenntnis des Geschädigten vom Eintritt eines Schadens mit dem **Zeitpunkt der Begehung der schädigenden Handlung** (Landsberg/Lülling Rn 21; Paschke Rn 7). Die Rechtsprechung wendet § 852 Abs 1 BGB aF insoweit wortgetreu und konsequent an und müsste dies für § 199 Abs 2 und Abs 3 Nr 2 BGB nF auch tun; der Anspruch kann also bereits verjährt sein, wenn der Schaden für den Geschädigten erkennbar wird (BGH NJW 1973, 1077). Für die Verjährung ist dann unerheblich, dass die dreijährige Verjährungsfrist noch nicht zu laufen begonnen hat. Die durch das neue Verjährungsrecht eingefügte Verjährungsfrist des § 199 Abs 3 Nr 1 BGB nF von 10 Jahren beginnt 8 mit der Entstehung des Anspruchs, mithin bei Vorliegen aller Anspruchsvorraussetzungen.

9 Für den Beginn der dreißigjährigen Verjährungsfrist ist der **Emissionszeitpunkt** entscheidend. Da nach § 3 UmweltHG nur die Einwirkungen auf Umweltmedien haftungsbegründend sind, die zur Schadensverursachung geeignet sind, kommt es auf den Zeitpunkt der ersten zur Verursachung der eingetretenen Rechtsverletzung und des dadurch aufgetretenen Schadens geeigneten Umwelteinwirkung an (Paschke Rn 7; Schmidt-Salzer Rn 4). Diese Verjährung beginnt damit nach altem und gemäß § 199 Abs 2 und 3 Nr 2 BGB nF auch nach neuem Recht regelmäßig schon vor dem Schadenseintritt, was insbesondere bei Spätschäden von Bedeutung ist (Landsberg/Lülling Rn 21 mwN zur Rechtsprechung). Bei einer Schädigung aufgrund kontinuierlicher **Kleinemissionen** ist folglich nicht der Zeitpunkt der ersten Einwirkung auf ein Umweltmedium entscheidend, sondern erst der Zeitpunkt, zu dem eine zur Schadensverursachung geeignete Schadstoffmenge insgesamt freigesetzt worden ist (Paschke Rn 7; **aA** Salje, der in Einklang mit § 198 BGB aF auf den Begriff der Handlung abstellen will).

IV. Hemmung der Verjährung (§ 852 Abs 2 BGB aF, § 203 S 1 BGB nF)

10 Der bis Ende 2001 geltende § 852 Abs 2 BGB und der seitdem geltende § 203 S 1 BGB nF bestimmen, dass die Verjährung für die Dauer von **Verhandlungen über Schadensersatzansprüche gehemmt** sein soll. Dieser Zeitraum wird in die Verjährungsfrist nicht eingerechnet, § 205 BGB aF bzw § 209 BGB nF. Der Zweck der Norm gebietet eine weite Auslegung des Begriffs der Verhandlungen, um zu verhindern, dass sich der Schädiger durch hinhaltendes Verhalten oder Verzögerungen der Ersatzpflicht entzieht. Die Verjährung läuft daher erst in dem Zeitpunkt wieder, in dem der Inanspruchgenommene etwaige Ersatzansprüche klar und eindeutig zurückweist (OLG Köln VersR 1978, 1074 bzgl § 14 StVG). Die Verjährung wird bereits dann gehemmt, wenn sich der vermeintliche Schädiger auf Gespräche über das Bestehen von Ersatzansprüchen einlässt (Landsberg/Lülling Rn 23; Salje Rn 18).

V. Konkurrierende Normen

11 **Bei anderen Ansprüchen** besteht grundsätzlich Anspruchskonkurrenz, so dass die Verjährung der Ansprüche **nach den jeweils für sie geltenden Verjährungsregeln** zu bestimmen ist (BGHZ 66, 315 = NJW 1986, 1505; Paschke Rn 9). Die Rechtsprechung wendet jedoch die **kurze Verjährung nach § 548 nF BGB (§ 558 BGB aF)** nicht nur auf Ansprüche aus einem Miet- oder Pachtvertrag an, sondern auch auf konkurrierende Deliktsansprüche aus einem Miet- oder Pachtverhältnis. Gleiches hat für die Haftung nach dem UmweltHG zu gelten, so dass im Falle der Haftung nach Beendigung eines Miet- oder Pachtverhältnisses § 548 BGB nF die maßgebliche verjährungsrechtliche Vorschrift ist (noch zu 558 BGB aF: BGHZ 61, 227 = NJW 1973, 2059; 66, 315, 320 = NJW 1976, 1505; BGH NJW 1985, 789, 791; Salje Rn 24). Dies gilt ausnahmslos nur im Verhältnis der ehemaligen Vertragspartein zueinander und nicht im Verhältnis zu Dritten. Eine Verjährung nach § 548 BGB nF kommt etwa bei der Kontaminierung eines gemieteten oder gepachteten Grundstücks in Betracht.

§ 18 UmweltHG
Weitergehende Haftung

(1) Eine Haftung aufgrund anderer Vorschriften bleibt unberührt.

(2) Dieses Gesetz findet keine Anwendung im Falle eines nuklearen Ereignisses, soweit für den Schaden das Atomgesetz in Verbindung mit dem Pariser Atomhaftungsübereinkommen vom 29. Juli 1960 (im Wortlaut in der Bekanntmachung vom 15. Juli 1985, BGBl. 1985 II S. 963), dem Brüsseler Reaktorschiff – Übereinkommen vom 25. Mai 1962 (BGBl. 1975 II S. 957, 977) und dem Brüsseler Kernmaterial – Seetransport – Abkommen vom 17. Dezember 1971 (BGBl. 1975 II S. 957, 1026) in der jeweils gültigen Fassung, maßgebend ist.

Schrifttum: Siehe Schrifttumsverzeichnis zur Einleitung.

Systematische Übersicht

I. Grundlagen 1

II. Verhältnis zu anderen Haftungstatbeständen (Abs 1)
1. Weitergehende Haftung 4
a) Schmerzensgeld, deliktsrechtliche Folgewirkungen 8
b) Haftungshöchstgrenze 10
c) Vermögensschaden 11
2. Mögliche Konkurrenzverhältnisse 12
3. Gesetzliche nichtdeliktische Haftungstatbestände 13
4. Vertragliche Haftung 14

III. Verhältnis zur Atomhaftung (Abs 2) 19

I. Grundlagen

1 Die Vorschrift regelt das Verhältnis der Haftung nach dem UmweltHG zu anderen Haftungsvorschriften. Wie auch in anderen Fällen spezialgesetzlicher Gefährdungshaftungstatbestände (vgl etwa § 15 Abs 2 ProdHaftG) ist dieses Verhältnis **im ersten Absatz** in der Weise geregelt, dass eine **Haftung nach anderen Vorschriften,** namentlich eine weitergehende, **unberührt** bleibt (Abs 1). Lediglich für den Fall der Haftung für **nukleare Ereignisse** bestimmt der **zweite Absatz** den Vorrang der Haftung nach dem AtomG in Verbindung mit dem Pariser Atomhaftungsübereinkommen.

2 Abs 1 beruht auf der praktischen **Erwägung,** dass die Fälle möglicher konkurrierender Haftung vielgestaltig und nicht vollständig vorhersehbar und daher auch die **Auswirkungen eines** abschließend bestimmten **Haftungsvorrangs nicht abzuschätzen** sind (Salje Rn 3). Vor diesem Hintergrund ist es der Sinn der Vorschrift, eine Schlechterstellung der Geschädigten durch die Einführung eines ausschließlichen Vorrangs des UmweltHG gegenüber der bisherigen Rechtslage zu vermeiden. Die Möglichkeit, Schadensersatz nach den §§ 1, 3 UmweltHG zu verlangen, soll den Geschädigten allenfalls besser stellen, nicht aber zu einer Verschlechterung seiner Position führen (Salje Rn 3).

3 Die Vorschrift hat zur **Folge,** dass **konkurrierende Ansprüche** gänzlich den **für sie**

geltenden Regeln folgen, und zwar insbesondere hinsichtlich der Haftungsvoraussetzungen, des Haftungsumfangs, der Verjährung und den bestehenden Beweiserleichterungen (Landsberg/Lülling Rn 2).

II. Verhältnis zu anderen Haftungstatbeständen (Abs 1)

1. Weitergehende Haftung

4 Anders als die amtliche Gesetzesüberschrift vorgibt, ist es für § 18 Abs 1 UmweltHG **unerheblich,** ob es sich um eine **weitergehende Haftung** handelt. Summenmäßig weniger weit reichende Haftungen bleiben daher gleichfalls unberührt und werden nicht verdrängt (Paschke Rn 1).

5 Der Normzweck beschränkt den **praktischen** Regelungsbereich der Vorschrift auf die Bereiche, in denen das UmweltHG gegenüber anderen Haftungsvorschriften die **Haftungslage** des Geschädigten **nicht verbessert.** Da das UmweltHG Erleichterungen insbesondere hinsichtlich der Haftungsvoraussetzungen vorsieht (vgl § 1 Rn 2) liegt die praktische Relevanz dort, wo andere Haftungstatbestände **abweichende Schutzbereiche** bzw Schutzgüter haben oder den **Umfang der Ersatzleistung** anders und weitergehend bestimmen.

6 Letzteres trifft namentlich für den Fall des § 847 BGB zu, weil das UmweltHG in den §§ 12–16 keinen **Schmerzensgeldanspruch** gewährt. Ein weiterer Anwendungsbereich der Vorschrift ergibt sich zudem im Falle des § 15 UmweltHG, sofern die dort bestimmte **Haftungshöchstgrenze** erreicht ist (Landsberg/Lülling Rn 4; Paschke Rn 2). Ob dieser Fall praktische Bedeutung erlangen wird, erscheint angesichts der summenmäßigen Begrenzung auf 160 Mio DM (85 Mio Euro, vgl § 15 Rn 1) unwahrscheinlich; die Möglichkeit einer Überschreitung dieser Summe wird jedoch dadurch erhöht, dass es sich um eine globale, also um eine ein schädigendes Ereignis betreffende Höchstgrenze, handelt und bei einer Vielzahl von Geschädigten eine Überschreitung der Grenze durchaus möglich erscheint (dazu § 15 Rn 12). Von besonderer praktischer Bedeutung wird ferner das Verhältnis zu einer Haftung nach § 22 WHG sein, weil dieser Tatbestand auch den **Ersatz bloßer Vermögensschäden** vorsieht (vgl Komm des § 22 WHG), also ein wichtiger Fall andersartig bestimmter Schutzgüter vorliegt.

7 Ob sich auch aus der Regelung des § 23 UmweltHG, also aus dem **zeitlichen Anwendungsbereich** des UmweltHG Konkurrenzprobleme ergeben (so Paschke Rn 1; Schmidt-Salzer Rn 5), erscheint hingegen unter dem Gesichtspunkt der Rechtslogik fraglich, da bei zeitlicher Unanwendbarkeit des UmweltHG auch dessen § 18 keine Anwendung findet. Dies führt wohl zu einem Rückgriff des Geschädigten auf die deliktsrechtliche Haftung (so Schmidt-Salzer Rn 5), nicht aber zu einem Problem konkurrierender Haftung im eigentlichen Sinne.

a) Schmerzensgeld, deliktsrechtliche Folgewirkungen

8 Praktisch von größtem Interesse ist die durch § 18 UmweltHG bewirkte weitergehende Haftung nach §§ **823 ff, § 847 BGB,** auf deren Grundlage der Geschädigte auch bei der Verletzung durch eine Nichtkataloganlage Schadensersatz und auch neben einem Schadensersatzanspruch nach dem UmweltHG ein Schmerzensgeld verlangen kann; das UmweltHG selbst gewährt einen solchen Anspruch de lege lata nicht. Der

Schmerzensgeldanspruch ist von der Erfüllung eines deliktsrechtlichen Haftungstatbestandes abhängig; in Betracht kommt insoweit vornehmlich eine Haftung des Anlagenbetreibers wegen einer Verkehrspflichtverletzung. Für den Geschädigten bleibt es damit bei der insbesondere **beweisrechtlich schwierigen Situation** des Deliktsrechts (vgl Einl 237).

9 Die durch die Einführung des UmweltHG neu geschaffene Umweltgefährdungshaftung hat **Auswirkungen** auf die **Haftung nach allgemeinen deliktsrechtlichen Grundsätzen.** Eine Beeinflussung kann im tatbestandlichen Bereich die Entwicklung umweltspezifischer Verkehrspflichten betreffen, die zu einer Verschärfung der Haftung auch nach § 823 BGB führen wird. Zum anderen werden die durch die §§ 8–10 UmweltHG gewährten Auskunftsansprüche zu einer Minderung der Beweisnot des Geschädigten führen; die im Rahmen einer möglichen Haftung nach dem UmweltHG auf der Grundlage insbesondere des § 8 UmweltHG erlangten Auskünfte können nämlich auch zur Darlegung und Substantiierung eines deliktsrechtlichen Anspruchs verwendet werden (vgl § 8 Rn 7). Gleiches gilt für eine reflexweise in die deliktsrechtliche Sachverhaltsaufklärung reichende Sekundärwirkung der in § 6 UmweltHG vorgesehenen Beweislastregeln. Neben der deliktischen Verkehrspflichthaftung kann der Schmerzensgeldanspruch auf eine Haftung für vermutetes Verschulden nach den §§ **836, 837 BGB** gestützt werden. Hier bestehen zudem erhebliche Beweiserleichterungen zugunsten des Geschädigten auch hinsichtlich der haftungsausfüllenden Kausalität (dazu Salje Rn 15). Aus den kausalitätsbezogenen Beweiserleichterungsregelungen der §§ 6f UmweltHG ist allerdings nicht der Schluss zu ziehen, dass im Falle ihrer Unanwendbarkeit gemäß § 6 Abs 2–4 UmweltHG kein Raum für die Heranziehung allgemeiner Rechtsfiguren zur Beweiserleichterung wie Indizien- und Anscheinsbeweis sei (Salje VersR 1998, 797 gegen OLG Köln NJW-RR 1993, 598 f).

b) Haftungshöchstgrenze

10 Weitergehende Ansprüche sind für den Geschädigten dann von Interesse, wenn durch ein schädigendes Ereignis die globale **Haftungshöchstgrenze des § 15 UmweltHG überschritten** wird und sein Ersatzanspruch eine anteilsmäßige Kürzung erfährt. Die Liquidation des gesamten Schadens ist auch hier wieder nur unter den Voraussetzungen der §§ 823 ff BGB oder anderer umwelthaftungsrechtlicher Tatbestände ohne oder mit höherer Haftungsobergrenze möglich.

c) Vermögensschäden

11 Praktisch wohl häufig und für den Geschädigten von besonderer Bedeutung ist die auf Grundlage des § 18 UmweltHG konkurrierende Haftung nach **§ 22 WHG.** Die Norm gewährt weitergehend als das UmweltHG einen Anspruch auf Schadensersatz für alle Schäden unabhängig davon, ob sie Folge einer Kataloganlage im Sinne des UmweltHG oder einer Rechtsgutsverletzung im Sinne des § 1 UmweltHG sind. Von besonderem Interesse ist die dadurch eröffnete Möglichkeit, primäre oder **reine Vermögensschäden** zu liquidieren. Eine weitere Haftungserweiterung besteht zudem darin, dass auch Rettungskosten, also die zur Abwendung eines drohenden schädigenden Ereignisses gemachten Aufwendungen, im Rahmen des § 22 WHG ersetzt verlangt werden können (BGHZ 80, 1, 6 f = NJW 1981, 1516; BGHZ 103, 129 = NJW 1988, 1593).

2. Mögliche Konkurrenzverhältnisse

12 Im Rahmen des § 18 UmweltHG sind vielgestaltige Fälle einer Anspruchskonkurrenz denkbar. Neben der gleichzeitigen Haftung nach Deliktstatbeständen kann eine Konkurrenz mit der Haftung nach **Gefährdungs- und Aufopferungsgrundsätzen** stattfinden. Ferner sind auch Fälle einer konkurrierenden **vertraglichen** Haftung denkbar.

3. Gesetzliche nichtdeliktische Haftungstatbestände

13 Neben dem bereits dargestellten Fall einer gleichzeitigen Haftung nach den § 1 UmweltHG und § 22 WHG kommen Anspruchskonkurrenzen insbesondere mit Ansprüchen aus § 14 BImSchG, §§ 1 f HaftpflichtG, § 32 GenTG und § 906 Abs 2 S 2 BGB in Betracht. Auch die Konkurrenz von verkehrsrechtlich begründeten Ansprüchen (zu diesen Einl 97 ff), namentlich aus § 7 StVG, und § 1 UmweltHG ist möglich (dazu Salje Rn 21). Es findet **freie Anspruchsgrundlagenkonkurrenz** im Verhältnis zwischen dem UmweltHG und diesen Haftungsnormen statt; besondere Konkurrenzprobleme ergeben sich insoweit nicht. Auf die Kommentierung der jeweiligen Vorschriften wird verwiesen.

4. Vertragliche Haftung

14 Da das UmweltHG in den Kreis der Ersatzberechtigten auch die **Mitarbeiter** des Anlageninhabers einbezieht, kann es bei deren Verletzung zu einer Anspruchskonkurrenz mit einer Haftung aus einer **positiven Vertragsverletzung** des arbeitsvertraglichen Verhältnisses kommen. Eine solche Haftung stützt sich insbesondere auf § 618 BGB. Ein Ersatzanspruch aus einer positiven Vertragsverletzung begründet wegen § 253 BGB keinen Anspruch auf Schmerzensgeld; jedoch sind im Rahmen der vertraglichen Haftung bloße Vermögensschäden ersatzfähig. Der Nachweis der positiven Vertragsverletzung wird zugunsten des verletzten Arbeitnehmers durch § 282 BGB aF, § 280 Abs 1 S 2 BGB nF modifiziert, so dass der Beweis des fehlenden Verschuldens hier dem Arbeitgeber und Anlageninhaber obliegt. Praktisch wird jedoch in aller Regel ein Anspruch des Arbeitnehmers auf der Grundlage der §§ 104 ff SGB VII ausgeschlossen sein (Salje Rn 46). Dieser Haftungsausschluss findet jedoch nicht statt, wenn Arbeiter auf der Grundlage eines Werkvertrages Arbeiten auf dem Betriebsgelände ausführen, ohne Mitarbeiter des Anlageninhabers zu sein.

15 Eine Konkurrenz mit vertraglichen Ansprüchen (zu diesen Einl 112) kann zudem stattfinden, wenn die Anlage auf **gemieteten** oder **gepachteten Grundstücken** betrieben wird. Insbesondere im Falle der Kontaminierung des Betriebsgrundstücks (etwa BGHZ 98, 235 = NJW 1987, 187; OLG Düsseldorf NJW-RR 1990, 21) durch den Anlagenbetrieb besteht parallel zu der Haftung nach dem UmweltHG eine Ersatzpflicht aus miet- bzw pachtvertraglichen Regelungen. Ebenso kann es zugunsten des Mieters oder Pächters zu einer konkurrierenden Haftung kommen; so etwa im Falle der Lärmbeeinträchtigung (BayObLG NJW 1987, 1950; LG Hamburg NJW 1973, 2254) oder auch bei einer Gesundheitsbeeinträchtigung durch verseuchtes Grundwasser (BGH NJW 1983, 2935). Auch aus **kaufrechtlichen** Vorschriften können sich umwelthaftungsrechtlich relevante Gewährleistungs- oder Schadensersatzansprüche ergeben.

16 Unter Konkurrenzaspekten auszuscheiden ist die Konstellation einer Haftung nach den Grundsätzen der **Geschäftsführung ohne Auftrag.** Bei den §§ 677 ff BGB handelt es sich nicht um umwelthaftungsrechtlich relevante Anspruchsgrundlagen, sondern lediglich um Vorschriften, die den Rückgriff eines materiell nicht Verantwortlichen regeln.

17 Neben den dargestellten Vorteilen, die vertragliche Ansprüche hinsichtlich des ersatzfähigen Schadens und der Beweislast bieten, bleibt allgemein nachteilig, dass für sie in der Regel eine **kurze Verjährungsfrist** gilt. Dies ist insbesondere bei mietvertraglichen Ansprüchen von besonderer Bedeutung; die kurze Verjährungsfrist des § 558 Abs 1 aF BGB – nun § 548 BGB – wird in ständiger Rechtsprechung analog auch bei konkurrierenden deliktischen Ansprüchen angewendet (BGH NJW 1993, 2797). Angesichts dieser gefestigten Rechtsprechung, die § 548 nF BGB auch auf Fälle einer konkurrierenden Gefährdungshaftung erstreckt (für die Halterhaftung BGHZ 61, 227 = NJW 1973, 2059; für § 22 WHG BGHZ 98, 235 = NJW 1987, 187), ist davon auszugehen, dass die **kurze Verjährung auch auf konkurrierende Ansprüche nach dem UmweltHG** anzuwenden ist.

18 Im Rahmen einer vertraglichen Haftung sind auch **vertragliche Haftungsausschlüsse** zu beachten. In dem Maße, in dem diese auch die Deliktshaftung modifizieren oder ausschließen, wirken sie sich auch auf die Haftung aufgrund des UmweltHG aus.

III. Verhältnis zur Atomhaftung (Abs 2)

19 Gemäß Abs 2 UmweltHG ist die Haftung nach den §§ 1, 3 UmweltHG ausgeschlossen, wenn die Haftung auf einem nuklearen Ereignis beruht und in den Regelungsbereich des Atomgesetzes in Verbindung mit dem Pariser Atomhaftungsübereinkommen fällt. Die Vorschrift regelt damit die **exklusive Geltung** der Haftung auf Grundlage dieser internationalen Konventionen (Salje Rn 48). Dieser Haftungsausschluss ist darin begründet, dass die in diesen internationalen Abkommen geregelte Haftung als Sonderhaftungsrecht begriffen wird, welches sich mit nationalen Sonderregelungen nicht verträgt. Hinzu tritt die Erwägung, dass eine Einbeziehung in das UmweltHG gerade bei grenzüberschreitenden nuklearen Schädigungen eine übermäßige Haftung deutscher Anlageninhaber bewirken würde (zu allem Salje Rn 2).

20 Die Haftung nach dem UmweltHG ist auf der Grundlage des § 18 Abs UmweltHG nicht ausgeschlossen für die Fälle der **eingeschränkten Atomhaftung** nach § 26 AtomG. Insoweit bleibt es daher bei einer Anspruchskonkurrenz (Landsberg/Lülling Rn 11; Paschke Rn 9).

§ 19 UmweltHG
Deckungsvorsorge

(1) Die Inhaber von Anlagen, die in Anhang 2 genannt sind, haben dafür Sorge zu tragen, dass sie ihren gesetzlichen Verpflichtungen zum Ersatz von Schäden nachkommen können, die dadurch entstehen, dass infolge einer von der Anlage ausgehenden Umwelteinwirkung ein Mensch getötet, sein Körper oder seine Gesundheit verletzt oder eine Sache beschädigt wird (Deckungsvorsorge). Geht von einer nicht mehr betriebenen Anlage eine besondere Gefährlichkeit aus, kann die zuständige

Behörde anordnen, dass derjenige, der im Zeitpunkt der Einstellung des Betriebs Inhaber der Anlage war, für die Dauer von höchstens zehn Jahren weiterhin entsprechende Deckungsvorsorge zu treffen hat.

(2) Deckungsvorsorge kann erbracht werden
durch eine Haftpflichtversicherung bei einem im Geltungsbereich dieses Gesetzes zum Geschäftsbetrieb befugten Versicherungsunternehmen oder
durch eine Freistellungs- oder Gewährleistungsverpflichtung des Bundes oder eines Landes oder
durch eine Freistellungs- oder Gewährleistungsverpflichtung eines im Geltungsbereich dieses Gesetzes zum Geschäftsbetrieb befugten Kreditinstituts, wenn gewährleistet ist, dass sie einer Haftpflichtversicherung vergleichbare Sicherheiten bietet.

(3) Die in § 2 Abs. 1 Nr. 1 bis 5 des Pflichtversicherungsgesetzes in der Fassung der Bekanntmachung vom 5. April 1965 (BGBl. I S. 213), zuletzt geändert durch Gesetz vom 22. März 1988 (BGBl. I S. 358), Genannten sind von der Pflicht zur Deckungsvorsorge befreit.

(4) Die zuständige Behörde kann den Betrieb einer im Anhang 2 genannten Anlage ganz oder teilweise untersagen, wenn der Inhaber seiner Verpflichtung zur Deckungsvorsorge nicht nachkommt und die Deckungsvorsorge nicht binnen einer von der zuständigen Behörde festzusetzenden angemessenen Frist nachweist.

Schrifttum: Siehe Schrifttumsverzeichnis zur Einleitung sowie im Besonderen auch: HINSCH, Das sogenannte Restrisiko in der Gewässerschadenshaftpflichtversicherung, VersR 1991, 1221.

Systematische Übersicht

I. Grundlagen
1. Zweck — 1
2. Versicherungsrechtliche Entwicklung — 2
3. Modell der Umwelthaftpflichtversicherung — 4

II. Der Deckungsvorsorge unterworfene Anlagen (Abs 1)
1. Betroffene Anlagen (Abs 1 S 1) — 6
2. Deckungsvorsorge für stillgelegte Anlagen (Abs 1 S 2) — 10

III. Formen der Deckungsvorsorge (Abs 2) — 11

IV. Deckungsvorsorgebefreite Anlageninhaber (Abs 3) — 12

V. Behördliche Eingriffsbefugnisse (Abs 4) — 13

I. Grundlagen

1. Zweck

1 Die Vorschrift des § 19 UmweltHG verpflichtet die Inhaber der in Anhang 2 genannten Anlagen zur Deckungsvorsorge nach Maßgabe der auf Grund von § 20 UmweltHG zu erlassenden Rechtsverordnung, soweit er nicht von der Deckungsvorsorgepflicht nach § 19 Abs 3 UmweltHG befreit ist (vgl auch PASCHKE Rn 1). Anlagen gemäß Anhang 2 sind solche, bei deren Betrieb ein besonders großes Schadenspotential besteht (Amtl Begr BT-Drucks 11/7104, S 21). Die **Geschädigten** sollen hier davor **geschützt** werden, dass der Inhaber einer solchen Anlage **finanziell** nicht **leistungsfähig** genug ist, um den geschuldeten Schadensersatz zu zahlen (vgl SALJE Rn 1; Amtl Begr BT-Drucks 11/7104, S 21; Regierungserklärung des Bundeskanzlers vor dem Deutschen Bundestag am 18. März 1987, Plenarprotokoll 11/4, 51; Antrag der SPD-Fraktion BT-Drucks 11/2035 II 4, 4; § 11 des Gesetzentwurfs der Grünen BT-Drucks 11/4247; zur Problematik der Pflichtversicherung vgl ROHDE/LIEBENAU ZfV 1988, 348; SCHMIDT-SALZER VersR 1990, 12 jeweils mwN). Einen Direktanspruch des Geschädigten gegen den Versicherer sieht das Gesetz allerdings nicht vor.

2. Versicherungsrechtliche Entwicklung

2 **Früher** waren Umweltschäden im Rahmen der üblichen **Betriebshaftpflichtversicherung** gemäß § 1 Nr 1 AHB gedeckt. Diese Deckung bezieht sich grundsätzlich auf alle Personen- und Sachschäden aufgrund zivilrechtlicher gesetzlicher Haftpflichtbestimmungen (PASCHKE Rn 4). Davon ausgenommen sind jedoch bereits durch § 4 Ziff 1 Nr 5 a AHB Allmählichkeitsschäden (MEYER/KAHLEN VP 1988, 1, 7 mit Darstellung des Allmählichkeitsschäden als Folge von Betriebsstörungen erfassenden Betriebsstätten-Umwelt-Schadensmodells) und teilweise vermittelnde Schäden (vgl HINSCH VersR 1991, 1221). Angesichts des großen Schadenspotentials sind die **Umweltschäden** nunmehr aufgrund der neuen Ausschlussklausel in § 4 Ziff I 8 der AHB **aus der allgemeinen Betriebshaftpflichtversicherung ausgenommen** und werden von einer **speziellen Umwelthaftpflichtversicherung** erfasst (vgl GEPPERT Kap 40). Diese Neukonzeption der Umwelthaftungsversicherungen, die auch die Besonderheiten des UmweltHG berücksichtigt und die Normalbetriebshaftung mit einbezieht (dazu REIFF VW 1992, 122; PETER IUR 1992, 79), beruht auf dem zwischen dem HUK-Verband einerseits und dem Bundesverband der Deutschen Industrie (BDI) sowie dem Deutschen Versicherungs-Schutzverband andererseits ausgehandelten HUK-Umwelthaftpflicht-Modell (abgedruckt in VP 1993, 24 ff), auf dessen Basis die deutschen Umwelthaftpflichtversicherer künftig Umwelthaftungsrisiken der bei ihnen versicherten Unternehmen versichern wollen (dazu näher KÜPPER VP 1993, 17 und 1992, 1; MARTIN VW 1992, 602; PETER IUR 1992, 79; REIFF VW 1992, 122; SCHIMIKOWSKI ZFV 1992, 262). Im Dezember 1992 erklärte das Bundesaufsichtsamt für das Versicherungswesen (BAV) die Vertragsbedingungen für genehmigungsfähig und bekundete sein Einverständnis mit der unverbindlichen Empfehlung der Bedingungstexte und Tarife (GEPPERT Kap 38.1).

3 **Vor Inkrafttreten der Umwelthaftpflichtversicherung eingetretene Schäden** im zivilrechtlichen Sinne sind nach Ziff 6.3 des HUK-Modells nach wie vor **im Rahmen der alten Haftpflichtbedingungen** zu regulieren. Entsprechendes gilt nach Ziff 6.4 des HUK-Modells für Schäden, für die nach Maßgabe früherer Versicherungsver-

träge Versicherungsschutz besteht (KLINKHAMMER VP 1994, 54). Es besteht insoweit ein Ausschluss für bei Vertragsbeginn bereits eingetretene Schäden sowie für Schäden, für die nach Maßgabe früherer Verträge Versicherungsschutz besteht oder hätte begründet werden können. Der Sinn der Ausschlüsse liegt darin, dass sich der Versicherungsnehmer durch Abschluss einer auf dem neuen Versicherungsbegriff in Ziff 4 beruhenden Versicherung für zurückliegende Schadensereignisse Versicherungsschutz beschaffen kann (KÜPPER VP 1993, 17, 21). Versicherungsfall im Sinne des Haftpflichtversicherungsvertrages ist das Schadensereignis, das Haftpflichtansprüche gegen den Versicherungsnehmer zur Folge haben könnte (GEPPERT Kap 15.7). Während AHB und Betriebshaftpflichtversicherung also in § 5 Nr 1 AHB als Versicherungsfall weiterhin das Schadensereignis definieren, weicht die **Umwelthaftpflichtversicherung** davon ab und knüpft für den **Versicherungsfall** an die **nachprüfbare erste Feststellung des Schadens** an (SCHIMIKOWSKI ZfV 1992, 262, 263). Macht der Versicherungsnehmer allerdings einen Anspruch aus einem alten Haftpflichtversicherungsvertrag geltend, so hat er den Eintritt des Versicherungsfalles zu beweisen. Ferner hat der Versicherungsnehmer alle weiteren deckungsrelevanten Umstände nachzuweisen, so zB dass die geltend gemachten Schadensursachen zum mitversicherten Risiko gehören.

3. Modell der Umwelthaftpflichtversicherung

4 Der Versicherungsschutz für Umweltschäden richtet sich nach den AHB und den speziellen Regelungen des Umwelthaftpflicht-Modells (UHM). Der Versicherungsschutz nach dem UHM ist nach dem **Baukastensystem** in sieben Bausteine gegliedert, von denen Ziff 2.1 UHM die Anlagen gemäß Anhang 1 zu § 1 UmweltHG, also die der Deckungsvorsorge bzw Pflichtversicherung nach § 19 UmweltHG nicht unterworfenen Anlagen, und Ziff 2.5 UHM die Anlagen gemäß Anhang 2 zu § 19 UmweltHG erfasst. Versichert sind hiernach – abweichend von § 4 Ziff I 8 AHB – die gesetzliche Haftpflicht privatrechtlichen Inhalts durch Umwelteinwirkung auf Boden, Luft oder Wasser einschließlich Gewässer für die gemäß Ziff 2 in Versicherung gegebenen Risiken. Mitversichert sind gemäß § 1 Ziff 3 AHB Vermögensschäden aus der Verletzung von Aneignungsrechten, des Rechts am eingerichteten und ausgeübten Gewerbebetrieb, wasserrechtlichen Benutzungsrechten oder -befugnissen, die wie Sachschäden behandelt werden. Eingeschlossen sind ferner gesetzliche Haftpflichtansprüche wegen Sachschäden, welche entstehen durch allmähliche Einwirkung der Temperatur, von Gasen, von Feuchtigkeit, von Niederschlägen wie Rauch, Ruß, Staub und dergleichen (vgl Anlage 1 zum Rundschreiben H 33/92 M vom 21. 12. 1992 des Bundesverbandes der Deutschen Industrie eV [BDI]; s auch GEPPERT Kap 45. 2; KÜPPER VP 1992, 1, 2).

5 Obgleich die Regelungen des UHM lediglich den Charakter unverbindlicher Empfehlungen des HUK-Verbandes für die Versicherungswirtschaft haben und die Deckungsvorsorgeverordnung gemäß § 20 UmweltHG noch nicht erlassen ist, haben die meisten Versicherungsunternehmen **dem UHM entsprechende Policen zur Verfügung** gestellt, aufgrund derer die Unternehmen seither bereits überwiegend mit einer Deckungspolice auf freiwilliger Basis ausgestattet sind (GEPPERT Kap 43.7).

II. Der Deckungsvorsorge unterworfene Anlagen (Abs 1)

1. Betroffene Anlagen (Abs 1 S 1)

6 Der Kreis derjenigen Anlagen, die nach Erlass der Deckungsvorsorgeverordnung aufgrund von § 20 UmweltHG der **Deckungsvorsorge unterworfen** sein werden, ist **im Anhang 2 zu § 19 UmweltHG** festgelegt. Darin wird der Kreis der betroffenen Anlagen anders als im Anhang 1 zu § 1 nicht durch eine abschließende Aufzählung, sondern durch drei Regelungen in Nr 1 bis 3 bestimmt (Paschke Rn 5). Der Anhang 2 zu § 19 UmweltHG umfasst:

7 Anlagen, für die gemäß den §§ **1, 7 der Störfall-Verordnung eine Sicherheitsanalyse anzufertigen** ist;

8 Anlagen zur **Rückgewinnung von einzelnen Bestandteilen aus festen Stoffen durch Verbrennen,** soweit in ihnen Stoffe nach Anhang 2 der Störfall-Verordnung bei bestimmungsgemäßem Betriebs entstehen können, ausgenommen Anlagen zur Rückgewinnung von Edelmetallen in Gekrätze-Veraschungsöfen, soweit die Menge der Ausgangsstoffe weniger als 200 kg je Tag beträgt;

9 Anlagen zur **Herstellung von Zusatzstoffen zu Lacken oder Druckfarben** auf der Basis von Cellulosenitrat, dessen Stickstoffgehalt bis zu 12,6 vom Hundert beträgt.

2. Deckungsvorsorge für stillgelegte Anlagen (Abs 1 S 2)

10 Den selben Schutz wie der von einer betriebenen gefährlichen Anlage Geschädigte benötigt für einen vorübergehenden **Zeitraum nach der Stillegung der Anlage** derjenige, der in der Stillegungsphase geschädigt wird; dessen Schutz gewährt Abs 1 S 2 (Amtl Begr BT-Drucks 11/7104, S 21). Die Regelung ist eine Folgeregelung zur Haftpflichtnorm des § 2 UmweltHG. Gemäß Abs 1 S 2 kann die Behörde nach pflichtgemäßem Ermessen auch für eine stillgelegte Anlage eine Deckungsvorsorge anordnen. Diese Anordnung setzt voraus, dass von der stillgelegten Anlage eine besondere Gefährlichkeit ausgeht (Paschke Rn 10). Die Anordnung ist ein Verwaltungsakt, bei dessen Erlass die zuständige Behörde sowohl einen Beurteilungs- als auch einen Ermessensspielraum hat; der Verwaltungsakt ist mit den gewöhnlichen Rechtsbehelfen angreifbar.

III. Formen der Deckungsvorsorge (Abs 2)

11 Die in Abs 2 Nr 1 bis 3 vorgesehenen Deckungsvorsorgeformen sichern die Wirksamkeit der Deckungsvorsorge und eröffnen die Möglichkeit, die Deckungsvorsorge **auch durch andere Sicherungsmittel als durch** den Abschluss einer **Haftpflichtversicherung** zu erbringen (Amtl Begr BT-Drucks 11/7104, S 22). In der Praxis dürfte der Weg über eine Freistellungs- oder Gewährleistungsverpflichtung gemäß Ziff 2 nur für die Gebietskörperschaften und ihre dem öffentlichen Recht unterfallenden unmittelbaren Unternehmungen in Betracht kommen (zu den Erfahrungen mit denselben Deckungsvorsorgevarianten im AMG Renger PHI 1992, 86, 88), so dass privatwirtschaftliche Unternehmungen durch Abs 2 zumindest faktisch gezwungen sein werden, die nach Erlass der Verordnung im Sinne des § 20 obligatorische Deckungsvorsorge durch den Nachweis

einer Haftpflichtversicherung zu erbringen (vgl Paschke Rn 12). Ob Kreditinstitute die in Ziff 3 genannte Verpflichtungserklärung abzugeben bereit sind, bleibt abzuwarten und wird wohl allenfalls eine seltene Ausnahme bleiben.

IV. Deckungsvorsorgebefreite Anlageninhaber (Abs 3)

12 Abs 3 UmweltHG sieht nach dem Vorbild des Pflichtversicherungsgesetzes eine gesetzliche Befreiung von der Pflicht zur Deckungsvorsorge in besonderen Fällen vor. **Freigestellt** von dieser Pflicht sind nach Abs 3 UmweltHG iVm § 2 Abs 1 Nr 1 bis 5 PflVG folgende **juristische Personen** des öffentlichen Rechts: Die Bundesrepublik Deutschland, die Länder, die Gemeinde mit mehr als einhunderttausend Einwohnern, die Gemeindeverbände sowie Zweckverbände, denen ausschließlich Körperschaften des öffentlichen Rechts angehören, sowie juristische Personen, die von einem nach § 1 Abs 3 Nr 3 VAG von der Versicherungsaufsicht freigestellten Haftpflichtschadensausgleich Deckung erhalten (vgl auch Paschke Rn 13). Die Befreiung ist dadurch gerechtfertigt, dass die von der Ausnahme Begünstigten regelmäßig in der Lage sind, auch das Risiko von Anlagen mit besonders hohem Schadenspotenzial selbst abzudecken (Amtl Begr BT-Drucks 11/7104, S 22).

V. Behördliche Eingriffsbefugnisse (Abs 4)

13 Absatz 4 regelt die **Befugnisse der zuständigen Behörde,** den **Betrieb** einer der im Anhang 2 genannten Anlagen ganz oder teilweise **zu untersagen,** wenn der Inhaber die Deckungsvorsorge nicht oder nicht rechtzeitig nachweist (Amtl Begr BT-Drucks 11/7104, S 22). Die Unterlassungsanordnung ist ein mit den gewöhnlichen Mitteln angreifbarer Verwaltungsakt mit Ermessensspielraum. Zum Schutz potenziell Geschädigter ist der Anlagenbetrieb in der Regel einzustellen, wenn der Betreiber trotz Abmahnung keine Deckungsvorsorge in angemessener Frist trifft und der Stilllegung keine besonderen Allgemeininteressen entgegenstehen.

§ 20 UmweltHG
Ermächtigung zum Erlass von Rechtsverordnungen

(1) Die Bundesregierung wird durch Rechtsverordnung mit Zustimmung des Bundesrates Vorschriften erlassen über
1. den Zeitpunkt, ab dem der Inhaber einer Anlage nach § 19 Deckungsvorsorge zu treffen hat,
2. Umfang und Höhe der Deckungsvorsorge,
3. die an Freistellungs- und Gewährleistungsverpflichtungen von Kreditinstituten zu stellenden Anforderungen,
4. Verfahren und Befugnisse der für die Überwachung der Deckungsvorsorge zuständigen Behörden,
5. die zuständige Stelle gemäß § 158 c Abs. 2 des Gesetzes über den Versicherungsvertrag sowie die Erstattung der Anzeige im Sinne des § 158 c Abs. 2 des Gesetzes über den Versicherungsvertrag,
6. die Pflichten des Inhabers der Anlage, des Versicherungsunternehmens und desjenigen, der eine Freistellungs- oder Gewährleistungsverpflichtung übernommen hat, gegenüber der für die Überwachung der Deckungsvorsorge zuständigen Behörde.

(2) Die Rechtsverordnung ist vor Zuleitung an den Bundesrat dem Deutschen Bundestag zuzuleiten. Sie kann durch Beschluss des Bundestages geändert oder abgelehnt werden. Der Beschluss des Bundestages wird der Bundesregierung zugeleitet. Hat sich der Deutsche Bundestag nach Ablauf von drei Sitzungswochen nach Eingang der Rechtsverordnung nicht mit ihr befasst, so wird die unveränderte Rechtsverordnung der Bundesregierung zugeleitet. Der Deutsche Bundestag befasst sich mit der Rechtsverordnung auf Antrag von so vielen Mitgliedern des Bundestages, wie zur Bildung einer Fraktion erforderlich sind.

Schrifttum: Siehe Schrifttumsverzeichnis zur Einleitung.

Systematische Übersicht

I. Grundlagen — 1

II. Regelungsinhalte der Rechtsverordnung — 2
1. Zeitpunkt des Inkrafttretens der Deckungsvorsorgeverpflichtung (Abs 1 Nr 1) — 3
2. Umfang und Höhe der Deckungsvorsorge (Abs 1 Nr 2) — 4
3. Anforderungen an Freistellungs- und Gewährleistungsverpflichtungen von Kreditinstituten (Abs 1 Nr 3) — 6
4. Verfahren und Befugnisse der für die Überwachung der Deckungsvorsorge zuständigen Behörden (Abs 1 Nr 4) — 7
5. Die zuständige Stelle (Abs 1 Nr 5) sowie die Anzeigenerstattung — 8
6. Pflichten des Inhabers Anlage, des Versicherungsunternehmens und der Freistellungs- und Gewährleistungsverpflichteten gegenüber der Überwachungsbehörde (Abs 1 Nr 6) — 9

III. Verfahrensgang und Erlass der Rechtsverordnung (Abs 2) — 10

I. Grundlagen

1 Die **Verpflichtung zur Deckungsvorsorge** nach § 19 UmweltHG wird **erst mit Erlass der Rechtsverordnung nach § 20 UmweltHG wirksam** (Paschke ohne Rn; Salje Rn 1; Döring 180; Renger PHI 1992, 86; **aA** Feldmann PHI 1994, 162). Bis zum Sommer 2001 war die Rechtsverordnung noch nicht erlassen (zu den rechtspolitischen Überlegungen zur Deckungsvorsorgeverordnung aus der Sicht des federführenden BMJ bis 1992 informiert Renger PHI 1992, 86 ff; zum Meinungsstand des BMU vgl Feldmann PHI 1994, 162 ff; ders UWF 1993, 23, 29 ff; Falk [Umweltrisiken und Umweltprivatrecht im deutschen und europäischen Recht – Heidelberger Kolloquium Technologie und Recht 1994] NJW 1995, 1337 f). Der Vorlage einer Deckungsvorsorgeverordnung steht bisher entgegen, dass zur Einstufung der dekkungsvorsorgepflichtigen Anlagen zunächst ein versicherungstechnisch angelegtes Klassifizierungskonzept erarbeitet werden muss (vgl BT-Drucks 12/7500 vom 9.5. 1994). Dazu sind Daten über die Gefährdungspotenziale der in den Anlagen verarbeiteten und gelagerten Stoffe erforderlich. Die Bundesregierung ist jedoch bei der Beschaffung der notwendigen Daten auf die Hilfe der Länder angewiesen, da die Genehmigung und Überwachung von Anlagen, die unter das Bundesimmissionsschutzgesetz und die Störfallverordnung fallen, den zuständigen Landesbehörden obliegt. Die Bundesregierung hat unter Einbeziehung der Länder eine Arbeitsgruppe gebildet, um anhand der von den Ländern erbetenen Daten ein Klassifizierungskonzept zu erarbeiten (Antwort der Bundesregierung zur kleinen Anfrage der Abgeordneten Bachmeier, Schütz, Möller und weiterer Abgeordneter der SPD-Fraktion vom 9. 5. 1994, BT-Drucks 12/7500 unter Ziff 9).

II. Regelungsinhalte der Rechtsverordnung

2 § 20 Abs 1 UmweltHG enthält die **Ermächtigung** und zugleich die **Verpflichtung der Bundesregierung,** durch Rechtsverordnung mit Zustimmung des Bundesrates und unter Beteiligung des Deutschen Bundestages gemäß § 20 Abs 2 UmweltHG die Pflicht zur Deckungsvorsorge, den Zeitpunkt, ab dem sie getroffen werden muss, sowie deren Ausgestaltungen und Überwachung im Rahmen detaillierter Vorgaben näher zu regeln (Amtl Begr BT-Drucks 11/7104, S 22).

1. Zeitpunkt des Inkrafttretens der Deckungsvorsorgeverpflichtung (Abs 1 Nr 1)

3 Nach § 20 Abs 1 Nr 1 UmweltHG ist der **Zeitpunkt** zu bestimmen, von dem an die Regeln über die Deckungsvorsorge wirksam werden (Amtl Begr BT-Drucks 11/7104, S 22; vgl Paschke ohne Rn). Eine Deckungsvorsorgeverordnung existiert derzeit noch nicht. Insoweit besteht **gegenwärtig,** solange die Verordnung nicht besteht, **keine Pflicht zur Deckung** (so auch BDI und BMJ, Renger PHI 1992, 86 ff; **aA** BMU, Feldmann PHI 1994, 162 ff, der bereits jetzt eine Pflicht zur Deckungsvorsorge sieht), wenngleich die Unternehmen trotzdem überwiegend mit einer Deckungspolice auf freiwilliger Basis ausgestattet sind (Geppert Kap 43. 7). In Ermangelung einer Deckungspflicht ist die fehlende Haftpflichtdeckung auch nicht nach § 21 UmweltHG strafbewehrt (**aA** Feldmann PHI 1994, 162; ders UWF 1993, 23, 29). Auch kann eine Deckungssumme wegen fehlender Rechtsgrundlage nicht von der für die Überwachung zuständigen Ordnungsbehörde festgesetzt werden. Die Rechtslage ist durch die Regelung in Abs 1 Nr 1 UmweltHG insoweit durchaus mit der des § 36 GenTG zu vergleichen, in dem geregelt ist, dass die Verpflichtung zur Deckungsvorsorge erst durch die Gentechnik-Deckungsvorsorgeverordnung etabliert werden soll; denn Nr 1 hat konstitutive Bedeutung für die Pflicht zur Deckungsvorsorge (so auch Renger PHI 1992, 86, 92).

2. Umfang und Höhe der Deckungsvorsorge (Abs 1 Nr 2)

4 Nach § 20 Abs 1 Nr 2 UmweltHG werden **gestaffelte Deckungssummen** für unterschiedliche Anlagen festzusetzen sein. Maßstab ist der **Umfang des Schadenspotenzials** (Amtl Begr BT-Drucks 11/7104, S 22), also Anlage- oder Lagertyp, die Stoffart mit Rücksicht auf ihre Gefahrenmerkmale, sowie die gehandhabte oder gelagerte Stoffmenge (Feldmann PHI 1994, 162, 164; ders UWF 1993, 23, 31). Im Zuge der Deregulierung entfällt nach EU-Recht auch bei Pflichtversicherungen die Genehmigungsbedürftigkeit für Versicherungsbedingungen, so dass nur noch durch eine Regelung in der Deckungsvorsorgeverordnung definiert werden kann, unter welchen Umständen eine Pflichtversicherung dem Zweck des UmweltHG gerecht wird (Feldmann PHI 1994, 162, 163).

5 Die Höhe der Versicherung ist ein wichtiges, regelungsbedürftiges Datum, da das **Umwelthaftungsgesetz** eine Kongruenz von Haftung und Deckung nicht voraussetzt (Döring 180 f; Feldmann PHI 1994, 162, 163). Dies folgt daraus, dass sich die Deckungsvorsorge nach § 19 UmweltHG über die Haftpflichtansprüche nach § 1 UmweltHG hinaus auch auf sonstige gesetzliche Schadensersatzansprüche bezieht, die im Gegensatz zur Haftungsbegrenzung von jeweils 160 Mio DM (85 Mio Euro, vgl § 15 Rn 1) für Personen- und Sachschäden nach § 15 UmweltHG auch unbegrenzt sein können. Praktisch erhebliche Schwierigkeiten ergeben sich daraus, dass die Versicherungswirtschaft nicht willens und in der Lage ist, eine 160 Mio DM-Deckungspolice (85 Mio Euro, vgl § 15 Rn 1) anzubieten, zumal sich die Deckungssummen bei Betreibern mit mehreren Anlagen, die unter das UmweltHG fallen, entsprechend addieren. Soweit sich das für den Erlass der Deckungsvorsorgeverordnung federführende Bundesministerium der Justiz am Referentenentwurf der Gentechnik-Deckungsvorsorgeverordnung mit seinen gestaffelten Deckungssummen von 10, 20, 30 Mio DM orientiert, werden die Mindestdeckungssummen aber zumindest dahinter nicht zurückbleiben können (Feldmann PHI 1994, 162, 166; vgl auch Schmidt-Salzer Rn 3).

3. Anforderungen an Freistellungs- und Gewährleistungsverpflichtungen von Kreditinstituten (Abs 1 Nr 3)

6 Abs 1 Nr 3 bis 5 UmweltHG ermöglicht es, die Verwaltungskontrolle hinsichtlich der Deckungsvorsorge näher zu regeln, wenn diese durch eine **Freistellungs- und Gewährleistungsverpflichtung eines Kreditinstituts** erbracht werden soll. Der Gesetzgeber ging bei Einführung der Regelung des Abs 1 Nr 3 UmweltHG vom Leitbild der Haftpflichtversicherung aus, wollte aber andere Möglichkeiten der Deckungsvorsorge nicht ausschließen (Salje Rn 7).

4. Verfahren und Befugnisse der für die Überwachung der Deckungsvorsorge zuständigen Behörden (Abs 1 Nr 4)

7 Nach Abs 1 Nr 4 UmweltHG können das **Verfahren und** die **Befugnisse der** nach Landesrecht zu bestimmenden **Deckungsvorsorgeüberwachungsbehörde festgelegt** werden. Hierzu zählen auch die Befugnisse zur generellen Anordnung des Sofortvollzuges von Fristsetzungs- oder Untersagungsverfügungen nach § 19 Abs 4 UmweltHG (Salje Rn 12 und § 19 Rn 17). Die ursprünglich im Entwurf des UmweltHG vorgesehene Regelung des § 21 Abs 1 Nr 7 UmweltHG über Maßnahmen der zuständigen Stelle, durch welche der Betrieb einer Anlage, für die nicht oder nicht ausreichend Deckungsvorsorge getroffen ist, verhindert werden soll, wird von dieser Regelung vollständig absorbiert (vgl noch in der Amtl Begr BT-Drucks 11/7104, S 22).

5. Die zuständige Stelle (Abs 1 Nr 5) sowie die Anzeigenerstattung

8 Abs 1 Nr 5 UmweltHG stellt die **Anwendung des § 158c Abs 2 VVG** sicher. Nach § 158c Abs 2 S 4 VVG ist im Rahmen einer Pflichtversicherung die Wirkung des Nichtbestehens oder der Beendigung eines Versicherungsverhältnisses gegenüber einem Dritten durch Anzeige davon abhängig, dass eine zur Entgegennahme der Anzeige zuständige Stelle bestimmt ist (vgl Amtl Begr BT-Drucks 11/7104, S 22).

6. Pflichten des Inhabers der Anlage, des Versicherungsunternehmens und der Freistellungs- und Gewährleistungsverpflichteten gegenüber der Überwachungsbehörde (Abs 1 Nr 6)

9 Abs 1 Nr 6 UmweltHG ermöglicht es, **zusätzliche Anzeigepflichten** des Inhabers der Anlage, des Versicherungsunternehmens und desjenigen, der eine Freistellungs- und Gewährleistungsverpflichtung übernommen hat, vorzusehen. Beispielsweise können Bestimmungen getroffen werden über die Anzeigepflichten des Inhabers der Anlage im Hinblick auf die Änderung der Deckungsvorsorge, den Wechsel des Versicherers oder desjenigen, der eine Freistellungs- oder Gewährleistungsverpflichtung übernommen hat, sowie die Anzeige von Schadensereignissen, die Ansprüche nach diesem Gesetz auslösen. Auch für den Versicherer oder denjenigen, der eine Freistellungs- oder Gewährleistungsverpflichtung übernommen hat, können Anzeigepflichten vorgesehen werden, wie etwa im Hinblick auf die Beendigung oder Kündigung des der Deckungsvorsorge zugrundeliegenden Vertrages (Amtl Begr BT-Drucks 11/7104, S 22).

III. Verfahrensgang beim Erlass der Rechtsverordnung (Abs 2)

10 Ursprünglich wurde im Gesetzgebungsverfahren erwogen, im UmweltHG selbst auch die Einzelheiten der Deckungsvorsorge zu regeln. Um eine **schnellere Anpassung** auch an zukünftige Entwicklungen zu gewährleisten, wird jedoch der Weg der Regelung **durch Rechtsverordnung** vorgezogen; der Erlass der Rechtsverordnung ist dann allerdings, nach dem Vorbild des § 292 Abs 4 HGB, der ebenfalls die **Mitwirkung des Deutschen Bundestages** beim Erlass der Rechtsverordnung vorsieht (vgl Amtl Begr BT-Drucks 11/7104, S 22), an die Mitwirkung des Deutschen Bundestages zu binden. Eine solche Mitwirkung erschien dem Gesetzgeber im Hinblick auf die große Bedeutung der Deckungsvorsorge für die Geschädigten und die Unternehmen erforderlich.

§ 21 UmweltHG
Strafvorschriften

(1) Mit Freiheitsstrafe bis zu einem Jahr oder mit Geldstrafe wird bestraft, wer
1. entgegen § 19 Abs. 1 Satz 1, auch in Verbindung mit einer Rechtsverordnung nach § 20 Abs. 1 Nr. 1 oder 2, nicht oder nicht ausreichende Deckungsvorsorge trifft oder
2. einer vollziehbaren Anordnung nach § 19 Abs. 1 Satz 2 zuwiderhandelt.

(2) Handelt der Täter fahrlässig, so ist die Strafe Freiheitsstrafe bis zu sechs Monaten oder Geldstrafe bis zu einhundertachzig Tagessätzen.

Schrifttum: Siehe Schrifttumsverzeichnis zur Einleitung sowie im Besonderen auch:
Tröndle/Fischer, Strafgesetzbuch (50. Aufl 2001)
Lackner/Kühl, Strafgesetzbuch (23. Aufl 1999)
Schönke/Schroeder, Strafgesetzbuch (26. Aufl 2001).

Systematische Übersicht

I. **Allgemeines** 1

II. **Vorsätzliche Begehung (Abs 1)**
1. Objektiver Tatbestand 2
a) Betrieb ohne ausreichende Deckungsvorsorge 2
b) Handeln entgegen vollziehbarer Anordnung zur weiteren Deckungsvorsorge 3
c) Adressatenkreis 5
2. Subjektiver Tatbestand 8
3. Rechtswidrigkeit und Verschulden 9

III. **Fahrlässige Begehung (Abs 2)** 10

I. Allgemeines

Die Vorschrift kann **erst mit Erlass** der – derzeit noch nicht vorliegenden – **Deckungsvorsorgeverordnung** nach § 20 Abs 1 Nr 1 oder 2 UmweltHG **wirksam** werden (Salje Rn 2; Renger PHI 1992, 86 ff; **aA** Feldmann PHI 1994, 162 ff, der bereits jetzt eine Pflicht zur Deckungsvorsorge annimmt). Der im Vergleich zum Regierungsentwurf deutlich verringerte Strafrahmen wurde mit einer Angleichung an § 96 Ziff 14 AMG, § 6 PflVG und § 39 Abs 1 GenTG begründet, obwohl die durch diese Vorschriften erfassten Risiken nicht dem hohen Gefährdungspotential derjenigen Anlagen entsprechen, die gerade wegen ihrer besonderen Gefährlichkeit deckungsvorsorgepflichtig sind (Salje Rn 1). 1

II. Vorsätzliche Begehung (Abs 1)

1. Objektiver Tatbestand

a) Betrieb ohne ausreichende Deckungsvorsorge

Der Tatbestand, der wegen der strafrechtlichen Bestimmtheitsanforderungen beide nur graduell verschiedene Formen mangelnder Deckungsvorsorge gesondert aufführt, ist erfüllt, wenn der Inhaber einer Anlage gemäß Anhang 2 trotz Verpflichtung zur Deckungsvorsorge gemäß § 19 UmweltHG iVm mit einer entsprechenden Deckungsvorsorgeverordnung das Bestehen einer **ordnungsgemäßen Deckungsvorsorge** mit einer nach den Vorgaben der Rechtsverordnung gemäß § 20 Abs 1 Ziff 2 korrekten Deckungshöhe **nicht nachweisen** kann. Ein strafwürdiges Betreiben ohne bzw ohne ausreichende Deckungsvorsorge liegt auch vor, wenn dem Anlageninhaber der Deckungsnachweis lediglich deshalb misslingt, weil zivilrechtlich nicht alle erforderlichen Tatsachen zur Überzeugung des Gerichtes bewiesen werden konnten (Salje Rn 4). 2

b) Handeln entgegen vollziehbarer Anordnung zur weiteren Deckungsvorsorge

Eine Anordnung gemäß § 19 Abs 1 Satz 2 UmweltHG kann nur bereits **früher der Deckungsvorsorgepflicht unterlegene Anlagen** betreffen. Dies sind solche Anlagen, die im Zeitpunkt der Betriebseinstellung gemäß § 2 UmweltHG als Kataloganlage nach Anhang 2 betrieben wurden und im Zeitpunkt der Anordnung nicht mehr betriebene Anlagen sind. 3

4 Die **Anordnung** muss **öffentlich-rechtlich wirksam** ergangen sein. Bei aufgeschobener Wirksamkeit kann die Anordnung Wirksamkeit im Wege einer Anordnung der sofortigen Vollziehung entfalten. Das öffentliche Interesse gemäß § 80 Abs 2 Ziff 4 VwGO wird dann gegeben sein, wenn wegen der großen Gefahr einer Anlage auch nach Betriebseinstellung das zivilrechtliche Haftungsrisiko gedeckt werden soll. Greift der Inhaber die Anordnung des Sofortvollzuges seinerseits gemäß § 80 Abs 5 VwGO an, so muss er dennoch bis zur Entscheidung des Gerichtes, durch die die sofortige Vollziehbarkeit ausgeschlossen wird, Deckungsvorsorge leisten (Salje Rn 7).

c) Adressatenkreis

5 Gemäß § 14 Abs 1 StGB erstreckt sich die **Verpflichtung** eines nicht als natürliche Person handlungsfähigen Inhabers auf **die zur Vertretung befugte Person.** Die eine Strafbarkeit erst begründenden persönlichen Merkmale, nämlich im Falle des § 21 UmweltHG die Eigenschaft als Inhaber einer Anlage und die Verpflichtung zur Deckungsvorsorge, werden auf diese Weise auch auf den Vertreter des Inhabers bezogen, selbst wenn sie nur beim vertretenen Inhaber vorliegen. Gemäß § 14 Abs 1 StGB sind Vertreter die **Mitglieder des vertretungsberechtigten Organs einer juristischen Person.** Mehrere Mitglieder eines Vertretungsorgans, zB Vorstand einer Aktiengesellschaft, vermögen sich nicht dadurch zu entlasten, dass sie für sich anführen, sich bei Beschlussfassung über den letztlich zur Strafbarkeit führenden Vorgang der Stimme enthalten oder dagegen gestimmt zu haben (Salje Rn 9; vgl auch BGHSt 37, 106 = NJW 1990, 2560). Ist von mehreren Mitgliedern eines Organs ein einzelnes Mitglied zur verantwortlichen Geschäftsführung und Vertretung im maßgeblichen Sachbereich berufen, trifft ihn die strafrechtliche Verantwortung; daneben kann die strafrechtliche Verantwortung der übrigen Organmitglieder treten (Salje Rn 9). Neben dieser Befugnis kommt es gemäß § 14 Abs 3 StGB auf die zivilrechtliche Wirksamkeit des Vertretungsverhältnisses nicht an.

6 Eine Zurechnung strafbarkeitsbegründender persönlicher Merkmale trifft gemäß § 14 Abs 1 Ziff 2 StGB iVm §§ 105, 161 HGB auch die **vertretungsberechtigten Gesellschafter von Personenhandelsgesellschaften** und gemäß § 14 Abs 1 Ziff 3 StGB den **gesetzlichen Vertreter eines anderen.**

7 Derjenige, den gemäß § 14 Abs 2 StGB eine Strafandrohung trifft, weil er, ohne Vertreter zu sein, in einem **besonders qualifizierten Auftragsverhältnis** zum Inhaber steht, muss zumindest eine eigenverantwortliche, herausgehobene Stellung entweder als Betriebsleiter mit umfassenden oder gegenständlich beschränkten Leistungsaufgaben (§ 14 Abs 2 Ziff 1 StGB) inne haben oder aber zur eigenverantwortlichen Wahrnehmung von solchen Aufgaben beauftragt sein, die eigentlich dem Inhaber obliegen (ie zu diesem Personenkreis Tröndle/Fischer § 14 Rn 10 ff; Lackner/Kühl § 14 Rn 3; Schönke/Schröder § 14 Rn 30 ff).

2. Subjektiver Tatbestand

8 Für den mit Freiheitsstrafe bis zu einem Jahr oder Geldstrafe bewehrten vorsätzlichen Verstoß gemäß § 21 Abs 1 UmweltHG genügt **dolus eventualis** (vgl zu den voluntativen und kognitiven Elementen Tröndle/Fischer § 15 Rn 2 ff; Lackner/Kühl § 15 Rn 3 ff; Schönke/Schröder § 15 Rn 9 ff). Vorsätzlich handelt, wer die strafbarkeitsbegründenden Merkmale

kennt und den Verstoß will oder zumindest billigend in Kauf nimmt (SALJE Rn 13). Für einen vorsatzausschließenden Tatbestandsirrtum gemäß § 16 StGB genügt aber nicht bereits Unkenntnis über den Status einer Anlage als Kataloganlage gemäß Anhang 2, da jeder Inhaber für die Erfüllung seiner gesetzlichen Verpflichtungen, also auch für eine ausreichende Deckungsvorsorge nach Erlass der entsprechenden Deckungsvorsorgeverordnung, selbst verantwortlich ist (SALJE Rn 13).

3. Rechtswidrigkeit und Verschulden

9 Das Vorliegen von **Rechtfertigungsgründen** erscheint im Verhältnis zur Deckungsvorsorgepflicht wenig wahrscheinlich. Insbesondere vermag aufgrund des Rechtsgedankens des § 279 BGB weder das Fehlen von Finanzmitteln noch eine zu befürchtende Insolvenz wegen Überschuldung oder Zahlungsunfähigkeit einen Betrieb trotz mangelnder Deckungsvorsorge zu rechtfertigen. Unkenntnis der Norm führt solange nicht zu einem im Sinne des § 17 StGB beachtlichen **Verbotsirrtum,** solange das Verbotensein – nicht jedoch auch die Strafbewehrung – wenigstens in laienhafter Weise nachvollziehbar war.

III. Fahrlässige Begehung (Abs 2)

10 Gemäß § 15 StGB ist die **Strafbarkeit für fahrlässiges Handeln** in § 21 Abs 2 UmweltHG **besonders angeordnet** (vgl zu den Theorien über die Grenzen zwischen bewusster Fahrlässigkeit und Eventualvorsatz LACKNER/KÜHL § 15 Rn 23 ff; SCHÖNKE/SCHRÖDER § 15 Rn 72 ff; TRÖNDLE/FISCHER § 15 Rn 9 ff). Das Strafgesetzbuch definiert den Fahrlässigkeitsbegriff im Gegensatz zur zivilrechtlichen Legaldefinition in § 276 Abs 1 S 2 BGB aF, § 276 Abs 2 BGB nF nicht; nach der in Rechtsprechung und Literatur herrschenden Formel handelt fahrlässig, wer den tatbestandsmäßigen Erfolg zwar nicht will, ihn aber hätte voraussehen und vermeiden können (SALJE Rn 14 mwN). Nach neuer Auffassung beinhaltet die Verletzung der gebotenen Sorgfalt, in Annäherung an § 276 Abs 1 S 2 BGB aF, § 276 Abs 2 BGB nF die objektiven Elemente der Erkennbarkeit und der Sorgfaltspflichtverletzung (SALJE Rn 14). Vor allem in Fällen mangelnder Deckungsvorsorge, § 21 Abs 1 Ziff 1 UmweltHG, wird regelmäßig ein nur fahrlässiger Verstoß vorliegen, während bei dem Verstoß gegen eine vollziehbare Anordnung im Sinne des § 21 Abs 1 Ziff 2 UmweltHG dem Täter das Verbotenseins jedenfalls bewusst ist, mithin auch das voluntative Vorsatzelement also wahrscheinlicher wird.

§ 22 UmweltHG
Bußgeldvorschriften

(1) Ordnungswidrig handelt, wer einer Rechtsverordnung nach § 20 Abs. 1 Nr. 3 bis 6 zuwiderhandelt, soweit sie für einen bestimmten Tatbestand auf diese Bußgeldvorschrift verweist.

(2) Die Ordnungswidrigkeit kann mit einer Geldbuße bis zu zehntausend Deutsche Mark geahndet werden.

Schrifttum: Siehe Schrifttumsverzeichnis zur Einleitung.

Systematische Übersicht

I. **Allgemeines** — 1

II. **Tatbestand**
1. Verstoß gegen die an Kreditinstitute zu stellenden Anforderungen an Freistellungs- und Gewährleistungsvorschriften — 3
2. Verstoß gegen Verfahrens- und Überwachungsvorschriften — 4
3. Verstoß gegen die Anzeigepflicht nach § 158c Abs 2 VVG — 5
4. Verstöße im Zusammenhang mit der Durchführung der Deckungsvorsorge — 6

III. **Rechtswidrigkeit und Schuld** — 7

I. Allgemeines

1 Die Norm unterstellt die in § 20 Abs 1 Ziff 3–6 UmweltHG normierten **Nebenpflichten** – im Gegensatz zu den augenscheinlich gewichtigeren Hauptpflichten – nach zeitlich und qualitativ korrekter Deckungsvorsorge gemäß § 20 Abs 1 Ziff 1 und 2 UmweltHG **lediglich dem Ordnungswidrigkeitenrecht.** Die Vorschrift unterscheidet sich mit dieser Einordnung der Verstöße gegen Nebenpflichten als bloßes Verwaltungsunrecht von vergleichbaren Regelungen, wie etwa § 39 Abs 1 GenTG. Nach dem Referentenentwurf zum 2. Gesetz zur Änderung schadensersatzrechtlicher Vorschriften soll die Bußgeldobergrenze künftig bei fünftausend Euro liegen.

2 Ebenso wie die Strafvorschriften des § 21 UmweltHG entfaltet § 22 UmweltHG erst **Rechtswirkungen nach** dem wirksamen **Erlass der entsprechenden Rechtsverordnung** gemäß § 20 UmweltHG.

II. Tatbestand

1. Verstoß gegen die an Kreditinstitute zu stellenden Anforderungen an Freistellungs- und Gewährleistungsvorschriften

3 Die diesbezüglichen, durch die ausstehende Deckungsvorsorgeverordnung zu konkretisierenden Anforderungen werden sich neben Erfüllungsgarantien auch darauf beziehen, dass entsprechend § 158 c Abs 2 VVG eine **Nachwirkung der Freistellungs- und Gewährleistungsverpflichtung** im Umfang von einem Monat nach Anzeige des Erlöschens bei der zuständigen Behörde angeordnet wird (Salje Rn 2). Auch die Unklarheit über den Adressaten der Bußgeldvorschrift wie Kreditinstitut oder Anlageninhaber bleibt einer Klärung durch die Rechtsverordnung vorbehalten.

2. Verstoß gegen Verfahrens- und Überwachungsvorschriften

4 Bußgeldbewehrt sind Verstöße, soweit durch die Deckungsvorsorgeverordnung entsprechend § 20 Abs 1 Ziff 4 **Verfahren und Befugnisse** der für die Überwachung der Deckungsvorsorge **zuständigen Behörde** geregelt und **entsprechende Pflichten verletzt**

werden. Zusätzlich muss in den pflichtenregelnden Vorschriften auf die Regelung des § 22 UmweltHG verwiesen werden (Salje Rn 3).

3. Verstoß gegen die Anzeigepflicht nach § 158c Abs 2 VVG

5 Als Adressaten dieses Pflichtverletzungstatbestandes kommen **Versicherungsunternehmen** in Betracht, die entgegen den in der Deckungsvorsorgeverordnung zu bestimmenden Zuständigkeits- und Verfahrensvorschriften ihrer **Anzeigepflicht** nicht oder nicht rechtzeitig **nachkommen.** Hier soll die Möglichkeit der Überwachungsbehörde geschützt werden, den Nachwirkungszeitraum gemäß § 158 c Abs 2 VVG zur Einforderung einer neuen Deckungsvorsorge zu nutzen.

4. Verstöße im Zusammenhang mit der Durchführung der Deckungsvorsorge

6 Schließlich können solche Pflichten bußgeldbewehrt sein, die den Anlageninhaber, das Kreditinstitut oder Versicherungsunternehmen, den Bund oder die Länder nach **Deckungsverordnungsnormen gemäß § 20 Abs 1 Nr 6 UmweltHG** treffen (vgl § 20 Rn 9).

III. Rechtswidrigkeit und Schuld

7 Die dem Strafrecht vergleichbaren Vorschriften des Gesetzes über Ordnungswidrigkeiten zu Tatbestand, Rechtswidrigkeit und Verschulden ermöglichen insbesondere auch, dass der Ordnungswidrigkeitstatbestand mit Wirkung gegen das die Anlage betreibende Unternehmen **durch** den **Vertreter** oder durch **Beauftragte** beim Handeln für den Anlageninhaber **erfüllt** werden kann, § 9 OWiG. Da auch nach Ordnungswidrigkeitsrecht fahrlässiges Handeln nur dann geahndet wird, wenn das die Geldbuße anordnende Gesetz fahrlässiges Handeln ausdrücklich einschließt, muss dem Täter nach § 22 UmweltHG, der eine Fahrlässigkeitsregelung nicht enthält, wenigstens **dolus eventualis** nachzuweisen sein (vgl etwa Salje Rn 6 f mwN).

§ 23 UmweltHG
Übergangsvorschriften

Dieses Gesetz findet keine Anwendung, soweit der Schaden vor dem Inkrafttreten dieses Gesetzes verursacht worden ist.

Schrifttum: Siehe Schrifttumsverzeichnis zur Einleitung sowie im Besonderen auch: Boecken, Umwelthaftungsgesetz – zeitlicher Anwendungsbereich für Altlasten (§ 23), VersR 1991, 962.

Systematische Übersicht

I. Grundlagen 1
II. Voraussetzungen 3
1. Rechtsgutsverletzung statt Schaden 4
2. Emissions- und Einwirkungszeit 5
III. Rechtsfolgen 7
IV. Beweislast 9

I. Grundlagen

1 Die Vorschrift regelt die **Anwendbarkeit** des gemäß Art 5 des Gesetzes über die Umwelthaftung am 1. Januar 1991 in Kraft getretenen Umwelthaftungsgesetzes in **zeitlicher Hinsicht.** Sie enthält einen dem Rechtsstaatsprinzip (SALJE Rn 1) genügenden **Rückwirkungsausschluss.** Damit ordnet die Vorschrift einen Teil der **Altfälleproblematik** (PASCHKE Rn 2; SALJE Rn 1), jedoch nur in negativer Hinsicht, indem sie das UmweltHG für unanwendbar erklärt (PASCHKE Rn 2). In diesen Fällen bleibt es daher, positiv formuliert, bei der Anwendung der bereits seinerzeit im allgemeinen Zivilrecht oder in umwelthaftungsrechtlichen Sondervorschriften angelegten Ansprüchen.

2 Die Anwendung der Norm ist im allgemeinen unproblematisch, soweit es sich um plötzlich auftretende Emissionen handelt, die unmittelbar zum Auftreten einer feststellbaren Rechtsgutsverletzung führen. Hier fehlt es an der zeitlichen Streckung des Kausalverlaufs, die die Schwierigkeiten bei der Zuordnung von Schadensereignissen zur richtigen Haftungsnorm in zeitlicher Hinsicht verursacht. **Schwieriger** ist die Beurteilung der Fälle, in denen allmählich oder plötzlich auftretende Emissionen nur **allmählich zu** einer schädigenden **Rechtsgutsverletzung führen,** die erst nach Inkrafttreten des UmweltHG zu Tage tritt, oder in denen allmähliche Emissionen eine plötzlich, nach Inkrafttreten des UmweltHG zu Tage tretende schadensträchtige Rechtsgutsverletzung verursachen (SCHMIDT-SALZER Rn 8).

II. Voraussetzungen

3 § 23 UmweltHG macht die Anwendbarkeit des Gesetzes davon abhängig, ob und inwieweit der **Schaden vor dem Inkrafttreten des UmweltHG,** also vor dem 1. Januar 1991, **verursacht** worden ist. Diese Formulierung ist in doppelter Hinsicht **ungenau.** Zum einen kann der im Normtatbestand verwendete Begriff des Schadens die Verletzung eines der in § 1 UmweltHG genannten Rechtsgüter unabhängig vom Eintritt eines ersatzfähigen Schadens bezeichnen; entscheidend ist die Frage, ob der bloße Eintritt der Umwelteinwirkung ohne Rücksicht auf seine schädigende Auswirkung auf den Gesundheitszustand der betroffenen Person oder auf die betroffene Sache genügt (PASCHKE Rn 3; SALJE Rn 2 f). Zum anderen ist dem Wortlaut nicht zu entnehmen, ob für die Verursachung bereits das Emissionsereignis oder erst der Zeitpunkt der Einwirkung auf das Rechtsgut, also das Immissionsereignis, maßgeblich ist.

1. Rechtsgutsverletzung statt Schaden

4 Wie in § 1 UmweltHG angelegt und in Übereinstimmung mit der Auslegung der §§ 3, 6 UmweltHG, so ist auch bei § 23 UmweltHG der Begriff des Schadens dahingehend zu verstehen, dass es auf den **Zeitpunkt der das Rechtsgut betreffenden Umwelteinwirkung** ankommt (BOECKEN VersR 1991, 962, 964; MARBURGER AcP 192 [1992] 1, 21; LANDSBERG/LÜLLING Rn 2; PASCHKE Rn 5; SAUTTER 101 ff; SCHMIDT-SALZER VersR 1991, 9, 16 f; ders Rn 10 ff; **aA** FLACHSBARTH 270 f; SALJE Rn 3), die diesbezügliche Darlegungs- und Beweislast liegt beim Emittenten (SAUTTER 103 ff; **aA** SCHMIDT-SALZER VersR 1991, 9, 16). Auf den Schadenseintritt kann es jedenfalls nicht wegen des Wortlauts der Norm ankommen (so SALJE 3 f, 13), weil schon § 1 UmweltHG zeigt, dass die Gesetzesfassung insoweit nicht stets präzise ist, indem sie etwa nicht scharf zwischen Rechtsgutsverletzung und

Schaden unterscheidet (ENDERS 391 f). Eine solche restriktive Interpretation entspricht der mit § 23 UmweltHG verfolgten Absicht, eine Rückwirkung der verschärften Haftung aufgrund des UmweltHG auszuschließen (PASCHKE Rn 4 f). Die damit erzielte Restriktion der Haftung steht auch mit dem Zweck des Gesetzes in Einklang, Emittenten durch die mit dem Umwelthaftungsgesetz verbundene Haftungsverschärfung zu umweltfreundlicherem Verhalten zu veranlassen; für eine solche Veranlassung besteht naturgemäß bei abgeschlossenen Einwirkungsvorgängen kein Raum (SCHMIDT-SALZER Rn 12). Wenn daher solche Fälle von der Anwendung des UmweltHG ausgenommen werden, in denen die Rechtsgutsverletzung zwar vor dem 1. Januar 1991 eingetreten ist, die Schadensrealisierung jedoch erst nach diesem Zeitpunkt, so kann dies zwar dazu führen, dass noch jahrelang Schäden kompensationslos hingenommen werden müssen (**aA** SALJE Rn 3), doch ist dies gerade die Folge der vom Gesetzgeber nicht gewünschten Haftungsrückwirkung. Fehl geht auch der Einwand, dass die Schaffung eines Anreizes zur Vermeidung von Umweltschäden nicht als Anwendungsgrenze des UmweltHG gelten könne, weil die verschuldenslose Haftung des UmweltHG strukturell Kompensation für grundsätzlich rechtmäßiges Verhalten sei (SALJE Rn 3); denn zum einen gilt das Umwelthaftungsgesetz auch für rechtswidrige Emissionen, und im Übrigen kann es gerade auch der Sinn des Gesetzes sein, Emissionen auch im Bereich an sich zulässiger Emissionen zu reduzieren.

2. Emissions- und Einwirkungszeit

5 Die Verursachung des Schadens, dh der Umwelteinwirkung auf das geschützte Rechtsgut, kann im Sinne des § 23 UmweltHG nicht bereits an die Errichtung oder Inbetriebnahme der schädigend emittierenden Anlage geknüpft werden (SALJE Rn 2). Dies allein überschreitet nämlich die Gefährdungsgrenze, die in Bezug auf das Verletzungsereignis bestimmt werden muss, noch nicht. Für die Verursachung maßgeblich ist vielmehr der **zur Rechtsgutsverletzung führende Emissionsvorgang;** dieser muss nach dem 1. Januar 1991 gelegen haben, um im Einklang mit dem Präventivzweck des Gesetzes eine tatbestandliche Rückanknüpfung auszuschließen (BOECKEN VersR 1991, 962, 963 f; KETTELER AnwBl 1992, 3, 7; LANDMANN/ROHMER/HAGER Rn 4 f; LANDSBERG/LÜLLING Rn 2; NIEWERTH, Betriebliche Umwelt-Altlasten 172; SCHMIDT-SALZER VersR 1991, 9, 14; ders, Komm Rn 10 ff; **aA** auf den Schadenseintritt abstellend SALJE 3 f, 13). Auf die Immission bzw allein auf die Rechtsgutsverletzung abzustellen (DIEDERICHSEN/WAGNER VersR 1993, 641, 651; ENDERS 391 ff) kann dagegen, insbesondere auch im Hinblick auf die dem UmweltHG beigemessene verhaltenssteuernde Funktion, nicht auf den Vorrang von Opferschutzerwägungen gestützt werden, wenn der Emission als solcher als Ursache Bedeutung beigelegt wird (ENDERS 396).

6 Vor dem 1. Januar 1991 vorhandene **Daueremissionen,** die bereits zu jener Zeit auf das betroffene Rechtsgut allmählich einwirkten, aufgrund deren die **Rechtsgutverletzung** jedoch erst **im Zusammenwirken mit den nach dem Inkrafttreten des UmweltHG auftretenden Emissionen** vollendet wurde, können allerdings ebenfalls zur Anwendbarkeit des UmweltHG nach dem 1. Januar 1991 führen. Dies folgt aus der Fassung des § 23 UmweltHG, dass das Gesetz keine Anwendung findet, **soweit** der Schaden vor dessen Inkrafttreten verursacht worden ist (PASCHKE Rn 7; SALJE Rn 3, 7 ff; SCHMIDT-SALZER Rn 18 ff). Es ist eine Frage der Normrechtsfolge, was eine partielle Anwendbarkeit des Umwelthaftungsgesetzes bedeutet, die durch die Soweit-Formel des § 23 UmweltHG für möglich erklärt wird.

III. Rechtsfolgen

7 Ist der Tatbestand des § 23 UmweltHG nicht erfüllt, ist eine Haftung aufgrund des Umwelthaftungsgesetzes begründet. Anderenfalls kommt nur die Haftung aufgrund der zur Zeit der Rechtsgutsverletzung geltenden allgemeinen zivilrechtlichen Vorschriften und aufgrund von besonderen umwelthaftungsrechtlichen Haftungsnormen in Betracht. Problematisch ist die Geltung des § 23 UmweltHG, wenn die Umwelteinwirkung das Rechtsgut **vor** Inkrafttreten des UmweltHG nur **partiell affiziert** hatte und die **Rechtsgutsverletzung** erst **nach diesem Zeitpunkt vollständig verwirklicht** wurde (o Rn 5 f). Hier sind verschiedene Fälle zu unterscheiden:

8 Wäre das **nach dem 1. Januar 1991 eintretende Emissions-** und Immissionsereignis **allein genügend** gewesen, um die betreffende Rechtsgutsverletzung in demselben Ausmaß wie das davor eingetretene Emissions- und Immissionsereignis zu verursachen, besteht kein Anlass, diesen Fall von der Anwendbarkeit des Umwelthaftungsgesetzes auszunehmen (Paschke Rn 8; im Ergebnis ebenso Salje Rn 8). Verhält es sich hingegen tatsächlich so, dass die Rechtsgutsverletzung bereits vor dem In-Kraft-Treten des UmweltHG in einem bestimmten Umfang eingetreten war und die über den Stichtag hinaus eintretenden sukzessiven oder dauernden Immissionen die **Rechtsgutsverletzung nur vergrößert** haben, so ist das Umwelthaftungsgesetz anzuwenden, soweit es um die Ersatzpflicht in Bezug auf die nach dem Inkrafttreten des UmweltHG eintretenden Schadenserhöhungen geht (Paschke Rn 9; Salje Rn 3; Schmidt-Salzer Rn 27). In diesem Fall erlaubt die Soweit-Formulierung des § 23 UmweltHG eine Anwendung des Umwelthaftungsgesetzes in Bezug auf die während seiner Geltung eingetretene Vergrößerung der Rechtsgutsverletzung bzw des Schadens, wobei das Maß der dem Geltungsbereich des Umwelthaftungsgesetzes zuzurechnenden Rechtsgutsverletzung gemäß § 287 ZPO geschätzt werden kann (Paschke Rn 9; Schmidt-Salzer Rn 29). Liegen sukzessive oder dauernde Immissionen nur in der Weise vor, dass die für eine Rechtsgutsverletzung erforderliche **Erheblichkeitsschwelle,** erst **nach dem In-Kraft-Treten** des UmweltHG erreicht wurde, ist das Umwelthaftungsgesetz in Bezug auf den gesamten Schaden anzuwenden (Paschke Rn 10).

IV. Beweislast

9 Der in Anspruch genommene **Anlageninhaber hat** im Bestreitensfall **zu beweisen,** dass die von ihm zu behauptenden Tatsachen vorliegen, aufgrund deren das Umwelthaftungsgesetz gemäß § 23 UmweltHG ganz oder teilweise **unanwendbar** ist (Boecken VersR 1991, 962, 964; Diederichsen/Wagner VersR 1993, 641, 651 f; Enders 397 ff; Marburger AcP 192 [1992] 1, 22; Landsberg/Lülling DB 1990, 2205, 2210; Paschke Rn 11; Salje Rn 4, 9, 11; ders VersR 1998, 797, 799; **aA** Schmidt-Salzer VersR 1991, 9, 16; ders Rn 14 ff). Dies folgt zum einen aus allgemeinen Beweislastgrundsätzen, weil § 23 UmweltHG als negativ formulierte Ausnahmevorschrift den Anlageninhaber begünstigt (Boecken VersR 1991, 962, 964 f; Enders 398; Marburger AcP 192 [1992] 1, 22; Paschke Rn 11; Salje Rn 4, 11; **aA** Schmidt-Salzer Rn 15 ff, der die Regelung als in zeitlicher Hinsicht haftungsbegründend versteht). Insbesondere verwirklicht diese Beweislastverteilung, die mit dem Verständnis der vergleichbaren Regelung in § 16 ProdHaftG übereinstimmt, den Zweck des Umwelthaftungsgesetzes, die Rechtsstellung des Geschädigten zu verbessern (Enders 398 f; Paschke Rn 11). Überdies nimmt eine solche Beweislastverteilung den Sphären-

gedanken insofern auf, als der Anlageninhaber in erster Linie imstande ist, die im Zusammenhang mit seiner Anlage stehende Emissionsverläufe aufzuklären (Salje Rn 11).

C. Gesetz über die friedliche Verwendung der Kernenergie und den Schutz gegen ihre Gefahren (Atomgesetz – AtomG)

In der Fassung der Bekanntmachung vom 15.8. 1985 (BGBl I 1566), zuletzt geändert durch das neunte Gesetz zur Änderung des Atomgesetzes vom 5. März 2001 (BGBl I 326)

§ 25 AtomG
Haftung für Kernanlagen

(1) Beruht ein Schaden auf einem von einer Kernanlage ausgehenden nuklearen Ereignis, so gelten für die Haftung des Inhabers der Kernanlage ergänzend zu den Bestimmungen des Pariser Übereinkommens die Vorschriften dieses Gesetzes. Das Pariser Übereinkommen ist unabhängig von seiner völkerrechtlichen Verbindlichkeit für die Bundesrepublik Deutschland innerstaatlich anzuwenden, soweit nicht seine Regeln eine durch das Inkrafttreten des Übereinkommens bewirkte Gegenseitigkeit voraussetzen.

(2) Hat im Falle der Beförderung von Kernmaterialien einschließlich der damit zusammenhängenden Lagerung der Beförderer durch Vertrag die Haftung anstelle des Inhabers einer im Geltungsbereich dieses Gesetzes gelegenen Kernanlage übernommen, gilt er als Inhaber einer Kernanlage vom Zeitpunkt der Haftungsübernahme an. Der Vertrag bedarf der Schriftform. Die Haftungsübernahme ist nur wirksam, wenn sie vor Beginn der Beförderung oder der damit zusammenhängenden Lagerung von Kernmaterialien durch die nach § 23 Abs. 1 Satz 1 Nr. 3 zuständige Behörde auf Antrag des Beförderers genehmigt worden ist. Die Genehmigung darf nur erteilt werden, wenn der Beförderer im Geltungsbereich dieses Gesetzes als Frachtführer zugelassen oder als Spediteur im Geltungsbereich dieses Gesetzes seine geschäftliche Hauptniederlassung hat und der Inhaber der Kernanlage gegenüber der Behörde seine Zustimmung erklärt hat.

(3) Die Bestimmungen des Artikels 9 des Pariser Übereinkommens über den Haftungsausschluß bei Schäden, die auf nuklearen Ereignissen beruhen, die unmittelbar auf Handlungen eines bewaffneten Konfliktes, von Feindseligkeiten, eines Bürgerkrieges, eines Aufstandes oder auf eine schwere Naturkatastrophe außergewöhnlicher Art zurückzuführen sind, sind nicht anzuwenden. Tritt der Schaden in einem anderen Staat ein, so gilt Satz 1 nur, soweit der andere Staat zum Zeitpunkt des nuklearen Ereignisses im Verhältnis zur Bundesrepublik Deutschland eine nach Art, Ausmaß und Höhe gleichwertige Regelung sichergestellt hat.

(4) Der Inhaber einer Kernanlage haftet ohne die in Artikel 2 des Pariser Übereinkommens vorgesehene räumliche Begrenzung.

(5) Der Inhaber einer Kernanlage haftet nicht nach dem Pariser Übereinkommen, sofern der Schaden durch ein nukleares Ereignis verursacht wurde, das auf Kernmaterialien zurückzuführen ist, die in Anlage 2 zu diesem Gesetz bezeichnet sind.

§ 25 a AtomG
Haftung für Reaktorschiffe

(1) Auf die Haftung des Inhabers
1. An die Stelle der Bestimmungen des Pariser Übereinkommens treten die entsprechenden Bestimmungen des Brüsseler Reaktorschiff-Übereinkommens (BGBl. 1975 II S. 977). Dieses ist unabhängig von seiner völkerrechtlichen Verbindlichkeit für die Bundesrepublik Deutschland innerstaatlich anzuwenden, soweit nicht seine Regeln eine durch das Inkrafttreten des Übereinkommens bewirkte Gegenseitigkeit voraussetzen.
2. Tritt der Schaden in einem anderen Staat ein, so gilt § 31 Abs. 1 hinsichtlich des den Höchstbetrag des Brüsseler Reaktorschiff-Übereinkommens überschreitenden Betrags nur, soweit das Recht dieses Staates zum Zeitpunkt des nuklearen Ereignisses eine auch im Verhältnis zur Bundesrepublik Deutschland anwendbare, nach Art, Ausmaß und Höhe gleichwertige Regelung der Haftung der Inhaber von Reaktorschiffen vorsieht. § 31 Abs. 2, §§ 36, 38 Abs. 1 und § 40 sind nicht anzuwenden.
3. § 34 gilt nur für Reaktorschiffe, die berechtigt sind, die Bundesflagge zu führen. Wird ein Reaktorschiff im Geltungsbereich dieses Gesetzes für einen anderen Staat oder Personen eines anderen Staates gebaut oder mit einem Reaktor ausgerüstet, so gilt § 34 bis zu dem Zeitpunkt, in dem das Reaktorschiff in dem anderen Staat registriert wird oder das Recht erwirbt, die Flagge eines anderen Staates zu führen. Die sich aus § 34 ergebende Freistellungsverpflichtung ist zu 75 vom Hundert vom Bund und im übrigen von dem für die Genehmigung des Reaktorschiffs nach § 7 zuständigen Land zu tragen.
4. Bei Reaktorschiffen, die nicht berechtigt sind, die Bundesflagge zu führen, gilt dieser Abschnitt nur, wenn durch das Reaktorschiff verursachte nukleare Schäden im Geltungsbereich dieses Gesetzes eingetreten sind.
5. Für Schadensersatzansprüche sind die Gerichte des Staates zuständig, dessen Flagge das Reaktorschiff zu führen berechtigt ist; in den Fällen der Nummer 4 ist auch das Gericht des Ortes im Geltungsbereich dieses Gesetzes zuständig, an dem der nukleare Schaden eingetreten ist.

(2) Soweit internationale Verträge über die Haftung für Reaktorschiffen zwingend abweichende Bestimmungen enthalten, haben diese Vorrang vor den Bestimmungen dieses Gesetzes.

§ 26 AtomG
Haftung in anderen Fällen

(1) Wird in anderen als den in dem Pariser Übereinkommen in Verbindung mit den in § 25 Abs. 1 bis 4 bezeichneten Fällen durch die Wirkung eines Kernspaltungsvorgangs oder der Strahlen eines radioaktiven Stoffes oder durch die von einem Beschleuniger ausgehende Wirkung ionisierender Strahlen ein Mensch getötet oder der Körper oder die Gesundheit eines anderen verletzt oder eine Sache beschädigt, so ist der Besitzer des von der Kernspaltung betroffenen Stoffes, des radioaktiven Stoffes oder des Beschleunigers verpflichtet, den daraus entstehenden Schaden nach den §§ 27 bis 30, 31 Abs. 3, § 32 Abs. 1, 4 und 5 und § 33 zu ersetzen. Die Ersatzpflicht tritt nicht ein, wenn der Schaden durch ein Ereignis verursacht wird, das der Besitzer und

die für ihn im Zusammenhang mit dem Besitz tätigen Personen auch bei Anwendung jeder nach den Umständen gebotenen Sorgfalt nicht vermeiden konnten und das weder auf einem Fehler in der Beschaffenheit der Schutzeinrichtungen noch auf einem Versagen ihrer Verrichtungen beruht.

(2) Absatz 1 gilt entsprechend in Fällen, in denen ein Schaden der in Absatz 1 bezeichneten Art durch die Wirkung eines Kernvereinigungsvorgangs verursacht wird.

(3) In gleicher Weise wie der Besitzer haftet derjenige, der den Besitz des Stoffes verloren hat, ohne ihn auf eine Person zu übertragen, die nach diesem Gesetz oder nach einer aufgrund dieses Gesetzes erlassenen Rechtsverordnung zum Besitz berechtigt ist.

(4) Die Vorschriften der Absätze 1 bis 3 gelten nicht,
1. wenn die radioaktiven Stoffe oder die Beschleuniger gegenüber dem Verletzten von einem Arzt oder Zahnarzt oder unter der Aufsicht eines Arztes oder Zahnarztes bei der Ausübung der Heilkunde angewendet worden sind und die verwendeten Stoffe oder Beschleuniger sowie die notwendigen Meßgeräte dem jeweiligen Stand von Wissenschaft und Technik entsprochen haben und der Schaden nicht darauf zurückzuführen ist, daß die Stoffe, Beschleuniger oder Meßgeräte nicht oder nicht ausreichend gewartet worden sind,
2. wenn zwischen dem Besitzer und dem Verletzten ein Rechtsverhältnis besteht, aufgrund dessen dieser die von dem Stoff ausgehende Gefahr in Kauf genommen hat.

(5) Absatz 1 Satz 2 und Absatz 4 Nr. 2 gelten nicht für die Anwendung radioaktiver Stoffe am Menschen in der medizinischen Forschung. Bestreitet der Besitzer des radioaktiven Stoffes den ursächlichen Zusammenhang zwischen der Anwendung der radioaktiven Stoffe und einem aufgetretenen Schaden, so hat er zu beweisen, daß nach dem Stand der medizinischen Wissenschaft keine hinreichende Wahrscheinlichkeit eines ursächlichen Zusammenhangs besteht.

(6) Nach den Vorschriften der Absätze 1 bis 3 ist nicht ersatzpflichtig, wer die Stoffe für einen anderen befördert. Die Ersatzpflicht nach diesen Vorschriften trifft, solange nicht der Empfänger die Stoffe übernommen hat, den Absender, ohne Rücksicht darauf, ob er Besitzer der Stoffe ist.

(7) Unberührt bleiben im Anwendungsbereich des Absatzes 1 Satz 1 gesetzliche Vorschriften, nach denen der dort genannte Besitzer und die ihm nach Absatz 3 gleichgestellten Personen in weiterem Umfang haften als nach den Vorschriften dieses Gesetzes oder nach denen ein anderer für den Schaden verantwortlich ist.

Schrifttum

Siehe Schrifttumsverzeichnis vor der Einleitung sowie im Besonderen auch:

ELSNER, Die Haftung für Kernenergieschäden nach dem Bundesatomgesetz (1961)

FISCHER, Haftung bei Nukleartransporten, TranspR 1989, 4 ff

FISCHERHOF, Deutsches Atomgesetz und Strahlenschutzrecht, Band I (1978)

HAEDRICH, Atomgesetz mit Pariser Atomhaftungsübereinkommen (1986)
HUCK, Haftung und Deckung beim Transport radioaktiver Stoffe unter besonderer Berücksichtigung des atomrechtlichen Genehmigungsverfahrens, TranspR 1994, 129 ff
MATTERN/RAISCH, Atomgesetz (1961)
PELZER, Atomrechtlicher Schadensausgleich bei ausländischen Nuklearunfällen, NJW 1986, 1664 ff
ders (Hrsg), Friedliche Kernenergienutzung und Staatsgrenzen in Mitteleuropa – Tagesbericht der AIDN/INLA Regionaltagung in Regensburg 1986 (1987)
WEITNAUER, Das Atomhaftungsrecht in nationaler und internationaler Sicht (1964).

Systematische Übersicht

I. Grundlagen
1. Allgemeines ___ 1
2. Rechtsquellen ___ 2
a) Internationale Abkommen ___ 2
b) Nationale Regelungen ___ 3
3. Wesen der Haftung ___ 4
4. Rechtliche Haftungskanalisierung ___ 5
5. Geltungsbereich ___ 11

II. Haftung für ortsfeste Kernanlagen (§ 25 AtomG iVm Art 3 PÜ) ___ 12
1. Voraussetzungen ___ 13
a) Inhaberhaftung; Passivlegitimation ___ 13
b) Kernanlage ___ 16
c) Nukleares Ereignis ___ 21
d) Nuklearer Schaden; Aktivlegitimation ___ 22
e) Haftungsbegründende Kausalität, Beweis ___ 28
f) Schaden und haftungsausfüllende Kausalität ___ 31
2. Rechtsfolge ___ 32
3. Haftungshöchstgrenzen, §§ 34 ff ___ 36
a) Haftungshöchstgrenzen ___ 36
b) Deckungsvorsorge ___ 37
4. Staatseintritt ___ 41
5. Rückgriff ___ 46
6. Prozessuales ___ 47
a) Rechtsweg ___ 47
b) Beweislast ___ 48

III. Haftung für Reaktorschiffe (§ 25 a AtomG iVm dem BRÜ) ___ 50

IV. Auffangvorschriften des § 26 AtomG
1. Anwendungsbereich ___ 51
2. Haftungsquellen ___ 52
3. Konkurrenzen ___ 57
4. Haftungsausschlüsse ___ 58

V. Verjährung ___ 61

Alphabetische Übersicht

Anlage
– Forschungsanlagen ___ 17, 51
– Kernanlagen ___ 1, 16 f, 19 f
– Kernanlagen eines Reaktorschiffes ___ 2, 50
– Kernfusionsanlagen ___ 18, 51
– militärische Kernanlagen ___ 20
– ortsfeste Kernanlagen ___ 12 f
– Prüf- oder Untersuchungsanlagen ___ 18, 51
Anlageninhaber ___ 2 ff, 11 ff, 37 ff, 43
Atomwaffen ___ 20

Beförderung ___ 7, 14, 18, 55, 57
– Beförderungsmittel ___ 7, 18, 25, 50
Beschleuniger ___ 18, 51 f
Beweislast ___ 48 f

Deckungsvorsorge ___ 37 ff, 40 f

Haftung
– aus dem Betrieb von Reaktorschiffen ___ 2, 50
– Ausschluss ___ 58
– Freigrenzen ___ 17, 53
– für in Nichtvertragsstaaten verursachte Schäden ___ 11
– Gefährdungshaftung ___ 4, 35, 52, 59
– Höchstbeträge ___ 2, 36
– Internationales Privatrecht ___ 11, 44
– Kanalisierung ___ 5 ff, 33

- Novelle zum AtomG 30, 36, 40
- Übernahme 14
- vertragliche Vereinbarungen 10, 46
- völkerrechtliche 11
- Zuliefererhaftung 7

Ionisation 23
Ionisierende Strahlen 30

Kausalität
- haftungsausfüllende 31, 49
- haftungsbegründende 28, 49
- Nachweis 23, 48
Kernbrennstoffe 16, 19, 30
Kernmaterial 7, 14, 16, 18 f, 51
Kernstoffe 5, 21, 63

OECD/NEA 2,19

Radioaktive
- Abfälle 16 f, 21, 30, 63
- Erzeugnisse 16, 21, 30, 63
- Radioisotope 18, 51
- Stoffe 17, 51, 53 ff
Rückgriff 33, 43, 46

Schaden
- akuter 48
- an Allgemeingütern 26
- an Beförderungsmitteln 25
- an der Anlage selbst 7, 27
- Atomschäden 9, 36
- Drittschäden 34
- durch Atomwaffen 20
- durch Kernstoffe oder Kernanlagen 1, 5
- durch ortsfeste Kernanlagen 12 f
- durch Radioisotope 51
- durch Reaktorunfall Tschernobyl 45
- durch Terroristen und Saboteure 4
- durch Vorsorgemaßnahmen 34
- Erbschäden 23
- Gesundheitsschäden 23
- im Zusammenhang mit Uran 51
- immaterielle Schäden 33
- in anderen Staaten 36
- in Folge nuklearer Ereignisse 11
- Nasciturus 23
- nuklearer 11, 22 ff
- Organschäden 23
- Personenschäden 23 f, 39
- Sachschäden 24
- somatische Schäden 23
- Spätschäden 32
- spezifische 49
- Strahlenschäden 32, 57
- Umfang 32, 56
- Umweltschäden 26
- unspezifische 48
- Vermögensschäden 25
- Vermögenswerte 7, 25, 27
Schadensanzeigepflicht 43
Schadensersatz
- Ausgleich durch den Bund 44
- Anspruch 44
- Schadensersatzpflicht 5
- Schadensverhütungskosten 34
- Schmerzensgeld 33
- Umfang 32, 56
Schiffsreaktoren 50
Schutzeinrichtungen 52
Sonderziehungsrechte 36
Staatseintritt 41 ff

Thorium 16, 18, 51
Transporte 51
Tschernobyl 45

Übereinkommen
- Brüsseler
  - Kernmaterial Seetransport 2
  - Reaktorschiff- (BRÜ) 2, 15, 20, 40, 50 f
  - Zusatzübereinkommen 2, 36
- Pariser
  - Exposé des Motifs zum 4, 7, 18, 21
  - Übereinkommen (PÜ) 2 ff
Unfall 21, 39
Uran 16, 18, 51

Verjährung 23
Versicherung 5, 9, 24, 39 f
Verursachermehrheit 15

I. Grundlagen

1. Allgemeines

1 Das deutsche Haftungsrecht für Schäden durch Kernstoffe oder Kernanlagen ist ein Sondergebiet des Schadenshaftungsrechts (HAEDRICH Vorb zu §§ 25 ff Rn 1), das sich als **Geflecht nationaler und internationaler Regelungen** darstellt. Das spezifische Gefahrenpotenzial nuklearer Schadensereignisse, deren grenzüberschreitende Wirkungen, aber auch die Multinationalität in Forschung, Entwicklung und Vermarktung erzwingen sowohl Internationalität des Regelwerkes als auch dessen permanente Anpassung an neue technische und ökonomische Gegebenheiten. Auch die besondere gesellschaftliche Brisanz der Materie ist nicht ohne Einfluss auf die Ausgestaltung des Atomhaftungsrechts (vgl zur zunehmenden Bedeutung des internationalen Umwelthaftungsrechts wegen vermehrter grenzüberschreitender und transnationaler Umweltschäden – insbesondere auch im Bereich der Kernenergie REST, Neue Tendenzen im internationalen Umwelthaftungsrecht, NJW 1989, 2153 ff; zum völkerrechtlichen Rahmen nationaler Atomgesetzgebung SIEGMUND, Der völkerrechtliche Rahmen für die Atomgesetzgebung, in: PELZER [Hrsg], AIDN/INLA 1992, 39 ff).

2. Rechtsquellen

a) Internationale Abkommen

2 Das deutsche Atomgesetz (AtomG) war bereits in seiner ursprünglichen Fassung vom 23.12. 1959 an den Vorbereitungsarbeiten für eine international abgestimmte Lösung im Rahmen der OEEC/ENEA (jetzt OECD/NEA) orientiert, die schließlich zum Übereinkommen vom 29. Juli 1960 über die Haftung gegenüber Dritten auf dem Gebiet der Kernenergie in der Fassung des Zusatzprotokolles vom 28. Januar 1964 und des Protokolls vom 16. November 1982 (**Pariser Übereinkommen,** im weiteren: **PÜ)** führten (BGBl 1985 I 1565 bzw BGBl 1985 II 963, 964; vgl zur historischen Entwicklung und Systematik der internationalen Abkommen: HAEDRICH Vorb zu §§ 25 ff Rn 1 ff ; STAUDINGER/vHOFFMANN [1996] Art 38 nF EGBGB Rn 624 ff; Übersicht zu atomhaftungsrechtlichen Kodifizierungen anderer Staaten sowie zur Reziprozität im Atomhaftpflichtrecht bei MOSER, in: PELZER [Hrsg] AIDN/INLA 1986, 125 ff; insbesondere zum Verhältnis zwischen Vertragsstaaten des Pariser und Wiener Atomhaftungsübereinkommens bei v BUSEKIST, Haftungsprobleme im Verhältnis zwischen Vertragsstaaten des Pariser und des Wiener Atomhaftungsübereinkommens, in: PELZER [Hrsg] AIDN/INLA 1986, 271). Die Bundesrepublik Deutschland hat das PÜ und das Zusatzprotokoll mit unmittelbarer Geltung in das deutsche Recht übernommen (RatifizG vom 8.7. 1975, BGBl II 957). Ergänzend hierzu schlossen die Vertragsparteien im Rahmen der EG am 31.1. 1963 das **Brüsseler Zusatzübereinkommen zum Pariser Übereinkommen,** das Qualität und Quantität der Haftungshöchstbeträge regelt (BGBl 1982 II 970). Da das PÜ die Haftung nach zeitlich vorangehenden internationalen Transportübereinkommen unberührt lässt, wurden erst mit dem **Brüsseler Kernmaterial-Seetransport-Übereinkommen** (BGBl 1975 II 1026) eine Haftungsfreistellung der Reeder für solche Schäden geregelt, für die nach dem PÜ der Anlageninhaber haftet. Schließlich wurde die Haftung für nukleare Schäden aus dem Betrieb von Reaktorschiffen, für die das PÜ nicht gilt, mit dem **Übereinkommen über die Haftung der Inhaber von Reaktorschiffen und Zusatzprotokoll – Brüsseler Reaktorschiff-Übereinkommen,** im weiteren: **BRÜ** (BGBl 1975 II 977 ff) – geregelt, das gemäß § 25 a

AtomG innerstaatlich Anwendung findet, obwohl es bisher völkerrechtlich nicht in Kraft getreten ist (vgl HAEDRICH Vorb zu §§ 25 ff Rn 13).

b) Nationale Regelungen

3 Die **Übereinkommen** bilden zT den Rahmen für deutsche Normierungen oder wurden, wie im Falle des PÜ, **unmittelbar wirkend** („self-executing") übernommen. Die ausdrücklich zugestandenen **Regelungslücken** der internationalen Abkommen werden **durch innerstaatliches Recht** geschlossen. Die Grundlagen für die nach dem sachlichen Gehalt wichtigsten Bereiche des Atomhaftungsrechtes sind im PÜ und – ergänzend – in den §§ 25 und 27–40 AtomG enthalten. Nur soweit hier keine Regelungen getroffen wurden, gelten die allgemeinen haftungsrechtlichen Vorschriften (amtl Begr zum Dritten ÄnderungsG, BT-Drucks 7/2183, S 22).

3. Wesen der Haftung

4 Der Inhaber der Anlage haftet nach den Grundsätzen der **Gefährdungshaftung,** wie sie schon das AtomG in der alten Fassung vom 23. 12. 1959 vorsah und nun mit Übernahme des Art 3 PÜ durch § 25 AtomG spezialgesetzlich geregelt ist. Dass einzig diese Form der Haftung dem Gefahrenpotential der Kernenergie angemessen ist, war unter den Vertragsstaaten unstreitig: „Absolute liability is therefore the rule; liability results from the risk irrespective of fault" (Exposé des Motifs zum PÜ, No 14, 30 ff). Der Anlageninhaber haftet gemäß § 25 Abs 3 AtomG – entgegen Art 9 PÜ – **auch** für besondere Fälle **höherer Gewalt,** also für Schäden, die auf nuklearen Ereignissen beruhen, die unmittelbar auf Handlungen eines bewaffneten Konfliktes, eines Bürgerkrieges, eines Aufstandes oder auf eine schwere Naturkatastrophe außergewöhnlichen Ausmaßes zurückzuführen sind. Gerade in Fällen solcher unmittelbarer und unvermeidbarer Ereignisse soll der Geschädigte haftungsrechtlich geschützt bleiben (vgl HAEDRICH § 25 Rn 18 mwN). Damit stellt sich die atomrechtliche Haftung als eine im Vergleich zu anderen Fällen der Gefährdungshaftung besonders strenge Form der Haftung dar.

4. Rechtliche Haftungskanalisierung

5 **a)** Kennzeichnend für die atomrechtliche Haftung ist deren **sog „Kanalisierung"** auf den Anlageninhaber; sedes materiae ist Art 6 PÜ. Der Begriff bedeutet einerseits, dass **nur der Inhaber** für einen durch ein nukleares Ereignis verursachten Schaden haftet (Art 6 [a] [b] PÜ), und andererseits, dass die Haftung des Inhabers **auf die Bestimmungen des PÜ begrenzt** bleibt (Art 6 [c] [iii] PÜ), er also außerhalb des PÜ nicht haftet (BT-Drucks 7/3125, S 4; BR-Drucks 351/1/74 vom 10. 6. 1974, S 7). Die Schadensersatzpflicht wird bewusst auf einen von mehreren in Betracht kommenden Haftpflichtigen gelenkt (HAEDRICH Art 6 Rn 1). Bundesrechtlich wurde – nach anfänglichen Vorbehalten (vgl PELZER, Novellierung 466 f) – das Prinzip der rechtlichen Kanalisierung eingeführt, um einerseits die Versicherungskapazitäten in wünschenswerter Weise zu konzentrieren und andererseits die Rechtsverfolgung des Geschädigten zu erleichtern (BT-Drucks 7/2183, S 14). Die rechtliche Kanalisierung kann allerdings in der Konsequenz auch dazu führen, dass uU niemand haftet, falls nicht festgestellt werden kann, in welcher Anlage sich die schadensverursachenden Kernstoffe befinden oder zuletzt befanden (KARR, Künftiges deutsches Atomrecht nach den europäischen Atomhaftungskonventionen, VersR 1966, 1, 3).

b) In Art 6 (b) bis (h) PÜ wird das Prinzip der rechtlichen **Kanalisierung** für bestimmte Ausnahmen **eingeschränkt:** 6

Kraft Gesetzes unberührt bleibt gemäß Art 6 (c) (i) Nr 1 PÜ die Haftung einer natürlichen Person, die mit **Schädigungsabsicht,** dh Schädigungsvorsatz im Sinne des deutschen Rechts (vgl zur Deutung des Begriffes der „Schädigungsabsicht" für das deutsche Recht: HAEDRICH Art 6 Rn 7 a ; PELZER, Novellierung 466 Fn 30 mwN) einen Schaden verursacht hat, für den der Anlageninhaber gemäß Art 3 (a) (ii) Nrn 1 und 2 PÜ (Schäden an der Anlage selbst oder an Vermögenswerten auf dem Gelände der haftenden Anlage) oder gemäß Art 9 (qualifizierte Fälle höherer Gewalt) nicht haftet. Bei Schäden durch Kernmaterialien, die aus einem Reaktor, der Teil eines **Beförderungsmittels** ist, stammen oder für diesen bestimmt sind, haftet der ordnungsgemäß zum Betrieb dieses Reaktors Befugte nach Art 6 (c) (i) Nr 2 PÜ. Das Prinzip der rechtlichen Kanalisierung findet zudem keine Anwendung auf die in Anhang II zum PÜ **vorbehaltene Haftung** der Vertragsstaaten nach **Völkerrecht** (Exposé des Motifs, No 16). Unberührt bleiben weiter internationale Abkommen auf dem Gebiet der **Beförderung,** die am Tage des Übereinkommens in Kraft waren oder für die Unterzeichnung, die Ratifizierung oder den Beitritt auflagen (HAEDRICH Art 6 Rn 5 b, § 4 Rn 2 c, § 25 Rn 15; zur Problematik der Zuliefererhaftung KRAUSE/ABLASS Zuliefererhaftung trotz rechtlicher Kanalisierung?, in: PELZER [Hrsg], Friedliche Kernenergienutzung und Staatsgrenzen in Mitteleuropa – Tagesbericht der AIDN/INLA Regionaltagung in Regensburg 1986 [1987] 308 ff). 7

Mit Rücksicht auf die im romanischen Rechtskreis zugelassene **Direktklage** gegen den Haftpflichtversicherer eröffnet zwar Art 6 (a) iVm Art 10 eine entsprechende direkte Inanspruchnahme der Versicherer oder anderer Personen. Wegen § 158 c Abs 6 VVG wurde hiervon im deutschen Recht allerdings **kein** Gebrauch gemacht; dieser Verzicht gilt auch hinsichtlich einer Direktklage des Geschädigten gegen den Staat aus dessen Freistellungsverpflichtung gemäß § 34 AtomG. 8

Unberührt vom Prinzip der rechtlichen Kanalisierung bleibt gemäß Art 6 (h) PÜ der Eintritt **öffentlicher Sozialversicherungssysteme** für Atomschäden von Arbeitnehmern (vgl HAEDRICH Art 6 Rn 11). 9

Vertragliche Haftungsregelungen werden jedoch vom PÜ, das grundsätzlich nicht in die vertragliche Gestaltungsfreiheit eingreift (HAEDRICH Art 6 Rn 1), weder berührt noch verdrängt (ausführlich zum Verhältnis zwischen rechtlicher Kanalisierung und vertraglicher Schadenshaftung NOBBE, in: PELZER [Hrsg], AIDN/INLA 1992, 139 ff). 10

5. Geltungsbereich

In **räumlicher** Hinsicht haftet der Anlageninhaber gemäß § 25 Abs 4 AtomG, insoweit über Art 2 PÜ hinausgehend, auch für Schäden, die in Nichtvertragsstaaten verursacht werden, sowie für Schäden infolge nuklearer Ereignisse, die in Nichtvertragsstaaten eintreten und ihm zuzurechnen sind. Voraussetzung ist allerdings, dass im konkreten Fall deutsches Recht nach den Grundsätzen des internationalen Privatrechts (vgl STAUDINGER/v HOFFMANN [1996] Art 38 nF EGBGB Rn 631) oder aufgrund völkerrechtlicher Vereinbarungen anzuwenden ist (vgl HAEDRICH, AtomG § 25 Rn 19; PELZER, Novellierung 468). 11

II. Haftung für ortsfeste Kernanlagen (§ 25 AtomG iVm Art 3 PÜ)

12 § 25 AtomG verweist auf Art 3 PÜ als haftungsbegründende Norm für Schäden, die durch **ortsfeste Kernanlagen** verursacht wurden. Die dort definierten Begriffe sind durch § 2 AtomG in die Anlage 1 zum AtomG übernommen worden, soweit sie nicht durch Bestimmungen des AtomG ergänzt oder modifiziert werden.

1. Voraussetzungen

a) Inhaberhaftung; Passivlegitimation

13 Nach Art 3 (a) PÜ haftet der **Inhaber** einer ortsfesten Kernanlage. Art 1 (a) (vi) PÜ verweist auf die Befugnis der jeweiligen nationalen Behörden, den Inhaber zu bezeichnen oder als solchen anzusehen. Auf dieser Befugnis beruht § 2 Abs 3 iVm Anlage 1 Abs 1 Nr 6 AtomG, so dass Inhaber im haftungsrechtlichen Sinne ist, wer gemäß § 17 Abs 6 AtomG als solcher im Genehmigungsbescheid benannt wurde. Bund und Länder können unter diesen Voraussetzungen als Anlageninhaber wie private Unternehmer haften.

14 Durch § 25 Abs 2 AtomG wurde entsprechend Art 4 (d) PÜ eine **Ausnahmeregelung** zur Haftung bei Beförderungen von Kernmaterialien geschaffen. Inhaber im Sinne der Norm ist also auch der **Beförderer,** der durch genehmigten, schriftlichen Vertrag die Haftung anstelle des Inhabers einer im Geltungsbereich des AtomG gelegenen Kernanlage übernommen hat, und zwar vom Zeitpunkt der Haftungsübernahme an (zur Haftung beim Transport vgl Fischer TranspR 1989, 4 ff; Huck TranspR 1994, 129 ff). Für die Genehmigung ist gemäß § 23 Abs 1 S 1 Nr 3 AtomG das Bundesamt für Strahlenschutz zuständig.

15 Bei einer **Mehrheit** von Verursachern regelt § 33 AtomG iVm Art 5 (d) PÜ die gesamtschuldnerische Haftung und den internen Ausgleich für Haftungsfälle des PÜ iVm § 25 AtomG, des § 25 a AtomG iVm dem BRÜ sowie des § 26 AtomG.

b) Kernanlage

16 **aa)** Der **Begriff** der Kernanlage in Art 1 (a) (ii) PÜ knüpft an den zivilrechtlichen Anlagenbegriff an, setzt also nicht voraus, dass die Anlage betrieben wird oder sie genehmigt ist. Daher umfasst der Kernanlagenbegriff im haftungsrechtlichen Sinne auch Grundstücke, Gebäude und Einrichtungen, die mit der nuklearen Komponente eine **wirtschaftliche Einheit** bilden und ihrer Natur nach den eigentlichen **Zwecken der Anlage unmittelbar dienen** (vgl Elsner, Die Haftung für Kernenergieschäden 94) oder dazu zu dienen vom Inhaber **bestimmt** sind. Die Anlagen müssen das Behandeln oder die Aufnahme von Kernmaterial zum Gegenstand haben, das zu kerntechnischen Zwecken verwendet wurde oder wird. Kernmaterialien (vgl Legaldefinition in Art 1 [a] [v] PÜ; für Schäden im Zusammenhang mit natürlichem und abgereichertem Uran gelten innerstaatlich die Vorschriften des § 26 AtomG) können **Kernbrennstoffe** (vgl Legaldefinition in Art 1 [a] [iii] PÜ; dieser Begriff ist weiter als der für das Atomverwaltungsrecht maßgebliche aus § 2 Abs 1 AtomG; abgereichertes Uran und Thorium sind nicht in die Definition aufgenommen worden) sowie **radioaktive Erzeugnisse** und **Abfälle** (vgl Legaldefinition in Art 1 Abs [a][4] PÜ) sein. Für kleinere Mengen Kernmaterials bzw -brennstoffes gemäß Anlage 2 zum AtomG schließt

§ 25 Abs 5 AtomG allerdings die Haftung aus; in diesen Fällen tritt eine Haftung gemäß § 26 AtomG ein.

17 Zu den **Kernanlagen** im Sinne der Norm zählen insbesondere auch **Forschungsanlagen, stillgelegte** oder in **Abbau** befindliche Anlagen, solange ihr nukleares Risiko nicht unter die Freigrenze für die Haftung gefallen ist (§ 25 Abs 5 iVm Anl 1 2 AtomG; vgl Haedrich Art 1 Rn 3, § 25 Rn 6) und **Endlager** radioaktiver Stoffe, jedenfalls solange diese nicht endgültig für die weitere Einlagerung geschlossen sind (Haedrich § 9 a Rn 42–44). Stätten der **Versenkung** schwach radioaktiver Abfälle auf dem Meeresgrund sind, soweit sie weder örtlich fest umgrenzt noch abgeschlossen sind, keine Einrichtungen zur Lagerung von Kernmaterialien iS des Art 1 (a) (ii); hier gelten die internationalen Übereinkommen über die Meeresverschmutzung (vgl die Übersicht bei Haedrich § 9 a Rn 59).

18 Die Definitionen in Art 1 (a) sind grundsätzlich **abschließend,** so dass solche Anlagen nicht unter den Anlagebegriff fallen, die natürliches oder abgereichertes Uran oder Thorium herstellen oder bearbeiten, lagern, befördern oder zu anderen als kerntechnischen Zwecken verwenden (vgl Exposé des Motifs, No 9), metallurgische Prüfungs- und Untersuchungsanlagen, Betriebe, die Radioisotope lediglich verwenden, Kernfusionsanlagen, Teilchenbeschleuniger, Einrichtungen, die Kernmaterialien lediglich während der Beförderung lagern und Reaktoren in Beförderungsmitteln (vgl iE Haedrich Art 1 Rn 3 aE).

19 **bb)** Dem Direktionsausschuss für Kernenergie der OECD/NEA ist es gemäß Art 1 (b) PÜ allerdings vorbehalten, **Definitionsnormen** des PÜ für Kernanlagen und Kernbrennstoffe zur Anpassung an den wissenschaftlichen und technischen Erkenntnis- und Entwicklungsstand zu erweitern bzw Kernanlagen, Kernbrennstoffe und Kernmaterialien von der Anwendung des PÜ auszuschließen, wenn die damit verbundenen Gefahren als gering eingeschätzt werden. Eine solche Entscheidung kann nur einstimmig gefasst werden und ist für alle Vertragspartner verbindlich, da deren Zustimmung mit Vertragsschluss antizipiert war. Die Direktionsentscheidungen werden im deutschen Recht nach dem Verfahren des § 12 a AtomG innerstaatlich in Kraft gesetzt (vgl Haedrich § 12 a Rn 1 ff).

20 **cc)** Fraglich ist die Anwendbarkeit auf Anlagen und Tätigkeiten mit Einschluss von Atomwaffen im deutschen Hoheitsgebiet stationierter **fremder Truppen.** Einerseits wird eine grundsätzliche Anwendung der Haftungs- und Strafvorschriften auch auf militärische Waffen aus dem Schutzzweck des Atomgesetzes abgeleitet (Mattern/Raisch § 24 Rn 8; Weitnauer, Atomhaftungsrecht 98). Dagegen deuten Titel und vierter Abschnitt der Präambel des AtomG sowie Art 74 Nr 11 a GG darauf hin, dass das AtomG nur die friedliche Kernenergienutzung regeln will, und zwar insoweit einschließlich einer solchen Nutzung durch militärische Stellen. Auch der Zusammenhang des vierten Abschnittes der Präambel zum PÜ, nach dem durch das Abkommen die Nichtbehinderung der friedlichen Kernenergienutzung mit einem wirksamen Schutz vor nuklearen Schäden verbunden werden soll, lässt erkennen, dass gerade mit Übernahme des PÜ, obwohl dieses im weiteren Atomwaffen zumindest nicht ausdrücklich ausschließt, in das Haftungsrecht des Atomgesetzes klar wurde, dass nicht für Schäden durch Atomwaffen gehaftet werden soll (so auch Fischerhof Einführung Rn 44). Schließlich zeigt die Nichtannahme des **BRÜ** durch die führenden

Seemächte – gerade wegen des dort vorgesehenen Einschlusses nukleargetriebener Kriegsschiffe, Art 1 Nr 12 –, dass von einem ähnlichen Einschluss durch das **PÜ** nicht ausgegangen wurde. So hat etwa Frankreich seine militärischen Kernanlagen erst durch ausdrückliche Regelung in die Geltung des **PÜ** einbezogen (Art 2, 5 Abs 2 Loi No 68–943, 30. 10. 1968, geändert durch Loi No 90–488, 16. 6. 1990, vgl Journal Officiel 1968, 10195; 1990, 7069).

c) Nukleares Ereignis

21 Der für die Haftung zentrale Begriff des nuklearen Ereignisses umfasst **jedes schadensverursachende Ereignis** oder jede **Reihe schadensverursachender Ereignisse** desselben Ursprunges, sofern das Ereignis, die Reihe von Ereignissen oder der Schaden von radioaktiven Eigenschaften oder von einer Verbindung der radioaktiven Eigenschaften mit giftigen, explosiven oder sonstigen gefährlichen Eigenschaften von Kernstoffen oder radioaktiven Erzeugnissen oder Abfällen herrührt oder sich daraus ergibt, **Art 1 (a) (i) PÜ.** In einer Kette von Ereignissen muss nur mindestens ein Glied von radioaktiven Eigenschaften oder von der Verbindung dieser Eigenschaften mit sonstigen gefährlichen Eigenschaften der Kernstoffe herrühren; dh, dass bei Kausalketten aus gefährlichen Ereignissen und entsprechenden Schäden ein nukleares Ereignis vorliegt, wenn entweder Schaden oder Ereignis oder beide nuklearen Ursprungs sind (vgl Exposé des Motifs, No 8). Ein nukleares Ereignis muss **kein Unfall** sein; es kann sich auch um eine **allmähliche** radioaktive Verseuchung oder allmähliche Strahleneinwirkung handeln (zur Subsumtion auch langanhaltender unmerklicher Prozesse unter den Begriff „Ereignis" vgl BGH NJW 1981, 870, 871).

d) Nuklearer Schaden; Aktivlegitimation

22 Das PÜ enthält **keine Legaldefinition** des Begriffes des nuklearen Schadens, sondern beschreibt in Art 3 Schäden, für die dann gehaftet werden soll, wenn sie ganz oder teilweise ihre Ursachen in nuklearen Ereignissen haben. Der Geschädigte ist der Gläubiger des Schadensersatzanspruchs.

23 **aa) Personenschäden** iSd Abs 3 (a) (i) PÜ sind Verletzungen von Leben, Körper und Gesundheit im Sinne des § 823 Abs 1 BGB (Pelzer, Novellierung 483). Nukleare Gesundheitsschäden können als **Organschäden** der einer Bestrahlung ausgesetzten Person, also als somatische Schäden, zu denen auch solche des Nasciturus (vgl BVerfGE 39, 1; 45, 376; BGHZ 58, 48; BGH NJW 1985, 1390; Empfehlung der Strahlenschutzkommission vom 29. 7. 1984, BAnz Nr 237 vom 18. 12. 1984, S 13809) zählen, oder als **Erbschäden** namentlich in Gestalt von Genmutationen auftreten. Genetische Schäden können in den Grenzen der Verjährung auch von den geschädigten Nachkommen geltend gemacht werden (BGHZ 8, 243, 246; amtl Begr zum AtomG, BT-Drucks 3/759, S 37; vgl auch Bentzin, Gibt es eine Haftung für genetische Schäden?, VersR 1972, 1095 ff). Problematisch ist die typische Latenz nuklearer Schäden, da nicht notwendigerweise jede Ionisation einer Körperzelle zu einem unmittelbar auftretenden Schaden führt (vgl Haedrich, PÜ Art 3 Rn 12, Art 1 Rn 2 mwN). Die späte Evidenz solcher Schäden führt neben Problemen des Kausalitätsnachweises auch zu Schwierigkeiten bei der Bestimmung des Beginnes von Verjährungsfristen.

24 Für Personenschäden der im Betrieb Beschäftigten gelten im Unterschied zu Sachschäden, die unter die Regelungen des PÜ fallen, innerstaatliche Vorschriften der öffentlichen Versicherung, im deutschen Recht die §§ 104 ff SGB VII und die BerufskrankheitenVO vom 31. 10. 1997 (BGBl I 1997 S 2623).

bb) Der in Art 3 (a) (ii) PÜ verwandte Begriff der Vermögenswerte umfasst nach hM Rechtsgüter, die zu den in § 823 Abs 1 BGB geschützten vermögenswerten Rechten gehören, also das Eigentum und die sonstigen Rechte gemäß § 823 Abs 1 BGB (Haedrich § 31 Rn 20; Fischerhof/Pelzer Art 3 PÜ Rn 8; Pelzer, Novellierung 485; vgl auch die Entschädigungsrichtlinien der Bundesregierung nach Tschernobyl [Ziffer I 2 Ausgleichsrichtlinien vom 21. 5. 1986, BAnz vom 27. 5. 1986 S 6417] sowie die verschiedenen Billigkeitsrichtlinien, bspw die für Gemüse vom 2. 6. 1986, BAnz vom 12. 6. 1986 S 7237 und die Allgemeine Billigkeitsrichtlinie vom 24. 7. 1986, BAnz vom 2. 8. 1986, S 10388). Eine Haftung für **bloße Vermögensschäden** ist nicht gegeben. Ersatz für Schäden an Beförderungsmitteln sind innerstaatlich durch § 25 Abs 3 AtomG in die Haftung einbezogen (vgl Haedrich § 25 AtomG Rn 17 f). 25

Während **Schäden an Allgemeingütern** nicht unter die Regelungen des PÜ fallen (vgl Abs 3 der Präambel des PÜ), wird bei individualisierbaren Umweltschäden eines Bauern, Waldbesitzers, Grundstückseigentümers für wirtschaftliche Einbußen wegen radioaktiver Kontamination von Feld, Wald, Grundstück (vgl Pelzer, Novellierung 487 f) gehaftet. Allerdings können völkerrechtliche Ansprüche des in seinen Allgemeingütern geschädigten Staates gegen den Staat ausgelöst werden, von dem die Schädigung ausgeht (vgl Anh II PÜ; Haedrich, PÜ Art 3 Rn 14). 26

Ausdrücklich **nicht ersatzfähig** sind **Schäden an Kernanlagen** selbst und an anderen Kernanlagen auf demselben Gelände, Art 3 (a) (ii) Nr 1, sowie an Vermögenswerten auf dem Anlagengelände, die im Zusammenhang mit der Anlage verwendet werden oder verwendet werden sollen, Art 3 (a) (ii) Nr 2. Die Haftung bleibt gerade dann ausgeschlossen, wenn Anlageninhaber und Sacheigentümer nicht identisch sind. 27

e) Haftungsbegründende Kausalität, Beweis

aa) Nach Art 3 (a) PÜ muss der Schaden, dh primär die **Rechtsgutsverletzung,** durch ein nukleares Ereignis verursacht worden sein. Maßgeblich für den Verursachungsbegriff ist das innerstaatliche Recht (Haedrich, PÜ Art 3 Rn 3; iE auch Fischerhof/Pelzer, PÜ Art 3 Rn 3 ff) für das deutsche Recht mithin grundsätzlich der zivilrechtliche Ädäquanzbegriff, soweit nicht ohnedies bei Gefährdungshaftungen generell die Äquivalenzformel anzuwenden ist. Für die haftungsbegründende Kausalität läuft jedoch in atomhaftungsrechtlichem Zusammenhang die Adäquanzformel jedenfalls im Ergebnis auf die naturwissenschaftliche Kausalität im Sinne der **Äquivalenzformel** hinaus; da nämlich die Zurechenbarkeit der Verletzung zum nuklearen Risiko der Sache nach so hinreichend definiert ist, dass diese nicht außerhalb des gewöhnlichen und nach dem üblichen Geschehensablauf liegenden Zusammenhangs mit dem auslösenden Ereignis stehen, gelten alle Folgen eines nuklearen Ereignisses, die zusammen den nuklearen Verletzungstatbestand herbeiführen, als adäquat kausal (vgl Haedrich, PÜ Art 3 Rn 4). 28

bb) Art 3 (b) S 1 PÜ bestimmt, dass bei einem gemeinsam **durch nukleare und nichtnukleare Ereignisse verursachten Schaden** auch der nichtnukleare Teil als durch ein nukleares Ereignis verursacht anzusehen ist. Es handelt sich um eine materielle Zurechnungsnorm, die im Ergebnis Beweisschwierigkeiten in Bezug auf Zurech- 29 nungsfragen bei Unsicherheiten beseitigt. Diese Bestimmung ist jedoch restriktiv auszulegen, da Opfer konventioneller Unfälle nicht in den Schutzbereich des PÜ fallen und nach allgemeinen Haftungsrecht zu entschädigen sind (Haedrich, PÜ Art 3 Rn 6).

30 Von der Haftung ausgenommen sind nach Art 3 (b) S 2 PÜ die **ionisierenden Strahlen,** die nicht unter das Übereinkommen fallen. Im deutschen Recht wird hierfür jedoch gemäß § 26 AtomG gehaftet. Des Weiteren werden Schäden aus Strahlenquellen in Kernanlagen, die weder Kernbrennstoffe noch radioaktive Erzeugnisse oder Abfälle iS des Übereinkommens sind, in die Haftung des Anlageninhabers durch die Bestimmungen des Änderungsprotokolls zum PÜ vom 16. 11. 1982 (völkerrechtlich noch nicht in Kraft getreten, in der Bundesrepublik Deutschland aufgrund der Haftungsnovelle zum AtomG vom 22. 5. 1985 innerstaatlich anzuwenden) einbezogen.

f) Schaden und haftungsausfüllende Kausalität

31 Hinsichtlich des Begriffs des Schadens, soweit dieser vom Begriff der Rechtsgutsverletzung verschieden ist, ergeben sich **keine Besonderheiten** im Vergleich zum allgemeinen Haftungsrecht. Gleiches gilt für die haftungsausfüllende Kausalität als Verknüpfung von Rechtsgutsverletzung und Schaden.

2. Rechtsfolge

32 **a)** Die §§ 28–30 AtomG regeln gemäß der in Art 11 PÜ eingeräumten Dispositionsmöglichkeit Art, Form und Umfang des Schadensersatzes. Dabei wird auf die **allgemeinen Grundsätze des Schadensersatzrechtes** Bezug genommen. **Besonderheiten** (vgl hierzu ausführlich: Haedrich §§ 29–30 Rn 5) können sich jedoch für bestimmte Fälle **aus der Natur atomarer Schäden** ergeben, zB bei der Beurteilung der Verhältnismäßigkeit der Aufwendungen für Heilkosten wegen der unklaren Heilungsaussichten bei Strahlenschäden (§§ 28 Abs 1, 29 Abs 1 AtomG), der Aufhebung oder Minderung der Erwerbstätigkeit wegen der Länge und Inkonstanz der Latenzzeiten und der Kumulierungsrisiken bei Weiterbeschäftigung in Kernanlagen (§§ 28 Abs 1, 29 Abs 1 AtomG) und der Vermehrung der Bedürfnisse des Geschädigten wegen der eventuell nach Spätschäden plötzlich rasch zunehmenden Bedürftigkeit (§§ 28 Abs 1, 29 Abs 1 AtomG). Speziell geregelt sind überdies Fälle der Erschwerung des Fortkommens (§§ 28 Abs 1, 29 Abs 1 AtomG) sowie der Ersatz für entzogenen Unterhalt (§ 28 Abs 2 AtomG; vgl insbesondere Haedrich §§ 29–30 Rn 9).

33 **b) Immaterielle Schäden** sind im PÜ nicht behandelt. Da mit Übernahme des Prinzips der rechtlichen Kanalisierung in das deutsche Recht jeder Rückgriff auf §§ 823, 847 BGB entfällt, regelt die gesonderte Vorschrift des **§ 29 Abs 2 AtomG** den Ersatz immaterieller Schäden in den Fällen der §§ 25, 26 AtomG. Gehaftet wird hier jedoch nur bei **Verschulden,** wobei es vor dem Hintergrund der rechtlichen Kanalisierung nicht darauf ankommt, wer schuldhaft gehandelt hat. Auch bei Verschulden Dritter haftet der Anlageninhaber, selbst wenn ihm deren Verhalten zivilrechtlich nicht zugerechnet werden kann (Geigel/Schlegelmilch, Der Haftpflichtprozeß [2001] Kap 23 Rn 15; zur Schmerzensgeldregelung: amtl Begr zum Dritten ÄndG, BT-Drucks 7/2183, S 25; Fischerhof, AtomG I §§ 28–30 Rn 3). § 39 Abs 2 AtomG schränkt die Freistellungsverpflichtungen des Bundes und der Länder gemäß § 34 AtomG für Ansprüche auf Zahlung eines Schmerzensgeldes ein.

c) Schäden durch Vorsorgemaßnahmen, dh **Schadensverhütungskosten,** sind ersatzfähig, wenn sie nach dem nuklearen Ereignis ergriffen wurden; dies gilt etwa für die Kosten einer dann durchgeführten vorsorglichen Evakuierung. Die Kosten präventiver Schadensverhütung sind dagegen keine Drittschäden im Sinne des PÜ, so dass Schäden durch Maßnahmen, die gerade den Eintritt eines nuklearen Ereignisses verhindert haben, nicht ersatzfähig sind (vgl HAEDRICH, PÜ Art 3 Rn 15 mwN). 34

d) Nach Art 11 PÜ steht die Berücksichtigung **mitwirkenden Verschuldens des Verletzten** zur Disposition nationaler Regelungen. § 27 AtomG bestimmt ausdrücklich die Anwendbarkeit des § 254 BGB. Eine vom Verletzten zu vertretene Betriebsgefahr steht dem Verschulden des Verletzten bei Gefährdungshaftung gleich (vgl HAEDRICH § 27 Rn 3 mwN). 35

3. Haftungshöchstgrenzen

a) Haftungshöchstgrenzen

Das **PÜ** geht vom **Grundsatz summenmäßiger Haftungsbegrenzung** bei gleichzeitiger Kongruenz von Haftung und Deckung aus. Dabei wird den Vertragspartnern freigestellt, die vom PÜ festgelegte summenmäßige Obergrenze für die Haftung durch Bestimmung höherer oder niedrigerer Beträge, mindestens jedoch auf 5 Millionen SZR. Das flexible Sonderziehungsrecht (SZR) des Internationalen Währungsfonds ersetzte 1978 die seit der Abschaffung des offiziellen Goldstandards obsolete Rechnungseinheit des europäischen Währungsabkommens und wurde durch das Zusatzprotokoll zum PÜ vom 16. 11. 1982 (Text in BGBl II 1985, 691) übernommen; (vgl hierzu und zum Brüsseler Zusatzübereinkommen ausführlich HAEDRICH Vorb zu §§ 25 ff Rn 7 bzw 9 ff), mittels innerstaatlicher Regelungen abweichend zu definieren. International wurde die Obergrenze in einem engeren Kreis der PÜ-Staaten im Brüsseler Zusatzübereinkommens vom 31. 1. 1963 durch Bereitstellung öffentlicher Mittel heraufgesetzt. Eine weitere Erhöhung ergibt sich aus dem von der Bundesrepublik Deutschland bereits ratifizierten, völkerrechtlich noch nicht in Kraft getretenen Pariser Protokoll vom 16. 11. 1982 zum Brüsseler Zusatzübereinkommen. Innerstaatlich lag die Haftungsobergrenze bereits gemäß § 31 AtomG in der alten Fassung mit 500 Mio DM (1959) bzw 1 Mrd DM (1975) weit über dem vom PÜ geforderten und von den meisten Vertragsstaaten angewandten Maß. Mit der Haftungsnovelle zum AtomG vom 22. 5. 1985 (BGBl I 1985, 781) wurde **innerstaatlich** die **Haftungsbegrenzung** ganz **aufgehoben,** lediglich in den Fällen des § 25 Abs 3 AtomG – Haftung in qualifizierten Fällen höherer Gewalt – blieb die Haftung auf den Höchstbetrag der staatlichen Freistellung begrenzt. Für Schäden in anderen Staaten gilt gemäß § 31 Abs 2 AtomG die unbegrenzte Haftung nur unter der Voraussetzung der Gegenseitigkeit. Mit der Einführung der unbegrenzten Haftung für Atomschäden sollte in Annäherung an die unbegrenzte Verschuldenshaftung für andere großtechnische Einrichtungen der wirtschaftlich und sicherheitstechnisch normalisierten Stellung der Kernindustrie entsprochen werden (Zur Motivation für die Einführung der unbegrenzten Haftung vgl amtl Begr BT-Drucks 10/2200, S 5 f; Bericht des Innenausschusses des BT vom 28. 1. 1985, BT-Drucks 10/2950, S 9; KUCKUCK, Zum Ausbau der atomrechtlichen Haftung, DVBl 1981, 564, 567; ders, Für eine Normalisierung der atomrechtlichen Haftung, ZRP 1981, 378; HAEDRICH § 31 Rn 7 f; ders zur rechtsdogmatischen Einordnung und strittigen Vereinbarkeit der Einführung der unbegrenzten Haftung mit der klaren Forderung des PÜ nach Konkurrenz von Haftung und Deckung: § 31 Rn 11 ff mwN.). Zwar wurde hierbei wegen positiver Sicherheitsbeurteilungen (Amtl Begr BT-Drucks 36

10/2200, S 5; Bericht des Innenausschusses des BT vom 28. 1. 1985, BT-Drucks 10/2950, S 9) auf eine parallele drastische Erhöhung der Deckungssummen verzichtet, doch sind wegen der vollen Haftung der Betreibergesellschaft und der Durchgriffsmöglichkeit auf das Vermögen der Muttergesellschaft zusätzliche Verbesserungen des Opferschutzes zu erwarten (vgl Haedrich § 31 Rn 9).

b) Deckungsvorsorge

37 Anlageninhaber sind vorsorglich aufgrund von § 13 AtomG zur **Deckung des Haftungsrisikos** verpflichtet. Eine Ausnahme gilt gemäß § 13 Abs 4 für Bund und Länder, die wegen ihrer eigenen Finanzkraft von der Deckungsvorsorgepflicht befreit sind.

38 Art, Umfang und Höhe der vom Haftpflichtigen zu erbringenden privaten Deckungsvorsorge sind gemäß der Dispositionsmöglichkeit in Art 10 (a) PÜ **innerstaatlich** geregelt, § 13 AtomG. Sie werden ergänzt durch die AtDeckV idF vom 25. 1. 1977 (BGBl I 1977 220).

39 Gemäß der Legaldefinition in § 13 Abs 1 AtomG ist die **Vorsorge für die Erfüllung gesetzlicher Schadensersatzverpflichtungen** abzudecken. Diese können sich einerseits aus den Haftpflichtbestimmungen der §§ 25, 25 a AtomG ergeben, andererseits aus § 26 AtomG selbst oder aus den durch § 26 Abs 7 AtomG zur Anwendung kommenden weiterreichenden Vorschriften. Gemäß § 13 Abs 5 AtomG gehören zu den gesetzlichen Schadensersatzverpflichtungen insbesondere auch Entschädigungs- und Ausgleichsansprüche aus § 7 AtomG iVm § 14 BImSchG oder ähnliche Entschädigungs- oder Ausgleichsverpflichtungen, zB solche aus § 906 Abs 2 BGB oder § 8 Abs 3 bzw § 10 Abs 2 WHG, jedoch nur dann, wenn der Schaden oder die Beeinträchtigung durch einen Unfall entstanden sind (vgl Haedrich § 13 Rn 10 mwN). Nicht zu den gesetzlichen Schadensersatzverpflichtungen des § 13 AtomG gehören die Ersatzpflichten des Unternehmers gegenüber dem Träger der Sozialversicherung für Aufwendungen für Personenschäden aus Arbeitsunfällen, die der Unternehmer oder eine vertretungsberechtigte Person vorsätzlich oder grob fahrlässig herbeigeführt haben, § 13 Abs 5 AtomG iVm §§ 110 f SGB VII (vgl Haedrich § 13 Rn 11).

40 Der mit der Haftungsnovelle zum AtomG vom 22. 5. 1985 neugefasste § 13 Abs 2 Nr 1 AtomG enthält die Leitlinie zur **Höhe der Deckungsvorsorge** für die Haftungstatbestände des PÜ iVm § 25 AtomG bzw des § 25 a AtomG iVm dem BRÜ. Danach muss die Deckungsvorsorge in angemessenem Verhältnis zur Gefährlichkeit der Anlage oder Tätigkeit festgelegt werden. Dieser Rahmen fand aufgrund § 13 Abs 3 AtomG seine Konkretisierungen in §§ 7–19 AtDeckV iVm deren Anlagen 1 und 2. Ein Anknüpfen an das Höchstmaß des auf dem Versicherungsmarkt zu zumutbaren Bedingungen erhältlichen Versicherungsschutzes, wie in § 13 AtomG aF vorgesehen, wurde in die neue Gesetzesfassung nicht aufgenommen. Lediglich der Grundsatz der Verhältnismäßigkeit soll im Einzelfall beachtet werden (Begr zur Haftungsnovelle, BT-Drucks 10/2200, S 6). In jedem Fall ist zu beachten, dass § 13 Abs 3 AtomG die Höchstgrenze der privaten Deckungsvorsorge auch nach der Novellierung unverändert auf 500 Mio DM festsetzt. Die Festsetzungen im Einzelfall werden in Fünfjahresabständen überprüft.

4. Staatseintritt

a) Neben und oberhalb der privaten Deckungsvorsorge kommt als sonstige Sicherheit im Sinne des Art 7 (b) und 10 des PÜ in erster Linie die Freistellung des Haftpflichtigen durch den **Staat** in Betracht. Ihre rechtliche Ausgestaltung ist den einzelnen Vertragsstaaten überlassen (zur umstrittenen dogmatischen Einordnung der staatlichen Freistellungsverpflichtung gemäß §§ 34 ff, die im dt Recht ohne Vorbild ist, vgl Haedrich § 34 Rn 4). In § 34 AtomG wurde von den alternativen Modellen der Solldeckung, dh Staatseintritt oberhalb der festgesetzten privaten Deckungsvorsorge, und der so genannten Istdeckung, dh Staatseintritt oberhalb der tatsächlich vorhandenen privaten Deckung, das der Istdeckung gewählt. Der Staat tritt also dem Geschädigten gegenüber für jede **Differenz zwischen festgesetzter und tatsächlicher Deckung** ein, sei dieser Mangel auch vom Anlageninhaber zu verantworten. **41**

§ 36 AtomG regelt die **Aufteilung der Freistellungsverpflichtung** zwischen Bund und Ländern in der Weise, dass der Bund 75% und die Länder 25% zu tragen haben. **42**

Ein **Rückgriff des Staates** gegen den Anlageninhaber ist gemäß § 37 AtomG in bestimmten Fällen möglich, nicht jedoch zwingend. Ein Rückgriff ist zulässig, wenn der Anlageninhaber seinen Verpflichtungen aus § 34 Abs 2 AtomG, etwa einer Schadensanzeigepflichten oder einer Pflicht zur Beachtung der Weisungen der zuständigen Behörden, nicht nachkommt, der Anlageninhaber den Schaden nach zivilrechtlichen Kriterien, also entsprechend der §§ 276, 823 BGB vorsätzlich oder grob fahrlässig herbeigeführt hat und die Freistellung nur deshalb gewährt wird, weil die Deckungsvorsorge mangelhaft war. **43**

b) § 38 iVm §§ 34, 13 AtomG gewährt einem in der Bundesrepublik Deutschland durch ein im **Ausland** eingetretenes nukleares Ereignis Geschädigten einen Anspruch auf Ausgleich seines Schadens durch den Bund bis zu dem zweifachen der sich aus § 13 Abs 3 AtomG ergebenden Höchstgrenze der Deckungsvorsorge, wenn das auf den Schadenfall anzuwendende Recht keinen oder nur einen geringeren Schadensersatz zuerkennt. Gemäß allgemeinen Grundsätzen des internationalen Privatrechts wie aber auch den Regelungen des Art 13 PÜ sind Schadensersatzansprüche nach dem Recht des Staates abzuwickeln, in dem das nukleare Ereignis eintrat. Da ausländischer Schadensersatz vielfach hinter dem Ersatz nach deutschem Recht zurückbleibt, soll § 38 AtomG die Gleichstellung aller im Inland Geschädigten, wenn auch durch § 38 Abs 3 AtomG relativiert, sicherstellen (vgl Begründung zum RegE eines dritten Gesetzes zur Änderung des AtomG, BT-Drucks 7/2183, S 29; vgl ausführlich zu mögl Differenzen: Pelzer, Atomrechtlicher Schadensausgleich bei ausländischen Nuklearunfällen, NJW 1986, 1664, 1665). Der Anspruch auf Ausgleich nach § 38 Abs 1 AtomG ist gemäß § 38 Abs 4 AtomG bei dem Bundesverwaltungsamt geltend zu machen. **44**

Der Anspruch **erlischt** gemäß § 38 Abs 4 AtomG nach drei Jahren von dem Zeitpunkt an, in dem die ausländische Entscheidung über den Schadensersatz unanfechtbar geworden ist; es muss also zuvor der ausländische Rechtsweg erschöpft sein. Eine unmittelbare Erhebung des Anspruches ist jedoch zulässig, wenn nachweislich erkennbar wird, dass der Rechtsweg verschlossen ist oder zu keinem Erfolg führen wird (vgl Pelzer, Atomrechtlicher Schadensausgleich bei ausländischen Nuklearunfällen, NJW 1986, 1664, 1666; dagegen Kühne, Haftung bei grenzüberschreitenden Fällen aus Kernreaktorunfällen, **45**

NJW 1986, 2139, 2143). – Zu Rechtsfragen im Zusammenhang mit dem Reaktorunfall von Tschernobyl vgl STAUDINGER/KOHLER (1996) Anh zu § 906 Rn 46 ff.

5. Rückgriff

46 In Art 6 (d) und (e) PÜ ist der Rechtsübergang entschädigter Ansprüche auf den Leistenden geregelt. Art 6 (f) PÜ beschreibt die eng begrenzten Fälle des **Rückgriffsrechtes des Anlageninhabers gegen andere Personen.** Gemäß Art 6 (f) (i) PÜ ist er gegen natürliche Personen, die den Schaden vorsätzlich verursacht haben (vgl zum Vorsatzbegriff Rn 7 und HAEDRICH, § 25 Rn 19) oder aufgrund vertraglicher Vereinbarung (für das deutsche Atomhaftungsrecht empfiehlt die amtliche Begründung zum Dritten ÄndG zum AtomG [BT-Drucks 7/2183 S 14 und 29] die Vereinbarung vertraglicher Rückgriffsrechte. Zur Ambivalenz solcher Vereinbarungen vor allem wegen der drohenden Aushöhlung des Systems der rechtlichen Kanalisierung, aber auch wegen der ökonomisch eher kontraproduktiven Wirkungen vgl HAEDRICH Art 6 Rn 7 b mwN.) zulässig. Art 6 (g) PÜ bestimmt jedoch ausdrücklich den Vorrang eines etwaigen Rückgriffsrechtes vor Rechtsübergängen gemäß Art 6 (d) und (e).

6. Prozessuales

a) Rechtsweg

47 Der Rechtsweg für Schadensersatzansprüche gemäß **§ 38 Abs 2 AtomG** ist umstritten. Dass ein solcher Ausgleichsanspruch vor den ordentlichen Gerichten geltend zu machen sei, ergebe sich aus der Systematik des AtomG, nämlich der Einbindung des § 38 AtomG in das zivilrechtliche Haftungssystem des Gesetzes und der sachlichen und typischen Nähe zu den sonstigen Haftungstatbeständen quasi als einer Art gesetzlicher Ausfallbürgschaft (VG Köln NJW 1988, 1996, 1997). Dagegen wird zutreffend eingewandt, dass das Bundesverwaltungsamt nicht lediglich Sammelstelle für Ausgleichsansprüche sei; vielmehr sei es selbst Herr des Verfahrens und entscheide somit über den Anspruch, welcher als Folgerung aus dem Sozialstaatsprinzip öffentlich-rechtlicher Natur sei, so dass ein Rechtstreit vor dem **Verwaltungsgericht** ausgetragen werden müsse (PELZER, Atomrechtlicher Schadensausgleich bei ausländischen Nuklearunfällen, NJW 1986, 1664, 1666; ders, Grenzüberschreitende Haftung für nukleare Ereignisse, DVBl 1986, 875, 880). Im Übrigen solle § 38 Abs 2 AtomG nicht zuletzt die Akzeptanz der Kernenergie erhöhen, sei mithin Ausprägung des Förderungszweckes des § 1 AtomG, also Ausdruck einer öffentlich-rechtlichen Zielsetzung (MURSWIEK, Die Haftung der Bundesrepublik Deutschland für die Folgen ausländischer Nuklearunfälle, UPR 1986, 370, 371). Schließlich deute auch der Wortlaut der Norm auf einen öffentlich-rechtlichen Anspruch, wenn nämlich gemäß § 38 Abs 2 AtomG ein Ausgleich **gewährt** werden solle und nicht, wie im übrigen Atomhaftungsrecht, **gehaftet** werde (OVG Münster NJW 1990, 3226).

b) Beweislast

48 Der **Geschädigte,** der grundsätzlich die **Beweislast** trägt, steht aufgrund der Besonderheit radioaktiver Prozesse vor der doppelten Schwierigkeit des Nachweises nuklearer Ursachen für unspezifische Schäden einerseits und des Nachweises der Ursächlichkeit einer bestimmten Quelle für spezifische Nuklearschäden andererseits. Radioaktivität kann von menschlichen Sinnesorganen nicht wahrgenommen werden, sich in verschiedenen Medien ausbreiten und erzeugt nur selten akute Schäden, sondern manifestiert sich typischerweise später in Kumulativ- oder Genschäden bei inkonstanter Latenzzeit. Zudem können die Schäden auch multikausal, zB durch Alters-, Konstitution- oder Umwelteinflüsse, bedingt sein oder trotz identischer Schadensbilder gänzlich durch andere Ursachen herbeigeführt worden sein.

49 **Beweiserleichterungen** ergeben sich unmittelbar schon aus den **materiellen Zurechnungsregelungen** des PÜ. Weitere Beweislasterleichterungen ergeben sich aus den umfangreichen **staatlichen Kontroll- und Dokumentationspflichten** (vgl iE Haedrich, PÜ Art 3 Rn 8). Als Beweislasterleichterungen auf Grund der allgemeinen Grundsätze des deutschen Rechts kommen der **prima-facie-Beweis** für typische Geschehensabläufe bei spezifischen Schäden und Beziehung des Schadens zu einer bestimmten Anlage (bei unspezifischen Schäden idR kein Anknüpfen an typische Geschehensabläufe, BGHZ 2, 5; Haedrich, PÜ Art 3 Rn 7 mwN) und der Indizienbeweis (jedoch ohne größere praktische Bedeutung bei unspezifischen Schäden, vgl Haedrich Rn 7 mwN) in Betracht. Entscheidungen nach freier Überzeugung des Gerichtes gemäß **§ 287 ZPO** sind nach hM nur für die haftungsausfüllende Kausalität zulässig (BGHZ 29, 393, 398; BGH NJW 1969, 1708, 1709; 1976, 1145, 1146), während für die haftungsbegründende Kausalität § 286 ZPO anzuwenden ist (BGHZ 4, 192, 196; 29, 393, 398; BGH NJW 1983, 998). Eine Beweislastumkehr hingegen ist idR nur im Vertragsrecht zulässig (RGZ 169, 84, 97). Die „Sphärentheorie" der Rechtssprechung schließlich ist nur auf die Verschuldens-, nicht aber auf die Kausalitätsfrage anzuwenden (BGHZ 23, 288, 290; 28, 251, 254).

III. Haftung für Reaktorschiffe (§ 25 a AtomG iVm dem BRÜ)

50 Das PÜ findet keine Anwendung auf Reaktoren, die Teil eines **Beförderungsmittels** sind, Art 1 (a) (ii) PÜ; das betrifft nach derzeitigem Stand der Technik nur Schiffsreaktoren. Die Haftung hierfür soll das Brüsseler Reaktorschiff Übereinkommen **(BRÜ)** vom 25. 5. 1962 regeln, dessen völkerrechtliches Inkrafttreten noch nicht abzusehen ist; das BRÜ wurde von den führenden Seemächten bislang nicht angenommen, weil es in Art 1 Nr 12 nukleargetriebene Kriegsschiffe einschließt (vgl zum BRÜ ausführlich Haedrich Vorb zu §§ 25 ff Rn 13). Innerstaatlich wird das Abkommen bereits angewendet, soweit seine Bestimmungen nicht das völkerrechtliche Inkrafttreten voraussetzen. Gemäß § 25 a Abs 1 AtomG sind die Haftungsregelungen der §§ 25–40 AtomG auf die Haftung für Kernanlagen eines Reaktorschiffes entsprechend anwendbar. Das BRÜ umfasst auch Fälle, in denen Kernanlagen an Bord anderen als Antriebszwecken dienen.

IV. Auffangregelungen des § 26 AtomG

1. Anwendungsbereich

51 § 26 AtomG regelt **lückenschließend** alle nuklearen Schäden, die nicht durch die Bestimmungen des PÜ iVm § 25 AtomG bzw des § 25 a AtomG iVm dem BRÜ erfasst werden. Neben Schäden durch Radioisotope, also künstlich erzeugte radioaktive Stoffe in Betrieben oder Einrichtungen außerhalb von Kernanlagen sowie während des Transportes erfasst § 26 AtomG Schäden durch natürliches oder abgereichertes Uran während des Transportes (vgl dazu auch Fischer TranspR 1989, 4 ff; Huck TranspR 1994, 129 ff), Schäden aus Anlagen, die solches Uran oder Thorium herstellen oder verarbeiten, aus Betrieben, die solches Uran zu anderen als kerntechnischen

Zwecken verwenden, aus unkritischen, dh unterhalb der Grenze einer sich selbst erhaltenden Kettenreaktion liegenden Anordnungen, aus metallurgischen Prüfungs- oder Untersuchungsanlagen, aus Kernfusionsanlagen – derzeit nur Forschungsanlagen –, aus dem Betrieb von Teilchenbeschleunigern sowie Schäden durch kleine Mengen von Kernmaterial iSd Anlage 2 zum AtomG (vgl zu dieser Aufzählung HAEDRICH § 26 Rn 2).

2. Haftungsquellen

52 Da die Gefahr einer nuklearen Kettenreaktion fehlt, wird das Risikopotenzial dieser Stoffe, Anlagen und Vorgänge als vergleichbar mit dem herkömmlicher technischer Bereiche eingeschätzt (kritisch hierzu: BR in BT-Drucks 3/759, S 54; WEITNAUER DB 1960, 199 f). § 26 AtomG statuiert deshalb eine **modifizierte Gefährdungshaftung mit Exkulpationsmöglichkeit.** Der Besitzer des schädigenden Stoffes oder des Beschleunigers haftet für vermutetes Verschulden, kann sich aber in dem in § 26 Abs 1 S 2 AtomG vorgesehenen Umfang entlasten. Seine Entlastungsmöglichkeit reicht jedoch nicht an diejenige des § 831 Abs 1 S 2 BGB, da es trotz Anwendung jeder nach den Umständen gebotenen Sorgfalt bei der Haftung bleibt, wenn der Schaden auf einem Fehler in der Beschaffenheit der Schutzeinrichtungen oder auf deren Versagen beruht. Die Anforderungen an die objektiven Sorgfaltsmaßstäbe reichen mithin über die gemäß § 276 BGB im Verkehr erforderliche Sorgfalt hinaus (HAEDRICH § 26 Rn 9, 10) zumindest in einen Bereich, wie er beispielsweise von § 7 Abs 2 S 2 StVG definiert wird (so FISCHERHOF § 26 Rn 20, mit dem Hinweis, dass wegen der Verschiedenheit der technisch-physikalischen Materie, der Unfallursachen und Verhaltensvorschriften die zu § 7 Abs 2 Satz 2 StVG entwickelte Kasuistik allerdings nur mit Vorsicht zur Ermittlung der nach § 26 AtomG gebotenen Sorgfalt herangezogen werden kann). Der Sorgfaltsmaßstab des § 26 Abs 1 S 2 AtomG ist nicht bereits dann erfüllt, wenn die einschlägigen Rechtsvorschriften und die sonstigen anerkannten Regeln der Technik oder Richtlinien beachtet werden, vielmehr wird zusätzlich erwartet, dass bei Vorliegen besonderer Umstände über die Einhaltung der Regeln und Vorschriften hinaus gehandelt wird (am weitgehendsten wohl RAISCH/MATTERN 254, die ein „kritisches Durchdenken“ von Vorschriften und allgemein anerkannten Regeln verlangen).

53 Problematisch ist die Haftung für Verletzungen, die durch die zahlreichen strahlenden Halden der ehemaligen **DSAG Wismut** verursacht wurden. Da sie wahrscheinlich in ihrer weit überwiegenden Zahl radioaktive Stoffe enthalten, die unterhalb der Freigrenzen iS des § 25 Abs 5 iVm Anlage 2 AtomG liegen und somit der Haftung gemäß PÜ entzogen bleiben (ausführlich hierzu PELZER, Problemskizze zur atomhaftungsrechtlichen Situation 267 ff; ders, Novellierung 464 ff; zur Strahlenbelastung dieser Halden für die Bevölkerung BT-Drucks 11/7511; Bestandsaufnahmen und Perspektiven der Atom- und Energiewirtschaft der DDR, Studie der Öko-Institute Freiburg, Darmstadt, Berlin [1990] III 46 ff), kommt solchen Falls nur eine Haftung gemäß § 26 AtomG in Betracht. Hinsichtlich der Exkulpation durch die jetzige Wismut AG (die Wismut AG ist als Rechtsnachfolgerin der DSAG Wismut in die haftungsrechtlichen Verbindlichkeiten der alten Gesellschaft eingetreten; vgl PELZER, Problemskizze zur atomhaftungsrechtlichen Situation 280) ist einerseits fraglich, welche Rechtsvorschriften bei der Beurteilung des Sorgfaltsmaßstabes zu berücksichtigen sind und andererseits, ob erkannt werden musste, dass auch die Beachtung dieser Vorschriften allein nicht stets ausreichen konnte (vgl PELZER, Problemskizze zur atomhaftungsrechtlichen Situation 274 und 280, mit dem Hinweis, dass das Entlastungsprivileg des

§ 26 Abs 1 Satz 2 angesichts der großflächigen Umweltschäden den Rahmen des § 26, der ursprünglich nur für Fälle geringerer Bedeutung – „Isotopenhaftung" – gedacht gewesen sei, sprengen könne).

Der Begriff des **Besitzers** iSd § 26 AtomG knüpft an die Bestimmungen des § 854 BGB an. Neben einer gewissen Dauer und Festigkeit der Sachherrschaft ist also auch Besitzwille erforderlich. Positive Kenntnis von der Radioaktivität des Stoffes ist Haftungsvoraussetzung (Haedrich § 26 Rn 4; **aA** Atomausschuss des BT in BT-Drucks 3/1412, zu Nr 206). Gemäß § 26 Abs 3 AtomG haftet auch der ehemalige Besitzer, wenn er den Besitz des Stoffes verloren hat, ohne ihn auf eine Person zu übertragen, die nach diesem Gesetz oder nach einer auf Grund dieses Gesetzes erlassenen Verordnung zum Besitz berechtigt ist und zwar auch bei unfreiwilligem Besitzverlust (vgl amtl Begr BT-Drucks 3/759, S 37; Haedrich § 26 Rn 7; **aA** – bei Diebstahl nur Haftung bei dessen schuldhafter Ermöglichung – Fischerhof § 26 Rn 12). **54**

Während der **Beförderung** radioaktiver Stoffe haftet gemäß § 26 Abs 6 AtomG statt des Besitzers der **Absender** solange, bis der Empfänger die Stoffe übernommen hat. Dies ist damit zu begründen, dass die dem Absender obliegende Verpackung des Stoffes von entscheidender Bedeutung für die Sicherheit der Beförderung ist (Amtl Begr zum Zweiten ÄndG, BR-Drucks 33/69, S 8). **55**

Art, Form und Umfang des zu ersetzenden **Schadens** ergeben sich aus den in § 26 Abs 1 AtomG aufgeführten Bestimmungen des AtomG. **56**

3. Konkurrenzen

§ 26 Abs 7 AtomG lässt im Unterschied zur Haftung gemäß §§ 25, 25 a AtomG eine Haftung nach gesetzlichen Vorschriften **unberührt,** nach denen für schadensstiftende Ereignisse iSd § 26 Abs 1 AtomG im weiteren Umfang als nach dem AtomG zu haften ist oder ein anderer für den Schaden verantwortlich ist. In Betracht kommen hier Ansprüche aus Rechtsvorschriften über die Beförderung radioaktiver Stoffe (vgl dazu auch Fischer TranspR 1989, 4 ff; Huck TranspR 1994, 129 ff), §§ 823 ff BGB, § 22 WHG, § 1 UmweltHG, Art 34 GG iVm § 839 BGB sowie §§ 114 ff BBergG (vgl Gmilkowsky, Die Produkthaftung für Umweltschäden und ihre Deckung durch die Produkthaftpflichtversicherung [1995] 99 f mwN). Vertragliche Haftungsansprüche bleiben durch die Regelungen des § 26 AtomG unberührt. Insbesondere ist § 830 Abs 1 Satz 2 BGB zugunsten des Geschädigten anzuwenden, wenn für einen entstandenen Strahlenschaden von verschiedenen Quellen ausgehende gefährdende Ausstrahlungen in Betracht kommen (Eberl-Borges, § 830 BGB und die Gefährdungshaftung, AcP 196 [1996] 540); eine konkrete Gefährdung ist schon anzunehmen, wenn in einer Anlage ein Störfall eingetreten ist und hierbei Strahlung in dem Umfang ausgetreten ist, der geeignet ist, den Schaden zu verursachen. **57**

4. Haftungsausschlüsse

Mögliche **Haftungsausschlüsse im medizinischen Bereich** regelt § 26 Abs 4 Ziffer 1 AtomG, wobei für die medizinische Forschung wegen der erhöhten Risiken in diesem Bereich nach § 26 Abs 5 AtomG keine Entlastungsmöglichkeit besteht. **58**

Gemäß § 26 Abs 4 Nr 2 AtomG entfällt ebenfalls die Gefährdungshaftung nach den **59**

Abs 1–3, wenn zwischen dem Besitzer des radioaktiven Stoffes und dem Verletzten ein **Rechtsverhältnis** besteht, aufgrund dessen der **Verletzte freiwillig** und in Kenntnis der Gefahrenlage die Gefahr in Kauf genommen hat. Ein solches Rechtsverhältnis bedeutet keinen allgemeinen Haftungsausschluss, sondern verweist den Geschädigten auf allgemeine zivilrechtliche Schadensersatzansprüche (vgl Haedrich § 26 Rn 15 mwN).

60 Bei **Arbeitsunfällen** findet in der Regel der Haftungsausschluss aufgrund der §§ 104 ff SGB VII und die BerufskrankheitenVO vom 31.10. 1997 (BGBl I 1997, 2623) statt.

V. Verjährung

61 § 32 Abs 1 AtomG bestimmt **innerstaatlich** für alle Schadensersatzansprüche des AtomG eine Verjährungsfrist von **drei** Jahren nach Kenntnis oder Kennenmüssen von Schaden und Person des Ersatzpflichtigen oder von **dreißig** Jahren vom Zeitpunkt des schädigenden Ereignisses an (Art 8 [a] PÜ bestimmt Mindestfristen von drei Jahren bzw zehn Jahren [mit Verlängerungsmöglichkeit]). Soweit § 26 Abs 7 AtomG auf Ansprüche aufgrund anderer Vorschriften verweist, soll deren Verjährungsregelungen gefolgt werden (Haedrich § 32 Rn 2 mwN). Die besondere Länge der Verjährungsfrist ist in der Typik atomarer Spät- und Genschäden begründet (vgl zur Verjährung bei Genschäden: BT-Drucks 2/3026, Anl 2 a, b, S 54; BT-Drucks 3/759, S 55, 62) und folgt im übrigen der allgemeinen deliktsrechtlichen Regel des § 852 BGB aF.

62 **Kenntnis vom Schaden** hat der Verletzte, sobald er den Verletzungstatbestand und dessen Zusammenhang mit dem schadenstiftenden Ereignis erkannt hat. Von diesem Zeitpunkt an sind auch alle Folgezustände dem einheitlichen Schaden zuzurechnen, ausgenommen solche, die nach objektiven Maßstäben (diese sind wegen der Besonderheit von Atomschäden weit zu setzen, vgl Haedrich § 32 Rn 6 mwN) nicht vorhersehbar sind. **Kenntnis von der Person des Ersatzpflichtigen** erfordert Kenntnis der tatsächlichen Umstände, die auf eine bestimmte Person hindeuten und die bei verständiger Würdigung eine erfolgversprechende, wenn auch nicht risikolose Klage begründen (BGHZ 6, 195, 201 f; BGH VersR 1971, 154). Bei erheblichen tatsächlichen, nicht bloß rechtlichen (zur Möglichkeit, auch rechtliche Zweifel zu berücksichtigen, vgl BGH DB 1974, 427) Zweifeln über die Person des Ersatzpflichtigen beginnt der Lauf der Verjährungsfrist nicht.

63 Entsprechend Art 8 (b) PÜ legt § 32 Abs 2 AtomG die Verjährungsfrist für Schäden aus nuklearen Ereignissen im Zusammenhang mit Kernstoffen, radioaktiven Erzeugnissen oder Abfällen, die zum Zeitpunkt des nuklearen Ereignisses **gestohlen, verloren** oder **über Bord geworfen** waren und die nicht wiedererlangt worden sind, auf **zwanzig** Jahre fest.

64 § 32 Abs 4 und 5 AtomG sowie Art 8 (d) PÜ enthalten Regelungen zu **Hemmungen oder Unterbrechungen** von Verjährungsfristen; Abs 5 verweist auf die ergänzende Anwendung der allgemeinen Verjährungsvorschriften des BGB.

D. Bundesberggesetz (BBergG)

In der Fassung der Bekanntmachung vom 13. August 1980 (BGBl I 1310), zuletzt geändert durch Gesetz vom 26. 1. 1998 (BGBl I 164)

§ 114 BBergG

(1) Wird infolge der Ausübung einer der in § 2 Abs. 1 Nr. 1 und 2 bezeichneten Tätigkeiten oder durch eine der in § 2 Abs. 1 Nr. 3 bezeichneten Einrichtungen (Bergbaubetrieb) ein Mensch getötet oder der Körper oder die Gesundheit eines Menschen verletzt oder eine Sache beschädigt (Bergschaden), so ist für den daraus entstehenden Schaden nach den §§ 115 bis 120 Ersatz zu leisten.

(2) Bergschaden im Sinne des Absatzes 1 ist nicht
1. ein Schaden, der an im Bergbaubetrieb beschäftigten Personen oder an im Bergbaubetrieb verwendeten Sachen entsteht,
2. ein Schaden, der an einem anderen Bergbaubetrieb oder an den dem Aufsuchungs- oder Gewinnungsrecht eines anderen unterliegenden Bodenschätzen entsteht,
3. ein Schaden, der durch Einwirkungen entsteht, die nach § 906 des Bürgerlichen Gesetzbuchs nicht verboten werden können,
4. ein Nachteil, der durch Planungsentscheidungen entsteht, die mit Rücksicht auf die Lagerstätte oder den Bergbaubetrieb getroffen werden und
5. ein unerheblicher Nachteil oder eine unerhebliche Aufwendung im Zusammenhang mit Maßnahmen der Anpassung nach § 110.

Schrifttum

Siehe Schrifttumsverzeichnis zur Einleitung und im Besonderen auch:

BECK/PERLING, Die Haftung für Bergschäden in den neuen Bundesländern, NJ 2000, 339

NÖLSCHER, Die Bergschadensvermutung des Bundesberggesetzes, NJW 1981, 2039

PETERSEN, Duldungspflicht und Umwelthaftung, 1969

PIENS/SCHULTE/GRAF VITZTHUM, BBergG – Kommentar

WILKE, Das Bundesberggesetz aus Sicht der Kreditinstitute, WM 1981, 1374.

Systematische Übersicht

I. Grundlagen
1. Haftungsgrund — 1
2. Normaufbau — 3
3. Bezüge zur Umwelthaftung — 4

II. Haftungsvoraussetzungen
1. Handlungshaftung — 5
a) Bodenschatzförderung — 5
b) Rekultivierung — 10
2. Anlagenhaftung — 11
3. Rechtsgutverletzung (Bergschaden) — 12
a) Personenverletzung — 13
b) Sachbeeinträchtigung — 14
4. Kausalität — 15
5. Aktivlegitimation — 16
6. Passivlegitimation — 18
a) Unternehmer — 18
b) Erlaubnisinhaber — 21
c) Schadensverursachung durch Dritte — 23

III. Rechtsfolge
1. Grundsatz 24
2. Personenschaden 25
3. Sachschaden 26

IV. Haftungsausschlüsse
1. § 114 Abs 2 BBergG 32
a) Betriebsbeteiligte Personen und Sachen (Nr 1) 33
b) Schäden anderer Bergbaubetriebe (Nr 2) 34
c) Einwirkungen (Nr 3) 35
d) Planungsentscheidungen (Nr 4) 36
e) Unerhebliche Aufwendungen im Sinne des § 110 BBergG (Nr 5) 37
2. Mitverschulden 38
3. Höhere Gewalt 40
4. Bergschadensverzicht 41

V. Verjährung 43

VI. Prozessuales
1. Rechtsweg 44
2. Beweislast 45
a) Bergschadensvermutung 45
b) Widerlegung 49
c) Obliegenheit des Geschädigten 52
d) Sonstige Beweisthemen 53

VII. Konkurrenzen
1. Grundsatz 54
2. Einzelne Konkurrenzen 57
3. Übergangsrecht (BergG/DDR) 67

Alphabetische Übersicht

Anpassungen 31
Anspruch
– Unterlassungsanspruch 58
– auf Schadensersatz 17, 27, 39, 67

Bauliche Anlage 52
Bergbauberechtigung 1, 21
Beweislast 45 ff

Einwirkungen 35, 47

Gemeiner Wert 26 f
Grundstücke
– Bestandteil 26 f
– Zubehör 26 f

Haftung
– Voraussetzungen 5 ff

Kausalität 15
Konkurrenz
– AtomG 59
– BGB 58
– BergG (DDR) 67 f
– HaftPflG 60 ff
– LuftVG 63
– StVG 64
– UmweltHG 65
– Vertrag 57
– WHG 66

Schaden
– Verwertbarkeit 29
– künftiger 29 f, 41
– Minderwert 24, 28 f
Schadensersatz
– Aktivlegitimation 16 f
– Grenzen 25
– Passivlegitimation 18 ff
– Rechtsweg 44

Verjährung 43

I. Grundlagen

1. Haftungsgrund

1 Die §§ 114 ff BBergG begründen eine weder Rechtswidrigkeit noch Verschulden voraussetzende Haftung des **Unternehmers eines Bergbaubetriebes** und im Außenverhältnis auch des **Inhabers einer Bergbauberechtigung** für Schäden infolge der in § 2 Abs 1 Nr 1 und 2 BBergG abschließend aufgezählten **Tätigkeiten** und für Schäden durch den **Betrieb** der in § 2 Abs 1 Nr 3 BBergG bezeichneten Bergbaueinrichtungen. Die Ersatzpflicht erstreckt sich in Anlehnung an die Haftungstatbestände der § 1 Abs 1 UmweltHG, § 32 Abs 1 GenTG, §§ 1 Abs 1, 2 Abs 1 HaftPflG, § 33 LuftVG und § 7 Abs 1 StVG nur auf die durch die Verletzung des Körpers, der Gesundheit oder des Lebens eines Menschen und die durch die Beschädigung einer Sache entstandenen Schäden; der Ersatz von reinen Vermögensschäden ist damit ausgeschlossen. § 114 Abs 1 BBergG enthält mithin – wie § 22 WHG – zwei Haftungstatbestände, nämlich eine Handlungs- und eine Anlagenhaftung (vBar, Empfehlen sich gesetzgeberische Maßnahmen zur rechtlichen Bewältigung der Haftung für Massenschäden? in: Verhandlungen des 62. Deutschen Juristentages [1998] A 39).

2 Die Haftung nach § 114 BBergG ist ein **Ausgleich** für die dem Eigentümer eines Grundstücks oder einer beweglichen Sache im Interesse des Bergbaus auferlegte **Duldungspflicht** (vgl Piens/Schulte/Graf Vitzthum § 114 BBergG Rn 1, 15). Die Haftung knüpft somit an die durch die Ausübung des Bergbaubetriebes und seiner Einrichtungen entstehenden Gefahren an. Die **Rechtsnatur** der Haftung ist umstritten. Nach **hM** (Boldt/Weller § 114 Rn 9 mwN) handelt es sich um eine **Gefährdungshaftung.** Nach **anderer Auffassung** handelt es sich um einen **Mischtatbestand,** welcher Elemente der **Aufopferungs- und Gefährdungshaftung** in sich vereint (Piens/Schulte/Graf Vitzthum § 114 BBergG Rn 2), wobei die Haftung für Personenschäden in den Bereich der Gefährdungshaftung und die für Sachschäden in den Bereich der Aufopferungshaftung gebracht wird (Schulte, Neuordnung des Bergrechts, ZRP 1979, 169, 179). Gegen die Einordnung der Sachschäden in den Bereich der Aufopferungshaftung sprechen die für die Gefährdungshaftung typischen Kriterien der Zurechnung der Gefahrveranlassung und Gefahrbeherrschung, ferner die Zusammengehörigkeit von Vorteil und korrespondierendem Risiko (Petersen 39 f). Schließlich hat auch der Gesetzgeber § 114 BBergG als einen Tatbestand der Gefährdungshaftung gesehen. Ausweislich der amtlichen Begründung lehnt sich die Formulierung des Tatbestandes nämlich an solche Vorschriften an, „mit denen in anderen technisch-wirtschaftlichen Bereichen mit typischen Betriebsgefahren eine Gefährdungshaftung eingeführt wurde“ (vgl BT-Drucks 8/1310, 1315, S 141; Petersen aaO).

2. Normaufbau

3 § 114 Abs 1 BBergG enthält **zwei Haftungsfälle,** nämlich die als **Handlungshaftung** ausgestaltete Verantwortung für die **Ausübung von Bergbautätigkeit** im Sinne des § 2 Abs 1 Nr 1 und 2 BBergG einerseits, und andererseits die als **Anlagenhaftung** anzusehende **Haftung für die Bergbaueinrichtungen** im Sinne des § 2 Abs 1 Nr 3 BBergG. Mit der an diese beiden Haftungsfälle anknüpfenden **Definition des Bergbaubetriebes** in § 114 Abs 1 BBergG wird zugleich der Geltungsbereich der Haftungsnorm in sachlicher und räumlicher Hinsicht festgelegt. § 114 Abs 1 BBergG enthält überdies mit der **Definition** des Begriffs **des Bergschadens** eine Bestimmung des Kreises der nach dieser Norm ersatzfähigen Schäden. Daran anknüpfend werden in **Abs 2** durch die **Negativdefinition** eines Bergschadens **fünf Haftungsausschlusstatbestände** normiert. In den §§ 115–121 BBergG werden schließlich Umfang und Schuldner des Anspruches bestimmt.

3. Bezüge zur Umwelthaftung

4 Die bergrechtliche Haftung lässt sich in einem weiten Sinn der Umwelthaftung zuordnen. Bergbauaktivitäten sind nicht nur ein erheblicher Eingriff in den Naturhaushalt und schon aus diesem Grund umweltrechtlich erheblich. Sie können auch spezifische Schäden im Sinne eines **Umweltschadens** verursachen, etwa indem Bergsenkungen unter mechanischer Vermittlung des Umweltmediums Boden auftreten, der Bergbau die Wasserführung oder Wasserqualität (vgl dazu PIENS, Sickerwasser von Bergbauhalden als Rechtsproblem, ZfW 1999, 11) verändert, oder sich entzündende Gase Schäden, insbesondere durch Brand oder Explosion, verursachen. Umweltschäden können ferner je nach der Sachnatur der Bodenschätze bei deren Aufbereiten und bei bergbaulichen Nebentätigkeiten wie Verladen und Lagern eintreten (vgl Rn 9). Qualitätssicherungssysteme können auch im Bereich von Bergbauaktivitäten auf der Grundlage der EG-Umweltauditverordnung eingeführt werden (FALK, EG-Umwelt-Audit-VO [1998] 205 f).

II. Haftungsvoraussetzungen

1. Handlungshaftung

a) Bodenschatzförderung

5 Als **haftungsauslösende Handlung** kommt nach **§ 2 Abs 1 Nr 1 BBergG** zunächst das Aufsuchen, Gewinnen und Aufbereiten von bergfreien und grundeigenen Bodenschätzen in Betracht. Gemäß § 2 Abs 4 BBergG ist allerdings das Verladen, Befördern und Abladen von Bodenschätzen, Nebengestein und sonstigen Massen im Sinne des Abs 1 Nr 1 bei der Verwendung bestimmter, dort genannter Verkehrsmittel bzw. das Verbringen derartiger Stoffe durch bestimmte, dort näher bezeichnete Leitungsnetze an nicht zum Bergbaubetrieb gehörende Teile des Unternehmens bzw. Dritte von der Haftung ausgenommen; in diesem Zusammenhang entstandene Schäden sind folglich auch nicht von § 114 BBergG erfaßt.

6 Unter einem **Aufsuchen** im Sinne des § 2 Abs 1 Nr 1 BBergG ist nach § 4 Abs 1 BBergG die mittelbar oder unmittelbar auf die Entdeckung oder Feststellung der Ausdehnung von Bodenschätzen gerichtete Tätigkeit zu begreifen. Die in der Norm genannten Ausnahmen betreffen Tätigkeiten im Rahmen der amtlichen geologischen Landesaufnahme, die ausschließlich und unmittelbar Lehr- oder Unterrichtszwecken dienenden Tätigkeiten und die Tätigkeiten des Sammelns von Mineralien in Form von Handstücken oder kleinen Proben für mineralogische oder geologische Sammlungen. Unter den Begriff der Aufsuchung fallen dabei auch die in § 11 Nr 5 a) und § 16 Abs 1 S 3 BBergG genannten wissenschaftlichen Aufsuchungen (PIENS/SCHULTE/GRAF VITZTHUM § 114 BBergG Rn 6).

7 Unter einer **Gewinnung** ist nach § 4 Abs 2 BBergG das Lösen oder Freisetzen von Bodenschätzen einschließlich der damit zusammenhängenden vorbereitenden, begleitenden und nachfolgenden Tätigkeiten zu verstehen. In der Praxis stellt diese Tätigkeit den Hauptanwendungsfall der Bergschadenhaftung dar (PIENS/SCHULTE/GRAF VITZTHUM § 114 BBergG Rn 7 mwN).

8 Unter einer die Haftung nach § 114 BBergG auslösenden **Aufbereitung** ist nach § 4

Abs 3 S 1 BBergG das Trennen oder Anreichern von Bodenschätzen sowie bestimmte Formen ihrer Weiterverarbeitung, wie etwa Brikettieren, Verschwelen, Verkoken, Vergasen, Verflüssigen und Verlösen zu verstehen, sofern der Unternehmer Bodenschätze der aufzubereitenden Art in unmittelbarem betrieblichem Zusammenhang selbst gewinnt, oder wenn die Bodenschätze in unmittelbarem räumlichem Zusammenhang mit dem Ort ihrer Gewinnung aufbereitet werden. Nach § 4 Abs 3 S 2 BBergG liegt dabei eine Aufbereitung nicht vor, wenn eine Tätigkeit im Sinne des Satzes 1 mit einer sonstigen Bearbeitung oder Verarbeitung von Bodenschätzen (Weiterverarbeitung) oder mit der Herstellung anderer Erzeugnisse (Nebengewinnung) durchgeführt wird und das Schwergewicht der Tätigkeit nicht bei der Aufbereitung liegt; die Nutzung von Erdwärme ist einer Weiterverarbeitung gleichzustellen.

9 Auch die **Nebentätigkeiten** des Verladens, Beförderns, Abladens, Lagerns und Ablagerns von Bodenschätzen, Nebengestein und sonstigen Massen werden erfasst, soweit sie im unmittelbaren betrieblichen Zusammenhang mit dem Aufsuchen, Gewinnen oder Aufbereiten stehen. Ein solcher Zusammenhang ist gegeben, wenn die Ausübung der Haupttätigkeit ohne die Nebentätigkeit nicht möglich, wesentlich erschwert oder wirtschaftlich nachteilig wäre. Dabei ist ein wichtiges Indiz für das Vorhandensein einer Nebentätigkeit im Sinne der Haftungsnorm das Bestehen der Bergaufsicht für die in Frage stehende Nebentätigkeit; diese Frage ist bei der Begründung der bergbehördlichen Zuständigkeit in der Regel sorgfältig vorgeprüft (Piens/Schulte/Graf Vitzthum § 114 BBergG Rn 12).

b) Rekultivierung

10 Nach § 2 Abs 1 Nr 2 BBergG können auch Tätigkeiten bei der **Wiedernutzbarmachung** der Oberfläche während und nach der Aufsuchung, Gewinnung und Aufbereitung von bergfreien und grundeigenen Bodenschätzen eine Haftung auslösen. Gemäß § 4 Abs 4 BBergG ist unter einer Wiedernutzbarmachung die ordnungsgemäße Gestaltung der vom Bergbau in Anspruch genommenen Oberfläche unter Beachtung des öffentlichen Interesses zu verstehen. Somit unterfallen diesem Begriff alle für eine Rekultivierung erforderlichen Tätigkeiten, ohne dass dabei jedoch der status quo ante erreicht werden muss (vgl Wilde, Verhältnis zwischen Bergrecht und Naturschutzrecht, DVBl 1998, 1321, 1323). Im Einzelfall kann als Indiz für eine nähere Bestimmung der jeweiligen Tätigkeit als zur Wiedernutzbarmachung gehörend der im Bergbauunternehmen maßgebliche Betriebsplan nach § 52 BBergG herangezogen werden (Piens/Schulte/Graf Vitzthum § 114 BBergG Rn 10).

2. Anlagenhaftung

11 Mit der Aufzählung bergbaulicher Einrichtungen in § 2 Abs 1 Nr 3 BBergG wird der Begriff des Bergbaubetriebes vervollständigt und die daraus resultierende Haftung nach § 114 BBergG abgeschlossen. Diese Einrichtungen unterfallen einer Haftung nach § 114 BBergG, wenn sie überwiegend einer der in den Nummern 1 oder 2 des § 2 Abs 1 BBergG bezeichneten Tätigkeiten dienen oder zu dienen bestimmt sind. Damit werden die von der Handlungshaftung nach den Nummern 1 und 2 eröffneten Haftungslücken durch eine umfassende Anlagenhaftung weitgehend geschlossen.

3. Rechtsgutverletzung (Bergschaden)

12 § 114 Abs 1 BBergG erklärt nur bestimmte Schäden für **ersatzfähig.** Diese werden mit dem legaldefinierten Begriff des Bergschadens in Anknüpfung an die Verletzung **bestimmter Rechtsgüter** bestimmt. Ein Bergschaden liegt vor, wenn infolge der Ausübung einer der in § 2 Abs 1 Nr 1 und 2 BBergG bezeichneten Tätigkeiten oder durch eine Einrichtung im Sinne des § 2 Abs 1 Nr 3 BBergG ein Mensch getötet oder der Körper oder die Gesundheit eines Menschen verletzt oder eine Sache beschädigt wird. § 114 BBergG vermittelt somit keinen umfassenden Rechtsgüterschutz; der reine Vermögensschaden ist – etwa im Gegensatz zu § 22 WHG – nicht ersatzfähig. Die durch § 114 BBergG geschützten Rechtsgüter sind identisch mit den in § 1 UmweltHG genannten; insoweit wird – vorbehaltlich der unten dargestellten Modifikationen – auf die entsprechende Kommentierung verwiesen (s § 1 UmweltHG Rn 5 ff).

a) Personenverletzung

13 In Anlehnung an die Haftungstatbestände der § 1 Abs 1 UmweltHG, § 32 Abs 1 GenTG, §§ 1 Abs 1, 2 Abs 1 HaftPflG, § 33 LuftVG und § 7 Abs 1 StVG schützt § 114 BBergG das **Leben** und die **körperliche und gesundheitliche Unversehrtheit** von Menschen. Insofern gilt das zu den dortigen Kommentierungen Ausgeführte entsprechend (s § 1 UmweltHG Rn 13 ff).

b) Sachbeeinträchtigung

14 Für einen Sachschaden im Sinne des § 114 BBergG ist ein zu einer Vermögensminderung führender **Eingriff in die Integrität der Sache** erforderlich (vgl LG Köln [Grundwasserabsenkung] NJW-RR 1990, 797; dazu kritisch: SCHULTE, Bergschadensersatzanspruch nach Grundwasserabsenkung, NJW 1990, 2734 f). Dabei werden primär Schäden an den Grundstücken selbst als auch an auf den Grundstücken stehenden Bebauungen erfasst. Typische Grundstücksschäden können durch Senkungen, Pressungen, Zerrungen, Erdrisse, Erdstufen, aber auch durch die Veränderung des Grundwasserspiegels und die daraus resultierenden Gebäudesubstanzschäden entstehen. Auch die Beschädigung von beweglichen Sachen begründet die Berghaftung. Im Übrigen wird auf die Kommentierung zu § 1 UmweltHG verwiesen (vgl § 1 UmweltHG Rn 18 ff).

4. Kausalität

15 Zwischen der Verletzung der in § 114 Abs 1 BBergG aufgezählten Rechtsgüter und dem Bergbaubetrieb einerseits muß ein ursächlicher Zusammenhang in Form von **haftungsbegründender Kausalität** im Sinne der Äquivalenztheorie bestehen. Zwischen der Rechtsgutverletzung und dem eingetretenen Schaden andererseits ist ein Ursachenzusammenhang im Sinne **haftungsausfüllender Kausalität** erforderlich. § 114 BBergG weist insofern materiellrechtlich keinen Unterschied zum Umwelthaftungsgesetz auf; wegen der Einzelheiten wird daher auf die entsprechende Kommentierung verwiesen (vgl § 1 UmweltHG Rn 49 ff, 75 ff). Einschränkungen über die Adäquanzformel sind nicht vorzunehmen. Entscheidend ist im Bereich der Gefährdungshaftung vielmehr, dass es sich bei der Rechtsgutverletzung um eine spezifische Auswirkung derjenigen Gefahren handelt, hinsichtlich derer der Verkehr nach dem Sinn der Haftungsvorschrift schadlos gehalten werden soll (BGHZ 79, 259, 263 = NJW 1981, 983); denn eine Gefährdungshaftung knüpft nicht an eine Verhaltenspflichtverletzung an, sondern gleicht die Auswirkungen einer erlaubten Gefahr aus. Mangels Anknüpfung an Verhaltensvorschriften kommt es folglich auch nicht auf die Vorhersehbarkeit des Schadens an (BGH aaO; Beck/Perling NJ 2000, 339, 343 mwN).

5. Aktivlegitimation

16 Ersatzberechtigt im Falle der Körper- und Gesundheitsverletzung ist der **Verletzte.** Nach § 117 Abs 1 BBergG richtet sich der Umfang der Ersatzpflicht nach den Vorschriften des Bürgerlichen Gesetzbuchs über die Verpflichtung zum Ersatz von Schäden im Falle einer unerlaubten Handlung, mithin den §§ 842 ff BGB. Dadurch erwerben auch **Dritte** nach Maßgabe der §§ 844 f BGB eigene Ersatzansprüche.

17 Im Falle der Sachbeschädigung ist primär der **Eigentümer** der jeweils beschädigten Sache anspruchsberechtigt. **Dritte** können nach § 114 BBergG Schadensausgleich verlangen, sofern ihnen an den betreffenden Sachen Nutzungs- und Abwehrrechte zustehen. So sind die Inhaber von dinglichen Rechten aus Dienstbarkeiten, Nießbrauch und dinglichem Wohnungsrecht ebenso anspruchsberechtigt wie Mieter, Pächter, Entleiher als berechtigte Besitzer (BGHZ 52, 259 ff = NJW 1969, 1962 ff) sowie Erbbauberechtigter (Wilke WM 1981, 1374). Nicht unmittelbar durch § 114 BBergG geschützt werden die Gläubiger von Hypotheken, Grund- und Rentenschuld, da nach § 117 Abs 3 BBergG in Verbindung mit Art 52 f EGBGB die Forderung des Grundstückseigentümers auf Bergschadensersatz nach § 114 BBergG zu deren Gunsten als verpfändet gilt (vgl näher Wilke WM 1981, 1375). Der Entschädigungsanspruch für Bergschäden nach dem BBergG gehört zum **Haftungsverband** der Hypothek und wird von der Beschlagnahme in der Zwangsversteigerung erfasst; er geht mit dem Zuschlag auf den Ersteher über (LG Saarbrücken RPfleger 1998, 532).

6. Passivlegitimation

a) Unternehmer

18 Nach § 115 Abs 1 BBergG ist der Unternehmer, der den **Bergbaubetrieb** zur Zeit der Verursachung des Bergschadens **betreibt** oder für **eigene Rechnung** hat betreiben lassen, zum Ersatz des Bergschadens verpflichtet. Nach § 4 Abs 5 BBergG ist dabei jede natürliche oder juristische Person oder Personenhandelsgesellschaft als Unternehmer anzusehen, die eine der in § 2 Abs 1 Nr 1 und 2 BBergG bezeichneten Tätigkeiten auf eigene Rechnung durchführt oder durchführen lässt. Der Begriff des Bergbaubetriebes ist dabei weiter zu verstehen als bei § 114 BBergG. Erfasst wird die Gesamtheit sächlicher und personeller Mittel unabhängig von der Person des jeweiligen Unternehmers (BT-Drucks 8/1315, S 142). Für die Unternehmereigenschaft im haftungsrechtlichen Sinn ist entscheidend, dass Verfügungsgewalt und wirtschaftliche Nutzziehung in einer Person vereint sind, womit auch Pächter und Nießbraucher eines Bergbaubetriebes erfasst sind (Piens/Schulte/Graf Vitzthum § 115 BBergG Rn 2). Im Sonderfall der Aufsuchung zu wissenschaftlichen Zwecken fehlt es an einem auf Gewinnerzielung ausgerichteten Unternehmen im Sinne des § 115 BBergG; in diesem Fall haftet allein der Erlaubnisnehmer nach den §§ 39 Abs 4, 114, 116 BBergG (Piens/Schulte/Graf Vitzthum § 114 BBergG Rn 6). Maßgeblich ist, welche Unternehmerperson den Bergbaubetrieb zum Zeitpunkt des schädigenden Ereignisses führte, auch wenn der Schaden – wie praktisch häufig – erst später eintritt (BT-Drucks 8/1315, S 141).

19 Gemäß § 115 Abs 2 S 1 BBergG haften im Falle der Verursachung des Bergschadens durch **mehrere** Bergbaubetriebe die Unternehmer der Betriebe als **Gesamtschuldner** im Sinne der §§ 421 ff BGB. Die gesamtschuldnerische Haftung setzt einen einheitlichen Schaden voraus, welcher durch das Zusammenwirken der Bergbaubetriebe verursacht wurde (RG ZfB 62 [1921] 438). An diesem Erfordernis fehlt es, wenn der Schaden zum einen Teil auf den Bergbaubetrieb eines Unternehmers und zu einem anderen, räumlich trennbaren Teil auf den Betrieb eines anderen Unternehmers zurückzuführen ist (RG ZfB 73 [1932], 516; Piens/Schulte/Graf Vitzthum § 115 BBergG Rn 4). Sofern die von einem früheren Bergbaubetrieb verursachten Bodenbewegungen zur Ruhe kamen, später jedoch durch einen anderen Bergbaubetrieb wieder auflebten, ist eine Einheitlichkeit im vorgenannten Sinn gegeben (RG ZfB 30 [1889] 355).

20 **§ 115 Abs 4 BBergG** ordnet die entsprechende Anwendung der Absätze 2 und 3 für den Fall an, dass ein Bergschaden durch einen Bergbaubetrieb innerhalb eines Zeitraumes verursacht wurde, in dem der Bergbaubetrieb sukzessiv **durch** zwei oder **mehrere Unternehmer betrieben** wurde.

b) Erlaubnisinhaber

21 Nach § 116 BBergG ist neben dem nach § 115 Abs 1 BBergG ersatzpflichtigen Unternehmer auch der **Inhaber** der dem Bergbaubetrieb zugrundeliegenden **Berechtigung** zur Aufsuchung oder Gewinnung (Bergbauberechtigung) zum Ersatz des Bergschadens verpflichtet. Die mit der Aufnahme des Bergbaubetriebes beginnende und praktisch unbegrenzt bestehende Haftung des Erlaubnisinhabers neben dem Bergbauunternehmer bezweckt, dem Geschädigten auch bei Vermögenslosigkeit oder Nichtmehrvorhandensein des Unternehmers einen Einstandspflichtigen zu geben (vgl Piens/Schulte/Graf Vitzthum § 116 BBergG Rn 2). Diese Konstellation findet sich insbesondere im Falle der **Überlassung** der Berechtigung **zur Pacht** oder **zum Nießbrauch** (Piens/Schulte/Graf Vitzthum § 116 BBergG Rn 1). Dabei gilt die Verantwortlichkeit des Erlaubnisinhabers auch bei betriebsplanmäßig zugelassenem Bergbaubetrieb, wenn die Bergbauberechtigung bei Verursachung des Bergschadens bereits erloschen war oder wenn sie mit Rückwirkung aufgehoben worden ist, da mögliche Schäden oft erst später erkannt werden.

22 Der Unternehmer und der Inhaber der Bergbauberechtigung haften als **Gesamtschuldner** im Sinne der §§ 421 ff BGB, § 116 Abs 1 S 2 BBergG. Im Verhältnis von Unternehmer und Erlaubnisinhaber zueinander haftet, soweit nichts anderes vereinbart ist, nach § 116 Abs 2 BBergG allein der Unternehmer. In Abweichung zu § 115 Abs 3 BBergG bestimmt § 116 Abs 1 S 3 BBergG, dass Unternehmer bzw. Erlaubnisinhaber von der Haftung gegenüber dem Geschädigten befreit sind, soweit der jeweils andere Teil seine Haftung gegenüber dem Geschädigten durch Rechtsgeschäft ausgeschlossen hat.

c) Schadensverursachung durch Dritte

23 Realisiert sich durch den Bergschaden die in einer anderen, außerhalb des Bergbaubetriebes existierende Anlage liegende besondere Betriebsgefahr, welche ihrerseits einer besonderen Gefährdungshaftung unterliegt, in einem Schaden, haften nach § 119 BBergG der Ersatzpflichtige und der für diese Anlage verantwortliche Dritte dem Geschädigten gegenüber als **Gesamtschuldner.** Der zwischen dem Dritten und dem nach § 114 BBergG Verpflichteten vorzunehmende Schadensausgleich bestimmt sich nach den Umständen, insbesondere inwieweit der Bergschaden vorwiegend von dem einen oder dem Dritten verursacht worden ist; im Zweifel entfallen auf beide Schädiger gleiche Anteile, §§ 119 S 2 Nr 1, 115 Abs 2 S 2 BBergG. Der nach § 114 BBergG Ersatzpflichtige ist dabei jedoch nicht verpflichtet, über die Haftungshöchstbeträge des § 117 BBergG hinaus Ersatz zu leisten. Dem Geschädigten gegenüber kann sich der Unternehmer eines beteiligten Bergbaubetriebes jedoch auf einen rechtsgeschäftlichen Haftungsausschluss berufen, §§ 119 S 2 Nr 2, 115 Abs 3 BBergG.

III. Rechtsfolge

1. Grundsatz

24 Nach § 114 Abs 1 S 1 BBergG ist für den aus dem Bergschaden resultierenden Schaden nach den §§ 115 bis 120 BBergG Ersatz zu leisten. Dabei bestimmt § 117 Abs 1 BBergG, dass sich der Umfang der Ersatzpflicht nach den Vorschriften des Bürgerlichen Gesetzbuchs über die Verpflichtung zum Ersatz von Schäden im Falle einer unerlaubten Handlung richtet, mithin nach den §§ **823 ff, 249 ff BGB;** auf die entsprechenden Kommentierungen wird verwiesen. In Betracht kommen insbesondere die Regelungen der §§ 843 bis 846 BGB. § 849 BGB ist aufgrund seines pönalisierenden Charakters unanwendbar, der nach § 114 BBergG geschuldete Betrag ist vielmehr erst ab dem Zeitpunkt des Verzuges zu verzinsen (vgl Piens/Schulte/Graf Vitzthum § 117 BBergG Rn 3). Eine Haftung für immaterielle Schäden, namentlich Schmerzensgeld, besteht nur bei Hinzutreten eines Verschuldens im Sinne des § 276 BGB auf deliktischer Basis. Primär gilt der Grundsatz der Naturalrestitution. Die Wiederherstellung des status quo ante ist nach § 242 BGB ausgeschlossen, wenn sie wegen der Besorgnis weiterer Schädigungen nicht dauerhaft oder nur mit unverhältnismäßigem Aufwand zu bewerkstelligen wäre (RG ZfB 78 [1937] 407). Im Rahmen der §§ 249 ff BGB ist neben den allgemeinen Grundsätzen im Bergschadensrecht insbesondere die Ausgleichung des nach Reparatur etwa verbleibenden Minderwertes eines Gebäudes von Bedeutung (vgl dazu Westermann, Der Inhalt des Ersatzanspruchs bei Gebäudezerstörung und Gebäudeschaden, AcP 156 [1956] 137, 148 f).

2. Personenschaden

25 § 117 Abs 1 Nr 1 BBergG sieht vor, dass im Falle der Tötung oder Verletzung eines Menschen der Ersatzpflichtige bis zu einem Kapitalbetrag von 500.000 Deutsche Mark (nach Art 3 des Entwurfes des 2. Gesetzes zur Änderung schadensersatzrechtlicher Vorschriften: 600.000 Euro) oder bis zu einem Rentenbetrag von jährlich 30.000 Deutsche Mark (nach Art 3 des Entwurfes des 2. Gesetzes zur Änderung schadensersatzrechtlicher Vorschriften: 36.000 Euro) haftet. Diese Einschränkung findet Ihre Entsprechungen in den §§ 12 Abs 1 Nr 1 StVG, 37 Abs 2 LuftVG. Eine verhältnismäßige Abstufung der Haftung im Falle der Mehrfachschädigung ist – im Gegensatz zu § 10 Abs 2 HaftPflG – nicht vorgesehen, so daß für jeden einzelnen Personenschaden bis zur angegebenen Höhe vollumfänglich gehaftet wird.

3. Sachschaden

26 § 117 Abs 1 Nr 2 BBergG bestimmt, dass bei einer Sachbeschädigung der Ersatz-

pflichtige nur bis zur Höhe des **gemeinen Wertes** der beschädigten **Sache** haftet, sofern es sich nicht um die Beschädigung von Grundstücken, deren Bestandteilen und Zubehör handelt; die Einteilung richtet sich nach den §§ 90 ff BGB. Unter gemeinen Wert ist dabei der übliche Tausch- und Verkehrswert zu verstehen. Der gemeine Wert ist demgemäss der im gewöhnlichen Geschäftsverkehr für eine Sache zu erzielende Preis, mithin der Verkaufs- bzw Verkehrswert (BGHZ 14, 368, 376; BGH NJW 1981, 1045, 1047).

27 Die bei **Grundstücken** als Ausnahmeregelung statuierte Haftung über den gemeinen Wert hinaus dürfte der Regelfall sein. Nicht eindeutig ist, ob die beschädigte Sache, die Bestandteil oder Zubehör eines Grundstücks ist, gerade solche des selbst beschädigten Grundstückes sein muß, oder ob die Zubehör- oder Bestandteilseigenschaft der Sache zu irgendeinem, selbst nicht beschädigten Grundstück ausreicht, um diese erweiterte Haftung auch auf Mobilien zu erstrecken. Richtigerweise setzt der Anspruch auf Bergschadensersatz nicht voraus, dass die beschädigte Sache Zubehör des Grundstücks ist, auf dem sich der Schaden ereignet hat, auch wenn zugleich ein räumlich zusammenhängendes und geschlossenes Gelände gefordert wird (BGH DB 1969, 2337, 2338 = MDR 1970, 218; enger noch BGHZ 51, 119, 123).

28 Neben dem Wiederherstellungsaufwand für die Beseitigung bergbaubedingter Substanzschäden an dem betroffenen Gebäude kann der Gebäudeeigentümer nach §§ 114, 117 BBergG als Bergschaden auch den **Minderwert** ersetzt verlangen, der trotz ordnungsgemäßer Beseitigung der Schäden verbleibt (OLG Saarbrücken WuM 1995, 211 f; OLG Düsseldorf BauR 2000, 1487 f); zu entschädigen ist die verbleibende bergbaubedingte Herabsetzung des Verkehrswerts des Gebäudes (vgl für die Bewertung von Grundstücken: Sprajc, Folgen für den betrieblichen Bereich und die Einheitsbewertung von Grundstücken, DWW 1992, 281). Dabei ist ein Entschädigungsanspruch des Gebäudeeigentümers im Form des merkantilen Minderwerts allein aufgrund der Lage des Grundstücks im Bergschadensgebiet ohne Rücksicht darauf, ob das Anwesen von Bergschäden im Sinne eines Sachsubstanzschadens betroffen ist, nach dem Schutzzweck der §§ 114, 117 BBergG nicht anzuerkennen (OLG Saarbrücken WuM 1995, 211 f).

29 Für den Fall der bereits eingetretenen Bergschädigung ist problematisch, in welchem Umfang die Beeinträchtigung einer **künftigen Verwertbarkeit** des Grundstückes zu ersetzen ist. Durch den Bergschaden kann die Nutzung des Grundstückes als besonders werthaltiges Objekt, etwa für eine Bebauung, auf Dauer nicht mehr gegeben sein. Systematisch dürfte diese Problematik nach den zu § 252 BGB entwickelten Grundsätzen zu behandeln sein. Die Verwendungseinschränkung ist somit grundsätzlich als entgangener Gewinn ersatzfähig, wenn nach dem gewöhnlichen Lauf der Dinge oder nach den besonderen Umständen, insbesondere nach den getroffenen Anstalten und Vorkehrungen, mit Wahrscheinlichkeit eine derartige Bebauung erwartet werden konnte, § 252 S 2 BGB. §§ 110 Abs 3, 111 Abs 2 BBergG gelten in diesem Zusammenhang entsprechend. Ein durch den Minderwert des Grundstückes eingetretener **Entwertungsschaden** kann als Bergschaden nur dann geltend gemacht werden, wenn das betroffene Grundstück die die Höherwertigkeit begründenden Eigenschaften, wie zB die Einstufung als Bauerwartungsland, bereits anhafteten oder aber der Verkehr mit dem alsbaldigen Eintritt der Eigenschaft rechnete und daher in Erwartung dieser Entwicklung bereit war, einen höheren Kaufpreis zu zahlen (vgl RG ZfB 51 [1910] 475; RG ZfB 62 [1921] 201; BGHZ 59, 139, 142 = NJW 1972,

1943). Ein dem Bergbautreibenden zuzurechnender Bergschaden kann auch dann vorliegen, wenn die gemeindliche Planung an sich zum Bauen geeignetes, günstig gelegenes Gelände deshalb nicht ins Baugebiet einbezieht, weil mit bergbaubedingten Bodensenkungen zu rechnen ist (BGH aaO).

30 Fraglich ist ferner, ob das bloße Vorhandensein eines Bergbaubetriebes in Grundstücksnähe und die damit verbundene Möglichkeit **künftiger Schädigungen** eine **Verkehrswertminderung** des Grundstücks mit der Folge der Anspruchsberechtigung des Grundstückseigentümer aus § 114 BBergG in ebendieser Höhe bewirkt (so wohl OLG Düsseldorf BauR 2000, 1487, 1489). Als Bemessungsmaßstab für eine derartige Wertminderung wird unter Hinweis auf die Unzulänglichkeiten dieser Methode und mit Blick auf die zu § 148 ABG ergangene Rechtsprechung auf die Kosten für den im Falle eines Bergschadens anfallenden zusätzlichen Sicherungsaufwand für eine Bebauung in – mangels anderer Anhaltspunkte – durchschnittlicher Beschaffenheit hingewiesen (vgl Piens/Schulte/Graf Vitzthum § 114 BBergG Rn 38). Eine analoge Anwendung des § 113 BBergG mit der Folge der Entschädigung des Grundstückseigentümers nach Übernahme durch den Unternehmer in Höhe des Verkehrswertes kommt als ultima ratio in Betracht. Bei Bergschäden kann die Wertminderung eines Gebäudes auch im Wege des sogenannten Sachwertverfahrens ermittelt werden (BGH MDR 1965, 899).

31 Vom Schadensumfang gedeckt sind die Aufwendungen, welche durch die infolge des Bergschadens erforderlich gewordenen **Anpassungen** bzw zusätzliche **Sicherungen** von Bauten entstehen, vgl §§ 110 Abs 3, 111 Abs 2 BBergG.

IV. Haftungsausschlüsse

1. § 114 Abs 2 BBergG

32 § 114 Abs 2 Nr 1–5 BBergG enthält einen Katalog, welcher enumerativ **Ausnahmen von der Ersatzpflicht** festlegt, weil schon definitionsgemäß kein Bergschaden im Sinne der Norm gegeben ist.

a) Betriebsbeteiligte Personen und Sachen (Nr 1)

33 Kein Bergschaden liegt nach Nr 1 vor, wenn **im Bergbaubetrieb beschäftigte Personen oder** im Bergbaubetrieb **verwendete Sachen** geschädigt werden. Hinsichtlich des Begriffs des Bergbaubetriebes ist die Legaldefinition des Abs 1 maßgeblich. Nach Sinn und Zweck des Haftungsauschlusses unterfallen dem Begriff der Beschäftigung sowohl bei dem Bergbauunternehmer beschäftigte Personen als auch Arbeitnehmer eines Dritten, welche aufgrund vertraglicher Beziehung innerhalb des Bergbaubetriebes Arbeiten ausführen, nicht jedoch Besucher (vgl Piens/Schulte/Graf Vitzthum § 114 BBergG Rn 67).

b) Schäden anderer Bergbaubetriebe (Nr 2)

34 Nach Nr 2 ist ein Schaden nicht zu ersetzen, der an wirtschaftlich zu **einem anderen** dem BBergG unterliegenden **Bergbaubetrieb** gehörenden Rechtsgütern oder an den dem Aufsuchungs- oder Gewinnungsrecht eines anderen unterliegenden Bodenschätzen entsteht. Nach § 55 Abs 1 S 1 Nr 4, 9 BBergG sind solche Streitigkeiten gegebenenfalls durch Entscheidung der Bergbehörde zu regeln.

c) Einwirkungen (Nr 3)

35 Gemäß § 114 Abs 2 Nr 3 BBergG liegt ein Bergschaden auch dann nicht vor, wenn ein Schaden durch **Einwirkungen** entsteht, **die nach § 906 BGB nicht verboten** werden können. Sofern die Verbotsschwelle des § 906 BGB überschritten ist, hat der Geschädigte die Einwirkungen ebenfalls zu dulden, jedoch liegt dann kompensatorisch ein nach § 114 Abs 1 BBergG ersatzfähiger Schaden vor. § 114 Abs 1 BBergG bildet somit den Ausgleich dafür, dass der Anspruchsberechtigte die Zuführung von Einwirkungen aus Bergbaubetrieben wegen ihrer volkswirtschaftlichen Bedeutung ohne die Möglichkeit der Untersagung zu dulden hat (Falk, EG-Umwelt-Audit-VO [1998] 206; Piens/Schulte/Graf Vitzthum § 114 BBergG Rn 49). Der Einwirkungsbegriff ist dabei dem des § 906 BGB gleichzustellen, womit Gase, Dämpfe, Gerüche, Rauch, Ruß, Wärme, Geräusch, Erschütterungen bzw ähnliche Einwirkungen erfasst werden (vgl die Kommentierung zu § 906 BGB Rn 107 ff); hinsichtlich der Duldungsgrenze gilt entsprechendes (vgl die Kommentierung zu § 906 BGB Rn 157 ff).

d) Planungsentscheidungen (Nr 4)

36 Ein **Nachteil,** der **durch Planungsentscheidungen** entsteht, die mit Rücksicht auf die Lagerstätte oder den Bergbaubetrieb getroffen werden, ist ebenfalls nicht nach § 114 Abs 1 BBergG ersatzfähig. Damit soll erreicht werden, dass solche Schäden nicht dem Bergrecht, sondern der Rechtsmaterie zugeordnet werden, welche die Grundlage für die Planungsentscheidung bildet (BT-Drucks 8/1315, S 141 zu § 112).

e) Unerhebliche Aufwendungen im Sinne des § 110 BBergG (Nr 5)

37 Nr 5 stellt schließlich klar, daß ein **unerheblicher Nachteil** oder eine unerhebliche Aufwendung im Zusammenhang mit Maßnahmen der Anpassung nach § 110 BBergG keinen Bergschaden im Sinne des § 114 BBergG darstellt. Die Regelung ist im Hinblick auf § 110 Abs 3 BBergG überflüssig, da dort bereits normiert ist, dass mit der Anpassung verbundene unerhebliche Nachteile oder Aufwendungen vom Bauherren zu tragen und nur bei Überschreitung der Erheblichkeitsgrenze vom Unternehmer zu ersetzen sind.

2. Mitverschulden

38 Nach **§ 118 BBergG** in Verbindung mit **§ 254 BGB** ist ein Mitverschulden des Anspruchstellers zu berücksichtigen, wenn bei der Entstehung des Bergschadens ein Verschulden seinerseits mitgewirkt hat, wobei im Falle der Beschädigung einer Sache das Verschulden desjenigen, der die tatsächliche Gewalt über die Sache ausübt, dem Verschulden des Geschädigten gleichsteht. Dabei muss sich der Rechtsnachfolger eines Bauherrn das Verschulden seines Vorgängers – etwa in Form von Baumängeln oder unterlassenen Sicherungsmaßnahmen – zurechnen lassen (RG ZfB 71 [1930] 254). Über § 118 BBergG wird auch das Mitwirken einer eigenen Sach- oder Betriebsgefahr auf Seiten des Geschädigten zugerechnet.

39 Ein Mitverschulden kann insbesondere in dem **Nichtbefolgen eines Anpassungs- oder Sicherungsverlangens** nach § 112 BBergG sowie dem Bauen entgegen einer **Bauwarnung** nach § 113 BBergG gesehen werden (vgl auch RG ZfB 71 [1930] 254) bzw dem Bauen ohne zusätzliche Gründungsmaßnahmen (vgl OLG Köln ZfB 122 [1981] 451). Ein Fall des Mitverschuldens im Sinne des § 118 BBergG liegt auch dann vor, wenn der Geschädigte einen als Schadensersatz erhaltenen **Betrag nicht zur Schadensbehebung**

verwendet – was ihm grundsätzlich freisteht (BGHZ 61, 56, 58; 66, 239, 241) – und sich dadurch die Schadensanfälligkeit des geschädigten Gegenstandes erhöht und später realisiert (vgl RG ZfB 46 [1905] 273). § 118 BBergG ist im Rahmen des § 112 S 3 BBergG entsprechend anzuwenden.

3. Höhere Gewalt

40 Eine Haftungsbegrenzung infolge **höherer Gewalt,** eines **unabwendbaren Ereignisses** oder des ordnungsgemäßen Zustandes der Anlage oder des Betriebs ist – im Gegensatz zum § 187 Abs 1 Österr BergG – **nicht** vorgesehen (vgl Piens/Schulte/Graf Vitzthum § 114 BBergG Rn 24).

4. Bergschadensverzicht

41 Die sich aus § 114 BBergG ergebende Haftung kann durch formfreies **Rechtsgeschäft** zwischen Verpflichtetem und Berechtigtem ganz oder teilweise ausgeschlossen werden, vgl §§ 115 Abs 3, 116 Abs 1 S 3 BBergG. Ein Verzicht kann schuldrechtlicher oder dinglicher Natur sein und sowohl für bereits entstandene als auch für künftige Bergschäden gelten (Wilke WM 1981, 1376). Ersterenfalls müssen eventuelle Grundpfandrechtsgläubiger einem – als Erlass im Sinne des § 397 BGB zu qualifizierenden – Verzicht durch den Grundstückseigentümer zustimmen, da anderenfalls in deren bezüglich des Ersatzanspruches bestehendes Pfandrecht eingegriffen würde. Im Falle des Verzichtes auf künftige Bergschäden durch Vertrag im Sinne des § 305 BGB aF, § 311 Abs 1 BGB nF wirkt dieser **gegenüber Einzelrechtsnachfolgern** nur dann, wenn er im Grundbuch durch Grunddienstbarkeit mit Eintragung des Bergwerkseigentums als herrschendem Grundstück nach § 1018 BGB oder als beschränkte persönliche Dienstbarkeit nach § 1090 BGB zugunsten anderer Bergbauberechtigter gesichert worden ist (vgl RGZ 166, 105; 130, 350; BGH VersR 1970, 932; OLG Hamm ZfB 122 [1981] 440; Piens/Schulte/Graf Vitzthum § 114 BBergG Rn 58 ff).

42 Im Falle der **gesamtschuldnerischen Haftung mehrerer Bergbaubetriebe** ist nach § 115 Abs 3 BBergG zu beachten, dass bei einem Bergschadensverzicht zugunsten eines Bergbaubetriebes die anderen gesamtschuldnerisch haftenden Bergbaubetriebe nicht auf den durch den Bergschadensverzicht ausgeschlossenen Anteil in Anspruch genommen werden können (vgl OLG Hamm ZfB 105 [1964] 383).

V. Verjährung

43 Nach § 117 Abs 2 BBergG verjährt der Anspruch auf Ersatz des Bergschadens in drei Jahren von dem Zeitpunkt an, in welchem der Ersatzberechtigte von dem Schaden und der Person des Ersatzpflichtigen Kenntnis erlangt. Ohne Rücksicht auf diese Kenntnis verjährt der Ersatzanspruch in 30 Jahren vom Zeitpunkt der Entstehung an, vgl § 195 BGB aF. Die Norm ist **regelungsgleich mit § 852 BGB aF;** auf die diesbezügliche Kommentierung wird verwiesen. Sie erfasst neben dem nach § 114 BBergG zu ersetzenden Bergschaden auch den Anspruch auf Verkehrswertminderung nach § 113 Abs 3 S 1 BBergG. Hinsichtlich der Person des Ersatzpflichtigen muss der Geschädigte Kenntnis von den nach den §§ 115 f BBergG Verpflichteten haben. Die Möglichkeit, sich in zumutbarer Weise ohne besondere Mühe Namen und Anschrift des Ersatzpflichtigen durch Erkundigung zu verschaffen (BGH NJW 1955, 706),

steht für den Beginn der Verjährungsfrist jedenfalls dann nicht der wirklichen Kenntnis vom Urheber des Schadens gleich, wenn der Geschädigte irrigerweise diese Kenntnis bereits zu haben glaubt (BGH MDR 1958, 595). Das Anpassungs- und Sicherungsverlangen des Unternehmers nach § 110 BBergG selbst löst noch keinen Verjährungsbeginn aus (vgl Piens/Schulte/Graf Vitzthum § 121 BBergG Rn 28). Schweben zwischen dem Ersatzpflichtigen und dem Ersatzberechtigten Verhandlungen über den zu leistenden Ersatz, so ist die Verjährung gehemmt, bis der eine oder der andere Teil die Fortsetzung der Verhandlungen verweigert, § 117 Abs 2 S 2 BBergG.

VI. Prozessuales

1. Rechtsweg

44 Der sich aus § 114 BBergG ergebende Anspruch ist vor den **ordentlichen Gerichten** geltend zu machen.

2. Beweislast

a) Bergschadensvermutung

45 Von den grundsätzlich auch im Berghaftungsrecht geltenden allgemeinen Beweislastregeln des Schadensersatzrechtes macht § 120 Abs 1 S 1 BBergG durch die sogenannte **Bergschadensvermutung** eine Ausnahme. Danach wird für die nach In-Kraft-Treten des BBergG verursachten Bergschäden (§ 170 BBergG) angenommen, dass ein Schaden dann durch einen Bergbaubetrieb verursacht worden ist, wenn in dessen Einwirkungsbereich der untertägigen Aufsuchung oder Gewinnung durch Senkungen, Pressungen oder Zerrungen der Oberfläche oder durch Erdrisse ein Schaden entsteht, der seiner Art nach ein Bergschaden sein kann. Mit dem neu eingeführten Institut der Bergschadensvermutung hat das BBergG eine dem bisherigen deutschen Bergrecht und auch den ausländischen Berggesetzen fremde Kausalitätsvermutung für die Verursachung von Bergschäden aufgestellt. Die Vermutung erstreckt sich nur auf die Verursachung des Schadens durch den Bergbau, nicht jedoch auf die Höhe des Schadens, die weiterhin im Einzelnen bewiesen werden muss (vgl Nölscher NJW 1981, 2039, 2040).

46 Das Institut der Bergschadensvermutung soll nach dem Willen des Gesetzgebers die außerordentlich **schwierige Beweissituation** des Geschädigten **erleichtern.** Dieser befinde sich in der Regel in einem Nachteil gegenüber dem Schädiger, da nicht der Geschädigte sondern nur der Schädiger über genaue Kenntnisse in Bezug auf die möglichen Ursachen für Bergschäden verfügt; auch könne der Schädiger jede nicht abschließend fundierte Einlassung des Geschädigten durch die im eigenen Betrieb beschäftigten Sachverständigen leicht erschüttern (vgl BT-Drucks 8/1315, S 144). Allerdings würde die beschriebene Sachlage bei Fehlen der expliziten Vermutungsregel eine prima-facie Situation darstellen, die nach den Regeln des Anscheinsbeweises zu ähnlichen Beweislasteffekten führen würde.

47 Nach dem Wortlaut der Norm gilt die Bergschadensvermutung nur bei Vorliegen eines **unterirdischen** Bergbaubetriebes. Ein oberirdischer Tagebau wird nicht erfasst; hier muss der Geschädigte vielmehr beweisen, dass der Schaden durch den Bergbaubetrieb entstanden ist. Die Differenzierung ist nach den Gesetzesmotiven damit zu begründen, dass beim Tagebau bergschadenverursachende Einwirkungen auf die Oberfläche atypisch seien (vgl BT-Drucks 8/3965, S 143).

48 Der zu beurteilende Schaden muss zunächst im **Einwirkungsbereich** eines Bergbaubetriebes entstanden sein, mithin in dem Bereich, in welchem der Gewinnungsbetrieb auf die Erdoberfläche einwirken kann, vgl § 67 Nr 7 BBergG. Dem Geschädigten kann dieser von ihm zu erbringende Nachweis häufig durch die Hinzuziehung der Betriebspläne gelingen, in welchen dieser Bereich nach Maßgabe der aufgrund vorgenannter Norm erlassenen Verordnung (vgl EinwirkungsbergV vom 11. 11. 1982, BGBl I 1553, 1558) definiert wird. Ferner muss der Schaden durch die genannten **Veränderungen** der **Erdoberfläche** entstanden sein, mithin durch Senkungen, Pressungen oder Zerrungen der Oberfläche oder durch Erdrisse. Letztlich muss es sich bei dem entstandenen Schaden der **Art** nach, dh nach dem äußeren Erscheinungsbild, um eine Beschädigung handeln, die nach der allgemeinen Erfahrung bei den genannten Bodenbewegungen auftreten kann (Piens/Schulte/Graf Vitzthum § 120 BBergG Rn 6). Die Bergschadensvermutung kann mehrere Bergbaubetriebe erfassen, wenn sich die Einwirkungsbereiche dieser Betriebe am Ort der Schadensentstehung überschneiden.

b) Widerlegung

49 § 120 BBergG führt nicht zu einer Umkehr der Beweislast, sondern nur zu einem **widerlegbaren Beweis des ersten Anscheins;** die Bergschadensvermutung kann der in Anspruch genommene Bergbaubetrieb somit widerlegen (vgl Nölscher NJW 1981, 2039, 2040). Nach § 120 Abs 1 S 2 BBergG **gilt** die **Bergschadensvermutung nicht,** wenn feststeht, dass der Schaden oder die Veränderung der Erdoberfläche durch die dort in Nr 1 und 2 aufgeführten Tatbestände verursacht sein könnte, für welche wiederum der nach § 114 BBergG in Anspruch Genommene beweispflichtig ist. Sofern der Bergbaubetrieb die bloße Möglichkeit anderweitiger Verursachung nach § 120 Abs 1 S 2 BBergG nachweist, ist der Geschädigte zum vollen Beweis der bergbaulichen Verursachung seines Schadens gezwungen (vgl Schulte, Das Bundesberggesetz, NJW 1981, 88, 93).

50 Nach Nr 1 **entfällt** die **Vermutung,** wenn der Schaden durch einen **offensichtlichen Baumangel** oder eine **baurechtswidrige Nutzung** verursacht sein kann. Dies bedeutet jedoch nicht, dass ein erkennbarer Baumangel gegeben sein muss, dessen Möglichkeit nicht erst durch eingehende Untersuchung oder gar durch ein umfangreiches Sachverständigengutachten bewiesen werden muss (**aA** Nölscher NJW 1981, 2039, 2041). Vielmehr ist davon auszugehen, dass die Vermutung des § 120 Abs 1 S 1 BBergG nicht durch einen nur unbedeutenden Baumangel widerlegt wird (vgl Piens/Schulte/Graf Vitzthum § 120 BBergG Rn 10). Die Rechtswidrigkeit der baulichen Nutzung ist nach allgemeinem Baurecht zu beurteilen, wobei jedoch solche Baurechtsverstöße außer Betracht bleiben, die ihrer Art nach nicht generell geeignet sind, einen Schaden wie den behaupteten zu verursachen (vgl Piens/Schulte/Graf Vitzthum § 120 BBergG Rn 11).

51 Nach Nr 2 entfällt die Bergschadensvermutung ferner, wenn die zum Schaden führenden Veränderungen der Erdoberfläche durch **natürlich bedingte geologische oder hydrologische Gegebenheiten oder Veränderungen** des Baugrundes oder von einem Dritten verursacht sein können, der, ohne Bodenschätze untertägig aufzusuchen oder

zu gewinnen, im Einwirkungsbereich des Bergbaubetriebes auf die Oberfläche eingewirkt hat. Neben Grundwasserschwankungen dürften vor allem Erdrutsche und Erdstöße zu den natürlichen Ursachen von Schäden zählen. Als von Dritten gesetzte Verursachungsbeiträge kommen nach der Vorstellung des Gesetzgebers vor allem Erdarbeiten bei Bauvorhaben, Tunnelbau, Absenkungen des Grundwasserspiegels (vgl dazu LG Köln NJW-RR 1990, 797; dazu kritisch SCHULTE, Bergschadensersatzanspruch nach Grundwasserabsenkung, NJW 1990, 2734 f) oder die Errichtung baulicher Anlagen entgegen den Regeln der Bautechnik in Betracht (vgl BT-Drucks 8/1315, S 144).

c) Obliegenheit des Geschädigten

52 Wer sich wegen eines Schadens an einer baulichen Anlage auf die Bergschadensvermutung beruft, hat dem in Anspruch Genommenen nach § 120 Abs 2 BBergG auf dessen Verlangen **Einsicht** in die Baugenehmigung und die dazugehörigen Unterlagen für diese bauliche Anlage sowie bei Anlagen, für die wiederkehrende Prüfungen vorgeschrieben sind, auch Einsicht in die Prüfunterlagen zu gewähren oder zu ermöglichen. Der Begriff der baulichen Anlage ist in den Landesbauordnungen definiert und kann zur Auslegung für § 120 Abs 2 BBergG herangezogen werden. Als Ausfluss der Chancengleichheit sind diejenigen Unterlagen zu prüfen, die für die Widerlegbarkeit der Vermutung von Bedeutung sind. Gewährt oder ermöglicht der Geschädigte eine Einsicht nicht, so kann er die Fiktion der Bergschadensvermutung für sich nicht mehr in Anspruch nehmen, da die in § 120 Abs 2 BBergG statuierte Verpflichtung desjenigen, der sich auf die Vermutung beruft, eine unabdingbare Voraussetzung für das Entstehen der Fiktion über die Bergschadensvermutung bildet (vgl NÖLSCHER NJW 1981, 2039, 2040; PIENS/SCHULTE/GRAF VITZTHUM § 120 BBergG Rn 14).

d) Sonstige Beweisthemen

53 Im Falle der gesamtschuldnerischen Haftung **mehrerer Bergbauunternehmer** nach § 115 BBergG hat der Geschädigte zwar zu beweisen, dass es sich um einen die gesamtschuldnerische Haftung auslösenden einheitlichen Schaden handelt, nicht jedoch, in welcher Höhe die jeweiligen Verursachungsbeiträge auf die Unternehmer entfallen. Auch hier gilt die Schadensvermutung des § 120 BBergG, sofern feststeht, dass der nach dieser Norm erforderliche Schaden im Einwirkungsbereich dieser Bergbaubetriebe entstanden ist. Die Beweislast für das Vorliegen eines **Mitverschuldens** nach § 118 BBergG trägt der nach § 114 BBergG in Anspruch Genommene. Nähert ein Gebäude, das durch Bergbaueinwirkung in eine Schieflage geraten war, sich später infolge **neuerlicher Einwirkung** wieder mehr der Waagerechten an, so trifft den Gebäudeeigentümer, wenn er wegen der späteren Veränderung Bergschadensersatz fordert, die Beweislast dafür, dass die rückläufige Bewegung das innere Gefüge seines Hauses gelockert habe (BGH MDR 1964, 42, 43).

VII. Konkurrenzen

1. Grundsatz

54 Nach § 121 BBergG bleiben gesetzliche Vorschriften, nach denen für einen Schaden im Sinne des § 114 BBergG **in weiterem Umfang** als nach den Vorschriften der §§ 114 ff BBergG gehaftet wird oder nach denen ein anderer für den Schaden verantwortlich ist, unberührt. Die Formulierung „in weiterem Umfang" bewirkt dabei eine Haftungserweiterung in dreifacher Hinsicht. Zum einen gelten die in § 117

BBergG bestimmten Haftungshöchstgrenzen nicht für andere, außerhalb des BBergG normierte Anspruchsgrundlagen; zum anderen kann auch der Kreis der Ersatzberechtigten erweitert werden, wenn etwa Dritten welchen nach dem BBergG keine Ansprüche zustehen, nach anderen Vorschriften ausgleichsberechtigt sind. Schließlich kann auch der Umfang des Rechtsgüterschutzes über den im BBergG definierten Rahmen hinaus erweitert werden, wobei insbesondere die Haftung für reine Vermögensschäden und für immaterielle Einbußen in Betracht kommt. Es besteht eine **echte Anspruchskonkurrenz,** bei welcher die vom BBergG gezogenen Haftungsbegrenzungen bei Verpflichtung aus anderen außerhalb des BBergG normierten Anspruchsgrundlagen entfallen, soweit deren Voraussetzungen gegeben sind. Die Verjährung ist für jede Anspruchsgrundlage gesondert zu prüfen. Die Norm stimmt mit dem Regelungsgehalt anderer Vorschriften in anderen Haftpflichtgesetzen überein, vgl etwa § 26 Abs 7 AtomG, § 37 Abs 3 GenTG, § 12 HaftPflG, § 42 LuftVG, § 16 StVG, § 18 Abs 1 UmweltHG.

55 Sofern eine parallele Haftung aufgrund anderer Vorschriften in Betracht kommt, gelten eventuelle **Haftungshöchstgrenzen** und **Haftungsausschlüsse** grundsätzlich **nur im Rahmen des jeweils abgesicherten Haftungsrisikos.** Ein Haftungsausschluss der bergrechtlichen Haftung beim Vorliegen höherer Gewalt oder unabwendbarer Ereignisse, die nach anderen Haftungsgesetzen im Einzelfall haftungsausschließend sind, ist nicht zu befürworten (**aA** Piens/Schulte/Graf Vitzthum § 121 BBergG Rn 28), da sie vom Wortlaut des BBergG nicht gedeckt und durch dessen Regelungsgehalt auch nicht impliziert wird. Soweit hingegen das BBergG Haftungshöchstsummen vorsieht, sind diese grundsätzlich nicht als spezialgesetzliche Vorrangregelungen auf konkurrierende Anspruchsgrundlagen zu übertragen, auch wenn damit die bergrechtliche Besonderheit der Haftungsbeschränkung im Ergebnis vereitelt wird.

56 Sofern ein aus §§ 114 ff BBergG Verpflichteter durch das **Zusammenwirken mit einem anderen,** insbesondere einem ebenfalls **der Gefährdungshaftung unterliegenden Schädiger** eine ersatzfähige Rechtsgutverletzung bei Dritten bewirkt, bestimmt sich die Haftung im Außenverhältnis nach dem jeweils abgesicherten Haftungsrisiko. Soweit die Verpflichtungen aus dem BBergG bzw der drittverpflichtenden Anspruchsgrundlage sich wertmäßig decken, haften beide als Gesamtschuldner (vgl RGZ 82, 439), darüber hinaus nach Maßgabe der sie verpflichtenden Anspruchsgrundlagen.

2. Einzelne Konkurrenzen

57 Die Haftung aus einem gegebenenfalls zwischen den aus den §§ 114 ff BBergG verpflichteten und berechtigten Personen abgeschlossenen **Vertrag** tritt neben die Ansprüche auf Grund des BBergG, sofern sich nicht Abweichendes aus dem Vertrag ergibt. Dies dürfte jedoch wegen § 114 Abs 2 Nr 1 BBergG nur für betriebsfremde Personen gelten. Eine Haftung für Personen- und Sachschäden bei im Bergbaubetrieb beschäftigten Personen ist nach § 114 Abs 2 Nr 1 BBergG ausgeschlossen. In Betracht kommt hier insbesondere eine Haftung nach arbeitsrechtlichen Grundsätzen.

58 Neben der Haftung aus den §§ 114 ff BBergG kommen bei schuldhaften Rechtsverletzungen insbesondere die **§§ 823 ff BGB** als Anspruchsgrundlage in Betracht. Nach § 847 BGB besteht dabei im Falle des Verschuldens die Haftung für Nichtvermögensschäden in Gestalt eines Schmerzensgeldes. Die Haftungshöchstgrenze des § 117 BBergG gilt ausnahmsweise wegen des im BGB geforderten zusätzlichen Rechtswidrigkeits- und Verschuldenserfordernisses nicht (Piens/Schulte/Graf Vitzthum § 121 BBergG Rn 5). Nach **§ 1004 BGB** bleibt es einem Betroffenen unbenommen, durch die Geltendmachung des Unterlassunganspruches gegen die Vornahme von Betriebshandlungen zu klagen, sofern bei ihrer Vornahme eine Schädigung der höchstpersönlichen Rechtsgüter Leben, Körper und Gesundheit ernsthaft zu besorgen ist.

59 Eine Haftungskonkurrenz mit den **§§ 25 f AtomG** kommt nur in den praktisch wenig relevanten Fällen in Betracht, in denen durch einen aus dem Bergbau resultierenden Betriebsunfall ein nukleares Ereignis im Sinne der §§ 25 f AtomG ausgelöst wird.

60 Die Haftung für einen beim Betrieb mit einer Schienenbahn nach **§ 1 Abs 1 HaftPflG** verursachten Schaden tritt nach § 12 HaftPflG neben die aus § 114 BBergG. Allerdings gilt die Haftung nach § 114 BBergG nicht für das Verladen, Befördern und Abladen von Bodenschätzen, Nebengestein und sonstigen Massen im Schienenverkehr der Eisenbahnen des öffentlichen Verkehrs, § 2 Abs 4 Nr 1 BBergG. Daher kommt eine Haftung nach § 114 BBergG neben § 1 Abs 1 HaftpflG nur dann in Betracht, wenn eine Schienenbahn des Bergbaubetriebes auf dem nichtöffentlichen Betriebsgelände oder privaten Verkehrswegen eine nicht vom Haftungsausschluss des § 114 Abs 2 Nr 1 BBergG erfasste betriebsfremde Person bzw eine Sache beschädigt. Solchenfalls wird die Haftung nach § 114 BBergG dann jedoch selbst nicht bei Vorliegen von höherer Gewalt iSd § 1 Abs 2 HaftPflG bzw unter den Voraussetzungen des § 1 Abs 3 HaftPflG ausgeschlossen (**aA** Piens/Schulte/Graf Vitzthum § 121 BBergG Rn 4). Die Haftungsmodalitäten der §§ 5 ff HaftPflG gelten dabei nicht für die Haftung aus § 114 BBergG.

61 Gleiches gilt für die Haftung beim Betrieb einer Energieanlage im Sinne des **§ 2 Abs 1 HaftPflG.** Auch hier wird die Haftung nach § 114 BBergG und somit eine Haftungskonkurrenz zu § 1 HaftPflG bei Vorliegen der Voraussetzungen des § 2 Abs 4 Nr 5 BBergG ausgeschlossen. Sollten dessen Voraussetzungen nicht vorliegen, gelten die Haftungsausschlüsse nach § 2 Abs 2 bzw Abs 3 HaftPflG ebenfalls nicht für eine Haftung aus § 114 BBergG (**aA** Piens/Schulte/Graf Vitzthum § 121 BBergG Rn 4).

62 Die Haftung des Bergwerkbetreibers für eine durch einen Bevollmächtigten, Repräsentanten oder zur Leitung bzw Beaufsichtigung des Betriebes oder der Arbeiter angenommene Person nach **§ 3 Abs 1 HaftPflG** für den in Ausführung einer Dienstvorrichtung schuldhaft verursachten Tod oder den Körperschaden eines Menschen steht ebenfalls neben der aus § 114 BBergG. Sie dürfte angesichts des Verschuldenserfordernisses und der Ausklammerung von Sachschäden jedoch keine nennenswerte eigene praktische Bedeutung haben.

63 Eine Haftungskonkurrenz mit den **§§ 33 ff LuftVG** dürfte kaum auftreten. In Betracht kommen Fälle des durch einen Betriebsunfall im Sinne der §§ 114 ff BBergG ausgelösten Betriebsunfalles eines Luftfahrzeuges; etwa bei durch den Bergbaubetrieb ausgelösten Erdbewegungen, welche zu Bewegungen der Rollfelder führen und somit das Start- oder Landeverhalten eines Luftfahrzeuges stören.

64 Da aufgrund des § 114 BBergG nach § 2 Abs 4 Nr 2 BBergG nicht für das Verladen, Befördern und Abladen von Bodenschätzen, Nebengestein und sonstigen Massen im Kraftfahrzeugverkehr auf öffentlichen Wegen oder Plätzen gehaftet wird, kommt eine Haftungskonkurrenz nur in Betracht, wenn durch ein Kraftfahrzeug des Bergbaubetriebes auf dem nichtöffentlichen Betriebsgelände oder auf privaten Verkehrswegen eine nicht vom Haftungsausschluss des § 114 Abs 2 Nr 1 BBergG erfasste betriebsfremde Person oder Sache geschädigt wird, da anderenfalls allein **§ 7 StVG** Anwendung finden würde. Sofern ein solcher Ausnahmefall jedoch gegeben ist, wird die Haftung nach § 114 BBergG selbst nicht bei Vorliegen eines unabwendbaren Ereignisses nach § 7 Abs 2 StVG ausgeschlossen (**aA** Piens/Schulte/Graf Vitzthum § 114 BBergG Rn 27).

65 Ferner kommt eine Anspruchskonkurrenz zu **§ 1 UmweltHG** in Betracht. Zu denken ist insbesondere an den Fall der durch den Bergbaubetrieb – etwa durch Bergbaumaschinen oder insbesondere Sprengungen – hervorgerufenen Erschütterungen. Solchenfalls verursachte Schäden können dann sowohl gegenüber dem Anlagenbetreiber im Sinne des § 1 UmweltHG als auch gegenüber dem aus § 114 BBergG Verpflichteten geltend gemacht werden (vgl Salje § 18 UmweltHG Rn 36).

66 Im Falle einer durch einen Bergschaden hervorgerufenen Änderung der Beschaffenheit des Wassers bzw des Grundwassers kommt es zu Überschneidungen mit dem Haftungstatbestand des **§ 22 WHG,** da im WHG kein Haftungsausschluss aufgrund anderer Haftungstatbestände normiert ist. Problematisch ist die Anspruchskonkurrenz vor allem, weil im WHG anders als in § 117 BBergG keine Haftungshöchstgrenze enthalten ist. Folglich würde im Haftungsfall wegen einer durch einen Bergschaden hervorgerufenen Wasserverunreinigung bei Nichtvorliegen höherer Gewalt eine unbegrenzte Haftung nach § 22 WHG eröffnet. Dies läuft zwar der gesetzgeberischen Wertung des § 117 BBergG im Ergebnis zuwider, ist aber bei Erfüllung des Tatbestandes des § 22 WHG hinzunehmen, da der Schutz des Wassers dort erkennbar stark mit haftungsrechtlichen Mitteln verfolgt und verwirklicht werden soll (vgl jedoch Piens/Schulte/Graf Vitzthum § 121 BBergG Rn 2: § 22 WHG als lex specialis zu § 114 BBergG). Für Schäden stillgelegter Bergbaubetriebe wird mangels Vorliegen des Tatbestandes des § 114 Abs 1 BBergG ausschließlich nach § 22 WHG gehaftet, sofern der stillgelegte Bergbetrieb noch als Anlage iSd § 22 Abs 2 WHG zu qualifizieren ist (OLG Köln ZfW 1998, 396 ff).

3. Übergangsrecht (BergG/DDR)

67 Das in der ehemaligen DDR geltende BergG vom 12.5. 1969 (GBl I 1969, 29) sah in § 19 Abs 1 S 1 BergG einen **verschuldensunabhängigen Schadensersatzanspruch** für die in § 18 Abs 1 BergG legaldefinierten Bergschäden vor, welcher nach § 25 BergG innerhalb von zwei Jahren ab Kenntniserlangung des Geschädigten vom Schaden und der Person des Ersatzpflichtigen verjährte. Die Modalitäten der Schadensabwicklung wurden in der 1. DVO (GBl II 1969, 257) zum BergG näher konkretisiert (zu Art und Inhalt der Ersatzleistung nach dem 3. 10. 1990 vgl BGH NJW 1999, 3332, 3334 f = NJ 2000, 42 ff mit Anmerkung Vierhuss).

68 Prinzipiell **galt** das BergG der DDR bis zum Ablauf des 02. 10. 1990; mit dem Datum des Beitritts trat das BBergG an dessen Stelle. Aufgrund der für Bergrechtsschäden

typischen langen Zeitdauer zwischen Ursachensetzung und Schadenseintritt kommt es zwangsläufig zu Überschneidungen in den Fällen, in welchen der nach dem 3. 10. 1990 eingetretene Schaden vor diesem Zeitpunkt verursacht wurde. Daher bestimmt Anl I Kap V Sachgeb D Abschn III Nr 1 lit k S 2 und 3 EinigungsV, dass die §§ 114 bis 124 BBergG nur für diejenigen Schäden gelten, die ausschließlich seit dem 3. 10. 1990, dem Tag des Wirksamwerdens des Beitritts, verursacht worden sind. Im Übrigen sind weiterhin die vor dem Tag des Beitritts geltenden Vorschriften der ehemaligen DDR anzuwenden, mithin das BergG. Bei nach dem Beitritt weiterbetriebenen Bergwerken ist der verursachende Betrieb derjenige, welcher das Bergwerk verantwortlich zum Zeitpunkt der Verursachung betrieb (vgl Beck/Perling NJ 2000 339, 346). Ist der Bergbaubetrieb von einem anderen Betreiber fortgeführt worden, kann bei entsprechender Vereinbarung im zwischen dem Alt- und dem Neubetreiber eine Einstandspflicht des Rechtsnachfolgers begründet sein.

E. Gesetz zum Schutz vor schädlichen Umwelteinwirkungen durch Luftverunreinigungen, Geräusche, Erschütterungen und ähnliche Vorgänge (Bundes-Immissionsschutzgesetz – BImSchG)

In der Fassung der Bekanntmachung vom 14. 5. 1990 (BGBl I 881), zuletzt geändert durch Art 2 des Gesetzes vom 27. 7. 2001 (BGB I 1950).

§ 14 BImSchG

Auf Grund privatrechtlicher, nicht auf besonderen Titeln beruhender Ansprüche zur Abwehr benachteiligender Einwirkungen von einem Grundstück auf ein benachbartes Grundstück kann nicht die Einstellung des Betriebs einer Anlage verlangt werden, deren Genehmigung unanfechtbar ist; es können nur Vorkehrungen verlangt werden, die die benachteiligenden Wirkungen ausschließen. Soweit solche Vorkehrungen nach dem Stand der Technik nicht durchführbar oder wirtschaftlich nicht vertretbar sind, kann lediglich Schadensersatz verlangt werden.

Schrifttum

Siehe Schrifttumsverzeichnis zur Einleitung sowie im Besonderen auch:

Sundermann, Der Bestandsschutz genehmigungsbedürftiger Anlagen im Immissionsschutzrecht (Diss Berlin 1985).

Systematische Übersicht

I. Grundlagen ____ 1

1. Ausschluss von Ansprüchen auf Betriebseinstellung ____ 3
2. Anspruch auf Beseitigung nachteiliger Wirkungen ____ 5
3. Schadensersatz ____ 7

II. Haftungsvoraussetzungen (§ 14 S 2 BImSchG)

1. Aktivlegitimation ____ 8
2. Passivlegitimation ____ 10
3. Ausschluss eines Abwehranspruchs (§ 14 S 1 HS 1) ____ 13
4. Fehlen eines Anspruchs auf Schutzvorkehrungen (§ 14 S 1 HS 2) ____ 16
   a) Ausschluss des Vorkehrungsanspruchs ____ 18
   b) Genehmigungserfordernis ____ 23
5. Rechtsgutverletzung; haftungsbegründende Kausalität ____ 24

III. Rechtsfolge

1. Schadensersatzanspruch ____ 25
2. Besondere Grenzen des Schadensersatzanspruchs ____ 26
3. Besonderes Anspruchsziel ____ 29

IV. Verjährung ____ 30

V. Prozessuales

1. Rechtsweg ____ 32
2. Beweislast ____ 33

VI. Konkurrenzen ____ 35

1. Ansprüche nach dem UmweltHG ____ 36
2. Deliktische Ansprüche ____ 37
3. Anspruch aus § 906 Abs 2 S 2 BGB ____ 39

Alphabetische Übersicht

Abwehranspruch 13 ff
– besonderer privatrechtlicher Titel 14
– privatrechtlicher 13 ff, 27
Anlageninhaber
– Interessenschutz 3
Anspruch
– Abwehranspruch 13 ff
– auf Beseitigung der Störungsquelle 4, 17
– auf Beseitigung nachteiliger Wirkung 6
– auf Betriebseinstellung der Anlage 3 ff, 13 ff, 17
– auf Schadensersatz 3, 13, 25 ff
– auf Schutzvorkehrungen 5, 16 ff

Bestandsschutz 1, 3, 17, 25
Betriebseinstellung 3, 13 ff, 17
Beweis 33 f

Genehmigungerfordernis 23

Haftung
– analog § 14 S 2 15
– Voraussetzungen 8 ff, 15

Kausalität
– haftungsbegründende 24
Konkurrenz
– Ansprüche aus § 906 BGB 39 f
– Ansprüche nach UmweltHG 36 f
– Deliktische Ansprüche 37 f

Schaden 24
Schadensersatz 1, 5, 7 ff
– Aktivlegitimation 8 f
– Anspruch 25 ff
– Passivlegitimation 10 ff
Schadensersatzanspruch 25 ff
– Beweislast 33 f
– Grenzen 26 ff
– Rechtsweg 31

Verjährung 30 f
Vorkehrung
– Ausschluss des Anspruchs 18 ff
– Maßstab 1 f
– Stand der Technik 19
– wirtschaftlich nicht vertretbare 20 f

I. Grundlagen

1 § 14 BImSchG, der auf § 26 GewO aF zurückgeht, regelt in verfassungsrechtlich unbedenklicher Weise (Peine NJW 1990, 2442, 2444; Veldhuizen 177) die Wirkung einer auf Grund von § 10 BImSchG ergangenen (Peine NJW 1990, 2442, 2445) behördlichen Genehmigung einer genehmigungspflichtigen Anlage im Sinne des Bundesimmissionsschutzgesetzes auf privatrechtliche Abwehransprüche, die gegen den störenden Anlagenbetrieb gerichtet sind. § 14 BImSchG basiert auf dem Grundsatz, dass der genehmigte Anlagenbetrieb **Bestandsschutz** genießen soll, als **Ausgleich** dafür jedoch die Beeinträchtigten **Schadensersatz** erhalten müssen. Eine solche Stärkung des Bestandsschutzes ist wegen der Erforderlichkeit eines aufwendigen Genehmigungsverfahrens mit weitreichender Einflussmöglichkeit der Nachbarn gerechtfertigt und wirtschaftspolitisch notwendig. Der kompensatorisch als Ausgleich für die Duldungspflicht gewährte, dem gemäß als **Aufopferungsanspruch** zu qualifizierende (Einl 81 ff) Anspruch auf Schadensersatz ist verschuldensunabhängig (Jarass Rn 26; Landsberg/Lülling 358 Rn 7; Palandt/Bassenge § 906 Rn 39; Staudinger/Roth 13 § 906 Rn 237; Baur/Stürner § 25 D II 5 a; Hager NJW 1986, 1961, 1965; Peine NJW 1990, 2442, 2445; Ule/Laubinger Rn 9; Sellner Rn 220; Sundermann 227) und insbesondere auch nicht von dem Nachweis abhängig, dass der Anlagenbetreiber in Bezug auf das schädigende Ereignisse oder die schädigende Emission eine Betriebs- oder Verkehrssicherungspflicht verletzt hat.

2 Den Zweck, einen **Interessenausgleich** zwischen dem aufgrund öffentlich-rechtlicher

Genehmigung eine Anlage Betreibenden und dem durch die von einer Anlage ausgehenden Emissionen Geschädigten oder Gestörten herbeizuführen, verwirklicht § 14 BImSchG **in drei Stufen:**

1. Ausschluss von Ansprüchen auf Betriebseinstellung

3 § 14 S 1 HS 1 BImSchG **schließt primär** privatrechtliche Ansprüche auf **Betriebseinstellung** der störenden Anlage aus Gründen des Bestandsschutzes aus. Grundlage für den Ausschluss ist das Vorliegen einer bestandskräftigen Anlagengenehmigung. Der Einstellungsanspruch wird hingegen durchsetzbar, soweit die Genehmigung erlischt oder die Genehmigungspflicht entfällt (JARASS Rn 4). Der gemäß § 14 BImSchG gewährte Bestandsschutz beginnt bereits mit der Genehmigung und findet erst recht von der Fertigstellung der genehmigten Anlage an statt (SELLNER Rn 216; ULE/LAUBINGER Rn 5; **aA** SUNDERMANN 222). Zur Sicherung des Zwecks, Investitionssicherheit zu gewährleisten, geht das Interesse des Anlagenbetreibers an einem von Dritten rechtlich ungestörten Betrieb dem Interesse Dritter auf Schutz ihrer Sphäre vor.

4 Aus der ausdrücklichen Ausschlusswirkung des § 14 S 1 BImSchG auf den Anspruch auf Betriebseinstellung, also auf den **Unterlassungsanspruch,** kann prima facie gefolgert werden, dass der ebenfalls in § 1004 BGB vorgesehene **Beseitigungsanspruch** nicht erfasst und damit auch nicht ausgeschlossen wird. Der zivilrechtliche Grundsatz der Einheitlichkeit des Ausschlusses von sowohl Unterlassungs- als auch Beseitigungsanspruch aufgrund einer Duldungspflicht soll dem gemäß hier im Verhältnis zum öffentlichen Recht nicht gelten (so insbesondere GERLACH 194). Da es lediglich Regelungsgegenstand des § 14 BImSchG ist, den Untersagungsanspruch auszuschließen, ist für die Bestimmung der Wirkungsgrenzen eines solchermaßen unberührt bleibenden Beseitigungsanspruchs zugunsten des durch einen genehmigten Betrieb Betroffenen entscheidend, welchen Umfang die Beseitigungspflicht auf der Grundlage des § 1004 Abs 1 BGB in Abgrenzung zum Unterlassen und zu einem Schadensersatzanspruch hat. Der Beseitigungsanspruch beschränkt sich nach der wohl herrschenden Auffassung darauf, die Störungsquelle für die Zukunft auszuschalten. Insoweit ist der Anspruch jedoch identisch mit dem von § 14 BImSchG sichergestellten Duldenmüssen, so dass auch eine Beseitigung der Störungsquelle nicht verlangt werden kann. Im Übrigen hat ein Beseitigungsanspruch nicht die Beseitigung der Folgen einer Einwirkung zum Gegenstand (PALANDT/BASSENGE § 1004 Rn 22); insoweit kann Beseitigung als Fall der Naturalrestitution nur auf Grund einer Schadensersatzhaftung, also herkömmlich einer schuldhaften unerlaubten Handlung, verlangt werden (BGHZ 28, 110, 112 f).

2. Anspruch auf Beseitigung nachteiliger Wirkungen

5 In **zweiter** Linie **belässt** § 14 S 1 HS 2 BImSchG den namentlich (näher Rn 13 ff) aus § 1004 Abs 1 BGB und § 862 BGB, aber auch als vorbeugender Unterlassungsanspruch aus deliktsrechtlichen Regeln folgenden Anspruch auf **Ausschluss oder Einschränkung der nachteiligen Wirkungen.** Wie sich aus § 14 S 2 BImSchG ergibt, setzt jedoch dieser Anspruch voraus, dass die verlangten Schutzvorkehrungen nach dem Stand der Technik durchführbar und wirtschaftlich vertretbar sind. Das Unterlassen möglicher und wirtschaftlich vertretbarer Schutzmaßnahmen führt, auch wenn dieses verschuldet ist, nicht zu einem Einstellungsanspruch (ERMAN/HAGEN/LORENZ § 906

Rn 57); insoweit ist § 14 S 1 HS 1 BImSchG abschließend. Erweisen sich Schutzvorkehrungen später nach dem Stand der Technik als durchführbar und wirtschaftlich vertretbar, besteht der Anspruch auf Schutzvorkehrungen für die Zukunft, soweit nicht der Grundstückseigentümer oder Grundstücksbesitzer endgültig durch Schadensersatz abgefunden wurde (JARASS Rn 16; PALANDT/BASSENGE § 906 Rn 39).

6 Der im Genehmigungsverfahren unterlegene Nachbar kann auch nach rechtskräftiger Genehmigung nachträglich seine Rechte nach § 14 S 1 HS 2 S 2 BImSchG geltend machen, wenn die **Immissionsprognose** falsch war. Die Bestands- und damit auch Präklusionskraft der ursprünglichen Entscheidung kann sich nämlich nur auf das erwartbare, der Erteilung der Genehmigung zugrundeliegende Ausmaß der Emissionen beziehen, nicht aber auf die später wirklich eingetretenen, erheblicheren Beeinträchtigungen (BAUR JZ 1974, 657, 658).

3. Schadensersatz

7 Erst **tertiär** sieht § 14 **S 2** BImSchG vor, dass der Beeinträchtigte im Falle der technischen Undurchführbarkeit oder wirtschaftlichen Unzumutbarkeit der Vornahme von Schutzvorkehrungen einen **Schadensersatzanspruch** hat. Dieser Anspruch hat also eine kompensatorische, hilfsweise Funktion, indem er als Surrogat ausgleichsweise an die Stelle des ausgeschlossenen Anspruchs auf Vornahme von Schutzvorkehrungen tritt, weil auch die nachteiligen Wirkungen des Betriebs nicht beseitigt oder gemindert werden (BGHZ 102, 350 = BGH NJW 1988, 478; BGHZ 92, 143, 146 = NJW 1985, 47; ULE/LAUBINGER Rn 7). Aus dem systematischen Zusammenhang ergibt sich als mittelbare Voraussetzung des Anspruchs aus § 14 S 2 BImSchG, dass dem betroffenen Eigentümer bzw Besitzer an sich ein Verbietungsrecht aus nachbar- oder deliktsrechtlichen Vorschriften zustünde, dieses Recht aber infolge der behördlichen Genehmigung nicht ausgeübt werden kann (BAUR/STÜRNER § 25 D II 5 d; BGB/RGRK/AUGUSTIN § 906 Rn 59; JARASS Rn 21; PALANDT/BASSENGE § 906 Rn 37; STAUDINGER/ROTH 13 § 906 Rn 23, 72; SUNDERMANN 224; ULE/LAUBINGER Rn 7).

II. Haftungsvoraussetzungen (§ 14 S 2 BImSchG)

1. Aktivlegitimation

8 Nur **Immobiliarberechtigte** können den Schadensersatzanspruch aus § 14 S 2 BImSchG geltend machen (BGHZ 92, 143 = NJW 1985, 47; BGHZ 30, 276; **aA** PEINE NJW 1990, 2442, 2443 und 2447). Dies folgt aus dem Regelungsbezug auf § 14 S 1 BImSchG, der einen an sich bestehenden grundstücksbezogenen Untersagungsanspruch voraussetzt. Anspruchsberechtigt ist derjenige Grundstückseigentümer oder sonst dinglich Berechtigte bzw Grundstücksbesitzer, der die von einem Nachbargrundstück mit genehmigtem Gewerbebetrieb ausgehenden benachteiligenden Einwirkungen, die den Rahmen des **nach § 906 BGB zu Duldenden überschreiten, wegen § 14 S 1 BImSchG nicht verbieten** kann. Geschützt werden demnach nur materielle Rechtsgüter (BGHZ 92, 143 = NJW 1985, 47; BGHZ 30, 276; **aA** PEINE NJW 1990, 2442, 2443 und 2447). Nachbar ist nicht nur der unmittelbare Nebenbewohner, sondern jeder, der in einer engeren räumlichen und zeitlichen Beziehung zum emittierenden Grundstück steht (BVerwG NJW 1983, 1507; JARASS Rn 23; SUNDERMANN 223; **aA** BULLINGER VersR 1972, 599, 603; vDÖRNBERG NuR 1986, 45, 50). Der **bloße Benutzer** eines benachbarten Grundstücks, beispielsweise eines Betriebsparkplatzes (BGHZ 92, 143, 146 [Kupolofen] = NJW 1985, 47), hat wegen der ausschließlich an eine Immobiliarberechtigung anknüpfenden Aktivlegitimation ebenfalls keinen Anspruch aus § 14 S 2 BImSchG.

9 Die Anbindung der Ersatzberechtigung an die Immobiliarberechtigung des Anspruchsstellers hat nicht zur Folge, dass dieser seinen Anspruch ausschließlich auf eine Verletzung seiner diesbezüglichen Rechtsposition stützen könnte. Der Berechtigte kann seinen Anspruch auch auf eine Verletzung **beweglicher Sachen,** seiner **Gesundheit** oder eines **sonstigen Rechtsguts** stützen (Jarass Rn 11, 23; Salje DAR 88, 302, 304).

2. Passivlegitimation

10 Anspruchsverpflichteter ist der **Betreiber der Anlage** als Störer (BGHZ 102, 350, 352 = NJW 1988, 478), nicht die Genehmigungsbehörde. Wegen des Charakters des § 14 BImSchG als Norm des privaten Nachbarrechts haftet die **öffentliche Hand nicht** für Waldschäden nach § 14 BImSchG (näher Einl 81 ff, 320 ff; BGHZ 102, 350 = NJW 1988, 478; OLG München VersR 1986, 871; OLG Köln NJW 1986, 589; **aA** vDörnberg NuR 1986, 45, 50 [Garantenhaftung des Staates als Ausgleich für faktische Beschneidung der Rechte geschädigter Grundeigentümer infolge der „Politik der hohen Schornsteine"]); der Staat als Gesetzgeber ist nicht Störer iSd § 14 BImSchG (BGHZ 102, 350 = BGH NJW 1988, 478; OLG München JZ 1987, 88 f; implizit vorausgesetzt von BVerfG NJW 1998, 3264 ff). Auch eine analoge Anwendung der Vorschrift oder eine verfassungskonforme Auslegung dergestalt, dass den Staat eine Art Garantiehaftung für die Realisierbarkeit schadensersatzrechtlicher Ansprüche gegen den Betreiber der emittierenden Anlage trifft, findet nicht statt (BGH VersR 1988, 186, 187; vgl Einl 320).

11 Anlagenbetreiber kann jede natürliche oder juristische Person sein; entscheidend ist auch hier (vgl § 1 UmweltHG Rn 84) die tatsächliche Stellung und damit die **Beherrschungsmöglichkeit** hinsichtlich des Anlagenbetriebs (Jarass § 3 Rn 70; Ule/Laubinger § 16 Rn C 3). Dies ist in der Regel der Eigentümer; ist dieser bloß mittelbarer Besitzer, weil er den Betrieb an einen Dritten vermietet, verpachtet oder auf einer sonstigen Rechtsgrundlage zur eigenwirtschaftlichen Nutzung überlassen hat, ist letzterer Betreiber.

12 Ebenso wie auf der Gläubigerseite wirkt sich die **Immobiliarbezogenheit** auch auf die **Passivlegitimation** aus. Anlagen im Sinne von § 14 S 1 BImSchG können ausweislich der Regelung des § 3 Abs 5 Nr 2 BImSchG auch **ortsveränderliche** technische Einrichtungen, Maschinen oder Geräte sein. Für diese gilt, dass die Ausschlusswirkung gemäß § 14 S 1 BImSchG und damit eine mögliche Schadensersatzverpflichtung des Betreibers der beweglichen Anlage nur dann in Betracht kommt, wenn die Anlage für ein bestimmtes Grundstück genehmigt wurde und sich auch auf diesem Grundstück befindet (Jarass Rn 9; Ule/Laubinger Rn 5).

3. Ausschluss eines Abwehranspruchs (§ 14 S 1 HS 1)

13 Anknüpfend an § 14 S 1 HS 1 BImSchG setzt der Schadensersatzanspruch aus § 14 S 2 BImSchG voraus, dass privatrechtliche **Abwehransprüche auf Grund** einer **bestandskräftigen Anlagengenehmigung ausgeschlossen** sind und zwar nur aus diesem

Grund und daher namentlich nicht schon gemäß §§ 903, 906 BGB (Rn 26). § 14 S 1 HS 1 erfasst ausschließlich **privatrechtliche** Ansprüche. Dazu gehören Ansprüche nach § 823 BGB, sofern die Naturalrestitution auf Betriebseinstellung gerichtet ist oder hieraus vorbeugende Unterlassungsansprüche zu entwickeln sind, ferner Ansprüche auf Grund der §§ 1004, 906, 907 BGB zum Schutz des Eigentümers oder, soweit auf diese Normen bei der Regelung beschränkt dinglicher Rechte Bezug genommen ist, sonst dinglich Berechtigten, schließlich nach §§ 858, 862, 869 BGB zum Schutz des Besitzers sowie Ansprüche aufgrund des Landesnachbarrechts (Überblick bei Palandt/Bassenge Art 124 EGBGB Rn 2). Sie müssen auf Einstellung (Jarass § 14 Rn 8; Ule/Laubinger § 14 Rn 5; Sundermann 222) oder Nichtaufnahme (Sellner Rn 216; Sundermann 222) des Betriebs gerichtet sein. Auch Unterlassungsansprüche, die nach der Genehmigung gegen die Errichtung des Betriebs geltend gemacht werden, werden durch § 14 S 1 BImSchG ausgeschlossen. Der Ausschlusstatbestand erfasst auch Ansprüche, die gegen noch **im Bau befindliche Anlagen** geltend gemacht werden, wenn sich der erhobene Anspruch in der Sache als ein vorbeugender Anspruch auf Nichtbetreiben bzw Einstellung des Anlagenbetriebs darstellt (Jarass § 14 Rn 8).

14 Nicht ausgeschlossen werden von § 14 S 1 BImSchG Ansprüche, die auf **besonderen privatrechtlichen Titeln** beruhen. Der Inhaber eines auf Betriebseinstellung gerichteten dinglichen Rechts am Betriebsgrundstück wie insbesondere Eigentum, Nießbrauch oder Dienstbarkeit kann den sich hieraus ergebenden Untersagungsanspruch durchsetzen. Gleiches gilt für den Inhaber eines vertraglichen Anspruchs (Jarass § 14 Rn 10).

15 Sofern es für eine Haftung in analoger Anwendung des § 906 Abs 2 S 2 BGB als genügend angesehen wird, dass die schädigende Einwirkung zwar von Rechts wegen nicht zu dulden und daher rechtswidrig war, sie aber lediglich faktisch nicht rechtzeitig abgewehrt werden konnte (Einl 87), muss es wegen der Vergleichbarkeit des Regelungsgehalts von § 906 BGB und § 14 BImSchG als Aufopferungsansprüche auch für die Möglichkeit einer **analogen Haftung gemäß § 14 S 2 BImSchG** genügen, wenn die Abwehr der von einer genehmigten Anlage ausgehenden schädigenden Einwirkung zwar rechtlich möglich gewesen wäre, aber wegen Unabwendbarkeit aus bloß tatsächlichen Gründen insoweit ein **faktischer Duldungszwang** bestand (näher Einl 93).

4. Fehlen eines Anspruchs auf Schutzvorkehrungen (§ 14 S 1 HS 2)

16 § 14 S 1 HS 2 BImSchG gibt, den Schadensersatzanspruch gemäß § 14 S 2 BImSchG ausschließend, **vorrangig** einen **Anspruch auf Vorkehrungen** gegen die beeinträchtigenden Einwirkungen. Vorkehrungen iSd § 14 BImSchG sind Maßnahmen, die die beeinträchtigenden Wirkungen ausschließen oder mindern und so auf das zulässige Maß zurückführen (Jarass § 14 Rn 25; Ule/Laubinger § 14 Rn 7). Neben technischen Einrichtungen wie Schalldämpfern und Filtern kommen auch zeitliche Beschränkungen, Änderungen der Produktionsweise oder der Maschinenaufstellung in Betracht (Jarass § 14 Rn 17; Sundermann 224). In der Praxis werden vor allem bei Geräusch-, Ruß- und Staubemissionen von Industrie- und Handwerksbetrieben entsprechende Vorkehrungen vorzusehen sein. Unerheblich ist es, ob diese Maßnahmen aktiv oder passiv wirken (Ule/Laubinger § 14 Rn 7).

Vorübergehend kann als ultima ratio auch die **Beseitigung der Störungsquelle** verlangt werden, sofern die rechtswidrige Störung durch den Betrieb der Anlage bewirkt wird, die bei umfassender Umgestaltung und entsprechenden Betriebsmaßnahmen störungsfrei oder störungsgemindert benutzt werden kann, und wenn feststeht, dass die Beeinträchtigung ohne eine solche Umgestaltung nicht behoben werden kann (BGHZ 67, 252 = NJW 1977, 146). Diese Rechtsfolge ist nicht als Eingriff in den Bestandsschutz anzusehen, wenn sie sich lediglich als Maßnahme des einstweilig wirkenden Rechtsschutzes darstellt. Da jedoch keine absoluten Leistungsbeschränkungen verlangt werden können, weil diese einer teilweisen, als solche nicht verlangbaren Betriebseinstellung gleichkommen (Jarass § 14 Rn 17), ist die dauernde Beseitigung der Störungsquelle nicht von § 14 S 1 BImSchG gedeckt. **17**

a) Ausschluss des Verkehrungsanspruchs

Der Anspruch auf Vorkehrungen ist ausgeschlossen, sofern diese nach dem Stand der Technik nicht durchführbar oder wirtschaftlich nicht vertretbar sind. Entscheidend ist also eine Kombination **technischer** und ökonomischer Parameter. **18**

aa) Der **Stand der Technik** ist ein von der wirtschaftlichen Vertretbarkeit unabhängiger (Feldhaus DVBl 1981, 165, 169) **Rechtsbegriff.** Maßgeblich ist das dem wirksamsten angenäherte und technisch vernünftige, in diesem Sinne optimale Verfahren. Entscheidend ist, was praktisch geeignet und unabhängig von der Häufigkeit der derzeitigen praktischen Umsetzung nach dem Stand der wissenschaftlichen und technischen Erkenntnis der Gegenwart geboten ist. Allgemeine Anerkennung und praktische Bewährung allein sind nicht maßgeblich (vgl BVerfGE 49, 89, 135 = NJW 1979, 359). Vorkehrungen sind **nicht durchführbar,** wenn sie nach dem Stand der Technik **im Zeitpunkt der Entscheidung** über den Anspruch des Eigentümers bzw Besitzers des benachbarten Grundstücks **tatsächlich** nicht vorgenommen werden können. Ob sie zeitlich später durchführbar sind, ist ohne Belang (Ule/Laubinger Rn 8). **19**

bb) Wirtschaftlich nicht **vertretbare** Vorkehrungen sind solche, die zu einer Unwirtschaftlichkeit des Betriebs der Anlage führen würden (Ule/Laubinger Rn 8). Eine Vorkehrung ist noch als wirtschaftlich anzusehen, wenn sie angesichts der Kosten der Vorkehrung und der erzielbaren Erlöse für das mit der Anlage hergestellte Produkt die Zahlungsfähigkeit des Unternehmens noch bestehen lässt und nicht dauernd zum Verzicht auf Gewinne und auf die Bildung von Rücklagen führt, oder wenn eine spätere Nachholung der Gewinnerzielung und Kostendeckung zu erwarten ist (AK-/BGB/Winter § 906 Rn 66). Die Ertragslage darf sich nicht langfristig derart verschlechtern, dass eine Stillegung der Anlage droht (Jarass § 17 Rn 29).Gehört der störende Betrieb zu einem Unternehmen mit mehreren Betrieben, so ist bei der Beurteilung der wirtschaftlichen Vertretbarkeit auf das Unternehmen insgesamt abzustellen. Andernfalls könnte Immissionsschutz durch geschickte Betriebsorganisation umgangen werden (AK-/BGB/Winter § 906 Rn 67). **20**

Strittig ist, ob hinsichtlich der Unwirtschaftlichkeit ein **subjektiver, individueller** oder ein **objektiver, allgemeiner Maßstab** anzuwenden ist. Nach der subjektiven Auffassung (OVG Münster NJW 1973, 1626 f; BGB/RGRK/Augustin § 906 Rn 60; Ule/Laubinger Rn 8; Hoppe 108) soll entscheidend sein, ob die Vorkehrungen gerade für den jeweiligen Betreiber der konkreten Anlage, von der die Einwirkungen ausgehen, wirtschaftlich vertretbar sind. § 14 S 1 HS 2 BImSchG erfordere deswegen einen subjektiven, in- **21** dividuellen Maßstab, da die Vorschrift den Ausgleich der Interessen von Nachbarn in ihrer individuellen Lage bezwecke. Wie es sich generell bei Anlagen der vom Betreiber unterhaltenen Art verhalte, spiele für das Verhältnis der Nachbarn untereinander keine Rolle (Ule/Laubinger Rn 8). Dieser Ansicht wird entgegengehalten (AK-BGB/Winter § 906 Rn 65; Jarass § 14 Rn 15; Sundermann 226), dass die wirtschaftliche Vertretbarkeit nicht nach dem einzelnen, zufällig vielleicht ineffizient wirtschaftenden Betrieb, sondern nach den Benutzern dieser Art zu bestimmen und damit der objektive Maßstab des § 906 Abs 2 S 1 BGB zu übernehmen ist. Benutzer dieser Art sind solche, die ein unter Immissionsaspekten ähnliches Produkt herstellen und einer gleichen Größenordnung angehören (AK-BGB/Winter § 906 Rn 65).

22 Der **objektive Maßstab** (zu dessen Bestimmung unter Zuhilfenahme von Umweltauditverfahren Falk, EG-Umwelt-Audit-VO [1998] 177) ist dem subjektiven **vorzuziehen.** Würde anders entschieden, wären wirtschaftlich schwache Immissionsverursacher gemäß § 14 S 1 BImSchG, ohne dass dies wertungsgerecht wäre, von der Verpflichtung zu Schutzmaßnahmen befreit, wenn sie ortsunübliche Störungen verursachten, jedoch gemäß § 906 Abs 2 S 1 BGB nicht, wenn diese ortsüblich wären (Falk, EG-Umwelt-Audit-VO [1998] 177; Hager NJW 1986, 1961, 1964; Marburger, in: Vhdl 56. DJT C 114 f; Wagner, Öffentlich-rechtliche Genehmigung und zivilrechtliche Rechtswidrigkeit 176). Nur auf diese Weise ist überdies die Heranziehung eines konkreten Prüfmaßstabs gewährleistet. Eine Häufung subjektiv angewandter Maßstäbe verhindert die Entwicklung einheitlicher Kriterien für die wirtschaftliche Vertretbarkeit, die auch im Hinblick auf betriebliche Kalkulationen bei der Inbetriebnahme einer neuen oder Sanierung einer alten Anlage von Bedeutung sind. Auch das Gebot der wirtschaftlichen Chancengleichheit durch rechtliche Gleichbehandlung wird verletzt, wenn der ineffizient arbeitende Betrieb durch Anwendung eines milderen subjektiven Maßstabs gegenüber wirtschaftlich leistungsfähigen Betrieben besser gestellt würde. Schließlich fördert der objektive Maßstab die Belange des Immissionschutzes.

b) Genehmigungserfordernis

23 Der Anspruch auf Schutzvorkehrungen ist **nicht ausgeschlossen,** weil zu seiner Realisierung eine **Änderungsgenehmigung** erforderlich ist (Jarass Rn 14; **aA** OLG Frankfurt VersR 1983, 41, den Rechtsweg unter Berufung auf BGHZ 41, 264 für diese Fälle verneinend). Der Nachbar muss den primären und für ihn zunächst günstigeren Vorkehrungsanspruch durchsetzen können, auch wenn er mit einem gewissen verwaltungstechnischen Aufwand verbunden ist (vgl BGHZ 120, 239 = NJW 1993, 925). Der Anspruch ist in diesen Fällen darauf gerichtet, dass der Anlagenbetreiber die erforderliche Änderungsgenehmigung beantrage und nach deren Genehmigung entsprechende Schutzvorkehrungen treffe.

5. Rechtsgutsverletzung; haftungsbegründende Kausalität

24 Das Vorliegen einer durch den Betrieb der Anlage **verursachten Rechtsgutsverletzung** oder Besitzstörung, aus der ein Schaden entstand, ist nicht unmittelbare Voraussetzung des Anspruchs aus § 14 S 2 BImSchG. Mittelbar, nämlich über den in Bezug genommenen, durch § 14 S 1 BImSchG ausgeschlossenen privatrechtlichen Abwehranspruch wird das Vorliegen einer durch die genehmigte Anlage verursachten Rechtsgutsverletzung insofern relevant, als diese Abwehransprüche regelmäßig auf die Beeinträchtigung eines dem Anspruchsteller zustehenden Rechtsguts gestützt sind.

III. Rechtsfolge

1. Schadensersatzanspruch

25 § 14 S 2 BImSchG gewährt einen Schadensersatzanspruch. Er bemisst sich grundsätzlich nach den §§ **249 ff BGB** (OLG Frankfurt VersR 1983, 41; Jarass Rn 27; Landsberg/Lülling 358 Rn 7; Palandt/Bassenge Rn 39; Ule/Laubinger Rn 9; Sundermann 226). Der Schadensersatz erfasst einerseits die in der Vergangenheit und vor Klageerhebung entstandenen Schäden (Jarass Rn 27; Hager NJW 1986, 1961, 1965; Sundermann 221; Ule/Laubinger Rn 3), er kann sich aber andererseits auch auf die künftig entstehenden Schäden erstrecken. Die Minderung des Grundstückswertes kann insoweit auch durch Rentenzahlung ausgeglichen werden (Jarass Rn 27, und zwar bezogen auf Schäden an beliebigen Rechtsgütern; Landsberg/Lülling 358 Rn 7; Sundermann 227). § **254 BGB** ist grundsätzlich anwendbar (Ule/Laubinger Rn 9). Insoweit wird die Vorschrift auch als hinreichende Grundlage für eine Lösung von Fällen angesehen, in denen der beeinträchtigte Nachbar Einwendungen im Genehmigungsverfahren nicht oder nicht hinreichend geltend gemacht hat. In dieser Hinsicht wird angenommen, § 10 Abs 3 S 3 BImSchG präkludiere auch den Schadensersatzanspruch (BVerwG DVBl 1973, 645; Jarass Rn 2). Eine solch weitgehende Wirkung dieser verfahrensrechtlichen Regelung kann jedoch nicht anerkannt werden; etwaige Versäumnisse des nunmehr Beeinträchtigten können hinreichend und mit der wünschenswerten Flexibilität über § 254 BGB berücksichtigt werden (Landmann/Rohmer/Rehbinder Rn 40; Peine NJW 1990, 2442, 2444).

2. Besondere Grenzen des Schadensersatzanspruchs

26 Ersetzt wird nur der Schaden, der auf Einwirkungen beruht, die der betroffene Nachbar, wäre sein Untersagungsanspruch nicht gemäß § 14 S 1 BImSchG ausgeschlossen, nicht zu dulden brauchte (Ule/Laubinger Rn 9). Daraus folgt insbesondere, dass der geltend gemachte Schaden aus einer Beeinträchtigung resultiert, die **über das nach § 906 BGB zu duldende Maß** hinausgeht; ersatzfähig sind also nicht Schäden in den Rahmen, deren Entstehen bereits nach dieser Norm zu dulden wäre. Ersetzt wird ferner nur der durch die nach § 14 S 1 BImSchG zu duldende Einwirkung der genehmigten Anlage verursachte Vermögensschaden, der dem Grundstückseigentümer oder sonst dinglich Berechtigten bzw -besitzer dadurch entsteht, dass die Vorkehrung, die die beeinträchtigenden Wirkungen ausschließt, nicht getroffen werden muss (OLG Frankfurt VersR 1983, 41).

27 Aus Gründen teleologischer Reduktion muss überdies eine besondere Begrenzung des Schadensersatzes stattfinden: Ist nämlich eine Schutzvorkehrung für einen Betrieb wirtschaftlich nicht vertretbar und **übersteigt** der **Schaden** des Nachbarn, der durch das rechtmäßige Fehlen der Schutzvorkehrungen entsteht, **die Aufwendungen für** diese **Schutzvorkehrungen**, wäre der zu leistende Schadensersatz ohne eine Begrenzung seines Umfangs für den Betreiber der Anlage ebenso untragbar wie die von Gesetzes wegen als wirtschaftlich unzumutbar angesehene Investition in die Schutzvorkehrungen. Der Zweck des § 14 BImSchG, Bestandsschutz zu gewähren, darf

nicht dadurch vereitelt werden, dass die unternehmensschützende Wirkung der primären Verkürzung privatrechtlicher Abwehransprüche durch die Höhe sekundärer Ersatzansprüche aufgehoben wird. In diesem Fall muss daher der **Umfang** des ersatzfähigen Schadens als **durch die Kosten von Schutzvorkehrungen begrenzt** angesehen werden; der Umfang des Anspruchs ist hier also begrenzt durch die wirtschaftliche Zumutbarkeit der Ersatzleistung.

28 Wird der Schadensersatz erfüllt, erlischt der Anspruch des Immobiliarberechtigten. Diese Wirkung tritt auch gegenüber einem etwaigen **Rechtsnachfolger** des Berechtigten ein; der neue Grundstückseigentümer oder -nutzer kann nicht erneut Schadensersatz wegen derselben Beeinträchtigung verlangen (Jarass Rn 28).

3. Besonderes Anspruchsziel

29 Strittig ist (dafür wohl Ule/Laubinger Rn 9; **aA** BGH NJW 1970, 856; BGB-RGRK/Augustin § 906 Rn 61; Sundermann 227), ob der Ersatzverpflichtete vom Berechtigten im Gegenzug zur Schadensersatzleistung die **Bestellung einer Grunddienstbarkeit** des Inhalts verlangen kann, dass Einwirkungen über den Umfang des § 906 BGB hinaus zu dulden sind. In diesem Fall wäre der Anlagenbetreiber gegen eine erneute Inanspruchnahme durch Rechtsnachfolger des derzeitigen Grundstücksinhabers dinglich gesichert. Ein solcher Anspruch ist jedoch abzulehnen. Für ihn gibt es keine Anspruchsgrundlage (so auch BGH NJW 1970, 856, 857), und es besteht auch kein anerkennenswertes Bedürfnis für einen solchen Anspruch. Der Anspruch auf Schutzvorkehrungen bzw Schadensersatz erlischt nämlich auch für die Rechtsnachfolger, wenn bezüglich eines eingetretenen Schadens einmal vollständig geleistet wurde (Rn 28), so dass der emittierende Nachbar auch ohne grunddienstbarkeitsrechtliche Sicherung nicht erneut belastet wird. Rechtsnachfolger des geschädigten Grundstückseigentümers bzw -besitzers sind auch nicht schützenswert, weil ihnen entweder eingerichtete Schutzvorkehrungen oder ein geminderter Grundstückspreis beim Erwerb zugute kommen.

IV. Verjährung

30 Ob der Schadensersatzanspruch in entsprechender Anwendung des § 852 BGB aF in **drei** Jahren **oder**, wie der ausgeschlossene Abwehranspruch, nach § 195 BGB aF in **dreißig Jahren** verjährt, ist umstritten (BGB/RGRK/Augustin § 906 Rn 62; Jarass Rn 29; Landsberg/Lülling Rn 8; MünchKomm/Säcker § 906 Rn 139; Palandt/Bassenge § 906 Rn 39; Staudinger/Roth [2002] § 906 Rn 238; Sellner Rn 220; Ule/Laubinger Rn 9). Um eine Privilegierung des deliktischen Schädigers zu vermeiden, wird für den Schadensersatzanspruch die kurze Verjährung des § 852 BGB aF befürwortet (LG Regensburg NJW 1986, 2768; Landsberg/Lülling Rn 8; Ule/Laubinger Rn 9). Allerdings handelt es sich bei § 852 BGB aF um eine Ausnahmevorschrift des Deliktsrechts, deren Anwendung einer besonderen Rechtfertigung bedarf (LG Regensburg NJW 1986, 2768; Landsberg/Lülling Rn 8; Ule/Laubinger Rn 9). Entscheidend ist daher, dass der Anspruch aus § 14 BImSchG allenfalls dem Umfang nach Ähnlichkeiten mit einem deliktischen Schadensersatzanspruch hat, nicht aber dem Grunde nach ein deliktsrechtlicher Anspruch ist. Es sollte daher konsequent bei einer Anbindung an den jeweils ausgeschlossenen Abwehranspruch bleiben, so dass die regelmäßige Verjährung dreißig Jahre beträgt, § 852 BGB aF aber zur Anwendung kommt, soweit ein Anspruch aus

§ 823 BGB betroffen ist. Das **neue Verjährungsrecht** hat das Problem insofern entschärft, als auch für den ausgeschlossenen Unterlassungsanspruch nun gemäß § 195 BGB nF die dreijährige Regelverjährung gilt bzw gemäß § 199 Abs 4 BGB nF eine zehnjährige Verjährungsfrist in Parallele zu § 199 Abs 3 Nr 1 BGB nF.

31 Die **Verjährung** ist keine einheitliche für alle Einwirkungen, sondern beginnt **für jede Einwirkung,** die neue Schädigungen zur Folge hat, von neuem (Landsberg/Lülling 358 Rn 8; Ule/Laubinger Rn 9).

V. Prozessuales

1. Rechtsweg

32 Der Anspruch ist im **ordentlichen Rechtsweg** einklagbar (BGB-RGRK/Augustin § 906 Rn 61; Staudinger/Roth [2002] § 906 Rn 24; Sellner Rn 214; Baur JZ 74, 657, 659). Dies gilt auch, wenn ein betroffener Anwohner durch Vertrag gegen Zahlung eines Entgelts seinen Widerspruch gegen die nach BImSchG erteilte Genehmigung einer gewerblichen Anlage zurücknimmt, oder bei einer Immissionsklage, die eine nur mit behördlicher Genehmigung oder Zustimmung mögliche Verlegung der Haltestelle eines privatrechtlich betriebenen Omnibusunternehmens zum Gegenstand hat (BGH NJW 1984, 1242).

2. Beweislast

33 Den **Kläger** trifft bei dem Anspruch nach § 14 S 2 BImSchG zunächst die Beweislast für sein Eigentum bzw grundstücksbezogenes Recht oder seinen Besitz. Er muss desweiteren darlegen und beweisen, dass ihm aufgrund der bestandskräftigen Anlagengenehmigung ein sonst bestehender zivilrechtlicher Abwehranspruch verwehrt wird. Dessen Bestehen hat der Kläger nach den jeweils geltenden Grundsätzen zu beweisen.

34 Die Beweislast für die wirtschaftliche Unzumutbarkeit der Schutzvorkehrungen trägt der **Emittent** (AK-BGB/Winter § 906 Rn 66). Wegen des anzuwendenden objektiven Maßstabs zur Beurteilung der wirtschaftlichen Vertretbarkeit bleibt hier jedoch nur die Möglichkeit, sich auf die Nichtvergleichbarkeit der betrieblichen Anlage hinsichtlich ihrer Größe und dem Ausmaß der Emissionen mit den Verhältnissen ähnlicher Betriebe zu berufen und dies nachzuweisen.

VI. Konkurrenzen

35 Aufgrund des Anwendungs- und Regelungsbereichs der Vorschrift ergibt sich, dass eine Konkurrenz mit zivilrechtlichen Ansprüchen **nur** dann in Betracht kommt, wenn diese **auf Schadensersatz** gerichtet sind; Ansprüche auf Betriebseinstellung werden durch § 14 S 1 BImSchG gerade ausgeschlossen.

1. Ansprüche nach dem UmweltHG

36 Schadensersatzansprüche nach § 1 UmweltHG stehen wegen § 18 UmweltHG selbstständig **neben** möglichen Ansprüchen aus § 14 S 2 BImSchG. Die Einstandspflicht

nach dem UmweltHG besteht unabhängig von der Anlagen- und Betriebsgenehmigung und ist als Gefährdungshaftung unabhängig von der Rechtswidrigkeit der Einwirkung, so dass eine Präklusion insoweit nicht stattfindet (Landmann/Rohmer/Rehbinder Rn 69; dazu § 18 UmweltHG Rn 4 ff; 13). Hinsichtlich dieser Schadensersatzansprüche besteht damit im Falle der Schadensverursachung durch genehmigte Anlagen Anspruchsgrundlagenkonkurrenz, soweit die Voraussetzung der jeweiligen Haftungsgrundlage erfüllt sind.

2. Deliktische Ansprüche

37 Bezüglich möglicher deliktischer Ansprüche aus § 823 BGB stellt sich die Frage der Auswirkung der Betriebsgenehmigung auf das **Rechtswidrigkeitsurteil.** Eine mögliche Präklusion deliktischer Ansprüche durch die öffentlich-rechtliche Anlagen- oder Betriebsgenehmigung ist nur auf der Grundlage einer grundsätzlichen Bestimmung des Verhältnisses von öffentlichem Recht und Privatrecht zu beurteilen (dazu Einl 286 ff).

38 Eine weitgehende Unabhängigkeit des privatrechtlichen Rechtswidrigkeitsurteils von öffentlich-rechtlichen Vorgaben bejahend, wird **§ 823 BGB** für grundsätzlich **neben § 14 BImSchG** anwendbar gehalten (BGHZ 70, 102, 109 = NJW 1978, 419; 92, 143, 151 = NJW 1985, 47; Gerlach 94 f; Hager NJW 1986, 1961, 1965 f; Landmann/Rohmer/Rehbinder Rn 68). Der infolgedessen zweigleisige Schutz von Immobiliarberechtigten und Mobiliarberechtigten ist jedoch der **Kritik** ausgesetzt. Es sei nicht einzusehen, dass der Mobiliarberechtigte allein auf den den Nachweis eines Verschuldens erfordernden Anspruch aus § 823 BGB verwiesen werde. Zur Vereinfachung des Haftungssystems und um der Gleichbehandlung (dazu Salje DAR 1988, 302) von Immobiliar- und Mobiliarberechtigten willen wird eine **Präklusionswirkung** auch **für die deliktische Haftung** befürwortet, dem betroffenen **Mobiliarrechtsinhaber** aber **auch** der Anspruch aus **§ 14 S 2 BImSchG** zugebilligt (Gerlach 233; Landmann/Rohmer/Rehbinder Rn 68, 42; Peine NJW 1990, 2442, 2447). Dieser Anspruch lasse sich auf den Gedanken der zivilrechtlichen Aufopferungshaftung stützen, die in § 14 BImSchG ihren Ausdruck gefunden habe (Peine NJW 1990, 2442, 2447). Konsequenz dieser Ansicht ist die grundsätzliche Ausdehnung des verschuldensunabhängigen Schadensersatzanspruchs auf Mobiliarberechtigte und Fälle der Gesundheitsbeeinträchtigung (Gerlach 241; Landmann/Rohmer/Rehbinder Rn 74; Peine NJW 1990, 2442, 2448). Dies ist konsequent und zur Verhinderung nicht begründbarer Schutzlücken unvermeidbar, wenn eine Erstreckung einer durch § 14 S 1 BImSchG geregelten Duldungspflicht und damit eines implizit mitgeregelten Rechtmäßigkeitsurteils auf Mobiliarschäden stattfindet (vgl Einl 119 ff); anderenfalls ist aber die Schadensersatzhaftung gemäß § 14 S 2 BImSchG singulär immobiliarrechtsbezogen, so dass eine Ausdehnung mangels planwidriger Schutzlücke im Weg der Analogie nicht überzeugt.

3. Anspruch gemäß § 906 Abs 2 S 2 BGB

39 Als Folge aus der Anknüpfung des Schadensersatzanspruchs des § 14 BImSchG an den Ausschluss eines privatrechtlichen Abwehranspruchs wird das Verhältnis zum Anspruch aus § 906 Abs 2 BGB von der hM dahingehend bestimmt, dass beide **nicht nebeneinander** zur Anwendung kommen könnten, da § 14 BImSchG voraussetze, dass die in Rede stehende Einwirkung nicht schon nach § 906 Abs 2 S 1 BGB zu dulden ist (Baur/Stürner § 25 D II 5 d; Baur JZ 1974, 657, 658; Hager NJW 1986, 1961, 1965; Landmann/Rohmer/Rehbinder Rn 67, 35; Palandt/Bassenge § 906 Rn 37). § 14 BImSchG kommt, den sich dann aus den §§ 1004, 906 BGB ergebenden Anspruch ausschließend, also nur bei wesentlichen ortsunüblichen und wesentlichen ortsüblichen, aber zumutbar nicht verhinderbaren Emissionen in Betracht.

40 Dem steht eine Auffassung gegenüber, die die Ansprüche aus § 14 S 2 BImSchG bei genehmigten Betrieben immer, dh unabhänigig von der Ortsüblichkeit und zumutbaren Verhinderbarkeit der Immission, gewähren will, auch wenn an sich ein Anspruch gemäß § 906 Abs 2 S 2 BGB begründet ist (AK-BGB/Winter § 906 Rn 34). Die Konzeption des § 14 BImSchG spricht **gegen** eine solche zu einer **konkurrierenden Anwendung** führenden Ausdehnung der Haftung gemäß § 14 S 2 BImSchG, da die Vorschrift das Bestehen eines zivilrechtlichen Abwehranspruchs nach allgemeinem Zivilrecht voraussetzt (Landmann/Rohmer/Rehbinder Rn 37). Die angestrebte **Vereinfachung** des Anspruchssystems, die durch eine Vereinheitlichung (so AK-BGB/Winter § 906 Rn 32) der Anspruchsgrundlagen und also **mittels Verdrängung** des § 906 Abs 2 S 2 BGB durch § 14 S 2 bei genehmigten Anlagen erreicht werden soll, muss überdies **nicht** als Ergebnis einer Ausdehnung des Anwendungsbereichs des § 14 BImSchG erreicht werden. Sie ist nämlich im Grundsatz schon dadurch gewährleistet, dass sich die Voraussetzungen der Vorschriften im wesentlichen gleichen (so auch AK-BGB/Winter § 906 Rn 32). Sie würde überdies den wesentlichen Unterschied hinsichtlich des die jeweilige Haftung tragenden Prinzips verdecken. Die Duldungspflicht im Rahmen des § 906 BGB beruht nämlich auf dem Gedanken des nachbarlichen Gemeinschaftsverhältnisses und rechtfertigt sich damit letztlich aus dem Prinzip gegenseitiger Rücksichtnahme; der Ausschluss des Abwehranspruchs auf Grund des § 14 BImSchG will hingegen Bestandsschutz für genehmigte Anlagen gewährleisten.

F. Gesetz zur Regelung der Gentechnik (Gentechnikgesetz – GenTG)

In der Fassung der Bekanntmachung vom 16. Dezember 1993 (BGBl I 2066), zuletzt geändert durch Gesetz zur Änderung produkthaftungsrechtlicher Vorschriften vom 2. November 2000 (BGBl I 1478)

§ 32 GenTG
Haftung

(1) Wird infolge von Eigenschaften eines Organismus, die auf gentechnischen Arbeiten beruhen, jemand getötet, sein Körper oder seine Gesundheit verletzt oder eine Sache beschädigt, so ist der Betreiber verpflichtet, den daraus entstehenden Schaden zu ersetzen.

(2) Sind für denselben Schaden mehrere Betreiber zum Schadensersatz verpflichtet, so haften sie als Gesamtschuldner. Im Verhältnis der Ersatzpflichtigen zueinander hängt, soweit nichts anderes bestimmt ist, die Verpflichtung zum Ersatz sowie der Umfang des zu leistenden Ersatzes davon ab, inwieweit der Schaden vorwiegend von dem einen oder anderen Teil verursacht worden ist; im übrigen gelten die §§ 421 bis 425 sowie § 426 Abs. 1 Satz 2 und Abs. 2 des Bürgerlichen Gesetzbuchs.

(3) Hat bei der Entstehung des Schadens ein Verschulden des Geschädigten mitgewirkt, so gilt § 254 des Bürgerlichen Gesetzbuchs; im Falle der Sachbeschädigung steht das Verschulden desjenigen, der die tatsächliche Gewalt über die Sache ausübt, dem Verschulden des Geschädigten gleich. Die Haftung des Betreibers wird nicht gemindert, wenn der Schaden zugleich durch Handlung eines Dritten verursacht worden ist; Absatz 2 Satz 2 gilt entsprechend.

(4) Im Falle der Tötung ist Ersatz der Kosten der versuchten Heilung sowie des Vermögensnachteils zu leisten, den der Getötete dadurch erlitten hat, daß während der Krankheit seine Erwerbsfähigkeit aufgehoben oder gemindert war oder seine Bedürfnisse vermehrt waren. Der Ersatzpflichtige hat außerdem die Kosten der Beerdigung demjenigen zu ersetzen, der diese Kosten zu tragen hat. Stand der Getötete zur Zeit der Verletzung zu einem Dritten in einem Verhältnis, aus dem er diesem gegenüber kraft Gesetzes unterhaltspflichtig war oder unterhaltspflichtig werden konnte und ist dem Dritten infolge der Tötung das Recht auf Unterhalt entzogen, so hat der Ersatzpflichtige dem Dritten insoweit Schadensersatz zu leisten, als der Getötete während der mutmaßlichen Dauer seines Lebens zur Gewährung des Unterhalts verpflichtet gewesen wäre. Die Ersatzpflicht tritt auch ein, wenn der Dritte zur Zeit der Verletzung gezeugt, aber noch nicht geboren war.

(5) Im Falle der Verletzung des Körpers oder der Gesundheit ist Ersatz der Kosten der Heilung sowie des Vermögensnachteils zu leisten, den der Verletzte dadurch erleidet, daß infolge der Verletzung seine Erwerbsfähigkeit zeitweise oder dauernd aufgehoben oder gemindert oder eine Vermehrung seiner Bedürfnisse eingetreten ist.

(6) Der Schadensersatz wegen Aufhebung oder Minderung der Erwerbsfähigkeit und wegen vermehrter Bedürfnisse des Verletzten sowie der nach Absatz 4 Satz 3 und 4 einem Dritten zu gewährende Schadensersatz ist für die Zukunft durch eine Geldrente zu leisten. § 843 Abs. 2 bis 4 des Bürgerlichen Gesetzbuchs ist entsprechend anzuwenden.

(7) Stellt die Beschädigung einer Sache auch eine Beeinträchtigung der Natur oder der Landschaft dar, so ist, soweit der Geschädigte den Zustand herstellt, der bestehen würde, wenn die Beeinträchtigung nicht eingetreten wäre, § 251 Abs. 2 des Bürgerlichen Gesetzbuchs mit der Maßgabe anzuwenden, daß Aufwendungen für die Wiederherstellung des vorherigen Zustandes nicht allein deshalb unverhältnismäßig sind, weil sie den Wert der Sache erheblich übersteigen. Für die erforderlichen Aufwendungen hat der Schädiger auf Verlangen des Ersatzberechtigten Vorschuß zu leisten.

(8) Auf die Verjährung finden die für unerlaubte Handlungen geltenden Vorschriften des Bürgerlichen Gesetzbuchs entsprechende Anwendung.

§ 34 GenTG
Ursachenvermutung

(1) Ist der Schaden durch gentechnisch veränderte Organismen verursacht worden, so wird vermutet, daß er durch Eigenschaften dieser Organismen verursacht wurde, die auf gentechnischen Arbeiten beruhen.

(2) Die Vermutung ist entkräftet, wenn es wahrscheinlich ist, daß der Schaden auf anderen Eigenschaften dieser Organismen beruht.

§ 35 GenTG
Auskunftsansprüche des Geschädigten

(1) Liegen Tatsachen vor, die die Annahme begründen, daß ein Personen- oder Sachschaden auf gentechnischen Arbeiten eines Betreibers beruht, so ist dieser verpflichtet, auf Verlangen des Geschädigten über die Art und den Ablauf der in der gentechnischen Anlage durchgeführten oder einer Freisetzung der zugrunde liegenden gentechnischen Arbeiten Auskunft zu erteilen, soweit dies zur Feststellung, ob ein Anspruch nach § 32 besteht, erforderlich ist. Die §§ 259 bis 261 des Bürgerlichen Gesetzbuchs sind entsprechend anzuwenden.

(2) Ein Auskunftsanspruch besteht unter den Voraussetzungen des Absatzes 1 Satz 1 auch gegenüber den Behörden, die für die Anmeldung, die Erteilung einer Genehmigung oder die Überwachung zuständig sind.

(3) Die Ansprüche nach den Absätzen 1 und 2 bestehen insoweit nicht, als die Vorgänge auf Grund gesetzlicher Vorschriften geheimzuhalten sind oder die Geheimhaltung einem überwiegenden Interesse des Betriebers oder eines Dritten entspricht.

§ 37 GenTG
Haftung nach anderen Rechtsvorschriften

(1) Wird infolge der Anwendung eines zum Gebrauch bei Menschen bestimmten Arzneimittels, das im Geltungsbereich des Arzneimittelgesetzes an den Verbraucher abgegeben wurde und der Pflicht zur Zulassung unterliegt oder durch Rechtsverordnung von der Zulassung befreit worden ist, jemand getötet oder an Körper oder Gesundheit verletzt, so sind die §§ 32 bis 36 nicht anzuwenden.

(2) Das gleiche gilt, wenn Produkte, die gentechnisch veränderte Organismen enthalten oder aus solchen bestehen, auf Grund einer Genehmigung nach § 16 Abs. 2 oder einer Zulassung oder Genehmigung nach anderen Rechtsvorschriften im Sinne des § 2 Nr. 4 zweiter Halbsatz in den Verkehr gebracht werden. In diesem Fall finden für die Haftung desjenigen Herstellers, dem die Zulassung oder Genehmigung für das Inverkehrbringen erteilt worden ist, § 1 Abs. 2 Nr. 5 und § 2 Satz 2 des Produkthaftungsgesetzes keine Anwendung, wenn der Produktfehler auf gentechnischen Arbeiten beruht.

(3) Eine Haftung auf Grund anderer Vorschriften bleibt unberührt.

Schrifttum

Siehe Schrifttumsverzeichnis zur Einleitung sowie im Besonderen auch:
Brocks/Pohlmann/Senft, Das neue Gentechnikgesetz (1991)
Deutsch, Haftung und Rechtschutz im Gentechnikrecht, VersR 1990, 1041
Godt, Rückabwicklung von Inverkehrbringensgenehmigungen und Haftung für gentechnische Produkte, NJW 2001, 1167
Göben, Arzneimittelhaftung und Gentechnikhaftung als Beispiel modernen Risikoausgleichs (1995)
Hirsch/Schmidt-Didczuhn, GenTG (1991)
ders, Die Haftung für das gentechnische Restrisiko, VersR 1990, 1193
Koch, Aspekte der Haftung für gentechnische Verfahren und Produkte, DB 1991, 1815
Luttermann, Gentechnik und zivilrechtliches Haftungssystem, JZ 1998, 174
Schimikowski, Gefahren der Gentechnik – Haftung und Deckungsvorsorge, ZfV 1991, 414
Wellkamp, Haftung in der Gentechnologie, NuR 2001, 188.

Systematische Übersicht

I. Grundlagen
1. Haftungsgrundlagen ____ 1
2. Anwendungsbereich ____ 2
a) Sachlich ____ 2
b) Zeitlich ____ 4
c) Örtlich ____ 7
3. Konkurrenzen ____ 8
a) Arzneimittelhaftung ____ 9
b) Produkthaftung ____ 12
c) Verschuldens- und Gefährdungshaftungstatbestände ____ 16
d) Amtshaftung ____ 18
e) Aufopferungshaftung ____ 19

II. Haftungsvoraussetzungen
1. Haftungsgrundtatbestand (Abs 1) ____ 20
2. Aktiv- und Passivlegitimation ____ 34
3. Zurechenbarer Schaden ____ 37
4. Haftungsausschlüsse ____ 38

III. Rechtsfolge
1. Haftungsinhalt (§ 32 Abs 4–7 GenTG) 41
2. Haftungshöchstgrenze (§ 33 GenTG) 43
3. Gesamtschuld (§ 32 Abs 2 GenTG) 45
4. Mitverschulden des Geschädigten und Mitverursachung Dritter (§ 32 Abs 3 GenTG) 47

IV. Verjährung (§ 32 Abs 8 GenTG) 49

V. Auskunftsansprüche (§ 35 GenTG)
1. Ansprüche des Geschädigten 50
2. Ansprüche zwischen Betreibern 51
3. Geheimhaltungsinteresse 53

VI. Deckungsvorsorge 54

Alphabetische Übersicht

Anwendungsbereich des GenTG 2
- örtlich 7
- sachlich 2 f
- zeitlich 4 ff

Auskunftsansprüche 50 ff
- § 35 GenTG 50 ff
- des Geschädigten 50
- Geheimhaltungsinteresse 53
- zwischen Betreibern 51 f

Betreiber 34
- Gesamtschuld 35 f

Deckungsvorsorge 54

Gentechnische Arbeit 26 ff
- Forschungsarbeit 28
- Gewerbe 28
- Unterlassen 27

Haftung
- Ausschluss 10, 38 ff
- Ausschluss durch Vertrag 38
- Einschränkung durch Vertrag 38
- Gesamtschuld 45
- Höchstgrenze 43 f
- Inhalt 41 f
- Privilegien 39

Haftungsvoraussetzungen 20 ff
- Eigenschaften des Organismus 21 ff
- Gentechnische Arbeit 24 ff
- Rechtsgutsverletzung 20

Handlungshaftung 1
- als Gefährdungshaftung 1
- Verhältnis zum Umwelthaftungsrecht 1

Kausalität 29
- Beweislast 31 ff

Konkurrenzen des GenTG 8 ff
- zum Produkthaftungsgesetz 12 ff
- zur Amtspflichtverletzung 18
- zur Arzneimittelhaftung 9 ff
- zur Aufopferungshaftung 19
- zur Gefährdungshaftung 16 f
- zur Verschuldenshaftung 16 f

Mitverschulden 47

Mitverursachung Dritter 48

Organismus 15, 22 ff
- Schöpfungen 29
- Veränderungen 29
- lebendes Material 30
- vermehrungsfähiges Material 30

Rechtsgutverletzung 20 ff
- Arbeitsunfall 39
- aufgrund technischer Veränderungen 29, 32, 37
- Schöpfungen eines Organismus 29
- Veränderungen eines Organismus 29

Schaden
- Zurechnung 11, 32

Schadensersatz 41 ff
- Aktivlegitimation 34 f
- Passivlegitimation 36
- Quotenregelung 44

Verjährung 49

I. Grundlagen

1. Haftungsgrundlagen

1 § 32 GenTG enthält einen **Gefährdungshaftungstatbestand.** Er hat seinen Grund darin, dass die Wirkungsweise der in ihrer natürlichen Substanz veränderten Organismen nach aktuellem Stand der Wissenschaft nicht mit letzter Sicherheit prognostizierbar ist. Im Unterschied zur Umwelthaftung, mit der im Übrigen regelungstechnisch erhebliche Übereinstimmungen bestehen, ist die Haftung nach § 32 GenTG nicht als Anlagen-, sondern als mittelbare **Handlungshaftung** ausgestaltet (Landsberg/Lülling § 32 Rn 6; Wellkamp NuR 2001, 188). Haftungsrelevanter Anknüpfungspunkt ist nämlich primär das Vorhandensein eines gentechnisch bearbeiteten Organismus mit gentechnisch veränderten schadensverursachenden Eigenschaften als Gefahrenquelle, damit mittelbar die verantwortliche Herstellung und Freisetzung des gentechnisch geschaffenen oder veränderten Organismus, durch den es zum Schadenseintritt kommt. Nach den gentechnischen Betätigungsfeldern sind die Gefahrenbereiche der Laborexperimente, der Freilandversuche, der industriellen Fertigung und der zu vermarktenden Produkte zu unterscheiden (Landsberg/Lülling § 32 Rn 6). Eine Anlagenhaftung kommt bei dieser Differenzierung zwar in den Bereichen der Laborexperimente und industriellen Fertigung in Betracht. Dabei entstehen in erster Linie Risiken für die Beschäftigten. Die von Anlagen für unbeteiligte Dritte ausgehenden Gefahren sind jedoch im Vergleich zu den Gefahren, die auch durch gentechnische Arbeiten verursacht werden, in den genannten Bereichen vergleichsweise gering, so dass de lege lata auch mit Rücksicht darauf, dass diese Fälle von der vorgesehenen strengen Handlungshaftung in der Regel erfasst werden, von einer Anlagenhaftung auch dort abgesehen wurde.

2. Anwendungsbereich

a) Sachlich

2 § 32 GenTG **erfasst nicht nur** bestimmte **risikoträchtige Methoden** an oder mit Organismen, sondern gilt allgemein für alle **gentechnisch veränderten Organismen** im Sinne der in § 3 Nr 3 GenTG gegebenen Definition, unabhängig davon, durch welche gentechnischen Arbeiten der Organismus hergestellt bzw bearbeitet und wie er verwendet wurde. Erfasst werden also auch Methoden, die nicht mehr der Gentechnik im engeren Sinne zuzuordnen sind (Hirsch/Schmidt-Didczuhn § 32 Rn 2). Dazu zählen gentechnische Arbeiten im geschlossenen System und die Freisetzung solcher Organismen, die auf natürliche Weise nicht entstehen können; dies betrifft etwa die Zellfusion oder Hybridisierungsverfahren (siehe hierzu ausführlich Hirsch/Schmidt-Didczuhn § 3 Rn 15). Grund für diese Weite der Haftung ist das spezifische Gefahrenpotenzial, welches der Gentechnik insgesamt innewohnt. Die gewählte Regelungstechnik läuft allerdings Gefahr, selektiv gentechnische Verfahren, die von § 3 Nr 3 GenTG nicht erfasst sind, auszuklammern, auch wenn deren erhebliches Gefahrpotenzial aktuell nicht ausschließbar ist (Luttermann JZ 1998, 176). Sachlich zutreffend nicht vom Gentechnikgesetz erfasst werden sollen **überkommene,** aufgrund langjähriger Erfahrung als ungefährlich anerkannte **biotechnische Verfahren,** wie die Beteiligung von Mikroorganismen bei der Herstellung von Bier und Käse, die Gewinnung von Penicillin oder die Nutzung biologischer Abwasserkläranlagen (BT-Drucks 11/5622, S 22; EG-Freisetzungsrichtlinie [Fn 58]).

Haftungseinschränkend wirkt die **Ausklammerung der Humangenetik** aus der Gentechnikhaftung, da das Gentechnikgesetz nicht für die Anwendung gentechnischer Methoden am Menschen und an menschlichen Embryonen gilt (HIRSCH/SCHMIDT-DIDCZUHN Einl zum GenTG Rn 40 ff, siehe auch dies § 2 Rn 4 ff). 3

b) Zeitlich

Grundsätzlich gelten die Haftungsvorschriften des GenTG nur für Schäden, die **nach** dessen Inkrafttreten am **1. 6. 1990** verursacht worden sind. Maßgeblich für die Anwendbarkeit **in zeitlicher Hinsicht** ist das schadensverursachende Ereignis, nicht der Eintritt des Schadens (zur Frage, ob das **schadensverursachende Ereignis** der betriebliche Vorgang oder die Auslösung des schädigenden Prozesses im Rechtskreis des Geschädigten ist, SCHMIDT-SALZER, Umwelthaftungspflicht und Umwelthaftpflichtversicherung [III]: das Umwelthaftungsgesetz 1991, VersR 1991, 10). Insoweit besteht eine Parallele in der Anknüpfung an das Schadensereignis in der Definition des Versicherungsfalles in den Allgemeinen Versicherungsbedingungen für die Haftpflichtversicherung (AHB). Versicherungsfall im Sinne des Haftpflichtversicherungsvertrages ist gemäß § 5 Ziff 1 AHB grundsätzlich das Schadensereignis, das Haftpflichtansprüche gegen den Versicherungsnehmer zur Folge haben könnte. Unter Schadensereignis versteht man den äußeren Vorgang, der die Schädigung des Dritten und damit die Haftpflicht des Versicherten unmittelbar herbeiführt (BGHZ 25, 34, 37; vgl auch GEPPERT, Umweltmanagement, Haftung und Versicherung: Die neue Umweltpflichtversicherung [1995] Kap 23. 2. 1.). 4

Von dieser Definition weicht die **Umwelthaftpflichtversicherung** ab. Versicherungsfall als maßgeblicher Zeitpunkt für die Eintrittspflicht des Versicherers im HUK-Modell ist die nachprüfbare erste Feststellung des Personenschadens, Sachschadens oder eines mitversicherten echten Vermögensschadens. Die Feststellung kann durch den Geschädigten, einen sonstigen Dritten oder durch den Versicherungsnehmer erfolgen. Für die Versicherung gilt also das Prinzip der Schadensfeststellung. Ansprüche nach §§ 32 GenTG sind nicht vom Versicherungsschutz nach dem Umwelthaftungsmodell erfasst (HUK-Verband Bericht, Versicherungswirtschaft 1991, 1327). Für die Betriebs- bzw Industriehaftpflichtversicherung gilt im Versicherungsfall das Prinzip der Maßgeblichkeit des Schadensereignisses (vgl GEPPERT, Umweltmanagement, Haftung und Versicherung: Die neue Umweltpflichtversicherung [1995] Kap 45. 4.). 5

Für Schäden, die **vor** Inkrafttreten des GenTG **verursacht** wurden, selbst wenn sie sich erst nach Inkrafttreten des Gesetzes manifestiert haben, gelten die allgemeinen Vorschriften. § 32 GenTG ist jedoch anwendbar, wenn die Verursachung, etwa in Form einer Dauerwirkung, über den Zeitpunkt des Inkrafttretens hinaus andauert. 6

c) Örtlich

Für die **örtliche Anknüpfung** der Haftung nach § 32 GenTG gelten wie in anderen Fällen der Gefährdungshaftung die **Regeln der unerlaubten Handlung entsprechend.** Grundsätzlich werden unerlaubte Handlungen internationalprivatrechtlich nach dem Recht des Tatortes beurteilt (LÜDERITZ, Internationales Privatrecht [1992] Rn 299). Der Begriff des Tatortes erfasst sowohl Handlungs- als auch Erfolgsort. Bei Distanzschäden, wenn also der Handlungsort, namentlich der Standort der gentechnischen Anlage, in Deutschland, der Erfolgsort aber im Ausland liegt, zB das geschädigte Grundstück, oder wenn es sich umgekehrt verhält, gilt nach deutscher Rechtsprechung das 7

Günstigkeitsprinzip. Der Geschädigte kann also stets auch den Anspruch nach § 32 GenTG wählen (LÜDERITZ, Internationales Privatrecht [1992] Rn 301).

3. Konkurrenzen

8 Das Verhältnis des § 32 GenTG zu anderen Haftungsvorschriften regelt § 37 GenTG. Daraus ergibt sich eine **weitgehende Subsidiarität** des § 32 GenTG.

a) Arzneimittelhaftung

9 § 37 Abs 1 GenTG bestimmt in Anlehnung an § 15 ProdhaftG einen ausschließlichen **Vorrang der Arzneimittelhaftung** nach den §§ 84 ff AMG, soweit es sich um Personenschäden handelt, die durch ein zum Gebrauch am Menschen bestimmtes Arzneimittel verursacht wurden, das im Geltungsbereich des AMG an den Verbraucher abgegeben wurde und zulassungspflichtig (§ 21 AMG) oder durch Rechtsverordnung von der Zulassungspflicht befreit ist.

10 Arzneimittelhaftung und Gentechnikhaftung stehen im Konkurrenzverhältnis der **Exklusivität** (HIRSCH/SCHMIDT-DIDCZUHN § 37 Rn 2; DEUTSCH VersR 1990, 1041, 1045). § 84 AMG verdrängt trotz seiner tatbestandlichen Einschränkungen, wie zB die auf Patienten beschränkte Anwendbarkeit, die Haftung nach § 32 GenTG (HIRSCH/SCHMIDT-DIDCZUHN § 37 Rn 2; DEUTSCH VersR 1990, 1041, 1045; krit MEYER, Zur Konkurrenz von Produkthaftungsgesetz und Arzneimittelgesetz, MedR 1990, 70, 71). Ist bei einem durch ein Arzneimittel verursachten Schaden ein Ersatzanspruch aus § 84 AMG nicht begründet, weil dessen Voraussetzungen nicht vorliegen oder ein anderer Haftungsausschlussgrund besteht, so ist wegen der ausschließlichen Geltung der Arzneimittelhaftung ein Rückgriff auf § 32 GenTG ausgeschlossen (vgl HIRSCH/SCHMIDT-DIDCZUHN § 37 Rn 2; DEUTSCH VersR 1990, 1041, 1046).

11 Das AMG erfasst **Sachschäden** und Schäden aufgrund eines **nicht zulassungspflichtigen oder im Ausland** abgegebenen Arzneimittels **nicht.** Eine diesbezügliche Haftung richtet sich nach dem GenTG oder dem ProdHaftG; dabei hat das ProdHaftG Vorrang, soweit der Tatbestand des § 37 Abs 2 GenTG erfüllt ist (vgl HIRSCH/SCHMIDT-DIDCZUHN § 37 Rn 2; dies VersR 1990, 1193, 1204; LANDSBERG/LÜLLING § 37 Rn 4; siehe auch unten Rn 39).

b) Produkthaftung

12 **aa)** Die §§ 32 ff GenTG sind ebenfalls unanwendbar, wenn der Schaden durch Produkte verursacht wurde, die gentechnisch veränderte Organismen enthalten und aufgrund einer Genehmigung oder Zulassung in den Verkehr gebracht wurden. § 37 Abs 2 S 1 GenTG bestimmt für diesen Fall die **Exklusivität des Produkthaftungsgesetzes.** Das Zurücktreten der Haftung nach dem GenTG zu Gunsten der allgemeinen Produkthaftung nach dem ProdHaftG hängt vom genehmigten Inverkehrbringen des Produkts iSv § 37 Abs 2 S 1 ab; wird ein gentechnisches Produkt ohne Genehmigung in den Verkehr gebracht, gilt die Haftung nach dem GenTG uneingeschränkt.

13 Unter Normkonkurrenzgesichtspunkten nicht eindeutig geregelt ist die Schädigung durch ein in Verkehr gebrachtes Produkt aufgrund einer **fehlerhaften Genehmigung.** Entscheidend kommt es darauf an, ob das Inverkehrbringen nach öffentlich-rechtlichen Vorschriften zulässig ist (amtliche Begründung zum GenTG BT-Drucks 11/5622, S 36; vgl auch Hirsch/Schmidt-Didczuhn § 37 Rn 9). Zu unterscheiden ist zwischen einer rechtswidrigen und einer nach § 44 VwVfG nichtigen Genehmigung. Die **rechtswidrige** Genehmigung ist trotz des ihr anhaftenden Fehlers bis zu ihrer Aufhebung wirksam. Soweit die Genehmigung lediglich rechtswidrig ist, gilt der Vorrang der Produkthaftung gemäß § 37 Abs 2 S 1 GenTG (Hirsch/Schmidt-Didczuhn § 37 Rn 9). Dies ist sachgerecht, weil der Betreiber aufgrund der Genehmigung davon ausgehen durfte, dass er das Produkt in den Verkehr bringen kann (Hirsch/Schmidt-Didczuhn § 37 Rn 9). Anders liegt der Fall bei einer von Anfang an nichtigen Genehmigung. Ein **nichtiger** Verwaltungsakt ist gemäß § 43 Abs 3 VwVfG eo ipso unwirksam, er hat also weder für die Behörde noch für den Adressaten oder Dritte die beabsichtigten Rechtswirkungen und muss bzw darf daher von niemandem befolgt oder beachtet werden (vgl nur Kopp, VwVfG § 43 Rn 20 mwN). Bei einem Inverkehrbringen eines gentechnischen Produkts aufgrund einer nichtigen Genehmigung bleibt es bei der Geltung der Gentechnikhaftung, da aufgrund der schweren Fehlerhaftigkeit nicht die Gewähr für eine ausreichende Risikoabschätzung gegeben ist (so Hirsch/Schmidt-Didczuhn § 37 Rn 9; vgl auch dies VersR 1990, 1193, 1203 Fn 48).

14 **bb)** Die gemäß § 37 Abs 2 S 1 GenTG vorrangige Haftung aufgrund des ProdHaftG gilt nicht so unmodifiziert, wie dies hinsichtlich der §§ 84 ff AMG unter den Voraussetzungen des § 37 Abs 1 GenTG der Fall ist, da § 37 Abs 2 S 2 GenTG wesentliche **Beschränkungen und Erweiterungen der Produkthaftung** für gentechnische Produkte regelt. So ist, sofern der Produktfehler auf gentechnischen Arbeiten beruht, § 1 Abs 1 Nr 5 ProdHaftG unanwendbar, der die Ersatzpflicht ausschließt, wenn der Fehler nach dem Stand der Wissenschaft und Technik in dem Zeitpunkt, in dem der Hersteller das Produkt in den Verkehr brachte, nicht erkannt werden konnte. Damit stellt auch das **Entwicklungsrisiko,** das als das eigentliche und primäre Risiko der Gentechnologie angesehen wird (siehe amtliche Begründung zum GenTG BT-Drucks 11/5622, S 36; Landsberg/Lülling § 37 Rn 7), einen **Haftungsgrund im Rahmen der Produzentenhaftung** für gentechnische Produkte dar. Der Hersteller trägt das volle Risiko für Unvollständigkeiten und Fehler der gentechnischen Wissenschaft und Anwendungstechnik (Koch DB 1991, 1815, 1820) sowie unterlassene Sicherung (Göben 147). Ferner unterwirft § 37 Abs 2 S 2 GenTG, insoweit abweichend von der Regelung in dem bis zum 1. 12. 2000 geltenden § 2 S 2 ProdHaftG aF (zu den Konkurrenzverhältnissen nach der Änderung des ProdHaftG Godt NJW 2001, 1171 ff), auch unmittelbare **Erzeugnisse der Land- und Fischwirtschaft** der Produkthaftung nach dem ProdHaftG, wenn der Produktfehler auf gentechnischen Arbeiten beruht. Zweck der Regelung ist es, eines der wichtigsten Betätigungsfelder der Gentechnologie in die Gefährdungshaftung einzubeziehen (siehe amtliche Begründung zum GenTG BT-Drucks 11/5622, S 36; Brocks/Pohlmann/Senft 126; Deutsch VersR 1990, 1041, 1046).

15 **cc)** § 37 Abs 2 S 2 GenTG **beschränkt** außerdem den **Kreis** der für gentechnische Produkte **haftenden Produzenten,** indem der erweiterte Begriff des Herstellers des § 4 ProdHaftG auf den Hersteller eingeschränkt wird, dem die Zulassung oder Genehmigung für das Inverkehrbringen erteilt worden ist. Insbesondere im Bereich der Landwirtschaft soll die Haftung für Entwicklungsrisiken nicht auch diejenigen Produzenten im weiten Sinne des § 4 ProdHaftG treffen, die im Vertrauen auf die Unbedenklichkeit des in Verkehr gebrachten gentechnisch veränderten Organismus aus diesem Organismus landwirtschaftliche Erzeugnisse ziehen (amtliche Begründung zum GenTG BT-Drucks 11/5622, S 36 f; Hirsch/Schmidt-Didczuhn § 37 Rn 12; Landsberg/Lülling § 37 Rn 8).

c) Verschuldens- und Gefährdungshaftungstatbestände

16 Sonstige einschlägige Haftungsbestimmungen bleiben gemäß § 37 Abs 3 GenTG **unberührt.** Neben einer Haftung nach dem GenTG kann damit eine Haftung insbesondere aufgrund anderer Gefährdungshaftungstatbestände wie **§ 22 WHG** oder **§ 1 UmweltHG** in Betracht kommen. Von Bedeutung im Bereich der Gentechnik ist wegen der hohen Anforderungen bezüglich der Beachtung von Sorgfaltspflichten bei risikoträchtigen Tätigkeiten auch die Deliktshaftung der **§§ 823 ff BGB;** ein Anspruch auf **Schmerzensgeld** ist nur im Rahmen der Deliktshaftung möglich. Nach § 6 Abs 1 GenTG hat der Betreiber Risiken umfassend zu bewerten und diese Bewertung am Stand der Wissenschaft anzupassen; dies folgt aus dem Bestehen entsprechender, jeweils dem wissenschaftlich-technischen Erkenntnisstand angepasste **Verkehrssicherungspflichten.** Werden diese verletzt, ist schuldhaftes Handeln und folglich regelmäßig eine Verschuldenshaftung gegeben. Damit entsteht ein **duales Haftungssystem.** Im gesamten Bereich der noch ungewissen gentechnischen Risiken besteht die verschuldensunabhängige Haftpflicht des Betreibers; andererseits kann dort, wo die wegen Verletzung der nach dem Stand der Wissenschaft bestehenden Verkehrssicherungspflichten begründete Deliktshaftung die nach ihren Voraussetzungen weniger strengere Gefährdungshaftung überlagert, ein potentiell Haftpflichtiger die verbleibende Verschuldenshaftung selbst vermeiden, indem er den Sorgfaltspflichten genügt. Die Beweislastregel des § 34 GenTG wirkt insoweit auch im Hinblick auf die deliktische Haftung (Luttermann JZ 1998, 174, 180).

17 Die modifizierte Verschuldenshaftung des **§ 833 S 2 BGB** kann anzuwenden sein, soweit Schäden durch gentechnisch veränderte Nutztiere verursacht werden (Hirsch/Schmidt-Didczuhn § 37 Rn 19; Landsberg/Lülling § 37 GenTG Rn 13 ff). Nicht anwendbar ist dagegen nach hM die Gefährdungshaftung des **§ 833 S 1 BGB** (so Hirsch/Schmidt-Didczuhn § 37 Rn 19; Landsberg/Lülling § 37 Rn 15). Entgegen einer teilweise in der Literatur vertretenen Auffassung (MünchKomm/Mertens § 833 Rn 10; Deutsch, Gefährdungshaftung für laborgezüchtete Mikroorganismen, NJW 1976, 1137, 1138) sind **Mikroorganismen nicht** als Tiere iSd § 833 BGB anzusehen, weil ein allein am Kriterium der Gefährlichkeit orientiertes Verständnis des Tierbegriffs überspannt wirkt und im Hinblick auf den Wortlaut des § 833 S 1 BGB und den allgemeinen Sprachgebrauch bedenklich erscheint (Hirsch/Schmidt-Didczuhn § 37 Rn 19; Landsberg/Lülling § 37 Rn 15).

d) Amtshaftung

18 Bei Pflichtverletzungen der Anmelde-, Genehmigungs- oder Überwachungsbehörden kann eine Haftung wegen schuldhafter Amtspflichtverletzung nach **§ 839 BGB, Art 34 GG** stattfinden. Bei fahrlässiger Pflichtverletzung besteht jedoch nur ein Anspruch, wenn der Geschädigte nicht auf andere Art und Weise, insbesondere nach § 32 GenTG, vom Betreiber Ersatz verlangen kann (Hirsch/Schmidt-Didczuhn § 37 Rn 23).

e) Aufopferungshaftung

19 In Fällen, in denen der mit nachteiligen Einwirkungen verbundene Betrieb einer gentechnischen Anlage, Arbeit oder Freisetzung hinzunehmen ist, weil eine unanfechtbare Genehmigung nach Durchführung eines Anhörungsverfahrens vorliegt und Vorkehrungen, die die benachteiligenden Wirkungen ausschließen, nicht durchführbar oder wirtschaftlich nicht vertretbar sind, räumt **§ 23 GenTG** einen Schadensersatzanspruch ein. Typologisch handelt es sich um einen Fall der Aufopferungshaftung. Die praktische Bedeutung dieser Vorschrift ist allerdings zu bezweifeln, weil unter den Voraussetzungen der Norm wohl in der Regel keine Anlagengenehmigung erteilt werden darf (so Hirsch/Schmidt-Didczuhn VersR 1990, 1193, 1204).

II. Haftungsvoraussetzungen

1. Haftungsgrundtatbestand (Abs 1)

20 § 32 Abs 1 GenTG setzt die **Verletzung bestimmter Rechtsgüter** voraus. Die durch § 32 Abs 1 GenTG geschützten Rechtsgüter sind identisch mit den in § 1 UmweltHG genannten; daher kann insoweit auf die entsprechende Kommentierung (§ 1 UmweltHG Rn 5 ff) verwiesen werden.

21 Die Verletzung eines der genannten Rechtsgüter muss durch **Eigenschaften eines Organismus hervorgerufen** sein, die dieser **durch** die mit **gentechnischen Arbeiten bewirkte Veränderung** seiner Erbsubstanz erworben hat.

22 **a)** Ein **Organismus** ist gemäß der Begriffsbestimmung des § 3 Nr 1 GenTG jede biologische Einheit, die fähig ist, sich zu vermehren oder gentechnisches Material zu übertragen. Vom Begriff umfasst sind neben Pflanzen und Tieren auch Mikroorganismen wie Bakterien, Pilze und Algen, ferner Viren und Viroide sowie tierische und menschliche Zellen (Brocks/Pohlmann/Senft 59; zu weiteren Bsp vgl auch Hirsch/Schmidt-Didczuhn § 3 Rn 3). Keine Organismen iSd § 3 Nr 1 GenTG sind dagegen Zellkerne, Chromosomen, Transposons, sowie chromosomale, reine natürliche oder rekombinante DNA (Brocks/Pohlmann/Senft 59; Hirsch/Schmidt-Didczuhn § 3 Rn 4). Der Organismusbegriff ist als ein offener anzusehen, da seine Auslegung wesentlich an Stand und Fortschritt biowissenschaftlicher Erkenntnis anknüpft und deshalb mit dieser Erkenntnis weiterentwickelt werden muss (Luttermann JZ 1998, 174, 176).

23 **b)** Die Rechtsgutsverletzung muss auf **bestimmte Eigenschaften** eines solchen Organismus zurückzuführen sein. Eigenschaften sind jedwede substanziellen Merkmale des Organismus, auch wenn diese nur von vorübergehender Dauer sein mögen.

24 **c)** Die schadenstiftenden **Eigenschaften** des Organismus müssen auf **gentechnischen Arbeiten beruhen.** Ein bereits im Naturzustand gefährlicher Organismus, zB infektiöse Bakterien, der ohne gentechnische Veränderung einen Schaden verursacht, unterfällt nicht dem Tatbestand des § 32 Abs 1 GenTG (siehe dazu auch Landsberg/Lülling § 32 Rn 8). Notwendig ist deshalb die strikte Unterscheidung zwischen den Eigenschaften des Ausgangsmaterials, der Empfänger- und Spenderorganismen und der Vektoren, und den für die Haftung entscheidenden Eigenschaften des gentechnisch veränderten Organismus (vgl Hirsch/Schmidt-Didczuhn VersR 1990, 1193, 1194).

25 Zweifelhaft ist, ob auch schadensträchtige Eigenschaften eines Organismus, der durch **selbstständige Mutation** aus einem gentechnisch veränderten Organismus ent-

standen ist, als auf gentechnischen Arbeiten beruhend anzusehen sind. Im Sinne einer umfassenden Gefährdungshaftung für potenziell schädliche Auswirkungen von gentechnisch veränderten Organismen ist dies anzunehmen, da sich auch insoweit ein besonderes, durch die Gentechnik gesetztes Risiko verwirklicht hat (Hirsch/Schmidt-Didczuhn § 32 Rn 6). Nicht auf gentechnischen Arbeiten beruhen dagegen im Wege der Rückmutation wiedererlangte ursprüngliche Eigenschaften eines zunächst gentechnisch veränderten Organismus (Deutsch VersR 1990, 1041, 1042).

26 Bei den **gentechnischen Arbeiten,** die vermittelt durch die schadensträchtigen Eigenschaften eines Organismus die Haftung nach § 32 GenTG auslösen, muss es sich um solche iSd **§ 3 Nr 2 GenTG** handeln. Dazu zählen die Erzeugung, Verwendung, Vermehrung, Lagerung, Zerstörung oder Entsorgung sowie der Transport gentechnisch veränderter Organismen (ausführlich Hirsch/Schmidt-Didczuhn § 3 Rn 7 ff). Gentechnische Arbeiten sind etwa das Herstellen komplementärer DNA aus Boten-RNA, das Synthetisieren völlig neuer Insulinvarianten mit einem verkürzten Peptid, die Ligation von fremder DNA mit Vektor-DNA (vgl Koch DB 1991, 1815, 1819; weitere Bsp siehe Hirsch/Schmidt-Didczuhn § 3 Rn 7 ff). Keine gentechnischen Arbeiten im Sinne des Gentechnikgesetzes sind verschiedene Formen der DNA-Sequenzanalyse, soweit sie nur Organismuseigenschaften untersucht, diese aber nicht verändert (Koch DB 1991, 1815, 1819).

27 Nur ein Handeln kann haftungsbegründend wirken, ein **Unterlassen,** zB die Verhinderung einer natürlich geschehenen Mutation (so geschehen im „Apfelschorf-Fall“ BGHZ 80, 199 ff), genügt **nicht** (Deutsch VersR 1990, 1041, 1042).

28 Das GenTG **unterscheidet** zwischen gentechnischen **Arbeiten** zu Forschungszwecken (§ 3 Nr 5 GenTG) und zu gewerblichen Zwecken (§ 3 Nr 6 GenTG). Auf die Haftung nach § 32 Abs 1 GenTG hat dies keine Auswirkungen, sie ist auf beide Arbeitsformen anwendbar. Gleiches gilt für die Einteilung der gentechnischen Arbeiten in vier **Sicherheitsstufen** durch § 7 GenTG. Auch hier ergeben sich keine Unterschiede oder Abstufungen in der Haftung, § 32 GenTG gilt für alle vier Sicherheitsstufen uneingeschränkt (anders noch die Enquete-Kommission; vgl Deutsch VersR 1990, 1402).

29 **d)** Die Rechtsgutsverletzung muss auf gentechnischen Veränderungen bzw Schöpfungen eines Organismus beruhen. Damit ist das Erfordernis eines **haftungsbegründenden Kausalzusammenhangs** zwischen den vorbezeichneten Eigenschaften eines Organismus und der Rechtsgutsverletzung gemeint. § 32 Abs 1 GenTG präzisiert die Kausalitätsbeziehung materiellrechtlich einschränkend in der Weise, dass eine Rechtsgutsverletzung nicht nur durch einen gentechnisch veränderten Organismus verursacht sein muss, sondern dass **die Rechtsgutsverletzung** ihren **Grund gerade in den gentechnisch veränderten Eigenschaften** hat (zur Entstehungsgeschichte der Ursachenvermutung vgl Hirsch/Schmidt-Didczuhn § 34 Rn 6). Bezüglich der Einzelfragen zur Kausalität und zum Zurechnungszusammenhang ist grundsätzlich auf die entsprechenden Ausführungen zum UmweltHG (§ 1 UmweltHG Rn 49 ff, 75 ff) zu verweisen.

30 **e)** Besonderheiten des Umgangs mit lebendem und vermehrungsfähigem Material in Kombination mit Besonderheiten gentechnischer Verfahrensweisen können zu spezifischen **Beweisschwierigkeiten** führen. Soweit Organismen teilungsfähige Lebewesen sind, ist deren Ausbreitung oft nicht begrenzbar. Auch können sich Mikroorganismen durch alle Umweltmedien, also Luft und Boden, Wasser und andere Transportmittel, namentlich Mensch und Tier ausbreiten, so dass die Verbreitungswege nur schwer verfolgbar sind.

31 Hinsichtlich des **Nachweises** der Ursächlichkeit des gentechnisch veränderten **Organismus** für die Rechtsgutsverletzung bleibt es bei der **allgemeinen Beweislast,** die grundsätzlich der Geschädigte trägt (Damm, Das Beweisrecht des Gentechnikgesetzes, NuR 1992, 1, 4; Falk, EG-Umwelt-Audit-VO [1998] 197 f; Hirsch/Schmidt-Didczuhn § 34 Rn 8). Steht die Ursächlichkeit eines oder mehrerer gentechnisch veränderter Organismen für den Schaden zwar fest, ist aber ungeklärt, welcher Betreiber von mehreren schadensursächlich war und ob der Beitrag eines Betreibers allein für die Rechtsgutsverletzung genüge oder es erst im Zusammenwirken mit anderen Beiträgen zum Schadenseintritt kam, gilt ebenfalls das Prinzip, dass der Geschädigte den Beweis der Verursachung des von ihm in Anspruch genommenen Betreibers führen muss (Hirsch/Schmidt-Didczuhn § 32 Rn 31). Kann nicht in vollem Umfang bewiesen werden, welcher von den Betreibern die ganzen Rechtsgutsverletzungen oder zu welchem Teil verursacht hat, so entfällt der Ersatzanspruch in dem Umfang, in dem der Kausalitätsbeweis nicht führbar ist (Grundsätzlich dazu Medicus, Zivilrecht und Umweltschutz, JZ 1986, 778, 781).

32 Darauf, in diesem Fall **§ 830 Abs 1 S 2 BGB** für entsprechend anwendbar zu erklären und damit die dargestellten Beweisschwierigkeiten zu überwinden, wurde im Rahmen des § 32 Abs 2 GenTG verzichtet (**aA** Deutsch VersR 1990, 1041, 1044). Dies wird damit begründet, dass sich das Problem der Schadenszurechnung aufgrund der Singularität und der Registrierung gentechnischer Anlagen und Arbeiten relativ selten stellt (Hirsch/Schmidt-Didczuhn § 32 Rn 31). Allerdings ist dennoch, und zwar gerade bei teleologischer Auslegung unter Berücksichtigung dieser Begründung, die Vorschrift des § 830 Abs 1 S 2 BGB auch ohne ausdrückliche Verweisung in den Fällen anzuwenden, wenn feststeht, dass mehrere Betreiber in je schadensursächlicher Weise gentechnisch veränderte Organismen freigesetzt haben, aber trotz der Registrierung nicht mehr ermittelt werden kann, wer den Schaden tatsächlich verursacht hat (BGHZ 55, 96, 98). Die analoge Anwendung des § 830 Abs 1 S 2 BGB setzt jedoch voraus, dass die gentechnisch veränderten Organismen aller als Beteiligter in Frage kommender Betreiber geeignet waren, den ganzen Schaden zu verursachen; Schadensverursachung durch ein mögliches Zusammenwirken ist weder notwendig noch hinreichend, doch kommt hier eine gesamtschuldnerische Haftung schon ohnedies nach allgemeinen Regeln in Betracht (Deutsch VersR 1990, 1044; Eberl/Borges, § 830 BGB und die Gefährdungshaftung, AcP 196 [1996] 553).

33 Nur für die Frage, ob die Rechtsgutsverletzung, in Bezug auf welche ein gentechnisch veränderter Organismus als ursächlich ermittelt wurde, gerade auf den **gentechnisch veränderten Eigenschaften** des Organismus beruht, gilt zugunsten des Geschädigten die **widerlegliche Kausalitätsvermutung** des § 34 Abs 1 GenTG (Damm, Das Beweisrecht des Gentechnikgesetzes, NuR 1992, 1, 4; Falk, EG-Umwelt-Audit-VO [1998] 197; Hirsch/Schmidt-Didczuhn § 34 Rn 8 f). Der Betreiber kann allerdings den durch diese Legalvermutung zunächst als festgestellt zu betrachtenden Kausalzusammenhang zwischen der gentechnischen veränderten Eigenschaft und dem Schadenseintritt **entkräften,** indem er Tatsachen zur Überzeugung des Gerichts darlegt, die einen anderen Bedingungszusammenhang nahelegen. Dazu bedarf es nicht des vollen Gegenbeweises, sondern

gemäß § 34 Abs 2 GenTG lediglich des Beweises von Umständen, aus denen sich die Wahrscheinlichkeit ergibt, dass der Schaden auf anderen, nicht auf gentechnischen Arbeiten beruhenden Eigenschaften des Organismus beruht (Falk, EG-Umwelt-Audit-VO [1998] 198; Nicklisch, Rechtsfragen der modernen Bio- und Gentechnologie, BB 1989, 1, 8). Es genügt allerdings nicht, wenn der Betreiber die bloße, nicht sehr wahrscheinliche Möglichkeit eines anderen als des nach § 34 Abs 1 GenTG vermuteten Bedingungszusammenhangs darlegt (Hirsch/Schmidt-Didczuhn § 34 Rn 14). Andererseits ist keine an Sicherheit grenzende Wahrscheinlichkeit erforderlich. Vielmehr ergibt sich die nach § 34 Abs 2 GenTG geforderte Wahrscheinlichkeit aus den besonderen und konkreten Umständen des Einzelfalles, so zB aus Art und Modalität der gentechnischen Arbeiten, Art und Konzentration der verwendeten Organismen (weitere Beispiele Hirsch/Schmidt-Didczuhn § 34 Rn 10); dabei ist stets die Intention des Gesetzes zu berücksichtigen, es nicht zu einer Verdachtshaftung des Betreibers kommen zu lassen (kritisch dazu Deutsch VersR 1990, 1045; Schimikowski ZfV 1991, 414, 415).

2. Aktiv- und Passivlegitimation

34 a) **Ersatzberechtigt** ist der **Geschädigte.** Unmittelbar geschädigt ist jeder, der oder dessen Rechtsgut in irgendeiner Form mit dem gentechnisch veränderten, schädigenden Organismus in Kontakt kommt (Hirsch/Schmidt-Didczuhn § 32 Rn 19). Die Anspruchsberechtigung mittelbar Geschädigter regelt § 32 Abs 4 GenTG. Die Vorschrift entspricht § 12 UmweltHG; auf die dortigen Ausführungen wird verwiesen.

35 Nicht ersatzberechtigt ist der **Betreiber** der gentechnischen Arbeiten selbst. Deren **Mitarbeiter** und **Besucher** kommen dagegen als Geschädigte nach den gleichen Grundsätzen in Betracht wie im UmweltHG. Bezüglich der Einzelheiten wird auf die Kommentierung des UmweltHG (vgl § 1 UmweltHG Rn 79 ff) verwiesen.

36 b) **Haftungssubjekt** ist der Betreiber, der als Organisator den Anlass für die Existenz der Gefahrenquelle gesetzt hat. Betreiber ist nach § 3 Nr 9 GenTG diejenige juristische oder natürliche Person oder nichtrechtsfähige Personenvereinigung, die unter ihrem Namen eine gentechnische Anlage errichtet oder betreibt, gentechnische Arbeiten oder Freisetzungen durchführt oder Produkte, die gentechnisch veränderte Organismen enthalten oder aus solchen bestehen, erstmalig in Verkehr bringt (Hirsch/Schmidt-Didczuhn § 3 Rn 55), wobei entscheidend allein die tatsächliche, nicht die rechtliche Beherrschung der Anlage ist (B Leonhard, Der privatrechtliche Auskunftsanspruch im Umweltrecht – Eine Untersuchung materiell-rechtlicher und prozessualer Auskunftsansprüche im deutschen und amerikanischen Recht [2000] 166). Die Ersatzpflicht trifft den Betreiber, der zur Zeit der Verursachung des Schadens für die Verwendung verantwortlich war, wobei der Zeitpunkt des schadensverursachenden Ereignisses maßgeblich ist.

3. Zurechenbarer Schaden

37 Die Verletzung der in § 32 Abs 1 GenTG genannten Rechtsgüter muss einen **Schaden** zur Folge haben. Insbesondere muss ein **haftungsausfüllender Kausalzusammenhang** zwischen Rechtsgutsverletzung und Schaden bestehen und darf der **Zurechnungszusammenhang** insbesondere unter Berücksichtigung des Schutzzwecks der Norm nicht unterbrochen sein. § 32 GenTG weist diesbezüglich keinen Unterschied zum Um-

weltHG auf; wegen der Einzelheiten wird auf die entsprechenden Ausführungen (§ 1 UmweltHG Rn 75 ff) verwiesen.

4. Haftungsausschlüsse

a) Die Gefährdungshaftung nach § 32 GenTG kann durch **vertragliche Vereinbarung** beschränkt oder ausgeschlossen werden (siehe dazu auch Hirsch/Schmidt-Didczuhn Vorbem § 32 Rn 7). 38

b) Erleidet ein Arbeitnehmer einen **Arbeitsunfall** oder eine **Berufskrankheit,** gilt das sozialversicherungsrechtliches Haftungsprivileg gemäß §§ 104 ff SGB-VII, das auch die Haftung aus § 32 GenTG zurücktreten lässt (vgl Hirsch/Schmidt-Didczuhn § 37 Rn 25). 39

c) Im Unterschied zum Vorentwurf des GenTG (BT-Drucks 11/5622, S 15) enthält § 32 Abs 1 GenTG **keinen Haftungsausschluss** für Fälle **höherer Gewalt.** Die Unabsehbarkeit gentechnischer Risiken im Interesse einer angemessenen Risikoverteilung erfordert es, dem Betreiber auch das Risiko für Schadensereignisse zuzurechnen, die sich nur durch das Hinzutreten außergewöhnlicher und nicht abwendbarer Ereignisse verwirklichen (BR-Drucks 387/1/89, S 304; Damm, Gentechnikhaftungsrecht, ZRP 1989, 463, 466 **aA** Göben 159; Hirsch/Schmidt-Didczuhn § 32 Rn 29). Das spezifische Risiko, das Grund für die Gefährdungshaftung ist, wird im übrigen schon mit der Herstellung des gentechnisch veränderten Organismus geschaffen, so dass der konkrete Anlass für die Realisierung des Risikos außer Betracht zu lassen ist (Hirsch/Schmidt-Didczuhn § 32 Rn 27). 40

III. Rechtsfolge

1. Haftungsinhalt (§ 32 Abs 4–7 GenTG)

a) § 32 Abs 4–6 GenTG entsprechen §§ 12 bis 14 UmweltHG. Auf die dortige Kommentierung wird verwiesen. 41

b) § 32 Abs 7 GenTG entspricht **§ 16 UmweltHG,** mit dem **Unterschied,** dass hier die Unverhältnismäßigkeit der Aufwendungen nicht allein deshalb angenommen werden soll, weil sie den Wert der Sache **erheblich** übersteigen. Jedoch ist daraus für § 16 UmweltHG nicht der Rückschluss zu ziehen, dort sei Aufwendungsersatz nur geschuldet, wenn die Aufwendungen für die Wiederherstellung des vorigen Zustandes den Wert der Sache nicht oder unerheblich übersteigen; allerdings ist die Unverhältnismäßigkeitsschwelle dort tendenziell niedriger anzusetzen als bei § 32 Abs 7 GenTG (Landsberg/Lülling § 32 Rn 25). 42

2. Haftungshöchstgrenze (§ 33 GenTG)

a) § 33 S 1 GenTG sieht eine **globale Haftungshöchstgrenze** von 160 Millionen DM (nach Art 9 Abs 2 des Entwurfes des 2. Gesetzes zur Änderung schadensersatzrechtlicher Vorschriften: 85.000.000 Euro) vor. Die Vorschrift ist an den §§ 88 AMG, 10 ProdHaftG orientiert. Sie soll das Gesamtrisiko kalkulierbar machen. Außerdem ermöglichen Haftungshöchstgrenzen dem Ersatzpflichtigen, sich zu vertretbaren 43

Konditionen zu versichern; das Haftungsrisiko ist für jeden Betreiber ein in der Bilanz zu berücksichtigender Kostenfaktor, der berechenbar bleiben muss (Hirsch/Schmidt-Didczuhn § 33 Rn 1).

44 **b)** Entsteht infolge von Eigenschaften eines Organismus, die auf gentechnischen Arbeiten beruhen, ein Schaden, der die Höhe der Haftunghöchstgrenze übersteigt, erfolgt eine **Schadensersatzteilung** nach der Quotenregelung des § 33 S 2 GenTG. Diese Regelung entspricht der des § 15 S 2 UmweltHG; auf die dortige Kommentierung (§ 15 UmweltHG Rn 12 ff) wird verwiesen.

3. Gesamtschuld (§ 32 Abs 2 GenTG)

45 **a)** § 32 Abs 2 S 1 GenTG betrifft den Fall einer **Mehrheit von Betreibern,** die für denselben Schaden ersatzpflichtig sind; die Vorschrift entspricht § 5 ProdHaftG und regelt das **Außenverhältnis** zwischen dem Geschädigten und mehreren Betreibern. Erfasst werden einerseits Fälle der gemeinschaftlichen Verursachung durch Mittäterschaft oder Teilnahme als auch Fälle der sogenannten Nebentäterschaft, welche etwa bei gleichzeitiger Schadensverursachung durch aus mehreren Anlagen austretenden gentechnisch veränderten Organismen vorliegen kann. Findet eine Haftung statt, weil das Zusammenwirken von mehreren verschiedenen Betreibern zuzurechnenden Schadensursachen zum Schadenseintritt führte (vgl BGHZ 57, 257, 262), ist eine gesamtschuldnerische Haftung ebenfalls begründet. Haben allerdings mehrere Betreiber nachweislich nur einen je abgrenzbaren Teil des Schadens verursacht, so sind sie auch nur für den jeweiligen Anteil Schuldner.

46 **b)** § 32 Abs 2 S 2 GenTG regelt die Verantwortlichkeit im **Innenverhältnis** zwischen mehreren gesamtschuldnerisch haftenden Betreibern. Nach § 32 Abs 2 S 2 HS 2 GenTG gelten für die Abwicklung des Gesamtschuldverhältnisses die §§ 421 ff BGB entsprechend. Dabei tritt an die Stelle der grundsätzlichen Haftung nach gleichen Teilen gemäß § 426 Abs 1 S 1 BGB die Spezialvorschrift § 32 Abs 2 S 2 HS 1 GenTG, ohne dass dies einen praktischen Unterschied zu dem bei § 426 BGB geltendem Recht macht. Bei der Abwägung ist das Gewicht der von den Beteiligten gesetzten Schadensursachen in ihrer konkreten Auswirkung maßgebend (Hirsch/Schmidt-Didczuhn § 32 Rn 38).

4. Mitverschulden des Geschädigten und Mitverursachung Dritter (§ 32 Abs 3 GenTG)

47 **a)** Die Regelung des **Mitverschuldens des Geschädigten** in § 32 Abs 3 S 1 GenTG entspricht der Regelung in § 11 UmweltHG. Auf die Kommentierung hierzu wird verwiesen.

48 **b)** § 32 Abs 3 S 2 GenTG betrifft den Fall der **Mitverursachung durch Dritte.** Der Umstand, dass der Schaden auch durch einen Dritten verursacht wurde, der nicht Betreiber im Sinne des § 31 Abs 1 GenTG oder Geschädigter ist, führt nicht zur Minderung des Ersatzanspruchs gegen den Betreiber, wobei es auf die Art der Schadensverursachung durch den Dritten nicht ankommt (Hirsch/Schmidt-Didczuhn § 32 Rn 45). Die Vorschrift schließt also insofern eine bloße Reduzierung auf eine Teilhaftung aus. Ob im Innenverhältnis zwischen Betreiber und Drittem, oder im

Außenverhältnis zwischen diesen und dem Geschädigten gesamtschuldnerische Haftung besteht, wird nicht ausdrücklich geregelt, ergibt sich aber aus allgemeinen Grundsätzen der Gesamtschuld, wohl häufig auch durch direkte oder entsprechende Anwendung des § 840 BGB (so auch Deutsch VersR 1990, 1041, 1044; Hirsch/Schmidt-Didczuhn § 32 Rn 45).

IV. Verjährung (§ 32 Abs 8 GenTG)

49 Die Regelung der Verjährung in § 32 Abs 8 GenTG entspricht § 17 UmweltHG; auf die Kommentierung hierzu wird verwiesen.

V. Auskunftsansprüche (§ 35 GenTG)

1. Ansprüche des Geschädigten

50 § 35 GenTG begründet **Auskunftsansprüche** des Geschädigten **gegen** den **Betreiber** und gegen die zuständigen **Behörden** und führt damit eine **Kombination von außerprozessualen Auskunftsansprüchen und Beweiserleichterung** bis hin zur Beweislastumkehr in den Haftungsprozess ein (vgl Falk, EG-Umwelt-Audit-VO [1998] 198; Hirsch/Schmidt-Didczuhn § 35 Rn 1; B Leonhard, Der privatrechtliche Auskunftsanspruch im Umweltrecht – Eine Untersuchung materiell-rechtlicher und prozessualer Auskunftsansprüche im deutschen und amerikanischen Recht [2000] 268). § 35 Abs 1 S 1 GenTG setzt voraus, dass dem Anspruchssteller ein Schaden entstanden ist, und dass Tatsachen vorliegen, die die Annahme begründen, dass der Schaden auf gentechnischen Arbeiten des Betreibers beruht und die Auskunft, die sich nur auf bestimmte Angaben erstreckt, zur Feststellung eines Anspruchs nach § 32 GenTG erforderlich ist. Die Auskunftsansprüche des § 35 GenTG sind weitgehend parallel zu den Auskunftsansprüchen nach den §§ 8 bis 10 UmweltHG ausgestaltet. Auf die Kommentierung hierzu wird verwiesen. Allerdings gibt es einige Unterschiede im Verhältnis zur Umwelthaftung:

2. Ansprüche zwischen Betreibern

51 Das GenTG regelt das **Einsichtsrecht in Unterlagen des Betreibers nicht.** Ein Einsichtsrecht erscheint insoweit nicht erforderlich, da die genaue Registrierung und Überwachung von gentechnischen Arbeiten dem Geschädigten ermöglicht, von der zuständigen Behörde ausreichende Informationen zu erhalten. Außerdem würde ein Einsichtsrecht zur einer erheblichen Bevorzugung der Interessen des Geschädigten gegenüber dem Interesse des Betreibers an der Wahrung seiner Betriebsgeheimnisse führen, wenn und solange nicht eine gesetzliche Regelung des Interessenkonflikts wie etwa in § 8 Abs 3 UmweltHG eingeführt wird.

52 Das GenTG regelt ferner den **Auskunftsanspruch des Betreibers** gentechnischer Arbeiten **gegen einen anderen Betreiber nicht.** Hierfür besteht kaum je ein Regelungsbedürfnis, da eine Schadensverursachung durch mehrere Betreiber bei den in der Regel singulär durchgeführten gentechnischen Arbeiten praktisch nicht vorkommt. Im Übrigen gilt das zur Versagung des Rechts auf Einsicht in Unterlagen des Betreibers entsprechend.

3. Geheimhaltungsinteresse

53 Im Gegensatz zu § 9 S 2 UmweltHG regelt § 35 Abs 3 GenTG die **Wahrung der privaten oder behördlichen Geheimhaltungsinteressen** unzureichend. § 35 Abs 3 GenTG unterscheidet nicht zwischen dem Auskunftsanspruch gegen den Betreiber und gegen die Behörde, während § 9 S 2 UmweltHG Auskunftsverweigerungsrechte der Behörde speziell regelt. Trotzdem ist der Ausnahmekatalog des § 9 S 2 UmweltHG mit Rücksicht auf Sinn und Zweck einer Auskunftsbeschränkung auch auf § 35 Abs 3 GenTG anzuwenden (Landsberg/Lülling § 35 Rn 21). Daher kann die Auskunft verweigert werden, wenn durch sie die ordnungsgemäße Erfüllung der Aufgaben der Behörde beeinträchtigt würde, die Geheimhaltung zum Schutz und zum Wohle des Bundes oder eines deutschen Landes geboten erscheint, oder soweit die Auskunft Vorgänge betrifft, die nach einem Gesetz oder ihrem Wesen nach geheim zu halten sind.

VI. Deckungsvorsorge

54 Ähnlich der Regelung in §§ 19, 10 UmweltHG ist in § 36 GenTG eine Verpflichtung zur Deckungsvorsorge für Haftpflichtschäden vorgesehen. Diese Verordnung zur Sicherung der Haftung für gentechnische Arbeiten und Freisetzungen (GenTGDeckVO) liegt bislang nur im Entwurf vor (BMJ GZ III A 6–6100/36 – 2–8 vom 11. 5. 1991; vgl Salje § 20 UmweltHG Rn 1 mwN). Der Referentenentwurf sieht Deckungssummen, gestaffelt nach Größe der Anlage und Gefährlichkeit der Anlage, vor (vgl § 20 UmweltHG Rn 5).

G. Haftpflichtgesetz (HaftPflG)

In der Fassung der Bekanntmachung vom 4. 1. 1978 (BGBl I 145)

§ 2 HaftPflG*

(1) Wird durch die Wirkungen von Elektrizität, Gasen, Dämpfen oder Flüssigkeiten, die von einer Stromleitungs- oder Rohrleitungsanlage oder einer Anlage zur Abgabe der bezeichneten Energien oder Stoffe ausgehen, ein Mensch getötet, der Körper oder die Gesundheit eines Menschen verletzt oder eine Sache beschädigt, so ist der Inhaber der Anlage verpflichtet, den daraus entstehenden Schaden zu ersetzen. Das gleiche gilt, wenn der Schaden, ohne auf den Wirkungen der Elektrizität, der Gase, Dämpfe oder Flüssigkeiten zu beruhen, auf das Vorhandensein einer solchen Anlage zurückzuführen ist, es sei denn, daß sich diese zur Zeit der Schadensverursachung in ordnungsgemäßem Zustand befand. Ordnungsmäßig ist eine Anlage, solange sie den anerkannten Regeln der Technik entspricht und unversehrt ist.

(2) Absatz 1 gilt nicht für Anlagen, die lediglich der Übertragung von Zeichen oder Lauten dienen.

(3) Die Ersatzpflicht nach Absatz 1 ist ausgeschlossen,
1. wenn der Schaden innerhalb eines Gebäudes entstanden und auf eine darin befindliche Anlage (Absatz 1) zurückzuführen oder wenn er innerhalb eines im Besitz des Inhabers der Anlage stehenden befriedeten Grundstücks entstanden ist;
2. wenn ein Energieverbrauchgerät oder eine sonstige Einrichtung zum Verbrauch oder zur Abnahme der in Absatz 1 bezeichneten Stoffe beschädigt oder durch eine solche Einrichtung ein Schaden verursacht worden ist;
3. wenn der Schaden durch höhere Gewalt verursacht worden ist, es sei denn, daß er auf das Herabfallen von Leitungsdrähten zurückzuführen ist.

Schrifttum

Siehe Schrifttumsverzeichnis zur Einleitung; im Besonderen auch:
FILTHAUT, Haftpflichtgesetz (5. Aufl 1999)
ders, Zur Wirkungshaftung nach § 2 Abs 1 Satz 1 HaftPflG, NJW 1983, 2687
ders, Die Zustandshaftung für ordnungswidrige Anlagen nach § 2 Abs 1 S 2 HpflG, VersR 1997, 145 ff
GEIGEL, Der Haftpflichtprozeß (22. Aufl 1997)
WERP, Zur Haftung beim Betrieb von Entwässerungsanlagen, in: FS Boujong (1996) 673
SCHULZE, Die Gefährdungshaftung der Betreiber von Rohrleitungsanlagen, insbesondere von gemeindlichen Ver- und Entsorgungsanlagen, VersR 2000, 1337.

* § 1 HaftpflichtG ist im Zusammenhang der verkehrsmittelbezogenen Umwelthaftung kommentiert; dazu Teil A, Einl 108 ff.

Systematische Übersicht

I. Grundlagen
1. Haftungsgrund — 1
2. Normaufbau — 2

II. Allgemeine Haftungsvoraussetzungen
1. Rechtsgutsverletzung — 3
2. Anlage — 4
3. Funktion der Anlage — 6
a) Anlage zur Leitung der bezeichneten Energien oder Stoffe — 7
b) Anlage zur Abgabe der bezeichneten Energien oder Stoffe — 11
4. Schaden; Schadenszurechnung — 13
a) Aktivlegitimation — 14
b) Passivlegitimation — 15

III. Besondere Haftungsvoraussetzungen
1. Wirkungshaftung — 16
a) Haftungsbegründende Kausalität — 17
b) Funktionsstörung; Schutzbereich der Norm — 18
2. Zustandshaftung — 21
a) Kausalität — 21
b) Ordnungswidriger Zustand — 22
c) Schutzbereich der Norm — 24

IV. Rechtsfolgen
1. Schadensersatz — 27
2. Haftungsinhalt — 29

V. Haftungsausschlüsse
1. Schaden innerhalb von Gebäuden oder eines befriedeten Grundstücks — 31
2. Schaden an einer Verbrauchs- oder Abnahmeanlage — 34
3. Höhere Gewalt — 35

VI. Prozessuales — 37

VII. Konkurrenzen
1. Haftungstatbestände des HaftPflG — 38
2. Unerlaubte Handlung — 39
3. Gefährdungshaftung — 40
4. Aufopferungshaftung — 41

Alphabetische Übersicht

Anlage — 4 ff
– Abgabeanlage — 11
– Energie- oder Stoffbezug — 5
– Funktion — 6
– Funktionsstörung — 18
– Leitung — 7 ff
– Rohrleitung — 10
– Stromleitung — 9

Beweis — 37

Haftung — 29 f
– Ausschluss — 31 ff
– Höhere Gewalt — 35 f
– Inhalt — 29 f
Haftungsvoraussetzungen — 3 ff
– Anlage — 4 f
– Rechtsgutverletzung — 3
Höhere Gewalt — 35 f
– herabfallende Leitungsdrähte — 36

Konkurrenzen — 38 ff

Schaden — 13 ff
– Aktivlegitimation — 14
– an einer Abnahmeanlage — 34
– an einer Verbrauchsanlage — 34
– Passivlegitimation — 15
– Zurechnung — 13
Schadensersatz — 27 f

Wirkungshaftung — 2, 16 ff
– Funktionsstörung — 18 f
– haftungsbegründende Kausalität — 17
– Schutzbereich der Norm — 20

Zustandshaftung — 2, 21 ff
– Kausalität — 21
– ordnungswidriger Zustand — 22 f
– Schutzbereich der Norm — 24 ff

I. Grundlagen

1. Haftungsgrund

§ 2 HaftPflG legt dem Inhaber einer gefährlichen Anlage eine **Gefährdungshaftung** auf. Haftungsgrundlage ist also nicht ein verbotenes oder gefährliches Verhalten, sondern die Verantwortung für die Schaffung einer besonderen Gefahr (Deutsch, Allgemeines Haftungsrecht 363 ff; Filthaut Einl 2). Die Einstandspflicht des Anlageninhabers besteht unabhängig von einem die haftungsbegründende Verhältnisweise betreffenden Rechtswidrigkeitsurteil und vom Verschulden. 1

2. Normaufbau

§ 2 HaftPflG **differenziert** in Abs 1 zwischen zwei Haftungsfällen. Satz 1 begründet eine als **Wirkungshaftung** zu beschreibende Haftung für die von einer Strom- oder Rohrleitungsanlage oder einer anderen Anlage ausgehenden physikalischen Erscheinungen Elektrizität, Gase, Dämpfe und Flüssigkeiten. Satz 2 regelt eine als **Zustandshaftung** zu charakterisierende Haftung für das Vorhandensein einer Strom- oder Rohrleitungsanlage oder einer anderen Anlage, von der die bezeichneten Energien oder Stoffe ausgehen. Abs 2 enthält einen anlagenbezogenen Haftungsausschlusstatbestand, Abs 3 **Haftungsausschlusstatbestände** in Bezug auf bestimmte Orte, bestimmte Gegenstände und für den Fall der höheren Gewalt. 2

II. Allgemeine Haftungsvoraussetzungen

1. Rechtsgutsverletzung

§ 2 Abs 1 HaftPflG gewährt keinen Schadensersatz für reine Vermögensschäden. Geschützt sind nur **bestimmte Rechtsgüter;** dazu zählen Leben, Körper und Gesundheit eines Menschen sowie die Integrität von Sachen. Dies entspricht der Regelung des § 1 UmweltHG; zur Erläuterung, insbesondere zum rechtlichen Schutzbereich bei Sachbeschädigung, ist auf die Kommentierung des § 1 UmweltHG zu verweisen (vgl § 1 UmweltHG Rn 80). 3

2. Anlage

Der Haftung unterliegen nur Stromleitungs- und Rohrleitungsanlagen sowie sonstige Anlagen, die der Leitung oder Abgabe der als Energien oder Stoffe bezeichneten Erscheinungen Elektrizität, Gase, Dämpfe und Flüssigkeit dienen. Eine Anlage ist eine **technische Einrichtung** von einer gewissen **Selbstständigkeit.** Den Anforderungen an den Anlagenbegriff genügt eine technische Einrichtung auch, wenn sie ihrerseits lediglich Teil eines komplexen – nicht notwendig längerfristig betriebenen (Filthaut Rn 6) – Gefüges ist, so dass auch Baustelleneinrichtungen unter dem Begriff der Anlage verstanden werden. 4

Die Aufzählung der mit der Anlage in Verbindung stehenden **Energien und Stoffe** in § 2 Abs 1 S 1 ist **abschließend.** Zu den erfassten Energien und Stoffen zählen Elektrizität sowie Gase, Dämpfe und Flüssigkeiten, die mittels spezifischer Druck- oder Siedepunkte definiert werden können. Unter Elektrizität wird der Transport von 5 geladenen Teilchen – Strom – verstanden. Die Einordnung von Luft als Gas im Sinne von § 2 HaftPflG wird mit dem Argument bestritten, dass Luft weder im allgemeinen noch im fachlichen Sprachgebrauch als Gas angesehen werde (FILTHAUT VersR 1997, 145, 146). Dem sprachlichen Argument kann jedoch nicht gefolgt werden. Luft ist ebenfalls als Gas anzusehen, obwohl bei Luft als gasförmigem Stoffgemisch mit schwankenden Anteilen der beteiligten Gase keine allgemeinen Aussagen über spezifische Eigenschaften gemacht werden können. Es widerspräche dem Schutzzweck der Vorschrift, eine Haftung davon abhängig zu machen, ob der maßgebliche Stoff in chemisch-reinem Zustand vorliegt oder ob es sich um ein Stoffgemisch handelt (FILTHAUT NJW 1983, 2687, 2688). Auch Wärmeanlagen, die lediglich mit Heißluft betrieben werden, werden von § 2 HaftPflG erfasst (wie hier GEIGEL/KUNSCHERT Kapitel 22 Rn 44; auch Druckluft SCHULZE VersR 2000, 1337, 1339; **aA** FILTHAUT Rn 9, wohl auch OLG Naumburg VersR 1999, 1548, 1549).

3. Funktion der Anlage

6 Anlagenbezogene Schäden infolge der Wirkung der bezeichneten Energien oder Stoffe begründen eine Haftung gemäß § 2 Abs 1 HaftPflG nur dann, wenn die Anlage eine dort näher bezeichnete **Funktion in Bezug auf die genannten Energien oder Stoffe** hat. Es muss sich um eine Strom- oder Rohrleitungsanlage oder eine Anlage zur Abgabe der bezeichneten Energien oder Stoffe handeln; dabei ist eine Haftung auch bei Ordnungsmäßigkeit der Anlage begründet (OLG Hamm VersR 1989, 297).

a) Anlage zur Leitung der bezeichneten Energien oder Stoffe

7 Unter einer Leitungsanlage ist eine nicht notwendig ortsfeste (FILTHAUT Rn 5) **Transporteinrichtung** zu verstehen, durch die **ungeformte Stoffe strömen** (FILTHAUT Rn 5). Die Anlagen müssen **der Leitung** der Stoffe **dienen.** Dies ist nach der **objektiven Beschaffenheit** der Anlage und der **Zweckwidmung des Inhabers** zu beurteilen (FILTHAUT Rn 10). Bestimmungswidrige Nutzung, eigenmächtige Zweckentfremdung durch Eingriffe Dritter oder Zufälle begründen die Anlagenhaftung nicht (BGH VersR 1961, 617; FILTHAUT Rn 10).

8 Anlagen, die unmittelbar der Förderung, Produktion oder Verarbeitung von Elektrizität, Flüssigkeiten, Gasen und Dämpfen dienen, wie etwa Dampfkessel, Turbinen, Dynamos, Filterbecken, werden nicht von der Haftung nach § 2 HaftPflG erfasst, da sie als solche selbst **unmittelbar** keinen **Transportzweck** erfüllen (BGH VersR 1985, 641). Ebenso verhält es sich mit Anlagen, die der Verwertung von Stoffen dienen, sowie mit Anlagen zur Aufnahme von Energien und Stoffen durch deren Übergabe die Energien oder Stoffe verteilt werden oder mit deren Hilfe sie verarbeitet oder gelagert werden. **Schiffe** oder **Fahrzeuge,** welche die Stoffe als Einheit bewegen, erfüllen wegen Fehlen des Merkmals der **Strömung** die Anforderungen des Begriffs der Leitungsanlage nicht (FILTHAUT Rn 5); sie können aber unter Umständen als Anlagen zur Abgabe der genannten Stoffe und Energien einzustufen sein (vgl Rn 11).

9 **aa) Stromleitungsanlagen** sind solche als Leitungsanlage zu bezeichnenden Transporteinrichtungen, durch welche **elektrische Teilchen strömen.** Stromführende Leiter, Hochspannungsanlagen, Messgeräte, insbesondere Elektrizitätszähler, und Nebeneinrichtungen, wie Umform- und Schaltanlagen, stellen Stromleitungsanlagen dar. Ist

die Stromzufuhr zur Anlage unterbrochen, liegt eine Stromleitung für diese Zeit im Rechtssinn nicht vor.

bb) Eine **Rohrleitungsanlage** ist eine **stationäre Transporteinrichtung,** durch welche **ungeformte Stoffe oder Energien strömen.** Die Stoffe oder Energien müssen von Rohren oder rohrähnlichen Bauten, etwa in Gestalt eines ummauerten Kanals, umschlossen sein (Filthaut Rn 11a mwN), denn maßgeblicher Haftungsgrund ist die mit dem konzentriert aufgenommenen und weitergeleiteten Stoff typischerweise verbundene besondere Betriebsgefahr (BGH NJW 1990, 1167, 1168; BGH NJW 1996, 3208) einer solchen Anlage (u Rn 15 ff). Offene Anlagen begründen keine Haftung, so dass Gräben mangels Umschließung nicht von § 2 Abs 1 S 1 HaftPflG erfasst werden. Die Rohrleitungen verlieren bei kleineren Öffnungen in größeren Abständen jedoch nicht ihren Charakter als Leitung (Filthaut Rn 11a). Ebenfalls als Rohrleitungsanlage anzusehen sind die zugehörigen Nebeneinrichtungen und Anlagenteile, so zB die Kanaldeckel und Kanalschächte einer kommunalen Kanalisationsanlage (BGHZ 88, 85, 88) sowie Hydranten (so OLG Düsseldorf VersR 1999, 967, 968). 10

b) Anlage zur Abgabe der bezeichneten Energien oder Stoffe

Anlagen, die der Abgabe von Elektrizität, Gasen, Dämpfen oder Flüssigkeiten dienen, erfasst der dritte Haftungsfall des § 2 Abs 1 S 1 HaftPflG. Die **Abgabe** der bezeichneten Energien oder Stoffe muss der **Zweck** der Anlage sein. Die Zweckbestimmung ergibt sich objektiv in der Regel aus der **technischen Natur** der Anlage und subjektiv aus der entsprechenden **Zweckwidmung** des Anlageninhabers. 11

Als Anlage zur Abgabe der bezeichneten Stoffe und Energien sind insbesondere Gaszähler und Gasmessanlagen, ferner bewegliche Sachen wie etwa Tankfahrzeuge anzusehen (BGH NJW 1993, 2740, 2741; OLG Köln NJW-RR 1994, 1510, 1511; Filthaut VersR 1997, 145, 146).

Anlagen zur **Übertragung von Zeichen und Lauten** sind nach Abs 2, der einen anlagenbezogenen Haftungsausschlusstatbestand konstituiert, von der Haftung ausgenommen, weil die übertragenen Energien in diesen Fällen grundsätzlich nicht schädlich sind. Diesbezüglich etwa einschlägige besondere Haftungsvorschriften sind in den §§ 40 f Telekommunikationsgesetz geregelt, welches zum 1. 1. 1998 das Telegrafenwegegesetz ablöste. 12

4. Schaden; Schadenszurechnung

Aus der Rechtsgutsverletzung muss ein gemäß den §§ **249 ff BGB ersatzfähiger Schaden** folgen; der Schaden muss der Rechtsgutsverletzung nach den allgemeinen Gesichtspunkten der haftungsausfüllenden Kausalität und des Schutzzwecks der Norm zurechenbar sein. Insoweit gelten grundsätzlich keine Besonderheiten im Vergleich zum sonstigen, insbesondere deliktsrechtlichen, Schadensersatzrecht. Insbesondere § 4 HaftPflG erklärt ausdrücklich die Anwendbarkeit des § 254 BGB im Falle des Mitverschuldens des Geschädigten (vgl dazu etwa OLG Hamm VersR 1996, 1155; OLG Hamm VersR 1999, 237, 239; OLG Naumburg VersR 1999, 1548). 13

a) Aktivlegitimation

Ersatzberechtigt ist der Geschädigte, also jede natürliche und juristische Person. 14

Auch der **Abnehmer** der genannten Stoffe und Energien (BGH MDR 1966, 492 f), der unmittelbar einen Schaden erleidet, kann ersatzberechtigt sein. **Mittelbar Geschädigte** werden von § 2 HaftPflG nicht geschützt (FILTHAUT Rn 54). Ebenso besteht kein Schadensersatzanspruch des **Inhabers** der Anlage oder eines Mitinhabers. Der Schutzbereich umfasst jedoch auch die im Betrieb des Anlageninhabers **Beschäftigten** und unter diesen auch die Personen, die unmittelbar am Betrieb der Anlage beteiligt sind (FILTHAUT Rn 53), soweit nicht die Haftung gemäß §§ 104 ff SGB VII ausgeschlossen ist.

b) Passivlegitimation

15 Grundsätzlich ist der **Inhaber** der Anlage ersatzpflichtig. Dies ist derjenige, der die **tatsächliche Verfügungsgewalt,** also die eigenverantwortliche und wirtschaftliche Herrschaft (OLG Hamm NJW-RR 1989, 1505; VersR 1991, 338; LG Köln NJW 1975, 1708; LG Hamburg MDR 1967, 128; NAWRATH, Die Haftung für Schäden durch Umweltchemikalien 124; H SCHMIDT 14 f) über die Anlage und ihr Zubehör sowie die Anweisungsbefugnis innehat. Regelmäßig handelt es sich dabei um den Eigentümer der Anlage; das **Eigentum** hat jedoch insoweit lediglich **Indizwirkung** (BGH NJW 1989, 104; OLG Düsseldorf VersR 1992, 326; OLG Düsseldorf VersR 1999, 967, 968). Daher kann auch die vertragliche Verpflichtung zur umfassenden Verwaltung eines Grundstückes und die daraus resultierende tatsächliche, rechtliche und wirtschaftliche Herrschaftsgewalt über das Grundstück die Inhaberschaft bezüglich einer zu dem Grundstück gehörenden Abwasseranlage in der Person des Verwalters begründen (OLG Naumburg VersR 1994, 1432, 1433). Die Bestimmung erfolgt grundsätzlich nach den gleichen Kriterien wie bei § 1 UmweltHG (vgl § 1 UmweltHG Rn 84 ff). Bei einer juristischen Person ist diese der Inhaber, nicht ihr Organ (H SCHMIDT 14 f, 21, 49 f mwN). Auch mehrere Personen können Inhaber einer Anlage sein; diese haften als Gesamtschuldner analog § 840 BGB (FILTHAUT Rn 46). Davon zu trennen ist allerdings der Fall, dass zwei Anlagen **vorübergehend** zusammengefasst werden und der Zusammenschluss eine **einheitliche Anlage** in dem Sinne entstehen lässt, dass nun nur einer der beiden Anlageninhaber als Inhaber der einheitlichen Anlage anzusehen ist, weil in seiner Person die tatsächliche Gewalt über die Gesamtanlage begründet wird (BGH NJW 1980, 943; OLG Köln VersR 1995, 1105). Diese Fallgestaltung nimmt die Rechtsprechung zwar für die Lieferung von Heizöl an (vgl OLG Hamburg NJW-RR 1988, 474, 475); dies ist jedoch abzulehnen (BGH NJW 1980, 943; OLG Köln VersR 1995, 1105, GEIGEL/KUNSCHERT Kap 22, Rn 43), da in der Regel weder Lieferant noch Abnehmer allein aufgrund der kurzfristigen Verbindung der Anlagen auch über die jeweils andere derart die Möglichkeit erlangt, die gesamte Anlage zu beherrschen und den von ihr ausgehenden Gefahren zu begegnen.

III. Besondere Haftungsvoraussetzungen

1. Wirkungshaftung

16 § 2 Abs 1 S 1 HaftPflG bestimmt für den als Wirkungshaftung zu beschreibenden Fall, dass die **Wirkungen** der genannten Stoffe und Energien, die von der Anlage ausgehen, den Schaden herbeigeführt haben müssen. Unerheblich ist dabei, ob die Anlage zum Zeitpunkt der Schadensverursachung mangelhaft ist (BGH NJW 1990, 1167; FILTHAUT Rn 30).

a) Haftungsbegründende Kausalität

17 Die Wirkung von Elektrizität, Gasen, Dämpfen oder Flüssigkeiten ist für eine Rechtsgutsverletzung ursächlich, wenn ein **Kausalzusammenhang** (Filthaut Rn 21) zwischen der anlagenbezogenen Wirkung dieser Energien oder Stoffe und der Rechtsgutsverletzung vorliegt; im Rahmen der Gefährdungshaftung ist dabei die Äquivalenzformel anzuwenden. Dies ist grundsätzlich der Fall, wenn die Rechtsgutsverletzung unmittelbar auf das schädigende anlagenbezogene Ereignis zurückzuführen ist. Auch die nur mittelbaren Wirkungen von Energien, Flüssigkeiten und Gasen sind allerdings unter Kausalitätsgesichtspunkten zurechenbar, weil die Gefährlichkeit der aufgezählten Stoffe für den haftungsausfüllenden Tatbestand ausreicht und sich diese auch im Fall bloßer Mitursächlichkeit realisiert hat. Eine **Mitursache** iSd Gesamtkausalität (RGZ 69, 57 f; 73, 289 f; MünchKomm/Grunsky Vor § 249 Rn 50) kann demnach zu der ursprünglichen Wirkung der Anlage dazutreten, ohne den Zurechnungszusammenhang auszuschließen. Ein solcher Fall liegt etwa vor, wenn ein Verkehrsunfall aufgrund von gefrorenem Wasser aus einer schadhaften Leitung stattfindet (OLG Frankfurt VersR 1983, 786; OLG Hamm NJW-RR 1989, 1505; Filthaut NJW 1983, 2687). Auf die Änderung des Aggregatzustand der Stoffe kommt es dabei nicht an, wenn vom geänderten Aggregatzustand die gleichen oder ähnliche Gefährdungen ausgehen können wie vom ursprünglichen Zustand (OLG Frankfurt NJW 1983, 238; Filthaut NJW 1983, 2687, 2688).

b) Funktionsstörung; Schutzbereich der Norm

18 Die strengere Haftung nach § 2 Abs 1 S 1 HaftPflG wurde aufgrund der mit der Funktion der Anlagen verbundenen **besonderen Betriebsgefahren** eingeführt, so dass sich in der entstandenen Rechtsgutsverletzung die konkrete Gefährlichkeit der Anlage widerspiegeln muss. Deshalb muss zwischen der Funktion der Anlage, namentlich Transport oder Abgabe, und der Wirkung der Energien oder Stoffe ein Zusammenhang derart besteht, dass die **Funktion** der Anlage **entscheidende Ursache** für die Schädigung war (Filthaut Rn 22).

19 Entstehen Rechtsgutsverletzung und Schaden durch das Versagen der Anlagenfunktion in der Weise, dass das bloße **Ausbleiben der Funktion** (OLG Düsseldorf VersR 1995, 960, 961) als solches schadensursächlich ist, oder liegt die Schadensursache in einem von der Anlage nicht beeinflussten **Mangel des transportierten Stoffes,** etwa bei Zuführung von verunreinigtem Trinkwasser (Filthaut NJW 1983, 2687, 2688), so ist **keine Haftung** nach § 2 Abs 1 S 1 HaftPflG begründet. Da die Schädigung weder auf der Transportwirkung der Anlage in bezug auf die Energie oder des Stoffes noch auf einer über die transportierten Energien oder Stoffe hinausgehenden mechanischen Einwirkung der Anlage selbst beruht (BGH NJW 1986, 2312, 2315), fehlt es daran, dass es sich bei der Rechtsgutsverletzung um ein typischerweise verwirklichtes Risiko des Anlagenbetriebs in seinem funktionalen Zusammenhang mit der Leitung oder Abgabe von Elektrizität, Gasen, Dämpfen oder Flüssigkeiten handelt. Die Wirkungshaftung nach § 2 Abs 1 S 1 HaftPflG erfordert das Bestehen eines spezifischen **Gefahrverwirklichungszusammenhangs** zwischen Verletzungsereignis und Anlagenfunktion (BGHZ 109, 8, 13 = NJW 1990, 1167, 1168; BGH NJW 1992, 39, 40; OLG Düsseldorf VersR 1995, 960; Beispiele bei Filthaut Rn 31).

20 Eine Rechtsgutsverletzung liegt daher außerhalb des Schutzbereichs der Norm, wenn sie durch Wasser verursacht wurde, welches **nicht in** die **Rohrleitungsanlage gelangt** ist

– etwa weil der Wassereinlass verstopft oder zugefroren war – und sie darauf zurückzuführen ist, dass das Wasser nicht abfließen kann und sich **anstaut.** Dies gilt ebenso, wenn das Wasser aufgrund unzureichender Dimensionierung der Anlage nicht mehr in die Anlage gelangt und eine Überschwemmung verursacht (BGH NJW 1990, 1167, 1168; GREGER, Zivilrechtliche Haftung im Straßenverkehr [1990] § 2 Rn 5). In diesen Konstellationen der Schadensverursachung durch **ungefasstes Wasser** verwirklicht sich **nicht** die typische besondere **Betriebsgefahr** (vgl Rn 10 und Rn 18), denn die Wirkung des Wassers geht nicht von der Anlage als wassertransportierende Einrichtung aus (BGH NJW 1990, 1167, 1168; NJW 1992, 39, 40). Es macht auch keinen Unterschied, ob ungefasstes Wasser infolge des Fehlens einer Abwasserleitung oder infolge des Umstandes zu der Überschwemmung führt, dass das Wasser nicht in die Leitung gelangt ist, weil sie bereits gefüllt ist (BGH NJW 1992, 39, 40). Der Ersatzberechtigte soll nicht dadurch besser gestellt werden, dass eine Leitung zwar vorhanden ist, sich der Schaden jedoch ohne Bezug zur Leitungsfunktion verwirklichte (BGH NJW 1990, 1167, 1168; SCHMID, Haftung für Überschwemmungsschäden, VersR 1995, 1269, 1275). Differenzierter stellt sich die Lage dar, wenn es zu Schäden infolge eines **Rückstaus** von Wasser **innerhalb** einer Kanalisationsanlage kommt. Nicht von der Wirkungshaftung erfasst sind schädigende Ereignisse, bei denen der Rückstau durch die Anlage **in das Haus** eines Angeschlossenen hineinwirkt (Grundlegend BGH NJW 1984, 615, 616; VersR 1999, 230; OLG Düsseldorf VersR 1995, 960, 961; FILTHAUT Rn 27; **aA** GEIGEL/KUNSCHERT Kap 22, Rn 49 der aber unzutreffend den Haftungsausschlusstatbestand gem § 2 Abs 3 Nr 1 für einschlägig hält, Kap 22 Rn 58). In einem solchen Fall wird die Anwendbarkeit des § 2 Abs 1 S 1 HaftPflG von der Rechtsprechung mit Hinweis auf die Vorgängernorm (§ 1 a ReichsHaftPflG) und die Entstehungsgeschichte des HaftPflG verneint (vgl BGH NJW 1984, 615, 616). Der Geschädigte sei hier auf mögliche Ansprüche aus Amtshaftung oder einem bestehenden öffentlich-rechtlichen Schuldverhältnis zu verweisen(BGH NJW 1984, 615, 616; VersR 1999, 230; kritisch dazu FILTHAUT Rn 27). Die Wirkungshaftung erfasst jedoch Schäden, die aufgrund einer verstopften oder unzureichend dimensionierten (Überblick bei WERP 677 ff) Anlage in der Weise entstehen, dass Wasser aus der Rohrleitung (zB Kanaldeckel) **austritt** und **von aussen oberirdisch** auf Häuser und Grundstücke **einwirkt** (BGH NJW 1984, 615, 616; NJW 1989, 104 f; NJW 1990 1167, 1168; SCHMID, Haftung für Überschwemmungsschäden, VersR 1995, 1269, 1275; SCHULZE VersR 2000, 1337, 1340).

2. Zustandshaftung

a) Kausalität

21 Ist der Schaden auf das Vorhandensein einer Anlage zurückzuführen, haftet der Inhaber nach § 2 Abs 1 S 2 HaftPflG. Der Inhaber haftet für das **Vorhandensein** einer von der Anlage ausgehenden **mechanischen Wirkung** (FILTHAUT Rn 32). Primär ist haftungsbegründende Kausalität zwischen dem Vorhandensein der Anlage und der Rechtsgutsverletzung nach allgemeinen Regeln vorauszusetzen. Die Zustandshaftung kommt auch dann in Betracht, wenn ein in Bewegung befindliches Objekt gegen den festen Teil einer Anlage stößt und dadurch beschädigt wird (BGH NJW-RR 1995, 1302, 1303; OLG Hamm NVwZ-RR 2000, 410, 411). Eine Einschränkung etwa nach den zu § 836 BGB entwickelten besonderen Anforderungen an die Schadensverursachung, bei denen eine bewegend wirkende Kraft vorausgesetzt wird (vgl dazu etwa BGH VersR 1983, 588), kann angesichts des klaren Wortlautes des § 2 Abs 1 S 2 HaftPflG, welcher nur das Vorhandensein der Anlage fordert, nicht vorgenommen werden (BGH NJW-

RR 1995, 1302, 1303; Filthaut VersR 1997, 145, 148; vGerlach, Die Rechtsprechung des BGH zum Haftpflichtrecht, DAR 1996, 205, 212).

b) Ordnungswidriger Zustand

22 Die Zustandshaftung ist nach § 2 Abs 1 S 2 HaftPflG **ausgeschlossen,** wenn sich die Anlage im maßgeblichen Zeitpunkt in **ordnungsgemäßen Zustand** befand. Nach der Legaldefinition des § 2 Abs 1 S 3 HaftPflG ist eine Anlage in ordnungsgemäßem Zustand, solange sie den anerkannten Regeln der Technik entspricht und unversehrt ist. Folglich muss die Anlage primär nach **anerkannten Regeln der Technik errichtet und betrieben** worden sein (LG Tübingen MDR 1958, 515). Die maßgeblichen Regelwerke, aus denen sich die anerkannten Regeln der Technik ergeben, sind im allgemeinen keine Rechtsvorschriften, sondern sie sind technischer Natur; maßgebend sind insbesondere DIN-Normen. Die Anwendung von anerkannten Umweltauditverfahren kann überdies zur Bestimmung und Sicherung eines ordnungsgemäßen Zustands sowie zu seiner Dokumentation beitragen (Falk, EG-Umwelt-Audit-VO [1998] 208). Bei Beurteilung der Ordnungsmäßigkeit eines Zustands genügt allerdings nicht eine isolierte Betrachtung der Beschaffenheit der technischen Einrichtung oder ihrer Teile; vielmehr sind auch die **örtlichen Verhältnisse** (BGH NJW-RR 1995, 1302, 1303; OLG Hamm NVwZ-RR 2000, 410, 411) zu berücksichtigen, weil eine allein auf die Anlage selbst beschränkte Betrachtung im Einzelfall dazu führen könnte, dass der Anlageninhaber geringeren Anforderungen als im Bereich der Verschuldenshaftung unterliegt (zustimmend Filthaut VersR 1997, 145, 149). Eine Anlage ist dann **nicht** mehr **unversehrt,** wenn sie zwar nach den Regeln der Technik errichtet und betrieben, aber **durch Naturereignisse** oder **Eingriffe Dritter beschädigt** wurde (OLG Schleswig VersR 1987, 365; OLG Celle VersR 1992, 189). Generell entscheidend für die Zustandshaftung ist der **Zeitpunkt des Schadenseintritts.** Maßgebend sind deshalb die technischen Regeln, die zur Zeit der Schadensentstehung gelten (str, vgl dazu Filthaut Rn 38; für entsprechende Anwendung der Vermutungsregel des § 16 Abs 2 EnWG, wonach ordnungsgemäßer Zustand bei Einhaltung der VOE- bzw DVGW-Regeln widerleglich vermutet wird, Schulze VersR 2000, 1337, 1341).

23 **Unerheblich** ist, ob die Ordnungswidrigkeit **erkennbar** war, denn die Haftung nach § 2 Abs 1 S 2 HaftPflG ist keine solche für vermutetes Verschulden (Filthaut Rn 34). Trotz der Entlastungsmöglichkeit die die Ordnungsgemässheit der Anlage bietet, bleibt es also im Grundsatz bei einer verschuldensunabhängigen Gefährdungshaftung; denn auch der nicht erkennbare, kurzfristig eintretende mangelhafte Zustand der Anlage entlastet nicht, obwohl es in einem solchen Fall an einer Fahrlässigkeit im Sinne des § 276 Abs 1 BGB aF, § 276 Abs 2 BGB nF fehlen könnte.

c) Schutzbereich der Norm

24 **aa)** Aus dem Erfordernis, dass die Anlage sich in nicht ordnungsgemäßem Zustand befunden haben muss, folgt, dass ein **schutzzweckadäquater Zurechnungszusammenhang** zwischen ordnungswidrigem Zustand der Anlage und der Rechtsgutverletzung bestehen muss (Filthaut Rn 33). Daran fehlt es zunächst, wenn die Schädigung auf **Arbeiten an der Anlage** zurückzuführen ist und von der Anlage selbst als solcher keinerlei spezifische, nach außen tretende Störungszustände ausgehen. Gleiches gilt, wenn der Schaden durch ein **abgelöstes Anlagenteil** verursacht wird, soweit nicht der mechanische Vorgang des Loslösens selbst den Schaden herbeigeführt hat; allerdings macht die Rechtsprechung davon eine Ausnahme, wenn zwischen diesem Vorgang

und der Schädigung ein enger örtlicher und zeitlicher Zusammenhang besteht (OLG Schleswig VersR 1987, 365; OLG Celle VersR 91, 1382; FILTHAUT Rn 33), indem sie in einem solchen Fall das bloße Vorhandensein des abgelösten Teils als haftungsbegründend genügen lässt.

25 **bb)** Die Zustandshaftung **endet** nach allgemeiner Auffassung mit dem **Abbruch** oder der **völligen Demontage** der Anlage (AG Jülich VersR 1986, 606). Unstreitig ist aber auch, dass es für die Haftung nach § 2 Abs 1 S 2 HaftPflG **nicht erforderlich** ist, dass die Anlage **ständig betrieben** wird; ihr bloßes Vorhandensein reicht aus.

26 Umstritten ist das Bestehen bzw der Fortbestand der Zustandshaftung, wenn die Anlage zur Zeit der Rechtsgutsverletzung **noch nicht** oder **nicht mehr betrieben** wird. Zwar tragen auch errichtete, aber noch nicht betriebene, ferner auch verbleibende Anlagen das Risiko der Gefährdung in sich, weil die mechanische Wirkung, die für die Zustandshaftung ausschlaggebend ist, bereits besteht bzw weiterbesteht, so dass dies eine Gefährdungshaftung zu rechtfertigen scheint. Gegen eine Haftungsbegründung in diesen Fällen wird aber zu Recht eingewandt (FILTHAUT, Anmerkung zu AG Jülich, VersR 1986, 606, VersR 1986, 1087), dass der Gefährdungshaftung nur solche Anlagen unterliegen, die der Leitung oder Abgabe bestimmter Substanzen dienen. Entscheidend ist demnach das Vorhandensein dieser **Funktion der Anlage,** die ihre besondere Gefährlichkeit ausmacht; dieses spezifische Gefährdungspotenzial ist auch Grundlage der Zustandshaftung (GEIGEL/KUNSCHERT Kap 22 Rn 51). Diese Funktion fehlt, wenn der Betrieb noch nicht aufgenommen oder er endgültig aufgegeben wird. Dies ist nicht erst bei völliger Demontage (str, zustimmend GEIGEL/KUNSCHERT Kap 22 Rn 51; FILTHAUT, Anmerkung zu AG Jülich, VersR 1986, 606, VersR 1986, 1087; **aA** AG Jülich VersR 1986, 606) der Anlage der Fall, sondern schon dann, wenn sie ihre Funktion noch nicht aufgenommen hat oder sie diese dauernd nicht mehr erfüllen kann.

IV. Rechtsfolgen

1. Schadensersatz

27 Die Haftung ist auf **Schadensausgleich** gerichtet. Sie erfasst alle nachteiligen Einwirkungen, die durch plötzlich auftretende Ereignisse, vorwiegend Unfälle, oder die durch eine längere Zeit dauernde Summierung von Einzelursachen, zB Korrosionsschäden, Immissionen, Putzrisse in einer Hauswand, entstehen (BGH MDR 1983, 1000, 1001; FILTHAUT, Die Gefährdungshaftung für Schäden durch Oberleitungsomnibusse [Obusse] NZV 1995, 52, 54 f). Gleichgültig ist, ob die Schäden infolge Verursachung durch Normalbetrieb, Unfälle oder zielgerichtet verbotenen Umwelteingriff (NAWRATH, Die Haftung für Schäden durch Umweltchemikalien 122) eintreten. Vor der Gesetzesnovelle von 1978 wurde nur für Schäden infolge von plötzlich auftretenden, schadensstiftenden Ereignissen, dh Unfällen, gehaftet. Die jetzige Fassung berücksichtigt auch **Summationsschäden** und erkennt somit die Notwendigkeit an, Schäden geltend machen zu können, die sich erst allmählich durch Zeitablauf oder Addition mehrerer gleichartiger Ursachen offenbaren bzw entstehen.

28 **Nicht erfasst** ist der **Leitungsschaden an sich,** sondern nur der durch den Leitungsschaden verursachte Personen- bzw Sachschaden (LG Tübingen VersR 1957, 675). Dies folgt aus der Anknüpfung der Schadenshaftung an die Verletzung spezifischer externer Rechtsgüter, denen der geltendgemachte Schaden zuzurechnen sein muss.

2. Haftungsinhalt

Der Umfang der Schadensersatzpflicht bemisst sich im Fall der **Tötung** eines Menschen bzw bei **Körperverletzung** nach den §§ 5 f HaftPflG. In Übereinstimmung mit § 844 BGB können hier mittelbar Geschädigte ersatzberechtigt sein. Es besteht kein Anspruch wegen entgangener Dienste und kein Schmerzensgeldanspruch. Eine ggf nach § 8 Abs 1 HaftPflG zu zahlende Geldrente ist der Höhe nach durch § 9 HaftPflG auf einen Betrag von 30.000 DM (nach Art 5 des Entwurfes des 2. Gesetzes zur Änderung schadensersatzrechtlicher Vorschriften: 36.000 Euro) jährlich begrenzt. **29**

Bei Schäden an **beweglichen Sachen** sieht § 10 Abs 1 HaftPflG eine **Haftungsgrenze** von 100.000 DM (nach Art 5 des Entwurfes des 2. Gesetzes zur Änderung schadensersatzrechtlicher Vorschriften: 300.000 Euro) vor. Eine solche besteht gemäß § 10 Abs 3 HaftPflG nicht bei Schädigung von Grundstücken, folglich auch nicht bei Schädigung ihrer wesentlichen Bestandteile. **30**

V. Haftungsausschlüsse

1. Schaden innerhalb von Gebäuden oder eines befriedeten Grundstücks

a) Nach § 2 Abs 3 Nr 1, 1. Alt HaftPflG ist die Haftung ausgeschlossen, wenn der Schaden **innerhalb eines Gebäudes** entstanden und auf eine **darin befindliche Anlage** zurückzuführen ist. Der Schaden muss nicht nur innerhalb des Gebäudes entstanden sein, er muss dort auch eintreten (OLG Hamm NJW-RR 1989, 1505, 1506; OLG Düsseldorf MDR 1990, 822). Die Haftung ist also nicht bereits dann ausgeschlossen, wenn sich die Anlage in einem Gebäude befindet und die Schadensursache außerhalb des Gebäudes gesetzt wurde (Filthaut Rn 60). Die Innenanlage muss die eigentlich entscheidende, wenn auch nicht die alleinige Schadensursache sein (BGH VersR 1961, 617; MDR 1966, 492; Filthaut Rn 61). Befindet sich die Anlage teilweise außerhalb des Gebäudes, so bezieht sich der Haftungsausschluss lediglich auf den Teil der Anlage, der sich innerhalb des Gebäudes befindet (Filthaut Rn 62). Die Haftung ist auch ausgeschlossen, wenn sich Schadensverursachung und Schadenseintritt innerhalb eines Gebäudes in unterschiedlichen, jeweils nur von außen zugänglichen **Gebäudeteilen** ereignen, da der Begriff des Gebäudes im natürlichen Sinne zu verstehen ist (OLG Hamm NJW-RR 1998, 1328 f; Schulze VersR 2000, 1337, 1342). **31**

b) Ist der Schaden **innerhalb eines befriedeten Grundstücks** entstanden und eingetreten, so entfällt die Haftung aufgrund von Abs 3 Nr 1, 2. Alt HaftPflG ebenfalls. Das Grundstück muss sich im unmittelbaren Besitz des Anlageninhabers (LG Tübingen VersR 1957, 675) befinden; Eigentum ist nicht erforderlich. Bei mehreren Inhabern einer Anlage entfällt die Haftung nur desjenigen Inhabers, der auch Besitzer des umfriedeten Grundstücks ist (Filthaut Rn 63). **32**

Unter einem befriedeten Grundstück ist ein Grundstück zu verstehen, welches in äußerlich erkennbarer Weise durch den Berechtigten mittels Schutzwehren, etwa **33** durch Mauer, Zaun oder Hecke, gegen das willkürliche Betreten durch andere gesichert ist (vgl § 123 StGB [befriedetes Besitztum]: BayObLG JR 1965, 265) und die Zugehörigkeit zu einer Wohnung, zu Geschäftsräumen oder anderen Räumen erkennen lässt (BayObLG JR 1969, 466, 467 mit zust Anm Schröder; Filthaut Rn 64). Warn- und Verbotsschilder allein reichen nicht aus (Filthaut Rn 64). Der Begriff entspricht dem des befriedeten Besitztums in § 123 StGB (Filthaut Rn 64; Schulze VersR 2000, 1337, 1343).

2. Schaden an einer Verbrauchs- oder Abnahmeanlage

34 Gemäß § 2 Abs 3 Nr 2 HaftPflG ist die Ersatzpflicht ausgeschlossen, wenn der Schaden in der Beschädigung eines Energieverbrauchsgeräts oder einer sonstigen Einrichtung zum Verbrauch oder zur Abnahme der in Abs 1 bezeichneten Energien oder Stoffe besteht, oder wenn eine solche Einrichtung einen Schaden verursacht hat. Eine zum Verbrauch bestimmte Einrichtung dient der **Verwertung** oder **Nutzbarmachung** der Energien und Stoffe. Eine zur Abnahme bestimmte Einrichtung dient der **Übergabe** an den Verbraucher, der diese verteilt, verarbeitet oder lagert. Die oft schwierige Abgrenzung, ob eine Anlage der Leitung oder dem Verbrauch dient bzw. als Abnahme- oder Abgabeanlage anzusehen ist, muss anhand des **überwiegenden Zwecks** sowie des **Grades der Gefährlichkeit** der Anlage erfolgen (detailliert Filthaut Rn 17, 66 b).

3. Höhere Gewalt

35 Die Haftung des Inhabers einer Leitungsanlage ist gemäß § 2 Abs 2 Nr 3 HaftPflG ebenfalls ausgeschlossen, wenn der Schaden durch höhere Gewalt verursacht worden ist. Der Begriff entspricht dem in § 4 UmweltHG verwendeten (vgl § 4 UmweltHG Rn 4). Der Haftungsausschluss beschränkt sich auf seltene Ausnahmefälle. Höhere Gewalt liegt nicht vor, wenn sich ein zwar untypisches Risiko verwirklicht, vor dem die Gefährdungshaftung aber gerade schützen soll. Dies gilt beispielsweise bei Rohrbrüchen durch starke Fröste (OLG München VersR 1963, 1208; weitere Beispiele bei Filthaut Rn 72 ff).

36 **Herabfallende Leitungsdrähte** werden schon vom Tatbestand des § 2 Abs 2 Nr 3 HaftPflG generell vom Haftungsausschluss der höheren Gewalt ausgenommen und lassen die Gefährdungshaftung gemäß § 2 Abs 1 HaftPflG fortbestehen, da solche Vorgänge ausnahmslos nicht als außergewöhnliche Vorgänge anzusehen sind, sondern gerade das Gefährlichkeitspotential der Anlage realisieren (OLG Oldenburg VersR 1960, 1126). Der Begriff des Herabfallens umfasst dabei alle Vorgänge, welche durch das Reißen einer Leitung (Filthaut Rn 78), das Umstürzen von Masten (BGH NJW 1988, 2733 f) oder unvorschriftsmäßig tiefes Herabhängen, sofern es sich nicht lediglich um ein Durchhängen handelt (offen gelassen BGH MDR 1966, 492), gekennzeichnet sind. Unerheblich für die Haftung ist alsdann, ob die Wirkungen durch Strom oder auf mechanische Weise verursacht worden sind (BGH VersR 1961, 617; OLG Köln VersR 1954, 421; LG Schweinfurt VersR 1964, 276); je nachdem liegt ein Fall der Wirkungs- oder Zustandshaftung vor.

VI. Prozessuales

37 Der **Geschädigte** hat die Voraussetzungen für die Haftung nach § 2 HaftPflG zu beweisen, dh er muss den Nachweis zur Verursachung der Rechtsgutsverletzung und des daraus entstandenen Schadens durch die anlagenbezogenen Wirkungen der in Abs 1 genannten Energien bzw Stoffe oder durch den Zustand der Anlage führen und die Person des Inhabers nachweisen (BGH NJW 1992, 39, 40). Der **Anlageninhaber** muss den Beweis über das Entfallen der Ersatzpflicht erbringen, wenn er sich auf einen der in § 2 Abs 3 HaftPflG genannten Gründe beruft (BGH NJW 1982, 991 f). Bei der Zustandshaftung trifft ihn ebenso die Beweislast hinsichtlich des ordnungsgemäßen Zustands der Anlage zur Zeit des Schadenseintritts iSv § 2 Abs 1 S 2 HaftPflG (Geigel/Kunschert Kap 22 Rn 55).

VII. Konkurrenzen

1. Haftungstatbestände des HaftPflG

38 Zustands- und Wirkungshaftung schließen sich nicht aus, sondern können **gleichzeitig** gegeben sein. Die **beiden Sätze des § 2 Abs 1** HaftPflG stehen selbstständig nebeneinander (BGH VersR 1965, 136). Dies ist der Fall, wenn der Schaden von einer Oberleitung einer elektrisch betriebenen Eisenbahn verursacht wird (OLG Hamm VersR 1996, 1155). Diese Fallkonstellation liegt beispielsweise vor, wenn jemand durch elektrische Auswirkungen einer herabhängenden Fahrleitung auf einem Bahngelände verletzt wird.

2. Unerlaubte Handlung

39 Die Zustandshaftung tritt als selbständige Haftung **neben** die Haftung wegen schuldhafter Verletzung der Verkehrssicherungspflicht aus § 823 Abs 1 oder ggf Abs 2 BGB.

3. Gefährdungshaftung

40 Die Haftung gemäß § 2 HaftPflG und **§ 22 WHG konkurrieren** (BT-Drucks 8/108, S 12); maßgeblich sind die jeweiligen Regeln (Nawrath, Die Haftung für Schäden durch Umweltchemikalien 120). Die Haftung gemäß § 22 WHG erfasst im Unterschied zu § 2 HaftPflG auch reine Vermögensschäden. Auch die sonstigen Gefährdungshaftungstatbestände, namentlich **§ 7 StVG,** können neben § 2 HaftPflG angewandt werden.

4. Aufopferungshaftung

41 Die Haftungsansprüche des § 2 HaftPflG treten wegen § 12 HaftPflG auch **neben** die Ausgleichsansprüche nach **§ 906 Abs 2 S 2 BGB** (OLG Düsseldorf MDR 1990, 822; VersR 1992, 326; Filthaut, Der nachbarrechtliche Ausgleichsanspruch [§ 906 Abs 2 S 2 BGB] als anderweitige Ersatzpflicht zur Haftung für Schäden durch gefährliche Anlagen [§ 2 HaftPflG], VersR 1992, 150, 152). Beide Ansprüche, die unabhängig von einem Verschulden geltend gemacht werden können, unterscheiden sich in ihren Schutzbereichen; § 2 HaftPflG schützt alle durch die Anlage Geschädigten bis zur Haftungsobergrenze, § 906 BGB dagegen benachbarte Immobiliarberechtigte, und zwar ohne Haftungsgrenzen. Auch im Verhältnis zur Haftung gemäß **§ 14 S 2 BImSchG** besteht Anspruchskonkurrenz.

H. Wasserhaushaltsgesetz (WHG)

In der Fassung vom 12. 11. 1996 (BGBl I 1695), zuletzt geändert durch Art 7 des Gesetzes v 27. 7. 2001 (BGBl I 1950)

§ 22 WHG
Haftung für Änderung der Beschaffenheit des Wassers

(1) Wer in ein Gewässer Stoffe einbringt oder einleitet oder wer auf ein Gewässer derart einwirkt, dass die physikalische, chemische oder biologische Beschaffenheit des Wassers verändert wird, ist zum Ersatz des daraus einem anderen entstehenden Schadens verpflichtet. Haben mehrere die Einwirkung vorgenommen, so haften sie als Gesamtschuldner.

(2) Gelangen aus einer Anlage, die bestimmt ist, Stoffe herzustellen, zu verarbeiten, zu lagern, abzulagern, zu befördern oder wegzuleiten, derartige Stoffe in ein Gewässer, ohne in dieses eingebracht oder eingeleitet zu sein, so ist der Inhaber der Anlage zum Ersatz des daraus einem anderen entstehenden Schadens verpflichtet; Abs 1 Satz 2 gilt entsprechend. Die Ersatzpflicht tritt nicht ein, wenn der Schaden durch höhere Gewalt verursacht ist.

(3) Kann ein Anspruch auf Ersatz des Schadens gemäß § 11 nicht geltend gemacht werden, so ist der Betroffene nach § 10 Abs 2 zu entschädigen. Der Antrag ist auch noch nach Ablauf der Frist von dreißig Jahren zulässig.

Schrifttum

Siehe Schrifttumsverzeichnis vor der Einleitung sowie im Besonderen auch:
Abt, Für eine Reform des § 22 WHG, NJW 1965, 187
Bickel, Anmerkungen zum Urteil des LG Frankfurt vom 9. 2. 1981 (JS 23113/80), NuR 1982, 117
Breuer, Öffentliches und privates Wasserrecht (2. Aufl 1987)
Brünning, Anm zu BGHZ 142, 227 ff in JR 2000, 412, 415
Czychowski, Wasserrecht im geeinten Deutschland – Die Situation in den neuen Bundesländern, LKV 1991, 220
Gieseke/Wiedemann/Czychowski, Wasserhaushaltsgesetz (8. Aufl 1998)
Hammer, Lücken in der Haftung für Gewässerschäden, MDR 1967, 542
Janke-Weddige, Zur Einleiterhaftung gemäß § 22 Abs 1 WHG, ZfW 1988, 381
ders, Zur Verjährung von Ansprüchen aus § 22 WHG, BB 1991, 1805
Keppeler, Die wasserrechtliche Gefährdungshaftung nach § 22 WHG, DRiZ 1997, 479
Köhler, Zur Schadenshaftung nach § 22 Wasserhaushaltsgesetz, DRiZ 1972, 17
Knoche, Umweltaltlasten und wasserrechtliche Gefährdungshaftung (§ 22 WHG) GewArch 1997, 279
Knopp G, Wiedergutmachung ökologischer Schäden nach § 22 WHG, ZfW 1988, 261
Knopp L, Zur Neufassung der „Altlastenfreistellungsklausel“ in den neuen Bundesländern BB 1991, 1356
Kothe, Die Verantwortlichkeit bei der Altlastensanierung, VerwArch 88 (1997) 456
Limbacher/Koch, Der Versicherungsfall in der Gewässerschadenhaftpflichtversicherung, VersR 1991, 134

PONCELET, Der wasserrechtliche Anlagenbegriff (1995)
RENCK, Der Umfang der gesamtschuldnerischen Haftung nach § 22 Abs 1 Satz 2 WHG, NJW 1964, 808
REINHARDT, Die landesrechtliche Fortgeltung des Wassergesetzes der DDR in den neuen Bundesländern, DVBl 1991, 1058
REST, Die Wahl des günstigeren Rechts im grenzüberschreitenden Umweltschutz – Stärkung des Individualschutzes (1980)
ROHDE, Rechtsfragen zum Wasserhaushaltsgesetz und die Auswirkung einer Haftung nach diesem Gesetz auf bestehende und zukünftige KFZ-Haftpflicht- und Haftversicherungsverträge, VersR 1962, 103
SALJE, Neuere Tendenzen der Haftung für Gewässerschäden, PHI 2000, 90
SALZWEDEL/REINHARDT, Neuere Tendenzen im Wasserrecht, NVwZ 1991, 946
SCHACHT, Die Problematik der Gewässerschadenshaftpflicht nach § 22 WHG in der Kommunalversicherung, VersR 1986, 1043
SCHRÖDER, Die wasserrechtliche Gefährdungshaftung nach § 22 WHG in ihren bürgerlichrechtlichen Bezügen, BB 1976, 63
SIEDER/ZEITLER/DAHME, Kommentar zum Wasserhaushaltsgesetz und Abwasserabgabengesetz, 1996
STEMMLER, Die Privilegierung „ordnungsgemäßer Gewässerverschmutzung" durch § 19 Abs 4 WHG, NuR 1991, 366
THEISEL, Probleme der wasserechtlichen Gefährdungshaftung, BB 1965, 637
THIEME/FRANCKENSTEIN, Beweislastfragen bei Schadensersatzansprüchen der Wasserversorgungsunternehmen gegenüber Landwirten für Grundwasserschäden, DÖV 1997, 667
TRATZ/WILLOWEIT, Die Verantwortlichkeit mehrerer Wasserbenutzer für Schadensfolgen gem § 22 Abs 1 WHG, BB 1968, 855
WERNICKE, Gefährdungshaftung nach § 22 des Wasserhaushaltsgesetzes, NJW 1958, 772
ders, Haftung bei der Gewässerbenutzung und Abfallbeseitigung, DVBl 1968, 578
ders, Verunreinigung eines Gewässers und sonstige Veränderung seiner Eigenschaften durch Einbringen von festen Stoffen, NJW 1964, 910.

Systematische Übersicht

I. Grundlagen
1. Normüberblick — 1
2. Gefährdungshaftung — 2
3. Zeitlicher und örtlicher Geltungsbereich — 3
a) Allgemeines — 3
b) Geltung im Beitrittsgebiet — 4
c) Auslandsgeltung — 7

II. Gemeinsame Haftungsvoraussetzungen
1. Gewässer — 8
2. Stoffe — 9
3. Veränderung der Wasserbeschaffenheit — 12
a) Maßstab — 13
b) Einzelfälle — 15
4. Widerrechtlichkeit — 18
a) Grundlagen — 19
b) Sonderfall: Bewilligung gemäß §§ 8, 11 Abs 1 WHG — 21
c) Notstandsartige Eingriffe; vertragliche Haftungsausschlüsse — 23
5. Schadensursächlichkeit veränderter Wasserbeschaffenheit — 24
a) Schaden und Schadensursache — 24
b) Kausalität — 25
c) Zurechnungszusammenhang — 26

III. Besondere Haftungsvoraussetzungen
1. Verhaltenshaftung (Abs 1) — 28
a) Verhalten: Grundlagen — 29
b) Verhaltensformen: Einbringen, Einleiten, Einwirken — 35
c) Unterlassen — 38
d) Mittelbare Zuführung von Stoffen — 40
e) Zurechnung, insbesondere haftungsbegründende Kausalität — 42
f) Zurechnung von Drittverhalten — 48
g) Haftungsausfüllender Tatbestand — 52
2. Anlagenhaftung (Abs 2) — 53
a) Anlage — 53
b) Haftungsbegründendes Ereignis — 55

c) Haftungsausfüllender Tatbestand ___ 59
d) Verpflichteter ___ 60

IV. Haftungsausschluss wegen höherer Gewalt (Abs 2 S 2) ___ 63

V. Entschädigungsanspruch (Abs 3) ___ 66

VI. Rechtsfolgen
1. Schadensersatz ___ 68
a) Allgemeines, Inhalt und Umfang ___ 68
b) Rettungskosten ___ 69
2. Mitwirkendes Verschulden ___ 71
3. Gesamtschuldnerische Haftung ___ 72
a) Verursachermehrheit ___ 72
b) Gesamtschuldnerausgleich ___ 76

VII. Verjährung ___ 77

VIII. Prozessuales
1. Beweislast ___ 79
2. Gerichtsstand ___ 83

IX. Konkurrenzen
1. Verhaltens- und Anlagenhaftung ___ 85
2. Delikts- und Gefährdungshaftungstatbestände ___ 86
a) Allgemeine Deliktshaftung ___ 87
b) Gefährdungshaftungstatbestände ___ 88
c) Umwelthaftungsgesetz ___ 89
3. Vertragliche Ansprüche ___ 90
4. Nachbarrechtlicher Entschädigungsanspruch gem § 906 Abs 2 S 2 BGB ___ 91
5. Geschäftsführung ohne Auftrag und Bereicherungsrecht ___ 92
6. Öffentliches Recht ___ 93

Alphabetische Übersicht

Anlage ___ 53 ff
– negative Haftungsvoraussetzung ___ 57
– wassergefährliche ___ 54
– Inhaber ___ 60 ff

Beweis ___ 74, 79 ff
– Beweislast ___ 79 f
– Umkehr ___ 80
– Erleichterung ___ 74, 81

Entschädigungsanspruch ___ 66 f

Gefährdungszusammenhang ___ 46
– typische Gefahrerhöhung ___ 46
Geltungsbereich ___ 2 ff
– allgemein ___ 3
– Beitrittsgebiet ___ 4 ff
– Ausland ___ 7
Gerichtsstand ___ 83
Gesamtschuld ___ 72 ff
– Gesamtschuldnerausgleich ___ 76
– Verursachermehrheit ___ 72 ff
Gewässer ___ 8

Haftungsausschluss ___ 18
– Bewilligung ___ 21
– Genehmigung ___ 22
– höhere Gewalt ___ 63 ff
Haftungstatbestand ___ 1
– Anlagenhaftung ___ 53 ff
– Gefährdungshaftung ___ 2
– Überblick ___ 1
– Verhaltenshaftung ___ 28 ff
Haftungsvoraussetzungen ___ 8 ff
– Änderung der Wasserbeschaffenheit ___ 12
– besondere ___ 28 ff
– gemeinsame ___ 8 ff
– Rechtmäßigkeitserfordernis ___ 18 ff
Handlung ___ 28 ff
– Grundlagen ___ 29 ff
– Einbringen ___ 35
– Einleiten ___ 36
– Einwirken ___ 37
– mittelbare Zuführung ___ 40 ff
– Unterlassen ___ 38 f
– Zweckgerichtetheit ___ 29 ff

Kausalität ___ 25 ff
– haftungsausfüllende ___ 24, 25, 52, 59
– haftungsbegründende ___ 43 ff, 58
– bei Unterlassen ___ 38
Konkurrenzen ___ 84 ff
– Bereicherungsrecht ___ 92
– Deliktsrecht ___ 87
– Gefährdungshaftung ___ 88
– Geschäftsführung ohne Auftrag ___ 92

– innerhalb des § 22 WHG 85
– Nachbarrechtlicher Entschädigungsanspruch 91
– Öffentliches Recht 93
– Umwelthaftungsgesetz 89
– Vertragliche Ansprüche 90

Mitverschulden 71

Schaden 24 ff
Schadensersatz 68 ff
– Aktivlegitimation 27 ff
– Inhalt und Umfang 68 ff
– Passivlegitimation 42, 47, 48 ff, 60 ff
– Rettungskosten 68 f
Schadensersatzanspruch 72 ff
– Aufwendungsersatz 74
– bei Ersatzvornahme 74
– Inhalt 72 f
– Umfang 72 f
Schadenersatzpflichtiger 42, 47, 48 ff, 60 ff
– Verrichtungsgehilfe 50
– Vertretungsorgane juristischer Personen 49

Stoff 9 ff
– Schadenseignung 54
– wassergefährdende Stoffe 54

Verjährung 77 f

Wasserbeschaffenheit 12 ff
– Beschaffenheitsveränderung 12 ff
– biologisch 14 ff
– chemisch 14 ff
– physikalisch 14 ff
Widerrechtlichkeit 18 ff
– als Haftungsvoraussetzung 19 f
– Bewilligung 21
– Genehmigung 22
– Rechtfertigungsgründe 23

Zurechnung 45, 47, 48 ff
– Hoheitsträger 47
– Organvertreter 49
– Verhalten Dritter 51
– Verrichtungsgehilfen 50

I. Grundlagen

1. Normüberblick

1 § 22 WHG regelt eine **weitreichende Haftung** für Schäden infolge von **Veränderungen der Wasserbeschaffenheit.** In § 22 Abs 1 und 2 WHG werden **zwei Fallgruppen** unterschieden, bei denen jede jeweils unabhängig von der anderen zur unbedingten und verschuldensunabhängigen **Schadensersatzhaftung** für Wasserverschlechterungen führt. § 22 Abs 1 WHG knüpft an ein **Verhalten** an, nämlich an das Einbringen oder Einleiten von Stoffen in ein Gewässer oder an ein Einwirken auf ein Gewässer. § 22 Abs 2 WHG begründet eine **Anlagenhaftung,** nämlich die strikte Verantwortung für schädigende Auswirkungen von Anlagen, die dazu bestimmt sind, Stoffe herzustellen, zu verarbeiten, zu lagern, abzulagern, zu befördern oder wegzuleiten, für den Fall, dass aus einer solchen Anlage Stoffe in ein Gewässer gelangen und dort das Wasser verändern. § 22 Abs 3 WHG enthält als **dritten Haftungstatbestand** einen **Entschädigungsanspruch** an Stelle eines Schadensersatzanspruches für einen Sonderfall des Haftungsausschlusses aufgrund von § 11 WHG.

2. Gefährdungshaftung

2 Die beiden ersten Tatbestände des § 22 WHG sind Tatbestände der **Gefährdungshaftung** (Breuer Rn 780; Diederichsen BB 1986, 1723, 1729; Gieseke/Wiedemann/Czychowski Rn 4). Bei der Gefährdungshaftung gilt der Grundsatz, dass derjenige, in dessen Interesse ein gefahrdrohender Betrieb gestattet wird, auch die Risiken dieses Be-

triebes auf sich nehmen muss. Statt an Verschulden ist die Gefährdungshaftung an die Verwirklichung einer **abstrakten Gefahr** infolge Schaffung einer **allgemeinen Risikosituation** geknüpft (Deutsch JuS 1981, 63).

3. Zeitlicher und örtlicher Geltungsbereich

a) Allgemeines

3 § 22 WHG ist **seit dem 1. 3. 1960** in Kraft. Das WHG gilt im gesamten Bundesgebiet; für die einzelnen Bundesländer wird es durch Landeswassergesetze ergänzt. Für Schäden, die nach Inkrafttreten des WHG verursacht und entstanden sind, ist das WHG uneingeschränkt anzuwenden. Wurde der Schaden vor Inkrafttreten des WHG verursacht, ist er aber erst danach eingetreten, gilt das frühere Wasserhaushaltsrecht und die allgemeine Haftung des BGB (ausführlich zur Verantwortlichkeit für Altlasten Diederichsen BB 1988, 917 ff; Knoche GewArch 1997, 279, 280). Dauert die Setzung der Schadensursache, die vor Inkrafttreten des WHG begonnen wurde, jedoch auch nach Inkrafttreten des WHG an, so ist eine Haftung gemäß § 22 WHG begründet, wenn die danach geleisteten Kausalbeiträge an sich geeignet sind, den geltend gemachten Schaden zu verursachen (Knoche GewArch 1997, 279, 281.).

b) Geltung im Beitrittsgebiet

4 Die Einführung des Wasserrechts der Bundesrepublik Deutschland fand im Beitrittsgebiet nicht erst mit der formellen Herstellung der deutschen Einheit am 3. 10. 1990 statt (siehe Reinhardt DVBl 1991, 1058 ff; Czychowski LKV 1991, 220 ff), sondern schon durch Art 3 § 2 Abs 1 iVm Anlage 1 zu Art 3 Nr 1 des **Umweltrahmengesetzes** (URG vom 29. 6. 1990, GBl DDR I 649) mit Wirkung zum **1. 7. 1990.** Gemäß Art 8 des EinigungsV gelten die bereits durch das Umweltrahmengesetz der DDR übernommenen wasserrechtlichen Vorschriften nach dem Beitritt im Gebiet der neuen Bundesländer als Bundesrecht fort.

5 Auf **nach dem 1. 7. 1990 verursachte Schäden** und auf Schäden, bei denen der schadenstiftende Vorgang zwar vor dem 1. 7. 1990 begann, dieser jedoch auch nach diesem Datum andauert und zur Herbeiführung des geltend gemachten Schadens geeignet war, ist § 22 WHG anzuwenden. Wurde die **Schadensursache abschließend vor dem 1. 7. 1990** gesetzt, so richtet sich die Haftung ausschließlich nach den entsprechenden Bestimmungen des DDR-Rechts. Eine § 22 WHG gleichwertige Schadensersatznorm findet sich dort nicht. Jedoch enthält auch § 344 Abs 1 ZGB eine Haftungsregelung, bei der eine Verantwortlichkeit aus Quellen erhöhter Gefahr begründet wird und auf die gemäß § 343 Abs 1 ZGB die Haftungsbefreiung für Privatpersonen gemäß § 333 ZGB und für Betriebe gemäß § 334 ZGB keine Anwendung findet. Die Haftung entfällt nach § 343 Abs 2 ZGB nur, soweit der Schaden auf ein unabwendbares Ereignis zurückzuführen ist.

6 Für Eigentümer, Besitzer oder Erwerber von Anlagen und Grundstücken, die gewerblichen Zwecken dienen oder im Rahmen wirtschaftlicher Unternehmungen Verwendung finden, kann sich eine **Haftungsbefreiung aufgrund** der sog **Freistellungsklausel** des Umweltrahmengesetzes ergeben. Mit der Neufassung des Art 1 § 4 Abs 3 URG durch Art 12 des Gesetzes zur Beseitigung von Hemmnissen bei der Privatisierung von Unternehmen und zur Förderung von Investitionen (Hemmnisbeseitigungsgesetz vom 22. 3. 1991, BGBl I 766) wurde gemäß S 7 HS 1 die Möglichkeit

geschaffen, auch von privatrechtlichen Ansprüchen, die vor dem 1. 7. 1990 verursacht wurden, ganz oder teilweise freigestellt zu werden (dazu Knopp Rn 202 ff; ders BB 1991, 1356 ff; Dombert/Reichert NVwZ 1991, 744 ff; Müller/Süss VersR 1993, 1047, 1053). Rechtsfolge ist jedoch nicht das Entfallen des Anspruchs an sich, sondern es wird in S 7 HS 2 nur ein **Schuldnerwechsel** in der Weise angeordnet, dass das betroffene Bundesland Schuldner des Schadensersatzanspruchs wird.

c) Auslandsgeltung

7 Geschieht das haftungsbegründende **Ereignis im Bundesgebiet** und tritt der **Schaden im Ausland** ein oder **umgekehrt,** so richtet sich das anzuwendende Recht nach dem in § 38 EGBGB geregelten Deliktsstatut. Maßgeblich ist also das Recht des Tatorts. Bei Schädigungen über Staatsgrenzen hinweg kann unter Tatort sowohl der Ort der Handlung als auch der Ort des schädigenden Ereignisses verstanden werden (Rest VersR 1987, 6, 12; siehe auch Stein/Jonas/Schumann § 32 ZPO Rn 29). Die deutsche Rechtspraxis folgt im Sinne einer Stärkung des Individualschutzes dem sog **Günstigkeitsprinzip** (Breuer Rn 809; Rest VersR 1987, 6, 13). Dem Geschädigten wird danach ein Ersatzanspruch schon dann zuerkannt, wenn dieser Anspruch entweder nach dem Recht des Handlungsortes oder nach dem Recht des Erfolgsortes besteht; alternativ anzuwenden ist das dem Verletzten günstigere Recht (Breuer Rn 809; zum Günstigkeitsprinzip bei grenzüberschreitenden Umweltbeeinträchtigungen Rest NJW 1989, 2153, 2159). Dabei ist als günstigeres Recht dasjenige Recht anzusehen, das unter Berücksichtigung aller Umstände, namentlich der materiellen Haftungsvoraussetzungen, Verjährung, Verwirkung und Beweislastverteilung, dem Kläger mehr oder einfacher durchzusetzende Rechte gewährt (im einzelnen dazu Rest 37 ff; ders VersR 1987, 6, 12 f). § 22 WHG ist demnach auch bei grenzüberschreitenden Gewässerschädigungen ein weitgehender Anwendungsbereich gesichert.

II. Gemeinsame Haftungsvoraussetzungen

1. Gewässer

8 § 22 WHG enthält gewässerbezogene Haftungstatbestände. Der im Vergleich zum Begriff des Wassers engere **Begriff** des Gewässers und damit auch die Grenze des Anwendungsbereichs des § 22 WHG bestimmt sich nach § 1 WHG (zu Einzelfragen Gieseke/Wiedemann/Czychowski Rn 3 iVm § 1 WHG Rn 3 ff). § 1 WHG zählt zwar verschiedene Merkmale auf, die ein Gewässer charakterisieren können, definiert den Begriff als solchen aber nicht. Unter Gewässer werden alle **oberirdischen Gewässer,** die **Küstengewässer** und – ungeachetet des sog Nassauskiesungsbeschlusses des BVerfG (BVerfGE 58, 300 = NJW 1982, 745) – das **Grundwasser** (BGHZ 142, 227 = NJW 1999, 3633; BGHZ 124, 394 = NJW 1994, 1006; BGHZ 103, 129, 134 = NJW 1988, 1593; dazu Diederichsen BB 1988, 917; Marburger JZ 1988, 564; Breuer NVwZ 1988, 993) verstanden (Schimikowski Rn 95). Nach allgemeiner Auffassung gilt **Wasser** nur dann als Gewässer, wenn es **in den natürlichen Wasserkreislauf eingebunden** ist, also ein natürlicher Zusammenhang mit dem Wasserhaushalt besteht (Gieseke/Wiedemann/Czychowski Rn 4; Breuer Rn 32). Dies trifft auf Wasser und Abwasser **in Leitungen und sonstigen Behältnissen** nicht zu, da es keinen Anteil an derartigen Gewässerfunktionen hat (Nachweise und Bsp bei Gieseke/Wiedemann/Czychowski § 1 WHG Rn 5 f; kritisch Hammer MDR 1967, 542, 543). Wasser in Kanalisationen und Wasserversorgungsanlagen unterliegt demzufolge nicht der Haftung nach § 22 WHG, solange es sich in diesen befindet

(kritisch Hammer MDR 1967, 542, 543; dagegen Gieseke/Wiedemann/Czychowski Rn 5). Wird ein Wasserlauf jedoch nur teilweise durch Rohre geführt, so geht dessen sonst vorhandene Gewässereigenschaft dadurch insgesamt nicht verloren (BVerwGE 49, 293, 298 f; Kloepfer § 13 Rn 36; zur Beurteilung von in Kanalisationssystemen einbezogene Wasserläufe vgl Gieseke/Wiedemann/Czychowski § 1 Rn 4 f mwN; Kloepfer § 13 Rn 36).

2. Stoffe

9 Die Haftung des § 22 Abs 1 WHG wird durch die Handlung des Einbringens, Einleitens oder sonstigen Einwirkens von Stoffen begründet, die Haftung gemäß § 22 Abs 2 WHG durch ein anlagenbezogenes Hineingelangen von Stoffen in ein Gewässer. Der deshalb auch wasserrechtlich zentrale **Begriff** des Stoffs ist ein Schlüsselbegriff des **Gefahrstoffrechts** und besitzt auch Bedeutung im Umweltrecht (siehe dazu Knebel HdUR II Sp 1906 ff). Er wird im WHG, etwa in den §§ 3, 7a, 19a, 26 WHG, wie auch in anderen Gesetzen des Umweltrechts zwar verwendet, aber nicht gesondert definiert. Nach der Legaldefinition des § 3 Nr 1 ChemG sind Stoffe chemische Elemente oder chemische Verbindungen, wie sie natürlich hergestellt werden, einschließlich der Verunreinigungen und der für die Vermarktung erforderlichen Hilfsstoffe. Dies entspricht der für den EU-Raum maßgebenden Richtlinie des Rates vom 18. 9. 1979 zur 6. Änderung der Richtlinie 67/548/EWG, die in Art 2 Abs 1 a eine entsprechende Begriffsbestimmung enthält; Stoffe sind danach chemische Elemente und deren Verbindungen, wie sie natürlich vorkommen oder in der Produktion anfallen und die gegebenenfalls einen für ihre Vermarktung erforderlichen Zusatzstoff enthalten (vgl Knebel HdUR II Sp 1906). Wesentlicher Inhalt des Stoffbegriffs ist somit die als **Begriffskern** zu bezeichnende Formulierung **chemischer Elemente** oder **chemischer Verbindungen** (Knebel HdUR II Sp 1906). Diese Hauptbestandteile des Stoffbegriffs werden **durch Schutzzweck** und singuläre Funktion der jeweiligen Rechtsnorm, die den Begriff verwendet, **erweitert** oder auch **eingeschränkt.**

10 Aufgrund der rechtspolitischen Zielsetzung des WHG ist der Stoffbegriff in dessen Regelungen **weit** zu verstehen. Er erfasst damit jede feste, schlammige oder flüssige Materie von messbarem Umfang. Dem Schutzzweck der Norm entsprechend erfasst § 22 WHG Stoffe, die sich im Wasser auflösen, zerteilen, von ihm fortgeschwemmt werden oder die auf dem Gewässerbett infolge ihrer Schwere aufliegen (vgl Breuer Rn 118 mwN; Gieseke/Wiedemann/Czychowski § 3 Rn 26). Dabei kann es sich auch um Stoffe handeln, die sich bereits im Gewässer befunden haben (Gieseke/Wiedemann/Czychowski § 3 Rn 26).

11 Unter Hinweis auf den allgemeinen Sprachgebrauch wird allerdings vertreten, dass **Gegenstände,** die **mit eigenen Begriffen** bezeichnet werden, wie zB Boot, Ankerboje, Brückenpfeiler, aus dem Stoffbegriff auszugliedern seien (so Gieseke/Wiedemann/Czychowski § 3 Rn 26 mwN). Ein Einbringen dieser Gegenstände sei damit kein Einbringen von Stoffen (Gieseke/Wiedemann/Czychowski § 3 Rn 26 ff mwN; **aA** OLG Karlsruhe DVBl 1970, 395). Für die Anwendung des § 22 WHG ist diese begriffliche Frage jedoch kaum von Bedeutung (näher Rn 35 ff). Die in Rede stehenden Gegenstände sind von solcher Größe und Konsistenz, dass ihnen die Eignung fehlt, die Wasserbeschaffenheit zu beeinflussen; auch bei längerem Aufenthalt im Wasser werden sie eine eigenständige, stets vom Wasser trennbare Substanz bleiben.

3. Veränderung der Wasserbeschaffenheit

12 Voraussetzung einer Ersatzpflicht aufgrund aller Haftungstatbestände des § 22 WHG ist eine **Veränderung der physikalischen, chemischen oder biologischen Beschaffenheit** des Wassers. Dem Gesetzeswortlaut lässt sich dieses Erfordernis nur für die Tathandlung des Einwirkens im Rahmen des Abs 1 entnehmen, nicht jedoch für die anderen Handlungsarten des Abs 1, also für das Einbringen sowie das Einleiten, und nicht für das Hineingelangen aus einer Anlage gemäß Abs 2; somit wäre bei wörtlicher Interpretation eine Einstandspflicht auch ohne Beschaffenheitsveränderung begründet. Aus der **Entstehungsgeschichte** der Norm und ihrem **Sinnzusammenhang** folgt jedoch, dass es allein Zweck der Vorschrift sein kann, eine Haftung nur für die Veränderung der Wasserbeschaffenheit zu begründen. Dieses Ergebnis wird auch durch die amtliche Überschrift belegt. Die Änderung der Wasserbeschaffenheit ist somit als Voraussetzung für alle Tatbestände des § 22 WHG aufzufassen (ausdrücklich BGHZ 103, 129 = NJW 1988, 1593; offengelassen noch von BGH NJW 1975, 2012, 2013; OLG Köln VersR 1995, 1106, 1107; Breuer Rn 796 mwN; Gieseke/Wiedemann/Czychowski Rn 18; Landsberg/Lülling Rn 30; Rohde VersR 1962, 103, 104; Sieder/Zeitler/Dahme Rn 15; Hofmann Rn 13: Schimikowski Rn 96).

a) Maßstab

13 Die Feststellung einer Veränderung der Wasserbeschaffenheit erfordert den **Vergleich** von zwei Zuständen des Wassers. Bei der Bestimmung der Wasserbeschaffenheit, deren Veränderung die Haftung nach § 22 WHG begründet, wird von dem Zustand ausgegangen, der ohne das Einbringen, Einleiten, Einwirken iSv Abs 1 bzw das Hineingelangen aus einer Anlage iSv Abs 2 vorhanden wäre (BGHZ 103, 129, 136 = NJW 1988, 1593; Gieseke/Wiedemann/Czychowski Rn 19). Maßstab ist dabei der **tatsächliche Zustand** des jeweiligen Gewässers **vor** dem **Einwirkungsereignis,** nicht der eventuell mögliche Idealzustand. Der tatsächliche Zustand des Wassers ist anhand der Verhältnisse am Ort der Einflussnahme und der unmittelbaren Umgebung zu bestimmen (BGH aaO; Gieseke/Wiedemann/Czychowski Rn 19; Abt NJW 1965, 187, 188; Lytras 268; Wernicke DVBl 1968, 578, 580). Mit diesem Befund ist die **Wasserqualität nach Eintritt** eines der in Abs 1 oder 2 genannten Ereignisse zu vergleichen. Eine Veränderung liegt im Sinne der Haftungsnormen nur dann vor, wenn der Vergleich ergibt, dass sich die Wasserqualität gegenüber derjenigen, die ohne die Einwirkung auf das Gewässer bestehen würde, mehr als nur völlig unbedeutend **verschlechtert** hat (BGH aaO; Gieseke/Wiedemann/Czychowski Rn 19). Eine Verbesserung der Wasserbeschaffenheit unterfällt hingegen bei teleologischer Norminterpretation nicht dem § 22 WHG, es sei denn, mit der Verbesserung in bestimmter Hinsicht ist in anderer Beziehung eine Verschlechterung verbunden (Gieseke/Wiedemann/Czychowski Rn 19).

14 Der Haftungstatbestand unterscheidet **artenbezogen** zwischen der Veränderung der physikalischen, chemischen und biologischen Beschaffenheit, stellt sie als Tatbestandsvoraussetzungen aber insoweit gleichwertig nebeneinander. Die **physikalische Wasserbeschaffenheit** ist zB durch Veränderung der Wassertemperatur oder durch radioaktive Verseuchung betroffen. Werden Stoffe im Wasser gelöst, so ist die **chemische Wasserbeschaffenheit** verändert. Bei Erhöhung oder Senkung des bakteriellen Keimgehalts liegt eine Veränderung der **biologischen Wasserbeschaffenheit** vor (zu weiteren Beispielen vgl Gieseke/Wiedemann/Czychowski Rn 20; siehe auch Landsberg/Lülling Rn 31). Eine scharfe Trennung der verschiedenen Veränderungsarten ist wegen der

Gleichartigkeit der Rechtsfolgen nicht erforderlich und oft wohl auch gar nicht möglich (GIESEKE/WIEDEMANN/CZYCHOWSKI Rn 20). Rechtlich unerheblich ist demzufolge, wie sich die aufgetretene Änderung der Wasserbeschaffenheit naturwissenschaftlich klassifizieren lässt, da eine der drei Kategorien immer zutreffen wird (so auch LANDSBERG/LÜLLING Rn 31), wenn eine Veränderung iSd § 22 WHG vorliegt.

b) Einzelfälle

15 Gelangen schlammige, flüssige oder gasförmige Stoffe in das Wasser, so vermischen sie sich im Regelfall bald damit, lösen sich auf, verändern in dieser Weise die Zusammensetzung und damit auch die Wasserbeschaffenheit. Anders verhält es sich, wenn **nichtlösliche Stoffe** flüssiger oder fester Art, also zB Öl oder Holz, in das Wasser gelangen. Bei auf der Wasseroberfläche schwimmendem **Öl** wird es aufgrund der gleichmäßigen Verteilung regelmäßig wenn auch nicht zur Vermengung, so doch zu einer **mechanischen Verbindung** kommen. Dies ist als eine haftungsrelevante Veränderung der **physikalischen Beschaffenheit** anzusehen. Dafür spricht der Schutzzweck des § 22 WHG. Der Begriff der physikalischen Veränderung, generell der Begriff der Veränderung der Wasserbeschaffenheit, ist schutzzweckgemäß und nicht formal auszulegen (OLG Köln VersR 1967, 872, 874). Das WHG soll gemäß § 1 a Abs 1 WHG sicherstellen, dass die Gewässer nach Menge und Güte dem Wohl der Allgemeinheit und im Einklang mit ihm auch dem Nutzen einzelner dienen, und dass jede vermeidbare Beeinträchtigung unterbleibt. § 22 WHG soll Verunreinigungen haftungsrechtlich erfassen. Durch die umfassende Beschreibung möglicher Veränderungen des nutzbaren Wassers hat der Gesetzgeber in § 22 WHG ersichtlich eine ganz auf diesen Zweck des Gesetzes abgestellte Schadensersatzpflicht insbesondere für solche Veränderungen statuieren wollen, die geeignet sind, den bestimmungsgemäßen, gefahrlosen Gebrauch des Wassers unmöglich zu machen oder jedenfalls nicht unerheblich zu erschweren (BGHZ 103, 129, 136 = NJW 1988, 1593; OLG Köln VersR 1967, 872, 874). Die Ausbreitung von Stoffen wie namentlich Öl auf der Wasseroberfläche führt zu einer starken Einschränkung der wasserwirtschaftlichen Tauglichkeit und ist darüber hinaus geeignet, die aus der Wasserqualität herrührenden Schadensmöglichkeiten zu erhöhen (BGH aaO; BGH MDR 1969, 915, 916). Darauf gründet es, dass § 19 g Abs 5 S 1 WHG in einer exemplarischen Aufzählung Mineral- und Teeröle ausdrücklich als Stoffe bezeichnet, die geeignet sind, die Wasserbeschaffenheit nachhaltig zu verändern.

16 Schwieriger ist die Einordnung solcher Stoffe, die sich nicht mit einer gewissen Gleichmäßigkeit über die Wasseroberfläche ausbreiten, sondern wie zB Treibholz vom Wasser als **feste Körper** mitgeführt werden. Eine mechanische Verbindung zwischen Wasser und Stoff und damit eine als haftungsbegründend anzusehende Veränderung der physikalischen Beschaffenheit ist hier jedenfalls dann zu bejahen, wenn die Festkörper von solcher Zahl und Beschaffenheit sind, dass Stoff und Wasser nicht mehr zwei verschiedene Substanzen bilden, sondern eine **Einheit,** die sich **nicht** oder **nur unter** unverhältnismäßig großem wirtschaftlichen **Aufwand trennen** lässt (WERNICKE NJW 1964, 910, 911; iE auch BREUER Rn 796; LANDSBERG/LÜLLING Rn 32). Damit ist eine Beeinträchtigung der wasserwirtschaftlichen Tauglichkeit und des bestimmungsgemäßen Gebrauchs des Wassers verbunden. Das trifft vor allem zu, wenn im Wasser sehr kleine und sehr zahlreich auftretende feste Stoffe, wie zB Sägemehl oder feste Holzfasern, vorhanden sind. Inwieweit dies auch gilt, wenn größere Holzspäne in dieser Weise die Wasserbeschaffenheit verändern (bejahend BayObLG DÖV 1963, 702,

703; Wernicke NJW 1964, 910, 911; Gieseke/Wiedemann/Czychowski § 324 StGB Rn 10), ist eine Frage des Einzelfalls. Auszuschließen ist die Haftung hingegen bei wenigen und nur vereinzelt im Wasser treibenden Baumstämmen.

17 Keine Veränderung der Wasserbeschaffenheit ist die bloße **Erhöhung der Wassermenge.** Die Haftung nach § 22 WHG ist daher bei Überschwemmungs- und Versumpfungsschäden nicht begründet (Breuer Rn 797 mwN auch zur Haftung bei Verringerung der Wassermenge und daraus resultierender Erhöhung der Schadstoffkonzentration; vgl dazu ebenfalls Balensiefen 196).

4. Widerrechtlichkeit

18 Zweifelhaft ist, ob die Haftung nach § 22 auch Rechtswidrigkeit voraussetzt. Sollte die Haftung gemäß § 22 Abs 1 WHG nur eintreten, wenn das Einbringen oder Einleiten von Stoffen oder das sonstige Einwirken rechtswidrig ist (Breuer Rn 781; Gieseke/Wiedemann/Czychowski Rn 4, 53; Hofmann Rn 22), entfällt sie, wenn ein Rechtfertigungsgrund vorliegt. Damit ist vor allem die Frage nach einer **haftungsausschließenden Wirkung** einer öffentlich-rechtlichen Gestattung gestellt. Vornehmlich kommt insoweit das Handeln im Rahmen bewilligter Benutzungen in Betracht, weil die Bewilligung gemäß § 8 WHG ein Recht zu einem derartigen Handeln gebe; dagegen soll die Erlaubnis nach § 7 WHG die Rechtswidrigkeit nicht ausschließen.

a) Grundlagen

19 **Rechtswidrigkeit** ist richtigerweise **nicht** als eine **Haftungsvoraussetzung** anzusehen. Das Erfordernis der Rechtswidrigkeit wird in § 22 WHG **nicht zum Ausdruck** gebracht (so Larenz VersR 1963, 593, 595; H Schmidt 58 hält das Rechtswidrigkeiterfordernis für eine den Charakter und den Wortlaut missachtende Normeinschränkung; ebenfalls abl Diederichsen, in: FS Lukes 48). Auch § 11 WHG ist nichts anderes zu entnehmen, da für den dortigen Ausschluss von Schadensersatzansprüchen der Umstand maßgeblich ist, dass hier eine öffentlich-rechtliche Entschädigung ungeachtet der Frage der Rechtmäßigkeit vorgesehen ist. Dies beruht auf dem Grundgedanken, dass der zivilrechtliche Schadensersatzanspruch gegenüber solchen Bewilligungen ausgeschlossen ist, bei denen die Schadensregelung einem öffentlich-rechtlichen Verfahren unter Aufopferungsgesichtspunkten vorbehalten ist.

20 Für die **Irrelevanz der Rechtswidrigkeit** als Haftungsvoraussetzung gemäß § 22 WHG spricht vor allem der Charakter der **Gefährdungshaftung.** Ihr Grund liegt darin, dass dem Haftenden das unvermeidbare Risiko eines rechtmäßigen Betriebs oder einer Anlage zugerechnet wird, also gerade nicht darin, dass er den Schaden durch rechtswidrige Handlung verursacht hat (ebenso Cosack 81; Lytras 260; Wang 212 f). Hinreichende Haftungsvoraussetzung ist also das Vorhandensein eines bestimmten Gefahrenrisikos, das regelmäßig in Gestalt eines Betriebes, einer Anlage oder einer Sache als Quelle zu sehen ist, die derjenige, den die Haftung trifft, im Allgemeinen beherrscht. Dies gilt auch für eine verhaltensgestützte Haftung, wenn das abstrakt gefährliche Verhalten auf einen solchen Betrieb, eine solche Anlage oder Sache bezogen ist. Wenn statt einer gegenständlichen Gefahrenquelle ein Handeln oder ein diesem gleichstehendes Unterlassen als solches schon die Haftung begründen soll, dann beruht dies darauf, dass diesem Tun eine spezifische Gefährlichkeit für die

Beschaffenheit des Wassers im Allgemeinen zugemessen und dies als haftungsbegründend angesehen wird. Das Risiko, das der Handelnde übernimmt, besteht in einer für die Begründung einer Gefährdungshaftung hinreichenden Weise darin, dass die Beschaffenheit durch sein Tun schadensträchtig verändert werden kann. Auch § 22 Abs 1 WHG wird daher dem Grundgedanken der Gefährdungshaftung gerecht. Daraus ergibt sich die Konsequenz, dass es für die Ersatzpflicht nicht auf Rechtswidrigkeit des Verhaltens im Einzelfall ankommt. Außerdem ist mit der öffentlich-rechtlichen Zulassung einer Aktivität sowie mit deren öffentlich- und privatrechtlicher Zulässigkeit nichts darüber gesagt, inwieweit aus dieser Tätigkeit trotzdem entstehende Individualschäden ersetzbar sein sollen (Balensiefen 206).

b) Sonderfall: Bewilligung gemäß §§ 8, 11 Abs 1 WHG

21 Lediglich im Fall der **Bewilligung** gemäß § 8 WHG ordnet **§ 11 Abs 1 WHG** einen **Haftungsausschluss** ausdrücklich an. Das gilt auch für Ansprüche nach § 22 WHG, wie § 22 Abs 3 WHG klarstellt (vgl auch BGHZ 103, 129, 134 = NJW 1988, 1593; Gieseke/Wiedemann/Czychowski Rn 25; vgl u Rn 66). Die Haftungsfreistellung erfolgt aber nur, soweit die Benutzung im Rahmen des gewährten Rechts bleibt; Überschreitungen unterliegen wieder der allgemeinen Haftung. Nach dem durch das 4. Änderungsgesetz (BGBl 1976 I 1109), in Kraft seit 1. 10. 1976, eingefügten § 8 Abs 2 S 2 WHG darf jedoch für das Einbringen und Einleiten von Stoffen in ein Gewässer und für Maßnahmen, die geeignet sind, dauernd oder in einem nicht unerheblichen Ausmaß schädliche Veränderungen der physikalischen, chemischen oder biologischen Beschaffenheit des Wassers herbeizuführen – Benutzungen iSv § 3 Abs 2 Nr 2 WHG –, eine Bewilligung nicht mehr erteilt werden. Erheblich im Hinblick auf § 11 Abs 1 WHG und damit für den Ausschluss der Haftung nach § 22 WHG können somit nur vor 1. 10. 1976 ergangene Bewilligungen sein (zur Beurteilung der Gewässerbenutzung aufgrund alter Rechte und Befugnisse und zur Stellung der sondergesetzlichen [Ab-]Wasserverbände ausführlich Breuer Rn 781 ff; zur Rechtswirkung der in der DDR erteilten Genehmigungen Kloepfer, Einigung 63 ff, 135 ff). Bewilligungen, die entgegen dem Verbot erteilt werden, leiden an einem besonders schwerwiegenden Fehler und sind daher gemäß § 44 Abs 1 VwVfG nichtig (Gieseke/Wiedemann/Czychowski § 8 WHG Rn 39; so auch Sieder/Zeitler/Dahme § 8 Rn 19 b; Meyer/Borgs, Verwaltungsverfahrensgesetz [1976] § 44 VwVfG Rn 11; Wolff/Bachof, Verwaltungsrecht II [2000] § 49 III 3 a bb; Knack/Meyer, Verwaltungsverfahrensgesetz [2000] § 44 VwVfG Rn 27; einschränkend für die Fälle der nicht qualifizierten, straf- oder bußgeldbewehrten Verbote Kopp/Ramsauer, Verwaltungsverfahrensgesetz [2000] § 44 VwVfG Rn 45).

22 Über den in § 11 Abs 1 WHG bestimmten Fall hinaus führen **öffentlich-rechtliche Genehmigungen** folglich wegen grundsätzlicher Irrelevanz des Rechtmäßigkeitsurteils nicht zum Ausschluss der Haftung nach § 22 WHG. So lässt insbesondere die **Erlaubnis** aufgrund von **§ 7 Abs 1 WHG** eine Haftung nach § 22 WHG unberührt (iE Gieseke/Wiedemann/Czychowski Rn 26; Landsberg/Lülling Rn 5). Die Erlaubnis gewährt nach § 7 Abs 1 WHG kein Recht wie die Bewilligung, sondern lediglich die Befugnis, ein Gewässer zu benutzen. Sie kann demnach schädigendes Verhalten nicht rechtfertigen (Gieseke/Wiedemann/Czychowski Rn 26; Landsberg/Lülling Rn 4).

c) Notstandsartige Eingriffe; vertragliche Haftungsausschlüsse

23 Teilweise wird vertreten, dass **notstandsartige** Vorschriften außerhalb des Wasserrechts, zB **§ 904 BGB** (Gieseke/Wiedemann/Czychowski Rn 26; dagegen Nawrath 106), den Schadensersatzanspruch ausschließen können. Dem kann nach der hier vertretenen Auffassung (vgl o Rn 20) in schadensersatzrechtlicher Hinsicht nicht zugestimmt werden. Allerdings sind Gefahrenlagen denkbar, welche die Anwendung des § 904 BGB oder seines Rechtsgedankens in der Weise erforderlich machen, dass schadenspräventive Abwehrrechte des Geschädigten ausgeschlossen werden; in dieser den Eingriff als solchen rechtfertigender Hinsicht kommt § 904 BGB auch wasserrechtlich Bedeutung zu. Dies gilt jedoch nicht hinsichtlich der Präklusion des wasserrechtlichen Gefahrdungshaftungsanspruchs, zumal der Geschädigte ohnehin auf Grund des dem § 904 BGB zugrunde liegenden Aufopferungshaftungsprinzips bei Annahme eines die Haftung gemäß § 22 Abs 1 oder 2 WHG ausschließenden Rechtfertigungsgrundes einen Schadensersatzanspruch aus § 904 S 2 BGB hätte. Mit Rücksicht auf das Prinzip der Vertragsfreiheit anzuerkennen ist aber ein zwischen Verursacher und Geschädigtem **vereinbarter Haftungsausschluss** (Gieseke/Wiedemann/Czychowski Rn 26 mwN).

5. Schadensursächlichkeit veränderter Wasserbeschaffenheit

a) Schaden und Schadensursache

24 Eine Haftung nach § 22 WHG setzt den Eintritt eines **Schadens** bei einem **anderen** voraus. Wenngleich im Hinblick auf die haftungsbegründenden Ereignisse Unterschiede zwischen Verhaltens- und Anlagenhaftung bestehen, so ist es doch gemeinsame Haftungsvoraussetzung, dass der eingetretene **Schaden Folge der Beschaffenheitsveränderung** des Wassers ist; in diesem Verhältnis handelt es sich um den Aspekt der **haftungsausfüllenden Kausalität.** Im Unterschied zur Haftung gemäß § 823 Abs 1 BGB oder § 1 UmweltHG ist für die Haftung gemäß § 22 WHG **nicht** die Vermittlung des Schadens über eine bestimmte **Rechtsgutsverletzung** konstitutiv; vielmehr ist grundsätzlich jeder Schaden zu ersetzen, der einem anderen aus der nachteiligen Veränderung der Wasserbeschaffenheit entsteht. Ersatzfähig sind daher auch allgemeine **unmittelbare Vermögensschäden** (vgl statt aller Gieseke/Wiedemann/Czychowski Rn 29; Landsberg/Lülling Rn 1 u Rn 33; Schimikowski Rn 97; Föller 15; Köhler DRiZ 1972, 17, 18; Leonhard 78; Taupitz Jura 1992, 113, 115).

b) Kausalität

25 Primär soll es zwar auf einen adäquaten Zusammenhang im Bereich der **haftungsausfüllenden Kausalität** (Breuer Rn 799 mwN) zwischen der Veränderung der Wasserbeschaffenheit und der Schadensverwirklichung ankommen. Ausgeschlossen werden nur solche Schadensfolgen, deren Entstehung aus dem haftungsbegründenden Vorgang außerhalb aller Wahrscheinlichkeit liegt. Da die Rechtsprechung eine adäquate Verursachung auch bei sehr weitläufigen und eigenartigen Zusammenhängen bejaht hat, findet eine Haftungseinschränkung durch die Adäquanzformel praktisch nicht statt (ausführlich Breuer Rn 799). Richtigerweise ist daraus auch hier (vgl zum Umwelthaftungsgesetz § 1 UmweltHG Rn 74; vgl ferner die Ausführungen u Rn 43 sowie Einl 145) dogmatisch die Konsequenz zu ziehen, **äquivalente Kausalität** auch bei der haftungsausfüllenden Kausalität genügen zu lassen und eventuell erforderliche Einschränkungen im Bereich der wertenden Betrachtung unter dem Aspekt des Zurechnungszusammenhanges vorzunehmen.

c) Zurechnungszusammenhang

26 Grundsätzlich ist als allgemeine schadensrechtliche Haftungsvoraussetzung auch ein **Zurechnungszusammenhang** im Sinne eines Rechtswidrigkeitszusammenhanges ge-

fordert, bestehend zwischen haftungsbegründendem Ereignis und eingetretenem Schaden. Bezogen auf die Gewässerhaftung bedeutet dies, dass sich der Schaden dem Schutzbereich des § 22 WHG entsprechend bei wertender Beurteilung als **typische Folge einer Gewässerverunreinigung** darstellen muss. Ob ein derartiger schutzzweckbezogener Zusammenhang jedoch auch für eine Haftung gemäß § 22 WHG gilt, war lange umstritten (ausdrücklich noch offengelassen: BGH NJW 1975, 2012), wird aber mittlerweile sowohl von der höchstrichterlichen Rechtsprechung (ausdrücklich BGH NJW 1999, 3203) als auch vom Schrifttum (vgl Gieseke/Wiedemann/Czychowski Rn 28) anerkannt. Auch für die Gewässerhaftung nach § 22 WHG gilt demnach, dass zwischen dem Schaden und der vom Schädiger geschaffenen Gefahrenlage, der Veränderung der Wasserbeschaffenheit, ein innerer Zusammenhang bestehen muss, so dass eine bloß zufällige äußere Verbindung nicht ausreicht (BGH NJW 1999, 3203, 3204).

27 Mangels Enumeration der geschützten Rechtsgüter bedarf es der Bestimmung des Kreises der Ersatzberechtigten anhand von Schadensarten und mit Rücksicht auf die Bezogenheit des Schadens auf die Gewässerqualität. Es gebietet der **Schutzzweck des § 22 WHG** mit Rücksicht auf die Notwendigkeit, die weite Haftung sachgerecht zu begrenzen, dass der vom Betroffenen geltend gemachte Schaden **unmittelbar** auf der Verschlechterung der Wasserbeschaffenheit beruht (BGH VersR 1972, 463, 465; NJW 1981, 2416; zu Einzelheiten u Bsp siehe Gieseke/Wiedemann/Czychowski Rn 22 sowie Breuer Rn 801). Anderenfalls würde § 22 WHG eine dem System der zivilrechtlichen Haftung sonst fremde verschuldensunabhängige, sachlich und zusätzlich der Haftungssumme nach unbegrenzte Haftung begründen (Knoche GewArch 1997, 279, 281 mit Blick auf die vom BGH entwickelten Beschränkungen des Schutzbereichs). Somit kann nicht jedermann als Geschädigter iSd § 22 WHG gelten, der einen durch Gewässerverschmutzung adäquat verursachten Schaden erleidet. Es muss in **persönlicher** und **sachlicher Hinsicht** eine **unmittelbare Betroffenheit** vorliegen (BGH NJW 1999, 3203, 3204; BGH VersR 1975, 2012, 2013; Breuer Rn 801; Gieseke/Wiedemann/Czychowski Rn 22; Landsberg/Lülling Rn 37; Hübner NJW 1988, 441, 449; Keppeler DRiZ 1997, 479, 481; Leonhard 79; Lytras 268). Bei der Bestimmung der unmittelbaren Betroffenheit wird insbesondere, aber nicht ausschließlich, berücksichtigt, ob ein konkreter Eingriff in Rechte oder Rechtsgüter vorliegt, die in ihrer Substanz oder in ihrer Funktion auf eine ordentliche, in der Regel unveränderte Beschaffenheit des Wassers angewiesen sind (so Schröder BB 1976, 63, 64; Keppeler DRiZ 1997, 479, 481). Dabei kommt es nicht darauf an, ob beeinträchtigte schutzwürdige Positionen, namentlich Gewässerbenutzungen, öffentlichrechtlich durch eine Bewilligung oder Erlaubnis legitimiert sind (dazu näher Breuer Rn 802); das Fehlen einer förmlichen Zulassung kann jedoch nach § 254 BGB schadensersatzmindernd wirken (Gieseke/Wiedemann/Czychowski Rn 23). Ersatzberechtigt sind daher in erster Linie diejenigen, die das Wasser unmittelbar benutzen, etwa zur Wasserversorgung für Mensch und Tier, zur Bewässerung von Feldern oder zur Fischzucht (vgl Landsberg/Lülling Rn 37; BGHZ 124, 394 = NJW 1994, 1006; OLG Hamburg VersR 1997, 1391, 1392). Nicht erforderlich ist aber, dass der Nutzer das Wasser selbst verwenden will. Selbst der Bauherr, dem zusätzliche Kosten entstehen, weil er im Rahmen einer Baumaßnahme unterhalb seines Grundstückes den Grundwasserspiegel durch Abpumpen absenken muss (§ 3 I Nr 4, Nr 6 WHG), dabei eine Kontaminierung feststellt und aufgrund wasserbehördlicher Auflage das abgepumpte Grundwasser erst nach zeit- und kostenintensiver Reinigung dem Wasserkreislauf wieder zuführen darf, ist vom Schutzbereich des § 22 WHG erfasst (BGH NJW 1999, 3203, 3204;

krit zur Methode des BGH zur Bestimmung des Haftungsumfanges nach dem Schutzzweck, SALJE PHI 2000, 90, 93), weil auch dies eine dem grundsätzlich weiten Schutzbereich des § 22 WHG unterfallende Benutzung darstellt. Nicht ersatzberechtigt ist hingegen, wer **nur mittelbar betroffen** ist. Dies gilt beispielsweise für den Inhaber eines Verkaufsgeschäfts für Badeartikel, dessen Umsatz zurückgeht, weil das Baden in einem nahe gelegenen Gewässer wegen Verschmutzung des Wassers verboten wurde; sein Schaden wird vom Schutzbereich der Norm nicht gedeckt (siehe BGH VersR 1972, 463, 465; NJW 1981, 2416; auch KEPPELER DRiZ 1997, 479, 481). Gleiches gilt für Gesundheitsschäden, die jemand infolge des Verzehrs von Nahrungsmitteln erleidet, die durch kontaminiertes Wasser verdorben wurden (SCHIMIKOWSKI Rn 97; JANKE-WEDDIGE ZfW 1988, 381, 387).

III. Besondere Haftungsvoraussetzungen

1. Verhaltenshaftung (Abs 1)

28 In Konsequenz seines **verhaltensbezogenen Haftungskonzepts** (vgl dazu GIESEKE/WIEDEMANN/CZYCHOWSKI Rn 6; ESSER/WEYERS, SchuldR II § 64 4 a; kritisch MEDICUS, SchuldR II § 148 II) setzt § 22 Abs 1 WHG voraus, dass der Ersatzpflichtige in ein Gewässer Stoffe eingebracht oder eingeleitet oder er auf ein Gewässer eingewirkt hat. Es handelt sich demgemäß um eine Verhaltenshaftung.

a) Verhalten: Grundlagen

29 Einbringen, Einleiten und Einwirken sind sämtlich ebenso wie in § 3 WHG, wo sie als Benutzungen eines Gewässers behandelt werden, begrifflich übergreifend als **auf ein Gewässer gerichtete, zweckbezogene Handlungen** zu verstehen (BGHZ 124, 394 = NJW 1994, 1006; BGH NJW 1983, 2029, 2030; GIESEKE/WIEDEMANN/CZYCHOWSKI Rn 7; SCHIMIKOWSKI VersR 1992, 923, 925). Aus den unterschiedlichen Formulierungen in § 22 Abs 1 und Abs 2 WHG wird deutlich, dass nicht jedes Verursachen des Hineingelangens von Stoffen in ein Gewässer für eine Haftung nach § 22 Abs 1 WHG ausreicht (BREUER Rn 784; WAGNER HdUR II Sp 963). Vielmehr muss das Verhalten einen spezifischen Bezug zum Gewässer aufweisen; es muss in diesem Sinne zielgerichtet sein (BGHZ 124, 394, 396 = NJW 1994, 1006; WAGNER HdUR II SP 963). Dieser spezifische Bezug fehlt jedenfalls dann, wenn Stoffe nur zufällig, zB aufgrund eines Stör- oder Unfalls, in ein Gewässer gelangen (BGHZ 103, 129, 134 = NJW 1988, 1593; GIESEKE/WIEDEMANN/CZYCHOWSKI Rn 7; LANDSBERG/LÜLLING Rn 9).

30 Umstritten ist allerdings, was in diesem Zusammenhang unter **zielgerichtetem Handeln** zu verstehen ist (Übersicht zum Streitstand bei SCHIMIKOWSKI Rn 101 ff; offengelassen von BGHZ 76, 312, 316 = NJW 1981, 2576 und BGHZ 103, 129, 134 = NJW 1988, 1593). In extensiver Interpretation wird vertreten, dass die Handlung zwar auf das **Hineingelangen** gerichtet sein, dieses aber **nicht bezwecken** muss. Es genügten schon solche bewusste Handlungen, die nur rein äußerlich nach ihrer **objektiven Eignung** ein Hineingelangen bewirken können (so GIESEKE/WIEDEMANN/CZYCHOWSKI Rn 7; SCHACHT VersR 1986, 1043, 1046; SCHIMIKOWSKI VersR 1992, 923, 925; SIEDER/ZEITLER/DAHME Rn 18; vgl auch OLG Karlsruhe BB 1967, 351); ein Hineingelangen muss nicht in der Absicht des Handelnden liegen, es genügt, dass es die Folge seiner mit anderer Zielsetzung unternommenen Handlung ist (LARENZ VersR 1963, 593, 594 mwN). Haftungseinschränkend wird hingegen vertreten, dass nur **bewusst auf das Hineingelangen** von Stoffen **gerichtete Handlungen** eine

Haftung nach § 22 Abs 1 WHG begründen können; eine objektive Eignung des Verhaltens mit anderer Zielsetzung als der des Zuführens in ein Gewässer reiche nicht aus, vielmehr müsse der Schädiger subjektiv final gewässerbezogen die objektiven Tatbestandsmerkmale gesetzt haben.

31 Innerhalb der letztgenannten Auffassung ist wiederum umstritten, was unter dem Begriff der **Absicht** im Zusammenhang mit § 22 WHG zu verstehen ist. So braucht nach einer Ansicht die Absicht nicht auf den schädigenden Erfolg, die Veränderung der Wasserbeschaffenheit, sondern **nur** auf das **Hineingelangen** von Stoffen gerichtet zu sein, die nach naturwissenschaftlicher Erkenntnis zur Wasserbeeinträchtigung geeignet sind (vgl SCHIMIKOWSKI Rn 103 f). Vielmehr soll auch eine zufällige Entstehung des Schadens genügen; der Begriff der Absicht ist danach nicht mit Vorsatz im Sinne der allgemeinen Bestimmung des § 276 BGB in der Weise identisch, dass unter Vorsatz das eine Handlung begleitende Bewusstsein ihres schädigenden Erfolges zu verstehen ist (ROHDE VersR 1962, 103, 104). Andererseits wird unter weiterer Einschränkung der Haftung vertreten, dass **vorsätzliches Verhalten** in Bezug auf den **Schaden** oder **fahrlässige Überschreitung** von **Emissionsgrenzwerten** zu fordern sei, so dass eine diesbezüglich unbeabsichtigte Handlung nicht zum Schadensersatz führe (STEMMLER NUR 1991, 366, 367; WERNICKE NJW 1959, 772, 773); das Erfordernis eines finalsubjektiven Tatbestandmerkmales wird hier betont (zur grundsätzlichen Frage des Erfordernisses eines subjektiven Tatbestandmerkmales auch NISPEANU NuR 1990, 439, 443; ROHDE VersR 1962, 103, 104; WERNICKE NJW 1958, 772, 773).

32 Der erstgenannten Auffassung ist beizutreten. Als **Gefährdungshaftung** ist die Verhaltenshaftung des § 22 Abs 1 WHG vom Verschulden unabhängig und nicht, worauf die letztgenannten Ansichten im Ergebnis hinwirken, auf vorsätzliche, wissentliche oder fahrlässige Handlungen beschränkt (GIESEKE/WIEDEMANN/CZYCHOWSKI Rn 7; SCHACHT VersR 1986, 1043, 1047). Allerdings ist andererseits auf das Erfordernis der Zweckgerichtetheit des Verhaltens in § 22 Abs 1 nicht zu verzichten, um eine Abgrenzung zu Fällen des § 22 Abs 2 WHG zu ermöglichen; das Erfordernis der Finalität des Verhaltens gibt der Verhaltenshaftung erst Konturen und ist auch aus Gründen der sachgerechten Haftungseinschränkung erforderlich. Der Ausgestaltung des § 22 Abs 1 WHG als Gefährdungshaftung und dem Schutzzweck des § 22 Abs 1 WHG entsprechend ist daher erforderlich, aber auch ausreichend, dass die an sich zweckgerichtete Handlung, die im einzelnen als Einbringen, Einleiten oder Einwirken zu charakterisieren ist, nach ihrer **objektiven Eignung** auf das Hineingelangen gerichtet ist, ohne dass diese Folge oder gar die Schädigung intendiert ist (BGHZ 124, 394, 396 = NJW 1994, 1006; GIESEKE/WIEDEMANN/CZYCHOWSKI Rn 7; KEPPELER DRiZ 1997, 479, 480; KNOCHE GewArch 1997, 279, 280; LYTRAS 65; WAGNER HdUR II Sp 963;). Es kommt daher nicht darauf an, dass ein subjektiv final auf Gewässerbeeinflussung gerichtetes Verhalten vorliegt; es genügt insoweit bloß objektive Finalität des Verhaltens mit der tatsächlichen Konsequenz einer Gewässerbeeinflussung.

33 Diese als wohl herrschend zu charakterisierenden Auffassung wird dadurch eingeschränkt, dass die tatbestandliche Handlung in einem **funktionalen Zusammenhang zur Gewässerbenutzung** stehen, also **objektiv intendiert unmittelbar auf ein Gewässer gerichtet** sein muss (vgl BGHZ 124, 394, 396 = NJW 1994, 1006; GIESEKE/WIEDEMANN/CZYCHOWSKI Rn 7; GNAUB 38; KEPPELER DRiZ 1997, 479, 480; SCHACHT VersR 1986, 1043, 1047; H SCHMIDT 62). Eine Haftung nach § 22 WHG ist deshalb zu verneinen, wenn der

Winterdienst Streusalz auf die Fahrbahn aufbringt, welches als Lösung im sich bildenden Schmelzwasser alsbald versickert und in das Grundwasser gelangt (BGH aaO); denn in diesem Fall ist das Streuen nicht in oben genanntem Sinne auf das Hineingelangen des Salzes in das Grundwasser gerichtet, sondern auf die Erhaltung der Verkehrssicherheit (BGH aaO). Diese Präzisierung der Anforderungen an das tatbestandliche Verhalten, die grundsätzlich wegen der angenommenen Unerheblichkeit finaler subjektive Elemente eine weite Haftung begründen, führt folglich mittels des Kriteriums der objektiv unmittelbar gewässerbezogenen Zweckgerichtetheit des Verhaltens zu einer Haftungseinschränkung.

34 Dieses Haftungsverständnis hat insbesondere Konsequenzen für die **Haftung der Landwirte** für durch sie verursachte Veränderungen des Grundwassers (ausführlich Flachsbarth 235 ff; dazu auch Schimikowski VersR 1992, 923, 925; Thieme/Franckenstein DÖV 1997, 667). Das Ausbringen von **Dünge- und Pflanzenschutzmitteln** auf Felder weist nämlich in der Regel nicht die nötige unmittelbar gewässerbezogene Finalität auf, da dieses Tun bei ordnungsgemäßem Verhalten nur auf die pflanzliche Resorption gerichtet, nicht jedoch auf das Grundwasser bezogen ist (Thieme/Franckenstein DÖV 1997, 667, 668). Anderes gilt, wenn im **Übermaß,** also nach Art und Umfang mehr als agrarwissenschaftlich und -wirtschaftlich erforderlich, gedüngt wird (Balensiefen 199; Hofmann Rn 14; Salzwedel NUR 1983, 41, 49; Thieme/Franckenstein DÖV 1997, 667, 668); in diesem Fall bezieht sich die Finalität des Ausbringens objektiv auch auf die Gewässerbeeinträchtigung, weil nicht zu erwarten ist, dass das verwendete Quantum von den Pflanzen und dem Erdreich hinreichend vollständig aufgenommen wird. Gegen diese Differenzierung ist zwar einzuwenden, dass damit bei ordnungsgemäßer Bewirtschaftung nicht den gerade der Landwirtschaft immanenten Gefahren insbesondere für das Grundwasser begegnet werden könne (Flachsbarth 245 f mwN); zudem wird bei Beschränkung der Verhaltenshaftung auf übermäßige Düngung oder nicht lege artis vorgenommenen Pflanzenschutz ein Pflichtwidrigkeitselement in den Tatbestand eingeführt (vgl Flachsbarth mwN). Dennoch ist die genannte Differenzierung im Rahmen des § 22 Abs 1 WHG zu vertreten. Dass auf diese Weise die Gefährdungshaftung hinter die in diesen Fällen auch mögliche Verschuldenshaftung zurückgeführt wird (vgl Flachsbarth mwN), trifft nicht zu, da es insoweit auf ein Verschulden nicht ankommt und vielmehr allein die objektiv übermäßige Verwendung von Dünger oder Pflanzenschutzmitteln haftungsbegründend ist. Subjektive Finalität der Gewässerbeeinflussung ist daher auch hier nicht vorausgesetzt. Vielmehr genügt auch in diesen Fällen die objektive Eignung zur Gewässerbeschaffenheitsveränderung, wobei auch die objektive Erkennbarkeit des gewässergefährdenden Potenzials der übermäßig aufgebrachten Stoffe die Haftung rechtfertigt. Diese Erkennbarkeit ist aus der Position eines objektiven, durchschnittlich erfahrenen Dritten des jeweiligen Geschäftskreises, hier also eines Landwirts, zu beurteilen (Balensiefen 200; ähnlich auch BGHZ 124, 394, 396 f = NJW 1994, 1006); individuelle subjektive Elemente sind also gerade nicht erheblich.

b) Verhaltensformen: Einbringen, Einleiten, Einwirken

35 **aa) Einbringen** ist das Zuführen fester Stoffe (Gieseke/Wiedemann/Czychowski Rn 9 und § 3 WHG Rn 25). Praktisch bedeutungslos ist die Frage, ob schlammige Stoffe, wie dies in § 26 Abs 1 S 2 WHG definiert ist, nicht zu den festen Stoffen gerechnet werden, da diese anderenfalls zumindest unter den Begriff der flüssigen Stoffe fallen und damit vom Tatbestand des Einleitens erfasst werden. Im Übrigen ist der Begriff

des Einbringens ebenso wie der des Einleitens und Einwirkens nach Maßgabe des § 3 Abs 1 WHG zu verstehen (Gieseke/Wiedemann/Czychowski Rn 7 u 9; zu Beispielen und Abgrenzungen Gieseke/Wiedemann/Czychowski Rn 9 u § 3 WHG Rn 25–31), wobei § 22 Abs 1 WHG im Sinne von § 3 Abs 1 Nr 4 a und Nr 5 WHG jedes Einbringen in Küstengewässer und in das Grundwasser miterfasst.

36 **bb) Einleiten** meint das Zuführen flüssiger Stoffe jeder Art, insbesondere von Abwasser, flüssigen Abfällen (Gieseke/Wiedemann/Czychowski § 3 WHG Rn 32; Bickel NuR 1982, 117, 118) und Schlamm (vgl zur Zuordnung des Schlamms zu den flüssigen Stoffen Gieseke/Wiedemann/Czychowski § 26 WHG Rn 7). Der Begriff des Einleitens ist nicht streng nach dem Wortsinne zu deuten; einer Leitung bedarf es dabei nicht. Es reicht aus, wenn den Stoffen eine Richtung hin zum Gewässer gegeben wurde (vgl OLG Karlsruhe BB 1967, 351). Ein Einleiten kann demzufolge außer durch Rohre, Gräben, Rinnen auch durch Versickern oder Verrieseln erfolgen (Gieseke/Wiedemann/Czychowski Rn 9 u § 3 WHG Rn 33; ebenso Breuer Rn 118; Nispeanu NuR 1990, 439, 443; zu weiteren Einzelheiten und Bsp siehe Gieseke/Wiedemann/Czychowski § 3 WHG Rn 25–27, 32–39, 46–53). Wird Abwasser eingeleitet, so ist dieses als Ganzes der Stoff, nicht die im Abwasser gelösten oder darin vermischten Bestandteile (Gieseke/Wiedemann/Czychowski Rn 10; ebenso Hofmann Rn 8; vgl auch BGH NJW 1976, 804; BGHZ 103, 129, 134 = NJW 1988, 1593); dem entspricht, dass auch die Erlaubnis zum Einleiten für Abwasser als Ganzes und nicht für die einzelnen Bestandteile als solche erteilt wird (vgl Gieseke/Wiedemann/Czychowski Rn 10 u § 7 a WHG Rn 7).

37 **cc)** Der Begriff des **Einwirkens** betrifft alle Handlungen, die nicht Einbringen oder Einleiten sind (Landsberg/Lülling Rn 8 mit Beispielen; Breuer Rn 793). Damit stellt das Einwirken einen **Auffangtatbestand** dar, der den Begriffen des Einbringens und Einleitens gleichrangig gegenübersteht (Gieseke/Wiedemann/Czychowski Rn 16; **aA** noch Abt NJW 1965, 187, 188; Renck NJW 1964, 808, 810). Auch beim Einwirken ist zumindest eine auf das Wasser gerichtete wesentliche Handlung gefordert. Anderenfalls würde insgesamt eine reine Zufallshaftung begründet, bei der auch auf höhere Gewalt zurückzuführende Einwirkungen die Haftung des § 22 Abs 1 WHG begründen könnten. Wie beim Einbringen und Einleiten muss allerdings die objektive Einwirkungseignung des Verhaltens genügen. Die Bedeutung der Haftung für Einwirkungen geht über die ursprünglich vorgesehene Haftung für radioaktive Beeinflussung hinaus. So gelten als sonstige Einwirkungen die Verursachung von Nitratauswaschungen durch unsachgemäßes Düngen (vgl dazu Rn 34; zu Bodenbearbeitungsmaßnahmen ausführlich Breuer Rn 786; Salzwedel NuR 1983, 41, 50, sowie Thieme/Franckenstein DÖV 1997, 667) oder Erwärmungen des Grundwassers durch Hochöfen oder Reaktorbetriebe (weitere Beispiele bei Gieseke/Wiedemann/Czychowski Rn 17; Breuer Rn 793, jeweils mwN).

c) Unterlassen

38 Einbringen, Einleiten, Einwirken können auch durch **Unterlassen** verwirklicht werden (BGHZ 65, 221, 223 = NJW 1976, 291; Gieseke/Wiedemann/Czychowski Rn 8; kritisch Breuer Rn 787). Wie im sonstigen Privatrecht gilt der Grundsatz, dass die Unterlassung nur dann dem Tun gleichsteht, wenn der Unterlassende etwas nicht getan hat, durch dessen Vornahme er den Schaden hätte abwenden können, und wenn für ihn eine Rechtspflicht zum entsprechenden Handeln bestand (BGHZ 65, 221, 223 = NJW 1976, 291; BGH NJW 1986, 2312, 2314; Gieseke/Wiedemann/Czychowski Rn 8; Landsberg/Lülling Rn 13; Cosack 82; Oehmen Rn 328). Eine solche Rechtspflicht ist aus den Grund-

sätzen der **Verkehrssicherungspflicht** abzuleiten (so insbesondere BGHZ 65, 221, 224 = NJW 1976, 291; zweifelnd BREUER Rn 787). Daraus ergibt sich für jeden, der in seinem Verantwortungsbereich eine Gefahrenquelle schafft oder andauern lässt, die Verpflichtung, die ihm zumutbaren Vorkehrungen zu treffen, um eine Schädigung tunlichst abzuwenden (BGH aaO; BGH NJW 1968, 443; NJW 1986, 2312, 2314; einschränkend für Altlasten: KOTHE VerwArch 88 [1997] 456, 494 mit Hinweis auf OLG Frankfurt NVwZ-RR 1992, 129). Dies gilt gerade auch im Wasserrecht, das im besonderen Maße von Gesichtspunkten des Ausgleichs, der Gemeinverträglichkeit und der gegenseitigen Rücksichtnahme beherrscht wird (BGHZ 88, 34, 42 = NJW 1984, 975; BGH NJW 1986, 2312, 2314).

39 Ob diese Grundsätze einer **Einschränkung** bedürfen, ist umstritten (BREUER Rn 787, GIESEKE/WIEDEMANN/CZYCHOWSKI Rn 8; LANDSBERG/LÜLLING § 22 Rn 13). Ein Einleiten durch Unterlassen sei nur dann anzunehmen, wenn das Untätigbleiben **planvoll darauf abzielt,** dass Stoffe in oberirdische Gewässer oder in das Grundwasser gelangen (BVerwG NJW 1974, 815, 816 zur Benutzung gem § 3 WHG; zustimmend BREUER Rn 787; FLACHSBARTH 253; HUFFMANN 193; H SCHMIDT 70). Das Kriterium der Planmäßigkeit ist jedoch kaum anders als im Sinne einer subjektiven Finalität zu verstehen (so BALENSIEFEN 200). Wie für die Haftung für positives Tun festgestellt (vgl Rn 32), ist aber für das Einleiten von Stoffen **objektiv** ein auf die Gewässerbenutzung gerichtetes Verhalten konstitutiv und hinreichend; daher muss ein solches unabhängig davon genügen, ob das Einbringen, Einleiten oder Einwirken durch Tun oder Unterlassen geschieht (BGHZ 124, 394, 396 = NJW NJW 1994, 1006; LYTRAS 65). Die Einführung eines subjektiven Tatbestandsmerkmals durch das Kriterium der Planmäßigkeit ist daher abzulehnen. Vielmehr gelten die allgemeinen zivilrechtlichen Grundsätze zur Gleichstellung des Unterlassens mit dem positiven Tun; danach kommt es für die Haftung gemäß § 22 Abs 1 WHG namentlich auf das Bestehen einer Rechtspflicht zum Handeln, die aus den Grundsätzen über die Verkehrssicherungspflichten hergeleitet werden kann (BGHZ 65, 221, 223 = NJW 1976, 291; BALENSIEFEN 200; GIESEKE/WIEDEMANN/CZYCHOWSKI Rn 8; KEPPELER DRiZ 1997, 479, 480), und die Möglichkeit der Schadensabwendung an.

d) Mittelbare Zuführung von Stoffen

40 Die Zuführung von Stoffen muss ein Gewässer im Sinne des § 22 WHG betreffen. Probleme werfen die Fälle auf, in denen die Zuführung in ein nicht als Gewässer geltendes und einem anderen gehörendes Wassersystem, wie etwa in die gemeindliche Kanalisation, stattfindet und erst von dort schädliche Stoffe in ein Gewässer gelangen. Als Einleiter in das Gewässer fungiert unmittelbar nur der Betreiber eines solchen Wasserführungssystems. Eine Einstandspflicht des einflussnehmenden Nutzers nach § 22 Abs 1 WHG kommt nur dann in Betracht, wenn sein über die Kanalisation vermitteltes, also **mittelbares Einleiten,** Einbringen oder Einwirken als tatbestandsmäßiges Verhalten iSd § 22 Abs 1 WHG aufzufassen ist (str; Übersicht bei BGH NJW 1981, 2416; grundsätzlich verneinend BREUER Rn 791; WERNICKE DVBl 1968, 578, 580).

41 Eine **pauschale Haftungsfreistellung des mittelbar Einleitenden** lässt sich mit dem Normzweck des § 22 WHG **nicht** vereinbaren (so aber BREUER Rn 791; WERNICKE DVBl 1968, 578, 580). Dem Ziel des § 22 WHG, die Nachteile erlaubter Risiken sozial gerecht und Verantwortlichkeit für eigene Wagnisse zuzuweisen, würde es widersprechen, wenn gerade derjenige, der die erste und wesentliche Ursache gesetzt hat, von der strengen Haftung nach § 22 Abs 1 WHG ausgenommen wäre (so BGHZ 62, 351, 353 = NJW 1976, 804; GIESEKE/WIEDEMANN/CZYCHOWSKI Rn 14; KÖHLER DRiZ 1972, 17, 19; LEONHARD

78; H Schmidt 64 f). Entscheidend ist eine am Gesetzeszweck ausgerichtete Betrachtungsweise des Einzelfalls (BGHZ 103, 129, 134 f = NJW 1988, 1593; BGH NJW 1981, 2416; Landsberg/Lülling Rn 17). Für das tatbestandsmäßige Verhalten iSd § 22 Abs 1 WHG war festzustellen, dass eine Handlung ausreicht, die nach ihrer **objektiven Eignung** auf das Hineingelangen von Stoffen in ein Gewässer gerichtet ist. Sobald einem mittelbaren Einleiten diese objektive Eignung zukommt, muss es als haftungsbegründende Handlung angesehen werden, um keine zweckwidrige Haftungslücke zu schaffen (so auch Landsberg/Lülling Rn 19; zu Bsp siehe Gieseke/Wiedemann/Czychowski Rn 14). Die erforderliche Begrenzung der Haftung erfolgt vor allem durch Kriterien des Normzwecks und der typischen Gefährlichkeit.

e) Zurechnung, insbesondere haftungsbegründende Kausalität

42 Das Einbringen, Einleiten, Einwirken kann nur dann eine Haftung nach § 22 Abs 1 WHG begründen, wenn **das Verhalten** als solches **dem Handelnden zuzurechnen** ist.

43 **aa)** Das Bestehen eines **haftungsbegründenden Kausalzusammenhangs** zwischen Einbringen, Einleiten und Einwirken und Veränderung der Wasserbeschaffenheit ist eine Elementarbedingung der Haftungszurechnung. Der Charakter des § 22 WHG als eines Gefährdungshaftungstatbestands indiziert, hinsichtlich der haftungsbegründenden Kausalität auf die **Äquivalenztheorie** abzustellen (vgl Einl 145; allg zur Gefährdungshaftung Lytras 262 [abweichend aber zu § 22 WHG 264 f]; **aA** im Sinne der Adäquanz Janke-Weddige ZfW 1988, 381, 384; wohl auch Gieseke/Wiedemann/Czychowski Rn 27, jeweils mwN) Das haftungsbegründende Verhalten muss daher lediglich eine condicio sine qua non für die Veränderung der Wasserbeschaffenheit sein. Allerdings setzt die Zurechnung der Veränderung der Wasserbeschaffenheit zusätzlich voraus, dass auch der für die Gefährdungshaftung charakteristische **Gefährdungszusammenhang** besteht (Einl 145; zum Gefährdungszusammenhang unten Rn 46). Insgesamt dürfte daher die Zurechnung unabhängig davon, ob die Äquivalenz- oder die Adäquanzformel zugrunde gelegt wird, zu übereinstimmenden Ergebnissen führen; dem entspricht es, dass auch die höchstrichterliche Rechtsprechung zur Gewässerhaftung ohne Differenz in den Resultaten eine Kombination von Elementen aller wesentlichen Zurechnungslehren erkennen lässt (Lytras 266 mit zahlr weit Nachw).

44 Bei der Verwirklichung des haftungsbegründenden Tatbestandes des § 22 Abs 1 WHG durch pflichtwidriges **Unterlassen** ist die unterlassene Handlung für den eingetretenen Erfolg nur dann kausal, wenn dieser bei pflichtgemäßen Handeln **mit an Sicherheit grenzender Wahrscheinlichkeit** verhindert worden wäre (BGHZ 65, 221, 225 = NJW 1976, 291; Czychowski DVBl 1970, 379, 382). Daraus folgt, dass weder ein Einleiten durch Tun noch durch ein relevantes Unterlassen vorliegt, wenn der Fahrer eines Öltankwagens nach einem Unfall **keine Rettungsmaßnahmen** trifft, falls er durch eigenes Handeln nicht hätte verhindern können, dass das schon bereits ausgelaufene Öl in ein Gewässer gelangt (Gieseke/Wiedemann/Czychowski Rn 8); in diesen Fällen fehlt es an der Ursächlichkeit des Unterlassens für den Eintritt der Schädigung.

45 Die weite Kausalitätsformel führt zu einer grundsätzlich **weiten Zurechnung** zu Haftungszwecken. So braucht der Schaden insbesondere nicht in dem Gewässer entstanden zu sein, dem die schädlichen Stoffe zugeführt worden sind (BGHZ 57, 170, 173 = NJW 1972, 204; Gieseke/Wiedemann/Czychowski Rn 27; kritisch Salzwedel NVwZ 1988, 493, 497). Kausalität ist auch dann zu bejahen, wenn die wasserverändernde Einleitung von Abwässern als alleinige schadensstiftende Ursache zu einem Fischsterben führt (BGH VersR 1970, 625; BGHZ 55, 180, 184 f) oder sie erst auf dem Weg über das Grundwasser einen Brunnen verseucht (BGHZ 57, 170, 175 = NJW 1972, 204). Ein Ursachenzusammenhang besteht auch, wenn die wasserverändernde Einleitung nicht allein, sondern erst im **Zusammenwirken** mit anderen Gewässerbenutzungen eine **Beschaffenheitsveränderung** herbeiführt (BGH VersR 1972, 463; NuR 1985, 201; Breuer Rn 799). Haben in derartigen Fällen mehrere Ereignisse wasserverändernd zusammengewirkt, von denen jedes für sich allein den Schaden verursacht hätte, so sind sämtliche Ereignisse als rechtlich ursächlich zu betrachten (BGH NuR 1985, 201).

46 **bb)** Die Ausgestaltung des § 22 WHG als Gefährdungshaftung erfordert zudem einen **Gefährdungszusammenhang** dergestalt, dass durch die in Abs 1 bezeichneten Einwirkungshandlungen eine **typische Gefahrerhöhung** geschaffen wurde. Haftungsbegründend wirken demnach nur solche Verhaltensweisen, die ihrer Natur nach typischerweise für das Wasser gefährlich und allgemein geeignet sind, die Beschaffenheit des Wassers zu verschlechtern und die aus der Wasserqualität herrührenden Schadensmöglichkeiten zu erhöhen (BGHZ 103, 129, 137 = NJW 1988, 1593; Gieseke/Wiedemann/Czychowski Rn 21; Breuer NVwZ 1988, 992, 993; H Schmidt 64). Einwirkungen, die nach Art und Maß generell ungeeignet sind, die Beschaffenheit des Wassers nachteilig zu verändern, scheiden als Haftungsgrundlage nach Abs 1 aus, auch wenn infolge ganz ungewöhnlicher Umstände dennoch ein Gewässerschaden eintritt. In diesem Zusammenhang ist vor allem an geringfügige Einwirkungen im Rahmen des Gemeingebrauchs zu denken, die normalerweise nicht zur Veränderung der Wasserbeschaffenheit geeignet sind (vgl Larenz VersR 1963, 593, 606: eine sonst der Menge nach unschädliche Abwassereinleitung ist nur deshalb schädlich, weil infolge eines unvorhersehbaren Umstandes, etwa wegen eines Erdrutsches, der Frischwasserzufluss plötzlich versiegt).

47 **cc) Hoheitlicher Betrieb,** etwa einer Kanalisationsanlage, schließt die Haftung nach § 22 WHG nicht aus; die Gefährdungshaftung tritt neben die Haftung nach § 839 BGB (BGHZ 55, 180, 182 f; BGHZ 62, 351, 355 = NJW 1976, 204; Landsberg/Lülling Rn 25). Eine Gemeinde kann sich auch nicht mit befreiender Wirkung auf ein Satzungsverbot berufen, das die Einführung von schädlichen Stoffen in die Kanalisation untersagt (BGHZ 62, 351, 355 = BGH NJW 1976, 204; Hofmann Rn 10); sie muss vielmehr selbstständig Vorsorge vor missbräuchlicher Nutzung der Kanalisation treffen. Ob eine Gemeinde der Haftung nach § 22 Abs 1 WHG unterworfen ist, beurteilt sich allein danach, ob ihr Verhalten den haftungsbegründenden Tatbestand erfüllt. Erheblich ist insbesondere das Kriterium der **typischen Gefährlichkeit.** So führt das Sammeln der Abwässer in der Kanalisation in aller Regel zu einer Schadstoffkonzentration, die eine besondere Gefahrerhöhung darstellt. Beim ordnungsgemäßen Betrieb einer Kläranlage fehlt es an einer solchen Gefahrerhöhung (Gieseke/Wiedemann/Czychowski Rn 12; zu Einzelfragen der Haftung der Gemeinde siehe Gieseke/Wiedemann/Czychowski Rn 11 f **aA** Balensiefen 217). Die für die Gemeinde aufgestellten Grundsätze gelten entsprechend für Abwasserverbände (Gieseke/Wiedemann/Czychowski Rn 15). Ihre Haftung für die in ihrem Verbandsgebiet auftretenden Schäden richtet sich nach den rechtlichen und tatsächlichen Verhältnissen des Einzelfalles, wobei die satzungsmäßigen Aufgaben des Verbandes, des wasserrechtlichen Gestaltungsaktes und der technischen Ausgestaltung der Abwasserhandlung zu beachten sind.

f) Zurechnung von Drittverhalten

48 **Schadensersatzpflichtig** ist gemäß Abs 1, wer Stoffe einbringt, einleitet oder auf ein Gewässer einwirkt. Entscheidend ist, wem die schädigende Handlung **verantwortlich zuzurechnen** ist (Hofmann Rn 15).

49 **aa)** Juristische Personen sowohl des Privatrechts als auch des öffentlichen Rechts haften für ein Fehlverhalten eines rechtmäßig berufenen Vertreters gemäß §§ **31, 89 BGB** (BGH VersR 1970, 625, 626; Breuer Rn 794; Gieseke/Wiedemann/Czychowski Rn 6; Balensiefen 212; Huffmann 190; H Schmidt 74; Wang 213). Der Begriff des verfassungsmäßig berufenen Vertreters ist hierbei nicht zu eng auszulegen; es genügt, dass jemand wesentliche Funktionen und Aufgaben einer juristischen Person selbstständig und eigenverantwortlich wahrnimmt (BGHZ 49, 19, 21 = NJW 1968, 321; Landsberg/Lülling Rn 26). Das Organmitglied kann aber auch persönlich gemäß § 22 WHG haften, wenn es – was aufgrund seiner Position allerdings selten vorkommen wird – eigenhändig Stoffe einbringt, einleitet oder auf ein Gewässer einwirkt. Häufiger dürfte eine Haftung des Organmitgliedes eintreten, wenn es an Ort und Stelle den Betrieb geleitet und die Einleitung von Abwässern veranlasst hat (BGH VersR 1970, 625, 626; Hofmann 15; Huffmann 170; H Schmidt 65, dort auch ausführlich zur Umwelthaftung der Organmitglieder juristischer Personen).

50 **bb)** Für das Einbringen, Einleiten, Einwirken durch **Verrichtungsgehilfen** haftet der Geschäftsherr nach § 22 Abs 1 WHG, soweit er den Vorgang durch Anweisungen oder Anweisungsmacht beherrscht und ihm deshalb die schädigende Handlung **unmittelbar persönlich** verantwortlich zuzurechnen ist (BGHZ 66, 359, 362 = BGH NJW 1976, 1685). Umstritten ist im übrigen, ob ein Geschäftsherr, der selbst auf das Einbringen, Einleiten oder Einwirken keinen unmittelbar bestimmenden Einfluss ausübt, für Handlungen seines Gehilfen, die den Tatbestand des § 22 Abs 1 WHG erfüllen, nach Maßgabe des § **831 BGB** haftet und sich dem gemäß entlasten kann (Überblick über den Streitstand bei Frey 93 ff). Zwar wird § 831 BGB unter Hinweis auf die Voraussetzung einer objektiven Rechtswidrigkeit im Tatbestand des § 22 Abs 1 WHG für anwendbar gehalten (Breuer Rn 794; Balensiefen 212; Köhler DRiZ 1972, 17, 19; Wernicke NJW 1958, 772, 775), dabei jedoch die Möglichkeit der Exkulpation kritisch beurteilt (so Gieseke/Wiedemann/Czychowski Rn 6 a; für eine Anwendung auch des Entlastungsbeweises Balensiefen 212; Hofmann Rn 30; Falk, EG-Umwelt-AuditVO [1998] 204 bewertet die Beteiligung an einem Umweltauditverfahren für geeignet zu erleichterter Führung des Exkulpationsbeweises). Die Anwendung des § 831 BGB stößt auf berechtigte Bedenken (Frey 93 ff; Schröder BB 1976, 63, 69; Wang 213). § 831 BGB setzt rechtswidriges Verhalten voraus. § 22 Abs 1 WHG gründet die Haftung jedoch nicht auf Rechtswidrigkeit des Verhaltens, sondern ist ein Gefährdungshaftungstatbestand, bei dem es für die Erfüllung des Tatbestands ausreicht, dass sich das durch ein Verhalten gesetzte Schadensrisiko verwirklicht hat. Zudem wird der Geschäftsherr beim Einsatz von Hilfspersonen regelmäßig die tatsächliche und rechtliche Herrschaftsgewalt über den maßgeblichen Vorgang innehaben und damit Handelnder iSd § 22 Abs 1 WHG sein, so dass für eine entsprechende Anwendung des § 831 BGB kein Bedürfnis besteht (so Frey 94).

51 **cc)** Das Überlassen von Abfällen an einen **selbstständigen Unternehmer** zur schadlosen Beseitigung führt nicht zu einer Haftung nach § 22 WHG, wenn infolge unsachgemäßer Maßnahmen des Unternehmers ein Gewässerschaden entsteht (Gieseke/Wiedemann/Czychowski Rn 6 c; Diederichsen BB 1986, 1723, 1729; Paschke/

Köhlbrandt NUR 1993, 256, 259; vWilmowsky NuR 1991, 253, 258). Die Tätigkeit des Unternehmers ist eine von diesem selbst verantwortete, so dass der Zurechnungszusammenhang unterbrochen wird. Dies gilt allerdings nicht, wenn dieser nicht ordentlich ausgewählt und angemessen instruiert wurde; in einem solchen Fall haftet auch der Auftraggeber (näher Einl 78).

g) Haftungsausfüllender Tatbestand

52 Hinsichtlich des haftungsausfüllenden Tatbestandes, der die Anforderungen an die Schadensursächlichkeit der Wasserbeschaffenheit betrifft, wird auf Rn 24 ff verwiesen.

2. Anlagenhaftung (Abs 2)

a) Anlage

53 Eine sachbezogene Gefährdungshaftung gilt nach § 22 Abs 2 WHG für **Anlagen** (BGHZ 57, 257, 260 = NJW 1972, 205; Breuer Rn 810). Anlagen sind sächliche Einrichtungen, mit denen für eine gewisse Dauer (**aA** Poncelet 104) bestimmte in § 22 Abs 2 WHG im einzelnen aufgeführte Zwecke oder Maßnahmen verfolgt werden; die Anlage muss also dazu bestimmt sein, wassergefährdende **Stoffe herzustellen, zu verarbeiten, abzulagern oder zu befördern** (BGHZ 47, 1, 3 f = NJW 1967, 1131; Gieseke/Wiedemann/Czychowski Rn 43; Limbacher/Koch VersR 1991, 134, 136). Es kommt nicht auf Größe oder technische Ausgestaltung an, obwohl bei der Begriffsbestimmung die Verkehrsauffassung zu berücksichtigen ist (Limbacher/Koch VersR 1991, 134, 136). Eine Anlage zur Verarbeitung liegt über den Wortlaut der Vorschrift hinaus auch bei gewerblichen Anlagen vor, die zur Bearbeitung oder zur Vernichtung von Stoffen bestimmt sind (Limbacher/Koch VersR 1991, 134, 136; Poncelet 100). Die Anlageneigenschaft ist auch dann zu bejahen, wenn diese lediglich als Hilfsmittel zur Herstellung anderer Stoffe verwendet wird (Gieseke/Wiedemann/Czychowski Rn 45; Balensiefen 202). Nach ganz überwiegender Ansicht werden auch ortsveränderliche Anlagen von § 22 Abs 2 WHG erfasst, so zum Beispiel Schiffe und Tankwagen (zur Unterscheidung von ortsfesten und ortsveränderlichen Anlagen vgl Komm § 3 UmweltHG Rn 14 ff; vgl dazu auch § 2 HaftpflichtG Rn 8 und Rn 11) Tanks (OLG Frankfurt ZfW 1987, 196) und Fässer (OLG Saarbrücken r + s 1990, 195 f); dafür spricht insbesondere der Wortlaut, der Anlagen nennt, die zur Beförderung von Stoffen dienen. Die Haftung setzt nur die im Wortlaut geforderte Funktion voraus; auch wenn eine Heizanlage stillgelegt wurde und der dieser dienende Öltank somit hinsichtlich der Wärmeerzeugung funktionslos geworden ist, so bleibt er doch in einem fortgesetzt Öl enthaltenden Zustand wassergefährdend und erfüllt weiterhin die Lagerfunktion, so dass die Funktionslosigkeit des Öltanks im Kontext der stillgelegten Heizanlage für die Haftung nach § 22 Abs 2 WHG ohne Belang ist (vgl BGHZ 142, 227, 230 = NJW 1999, 3633).

54 Immanent vorausgesetzt ist, dass es sich um eine **wassergefährliche Anlage** handelt. Die **Stoffe,** mit denen dort bestimmungsgemäß umgegangen wird, müssen also **typischerweise geeignet** sein, die Wasserbeschaffenheit zu verändern (BGHZ 76, 35, 42 = NJW 1980, 943; Paschke/Köhlbrandt NUR 1993, 256, 260; Poncelet 102). Die Haftung erstreckt sich daher nicht auf Fälle, in denen es für die gelagerten Stoffe nicht charakteristisch ist, dass sie sich in wassergefährdende verwandeln. Daher haftet der Inhaber einer Halle, in der Kunststoffteile gelagert werden, nicht nach § 22 Abs 2 WHG, wenn die Halle abbrennt und die bei Verbrennung des Kunststoffs entstehen-

den wassergefährdenden Stoffe zusammen mit dem Löschwasser in ein Gewässer gelangen, es sei denn, wassergefährdende Stoffe wurden gelagert und gerieten bei einem Brand mit Löschwasser in ein Gewässer (BGH NJW 1983, 2029; SCHIMIKOWSKI Rn 109). Als gefährlich können daher auch nicht Kläranlagen angesehen werden, die das ihnen zugeführte Abwasser ordnungsgemäß behandeln und weiterleiten, auch wenn noch Restschadstoffe vorhanden sind (BGHZ 62, 351, 359 = NJW 1976, 804). Eine Anlage ist auch dann zur Herstellung, Verarbeitung usw bestimmt, wenn die in das Gewässer gelangten Stoffe ihrer allgemeinen Art nach denen entsprechen, für welche die Anlage bestimmt ist (LANDSBERG/ LÜLLING Rn 51). Daran fehlt es, wenn eine Anlage nur zufällig mit einem wassergefährlichen Stoff in Berührung kommt.

b) Haftungsbegründendes Ereignis

55 **aa)** Im Gegensatz zur Verhaltenshaftung nach § 22 Abs 1 WHG genügt es für die Anlagenhaftung, dass **wassergefährdende Stoffe aus** einer der genannten **Anlagen in ein Gewässer gelangen.** Dabei muss dieser Vorgang nicht unmittelbar von der Anlage ausgehen (BGHZ 62, 351, 359 = NJW 1976, 804), so dass eine Haftung auch dann eintritt, wenn der aus einer Anlage ausgelaufene Stoff auf einem Umweg über eine andere Anlage in ein Gewässer gelangt (BGHZ 62, 351, 352 = NJW 1976, 804 [ausgelaufener Stoff gelangt über gemeindliche Kanalisation in ein Gewässer]). Im Gegensatz zu § 22 Abs 1 ist **kein zweckgerichtetes Verhalten erforderlich.** Demnach findet die Anlagenhaftung auch bei **Unglücksfällen** wie Tankwagenunfällen statt (BREUER Rn 812).

56 Die Stoffe müssen **aus der Anlage** in das Gewässer gelangen. Es genügt also nicht, wenn der Betrieb der Anlage nur ursächlich dafür ist, dass aus einer anderen Anlage oder in sonstiger Weise Stoffe in das Gewässer gelangen (zur Problematik der Anlage hinter der emittierenden Anlage BGHZ 62, 351, 353 = NJW 1976, 804; v WILMOWSKI NuR 1991, 253, 258; vgl auch u Rn 40 f zur Möglichkeit der Haftung gem § 22 Abs 1 WHG bei der mittelbaren Zuführung von Stoffen). Auch eine vorübergehende Verbindung von Anlagen kann daran nichts ändern, sofern diese nicht als Einheit zusammenzufassen sind, sondern selbstständige Anlagen bleiben, für die der jeweilige Inhaber einzustehen hat (BGHZ 76, 35, 41 = NJW 1980, 943). Sind die aus einer Anlage stammenden Schadstoffe einem selbstständigen Unternehmer zur Beseitigung übergeben worden und gelangen sie aus der von diesem betriebenen Anlage in ein Gewässer, so geschieht dies nicht aus der Anlage des abgebenden Betriebes (GIESEKE/WIEDEMANN/CZYCHOWSKI Rn 48; PASCHKE/KÖHLBRANDT NUR 1993, 256, 260; KOTHE VerwArch 88 [1997] 456, 494; **aA** SCHRÖDER BB 1976, 63, 69; BRÜGGEMEIER KritV 1991, 297, 309).

57 **bb)** Das Gesetz formuliert als **negative Voraussetzung,** dass die wassergefährdenden Stoffe **nicht eingebracht oder eingeleitet** sind. Dies beruht auf der Auffassung, dass in diesen Fällen die Haftung des Anlageninhabers nach § 22 Abs 1 WHG ausreiche. Dies ist zweifelhaft, wenn nicht der Anlageninhaber selbst, sondern sein Personal Handlungen vornimmt, die als Einbringen, Einleiten oder Einwirken zu qualifizieren sind, falls in einem solchen Fall eine Entlastung im Rahmen der Geschäftsherrenhaftung gemäß § 831 BGB stattfinden sollte (dazu o Rn 50). Eine Haftungslücke kann ferner entstehen, wenn die Gehilfen nicht in Ausführung von ihnen übertragenen Verrichtungen handeln und auch sonst keine unmittelbar deliktsrechtliche Verantwortlichkeit des Anlagenbetreibers besteht. Um die demnach entstehende Haftungslücke zweckgerecht zu schließen, ist § 22 Abs 2 WHG so zu verstehen, dass die

Anlagenhaftung **in dem Sinne** auch **ohne** Einbringen, Einleiten oder Einwirken möglich ist, dass sie **unabhängig** von einem Einbringen, Einleiten oder Einwirken eintritt (Balensiefen 204; Breuer Rn 812; Keppeler DRiZ 1997, 479, 483; Wang 213). Daher ist auch die Anlagenhaftung des § 22 Abs 2 WHG möglich, wenn aufgrund üblicher Maßnahmen landwirtschaftlicher Bodenbewirtschaftung, welche nicht die Verhaltenshaftung nach Abs 1 begründen (dazu o Rn 34), bei einem anderen durch Wasserbeschaffenheitsveränderungen verursachte Schäden auftreten (Balensiefen 204, vgl Flachsbarth 255 f, der allerdings schon die Haftung nach Abs 1 bejaht, vgl 245 f).

cc) Der wassergefährdende Stoff aus der Anlage muss ursächlich für die Veränderung der Wasserbeschaffenheit geworden sein. Hinsichtlich der **Kausalität** und des **Risikozusammenhangs** gilt das zu § 22 Abs 1 WHG Gesagte (vgl o Rn 42 ff). **58**

c) Haftungsausfüllender Tatbestand

Der Regelung in § 22 Abs 1 WHG entsprechend muss auch im Rahmen der Haftung gemäß Abs 2 die **Gewässerbeschaffenheitsveränderung** den geltend gemachten Schaden herbeigeführt haben. Bezüglich des haftungsrelevanten Schadens, ferner hinsichtlich der **materiellen Anspruchsberechtigung** bzw der Aktivlegitimation sowie hinsichtlich der **haftungsausfüllenden Kausalität** gilt das unter Rn 24 Ausgeführte ebenfalls entsprechend. **59**

d) Verpflichteter

Die Haftung trifft den **Inhaber** der schädigenden Anlage. Inhaber ist in Übereinstimmung mit den Definitionen zu § 2 HPflG oder § 25 AtomG, wer die zum Gebrauch der Anlage erforderliche **tatsächliche Verfügungsgewalt** besitzt, die Anlage demgemäß **gebraucht,** die **Nutzungen zieht** und die **Kosten bestreitet** (BGHZ 80, 1, 4 = NJW 1981, 1516). Der Begriff des Inhabers ist allerdings nicht identisch mit dem in der Regel in öffentlich-rechtlichem Zusammenhang gebrauchten Begriff des Betreibers, der denjenigen bezeichnet, dem die Abläufe und Ergebnisse eines technischen Prozesses zuzurechnen sind (vgl zur Abgrenzung § 1 UmweltHG Rn 85). Bei Miet-, Pacht- oder Betriebsüberlassungen muss im allgemeinen derjenige, dem die Anlage überlassen ist, als Inhaber angesehen werden, da es auf die tatsächliche Verfügungsgewalt ankommt (BGH NJW 1999, 3203; BGH NJW 1986, 2312, 2313; Inhaber eines Öltanks LG Köln NJW 1975, 1708, 1709; Breuer Rn 818). Bei Vermietung oder Verpachtung eines Hausgrundstückes ist dem gemäß der Vermieter oder Verpächter grundsätzlich nicht Inhaber der Öltankanlage des Hauses (BGHZ 142, 227 = NJW 1999, 3633). **60**

Maßgeblicher **Zeitpunkt** zur Beurteilung der Inhaberschaft ist derjenige **der Emission** (BGHZ 142, 227 = NJW 1999, 3633; dazu Scherer/Leydecker EWIR 2000, 357; zust Salje PHI 2000, 90, 94), nicht etwa der des Eintritts oder gar erst der Entdeckung des Schadens. Es kommt also auf denjenigen an, der die Gefahrenquelle setzt und beherrscht. Somit haftet der Inhaber nur für Schäden, die auf eine Emission während der Zeit seiner Verfügungsgewalt zurückzuführen sind. Kann etwa bei einem Inhaberwechsel nicht festgestellt werden, in wessen Verfügungszeit die Emission fällt, fehlt es an einer Haftungsgrundlage (BGH aaO). Haftungsbegründend kann nur ein im Machtbereich des Inhabers liegender und von ihm beherrschbarerer Umstand sein (BGH aaO). In diesen Fällen kann jedoch eine gesamtschuldnerischen Haftung **nacheinander folgender Inhaber einer Anlage** begründet sein (dazu u Rn 75). Wenn **mehrere Anlagen** verschiedener Inhaber **in Verbindung** stehen, wie etwa bei Beförderung gefüllter Be- **61** hälter eines Dritten mittels eines von einem selbstständigen Fuhrunternehmer betriebenen Fahrzeugs, so ist zu differenzieren; sind die Behälter nicht in besonderer Weise verschlossen und somit der tatsächlichen Verfügungsgewalt des Fahrzeuginhabers nicht entzogen, wird nur das Fahrzeug als Anlage angesehen mit der Folge, dass ausschließlich der Fahrzeuginhaber haftet (Breuer Rn 820). Da besonders verschlossene Behälter Anlagen sind, ist derjenige weiterhin Inhaber, der hinsichtlich dieser Behälter und ihres Inhaltes verfügungs- und weisungsberechtigt ist (Gieseke/Wiedemann/Czychowski Rn 52). Grundsätzlich ist der Fahrzeuginhaber dennoch nicht entlastet, sondern es tritt eine gesamtschuldnerische Haftung beider ein.

62 Aus dem Inhaberbegriff folgt im Hinblick auf ehemals volkseigene **Liegenschaften im Beitrittsgebiet,** dass von einer **Inhaberstellung der Bundesrepublik Deutschland** frühestens ab dem 3. Oktober 1990 auszugehen ist. Für zeitlich vorhergehende Beeinträchtigungen aus der Sphäre dieser Liegenschaft ist diese nicht gemäß § 22 WHG verantwortlich. Da es maßgeblich auf die tatsächliche Verfügungsbefugnis und die Möglichkeit des Inhabers zur Einflussnahme ankommt, kann der Zeitpunkt des Einrückens in die Inhaberstellung auch später als der 3. Oktober 1990 liegen, nämlich zu dem Zeitpunkt, zu dem das Eigentum des Bundes bestands- bzw rechtskräftig festgestellt wurde (Art 22 EinigungsV). Bis zu diesem Zeitpunkt der Zuordnung ist Inhaber der gemäß § 8 VZOG Verfügungsbefugte (LG Magdeburg LKV 1999, 423, 424 [Schäden durch Mülldeponie]).

IV. Haftungsausschluss wegen höherer Gewalt (Abs 2 S 2)

63 Schadensverursachungen durch **höhere Gewalt** nimmt § 22 Abs 2 WHG ausdrücklich aus dem haftungsbegründenden Tatbestand aus. Eine Vereinbarung, welche die Haftung des Unternehmers auch für Schäden aus höherer Gewalt begründet, ist allerdings zulässig (Gieseke/Wiedemann/Czychowski § 4 WHG Rn 42).

64 Höhere Gewalt ist zu **definieren** als ein außergewöhnliches, betriebsfremdes, von außen durch elementare Naturkräfte oder Handlungen dritter Personen herbeigeführtes Ereignis, das nach menschlicher Einsicht und Erfahrung nicht vorhersehbar ist, mit wirtschaftlich erträglichen Mitteln und auch durch die äußerste, vernünftigerweise zu erwartende Sorgfalt nicht verhütet oder unschädlich gemacht werden kann (BGHZ 62, 351, 354 = NJW 1976, 804). Dazu rechnen vornehmlich **Naturereignisse,** wie Erdbeben oder Orkane, durch die eine ordnungsgemäß errichtete und betriebene Anlage beschädigt wird, so dass giftige Stoffe in ein Gewässer gelangen (Beispiele bei Gieseke/Wiedemann/Czychowski Rn 58). Keine Haftungseinschränkungen finden bei Verwirklichung einer typischen Betriebsgefahr statt (Einschränkungen bei Breuer Rn 817). Werden etwa Behälter oder ähnliche Anlagen undicht und tritt giftige Flüssigkeit aus, handelt es sich um eine typische Betriebsgefahr und nicht um höhere Gewalt, wobei gleichgültig ist, ob die Ursache in einem Materialfehler, Verschleiß oder einem Fehler in der Bedienung besteht (Breuer Rn 817). Bei Mitwirkung eines Naturereignisses ist die Haftung in solchen Fällen nicht ausgeschlossen, wenn der Zustand oder Betrieb einer Anlage im Hinblick auf zu erwartende externe Risiken objektiv unzureichende Sicherungsvorkehrungen oder Mängel aufweist, ohne die der Schaden nicht entstanden wäre (BGH NJW 1986, 2312, 2313; Gieseke/Wiedemann/Czychowski Rn 58; Falk, EG-Umwelt-AuditVO [1998] 204).

65 Anders als § 22 Abs 2 WHG enthält **Abs 1** keine Regelung, die einen Haftungsausschluss im Fall **höherer Gewalt** bestimmt. Eine analoge Anwendung dieses Haftungsausschlusses auf § 22 Abs 1 WHG wird daher für erforderlich gehalten, da sich die Ungleichbehandlung von Einleitendem und Anlageninhaber systematisch nicht begründen lasse (vgl Keppeler DRiZ 1997, 479, 482; vgl auch Thieme/Franckenstein DÖV 1997, 667, 670, die den Haftungsausschlusstatbestand des § 22 Abs 2 WHG als auch dem Abs 1 immanent ansehen). Für eine Analogie fehlt allerdings in aller Regel das Bedürfnis, da eine Haftung gemäß § 22 Abs 1 WHG im Fall höherer Gewalt aus zwei Gründen nicht stattfindet. Zunächst setzt nämlich die haftungsbegründende Handlung des § 22 Abs 1 WHG voraus, dass diese die Qualität einer zweckbestimmten Zuführung von Stoffen in ein Gewässer hat, während bei Abs 2 schon das bloße Hineingelangen für die Haftung genügt; im Rahmen des Abs 1 weisen daher Fälle höherer Gewalt wohl ausnahmslos nicht die Merkmale einer tatbestandsmäßigen Handlung auf (so auch Breuer Rn 798; Schimikowski Rn 106; im Ergebnis auch Landsberg/Lülling Rn 43). Ferner scheidet eine durch das Dazwischentreten höherer Gewalt bewirkte Veränderung der Wasserbeschaffenheit aus dem haftungsbegründenden Tatbestand des § 22 Abs 1 WHG aus, weil das Kriterium der typischen Gefährlichkeit der Handlung für die negative Einwirkung auf das Gewässer die Funktion der Haftungsbegrenzung übernimmt, die bei § 22 Abs 2 WHG durch die Herausnahme der Fälle höherer Gewalt aus der Haftung zum Ausdruck kommt. Im Ergebnis wird damit gemäß § 22 Abs 1 WHG für Fälle höherer Gewalt ebensowenig gehaftet wie gemäß Abs 2, ohne dass dort ein eigenständiger Haftungsausschlussgrund anzunehmen ist (ähnlich Gieseke/Wiedemann/Czychowski Rn 21; Landsberg/Lülling Rn 43; Breuer Rn 798). Sollte dennoch einem Fall der höheren Gewalt gleichzeitig die zu fordernde Zweckrichtung eigen sein, so bestehen gegenüber der analogen Anwendung auch auf § 22 Abs 1 WHG keine Bedenken, da der Haftungsausschluss in Fällen der höheren Gewalt dem Wesen der Gefährdungshaftung entspricht (Larenz VersR 1963, 602; Breuer Rn 798; H Schmidt 79; Schröder BB 1976, 66).

V. Entschädigungsanspruch (Abs 3)

66 § 22 Abs 3 WHG begründet durch Verweis auf § 10 Abs 2 WHG einen Entschädigungsanspruch für Fälle, in denen aufgrund der schadensersatzausschließenden Wirkung einer **wasserrechtlichen Bewilligung nach § 11 WHG** iVm § 8 WHG ein Schadensersatzanspruch nach § 22 Abs 1 und Abs 2 WHG ausgeschlossen ist. Die dogmatische Einordnung des Anspruchs ist umstritten. Aus dem Umstand, dass hier eine Bevorzugung der Eigentumsinteressen des Bewilligungsinhabers gegenüber denen des Betroffenen erfolgt, wird in Parallele zum Betreiberschutz des § 14 BImSchG gefolgert, dass eine Aufopferungssituation vorliegt (so Versen 209; Salzwedel, in: v Münch 9. Abschn III 2 b; differenzierend nach der Art des Eingriffs Wagner 199). Die überwiegende Gegenposition geht von einem öffentlich-rechtlichen Anspruch aus, bei dem die Festsetzung der Entschädigung in einem Verfahren gegenüber der Bewilligungsbehörde geltend zu machen ist (BGH DVBl 1969, 208; Gieseke/Wiedemann/Czychowski § 20 Rn 3 f).

67 Der Entschädigungsanspruch **verliert** zunehmend an **Bedeutung,** da nach dem seit 1976 geltenden § 8 Abs 2 WHG eine Bewilligung für das Einbringen oder Einleiten von Stoffen sowie für Maßnahmen, die auf Dauer erheblich wassergefährlich sind, nicht mehr erteilt werden darf. Für Art und Umfang gelten § 20 WHG und die hierzu erlassenen Vorschriften der Länder (Gieseke/Wiedemann/Czychowski § 20 WHG Rn 4; Landsberg/Lülling Rn 62; Hofmann § 20 Rn 3).

VI. Rechtsfolgen

1. Schadensersatz

a) Allgemeines, Inhalt und Umfang

68 Auf den **Inhalt** und den **Umfang** des Schadensersatzanspruchs aus § 22 WHG finden die **allgemeinen Vorschriften** der §§ 249 – 254 BGB Anwendung (statt vieler Breuer Rn 806), da es an einer ausdrücklichen Regelung des Umfangs des Schadensersatzanspruchs in § 22 WHG fehlt. Es gilt der Grundsatz, dass der Zustand herzustellen ist, der ohne das schädigende Ereignis bestehen würde (ausführlich Gieseke/Wiedemann/Czychowski Rn 29). Die Ersatzpflicht erfasst auch den entgangenen Gewinn, § 252 BGB. Anwendbar sind ferner die §§ 842, 843, 848–851 BGB, nicht jedoch der auf die Deliktshaftung beschränkte § 847 BGB (zu Einzelheiten u Bsp siehe Gieseke/Wiedemann/Czychowski Rn 29). § 22 WHG begründet eine im Vergleich zu § 823 Abs 1 BGB weitergehende Haftung, da der Schaden nicht vermittelt durch eine bestimmte Rechtsgutsverletzung des Ersatzberechtigten entstanden sein muss. Vielmehr sind auch **reine, unmittelbare Vermögensschäden** (Gieseke/Wiedemann/Czychowski Rn 29; Landsberg/Lülling Rn 1 u Rn 33; Föller 15; Köhler DRiZ 1972, 17 f; Schimikowski Rn 97; Taupitz Jura 1992, 113, 115) ersatzfähig. Aufgrund des medialen Haftungsansatzes des § 22 WHG sind jedoch nur die infolge der Wasserbeschaffenheitsveränderung verletzten Individualrechtsgüter und Vermögensinteressen zu ersetzen. Geschuldet ist somit nicht die Wiederherstellung des ursprünglichen Gewässerzustandes, es sei denn, das Gewässer als solches ist eine individualrechtlich zugewiesene Sache (vgl Einl 7, 125 ff; Lytras 221 und 230 ff; **aA** Leonhard 81 f; Gnaub 43), so dass darin selbst der Schaden des Anspruchstellers liegt. In einem solchen Fall kann auch Naturalherstellung der Gewässerqualität im Rahmen des Möglichen und gemäß § 251 BGB Zumutbaren verlangt werden (zb Wiederherstellung der Nutzbarkeit des Gewässers für eine Fischzucht; G Knopp ZfW 1988, 261, 265). Ersatzfähig sind allerdings die Aufwendungen, die – etwa im Rahmen einer Baumaßnahme – im Zusammenhang mit der Beseitigung von Ölverschmutzungen in Grundwasser und Boden entstehen. Auch wenn nur das Grundwasser als Gewässer unmittelbar Schutzgut des § 22 WHG ist und die Unversehrtheit des Eigentums am Grundstück nicht unmittelbares Schutzgut des § 22 WHG ist, muss und kann die Ersatzfähigkeit unter dem Gesichtspunkt des Schutzzweckes der Norm auch für schadensbehebende Maßnahmen im umliegenden Erdreich anerkannt werden, da dieses in unsaniertem Zustand das Grundwasser fortgesetzt verseuchen würde (vgl BGHZ 142, 227, 230 = NJW 1999, 3633; zust Brünning JR 2000, 415, 416; Schulz 85). Eine Besonderheit im Vergleich zu anderen Gefährdungshaftungstatbeständen weist § 22 WHG insofern auf, als eine Begrenzung der **Höhe** der Schadensersatzpflicht nicht vorgesehen ist.

b) Rettungskosten

69 Unter Kausalitätsgesichtspunkten zweifelhaft ist die Erstattungspflicht von **Rettungskosten** in Gestalt von **Vorbeugemaßnahmen,** da bei ihrer Aufwendung zumeist der haftungsbegründende Tatbestand noch nicht erfüllt war. Unter Beachtung des auf einen umfassenden Gewässerschutz abzielenden Normzwecks wird aber die Erstattungsfähigkeit von Rettungskosten im Rahmen des § 22 WHG allgemein befürwortet

(BGHZ 80, 1, 6 f = NJW 1981, 1516; OLG Hamburg VersR 1997, 1391, 1392; Breuer Rn 803; Gieseke/Wiedemann/Czychowski Rn 30; Landsberg/Lülling Rn 35 Gnaub 44; Knoche GewArch 1997, 279, 280; Lytras 272; Geigel/Schlegelmilch Kap 24 Rn 34; Salzwedel NVwZ 1985, 711, 715; **aA** Appel/Schlarmann VersR 1973, 993 ff; Balensiefen 210 f). Es wäre hinsichtlich des **Schutzzwecks** sinnwidrig, für die Beseitigung einer eingetretenen Wasserverunreinigung und dadurch eingetretene Schäden, nicht jedoch für deren Verhinderung einen Ersatzanspruch zu gewähren; das öffentliche Ordnungsrecht präkludiert aus diesem Grund nicht die zivilrechtlich fundierte Prävention (**aA** Balensiefen aaO). Handelt es sich allerdings um einen lediglich möglichen Gewässerschaden, der auch ohne vorbeugende Maßnahmen nicht eingetreten wäre, ist § 22 WHG nicht anzuwenden; die Maßnahmen müssen der Abwendung einer **sicher bevorstehenden Wasserbeschaffenheitsveränderung** dienen, so dass das Prognoserisiko bei demjenigen liegt, der die Rettungsmaßnahme veranlasste (BGH NJW 1981, 2457, 2458; zu Aufwendungen eines Wasserwerks für Wasseranalysen vgl BGHZ 103, 129, 140 ff = NJW 1988, 1593 u Breuer NVwZ 1988, 992 mwN). Zudem kann Ersatz nur für die Kosten solcher Maßnahmen verlangt werden, die zur Gefahrenabwehr erforderlich waren. Wegen der oft gebotenen Eilentscheidungen dürfen aber diesbezüglich keine zu strengen Anforderungen gestellt werden; zu beachten ist allerdings der im Zeitpunkt des Eingreifens allgemein bekannte Stand der Technik für die Abwendung von Gewässerschäden (Gieseke/Wiedemann/Czychowski Rn 32; Czychowski DVBl 1970, 379, 382).

70 Werden die Rettungsmaßnahmen von dritter Seite durchgeführt, so ist für die in Frage kommenden Ansprüche zu unterscheiden, ob eine Polizei- und **Ordnungsbehörde** namentlich im Wege der Ersatzvornahme oder ein sonstiger **Dritter,** etwa eine Privatperson oder öffentlich-rechtliche Körperschaft, tätig wird. In beiden Fällen besteht kein Anspruch auf Ersatz der Rettungskosten aus § 22 WHG. Polizei- und Ordnungsbehörden stehen die **öffentlich-rechtlichen Kostenansprüche** zu, insbesondere wegen einer Ersatzvornahme. Im übrigen schließen die öffentlich-rechtlichen Kostenansprüche generell privatrechtliche Ansprüche aus (siehe dazu BGHZ 54, 21 = NJW 1970, 1416; Gieseke/Wiedemann/Czychowski Rn 31 mwN; Czychowski DVBl 1970, 379, 382; Breuer Rn 805; **aA** Diederichsen BB 1988, 917, 922); nach wohl herrschender Meinung kann jedoch ein Anspruch auf Aufwendungsersatz nach den Regeln der Geschäftsführung ohne Auftrag, §§ 677 ff BGB, bestehen (Gieseke/Wiedemann/Czychowski Rn 31 mwN; Breuer Rn 805 mwN; kritisch Diederichsen BB 1986, 1723, 1730). Letzteres kann für Rettungsmaßnahmen Dritter zutreffen.

2. Mitwirkendes Verschulden

71 Ein mitwirkendes Verschulden gemäß § 254 BGB ist auch gegenüber einem Anspruch aus § 22 WHG zu berücksichtigen (BGHZ 55, 180, 187; Gieseke/Wiedemann/Czychowski Rn 35 mwN u Bsp; Breuer Rn 806; Balensiefen 218). Da es sich bei § 22 WHG um eine Gefährdungshaftung handelt, kann es nicht nur auf Verschulden iSd § 276 BGB ankommen (Wernicke NJW 1958, 772, 774), vielmehr genügt allein **Mitverursachung** des Geschädigten (Köhler DRiZ 1972, 17, 19; Wernicke NJW 1958, 772, 774). Ein mitwirkendes Verschulden kann darin liegen, dass der Geschädigte ein Gewässer für Zwecke nutzt, für die es wegen schlechter Wasserqualität nicht geeignet war (Gieseke/Wiedemann/Czychowski Rn 35; Wernicke DVBl 1968, 578, 581). War dem Geschädigten die mangelnde Eignung nicht bekannt, so kann ein Mitverschulden darin liegen, dass er keinen Sachverständigen befragt hat, obwohl dazu Anlass bestand (BGHZ 55, 180). Mitverschulden kann auch die Nichteinholung einer vorgeschriebenen behördlichen Zulassung sein, wenn das Zulassungsverfahren zu einer Versagung geführt oder für den Geschädigten Gesichtspunkte erbracht hätte, von seinem Vorhaben abzusehen (Gieseke/Wiedemann/Czychowski Rn 35 mwN). Ein Anspruch nach § 22 Abs 1 WHG ist insbesondere dann ausgeschlossen, wenn der Geschädigte selbst an der Entstehung des Schadens mitgewirkt und dabei den Tatbestand des § 22 Abs 1 WHG erfüllt hat (zu Einzelheiten Breuer Rn 795; OLG Karlsruhe VersR 1997, 1165 f für beide Haftungstatbestände des § 22 WHG.).

3. Gesamtschuldnerische Haftung

a) Verursachermehrheit

72 Für den Fall, dass mehrere die Einwirkungen vorgenommen haben, ordnet **§ 22 Abs 1 S 2 WHG gesamtschuldnerische Haftung** an. Gemeint sind damit Einwirkungen im weitesten Sinne; der Begriff des Einwirkens wird in § 22 Abs 1 S 2 WHG als Oberbegriff für alle Handlungsvarianten des **§ 22 Abs 1 WHG** verwendet (Gieseke/Wiedemann/Czychowski Rn 39 mwN; Landsberg/Lülling Rn 38; Breuer Rn 800). Satz 2 setzt voraus, dass **jede** der zu beurteilenden Handlungen nach Satz 1 **zumindest im Zusammenwirken** mit den übrigen Handlungen **geeignet** war, den eingetretenen Schaden oder denselben Teilschaden herbeizuführen (BGHZ 57, 262 = NJW 1972, 205; Gieseke/Wiedemann/Czychowski Rn 40). Gesamtschuldnerisch gehaftet werden kann somit auch für eine an sich unschädliche Handlung, soweit sie nur durch ihr Zusammenwirken mit anderen Ursachen zu einem Schaden führte (siehe dazu BGHZ 76, 35, 37 = NJW 1980, 290; Frey 104).

73 Für die Anlagenhaftung des **§ 22 Abs 2 WHG** gilt § 22 Abs 1 S 2 WHG gemäß § 22 Abs 2 S 1 HS 2 WHG **entsprechend.** Gesamtschuldnerische Haftung besteht bei der Anlagenhaftung, wenn aus mehreren Anlagen Stoffe, welche die Wasserbeschaffenheit verändern, in ein Gewässer gelangen. Dabei genügt für die Gesamtschuld die bloß anteilige Mitursächlichkeit bei der Entstehung des Schadens (BGHZ 57, 257, 264 = NJW 1972, 205).

74 Die praktische Bedeutung des § 22 Abs 1 S 2 WHG liegt daher darin, dass er über die Fälle nachgewiesener Kausalität hinaus eine **Beweiserleichterung** zugunsten des Geschädigten ermöglicht. Der volle vom Geschädigten zu erbringende Kausalitätsnachweis wird ersetzt durch den Nachweis, dass die einzelne in Betracht kommende Ursache ihrer Art und den Umständen nach geeignet ist, den tatsächlich entstandenen Schaden allein oder im Zusammenwirken mit anderen zu verursachen, und dass zwischen der jeweiligen Einwirkung und dem Schaden ein enger zeitlicher und räumlicher Zusammenhang besteht (BGHZ 57, 257, 262 = NJW 1972, 205; Gieseke/Wiedemann/Czychowski Rn 40 f mwN; Landsberg/Lülling Rn 40; Thieme/Franckenstein DÖV 1997, 667, 669; Wang 197 u 200), unbeschadet der Möglichkeit des Entlastungsbeweises durch jeden Schädiger. Diese im Grundsatz den Rechtsgedanken des § 830 Abs 1 S 2 BGB aufgreifende Regelung ist insofern berechtigt, als sich gerade aus dem Zusammentreffen mehrerer potentieller Schädiger für den Geschädigten Beweisprobleme ergeben (Balensiefen 214; Wang 200) Die von § 830 Abs 1 S 2 BGB abweichende **Besonderheit** bei § 22 Abs 1 S. 2 WHG besteht jedoch darin, dass schon die **Eignung zur Mitverursachung** des Schadens **genügt,** während bei § 830 Abs 1 S 2 BGB jede einzelne Handlung geeignet sein muss, den Schaden auch allein zu verursachen (Balensiefen 214; Cosack 84; Eberl-Borges AcP 196 [1996] 491, 542; Flachsbarth 257 insbesondere Fn 1391; Wang 203 f). Dies ist angesichts der in der Natur der Sache liegenden **Besonderheiten der Gewässerhaftung** angemessen und vertretbar. Die Beschränkung des § 22 Abs 1 S 2 WHG auf das gleiche Maß wie § 830 Abs 1 S 2 BGB, also auf die Fälle des Urheberzweifels bei der alternativen und des Anteilszweifels bei der kumulativen Kausalität, würde dem Umstand nicht genügend Rechnung tragen, dass sich Schadstoffe im Wasser alsbald vermengen und dies eine Unterscheidung der Schadensbeiträge oft unmöglich macht (vgl BGHZ 57, 257 ff = NJW 1972, 205), andererseits aber bei einer schadensstiftenden Schadstoffausbreitung in Gewässern anders als bei luftgetragenen Immissionen der Kreis der potenziell Beteiligten insgesamt in der Regel einfach und sicher zu bestimmen ist. Für eine analoge Anwendung des § 830 Abs 1 S 2 BGB besteht im Rahmen der wasserrechtlichen Gefährdungshaftung aufgrund der speziellen Regelung in § 22 Abs 1 S 2 WHG kein Raum; anderes gilt insoweit allerdings, wenn die Haftung aus § 22 WHG mit der Haftung aus einer anderen Norm zusammentrifft (Eberl-Borges AcP 196 [1996] 491, 543).

75 Die gesamtschuldnerische Haftung und die dazu entwickelten Grundsätze gelten außer bei der Schadensverursachung durch mehrere Anlagen auch im Falle der Verursachung des Schadens durch eine Anlage in den Händen mehrerer **einander nachfolgender Inhaber** (BGHZ 142, 227, 231 = NJW 1999, 3633; zust Brünning JR 2000, 415, 416). Dies gilt für den Fall, dass sowohl vor als auch nach dem Inhaberwechsel Emissionen von der Anlage ausgingen, die nach ihrer Art und den Umständen geeignet waren, den Schaden zumindest je mit zu verursachen, sich die genauen Anteile der wechselnden Inhaber aber weder ermitteln noch gemäß § 287 ZPO schätzen lassen. Schließlich ist die Interessenlage an einer Einstandspflicht nachfolgender Inhaber derselben Anlage derjenigen bei Verursachung durch mehrere Anlagen gleich (BGH aaO.).

b) Gesamtschuldnerausgleich

76 Den Ausgleich zwischen den Gesamtschuldnern regelt § 22 WHG nicht. Vielfach wird jedoch eine Haftung zu gleichen Teilen gemäß **§ 426 Abs 1 S 1 BGB** unbillig sein. In diesen Fällen kann die Wertung der §§ 17 Abs 1 StVG, 41 LuftVG, 32 GenTG, 5 ProdukthaftG herangezogen werden, wonach im Verhältnis der Schädiger untereinander die Pflicht zur Ersatzleistung und deren Umfang insbesondere davon abhängen, in wie weit der **Schaden überwiegend von dem einen oder anderen verursacht** wurde (Gieseke/Wiedemann/Czychowski Rn 41; Schimikowski Rn 113). Zum gleichen Ergebnis führt es, wenn entsprechend allgemeiner Auffassung § 254 BGB als eine andere Bestimmung der Schadensverteilung iSd § 426 Abs 1 S 1 BGB angewendet wird (BGHZ 57, 257, 264 = NJW 1972, 205; Gieseke/Wiedemann/Czychowski Rn 41 mwN; Appel/Schlarmann VersR 1973, 993, 997).

VII. Verjährung

77 Die **Verjährungsfrist** bestimmt sich nach § 852 BGB aF, (BGHZ 57, 170, 176 = NJW 1972, 204; BGHZ 98, 235, 237 = NJW 1987, 187; Gieseke/Wiedemann/Czychowski Rn 36; Landsberg/Lülling Rn 44) bzw nach neuem Verjährungsrecht gemäß § 195 BGB nF iVm § 199 BGB nF. Jedoch kann die kürzere Verjährungsfrist von einem Jahr aus § 117 BinSchG gelten, wenn die Verwirklichung eines Tatbestandes des § 22 WHG in einem engen Zusammenhang mit dem Betrieb eines Schiffs steht (BGHZ 76, 312, 317 = NJW 1980, 943;

Breuer Rn 807). Die Berechnung dieser Frist beginnt mit dem Schluss des Jahres, in dem der Anspruch fällig wurde (BGH aaO). Gleichfalls ist die kurze Verjährungsfrist nach § 558 BGB aF, jetzt § 548 BGB, auch auf Schadensersatzansprüche aus § 22 WHG anzuwenden, wenn diese Ansprüche mit Schadensersatzansprüchen aus Miet- oder Pachtvertrag konkurrieren (BGHZ 98, 235 = NJW 1987, 187; Landsberg/Lülling Rn 46, Knoche GewArch 1997, 279, 281; **aA** LG Köln NJW 1975; zustimmend Geigel/Schlegelmilch Kap 24 Rn 32; ausführlich zur Ablehnung der Anwendung von § 558 BGB aF, jetzt § 548 BGB, Janke-Weddige BB 1991, 1805).

78 Beim **Verjährungsbeginn** ist bezüglich der **Kenntnis vom Schaden** bzw hinsichtlich der nach neuem Verjährungsrecht gemäß § 199 Abs 1 Nr 2 BGB nF erheblichen grob fahrlässigen Nichtkenntnis des Schadens zu unterscheiden, ob dieser durch eine abgeschlossene oder eine fortdauernde Handlung verursacht wurde. Bei Verursachung durch eine abgeschlossene Handlung beginnt die Frist zur Verjährung grundsätzlich mit der allgemeinen Kenntnis des Geschädigten vom Schaden; Kenntnis von Art und Umfang des Schadens ist nicht erforderlich (Gieseke/Wiedemann/Czychowski Rn 37). Bei fortdauernder Handlung beginnt dagegen die Verjährung der Ersatzansprüche für Schäden, die in einem bestimmten späteren Zeitabschnitt verursacht werden, frühestens von diesem Zeitabschnitt an zu laufen (näher dazu Gieseke/Wiedemann/Czychowski Rn 37 mwN). Frühere Einleitungen, die das Gewässer ebenso beeinträchtigen wie die schädigende Handlung, haben auf deren Verjährung keinen Einfluss (OLG Koblenz VersR 1980, 724; Gieseke/Wiedemann/Czychowski Rn 37).

VIII. Prozessuales

1. Beweislast

79 Beweispflichtig für das Vorliegen der haftungsbegründenden Voraussetzung und des Schadens, insbesondere für den haftungsbegründenden und haftungsausfüllenden Ursachenzusammenhang, ist der **Geschädigte** als derjenige, der den Anspruch aus § 22 Abs 1 WHG erhebt (Gieseke/Wiedemann/Czychowski Rn 27). Eine Beweiserleichterung zu Gunsten des Geschädigten durch eine gesetzliche Vermutung wie in § 6 UmweltHG enthält § 22 WHG nicht. Allein bei der potenziellen Verursachung des Schadens durch mehrere wirkt **§ 22 Abs 1 S. 2 WHG** im Sinne einer **Beweiserleichterung** (o Rn 74). Dies hilft dem Geschädigten allerdings nur, wenn mehrere als mögliche Schädiger in Betracht zu ziehen sind. Bei typischen Geschehensabläufen wird der Geschädigte den Beweis überdies oft nach den Grundsätzen des Anscheinsbeweises führen können (Gieseke/Wiedemann/Czychowski Rn 27).

80 Die für das Haftungsrecht **allgemein entwickelten Grundsätze einer Beweislastumkehr** sind grundsätzlich auch auf die Haftung nach § 22 WHG anwendbar (vgl Thieme/Franckenstein DÖV 1997, 667, 671). Einerseits werden zwar die für den Bereich der deliktischen Produzentenhaftung entwickelten Grundsätze der Beweislastverteilung nach Organisations- und Gefahrenbereichen (vgl zb BGHZ 51, 91, 102 = NJW 1969, 269) zutreffend im Rahmen der Haftung nach § 22 WHG für unanwendbar gehalten, weil und soweit sie auf den Nachweis der Rechtswidrigkeit und des Verschuldens beschränkt sind, während sich die Beweisnot des Geschädigten im Rahmen der Gefährdungshaftung des § 22 WHG auf den Nachweis der haftungsbegründenden Kausalität bezieht. Hingegen ist die Beweisführungslast und die Beweislast hinsichtlich der haftungsbegründenden Kausalität aber entsprechend den allgemeinen haftungsrechtlich entwickelten Regeln umzukehren, wenn der Beklagte grob gegen Berufspflichten, vor allem gegen Vorschriften über die Festlegung von Immissionsgrenzwerten, verstoßen hat (THIEME/FRANCKENSTEIN, DÖV 1997, 667, 672) oder gesetzliche Befund- und Dokumentationspflichten hinsichtlich verwendeter Stoffmengen sowie etwa vorgeschriebener Kontrollen nicht einhielt (näher Einl 244 ff; HOFMANN Rn 36). Auch im Bereich der Landwirtschaft, in dem übermäßige Dünge- oder Pflanzenschutzmittelverwendung eine Haftung gemäß § 22 Abs 1 WHG begründen kann (o Rn 34), sind einschlägige Normen vorhanden, bei deren Nichtbeachtung der Anspruchsgegner folglich den Entlastungsbeweis führen muss (THIEME/FRANCKENSTEIN DÖV 1997, 667, 672; HOFMANN Rn 36).

81 Darüber hinaus lassen sich Beweiserleichterungen **nicht** dadurch entwickeln, dass die in den **§§ 6, 7 UmweltHG** normierten Ursachenvermutungen unter Anknüpfung an die ebenfalls anlagenbezogene Haftung des Umwelthaftungsgesetzes insoweit als **verallgemeinerungsfähige Rechtsgedanken** angesehen werden, dass sie entsprechend zumindest auf die Anlagenhaftung gemäß § 22 Abs 2 WHG anzuwenden seien (LARENZ/CANARIS, SchuldR BT Band II/2, S 635). Dies widerspricht jedoch nicht nur dem spezialgesetzlichen und singulären Charakter der §§ 6, 7 UmweltHG. Vielmehr passen die Beweiserleichterungen des UmweltHG auch nicht auf die Anlagenhaftung gemäß § 22 Abs 2 WHG, weil sich der Anlagenbegriff unterscheidet (ausführlich THIEME/FRANCKENSTEIN DÖV 1997, 667, 670); während dieser im Fall des § 1 UmweltHG enumerativ festgelegt ist, ist der wasserrechtliche Anlagenbegriff unbestimmt und daher sehr weit, so dass die Sachrichtigkeit der Übertragbarkeit in Anbetracht der Unüberschaubarkeit des wasserrechtlichen Anwendungsfeldes zumindest eigener Begründung bedürfte. Schließlich und überdies steht die vorgeschlagene Analogie nicht mit der Einheitlichkeit des Haftungskonzepts des § 22 WHG in Einklang. Beide Absätze des § 22 WHG sind Grundlage für die Entwicklung eines in sich geschlossenen wasserrechtlichen Haftungssystems (THIEME/FRANCKENSTEIN DÖV 1997, 667, 670), in dem sich zahlreiche materiellrechtliche und auch beweisrechtliche Parallelen finden. Eine Beschaffenheitsveränderung des Wassers wird beispielsweise, obwohl nur in Abs 1 genannt, auch im Rahmen des Abs 2 als Voraussetzung angesehen, und der Haftungsausschluss für Fälle der höheren Gewalt kommt im Ergebnis und hilfsweise auch bezüglich der Verhaltenshaftung gemäß Abs 1 zur Anwendung; vor allem gilt schließlich die gesamtschuldnerische Haftung bei einer Mehrheit von Verursachern und die daraus in der praktischen Anwendung entwickelte Beweiserleichterung gemäß § 22 Abs 1 S 2 WHG aufgrund von § 22 Abs 2 S 1 HS 2 WHG entsprechend. Eine beweisrechtliche Ungleichbehandlung der beiden Absätze erzeugt einen im Hinblick auf die genannten Parallelen erheblichen Systembruch, der nicht durch eine Ausdehnung der Beweiserleichterungen gemäß §§ 6, 7 UmweltHG auf die Verhaltenshaftung gemäß § 22 Abs 1 WHG zu vermeiden ist, da sich dies schon auf Grund der anlagenbezogenen Konzeption des Umwelthaftungsgesetzes verbietet.

82 Dem **Anspruchsgegner** bietet die Beteiligung am EG-Umwelt-Audit-System (FALK, EG-Umwelt-AuditVO [1998] 202) eine geeignete Möglichkeit, im Unternehmen bestehende Haftungsrisiken frühzeitig zu erkennen und damit auch Schadensersatzansprüchen **präventiv** zu begegnen. Mittels einer Umweltbetriebsprüfung können Wassergefährdungspotenziale offengelegt werden, welchen alsdann durch die Einführung eines Umweltmanagementsystems begegnet werden kann, etwa durch regelmäßige Erfassung, Bewertung und Kontrolle der wassergefährdenden Stoffe sowie Erarbeitung und Dokumentation schadensverhütender Maßnahmen. Einen weiteren sich unter Umständen entlastend auswirkenden Bestandteil des Umweltmanagementsystems bietet die Dokumentation der Emissionswerte (Falk, EG-Umwelt-Audit-VO [1998] 204 f).

2. Gerichtsstand

83 Nach § 32 ZPO ist Gerichtsstand für Schadensersatzansprüche sowohl der Ort, an dem das Gewässer **verunreinigt** wurde, als auch der **Ort des Schadenseintritts,** zB der Ort des Fischsterbens (BGHZ 80, 1, 3 = NJW 1981, 1516; Ladeur NJW 1987, 1236, 1237). Der Ort, an dem lediglich weitere Folgen eines bereits entstandenen Schadens eingetreten sind, begründet dagegen keinen Gerichtsstand (Gieseke/Wiedemann/Czychowski Rn 38).

IX. Konkurrenzen

84 Während das WHG ein auf Art 75 Nr 4 GG gestütztes Rahmengesetz ist, wurde § 22 WHG aufgrund der Gesetzgebungskompetenz des Bundes nach Art 74 Nr 1 GG für Materien des bürgerlichen Rechts erlassen (Gieseke/Wiedemann/Czychowski Rn 3 mwN; Balensiefen 194 f; **aA** Sieder/Zeitler/Dahme Rn 11 ebenfalls mwN). Die **Länder** können ihn daher **nicht** durch ausfüllende Bestimmungen ändern oder ergänzen.

1. Verhaltens- und Anlagenhaftung

85 § 22 **Abs 1 und Abs 2** WHG bilden jeweils selbstständige Anspruchsgrundlagen. Sie können **nebeneinander** bestehen (BGHZ 57, 172, 173 = NJW 1972, 204), aber auch unabhängig voneinander verwirklicht werden, so dass sie in Schadensfällen gesondert geprüft werden müssen (Gieseke/Wiedemann/Czychowski Rn 4).

2. Delikts- und Gefährdungshaftungstatbestände

86 § 22 WHG bestimmt zwar nicht wie die §§ 12 HaftpflichtG, 42 LuftVG, 26 AtomG ausdrücklich, dass in der Haftung **weitergehende bundesgesetzliche Haftungen** unberührt bleiben. Unstreitig gilt dies jedoch auch für die Haftung gemäß § 22 WHG.

a) Deliktshaftung

87 Neben dem Anspruch aus § 22 WHG kann in freier Konkurrenz auch ein Anspruch im Rahmen der **allgemeinen Deliktshaftung** begründet sein. In Betracht kommen vor allem Ansprüche aus § 823 Abs 1 BGB, § 823 BGB Abs 2 iVm § 324 StGB, § 826 BGB, § 836 BGB. Die deliktische Haftung ist vor allem wegen der Anwendbarkeit des § 847 BGB praktisch bedeutsam. Der Grundsatz, dass die Gefährdungshaftung nach Sondergesetzen, als die sich die Haftung nach § 22 WHG darstellt, neben die allgemeine Verschuldenshaftung tritt, gilt auch für das Verhältnis des § 22 WHG zu Ansprüchen aus **Amtspflichtverletzung** nach § 839 BGB. Die Subsidiaritätsklausel des § 839 Abs 1 S 2 findet dabei auf § 22 WHG wegen der Verschiedenheit der Tatbestände keine Anwendung (BGHZ 55, 180, 182 f; 62, 351, 355 = NJW 1976, 804; BGH NJW 1966, 881; Köhler DRiZ 1972, 17).

b) Gefährdungshaftungstatbestände

Im Verhältnis von § 22 WHG zu **anderen Gefährdungshaftungstatbeständen** besteht ebenfalls grundsätzlich **Anspruchskonkurrenz.** § 22 WHG unterscheidet sich von den anderen, auch spezifisch wasserbezogenen Tatbeständen praktisch wesentlich darin, dass eine Haftungshöchstgrenze fehlt (näher Gieseke/Wiedemann/Czychowski Rn 42). Im Spezialfall einer Verschmutzung, die von Seeschiffen ausgeht, wird § 22 WHG jedoch für bestimmte Schadenskategorien in der Haftungshöhe beschränkt bzw bei gewissen Voraussetzungen durch die Haftung aufgrund des Internationalen Übereinkommens über die zivilrechtliche Haftung für Ölverschmutzungsschäden vom 29. 11. 1969 (Einl 111) verdrängt. Neben dieser Haftung besteht eine seerechtliche Haftung des Reeders gemäß § 485 HGB (Einl aaO). **88**

c) UmweltHG

Dem UmweltHG diente § 22 WHG als Vorbild (vgl Gieseke/Wiedemann/Czychowski Rn 2; Hager NJW 1991, 134, 135; Salzwedel/Reinhardt NVwZ 1991, 946, 949). § 1 UmweltHG und § 22 WHG gelten **nebeneinander.** Die Haftung auf Grund des § 22 WHG bleibt von der Haftung nach dem UmweltHG gemäß § 18 UmweltHG unberührt. Dabei ist der Tatbestand des § 22 WHG, der eine Veränderung der Wasserbeschaffenheit als Voraussetzung für die Haftung verlangt, enger als der haftungsbegründende Tatbestand des § 1 UmweltHG, bei dem es für die Haftung schon ausreicht, dass sich der Schaden im und mittels des Wassers verwirklicht hat. Der Anlagenbegriff des § 22 Abs 2 WHG ist hingegen weiter als der des § 1 UmweltHG, nämlich quasi generalklauselartig (vgl BGHZ 57, 257, 259 = NJW 1972, 205) und nicht enumerativ begrenzt wie bei § 1 UmweltHG. **89**

3. Vertragliche Ansprüche

Vertragliche Ansprüche können neben Ansprüchen aus § 22 WHG begründet sein. Bedeutung haben diese auf der Grundlage einer positiven Vertragsverletzung vor allem in Zusammenhang mit der Ölanlieferung, da strenge Anforderungen an die dabei einzuhaltenden Sorgfaltspflichten gestellt werden (BGH NJW 1983, 1108; NJW 1984, 233, 234; Gieseke/Wiedemann/Czychowski § 19 k WHG Rn 6). Ein vertraglicher Verzicht auf eine Haftung gemäß § 22 WHG kann inter partes wirksam vereinbart werden **90**

4. Nachbarrechtlicher Entschädigungsanspruch gem § 906 Abs 2 S 2 BGB

Der nachbarrechtliche Entschädigungsanspruch ist nach allgemeiner Ansicht **subsidiär.** Treten etwa aus einer Anlage im Sinn des § 22 Abs 2 WHG Schadstoffe aus und gelangen diese mit dem Grundwasser in das Erdreich des Nachbargrundstückes, so enthält § 22 WHG eine die Anwendung des § 906 Abs 2 S 2 BGB verdrängende Sonderregelung (BGHZ 142, 227, 230 = NJW 1999, 3633; Scherer-Leydecker EWIR 2000, 357 f). Die Bestimmungen des Wasserhaushaltsgesetzes enthalten eine nachbarrechtliche Sonderregelung (BGHZ 76, 35, 43 = NJW 1980, 943). **91**

5. Geschäftsführung ohne Auftrag und Bereicherungsrecht

Ansprüche aus Geschäftsführung ohne Auftrag oder Bereicherungsrecht können grundsätzlich **neben** einer Schadensersatzverpflichtung nach § 22 WHG bestehen, **92** soweit der Ersatzpflichtige als Störer gemäß § 1004 BGB zur Beseitigung verpflichtet ist und der Ersatzberechtigte mit der Sanierung von Boden und Grundwasser zumindest auch ein Geschäft des Schädigers besorgt hat. (BGHZ 142, 227, 230 = NJW 1999, 3633) Aufwendungsersatz- und Bereicherungsansprüche haben im Verhältnis zu § 22 WHG andere Voraussetzungen und Rechtsfolgen als die Haftung gemäß § 22 WHG, wobei die Schadensersatzregelung des § 22 WHG die in der Regel praktisch attraktivere Anspruchsgrundlage sein dürfte.

6. Öffentliches Recht

93 Aufgrund öffentlichen Rechts können Gewässerverunreiniger oder die für den Zustand des Gewässers Verantwortlichen **ordnungs- und polizeirechtlich** auf **Beseitigung** in Anspruch genommen werden. In diesem Zusammenhang von Bedeutung ist die Eingriffsermächtigung aufgrund des allgemeinen Polizeirechts. Die generalklauselartigen Ermächtigungsgrundlagen, bei denen es auf bevorstehende Gefahren für die öffentliche Sicherheit und Ordnung ankommt, können nach den Maßstäben des WHG konkretisiert werden. Allerdings können auch für den Fall, dass die Voraussetzungen eines speziellen wasserrechtlichen Tatbestandes nicht erfüllt sind, die öffentliche Sicherheit und Ordnung mit der Folge betroffen sein, dass eine behördliche Ordnungsverfügung bereits zulässig ist, sofern nur ein ordnungsrechtlich genügender Gefahrenverdacht vorliegt (BVerwG NJW 1974, 815). Die Kostenerstattung für behördliche Maßnahmen der Schadensprävention oder der Schadensbeseitigung richtet sich nach öffentlich-rechtlichen Regeln; der wohl herrschenden Auffassung, daneben die Grundsätze der Haftung wegen Geschäftsführung ohne Auftrag anzuwenden, ist nicht beizutreten (dazu Einl 115).

Sachregister

Die fetten Zahlen beziehen sich auf die Paragraphen, die mageren Zahlen auf die Randnummern.

Abfallrecht
Abwässer und Änderung der Wasserbeschaffenheit **WHG 22** 47, 51
und Anlagenbegriff **UmweltHG 3** 16
Basler Abkommen (Transport gefährlicher Abfälle) **Einl UmweltHR** 330
Kreislaufwirtschafts- und AbfallG **Einl UmweltHR** 27
Schutzgesetze **Einl UmweltHR** 72
und Umwelthaftungsrecht, Bezüge **Einl UmweltHR** 27
UmweltHG-Katalog von Anlagen **UmweltHG 1** 41
Verkehrssicherungspflichten **Einl UmweltHR** 54

Abkommen, Übereinkommen
Basler Abkommen (Transport gefährlicher Abfälle) **Einl UmweltHR** 330
Brüsseler Kernmaterial-Seetransport-Übereinkommen **AtomG 25, 25a, 26** 2
Brüsseler Reaktorschiff-Übereinkommen **AtomG 25, 25a, 26** 2, 15, 20, 40, 50 f
Brüsseler Zusatzübereinkommen zum Pariser Übereinkommen **AtomG 25, 25a, 26** 2, 36
Pariser Übereinkommen über Haftung gegenüber Dritten auf dem Gebiet der Kernenergie **AtomG 25, 25a, 26** 2 ff
Zivilrechtliche Haftung für Ölverschmutzungsschäden **Einl UmweltHR** 111; **WHG 22** 88

Abtretung
Schadensersatzanspruch gegen Anlageninhaber **UmweltHG 8** 22

Abwehranspruch (Immissionsschutz)
Aufopferungshaftung als Surrogat **Einl UmweltHR** 88, 207, 213
und BImSchG-Anlage **BImSchG 14 S 2** 13 ff
Schadensersatzanspruch wegen nicht rechtzeitig geltend gemachtem – **Einl UmweltHR** 93
Verwirkung, Rechtsmissbrauch **Einl UmweltHR** 303

Adäquanztheorie
s. Kausalität

Ähnliche Umwelteinwirkungen
als Emissionen, Immissionen **Einl UmweltHR** 15

Äquivalenztheorie
s. Kausalität

Akteneinsichtsrecht
s. a. UmweltinformationsG
aufgrund unvollständiger/unrichtiger Auskunft **UmweltHG 8** 49 ff
und Auskunftsrecht, Verhältnis **UmweltHG 8** 48
de lege ferenda **Vorbem UmweltHG 8–10** 1
Ermessen, pflichtgemäßes **Vorbem UmweltHG 8–10** 15
Schadensersatzansprüche aufgrund Anlagenemission **UmweltHG 8** 47 ff
UIG-Grundlage **Vorbem UmweltHG 8–10** 25
Verfassungsrechtliches – **Vorbem UmweltHG 8–10** 12
Verwaltungsrecht **Vorbem UmweltHG 8–10** 13

Allgemeinheit
Zuordnung von Naturgütern **Einl UmweltHR** 64

Allmählichkeitsschaden
Anlagenemission **UmweltHG 1** 63; **UmweltHG 6** 62
und Haftungshöchstgrenzen **UmweltHG 15** 9

Altfälleproblematik
Anlagenemission und UmweltHG-Anwendung **UmweltHG 23** 1 ff

Altlasten
Begriff (BBodSchG) **Einl UmweltHR** 28
Beitrittsgebiet **Einl UmweltHR** 29
Echte, unechte **Einl UmweltHR** 28
und Haftung für Anlagenemission **UmweltHG 2** 14
Hoheitliche Planungsfehler **Einl UmweltHR** 30
und Insolvenz **Einl UmweltHR** 28
Kreditgeberinteresse **Einl UmweltHR** 43
Polizei- und Ordnungsrecht **Einl UmweltHR** 30
Privatrechtliche Verursacherhaftung **Einl UmweltHR** 29
und UmweltHG **Einl UmweltHR** 29
Uraltlast **Einl UmweltHR** 28

Amtshaftung
und Atomhaftung **AtomG 25, 25a, 26** 57
Gesetz- und Verordnungsgeber, fehlerhaftes Verhalten **Einl UmweltHR** 322
und Wasserbeschaffenheit, Haftung für veränderte **WHG 22** 87

Amtsverschwiegenheit
und Behördenauskunft **UmweltHG 9** 26

Aneignungsrechte
UmweltHG-Schutz **UmweltHG 1** 25
Anlage
Atomrecht (Kernanlage)
s. Atomrecht
BImSchG
s. BundesimmissionsschutzG
Gentechnisch veränderte Organismen
GenTG 32, 34, 35, 37 1
HaftpflichtG (Gefährliche Anlagen)
s. dort
Normalbetrieb
s. dort
Störfall
s. dort
UmwelthaftungsG (Anlagenemission)
s. Anlagenemission
Wasserrecht
s. dort
Anlagenemission
s. dort
Abfallagerung **UmweltHG 3** 16
Abnahme, Inbetriebnahme **UmweltHG 1** 38
und allgemeines Lebensrisiko
UmweltHG 1 66
Allmählichkeitsrisiko **UmweltHG 1** 91
Altlasten **UmweltHG 2** 14
Anderer Umstand als Anlagenbetrieb
UmweltHG 7 14 ff
Anlage, bestimmungsgemäßer Gebrauch
UmweltHG 6 35 ff
Anlage und Mehrheit von Anlagen,
Abgrenzung **UmweltHG 7** 10 ff
Anlage als Schadensverursacher
UmweltHG 8 17
Anlagen, Haftung für nichtbetriebene
UmweltHG 2 1 ff
Anlagenbauer, Anlagenlieferant
UmweltHG 2 10
Anlagenbegriff **UmweltHG 1** 37;
UmweltHG 2 4; **UmweltHG 3** 14 ff
Anlagenbetrieb, bestimmungsgemäßer
UmweltHG 5 6 ff
Anlagenbetrieb, technische Vorgänge
UmweltHG 4 15
Anlagenbezogene Eignungsindikatoren
UmweltHG 6 13
Anlageneignung, Eignung mehrerer Anlagen zur Schadensverursachung
UmweltHG 7 13 ff
Anlageneignung zur Schadensverursachung **UmweltHG 6** 10 ff, 24
Anlageninhaber **UmweltHG 8** 23 f
Anlagenkatalog **UmweltHG 1** 39, 41
Anlagenleasing **UmweltHG 2** 11
Anlagenmehrheit **UmweltHG 6** 19 ff
Anlagenmehrheit und Kausalitätsvermutung **UmweltHG 7** 1 ff

Anlagenemission (Forts.)
Anlagenzugehörige Gegenstände
UmweltHG 3 22 ff
Anreiz zur Störfallvermeidung
UmweltHG 6 32
Arbeitsschutz **UmweltHG 6** 46
und Atomhaftung **UmweltHG 18** 19 f
Auflagen **UmweltHG 6** 49, 52 ff, 56 ff, 64 f
und Aufopferungsgrundsätze
UmweltHG 18 12
Aufwendungsersatz **UmweltHG 1** 112
Auskunftsanspruch
s. dort
Außergewöhnlicher Vorgang
UmweltHG 4 8
Bau und Stillegungsphase **UmweltHG 2** 1 ff
Bau- und Montagerisiken **UmweltHG 2** 7
Baugrubenaushub **UmweltHG 2** 8
Bedürfnisse, Ausgleich für vermehrte
UmweltHG 13 10 f
Beeinträchtigung der Natur oder Landschaft **UmweltHG 16** 1 ff
Beerdigungskosten **UmweltHG 12** 9
Beherrschungs- und Aufklärungssphären
UmweltHG 6 1
Behördliche Genehmigung **UmweltHG 1** 94
Betreiber
— Ansprüche gegen Mitbetreiber
UmweltHG 1 83
— Kenntnis der Entwicklungslücke
UmweltHG 1 63
— Pflichtwidrigkeit des Verhaltens
UmweltHG 1 62
Betriebs- und Geschäftsgeheimnisse
UmweltHG 8 39 ff
Betriebsabläufe als Eignungsindikatoren
UmweltHG 6 14
Betriebsablauf **UmweltHG 8** 28
Betriebsbezogenheit **UmweltHG 1** 58
Betriebseinstellung **UmweltHG 1** 38;
UmweltHG 2 12 ff
Betriebsfähigkeit **UmweltHG 3** 15
Betriebsfremdes Ereignis/anlageneigenes
Gefährdungspotenzial **UmweltHG 4** 5
Betriebspflicht
— Abgrenzung zur Betriebsstörung
UmweltHG 6 35 ff
— Anzeigepflicht **UmweltHG 6** 48
— Auflage **UmweltHG 6** 49, 52 ff, 56 ff,
64 f
— Auskunft zu besonderen **UmweltHG 8** 32
— Besondere Betriebspflicht
UmweltHG 6 35 f, 42 ff
— Gesetzliche geregelte **UmweltHG 6** 43 ff
— Kontrolle **UmweltHG 6** 56 ff
— Nichteinhaltung **UmweltHG 6** 35 ff
— und tatsächlicher Betriebsvollzug
UmweltHG 1 36

Anlagenemission (Forts.)
Betriebsrisiko-Verwirklichung **UmweltHG 1** 47
Betriebsschwankungen **UmweltHG 6** 38
Betriebsspaltung **UmweltHG 1** 89
Betriebsstätten **UmweltHG 3** 19
Betriebsstörung **UmweltHG 6** 15 f, 37 f
Betriebstechnischer Zusammenhang **UmweltHG 3** 27
Betriebsunterbrechung **UmweltHG 1** 38
Beurteilungsspielraum **UmweltHG 1** 45
Beweis
— Anderer Umstand **UmweltHG 7** 23
— Besondere Betriebspflichten, nichtbestehende **UmweltHG 6** 53
— Bestimmungsgemäßer Anlagenbetrieb **UmweltHG 6** 40
— Beweisführung **UmweltHG 6** 31
— Beweislage **UmweltHG 6** 3
— Beweislast **UmweltHG 6** 22 ff
— Beweislastumkehr und Anscheinsbeweis, Mischform **UmweltHG 6** 5
— Erleichterungen **UmweltHG 6** 6, 10, 26 ff, 31
— Prima-facie-Beweis **UmweltHG 6** 4 f, 11, 24, 26
— Vermutung des Normalbetriebs **UmweltHG 6** 55
— Verteilung **UmweltHG 6** 22 ff, 55 ff
— Würdigung **UmweltHG 6** 28 ff
BImSchG-Betriebspflichten **UmweltHG 6** 44 ff
und BImSchG-Haftung **UmweltHG 18** 13
BImSchG/UmweltHG, Verhältnis der Anlagenbegriffe **UmweltHG 3** 14
Bodenkontaminierung **UmweltHG 2** 14
Bußgeldvorschriften **UmweltHG 22** 1 ff
Daueremissionen, vor dem 1.1.1991 vorhandene **UmweltHG 23** 6
Dauerhaftigkeit des Betriebs **UmweltHG 3** 15
Deckungsvorsorge **UmweltHG 19** 6 ff; **UmweltHG 20** 1
Dokumentation **UmweltHG 6** 25
Dritthandeln, umweltgefährdendes **UmweltHG 7** 14
und Eigentumsverletzung
— Eigentumsbegriff **UmweltHG 1** 9
— Gebrauchsbeeinträchtigung **UmweltHG 1** 29 ff
— Nutzungseinschränkung **UmweltHG 1** 30 f
— Tatsächliche Gebrauchseinschränkungen **UmweltHG 1** 34
Eignungsindikatoren **UmweltHG 6** 13 ff
Eingestellter Anlagenbetrieb **UmweltHG 2** 12 ff

Anlagenemission (Forts.)
Einheitliche Umwelteinwirkung und Haftungshöchstgrenzen **UmweltHG 15** 6 ff
Einrichtungen, verwendete **UmweltHG 8** 29
Emission als Haftungsgrund **UmweltHG 1** 5, 35 f, 46 f, 63, 68
Emissions- und Einwirkungszeit (Übergangsvorschriften) **UmweltHG 23** 5 f
Entgangener Gewinn **UmweltHG 13** 7
Entwicklungsrisiko **UmweltHG 1** 63
und Enumerationsprinzip **UmweltHG 1** 8 f
Erfolgshaftung **UmweltHG 1** 62
Ermächtigung zum Erlaß von Rechtsverordnungen **UmweltHG 20** 1 ff
Errichtung in Stufen **UmweltHG 2** 7
Erwerbsschaden **UmweltHG 13** 6 ff; **UmweltHG 14** 1 ff
Faktischer Anlagenbegriff **UmweltHG 2** 3
vor Fertigstellung **UmweltHG 2** 1 ff
Fertigstellung der Anlage **UmweltHG 1** 38
Fertigstellung und Gefährlichkeit **UmweltHG 2** 6
und Gefährdungsgrundsätze **UmweltHG 18** 12
Gefährdungshaftung **UmweltHG 1** 2, 36, 47 ff, 83
Gefährdungshaftung und Ursachenvermutung **UmweltHG 6** 32
Gefährdungszusammenhang **UmweltHG 1** 30, 64; **UmweltHG 2** 1
Gefahrenquelle **UmweltHG 2** 16 ff
Gefahrerhöhung und Vermutungsregel **UmweltHG 6** 33
Gemeinschaftliche Inhaberhaftung **UmweltHG 7** 1 ff
Genehmigung, Genehmigungsfähigkeit **UmweltHG 2** 3
und GenTG-Haftung **UmweltHG 18** 13
Gesamtschuldnerische Zurechnung **UmweltHG 1** 77
Geschädigter **UmweltHG 1** 79 ff
Gesundheitsverletzung **UmweltHG 1** 14 ff, 49
Gesundheitsverletzungen und Ersatzpflicht **UmweltHG 13** 1 ff
Gesundheitsverletzungen und Haftungshöchstgrenzen **UmweltHG 15** 1 ff
Gewerbebetrieb **UmweltHG 1** 7
Grenzwertbestimmungen und Risikoerhöhungen **UmweltHG 6** 34
Grenzwertüberschreitung **UmweltHG 1** 43
Grundstücke als Anlage **UmweltHG 3** 16
Grundstücksgrenze **UmweltHG 1** 48
Grundstücksmiete, Grundstückspacht (konkurrierende Ansprüche) **UmweltHG 18** 14 ff
Haftung

Anlagenemission (Forts.)
— und allgemeines Lebensrisiko **UmweltHG 1** 66
— Allmählichkeitsrisiko **UmweltHG 1** 91
— Anlagen, nicht mehr betriebene **UmweltHG 2** 12 ff
— Anlagen, noch nicht fertiggestellte **UmweltHG 2** 4 ff
— Ausschluß durch AGB **UmweltHG 1** 82, 116 f
— Ausschluß durch Einwilligung **UmweltHG 1** 117
— Ausschluß, gesetzlicher **UmweltHG 1** 114
— Ausschluß wegen höherer Gewalt **UmweltHG 4** 1
— Ausschluß, sittenwidriger **UmweltHG 1** 58 f
— Ausschluß durch Vertrag **UmweltHG 1** 115, 117
— Ausweitung auf nichtbetriebene Anlagen **UmweltHG 2** 1 ff
— Beendigung **UmweltHG 2** 12 ff
— Beherrschung der Gefahrenquelle **UmweltHG 2** 17
— Beschränkung **UmweltHG 1** 59, 80, 114 f
— Betriebsrisiko, spezifisches **UmweltHG 1** 58 f
— und Beweisnotproblem **UmweltHG 6** 2
— Beweisrecht und Haftungsverschärfung **UmweltHG 6** 5
— Einwirkungen Dritter **UmweltHG 1** 64 f
— Entdeckungsrisiko **UmweltHG 1** 91
— Gefährdungszusammenhang **UmweltHG 1** 58 ff
— Gemeinschaftliche Inhaberhaftung **UmweltHG 7** 1 ff
— Geschädigter **UmweltHG 1** 79 ff
— und HaftpflichtG-Haftung **UmweltHG 18** 13
— Haftungsbeteiligung **UmweltHG 1** 92
— Merkantile Akzeptanz, Fortfall **UmweltHG 1** 76
— Minimalbeitrag **UmweltHG 1** 56
— Nachwirkungshaftung **UmweltHG 2** 12 ff
— Negative Immissionen **UmweltHG 1** 57
— Normalbetrieb **UmweltHG 1** 62
— Ordnungsrechtliche Zustandshaftung **UmweltHG 2** 18
— Schadensvorbeugende Maßnahmen **UmweltHG 1** 74, 112
— Verdachthaftung des Anlageninhabers **UmweltHG 6** 11 f, 24, 27
— Verschulden **UmweltHG 1** 61 ff
— Zurechnungsbeschränkung **UmweltHG 1** 58

Anlagenemission (Forts.)
Haftungsbeschränkung
— und Mitverschulden des Geschädigten **UmweltHG 11** 10 ff
Haftungsbeschränkungen bei Bagetellschäden
— Anlagenbetrieb, bestimmungsgemäßer **UmweltHG 5** 6 ff
— als Einwendung gegen die Schadensersatzpflicht **UmweltHG 5** 25
— Ortsangemessen zumutbare Beeinträchtigung **UmweltHG 5** 16 ff
— Sachschäden an beweglichen/unbeweglichen Sachen **UmweltHG 5** 5
— Unwesentliche Sachbeeinträchtigung **UmweltHG 5** 10 ff
Haftungsgrundlagen, andere als UmweltHG **UmweltHG 18** 1 ff
Haftungshöchstgrenzen **UmweltHG 15** 1 ff
Haftungshöchstgrenzen und andere Haftungstatbestände **UmweltHG 18** 6, 10
Haftungshöchstgrenzen, Kürzungsregelung **UmweltHG 15** 12 ff
Haftungstatbestände, andere als nach dem UmweltHG **UmweltHG 15** 3
Heilungskosten, ersatzfähige **UmweltHG 13** 5
Höhere Gewalt **UmweltHG 4** 1 ff; **UmweltHG 7** 17
Immission als Haftungsgrund **UmweltHG 1** 5, 43 f
Inhaber der Anlage
— Additive Inhaberschaft **UmweltHG 1** 89
— Allmählichkeitsrisiko **UmweltHG 1** 91
— Auskunftsanspruch **UmweltHG 1** 94
— Eigentum **UmweltHG 1** 95
— Ermittlung **UmweltHG 1** 94
— Gewaltsame Übernahme durch Dritte **UmweltHG 1** 90
— und Haftung für noch nicht fertiggestellte Anlage **UmweltHG 2** 9
— Inhaberschaft mit Drittwirkung **UmweltHG 1** 87
— Mehrheit von Inhabern **UmweltHG 1** 88
— Verfügungsgewalt **UmweltHG 1** 86, 88
— Wechsel **UmweltHG 1** 91
Kausalität
— Abstrakte und konkrete Eignung **UmweltHG 6** 12
— Adäquanz **UmweltHG 1** 54 f
— Äquivalenz **UmweltHG 1** 53
— Alternative – **UmweltHG 6** 19
— Alternative Multikausalität **UmweltHG 7** 6
— Anderer Umstand **UmweltHG 7** 14 ff
— Anlage, noch nicht fertiggestellte **UmweltHG 2** 5

Anlagenemission (Forts.)
— Anlagenmehrheit **UmweltHG 6** 4, 9, 19 ff
— Anlagenmehrheit und Kausalitätsvermutung **UmweltHG 7** 1 ff
— Annahme einer Schadensverursachung **UmweltHG 8** 18 ff
— Ausweitung der Vermutung **UmweltHG 6** 29
— und bestimmungsgemäßer Anlagenbetrieb **UmweltHG 6** 31
— Einwirkungen Dritter **UmweltHG 1** 64
— Einwirkungskausalität **UmweltHG 1** 52
— Gefährdungszusammenhang **UmweltHG 1** 58 ff
— und Gefahrenbereiche **UmweltHG 6** 27
— Haftungsbegründende **UmweltHG 1** 3, 47 ff, 58; **UmweltHG 6** 1, 5 ff, 9, 28 ff, 34, 64
— Haftungshöchstgrenzen und einheitliche Umwelteinwirkung **UmweltHG 15** 6 ff
— Haftungsmodell § 830 Abs 1 S 2 **UmweltHG 7** 6 ff
— Mehrheit von Kausalbeiträgen **UmweltHG 6** 30
— Schutzzweck der Norm **UmweltHG 1** 47
— Synergetisches Immissionspotenzial **UmweltHG 7** 6
— Ursachenvermutung **UmweltHG 1** 51 f
— Ursachenzusammenhang **UmweltHG 1** 49 ff
— Verletzungskausalität **UmweltHG 1** 52
— Vorbeugende Kosten **UmweltHG 1** 112
— Wahrscheinlichkeit **UmweltHG 6** 11 ff
— Widerlegung der Ursachenvermutung **UmweltHG 10** 2
Kleinemittenten **UmweltHG 6** 21
Körperverletzung
— Einwilligung **UmweltHG 1** 116
— Ersatzpflicht **UmweltHG 13** 1 ff
— Haftungshöchstgrenzen **UmweltHG 15** 1 ff
— Kosmetische Behandlung **UmweltHG 1** 109
— Schadensersatz **UmweltHG 1** 72
— Schwangerschaft **UmweltHG 1** 17
— Vorgeburtliche Schädigung **UmweltHG 1** 17
— Wesentlichkeit der Beeinträchtigung **UmweltHG 1** 66
Konkurrenzen **UmweltHG 18** 1 ff
Kontrolle **UmweltHG 6** 56 ff
Lager als Anlage **UmweltHG 3** 20
Landschaftsbeeinträchtigung **UmweltHG 5** 14; **UmweltHG 16** 1 ff
Leistungsgrenzen **UmweltHG 1** 45

Anlagenemission (Forts.)
Mehrheit von Anlagen, Abgrenzung zur Anlage **UmweltHG 7** 10 ff
Mehrheit von Geschädigten und Haftungshöchstgrenzen **UmweltHG 15** 1 ff
Mehrheit von Geschädigten und Mitverschulden **UmweltHG 11** 21
Mehrheit von Schädigern und Mitverschulden **UmweltHG 11** 16 ff
Meistbegünstigungsprinzip **UmweltHG 1** 43
Mitarbeiterschutz **UmweltHG 1** 82
Mittelbar Geschädigte **UmweltHG 12** 3
Mitverantwortung **UmweltHG 1** 114
Mitverschulden des Geschädigten
— Anstifter, Gehilfen **UmweltHG 11** 20
— Betriebsgefahr, zuzurechnende **UmweltHG 11** 8
— Einwilligung des Geschädigten **UmweltHG 11** 12
— und Haftungsausschlüsse **UmweltHG 11** 10 ff
— Handeln auf eigene Gefahr **UmweltHG 11** 9
— Herabsetzung/Entfallen des Schadensersatzanspruchs **UmweltHG 11** 14 ff
— Mehrheit von Geschädigten **UmweltHG 11** 21
— Mehrheit von Schädigern **UmweltHG 11** 16 ff
— Mittäter **UmweltHG 11** 19
— Nebentäter **UmweltHG 11** 17
— Obliegenheit zur Schadensvorsorge **UmweltHG 11** 6
— Schmerzensgeldanspruch **UmweltHG 11** 18
— Verantwortlichkeit für Dritte **UmweltHG 11** 13
— Verschuldensbegriff **UmweltHG 11** 5
— Zurechnungsfähigkeit, Zurechnungszusammenhang **UmweltHG 11** 7
Nachwirkungshaftung **UmweltHG 2** 12 ff
Naturbeeinträchtigung **UmweltHG 5** 14; **UmweltHG 16** 1 ff
Nebentäterschaft **UmweltHG 11** 17
Normalbetrieb **UmweltHG 1** 62, 93, 111
Normalbetrieb, beweisrechtlich privilegierter **UmweltHG 6** 35
Nutzungseinschränkung **UmweltHG 1** 29 ff
Ökologischer Schaden **UmweltHG 16** 1 ff
Ortsangemessen zumutbare Beeinträchtigung **UmweltHG 5** 16 ff
Ortsfeste Einrichtungen **UmweltHG 3** 14 ff
Personenschaden **UmweltHG 1** 72 ff; **UmweltHG 5** 9; **UmweltHG 16** 8
Potenzielle Mitursächlichkeit **UmweltHG 6** 11
Rechtsgüterschutz **UmweltHG 1** 5 ff
Rechtsgutverletzung

Anlagenemission (Forts.)
— Anderer Umstand **UmweltHG 7** 14 ff
— Arbeitsplatz **UmweltHG 1** 8
— Besitz **UmweltHG 1** 26
— Eigentum **UmweltHG 1** 9, 27 ff
— Freiheit **UmweltHG 1** 6
— Körper, Gesundheit **UmweltHG 1** 5, 14 ff
— Rechte **UmweltHG 1** 22
— und Umwelteinwirkung, Verursachungsvermutung **UmweltHG 6** 28 ff
Reststoffvermeidungspflicht **UmweltHG 6** 44 ff
und Sachbegriff **UmweltHG 1** 18 ff
Sachbeschädigung
— Aggregatzustandsänderung, ständige **UmweltHG 1** 27
— Aneignungsrechte **UmweltHG 1** 25
— Anwartschaftsrecht **UmweltHG 1** 24
— und Beeinträchtigung der Natur oder Landschaft **UmweltHG 16** 1 ff
— Begriff **UmweltHG 16** 7
— Durchmischung **UmweltHG 1** 27
— Eingriff in die Sachsubstanz **UmweltHG 1** 27
— Gebrauchsbeeinträchtigung **UmweltHG 1** 29 ff
— Geschädigter **UmweltHG 1** 79 ff
— Minderung der Marktfähigkeit **UmweltHG 1** 30
— Nutzungsbefugnis **UmweltHG 1** 79
— Pflanzen **UmweltHG 1** 105
— Sachentziehung **UmweltHG 1** 28
— Tiere **UmweltHG 1** 18, 104
— Verletzung dinglicher Rechte **UmweltHG 1** 24
— Verletzung eines sonstigen Rechts **UmweltHG 1** 7
— Vermögen **UmweltHG 1** 26
— Verunstaltung der Sache **UmweltHG 1** 27
Schaden
— Allmählichkeitsschaden **UmweltHG 1** 63
— Anlagenursache **UmweltHG 4** 6
— Anspruchsspaltung nach Schadensarten **UmweltHG 1** 81
— Differenzhypothese **UmweltHG 1** 68
— Distanzschaden **UmweltHG 6** 5, 11, 21
— Einwilligung **UmweltHG 1** 116
— Entschädigung **UmweltHG 1** 103
— Ersatzfähigkeit **UmweltHG 1** 70
— Folgenachteile **UmweltHG 1** 69
— Gesamtschaden **UmweltHG 1** 92
— Höhere Gewalt **UmweltHG 1** 114
— Inhaber des Rechtsguts **UmweltHG 1** 69
— Kumulationsschaden **UmweltHG 1** 4
— Marktbeziehungen **UmweltHG 1** 76

Anlagenemission (Forts.)
— Mitverantwortung des Geschädigten **UmweltHG 1** 114
— Nutzungsausfall **UmweltHG 1** 75
— Ökoschaden **UmweltHG 1** 71
— Personenschaden **UmweltHG 1** 72
— Rechtsgut- und Objektbezogenheit **UmweltHG 1** 76
— Sachschaden **UmweltHG 1** 62, 70 f, 80
— Sukzessivschaden **UmweltHG 6** 61
— Summationsschaden **UmweltHG 1** 4; **UmweltHG 6** 5, 11, 21
— Umweltschaden **UmweltHG 1** 2
— Unwesentliche Beeinträchtigung **UmweltHG 1** 66
— Vermögenseinbuße **UmweltHG 1** 68
— Vermögensschaden **UmweltHG 1** 25, 76
— Wesentlichkeit der Beeinträchtigung **UmweltHG 1** 66
Schadensbezogene Eignungsindikatoren **UmweltHG 6** 13
Schadenseignung
— Abstrakte **UmweltHG 6** 11
— Indikatoren **UmweltHG 6** 10 ff
— Toleranzen im Normalbetrieb **UmweltHG 6** 38
Schadensersatzansprüche
— Anspruchsinhalt **UmweltHG 1** 103
— Bagatellschäden, Einwendung der Haftungsfreistellung **UmweltHG 5** 25
— und Beeinträchtigung der Natur und Landschaft **UmweltHG 16** 1 ff
— Begrenzung **UmweltHG 1** 103
— Entgangener Gewinn **UmweltHG 1** 106
— Erschleichung **UmweltHG 10** 2
— Erwerbsschaden **UmweltHG 13** 6 ff
— Geldersatz **UmweltHG 1** 101, 103, 108
— Geldrente **UmweltHG 14** 1 ff
— Heilbehandlung von Tieren **UmweltHG 1** 108
— Heilungskosten **UmweltHG 13** 5
— Inhaber **UmweltHG 1** 79
— Körper- und Gesundheitsverletzungen **UmweltHG 1** 108; **UmweltHG 13** 1 ff
— und Mitverschulden des Geschädigten s. oben unter Mitverschulden
— Naturalrestitution **UmweltHG 1** 97 f, 109
— Nichtvermögensschaden **UmweltHG 1** 107
— wegen Personenschaden **UmweltHG 5** 9
— Pflanzen **UmweltHG 1** 105
— Rückforderung **UmweltHG 1** 108
— Schadenseinschränkung **UmweltHG 1** 75
— Schmerzensgeld **UmweltHG 1** 96
— Tiere **UmweltHG 1** 104
— und Tötungsfolge **UmweltHG 12** 6

Anlagenemission (Forts.)
— Unverhältnismäßigkeit **UmweltHG 1** 104
— Verjährung **UmweltHG 6** 62
— Vermehrte Bedürfnisse **UmweltHG 13** 10 f
— Vertraglicher Haftungsausschluß **UmweltHG 1** 117
— Verwirkung **UmweltHG 6** 62
— Vorbeugende Maßnahmen **UmweltHG 1** 112
— Vorschuß **UmweltHG 1** 113
Schadensverursachung durch Dritte **UmweltHG 1** 47
Schmerzensgeld **UmweltHG 18** 6, 8 ff
Schutzpflicht **UmweltHG 6** 44 ff
Schutzvorkehrungen, unterlassene **UmweltHG 5** 15
Sonstiges Recht **UmweltHG 1** 7
Spezifische Gefährlichkeit **UmweltHG 1** 58 ff, 90
Störfall und Betriebsschwankungen **UmweltHG 6** 38
Störfallvermutung **UmweltHG 6** 6, 37 f
Stoffart, Stoffkonzentration **UmweltHG 8** 30
Stoffe, Art und Konzentration eingesetzter/freigesetzter **UmweltHG 6** 15
Strafvorschriften **UmweltHG 21** 1 ff
Teilnahmeformen und Mitverschulden **UmweltHG 11** 16 ff
Tiere **UmweltHG 1** 13, 19, 108
Tötung **UmweltHG 1** 5 f, 72, 96
Tötungsfolge und Ersatzumfang **UmweltHG 12** 1 ff
Tötungsfolge und Haftungshöchstgrenzen **UmweltHG 15** 1 ff
Transport von Produkten **UmweltHG 3** 25
Typisierung **UmweltHG 1** 36
Übergangsvorschriften **UmweltHG 23** 1 ff
und Umwelteinwirkung
— Anlagen, nicht mehr betriebene **UmweltHG 2** 12 ff
— Anlagen, noch nicht fertiggestellte **UmweltHG 2** 4 ff
— Anlagenbezug, erforderlicher **UmweltHG 1** 46
— Begriff **UmweltHG 1** 35
— Emissionsquelle **UmweltHG 1** 46
— Grundstücksgrenze **UmweltHG 1** 49
Umwelthaftpflichtversicherungsmodell **UmweltHG 19** 4
Umweltmedienbezogene Eignungsindikatoren **UmweltHG 6** 13
Unerlaubte Handlung **UmweltHG 18** 8 ff
Unterhaltsanspruch, entzogener **UmweltHG 12** 10; **UmweltHG 14** 1 ff
Unterlassungsanspruch **UmweltHG 1** 111

Anlagenemission (Forts.)
Unvorhersehbarkeit betriebsfremden Ereignisses **UmweltHG 4** 7
Unwesentliche Sachbeeinträchtigung **UmweltHG 5** 10 ff
Verjährung **UmweltHG 17** 1 ff
Vermeidbarkeit einer Verletzung **UmweltHG 4** 9
Vermögensschaden **UmweltHG 18** 6, 11
Vermutungen
— Betriebspflichtenerfüllung **UmweltHG 6** 55 ff
— Rechtsgutverletzung als Folge bestimmter Umwelteinwirkung **UmweltHG 6** 28 ff; **UmweltHG 7** 19 ff
Versicherungsrecht **UmweltHG 19** 1 ff
und vertragliche Haftung **UmweltHG 18** 14 ff
Verwaltungsrechtliche Regelungen zu besonderen Betriebspflichten **UmweltHG 6** 42 ff
Vorbeugung **UmweltHG 1** 111
Vorgeburtliche Schädigung **UmweltHG 1** 13, 17
Vorschußleistungen zur Naturalherstellung **UmweltHG 16** 20 ff
Vorsorgepflicht **UmweltHG 6** 44 ff
Vorübergehende Betriebseinstellung **UmweltHG 2** 12
Waffengleichheit **UmweltHG 10** 2
Wahrscheinlichkeit **UmweltHG 6** 24; **UmweltHG 7** 21
und WHG-Haftung **UmweltHG 18** 13
Zeitpunkt der Emission **UmweltHG 17** 9
Zubehörstücke **UmweltHG 3** 22 ff
Zumutbare Beeinträchtigung (ortsübliche) **UmweltHG 5** 23

Anlageninhaber
Anlagenemission s. dort
Gefährliche Anlagen s. HaftpflichtgesetzG
Kernanlagen s. Atomrecht

Anwartschaftsrecht
UmweltHG-Schutz **UmweltHG 1** 24

Arbeitsplatz
und UmweltHG **UmweltHG 1** 8

Arbeitsschutz
Besondere Betriebspflichten **UmweltHG 6** 46

Arbeitsunfall
und Atomhaftung **AtomG 25, 25a, 26** 60
Gentechnisch veränderte Organismen **GenTG 32, 34, 35, 37** 39

Arzneimittel
und gentechnisch veränderte Organismen **GenTG 32, 34, 35, 37** 9 ff

Arzneimittel (Forts.)
UmweltHG-Katalog von Anlagen **UmweltHG 1** 41
Atomrecht
Äquivalenzformel **AtomG 25, 25a, 26** 28
Allgemeingüter, geschädigte **AtomG 25, 25a, 26** 26
Allmähliche radioaktive Verseuchung **AtomG 25, 25a, 26** 21
Anlage
— Forschungsanlagen **AtomG 25, 25a, 26** 17, 51
— Inhaber einer Kernanlage **AtomG 25, 25a, 26** 2 ff, 11 ff, 37 ff, 43
— Keranlagen eines Raktorschiffs **AtomG 25, 25a, 26** 2, 50
— Kernanlagen **AtomG 25, 25a, 26** 1, 16 f, 19 f
— Kernfusionsanlagen **AtomG 25, 25a, 26** 18, 51
— Militärische Kernanlagen **AtomG 25, 25a, 26** 20
— Ortsfeste Kernanlagen **AtomG 25, 25a, 26** 12 f
— Prüf- oder Untersuchungsanlagen **AtomG 25, 25a, 26** 18, 51
Anlagenemission, UmweltHG-Haftung und Atomhaftung **UmweltHG 18** 19 f
Arbeitsunfall **AtomG 25, 25a, 26** 60
Atomwaffen **AtomG 25, 25a, 26** 20
Auffangregelung **AtomG 25, 25a, 26** 51 ff
Ausländisches nukleares Ereignis **AtomG 25, 25a, 26** 44
Beförderung **AtomG 25, 25a, 26** 7, 14, 18, 55, 57
und Bergbauschäden **BBerG 114** 59
Beschleuniger **AtomG 25, 25a, 26** 18, 51 f
Besitzerbegriff **AtomG 25, 25a, 26** 54
Beweislast **AtomG 25, 25a, 26** 48 f
Brüsseler Übereinkommen
— Kernmaterial Seetransport **AtomG 25, 25a, 26** 2
— Reaktorschiff **AtomG 25, 25a, 26** 2, 15, 20, 40, 50 f
— Zusatzübereinkommen zum PÜ **AtomG 25, 25a, 26** 2, 36
Deckungsvorsorge **AtomG 25, 25a, 26** 37 ff, 40 f
Endlager **AtomG 25, 25a, 26** 17
Fremde Truppen **AtomG 25, 25a, 26** 20
Friedliche Kernenergienutzung **AtomG 25, 25a, 26** 20
Gefährdungshaftung mit Exculpationsmöglichkeit **AtomG 25, 25a, 26** 52
Grenzüberschreitungen **AtomG 25, 25a, 26** 1
Haftpflichtversicherer **AtomG 25, 25a, 26** 8
Haftung

Atomrecht (Forts.)
— AtomG-Novelle **AtomG 25, 25a, 26** 30, 36, 40
— Ausschluß **AtomG 25, 25a, 26** 58
— Betrieb von Reaktorschiffen **AtomG 25, 25a, 26** 2, 50
— Freigrenzen **AtomG 25, 25a, 26** 17, 53
— Gefährdungshaftung **AtomG 25, 25a, 26** 4, 35, 52, 59
— Höchstbeträge **AtomG 25, 25a, 26** 2, 36
— Internationales Privatrecht **AtomG 25, 25a, 26** 11, 44
— Kanalisierung **AtomG 25, 25a, 26** 5 ff, 33
— in Nichtvertragsstaaten verursachte Schäden **AtomG 25, 25a, 26** 11
— Vertragliche Vereinbarungen **AtomG 25, 25a, 26** 10, 46
— Völkerrecht **AtomG 25, 25a, 26** 11
— Zuliefererhaftung **AtomG 25, 25a, 26** 7
Höhere Gewalt **AtomG 25, 25a, 26** 4
Inhaber von Kernanlagen **AtomG 25, 25a, 26** 2 ff, 11 ff, 37 ff, 43
Ionisation **AtomG 25, 25a, 26** 23
Ionisierende Strahlen **AtomG 25, 25a, 26** 30
Kausalität
— Haftungsausfüllende **AtomG 25, 25a, 26** 31, 49
— Haftungsbegründende **AtomG 25, 25a, 26** 28, 49
— Nachweis **AtomG 25, 25a, 26** 23, 48
Kernbrennstoffe **AtomG 25, 25a, 26** 16, 19, 30
Kernmaterial **AtomG 25, 25a, 26** 7, 14, 16, 18 f, 51
Kernstoffe **AtomG 25, 25a, 26** 5, 21, 63
Konkurrenzen **AtomG 25, 25a, 26** 57
Kriegsschiffe, nuklearbetriebene **AtomG 25, 25a, 26** 20
Medizinischer Betrieb (Haftungsausschlüsse) **AtomG 25, 25a, 26** 58
Mehrheit von Verursachern **AtomG 25, 25a, 26** 15
Mitverschulden **AtomG 25, 25a, 26** 35
Nationale/internationale Regelungen (Geflecht) **AtomG 25, 25a, 26** 1
OECD/NEA **AtomG 25, 25a, 26** 2, 19
Pariser Übereinkommen **AtomG 25, 25a, 26** 2 ff
Prozessuale Hinweise **AtomG 25, 25a, 26** 47 ff
Radioaktivität
— Abfälle **AtomG 25, 25a, 26** 16 f, 21, 30, 63
— Erzeugnisse **AtomG 25, 25a, 26** 16, 21, 30, 63
— Radioisotope **AtomG 25, 25a, 26** 18, 51
— Stoffe **AtomG 25, 25a, 26** 17, 51, 53 ff

Atomrecht (Forts.)
Räumlicher Haftungsgeltungsbereich **AtomG 25, 25a, 26** 11
Rechtliche Haftungskanalisierung **AtomG 25, 25a, 26** 5
Rechtsgüterschutz **AtomG 25, 25a, 26** 25
Rechtsquellen **AtomG 25, 25a, 26** 2 f
Rechtsweg **AtomG 25, 25a, 26** 47
Rückgriff des Anlageninhabers **AtomG 25, 25a, 26** 46
Schaden
— Akuter Schaden **AtomG 25, 25a, 26** 48
— an Allgemeingütern **AtomG 25, 25a, 26** 26
— in anderen Staaten **AtomG 25, 25a, 26** 36
— an Anlage selbst **AtomG 25, 25a, 26** 7, 27
— Atomschäden **AtomG 25, 25a, 26** 9, .36
— durch Atomwaffen **AtomG 25, 25a, 26** 20
— an Beförderungsmitteln **AtomG 25, 25a, 26** 25
— Drittschäden **AtomG 25, 25a, 26** 34
— Erbschäden **AtomG 25, 25a, 26** 23
— Gesundheitsschäden **AtomG 25, 25a, 26** 23
— und haftungsausfüllende Kausalität **AtomG 25, 25a, 26** 31
— Immaterielle Schäden **AtomG 25, 25a, 26** 33
— Kenntnis **AtomG 25, 25a, 26** 62
— durch Kernstoffe oder Kernanlagen **AtomG 25, 25a, 26** 1, 5
— Nasciturus **AtomG 25, 25a, 26** 23
— Nukleare Ereignisse **AtomG 25, 25a, 26** 11
— Nuklearer Schaden **AtomG 25, 25a, 26** 11, 22 ff
— Organschaden **AtomG 25, 25a, 26** 23
— durch ortfeste Kernanlagen **AtomG 25, 25a, 26** 12 f
— Personenschaden **AtomG 25, 25a, 26** 23 f, 39
— durch Radioisotope **AtomG 25, 25a, 26** 51
— Sachschaden **AtomG 25, 25a, 26** 24
— Somatische Schäden **AtomG 25, 25a, 26** 23
— Spätschaden **AtomG 25, 25a, 26** 32
— Strahlenschäden **AtomG 25, 25a, 26** 32, 57
— durch Terroristen, Saboteure **AtomG 25, 25a, 26** 4
— Tschernobyl **AtomG 25, 25a, 26** 45
— Umweltschäden **AtomG 25, 25a, 26** 26
— Uran **AtomG 25, 25a, 26** 51
— Vermögensschaden **AtomG 25, 25a, 26** 25
— Vermögenswerte **AtomG 25, 25a, 26** 7, 25, 27

Atomrecht (Forts.)
— durch Vorsorgemaßnahmen **AtomG 25, 25a, 26** 34
Schadensersatzansprüche
— Ausgleich durch den Bund **AtomG 25, 25a, 26** 44
— Schadensanzeigepflicht **AtomG 25, 25a, 26** 43
— Schadensersatzrechtliche Grundsätze **AtomG 25, 25a, 26** 32
— Schadensverhütungskosten **AtomG 25, 25a, 26** 34
— Schmerzensgeld **AtomG 25, 25a, 26** 33
— Umfang **AtomG 25, 25a, 26** 32, 56
— Verschulden **AtomG 25, 25a, 26** 33
Schädigungsvorsatz **AtomG 25, 25a, 26** 7
Schiffsreaktoren **AtomG 25, 25a, 26** 50
Schutzeinrichtungen **AtomG 25, 25a, 26** 52
Schutzgesetze **Einl UmweltHR** 74
Sondergebiet des Schadenshaftungsrechts **AtomG 25, 25a, 26** 1
Sonderziehungsrechte **AtomG 25, 25a, 26** 36
Sozialversicherungssysteme, Eintritt **AtomG 25, 25a, 26** 9
Staatseintritt **AtomG 25, 25a, 26** 41 ff
Thorium **AtomG 25, 25a, 26** 16, 18, 51
Transporte **AtomG 25, 25a, 26** 51
Unfall **AtomG 25, 25a, 26** 21, 39
Uran **AtomG 25, 25a, 26** 16, 18, 51
Verjährung **AtomG 25, 25a, 26** 23
Verschulden **AtomG 25, 25a, 26** 33
Versicherung **AtomG 25, 25a, 26** 5, 9, 24, 39 f
Verursachermehrheit **AtomG 25, 25a, 26** 15
und Wasserbeschaffenheit, Haftung für veränderte **WHG 22** 86
Wismut (DSAG) **AtomG 25, 25a, 26** 53
Wissenschaftlicher Erkenntnisfortschritt **AtomG 25, 25a, 26** 19

Atomwaffen
und Atomhaftung **AtomG 25, 25a, 26** 20

Aufklärung
und Umwelthaftung **Einl UmweltHR** 51

Auflagen
Anlagenemission und besondere Betriebspflichten **UmweltHG 6** 49, 52 ff, 56 ff, 64 f

Auflassung
UmweltHG-Schutz **UmweltHG 1** 24

Aufopferungshaftung
Abwehranspruch und Surrogat der – **Einl UmweltHR** 207
Anlagenemission, UmweltHG-Haftung und – **UmweltHG 18** 12
Anspruchsgrundlagen §§ 906 BGB, 14 BImSchG **Einl UmweltHR** 82 ff, 93
Duldungspflichten (kompensierte) s. dort

Aufopferungshaftung (Forts.)
Entschädigung/Schadensersatz **Einl UmweltHR** 82, 91
Erlaubnistatbestände, öffentlich-rechtliche **Einl UmweltHR** 282
Fortentwicklung **Einl UmweltHR** 85 ff
und gentechnisch veränderte Organismen **GenTG 32, 34, 35, 37** 19
Gesamtschuldnerschaft **Einl UmweltHR** 205 ff
Gesundheitsschutz **Einl UmweltHR** 86
Grobkörper, Vertiefungen, Zugangsbehinderungen, Tiere **Einl UmweltHR** 86
und Haftung für gefährliche Güter **HaftPflG 29** 41
Hoheitsakte, Bedeutung privatrechtsgestaltender **Einl UmweltHR** 281 f
Kausalitätsnachweis **Einl UmweltHR** 251
Lebenswichtige Betriebe **Einl UmweltHR** 88 ff
Mobiliarschäden **Einl UmweltHR** 257
Nachteilsliquidierung mittels der – **Einl UmweltHR** 6, 31, 81, 92, 121, 323, 325
Normalbetrieb, schädigender **Einl UmweltHR** 81, 87
Prognose- und Entwicklungsrisiken **Einl UmweltHR** 90
Rechtsgüterschutz, erweiterter **Einl UmweltHR** 121
Rechtswidrigkeitsfrage **Einl UmweltHR** 87, 136, 159, 217 ff
Störfall **Einl UmweltHR** 83, 92
Umwelthaftung, Hauptgruppe der – **Einl UmweltHR** 49

Aufwendungen
Bergbauschäden und unerhebliche- **BBergG 114** 37

Ausbreitung von Stoffen
als Umwelteinwirkung **Einl UmweltHR** 2; **UmweltHG 3** 4

Auskunftsanspruch
s. a. Akteneinsichtsrecht
s. a. UmweltinformationsG
Abgabe eidesstattlicher Versicherung **UmweltHG 8** 55 ff; **UmweltHG 10** 16
Abtretung **UmweltHG 8** 22
Akteneinsichtsrecht, subsidiäres **UmweltG 8** 48; **UmweltHG 8** 33, 47
Aktivlegitimation **UmweltHG 10** 7
Akzessorietät **UmweltHG 8** 11
Allgemeiner – **Vorbem UmweltHG 8-10** 4
Amtsverschwiegenheit **UmweltHG 9** 26
Anlage als Schadensverursacher **UmweltHG 8** 17
Anlagenbetreiber und Behörde **UmweltHG 8** 15
Anlagenbezug **UmweltG 8** 17

Auskunftsanspruch (Forts.)
Anlageninhaber als Schuldner **UmweltHG 8** 23 f
des Anlageninhabers
— gegen anderen Anlageninhaber **UmweltHG 10** 10
— gegenüber Behörde **UmweltHG 10** 11
— Erforderlichkeit **UmweltHG 10** 4, 5
— Erschleichung von Schadensersatzleistungen **UmweltHG 10** 2
— Gesamtschuld, anteilige Haftung **UmweltHG 10** 1
— gegen Geschädigten **UmweltHG 10** 12
— Inhalt **UmweltHG 10** 9 ff
— Kosten **UmweltHG 10** 17
— nach UmweltHG-Inanspruchnahme **UmweltHG 10** 3
— Waffengleichheit **UmweltHG 10** 2
— Wahrscheinlichkeit des Verteidigungseinwands **UmweltHG 10** 6
— Widerlegung der Ursachenvermutung **UmweltHG 10** 2
— Wissenserklärung, Schriftform **UmweltHG 10** 14
Anlagenrelevante Daten **UmweltHG 8** 16
Anlagenwirkungen **UmweltHG 8** 31
Arbeits- und Zeitaufwand **UmweltHG 8** 36
Aufgabe **UmweltG 8** 1
aufgrund Auskunftsvertrag **Vorbem UmweltHG 8-10** 5
aufgrund UmweltHG **UmweltG 8** 3 ff
Augenscheineinnahme **UmweltHG 8** 33
Ausforschungszweck, unzulässiger **UmweltHG 8** 6
und ausgeschlossener UmweltHG-Anspruch **UmweltHG 8** 8
Auskunftserteilung (Frist, Modalitäten, Kosten) **Vorbem UmweltHG 8-10** 19, 25
Auslagen **Vorbem UmweltHG 8-10** 26
Ausschluß **UmweltG 8** 8
Ausschluß wegen öffentlicher/privater Belange **Vorbem UmweltHG 8-10** 21
BDSG **Vorbem UmweltHG 8-10** 14
Begründung **UmweltG 8** 18
gegenüber Behörden
— und Akteneinsichtsrecht **UmweltHG 9** 18
— Anlagengenehmigungsbehörde **UmweltHG 9** 6 f
— Anlagenüberwachungsbehörde **UmweltHG 9** 6 ff
— Auskunftsverweigerungsrecht **UmweltHG 9** 19 ff
— Betriebsbezogene Auskunft **UmweltHG 9** 16
— Form der Auskunft **UmweltHG 9** 17 f
— Geheimhaltungsinteresse **UmweltHG 9** 24 ff

Auskunftsanspruch (Forts.)
— Inhalt, Umfang **UmweltHG 9** 11 ff
— Kosten **UmweltHG 9** 32
— Materiellrechtlicher Anspruch **UmweltHG 9** 2
— Nachteile für Bund/Land **UmweltHG 9** 23
— Öffentlich-rechtlicher Anspruch **UmweltHG 9** 2
— Offenbarungspflicht **UmweltHG 9** 16
— Passivlegitimation **UmweltHG 9** 5 ff
— UmweltinformationsG **UmweltHG 9** 3
— Umweltüberwachungsbehörde **UmweltHG 9** 8 f
— Verwaltungsakt **UmweltHG 9** 21
Berechtigung **UmweltG 8** 6
Beschränkung **UmweltG 8** 6, 7
Beschränkung der Auskunft **Vorbem UmweltHG 8–10** 13, 18, 21, 27
Betriebs- und Geschäftsgeheimnis **UmweltG 8** 43
und Betriebsablauf **UmweltHG 8** 28
Betriebspflicht, besondere **UmweltG 8** 32
Betriebspflichten, besondere **UmweltHG 8** 32
Beweisfragen **UmweltG 8** 18 ff
und Beweisverwertung **UmweltHG 8** 7
Einrichtungen, verwendete **UmweltG 8** 29; **UmweltHG 8** 27, 29
Einstweiliger Rechtsschutz **UmweltG 8** 61
Erforderlichkeit **UmweltHG 10** 4 f
Erforderlichkeit der Auskunft **UmweltG 8** 12 ff, 44 ff
Form der Auskunft **UmweltHG 9** 17 f; **UmweltHG 10** 14
Geheimhaltungsinteresse, überwiegendes **UmweltHG 9** 19 ff
Geheimnisschutz **Vorbem UmweltHG 8–10** 21 ff
gegenüber Genehmigungsbehörden **UmweltHG 9** 6 f
Gentechnisch veränderte Organismen **GenTG 32, 34, 35, 37** 50 ff
Geringst erforderlicher Eingriff **UmweltG 8** 44 ff
Geringst erforderliches Maß **UmweltHG 8** 12
Geschädigter **UmweltHG 8** 22
Geschäftsführung, unberechtigte **Vorbem UmweltHG 8–10** 6
Gesetzlich normierter **Vorbem UmweltHG 8–10** 4 ff
Herausgabe von Gegenständen **Vorbem UmweltHG 8–10** 7
Höhere Gewalt **UmweltHG 8** 8, 10
bei höherer Gewalt **UmweltG 8** 10
Informationsaufbereitung, verständliche **UmweltHG 8** 34

Auskunftsanspruch (Forts.)
Informationsbedürfnis, fehlendes **UmweltHG 8** 13
Inhaber **UmweltG 8** 22; **Vorbem UmweltHG 8–10** 18, 25
über Inhaberschaft **UmweltHG 8** 24
Inhalt **UmweltG 8** 25 ff; **Vorbem UmweltHG 8–10** 17, 21 ff
Inhalt der Auskunft **UmweltHG 9** 11 f; **UmweltHG 10** 9 ff
Interessenabwägung Informationsbedürfnis/Geheimhaltungsinteresse **UmweltHG 8** 44 ff
Kausalität, Widerlegung der Vermutung **UmweltHG 10** 2
Kausalverknüpfung Anlage/Schaden, vermutete **UmweltHG 8** 18 ff
Klage **UmweltG 8** 59 ff
Klageart **Vorbem UmweltHG 8–10** 25
Konkurrenzen **UmweltHG 9** 3
Kosten **UmweltG 8** 35 ff; **UmweltHG 8** 35 ff, 54, 58, 63 f; **UmweltHG 9** 32; **UmweltHG 10** 17
der Medien (presserechtlicher) **Vorbem UmweltHG 8–10** 13
Mitverschulden des Geschädigten **UmweltG 8** 10; **UmweltHG 8** 8, 10
Modalität **UmweltG 8** 33 f
Möglichkeit **UmweltG 8** 26
Nachteile für Wohl des Bundes/eines Landes **UmweltHG 9** 23
Nicht ausreichende Auskunft **UmweltG 8** 47 f, 51
Öffentlich-rechtlicher **Vorbem UmweltHG 8–10** 11 ff
Öffentlich-rechtlicher Anspruch **UmweltHG 9** 2, 31
Offenbarungspflichten gegenüber Behörden **UmweltHG 9** 16
Passivlegitimation **UmweltHG 8** 23 f; **UmweltHG 9** 5; **UmweltHG 10** 8
Popularklage, ausgeschlossene **UmweltHG 8** 22
Realakt **UmweltHG 9** 31
wegen Rechtsgutverletzung nach dem UmweltHG **UmweltHG 8** 4 ff
Restanspruch **UmweltG 8** 9
Richtigkeit der Auskunft **Vorbem UmweltHG 8–10** 25
wegen Schadensersatzes nach dem UmweltHG **UmweltHG 8** 4 ff
Schadensverursachung durch eine Anlage **UmweltHG 8** 18 ff
Schuldner der Auskunft **UmweltG 8** 23 f
Schutzzweck **UmweltHG 9** 1
SGB X **UmweltHG 8** 22
Sonstige Umweltwirkungen **UmweltG 8** 31
Stoffart **UmweltG 8** 30

Auskunftsanspruch (Forts.)
Stoffe, Stoffarten, Stoffkonzentration **UmweltHG 8** 30
Stoffe, Stoffkonzentration **UmweltHG 8** 27
Stoffkonzentration **UmweltG 8** 30
Substantiierungszweck **UmweltHG 8** 14
Tatsachen **UmweltHG 8** 33
Treu und Glauben **Vorbem UmweltHG 8–10** 8
Treu und Glauben (Kostenbeteiligung) **UmweltHG 8** 36
gegenüber Überwachungsbehörden **UmweltHG 9** 8 f
Umfang **UmweltG 8** 27 ff
Umfang der Auskunft **UmweltHG 9** 13 ff
Umfang der Verpflichtung **Vorbem UmweltHG 8–10** 17, 20 ff
UmweltinformationsG **Vorbem UmweltHG 8–10** 16 ff; **UmweltHG 9** 3
Unerlaubte Handlung **Vorbem UmweltHG 8–10** 8
Unrichtige Auskunft **UmweltG 8** 47 f, 50
Unvollständige Auskunft **UmweltG 8** 47 ff
Unwesentliche, örtlich zumutbare Beeinträchtigung **UmweltHG 8** 10
Vererblichkeit **UmweltHG 8** 22
Verfügbare Informationen **UmweltHG 8** 26
Verhältnismäßigkeit **UmweltHG 8** 12
Verjährung **UmweltG 8** 11
Versicherung an Eides Statt **UmweltG 8** 57, 58, 61
Verwaltungsakt **UmweltHG 9** 31
Verwaltungsrechtlicher **Vorbem UmweltHG 8–10** 13 ff
Verweigerung der Auskunft **UmweltG 8** 39 ff
Vollstreckung **UmweltG 8** 65
Voraussetzung **UmweltG 8** 4 ff
Waffengleichheit **UmweltHG 10** 2
Wissenserklärung in Schriftform **UmweltHG 8** 33
Zivilprozessualer **Vorbem UmweltHG 8–10** 10
Zivilrechtlicher **Vorbem UmweltHG 8–10** 2 ff
Zweck **Vorbem UmweltHG 8–10** 29 ff

Auskunftsvertrag
Umwelthaftungsbezogene Auskunft **Vorbem UmweltHG 8–10** 5

Ausländisches Recht
Umweltschäden und Fondslösungen **Einl UmweltHR** 325

Ausland
Nukleares Ereignis, Schädigung **AtomG 25, 25a, 26** 44

Außergewöhnlicher Vorgang
als höhere Gewalt **UmweltHG 4** 8

Bagatellverletzungen
und Umwelthaftung **UmweltHG 5** 1 ff

Bahnverkehr
Umwelthaftung **Einl UmweltHR** 108 ff

Bakterien
Umwelteinwirkung **UmweltHR 3** 7

Bauphase
und Haftung für Anlageemission **UmweltHG 2** 1 ff

Baurecht
und Bergschaden **BBergG 114** 49 ff

Baustoffe
UmweltHG-Katalog von Anlagen **UmweltHG 1** 41

Beeinträchtigung
Immissionsfolge **Einl UmweltHR** 2
der Umwelt
s. Umwelt
Wesentlichkeit einer Beeinträchtigung
s. dort

Beförderung
und Atomhaftung **AtomG 25, 25a, 26** 7, 14, 18, 55, 57

Beförderungsmittel
Reaktoren als Teil eines- **AtomG 25, 25a, 26** 50

Behörde
Umweltschutzaufgabe und Auskunftspflicht
s. Auskunftsanspruch

Behördliche Aufsicht
und UmweltinformationsG **Vorbem UmweltHG 8–10** 16

Beitrittsgebiet
Altlasten **Einl UmweltHR** 29
Auskunftsansprüche, umwelthaftungsbezogene öffentlich-rechtliche **Vorbem UmweltHG 8–10** 11
Wasserrecht (Veränderungen der Wasserbeschaffenheit) **WHG 22** 4 ff

Belgien
Fonds **Einl UmweltHR** 325

Bereicherungsrecht
s. Ungerechtfertigte Bereicherung

Bergbau
Anlagenhaftung (Haftung für Bergbaueinrichtungen) **BBergG 114** 3, 11
Anpassungs- oder Sicherungsverlangen **BBergG 114** 39
Anspruchskonkurrenzen **BBergG 114** 54 ff
und Atomhaftung **AtomG 25, 25a, 26** 57; **BBergG 114** 59
Aufbereitung **BBergG 114** 8
Aufopferungs- und Gefährdungshaftung **BBergG 114** 2
Aufsuchen **BBergG 114** 6
Aufwendungen, unerhebliche **BBergG 114** 37

Bergbau (Forts.)
Ausgleich für Duldungspflicht **BBergG 114** 2
Ausübung von Bergbautätigkeit (als Haftungsfall) **BBergG 114** 3
Baumangel, baurechtswidrige Nutzung **BBergG 114** 50
Bauwarnen **BBergG 114** 39
Bergbaubetrieb **BBergG 114** 3
Bergbaubetriebe, Schäden anderer (Haftungsausschluß) **BBergG 114** 34
Betriebsbeteiligte Personen und Sachen (Haftungsausschluß) **BBergG 114** 33
Beweislast **BBergG 114** 45 ff
Bodenschatzförderung **BBergG 114** 5 ff
DDR-BerG **BBergG 114** 67
Dritte als Geschädigte **BBergG 114** 17
Dritte als Schadensverursacher **BBergG 114** 23
Eigentümer als Verletzter **BBergG 114** 17
Einwirkungen, nicht verbotene **BBergG 114** 35
Erlaubnisinhaber **BBergG 114** 21 f
Gefährdungshaftung **Einl UmweltHR** 95, 97; **BBergG 114** 2
Gewinnung **BBergG 114** 7
Grundstücksschaden **BBergG 114** 27
Haftpflichtgesetz (Haftungskonkurrenz) **BBergG 114** 60 ff
Höhere Gewalt **BBergG 114** 40
Hypothek (Haftungsverband) **BBergG 114** 17
Kausalität **BBergG 114** 15
Klage, Klagbarkeit **BBergG 114** 16 ff
Künftige Schadensmöglichkeit **BBergG 114** 30
LuftVG (Haftungskonkurrenz) **BBergG 114** 63
Mehrheit von Bergbaubetrieben **BBergG 114** 19
Natürliche Gegebenheiten/Veränderungen des Baugrunds **BBergG 114** 51
Nebentätigkeiten **BBergG 114** 9
Obliegenheit des Geschädigten **BBergG 114** 52
Personenverletzung **BBergG 114** 13, 25
Planungsentscheidungen (Haftungsausschluß) **BBergG 114** 36
Prozessuale Hinweise **BBergG 114** 44 ff
Rechtsgutverletzung (Bergschaden) **BBergG 114** 12 ff
Rekultivierung **BBergG 114** 10
Sachbeeinträchtigung **BBergG 114** 14
Sachschaden **BBergG 114** 26 ff
und UmwelthaftungsG (Haftungskonkurrenz) **BBergG 114** 4, 65
UmweltHG-Katalog von Anlagen **UmweltHG 1** 41

Bergbau (Forts.)
Unerlaubte Handlung (Anspruchskonkurrenz) **BBergG 114** 58
Unerlaubte Handlung (Umfang der Ersatzpflicht) **BBergG 114** 24
Unternehmer **BBergG 114** 18
Verjährung **BBergG 114** 43
Verletzter **BBergG 114** 16
Vertragliche Haftung **BBergG 114** 57
Verzicht **BBergG 114** 41 f
und Wasserbeschaffenheit, veränderte **BBergG 114** 66
Widerlegbarer Beweis des ersten Anscheins **BBergG 114** 49
Wiedernutzbarmachung der Oberfläche **BBergG 114** 10

Berufskrankheit
Gentechnisch veränderte Organismen **GenTG 32, 34, 35, 37** 39

Beseitigungsanspruch
und BImSchG-Anlagenbestandsschutz **BImSchG 14 S 2** 4
trotz Duldungspflichten **Einl UmweltHR** 282
Quasi-negatorischer – **Einl UmweltHR** 50

Besichtigungsanspruch
Umwelthaftungsbezogene Auskunft **Vorbem UmweltHG 8–10** 9

Besitz
Atomhaftung **AtomG 25, 25a, 26** 54
UmweltHG-Schutz **UmweltHG 1** 26

Bestandsschutz
Genehmigungsschutz **Einl UmweltHR** 35, 295; **BImSchG 14 S 2** 1, 3, 17, 25
Zivilprozessualer Vorteil ggü. öffentlich-rechtlichem – **Einl UmweltHR** 315

Bestandsverzeichnis
Umwelthaftungsbezogene Auskunft **Vorbem UmweltHG 8–10** 7

Betriebsfähigkeit
und Anlagenbegriff **UmweltHG 3** 15

Betriebsgefahr
und Umwelthaftungsschaden **HaftPflG 2** 20; **UmweltHG 11** 8

Betriebsgeheimnisse
Auskunftsverpflichtung aufgrund Anlagenemission **UmweltHG 8** 39 ff; **UmweltHG 9** 14 ff

Betriebspflichten
und bestimmungsgemäßer Anlagenbetrieb **UmweltHG 5** 6 ff
und Haftung für Anlagenemission s. Anlagenemission

Betriebspflichtverletzung
und Störfall, Abgrenzung **Einl UmweltHR** 22

Betriebsrisiko
und Haftung für Anlagenemission **UmweltHG 1** 46, 58 f
Betriebsstätte
als Anlage **UmweltHG 3** 19
Betriebsstillegung
BImSchG-Ausschluß **BImSchG 14 S 2** 3 f
und Haftung für Anlageemission **UmweltHG 2** 1 ff
Betriebstechnischer Zusammenhang
und Anlagenbegriff **UmweltHG 3** 26 ff
Bewegliche Sachen
Begriff, Sachbeschädigung **UmweltHG 1** 19; **UmweltHG 5** 4; **BImSchG 14 S 2** 9
Beweisrecht
s. a. Anlagenemission
Anscheinsbeweis **Einl UmweltHR** 243 f, 249, 285; **UmweltHG 6** 4 f, 11, 24, 26
Atomgesetz (Haftung für Kernanlagen) **AtomG 25, 25a, 26** 48 f
Auskunftsansprüche und Beweiserleichterung **Vorbem UmweltHG 8–10** 1
Bergbauschäden **BBergG 114** 45 ff
Beweiserleichterungen **WHG 22** 74, 81
Beweisführung **UmweltHG 6** 31
Beweisführungslast **Einl UmweltHR** 142, 236, 289
Beweislage **UmweltHG 6** 3
Beweislast **Einl UmweltHR** 142, 236, 238, 242 f, 247 f, 254, 257, 261, 267, 277, 283 f, 294, 299, 316; **WHG 22** 79 f; **AtomG 25, 25a, 26** 48 f; **GenTG 32, 34, 35, 37** 31 ff
Beweislastumkehr **Einl UmweltHR** 112, 232, 244 f, 248 ff, 253 ff, 259, 267; **WHG 22** 80
Beweislastverteilung **Einl UmweltHR** 165, 191, 238, 247, 253, 258, 262
Beweismaß **Einl UmweltHR** 142, 230 ff
Beweiswürdigung **Einl UmweltHR** 135, 150, 233, 239, 246, 248
BImSchG-Anlage **BImSchG 14 S 2** 33 f
Erleichterungen **UmweltHG 6** 6, 10, 26 ff, 31
Feststellungslast **Einl UmweltHR** 236
Normalbetriebsvermutung **UmweltHG 6** 55
UmweltHG-Inkrafttreten **UmweltHG 23** 9
Verteilung **UmweltHG 6** 22 ff, 55 ff
Vollbeweis **Einl UmweltHR** 231, 242, 252
Wahrscheinlichkeit
s. dort
Würdigung **UmweltHG 6** 28 ff
Bewilligung
Wasserbeschaffenheit, veränderte **WHG 22** 21 f
Biologische Beschaffenheit
Wasserbeschaffenheit, veränderte
s. Wasserrecht
Biologische Veränderung
als Umwelteinwirkung **UmweltHG 3** 5
Biotechnische Verfahren
Anerkannte ungefährliche- **GenTG 32, 34, 35, 37** 2
Boden (als Umweltmedium)
Abfallrecht, Bodenschutzrecht **Einl UmweltHR** 27, 72, 113
Altlasten
s. dort
Aufopferungshaftung **Einl UmweltHR** 85, 119
Bahnverkehr **Einl UmweltHR** 108
Begriff **UmweltHG 3** 13
Behördliches Verkaufsverbot wegen Kontaminierung **UmweltHG 1** 30
BundesbodenschutzG **Einl UmweltHR** 27, 72
Gesamtschuldnerschaft **Einl UmweltHR** 202
und Haftung für Anlagenemission **UmweltHG 2** 14
Immissionen **Einl UmweltHR** 15
Öko-Schäden **Einl UmweltHR** 7
Produkthaftungsrecht **Einl UmweltHR** 113
Schadensprävention **Einl UmweltHR** 115
Straßenverkehrsrechtliche Haftung **Einl UmweltHR** 99 f
Umwelteinwirkung **Einl UmweltHR** 2
Umwelteinwirkung, Ausbreitung auf dem Umweltpfad **UmweltHG 3** 10
Bodenschatzförderung
und Haftung des Bergbaubetriebs **BBergG 114** 5 ff
Bodenschutz
Altlasten
s. dort
und Schutzgesetze **Einl UmweltHR** 72
Brüsseler Übereinkommen
s. Abkommen, Übereinkommen
Bürgerlich-rechtliche Aufopferungshaftung
s. Aufopferungshaftung
Bund
Atomschäden (Freistellungsverpflichtung) **AtomG 25, 25a, 26** 42
BundesimmissionsschutzG
Abwehranspruch **BImSchG 14 S 2** 13 ff
Akteneinsichtsrecht **Vorbem UmweltHG 8–10** 13
Analoge Haftung **BImSchG 14 S 2** 15
Anlagenbegriff (BImSchG/UmweltHG) **UmweltHG 3** 14
Anlagenbetreiber als Störer **BImSchG 14 S 2** 10
Anlagenemission und Bedeutung besonderer Betriebspflichten aufgrund des – **UmweltHG 6** 44 ff
Anlagenemission, UmweltHG-Haftung und – **UmweltHG 18** 13

BundesimmissionsschutzG (Forts.)
und Aufopferungsanspruch § 906 Abs 2 S 2 **Einl UmweltHR** 216; **BImSchG 14 S 2** 39 f
Auskunftsansprüche **Vorbem UmweltHG 8-10** 13
im Bau befindliche Anlagen **BImSchG 14 S 2** 13
Benutzer, bloßer eines benachbarten Grundstücks **BImSchG 14 S 2** 8
Beseitigung nachteiliger Wirkung **BImSchG 14 S 2** 6
Beseitigung der Störquelle **BImSchG 14 S 2** 4, 17
Beseitigungsanspruch, nicht ausgeschlossener **BImSchG 14 S 2** 4
Beseitigungsanspruch, vorübergehender **BImSchG 14 S 2** 17
Bestandskräftige Anlagengenehmigung **BImSchG 14 S 2** 13
Bestandsschutz **BImSchG 14 S 2** 1, 3, 17, 25
Betriebseinstellung der Anlage **BImSchG 14 S 2** 3 ff, 13 ff, 17
Bewegliche Sachen, verletzte des Immobiliarberechtigten **BImSchG 14 S 2** 9
Beweis **BImSchG 14 S 2** 33 f
Duldungspflicht und Aufopferung **BImSchG 14 S 2** 1
Emissionsbegriff **Einl UmweltHR** 14
Gefährdungshaftung **Einl UmweltHR** 35, 279
Genehmigungsbehörde **BImSchG 14 S 2** 10
Genehmigungserfordernis und Vorkehrungsanspruch **BImSchG 14 S 2** 23
Genehmigungserteilung **Einl UmweltHR** 320
Haftung, Haftungsvoraussetzungen **BImSchG 14 S 2** 8 ff, 15
Immisionsprognose **BImSchG 14 S 2** 6
Immissionsbegriff **Einl UmweltHR** 13
Immobiliarberechtigte als Anspruchsinhaber **BImSchG 14 S 2** 8
Immobiliarbezogenheit und Passivlegitimation **BImSchG 14 S 2** 12
Interessenausgleich **BImSchG 14 S 2** 2
Kausalität, haftungsbegründende **BImSchG 14 S 2** 24
Klage, Klagbarkeit **BImSchG 14 S 2** 32 ff
Luftverunreinigung **Einl UmweltHR** 25
Nachbareigenschaft **BImSchG 14 S 2** 8
Nachträgliche Anordnungen **UmweltHG 6** 50
Normalbetrieb einer Anlage **Einl UmweltHR** 35, 224
Öffentliche Hand **BImSchG 14 S 2** 10
Privatrechtliche Ansprüche, ausschließliche **BImSchG 14 S 2** 13
Rechtsgutverletzung **BImSchG 14 S 2** 24

BundesimmissionsschutzG (Forts.)
Schaden **BImSchG 14 S 2** 24
Schadensersatzanspruch **Einl UmweltHR** 93
— als Ausgleich **BImSchG 14 S 2** 30 f
— Bemessung **BImSchG 14 S 2** 25
— Grenzen, besondere **BImSchG 14 S 2** 26 f
— und Grunddienstbarkeitsbestellung **BImSchG 14 S 2** 29
— Immobiliarberechtigte **BImSchG 14 S 2** 8
— Surrogatcharakter **BImSchG 14 S 2** 7
— Verjährung **BImSchG 14 S 2** 30
Schutzvorkehrungen **BImSchG 14 S 2** 5, 16 ff
Stand der Technik (Ausschluß des Vorkehrungsanspruchs) **BImSchG 14 S 2** 18 ff
Störfall-Haftung **Einl UmweltHR** 83
und UmweltHG **BImSchG 14 S 2** 36
und unerlaubte Handlung **BImSchG 14 S 2** 37 f
Unterlassungsanspruch, ausgeschlossener **BImSchG 14 S 2** 4
Verjährung **BImSchG 14 S 2** 30 f
Waldschäden **BImSchG 14 S 2** 10

Bußgeldvorschriften
Nebenpflichten zur Deckungsvorsorge **UmweltHG 22** 1 ff

Cessio legis
Schadensersatzanspruch gegen Anlageninhaber **UmweltHG 8** 22

Chemikalien
Schutzgesetze **Einl UmweltHR** 74

Chemische Beschaffenheit
Wasserbeschaffenheit, veränderte s. Wasserrecht

Chemische Erzeugnisse
UmweltHG-Katalog von Anlagen **UmweltHG 1** 41

Chemische Veränderung
als Umwelteinwirkung **UmweltHG 3** 5

Culpa in contrahendo
und Umweltschadenshaftung **Einl UmweltHR** 112

Dämpfe
Gefährliche Anlage, in Verbindung stehende- **HaftPflG 2** 5
als Umwelteinwirkung **UmweltHG 3** 4

Daten
UmweltinformationsG **Vorbem UmweltHG 8-10** 17

DDR
Bergbauschäden **BBerG 114** 67 f
Datenlage zur Umweltsituation **Vorbem UmweltHG 8-10** 28

Deliktsrecht
s. Unerlaubte Handlung

Dienstbarkeiten
UmweltHG-Schutz **UmweltHG 1** 24
Dienstvertrag
und Umweltschadenshaftung
Einl UmweltHR 112
DIN-ISO-Normen
Entlastungswirkung **Einl UmweltHR** 55, 79
Dingliches Recht
UmweltHG-Schutz **UmweltHG 1** 24
Distanzschaden
Anlagenemission **UmweltHG 6** 5, 11, 21
als emittentenferner Schaden
Einl UmweltHR 141
Fondslösungen **Einl UmweltHR** 325
Grundstücksbezogene Haftung
Einl UmweltHR 86
Kleinemittenten als Verursacher
Einl UmweltHR 156, 188 f
Private Umwelthaftung oder Staatshaftung
Einl UmweltHR 318
als Summationsschaden
Einl UmweltHR 197
UmwelthaftungsG **UmweltHG 1** 3
Umweltschäden als – **Einl UmweltHR** 9
Dritter, Dritte
Bergbauschäden **BBergG 114** 23
Verantwortlichkeit des Geschädigten nach Anlagenemission für – **UmweltHG 11** 13
Wasserbeschaffenheit, veränderte und Zurechnung des Verhaltens – **WHG 22** 48 ff
Druck
Schäden durch herausgeschleuderte Teile **UmweltHG 3** 10
als Umwelteinwirkung **UmweltHG 3** 4, 6
Dünge- und Pflanzenschutzmittel
Wasserbeschaffenheit, Haftung für veränderte **WHG 22** 34
Duldungspflichten
Abwehranspruch, ausgeschlossener
Einl UmweltHR 35, 83
Aufopferungshaftung (als Kompensation)
s. dort
Bergbauinteressen **BBergG 114** 2
und Beseitigungsanspruch
Einl UmweltHR 282
BImSchG-Bedeutung **Einl UmweltHR** 83, 89 f; **BImSchG 14 S 2** 8 ff
Faktischer Duldungszwang
Einl UmweltHR 90
Lebenswichtige Betriebe **Einl UmweltHR** 88
Normalbetrieb, Störfall **Einl UmweltHR** 83, 218
Rechtmäßige, außerordentlich-regelwidrige Beeinträchtigungen
Einl UmweltHR 83, 87
Rechtsgrundlagen **Einl UmweltHR** 84

Duldungspflichten (Forts.)
Rechtswidrigkeitsfrage (öffentlich-rechtliche –) **Einl UmweltHR** 223 ff
Rechtswidrigkeitsfrage (privatrechtliche –)
Einl UmweltHR 218 ff
und Schadensersatzansprüche
Einl UmweltHR 220
UmweltHG-Unterlassungsansprüche
UmweltHG 1 4
Unterlassungsanspruch, ausgeschlossener
Einl UmweltHR 35, 83
Zukunftsbezogene – **Einl UmweltHR** 91

Eidesstattliche Versicherung
des Anlagenbetreibers nach Anlagenemission **UmweltHG 8** 55 ff; **UmweltHG 10** 16
Eigentum
Anlagenemission
s. dort
Bergbauschäden **BBergG 114** 17
Eingriff
Abwehrbefugnis **Einl UmweltHR** 121
Eingriffsnormtatbestände
Einl UmweltHR 235
Gewerbebetrieb, eingerichteter und ausgeübter **Einl UmweltHR** 57
Lärmimmissionen **Einl UmweltHR** 105
Staatliche Kompetenz **Einl UmweltHR** 130
Umweltbeeinträchtigung durch Rechtsgüter – **Einl UmweltHR** 56
Vorteilserlangung durch –
Einl UmweltHR 118
Einheit der Rechtsordnung
als Annäherungsprinzip
Einl UmweltHR 308
Privates/öffentliches Umweltrecht
Einl UmweltHR 290, 306
Zivilrecht/öffentliches Recht
Einl UmweltHR 297
Einrichtung
und Anlagenbegriff **UmweltHG 3** 17
Einstweiliger Rechtsschutz
Auskunftsanspruch gegen Anlageninhaber
UmweltHG 8 66
Elektrische Teilchen
und Haftung für gefährliche Güter
HaftPflG 2 9
Elektrizität
Gefährliche Anlage, in Verbindung stehende- **HaftPflG 2** 5
Emission
s. a. Anlage
s. a. Immission
s. a. Umwelt
Abwehranspruch **Einl UmweltHR** 207
Anlagenemission (UmweltHG)
s. dort
Ausbreitung von Stoffen **Einl UmweltHR** 2

Emission (Forts.)
Betroffene **Einl UmweltHR** 134 f
Beweisrecht
s. dort
BImSchG-Begriff **Einl UmweltHR** 14
Datensammlung **Einl UmweltHR** 262
Einheitlichkeit, Gleichartigkeit schädigender – **Einl UmweltHR** 172
Emissionsbeitrag **Einl UmweltHR** 177 f, 198
und Emittentenzurechnung
s. Kausalität
Grobkörperliche – **Einl UmweltHR** 86
Großemittenten **Einl UmweltHR** 152, 185, 189
Immaterielle Emission **UmweltHG 3** 5
und Immission **UmweltHG 1** 5; **UmweltHG 6** 10
und Immissionsgestattung **Einl UmweltHR** 292
Kausalität
s. dort
Kleinemittenten **Einl UmweltHR** 141, 147, 152, 155 ff, 175, 186, 189, 197 f, 212, 233; **UmweltHG 6** 21
Kontrollen, Messungen **Einl UmweltHR** 277, 285
als Störfallereignis **Einl UmweltHR** 21, 87
Summiert hinreichende – **Einl UmweltHR** 98, 212
und Umwelteinwirkung **Einl UmweltHR** 2, 170; **UmweltHG 3** 4
Verkehrspflichten **Einl UmweltHR** 304 ff

Endlager
Haftung für Atomschäden **AtomG 25, 25a, 26** 17

Energie
Gefährliche Anlage, in Verbindung stehende- **HaftPflG 2** 5
UmweltHG-Katalog von Anlagen **UmweltHG 1** 41

Enteignender Eingriff
Voraussetzungen **Einl UmweltHR** 321

Enteignungsgleicher Eingriff
Voraussetzungen **Einl UmweltHR** 321

Entgangener Gewinn
Anlagenemission **UmweltHG 1** 106

Entladevorgänge
Umweltschädigung durch – **Einl UmweltHR** 101

Entschädigungsanspruch
Wasserbeschaffenheit, Haftung für veränderte **WHG 22** 66 f

Entwicklungsrisiken
und Umwelthaftung **UmweltHG 1** 63; **UmweltHG 4** 1

Erbbaurecht
UmweltHG-Schutz **UmweltHG 1** 24

Erschütterungen
durch Bahnverkehr **Einl UmweltHR** 108
als Emissionen, Immissionen **Einl UmweltHR** 14 f
Luftverkehr **Einl UmweltHR** 103
durch schwere Fahrzeuge **Einl UmweltHR** 100
als Umwelteinwirkung **UmweltHG 3** 4

Europäisches Recht
EU-Umwelt-Audit-System **WHG 22** 82
EU-Umwelt-Audit-Verordnung **Einl UmweltHR** 55, 78
Umwelthaftungsrecht **Einl UmweltHR** 1
Umweltinformationen, freier Zugang **Vorbem UmweltHG 8-10** 27

Explosion
Schäden durch herausgeschleuderte Teile **UmweltHG 3** 10

Fahrlässigkeit
und Verkehrspflichtenausdehnung **Einl UmweltHR** 51

Fahrnis
und Umwelthaftungsrecht **Einl UmweltHR** 120

Faktischer Anlagenbegriff
und Haftung für Anlageemission **UmweltHG 2** 1 ff

Finnland
Fonds **Einl UmweltHR** 325

Flüssigkeiten
als bewegliche Sachen **UmweltHG 1** 20
Gefährliche Anlage, in Verbindung stehende- **HaftPflG 2** 5
Wasserbeschaffenheit, veränderte **WHG 22** 15 f

Fonds
Ausländisches Recht **Einl UmweltHR** 325
Ölverschmutzungsschäden **Einl UmweltHR** 331
Zweckbindung von Mitteln **Einl UmweltHR** 41, 318, 323 ff

Form
Auskunftsverpflichtung aufgrund Anlagenemission **UmweltHG 8** 33; **UmweltHG 9** 17 f; **UmweltHG 10** 14

Forschungsanlagen
und Atomhaftung **AtomG 25, 25a, 26** 17, 51

Frankreich
Fonds **Einl UmweltHR** 325

Freiheit
und UmweltHG **UmweltHG 1** 6

Freilandversuche
Gentechnisch veränderte Organismen **GenTG 32, 34, 35, 37** 1

Gase
als bewegliche Sachen **UmweltHG 1** 20

Gase (Forts.)
Gefährliche Anlage, in Verbindung stehende- **HaftPflG 2** 5
als Umwelteinwirkung **UmweltHG 3** 4
Wasserbeschaffenheit, veränderte **WHG 22** 15 f
Gebrauchsbeeinträchtigungen
als Eigentumsverletzung **UmweltHG 1** 31
Gebrauchseinschränkungen
als Eigentumsverletzung **UmweltHG 1** 29
Gefährdungshaftung
Anlagenemission, UmweltHG-Haftung und – **UmweltHG 18** 12
Anlagenhaftung, Betreiberbezogenheit **Einl UmweltHR** 94
Anteilige Mitursächlichkeit **Einl UmweltHR** 187
Atomgesetz (Haftung für Kernanlagen) **Einl UmweltHR** 95, 279; **AtomG 25, 25a, 26** 4, 35, 52, 59
und Aufopferungshaftung **Einl UmweltHR** 92, 94
Begriff, Übersicht, Konzeption **Einl UmweltHR** 94 ff
und Bereicherungshaftung **Einl UmweltHR** 117
Bergbaubetrieb **BBergG 114** 2
BImSchG (§ 14)-Bedeutung **Einl UmweltHR** 35, 279
und Deliktshaftung **Einl UmweltHR** 94, 176, 199, 225
und Duldungspflichten **Einl UmweltHR** 224
Duldungszwang, faktischer **Einl UmweltHR** 90
Genehmigung, Bedeutung öffentlich-rechtlicher **Einl UmweltHR** 279
und gentechnisch veränderte Organismen **Einl UmweltHR** 95; **GenTG 32, 34, 35, 37** 16 f
Haftpflichtgesetz (gefährliche Anlagen) **HaftPflG 2** 1; **HaftPflG 29** 40
Haftung und Versicherung, Verhältnis **Einl UmweltHR** 32
Internationale Verträge **Einl UmweltHR** 328
Kausalität s. dort
Kompensationsgedanke **Einl UmweltHR** 94, 309
Konzerngesellschaften **Einl UmweltHR** 44
Normalbetrieb, Störfall **Einl UmweltHR** 94, 309
Öffentlich-rechtliche Standards **Einl UmweltHR** 37
Ölverschmutzungsschäden **Einl UmweltHR** 111, 331
Produkthaftungsrecht **Einl UmweltHR** 113
Schadenquelle, potenziell gefahrenträchtige **Einl UmweltHR** 94

Gefährdungshaftung (Forts.)
Schadensersatzansprüche **Einl UmweltHR** 94
Schutzzweck und Kausalität **Einl UmweltHR** 145
UmwelthaftungsG **Einl UmweltHR** 96, 125
Umwelthaftungsrecht, Hauptgruppe der – **Einl UmweltHR** 49
und Untersagungsansprüche **Einl UmweltHR** 94
Verkehrshaftpflichtrecht **Einl UmweltHR** 97 ff, 279
Versicherungsdeckung, Bedeutung **Einl UmweltHR** 31 f
Vertragshaftung **Einl UmweltHR** 112
Wasserrecht (Veränderungen der Wasserbeschaffenheit) **Einl UmweltHR** 95; **WHG 22** 1, 32, 43, 46
Gefährdungszusammenhang
Anlagenbezogene Emission **UmweltHG 1** 58 ff
Wasserbeschaffenheit, Haftung für veränderte **WHG 22** 43
Gefährliche Anlagen
HaftpflichtG s. dort
Gefahrengemeinschaft
Emissions- und Immissionsraum umfassende –(Haftungsfrage) **Einl UmweltHR** 185, 198, 202
Gefahrguttransport
Schutzgesetze **Einl UmweltHR** 74
Geheimnisschutz
Auskunftsverpflichtung aufgrund Anlagenemission **UmweltHG 8** 39 ff; **UmweltHG 9** 14 ff, 24 ff
Gentechnisch veränderte Organismen **GenTG 32, 34, 35, 37** 53
Geldersatz
Anlagenemission **UmweltHG 1** 108
Genehmigung
Abwehransprüche, ausgeschlossene **Einl UmweltHR** 279
und Ausgleichsanspruch **Einl UmweltHR** 268
Bestandskraft, Präklusion **Einl UmweltHR** 313 ff
Bestandsschutz **Einl UmweltHR** 35, 295, 315
BImSchG **Einl UmweltHR** 320; **BImSchG 14 S 2** 23
und Duldungspflichten **Einl UmweltHR** 282
und Entschädigungsansprüche **Einl UmweltHR** 313
KrW-/AbfG **Einl UmweltHR** 73
Mindeststandard, damit vorgegebener **Einl UmweltHR** 300 ff

Genehmigung (Forts.)
Normalbetrieb/Störfall einer Anlage, Bedeutung einer – **Einl UmweltHR** 35, 218, 265
Planvorgaben und Einzelgenehmigung **Einl UmweltHR** 312
Privatrechtsgestaltende Wirkung **Einl UmweltHR** 279, 281
und Schadensersatzansprüche **Einl UmweltHR** 279, 282, 313
Strafrechtsbindung **Einl UmweltHR** 272
Unbedenklichkeit bescheinigende – **Einl UmweltHR** 280
Verwaltungsverfahren **Einl UmweltHR** 294 ff
Zivilrecht/öffentliches Recht (Verhältnis) **Einl UmweltHR** 300 ff
Gentechnik
Amtspflichtverletzung, Konkurrenzen **GenTG 32, 34, 35, 37** 18
Anlagenemission, UmweltHG-Haftung und – **UmweltHG 18** 13
Anlagenhaftung, nicht erforderliche **GenTG 32, 34, 35, 37** 1
Anwendungsbereich des GenTG **GenTG 32, 34, 35, 37** 2 ff
Arbeitsunfall **GenTG 32, 34, 35, 37** 39
Arzneimittelhaftung, Konkurrenzen **GenTG 32, 34, 35, 37** 9 ff
Aufopferungshaftung, Konkurrenzen **GenTG 32, 34, 35, 37** 19
Auskunftsansprüche **GenTG 32, 34, 35, 37** 50 ff
Betreiber **GenTG 32, 34, 35, 37** 34 ff
Betreiber als Geschädigter **GenTG 32, 34, 35, 37** 35
Betreiberansprüche untereinander **GenTG 32, 34, 35, 37** 51 f
Beweislast **GenTG 32, 34, 35, 37** 31 ff
Biotechnische Verfahren, als ungefährlich erkannte **GenTG 32, 34, 35, 37** 2
Deckungsvorsorge **GenTG 32, 34, 35, 37** 54
Forschungsarbeit **GenTG 32, 34, 35, 37** 28
Gefährdungshaftung **GenTG 32, 34, 35, 37** 1
Gefährdungshaftung, Konkurrenzen **GenTG 32, 34, 35, 37** 16 f
Gefahrenbereiche **GenTG 32, 34, 35, 37** 1
Geheimhaltungsinteresse **GenTG 32, 34, 35, 37** 53
Gentechnische Arbeit **GenTG 32, 34, 35, 37** 26 ff
Gesamtschuld **GenTG 32, 34, 35, 37** 45 f
Geschädigter **GenTG 32, 34, 35, 37** 34
Haftung
— Ausschluß **GenTG 32, 34, 35, 37** 10, 38 ff
— Ausschluß durch Vertrag **GenTG 32, 34, 35, 37** 38

Gentechnik (Forts.)
— Einschränkung durch Vertrag **GenTG 32, 34, 35, 37** 38
— Gesamtschuld **GenTG 32, 34, 35, 37** 45
— Höchstgrenze **GenTG 32, 34, 35, 37** 43 f
— Inhalt **GenTG 32, 34, 35, 37** 41 f
— Privilegien **GenTG 32, 34, 35, 37** 39
— Rechtsgutverletzung **GenTG 32, 34, 35, 37** 20
— Voraussetzungen (Eigenschaften des Organismus) **GenTG 32, 34, 35, 37** 21 ff
— Voraussetzungen (Gentechnische Arbeit) **GenTG 32, 34, 35, 37** 24 ff
Handlungshaftung **GenTG 32, 34, 35, 37** 1
Humangenetik, ausgeklammerte **GenTG 32, 34, 35, 37** 3
Inkrafttreten des Gesetzes **GenTG 32, 34, 35, 37** 4
IPR **GenTG 32, 34, 35, 37** 7
Kausalität **GenTG 32, 34, 35, 37** 29
Mitverschulden **GenTG 32, 34, 35, 37** 47
Mitverursachung Dritter **GenTG 32, 34, 35, 37** 48
Örtliche Anknüpfung **GenTG 32, 34, 35, 37** 7
Organismus
— Lebendes Material **GenTG 32, 34, 35, 37** 30
— Schöpfungen **GenTG 32, 34, 35, 37** 29
— Veränderungen **GenTG 32, 34, 35, 37** 29
— Vermehrungsfähiges Material **GenTG 32, 34, 35, 37** 30
Produkthaftungsgesetz, Konkurrenzen **GenTG 32, 34, 35, 37** 12 ff
Rechtsgutsverletzung **GenTG 32, 34, 35, 37** 20 ff
Risikoträchtige Methoden, gentechnisch veränderte Organismen **GenTG 32, 34, 35, 37** 2
Schadensersatzanspruch
— Aktivlegitimation, Passivlegitimation **GenTG 32, 34, 35, 37** 34 ff
— Quotenregelung **GenTG 32, 34, 35, 37** 44
Schadenszurechnung **GenTG 32, 34, 35, 37** 11, 32
Sicherheitsstufen **GenTG 32, 34, 35, 37** 28
Technische Veränderungen **GenTG 32, 34, 35, 37** 29, 32, 37
Verjährung **GenTG 32, 34, 35, 37** 49
Verschuldenshaftung, Konkurrenzen **GenTG 32, 34, 35, 37** 16 f
Versicherungsrecht **GenTG 32, 34, 35, 37** 5
Genuß- und Futtermittel
UmweltHG-Katalog von Anlagen **UmweltHG 1** 41
Geräusche
als Emissionen, Immissionen **Einl UmweltHR** 14 f

Gesamtschuldnerschaft
Anlagenemission **UmweltHG 1** 77
Bergbaubetrieb **BBergG 114** 21 f
Deliktshaftung **Einl UmweltHR** 161 ff
Gefährdungshaftung **Einl UmweltHR** 199 ff
Gentechnisch veränderte Organismen **GenTG 32, 34, 35, 37** 45 f
Kausalitätsbegriff, ökologischer **Einl UmweltHR** 146
Kausalitätsfeststellungs mittels – **Einl UmweltHR** 151 f
Konzernhaftung **Einl UmweltHR** 44
Mitverursachungsanteile, unbekannte **Einl UmweltHR** 233 f
oder Teilhaftung **Einl UmweltHR** 176, 201
Umweltverursacher-Mehrheit **Einl UmweltHR** 143, 160 ff
Wasserbeschaffenheit, Haftung für veränderte **Einl UmweltHR** 242; **WHG 22** 72 ff
Geschäftsführung ohne Auftrag
Anlagenemission, UmweltHG-Haftung und – **UmweltHG 18** 16
Schadensbeseitigung nach Immissionen **Einl UmweltHR** 115
Schadensvorsorge ggü Öko-Schäden **Einl UmweltHR** 131
Umwelthaftungsbezogene Auskunft **Vorbem UmweltHG 8–10** 6
und Wasserbeschaffenheit, Haftung für Veränderung **WHG 22** 92
Gesundheitsschutz
s. a. Personenschaden
und Aufopferungshaftung **Einl UmweltHR** 86, 122
und Umwelthaftung **UmweltHG 1** 14
Gewährleistungsrecht
und Umweltschadenshaftung **Einl UmweltHR** 112 ff
Gewässer
s. Wasserrecht
Gewalttätige Unruhen
als höhere Gewalt **UmweltHG 4** 13
Gewerbebetrieb
Schädigung durch Umwelteinwirkung **Einl UmweltHR** 57
und UmweltHG **UmweltHG 1** 7
Glas
UmweltHG-Katalog von Anlagen **UmweltHG 1** 41
Grenzwerte
und Anlagengenehmigung **Einl UmweltHR** 223
Einhaltung **Einl UmweltHR** 256, 262 f, 267
Gewährleistungsrecht **Einl UmweltHR** 112
Kausalitätsfrage bei Überschreitung **Einl UmweltHR** 244 ff
Maßgeblichkeit verwaltungsrechtlicher Vorgaben **Einl UmweltHR** 276, 305
Grenzwerte (Forts.)
Rechtswidrigkeitsfrage bei Einhaltung **Einl UmweltHR** 274
und Risikoerhöhungen **UmweltHG 6** 34
TA-Lärm **Einl UmweltHR** 23, 68, 227, 244 f, 255, 262, 267, 305
Umweltstandards **Einl UmweltHR** 23, 62, 298
Verschuldensfrage bei ihrer Einhaltung **Einl UmweltHR** 227, 262 ff, 275
Wesentlichkeit, Ortsunüblichkeit **Einl UmweltHR** 255 f, 267
Grobkörperemission
Aufopferungshaftung **Einl UmweltHR** 86
Großemittenten
s. Emission
Grunddienstbarkeit
BImSchG-Schadensersatzansprüche **BImSchG 14 S 2** 29
UmweltHG-Schutz **UmweltHG 1** 24
Grundpfandrechte
UmweltHG-Schutz **UmweltHG 1** 24
Grundstück
und Anlagenbegriff **UmweltHG 3** 16
und Bergbauschaden **BBergG 114** 26 f
BImSchG-Anspruchsvoraussetzung **BImSchG 14 S 2** 8 ff
und Umwelthaftungsrecht **Einl UmweltHR** 119
Grundstücksmiete
Anlagenemission, UmweltHG-Haftung und – **UmweltHG 18** 15
Grundwasser
Haftungstatbestände, gewässerbezogene s. Wasserrecht

HaftpflichtG (Gefährliche Anlagen)
Abnehmer der Stoffe, Energien **HaftPflG 2** 14
Anlage
— Abbruch, Demontage **HaftPflG 2** 25
— Abgabeanlage **HaftPflG 2** 11
— Abnahmeanlage **HaftPflG 2** 34
— Abschließende Aufzählung (Energie, Stoffe) **HaftPflG 2** 5
— Ausbleiben der Funktion **HaftPflG 2** 19
— Beschäftigte **HaftPflG 2** 14
— Betriebsgefahren, besondere **HaftPflG 2** 18
— Eigentum, Indizwirkung **HaftPflG 2** 15
— Energie- oder Stoffbezug **HaftPflG 2** 5
— Errichtete, noch nicht betriebene **HaftPflG 2** 26
— Funktion **HaftPflG 2** 6, 26
— Funktionsstörung **HaftPflG 2** 18
— im Gebäude **HaftPflG 2** 31
— Gefahrverwirklichungszusammenhang **HaftPflG 2** 19

HaftpflichtG (Gefährliche Anlagen) (Forts.)
— Inhaber **HaftPflG 2** 14, 15, 37
— Leitung **HaftPflG 2** 7 ff
— Offene, umschlossene **HaftPflG 2** 10
— Ordnungsgemäßer Zustand/Ordnungswidriger Zustand **HaftPflG 2** 22
— Rechtsgutverletzung und Schutzbereich der Norm **HaftPflG 2** 20
— Risikoverwirklichung **HaftPflG 2** 19
— Rohrleitung **HaftPflG 2** 10
— Stromleitung **HaftPflG 2** 9
— Technische Einrichtung mit Selbstäändigkeit **HaftPflG 2** 4
— Übertragung von Zeichen und Lauten **HaftPflG 2** 12
— Verbrauchsanlage **HaftPflG 2** 34
— Verfügungsgewalt, tatsächliche **HaftPflG 2** 15
— Zusammenfassung von Anlagen **HaftPflG 2** 15
Anlagenemission, UmweltHG-Haftung und – **UmweltHG 18** 13
Anspruchskonkurrenzen **HaftPflG 2** 38 ff
und Aufopferungshaftung, Konkurrenzverhältnis **HaftPflG 2** 41
und Bergbauschäden **BBerG 114** 60 ff
Bestimmungswidrige Nutzung **HaftPflG 2** 7
Beweis **HaftPflG 2** 37
Dämpfe **HaftPflG 2** 4, 11
Elektrizität **HaftPflG 2** 4, 11
Flüssigkeiten **HaftPflG 2** 4, 11
Gase **HaftPflG 2** 4, 11
Gefährdungshaftung **Einl UmweltHR** 95, 97; **HaftPflG 2** 1
und Gefährdungshaftung WHG, Konkurrenzverhältnis **HaftPflG 2** 40
Grundstück, Schaden innerhalb befriedeten **HaftPflG 2** 32
Haftung
— Ausschluß **HaftPflG 2** 31 ff
— Höhere Gewalt **HaftPflG 2** 35 f
— Inhalt **HaftPflG 2** 29 f
— Rechtsgutverletzung **HaftPflG 2** 3
— Voraussetzungen **HaftPflG 2** 3 ff
— Wirkungshaftung **HaftPflG 2** 2, 16 ff
— Zustandshaftung **HaftPflG 2** 2, 21 ff
Höhere Gewalt **HaftPflG 2** 35 f
Kausalität
— Haftungsbegründende **HaftPflG 2** 13, 17, 21
Leitungsdrähte, herabfallende **HaftPflG 2** 36
Luft **HaftPflG 2** 5
Mangel transportieren Stoffes **HaftPflG 2** 19
Mittelbar Geschädigte **HaftPflG 2** 14
Ordnungswidriger Zustand **HaftPflG 2** 22 f
Schaden

HaftpflichtG (Gefährliche Anlagen) (Forts.)
— Abnahmeanlage, Verbrauchsanlage **HaftPflG 2** 34
— Aktivlegitimation, Passivlegitimation **HaftPflG 2** 14 f
— Bewegliche Sachen **HaftPflG 2** 30
— innerhalb Gebäudes **HaftPflG 2** 31
— Körperverletzung **HaftPflG 2** 29
— Leitungsschaden an sich **HaftPflG 2** 28
— Summationsschäden **HaftPflG 2** 27
— Tötung eines Menschen **HaftPflG 2** 29
— Zurechnung **HaftPflG 2** 13
Schiffe, Fahrzeuge **HaftPflG 2** 8
Stromführende Leiter **HaftPflG 2** 9
Telekommunikationsgesetz, abzugrenzendes **HaftPflG 2** 12
Transporteinrichtung (Leitungsanlage) **HaftPflG 2** 7
Trinkwasser, verunreinigtes **HaftPflG 2** 19
und UmweltHG, Anlehnung **HaftPflG 2** 3
und unerlaubte Handlung, Konkurrenzverhältnis **HaftPflG 2** 39
und unerlaubte Handlung, Vergleich **HaftPflG 2** 13
Wasserprobleme **HaftPflG 2** 20
Zeichenübertragung **HaftPflG 2** 12
Zurechnungszusammenhang und Schutzbereich der Norm **HaftPflG 2** 24
Zustandshaftung, Wirkungshaftung: Verhältnis **HaftPflG 2** 38

Haftpflichtrecht
Verkehrshaftpflichtrecht und Gefährdungshaftung **Einl UmweltHR** 97 ff, 279

Haftpflichtversicherung
Atomschäden **AtomG 25, 25a, 26** 8

Haftung
Umwelthaftung
s. dort

Handeln auf eigene Gefahr
und Umwelthaftungsschaden **UmweltHG 11** 9

Handlungshaftung
Gentechnisch veränderte Organismen **GenTG 32, 34, 35, 37** 1

Höhere Gewalt
Atomschäden **AtomG 25, 25a, 26** 4
und Ausschluß der Haftung für Anlagenemission **UmweltHG 4** 1 ff; **UmweltHG 8** 8
Begriff **UmweltHG 4** 4 ff
Bergbauschäden **BBergG 114** 40
Einzelne Ereignisse **UmweltHG 4** 10 ff
Gentechnisch veränderte Organismen **GenTG 32, 34, 35, 37** 40
Haftung für gefährliche Güter **HaftPflG 29** 35 f
Vermeidbarkeit, Abgrenzung **UmweltHG 4** 9

Höhere Gewalt (Forts.)
Wasserbeschaffenheit, Haftung für veränderte **WHG 22** 63, 65
Hoheitlicher Betrieb
Wasserbeschaffenheit, Haftung für veränderte **WHG 22** 47
Holz
UmweltHG-Katalog von Anlagen **UmweltHG 1** 41
Humangenetik
Ausklammerung aus dem GenTG **GenTG 32, 34, 35, 37** 3

Immaterielle Emission
ohne Haftungsfolge **UmweltHG 3** 5
Immission
s. a. Emission
Additive **Einl UmweltHR** 17
Alternativ **Einl UmweltHR** 16
Begriff (BImSchG) **Einl UmweltHR** 13
Boden
s. dort
Dokumentationspflichten **Einl UmweltHR** 285
Duldungspflichten
s. dort
Emission und Immission **Einl UmweltHR** 2; **UmweltHG 1** 5; **UmweltHG 6** 10
Hinnahme rechtswidriger – **Einl UmweltHR** 88
Kleinimmissionen **Einl UmweltHR** 180, 233
Komplementäre – **Einl UmweltHR** 19
Konkurrierende – **Einl UmweltHR** 16
Kumulierte – **Einl UmweltHR** 18
Lärm
s. dort
Luft
s. dort
Minimale – **Einl UmweltHR** 20
Negative – **UmweltHG 1** 57; **UmweltHG 3** 9
Ortsübliche Grundstücksnutzung
s. Ortüblichkeit
und Persönlichkeitsrecht **Einl UmweltHR** 58
Rechtfertigung bei Immobiliarschäden/Mobiliarschäden **Einl UmweltHR** 254 ff
Summierte – **Einl UmweltHR** 17
und Umwelteinwirkung **Einl UmweltHR** 15
UmweltHG (Rechtsgutsverletzung) **UmweltHG 1** 5 ff
Wasser
s. dort
Wesentlichkeit
s. dort
Immissionsschutz
BImSchG
s. BundesimmissionsschutzG
Öffentlich-rechtlicher – **Einl UmweltHR** 122, 292 ff

Immissionsschutz (Forts.)
Privatrechtlicher – **Einl UmweltHR** 140, 254 ff
und UmweltHG **UmweltHG 1** 1
Inbegriff von Gegenständen
Umwelthaftungsbezogene Auskunft **Vorbem UmweltHG 8-10** 7
Informationen
UmweltinformationsG
s. dort
Informationsbedürfnis
Auskunftanspruch, umwelthaftungsrechtlicher **UmweltHG 8** 13; **UmweltHG 9** 4
Inhaber von Anlagen
Anlagenemission
s. dort
Gefährliche Anlagen
s. HaftpflichtG
Kernanlagen
s. Atomrecht
Internationales Privatrecht
Atomgesetz (Haftung für Kernanlagen) **AtomG 25, 25a, 26** 11, 44
WHG-Anwendung bei Auslandsfällen **WHG 22** 7
Intertemporales Recht
GenTG **GenTG 32, 34, 35, 37** 4
Ionisierende Strahlen
Atomgesetz (Haftung für Kernanlagen) **AtomG 25, 25a, 26** 30
Italien
Öffentliches Treuhandeigentum **Einl UmweltHR** 64

Japan
Fonds **Einl UmweltHR** 325

Kaufrecht
Anlagenemission, UmweltHG-Haftung und – **UmweltHG 18** 15
und Umweltschadenshaftung **Einl UmweltHR** 112
Kausalität
Abstrakte – **Einl UmweltHR** 186
Abstrakte, konkrete Möglichkeit schadensverursachender Anlage **UmweltHG 8** 19
Adäquanztheorie **Einl UmweltHR** 20, 143, 152 f, 175, 178; **UmweltHG 1** 55
Äquivalenztheorie **UmweltHG 1** 53 ff; **WHG 22** 43; **AtomG 25, 25a, 26** 28
Alternative **Einl UmweltHR** 154, 166, 169; **UmweltHG 6** 19
Anlagenbezogene Umwelteinwirkung **UmweltHG 1** 51 ff
Annahme schadensverursachender Anlage **UmweltHG 8** 18 ff
Aufopferungshaftung **Einl UmweltHR** 204 ff

Kausalität (Forts.)
Bergbaubetrieb und Bergschaden **BBergG 114** 15
BImSchG **BImSchG 14** 24
Doppelkausalität **Einl UmweltHR** 154
Erweiterte Zurechnung **Einl UmweltHR** 143
Gefährdungshaftung **Einl UmweltHR** 199 ff
Gefährdungshaftung und Äquivalenz **Einl UmweltHR** 145
Gefährdungszusammenhang **UmweltHG 1** 58 ff
Gesamtschuldausweitung und Bestimmung der – **Einl UmweltHR** 151 f
und Gesamtschuldnerschaft **Einl UmweltHR** 151 f
Grenzwertüberschreitung **Einl UmweltHR** 244 ff
Grundkausalität **Einl UmweltHR** 138, 230
Haftungsausfüllende – **Einl UmweltHR** 142, 181, 184, 230, 234 f, 241; **UmweltHG 1** 74 ff; **UmweltHG 6** 10; **WHG 22** 24, 25, 52, 59; **AtomG 25, 25 a, 26** 31, 49
Haftungsbegründende – **Einl UmweltHR** 137, 149, 151, 181, 230, 235, 242, 246, 250; **UmweltHG 1** 49 ff; **HaftPflG 2** 17, 21; **UmweltHG 6** 1, 5 ff, 9, 28 ff, 34, 64; **UmweltHG 8** 20; **BImSchG 14** 24; **WHG 22** 43 ff, 58; **AtomG 25, 25 a, 26** 28, 49
Haftungshöchstgrenzen und einheitliche Umwelteinwirkung **UmweltHG 15** 6 ff
Handlungskausalität **Einl UmweltHR** 138
Hypothetische **Einl UmweltHR** 16, 158
Initialkausalität **Einl UmweltHR** 138, 230, 243, 250
Kettenreaktion **UmweltHG 15** 10
Koinzidierende **Einl UmweltHR** 155
Komplementäre **Einl UmweltHR** 155
Konkurrierende **Einl UmweltHR** 154, 171
Kontinuierliche Umwelteinwirkungen **UmweltHG 17** 7
Kumulative **Einl UmweltHR** 155, 178, 184, 202
und materiellrechtliche Zurechnung **Einl UmweltHR** 160 ff
Mehrheit von Anlagen **UmweltHG 6** 4, 9, 19 ff
Monokausalität **Einl UmweltHR** 153, 200
Naturwissenschaft, juristische Fragestellung **Einl UmweltHR** 142
Normalbetrieb **Einl UmweltHR** 141, 153
Normalbetrieb und Störfall **Einl UmweltHR** 141
Nukleare Schäden s. Atomrecht
Ökologiespezifischer Begriff **Einl UmweltHR** 146 f

Kausalität (Forts.)
Ökologischer Kausalitätsbegriff **Einl UmweltHR** 147
Risikoerhöhung **Einl UmweltHR** 148, 180, 232 f
Risikoerhöhung, emissionsbedingte **Einl UmweltHR** 148 ff
Schadenstoffallgegenwart, Wirkungsüberlagerungen **Einl UmweltHR** 140
Schutzzweck der Norm **UmweltHG 1** 75
Umwelteinwirkungen **UmweltHG 3** 1 ff
UmwelthaftungsG **UmweltHG 1** 3
Verantwortungsanteile s. dort
Verdachtshaftung **Einl UmweltHR** 147, 186, 230, 318
Verursachungsbeiträge s. dort
Wahrscheinlichkeit s. dort
Wirkungsüberlagerungen **Einl UmweltHR** 140

Keramik
UmweltHG-Katalog von Anlagen **UmweltHG 1** 41

Keranlage
Haftung s. Atomrecht

Klage, Klagbarkeit
Atomschäden **AtomG 25, 25a, 26** 13, 22
Auskunftsklage gegen Anlageninhaber **UmweltHG 8** 60 ff
Auskunftsklage gegen Behörde **UmweltHG 9** 31
Bergschäden **BBergG 114** 16 ff
BImSchG-Schadensersatzansprüche **BImSchG 14 S 2** 32 ff
Gentechnisch veränderte Organismen **GenTG 32, 34, 35, 37** 34 ff
Haftung für gefährliche Güter **HaftPflG 2** 13 ff; **HaftPflG 29** 37
Informationsanspruch nach dem UmweltinformationsG **Vorbem UmweltHG 8–10** 25
wegen Öko-Schäden **Einl UmweltHR** 132
Rechtssubjekt/Rechtsgut Umweltgüter und – **Einl UmweltHR** 61
Umweltschaden und Geschädigtenmehrheit **Einl UmweltHR** 135
Vorprozessuale Aufklärungs- und Mitwirkungspflicht der Gegenpartei s. Auskunftsanspruch
Wasserbeschaffenheit, Haftung für Veränderungen **WHG 22** 79 ff

Kleinemittenten
s. Emission

Kleinimmissionen
s. Immission

Körperschutz
und Umwelthaftung **UmweltHG 1** 14; **HaftPflG 2** 29; **BImSchG 14 S 2** 25; **AtomG 25, 25a, 26** 23 f, 39; **GenTG 32, 34, 35, 37** 20; **BBergG 114** 13
Kontrollen
Betriebspflichtenerfüllung durch den Anlageninhaber **UmweltHG 6** 55 ff
Konzern
Delegation aus Haftungsgründen **Einl UmweltHR** 54
Haftung von Anlageninhabern **UmweltHG 1** 89
und umweltgefährdende Aktivitäten **Einl UmweltHR** 44
Kosten
Abgabe eidesstattlicher Versicherung **UmweltHG 8** 58
Akteneinsichtsrecht aufgrund Anlagenemission **UmweltHG 8** 49 ff
Auskunftsklage gegen Anlageninhaber **UmweltHG 8** 63 f
Auskunftsverpflichtung aufgrund Anlagenemission **UmweltHG 8** 35 ff; **UmweltHG 9** 32; **UmweltHG 10** 17
Naturalrestitution **UmweltHG 16** 18
Kreislaufwirtschafts- und AbfallG
s. Abfallrecht
Kriegseinwirkungen
als höhere Gewalt **UmweltHG 4** 13
Küstengewässer
Haftungstatbestände, gewässerbezogene s. Wasserrecht
Kumulierungsschaden
UmwelthaftungsG **UmweltHG 1** 3
Kunststoffe
UmweltHG-Katalog von Anlagen **UmweltHG 1** 41

Laborexperimente
Gentechnisch veränderte Organismen **GenTG 32, 34, 35, 37** 1
Lärm
und Aufopferungshaftung **Einl UmweltHR** 86
Luftverkehr **Einl UmweltHR** 103 ff
TA-Lärm **Einl UmweltHR** 23, 68, 227, 244 f, 255, 262, 267, 305
durch Tiere **Einl UmweltHR** 102
als Umwelteinwirkung **UmweltHG 3** 4
Lager
als Anlage **UmweltHG 3** 20
Lagerung von Stoffen
UmweltHG-Katalog von Anlagen **UmweltHG 1** 41
Landschaftsbeeinträchtigung
Anlagenemission und – **UmweltHG 16** 9 ff
Landschaftsbeeinträchtigung (Forts.)
als wesentliche Beeinträchtigung **UmweltHG 5** 14
Landwirtschaft
Schutzgesetze **Einl UmweltHR** 72
Wasserbeschaffenheit, Haftung für veränderte **WHG 22** 34
Landwirtschaftliche Erzeugnisse
UmweltHG-Katalog von Anlagen **UmweltHG 1** 41
Langzeitschaden
bei Altlastenfällen **Einl UmweltHR** 141
Anlagenemission **UmweltHG 6** 62
Faktischer Duldungszwang **Einl UmweltHR** 93
durch Normalbetrieb **Einl UmweltHR** 21, 141
durch Summationsschäden **Einl UmweltHR** 155, 157, 186
Lebensschutz
und Umwelthaftung **UmweltHG 1** 13
Lebenswichtige Betriebe
und Aufopferungshaftung **Einl UmweltHR** 88
Duldungspflichten und Aufopferungshaftung **Einl UmweltHR** 88
Leitungen
Wasser, Abwasser in – **WHG 22** 8
Licht
als Emissionen, Immissionen **Einl UmweltHR** 14 f
und Staubemission **UmweltHG 1** 57
Lizenzmodelle
und Umwelthaftung **Einl UmweltHR** 48
Luft
Gefährliche Anlage, in Verbindung stehende- **HaftPflG 2** 5
Luft (als Umweltmedium)
und Abfallrecht **Einl UmweltHR** 27
Aufopferungshaftung **Einl UmweltHR** 85, 119
Begriff **UmweltHG 3** 13
BImSchG-Begriff der Luftverunreinigung **Einl UmweltHR** 25
Fondslösungen **Einl UmweltHR** 325
Gesamtschuldnerschaft **Einl UmweltHR** 202
Immissionsschutzrecht **Einl UmweltHR** 25
Luftverkehrsrechtliche Haftung **Einl UmweltHR** 103 f
Öko-Schäden **Einl UmweltHR** 7
TA-Luft **Einl UmweltHR** 23, 68, 227, 228, 244 f, 250, 255, 262 f, 267, 305
Umwelteinwirkung **Einl UmweltHR** 2
Umwelteinwirkung, Ausbreitung auf dem Umweltpfad **UmweltHG 3** 10
als Umweltgut **Einl UmweltHR** 60, 62
Verdachtshaftung **Einl UmweltHR** 147, 186, 230, 318

Luft (als Umweltmedium) (Forts.)
Verunreinigungen durch Emissionen/als Immissionen **Einl UmweltHR** 14, 15
Luftverkehrsrecht
und Bergbauschäden **BBerG 114** 63

Materielle Veränderung
als Umwelteinwirkung **UmweltHG 3** 5
Medizinischer Bereich
und Atomhaftung **AtomG 25, 25a, 26** 58
Meistbegünstigungsprinzip
Anlagenemission **UmweltHG 1** 43
Menschliches Verhalten
als höhere Gewalt **UmweltHG 4** 11
Metalle, Metallverarbeitung
UmweltHG-Katalog von Anlagen **UmweltHG 1** 41
Mietvertrag
und Umweltschadenshaftung **Einl UmweltHR** 112
Militärische Kernanlagen
und Atomhaftung **AtomG 25, 25a, 26** 20
Mineralölraffination
UmweltHG-Katalog von Anlagen **UmweltHG 1** 41
Mitverschulden
Atomrecht **AtomG 25, 25a, 26** 35
Bergbauschäden **BBergG 114** 38 f
Gentechnisch veränderte Organismen **GenTG 32, 34, 35, 37** 47 f
UmweltHG-Ansprüche
s. Anlagenemission
Wasserbeschaffenheit, Haftung für veränderte **WHG 22** 71

Nachbarrecht
Nachbarschützendes öffentliches Recht **Einl UmweltHR** 69
Nachbarschützendes Zivilrecht **Einl UmweltHR** 76, 86
Sachenrechtsbezogener Umweltschutz **Einl UmweltHR** 47
Schutzgesetze **Einl UmweltHR** 69, 76
Umweltprivatrecht und Nachbarschaftsverhältnis **Einl UmweltHR** 10
Verwaltungsgerichtlich durchzusetzender – **Einl UmweltHR** 287, 302
Verwaltungsrecht/Zivilrecht-Vergleich **Einl UmweltHR** 302 f
und Wasserbeschaffenheit, Haftung für Veränderung **WHG 22** 91
Wasserversorgungs- und Entsorgungsrechte **Einl UmweltHR** 26
Nachteilige Wirkungen
Beseitigungsanspruch **BImSchG 14 S 2** 5 f
Nahrungsmittel
UmweltHG-Katalog von Anlagen **UmweltHG 1** 41

Naturalrestitution
Anlagenemission **UmweltHG 1** 100 ff
Naturzustand, Wiederherstellung eines ungestörten **UmweltHG 16** 3, 13 ff
Öko-Schäden **Einl UmweltHR** 8, 127
Präventionsproblem **Einl UmweltHR** 45
Primat **Einl UmweltHR** 62
und Umwelthaftung **Einl UmweltHR** 38
Unmöglichkeit; unverhältnismäßiger Aufwand **Einl UmweltHR** 129, 132 f
Wiederherstellungsaufwand, erheblicher **UmweltHG 16** 2
Naturbeeinträchtigung
Anlagenemission und – **UmweltHG 16** 9 ff
als wesentliche Beeinträchtigung **UmweltHG 5** 14
Naturereignisse
als höhere Gewalt **UmweltHG 4** 10
Naturhaushalt
und Umweltbeeinträchtigung **Einl UmweltHR** 6
Negative Immissionen
und Umwelthaftung **UmweltHG 3** 9
Nichtigkeit
Umweltschützende Normen, Verstoß **Einl UmweltHR** 112
Niederlande
Fonds **Einl UmweltHR** 325
Nießbrauch
UmweltHG-Schutz **UmweltHG 1** 24
Normalbetrieb
s. a. Störfall
und Anlagenemission **UmweltHG 1** 62, 93, 111
Anlagenemission und beweisrechtlich privilegierter – **UmweltHG 6** 35
Aufopferungshaftung und störungsfreier – **Einl UmweltHR** 81, 83
Betriebsregeln, eingehaltene **Einl UmweltHR** 265
Beweis des Vorliegens **Einl UmweltHR** 285
BImSchG-Anlage **Einl UmweltHR** 35, 224
Gefährdungshaftung **Einl UmweltHR** 94, 309 f
Kausalitätsproblem **Einl UmweltHR** 141, 153
Rechtswidrigkeit und öffentlich-rechtliche Standards **Einl UmweltHR** 218
Schadensersatzhaftung **Einl UmweltHR** 92
Störungsfreier – **Einl UmweltHR** 21
UmwelthaftungsG **Einl UmweltHR** 96
Umweltstandards **Einl UmweltHR** 23, 266
Versicherungsrisiko **Einl UmweltHR** 42
Notstand
Wasserbeschaffenheit, veränderte **WHG 22** 23
Nukleare Schäden
s. Atomrecht

Nutzungseinschränkungen
als Eigentumsverletzung **UmweltHG 1** 32

Obliegenheitsverletzung
Mitverschulden des Geschädigten nach Anlagenemission **UmweltHG 11** 4 ff
Öffentliche Hand
BImSchG-Haftung, ausgeschlossene **BImSchG 14 S 2** 10
Öffentliches Recht
Auskunftsansprüche, umwelthaftungsbezogene **Vorbem UmweltHG 8–10** 11 ff; **UmweltHG 9** 31
Bestandsschutz aufgrund – **Einl UmweltHR** 35, 305, 315
Betriebspflichten und Anlagenemission **UmweltHG 6** 32, 35 ff
Deliktsrecht, Präklusion **Einl UmweltHR** 278
als Genehmigungsrecht s. Genehmigung
Planvorgaben und zivilgerichtliche Vorgaben **Einl UmweltHR** 312
und Privatrecht
— Autonomes Privatrecht, öfftl.rechtliche Prognostik **Einl UmweltHR** 292, 301 ff; **UmweltHG 6** 34
— Beeinflussung **Einl UmweltHR** 11 f
— Dualität **Einl UmweltHR** 291
— Einschränkungen des privaten Umweltschutzrechts **Einl UmweltHR** 291
— Tatbestandsbezogene Bezugnahme auf öfftl.Recht **Einl UmweltHR** 281
Prognostische, standardisierende Funktion **Einl UmweltHR** 292
Restrisikohinnahme **Einl UmweltHR** 292
Rettungsmaßnahmen (Haftung im Wasserrecht) **WHG 22** 70
Verwaltungsrechtliche Vorgaben
— Beeinflussung der Umwelthaftung **Einl UmweltHR** 274
— Indizwirkung **Einl UmweltHR** 277, 298, 312
— Interpretationsherrschaft **Einl UmweltHR** 264
— Legalisierungswirkung **Einl UmweltHR** 288
— Maßgeblichkeit **Einl UmweltHR** 276, 305
— Rechtfertigungswirkung **Einl UmweltHR** 218 f
— Sperrwirkung **Einl UmweltHR** 288
Wasserbeschaffenheit, veränderte **WHG 22** 22, 47, 70, 93
Öffentliches Treuhandeigentum
und Schutz von Umweltgütern **Einl UmweltHR** 64

Ökologischer Schaden
Anlagenemission **UmweltHG 16** 1 ff
Ausländische Fondslösungen **Einl UmweltHR** 325
Begriff **Einl UmweltHR** 6
Internationale Verträge **Einl UmweltHR** 327
Klagebefugnis **Einl UmweltHR** 132 f
Schmerzensgeld (ökologisches) **Einl UmweltHR** 132
Schutzgrenzen bei rein – **Einl UmweltHR** 127 ff
Staatliche Zuständigkeit, Vorsorgeerfordernis **Einl UmweltHR** 131
und Umweltschutzgesetzgebung **Einl UmweltHR** 131
Zuordnungsfähigkeit und Schadensersatzfolge **Einl UmweltHR** 129, 318
Ölschäden
Ölschadengesetz; Internationale Übereinkunft **Einl UmweltHR** 111
Wasserbeschaffenheit, veränderte **WHG 22** 15 f
Österreich
Fonds **Einl UmweltHR** 325
Ordnungswidriger Zustand
Haftung für gefährliche Anlagen **HaftPflG 2** 22
Organisationsverschulden
Haftung aus Delikt **Einl UmweltHR** 78
Organische Stoffe
UmweltHG-Katalog von Anlagen **UmweltHG 1** 41
Organismen
s. Gentechnik
Ortsfeste Einrichtung
als Anlage **UmweltHG 3** 17 ff
Ortsfeste Kernanlage
und Atomhaftung **AtomG 25, 25a, 26** 12 f
Ortsüblichkeit
Aufopferungshaftung s. dort
Fahrnisbenutzung und Aufopferungshaftung **Einl UmweltHR** 257
Grundstücksnutzung und Aufopferungshaftung **Einl UmweltHR** 92, 257, 268, 298 ff
Haftungsausschluß bei zumutbarer Anlagenbeeinträchtigung **UmweltHG 5** 16 ff
Öffentlich-rechtliche Standards, Bedeutung **Einl UmweltHR** 305, 308
Planungsvorgaben, Anlagengenehmigungen **Einl UmweltHR** 268

Pachtvertrag
und Umweltschadenshaftung **Einl UmweltHR** 112
Pariser Übereinkommen
s. Abkommen, Übereinkommen

Persönlichkeitsrecht
und UmweltHG **UmweltHG 1** 1, 7
Personenschaden HaftpflichtG 2 29
Anlagenemission
s. dort
Atomrecht **AtomG 25, 25a, 26** 23 f, 39
Aufopferung **Einl UmweltHR** 86
Bergbau **BBergG 114** 13
BImSchutzgesetz **BIMSchG 14 S 2** 25
Gentechnik **GenTG 32, 34, 35, 37** 20
Pflanzen- und Düngeschutzmittel
Wasserbeschaffenheit, Haftung für veränderte **WHG 22** 34
Physikalische Beschaffenheit
Wasserbeschaffenheit, veränderte
s. Wasserrecht
Physikalische Veränderung
als Umwelteinwirkung **UmweltHG 3** 5
Polen
Fonds **Einl UmweltHR** 325
Polizeirecht
Altlasten **Einl UmweltHR** 30
und Wasserbeschaffenheit, Haftung für Veränderung **WHG 22** 93
Ponderabilien
und Umwelthaftung **UmweltHR 3** 7
Positive Vertragsverletzung
Anlagenemission, UmweltHG-Haftung und – **UmweltHG 18** 14
Haftung für Umweltschäden **Einl UmweltHR** 112
Presserecht
und Informationsanspruch **Vorbem UmweltHG 8–10** 13
Privatautonomie
Umwelthaftungsrecht **Einl UmweltHR** 45, 297
Privatrecht
Öffentliches Recht als Vorgabe für das Umwelthaftungsrecht
s. Öffentliches Recht
Produkthaftung
und gentechnisch veränderte Organismen **GenTG 32, 34, 35, 37** 12 ff
Kontrollen, Messungen **Einl UmweltHR** 277
Schutzgesetzcharakter **Einl UmweltHR** 76
und Umwelthaftungsrecht **Einl UmweltHR** 113 f
Produzentenhaftung
Beweislastverteilung **Einl UmweltHR** 258, 261
Produktbeobachtungspflicht, Dokumentationspflicht **Einl UmweltHR** 244, 247
und Rechtsgüterschutz (§ 823 Abs 1) **Einl UmweltHR** 56
Schutzgesetzcharakter **Einl UmweltHR** 76
Psychische Beeinträchtigungen
als Körper- und Gesundheitsverletzung **UmweltHG 1** 16

Quasi-negatorischer Rechtsschutz
Beseitigungs- und Unterlassungsklage **Einl UmweltHR** 50; **UmweltHG 1** 111

Radioaktivität
Atomgesetz (Haftung für Kernanlagen)
s. Atomgesetz
Reallast
UmweltHG-Schutz **UmweltHG 1** 24
Rechte
UmweltHG, nicht geschützte – **UmweltHG 1** 22
Rechtsgüterschutz
Anlagenemission
s. dort
Bergschaden **BBergG 114** 12 ff
BImSchG-Schadensersatzansprüche **BImSchG 14 S 2** 24
HaftpflichtG (gefährliche Anlagen) **HaftPflG 2** 3
und mittelbar Geschädigte **UmweltHG 12** 4 f
und Umwelteinwirkung **UmweltHG 3** 5
und Umwelthaftung **Einl UmweltHR** 56 f, 60, 120; **UmweltHG 8** 5
und UmweltHG-Inkrafttreten **UmweltHG 23** 1 ff
Rechtspersönlichkeit
von Umweltgütern **Einl UmweltHR** 61, 63
Rechtsweg
Atomschaden **AtomG 25, 25a, 26** 47
Bergbauschäden **BBergG 114** 44
Rechtswidrigkeit
s. a. Unerlaubte Handlung
und Aufopferungshaftung **Einl UmweltHR** 217, 253
Auskunftsansprüche **Einl UmweltHR** 240
Beweislastumkehr **Einl UmweltHR** 253 ff
und BImSchG-Genehmigung von Anlagen **BImSchG 14 S 2** 37 f
und Duldungspflichten, öffentlich-rechtliche **Einl UmweltHR** 223
und Duldungspflichten, privatrechtliche **Einl UmweltHR** 219 ff
und Gefährdungshaftung **Einl UmweltHR** 94, 217, 253
Öffentlich-rechtliche Normen, eingehaltene **Einl UmweltHR** 274, 276, 303 f
Öffentlich-rechtliche und zivilrechtliche Normen (Einheit der Rechtsordnung) **Einl UmweltHR** 305
und Schadensvermeidung **Einl UmweltHR** 50

Rechtswidrigkeit (Forts.)
und UmweltHG (Anlagenemission) **UmweltHG 1** 61 ff
Verkehrsgerechtes Verhalten **Einl UmweltHR** 217 ff
Wasserbeschaffenheit, veränderte **WHG 22** 18 ff
Zurechnungsproblematik **Einl UmweltHR** 136
Reiserecht
und Umweltschadenshaftung **Einl UmweltHR** 112
Rekultivierung
und Haftung des Bergbaubetriebs **BBergG 114** 10
Reststoffe
UmweltHG-Katalog von Anlagen **UmweltHG 1** 41
Rettungskosten
Wasserbeschaffenheit, Haftung für veränderte **WHG 22** 69 f
Risikoträchtige Methoden
Gentechnisch veränderte Organismen **GenTG 32, 34, 35, 37** 2
Rohrleitungsanlage
Gefährdungshaftung
s. HaftpflichtG (gefährliche Anlagen)
Rückgriff
Inhaber einer Kernanlage **AtomG 25, 25a, 26** 33, 43, 46

Sabotage
als höhere Gewalt **UmweltHG 4** 12
Sachbeschädigung
Bergschaden **BBergG 114** 14
infolge Anlagenemission
s. dort
Nukleare Anlagen **AtomG 25, 25a, 26** 24
Sachenrecht
Nachbarschaftsverhältnisse und Schutzrichtung **Einl UmweltHR** 47
Sachentziehung
als Substanzbeeinträchtigung **UmweltHG 1** 28
Schaden
Allmählichkeitsschaden **UmweltHG 1** 63; **UmweltHG 6** 62; **UmweltHG 15** 9
Alternativverhalten, rechtmäßiges **Einl UmweltHR** 159
Anlagenemission
s. dort
Atomschäden
s. Atomrecht
Bedürfnisse, vermehrte **UmweltHG 13** 10 f; **UmweltHG 14** 1
Beerdigungskosten **UmweltHG 12** 9
Bergbaubetrieb
s. Bergbau

Schaden (Forts.)
BImSchG **BImSchG 14** 24
Distanzschaden
s. dort
Entgangener Gewinn **UmweltHG 13** 7
Erwerbsfähigkeit, aufgehobene/verminderte **UmweltHG 14** 1
Erwerbsschaden **UmweltHG 13** 6 f
Gentechnik **GenTG 32, 34, 35, 37** 11, 32
Haftpflichtgesetz (gefährliche Anlagen
s. HaftpflichtG
Heilungskosten **UmweltHG 13** 5
und hypothetische Kausalität **Einl UmweltHR** 158
infolge Anlagenemission
s. dort
und Kausalitätsfrage **UmweltHG 6** 17
Kenntnis vom Schaden (Verjährungsbeginn) **UmweltHG 17** 3 ff
Kumulierungsschaden **UmweltHG 1** 3
Langzeitschaden
s. dort
Normalbetrieb **Einl UmweltHR** 218 ff
Ökologischer Schaden
s. dort
Personenschaden
s. dort
Prävention **Einl UmweltHR** 33 ff, 37, 42, 115, 288, 293
Sachschaden
s. dort
Schätzung **Einl UmweltHR** 181, 197, 212, 214
Spätfolgen **UmweltHG 17** 6
Störfallzuordnung **UmweltHG 6** 17
Störung, hinzunehmende/Umweltbelastung, schädigende **Einl UmweltHR** 59
Sukzessivschaden **UmweltHG 6** 61
Summationsschaden
s. dort
und UmweltHG-Inkrafttreten **UmweltHG 23** 1 ff
Umweltschaden, Umwelteinwirkung **Einl UmweltHR** 2; **UmweltHG 3** 1 ff
Unterhaltsanspruch, entzogener **UmweltHG 12** 10 ff
Vermeidung **Einl UmweltHR** 37, 39, 307
Wasserbeschaffenheit, veränderte
s. Wasserrecht
Zurechnung von Umweltschäden
s. dort
Zurechnungsproblematik **Einl UmweltHR** 9, 47
Schadensersatzansprüche
Altlastenfälle **Einl UmweltHR** 29
Anlagenemission
s. dort

Schadensersatzansprüche (Forts.)
Atomrecht
s. dort
und Aufopferungshaftung (Nachteilsausgleich) **Einl UmweltHR** 82 f, 91 ff
Auskunftsanspruch aufgrund Anlagenemission
s. dort
oder Bereicherungshaftung
Einl UmweltHR 118
Bergbau
s. dort
BImSchG
s. dort
trotz Duldungspflichten
Einl UmweltHR 220
Duldungspflichten und ausgeschlossene – **Einl UmweltHR** 220 ff
Gefährdungshaftung **Einl UmweltHR** 94
Geldrente **UmweltHG 14** 1 ff
und Genehmigung, öffentlich-rechtliche **Einl UmweltHR** 279, 282, 313
Gentechnik
s. dort
Gesamtschuldnerschaft
s. dort
Haftpflichtgesetz (gefährliche Anlagen)
s. HaftpflichtG
Kernanlagen
s. Atomrecht
Naturalrestitution
s. dort
bei Normalbetrieb **Einl UmweltHR** 92
Öffentlich-rechtliche Genehmigungen und bestehende – **Einl UmweltHR** 279
Personenschaden **UmweltHG 5** 9
Popularklage **Einl UmweltHR** 59 f
Produkthaftung **Einl UmweltHR** 114
Teilhaftung
s. dort
Totalreparation **Einl UmweltHR** 50
und Umweltschaden **Einl UmweltHR** 2
Unerlaubte Handlung
s. dort
Verbandsklage **Einl UmweltHR** 46
und Versicherungsprinzip
Einl UmweltHR 31
Vertragshaftung, Gewährleistung
Einl UmweltHR 112 ff
Verursachungsbeiträge
s. dort
Wasserbeschaffenheit, veränderte
s. Wasserrecht
Schiffsverkehr
Umweltschäden **Einl UmweltHR** 111
Schmerzensgeld
Anlagenemission und weitergehende Haftungsnormen **UmweltHG 18** 6, 8 ff
Schutzbereich der Norm
Haftung für gefährliche Güter
HaftPflG 2 24
Schutzvorkehrungen
Anspruch auf Vornahme **Einl UmweltHR** 34
Beeinträchtigungen infolge unterlassener – **UmweltHG 5** 15
BImSchG **BImSchG 14 S 2** 18 ff
Schweden
Fonds **Einl UmweltHR** 325
Schweiz
Fonds **Einl UmweltHR** 325
Sonderziehungsrecht
des internationalen Währungsfonds
AtomG 25, 25a, 26 36
Sonstige Erscheinungen
als Umwelteinwirkung **UmweltHG 3** 4, 8
Sozialversicherungsrecht
Atomschäden **AtomG 25, 25a, 26** 9
Staatshaftung
s. a. Amtshaftung
Internationale Verträge **Einl UmweltHR** 328
Öko-Schäden **Einl UmweltHR** 318 ff
Umwelthaftung öffentlicher Betriebe/Einrichtungen **Einl UmweltHR** 80
Umwelthaftungsrecht und ausgeklammerte – **Einl UmweltHR** 2
Stand von Wissenschaft und Technik
Schutzvorkehrungen **Einl UmweltHR** 53; **BImSchG 14 S 2** 18 ff
Staub
Umwelteinwirkung, Verletzung
UmweltHG 1 57
Steine und Erden
UmweltHG-Katalog von Anlagen
UmweltHG 1 41
Störfall
s. a. Normalbetrieb
Anlagenemission und Vermutung eines – **UmweltHG 6** 6, 37 f
Aufopferungshaftung (Kompensation)
Einl UmweltHR 83, 92
Begriff, Abgrenzungen **Einl UmweltHR** 13, 21, 265
Betriebspflichtverletzung, Abgrenzung
Einl UmweltHR 22
Beweislast **Einl UmweltHR** 283 ff
BImSchG-Haftung als Aufopferungshaftung **Einl UmweltHR** 83
Ereignisbezogener – **Einl UmweltHR** 22
und Gefährdungshaftung
Einl UmweltHR 252
und öffentlich-rechtliche Gestattung
Einl UmweltHR 305
StörfallVO **Einl UmweltHR** 21
Verschulden, indiziertes
Einl UmweltHR 229

Stoffe
Anlagenemission und Auskunftsinhalt **UmweltHG 8** 30 f
Anlagenemission und Störfalleignung **UmweltHG 6** 15
Gefährliche Anlage, in Verbindung stehende- **HaftPflG 2** 5
Lagerung und Anlagenbegriff **UmweltHG 3** 16
Lagerung, Verladung und UmweltHG-Katalog von Anlagen **UmweltHG 1** 41
Umwelteinwirkungen und Stoffbegriff **UmweltHG 3** 7
Wasserrecht (Haftung für Veränderungen der Wasserbeschaffenheit) s. Wasserrecht
Strafrecht
Anlagenbetrieb ohne ausreichende Deckungsvorsorge **UmweltHG 21** 2
Schutzgesetze und Umwelthaftung **Einl UmweltHR** 75
Strahlen
als Emissionen, Immissionen **Einl UmweltHR** 14 f
als Umwelteinwirkung **UmweltHG 3** 4, 6
Straßenverkehr
Umweltschäden und Haftpflichtumfang **Einl UmweltHR** 99 ff
Streik
als höhere Gewalt **UmweltHG 4** 14
Stromleitungsanlage
Gefährdungshaftung s. HaftpflichtG (gefährliche Anlagen)
Sukzessivschaden
Anlagenemission **UmweltHG 6** 61
Summationsschaden
Anlagenemission **UmweltHG 6** 5, 11, 21
aufgrund Distanz- und Langzeitemissionen, nicht identifizierbare Kleinemissionen **Einl UmweltHR** 184
Erfassungsschwierigkeiten **Einl UmweltHR** 141
Fondslösung **Einl UmweltHR** 318
Gefährliche Güter **HaftPflG 2** 27
Haftung für Verursachungsanteil (pro rata) **Einl UmweltHR** 197 f, 212 f, 214
Komplementäre, kumulative Kausalität **Einl UmweltHR** 155
Summiert hinreichende Ursachen **Einl UmweltHR** 157
UmwelthaftungsG **UmweltHG 1** 3

TA-Lärm Einl UmweltHR 23, 68, 227, 244 f, 255, 262, 267, 305
TA-Luft Einl UmweltHR 23, 68, 227, 228, 244 f, 250, 255, 262 f, 267, 305
Technikregeln
Verstoß **Einl UmweltHR** 68
Technische Einrichtung
Gefährliche Anlage als- **HaftPflG 2** 4
Technische Vorgänge
und höhere Gewalt **UmweltHG 4** 15
Teilhaftung
s. a. Verursachungsbeiträge
Gesamtschuldnerschaft oder – **Einl UmweltHR** 176, 201
Schadensverteilung **Einl UmweltHR** 181 f
nach statistischen Schadenserhöhungseffekten **Einl UmweltHR** 134
Unangebrachte **Einl UmweltHR** 201
Verursachungszurechnung und Haftungsverteilung, Lösungsmöglichkeiten **Einl UmweltHR** 185
Tiere
und Aufopferungshaftung **Einl UmweltHR** 86
und Lärmimmissionen **Einl UmweltHR** 102, 106
Schutz vor Verletzungen **UmweltHG 1** 18, 104
Tötung
Anlagenemission und Ersatzpflicht bei – **UmweltHG 1** 5 f, 72, 96; **UmweltHG 12** 1 ff; **UmweltHG 15** 1 ff
Haftung für gefährliche Güter **HaftPflG 29** 25
Transport
und Anlagenbegriff **UmweltHG 3** 25
und Haftung für gefährliche Güter **HaftPflG 2** 8
Treu und Glauben
Umwelthaftungsbezogene Auskunft **Vorbem UmweltHG 8–10** 8
Truppenstationierung
Haftung für Atomschäden **AtomG 25, 25a, 26** 20

Umwelt
Auditgesetz **Einl UmweltHR** 55, 78
Beeinträchtigung **Einl UmweltHR** 2, 4, 56, 59, 77, 87, 115 f, 119, 127, 326
Beeinträchtigung, Schaden **Einl UmweltHR** 2
Begriff **Einl UmweltHR** 2
Belastung **Einl UmweltHR** 17, 30, 46, 48, 59, 112 f, 227, 255
Einwirkung **Einl UmweltHR** 2, 5 ff, 13, 15, 30, 33, 57, 76, 95, 112 ff, 136, 141, 148, 163, 170, 183, 237, 242; **UmweltHG 1** 48; **UmweltHG 3** 1 ff; **UmweltHG 23** 4
Einwirkung, einheitliche **UmweltHG 15** 6 ff
Güter s. Umweltgüter

Umwelt (Forts.)
Haftung
s. Umwelthaftung
Kosten **Einl UmweltHR** 38
Medien
s. Boden; Luft; Wasser
Ressourcen **Einl UmweltHR** 48
Schaden, Schadensersatzansprüche
s. dort
Schutz der Umwelt **Einl UmweltHR** 1, 10, 37, 42 ff, 69, 274, 289 ff
Standards **Einl UmweltHR** 23, 26 f, 41, 169, 296
Stoffbegriff, Gefahrstoffrecht **WHG 22** 9
Umwelthaftungsgesetz
s. dort
Umweltpfad **Einl UmweltHR** 2, 95, 97; **UmweltHR 3** 7
Verletzung als solche **UmweltHG 1** 11
Umweltgüter
Lizenz- bzw. Zertifikationsmodell **Einl UmweltHR** 48
Privatisierung **Einl UmweltHR** 48
als sonstige Rechte **Einl UmweltHR** 60, 127
Vermarktung **Einl UmweltHR** 48
Umwelthaftung
Anlagenemission
s. dort
Anlagenemission und weitergehende Haftungsnormen **UmweltHG 18** 1 ff
Anwendungsgrenzen **Einl UmweltHR** 119
Aufopferungshaftung
s. dort
Begriff **Einl UmweltHR** 5
Begriff, rechtssystematischer Standort **Einl UmweltHR** 2
Bergbaubetrieb
s. dort
und Betriebswirtschaft **Einl UmweltHR** 37
Beweisrecht
s. dort
BImSchG
s. dort
Freistellung durch Standardeinhaltung **Einl UmweltHR** 39
Gefährdungshaftung
s. dort
Geschäftsführung ohne Auftrag **Einl UmweltHR** 115
Instrumentarium **Einl UmweltHR** 49, 62
Kernanlagen
s. Atomrecht
Öffentlich-rechtlicher Schutz **Einl UmweltHR** 47
Ökologische Schäden
s. dort
Ökonomische Präventionswirkung **Einl UmweltHR** 37
Umwelthaftung (Forts.)
und Privatautonomie **Einl UmweltHR** 45
Produkthaftungsrecht **Einl UmweltHR** 113 f
Schadensausgleich **Einl UmweltHR** 3, 42, 50, 150, 246, 278, 279, 282, 291, 314, 318
Steuerungsfunktion **Einl UmweltHR** 5, 33, 222
Thematischer Standort **Einl UmweltHR** 1
Umwelthaftungsgesetz, ausgedehnte – **UmweltHG 1** 2
als Umweltschutzinstrument **Einl UmweltHR** 37
Unerlaubte Handlung
s. dort
Ungerechtfertigte Bereicherung **Einl UmweltHR** 116 ff
Verschuldenshaftung
s. dort
Vertragshaftung (Gewährleistungsrecht) **Einl UmweltHR** 112
Volks- und betriebswirtschaftliche Aspekte **Einl UmweltHR** 31
und Zivilrechtsdogmatik **Einl UmweltHR** 5
UmwelthaftungsG (Anlagenemission)
s. Anlagenemission
Umwelthaftungsgesetz
Anlagenemission
s. dort
und Atomhaftung **AtomG 25, 25a, 26** 57
und Bergbauschäden **BBerG 114** 65
Gefährdungstatbestände, Entwicklung bis zum – **Einl UmweltHR** 96
und HaftpflichtG (gefährliche Anlagen) **HaftPflG 2** 3
UmweltinformationsG
Akteneinsichtsrecht
s. dort
Aktivlegitimation **Vorbem UmweltHG 8-10** 18
Anspruchsbeschränkung **Vorbem UmweltHG 8-10** 18, 21
Anspruchsinhaber **Vorbem UmweltHG 8-10** 18, 25
Anspruchsinhalt **Vorbem UmweltHG 8-10** 17, 21 ff
Antrag **Vorbem UmweltHG 8-10** 19
Art der Informationsübermittlung **Vorbem UmweltHG 8-10** 25
Auskunftsanspruch
s. dort
Auskunftserteilung **Vorbem UmweltHG 8-10** 25
Auslagen **Vorbem UmweltHG 8-10** 26
Auszugsweise Mitteilung **Vorbem UmweltHG 8-10** 21

UmweltinformationsG (Forts.)
Beeinträchtigung von Umweltgütern als Offenlegungsgefahr **Vorbem UmweltHG 8-10** 21
Behördliche Aufgabe des Umweltschutzes **Vorbem UmweltHG 8-10** 20
Behördliche Aufsicht **Vorbem UmweltHG 8-10** 16
Besonderes Interesse, nicht erforderliches **Vorbem UmweltHG 8-10** 18
Betriebs- und Geschäftsgeheimnis **Vorbem UmweltHG 8-10** 24
Datenbegriff **Vorbem UmweltHG 8-10** 17
Ermessen **Vorbem UmweltHG 8-10** 22, 25
Europäisches Recht, umgesetztes **Vorbem UmweltHG 8-10** 16
Freier Zugang zu Umweltinformationen **Vorbem UmweltHG 8-10** 16
Frist **Vorbem UmweltHG 8-10** 19, 25
Gebühren **Vorbem UmweltHG 8-10** 26
Geheimnisschutz **Vorbem UmweltHG 8-10** 21 ff
Geistiges Eigentum **Vorbem UmweltHG 8-10** 24
Informationen **Vorbem UmweltHG 8-10** 17
Informationsbegriff **Vorbem UmweltHG 8-10** 17
Jedermann-Anspruch **Vorbem UmweltHG 8-10** 18
Klageart **Vorbem UmweltHG 8-10** 25
Kosten **Vorbem UmweltHG 8-10** 26
Modalität der Auskunftserteilung **Vorbem UmweltHG 8-10** 25
Möglichkeit der Auskunftserteilung **Vorbem UmweltHG 8-10** 17
Öffentliche Hand, betroffene **Vorbem UmweltHG 8-10** 16
Organisationsform **Vorbem UmweltHG 8-10** 16
Passivlegitimation **Vorbem UmweltHG 8-10** 19
Person des öffentlichen Rechts **Vorbem UmweltHG 8-10** 18
Personenbezogene Daten **Vorbem UmweltHG 8-10** 24
Privtrechtliche Rechtssubjekte als Anspruchsteller **Vorbem UmweltHG 8-10** 18
Richtigkeit **Vorbem UmweltHG 8-10** 25
Steuer- oder Statistikgeheimnis **Vorbem UmweltHG 8-10** 24
Subjektive Einschätzungen, Wertungen **Vorbem UmweltHG 8-10** 17
Tatsächlich vorhandene Daten **Vorbem UmweltHG 8-10** 17
Überlassung von Informationsträgern **Vorbem UmweltHG 8-10** 25
Unterlassen **Vorbem UmweltHG 8-10** 17

UmweltinformationsG (Forts.)
Verhältnismäßigkeitsprinzip **Vorbem UmweltHG 8-10** 26
Verwaltungsbehördliches Verfahren **Vorbem UmweltHG 8-10** 21
Verwaltungsrechtsweg **Vorbem UmweltHG 8-10** 25
Wahrnehmung von Umweltbelangen **Vorbem UmweltHG 8-10** 20

Unbewegliche Sachen
Begriff, Sachbeschädigung **UmweltHG 5** 5
Begriff, Verletzung **UmweltHG 1** 21

Unerlaubte Handlung
Abwehrmaßnahmen, zumutbare **Einl UmweltHR** 52
Anlage, stillgelegte **UmweltHG 2** 18
Anlagenemission und Haftung § 830 Abs 1 S 2 **UmweltHG 7** 6 ff
Anlagenemission, Langzeit und Allmählichkeitsschaden **UmweltHG 6** 62
Anlagenemission, UmweltHG-Haftung und weitergehende Haftung für – **UmweltHG 18** 8 ff
Arbeitsplatz als Rechtsgut **UmweltHG 1** 8
und Atomhaftung **AtomG 25, 25a, 26** 57
Auskunftsanspruch **Vorbem UmweltHG 8-10** 8
Besitzschutz **UmweltHG 1** 26
und BImSchG-Haftung **BImSchG 14 S 2** 37 f
Brgbauschäden **BBergG 114** 24, 58
Dokumentationspflicht **Einl UmweltHR** 52
Duldungspflichten und Rechtswidrigkeitsfrage **Einl UmweltHR** 218 ff
Gefahrenpotenzial, zu minimierendes **Einl UmweltHR** 52
Gentechnisch veränderte Organismen **GenTG 32, 34, 35, 37** 7
Gesamtschuld, Nebentäterschaft **Einl UmweltHR** 202
Gesundheitsschutz/Eigentumsschutz **Einl UmweltHR** 221 f
Haftung für Dritte **Einl UmweltHR** 78
Haftungsausweitung **Einl UmweltHR** 51
Instruktions-, Gefahrhinweis- und Benachrichtigungspflicht **Einl UmweltHR** 52
Kausalität, Feststellung haftungsbegründender **Einl UmweltHR** 242
Körper und Gesundheit, geschützte **UmweltHG 1** 14
Kontrollpflichten **Einl UmweltHR** 277
Lebensschutz **UmweltHG 1** 13
Mittelbar Geschädigte **UmweltHG 12** 2
Normalbetrieb/Störfall **Einl UmweltHR** 218
Öffentliches Recht, Haftungstatbestandspräklusion **Einl UmweltHR** 278 ff
Organisationsverschulden **Einl UmweltHR** 78

Unerlaubte Handlung (Forts.)
Persönlichkeitsrecht und Umwelthaftung **Einl UmweltHR** 58 f, 63
Pflichtenbestimmung, Kriterien **Einl UmweltHR** 52
Produzentenhaftung **Einl UmweltHR** 56
Rechtfertigung aufgrund öffentlich-rechtlicher Standards **Einl UmweltHR** 218, 274
Rechtsgüterschutz, erweiterter **Einl UmweltHR** 57 ff
Rechtsgüterschutz, klassischer **Einl UmweltHR** 56, 119
Rechtspersönlichkeit von Umweltgütern **Einl UmweltHR** 61, 63
Sachbeschädigung **UmweltHG 1** 27
Schadensausgleichsrecht, Schadensvermeidungsrecht **Einl UmweltHR** 50
Schadenswahrscheinlichkeit, Schadensausmaß **Einl UmweltHR** 52
Schutzgesetze
— Nachbarschützende **Einl UmweltHR** 69, 76
— Öffentlich-rechtliche Normen/Zivilrecht **Einl UmweltHR** 76, 78
— Regeln der Technik **Einl UmweltHR** 68, 245
— Schutz von Individualbelangen **Einl UmweltHR** 66, 77, 272
— Verletzungen **Einl UmweltHR** 65, 68, 75, 176, 235
Sonstiges Recht **UmweltHG 1** 7
Sphärengedanke und Beweisführung **UmweltHG 6** 5
Strafrechtsnormen, verwaltungsrechtliche Normen (Haftungstatbestandsmerkmale) **Einl UmweltHR** 271
Umweltgüter als sonstige Rechte **Einl UmweltHR** 60 ff
Umwelthaftungsrecht, deliktsrechtliche Bedeutung **Einl UmweltHR** 50
Umwelthaftungsrechtliches Instrument **Einl UmweltHR** 50
und UmweltHG **UmweltHG 1** 1, 6 ff
Verjährung **UmweltHG 17** 1
Verkehrssicherungspflichten s. dort
Verrichtungsgehilfe s. dort
Verschulden **Einl UmweltHR** 136, 225 ff, 275, 304 ff
Versicherungsdeckung, Bedeutung **Einl UmweltHR** 32
Vertrauenserwartung der Verkehrskreise **Einl UmweltHR** 52
Vorsätzlich sittenwidrige Schädigung **Einl UmweltHR** 77
und Wasserbeschaffenheit, Haftung für veränderte **WHG 22** 86

Unfall
als Störfall s. dort
und Verkehrshaftpflichtrecht **Einl UmweltHR** 97 ff

Unfallverhütungsvorschriften
und Schutzgesetzcharakter **Einl UmweltHR** 67

Ungerechtfertigte Bereicherung
Umweltbeeinträchtigungen, als Eingriff zu beseitigende **Einl UmweltHR** 116 ff
und Wasserbeschaffenheit, Haftung für Veränderung **WHG 22** 92

Unterhaltsanspruch
Anlagenemission und Ersatzpflicht für entzogenenen – **UmweltHG 12** 10

Unterlassen
Wasserbeschaffenheit, Haftung für veränderte **WHG 22** 38

Unterlassungsanspruch
Aufopferungshaftung wegen ausgeschlossenen – **Einl UmweltHR** 213 ff
BImSchG-Ausschluß **Einl UmweltHR** 320; **BImSchG 14 S 2** 4
Duldungspflichten (kompensatorische) s. dort
Öffentlich-rechtlicher Anspruch **Einl UmweltHR** 4
Quasi-negatorischer – **Einl UmweltHR** 50
Schadensprävention **Einl UmweltHR** 34 f
UmweltHG **UmweltHG 1** 4
Verwaltungsrechtsschutz und zivilrechtlich vorbeugender – **Einl UmweltHR** 288

Unternehmer
Bergbaubetrieb **BBergG 114** 18 ff

Uran
Schadensfolge **AtomG 25, 25a, 26** 16, 18, 51

Urkundenvorlagepflicht
Umwelthaftungsbezogene Auskunft **Vorbem UmweltHG 8–10** 9

Veräußerungshindernis
wegen Kontaminierung **UmweltHG 1** 30

Verantwortungsanteile
s. a. Kausalität; Verursachungsbeiträge
Prozessuale Problematik **Einl UmweltHR** 230
Teilschuldnerschaft, Schadensschätzung und – **Einl UmweltHR** 181
Ungeklärte – **Einl UmweltHR** 186

Verdachtshaftung
des Anlageninhabers **UmweltHG 6** 11 f, 24, 27

Vereinigte Staaten
Fonds **Einl UmweltHR** 325
Öffentliches Treuhandeigentum **Einl UmweltHR** 64

Vereinigte Staaten (Forts.)
Prozeßstoffaufarbeitung (discovery) **Vorbem UmweltHG 8-10** 34 f
Verfassungsrecht, Verfassungsmäßigkeit
Immobiliarbezogener Umweltschutz **Einl UmweltHR** 121
Öffentlich-rechtliche, umwelthaftungsrechtlich bezogene Auskunftsansprüche **Vorbem UmweltHG 8-10** 11 f
Umwelthaftungsrecht **Einl UmweltHR** 1
Verhältnismäßigkeit
Aufwendungen zur Naturalherstellung **UmweltHG 16** 16 f
Auskunftanspruch, umwelthaftungsrechtlicher **UmweltHG 8** 12
Verhaltenshaftung
Wasserbeschaffenheit, Haftung für veränderte
s. Wasserrecht
Verjährung
Atomhaftung **AtomG 25, 25a, 26** 23, 45, 61 ff
Bergbauschäden **BBergG 114** 43
BImSchG-Schadensersatzansprüche **BImSchG 14 S 2** 30 f
Gentechnisch veränderte Organismen **GenTG 32, 34, 35, 37** 50
UmweltHG-Haftung **UmweltHG 17** 1 ff
Wasserbeschaffenheit, Haftung für Veränderungen **WHG 22** 77 f
Verkehrshaftpflichtrecht
Gefährdungshaftung **Einl UmweltHR** 97 ff, 279
Verkehrssicherungspflichten
Abfallbeseitigung **Einl UmweltHR** 54
Besitzpfandrecht eines Kreditgebers, Verletzung eigener – **Einl UmweltHR** 43
Beweislastumkehr bei Verletzung **Einl UmweltHR** 245, 253
DIN-ISO-Normen **Einl UmweltHR** 55
Duldungspflichten, öffentlich-rechtliche **Einl UmweltHR** 223
und Emissionsermittlungs- und Emissionsdokumentationspflichten **Einl UmweltHR** 248, 285
EU-Umwelt-Audit-Verordnung **Einl UmweltHR** 55
Nachsorgende – **Einl UmweltHR** 304
Organisationsbezogene – **Einl UmweltHR** 55
und Organisationsverschulden **Einl UmweltHR** 78
Sonderumstände **Einl UmweltHR** 263
Umweltspezifische – **Einl UmweltHR** 51
Verwaltungsgerichtliche Vorgaben **Einl UmweltHR** 276, 293, 304 f
Wasserbeschaffenheit, Haftung für veränderte **WHG 22** 38
Verkehrungsanspruch
s. Schutzvorkehrungen
Vermeidbarkeit
und höhere Gewalt, Abgrenzung **UmweltHG 4** 9
Vermögensschaden
Gefährdungshaftung **Einl UmweltHR** 126
Öko-Schäden **Einl UmweltHR** 132
Schutzgesetzverletzung **Einl UmweltHR** 65
Umwelthaftung und Ersatz für – **UmweltHG 18** 6, 11
und UmweltHG **UmweltHG 1** 11
Wasserbeschaffenheit, Haftung für veränderte **WHG 22** 68
Vermutungen
Bergschadensvermutungen **BBergG 114** 45 ff
Betriebspflichtenerfüllung durch den Anlageninhaber **UmweltHG 6** 55 ff
Verrichtungsgehilfe
Haftungsverpflichtete Personen **Einl UmweltHR** 79
und Organisationsverschulden **Einl UmweltHR** 78
Wasserbeschaffenheit, Haftung für veränderte **WHG 22** 68
Verschulden
Atomrecht **AtomG 25, 25a, 26** 33
Beweislast **Einl UmweltHR** 236 ff, 245, 259 ff
Deliktische Haftung **Einl UmweltHR** 136, 225 ff, 304 ff
Gefährdungshaftung **Einl UmweltHR** 94, 309
und gentechnisch veränderte Organismen **GenTG 32, 34, 35, 37** 16 f
Grenzwertbeachtung **Einl UmweltHR** 227 f, 275
Mitverschulden des Geschädigten **UmweltHG 11** 1 ff
Schutzgesetzverletzung **Einl UmweltHR** 65, 260
und UmweltHG (Anlagenemission) **UmweltHG 1** 61 ff; **UmweltHG 4** 1
Umweltstandards, eingehaltene **Einl UmweltHR** 262 f
Wesentliche Beeinträchtigung, verursachte **Einl UmweltHR** 261
Versicherungsrecht
Anlagen und Deckungsvorsorgeverpflichtung **UmweltHG 19** 1 ff; **UmweltHG 20** 1 ff
Atomrecht (Deckungsvorsorge) **AtomG 25, 25a, 26** 5, 9, 24, 39 f
GenTG **GenTG 32, 34, 35, 37** 5, 54
Schadenskollektivierung **Einl UmweltHR** 1
Umwelthaftpflichtversicherungsmodell **Einl UmweltHR** 42

Versicherungsrecht (Forts.)
Umwelthaftung und Versicherungsdekkung **Einl UmweltHR** 31 f, 41 f
Versorgungsleitungen
Nutzungseinschränkungen wegen Unterbrechung **UmweltHG 1** 33
Vertiefungen
Aufopferungshaftung **Einl UmweltHR** 86
Verursachungsbeiträge
s. a. Kausalität; Verantwortungsanteile
Hinreichende **Einl UmweltHR** 153 ff, 163 ff, 175, 181, 183, 192, 198, 210 ff
Minimale **Einl UmweltHR** 157, 180
Notwendige **Einl UmweltHR** 153 ff, 163 ff, 175, 180 f, 183, 192 ff, 198, 210 ff
Summiert hinreichende **Einl UmweltHR** 157
Teilhaftung
s. dort
Teilnahme **Einl UmweltHR** 170 ff, 177 f, 183
Vermutete Verursachung **Einl UmweltHR** 284
Wahrscheinliche **Einl UmweltHR** 153, 185
Wasserbeschaffenheit, Haftung für veränderte **WHG 22** 72 ff
Verwaltungsakt
s. a. Öffentliches Recht
Auskunftserteilung/Auskunftsverweigerung durch Behörde **UmweltHG 9** 21
Betriebspflichten, auferlegte **Einl UmweltHG** 22
Schutzgesetzcharakter im Einzelfall **Einl UmweltHG** 67
Zivilrechtliche Umwelthaftung und Vorgaben durch – **Einl UmweltHG** 264, 293
Verwaltungsrecht
Vorgaben für das Umwelthaftungsrecht s. Öffentliches Recht
Verwaltungsvorschriften
und Schutzgesetzcharakter **Einl UmweltHR** 67
Verzicht
Bergschadensverzicht **BBergG 114** 41 f
auf Umwelthaftungsansprüche **Einl UmweltHR** 45
Viren
Umwelteinwirkung **UmweltHR 3** 7
Völkerrecht
Atomgesetz (Haftung für Kernanlagen) **AtomG 25, 25a, 26** 11
Vorgeburtliche Schädigung
als Körper- und Gesundheitsverletzung **UmweltHG 1** 17
Vorsatz
Atomschäden mit Schädigungsvorsatz **AtomG 25, 25a, 26** 7
Sittenwidrige Schädigung **Einl UmweltHR** 77
Wärme
als Emissionen, Immissionen **Einl UmweltHR** 14 f
als Umwelteinwirkung **UmweltHG 3** 4
UmweltHG-Katalog von Anlagen **UmweltHG 1** 41
Wahrscheinlichkeit
s. a. Kausalität
Anlagenemission, statt Vollbeweis überwiegende – **UmweltHG 6** 6
Annahme schadensverursachender Anlage **UmweltHG 8** 20
Beweislastverteilung **Einl UmweltHR** 238
Beweismaßreduzierung ohne Rechtsgrundlage **Einl UmweltHR** 233
Eignungswahrscheinlichkeiten bei der Anlagenemission **UmweltHG 7** 21
Emissionsbedingte Risikoerhöhung **Einl UmweltHR** 149 f
Kausalität, haftungsbegründende auf Grundlage einer – **Einl UmweltHR** 149 f, 232 ff
Ökologischer Kausalitätsbegriff **Einl UmweltHR** 147 f
Prima-facie-Beweis **Einl UmweltHR** 243
Sehr hohe – **UmweltHG 6** 24
Statistische – **Einl UmweltHR** 232
Substantiierte – **UmweltHG 6** 12
Überwiegende – **Einl UmweltHR** 232 ff, 238; **UmweltHG 6** 6
Umweltbezogene Pflichten/Standards und – **Einl UmweltHR** 52 f
UmweltHG-Inanspruchnahme **UmweltHG 10** 6
und Verdacht **UmweltHG 8** 20
Verursachungsbeiträge **Einl UmweltHR** 153, 185
Waldschäden
und Staatshaftung **BImSchG 14 S 2** 10
Wasser (als Umweltmedium)
und Abfallrecht **Einl UmweltHR** 27
Bahnverkehr **Einl UmweltHR** 108
Begriff **UmweltHG 3** 13
Fondslösung **Einl UmweltHR** 325
Gefährdungshaftung **Einl UmweltHR** 95
Nebentäterschaft **Einl UmweltHR** 202
Öko-Schäden **Einl UmweltHR** 7
Produkthaftungsrecht **Einl UmweltHR** 113
Schutz (WHG) **Einl UmweltHR** 26
Schutzgesetze **Einl UmweltHR** 71
Straßenverkehrsrechtliche Haftung bei Verunreinigungen **Einl UmweltHR** 99
Umwelteinwirkung **Einl UmweltHR** 2
Umwelteinwirkung, Ausbreitung auf dem Umweltpfad **UmweltHG 3** 10
als Umweltgut **Einl UmweltHR** 60, 62
Wassergewinnungsrechte
Schutz **UmweltHG 1** 22

Wasserrecht
Abfallüberlassung an Unternehmer **WHG 22** 51
Anlage
— als Hilfsmittel der Herstellung **WHG 22** 53
— Inhaber **WHG 22** 60, 60 ff
— Negative Haftungsvoraussetzung **WHG 22** 57
— Stoffaustritt aus der Anlage **WHG 22** 55 ff
— Stoffeignung, typische **WHG 22** 54
— Wassergefährdende Stoffe **WHG 22** 53, 54
Anspruchskonkurrenzen **WHG 22** 84 ff
und Atomhaftung **AtomG 25, 25a, 26** 57
Auslandsgeltung **WHG 22** 7
Beitrittsgebiet **WHG 22** 62
Beitrittsgebiet, Geltung **WHG 22** 4 ff
und Bergbauschäden **BBerG 114** 66
Betroffenheit, unmittelbare **WHG 22** 27
Beweisrecht **WHG 22** 74, 79 ff
Bewilligung und Haftungsausschluß **WHG 22** 21 f
Biologische Wasserbeschaffenheit **WHG 22** 12 ff
BVerfG-Naßauskiesungsbeschluß **WHG 22** 8
Chemische Wasserbeschaffenheit **WHG 22** 12 ff
Drittverhalten, zurechenbares **WHG 22** 48 ff
Dünge- und Pflanzenschutzmittel **WHG 22** 34
EG-Umwelt-Audit-System **WHG 22** 82
Einbringen, Einleiten, Einwirken **WHG 22** 35 ff
Entschädigungsanspruch wegen Ausschluß des Schadensersatzes **WHG 22** 66 f
Erlaubnis **WHG 22** 22
Gefährdungshaftung **Einl UmweltHR** 95; **WHG 22** 2, 20, 32, 53, 88
Gefährdungszusammenhang **WHG 22** 43, 46
Geltungsbereich des WHG **WHG 22** 2 ff
Gerichtsstand **WHG 22** 83
Gesamtschuldnerausgleich **WHG 22** 76
Geschäftsführung ohne Auftrag **WHG 22** 92
Gewässer **WHG 22** 8
Grundwasser **WHG 22** 8
Haftung
— Änderung der Wasserbeschaffenheit **WHG 22** 12
— Anlagenhaftung **WHG 22** 53 ff
— Fallgruppen **WHG 22** 1
— Gefährdungshaftung **WHG 22** 2

Wasserrecht (Forts.)
— Rechtmäßigkeitserfordernis **WHG 22** 18 ff
— Überblick **WHG 22** 1
— Verhaltenshaftung **WHG 22** 28 ff
— Voraussetzungen **WHG 22** 8 ff
Handlung, erforderliche **WHG 22** 28 ff
Hoheitlicher Betrieb **WHG 22** 47
IPR (Deliktsstatut) **WHG 22** 7
Kanalisation **WHG 22** 8, 47
Kausalität
— Haftungsausfüllende **WHG 22** 24, 25, 52, 59
— Haftungsbegründende **WHG 22** 43 ff, 58
Küstengewässer **WHG 22** 8
Landwirte-Haftung **WHG 22** 34
Leitungswasser, Behältnisse **WHG 22** 8
Mittelbare Stoffzuführung **WHG 22** 40 f
Mitwirkendes Verschulden **WHG 22** 71
Nachbarrechtlicher Entschädigungsanspruch **WHG 22** 91
Naturereignisse **WHG 22** 64
Notstandsartige Eingriffe **WHG 22** 23
Öffentlich-rechtliche Gestattung **WHG 22** 18 ff
Öffentliches Recht, Eingriffsnormen **WHG 22** 93
Physikalische Wasserbeschaffenheit **WHG 22** 12 ff
Schaden **WHG 22** 24 ff
Schaden als typische Folge einer Gewässerverunreinigung **WHG 22** 26
Schadensersatzanspruch
— Aktivlegitimation, Passivlegitimation **WHG 22** 27 ff, 42, 47, 48 ff, 60 ff
— Aufwendungsersatz **WHG 22** 74
— bei Ersatzvornahme **WHG 22** 74
— Inhalt und Umfang **WHG 22** 68 ff
— Rettungskosten **WHG 22** 68 f
und Schutzgesetze **Einl UmweltHR** 71
Schutzzweck **WHG 22** 27
Stoffbegriff, wasserrechtlich zentraler **WHG 22** 9 ff
Stoffe
— und Anlagenhaftung **WHG 22** 53
— Gefahrstoffrecht **WHG 22** 9
— Mechanische Verbindung **WHG 22** 15
— Öl **WHG 22** 15
— Schadenseignuns **WHG 22** 54
— und Verhaltenshaftung **WHG 22** 28 ff
— Wassergefährdende **WHG 22** 54
— Wassermitführung als feste Stoffe **WHG 22** 16
und Umwelthaftungsgesetz **WHG 22** 89
und unerlaubte Handlung **WHG 22** 87
und ungerechtfertigte Bereicherung **WHG 22** 92

Wasserrecht (Forts.)
Unterlassen trotz Rechtspflicht **WHG 22** 38
Vergleich zweier Wasserzustände **WHG 22** 13 f
Verjährung **WHG 22** 77 f
Verkehrssicherungspflicht **WHG 22** 38
Vermögensschäden **WHG 22** 68
Verrichtungsgehilfe **WHG 22** 50
Vertragliche Ansprüche **WHG 22** 90
Vertretungsorgane juristischer Personen **WHG 22** 49
Verursachermehrheit **WHG 22** 72 ff
Vorsätzliches Verhalten **WHG 22** 31
Wasserbegriff, Gewässerbegriff **WHG 22** 8
Wasserbeschaffenheit
— Beschaffenheitsveränderung **WHG 22** 12 ff
— Biologisch **WHG 22** 14 ff
— Chemisch **WHG 22** 14 ff
— Physikalisch **WHG 22** 14 ff
Wassergefährliche Anlage **WHG 22** 54
Wassermenge, erhöhte **WHG 22** 17
Wasserversorgungsanlagen **WHG 22** 8
WHG, LWG **WHG 22** 3
Widerrechtlichkeit
— Bewilligung **WHG 22** 21
— Genehmigung **WHG 22** 22
— als Haftungsvoraussetzung **WHG 22** 19 f
— Rechtfertigungsgründe **WHG 22** 23
Zurechnung
— Hoheitsträger **WHG 22** 47
— Organvertreter **WHG 22** 49
— Verhalten Dritter **WHG 22** 51
— Verrichtungsgehilfen **WHG 22** 50
Zweckgerichtete Handlung **WHG 22** 29 ff

Werdendes Kind
Verletzung **UmweltHG 1** 17

Wesentlichkeit einer Beeinträchtigung
Anlagenemission **UmweltHG 1** 66
Anlagenemission, unwesentliche Beeinträchtigung **UmweltHG 5** 10 ff
Einheit der Rechtsordnung **Einl UmweltHR** 308
Emittentenhaftung **Einl UmweltHR** 123
Grenzwertüberschreitung **Einl UmweltHR** 255 ff, 267
Öffentlich-rechtliche Vorgaben **Einl UmweltHR** 266 f, 298 f, 302, 305

Wirkungshaftung
s. HaftpflichtG (gefährliche Anlagen)

Wismut
Atomhaftung **AtomG 25, 25a, 26** 53

Wohlbefinden
Bloße Beeinträchtigung **UmweltHG 1** 15
und relevante Verletzung **UmweltHG 1** 15

Zellstoff
UmweltHG-Katalog von Anlagen **UmweltHG 1** 41

Zertifikationsmodell
und Umwelthaftung **Einl UmweltHR** 48

Zivilprozeß
Umwelthaftungsbezogene Auskunft **Vorbem UmweltHG 8-10** 10

Zugangsbehinderung
Aufopferungshaftung **Einl UmweltHR** 86

Zurechnung von Umweltschäden
Einl UmweltHR 9, 47, 80, 136 f, 142 f, 146 ff, 158, 160 ff, 169, 176, 179 ff, 191, 198 f, 212, 217, 232, 234, 247; **UmweltHG 1** 48 ff, 74, 77, 112; **HaftPflG 2** 24; **WHG 22** 26, 45, 47, 48 ff; **GenTG 32, 34, 35, 37** 11, 32

Zurechnungsfähigkeit
und Umwelthaftungsschaden **UmweltHG 11** 7

Zurechnungszusammenhang
und Umwelthaftungsschaden **UmweltHG 11** 7

Zustandshaftung
s. HaftpflichtG (gefährliche Analgen)

Zwangsvollstreckung
Auskunftsanspruch gegen Anlageninhaber **UmweltHG 8** 65

J. von Staudingers
Kommentar zum Bürgerlichen Gesetzbuch
mit Einführungsgesetz und Nebengesetzen

Übersicht vom 25. April 2002

Die Übersicht informiert über die Erscheinungsjahre der Kommentierungen in der 13. Bearbeitung und deren Neubearbeitungen (= Gesamtwerk STAUDINGER). *Kursiv* geschrieben sind die geplanten Erscheinungsjahre.

Die Übersicht ist für die 13. Bearbeitung und für deren Neubearbeitungen zugleich ein Vorschlag für das Aufstellen des „Gesamtwerk STAUDINGER" (insbesondere für solche Bände, die nur eine Sachbezeichnung haben). Es wird empfohlen, die Austauschbände chronologisch neben den überholten Bänden einzusortieren, um bei Querverweisungen auf diese schnell Zugriff zu haben. Bei Platzmangel sollten die ausgetauschten Bände an anderem Ort in gleicher Reihenfolge verwahrt werden.

	13. Bearb.	Neubearbeitungen
Erstes Buch. Allgemeiner Teil		
Einl BGB; §§ 1–12; VerschG	1995	
§§ 21–103	1995	
§§ 104–133; BeurkG	*2003*	
§§ 134–163	1996	
§§ 164–240	1995	2001
Zweites Buch. Recht der Schuldverhältnisse		
§§ 241–243	1995	
AGBG	1998	
§§ 244–248	1997	
§§ 249–254	1998	
§§ 255–292	1995	
§§ 293–327	1995	
§§ 255–314		2001
§§ 315–327		2001
§§ 328–361	1995	
§§ 328–361 b		2001
§§ 362–396	1995	2000
§§ 397–432	1999	
§§ 433–534	1995	
Wiener UN-Kaufrecht (CISG)	1994	1999
§§ 535–563 (Mietrecht 1)	1995	
§§ 564–580 a (Mietrecht 2)	1997	
2. WKSchG; MÜG (Mietrecht 3)	1997	
§§ 581–606	1996	
§§ 607–610	./.	
VerbrKrG; HWiG; § 13 a UWG	1998	
VerbrKrG; HWiG; § 13 a UWG; TzWrG		2001
§§ 611–615	1999	
§§ 616–619	1997	
§§ 620–630	1995	
§§ 631–651	1994	2000
§§ 651 a – 651 l	2001	
§§ 652–704	1995	
§§ 705–740	*2003*	
§§ 741–764	1996	
§§ 765–778	1997	
§§ 779–811	1997	
§§ 812–822	1994	1999
§§ 823–825	1999	
§§ 826–829; ProdHaftG	1998	
§§ 830–838	1997	2002
§ 839	*2002*	
§§ 840–853	*2002*	
Drittes Buch. Sachenrecht		
§§ 854–882	1995	2000
§§ 883–902	1996	
§§ 903–924; UmweltHaftR	1996	
§§ 903–924		2002
UmweltHaftR		2002
§§ 925–984	1995	
§§ 985–1011	1993	1999
ErbbVO; §§ 1018–1112	1994	
§§ 1113–1203	1996	
§§ 1204–1296; §§ 1–84 SchiffsRG	1997	2002
§§ 1–64 WEG	*2002*	

	13. Bearb.	Neubearbeitungen
Viertes Buch. Familienrecht		
§§ 1297–1320; NeLebGem (Anh §§ 1297 ff.); §§ 1353–1362	2000	
§§ 1363–1563	1994	2000
§§ 1564–1568; §§ 1-27 HausratsVO	1999	
§§ 1569–1586 b	*2002*	
§§ 1587–1588; VAHRG	1998	
§§ 1589–1600 o	1997	
§§ 1589–1600 e; Anh §§ 1592, 1600 e		2000
§§ 1601–1615 o	1997	2000
§§ 1616–1625	2000	
§§ 1626–1633; §§ 1-11 RKEG	*2002*	
§§ 1638–1683	2000	
§§ 1684–1717; Anh § 1717	2000	
§§ 1741–1772	2001	
§§ 1773–1895; Anh §§ 1773–1895 (KJHG)	1999	
§§ 1896–1921	1999	
Fünftes Buch. Erbrecht		
§§ 1922–1966	1994	2000
§§ 1967–2086	1996	
§§ 2087–2196	1996	
§§ 2197–2264	1996	
§§ 2265–2338 a	1998	
§§ 2339–2385	1997	
EGBGB		
Einl EGBGB; Art 1–2, 50–218	1998	
Art 219–222, 230–236	1996	
EGBGB/Internationales Privatrecht		
Einl IPR; Art 3–6	1996	
Art 7, 9–12	2000	
IntGesR	1993	1998
Art 13–18	1996	
IntVerfREhe	1997	
Kindschaftsrechtl. Ü; Art 19	1994	
Art 20–24	1996	
Art 25, 26	1995	2000
Art 27–37	2002	
Art 38	1998	
Art 38–42		2001
IntWirtschR	2000	
IntSachenR	1996	
Gesamtregister	*2003*	
Vorläufiges Abkürzungsverzeichnis	1993	
Das Schuldrechtsmodernisierungsgesetz	2002	2002
BGB-Synopse 1896-1998	1998	
BGB-Synopse 1896-2000		2000
100 Jahre BGB – 100 Jahre Staudinger (Tagungsband 1998)	1999	
Demnächst erscheinen		
§§ 616–630		2002
§§ 741–764		2002
§§ 779–811		2002
§ 839	2002	
ErbbVO; §§ 1018–1112		2002
§§ 1113–1203		2002
Art 19–24 EGBGB		2002

Nachbezug: Um sich die Vollständigkeit des „Gesamtwerk STAUDINGER" zu sichern, haben Abonnenten jederzeit die Möglichkeit, die ihnen fehlenden Bände früherer Jahre zu für sie erheblich vergünstigten Bedingungen nachzubeziehen (z. B. 52 bis Dezember 1999 erschienene Bände [1994 ff., 35. 427 Seiten] seit 1. Januar 2002 als Staudinger-Einstiegspaket 2002 für € [D] 4. 598,-/sFr 7. 357,- ISBN 3-8059-0960-8). Auskünfte erteilt jede gute Buchhandlung und der Verlag.

Dr. Arthur L. Sellier & Co. KG – Walter de Gruyter GmbH & Co. KG oHG, Berlin
Postfach 30 34 21, D-10728 Berlin, Telefon (030) 2 60 05-0, Fax (030) 2 60 05-222